THOMAS RAISER
Mitbestimmungsgesetz

Sammlung Guttentag

Mitbestimmungsgesetz

nebst Wahlordnungen

Kommentar

von

Dr. Thomas Raiser

o. Professor an der Universität Gießen

1977

Walter de Gruyter · Berlin · New York

CIP-Kurztitelaufnahme der Deutschen Bibliothek

Raiser, Thomas
Mitbestimmungsgesetz : nebst Wahlordnungen ;
Kommentar. – 1. Aufl. – Berlin, New York : de
Gruyter, 1977.
(Sammlung Guttentag)
ISBN 3-11-006931-8

Printed in Germany.

Druck: E. Kieser KG, Augsburg

Buchbindearbeiten: Lüderitz & Bauer, Buchgewerbe GmbH, Berlin 61

Vorwort

Der Kommentar verfolgt drei Ziele: Zum ersten ging es darum, eine handliche Anleitung für alle Aufsichtsratsmitglieder, Unternehmensleiter, Wahlvorstände, Gewerkschaftsvertreter, Anteilseigner und Arbeitnehmer zu verfassen, welche das Mitbestimmungsgesetz anzuwenden haben. Die Darstellung bemüht sich daher um Übersichtlichkeit, eine leicht verständliche Sprache und praxisnahe Argumentation. Im Zusammenhang mit den Wahlvorschriften des Gesetzes erläutert sie ausführlich auch die Wahlordnungen, deren Anwendung die erste große Aufgabe der Arbeitnehmervertretungen sein wird. In einem eigenen Abschnitt (Vorbemerkungen vor § 9) sind die Aufgaben der Wahlvorstände herausgearbeitet.

Eine konsensfähige Anwendung des Gestzes kann aber nur gelingen, wenn es wissenschaftlich ausgeleuchtet und auf ein gesichertes Fundament gestellt wird. Seine komplizierte Dialektik zwischen Parität der Gruppen im Aufsichtsrat und Übergewicht der Anteilseignerseite und sein systematisch noch nicht bewältigter Standort zwischen Arbeits-, Gesellschafts- und Unternehmensrecht werfen in dieser Hinsicht ungewöhnlich schwierige Probleme auf, die ein einzelner Universitätslehrer nicht allein lösen kann. So soll das Buch nicht nur seinen eigenen Beitrag zum wissenschaftlichen Fortschritt leisten, sondern auch als Hilfsmittel für andere dienen, die sich am juristischen Gespräch beteiligen. Es registriert die einschlägige Literatur nach Möglichkeit vollständig (Stand: 20. 5. 1977) und sucht sich mit ihr, wenngleich oft in kaum hinlänglicher Kürze, auseinanderzusetzen.

Die wissenschaftliche Konzeption soll schließlich als Hilfe bei der Entscheidung der zahlreichen Streitfragen dienen, die das Gesetz bereits aufgeworfen hat und welche die Gerichte beschäftigen werden. Dabei kommt es darauf an, unparteiische Lösungen zu finden, welche die Kooperation und nicht die Konfrontation der Sozialpartner betonen und die Leistungsfähigkeit der Unternehmen in einer marktwirtschaftlichen Ordnung fördern. Wo sich aus dem Gesetz widersprüchliche Leitgedanken ableiten lassen, haben pragmatische Überlegungen den Ausschlag gegeben.

Das Buch hätte ohne die tatkrätige Hilfe meiner Mitarbeiter nicht in so kurzer Zeit und in der erreichten Qualität entstehen können. Ich danke den Herren Dr. Damm, Hartmann, Vogel, Wiek und Wiesner für ihre unermüdliche wissenschaftliche und praktische Unterstützung,

Frau B. Cristina für die großartige Betreuung des Manuskripts. Zu danken habe ich ferner der großen Zahl von Praktikern und Fachkollegen, die mich auf Probleme aufmerksam gemacht haben, die einem am Schreibtisch nicht einfallen, und die durch ihren Sachverstand meine Gedanken beeinflußt haben. Für Kritik und weitere Anregungen bin ich stets dankbar.

Giessen, im Juni 1977
Licher Straße 76

Thomas Raiser

Inhaltsverzeichnis

Verzeichnis der abgedruckten Gesetzesvorschriften

Abkürzungsverzeichnis

ABG	Allgemeines Berggesetz für die Preußischen Staaten vom 24. 6. 1865 (GS S. 705)
AfP	Archiv für Presserecht
AG	Die Aktiengesellschaft. Zeitschrift für das gesamte Aktienwesen
AHK	Alliierte Hohe Kommission
AktG	Aktiengesetz vom 6. 9. 1965 (BGBl. I S. 1089)
AktG 1937	Aktiengesetz vom 30. 1. 1937 (RGBl. I S. 107)
AP	Arbeitsrechtliche Praxis
Arbeitgeber	Der Arbeitgeber. Offizielles Organ der Bundesvereinigung der Deutschen Arbeitgeberverbände
ArbGG	Arbeitsgerichtsgesetz vom 3. 9. 1953 (BGBl. I S. 1267)
AR-Blattei	Arbeitsrechtsblattei
AÜG	Arbeitnehmerüberlassungsgesetz vom 7. 8. 1972 (BGBl. I S. 1393)
AuR	Arbeit und Recht
AWD	Recht der Internationalen Wirtschaft – Außenwirtschaftsdienst des Betriebs-Beraters
BABl.	Bundesarbeitsblatt
BAG	Bundesarbeitsgericht
BAGE	Entscheidungen des Bundesarbeitsgerichts
Barz	Carl Hans Barz in Großkommentar zum Aktiengesetz, von Barz, Brönner, Klug u. a., 3. Aufl., Berlin 1970 ff.
Baumbach-Hueck, AktG	Adolf Baumbach, Alfred Hueck, Götz Hueck, Aktiengesetz, Kommentar, 13. Aufl. München 1968
Baumbach-Hueck, GmbHG	Adolf Baumbach, Alfred Hueck, GmbH-Gesetz, Kommentar, 13. Aufl. München 1970
BB	Der Betriebsberater
BdW	Blick durch die Wirtschaft
BetrVG	Betriebsverfassungsgesetz vom 15. 1. 1972 (BGBl. I S. 13)
BetrVG 1952	Betriebsverfassungsgesetz 1952 vom 11. 10. 1952 (BGBl. I S. 681)

BGBl. I (II)	Bundesgesetzblatt, Teil I (Teil II)
BGH	Bundesgerichtshof
BGHZ	Amtliche Sammlung der Entscheidungen des Bundesgerichtshofs in Zivilsachen
BlStSozArbR	Blätter für Steuerrecht, Sozialversicherung und Arbeitsrecht
Boldt, MontanMitbestG	Gerhard Boldt, Mitbestimmungsgesetz Eisen und Kohle, Kommentar, München und Berlin 1952
Boldt, MitbestEG	Gerhard Boldt, Mitbestimmungsergänzungsgesetz, Kommentar, München und Berlin 1957
BPersVertG	Bundespersonalvertretungsgesetz vom 15.3.1974 (BGBl. I S. 693)
BR-Drucks.	Drucksache des Bundesrats
Brecht	Hans-Theo Brecht, Kommentar zum Betriebsverfassungsgesetz nebst Wahlordnung, Herne, Berlin 1972
BT-Drucks.	Drucksache des Deutschen Bundestags
BUV	Betriebs- und Unternehmensverfassung, Fachzeit' schrift für Betriebsverfassungsorgane, Betriebs- und Unternehmensleitungen
BVerfG	Bundesverfassungsgericht
BVerfGE	Amtliche Sammlung der Entscheidungen des Bundesverfassungsgerichts
BVerwG	Bundesverwaltungsgericht
BVerwGE	Amtliche Sammlung der Entscheidungen des Bundesverwaltungsgerichts
Däubler	Wolfgang Däubler, Das Grundrecht auf Mitbestimmung, 3. Aufl. Frankfurt 1975
DB	Der Betrieb
Dietz	Rolf Dietz, Betriebsverfassungsgesetz mit Wahlordnung, Kommentar, 4. Aufl. Berlin 1967
Dietz-Richardi	Rolf Dietz, Reinhard Richardi, Kommentar zum Betriebsverfassungsgesetz, 5. Aufl. München 1973
Ebel-Weller	Herbert Ebel, Herbert Weller, Allgemeines Berggesetz (ABG), 2. Aufl. Berlin 1963
Eckardt	Ulrich Eckardt in Geßler-Hefermehl-Eckardt-Kropff, Aktiengesetz, Kommentar, München 1973 ff.
EGAktG	Einführungsgesetz zum Aktiengesetz vom 6. 9. 1965 (BGBl. I S. 1185)

Emmerich-Sonnenschein	Volker Emmerich, Jürgen Sonnenschein, Konzernrecht, München 1973
Erdmann-Jürging-Kammann	Ernst-Gerhard Erdmann, Claus Jürging, Karl-Udo Kammann, Betriebsverfassungsgesetz, Neuwied 1972
Fabricius	Fritz Fabricius, in Betriebsverfassungsgesetz, Gemeinschaftskommentar, Neuwied, Berlin 1975 ff.
FAZ	Frankfurter Allgemeine Zeitung
FGG	Gesetz über die Angelegenheiten der Freiwilligen Gerichtsbarkeit vom 17. 5. 1898 (RGBl. S. 189)
Fitting-Auffarth-Kaiser	Karl Fitting, Fritz Auffarth, Heinz Kaiser, Betriebsverfassungsgesetz, 11. Aufl. München 1974
Fitting-Wlotzke-Wißmann	Karl Fitting, Otfried Wlotzke, Hellmut Wißmann, Mitbestimmungsgesetz, München 1976
Galperin-Löwisch	Hans Galperin, Manfred Löwisch, Kommentar zum Betriebsverfassungsgesetz unter Mitarbeit von Rolf Marienhagen, 5. Aufl. Heidelberg 1975-1976
Galperin-Siebert	Hans Galperin, Wolfgang Siebert, Kommentar zum Betriebsverfassungsgesetz, 4. Aufl. Heidelberg 1963
Gem.-Komm. BetrVG	Betriebsverfassungsgesetz, Gemeinschaftskommentar von Fritz Fabricius, Alfons Kraft, Wolfgang Thiele, Günther Wiese, Neuwied, Berlin 1974 ff.
Gem.-Komm. MitbestG	Mitbestimmungsgesetz, Gemeinschaftskommentar, herausgegeben von Fritz Fabricius, Berlin, Neuwied 1976 ff.
GenG	Gesetz betreffend die Erwerbs- und Wirtschaftsgenossenschaften vom 1. 5. 1889 (RGBl. S. 55)
Geßler	Ernst Geßler in Geßler-Hefermehl-Eckardt-Kropff, Aktiengesetz, Kommentar, München 1973 ff.
GG	Grundgesetz für die Bundesrepublik Deutschland vom 23. 5. 1949 (BGBl. S. 1)
GmbHG	Gesetz betreffend die Gesellschaften mit beschränkter Haftung vom 20. 4. 1892 (RGBl. S. 477)
GmbH-Rdsch.	GmbH-Rundschau
Gnade-Kehrmann-Schneider	Albert Gnade, Karl Kehrmann, Wolfgang Wolfgang Schneider, Betriebsverfassungsgesetz, Köln 1972

Godin-Wilhelmi	Aktiengesetz, Kommentar, begründet von Frhr. von Godin und Hans Wilhelmi, neubearbeitet von Sylvester Wilhelmi, Bd. I und II, 4. Aufl. Berlin 1971
Großkomm. AktG	Großkommentar zum Aktiengesetz, von Barz, Brönner, Klug u.a., 3. Aufl. Berlin 1970 ff.
Großkomm. HGB	Handelsgesetzbuch, Großkommentar, 2. Band, 1. Halbband, 3. Aufl. Berlin, New York 1967-1973, bearbeitet von Robert Fischer und Peter Ulmer; 2. Band, 2. Halbband, 3. Aufl. Berlin, New York 1970, bearbeitet von Wolfgang Schilling
GVBl.	Gesetz und Verordnungsblatt
GVG	Gerichtsverfassungsgesetz i.d.F. vom 9. 5. 1975 (BGBl. I S. 1077)
Haberland-Seiler	Jürgen Haberland, Dietmar Seiler, Mitbestimmungsgesetz, Leverkusen 1976
Hachenburg – Bearb.	Max Hachenburg, GmbH-Gesetz, 7. Aufl. Band 1, Berlin, New York 1975, bearbeitet von Peter Behrens, Wolfgang Schilling, Peter Ulmer; 6. Aufl. Band 2, Berlin 1959, bearbeitet von Walter Schmidt, Wolfgang Schilling, Ulrich Klug, Reinhard Goerdeler
Hefermehl	Wolfgang Hefermehl in Geßler-Hefermehl-Eckardt-Kropff, Aktiengesetz, Kommentar, München 1973 ff.
HGB	Handelsgesetzbuch vom 10. 5. 1897 (RGBl.S. 219)
Hueck-Nipperdey	Alfred Hueck, Hans-Carl Nipperdey, Lehrbuch des Arbeitsrechts, unter Mitarbeit von Franz-Jürgen Säcker, 7. Aufl. Berlin, Frankfurt 1963-1970
Jaeger	Konkursordnung, 8. Aufl., 2. Bd., 2. Halbband, 1973, bearbeitet von Weber, Jahr, Klug
JR	Juristische Rundschau
JurA	Juristische Analysen
JZ	Juristenzeitung
KGaA	Kommanditgesellschaft auf Aktien
Köln.-Komm.	Kölner Kommentar zum Aktiengesetz, herausgegeben von Wolfgang Zöllner, Köln 1970 ff.
Kötter, MontanMitbestG	Hans-Wilhelm Kötter, Mitbestimmungsrecht, Kommentar, Berlin 1952
Kötter, MitbestEG	Hans Wilhelm Kötter, Mitbestimmungs-Ergänzungsgesetz, Kommentar, Berlin 1958
Kraft	Alfons Kraft, in Betriebsverfassungsgesetz,

	Gemeinschaftskommentar, Neuwied, Berlin 1975 ff.
Kropff, AktG	Bruno Kropff in Geßler-Hefermehl-Eckardt-Kropff, Aktiengesetz, Kommentar, München 1973 ff.
Kropff, RegE	Bruno Kropff, Aktiengesetz, Textausgabe mit Begründung des Regierungsentwurfs, Bericht des Rechtsausschusses, Düsseldorf 1965
KSchG	Kündigungsschutzgesetz i.d.F. vom 25. 8. 1969 (BGBl. I S. 1317)
LAG	Landesarbeitsgericht
Lang-Weidmüller	Lang-Weidmüller, Kommentar zum Genossenschaftsgesetz, bearbeitet von Horst Baumann, Egon Metz, Wolfgang Kessel, 30. Aufl. Berlin 1974
Lehmann-Dietz	Heinrich Lehmann, Rolf Dietz, Gesellschaftsrecht, 3. Aufl. Berlin, Frankfurt 1970
Lehmann-Heinsius	Aktienrecht und Mitbestimmung, 3. Aufl. Niederkassel-Mondorf 1976
LG	Landgericht
Meilicke-Meilicke	Heinz Meilicke, Wienand Meilicke, Kommentar zum Mitbestimmungsgesetz 1976, Heidelberg 1976
Mertens	Hans-Joachim Mertens, in Kölner Kommentar zum Aktiengesetz, Bd. I, Köln 1970 und 1973
Meyer-Landrut	Joachim Meyer-Landrut, in Großkommentar zum Aktiengesetz, von Barz, Brönner, Klug u.a., 3. Aufl. Berlin 1970 ff.
Meyer-Meulenbergh	Emil Heinrich Meyer, Gottfried Meulenbergh, Genossenschaftsgesetz, 11. Aufl. München 1970
Miesbach-Engelhardt	Hermann Miesbach, Dieter Engelhardt, B Bergrecht, Berlin 1962
MitbestEG	Mitbestimmungs-Ergänzungsgesetz vom 7. 8. 1956 (BGBl. I S. 707)
MitbestG	Mitbestimmungsgesetz vom 4. 5. 1976 (BGBl. I S. 1153)
Mitbestimmungsgespräch	Das Mitbestimmungsgespräch; Herausgeber: Hans-Böckler-Gesellschaft e.V.
Möhring-Schwartz	Philipp Möhring, Gustav Schwartz, Die Aktiengesellschaft und ihre Satzung, 2. Aufl. neu bearbeitet von Heinz Rowedder, Helmut Haberlandt, 1966

Möhring-Tank	Philipp Möhring, Gerhard Tank, in Handbuch der Aktiengesellschaft, Bd. I, Köln 1967 ff.
MontanMitbestG	Montan-Mitbestimmungsgesetz vom 21. 5. 1951 (BGBl. I S. 347), i.d.F. vom 6. 9. 1965 (BGBl. I S. 1185)
Müller	Klaus Müller, Kommentar zum Gesetz betreffend die Erwerbs- und Wirtschaftsgenossenschaften, Erster Band, Bielefeld 1976
Müller-Lehmann MontanMitbestG	Gerhard Müller, Rudolf Lehmann, Kommentar zum Mitbestimmungsgesetz Bergbau und Eisen, Heidelberg 1952
Nikisch	Arthur Nikisch, Arbeitsrecht, Bd. I, 3. Aufl. Tübingen 1961; Bd. II und III, 2. Aufl. Tübingen 1959 und 1966
NJW	Neue Juristische Wochenschrift
Obermüller-Werner-Winden	Walter Obermüller, Winfried Werner, Kurt Winden, Aktiengesetz 1965, Stuttgart 1965
OLG	Oberlandesgericht
Paulick	Heinz Paulick, Das Recht der eingetragenen Genossenschaft, Karlsruhe 1956
PrABG	Allgemeines Berggesetz für die Preußischen Staaten vom 24. 6. 1865 (GS S. 705)
Prot.	Protokoll
Quelle	Die Quelle, Funktionär-Zeitschrift des Deutschen Gewerkschaftsbundes
RabelsZ	Zeitschrift für ausländisches und internationales Privatrecht
RdA	Recht der Arbeit
RegE	Regierungsentwurf
Reinhardt	Rudolf Reinhardt, Gesellschaftsrecht, Tübingen 1973
RGBl.	Reichsgesetzblatt
RGZ	Amtliche Sammlung der Entscheidungen des Reichsgerichts in Zivilsachen
RIW/AWD	Recht der internationelen Wirtschaft/ Außenwirtschaftsdienst des Betriebs-Beraters
SAE	Sammlung arbeitsrechtlicher Entscheidungen
Schilling	Wolfgang Schilling, in Großkommentar zum Aktiengesetz von Barz, Brönner, Klug u.a., 3. Aufl. Berlin 1970 ff.
SeemG	Seemannsgesetz vom 26. 7. 1957 (BGBl. II S. 713)
Staudinger	Julius von Staudinger, Kommentar zum Bürgerlichen Gesetzbuch, II. Band, 3. Teil, erläutert von

	Nipperdey, Mohnen, Neumann, Riedel, 11. Aufl. Berlin 1958
Thiele	Wolfgang Thiele, in Betriebsverfassungsgesetz, Gemeinschaftskommentar, Neuwied, Berlin 1975 ff.
VVaG	Versicherungsverein auf Gegenseitigkeit
Wiese	Günther Wiese, in Betriebsverfassungsgesetz, Gemeinschaftskommentar, Neuwied, Berlin 1975 ff.
WM	Wertpapiermitteilungen
1. WO	1. Wahlordnung zum Mitbestimmungsgesetz
2. WO	2. Wahlordnung zum Mitbestimmungsgesetz
3. WO	3. Wahlordnung zum Mitbestimmungsgesetz
WPg	Die Wirtschaftsprüfung; Betriebswirtschaftliches Archiv und Fachorgan für das wirtschaftliche Prüfungs- und Treuhandwesen
Würdinger	Hans Würdinger, Aktien- und Konzernrecht, 3. Aufl. Karlsruhe 1973
WuW	Wirtschaft und Wettbewerb
ZfA	Zeitschrift für Arbeitsrecht
ZfgG	Zeitschrift für das gesamte Genossenschaftswesen
ZGR	Zeitschrift für Unternehmens- und Gesellschaftsrecht
ZgStW	Zeitschrift für die gesamte Staatswissenschaft
ZHR	Zeitschrift für das gesamte Handelsrecht und Wirtschaftsrecht
ZPO	Zivilprozeßordnung i.d.F. vom 12. 9. 1950 (BGBl. I S. 533)
ZRP	Zeitschrift für Rechtspolitik

Gesetz
über die Mitbestimmung der Arbeitnehmer
(Mitbestimmungsgesetz – MitbestG)

Vom 4. Mai 1976

(BGBl. I S. 1153)

Wortlaut des Gesetzes

ERSTER TEIL
Geltungsbereich

§ 1
Erfaßte Unternehmen

(1) In Unternehmen, die

1. in der Rechtsform einer Aktiengesellschaft, einer Kommanditgesellschaft auf Aktien, einer Gesellschaft mit beschränkter Haftung, einer bergrechtlichen Gewerkschaft mit eigener Rechtspersönlichkeit oder einer Erwerbs- und Wirtschaftsgenossenschaft betrieben werden und
2. in der Regel mehr als 2000 Arbeitnehmer beschäftigen,

haben die Arbeitnehmer ein Mitbestimmungsrecht nach Maßgabe dieses Gesetzes.

(2) Dieses Gesetz ist nicht anzuwenden auf die Mitbestimmung in Organen von Unternehmen, in denen die Arbeitnehmer nach

1. dem Gesetz über die Mitbestimmung der Arbeitnehmer in den Aufsichtsräten und Vorständen der Unternehmen des Bergbaus und der Eisen und Stahl erzeugenden Industrie vom 21. Mai 1951 (Bundesgesetzbl. I S. 347) – Montan-Mitbestimmungsgesetz –, zuletzt geändert durch das Einführungsgesetz zum Aktiengesetz vom 6. September 1965 (Bundesgesetzbl. I S. 1185), oder
2. dem Gesetz zur Ergänzung des Gesetzes über die Mitbestimmung der Arbeitnehmer in den Aufsichtsräten und Vorständen der Unternehmen des Bergbaus und der Eisen und Stahl erzeugenden Industrie vom 7. August 1956 (Bundesgesetzbl. I S. 707) – Mitbestimmungsergänzungsgesetz –, zuletzt geändert durch das Gesetz zur Änderung

des Gesetzes zur Ergänzung des Gesetzes über die Mitbestimmung der Arbeitnehmer in den Aufsichtsräten und Vorständen der Unternehmen des Bergbaus und der Eisen und Stahl erzeugenden Industrie vom 27. April 1967 (Bundesgesetzbl. I S. 505),
ein Mitbestimmungsrecht haben.

(3) Die Vertretung der Arbeitnehmer in den Aufsichtsräten von Unternehmen, in denen die Arbeitnehmer nicht nach Absatz 1 oder nach den in Absatz 2 bezeichneten Gesetzen ein Mitbestimmungsrecht haben, bestimmt sich nach den Vorschriften des Betriebsverfassungsgesetzes 1952 (Bundesgesetzbl. I S. 681), zuletzt geändert durch das Betriebsverfassungsgesetz vom 15. Januar 1972 (Bundesgesetzbl. I S. 13).

(4) Dieses Gesetz ist nicht anzuwenden auf Unternehmen, die unmittelbar und überwiegend

1. politischen, koalitionspolitischen, konfessionellen, karitativen, erzieherischen, wissenschaftlichen oder künstlerischen Bestimmungen oder
2. Zwecken der Berichterstattung oder Meinungsäußerung, auf die Artikel 5 Abs. 1 Satz 2 des Grundgesetzes anzuwenden ist,

dienen. Dieses Gesetz ist nicht anzuwenden auf Religionsgemeinschaften und ihre karitativen und erzieherischen Einrichtungen unbeschadet deren Rechtsform.

§ 2
Anteilseigner

Anteilseigner im Sinne dieses Gesetzes sind je nach der Rechtsform der in § 1 Abs. 1 Nr. 1 bezeichneten Unternehmen Aktionäre, Gesellschafter , Gewerken oder Genossen.

§ 3
Arbeitnehmer

(1) Arbeitnehmer im Sinne dieses Gesetzes sind Arbeiter und Angestellte. Die in § 5 Abs. 2 des Betriebsverfassungsgesetzes bezeichneten Personen sind keine Arbeitnehmer im Sinne dieses Gesetzes.

(2) Arbeiter im Sinne dieses Gesetzes sind die in § 6 Abs. 1 des Betriebsverfassungsgesetzes bezeichneten Arbeitnehmer.

(3) Angestellte im Sinne dieses Gesetzes sind

1. die in § 6 Abs. 2 des Betriebsverfassungsgesetzes bezeichneten Arbeitnehmer mit Ausnahme der in § 5 Abs. 3 des Betriebsverfassungsgesetzes bezeichneten leitenden Angestellten,
2. die in § 5 Abs. 3 des Betriebsverfassungsgesetzes bezeichneten leitenden Angestellten.

§ 4
Kommanditgesellschaft

(1) Ist ein in § 1 Abs. 1 Nr. 1 bezeichnetes Unternehmen persönlich haftender Gesellschafter einer Kommanditgesellschaft und hat die

Mehrheit der Kommanditisten dieser Kommanditgesellschaft, berechnet nach der Mehrheit der Anteile oder der Stimmen, die Mehrheit der Anteile oder der Stimmen in dem Unternehmen des persönlich haftenden Gesellschafters inne, so gelten für die Anwendung dieses Gesetzes auf den persönlich haftenden Gesellschafter die Arbeitnehmer der Kommanditgesellschaft als Arbeitnehmer des persönlich haftenden Gesellschafters, sofern nicht der persönlich haftende Gesellschafter einen eigenen Geschäftsbetrieb mit in der Regel mehr als 500 Arbeitnehmern hat. Ist die Kommanditgesellschaft persönlich haftender Gesellschafter einer anderen Kommanditgesellschaft, so gelten auch deren Arbeitnehmer als Arbeitnehmer des in § 1 Abs. 1 Nr. 1 bezeichneten Unternehmens. Dies gilt entsprechend, wenn sich die Verbindung von Kommanditgesellschaften in dieser Weise fortsetzt.

(2) Das Unternehmen kann von der Führung der Geschäfte der Kommanditgesellschaft nicht ausgeschlossen werden.

§ 5
Konzern

(1) Ist ein in § 1 Abs. 1 Nr. 1 bezeichnetes Unternehmen herrschendes Unternehmen eines Konzerns (§ 18 Abs. 1 des Aktiengesetzes), so gelten für die Anwendung dieses Gesetzes auf das herrschende Unternehmen die Arbeitnehmer der Konzernunternehmen als Arbeitnehmer des herrschenden Unternehmens. Dies gilt auch für die Arbeitnehmer eines in § 1 Abs. 1 Nr. 1 bezeichneten Unternehmens, das persönlich haftender Gesellschafter eines abhängigen Unternehmens (§ 18 Abs. 1 des Aktiengesetzes) in der Rechtsform einer Kommanditgesellschaft ist.

(2) Ist eine Kommanditgesellschaft, bei der für die Anwendung dieses Gesetzes auf den persönlich haftenden Gesellschafter die Arbeitnehmer der Kommanditgesellschaft nach § 4 Abs. 1 als Arbeitnehmer des persönlich haftenden Gesellschafters gelten, herrschendes Unternehmen eines Konzerns (§ 18 Abs. 1 des Aktiengesetzes), so gelten für die Anwendung dieses Gesetzes auf den persönlich haftenden Gesellschafter der Kommanditgesellschaft die Arbeitnehmer der Konzernunternehmen als Arbeitnehmer des persönlich haftenden Gesellschafters. Absatz 1 Satz 2 sowie § 4 Abs. 2 sind entsprechend anzuwenden.

(3) Stehen in einem Konzern die Konzernunternehmen unter der einheitlichen Leitung eines anderen als eines in Absatz 1 oder 2 bezeichneten Unternehmens, beherrscht aber die Konzernleitung über ein in Absatz 1 oder 2 bezeichnetes Unternehmen oder über mehrere solcher Unternehmen andere Konzernunternehmen, so gelten die in Absatz 1 oder 2 bezeichneten und der Konzernleitung am nächsten stehenden

Unternehmen, über die die Konzernleitung andere Konzernunternehmen beherscht, für die Anwendung dieses Gesetzes als herrschende Unternehmen.

ZWEITER TEIL
Aufsichtsrat

ERSTER ABSCHNITT
Bildung und Zusammensetzung

§ 6
Grundsatz

(1) Bei den in § 1 Abs. 1 bezeichneten Unternehmen ist ein Aufsichtsrat zu bilden, soweit sich dies nicht schon aus anderen gesetzlichen Vorschriften ergibt.

(2) Die Bildung und die Zusammensetzung des Aufsichtsrats sowie die Bestellung und die Abberufung seiner Mitglieder bestimmen sich nach den §§ 7 bis 24 dieses Gesetzes und, soweit sich dies nicht schon aus anderen gesetzlichen Vorschriften ergibt, nach § 96 Abs. 2, den §§ 97 bis 101 Abs. 1 und 3 und den §§ 102 bis 106 des Aktiengesetzes mit der Maßgabe, daß die Wählbarkeit eines Prokuristen als Aufsichtsratsmitglied der Arbeitnehmer nur ausgeschlossen ist, wenn dieser dem zur gesetzlichen Vertretung des Unternehmens befugten Organ unmittelbar unterstellt und zur Ausübung der Prokura für den gesamten Geschäftsbereich des Organs ermächtigt ist. Andere gesetzliche Vorschriften und Bestimmungen der Satzung (des Gesellschaftsvertrags, des Statuts) über die Zusammensetzung des Aufsichtsrats sowie über die Bestellung und die Abberufung seiner Mitglieder bleiben unberührt, soweit Vorschriften dieses Gesetzes dem nicht entgegenstehen.

(3) Auf Erwerbs- und Wirtschaftsgenossenschaften sind die §§ 100, 101 Abs. 1 und 3 und die §§ 103 und 106 des Aktiengesetzes nicht anzuwenden. Auf die Aufsichtsratsmitglieder der Arbeitnehmer ist § 9 Abs. 2 des Gesetzes betreffend die Erwerbs- und Wirtschaftsgenossenschaften nicht anzuwenden.

§ 7
Zusammensetzung des Aufsichtsrats

(1) Der Aufsichtsrat eines Unternehmens

1. mit in der Regel nicht mehr als 10000 Arbeitnehmern setzt sich zusammen aus je sechs Aufsichtsratsmitgliedern der Anteilseigner und der Arbeitnehmer;
2. mit in der Regel mehr als 10000, jedoch nicht mehr als 20000 Arbeit-

nehmern setzt sich zusammen aus je acht Aufsichtsratsmitgliedern der Anteilseigner und der Arbeitnehmer;
3. mit in der Regel mehr als 20000 Arbeitnehmern setzt sich zusammen aus je zehn Aufsichtsratsmitgliedern der Anteilseigner und der Arbeitnehmer.

Bei den in Satz 1 Nr. 1 bezeichneten Unternehmen kann die Satzung (der Gesellschaftsvertrag, das Statut) bestimmen, daß Satz 1 Nr. 2 oder 3 anzuwenden ist. Bei den in Satz 1 Nr. 2 bezeichneten Unternehmen kann die Satzung (der Gesellschaftsvertrag, das Statut) bestimmen, daß Satz 1 Nr. 3 anzuwenden ist.

(2) Unter den Aufsichtsratsmitgliedern der Arbeitnehmer müssen sich befinden
1. in einem Aufsichtsrat, dem sechs Aufsichtsratsmitglieder der Arbeitnehmer angehören, vier Arbeitnehmer des Unternehmens und zwei Vertreter von Gewerkschaften;
2. in einem Aufsichtsrat, dem acht Aufsichtsratsmitglieder der Arbeitnehmer angehören, sechs Arbeitnehmer des Unternehmens und zwei Vertreter von Gewerkschaften;
3. in einem Aufsichtsrat, dem zehn Aufsichtsratsmitglieder der Arbeitnehmer angehören, sieben Arbeitnehmer des Unternehmens und drei Vertreter von Gewerkschaften.

(3) Die in Absatz 2 bezeichneten Arbeitnehmer des Unternehmens müssen das 18. Lebensjahr vollendet haben, ein Jahr dem Unternehmen angehören und die weiteren Wählbarkeitsvoraussetzungen des § 8 des Betriebsverfassungsgesetzes erfüllen.

(4) Die in Absatz 2 bezeichneten Gewerkschaften müssen in dem Unternehmen selbst oder in einem anderen Unternehmen vertreten sein, dessen Arbeitnehmer nach diesem Gesetz an der Wahl von Aufsichtsratsmitgliedern des Unternehmens teilnehmen.

ZWEITER ABSCHNITT
Bestellung der Aufsichtsratsmitglieder

ERSTER UNTERABSCHNITT
Aufsichtsratsmitglieder der Anteilseigner

§ 8

(1) Die Aufsichtsratsmitglieder der Anteilseigner werden durch das nach Gesetz, Satzung, Gesellschaftsvertrag oder Statut zur Wahl von Mitgliedern des Aufsichtsrats befugte Organ (Wahlorgan) und, soweit gesetzliche Vorschriften dem nicht entgegenstehen, nach Maßgabe der Satzung, des Gesellschaftsvertrags oder des Statuts bestellt.

(2) § 101 Abs. 2 des Aktiengesetzes bleibt unberührt.

ZWEITER UNTERABSCHNITT
Aufsichtsratsmitglieder der Arbeitnehmer, Grundsatz

§ 9

(1) Die Aufsichtsratsmitglieder der Arbeitnehmer (§ 7 Abs. 2) eines Unternehmens mit in der Regel mehr als 8000 Arbeitnehmern werden durch Wahlmänner gewählt, sofern nicht die wahlberechtigten Arbeitnehmer die unmittelbare Wahl beschließen.

(2) Die Aufsichtsratsmitglieder der Arbeitnehmer (§ 7 Abs. 2) eines Unternehmens mit in der Regel nicht mehr als 8000 Arbeitnehmern werden in unmittelbarer Wahl gewählt, sofern nicht die wahlberechtigten Arbeitnehmer die Wahl durch Wahlmänner beschließen.

(3) Zur Abstimmung darüber, ob die Wahl durch Wahlmänner oder unmittelbar erfolgen soll, bedarf es eines Antrags, der von einem Zwanzigstel der wahlberechtigten Arbeitnehmer des Unternehmens unterzeichnet sein muß. Die Abstimmung ist geheim. Ein Beschluß nach Absatz 1 oder 2 kann nur unter Beteiligung von mindestens der Hälfte der wahlberechtigten Arbeitnehmer und nur mit der Mehrheit der abgegebenen Stimmen gefaßt werden.

DRITTER UNTERABSCHNITT
Wahl der Aufsichtsratsmitglieder der Arbeitnehmer durch Wahlmänner

§ 10
Wahl der Wahlmänner

(1) In jedem Betrieb des Unternehmens wählen die Arbeiter (§ 3 Abs. 2) und die Angestellten (§ 3 Abs. 3) in getrennter Wahl, geheim und nach den Grundsätzen der Verhältniswahl Wahlmänner. Auf Nebenbetriebe und Betriebsteile sind § 4 des Betriebsverfassungsgesetzes und nach § 3 Abs. 1 Nr. 3 des Betriebsverfassungsgesetzes in Tarifverträgen getroffene Regelungen über die Zuordnung von Betriebsteilen und Nebenbetrieben anzuwenden.

(2) Abweichend von Absatz 1 werden die Wahlmänner in gemeinsamer Wahl gewählt, wenn die wahlberechtigten Arbeiter und Angestellten des Betriebs dies in getrennten, geheimen Abstimmungen beschließen. Beschlüsse nach Satz 1 können jeweils nur auf Antrag eines Zwanzigstels und unter Beteiligung von mindestens der Hälfte der wahlberechtigten Gruppenangehörigen sowie nur mit der Mehrheit der abgegebenen Stimmen gefaßt werden.

(3) Wahlberechtigt für die Wahl von Wahlmännern sind die Arbeitnehmer des Unternehmens, die das 18. Lebensjahr vollendet haben.

(4) Zu Wahlmännern wählbar sind die in Absatz 3 bezeichneten

Arbeitnehmer, die die weiteren Wählbarkeitsvoraussetzungen des § 8 des Betriebsverfassungsgesetzes erfüllen.

(5) Wird für einen Wahlgang nur ein Wahlvorschlag gemacht, so gelten die darin aufgeführten Arbeitnehmer in der angegebenen Reihenfolge als gewählt. § 11 Abs. 2 ist anzuwenden.

§ 11
Errechnung der Zahl der Wahlmänner

(1) In jedem Betrieb entfällt auf je 60 wahlberechtigte Arbeitnehmer ein Wahlmann. Ergibt die Errechnung nach Satz 1 in einem Betrieb für eine Gruppe mehr als

1. 30 Wahlmänner, so vermindert sich die Zahl der zu wählenden Wahlmänner auf die Hälfte; diese Wahlmänner erhalten je zwei Stimmen;
2. 90 Wahlmänner, so vermindert sich die Zahl der zu wählenden Wahlmänner auf ein Drittel; diese Wahlmänner erhalten je drei Stimmen;
3. 150 Wahlmänner, so vermindert sich die Zahl der zu wählenden Wahlmänner auf ein Viertel; diese Wahlmänner erhalten je vier Stimmen.

Bei der Errechnung der Zahl der Wahlmänner werden Teilzahlen voll gezählt, wenn sie mindestens die Hälfte der vollen Zahl betragen.

(2) Die Arbeiter und die Angestellten müssen unter den Wahlmännern in jedem Betrieb entsprechend ihrem zahlenmäßigen Verhältnis vertreten sein. Unter den Wahlmännern der Angestellten müssen die in § 3 Abs. 3 Nr. 1 bezeichneten Angestellten und die leitenden Angestellten entsprechend ihrem zahlenmäßigen Verhältnis vertreten sein. Sind in einem Betrieb mindestens neun Wahlmänner zu wählen, so entfällt auf die Arbeiter, die in § 3 Abs. 3 Nr. 1 bezeichneten Angestellten und die leitenden Angestellten mindestens je ein Wahlmann; dies gilt nicht, soweit in dem Betrieb nicht mehr als fünf Arbeiter, in § 3 Abs. 3 Nr. 1 bezeichnete Angestellte oder leitende Angestellte wahlberechtigt sind. Soweit auf die Arbeiter, die in § 3 Abs. 3 Nr. 1 bezeichneten Angestellten und die leitenden Angestellten lediglich nach Satz 3 Wahlmänner entfallen, vermehrt sich die nach Absatz 1 errechnete Zahl der Wahlmänner des Betriebs entsprechend.

(3) Soweit nach Absatz 2 auf die Arbeiter, die in § 3 Abs. 3 Nr. 1 bezeichneten Angestellten und die leitenden Angestellten eines Betriebs nicht mindestens je ein Wahlmann entfällt, gelten diese für die Wahl der Wahlmänner als Arbeitnehmer des Betriebs der Hauptniedelassung des Unternehmens. Soweit nach Absatz 2 und nach Satz 1 auf die Arbeiter, die in § 3 Abs. 3 Nr. 1 bezeichneten Angestellten und die leitenden Angestellten des Betriebs der Hauptniederlassung nicht mindestens je ein Wahlmann entfällt, gelten diese für die Wahl der Wahlmänner als

Arbeitnehmer des nach der Zahl der wahlberechtigten Arbeitnehmer größten Betriebs des Unternehmens.

(4) Entfällt auf einen Betrieb kein Wahlmann, so ist Absatz 3 entsprechend anzuwenden.

(5) Die Eigenschaft eines Wahlmannes als Wahlmann der Arbeiter oder der Angestellten bleibt bei einem Wechsel der Gruppenzugehörigkeit erhalten. Satz 1 ist entsprechend anzuwenden, wenn ein Wahlmann der Angestellten seine Eigenschaft als in § 3 Abs. 3 Nr. 1 bezeichneter Angestellter oder leitender Angestellter wechselt.

§ 12
Wahlvorschläge für Wahlmänner

(1) Zur Wahl der Wahlmänner können die wahlberechtigten Arbeitnehmer des Betriebs Wahlvorschläge machen. Jeder Wahlvorschlag für Wahlmänner

1. der Arbeiter muß von einem Zehntel oder 100 der wahlberechtigten Arbeiter,
2. der Angestellten, die auf die in § 3 Abs. 3 Nr. 1 bezeichneten Angestellten entfallen, muß von einem Zehntel oder 100 der wahlberechtigten in § 3 Abs. 3 Nr. 1 bezeichneten Angestellten,
3. der Angestellten, die auf die leitenden Angestellten entfallen, muß von einem Zehntel oder 100 der wahlberechtigten leitenden Angestellten

des Betriebs unterzeichnet sein.

(2) Jeder Wahlvorschlag soll mindestens doppelt so viele Bewerber enthalten, wie in dem Wahlgang Wahlmänner zu wählen sind.

§ 13
Amtszeit der Wahlmänner

(1) Die Wahlmänner werden für eine Zeit gewählt, die der Amtszeit der von ihnen zu wählenden Aufsichtsratsmitglieder entspricht. Sie nehmen die ihnen nach den Vorschriften dieses Gesetzes zustehenden Aufgaben und Befugnisse bis zur Einleitung der Neuwahl der Aufsichtsratsmitglieder der Arbeitnehmer wahr.

(2) In den Fällen des § 9 Abs. 1 endet die Amtszeit der Wahlmänner, wenn

1. die wahlberechtigten Arbeitnehmer nach § 9 Abs. 1 die unmittelbare Wahl beschließen;
2. das Unternehmen nicht mehr die Voraussetzungen für die Anwendung des § 9 Abs. 1 erfüllt, es sei denn, die wahlberechtigten Arbeitnehmer beschließen, daß die Amtszeit bis zu dem in Absatz 1 genannten Zeitpunkt fortdauern soll; § 9 Abs. 3 ist entsprechend anzuwenden.

(3) In den Fällen des § 9 Abs. 2 endet die Amtszeit der Wahlmänner, wenn die wahlberechtigten Arbeitnehmer die unmittelbare Wahl beschließen; § 9 Abs. 3 ist anzuwenden.

(4) Abweichend von Absatz 1 endet die Amtszeit der Wahlmänner eines Betriebs, wenn nach Eintreten aller Ersatzmänner des Wahlvorschlags, dem die zu ersetzenden Wahlmänner angehören, die Gesamtzahl der Wahlmänner des Betriebs unter die im Zeitpunkt ihrer Wahl vorgeschriebene Zahl der auf den Betrieb entfallenden Wahlmänner gesunken ist.

§ 14
Vorzeitige Beendigung der Amtszeit oder Verhinderung von Wahlmännern

(1) Die Amtszeit eines Wahlmannes endet vor dem in § 13 bezeichneten Zeitpunkt

1. durch Niederlegung des Amtes,
2. durch Beendigung der Beschäftigung des Wahlmannes in dem Betrieb, dessen Wahlmann er ist,
3. durch Verlust der Wählbarkeit.

(2) Endet die Amtszeit eines Wahlmannes vorzeitig oder ist er verhindert, so tritt an seine Stelle ein Ersatzmann. Die Ersatzmänner werden der Reihe nach aus den nicht gewählten Arbeitnehmern derjenigen Wahlvorschläge entnommen, denen die zu ersetzenden Wahlmänner angehören.

§ 15
Wahl der unternehmensangehörigen Aufsichtsratsmitglieder der Arbeitnehmer

(1) Die Wahlmänner wählen die Aufsichtsratsmitglieder, die nach § 7 Abs. 2 Arbeitnehmer des Unternehmens sein müssen, geheim und nach den Grundsätzen der Verhältniswahl für die Zeit, die im Gesetz oder in der Satzung (im Gesellschaftsvertrag, im Statut) für die durch das Wahlorgan der Anteilseigner zu wählenden Mitglieder des Aufsichtsrats bestimmt ist.

(2) Unter den nach Absatz 1 zu wählenden Mitgliedern des Aufsichtsrats müssen sich Arbeiter und Angestellte entsprechend ihrem zahlenmäßigen Verhältnis im Unternehmen befinden. Unter den Aufsichtsratsmitgliedern der Angestellten müssen sich in § 3 Abs. 3 Nr. 1 bezeichnete Angestellte und leitende Angestellte entsprechend ihrem zahlenmäßigen Verhältnis befinden. Dem Aufsichtsrat müssen mindestens ein Arbeiter, ein in § 3 Abs. 3 Nr. 1 bezeichneter Angestellter und ein leitender Angestellter angehören.

(3) Die Aufsichtratsmitglieder der Arbeiter werden von den Wahlmännern der Arbeiter, die Aufsichtsratsmitglieder der Angestellten von

den Wahlmännern der Angestellten gewählt. Abweichend von Satz 1 werden die Mitglieder des Aufsichtsrats in gemeinsamer Wahl gewählt, wenn die Wahlmänner der Arbeiter und die Wahlmänner der Angestellten dies in getrennten, geheimen Abstimmungen beschließen; § 10 Abs. 2 Satz 2 ist entsprechend anzuwenden.

(4) Die Wahl erfolgt auf Grund von Wahlvorschlägen. Jeder Wahlvorschlag für

1. Aufsichtsratsmitglieder der Arbeiter muß von einem Fünftel oder 100 der wahlberechtigten Arbeiter des Unternehmens unterzeichnet sein;
2. Aufsichtsratsmitglieder der Angestellten, die auf die in § 3 Abs. 3 Nr. 1 bezeichneten Angestellten entfallen, muß von einem Fünftel oder 100 der wahlberechtigten in § 3 Abs. 3 Nr. 1 bezeichneten Angestellten des Unternehmens unterzeichnet sein;
3. Aufsichtsratsmitglieder der Angestellten, die auf die leitenden Angestellten entfallen, wird auf Grund von Abstimmungsvorschlägen durch Beschluß der wahlberechtigten leitenden Angestellten aufgestellt. Jeder Abstimmungsvorschlag muß von einem Zwanzigstel oder 50 der wahlberechtigten leitenden Angestellten unterzeichnet sein. Der Beschluß wird in geheimer Abstimmung mit der Mehrheit der abgegebenen Stimmen gefaßt. Soweit diese Mehrheit nicht für die in Absatz 5 Satz 3 vorgeschriebene Anzahl von Bewerbern erreicht wird, findet eine zweite Abstimmung statt, für die neue Abstimmungsvorschläge gemacht werden können. Nach der zweiten Abstimmung sind so viele Bewerber, wie nach der ersten Abstimmung an der in Absatz 5 Satz 3 vorgeschriebenen Anzahl von Bewerbern fehlen, nach der Reihenfolge der auf sie entfallenden Stimmenzahlen in den Wahlvorschlag aufzunehmen. Bei den Abstimmungen hat jeder leitende Angestellte so viele Stimmen, wie durch sie für den Wahlvorschlag nach Absatz 5 Satz 3 Bewerber zu benennen sind.

(5) Abweichend von Absatz 1 findet Mehrheitswahl statt, soweit dem Aufsichtsrat nach Absatz 2 nur ein Arbeiter, ein in § 3 Abs. 3 Nr. 1 bezeichneter Angestellter oder ein leitender Angestellter angehören muß. Außerdem findet Mehrheitswahl statt, soweit für die

1. Aufsichtsratsmitglieder der Arbeiter,
2. Aufsichtsratsmitglieder der Angestellten, die auf die in § 3 Abs. 3 Nr. 1 bezeichneten Angestellten entfallen,
3. Aufsichtsratsmitglieder der Angestellten, die auf die leitenden Angestellten entfallen,

nur ein Wahlvorschlag gemacht wird. Soweit nach Satz 2 Mehrheitswahl stattfindet, muß der Wahlvorschlag doppelt so viele Bewerber enthalten, wie Aufsichtsratsmitglieder auf die Arbeiter, die in § 3 Abs. 3 Nr. 1 bezeichneten Angestellten oder die leitenden Angestellten entfallen.

§ 16
Wahl der Vertreter von Gewerkschaften in den Aufsichtsrat

(1) Die Wahlmänner wählen die Aufsichtsratsmitglieder, die nach § 7 Abs. 2 Vertreter von Gewerkschaften sind, in gemeinsamer Wahl, geheim und nach den Grundsätzen der Verhältniswahl für die in § 15 Abs. 1 bestimmte Zeit.

(2) Die Wahl erfolgt auf Grund von Wahlvorschlägen der Gewerkschaften, die in dem Unternehmen selbst oder in einem anderen Unternehmen vertreten sind, dessen Arbeitnehmer nach diesem Gesetz an der Wahl von Aufsichtsratsmitgliedern des Unternehmens teilnehmen. Wird nur ein Wahlvorschlag gemacht, so findet abweichend von Satz 1 Mehrheitswahl statt. In diesem Falle muß der Wahlvorschlag mindestens doppelt so viele Bewerber enthalten, wie Vertreter von Gewerkschaften in den Aufsichtsrat zu wählen sind.

§ 17
Ersatzmitglieder

(1) In jedem Wahlvorschlag kann zusammen mit jedem Bewerber für diesen ein Ersatzmitglied des Aufsichtsrats vorgeschlagen werden. Für einen Bewerber, der Arbeiter ist, kann nur ein Arbeiter, für einen in § 3 Abs. 3 Nr. 1 bezeichneten Angestellten nur ein in § 3 Abs. 3 Nr. 1 bezeichneter Angestellter und für einen leitenden Angestellten nur ein leitender Angestellter als Ersatzmitglied vorgeschlagen werden. Ein Bewerber kann nicht zugleich als Ersatzmitglied vorgeschlagen werden.

(2) Wird ein Bewerber als Aufsichtsratsmitglied gewählt, so ist auch das zusammen mit ihm vorgeschlagene Ersatzmitglied gewählt.

VIERTER UNTERABSCHNITT
Unmittelbare Wahl der Aufsichtsratsmitglieder der Arbeitnehmer

§ 18

Sind nach § 9 die Aufsichtsratsmitglieder der Arbeitnehmer in unmittelbarer Wahl zu wählen, so sind die Arbeitnehmer des Unternehmens, die das 18. Lebensjahr vollendet haben, wahlberechtigt. Für die Wahl sind die §§ 15 bis 17 mit der Maßgabe anzuwenden, daß an die Stelle der

1. Wahlmänner der Arbeiter die wahlberechtigten Arbeiter,
2. Wahlmänner der Angestellten die wahlberechtigten Angestellten

des Unternehmens treten.

FÜNFTER UNTERABSCHNITT
Weitere Vorschriften über das Wahlverfahren sowie über die Bestellung und Abberufung von Aufsichtsratsmitgliedern

§ 19
Bekanntmachung der Mitglieder des Aufsichtsrats

Das zur gesetzlichen Vertretung des Unternehmens befugte Organ hat die Namen der Mitglieder und der Ersatzmitglieder des Aufsichtsrats unverzüglich nach ihrer Bestellung durch zweiwöchigen Aushang in den Betrieben des Unternehmens bekanntzumachen und im Bundesanzeiger zu veröffentlichen. Nehmen an der Wahl der Aufsichtsratsmitglieder des Unternehmens auch die Arbeitnehmer eines anderen Unternehmens teil, so ist daneben das zur gesetzlichen Vertretung des anderen Unternehmens befugte Organ zu dem Aushang in seinen Betrieben verpflichtet.

§ 20
Wahlschutz und Wahlkosten

(1) Niemand darf die Wahlen nach den §§ 10, 15, 16 und 18 behindern. Insbesondere darf niemand in der Ausübung des aktiven und passiven Wahlrechts beschränkt werden.

(2) Niemand darf die Wahlen durch Zufügung oder Androhung von Nachteilen oder durch Gewährung oder Versprechen von Vorteilen beeinflussen.

(3) Die Kosten der Wahlen trägt das Unternehmen. Versäumnis von Arbeitszeit, die zur Ausübung des Wahlrechts oder der Betätigung im Wahlvorstand erforderlich ist, berechtigt den Arbeitgeber nicht zur Minderung des Arbeitsentgelts.

§ 21
Anfechtung der Wahl von Wahlmännern

(1) Die Wahl der Wahlmänner eines Betriebs kann beim Arbeitsgericht angefochten werden, wenn gegen wesentliche Vorschriften über das Wahlrecht, die Wählbarkeit oder das Wahlverfahren verstoßen worden und eine Berichtigung nicht erfolgt ist, es sei denn, daß durch den Verstoß das Wahlergebnis nicht geändert oder beeinflußt werden konnte.

(2) Zur Anfechtung berechtigt sind
1. mindestens drei wahlberechtigte Arbeitnehmer des Betriebs,
2. der Betriebsrat,
3. das zur gesetzlichen Vertretung des Unternehmens befugte Organ.

Die Anfechtung ist nur binnen einer Frist von zwei Wochen, vom Tage der Bekanntgabe des Wahlergebnisses an gerechnet, zulässig.

§ 22

Anfechtung der Wahl von Aufsichtsratsmitgliedern der Arbeitnehmer

(1) Die Wahl eines Aufsichtsratsmitglieds oder eines Ersatzmitglieds der Arbeitnehmer kann beim Arbeitsgericht angefochten werden, wenn gegen wesentliche Vorschriften über das Wahlrecht, die Wählbarkeit oder das Wahlverfahren verstoßen worden und eine Berichtigung nicht erfolgt ist, es sei denn, daß durch den Verstoß das Wahlergebnis nicht geändert oder beeinflußt werden konnte.

(2) Zur Anfechtung berechtigt sind

1. mindestens drei wahlberechtigte Arbeitnehmer des Unternehmens,
2. der Gesamtbetriebsrat des Unternehmens oder, wenn in dem Unternehmen nur ein Betriebsrat besteht, der Betriebsrat sowie, wenn das Unternehmen herrschendes Unternehmen eines Konzerns ist, der Konzernbetriebsrat, soweit ein solcher besteht,
3. der Gesamtbetriebsrat eines anderen Unternehmens, dessen Arbeitnehmer nach diesem Gesetz an der Wahl der Aufsichtsratsmitglieder des Unternehmens teilnehmen, oder, wenn in dem anderen Unternehmen nur ein Betriebsrat besteht, der Betriebsrat,
4. jede nach § 16 Abs. 2 vorschlagsberechtigte Gewerkschaft,
5. das zur gesetzlichen Vertretung des Unternehmens befugte Organ.

Die Anfechtung ist nur binnen einer Frist von zwei Wochen, vom Tage der Veröffentlichung im Bundesanzeiger an gerechnet, zulässig.

§ 23

Abberufung von Aufsichtsratsmitgliedern der Arbeitnehmer

(1) Ein Aufsichtsratsmitglied der Arbeitnehmer kann vor Ablauf der Amtszeit auf Antrag abberufen werden. Antragsberechtigt sind für die Abberufung eines

1. Aufsichtsratsmitglieds der Arbeiter drei Viertel der wahlberechtigten Arbeiter,
2. Aufsichtsratsmitglieds der Angestellten, das auf die in § 3 Abs. 3 Nr. 1 bezeichneten Angestellten entfällt, drei Viertel der wahlberechtigten in § 3 Abs. 3 Nr. 1 bezeichneten Angestellten,
3. Aufsichtsratsmitglieds der Angestellten, das auf die leitenden Angestellten entfällt, drei Viertel der wahlberechtigten leitenden Angestellten,
4. Aufsichtsratsmitglieds, das nach § 7 Abs. 2 Vertreter einer Gewerkschaft ist, die Gewerkschaft, die das Mitglied vorgeschlagen hat.

(2) Ein durch Wahlmänner in getrennter Wahl (§ 15 Abs. 3 Satz 1) gewähltes Aufsichtsratsmitglied wird durch Beschluß der Wahlmänner seiner Gruppe abberufen. Ein durch Wahlmänner in gemeinsamer Wahl (§ 15 Abs. 3 Satz 2) gewähltes Aufsichtsratsmitglied wird durch

Beschluß der Wahlmänner abberufen. Beschlüsse nach Satz 1 und 2 werden in geheimer Abstimmung gefaßt; sie bedürfen einer Mehrheit von drei Vierteln der abgegebenen Stimmen.

(3) Ein von den Arbeitnehmern einer Gruppe unmittelbar gewähltes Aufsichtsratsmitglied wird durch Beschluß der wahlberechtigten Arbeitnehmer dieser Gruppe abberufen. Ein von den Arbeitnehmern in gemeinsamer Wahl unmittelbar gewähltes Aufsichtsratsmitglied wird durch Beschluß der wahlberechtigten Arbeitnehmer abberufen. Beschlüsse nach Satz 1 und 2 werden in geheimer, unmittelbarer Abstimmung gefaßt; sie bedürfen einer Mehrheit von drei Vierteln der abgegebenen Stimmen.

(4) Die Absätze 1 bis 3 sind für die Abberufung von Ersatzmitgliedern entsprechend anzuwenden.

§ 24
Verlust der Wählbarkeit und Wechsel der Gruppenzugehörigkeit unternehmensangehöriger Aufsichtsratsmitglieder

(1) Verliert ein Aufsichtsratsmitglied, das nach § 7 Abs. 2 Arbeitnehmer des Unternehmens sein muß, die Wählbarkeit, so erlischt sein Amt.

(2) Der Wechsel der Gruppenzugehörigkeit eines Aufsichtsratsmitglieds der Arbeiter oder der Angestellten führt nicht zum Erlöschen seines Amtes. Satz 1 ist entsprechend anzuwenden, wenn sich die Zuordnung eines Aufsichtsratsmitglieds der Angestellten zu den in § 3 Abs. 3 Nr. 1 bezeichneten Angestellten oder den leitenden Angestellten ändert.

DRITTER ABSCHNITT
Innere Ordnung, Rechte und Pflichten des Aufsichtsrats

§ 25
Grundsatz

(1) Die innere Ordnung, die Beschlußfassung sowie die Rechte und Pflichten des Aufsichtsrats bestimmen sich nach den §§ 27 bis 29, den §§ 31 und 32 und, soweit diese Vorschriften dem nicht entgegenstehen,

1. für Aktiengesellschaften und Kommanditgesellschaften auf Aktien nach dem Aktiengesetz,
2. für Gesellschaften mit beschränkter Haftung und bergrechtliche Gewerkschaften mit eigener Rechtspersönlichkeit nach § 90 Abs. 3, 4 und 5 Satz 1 und 2, den §§ 107 bis 116, 118 Abs. 2, § 125 Abs. 3 und den §§ 171 und 268 Abs. 2 des Aktiengesetzes,

3. für Erwerbs- und Wirtschaftsgenossenschaften nach dem Gesetz betreffend die Erwerbs- und Wirtschaftsgenossenschaften.

§ 4 Abs. 2 des Gesetzes über die Überführung der Anteilsrechte an der Volkswagenwerk Gesellschaft mit beschränkter Haftung in private Hand vom 21. Juli 1960 (Bundesgesetzbl. I S. 585), zuletzt geändert durch das Zweite Gesetz zur Änderung des Gesetzes über die Überführung der Anteilsrechte an der Volkswagenwerk Gesellschaft mit beschränkter Haftung in private Hand vom 31. Juli 1970 (Bundesgesetzbl. I S. 1149), bleibt unberührt.

(2) Andere gesetzliche Vorschriften und Bestimmungen der Satzung (des Gesellschaftsvertrags, des Statuts) oder der Geschäftsordnung des Aufsichtsrats über die innere Ordnung, die Beschlußfassung sowie die Rechte und Pflichten des Aufsichtsrats bleiben unberührt, soweit Absatz 1 dem nicht entgegensteht.

§ 26
Schutz von Aufsichtsratsmitgliedern vor Benachteiligung

Aufsichtsratsmitglieder der Arbeitnehmer dürfen in der Ausübung ihrer Tätigkeit nicht gestört oder behindert werden. Sie dürfen wegen ihrer Tätigkeit im Aufsichtsrat eines Unternehmens, dessen Arbeitnehmer sie sind oder als dessen Arbeitnehmer sie nach § 4 oder § 5 gelten, nicht benachteiligt werden. Dies gilt auch für ihre berufliche Entwicklung.

§ 27
Vorsitz im Aufsichtsrat

(1) Der Aufsichtsrat wählt mit einer Mehrheit von zwei Dritteln der Mitglieder, aus denen er insgesamt zu bestehen hat, aus seiner Mitte einen Aufsichtsratsvorsitzenden und einen Stellvertreter.

(2) Wird bei der Wahl des Aufsichtsratsvorsitzenden oder seines Stellvertreters die nach Absatz 1 erforderliche Mehrheit nicht erreicht, so findet für die Wahl des Aufsichtsratsvorsitzenden und seines Stellvertreters ein zweiter Wahlgang statt. In diesem Wahlgang wählen die Aufsichtsratsmitglieder der Anteilseigner den Aufsichtsratsvorsitzenden und die Aufsichtsratsmitglieder der Arbeitnehmer den Stellvertreter jeweils mit der Mehrheit der abgegebenen Stimmen.

(3) Unmittelbar nach der Wahl des Aufsichtsratsvorsitzenden und seines Stellvertreters bildet der Aufsichtsrat zur Wahrnehmung der in § 31 Abs. 3 Satz 1 bezeichneten Aufgabe einen Ausschuß, dem der Aufsichtsratsvorsitzende, sein Stellvertreter sowie je ein von den Aufsichtsratsmitgliedern der Arbeitnehmer und von den Aufsichtsratsmitgliedern der Anteilseigner mit der Mehrheit der abgegebenen Stimmen gewähltes Mitglied angehören.

§ 28
Beschlußfähigkeit

Der Aufsichtsrat ist nur beschlußfähig, wenn mindestens die Hälfte der Mitglieder, aus denen er insgesamt zu bestehen hat, an der Beschlußfassung teilnimmt. § 108 Abs. 2 Satz 4 des Aktiengesetzes ist anzuwenden.

§ 29
Abstimmungen

(1) Beschlüsse des Aufsichtsrats bedürfen der Mehrheit der abgegebenen Stimmen, soweit nicht in Absatz 2 und in §§ 27, 31 und 32 etwas anderes bestimmt ist.

(2) Ergibt eine Abstimmung im Aufsichtsrat Stimmengleichheit, so hat bei einer erneuten Abstimmung über denselben Gegenstand, wenn auch sie Stimmengleichheit ergibt, der Aufsichtsratsvorsitzende zwei Stimmen. § 108 Abs. 3 des Aktiengesetzes ist auch auf die Abgabe der zweiten Stimme anzuwenden. Dem Stellvertreter steht die zweite Stimme nicht zu.

DRITTER TEIL
Gesetzliches Vertretungsorgan

§ 30
Grundsatz

Die Zusammensetzung, die Rechte und Pflichten des zur gesetzlichen Vertretung des Unternehmens befugten Organs sowie die Bestellung seiner Mitglieder bestimmen sich nach den für die Rechtsform des Unternehmens geltenden Vorschriften, soweit sich aus den §§ 31 bis 33 nichts anderes ergibt.

§ 31
Bestellung und Widerruf

(1) Die Bestellung der Mitglieder des zur gesetzlichen Vertretung des Unternehmens befugten Organs und der Widerruf der Bestellung bestimmen sich nach den §§ 84 und 85 des Aktiengesetzes, soweit sich nicht aus den Absätzen 2 bis 5 etwas anderes ergibt. Dies gilt nicht für Kommanditgesellschaften auf Aktien.

(2) Der Aufsichtsrat bestellt die Mitglieder des zur gesetzlichen Vertretung des Unternehmens befugten Organs mit einer Mehrheit, die mindestens zwei Drittel der Stimmen seiner Mitglieder umfaßt.

(3) Kommt eine Bestellung nach Absatz 2 nicht zustande, so hat der in § 27 Abs. 3 bezeichnete Ausschuß des Aufsichtsrats innerhalb eines

Monats nach der Abstimmung, in der die in Absatz 2 vorgeschriebene Mehrheit nicht erreicht worden ist, dem Aufsichtsrat einen Vorschlag für die Bestellung zu machen; dieser Vorschlag schließt andere Vorschläge nicht aus. Der Aufsichtsrat bestellt die Mitglieder des zur gesetzlichen Vertretung des Unternehmens befugten Organs mit der Mehrheit der Stimmen seiner Mitglieder.

(4) Kommt eine Bestellung nach Absatz 3 nicht zustande, so hat bei einer erneuten Abstimmung der Aufsichtsratsvorsitzende zwei Stimmen; Absatz 3 Satz 2 ist anzuwenden. Auf die Abgabe der zweiten Stimme ist § 108 Abs. 3 des Aktiengesetzes anzuwenden. Dem Stellvertreter steht die zweite Stimme nicht zu.

(5) Die Absätze 2 bis 4 sind für den Widerruf der Bestellung eines Mitglieds des zur gesetzlichen Vertretung des Unternehmens befugten Organs entsprechend anzuwenden.

§ 32
Ausübung von Beteiligungsrechten

(1) Die einem Unternehmen, in dem die Arbeitnehmer nach diesem Gesetz ein Mitbestimmungsrecht haben, auf Grund von Beteiligungen an einem anderen Unternehmen, in dem die Arbeitnehmer nach diesem Gesetz ein Mitbestimmungsrecht haben, zustehenden Rechte bei der Bestellung, dem Widerruf der Bestellung oder der Entlastung von Verwaltungsträgern sowie bei der Beschlußfassung über die Auflösung, Verschmelzung oder Umwandlung des anderen Unternehmens, den Abschluß von Unternehmensverträgen (§§ 291, 292 des Aktiengesetzes) mit dem anderen Unternehmen, über dessen Forsetzung nach seiner Auflösung oder über die Übertragung seines Vermögens können durch das zur gesetzlichen Vertretung des Unternehmens befugte Organ nur auf Grund von Beschlüssen des Aufsichtsrats ausgeübt werden. Diese Beschlüsse bedürfen nur der Mehrheit der Stimmen der Aufsichtsratsmitglieder der Anteilseigner; sie sind für das zur gesetzlichen Vertretung des Unternehmens befugte Organ verbindlich.

(2) Absatz 1 ist nicht anzuwenden, wenn die Beteiligung des Unternehmens an dem anderen Unternehmen weniger als ein Viertel beträgt.

§ 33
Arbeitsdirektor

(1) Als gleichberechtigtes Mitglied des zur gesetzlichen Vertretung des Unternehmens befugten Organs wird ein Arbeitsdirektor bestellt. Dies gilt nicht für Kommanditgesellschaften auf Aktien.

(2) Der Arbeitsdirektor hat wie die übrigen Mitglieder des zur gesetzlichen Vertretung des Unternehmens befugten Organs seine Auf-

gaben im engsten Einvernehmen mit dem Gesamtorgan auszuüben. Das Nähere bestimmt die Geschäftsordnung.

(3) Bei Erwerbs- und Wirtschaftsgenossenschaften ist auf den Arbeitsdirektor § 9 Abs. 2 des Gesetzes betreffend die Erwerbs- und Wirtschaftsgenossenschaften nicht anzuwenden.

VIERTER TEIL
Seeschiffahrt

§ 34

(1) Die Gesamtheit der Schiffe eines Unternehmens gilt für die Anwendung dieses Gesetzes als ein Betrieb.

(2) Schiffe im Sinne dieses Gesetzes sind Kauffahrteischiffe, die nach dem Flaggenrechtsgesetz die Bundesflagge führen. Schiffe, die in der Regel binnen 48 Stunden nach dem Auslaufen an den Sitz eines Landbetriebs zurückkehren, gelten als Teil dieses Landbetriebs.

(3) Leitende Angestellte im Sinne des § 3 Abs. 3 Nr. 2 dieses Gesetzes sind in einem in Absatz 1 bezeichneten Betrieb nur die Kapitäne.

(4) Die Arbeitnehmer eines in Absatz 1 bezeichneten Betriebs nehmen an einer Abstimmung nach § 9 nicht teil und bleiben für die Errechnung der für die Antragstellung und für die Beschlußfassung erforderlichen Zahl von Arbeitnehmern außer Betracht.

(5) Werden die Aufsichtsratsmitglieder der Arbeitnehmer durch Wahlmänner gewählt, so werden abweichend von § 10 in einem in Absatz 1 bezeichneten Betrieb keine Wahlmänner gewählt. Abweichend von § 15 Abs. 1 nehmen die Arbeitnehmer dieses Betriebs unmittelbar an der Wahl der Aufsichtsratsmitglieder der Arbeitnehmer teil mit der Maßgabe,

1. daß die Stimme eines dieser Arbeitnehmer als ein Sechzigstel der Stimme eines Wahlmannes zu zählen ist; § 11 Abs. 1 Satz 3 ist entsprechend anzuwenden;
2. daß diese Arbeitnehmer an Abstimmungen über die gemeinsame Wahl der Aufsichtsratsmitglieder der Arbeitnehmer durch die Wahlmänner nicht teilnehmen und für die Errechnung der für die Antragstellung und für die Beschlußfassung erforderlichen Zahlen von Wahlmännern der Arbeiter und Wahlmännern der Angestellten außer Betracht bleiben.

(6) Werden die Aufsichtsratsmitglieder der Arbeitnehmer in unmittelbarer Wahl gewählt und gehören nicht mehr als ein Zehntel der Arbeitnehmer des Unternehmens zu einem in Absatz 1 bezeichneten Betrieb, so nehmen diese Arbeitnehmer an einer Abstimmung über die gemeinsame Wahl der Aufsichtsratsmitglieder der Arbeitnehmer nicht

teil und bleiben für die Errechnung der für die Antragstellung und für die Beschlußfassung erforderlichen Zahlen von Arbeitern und Angestellten außer Betracht.

FÜNFTER TEIL
Übergangs- und Schlußvorschriften

§ 35
Änderung von Gesetzen

(1) Das Aktiengesetz wird wie folgt geändert:

1. In § 84 Abs. 4 werden hinter den Worten „Die Vorschriften" die Worte „des Gesetzes über die Mitbestimmung der Arbeitnehmer in den Aufsichtsräten und Vorständen der Unternehmen des Bergbaus und der Eisen und Stahl erzeugenden Industrie vom 21. Mai 1951 (Bundesgesetzblatt I S. 347) – Montan-Mitbestimmungsgesetz –" eingefügt.
2. In § 95 erhält Satz 5 die Fassung:
„Durch die vorstehenden Vorschriften werden hiervon abweichende Vorschriften des Gesetzes über die Mitbestimmung der Arbeitnehmer vom 4. Mai 1976 (Bundesgesetzbl. I S. 1153), des Montan-Mitbestimmungsgesetzes und des Gesetzes zur Ergänzung des Gesetzes über die Mitbestimmung der Arbeitnehmer in den Aufsichtsräten und Vorständen der Unternehmen des Bergbaus und der Eisen und Stahl erzeugenden Industrie vom 7. August 1956 (Bundesgesetzbl. I S. 707) – Mitbestimmungsergänzungsgesetz – nicht berührt."
3. § 96 Abs. 1 erhält folgende Fassung:
„(1) Der Aufsichtsrat setzt sich zusammen
bei Gesellschaften, für die das Mitbestimmungsgesetz gilt, aus Aufsichtsratsmitgliedern der Aktionäre und der Arbeitnehmer,
bei Gesellschaften, für die das Montan-Mitbestimmungsgesetz gilt, aus Aufsichtsratsmitgliedern der Aktionäre und der Arbeitnehmer und aus weiteren Mitgliedern,
bei Gesellschaften, für die die §§ 5 bis 13 des Mitbestimmungsergänzungsgesetzes gelten, aus Aufsichtsratsmitgliedern der Aktionäre und der Arbeitnehmer und aus einem weiteren Mitglied,
bei Gesellschaften, für die § 76 Abs. 1 des Betriebsverfassungsgesetzes 1952 gilt, aus Aufsichtsratsmitgliedern der Aktionäre und der Arbeitnehmer,
bei den übrigen Gesellschaften nur aus Aufsichtsratsmitgliedern der Aktionäre."
4. § 98 Abs. 2 wird wie folgt geändert:

a) Nummer 4 erhält die Fassung:
„4. der Gesamtbetriebsrat der Gesellschaft oder, wenn in der Gesellschaft nur ein Betriebsrat besteht, der Betriebsrat,".
b) Nummer 5 enthält die Fassung:
„5. der Gesamtbetriebsrat eines anderen Unternehmens, dessen Arbeitnehmer nach den gesetzlichen Vorschriften, deren Anwendung streitig oder ungewiß ist, selbst oder durch Wahlmänner an der Wahl von Aufsichtsratsmitgliedern der Gesellschaft teilnehmen, oder, wenn in dem anderen Unternehmen nur ein Betriebsrat besteht, der Betriebsrat,".
c) In Nummer 7 wird der Punkt am Ende des Satzes durch ein Komma ersetzt.
d) Es wird folgende Nummer 8 angefügt:
„8. Gewerkschaften, die nach den gesetzlichen Vorschriften, deren Anwendung streitig oder ungewiß ist, ein Vorschlagsrecht hätten."
e) An Absatz 2 wird folgender Satz 2 angefügt:
„Ist die Anwendung des Mitbestimmungsgesetzes oder die Anwendung von Vorschriften des Mitbestimmungsgesetzes streitig oder ungewiß, so sind außer den nach Satz 1 Antragsberechtigten auch je ein Zehntel der wahlberechtigten Arbeiter, der wahlberechtigten in § 3 Abs. 3 Nr. 1 des Mitbestimmungsgesetzes bezeichneten Angestellten oder der wahlberechtigten leitenden Angestellten im Sinne des Mitbestimmungsgesetzes antragsberechtigt."

5. In § 100 Abs. 3 werden die Worte „Betriebsverfassungsgesetz, dem Mitbestimmungsgesetz und dem Mitbestimmungsergänzungsgesetz" durch die Worte „Mitbestimmungsgesetz, dem Montan-Mitbestimmungsgesetz, dem Mitbestimmungsergänzungsgesetz und dem Betriebsverfassungsgesetz 1952" ersetzt.
6. § 101 wird wie folgt geändert:
a) In Absatz 1 Satz 1 werden die Worte „Betriebsverfassungsgesetz oder dem Mitbestimmungsergänzungsgesetz" durch die Worte „Mitbestimmungsgesetz, dem Mitbestimmungsergänzungsgesetz oder dem Betriebsverfassungsgesetz 1952" ersetzt.
b) In Absatz 1 Satz 2 wird das Wort „Mitbestimmungsgesetzes" durch das Wort „Montan-Mitbestimmungsgesetzes" ersetzt.
c) An Absatz 2 wird folgender Satz 5 angefügt:
„§ 4 Abs. 1 des Gesetzes über die Überführung der Anteilsrechte an der Volkswagenwerk Gesellschaft mit beschränkter Haftung in private Hand vom 21. Juli 1960 (Bundesgesetzbl. I S. 585), zuletzt geändert durch das Zweite Gesetz zur Änderung des Gesetzes über die Überführung der Anteilsrechte an der

Volkswagenwerk Gesellschaft mit beschränkter Haftung in private Hand vom 31. Juli 1970 (Bundesgesetzbl. I S. 1149), bleibt unberührt."

d) In Absatz 3 Satz 2 wird das Wort „Mitbestimmungsgesetz" durch das Wort „Montan-Mitbestimmungsgesetz" ersetzt.

7. In § 103 Abs. 4 werden die Worte „Betriebsverfassungsgesetz, das Mitbestimmungsgesetz und das Mitbestimmungsergänzungsgesetz" durch die Worte „Mitbestimmungsgesetz, das Montan-Mitbestimmungsgesetz, das Mitbestimmungsergänzungsgesetz und das Betriebsverfassungsgesetz 1952" ersetzt.

8. § 104 wird wie folgt geändert:

a) In Absatz 1 Satz 3 erhält die Nummer 1 die Fassung:

„1. der Gesamtbetriebsrat der Gesellschaft oder, wenn in der Gesellschaft nur ein Betriebsrat besteht, der Betriebsrat, sowie, wenn die Gesellschaft herrschendes Unternehmen eines Konzerns ist, der Konzernbetriebsrat,".

b) In Absatz 1 Satz 3 erhält die Nummer 2 die Fassung:

„2. der Gesamtbetriebsrat eines anderen Unternehmens, dessen Arbeitnehmer selbst oder durch Wahlmänner an der Wahl teilnehmen, oder, wenn in dem anderen Unternehmen nur ein Betriebsrat besteht, der Betriebsrat,".

c) In Absatz 1 Satz 3 Nr. 4 wird der Punkt am Ende des Satzes durch ein Komma ersetzt.

d) In Absatz 1 Satz 3 wird folgende Nummer 5 angefügt:

„5. Gewerkschaften, die das Recht haben, Aufsichtsratsmitglieder der Arbeitnehmer vorzuschlagen."

e) In Absatz 1 wird nach Satz 3 folgender Satz 4 eingefügt:

„Hat der Aufsichtsrat nach dem Mitbestimmungsgesetz auch aus Aufsichtsratsmitgliedern der Arbeitnehmer zu bestehen, so sind außer den nach Satz 3 Antragsberechtigten auch je ein Zehntel der wahlberechtigten Arbeiter, der wahlberechtigten in § 3 Abs. 3 Nr. 1 des Mitbestimmungsgesetzes bezeichneten Angestellten oder der wahlberechtigten leitenden Angestellten im Sinne des Mitbestimmungsgesetzes antragsberechtigt."

f) In Absatz 1 wird der bisherige Satz 4 Satz 5.

g) In Absatz 3 werden hinter dem Wort „Mitbestimmungsgesetz" ein Komma und danach die Worte „dem Montan-Mitbestimmungsgesetz" eingefügt.

h) In Absatz 3 Nr. 1 werden die Worte „diesen Gesetzen" durch die Worte „dem Montan-Mitbestimmungsgesetz oder dem Mitbestimmungsergänzungsgesetz" ersetzt.

i) In Absatz 4 Satz 4 erster Halbsatz werden hinter dem Wort „Gewerkschaften" ein Komma und danach die Worte „eine Gewerkschaft“ eingefügt; im zweiten Halbsatz wird das Wort „Konzernunternehmen“ durch das Wort „Unternehmen“ ersetzt.

9. In § 119 Abs. 1 Nr. 1 werden die Worte „Betriebsverfassungsgesetz oder dem Mitbestimmungsergänzungsgesetz“ durch die Worte „Mitbestimmungsgesetz, dem Mitbestimmungsergänzungsgesetz oder dem Betriebsverfassungsgesetz 1952“ ersetzt.

10. § 124 Abs. 3 wird wie folgt geändert:
   a) In Satz 2 wird das Wort „Mitbestimmungsgesetzes“ durch das Wort „Montan-Mitbestimmungsgesetzes“ ersetzt.
   b) Es wird folgender Satz 4 angefügt:
   „Hat der Aufsichtsrat auch aus Aufsichtsratsmitgliedern der Arbeitnehmer zu bestehen, so bedürfen Beschlüsse des Aufsichtsrats über Vorschläge zur Wahl von Aufsichtsratsmitgliedern nur der Mehrheit der Stimmen der Aufsichtsratsmitglieder der Aktionäre; § 8 des Montan-Mitbestimmungsgesetzes bleibt unberührt.“

11. § 250 wird wie folgt geändert:
   a) In Absatz 1 Nr. 2 wird das Wort „Mitbestimmungsgesetzes“ durch das Wort „Montan-Mitbestimmungsgesetzes“ ersetzt.
   b) Absatz 2 erhält die Fassung:
   „(2) Für die Klage auf Feststellung, daß die Wahl eines Aufsichtsratsmitglieds nichtig ist, sind parteifähig
      1. der Gesamtbetriebsrat der Gesellschaft oder, wenn in der Gesellschaft nur ein Betriebsrat besteht, der Betriebsrat, sowie, wenn die Gesellschaft herrschendes Unternehmen eines Konzerns ist, der Konzernbetriebsrat,
      2. der Gesamtbetriebsrat eines anderen Unternehmens, dessen Arbeitnehmer selbst oder durch Wahlmänner an der Wahl von Aufsichtsratsmitgliedern der Gesellschaft teilnehmen, oder, wenn in dem anderen Unternehmen nur ein Betriebsrat besteht, der Betriebsrat,
      3. jede in der Gesellschaft oder in einem Unternehmen, dessen Arbeitnehmer selbst oder durch Wahlmänner an der Wahl von Aufsichtsratsmitgliedern der Gesellschaft teilnehmen, vertretene Gewerkschaft sowie deren Spitzenorganisation.“
   c) In Absatz 3 Satz 1 werden die Worte „der Betriebsrat eines Betriebs der Gesellschaft, eine in den Betrieben der Gesellschaft vertretene Gewerkschaft oder deren Spitzenorganisation“ durch die Worte „oder eine in Absatz 2 bezeichnete Organisation oder Vertretung der Arbeitnehmer“ ersetzt.

12. § 251 wird wie folgt geändert:

a) In Absatz 2 Satz 2 wird das Wort „Mitbestimmungsgesetz" durch das Wort „Montan-Mitbestimmungsgesetz" ersetzt.
b) In Absatz 2 Satz 3 wird das Wort „Mitbestimmungsgesetz" durch das Wort „Montan-Mitbestimmungsgesetz" ersetzt.

13. § 252 Abs. 1 erhält die Fassung:
„(1) Erhebt ein Aktionär, der Vorstand, ein Mitglied des Vorstands oder des Aufsichtsrats oder eine in § 250 Abs. 2 bezeichnete Organisation oder Vertretung der Arbeitnehmer gegen die Gesellschaft Klage auf Feststellung, daß die Wahl eines Aufsichtsratsmitglieds durch die Hauptversammlung nichtig ist, so wirkt ein Urteil, das die Nichtigkeit der Wahl rechtskräftig feststellt, für und gegen alle Aktionäre und Arbeitnehmer der Gesellschaft, alle Arbeitnehmer von anderen Unternehmen, deren Arbeitnehmer selbst oder durch Wahlmänner an der Wahl von Aufsichtsratsmitgliedern der Gesellschaft teilnehmen, die Mitglieder des Vorstands und des Aufsichtsrats sowie die in § 250 Abs. 2 bezeichneten Organisationen und Vertretungen der Arbeitnehmer, auch wenn sie nicht Partei sind."

14. § 265 wird wie folgt geändert:
a) In Absatz 6 Satz 1 wird der Punkt durch ein Komma ersetzt, und es werden die Worte „soweit sich seine Bestellung und Abberufung nach den Vorschriften des Montan-Mitbestimmungsgesetzes bestimmen." angefügt.
b) In Absatz 6 wird Satz 2 gestrichen.

(2) § 85 Abs. 2 des Betriebsverfassungsgesetzes 1952 erhält die Fassung:

„(2) Die Vorschriften dieses Gesetzes über Vertreter der Arbeitnehmer im Aufsichtsrat finden keine Anwendung auf die in § 1 Abs. 1 des Mitbestimmungsgesetzes, die in § 1 des Montan-Mitbestimmungsgesetzes und die in den §§ 1 und 3 Abs. 1 des Mitbestimmungsergänzungsgesetzes bezeichneten Unternehmen."

(3) Das Arbeitsgerichtsgesetz wird wie folgt geändert:

1. In § 2 Abs. 1 erhält Nummer 5 die Fassung:
„5. für Angelegenheiten aus dem Mitbestimmungsgesetz und dem Betriebsverfassungsgesetz 1952, soweit über die Wahl von Vertretern der Arbeitnehmer im Aufsichtsrat und ihre Abberufung mit Ausnahme der Abberufung nach § 103 Abs. 3 des Aktiengesetzes zu entscheiden ist;".
2. In § 10 werden die Worte „Betriebsverfassungsgesetz und den dazu ergangenen Rechtsverordnungen" durch die Worte „Betriebsverfassungsgesetz, dem Mitbestimmungsgesetz, dem Betriebsverfassungsgesetz 1952 und den zu diesen Gesetzen ergangenen Rechtsverordnungen" ersetzt.

3. In § 83 Abs. 1 Satz 1 werden die Worte „Betriebsverfassungsgesetz und den dazu erlassenen Rechtsverordnungen" durch die Worte „Betriebsverfassungsgesetz, dem Mitbestimmungsgesetz, dem Betriebsverfassungsgesetz 1952 und den zu diesen Gesetzen ergangenen Rechtsverordnungen" ersetzt.

§ 36
Verweisungen

(1) Soweit in anderen Vorschriften auf Vorschriften des Betriebsverfassungsgesetzes 1952 über die Vertretung der Arbeitnehmer in den Aufsichtsräten von Unternehmen verwiesen wird, gelten diese Verweisungen für die in § 1 Abs. 1 dieses Gesetzes bezeichneten Unternehmen als Verweisungen auf dieses Gesetz.

(2) Soweit in anderen Vorschriften für das Gesetz über die Mitbestimmung der Arbeitnehmer in den Aufsichtsräten und Vorständen der Unternehmen des Bergbaus und der Eisen und Stahl erzeugenden Industrie vom 21. Mai 1951 (Bundesgesetzbl. I S. 347), zuletzt geändert durch das Einführungsgesetz zum Aktiengesetz vom 6. September 1965 (Bundesgesetzbl. I S. 1185), die Bezeichnung „Mitbestimmungsgesetz" verwendet wird, tritt an ihre Stelle die Bezeichnung „Montan-Mitbestimmungsgesetz".

§ 37
Erstmalige Anwendung des Gesetzes auf ein Unternehmen

(1) Andere als die in § 97 Abs. 2 Satz 2 des Aktiengesetzes bezeichneten Bestimmungen der Satzung (des Gesellschaftsvertrags, des Statuts), die mit den Vorschriften dieses Gesetzes nicht vereinbar sind, treten mit dem in § 97 Abs. 2 Satz 2 des Aktiengesetzes bezeichneten Zeitpunkt oder, im Falle einer gerichtlichen Entscheidung, mit dem in § 98 Abs. 4 Satz 2 des Aktiengesetzes bezeichneten Zeitpunkt außer Kraft. Eine Hauptversammlung (Gesellschafterversammlung, Gewerkenversammlung, Generalversammlung), die bis zu diesem Zeitpunkt stattfindet, kann an Stelle der außer Kraft tretenden Satzungsbestimmungen mit einfacher Mehrheit neue Satzungsbestimmungen beschließen.

(2) Die §§ 25 bis 29, 31 bis 33 sind erstmalig anzuwenden, wenn der Aufsichtsrat nach den Vorschriften dieses Gesetzes zusammengesetzt ist.

(3) Die Bestellung eines vor dem Inkrafttreten dieses Gesetzes bestellten Mitglieds des zur gesetzlichen Vertretung befugten Organs eines Unternehmens, auf das dieses Gesetz bereits bei seinem Inkrafttreten anzuwenden ist, kann, sofern die Amtszeit dieses Mitglieds nicht aus anderen Gründen früher endet, nach Ablauf von fünf Jahren seit

dem Inkrafttreten dieses Gesetzes von dem nach diesem Gesetz gebildeten Aufsichtsrat jederzeit widerrufen werden. Für den Widerruf bedarf es der Mehrheit der abgegebenen Stimmen der Aufsichtsratsmitglieder, aller Stimmen der Aufsichtsratsmitglieder der Anteilseigner oder aller Stimmen der Aufsichtsratsmitglieder der Arbeitnehmer. Für die Ansprüche aus dem Anstellungsvertrag gelten die allgemeinen Vorschriften. Bis zum Widerruf bleiben für diese Mitglieder Satzungsbestimmungen über die Amtszeit abweichend von Absatz 1 Satz 1 in Kraft. Diese Vorschriften sind entsprechend anzuwenden, wenn dieses Gesetz auf ein Unternehmen erst nach dem Zeitpunkt des Inkrafttretens dieses Gesetzes erstmalig anzuwenden ist.

(4) Absatz 3 gilt nicht für persönlich haftende Gesellschafter einer Kommanditgesellschaft auf Aktien.

§ 38
Übergangsvorschrift

(1) In den ersten zwei Jahren nach Inkrafttreten dieses Gesetzes tritt bei dessen erstmaliger Anwendung auf ein Unternehmen an die Stelle des in § 97 Abs. 2 Satz 2 des Aktiengesetzes bezeichneten Zeitpunkts die Beendigung der zweiten Hauptversammlung (Gesellschafterversammlung, Gewerkenversammlung, Generalversammlung), die nach Inkrafttreten dieses Gesetzes einberufen wird, spätestens jedoch der Tag des Ablaufs von zwei Jahren nach Inkrafttreten dieses Gesetzes. Satz 1 ist nicht anzuwenden, wenn der in § 97 Abs. 2 Satz 2 des Aktiengesetzes bezeichnete Zeitpunkt später liegt als der in Satz 1 bezeichnete Zeitpunkt. Abweichend von Satz 1 kann die erste Hauptversammlung (Gesellschafterversammlung, Gewerkenversammlung, Generalversammlung), die nach Inkrafttreten dieses Gesetzes einberufen wird, einen früheren Zeitpunkt bestimmen.

(2) Wird in den ersten zwei Jahren nach Inkrafttreten dieses Gesetzes durch eine gerichtliche Entscheidung nach § 98 des Aktiengesetzes rechtskräftig festgestellt, daß der Aufsichtsrat nach den Vorschriften dieses Gesetzes zusammenzusetzen ist, so tritt an die Stelle des in § 98 Abs. 4 Satz 2, § 97 Abs. 2 Satz 2 des Aktiengesetzes bezeichneten Zeitpunkts die Beendigung der nächsten Hauptversammlung (Gesellschafterversammlung, Gewerkenversammlung, Generalversammlung), die nach Eintritt der Rechtskraft einberufen wird, wenn die Frist zwischen dem Eintritt der Rechtskraft und der Einberufung mindestens sechs Monate beträgt; beträgt diese Frist weniger als sechs Monate, so tritt an die Stelle des in § 98 Abs. 4 Satz 2, § 97 Abs. 2 Satz 2 des Aktiengesetzes bezeichneten Zeitpunkts die Beendigung der übernächsten Hauptversammlung (Gesellschafterversammlung, Gewerkenversammlung, Generalversammlung), die nach Eintritt der Rechtskraft einberufen

wird, spätestens jedoch der Tag des Ablaufs von einem Jahr nach Eintritt der Rechtskraft.

(3) Wird in den ersten zwei Jahren nach Inkrafttreten dieses Gesetzes ein Verfahren nach § 97 oder § 98 des Aktiengesetzes eingeleitet, damit der Aufsichtsrat nach den Vorschriften dieses Gesetzes zusammengesetzt wird, so verlängert sich die Amtszeit von Aufsichtsratsmitgliedern der Arbeitnehmer, die nach § 76 des Betriebsverfassungsgesetzes 1952 gewählt worden sind, bis zum Beginn der Amtszeit der nach Abschluß des Verfahrens neu zu wählenden Aufsichtsratsmitglieder der Arbeitnehmer, längstens jedoch im Falle des § 97 des Aktiengesetzes bis zu dem in Absatz 1, im Falle des § 98 des Aktiengesetzes bis zu dem in Absatz 2 bezeichneten Zeitpunkt. Entscheidet das Gericht, daß der Aufsichtsrat nicht nach den Vorschriften dieses Gesetzes zusammenzusetzen ist, so erlischt das Amt spätestens mit dem in § 98 Abs. 4 Satz 2 des Aktiengesetzes bezeichneten Zeitpunkt.

§ 39
Ermächtigung zum Erlaß von Rechtsverordnungen

Die Bundesregierung wird ermächtigt, durch Rechtsverordnung Vorschriften über das Verfahren für die Wahl und die Abberufung von Aufsichtsratsmitgliedern der Arbeitnehmer zu erlassen, insbesondere über

1. die Vorbereitung der Wahl oder Abstimmung, die Bestellung der Wahlvorstände sowie die Aufstellung der Wählerlisten,
2. die Abstimmungen darüber, ob die Wahl der Aufsichtsratsmitglieder in unmittelbarer Wahl oder durch Wahlmänner erfolgen soll, und darüber, ob gemeinsame Wahl stattfinden soll,
3. die Frist für die Einsichtnahme in die Wählerlisten und die Erhebung von Einsprüchen,
4. die Errechnung der Zahl der Aufsichtsratsmitglieder der Arbeitnehmer sowie ihre Verteilung auf die Arbeiter, die in § 3 Abs. 3 Nr. 1 bezeichneten Angestellten, die leitenden Angestellten und die Gewerkschaftsvertreter,
5. die Errechnung der Zahl der Wahlmänner sowie ihre Verteilung auf die Arbeiter, die in § 3 Abs. 3 Nr. 1 bezeichneten Angestellten und die leitenden Angestellten,
6. die Wahlvorschläge und die Frist für ihre Einreichung,
7. die Ausschreibung der Wahl oder der Abstimmung und die Fristen für die Bekanntmachung des Ausschreibens,
8. die Teilnahme von Arbeitnehmern eines in § 34 Abs. 1 bezeichneten Betriebs an Wahlen und Abstimmungen,
9. die Stimmabgabe,

10. die Feststellung des Ergebnisses der Wahl oder der Abstimmung und die Fristen für seine Bekanntmachung,
11. die Aufbewahrung der Wahlakten und der Abstimmungsakten.

§ 40
Berlin-Klausel

Dieses Gesetz gilt nach Maßgabe des § 13 Abs. 1 des Dritten Überleitungsgesetzes vom 4. Januar 1952 (Bundesgesetzbl. I S. 1) auch im Land Berlin. Rechtsverordnungen, die auf Grund dieses Gesetzes erlassen werden, gelten im Land Berlin nach § 14 des Dritten Überleitungsgesetzes.

§ 41
Inkrafttreten

Dieses Gesetz tritt am 1. Juli 1976 in Kraft.

Erläuterungen

EINLEITUNG

Übersicht

A. Geschichtlicher Überblick

Schrifttum zu I. und II.

Flach-Maihofer-Scheel, Die Freiburger Thesen der Liberalen, 1971; *Naphtali,* Wirtschaftsdemokratie, 1929; *Nemitz-Becker,* Mitbestimmung und Wirtschaftspolitik, 1967; *Naumann,* Das Prinzip des Liberalismus, 1905, wieder abgedr. in: Werke Bd. 4, Schriften zum Parteiwesen und zum Mitteleuropaproblem, 1964, 85 ff.; *Otto,* Der Kampf um die Mitbestimmung, in: Vetter, (Hrsg.), Vom Sozilistengesetz zur Mitbestimmung. Zum 100. Geburtstag von Hans Böckler, 1975, 399; *Potthoff,* Der Kampf um die Mitbestimmung, 1957; *Schneider-Kuda,* Mitbestimmung, Weg zur industriellen Demokratie?, 1969; Sozialethische Erwägungen zur Mitbestimmung in der Wirtschaft der Bundesrepublik Deutschland, herausgegeben vom *Rat der EKD,* 1968; *L. v. Stein,* Der Begriff der Gesellschaft und die Gesetze ihrer Bewegung, Einleitung zu: Geschichte der sozialen Bewegung in Frankreich von 1789 bis auf unsere Tage, Bd. 1, 1850, Neudruck 1972; *Stollreither* ,Mitbestimmung, Ideologie oder Partnerschaft?, 1975; *Teuteberg,* Geschichte der industriellen Mitbestimmung in Deutschland, 1961; *Weis,* Wirtschaftsunternehmen und Demokratie, 1970.

I. Politische Geschichte der Mitbestimmung bis zu den Montanmitbestimmungsgesetzen und zum BetrVG 1952

1. Die politische Geschichte der Mitbestimmung in Deutschland **1**
beginnt mit der **Revolution von 1848**. In der Paulskirche wurde von einer Gruppe von Abgeordneten der Versuch unternommen, in die geplante liberale Gewerbeordnung einige Vorschriften über Fabrikausschüsse, Fabrikräte und Fabrikschiedsgerichte mit Arbeiterbeteiligung einzufügen, der allerdings am Widerstand der bürgerlichen Mehrheit der Abgeordneten scheiterte. Die Arbeiterschaft konstituierte sich vielerorts in Arbeiterassoziationen und verlangte auf dem ersten großen Arbeiterkongreß im Sommer 1848 in Berlin eine Mitbestimmung bei der Festlegung der Löhne und bei Entlassungen, aber auch schon bei der Wahl von Vorgesetzten und Werkmeistern. Ihre Forderungen ließen den Gegensatz zwischen Bürgertum und Arbeiterschaft erstmals in voller Schärfe hervortreten. Die gemeinsame Furcht von Adel und Bürgertum vor den erwachenden Kräften der Arbeiterschaft zählt zu den wichtigsten Ursachen für das Scheitern der Revolution. In der folgenden Periode der Reaktion und des **Bismarckstaats** wurden alle Mitbestimmungsansprüche der Arbeiter in der Industrie ebenso wie im politischen Leben rigoros unterdrückt.

Der erste bedeutende Durchbruch gelang erst 1890. Unmittelbar **2**
nach seinem Regierungsantritt setzte der von einem sozialen Impetus belebte und von den Wahlerfolgen der Sozialdemokratie sowie von einem großen Bergarbeiterstreik beeindruckte **Kaiser Wilhelm II.** eine

Novelle zur Gewerbeordnung durch, welche die Errichtung von Arbeiterausschüssen vorsah und diesen das Recht gewährte, bei der Vorbereitung betrieblicher Arbeitsordnungen mitzuwirken. Zunächst nur fakultativ, wurde die Bildung derartiger Arbeiterausschüsse wenige Jahre später für den Bergbau und schließlich im Gesetz betreffend den Vaterländischen Hilfsdienst vom 5. 12. 1916 für sämtliche kriegswichtigen Unternehmen vorgeschrieben.

3 Die Vorboten der Novemberrevolution leiteten im **Herbst 1918** mit einer Verständigung zwischen Gewerkschaften und Industrie zur Abwehr der radikalen Forderung nach Sozialisierung den nächsten Entwicklungsschritt ein. Die Sozialpartner vereinbarten u. a., in den Betrieben Arbeiterausschüsse zur Wahrnehmung der sozialen und wirtschaftlichen Interessen der Arbeitnehmer zu bilden, die dann in **Art. 165 Abs. 2 der Weimarer Reichsverfassung** verfassungsrechtlich anerkannt und garantiert wurden. Nach der Überwindung der Rätebewegung löste der Gesetzgeber den ihm erteilten Verfassungsauftrag im **Betriebsrätegesetz** vom 4. 2. 1920 (RGBl. I, 147) ein, das nicht nur die Tätigkeit der Betriebsräte regelte, sondern in § 70 auch erstmals eine Entsendung von ein oder zwei Betriebsratsmitgliedern in den Aufsichtsrat vorschrieb. Ausführungsbestimmungen zu § 70 BRG finden sich im Gesetz über die Entsendung von Betriebsratsmitgliedern in den Aufsichtsrat vom 15. 2. 1922 (RGBl. I, 209), das u. a. das Bestellungsverfahren regelte. Nach der nationalsozialistischen Machtübernahme wurden beide Gesetze durch § 65 des Gesetzes zur Ordnung der nationalen Arbeit vom 20. 1. 1934 (RGBl. I, 54) wieder aufgehoben.

4 2. Die Geburtsstunde der neueren Mitbestimmungsbewegung liegt danach in der **Zeit nach dem 2. Weltkrieg**. Angesichts der alliierten Entflechtungsmaßnahmen und Reparationen suchten die weithin kompromittierten Führer der deutschen Großindustrie die Bundesgenossenschaft der Gewerkschaften zur Rettung der Unternehmen. Diese waren bereit, darauf einzugehen, verlangten aber, beim Wiederaufbau und der Neuordnung der deutschen Industrie in den Vorständen und Aufsichtsräten der Unternehmen gleichberechtigt beteiligt zu werden. So kam es 1947, nicht zuletzt unter dem Einfluß der Besatzungsmächte, in der Montanindustrie zu den ersten Fällen einer vertraglich vereinbarten paritätischen Besetzung der Aufsichtsräte. Als sich 1948 ein Rückgang der alliierten Eingriffe in die deutsche Industrie und eine Stabilisierung der Wirtschaft abzeichneten, begannen die Unternehmer dagegen, erneut Widerstand gegen die Mitbestimmungsforderungen der Gewerkschaften zu leisten. Erst nach zweijährigem Kampf, der sich zuletzt in der Drohung mit einem großen Streik zuspitzte, konnten die Gewerkschaften im **MontanMitbestG** von 1951 die paritätische Besetzung der Aufsichtsräte in der dafür politisch am ehesten reifen Montanindustrie endgültig durchsetzen (vgl. *Potthoff*, Der Kampf um die Montanmitbestimmung, 76 ff.).

Ein Jahr später scheiterte der Versuch der Gewerkschaften, eine gleichartige Mitbestimmung im **BetrVG** von 1952 für die gesamte Großindustrie einzuführen, am Widerstand Adenauers und Erhards und am Erfolg der nach der Währungsreform wieder eingeführten marktwirtschaftlichen Ordnung. Der Rückschlag war so schwer, daß der DGB erst nach dem Ende der Adenauer-Ära wieder generell mit der Forderung nach paritätischer Mitbestimmung hervortrat (vgl. die Denkschrift „Mitbestimmung – Eine Forderung unserer Zeit", 1966, abgedr. bei *Nemitz-Becker*, Mitbestimmung und Wirtschaftspolitik, 289 ff.). In der Zwischenzeit gelang es nur, im **MitbestEG** von 1956 die Montanmitbestimmung in leicht veränderter Gestalt auf die infolge der Unternehmenskonzentration in der Zwischenzeit entstandenen Konzernobergesellschaften in der Montanindustrie zu erstrecken. Ähnliche Ziele verfolgten auch das Änderungsgesetz von 1967 (sog. **lex Rheinstahl**) und das **Mitbestimmungsfortgeltungsgesetz** von 1971 (s. Rdn. 22). 5

II. Ideengeschichte der Mitbestimmung

Schrifttum siehe zu I.

Auch die parallel zur politischen Geschichte verlaufende **Ideengeschichte der Mitbestimmung** geht auf die Zeit um 1848 zurück. In der Tradition lassen sich drei Gedankenkreise unterscheiden:

1. Am stärksten und offenkundigsten wirkte **sozialistisches Gedankengut**. Schon die **Frühsozialisten** glaubten, daß sich die Lage der Arbeiterschaft nur dann nachhaltig verbessern werde, wenn sie am Wirtschaftsgeschehen aktiv teilhaben (vgl. die Darstellung der Gedanken von *F. v. Baader, I. Wohlwill, R. v. Mohl, I. A. Perthaler* bei *Teuteberg*, Geschichte der industriellen Mitbestimmung in Deutschland, 1 ff.). Später vermischten sich diese Gedanken mit dem radikaleren **marxistischen Programm** der Vergesellschaftung der Produktionsmittel und der proletarischen Revolution. Die Unvereinbarkeit dieser Leitbilder trat dann in der Zeit der Novemberrevolution 1917 zutage und gehörte zu den Ursachen für das Auseinanderbrechen der deutschen Sozialdemokratie nach dem 1. Weltkrieg. Während der Weimarer Republik wandte sich das Interesse stärker dem Programm einer überbetrieblichen Mitbestimmung zu (vgl. das von *F. Naphtali* herausgegebene Sammelwerk „Wirtschaftsdemokratie", 1929). Nach dem 2. Weltkrieg tauchte die Forderung nach Mitbestimmung in den Führungsorganen der Unternehmen in den Parteiprogrammen der CDU (Ahlener Wirtschaftsprogramm vom 3. 2. 1947) und der SPD (Sozialprogramm vom 21./22. 8. 1948) auf, trat jedoch neben anderen Zielen der Sozialpolitik noch nicht in den Vordergrund (vgl. *Stollreither*, Mitbestimmung, 93 ff., 113 ff.). 6

7 2. Die zweite geistige Wurzel der Mitbestimmungsidee bilden die **sozialethischen Lehren vor allem der katholischen Kirche**. Schon 1891 hatte Papst Leo XIII. in der Enzyklika Rerum novarum Mitbestimmungsgedanken erwogen, um die soziale Lage der Arbeiterschaft zu verbessern (vgl. *Stollreither*, Mitbestimmung, 51 ff.; *Weis*, Wirtschaftsunternehmen und Demokratie, 217 ff.). Papst Pius XI. empfahl 1931 in der Enzyklika Quadragesimo anno „eine gewisse Annäherung des Lohnarbeitsverhältnisses", wodurch Arbeiter und Angestellte „zur Mitbestimmung oder Mitverwaltung" gelangen. Noch stärker treten die Enzyklika Mater et magistra Papst Johannes XXIII. und die Pastoralkonstitution Gaudium et spes des Zweiten Vatikanischen Konzils von 1965, die sich sehr ausführlich mit der Wirtschafts- und Sozialordnung beschäftigen, für eine Verstärkung der Mitbestimmungsrechte ein (*Stollreither*, 135 ff.). Die **evangelische Kirche** veröffentlichte 1968 eine Schrift „Sozialethische Erwägungen zur Mitbestimmung in der Wirtschaft der Bundesrepublik Deutschland", in der sie sich gleichfalls zugunsten einer Erweiterung der Mitbestimmung aussprach.

8 3. Die dritte Wurzel der Mitbestimmungsidee ist im Gedankengut des **deutschen Liberalismus** zu suchen. Schon **Lorenz v. Stein** hatte in seiner 1850 erschienenen Schrift über den „Begriff der Gesellschaft und die Gesetze ihrer Bewegung" (Einleitung zu: Geschichte der sozialen Bewegung in Frankreich von 1789 bis auf unsere Tage, Neudruck 1972, 104–138) als Gegensatz zum Kommunismus und Sozialismus die Konzeption einer sozialen Reform entfaltet, durch welche ein Gleichgewicht der Herrschaft zwischen den Faktoren Kapital und Arbeit institutionalisiert und das Mißverhältnis zwischen persönlicher Freiheit und wirtschaftlicher Unfreiheit beseitigt werden sollte. Der Gedanke wurde aufgegriffen und fortgeführt von **Friedrich Naumann**, der in seiner Rede „Das Prinzip des Liberalismus" von 1905 (Werke Bd. 4, 93) ausführt, an die Stelle der Allmacht des Staates sei die Gewalt der Großunternehmen als eine neue Allmacht getreten, gegen die mit den Maximen „der Betrieb sind wir alle" und „der Betrieb darf nicht alles" angekämpft werden müsse. Naumann tritt für parlamentarische Vertretungen der Arbeitnehmer in den Betrieben ein, durch welche deren Wünsche artikuliert werden können. L. v. Stein und F. Naumann werden im **Freiburger Programm der FDP von 1971**, das sich die Mitbestimmungsforderungen zu eigen machte, ausdrücklich als Kronzeugen für den dort eingeschlagenen Weg genannt (vgl. das Grundsatzreferat von *Maihofer*, abgedr. bei *Flach-Maihofer-Scheel*, Die Freiburger Thesen der Liberalen, 27 ff.).

III. Das Montanmitbestimmungsgesetz

Schrifttum

Boldt, Mitbestimmungsgesetz Eisen und Kohle, 1952; *Kötter*, Mitbestimmungsrecht, 1952; *Müller-Lehmann*, Kommentar zum Mitbestimmungsgesetz Bergbau und Eisen, 1952.

1. Das MontanMitbestG vom 21. 5. 1951 (BGBl. I, 347), das auch **9**
nach dem Erlaß des MitbestG für alle in seinen Anwendungsbereich fallenden Unternehmen weitergilt (§ 1 Abs. 2 MitbestG), schreibt für Unternehmen des Bergbaus und der Eisen und Stahl erzeugenden Industrie, die in der Rechtsform einer AG, GmbH oder bergrechtlichen Gewerkschaft mit eigener Rechtspersönlichkeit betrieben werden und in der Regel mehr als 1000 Arbeitnehmer beschäftigen, einen Aufsichtsrat vor. Dieser besteht grundsätzlich aus **elf Mitgliedern**, je vier Vertretern der Anteilseigner und der Arbeitnehmer sowie drei weiteren Mitgliedern, die weder dem Unternehmen noch einer Gewerkschaft oder einem Arbeitgeberverband angehören dürfen. In Unternehmen mit einem Nennkapital von mehr als 20 Mio. DM wird er auf 15, bei einem Nennkapital von mehr als 50 Mio. DM auf 21 Mitglieder vergrößert (§§ 4, 9 MontanMitbestG). Die Vertreter der Anteilseigner sowie ein weiteres Mitglied werden von der Anteilseignerversammlung nach Maßgabe der gesellschaftsrechtlichen Vorschriften oder der Satzung gewählt (§ 5 MontanMitbestG). Formell wählt die Anteilseignerversammlung auch die Vertreter der Arbeitnehmer und ein deren Gruppe zuzurechnendes weiteres Mitglied, doch ist sie insoweit an die Vorschläge der Betriebsräte bzw. der Spitzenorganisationen der Gewerkschaften gebunden (§ 6 Abs. 1, 5 MontanMitbestG). Zwei Aufsichtsratsmitglieder der Arbeitnehmer müssen in dem Unternehmen beschäftigt sein, und zwar je eines als Arbeiter und als Angestellter. Bei 15 Aufsichtsratsmitgliedern stehen den Arbeitern stattdessen zwei, bei 21 Mitgliedern drei Mandate zu, während sich die Angestellten stets mit einem Sitz begnügen müssen.

Die **Vorschläge** für diese Aufsichtsratsmitglieder kommen dadurch **10**
zustande, daß die zu den Arbeitern gehörenden Mitglieder der Betriebsräte die Arbeitervertreter, die den Angestellten zuzurechnenden Betriebsratsmitglieder die Angestelltenvertreter wählen. Die Namen der Gewählten sind sodann den im Unternehmen vertretenen Gewerkschaften und deren Spitzenorganisationen mitzuteilen, die gegen die Wahl Einspruch einlegen können, wenn der begründete Verdacht besteht, daß ein Vorgeschlagener nicht die Gewähr bietet, zum Wohle des Unternehmens und der gesamten Volkswirtschaft verantwortlich im Aufsichtsrat mitzuarbeiten. Lehnen die Betriebsräte den Einspruch ab, wozu einfache Stimmenmehrheit genügt, so kann der Bundesminister für Arbeit angerufen werden, der endgültig entscheidet. Die weiteren drei, vier

oder sechs Aufsichtsratsmitglieder der Arbeitnehmer einschließlich des ihrer Seite zuzurechnenden weiteren Mitglieds werden von den Spitzenorganisationen der Gewerkschaften nach vorheriger Beratung mit den im Betrieb vertretenen Gewerkschaften und den Betriebsräten vorgeschlagen. Die Spitzenorganisationen sind nach dem Verhältnis ihrer Vertretung in den Betrieben vorschlagsberechtigt. Sie sollen bei ihren Vorschlägen die in der Belegschaft bestehenden Minderheiten in angemessener Weise berücksichtigen (§ 6 Abs. 3 u. 4 MontanMitbestG).

11 Ein besonderes Verfahren sieht das Gesetz für das letzte der weiteren Aufsichtsratsmitglieder, den sog. **Unparteiischen** oder elften, fünfzehnten bzw. einundzwanzigsten Mann vor. Der Vorschlag kommt durch bzw. einundzwanzigsten Mann vor. Der Vorschlag kommt durch Kooptation der übrigen Aufsichtsratsmitglieder zustande, wozu es der Stimmenmehrheit, ferner der Zustimmung von mindestens drei Mitgliedern jeder Gruppe bedarf. Einigen sich die Gruppen nicht auf einen Bewerber oder wird der Vorgeschlagene von der Anteilseignerversammlung nicht gewählt, so ist ein Vermittlungsausschuß zu bilden, der aus vier Mitgliedern, je zwei Vertretern der Anteilseigner und der Arbeitnehmer besteht und der kraft Gesetzes die Aufgabe hat, der Anteilseignerversammlung drei Bewerber vorzuschlagen. Wird keiner der Vorgeschlagenen gewählt, so vermittelt das zuständige Oberlandesgericht (§ 8 MontanMitbestG).

12 Das Gesetz schreibt ferner die Bestellung eines **Arbeitsdirektors** als gleichberechtigtes Mitglied des zur gesetzlichen Vertretung berufenen Organs vor, der nicht gegen die Stimmen der Mehrheit der Vertreter der Arbeitnehmer im Aufsichtsrat und des ihrer Gruppe zugehörenden weiteren Mitglieds berufen werden darf. Er hat, wie die übrigen Mitglieder des zur Vertretung berufenen Organs, seine Aufgaben nach Maßgabe der Geschäftsordnung im engsten Einvernehmen mit dem Gesamtorgan auszuüben.

13 2. Ein **Vergleich des MontanMitbestG mit dem MitbestG** führt dazu, folgende **Hauptunterschiede** hervorzuheben:

a) Der **Anwendungsbereich** beider Gesetze ist **nicht nach kongruenten Kriterien festgelegt,** denn während das MontanMitbestG nur für die AG, GmbH und bergrechtliche Gewerkschaft mit eigener Rechtspersönlichkeit gilt, jedoch schon ab 1000 Arbeitnehmern, fällt unter das MitbestG auch die KGaA und die Genossenschaft, jedoch alle in einer der genannten Rechtsformen betriebenen Unternehmen erst, wenn sie in der Regel mehr als 2000 Arbeitnehmer beschäftigen.

14 b) § 7 MitbestG schreibt eine **gerade Zahl von Aufsichtsratsmitgliedern** vor, von denen je die Hälfte von den Anteilseignern und von den Arbeitnehmern zu stellen sind. Demgegenüber verlangt das MontanMitbestG eine ungerade Zahl von Aufsichtsratsmitgliedern und schafft die

Position des unabhängigen elften, fünfzehnten und einundzwanzigsten Mannes, der von beiden Seiten kooptiert wird und als Zünglein an der Waage fungiert. Auf der anderen Seite enthält das MontanMitbestG kein §§ 29 Abs. 2, 31 Abs. 4 MitbestG entsprechendes **Pattauflösungsverfahren.**

c) **Das MontanMitbestG verteilt die Gewichte zwischen Belegschaften und Gewerkschaften** bei der Wahl der Arbeitnehmervertreter im Aufsichtsrat **anders** als das MitbestG und gewährt den Gewerkschaften erheblich mehr Einfluß. Dies kommt vor allem darin zum Ausdruck, daß es den **Spitzenorganisationen der Gewerkschaften** nicht nur ein Vorschlagsrecht, sondern ein Entsendungsrecht bezüglich der drei, in großen Unternehmen vier oder fünf Aufsichtsratsmitgliedern der Arbeitnehmer gewährt (vgl. § 16 Rdn. 1). Ein weiterer, die Gewerkschaften begünstigender Unterschied liegt darin, daß auch die unternehmensinternen Vertreter der Arbeitnehmer nicht von den Belegschaften in Urwahl oder durch eine Wahlmännerversammlung gewählt werden, sondern von den Betriebsräten. **15**

d) Dagegen hat das vom MontanMitbestG nicht angetastete Recht der Anteilseignerversammlung, sämtliche Aufsichtsratsmitglieder, auch die Vertreter der Arbeitnehmer, zu wählen, nur noch formale Bedeutung, da die Anteilseignerversammlung insoweit an Vorschlagsrechte gebunden ist. Das MitbestG geht folgerichtig einen Schritt weiter und gibt auch das formale Festhalten an der Wahlkompetenz der Anteilseignerversammlung auf. **16**

e) Die Institution des **Arbeitsdirektors** unterscheidet sich in beiden Gesetzen durch die im MitbestG nicht mehr wiederkehrende Vorschrift des § 13 Abs. 1 S. 2 MontanMitbestG, wonach der Arbeitsdirektor nicht gegen die Mehrheit der Aufsichtsratsmitglieder der Arbeitnehmer bestellt werden kann (vgl. § 33 Rdn. 6). **17**

IV. Das Betriebsverfassungsgesetz von 1952

Schrifttum vgl. die Kommentare zum Betriebsverfassungsgesetz.

1. §§ 76 ff. BetrVG 1952, die für die nicht unter das MitbestG oder die Montanmitbestimmungsgesetze fallenden Unternehmen weitergelten (§ 1 Abs. 3 MitbestG), gewähren den Arbeitern nur das Recht, **ein Drittel der Sitze des Aufsichtsrats** zu besetzen. Die Vorschriften gelten für den Aufsichtsrat einer AG oder KGaA ohne Rücksicht auf die Größe, aber mit Ausnahme von Familiengesellschaften mit weniger als 500 Arbeitnehmern, ferner einer GmbH, bergrechtlichen Gewerkschaften mit eigener Rechtspersönlichkeit, eines Versicherungsvereins auf Gegenseitigkeit sowie einer Genossenschaft mit mehr als 500 Arbeitnehmern (§§ 76 Abs. 1 u. 6, 77 BetrVG 1952). Ausgenommen sind **18**

Tendenzbetriebe nach näherer Kennzeichnung des § 81 BetrVG 1952. In Unterordnungskonzernen nehmen an der Wahl auch die in den abhängigen Unternehmen beschäftigten Arbeitnehmer teil. Für die Berechnung der maßgeblichen Arbeitnehmerzahl gelten sie als Arbeitnehmer des herrschenden Unternehmens, wenn zwischen beiden Unternehmen ein Beherrschungsvertrag besteht oder das abhängige in das herrschende Unternehmen eingeglieder ist (§§ 76 Abs. 4, 77 a BetrVG 1952). Die Vertreter der Arbeitnehmer werden in **unmittelbarer Wahl** gewählt, nur in Konzernen kann die Wahl durch Wahlmänner erfolgen. Ist ein Vertreter der Arbeitnehmer zu wählen, so muß dieser in einem Betrieb des Unternehmens als Arbeitnehmer beschäftigt sein. Sind zwei oder mehrere Vertreter der Arbeitnehmer zu wählen, so müssen sich unter diesen mindestens zwei Arbeitnehmer aus dem Unternehmen befinden, darunter ein Arbeiter und ein Angestellter. Sind in dem Unternehmen mehr als die Hälfte der Arbeitnehmer Frauen, so soll mindestens eine von ihnen Arbeitnehmervertreter im Aufsichtsrat sein (§ 76 Abs. 2 BetrVG 1952). Vorschlagsberechtigt sind die Betriebsräte sowie mindestens ein Zehntel oder 100 wahlberechtigte Arbeitnehmer des Unternehmens (§ 76 Abs. 3 BetrVG 1952).

19 2. Abgesehen von der geringeren Zahl der den Arbeitnehmern im Aufsichtsrat zugebilligten Sitze, die sie von vornherein in eine **Minderheitsrolle** verweist, unterscheidet sich die Aufsichtsratsmitbestimmung nach §§ 76 ff. BetrVG 1952 vom MitbestG vor allem darin, daß es die Versicherungsvereine auf Gegenseitigkeit einbezieht und daß es den Gewerkschaften nicht einmal ein Vorschlagsrecht gewährt. Weiter beläßt es die **Befugnis, die Mitglieder des Vertretungsorgans zu bestellen, in der Hand der Anteilseignerversammlung,** soweit diese, wie vor allem bei der GmbH, nach den gesellschaftsrechtlichen Vorschriften dafür zuständig ist.

V. Das Mitbestimmungsergänzungsgesetz

Schrifttum

Boldt, Mitbestimmungsergänzungsgesetz, 1957; *Kötter,* Mitbestimmungs-Ergänzungsgesetz, 1958.

20 1. Der Erlaß des Mitbestimmungsergänzungsgesetzes vom 7. 8. 1956 (BGBl. I, 707), derzeit gültig i.d.F. vom 4. 5. 1976 (BGBl. I, 1153), war notwendig geworden, weil auch die Montanindustrie von der **Unternehmenskonzentration** ergriffen wurde, das MontanMitbestG nach seinem Wortlaut auf Konzernmütter aber nicht anwendbar war, sofern sie nicht selbst Bergbau betrieben bzw. Eisen oder Stahl erzeugten. Das Gesetz gilt für Unternehmen in der Rechtsform einer AG, GmbH oder bergrechtlichen Gewerkschaft mit eigener Rechtspersönlichkeit, die selbst nicht unter das MontanMitbestG fallen, die aber aufgrund eines Organschaftsverhältnisse ein Unternehmen beherrschen, auf welches das MontanMitbestG anzuwenden ist. Es setzt weiter voraus, daß der Unternehmenszweck des Konzerns durch Montanunternehmen gekennzeichnet ist (§§ 1–4 MitbestEG). Gegenwärtig erfüllt nur noch der Salzgitterkonzern diese Voraussetzungen.

Der nach dem MitbestEG zusammenzusetzende **Aufsichtsrat** besteht **21**
aus 15 Mitgliedern, und zwar 7 Vertretern der Anteilseigner, 7 Vertretern der Arbeitnehmer und einem weiteren, **neutralen Mitglied**, das wie der elfte Mann in Montanunternehmen von der Aufsichtsratsmehrheit selbst vorgeschlagen wird (§ 5 MitbestEG). Unter den 7 Aufsichtsratsmitgliedern der Arbeitnehmer müssen sich vier Arbeitnehmer aus den Betrieben der Konzernunternehmen, und zwar drei Vertreter der Arbeiter und ein Vertreter der Angestellten befinden. Im Gegensatz zum MontanMitbestG werden diese nicht von den Betriebsräten vorgeschlagen und von der Anteilseignerversammlung gewählt. Vorschlagsberechtigt sind vielmehr neben den Betriebsräten auch die Arbeitnehmer selbst. Zu einem wirksamen Vorschlag bedarf es der Unterschrift von mindestens einem Zehntel der wahlberechtigten Arbeitnehmer einer Gruppe oder 100 wahlberechtigten Gruppenangehöriger. Die **Wahl erfolgt durch Wahlmänner** getrennt nach den Gruppen der Arbeiter und der Angestellten und gemäß den Grundsätzen der Mehrheitswahl (§ 6 MitbestEG). Dagegen wird die Wahlmännerversammlung von allen Arbeitnehmern in den einzelnen Konzernunternehmen nach den Grundsätzen der Verhältniswahl gewählt (§ 6 Abs. 2 MitbestEG). Die drei restlichen Aufsichtsratsmitglieder der Arbeitnehmer werden von den **Spitzenorganisationen der** in den Konzernunternehmen vertretenen **Gewerkschaften** nach vorheriger Beratung mit den in den Unternehmen vertretenen Gewerkschaften und den Betriebsräten entsandt (§ 7 MitbestEG). In Unternehmen mit einem Gesellschaftskapital von mehr als 50 Mio. DM kann durch die Satzung bestimmt werden, daß der Aufsichtsrat statt aus 15 aus 21 Mitgliedern besteht. Sodann sind vier Arbeiter und zwei Angestellte zu wählen und vier Mitglieder von den Spitzenorganisationen der Gewerkschaften zu entsenden (§ 12 MitbestEG). Wie nach dem MontanMitbestG ist ferner ein **Arbeitsdirektor** als gleichberechtigtes Mitglied des Vertretungsorgans zu bestellen, jedoch bedarf seine Wahl nicht einer gesonderten Zustimmung der Mehrheit der Arbeitnehmervertreter im Aufsichtsrat (§§ 13 MitbestEG i.V.m. 13 MontanMitbestG; § 13 Abs. 1 S. 2 MitbestEG ist nicht anzuwenden).

Um zu verhindern, daß Konzernmütter, die zunächst unter das Gesetz **22**
fielen, für die infolge einer Veränderung der Konzernstruktur die Voraussetzungen des § 3 aber nachträglich weggefallen sind, aus der

Montanmitbestimmung ausscheiden, wurde das Gesetz zweimal geändert bzw. ergänzt. Zunächst bestimmte die Änderung des § 16 durch die sog. **lex Rheinstahl** vom 27. 4. 1967 (BGBl. I, 505), daß ein Unternehmen aus dem Anwendungsbereich des Gesetzes erst herausfällt, wenn die Voraussetzungen des § 3 in fünf aufeinanderliegenden Geschäftsjahren nicht mehr vorliegen. Das sog. **Mitbestimmungsfortgeltungsgesetz** vom 29. 11. 1971 (BGBl. I, 1857) ging darüber noch hinaus und schrieb vor, daß die wesentlichen Vorschriften des MitbestEG weiter solange anzuwenden sind, bis die Umsätze der unter das MontanMitbestG fallenden Konzernunternehmen und abhängigen Unternehmen in fünf aufeinanderfolgenden Jahren nicht mehr als 40% der Umsätze sämtlicher Konzernunternehmen und abhängigen Unternehmen erreichen. Das MitbestForgeltungsG ist inzwischen am 31. 12. 1975 fristgemäß außer Kraft getreten. In einigen weiteren Fällen wurden zu demselben Zweck Vereinbarungen zwischen den Unternehmensleitungen und den Gewerkschaften zur Aufrechterhaltung der Mitbestimmung getroffen (**Lüdenscheider Abkommen** vom 19. 8. 1959, BB 1959, 1028; vgl. dazu *Boldt*, RdA 1960, 65; *Zehorn*, AG 1960, 243, 267; ferner Abkommen für die Ruhrkohle AG 1969).

23 2. Bei einem Vergleich des MitbestG mit dem älteren MitbestEG fällt zunächst die **Ähnlichkeit beider Gesetze** auf, die sich daraus erklärt, daß die Gesetzesverfasser sich weithin an dessen Vorbild gehalten haben. Ein wesentlicher **Unterschied** liegt darin, daß die Konzernmitbestimmung nach § 5 MitbestG nicht mehr an das Vorliegen eines Organschaftsverhältnisses, sondern an den Tatbestand des Abhängigkeitskonzerns i.S.d. § 18 Abs. 1 AktG anknüpft (vgl. § 5 Rdn. 8 ff.). Die Zusammensetzung des Aufsichtsrats richtet sich im MitbestEG noch nach dem MontanMitbestG (s. Rdn. 14). Auch hält das MitbestEG noch am Recht der Spitzenorganisationen der Gewerkschaften fest, drei bzw. vier Mitglieder in den Aufsichtsrat zu entsenden (s. Rdn. 15). Im Gegensatz zu § 9 MitbestG schreibt es weiter generell die mittelbare Wahl vor. Dagegen verzichtete schon § 13 Abs. 1 MitbestEG auf das Vetorecht der Arbeitnehmer im Aufsichtsrat bei der Wahl des Arbeitsdirektors, das auch § 33 MitbestG nicht mehr übernahm.

VI. Die Vorgeschichte des MitbestG

24 1. Das Wiedererwachen der Mitbestimmungsforderungen zu Beginn der 60er Jahre wurde vorbereitet und begleitet durch eine Anzahl von **sozialwissenschaftlich-empirischen Untersuchungen** über die Wirkungsweise und die Bewährung der Montanmitbestimmungsgesetze. Sie kamen mit wenigen Abstrichen in bezug auf die Institutionen des elften Mannes im Aufsichtsrat und des Arbeitsdirektors im wesentlichen zu

günstigen Ergebnissen (vgl. *Pirker-Braun-Lutz-Hammelrath*, Arbeiter – Management – Mitbestimmung. Eine industriesoziologische Untersuchung der Struktur der Organisation und des Verhaltens der Arbeiterbelegschaften in Werken der deutschen Eisen- und Stahlindustrie, für die das Mitbestimmungsgesetz gilt, 1955; *Popitz-Bahrdt-Jures-Kesting*, Das Gesellschaftsbild des Arbeiters. Soziologische Untersuchungen in der Hüttenindustrie, 3. Aufl. 1967; *Neuloh*, Der neue Betriebsstil – Untersuchungen über Wirklichkeit und Wirkungen der Mitbestimmung, 1960; *Blume*, Zehn Jahre Mitbestimmung – Versuch einer Bestandsaufnahme, in: *Potthoff-Blume-Duvernell*, Zwischenbilanz der Mitbestimmung, 1962, 55; *Voigt*, Die Mitbestimmung der Arbeitnehmer in den Unternehmungen; eine Analyse der Einwirkungen der Mitbestimmung in der Bundesrepublik Deutschland auf die Unternehmensführung, in: *Weddigen*, Zur Theorie und Praxis der Mitbestimmung, Bd. 1, 1962, 87 ff.; Bericht der Mitbestimmungskommission, BT-Drucks. VI/334 (1970); *Brinkmann-Herz*, Entscheidungsprozesse in den Aufsichtsräten der Montanindustrie, 1972; *Tegtmeier*, Wirkungen der Mitbestimmung der Arbeitnehmer, 1973).

2. Eine breite Literatur beschäftigte sich weiter mit den **ideellen** **25**
Grundlagen, der sozialethischen und sozialpolitischen Rechtfertigung der Mitbestimmung. Ihre **Befürworter** argumentierten, sie werde die im arbeitsteiligen Produktionsprozeß unvermeidliche Fremdbestimmtheit der Arbeit mindern und mildern, eine Kontrolle der mit der Entscheidungsbefugnis im Unternehmen verknüpften Macht bewirken und auf diese Weise Spielräume zur Sicherung der persönlichen Freiheit schaffen. Auch werde sie die Arbeitsmoral günstig beeinflussen und die noch immer herrschende Klassenkampfmentalität zugunsten des gegenseitigen Verstehens, der Kooperationsbereitschaft und der einvernehmlichen Klärung von Interessenkonflikten brechen. Ferner begünstige sie eine gerechtere Verteilung des Produktionsertrags. Nicht zuletzt sei sie politisch erwünscht, weil sie das Engagement der Arbeitnehmerschaft und ihr Verantwortungsbewußtsein fördere und auf diese Weise mittelbar auch die staatliche Demokratie sichere und stärke, die durch unzufriedene, unter unbeeinflußbaren Macht- und Autoritätsstrukturen in eine Objektsituation gedrängte Menschen von innen heraus gefährdet werden (vgl. aus der unübersehbaren Literatur *Kunze-Christmann* (Hrsg.), Wirtschaftliche Mitbestimmung im Meinungsstreit, 2 Bde., 1964; *Nemitz-Becker* (Hrsg.), Mitbestimmung und Wirtschaftspolitik, 1967, mit Aufsätzen u. a. von *Koch*, Mitbestimmung als gesellschaftspolitische Aufgabe; *Leminsky*, Die qualifizierte Mitbestimmung innerhalb der gewerkschaftlichen Ordnungsvorstellungen; *Weisser*, Mitbestimmung als eine notwendige Folgerung aus heutigem freiheitlichem Sozialismus; *Nemitz*, Mitbestimmung und Wirtschaftspolitik; ferner zahlreiche Arbei-

ten von *v. Nell-Breuning*, z. B.: Mitbestimmung, 1968; *ders.*, Streit um die Mitbestimmung, 1968; *Weis*, Wirtschaftsunternehmen und Demokratie, 1970; *Steinmann*, Das Großunternehmen im Interessenkonflikt, 1969; *Biedenkopf*, Mitbestimmung, Beiträge zur ordnungspolitischen Diskussion, 1972; *Th. Raiser*, Paritätische Mitbestimmung in einer freiheitlichen Wirtschaftsordnung, JZ 1974, 273).

26 Die **Gegner** dieser Auffassung warnten auf der anderen Seite davor, die Folgen einer erweiterten Mitbestimmung allzu idealistisch vorzustellen. Sie meinten, ein MitbestG werde die gewünschte Emanzipation von den Systemzwängen der arbeitsteiligen Wirtschaft nicht leisten, weil sie Aufgaben und Verantwortung nur für wenige Arbeitnehmer begründe, diese aus dem Kreis der übrigen heraushebe und die allgemeine Situation nicht verändere. Viel eher sei, gewollt oder ungewollt, eine Akkumulation wirtschaftlicher Macht in den Händen der Gewerkschaften zu erwarten, die dadurch in die Lage versetzt würden, eine zentrale Wirtschaftslenkung aufzubauen, die den Bestrebungen einer Demokratisierung der Wirtschaft gerade zuwiderlaufe (vgl. statt aller Wirtschaftliche Mitbestimmung und freiheitliche Gesellschaft. Eine Stellungnahme des Arbeitskreises Mitbestimmung bei der BDA zu den gewerkschaftlichen Forderungen, 1965; ferner das Sammelwerk Mitarbeiten, Mitverantworten, Mitbestimmen (Hrsg. W. Raymond-Stiftung, 1966, mit Abhandlungen u. a. von *Merkle*, Die Forderungen auf erweiterte Mitbestimmung aus betrieblicher Sicht – Mitwirken, Mitgestalten, Mitbestimmen; *E. Küng*, Mitbestimmung, die gesellschaftliche und wirtschaftliche Ordnung). Von **marxistischer Seite** wurden die Mitbestimmungsforderungen vor allem unter dem Gesichtspunkt analysiert, ob sie sich als Mittel auf dem Weg zur proletarischen Revolution eignen (vgl. *Institut für Marxistische Studien und Forschungen*, Frankfurt/M, Mitbestimmung als Kampfaufgabe, 1971).

27 3. Neben die gesellschaftspolitischen traten **wirtschaftspolitische Analysen und Prognosen** über die vermutlichen Auswirkungen einer erweiterten Mitbestimmung auf die Produktivität der Unternehmen und der Volkswirtschaft im Ganzen sowie auf das System der sozialen Marktwirtschaft. Es wurde die Befürchtung geäußert, die erweiterte Mitbestimmung führe einerseits zu einer Politisierung, andererseits zu einer Bürokratisierung der unternehmerischen Entscheidungsprozesse, welche die Flexibilität der Unternehmensleitungen auf dem Markt und die Anpassung an veränderte wirtschaftliche Umstände vermindern werwerde. Die Rentabilität der Unternehmen werde auch deshalb zurückgehen, weil sich der unternehmerische Entscheidungsprozeß nicht mehr in erster Linie am Gesamtinteresse und am wirtschaftlichen Optimum orientieren werde, sondern an den speziellen Interessen der beteiligten Gruppen. Nicht zuletzt werde die veränderte Zielfunktion der Unter-

nehmen das System der Marktwirtschaft in Frage stellen (vgl. statt aller *Zeitel*, Die Mitbestimmung – Auswirkungen auf Wettbewerb und Wirtschaftswachstum in Verbindung mit dem unternehmerischen Entscheidungsprozeß, in: Mitarbeiten, Mitverantworten, Mitbestimmen, 1966; ferner die Rdn. 24 und 25 zitierte Literatur; s. auch *Lutter*, Unternehmensverfassung und Wettbewerbsordnung, BB 1975, 619).

4. Eine Gruppe von wissenschaftlichen Untersuchungen betraf **28**
schließlich die **Rechtsfragen**, welche die Mitbestimmung im Zusammenhang mit dem geltenden Verfassungs-, Gesellschafts- und Arbeitsrecht aufwarf. Es wurde deutlich, daß die Beteiligung von gewählten Arbeitnehmervertretern an den Aufsichtsräten wichtige Grundstrukturen des Gesellschafts- und Arbeitsrechts relativierte und zu einer neuen systematischen Kategorie Unternehmens- oder **Unternehmensverfassungsrecht** hin tendierte (vgl. schon Untersuchungen zur Reform des Unternehmensrechts, Bericht der Studienkommission des Dt. Juristentags, II, 1957; *Wiethölter*, Unternehmensverfassungsrecht, Juristenjahrbuch 1966/1967, 162; *Marburger Gespräch* über Eigentum – Gesellschaftsrecht – Mitbestimmung, 1967; *v. Nell-Breuning*, Unternehmensverfassung, in: Festgabe für H. Kronstein, 1967, 47; *Boettcher-Hax* u. a., Unternehmensverfassung als gesellschaftspolitische Forderung, 1968; *Kunze*, Wirtschaftliche Mitbestimmung als Legitimationsproblem, 1970; *Hanau*, Arbeitsrechtliche Probleme der paritätischen Mitbestimmung, BB 1969, 1497; *Th. Raiser*, Das Unternehmen als Organisation, 1969; *Heintzeler*, Wirtschaftsverfassung und Mitbestimmung, 1971; s. Rdn. 37 ff.). Von nachhaltiger Wirkung waren ferner die ersten kritischen Äußerungen zur **Vereinbarkeit der paritätischen Mitbestimmung mit der Eigentumsgarantie des Art. 14 GG und mit dem in Art. 9 Abs. 3 GG verankerten System des kollektiven Arbeitsrechts** (*Biedenkopf*, Auswirkungen der Unternehmensverfassung auf die Grenzen der Tarifautonomie, in: Festgabe für H. Kronstein, 1967, 79; *E. R. Huber*, Grundgesetz und wirtschaftliche Mitbestimmung, 1970; *Zöllner-Seiter*, Paritätische Mitbestimmung und Artikel 9 Abs. 3 GG, 1970 (vollständiger Vorabdruck in: ZfA 1970, 97); *v. Plessen*, Qualifizierte Mitbestimmung und Eigentumsgarantie, 1969), welche die nachfolgenden verfassungsrechtlichen Kontroversen zu dieser Frage einleiteten (s. Rdn. 40 ff.).

5. Alle vorangehenden Untersuchungen gipfelten 1970 in dem
Bericht der von der Bundesregierung einberufenen, aus neun Professo- **29**
ren der Wirtschaftswissenschaften und des Rechts (*Ballerstedt*, *Biedenkopf*, *Gutenberg*, *Jürgensen*, *Krelle*, *Mestmäcker*, *Reinhardt*, *Voigt*, *Willgerodt*) zusammengesetzten **Mitbestimmungskommission** (sog. Biedenkopf-Kommission), die nach umfangreichen eigenen Befragungen den gesamten Argumentationshaushalt zusammenstellte und kritisch

verarbeitete (BT-Drucks. VI/334). Der Bericht wurde bald zur maßgebenden Grundlage für alle weiteren öffentlichen und politischen Auseinandersetzungen zur Mitbestimmung. Die Kommission empfahl das im einzelnen ausgearbeitete und begründete **Modell einer neuen Ordnung für Großunternehmen**, welches die Erweiterung der Mitbestimmung im Aufsichtsrat bis **knapp unter die Grenze der Parität** vorsah. Von insgesamt 12 Aufsichtsratsmitgliedern sollten 6 von den Anteilseignern und 4 von den Arbeitnehmern gestellt werden. Die restlichen zwei sollte der Aufsichtsrat selbst kooptieren, so daß bei einer Verständigung der beiden Gruppen damit zu rechnen war, daß jede Gruppe eines von ihnen benannte, der Gruppenproporz im Ergebnis demnach 7 : 5 betrug. Im Vertretungsorgan sollte ein Mitglied, das im Gegensatz zu § 13 Abs. 1 S. 2 MontanMitbestG allerdings nicht vom besonderen Vertrauen der Arbeitnehmerseite abhängig sein sollte, kraft Gesetzes für das Personalwesen zuständig sein. Zusammen mit einer Anzahl weiterer Vorschläge zur Verbesserung der Kommunikation zwischen Vertretungsorgan und Arbeitnehmerschaft sollte das Modell den Vertretern der Kapitalseite im Aufsichtsrat zwar die Mehrheit zuweisen, aber „unter Bedingungen, die eine Überstimmung der Vertreter der Arbeitnehmer im Aufsichtsrat nachhaltig erschweren und deshalb nur für solche Situationen ermöglichen sollen, in denen eine Durchsetzung der von den Anteilseignern für unerläßlich gehaltenen Entscheidungen möglich bleiben muß“ (a.a.O., Teil V B Nr. 15). Einzelheiten der Empfehlungen sind im folgenden bei den Vorbemerkungen zu den Paragraphen des MitbestG dargestellt.

30 Die **Begründung der Kommission** ging im Kern dahin, die Entscheidungsfähigkeit des Aufsichtsrats müsse durch ein leichtes Übergewicht einer Seite sichergestellt werden, da sich die Institution des unparteiischen elften Mannes in der Montanindustrie nicht bewährt habe, die Stimmengleichheit im Aufsichtsrat aber zu einem für das Unternehmen schädlichen Patt zwischen den Gruppen führen könne. Das Übergewicht der Anteilseignerseite rechtfertigt sie mit der Überlegung, deren Interesse an der Rentabilität des eingebrachten Kapitals und ihre gesellschaftsrechtliche Haftung böten eine bessere Gewähr für die rationale und erfolgreiche Unternehmenspolitik als die Interessen der Arbeitnehmer. Die Steuerbarkeit der Unternehmen durch den marktwirtschaftlichen Prozeß setze voraus, daß die Risiken des Verlusts und die Haftungsregeln sich auf das Verhalten der Unternehmen auswirken (a.a.O., Nr. 15, 16; zur Kritik am Gutachten der Kommission vgl. das Sammelwerk von *Böhm-Briefs* (Hrsg.), Mitbestimmung – Ordnungselement oder politischer Kompromiß, 1971, mit Abhandlungen von *Willgerodt*, Demokratisierung der Wirtschaft und die Freiheit des Einzelnen; *Messner*, „Grundlagen“ des Biedenkopf-Gutachtens tragfähig?; *Weber*, Die sozialethischen Implikationen im Mitbestimmungsbericht der Sachverständigenkommission („Wertentscheidung“); *Briefs,* Gewerkschaft und Mitbestimmung; *Rauscher,* Unternehmerfunktion – Rentabilität – Eigentum; *Gaugler,* Betriebswirtschaftliche Komponenten des Mitbestimmungsgutachtens; *Löwisch,* Mitbestimmung und Arbeitsverhältnis; *Rittner,* Der Mitbestimmungsbericht und die Unternehmensverfassung; *Böhm,* Mitbestimmung als Gleichberechtigung von Kapital und Arbeit oder als Vertragsanspruch der Arbeitnehmer aus dem Arbeitsverhältnis; ferner *Th. Raiser,* Marktwirtschaft und paritätische Mitbestimmung, 1973; *Fleischmann,* Mitbestimmung und volkswirtschaftliche Leistungsfähigkeit; *Hondrich,* Mitbestimmung und Funktionsfähigkeit von Unternehmen, beide in: *Vetter* (Hrsg.), Mitbestimmung, Wirtschaftsordnung, Grundgesetz, 1976, 92, 126).

6. Im politischen Bereich war die Entwicklung seit etwa 1968 dadurch **31** gekennzeichnet, daß die politischen Parteien und deren Unterorganisationen, Gewerkschaften, Unternehmensverbände sowie zahlreiche andere Gruppen, Verbände und Institutionen immer neue **Modelle für eine erweiterte Mitbestimmung** entwarfen. Sie stimmten überwiegend darin überein, die Mitbestimmung wie bisher im Aufsichtsrat anzusiedeln. Ein demgegenüber von einer Gruppe von Wissenschaftlern veröffentlichter Vorschlag, eine mit Vertretern der Anteilseigner und der Arbeitnehmer besetzte Unternehmensversammlung als oberstes Unternehmensorgan zu bilden (*Boettcher-Hax* u. a., Unternehmensverfassung als gesellschaftspolitische Forderung (sog. *Sechser-Bericht*), 1968; vgl. ferner *v. Nell-Breuning,* Unternehmensverfassung, in: Festgabe für H. Kronstein, 47 ff.), blieb in der öffentlichen Diskussion demgegenüber ohne nachhaltige Resonanz (vgl. Rdn. 63).

Die **Modellvorschläge der Gewerkschaften** sowie der **SPD** (BT- **32** Drucks. V/3657) gingen durchweg von der paritätischen Besetzung des Aufsichtsrats aus und sahen in Anlehnung an die Montanmitbestimmung eine dritte Bank neutraler Mitglieder oder die Institution des unparteiischen elften Mannes vor (die Modellvorschläge und Gesetzentwürfe sind abgedruckt bei *Schwerdtfeger,* Mitbestimmung in privaten Unternehmen, 1973; vgl. ferner die Darstellungen bei *Biener,* RdA 1971, 174 ff.; *Stollreither,* Mitbestimmung, 1975, 93 ff.; sowie *Fitting-Wlotzke-Wißmann,* Vorbem., Rdn. 39 ff.). Demgegenüber brachten die auf dem Freiburger Parteitag 1971 verabschiedeten **Thesen der FDP** ein neues Element in die Debatte, indem sie den leitenden Angestellten („Faktor Disposition“) neben den Faktoren Kapital und Arbeit eine eigene Repräsentanz im Aufsichtsrat zubilligten (vgl. *Flach-Maihofer-Scheel,* Die Freiburger Thesen der Liberalen, 1971). Der 1971 von der Bundestagsfraktion der **CDU/CSU** eingebrachte Entwurf eines neuen Betriebsverfassungsgesetzes (BT-Drucks. VI/1806) empfahl in Anlehnung an die Empfehlungen der Mitbestimmungskommission eine Besetzung des Aufsichtsrats im Verhältnis 7 : 5 zugunsten der Anteilseigner. Demgegenüber beschloß der Hamburger Parteitag der CDU 1973 ein neues Modell, das die paritätische Besetzung des Aufsichtsrats, jedoch unter Berücksichtigung der leitenden Angestellten auf der Arbeitnehmerseite, vorsah (Einzelheiten bei *Fitting-Wlotzke-Wißmann,* Vorbem., Rdn. 53 ff.).

VII. Die Entstehung des MitbestG

33 1. Die unmittelbare Entstehungsgeschichte des MitbestG beginnt mit der **Regierungserklärung** der Bundesregierung vom 18. 1. 1973 (Sten. Ber. d. 7. Dt. BT, 131), in der die Weiterentwicklung des Unternehmensrechts im Sinne der Mitbestimmung der Arbeitnehmer nach dem Grundsatz der Gleichberechtigung und Gleichgewichtigkeit von Arbeitnehmern und Anteilseignern angekündigt wurde. Nach längeren Koalitionsverhandlungen, in denen die unterschiedlichen Auffassungen zwischen SPD und FDP ausgeglichen werden mußten, kam im Januar 1974 ein Kompromiß zustande, aufgrund dessen das Bundeskabinett am 20. 2. 1974 den **Regierungsentwurf** verabschiedete (BT-Drucks. 7/2172, BR-Drucks. 200/74; vgl. *Arendt,* Prot. der 111. Sitzung d. 7. Dt. Bt, 7460 ff.; *Wlotzke,* AuR 1974, 225 ff.). Schon im **Bundesrat** stieß der Entwurf auf **grundsätzliche Einwände**, die sich vor allem gegen die mittelbare Wahl und gegen den Verzicht auf ein besonderes Pattauflösungsverfahren richteten (vgl. §§ 9 Rdn. 3 f., 29 Rdn. 2). Der Bundesrat hielt den RegE für zustimmungsbedürftig und empfahl mit der Mehrheit der von der CDU/CSU regierten Länder seine Zurücknahme (BT-Drucks. 7/2172, 31).

34 Nicht weniger heftig war die **Kritik**, auf welche der Entwurf **bei den betroffenen Verbänden** und **in der Wissenschaft** stieß, und die sich zum einen in der öffentlichen Diskussion, zum anderen in den vom zuständigen BT-Aussch. f. Arbeit u. Sozialordnung am 16. 10., 4. u. 7. 11. sowie 19. 12. 1974 veranstalteten **Hearings** (Prot. Nr. 51, 52, 55 u. 62) artikulierte. Die Kritik der Arbeitgeberverbände und der Gewerkschaften verlief in die entgegengesetzte Richtung. Die Vertreter der **BDA** und des **BDI** erklärten vor allem, die mittelbare Wahl begünstige einseitig die Gewerkschaften und verschaffe ihnen eine auch im Hinblick auf die Neutralität des Staats bedenkliche Macht. Ferner gefährde der Mangel eines Pattauflösungsverfahrens die Entscheidungsfähigkeit des Aufsichtsrats und damit die Funktionsfähigkeit des Unternehmens. Die Einwände des **DGB** richteten sich demgegenüber dagegen, daß der Entwurf den Gewerkschaften keine Entsendungs-, sondern nur Vorschlagsrechte zubilligte. Auch gewähre er keine echte Parität, weil er zum einen die Zuständigkeit der Anteilseignerversammlung nicht antaste und zum anderen im Aufsichtsrat den leitenden Angestellten Sitz und Stimme auf der Arbeitnehmerseite gewähre, deren Interessen sie eher auf die Seite der Anteilseigner wiesen.

In der **Wissenschaft** wurde namentlich die Unausgewogenheit des Gesetzes und seine mangelnde Harmonisierung mit dem geltenden Gesellschafts- und Arbeitsrecht gerügt (s. u. Rdn. 53 ff.). In den Vordergrund trat daneben alsbald die Kontroverse über die Vereinbarkeit des Entwurfs mit dem Grundgesetz, die in der Anhörung von 12 Sachverständigen vor dem BT-Aussch. f. Arbeit u. Sozialordnung am 19. 12. 1974 (Prot. Nr. 62) ihren Höhepunkt fand. **35**

Die einzelnen gegen die Entwürfe erhobenen Einwände sind in diesem Kommentar in den Vorbemerkungen zu den einzelnen Paragraphen, die verfassungsrechtlichen und unternehmensrechtlichen Fragen im folgenden Abschnitt der Einleitung (Rdn. 40 ff.) dargestellt. Zusammenfassende Darstellungen des Gesetzgebungsprozesses finden sich bei *Stollreither*, Mitbestimmung, 221 ff., und bei *Fitting-Wlotzke-Wißmann*, Vorbem.; Rdn. 60 ff.

2. Das Ergebnis der Anhörungen vor dem BT-Aussch. f. Arbeit u. Sozialordnung und die anschließenden Ausschußberatungen führten zu neuen Differenzen zwischen den Koalitionsparteien, namentlich hinsichtlich des Wahlverfahrens, der Repräsentation der leitenden Angestellten und der Auflösung des Patts im Aufsichtsrat. Sie konnten in einer neuen **Koalitionseinigung** im **Dezember 1975** beseitigt werden, welche den Entwurf in wichtigen Punkten abänderte und namentlich die Urwahl für Unternehmen bis zu 8000 Arbeitnehmern (§ 9), die Gruppenwahl (§§ 10 Abs. 1, 15 Abs. 3), die Verhältniswahl und eine Verstärkung des Minderheitenschutzes für leitende Angestellte (§ 15 Abs. 1 u. 4 Nr. 3) sowie die zweite Stimme des Aufsichtsratsvorsitzenden bei Stimmengleichheit im Aufsichtsrat (§§ 29 Abs. 2, 31 Abs. 4) einführte. Ferner wurde die Vorschrift über den Personalvorstand an die Institution des Arbeitsdirektors nach § 13 MitbestEG angeglichen (s. § 33 Rdn. 2). Während der anschließenden Ausschußberatungen wurde eine Anzahl weiterer Änderungen eher technischer Natur eingefügt (vgl. die Gegenüberstellung in BT-Drucks, 7/4787). Wichtige Änderungsanträge der CDU/CSU-Fraktion, die darauf abzielten, die Urwahl generell vorzusehen, das Vorschlagsmonopol der Gewerkschaften für die unternehmensexternen Aufsichtsratsmitglieder der Arbeitnehmer zu beseitigen und das Übergewicht der Anteilseigner im Aufsichtsrat durch die Zulassung der Stimmrechtsübertragung abzusichern (vgl. BT-Drucks. 7/4887) fanden weder im Ausschuß noch im Bundestagsplenum eine Mehrheit. Gleichfalls abgelehnt wurde ein von drei CDU/CSU-Abgeordneten ge- **36**

stellter Antrag, unter Rückgriff auf die Regelung des MontanMitbestG ein unparteiisches Mitglied des Aufsichtsrats einzuführen, das vom Aufsichtsrat selbst kooptiert wird (vgl. Ausschußber. BT-Drucks. 7/4845, 4). Am 18. 3. 1976 verabschiedete der Bundestag in zweiter und dritter Lesung die vom Ausschuß beschlossene Fassung mit großer Mehrheit sämtlicher Parteien bei 22 Gegenstimmen und einer Stimmenthaltung (Prot. d. 230. Sitzung, 16091). Im Bundesrat lief das Gesetz am 9. 4. 1976 durch, ohne daß an der Zustimmungsbedürftigkeit festgehalten oder der Vermittlungsausschuß angerufen wurde (Prot. d. 433. Sitzung, 141). Das Gesetz wurde am 8. 5. 1976 verkündet (BGBl. I, 1153) und trat gem. § 41 am 1. 7. 1976 in Kraft.

B. Das MitbestG im Rahmen des geltenden Verfassungs-, Arbeits- und Gesellschaftsrechts

I. Grundsätzliches

Schrifttum

Ballerstedt, GmbH-Reform, Mitbestimmung und Unternehmensrecht, ZHR 135 (1971), 479; *ders.*, Das Mitbestimmungsgesetz zwischen Gesellschafts-, Arbeits- und Unternehmensrecht, ZGR 1977, 133; *Böhm*, Das wirtschaftliche Mitbestimmungsrecht der Arbeitnehmer im Betrieb, ORDO IV, 1951, 21 ff.; *ders.*, Der Zusammenhang zwischen Eigentum, Arbeitskraft und dem Betreiben eines Unternehmens, in: Festgabe f. H. Kronstein, 1967, 11 ff.; *Brecher*, Das Unternehmen als Rechtsgegenstand, 1953; *Buchner*, Paritätische Mitbestimmung: Der Weg zu einer neuen Unternehmens- und Arbeitsordnung, ZfA 1974, 147; *Duden*, Das Unternehmen, Menschen und Mittel, Festschr. f. Barth, 1971, 7; *ders.*, Zur Methode der Entwicklung des Gesellschaftsrechts zum „Unternehmensrecht", Festschr. f. Schilling, 1973, 309 ff.; *J. v. Gierke*, das Handelsunternehmen, ZHR 111, 1; *v. Gierke-Sandrock*, Handels- und Wirtschaftsrecht, Bd. 1, 9. Aufl. 1975; *Kunze*, Wirtschaftliche Mitbestimmung als Legitimationsproblem, 1970; *ders.*, Bemerkungen zu Inhalt und Methode einer Unternehmensrechtsreform, Festschr. f. Geßler, 1971, 47 ff.; *Martens*, Das Unternehmen und seine Ordnung, RdA 1972, 269; *v. Nell-Breuning*, Unternehmensverfassung, Festgabe f. Kronstein, 1967, 47 ff.; *Raisch*, Unternehmensrecht, Bd. 2, 1974; *Th. Raiser*, Das Unternehmen als Organisation, 1969; *ders.*, Marktwirtschaft und paritätische Mitbestimmung, 1973; *Reinhardt*, Vom Gesellschaftsrecht zum Unternehmensrecht?, in: Festschr. f. G. Hartmann, 1976, 213; *Rittner*, Der Mitbestimmungsbericht und die Unternehmensverfassung, in: Böhm-Briefs (Hrsg.), Mitbestimmung – Ordnungselement oder politischer Kompromiß, 1971, 158; *ders.*, Die paritätische Mitbestimmung und das Gesellschaftsrecht, JZ 1975, 457; *H. P. Westermann*, Unternehmensverfassung und Gesellschaftsrecht, in: Festschr. f. H. Westermann, 1974, 563; *Wiedemann*, Grundfragen der Unternehmensverfassung, ZGR 1975, 385; *ders.*,

Das Mitbestimmungsgesetz zwischen Gesellschafts-, Arbeits- und Unternehmensrecht, ZGR 1977, 160; *Wiethölter*, Unternehmensverfassungsrecht, Juristenjahrbuch 1966/67, 162.

Die starken ideologischen und politischen Spannungen, welche die Vorgeschichte des MitbestG kennzeichneten, erklären sich in erster Linie aus dem Umstand, daß die Mitbestimmung ein **neues, Strukturen und Stil veränderndes Element in die traditionelle Unternehmens- und Wirtschaftsordnung einfügt.** Der herkömmliche, im 19. Jahrhundert ausgeprägte Unternehmensaufbau identifiziert das Unternehmen rechtlich mit der Person des Eigentümers bzw. der Gesellschaft der Anteilseigner. Der Einzelkaufmann oder die Gesellschaft erscheinen als Träger des Unternehmens, die es betreiben und dafür verantwortlich sind, während das Unternehmen selbst als ein unselbständiger Annex und ein Vermögensobjekt in ihrer Hand gilt (vgl. statt aller *Brecher*, Das Unternehmen als Rechtsgegenstand, 1953; *J. v. Gierke*, Das Handelsunternehmen, ZHR 111, 1 ff.; *v. Gierke-Sandrock*, Handels- und Wirtschaftsrecht, Bd. 1, 172). Daher erstreckt sich die Leitung der Gesellschaft ohne weiteres auch auf die Unternehmensführung; Unternehmensleiter sind entweder die Anteilseigner selbst oder die von diesen nach Maßgabe der gesellschaftsrechtlichen Vorschriften berufenen Personen. Auch im Hinblick auf die Rechtsbeziehungen zu Dritten und zum Staat bleibt das Unternehmen ein Anhängsel der Gesellschaft, welche allein die Rechtsfähigkeit bzw. bei Personengesellschaften die Teilrechtsfähigkeit (§ 124 HGB) besitzt, die eine reibungslose Teilnahme am Rechtsverkehr ermöglicht. **37**

Auch die Arbeitnehmer bleiben in diesem System außenstehende Dritte, die an der Leitung des Unternehmens und an der Legitimation der mit der Unternehmensleitung verbundenen Herrschaft nicht teilnehmen (vgl. *Kunze*, Wirtschaftliche Mitbestimmung als Legitimationsproblem, 1970). Der Arbeitsvertrag ist ein durch soziale Elemente angereicherter schuldrechtlicher Austauschvertrag, der den Interessengegensatz zwischen Arbeitnehmern und Anteilseignern, nicht deren Zusammenwirken und gemeinsames Interesse am Unternehmen betont. Arbeitsrecht und Gesellschaftsrecht sind soziologisch und dogmatisch weit voneinander entfernte Bereiche, in deren Unterscheidung sich der Klassengegensatz zwischen Arbeitnehmern und Kapitalisten und die Strukturprinzipien der kapitalistischen Wirtschaftsordnung verfestigt haben. Obgleich die Mitbestimmungsbewegung von Anfang an darauf gerichtet war, dieses Schema aufzubrechen (s.o. Rdn. 6 ff.), beherrscht es die rechtlichen Strukturen und Denkvorstellungen bis heute kaum angefochten. Selbst das Betriebsverfassungsgesetz, das darüber hinaus- **38** weist, führte nicht zu einer grundsätzlichen Revision der dogmatischen Positionen.

39 Den einzigen **Bruch der Konzeption**, einen nicht zu leugnenden Fall der inneren Verknüpfung von Arbeits- und Gesellschaftsrecht, bildet die Mitbestimmung der Arbeitnehmer im Aufsichtsrat, die deshalb von manchen Autoren, namentlich der neoliberalen Schule, als systemwidrig abgelehnt wird (vgl. vor allem die Schriften von *Franz Böhm*, z. B. ORDO IV, 1951, 21 ff.; *ders.*, Festgabe für H. Kronstein, 11 ff.). Die Mehrzahl der Autoren in der Rechtswissenschaft sah angesichts der Minderheitsposition der Arbeitnehmervertreter im Aufsichtsrat nach §§ 76 ff. BetrVG 1952 jedenfalls keinen Anlaß, das traditionelle System grundsätzlich zu revidieren (vgl. statt aller *Reinhardt*, Gesellschaftsrecht, 389 ff.; *ders.*, Festschr. f. G. Hartmann, 213; *Rittner*, Der Mitbestimmungsbericht und die Unternehmensverfassung, 158; *ders.*, JZ 1975, 457; *Wiedemann*, ZGR 1975, 385; *ders.*, ZGR 1977, 160). Demgegenüber impliziert die Idee der gleichberechtigten und gleichgewichtigen Mitbestimmung eine Umverteilung der Herrschaftsbefugnisse im Unternehmen, welche die überkommene kapitalistische Unternehmensordnung in ihren Grundlagen erschüttert (*Th. Raiser*, Marktwirtschaft und paritätische Mitbestimmung, 58 ff.). Auch die im MitbestG realisierte unterparitätische Lösung geht immerhin so weit, daß sie eine Weiterentwicklung der dogmatischen Lehren vom Unternehmen verlangt, welche die geänderte Rechtslage verarbeitet. Der Wandel drückt sich im gebräuchlich gewordenen Sprachgebrauch von **Unternehmensrecht** oder Unternehmensverfassungsrecht anstatt von Gesellschaftsrecht aus (*Th. Raiser*, Das Unternehmen als Organisation, 13 ff.). Er ist in der Rechtswissenschaft jedoch noch umstritten und in vielen Aspekten ungeklärt (vgl. statt aller *Ballerstedt*, ZHR 135, 479; *ders.*, ZGR 1977, 133; *Buchner*, ZfA 1974, 147; *Duden*, Festschr. f. Barth, 7; *ders.*, Festschr. f. Schilling, 309; *Kunze*, Festschr. f. Geßler, 47 ff.; *Martens*, RdA 1972, 269; *v. Nell-Breuning*, Festgabe f. Kronstein, 47; *Raisch*, Unternehmensrecht, Bd. 2, 76 ff.; *H. P. Westermann*, Festschr. f. H. Westermann, 563; *Wiethölter*, Juristenjahrbuch 1966/67, 162).

II. Zur verfassungsrechtlichen Beurteilung des MitbestG

Schrifttum

Badura, Der Regierungsentwurf eines Mitbestimmungsgesetzes – Verfassungsrechtliche Einwände –, ZfA 1974, 357; *ders.*, Grundprobleme des Wirtschaftsverfassungsrechts, JuS 1976, 205; *v. Berenberg-Gossler*, Die Einführung der paritätischen Mitbestimmung der Arbeitnehmer im Großunternehmen als Sozialisierungsmaßnahme gem. Art. 15 GG, AG 1968, 37, 67, 108; *Bieback*, Mitbestimmung und Wirtschaftsverfassung, BlStSozArbR 1976, 161; *Biedenkopf*, Auswirkungen der Unternehmensverfassung auf die Grenzen der Tarifautonomie, in: Festgabe f. Kronstein, 1967, 79; *Hans Buchner,* Grundgesetz und Arbeitsverfassung, in: Löw (Hrsg.), 25 Jahre Grundgesetz, 1974, 5; *Herbert Buchner,* Die wirtschaftsverfassungsrechtliche Bedeutung der Diskussion um Unternehmensrecht und Mitbestimmung, DB 1975, 33; *Chlosta,* Der Wesensgehalt der Eigentumsgewährleistung unter besonderer Berücksichtigung der Mitbestimmungsproblematik, 1975; *Däubler,* Das Grundrecht auf Mitbestimmung, 3. Aufl. 1975; *ders.,* Das Arbeitsrecht, 1976, 304; *v. Eynern,* Tarifautonomie trotz Mitbestimmung, Festschrift f. H. Arndt, 1976 S. 37 ff.; *Friauf,* Unternehmenseigentum und Wirtschaftsverfassung, DÖV 1976, 624; *Göbel,* Die paritätische Mitbestimmung der Arbeitnehmer und das Hochschulurteil des Bundesverfassungsgerichts, BlStSozArbR 1975, 161; *Grasmann,* Die paritätische Mitbestimmung, DB-Beilage Nr. 21/75; *Hanau,* Pressefreiheit und paritätische Mitbestimmung, 1975; *Heintzeler,* Wirtschaftsverfassung und Mitbestimmung, 1971; *E. R. Huber,* Grundgesetz und wirtschaftliche Mitbestimmung, 1970; *ders.,* Die erweiterte wirtschaftliche Mitbestimmung und der Verfassungsstaat, in: Festschr. f. Kaufmann, 1972, 237; *Hummel-Liljegren,* Verfassungswidriges Patt in der Mitbestimmung, ZRP 1975, 25; *Jarass,* Mitbestimmung und grundgesetzliche Wirtschaftsverfassung, ZHR 139 (1975), 557; *Kindermann,* Verfassungswidrigkeit des Koalitionsentwurfs zur paritätischen Mitbestimmung, DB 1974, 1159; *Hartmut Krüger,* Juristische Aspekte der paritätischen Mitbestimmung, Diss. Kiel 1972; *Herbert Krüger,* Paritätische Mitbestimmung, Unternehmensverfassung und Mitbestimmung der Allgemeinheit, 1973; *Küchenhoff,* Mitbestimmungsgesetz – und wann Mitbestimmung?, Zeitschr. f. Sozialreform 1976 (H. 10), 577; *O. Kunze,* Mitbestimmung in der Wirtschaft und Eigentumsordnung, RdA 1972, 257; *ders.,* Unternehmensrecht. paritätische Mitbestimmung und Grundgesetz, AuR 1976, 193; *Th. Kunze,* Vereinbarkeit von Mitbestimmung und Tarifautonomie, BB 1971, 356; *F. Mayer,* Sozialbindung und Gemeinwohlvorbehalt als verfassungsrechtliche Grenzen einer Arbeitnehmermitbestimmung im Betrieb, DB 1975, 400; *U. Mayer-Reich* (Hrsg.), Mitbestimmung contra Grundgesetz?, 1975; *Mertens,* Über politische Argumente in der verfassungsrechtlichen Diskussion der paritätischen Mitbestimmung, RdA 1975, 89; *Mestmäcker,* Über Mitbestimmung und Vermögensverteilung, 1973; *ders.,* Zur gesellschaftsrechtlich organisierten Berufsfreiheit, in: Festschr. f. H. Westermann, 1974, 411; *Mitbestimmung im Unternehmen,* Bericht der Mitbestimmungskommission, BT-Drucks., VI/334, Teil IV, Rdn. 46, 93; *G. Müller,* Gedanken zum Entwurf des Mitbestimmungsgesetzes (MitbestG), DB 1975, 205, 253; *H.P. Müller,* Zur verfassungsrechtlichen Problematik der Patt-Situation im paritätisch mitbestimmten Unternehmen, DB 1974, 2449; *ders.,* Verfassungsmäßigkeit des Nebeneinander verschiedener Mitbestimmungsregeln, DB 1977, 163 ff.; *Pernthaler,* Qualifizierte Mitbestimmung und Verfassungsrecht, 1972; *v. Plessen,* Qualifizierte Mitbestimmung und Eigentumsgarantie, 1969; *Püttner,*Mitbestimmung und Verfassungsrecht, AG 1975, 281; *Raisch,* Mitbestimmung und Koalitionsfreiheit, 1975; *Th. Raiser,* Grundgesetz und paritätische Mitbestimmung, 1975; *ders.,* Der neue Koalitionskompromiß zur Mitbestimmung, BB 1976, 145; *ders.,* Das neue Mitbestimmungsgesetz, NJW 1976, 1337; *Rasch,* „Parität" von Kapital und Arbeit in verfassungsrechtlicher Sicht, DB 1973, 2243; *ders.,* Die „Parität" im Recht der Großunternehmen,

BB 1974, 532; *Reich,* Eigentumsgarantie, paritätische Mitbestimmung und Gesellschaftsrecht, AuR 1975, 257; *Reuß,* Qualifizierte Mitbestimmung und Verfassungsrecht, AuR 1974, 161; *Richardi,* Der Mitbestimmungsgedanke in der Arbeitsrechtsordnung, in: Das Arbeitsrecht der Gegenwart, Bd. 13 (1976), 19; *Rittner,* Die Funktion des Eigentums im modernen Gesellschaftsrecht – Gestaltungsformen und Probleme –, in: Marburger Gespräch über Eigentum – Gesellschaftsrecht – Mitbestimmung, 1967, 50; *ders.,* Unternehmensverfassung und Eigentum, in: Festschr. f. Schilling, 1973, 363; *Roscher,* Paritätische Mitbestimmung, Gegnerunabhängigkeit und Art. 9 Abs. 3 GG, RdA 1972, 279; *Rüthers,* Paritätische Mitbestimmung und Tendenzschutz, AfP 1974, 542; *Rupp,* Grundgesetz und „Wirtschaftsverfassung", 1974; *Scholz,* Koalitionsfreiheit als Verfassungsproblem, 1971, *ders.,* Paritätische Mitbestimmung und Grundgesetz, 1974; *ders.,* Qualifizierte Mitbestimmung unter dem Grundgesetz, Der Staat 13 (1974), 91; *Schwegler,* Paritätische Mitbestimmung und Koalitionsfreiheit, AuR 1975, 27; *ders.,* Paritätische Mitbestimmung im verfassungsrechtlichen Meinungsstreit, AuR 1975, 263; *ders.,* Mitbestimmung contra Grundgesetz?, BlStSozArbR 1976, 62; *Schwerdtfeger,* Unternehmerische Mitbestimmung der Arbeitnehmer und Grundgesetz, 1972; *Stein,* Qualifizierte Mitbestimmung unter dem Grundgesetz, 1976; *ders.,* Zur Verfassungsmäßigkeit der paritätischen Mitbestimmung, BlStSozArbR 1975, 113; *Stern,* Grundgesetz in Gefahr?, 1974; *Ullrich,* Aktionärseigentum und Mitbestimmung, Diss. Bochum 1969; *Wiedemann,* Tariffähigkeit und Unabhängigkeit, RdA 1976, 72; *Zacher,* Der Regierungsentwurf eines Mitbestimmungsgesetzes und die Grundrechte des Eigentums, der Berufsfreiheit und der Vereinigungsfreiheit, in: Festschr. f. Peters, 1975, 223; *Zöllner-Seiter,* Paritätische Mitbestimmung und Art. 9 Abs. 3 GG, 1970; *Zweigert,* Die Neutralität des Grundgesetzes gegenüber der paritätischen Mitbestimmung, in: Vetter (Hrsg.), Mitbestimmung, Wirtschaftsordnung, Grundgesetz, 1976, 205.

40 1. Die **verfassungsrechtlichen Kontroversen**, welche die Entstehungsgeschichte des MitbestG begleiteten, sind auch nach seinem Inkrafttreten **noch nicht völlig abgeklungen**. Die „Deutsche Schutzvereinigung für Wertpapierbesitz e.V." hat bei insgesamt acht Unternehmen Antrag auf gerichtliche Entscheidung über die Zusammensetzung des Aufsichtsrats mit der Begründung beantragt, das MitbestG sei verfassungswidrig (vgl. Die Welt v. 19. 1. 1977). In dem ersten dazu ergangenen – nicht rechtskräftigen – Gerichtsbeschluß hat das LG Stuttgart die Vereinbarkeit des Gesetzes mit dem Grundgesetz bejaht (Beschl. v. 28. 12. 1976, NJW 1977, 535). Das **BVerfG** hat mehrere Verfassungsbeschwerden als unzulässig abgewiesen, weil die Beschwerdeführer vor Durchführung des Gesetzes nicht unmittelbar beschwert seien (NJW 1977, 529). Eine Entscheidung zur Sache liegt darin noch nicht.

41 Die Auseinandersetzungen sind nur dann richtig zu würdigen, wenn man sie als Ausdruck der rechtlichen Schwierigkeiten versteht, die grundsätzlich veränderten Strukturen der Unternehmensorganisation in das von der Verfassung geprägte Gefüge der rechtlichen, wirtschaftlichen und sozialen Gesamtordnung einzupassen. Das Grundgesetz nimmt zur Mitbestimmung selbst nicht Stellung, obwohl es Anlaß dazu gehabt hätte, weil die Frage zur Zeit seiner Entstehung nicht minder heftig umkämpft war als während der Vorbereitung des MitbestG (s.o. Rdn. 4). Wenngleich aus diesem Befund nicht ohne weiteres auf die verfassungsrechtliche Unbedenklichkeit der paritätischen Mitbestimmung in jeder gesetzlichen Ausprägung geschlossen werden darf, bezeugt er jedoch, daß der Verfassungsgeber sie nicht grundsätzlich für verfassungswidrig gehalten hat oder erklären wollte. Das Grundgesetz garantiert die herkömmliche Wirtschafts- und Sozialordnung nicht, sondern gewährt dem Gesetzgeber auch die Befugnis zu strukturell neuartigen und ordnungspolitisch experimentellen Maßnahmen (vgl. BVerfGE 4, 7; 7, 377 (400); 14, 263 (275); *Scholz*, Paritätische Mitbestimmung und Grundgesetz, 133 f.). Zugunsten der paritätischen Mitbestimmung konnte weiter der **Schutz der Menschenwürde** (Art. 1 Abs. 1 GG), das **Grundrecht der individuellen Freiheit** (Art. 2 Abs. 1 GG) sowie das **Sozialstaatsgebot** (Art. 20 Abs. 1, 28 Abs. 1 GG) angeführt werden (*Schwerdtfeger*, Unternehmerische Mitbestimmung der Arbeitnehmer und Grundgesetz, 158 ff.).

Angesichts dieser verfassungsrechtlichen Ausgangslage konzentrierte sich die wissenschaftliche Diskussion mit Recht von Anfang an darauf, ob das Programm der paritätischen Mitbestimmung und später der RegE gegen einzelne, konkrete Grundrechtsartikel verstoße. Als relevant erwiesen sich in erster Linie die **Eigentumsgarantie gem. Art. 14, 15 GG** und die **Garantie der Tarifautonomie nach Art. 9 Abs. 3 GG**, im weiteren Kontext ferner der Schutz der Vereinigungsfreiheit (Art. 9 Abs. 1 GG), der Berufsfreiheit (Art. 12 GG) sowie der allgemeine Freiheitsschutz der Person nach Art. 2 Abs. 1 GG. Doch zeigte sich alsbald, daß auch die genannten Grundrechtsartikel nirgends den direkten und unbezweifelbaren Schluß zulassen, die paritätische Mitbestimmung sei verfassungsgemäß oder umgekehrt verfassungswidrig, weil der Verfassungstext dafür durchweg zu allgemein ist. Es erwies sich als unvermeidlich, die Fragen zum Gegenstand **exegetischer Bemühungen** zu machen, für die der Text selbst nur wenig gesicherte Substanz bietet. **42**

2. Das breiteste Meinungsspektrum entfaltete sich im Hinblick auf den **Eigentumsschutz gem. Art. 14/15 GG.** Die Mehrheit der Autoren machte sich den im Feldmühle-Urteil des BVerfG (BVerfGE 14, 263 ff.) vertretenen Standpunkt zu eigen, wonach nicht nur der Vermögenswert der durch das Gesellschaftsrecht vermittelten Anteile am Unternehmen unter den verfassungsrechtlichen Eigentumsschutz fällt, sondern auch die mit den Mitgliedschaftsrechten verbundenen Verwaltungsbefugnisse, d. h. die vom MitbestG in erster Linie betroffene Herr- **43**

schaftskomponente der Mitgliedschaft (a.A. *Kunze*, RdA 1972, 257; *ders.*, AuR 1976, 193, der die Ansicht vertritt, die Herrschaftskomponente der Mitgliedschaftsrechte falle unter den Persönlichkeitsschutz nach Art. 2 Abs. 1 GG). Nur vereinzelt wurde auch der Standpunkt vertreten, die paritätische Mitbestimmung impliziere eine Sozialisierung, die nach Art. 15 GG zu beurteilen sei (vgl. *v. Berenberg-Gossler*, AG 1968, 37, 67, 108; *Krüger*, Paritätische Mitbestimmung, Unternehmensverfassung, Mitbestimmung der Allgemeinheit, 34 ff., 70 ff.). Der Streit konzentrierte sich deshalb auf die Frage, ob die paritätische Mitbestimmung bzw. der RegE als Regelung von Inhalt und Schranken des Eigentums i.S.d. Art. 14 Abs. 1 S. 2 GG oder als Sozialbindung des Eigentums gem. Art. 14 Abs. 2 GG verfassungsrechtlich gedeckt oder ob sie als entschädigungslose Enteignung nach Art. 14 Abs. 3 GG unzulässig seien. Dabei lassen sich bei einer gewissen Typisierung drei Meinungen unterscheiden:

44 Nach Ansicht einer **ersten Gruppe von Autoren** (vgl. *E. R. Huber*, Grundgesetz und wirtschaftliche Mitbestimmung, 86 ff.; *Pernthaler*, Qualifizierte Mitbestimmung und Verfassungsrecht, 75 ff.; *Rittner*, Festschrift f. *W. Schilling*, 363 ff.; ferner *Barz, Mestmäcker, Rupp, Stern, Zacher* auf dem Hearing des BT-Aussch. f. Arbeit u. Sozialordnung am 19. 12. 1974, Prot. Nr. 62, 4 f., 9, 18, 22, 84, 102, 121 ff.) verlangt der Eigentumsschutz nach Art. 14 GG, daß sich die Anteilseigner bei allen Entscheidungen im Unternehmen letztlich durchsetzen können, ohne an die Zustimmung der Abeitnehmer gebunden zu sein. Die Verfassung garantiert danach das Übergewicht der Anteilseignerseite auch im Aufsichtsrat, das durch dessen paritätische Besetzung gemäß den Vorschriften des RegE nicht gewährleistet war. Ob die im Gesetz endgültig gefundene Lösung, welche der Anteilseignerseite mit Hilfe der Zweitstimme des regelmäßig von ihr gestellten Aufsichtsratsvorsitzenden bei Stimmengleichheit im Aufsichtsrat ein leichtes Übergewicht gewährt (vgl. §§ 27 Abs. 1 u. 2, 29 Abs. 2, 31 Abs. 4) den von dieser Gruppe für notwendig gehaltenen Anforderungen genügt, kann zweifelhaft sein. Zur Begründung ihrer Grundrechtsinterpretation müssen die genannten Autoren letztlich regelmäßig behaupten, Art. 14 GG garantiere ungeachtet der wirtschaftpolitischen Neutralität des Grundgesetzes die herkömmliche kapitalistische Unternehmensordnung.

45 Eine **zweite Gruppe von Autoren** (vgl. *Duden, Raisch, Simitis, Stein* auf dem Hearing des BT-Aussch. f. Arbeit u. Sozialordnung am 19. 12. 1974, Prot. Nr. 62, 5, 7, 13, 16, 83, 90, 118 ff.; *Schwegler*, AuR 1975, 27; *Zweigert*, in: Mitbestimmung, Wirtschaftsordnung, Grundgesetz, 205 ff.) hält die uneingeschränkt paritätische Mitbestimmung und speziell den RegE für verfassungsrechtlich unbedenklich. Sie stützt sich zunächst auf das Schweigen des Grundgesetzes und auf seine wirtschaftspolitische Neutralität (s. Rdn. 40), ferner darauf, daß der gleichfalls im Grundgesetz verankerte Schutz der Menschenwürde und der persönlichen Freiheit, auf welche sich die Arbeitnehmer zugunsten der Mitbestimmung berufen, sowie das Sozialstaatsprinzip schwerer wiegen als der Eigentumsschutz. Das Großunternehmen habe sich in der modernen Wirtschaftsordnung zu einem interessenpluralistischen Gebilde entwickelt, in dem die Verfügungsmacht über die Produktionsmittel immer fragwürdiger geworden sei und keinen Sonderschutz mehr genießen könne. Art. 14 GG hindere den sich darin ausdrückenden Funktionswandel des Eigentums nicht, sondern gebe ihm im Gesetzesvorbehalt nach Abs. 1 S. 2 und in der Gemeinwohlklausel nach Abs. 2 gerade Raum. In einer extremen Zuspitzung dieser Position kann aus ihr sogar ein Grundrecht auf Mitbestimmung abgeleitet werden (*Däubler*, Das Grundrecht auf Mitbestimmung).

Die **dritte Gruppe von Autoren**, vertreten hauptsächlich durch **46** *Schwerdtfeger* (Unternehmerische Mitbestimmung der Arbeitnehmer und Grundgesetz), *Scholz* (Paritätische Mitbestimmung und Grundgesetz; *ders.*, Prot. Nr. 62 d. BT-Aussch. f. Arbeit u. Sozialordnung, 40), *Th. Raiser* (Grundgesetz und paritätische Mitbestimmung; *ders.*, Prot. Nr. 62 d. BT-Aussch. f. Arbeit u. Sozialordnung, 8) und *Säcker* (Prot. Nr. 62, a.a.O., 12, 104) interpretiert die Dialektik von Eigentumsschutz und sozialstaatlichen Schranken des Eigentums in Art. 14 GG gleichfalls dahin, daß eine gesetzliche Bindung der durch die gesellschaftsrechtlichen Mitgliedschaftsrechte vermittelten Verfügungs- und Herrschaftsbefugnisse im Unternehmen an eine gleichberechtigte Mitwirkung der Arbeitnehmer grundsätzlich nicht unzulässig sei. Nach ihrer Ansicht liegt ein Verstoß gegen den grundgesetzlichen Eigentumsschutz vielmehr erst vor, wenn die Arbeitnehmerseite das Übergewicht erlangt, was aber weder nach dem RegE der Fall war, noch vollends in der endgültigen Fassung des Gesetzes. Auf der anderen Seite achten die genannten Autoren stärker auf die Einzelheiten der gesetzlichen Regelung und prüfen, ob der Gesetzgeber auch bei den Details das vom BVerfG für die Grundrechtsinterpretation entwickelte Verhältnismäßigkeitsprinzip wahrt, wonach gesetzliche Eingriffe in Grundrechtspositionen auch bei wirksamem Gesetzesvorbehalt nicht weitergreifen dürfen, als es die berechtigten Ziele des Gesetzgebers verlangen. Unter diesem Gesichtspunkt tritt für sie namentlich die Frage der Funktionsfähigkeit des Unternehmens in den Vordergrund. Nach ihrer Ansicht war der RegE unter dem Gesichtspunkt des Art. 14 GG vor allem deshalb verfassungsrechtlich bedenklich, weil er auf ein praktikables Verfahren zur Auflösung der Stimmengleichheit, d. h. der gegenseitigen Blockade der Gruppen im Aufsichtsrat verzichtete. Die Endfassung des Gesetzes dürfte diesen Bedenken grundsätzlich Rechnung tragen, ohne daß von vornherein Einzelfälle auszuschließen wären, in denen bestimmte Anteilseigner, z. B. Gesellschafter einer mitbestimmungspflichtigen GmbH (vgl. § 37 Rdn. 2) oder unbegrenzt nachschußpflichtige Genossen (vgl. *Beuthien,* ZfgG 1976, 331), durch das Gesetz in einem durch die Schranken des Art. 14 Abs. 1 u. 2 GG nicht mehr gedeckten Maß betroffen werden.

47 3. Soweit dem RegE Verstöße gegen das **Grundrecht der Berufsfreiheit** (Art. 12 GG) vorgeworfen wurden (vgl. *Mestmäcker,* Festschrift f. H. Westermann, 411 ff.; *ders.*, im Hearing des BT-Aussch. f. Arbeit u. Sozialordnung am 19. 12. 1974, Prot. Nr. 62, 6, 86) wurde argumentiert, das Grundrecht schütze die gesellschaftsrechtlich vermittelte Leitung von Unternehmen als das Recht, einer frei gewählten unternehmerischen Erwerbstätigkeit nachzugehen. Die Schwierigkeit dieser Argumentation liegt wie bei Art. 14 GG darin, daß der Text des Grundgesetzes selbst kaum Anhaltspunkte dafür aufweist, an denen sich die Interpretation im Hinblick auf das MitbestG orientieren könnte. Letztlich muß *Mestmäcker*, wie schon bei seiner Interpretation des Art. 14 GG (s. Rdn. 43), auf das Postulat zurückgreifen, das Grundgesetz verbiete eine Systemänderung, welche die vom traditionellen Gesellschaftsrecht gewährten Chance der Ausübung von Herrschaft im Unternehmen reduziert. Ungeachtet solcher für die Gesamtwürdigung des Gesetzes ins Gewicht fallenden Prämissen ist freilich, wie schon bei Art. 14 GG, nicht auszuschließen, daß die Anwendung des MitbestG das Grundrecht der Berufsfreiheit im Einzelfall verletzt (s. Rdn. 46).

48 4. Die schwierigsten verfassungsrechtlichen Probleme hat die Würdigung der paritätischen Mitbestimmung und des RegE unter dem Gesichtspunkt der durch Art. 9 Abs. 3 GG garantierten **Koalitionsfreiheit** aufgeworfen. Sie wurzeln letztlich in der ungeklärten Diskrepanz zwischen dem auf dem Interessengegensatz und der Konfrontation zwischen den Vertragspartnern beruhenden System des Tarifvertrags- und Arbeitskampfrechts und einer Mitbestimmungskonzeption, welche die Identität der Interessen von Anteilseignern und Arbeitnehmern und ihre einvernehmliche Kooperation zum Wohl des Unternehmens voraussetzt (vgl. § 25 Rdn. 80 ff.). Die enge wirtschaftliche und personelle Verknüpfung der Entscheidungen von Unternehmensleitung und Tarifpartnern nötigt dazu, Mitbestimmung und kollektives Arbeitsrecht auch rechtlich in einem Zusammenhang zu sehen. Die paritätische Mitbestimmung im Unternehmen droht die Trennung der Sphären, von der die Funktionsfähigkeit des Systems abhängt, zu beseitigen oder doch aufzuweichen. Auf der einen Seite kann sie die Arbeitnehmervertreter im Aufsichtsrat in die Lage bringen, Zusagen über Löhne oder andere Zuwendungen an die Arbeitnehmer im Unternehmen selbst durchzusetzen und auf diese Weise das Tarifvertragswesen auszuhöhlen. Auf der anderen Seite drohen die unter gleichberechtigter Beteiligung der Arbeitnehmer gewählten Mitglieder des Vertretungsorgans, namentlich die Arbeitsdirektoren, in die Arbeitgeberverbände einzudringen und deren Gegnerreinheit und innere Unabhängigkeit von den Gewerkschaften aufzuheben (vgl. *Biedenkopf*, Festgabe f. Kronstein, 79 ff.; *Hanau*, BB 1969, 760; *Zöllner-Seiter*, Paritätische Mitbestimmung und Art. 9 Abs. 3 GG). Auch die Unabhängigkeit der im Unternehmen vertretenen Gewerkschaften ist nicht mehr uneingeschränkt gesichert. Die verfassungsrechtliche Frage lautet, ob die Garantie der Koalitionsfreiheit nach Art. 9 Abs. 3 GG **einen Funktionswandel des Tarifvertrags- und Arbeitskampfrechts** zuläßt. Wie schon die Interpretation des Art. 14 GG stößt die Antwort auf beträchtliche exegetische Schwierigkeiten, weil Art. 9 Abs. 3 GG auf das Problem nicht zugeschnitten ist und sich im Wortlaut der Vorschrift daher kaum Anhaltspunkte für eine sichere Auslegung finden.

Die **Fronten der wissenschaftlichen Kontroverse** verlaufen ähnlich wie **49**
bei Art. 14 GG und werden im wesentlichen auch von denselben Personen bezogen. Eine **erste Gruppe von Autoren** hält die paritätische Mitbestimmung – speziell auch in der Ausgestaltung des RegE – prinzipiell mit Art. 9 Abs. 3 GG unvereinbar (*Zöllner-Seiter*, Paritätische Mitbestimmung und Art. 9 Abs. 3 GG; *E. R. Huber*, Grundgesetz und wirtschaftliche Mitbestimmung, 74 ff.; *Pernthaler*, Qualifizierte Mitbestimmung und Verfassungsrecht, 175 ff., sowie *Mestmäcker, Rupp, Stern* und *Zacher* auf dem Hearing des BT-Aussch. f. Arbeit u. Sozialordnung am 9. 12. 1974, Prot. Nr. 62, 54, 56, 64, 88, 102, 124, 126). Sie begründen diese Ansicht zum einen mit der These, die nach der Rechtsprechung des BVerfG in Art. 9 Abs. 3 GG enthaltene institutionelle Garantie der Tarifautonomie und des Arbeitskampfs verhindere zwar nicht einen gewissen Funktionswandel der herkömmlichen Rechtsinstitute, verlange aber, daß der Gesetzgeber ein gleichwertiges Modell für die kollektive Regelung der Arbeits- und Wirtschaftsbedingungen zur Verfügung stelle. Der Entwurf des MitbestG genüge diesen Anforderungen nicht. Zum anderen sind sie der Meinung, der Einfluß der paritätisch besetzten Aufsichtsräte auf die Wahl der Mitglieder des Vertretungsorgans untergrabe die Gegnerfreiheit der Arbeitgeber- und Arbeitnehmerverbände, die ein für die Funktionsfähigkeit unverzichtbarer Bestandteil des Systems sei und daher mit unter den Schutz des Art. 9 Abs. 3 GG falle. Wegen der Interdependenz der Bereiche seien auch alle Versuche, sie durch konkurrenzlösende Gesetzesmaßnahmen auseinanderzuziehen, zum Scheitern verurteilt. Das Nebeneinander von paritätischer Mitbestimmung und Tarifvertragssystem sei mit Art. 9 Abs. 3 GG nicht vereinbar.

50 Die **Gruppe der die Verfassungsmäßigkeit des RegE** uneingeschränkt **verteidigenden Autoren** zieht alle genannten Argumente in Zweifel (vgl. *Duden, Reisch, Simitis, Stein* auf dem Hearing d. BT-Aussch. f. Arbeit u. Sozialordnung, Prot. Nr. 62, 57 ff., 66, 69, 83, 90, 118 ff.; *Raisch*, Mitbestimmung und Koalitionsfreiheit; *Stein*, Qualifizierte Mitbestimmung unter dem Grundgesetz; *Schwegler*, AuR 1975, 27 ff.; *Zweigert*, Die Neutralität des Grundgesetzes gegenüber der paritätischen Mitbestimmung, in: Mitbestimmung, Wirtschaftsordnung, Grundgesetz, 205 ff.). Zunächst berufen sie sich wieder auf die wirtschaftspolitische Offenheit der Verfassung und namentlich auf die geringe inhaltliche Aussage des Art. 9 Abs. 3 GG, aus der sich zur Mitbestimmung nichts entnehmen lasse. Die Verfassungsmäßigkeit der Montanmitbestimmung sei nie angezweifelt worden. Im verfassungsgeschichtlichen Kontext gesehen, sei Art. 9 Abs. 3 GG in erster Linie ein Schutzrecht zugunsten der Arbeitnehmer, auf das sich die Arbeitgeberseite deshalb nicht oder doch nur in geringerem Maße berufen könne. Die von der Gegenseite behauptete Kollision zwischen paritätischer Mitbestimmung und Tarifvertragssystem und die von ihr heraufbeschworene Gefahr für die Gegnerfreiheit der Arbeitgeberkoalition wird als empirisch nicht erwiesen bezweifelt. Rechtlich genieße das Prinzip der Gegnerfreiheit nicht Verfassungsrang, sondern sei allenfalls Bestandteil des einfachen kollektiven Arbeitsrechts.

51 Die **dritte Gruppe** vertritt auch im Zusammenhang mit Art. 9 Abs. 3 GG eine Mittelmeinung (*Scholz*, Paritätische Mitbestimmung und Grundgesetz, 102 ff.; *Th. Raiser*, Grundgesetz und paritätische Mitbestimmung, 79 ff.; *Säcker, Scholz* und *Raiser* auf dem Hearing d. BT-Aussch. f. Arbeit u. Sozialordnung, a.a.O., 60 ff., 104). Nach ihrer Ansicht hindert Art. 9 Abs. 3 GG einen Funktionswandel des Tarifvertragssystems nicht, der dazu führt, daß die im Unternehmen angesiedelte Mitbestimmung gewisse Funktionen übernimmt, die bisher durch die Tarifpartner erfüllt wurden. Daher war der RegE auch unter diesem Gesichtspunkt grundsätzlich verfassungsgemäß. Als verfassungswidrig betrachteten die genannten Autoren jedoch das vorgesehene Nebeneinander von Mitbestimmung und kollektivem Arbeitsrecht, weil es die Funktionsfähigkeit des Tarifvertragssystems störe. Nach ihrer Ansicht basiert Art. 9 Abs. 3 GG auf dem Grundgedanken, daß der zwischen den Sozialpartnern ausgehandelte und im Ernstfall erkämpfte Tarifvertrag die beste Gewähr für die angemessene Reglung der Arbeits- und Wirtschaftsbedingungen bietet. Die Konzeption setze jedoch voraus, daß die Parteien unabhänging voneinander und wenigstens annähernd gleich stark sind. Aus diesem Grund sei Art. 9 Abs. 3 GG dahin zu verstehen, daß er nicht einseitig die Arbeitnehmer schütze, sondern sich beide Seiten gleichermaßen auf seinen Schutz berufen können

und daß ferner auch das Prinzip der Gegnerfreiheit als unabdingbarer Teil des Systems Verfassungsrang genieße. Daraus folge eine Verpflichtung des Gesetzgebers, sicherzustellen, daß die Gegnerfreiheit infolge der Auswirkungen des MitbestG nicht unterlaufen wird, der der RegE nicht Rechnung trage. Die genannten Autoren empfahlen, Vorschriften in das Gesetz einzufügen, welche den Anteilseignern den maßgebenden Einfluß auf den Abschluß von Unternehmenstarifverträgen sowie auf die Wahl der Personen vorbehält, die das Unternehmen in Arbeitgeberverbänden vertreten.

Die in das Gesetz aufgenommenen **Änderungen des RegE**, nament- **52**
lich der Mechanismus der dem Aufsichtsratsvorsitzenden bei Stimmengleichheit im Aufsichtsrat zur Auflösung des Patts gewährten zweiten Stimme sind u. a. auch dazu bestimmt, einen die Gegnerfreiheit beeinträchtigenden Einfluß der Arbeitnehmervertreter im Aufsichtsrat auf Tarifverhandlungen und auf die Arbeitgeberverbände auszuschließen. Ob sie dazu ausreichen werden, ist nicht sicher zu prognostizieren, weshalb auch das Urteil über die Vereinbarkeit des Gesetzes mit Art. 9 Abs. 3 GG je nach dem eingenommenen Standpunkt weiterhin variieren kann. Doch verstärkt das Gesetz die rechtlichen Mittel, beide Bereiche zu trennen, in der Tat erheblich und vermindert daher entscheidend auch das Gewicht der gegen die Vereinbarkeit des Entwurfs mit Art. 9 Abs. 3 GG erhobenen Bedenken.

III. MitbestG und Arbeitsrecht

Schrifttum

Auffarth, Zur Bedeutung der Beteiligungsrechte des Betriebsrats nach dem Betriebsverfassungsgesetz 1972 für eine paritätische Mitbestimmung der Arbeitnehmer auf Unternehmensebene, RdA 1976, 2; *Beuthien*, Erweiterte Mitbestimmung durch Tarifvertrag, JurA 1970, 130; *ders.*, Unternehmensbezogene Tarifverträge und paritätische Mitbestimmung im Unternehmen, BB 1975, 477; *Buchner*, Das wirtschaftliche Mitbestimmungsrecht nach dem Betriebsverfassungsgesetz in seinem Verhältnis zur Forderung nach qualifizierter Mitbestimmung, AG 1970, 127; *ders.*, Paritätische Mitbestimmung: Der Weg zu einer neuen Unternehmens- und Arbeitsordnung, ZfA 1974, 147 (179); *Däubler*, Das Grundrecht auf Mitbestimmung, 3. Aufl. 1975, 226; *Erdmann*, Die Bedeutung der Mitbestimmung des Betriebsrats für die unternehmerische Entscheidung: Der Weg zur Überparität, RdA 1976, 76; *Fabricius*, Arbeitsverhältnis, Tarifautonomie, Betriebsverfassung und Mitbestimmung im Spannungsfeld von Recht und Politik – Gedanken zur Fortentwicklung des Arbeitsverhältnisses, in: Festschr. f. Fechner, 1973, 173; *Farthmann*, Betriebsverfassung und Unternehmensrecht, Arbeit und Sozialpolitik 1970, 380; *ders.*, Zur Einführung der qualifizierten Mitbestimmung in den gewerkschaftseigenen Unternehmen, AG 1969, 205; *Hanau*, Arbeitsrechtliche Probleme der paritätischen Mitbestimmung, BB 1969, 1497; *ders.*, Das Verhältnis des Mitbestimmungsgesetzes zum kollektiven Arbeitsrecht, ZGR 1977, 397; *ders.*, Was bedeutet paritätische Mitbestimmung für das kollektive Arbeitsrecht, BB 1969, 760; *Hensche,* Erweiterung der Mitbestimmung durch privatautonome Regelung, insbesondere in Unternehmen der öffentlichen Hand, AuR 1971, 33; *Kunze,* Bemerkungen zum Verhältnis von Arbeits- und Unternehmensrecht, in Festschr. f. Schilling, 1973, 333; *Löwisch,* Mitbestimmung und Arbeitsverhältnis, in: Böhm-Briefs (Hrsg.), Mitbestimmung – Ordnungselement oder politischer Kompromiß, 1971, 131; *Martens,* Das Verhältnis des Mitbestimmungsgesetzes zum kollektiven Arbeitsrecht, ZGR 1977, 422; *U. Mayer,* Mitbestimmungsgesetz und Betriebsverfassungsgesetz – einheitliche Mitbestimmung in Betrieb und Unternehmen, BlStSozArbR 1976, 173; *ders.*, Paritätische Mitbestimmung und Arbeitsverhältnis, 1976; *Th. Raiser,* Das Unternehmen als Organisation, 1969, 153; *ders.*, Das Arbeitsverhältnis aus der Sicht der Organisationssoziologie, ZRP 1973, 13; *ders.*, Grundgesetz und paritätische Mitbestimmung, 1975, 24; *Reuter,* Betriebs- und Unternehmensverfassung, in: Kritik Bd. 5, Recht im Sozialen Rechtsstaat, 1973, 197; *Richardi,* Der Mitbestimmungsgedanke in der Arbeitsrechtsordnung, in: Das Arbeitsrecht der Gegenwart, Bd. 13 (1976), 19; *Rüthers,* Arbeitgeber und Gewerkschaften – Gleichgewicht oder Dominanz, DB 1973, 1649; *Scholz,* Paritätische Mitbestimmung und Grundgesetz, 1974, 67; *Simitis,* Von der institutionalisierten zur problembezogenen Mitbestimmung, AuR 1975, 321; *Wiedemann,* Rationalisierungsschutz, Tarifmacht und gemeinsame Einrichtung, RdA 1968, 420; *Zöllner,* Die Einwirkung der erweiterten Mitbestimmung auf das Arbeitsrecht, RdA 1969, 65; *ders.*, Unternehmerische Mitbestimmung und Einzelarbeitsverhältnis, in: Festschr. f. Fechner, 1973, 155.

53 1. Die sich aus dem nicht näher aufeinander abgestimmten Nebeneinander von **MitbestG und kollektivem Arbeitsrecht** ergebenden Probleme sind im vorigen Abschnitt dargestellt. Soweit sie nicht Verfassungsrang haben, tragen sie rechtspolitischen Charakter und sind daher Gegenstand wissenschaftlicher und politischer Überlegungen, aus denen sich keine unmittelbaren Folgerungen für die Anwendung des MitbestG ziehen lassen. **Privatautonome Mitbestimmungsregelungen durch Tarifvertrag** sind nach allg. Ansicht **unzulässig**, da die in Tarifverträgen enthaltenen Rechtsnormen gem. § 1 Abs. 1 TVG nur den Inhalt, Abschluß und die Beendigung von Arbeitsverhältnissen sowie betriebliche oder betriebsverfassungsrechtliche Fragen ordnen können, nicht jedoch Gegenstände der Unternehmensverfassung (vgl. *Wiedemann*, RdA 1968, 421; *Farthmann*, AG 1969, 205; *Beuthien*, JurA 1970, 130; *ders.*, BB 1975, 477; *Dietz-Richardi,* Vorbem. § 76 BetrVG 1952 Rdn. 36; *Fitting-Wlotzke-Wißmann,* Vorbem. Rdn. 8; *Hanau,* ZGR 1977, 419; teilweise a.A. *Däubler,* Das Grundrecht auf Mitbestimmung, 229). Das schließt aber Verträge nicht aus, in denen sich Unternehmen oder Gruppen von Anteilseignern außerhalb des Tarifvertragsrechts gegenüber Gewerkschaften zu freiwilligen Mitbestimmungsregelungen verpflichten, die über das Gesetz hinausgehen. Im Geltungsbereich der §§ 76 ff. BetrVG 1952 sind derartige, meist als Stimmbindungsverträge zu qualifizierende Abreden bekannt und von der Judikatur anerkannt (vgl. § 1 Rdn. 46). Ihre Zulässigkeit bemißt sich nach den Vorschriften des geltenden Rechts, d. h. des MitbestG selbst sowie der rechtsformspezifischen Normen des Gesellschaftsrechts (vgl. § 1 Rdn. 47). Rechtsnatur, Rechtsfolgen und verfassungsrechtliche Relevanz derartiger, von *Hensche* (AuR 1971, 33) als **mitbestimmungsrechtliche Unternehmensverträge** bezeichneter Abreden sind noch kaum geklärt (zur rechtspolitischen Wünschbarkeit privatautonomer Regelungen auf diesem Gebiet *Simitis,* AuR 1975, 325 ff.).

2. Das Nebeneinander von **MitbestG und Betriebsverfassungsgesetz** **54**
wirft zunächst die Fragen nach dem Verhältnis und dem Ineinandergreifen der einzelnen in beiden Gesetzen den Arbeitnehmern gewährten Mitbestimmungsrechte auf. Im gedanklichen Ansatz überschneiden sich beide Gesetze nicht, da das BetrVG beschränkte, grundsätzlich auf die Sphäre des Betriebs zugeschnittene Mitwirkungsrechte begründet, die in den unternehmerischen Entscheidungsprozeß, auf den das MitbestG abzielt, selbst nicht eingreifen. Sie setzen Daten für die Unternehmensleitung, beteiligen die Arbeitnehmer aber nicht an ihr (vgl. *Kunze,* Festschr. f. Schilling, 350 ff.; *Auffarth,* RdA 1976, 2 ff.; *Richardi,* Das Arbeitsrecht der Gegenwart, Bd. 13 (1976), 48 f.; *U. Mayer,* BlStSozArbR 1976, 173; *Fitting-Wlotzke-Wißmann,* Vorbem. Rdn. 11). Allerdings reichen, namentlich seit der Erweiterung des BetrVG von 1972 wichtige Befugnisse der Betriebsräte mindestens nach ihren Auswirkungen in die unternehmerische Sphäre hinein. Zu nennen sind die Mitbestimmung des Betriebsrats bei der Einführung von Kurzarbeit oder von Überstunden (§ 87 Abs. 1 Nr. 3 BetrVG), bei der Aufstellung von Entlohnungsgrundsätzen, der Einführung neuer Entlohnungsmethoden sowie der Änderung von Akkord- und Prämiensätzen (§ 87 Nr. 10 u. 11 BetrVG), bei der Personalplanung und der Aufstellung von Richtlinien über die personelle Auswahl bei Versetzungen, Umgruppierungen und Kündigungen sowie bei personellen Einzelmaßnahmen (§§ 92, 95, 99 BetrVG). Trotzdem besteht keine unmittelbare Kollision der genannten Rechte mit der Aufsichtsratsmitbestimmung, da die von ihnen erfaßten Gegenstände kraft Gesetzes nicht in die Zuständigkeit des Aufsichtsrats fallen (vgl. § 25 Rdn. 47 ff.).

Überschneidungen ergeben sich dagegen mit der Mitbestimmung in **55**
wirtschaftlichen Angelegenheiten gem. §§ 106 ff. BetrVG, denn die Auskunftsansprüche des **Wirtschaftsausschusses** und des Aufsichtsrats decken sich überwiegend, weshalb das Nebeneinander beider Gesetze insoweit zu einer Häufung der die Unternehmensleitung treffenden Auskunftspflichten führt. Wenngleich auch keine ernstlichen Gründe für

diese Vermehrung der Informationskanäle sprechen und es sich im Interesse einer rationellen Unternehmensorganisation daher empfiehlt, für alle unter das MitbestG fallenden Unternehmen auf den Wirtschaftsausschuß zu verzichten (ebenso *Auffarth*, a.a.O., 5; vgl. ferner *Buchner*, AG 1970, 127 ff.), kann die entstandene Rechtslage jedoch kaum zu schwerwiegenden Konflikten führen, die das Gesetz dringend korrekturbedürftig machten.

56 Gravierende Reibungen treten im Bereich von **Betriebsänderungen** gem. §§ 111 f. BetrVG auf, weil Entscheidungen darüber vielfach der Zustimmung des Aufsichtsrats bedürfen. Zwar überschneiden sich die Befugnisse des Betriebsrats und des Aufsichtsrats auch in diesem Fall formell nicht, denn der Aufsichtsrat ist an der Grundsatzentscheidung über die Betriebsänderung beteiligt, während der Betriebsrat gem. §§ 111, 112 BetrVG erst bei der Aufstellung des Sozialplans, d. h. bei der Regelung der Folgen einer bereits entschiedenen Betriebsänderung, maßgeblich einzuschalten ist. Zuvor ist zwar der Versuch eines Interessenausgleichs zu machen, doch bleibt es ohne Rechtsfolgen, wenn er mißlingt. Doch hängen die Entscheidungen über das Ob der Betriebsänderung und über den Sozialplan in der wirtschaftlichen Realität so eng zusammen, daß ihre rechtliche Trennung nicht „funktionieren" kann. Es ist damit zu rechnen, daß sowohl die Arbeitnehmerseite wie die Anteilseignervertreter im Aufsichtsrat und die Unternehmensleitung beide Punkte verbinden werden, so daß in diesem Fall in der Tat Mitbestimmung sowohl durch die Betriebsräte als auch durch die Aufsichtsratsmitglieder der Arbeitnehmer ausgeübt wird. Die Unausgewogenheit der Rechtslage in diesem Bereich muß zwar nicht unvermeidlich Funktionsstörungen im Unternehmen hervorrufen, kann aber zu Mißbräuchen führen (vgl. *Hanau*, ZGR 1977, 407; *Martens*, ZGR 1977, 425 ff.).

57 Aufs Ganze gesehen muß die Addition der Mitbestimmungsrechte nach dem BetrVG ungeachtet ihrer verschiedenen Gegenstände und nach dem MitbestG die Stellung der Arbeitnehmerseite im Unternehmen und ihre **Verhandlungsposition verstärken**. Dies gilt umso mehr, als der paritätisch besetzte Aufsichtsrat gem. § 31 auch die Mitglieder des Vertretungsorgans, d. h. die Verhandlungspartner der Betriebsräte, wählt. Während der Auseinandersetzungen um den RegE haben manche Autoren daraus den Schluß gezogen, die Kumulation der Mitbestimmungsrechte nach beiden Gesetzen bewirke ein Übergewicht (eine Überparität) der Arbeitnehmerseite im Unternehmen (*Rüthers*, DB 1973, 1649; *Erdmann*, RdA 1976, 76). Nach *Scholz* (Paritätische Mitbestimmung und Grundgesetz, 67 f.) verlangt die Rechtslage, ähnlich wie beim Zusammentreffen von Unternehmensmitbestimmung und Koalitionswesen (Rdn. 50) konkurrenzlösende Mechanismen, welche die Vereinbarkeit des MitbestG mit dem Grundgesetz sicherstellen.

Doch dürften die aufgezeigten Überschneidungen auch in ihrer Summe kaum so schwer wiegen, daß sie verfassungsrechtliche Relevanz erreichen (*Th. Raiser*, Grundgesetz und paritätische Mitbestimmung, 24).

3. Weniger unmittelbar sind die Bezüge zwischen **MitbestG und Einzelarbeitsverhältnis**. Die Mitbestimmungskommission hatte die Mitbestimmung u. a. aus dem besonderen rechtlichen, wirtschaftlichen und sozialen Charakter des Arbeitsverhältnisses und der durch das Arbeitsverhältnis begründeten Zugehörigkeit des Arbeitnehmers zum Unternehmen abgeleitet, jedoch selbst sogleich angefügt, beides fordere die Mitbestimmung nicht zwingend kraft einer der Eigengesetzlichkeit der wirtschaftlichen Veranstaltung Unternehmen entnommenen Schlußfolgerung (BT-Drucks. VI/334, IV, Nr. 1, 2). In der Tat wird der Zusammenhang durch sozialethische und ordnungspolitische Wertentscheidungen vermittelt, die in der Rechtsnatur des Arbeitsverhältnisses nicht ohne weiteres angelegt sind (vgl. *Löwisch*, Mitbestimmung und Arbeitsverhältnis, 131 ff.; *Zöllner*, Festschr. f. Fechner, 155 ff.). Die Entscheidung des Gesetzgebers zugunsten der Mitbestimmung zwingt aber zu einer **Revision der herkömmlichen rechtlichen Lehren vom Arbeitsverhältnis** als einem mit personenrechtlichen Elementen angereicherten schuldrechtlichen Austauschvertrag (s. Rdn. 38 f.), weil sie den Arbeitnehmern eine mit Rechtsfolgen ausgestattete Position im sozialen Verband Unternehmen gewährt und insofern gesellschafts- oder verbandsrechtliche Merkmale aufweist (vgl. Löwisch, a.a.O., 139 ff.; *Kunze*, Festschr. f. Schilling, 356 ff.; *Buchner*, ZfA 1974, 178 ff.; ferner von einem theoretischen Ansatz *Th. Raiser*, Das Unternehmen als Organisation, 153 ff.; *ders.*, Das Arbeitsverhältnis aus der Sicht der Organisationssoziologie, ZRP 1973, 13). **58**

Trotz der irreführenden Ausdrucksweise des § 1 Abs. 1 gewährt das Gesetz den einzelnen Arbeitnehmern **kein individuelles, im Arbeitsverhältnis begründetes subjektives Recht auf Mitbestimmung**, sondern verwirklicht sein Ziel durch eine institutionelle Veränderung der Unternehmensverfassung (§ 1 Rdn. 41). Die für die einzelnen Arbeitnehmer daraus fließenden Rechte und Pflichten sind vielfach abgestuft und erschöpfen sich für die Mehrzahl von ihnen in dem Recht, aktiv und passiv an den Wahlen zum Aufsichtsrat oder zur Wahlmännerversammlung teilzunehmen und die damit verknüpften Antragsrechte u. ä. auszuüben (§ 1 Rdn. 43). Für die gewählten Aufsichtsratsmitglieder der Arbeitnehmer und Wahlmänner befestigt das Gesetz die Verbindung zwischen ihrem Amt und dem Arbeitsverhältnis, indem es, außer bei den Vertretern der Gewerkschaften, beim Ausscheiden aus dem Unternehmen bzw. aus dem Betrieb kraft Gesetzes das Ende der Amtszeit anordnet (§§ 14 Abs. 1 Nr. 2, 24 Abs. 1). Funktionell besteht ein Zusammenhang weiter darin, daß eine Verletzung des Arbeitsvertrags zugleich auch ein **59**

Verstoß gegen die ein Aufsichtsratsmitglied treffenden Pflichten sein kann und umgekehrt (vgl. § 26 Rdn. 6).

IV. MitbestG und Gesellschaftsrecht

Schrifttum

Bälz, Einheit und Vielheit im Konzern, in: Festschr. f. L. Raiser, 1974, 287; *Ballerstedt,* Das Mitbestimmungsgesetz zwischen Gesellschafts-, Arbeits- und Unternehmensrecht, ZGR 1977, 133; *Duden,* Zur Methode der Entwicklung des Gesellschaftsrechts zum „Unternehmensrecht", in: Festschr. f. Schilling, 1973, 309; *Martens,* Paritätische Mitbestimmung und Aufsichtsratssystem, BB 1973, 1118; *ders.,* Mitbestimmung, Konzernbildung und Gesellschaftereinfluß, ZHR 138 (1974), 179 ff.; *ders.,* Die Auswirkungen der erweiterten Mitbestimmung auf die Konzern-Praxis, in: Der GmbH-Konzern, 1976, 106 ff.; *Raisch,* Unternehmensrecht, Bd. 2, 1974, 131; *L. Raiser,* Die Konzernbildung als Gegenstand rechts- und wirtschaftswissenschaftlicher Untersuchung, in: Raiser-Sauermann-Schneider (Hrsg.), Das Verhältnis der Wirtschaftswissenschaft zur Rechtswissenschaft, Soziologie und Statistik, Schriften des Vereins für Socialpolitik N. F. 33 (1964), 51; *Th. Raiser,* Vorstand, Aufsichtsrat und Hauptversammlung in mitbestimmten Aktiengesellschaften, in: Festschr. f. L. Raiser, 1974, 355; *ders.,* Grundgesetz und paritätische Mitbestimmung, 1975; *E. Rehbinder,* Konzernaußenrecht und allgemeines Privatrecht, 1969, 33; *Rittner,* Der Mitbestimmungsbericht und die Unternehmensverfassung, in: Böhm-Briefs (Hrsg.), Mitbestimmung – Ordnungselement oder politischer Kompromiß, 1971, 158; *ders.,* Die paritätische Mitbestimmung und das Gesellschaftsrecht, JZ 1975, 457; *Schilling,* Entwicklungstendenzen im Konzernrecht, ZHR 140 (1976), 528; *Werner,* Unternehmensverfassung in einer marktwirtschaftlichen Ordnung. WuW 1975, 179; *H. P. Westermann,* Unternehmensverfassung und Gesellschaftsrecht, in: Festschr. f. H. Westermann, 1974, 363; *Wiedemann,* Das Mitbestimmungsgesetz zwischen Gesellschafts-, Arbeits- und Unternehmensrecht, ZGR 1977, 160.

60 1. Die durch die Beziehungen des MitbestG zum Gesellschaftsrecht aufgeworfenen Fragen sind anderer Art und vielgestaltiger als seine Wirkungen auf das Arbeitsrecht. Sie resultieren aus der Notwendigkeit, **die dem traditionellen Gesellschaftsrecht innerlich wesensfremde Mitbestimmung in dessen gewachsene Strukturen einzupassen** und die **Integration der Arbeitnehmervertreter in das vom Gesellschaftsrecht her konzipierte Organ Aufsichtsrat rechtlich zu bewältigen.** Das Gesetz hat diese Aufgabe nur formell und unvollkommen gelöst, indem es in den als Grundsätze überschriebenen §§ 6, 25 u. 30 pauschal bestimmt, teils aktienrechtliche, teils die für die einzelnen Rechtsformen geltenden Vorschriften anzuwenden, soweit das MitbestG dem nicht entgegensteht. Es stülpt auf diese Weise das Mitbestimmungsrecht äußerlich über das Gesellschaftsrecht, ohne sich um eine gedankliche Verschmelzung der Materien zu bemühen. Die aus dem Verfahren entstehenden Spannungen und Interpretationsprobleme sind Gegenstand der Erläuterungen zu den einzelnen Paragraphen und können hier nicht zusammengestellt werden (s. die grundsätzl. Ausführungen bei § 25 Rdn. 1 ff., 8 ff.). Dagegen ist auf einige Strukturfragen hinzuweisen.

2. Das vom Gesetzgeber intendierte **Programm einer gleichberechtigten und gleichgewichtigen Teilnahme von Anteilseignern und Arbeitnehmern an den Entscheidungsprozessen im Unternehmen** beansprucht im gedanklichen Ansatz Geltung für alle Unternehmen einer bestimmten Größenordnung ohne Rücksicht auf die Rechtsform und **gestattet namentlich nicht, Personengesellschaften auszunehmen.** Auf der anderen Seite wäre es bei den Personengesellschaften wegen ihrer anderen rechtlichen Struktur, vor allem aber auch wegen ihres von den Kapitalgesellschaften verschiedenen finanziellen, organisatorischen und personellen Zuschnitts auf sehr viel tiefere Probleme gestoßen als bei jenen und hätte schwerere Eingriffe in ihre Rechtsnatur und in die Position der Gesellschafter notwendig gemacht. Die ungeklärte Frage, wie weit sich paritätische Mitbestimmung und persönliche Haftung aufeinander abstimmen lassen, bezeichnet nur einen Aspekt der hier relevanten Fragen (vgl. statt aller *Duden*, Festschr. f. Schilling, 323 ff.; *Raisch*, Unternehmensrecht, Bd. 2, 141; *Rittner*, JZ 1975, 457; *Werner*, WuW 1975, 187 f.; *H. P. Westermann*, Festschr. f. H. Westermann, 563 ff.; *Däubler*, Das Grundrecht auf Mitbestimmung, 348). **61**

Wenn sich der Gesetzgeber angesichts dieser Situation dafür entschied, den Geltungsbereich des Gesetzes auf die in § 1 Abs. 1 genannten Kapitalgesellschaften und, nach Maßgabe des § 4, auf die AG bzw. GmbH & Co. KG zu beschränken, so scheute er, um den Preis des Verzichts auf eine vollständige Realisierung der Mitbestimmung, vor einem so tiefen Einbruch in das Gesellschaftsrecht zurück. Für einen solchen Kompromiß mögen gute Gründe sprechen, doch steht hinter ihnen keine übergreifende Konzeption. Im Gegenteil begnügt sich die Begr. z. RegE (BT-Drucks. 7/2172, 17) mit den hilflosen Sätzen, es sei nicht beabsichtigt, schon im Zusammenhang mit dem MitbestG auch das Unternehmensrecht umfassend neu zu gestalten. Das Gesellschaftsrecht zu einem modernen, den wirtschaftlichen und sozialen Entwicklungen unserer Zeit gerecht werdenden Unternehmensrecht fortzuentwickeln, sei vielmehr eine längerfristige Aufgabe, deren Lösung grundsätzliche rechts- und wirtschaftspolitische Überlegungen voraussetze, mit denen sich die beim Bundesministerium der Justiz gebildete Unternehmensrechtskommission befasse. **62**

3. Das MitbestG siedelt die Mitbestimmung nach dem Vorbild der Montanmitbestimmungsgesetze und §§ 76 ff. BetrVG 1952 im **Aufsichtsrat** an. Modellvorschläge, welche sie statt dessen in einer paritätisch aus Vertretern der Anteilseigner und der Arbeitnehmer zusam- **63**

mengesetzten Unternehmensversammlung einrichten wollten (vgl. Rdn. 31), waren ohne erkennbare Resonanz geblieben. Mit dieser Lösung verzichtet das Gesetz darauf, unternehmerische Entscheidungsprozesse der Mitbestimmung zu unterwerfen, für die nach den gesellschaftsrechtlichen Regeln die Anteilseignerversammlung zuständig ist, d. h. alle Grundlagenentscheidungen, z. B. zur Satzung, zu Ziel, Zweck, Kapitalausstattung, Rechtsform und rechtlicher Selbständigkeit des Unternehmens. Die einzige, allerdings wichtige Ausnahme liegt in der Begründung der generellen Zuständigkeit des Aufsichtsrats zur Wahl der Mitglieder des Vertretungsorgans gem. § 31. Im übrigen wurde im Gesetzgebungsprozeß nirgends auch nur erwogen, ob nicht um eines ausgeglichenen Konzepts willen wenigstens einige der genannten Gegenstände in die Zuständigkeit des Aufsichtsrats übergeführt werden sollten (zum Problem vgl. statt aller *Martens*, BB 1973, 1118; *Th. Raiser*, Festschr. f. L. Raiser, 355). Statt dessen schloß sich der Gesetzgeber auch in diesem Punkt bedingungslos den gesellschaftsrechtlichen Vorbildern an, ohne eine durchgearbeitete Konzeption zu verfolgen.

64 4. Dieser Verzicht des Gesetzgebers auf eine Revision der gesellschaftsrechtlichen Zuständigkeitsregeln hat schwerwiegende Folgen, weil er nicht nur die Reichweite der Mitbestimmung begrenzt, sondern in dem Maße, in dem die Kompetenzen zwischen den Organen kraft Gesetzes verschieden verteilt oder vertraglicher Regelungen zuständig sind, **rechtsformspezifische Differenzierungen der Mitbestimmung** erzeugt (vgl. statt aller *Martens*, ZHR 138 (1974), 209 ff.; *Th. Raiser*, Grundgesetz und paritätische Mitbestimmung, 12 ff.). Die Übernahme zahlreicher aktienrechtlicher Regeln durch §§ 6, 25 beseitigt diese Unterschiede nicht, weil sie im wesentlichen die Bildung und das Verfahren des Aufsichtsrats betrifft, nicht jedoch sein Verhältnis zu den anderen Unternehmensorganen. Da § 31 immerhin einheitlich die Zuständigkeit des Aufsichtsrats zur Wahl des Unternehmensorgans begründet, wirkt sich die vom Gesetz in Kauf genommene Ungleichheit vor allem auf die Sachentscheidungen aus. Hier verursacht sie jedoch nicht nur rechtsformspezifische Divergenzen bezüglich der Mitbestimmung, sondern Spannungen und Widersprüche, die mit exegetischen Mitteln kaum zu bewältigen sind (vgl. § 25 Rdn. 6 ff., 54 ff.). Selbst wenn man Differenzierungen der Mitbestimmung nach der Gesellschaftsform für wünschenswert oder gar notwendig hält (vgl. statt aller *Raisch*, Unternehmensrecht, Bd. 2, 131 ff.; *H. P. Westermann*, Festschr. f. H. Westermann, 563 ff.; *Rittner*, JZ 1975, 457), wäre es notwendig gewesen, sie aus einem Gesamtkonzept des Unternehmensrechts heraus zu entwickeln, das dem Gesetzgeber fehlte.

65 5. Systematisch unbefriedigend bleibt schließlich die vom Gesetz in §§ 5, 32 gefundene Lösung der **Mitbestimmung im Konzern.** Dabei geht es für die grundsätzliche Würdigung nicht in erster Linie um die Notlösung der Fälle, in denen sich die Konzernspitze im Ausland befindet (§ 5 Rdn. 22). Schwerer wiegt, daß der Gesetzgeber auch beim **Gleichordnungskonzern** (§ 5 Rdn. 32) und bei einer als Personengesellschaft verfaßten Konzernmutter auf die Mitbestimmung an der Konzernspitze und damit auf eine folgerichtige Verwirklichung seines eigenen Ansatzes verzichtet, im letzteren Fall als Konsequenz seiner Entscheidung, Personengesellschaften generell von der Anwendung des Gesetzes zu befreien. Ungelöst blieb weiter die Teilnahme der Arbeitnehmer von Gemeinschaftsunternehmen an der Mitbestimmung in den Muttergesellschaften (§ 5 Rdn. 18 f.). Gegen die vom Gesetzgeber in § 32 gefundene Lösung, zur Vermeidung einer Kumulation der Mitbestimmung in Beteiligungsgesellschaften wichtige, nach allgemeinem Recht dem Vertretungsorgan zukommende Kompetenzen auf die Anteilseignerseite im Aufsichtsrat zu verlagern, sprechen grundlegende Bedenken (vgl. § 32 Rdn. 3). Vor allem aber blieb die Frage ungelöst, ob es rechtstheoretisch und rechtspolitisch richtig sei, eine **Mitbestimmung** nach dem Gesetz **sowohl im herrschenden wie im abhängigen Unternehmen** einzurichten, wenn die übrigen Voraussetzungen erfüllt sind. Sie führt zurück auf die allerdings auch im geltenden Konzernrecht und in der Wissenschaft bisher nicht bewältigte Alternative, den Konzern als rechtliche Einheit oder als Verbindung einer Vielzahl von Unternehmen zu verstehen (vgl. *L. Raiser*, Die Konzernbildung als Gegenstand rechts- und wirtschaftswissenschaftlicher Untersuchung, 54; *Bälz*, Einheit und Vielheit im Konzern, Festschr. f. L. Raiser, 287; *Rehbinder*, Konzernaußenrecht und allgemeines Privatrecht, 33; *Martens*, ZHR 138 (1974), 179 ff.; *ders.*, in: Der GmbH-Konzern, 106 ff.; *Schilling*, ZHR 140 (1976), 530 ff.).

ERSTER TEIL
Geltungsbereich

§ 1
Erfaßte Unternehmen

(1) In Unternehmen, die

1. in der Rechtsform einer Aktiengesellschaft, einer Kommanditgesellschaft auf Aktien, einer Gesellschaft mit beschränkter Haftung, einer bergrechtlichen Gewerkschaft mit eigener Rechtspersönlichkeit oder einer Erwerbs- und Wirtschaftsgenossenschaft betrieben werden und

2. in der Regel mehr als 2000 Arbeitnehmer beschäftigen,

haben die Arbeitnehmer ein Mitbestimmungsrecht nach Maßgabe dieses Gesetzes.

(2) Dieses Gesetz ist nicht anzuwenden auf die Mitbestimmung in Organen von Unternehmen, in denen die Arbeitnehmer nach

1. dem Gesetz über die Mitbestimmung der Arbeitnehmer in den Aufsichtsräten und Vorständen der Unternehmen des Bergbaus und der Eisen und Stahl erzeugenden Industrie vom 21. Mai 1951 (Bundesgesetzbl. I S. 347) – Montan-Mitbestimmungsgesetz –, zuletzt geändert durch das Einführungsgesetz zum Aktiengesetz vom 6. September 1965 (Bundesgesetzbl. I S. 1185), oder

2. dem Gesetz zur Ergänzung des Gesetzes über die Mitbestimmung der Arbeitnehmer in den Aufsichtsräten und Vorständen der Unternehmen des Bergbaus und der Eisen und Stahl erzeugenden Industrie vom 7. August 1956 (Bundesgesetzbl. I S. 707) – Mitbestimmungsergänzungsgesetz –, zuletzt geändert durch das Gesetz zur Änderung des Gesetzes zur Ergänzung des Gesetzes über die Mitbestimmung der Arbeitnehmer in den Aufsichtsräten und Vorständen der Unternehmen des Bergbaus und der Eisen und Stahl erzeugenden Industrie vom 27. April 1967 (Bundesgesetzbl. I S. 505),

ein Mitbestimmungsrecht haben.

(3) Die Vertretung der Arbeitnehmer in den Aufsichtsräten von Unternehmen, in denen die Arbeitnehmer nicht nach Absatz 1 oder nach den in Absatz 2 bezeichneten Gesetzen ein Mitbestimmungsrecht haben, bestimmt sich nach den Vorschriften des Betriebsverfassungs-

gesetzes 1952 (Bundesgesetzbl. I S. 681), zuletzt geändert durch das Betriebsverfassungsgesetz vom 15. Januar 1972 (Bundesgesetzbl. I S. 13).

(4) Dieses Gesetz ist nicht anzuwenden auf Unternehmen, die unmittelbar und überwiegend

1. politischen, koalitionspolitischen, konfessionellen, karitativen, erzieherischen, wissenschaftlichen oder künstlerischen Bestimmungen oder

2. Zwecken der Berichterstattung oder Meinungsäußerung, auf die Artikel 5 Abs. 1 Satz 2 des Grundgesetzes anzuwenden ist,

dienen. Dieses Gesetz ist nicht anzuwenden auf Religionsgemeinschaften und ihre karitativen und erzieherischen Einrichtungen unbeschadet deren Rechtsform.

Schrifttum

zu Abs. 1–3

Bayer, Der Anwendungsbereich des Mitbestimmungsgesetzes, ZGR 1977, S. 173; *Beuthien,* Erweiterte Mitbestimmung durch Tarifvertrag, JurA 1970, S. 130; *Biedenkopf-Säcker,* Grenzen der Mitbestimmung in kommunalen Versorgungsunternehmen, ZfA 1971, S. 212; *Birk,* Mitbestimmung und Kollisionsrecht, RIW/AWD 1975, S. 589; *Birk,* Auslandsbeziehungen und Betriebsverfassungsgesetz, Festschrift für Schnorr v. Carolsfeld, 1972, S. 61; *Däubler,* Mitbestimmung und Betriebsverfassung im internationalen Privatrecht, RabelsZ 1975, S. 444; *Duden,* Mitbestimmung in öffentlichen Unternehmen, ZRP 1972, S. 29; *Duden,* Zur Methode der Entwicklung des Gesellschaftsrecht zum „Unternehmensrecht", Festschrift für Schilling, 1973, S. 309; *Grasmann,* Internationale Probleme der Mitbestimmung, ZGR 1973, S. 317; *Hensche,* Erweiterung der Mitbestimmung durch privatautonome Regelung, insbesondere in Unternehmen der öffentlichen Hand, AuR 1971, S. 3; *Lutter,* Der Anwendungsbereich des Mitbestimmungsgesetzes, ZGR 1977, S. 195; *Martens,* Mitbestimmung, Konzernbildung und Gesellschaftereinfluß, ZHR 138 (1974), S. 179; *G. Müller,* Gedanken zum Entwurf des Mitbestimmungsgesetzes (MitbestG), Teil 2, DB 1975, S. 253; *Naendrup,* Zur gesetzespositiven Orientierungsleistung des sog. Mitbestimmungsgesetzes – Stenogramm zu Zweifeln bei der Rechtsanwendung, BlStSozArbR 1976, S. 163; *Ossenbühl,* Erweiterte Mitbestimmung in kommunalen Eigengesellschaften, 1972; *Paulick,* Der genossenschaftliche Aufsichtsrat nach dem Betriebsverfassungsgesetz vom 11. Oktober 1952, ZfgG 3 (1953), S. 215; *Püttner,* Die Mitbestimmung in kommunalen Unternehmen, 1972; *Raiser, Th.,* Paritätische Mitbestimmung der Arbeitnehmer in wirtschaftlichen Unternehmen der Gemeinden, RdA 1972, S. 65; *Raiser, Th.,* Besprechung der Entscheidung des BHG vom 3. 7. 1975 (NJW 1975, 1657), ZGR 1976, S. 105; *Reich-Lewerenz,* Das neue Mitbestimmungsgesetz, AuR 1976, S. 264; *Rittner,* Die paritätische Mitbestimmung und das Gesellschaftsrecht, JZ 1975, S. 457; *Simitis,* Von der institutionalisierten zur problembezogenen Mitbestimmung, AuR 1975, S. 321;

Spieker, Der Aufsichtsrat der mitbestimmten Montan-GmbH, 1960; *Spieker,* Hinweise zum Anwendungsbereich des Mitbestimmungsgesetzes, Quelle 1976, S. 415; *Steindorff,* Kommanditgesellschaft auf Aktien und Mitbestimmung, Festschrift für Ballerstedt, 1975, S. 127; *Thieme,* Hektografiertes Gutachten für den DGB über die Zulässigkeit von Stimmbindungsverträgen zur Erweiterung der Mitbestimmung in kommunalen Eigengesellschaften, 1970; *Werner, W.,* Unternehmensverfassung in einer marktwirtschaftlichen Ordnung, WuW 1975, S. 179; *Westermann, H. P.,* Unternehmensverfassung und Gesellschaftsrecht, Festschrift für Harry Westermann, 1974, S. 563; *Wlotzke,* Die Mitbestimmungskonzeption der Bundesregierung, AuR 1974, S. 227; *Woessner,* Paritätische Mitbestimmung in kommunalen Eigengesellschaften aufgrund vertraglicher Stimmrechtsbindung, 1972; *Zeller,* Kommunale Mitbestimmung, 1972.

zu Abs. 4

Birk, „Tendenzbetrieb" und Wirtschaftsausschuß, JZ 1973, S. 753; Buchner, Paritätische Mitbestimmung: Der Weg zu einer neuen Unternehmens- und Arbeitsordnung, ZfA 1974, S. 147; *Frey,* Der Tendenzschutz im Betriebsverfassungsgesetz 1972, AuR 1972, S. 161; *Hanau,* Personelle Mitbestimmung des Betriebsrats in Tendenzbetrieben, insbesondere Pressebetrieben, BB 1973, S. 901; *Hanau,* Pressefreiheit und paritätische Mitbestimmung, 1975; *Kunze,* Zum Begriff des sogenannten Tendenzbetriebes, Festschrift für Ballerstedt, 1975, S. 79; *Mayer-Maly,* Das neue Betriebsverfassungsrecht der Presse, AfP 1972, S. 194; *Mayer-Maly,* Grundsätzliches und Aktuelles zum „Tendenzbetrieb", BB 1973, S. 761; *Mayer-Maly,* Die Entwicklung der Rechtssprechung zum Tendenzschutz in Pressebetrieben, AfP 1976, S. 3; *Mikat,* Tendenzbetrieb und Betriebsverfassung, Festschrift für Küchenhoff, 1972, Bd. 1, S. 261; *Rüthers,* Paritätische Mitbestimmung und Tendenzschutz, AfP 1974, S. 542.

Übersicht

I. Vorbemerkungen

1. Die Vorschrift grenzt, zusammen mit §§ 4 u. 5, den **Geltungsbereich** des Gesetzes ab. Sie nennt in Abs. 1 zunächst die drei allgemeinen Voraussetzungen für die Anwendung des Gesetzes: Es muß sich (1) um Unternehmen handeln, die (2) in einer der in Ziff. 1 genannten Rechtsform geführt werden und die (3) in der Regel mehr als 2000 Arbeitnehmer beschäftigen. Abs. 2 u. 4 bringen Ausnahmen von der allgemeinen Regel, und zwar für die unter die Montanmitbestimmungsgesetze fallenden Unternehmen sowie für die Tendenzunternehmen und die Religionsgemeinschaften mit ihren karitativen und erzieherischen Einrichtungen. Abs. 3 stellt demgegenüber nur klar, daß auf alle übrigen Unternehmen weiterhin §§ 76, 77 BetrVG 1952 anzuwenden sind, soweit deren Voraussetzungen vorliegen. Der Gegenstand des Gesetzes ist in Abs. 1 nur angedeutet in den Worten, die Arbeitnehmer haben ein Mitbestimmungsrecht nach Maßgabe dieses Gesetzes. **1**

2. Alle in der Vorschrift genannten Abgrenzungsmerkmale für den Geltungsbereich des Gesetzes beruhen auf **politischen Entscheidungen,** die überwiegend heftig umstritten waren und jedenfalls nicht für sich in Anspruch nehmen können, einer vorgegebenen, juristisch unangreifbaren Sachgesetzlichkeit zu entspringen. **2**

a) Am wenigsten gilt dies für die Begrenzung der Mitbestimmung auf (wirtschaftliche) **Unternehmen**, denn wenngleich der Mitbestimmungsgedanke als solcher eine allgemeinere Geltung beansprucht, war doch nie zweifelhaft, daß die Eigengesetzlichkeit von Wirtschaftsunternehmen eine spezielle Regelung erforderlich mache. **3**

b) Die Beschränkung auf **die in Abs. 1 Nr. 1 genannten Rechtsformen** ist der Ausdruck ungelöster rechtlicher Schwierigkeiten. In der Mitbestimmungsidee ist eine Differenzierung nach Rechtsformen nicht angelegt (vgl. *Duden,* Festschr. f. Schilling, 323 ff.). Bei Einzelunternehmen und bei den Personengesellschaften würde die Anwendung des Gesetzes aber dazu führen, daß der Inhaber bzw. die Komplementäre, die regelmäßig auch die Geschäfte führen, für die Folgen von unternehmerischen Entscheidungen persönlich haften, für die sie nicht mehr allein verantwortlich gemacht werden können. Obgleich nicht a **4** priori feststeht, daß Mitbestimmung und persönliche Haftung unvereinbar sind (zum sehr heterogenen Stand der wissenschaftlichen Diskussion vgl. u. a. *Duden,* a.a.O.; *Raisch,* Unternehmensrecht Bd. 2, 141; *Rittner,* JZ 1975, 457 f.; *Werner,* WuW 1975, 187 f.; *H. P. Westermann,* Festschr. f. H. Westermann, 563 ff.; *Däubler,* Das Grundrecht auf Mitbestimmung, 348 ff.), hatte schon die Mitbestimmungskommission davon abgesehen, die Einführung der Mitbestimmung in Personengesellschaften und Einzelunternehmen zu empfehlen, weil sie nicht ohne tiefgreifende und in ihren Auswirkungen kaum abschätzbare strukturelle Veränderungen der Eigentümerstellung möglich sei (BT-Drucks. VI/334, V Ziff. 48). Der RegE folgte dem und führte dazu aus, die Lösung des Problems sei einer künftigen Fortentwicklung des Gesellschaftsrechts zum Unternehmensrecht zu überlassen (BT-Drucks. 7/2172, 17), ohne damit im Gesetzgebungsverfahren auf ernstlichen Widerspruch zu stoßen. Dagegen verlangte der DGB noch in der Anhörung vor dem BT-Aussch. f. Arbeit u. Sozialordnung, die Versicherungsvereine auf Gegenseitigkeit, Stiftungen und wirtschaftlichen Vereine in das Gesetz einzubeziehen (vgl. Prot. d. 55. Sitzung v. 7. 11. 1974, 54 ff.), konnte sich jedoch damit nicht durchsetzen. (Zur Problematik bei den Genossenschaften vgl. *Beuthien,* ZfgG 1976, 320.)

5 c) Auch die Entscheidung des Gesetzgebers, die erweiterte Mitbestimmung bei einer **Mindestzahl von 2000 Arbeitnehmern** beginnen zu lassen, trägt politischen Charakter. Dabei ging es zunächst darum, ob, wie in anderen nach der Unternehmensgröße differenzierenden Gesetzen, neben der Zahl der Arbeitnehmer noch andere Merkmale herangezogen werden sollen. Im Gegensatz zur Ansicht des DGB, der eine Kombination von Beschäftigtenzahl, Bilanzsumme und Jahresumsatz empfahl (vgl. *Bergk* bei der Anhörung vor dem BT-Aussch. f. Arbeit u. Sozialordnung am 7. 11. 1974, Prot. Nr. 55, 56) dürfte es sachgerecht sein, bei der Mitbestimmung nur auf die Beschäftigtenzahl abzustellen (so schon die Mitbestimmungskommission, BT-Drucks. VI/334, V 43). Umstritten war ferner die Mindestzahl selbst. Die politische und wissenschaftliche Diskussion bewegte sich hauptsächlich zwischen 1000 und 2000 Arbeitnehmern, wobei die SPD (Gesetzentw. v. 18. 12. 1968, BT-Drucks. V/3657), die CDU (Entw. v. 5. 2. 1971, BT-Drucks. VI/1806) und der DGB im Modell vom März 1968 (abgedr. bei *Schwerdtfeger,* Mitbestimmung in privaten Unternehmen, 117) von 2000 Arbeitnehmern ausgingen. Die Begr. z. RegE (BT-Drucks. 7/2172, 18) rechtfertigt die Entscheidung zugunsten dieser Zahl mit der Bemerkung, erst Unternehmen dieser Größe wiesen in der Regel eine ausreichend differenzierte Organisation auf, in der die Mitbestimmung wirkungsvoll ansetzen könne. Im Gesetzgebungsverfahren ist daran keine nachhaltige Kritik mehr geübt worden. Nach der

Schätzung des DGB erreichen etwa 650 Unternehmen in den vom Gesetz vorausgesetzten Rechtsformen diese Größe (vgl. *Bergk*, a.a.O.). Allerdings hatten bis Dez. 1976 erst 434 Unternehmen die Bekanntmachung gem. § 97 AktG veröffentlicht (*Mitbestimmungsgespräch* 1977, 38).

d) Die **Weitergeltung der Montanmitbestimmungsgesetze** hat die naheliegende **Kritik** erfahren, daß eine Regelung, die **vier unterschiedliche Mitbestimmungsregelungen** kenne, **unnötig kompliziert** sei (Stellungnahme des Arbeitskreises Mitbestimmung des BDA v. Nov. 1974, 17; *Vetter*, FAZ v. 8. 1. 1976). Wenn der Gesetzgeber gleichwohl daran festhielt, so aus dem Grund, weil er angesichts der politischen Differenzen am bisher geltenden und bewährten Recht nicht rütteln wollte (vgl. *Arendt*, Prot. der 110. Sitzung des Dt. BT, 7462). 6

e) Die Ausnahme der **Religionsgemeinschaften** und ihrer **karitativen und erzieherischen Einrichtungen,** die ohnehin kaum die Voraussetzungen des Abs. 1 erfüllen, stimmt im wesentlichen mit § 81 BetrVG 1952 überein und rechtfertigt sich aus der in Art. 140 GG i.V.m. Art. 137 Abs. 3 WRV garantierten Autonomie der Kirchen (vgl. die Begr. z. RegE, BT-Drucks. 7/2172, 19). Auch die Freistellung der **Tendenzunternehmen** folgt dem Vorbild der §§ 81 BetrVG 1952 und 118 BetrVG 1972. Die Mitbestimmungskommission hatte sich dagegen ausgesprochen, weil sie sie für unbegründet hielt (BT-Drucks. VI/334, V 47). Politisch war die Frage, vor allem im Hinblick auf Presseunternehmen, heftig umstritten. Namentlich der DGB und Teile der SPD verlangten die Abschaffung des Tendenzschutzes, während die FDP darauf beharrte. Schließlich hielt der Gesetzgeber daran fest, weil er befürchtete, andernfalls mit dem verfassungsrechtlichen Schutz der Meinungs- und Pressefreiheit nach Art. 5 GG in Kollision zu geraten (Begr. z. RegE, a.a.O., 19; *Wlotzke*, AuR 1974, 227 f.; vgl. ferner *Hanau*, Pressefreiheit und paritätische Mitbestimmung, 48 ff.; *ders.*, BB 1973, 907 Fn. 28; *Buchner*, ZfA 1974, 172; *Rüthers*, AfP 1974, 544). Jedenfalls ist der Tendenzschutz das Ergebnis einer im öffentlichen Interesse vorgenommenen Abwägung zwischen der in Art. 2, 4 u. 5 GG enthaltenen Wertentscheidung zugunsten der in den Tendenzunternehmen verkörperten geistig-ideellen Bestrebungen und dem im Sozialstaatsprinzip verankerten Interesse der Arbeitnehmerschaft, an den unternehmerischen Entscheidungen beteiligt zu werden (zu § 118 BetrVG h.M.; vgl. *Dietz-Richardi*, § 118 BetrVG Rdn. 8 f.; *Fitting-Auffarth-Kaiser*, § 118 BetrVG Rdn. 2, je m.w.N.; zu § 1 MitbestG *Hanau*, a.a.O., 93 f.; *Kunze*, Festschr. f. Ballerstedt, 82 ff.). 7

II. Voraussetzungen des Mitbestimmungsrechts (Abs. 1)

8 1. Das Mitbestimmungsrecht der Arbeitnehmer setzt nach Abs. 1 zunächst ein **Unternehmen** voraus. Der Begriff ist nicht definiert, doch schließt sich das Gesetz (vgl. § 5 Abs. 1) so weit an das AktG an, daß es naheliegt, den aktienrechtlichen Unternehmensbegriff zu übernehmen. Schwierigkeiten dürfte der Begriff im Geltungsbereich des § 1 nicht aufwerfen, denn selbst wenn man im Gegensatz zur überwiegenden Meinung (vgl. *Fitting-Wlotzke-Wißmann,* § 1 Rdn. 4; ferner *Geßler,* § 15 AktG Rdn. 30; *Köln.-Komm.-Biedenkopf-Koppensteiner,* § 15 AktG Rdn. 13) annimmt, daß Kapitalgesellschaften, obgleich sie Formkaufleute sind (vgl. § 6 Abs. 2 HGB i.V.m.§ 3 AktG), nicht schon ipso iure Unternehmen darstellen, ist es kaum denkbar, daß die Unternehmenseigenschaft einer Gesellschaft in Zweifel gezogen werden kann, die regelmäßig mehr als 2000 Arbeitnehmer beschäftigt (ebenso *Meilicke-Meilicke,* § 1 Rdn. 8; anders kann es bei § 5 liegen, vgl. § 5 Rdn. 6). Auf die Absicht, Gewinn zu erzielen, kommt es nicht an, wie sich nicht nur aus allgemeinen Erwägungen, sondern aus Abs. 4 ergibt, der selbst Gesellschaften, die politische, wissenschaftliche usw. Zwecke verfolgen, als Unternehmen bezeichnet (ebenso *Fitting-Wlotzke-Wißmann,* § 1 Rdn. 5).

9 2. Das Gesetz bezieht sich auf Unternehmen, die in der **Rechtsform einer AG, KGaA, GmbH, bergrechtlichen Gewerkschaften** mit eigener Rechtspersönlichkeit oder **Erwerbs- und Wirtschaftsgenossenschaft** betrieben werden. Gem. § 4 kommt unter den dort genannten Voraussetzungen die AG bzw. GmbH & Co.KG, nach § 5 der Unterordnungskonzern hinzu. Der Katalog ist abschließend und kann daher nicht mittels Analogie ausgedehnt werden. **Nicht unter das Gesetz fallen** daher **Einzelunternehmen** und **Personengesellschaften** mit Ausnahme der AG bzw. GmbH & Co. KG in den Fällen des § 4, ferner **Versicherungsvereine auf Gegenseitigkeit,** ideelle und wirtschaftliche Vereine, (Unternehmens-) Stiftungen (dazu *Naendrup,* BlStSozArbR 1976, 163) sowie bergrechtliche Gewerkschaften älterer Art ohne eigene Rechtspersönlichkeit (vgl. Rdn. 4). Das Gesetz erstreckt sich ferner nicht auf alle in **öffentlichrechtlicher Form betriebenen Unternehmen,** d. h. Regie- und Eigenbetriebe, Sparkassen, Bank-, Versicherungs- und Wohnungsbauunternehmen, die als Körperschaften oder Anstalten des öffentlichen Rechts organisiert sind.

10 Dagegen macht das Gesetz **keine Ausnahme für Unternehmen der öffentlichen Hand**, die in einer der Rechtsformen nach Ziff. 1 geführt werden. In der Literatur ist umstritten, ob die paritätische Besetzung des Aufsichtsrats solcher Unternehmen, namentlich wenn sie wie kommunale Verkehrs- und Versorgungsunternehmen Aufgaben der Da-

seinsvorsorge erfüllen, mit ihrem öffentlichen Zweck vereinbar sei. Die Frage wurde zum bisher geltenden Recht vor allem im Hinblick auf eine freiwillige Vermehrung der Arbeitnehmervertreter im Aufsichtsrat diskutiert, stellt sich aber auch für das MitbestG (vgl. BGH NJW 1975, 1657 = AG 1975, 242, m. Anm. *Mertens;* OLG Hamburg, AG 1972, 173 ff.; *Biedenkopf-Säcker,* ZfA 1971, 212 ff.; *Dietz-Richardi,* Vorbem. 39 vor § 76 BetrVG 1952; *Duden,* ZRP 1972, 29; *Fitting-Auffarth-Kaiser,* § 76 BetrVG 1952 Rdn. 8; *Hensche,* AuR 1971, 33 ff.; *Martens,* ZHR 1974, 207; *Köln.-Komm.-Mertens,* § 96 AktG Rdn. 9 ff.; *Ossenbühl,* Erweiterte Mitbestimmung in kommunalen Eigengesellschaften, 1972; *Püttner,* Die Mitbestimmung in kommunalen Unternehmen, 1972; *Th. Raiser,* RdA 1972, 65 ff.; *ders.,* ZGR 1976, 105 ff.; *Thieme,* hektografiertes Gutachten für den DGB über die Zulässigkeit von Stimmbindungsverträgen zur Erweiterung der Mitbestimmung in kommunalen Eigengesellschaften, 1970; *Woessner,* Paritätische Mitbestimmung in kommunalen Eigengesellschaften aufgrund vertraglicher Stimmrechtsbindung, 1972; *Zeller,* Kommunale Mitbestimmung, 1972).

Vorschriften des Landes-, namentlich Gemeinde- und Haushalts- **11**
rechts können schon aus formalen Gründen (Art. 30 GG) gegen die bundesrechtliche Regelung im MitbestG nicht durchgreifen. Die Entscheidung hängt deshalb davon ab, ob die in Art. 20 u. 28 GG verankerten Prinzipien des demokratischen Rechtsstaats und der kommunalen Selbstverwaltung die paritätische Besetzung der Aufsichtsräte in den genannten Unternehmen ausschließen. Das ist nicht der Fall, denn nach herkömmlicher Auffassung schließt keines der genannten Verfassungsprinzipien aus, derartige Leistungen ganz aus der Verwaltung auszugliedern und privaten Unternehmen zu übertragen, weshalb auch der infolge des MitbestG allenfalls verminderte Einfluß der Trägerkörperschaft die Verfassungswidrigkeit nicht begründen kann (vgl. im Einzelnen *Ossenbühl,* a.a.O., 35 ff., 86 f.; *Püttner,* a.a.O., 60–65, 104 ff.).

3. Nicht unter das MitbestG fallen **Unternehmen mit Sitz im Aus-** **12**
land. Das ergibt sich formal daraus, daß die in Abs. 1 genannten Rechtsformen solche des deutschen Rechts sind. Es wird auch durch den Ausschußbericht (BT-Drucks. 7/4845, 4) bestätigt, in dem es heißt, es habe Einmütigkeit darüber bestanden, daß der Gesetzentwurf nicht für Unternehmensorgane ausländischer Unternehmen Geltung beanspruchen kann, sondern sich auf Unternehmen beschränkt, die ihren Sitz im Geltungsbereich des Grundgesetzes haben. Materiellrechtlich folgt es zwingend aus der Beschränkung des deutschen Gesetzgebers auf die Bundesrepublik und auf West-Berlin (vgl. § 40). Das gilt auch, wenn das ausländische Unternehmen **Betriebe in der Bundes-**

republik hat, denn es kommt auf den Sitz des Unternehmens und seiner zentralen Organe an (*Birk*, RIW/AWD 1975, 594). Unerheblich ist es dagegen, wenn ein in Deutschland belegenes Unternehmen sich in den Händen ausländischer Anteilseigner befindet. Zu deutschen Tochtergesellschaften ausländischer Unternehmen vgl. § 5 Rdn. 25, zu ausländischen Tochtergesellschaften deutscher Unternehmen § 5 Rdn. 10 f.

13 4. Weiter setzt Abs. 1 voraus, daß das Unternehmen **in der Regel mehr als 2000 Arbeitnehmer** beschäftigt. Wie schon § 77 BetrVG 1952 und § 1 Abs. 2 MontanMitbestG knüpft das Gesetz lediglich an die Zahl der Arbeitnehmer und nicht an weitere Merkmale, wie z. B. die Höhe der Bilanzsumme oder der Umsatzerlöse an (vgl. Rdn. 5). Auch macht es, im Gegensatz zu § 76 Abs. 6 BetrVG 1952, keine Ausnahme für Familiengesellschaften. Bei der AG bzw. GmbH & Co. KG sind nach Maßgabe des § 4 die in der KG beschäftigten Arbeitnehmer mitzuzählen, im Unterordnungskonzern nach § 5 die in den Tochtergesellschaften tätigen Arbeitnehmer.

14 Zum **Begriff des Arbeitnehmers** verweist § 3 auf §§ 5 f. BetrVG. Es kommt darauf an, daß die Arbeitnehmer in dem Unternehmen beschäftigt, nicht daß sie wahlberechtigt sind (*Fitting-Wlotzke-Wißmann*, § 1 Rdn. 20). Entgegen BAG AP Nr. 1 zu § 77 BetrVG ist auch nicht auf die Zahl der Arbeitsplätze abzustellen, so daß, wenn auf einem Arbeitsplatz mehrere Personen stundenweise tätig sind, alle zählen. Der Wortlaut des Gesetzes wie auch sein Sinn verlangen, bei den Personen und nicht beim Stellenplan anzusetzen (vgl. *Dietz-Richardi*, § 77 BetrVG 1952 Rdn. 8; *Fitting-Auffarth-Kaiser*, § 76 BetrVG 1952 Anm. 14; *Kötter*, Anm. zu AP Nr. 1 zu § 77 BetrVG).

15 Allerdings gibt die Zahl der Arbeitsplätze einen Anhaltspunkt dafür, wieviele Arbeitnehmer das Unternehmen **in der Regel** beschäftigt. Hierbei handelt es sich nicht allein um einen deskriptiven, sondern um einen normativen Begriff, zu dessen Beurteilung die Unternehmensplanung für einen überschaubaren Zeitraum heranzuziehen ist (*Bayer*, ZGR 1977, 176). Kurzfristige Schwankungen der Belegschaft infolge von Krankheitswellen oder konjunkturbedingten Ereignissen sind nicht zu berücksichtigen. Ebensowenig sind Aushilfskräfte mitzuzählen, die nur zur Bewältigung eines vorübergehend erhöhten Arbeitsanfalls eingestellt werden. Bei Saisonbetrieben gehören die lediglich für eine Saison angestellten Personen nicht zu den regelmäßigen Arbeitnehmern. Wird dagegen ein Unternehmen von vornherein nur für einen vorübergehenden Zweck, z. B. zur Errichtung eines Bauwerks, gegründet (sog. Kampagnebetrieb), so sind die für die Dauer des Projekts angestellten Arbeitnehmer als regelmäßig beschäftigt anzusehen (weitere Einzelheiten bei *Dietz-Richardi*, § 1 BetrVG Rdn. 109 ff.).

Im Ausland beschäftigte Arbeitnehmer sind mitzuzählen, sofern sie sich nur vorübergehend, z. B. als Reisende oder Montagearbeiter dort aufhalten, ihr Arbeitsverhältnis im übrigen aber dem deutschen Recht unterliegt, und zwar ohne Rücksicht auf ihre Staatsangehörigkeit und auf den Ort ihrer Beschäftigung (ebenso *Fitting-Wlotzke-Wißmann,* § 3 Rdn. 19). Dagegen ist die Frage umstritten und rechtlich schwierig, ob auch die in im Ausland belegenen Betrieben dauerhaft beschäftigten Arbeitnehmer zu berücksichtigen sind. In der neueren Literatur zu §§ 76, 77 BetrVG 1952 wird dies überwiegend bejaht, und zwar mit der Begründung, bei der Mitbestimmung im Aufsichtsrat handele es sich um Bestandteile der Unternehmensverfassung, die kollisionsrechtlich nach dem für das Unternehmen geltenden Recht zu beurteilen seien (vgl. *Birk,* AWD 1975, 589, 594 f.; *ders.,* Festschr. f. Schnorr v. Carolsfeld, 82; *Däubler,* RabelsZ 1975, 454 f.; *Grasmann,* ZGR 1972, 328 f.; *Dietz-Richardi,* Vorbem. vor § 76 BetrVG 1952 Rdn. 30; *Fitting-Auffarth-Kaiser,* § 76 BetrVG 1952 Rdn. 19; a.A. *Gem.-Komm.-Kraft,* § 1 BetrVG Rdn. 10). Dieselben Erwägungen müßten an sich dazu führen, die in ausländischen Betrieben beschäftigten Arbeitnehmer auch in die Mitbestimmung nach dem MitbestG einzubeziehen. Gleichwohl hat sich das Schrifttum hierzu bisher nahezu einmütig dagegen ausgesprochen (vgl. *Fitting-Wlotzke-Wißmann,* § 3 Rdn. 14; *Meilicke-Meilicke,* § 3 Rdn. 8; *Haberland-Seiler,* § 1 Rdn. 2; *Wlotzke-Wißmann,* DB 1976, 961; *Bayer,* ZGR 1977, 177; *Lutter,* ZGR 1977, 205; a.A. *Däubler,* RabelsZ 1975, 446 ff.; *Reich-Lewerenz,* AuR 1976, 264). Es beruft sich zunächst auf den Ausschußbericht (BT-Drucks. 7/4845, 4), der ausführt, die vom Gesetz gewährten Beteiligungsrechte stehen „nur den Arbeitnehmern der in der Bundesrepublik belegenen Betriebe" der unter das Gesetz fallenden Unternehmen zu. Vor allem aber führen sie praktische Gründe der Gesetzesanwendung ins Feld, die darauf hinauslaufen, die nach dem Gesetz erforderlichen Abstimmungen und Wahlen lassen sich trotz der Zulässigkeit der Briefwahl in ausländischen Betrieben aus rechtlichen und tatsächlichen Gründen nicht durchführen. Die institutionelle Verflechtung des Wahlverfahrens auf betrieblicher Ebene mache es vielmehr notwendig, das Territorialitätsprinzip anzuwenden, nach dem für die in ausländischen Betrieben beschäftigten Arbeitnehmer das Recht des Staates gilt, in dem der Betrieb belegen ist (vgl. *Fitting-Wlotzke-Wißmann,* § 3 Rdn. 16 ff.). Dem wird man, auch um den Preis einer Korrektur der maßgeblichen internationalprivatrechtlichen Qualifikation folgen müssen. Daher **rechnen die in ausländischen Betrieben beschäftigten Arbeitnehmer kraft Gesetzes weder bei der Feststellung der maßgeblichen Zahl von 2000 Arbeitnehmern mit, noch kommt ihnen das aktive und passive Wahlrecht zum Auffsichtsrat des Unternehmens zu.** Dagegen bestehen **keine** durch- 16 greifenden **Bedenken**, sie **freiwillig** einzubeziehen. Zu den in rechtlich selbständigen ausländischen Tochtergesellschaften Beschäftigten vgl. § 5 Rdn. 10 ff.

17 5. Die Mitbestimmungspflicht **beginnt**, sofern bereits mehr als 2000 Arbeitnehmer vorhanden sind, **mit der Entstehung des Unternehmens.** Im Fall der Neugründung sind bei der AG und der KGaA §§ 30, 31 AktG zu beachten, die gem. § 6 Abs. 2 S. 2 unberührt bleiben. Bei der **Bargründung** unterliegt daher nicht schon der erste, im Gründungsstadium zu errichtende Aufsichtsrat der Mitbestimmung, sondern erst der Aufsichtsrat, der in der Hauptversammlung gewählt wird, die über die Entlastung für das erste Geschäftsjahr beschließt (§ 30 Abs. 2, 3 AktG; Einzelheiten s. *Großkomm.-Barz,* § 30 AktG Rdn. 6 ff.; *Köln.-Komm.-Kraft,* § 30 AktG Rdn. 7 ff.; *Müller,* DB 1975, 253 ff.). Bei **Sachgründungen** kommt es nach Maßgabe des § 31 AktG auf den Zeitpunkt an, in dem das Unternehmen eingebracht oder übernommen wird. Schon zuvor haben die Gründer aber einen provisorischen Aufsichtsrat zu bestellen, der sich aus so vielen Mitgliedern der Anteilseigner zusammensetzt, wie diese nach den für die Zeit nach der Übernahme des Unternehmens geltenden Vorschriften zu stellen haben (zu den Einzelheiten vgl. den Wortlaut des § 31 AktG sowie die Erläuterungen hierzu von *Barz,* a.a.O., § 31 AktG Anm. 1 ff.; *Kraft,* a.a.O., § 31 AktG Rdn. 3 ff.).

18 Für die **anderen unter das Gesetz fallenden Rechtsformen** existieren entsprechende Vorschriften nicht. Im Fall der Bargründung wird bei ihnen eine Mitbestimmungspflicht regelmäßig nicht in Betracht kommen, da sie noch nicht 2000 Arbeitnehmer beschäftigen. Sobald diese Zahl erreicht wird, ist gem. § 6 Abs. 2 das Verfahren nach §§ 97 ff. AktG einzuleiten. Sind im Fall der Einbringung oder Übernahme eines Unternehmens oder aus anderen Gründen schon im Gründungsstadium mehr als 2000 Arbeitnehmer vorhanden, taucht die Frage auf, ob von vornherein ein Aufsichtsrat zu bilden ist, der den Vorschriften des MitbestG entspricht und der die Geschäftsführer wählt. Für die Montanmitbestimmungsgesetze wird diese Meinung von *Boldt* (§ 4 MitbestG Rdn. 2 a), *Kötter* (§ 1 MitbestG Rdn. 25) und *Hachenburg-Ulmer* (§ 7 GmbHG Rdn. 12) vertreten (vgl. auch *Spieker,* Der Aufsichtsrat der mitbestimmten Montan-GmbH, 12). Demgegenüber gestatten §§ 12 f. RegE GmbHG (BT-Drucks. 7/253), die ersten Geschäftsführer bereits durch den Gesellschaftsvertrag oder durch Beschluß der Gesellschafterversammlung ohne Mitwirkung der Arbeitnehmer zu bestellen. Für das geltende Recht gibt es indessen keine Handhabe für eine derartige Ausnahme von der Anwendung des MitbestG. Es ist deshalb davon auszugehen, daß das Gesetz auch im Gründungsstadium Anwendung findet, sofern das Unternehmen in der

Regel bereits mehr als 2000 Arbeitnehmer erreicht. Eine Besetzung des Aufsichtsrats, die dem widerspricht, würde dann die Eintragung hindern (vgl. auch *G. Müller,* DB 1975, 255, 258; a.A. *Großkomm.-Fabricius,* § 37 Rdn. 41). Gleiches muß für die Genossenschaften gelten (*Müller,* a.a.O.; zu § 77 BetrVG 1952 ebenso *Paulick,* ZfgG 1953, 219).

Wird ein Unternehmen infolge von **Nachgründung** (§ 52 AktG), **19**
Kapitalerhöhung durch Einlage eines anderen Unternehmens (§ 183 AktG), **Aufnahme eines anderen Unternehmens** (§ 340 AktG) oder **Umwandlung** (§§ 40 ff. UmwG) mitbestimmungspflichtig, so kann es gleichfalls für den Beginn der Mitbestimmungspflicht nicht auf den Zeitpunkt der Eintragung in das Handelsregister ankommen. Als maßgeblich ist vielmehr das Wirksamwerden des Vertrags für die innere Organisation des Unternehmens und in den Fällen, in denen ein Unternehmen eingebracht wird, die tatsächliche Übernahme dieses Unternehmens anzusehen. Für die **Verschmelzung** von Aktiengesellschaften durch Neubildung gelten die §§ 30 Abs. 1 u. 4, 31 AktG sinngemäß (§ 353 Abs. 4 AktG und die Erl. hierzu bei *Großkomm.-Schilling,* § 353 AktG Anm. 11; *Köln.-Komm.-Kraft,* § 353 AktG Rdn. 12 ff.). In allen genannten Fällen bedeutet der Beginn der Mitbestimmungspflicht allerdings nicht, daß das Gesetz sogleich angewandt werden muß. Vielmehr ist das **Überleitungsverfahren** gem. §§ 97 ff. AktG i.V.m. 6 Abs. 2, 37 einzuleiten (§§ 30 Abs. 3, 31 Abs. 3 AktG; vgl. § 6 Rdn. 8 ff.)

Die Mitbestimmungspflicht entsteht ferner, wenn das Unternehmen **20**
erstmals die Zahl von in der Regel 2000 Arbeitnehmern erreicht. Auch in diesem Fall ist unverzüglich das Überleitungsverfahren durchzuführen. Das gilt auch, wenn die Voraussetzungen während der Amtsperiode des bisherigen Aufsichtsrats eintreten. Dessen Amt endet nach Ablauf der Übergangsfrist vorzeitig (vgl. § 6 Rdn. 8 ff.).

6. Die **Mitbestimmungspflicht endet** nicht mit der Auflösung der **21**
Gesellschaft, sondern erst mit dem **Ende der Abwicklung.** Für die AG und KGaA folgt dies aus §§ 264 Abs. 2, 278 Abs. 2 AktG, für Genossenschaften aus §§ 87 Abs. 1, 89 GenG, für die GmbH und bergrechtliche Gewerkschaft mit eigener Rechtspersönlichkeit aus der Verweisung des § 25 Abs. 1 Z. 2 MitbestG auf § 268 Abs. 2 AktG. Sinngemäß wird man davon auszugehen haben, daß dies auch dann gilt, wenn das Unternehmen bereits vor dem Ende der Abwicklung aufhört erwerbstätig zu sein oder mehr als 2000 Arbeitnehmer zu beschäftigen. Nach § 264 Abs. 2 AktG kann der Aufsichtsrat schon vorher aufgelöst werden, sofern der Zweck der Abwicklung dies erfordert. Dasselbe gilt im **Konkurs** (§ 262 Abs. 1 Z. 3 u. 4 i.V.m.§§ 264ff. AktG; vgl. ausführlich *Jaeger-Weber,* §§ 207, 208 KO Rdn. 28, 31, 32).

22 Wird das Unternehmen in eine nicht mitbestimmungspflichtige Rechtsform umgewandelt oder vermindert es die Zahl der in ihm beschäftigten Arbeitnehmer auf in der Regel **weniger als 2000,** so **entfällt die Mitbestimmungspflicht.** Der Aufsichtsrat kann jedoch erst umgebildet und die Anwendung des Gesetzes aufgehoben werden, wenn das **Überleitungsverfahren** nach §§ 97 ff. AktG i.V.m. 6 Abs. 2 durchgeführt wurde.

III. Fortgeltung der Montanmitbestimmungsgesetze und des Betriebsverfassungsgesetzes 1952 (Abs. 2 u. 3)

23 1. Nach § 1 Abs. 2 ist das MitbestG auf Unternehmen nicht anzuwenden, die unter das MontanMitbestG und das MitbestEG fallen. Für die **Montanindustrie verbleibt** es demnach **bei dem bisher geltenden Recht.** Da sich dieses in wichtigen Einzelheiten von den Vorschriften des MitbestG unterscheidet, führt die Regelung zu einem Nebeneinander von drei – und bei Berücksichtigung des BetrVG 1952 vier – Mitbestimmungsformen. Die wenig befriedigende Lösung erklärt sich aus politischen Gründen (vgl. Rdn. 6).

24 2. Das **MontanMitbestG** gilt nach seinem § 1 für drei Gruppen von Unternehmen, sofern sie in der Rechtsform einer AG, GmbH oder bergrechtlichen Gewerkschaft mit eigener Rechtspersönlichkeit betrieben werden und in der Regel mehr als 1000 Arbeitnehmer beschäftigen oder Einheitsgesellschaften im Sinne des Gesetzes Nr. 27 der AHK v. 16. 5. 1950 sind. Es handelt sich um

25 a) Unternehmen des **Bergbaus**, deren überwiegender Betriebszweck in der Förderung von Steinkohle, Braunkohle oder Eisenerz oder in der Aufbereitung, Verkokung, Verschwelung oder Brikettierung dieser Grundstoffe liegt und deren Betrieb unter der Aufsicht der Bergbehörden steht. Nicht hierzu gehören Bergbauunternehmen, die andere Stoffe als Kohle und Eisenerz, also z. B. Salz oder Kali abbauen bzw. verarbeiten.

26 b) Unternehmen der **Eisen und Stahl** erzeugenden Industrie. Die Unternehmen dieses Bereichs, die unter das Gesetz fallen, sind im Gesetz Nr. 27 der AHK namentlich und abschließend bezeichnet (LG Mannheim, AG 1975, 302; OLG Karlsruhe DB 1976, 1871).

27 c) **Unternehmen,** die von einem der unter a) oder b) genannten Unternehmen oder einem nach dem Gesetz Nr. 27 der AHK zu liquidierenden Unternehmen **abhängig** sind, sofern sie selbst die Voraussetzungen nach a) erfüllen oder überwiegend Eisen und Stahl erzeugen (vgl. *Boldt,* § 1 MontanMitbestG Anm. 3 c; *Müller-Lehmann,* § 1 MontanMitbestG Rdn. 15 ff.). Der Begriff des abhängigen Unternehmens richtet sich nach § 17 AktG.

3. Der Mitbestimmung nach dem **MitbestEG** unterliegen Unternehmen in der Rechtsform einer AG, GmbH oder bergrechtlichen Gewerkschaft mit eigener Rechtspersönlichkeit, die mittels eines Organschaftsverhältnisses ein Unternehmen beherrschen, das unter das MontanMitbestG fällt, ohne selbst nach diesem Gesetz mitbestimmungspflichtig zu sein (§§ 1–3 MitbestEG). Als weitere Voraussetzung verlangt das Gesetz, daß der Unternehmenszweck des Konzerns durch Konzernunternehmen und abhängige Unternehmen gekennzeichnet wird, die unter das MontanMitbestG fallen. Die Voraussetzungen dafür sind in § 3 Abs. 3 MitbestEG aufgeführt. Da das Gesetz nur noch für ein Unternehmen gilt, erübrigt es sich, hier auf die weiteren Einzelheiten einzugehen (vgl. *Köln.-Komm. – Mertens,* Anh. nach § 96 AktG Rdn. 143 ff.; *Großkomm. – Meyer-Landrut,* § 96 AktG Rdn. 5 f. s. auch Einl. Rdn. 20). 28

Für die Fälle, in denen die Voraussetzungen der Montanmitbestimmung nachträglich weggefallen sind, hatte das Gesetz über die befristete Fortgeltung der Mitbestimmung vom 29. 11. 1971 (**MitbestFortgeltungsG,** BGBl. I, 1857) unter bestimmten näher fixierten Voraussetzungen die Fortgeltung der bisherigen Mitbestimmungsform angeordnet. Da dieses Gesetz am 31. 12. 1975 ausgelaufen ist und nicht mehr verlängert wurde, ist auf diese Unternehmen nunmehr das MitbestG anzuwenden. 29

4. Kraft spezialgesetzlicher Ausnahme im Vertrag zwischen der Bundesrepublik Deutschland und der Schweizerischen Eidgenossenschaft vom 6. 12. 1955 gilt das MitbestG ferner nicht für die in Deutschland errichteten Aktiengesellschaften, die **deutsch-schweizerische Grenzkraftwerke** am Rhein betreiben. Obwohl das Gesetz dies nicht ausdrücklich sagt, muß der auf einem völkerrechtlichen Vertrag basierenden Sonderregelung für diese Unternehmen der Vorrang eingeräumt werden (ebenso *Fitting-Wlotzke-Wißmann,* § 1 Rdn. 40). 30

5. Für Unternehmen, die weder unter die Montanmitbestimmungsgesetze fallen noch die Voraussetzungen des § 1 Abs. 1 erfüllen, **gilt** gem. Abs. 3 die **Drittelbeteiligung** der Arbeitnehmer im Aufsichtsrat nach den Regeln der **§§ 76 ff. BetrVG 1952 fort.** Abs. 3 hat insofern nur klarstellende Funktion. Die bisherige Mitbestimmung bleibt danach bestehen vor allem für Unternehmen mit nicht mehr als 2000 Arbeitnehmern, sofern sie die Voraussetzungen der §§ 76 ff. BetrVG 1952 erfüllen, d. h. namentlich in einer der dort genannten Rechtsformen betrieben werden. 31

IV. Tendenzunternehmen und Religionsgemeinschaften (Abs. 4)

1. Nach § 1 Abs. 4 entfällt die Mitbestimmung in den sog. **Tendenzunternehmen** sowie in **Religionsgemeinschaften und deren karitativen** 32

und erzieherischen Einrichtungen. Die Vorschrift **entspricht** dem neu gefaßten Tendenzschutzparagraphen **118 BetrVG 1972**, so daß die Judikatur und das Schrifttum dazu auch hier herangezogen werden können. Im Gegensatz zu § 118 BetrVG bezieht sich die Sonderregelung jedoch nur auf Tendenzunternehmen, nicht auf Tendenzbetriebe. Das ist sachgemäß, denn die Mitbestimmung der Arbeitnehmer im Aufsichtsrat ist stets Unternehmensmitbestimmung (ebenso *Hanau,* Pressefreiheit und paritätische Mitbestimmung, 91; *Fitting-Wlotzke-Wißmann,* § 1 Rdn. 36). Ein weiterer Unterschied zu § 118 Abs. 1 BetrVG liegt im Wegfall der dort vorgeschriebenen Einzelprüfung, ob die Eigenart des Unternehmens der Anwendung des Gesetzes entgegensteht (vgl. *Rüthers,* AfP 1974, 546). Wie schon § 118 BetrVG 1972 weicht dagegen auch § 1 Abs. 4 von der früher generell und heute noch für §§ 76 ff. BetrVG 1952 geltenden Vorschrift des § 81 BetrVG 1952 erheblich ab. Dabei handelt es sich nicht nur um eine Präzisierung der gesetzlichen Formulierungen und die Übernahme der dazu ergangenen Judikatur, vor allem des BAG, in das Gesetz, vielmehr beabsichtigte der Gesetzgeber, den Anwendungsbereich des Tendenzschutzes stärker zu begrenzen (vgl. Anh. zu BT-Drucks. VI/2729, 17; ferner *Mikat,* Festschr. f. Küchenhoff, Bd. 1, 272 ff.; *Dietz-Richardi,* § 118 BetrVG Rdn. 80, § 81 BetrVG 1952 Rdn. 3). Deshalb ist davon auszugehen, daß der Tendenzschutz in den Fällen der §§ 76 ff. BetrVG 1952 weiterreicht als nach dem MitbestG (vgl. zu § 118 BetrVG *Fitting-Auffarth-Kaiser,* § 118 BetrVG Rdn. 1; *Mayer-Maly,* BB 1973, 761; *Frey,* AuR 1972, 167). Wenn die Differenzierung auch unbegründet und rechtspolitisch unerwünscht ist, kann sie doch nicht als verfassungsrechtlich bedenklich gelten (so aber *Frey,* a.a.O., 167).

33 2. Tendenzschutz nach **Abs. 4 Nr. 1** genießen Unternehmen, die unmittelbar oder überwiegend politischen, koalitionspolitischen, konfessionellen, karitativen, erzieherischen, wissenschaftlichen oder künstlerischen Bestimmungen dienen. Der Fall dürfte nur geringe praktische Bedeutung erlangen, da nur wenige Unternehmen bekannt sind, welche die Voraussetzungen des Abs. 1 erfüllen und derartige Zwecke verfolgen.

34 a) **Politischen Zielen** dienen die von den Parteien und den Verbänden des Wirtschafts- und Soziallebens für ihre Zwecke gegründeten Unternehmen. Da bisher keines dieser Unternehmen die vom MitbestG verlangte Größe erreicht, läuft die Vorschrift insoweit leer. Presseunternehmen fallen im Gegensatz zu § 81 BetrVG 1952 nicht mehr unter die Gruppe, sondern sind in Z. 2 selbständig erfaßt.

35 b) Zu den Unternehmen mit **koalitionspolitischer Zweckbestimmung** gehören die von den Gewerkschaften und Arbeitgeberverbänden für ihre Zwecke betriebenen Unternehmen. Die bekannten Großunternehmen der Gewerkschaften (Bank für Gemeinwirtschaft, Neue Heimat usw.) dienen allerdings nicht unmittelbar gewerkschaftlichen Zielen, sondern ihrem satzungsgemäßen Zweck (Bankgeschäfte, Wohnungsbau). Sie fallen daher nicht unter den Tendenzschutz (ebenso *Fitting-Wlotzke-Wißmann,* § 1 Rdn. 32).

c) Als Beispiele für **Unternehmen mit konfessionellen, karitativen, erzieherischen, wissenschaftlichen oder künstlerischen Zwecken** kommen vor allem Krankenhäuser, Sanatorien, Kinder- und Altenheime, Privatschulen und Erziehungsanstalten, Bibliotheken, Forschungsinstitute, wissenschaftliche und belletristische Verlage (BAG BB 1976, 183 = JZ 1976, 519 m. Anm. *Mallmann*), Theater-, Lichtspiel- und Konzertunternehmen in Betracht. Werden derartige Unternehmen in der Rechtsform einer AG oder einer GmbH geführt und beschäftigen sie in der Regel mehr als 2000 Arbeitnehmer, so erfüllen sie die Voraussetzungen des Abs. 1 und bleiben daher nur nach Abs. 4 mitbestimmungsfrei. Der Tendenzschutz entfällt, wenn die kommerziellen Aspekte überwiegen. **36**

3. Nach **Abs. 4 Nr. 2** genießen ferner Unternehmen Tendenzschutz, die **Zwecken der Berichterstattung oder Meinungsäußerung dienen** und als solche unter **Grundrechtschutz nach Art. 5 Abs. 1 S. 2 GG stehen.** Darunter fallen in erster Linie **Zeitungs- und Zeitschriftenverlage**, nicht dagegen die Produktion und der Vertrieb von Formularen, amtlichen Mitteilungen, Anzeigenblättern, Adreß- und Telefonbüchern, die nicht der Berichterstattung oder Meinungsäußerung dienen (h.L., vgl. *Dietz-Richardi,* § 118 BetrVG Rdn. 42; *Fitting-Auffarth-Kaiser,* § 118 BetrVG Rdn. 16, je m.w.N.). Auch der reine Druck von Verlagserzeugnissen genügt selbst dann nicht, wenn das Unternehmen überwiegend eine einzige Tageszeitung druckt (BAG BB 1976, 136; kritisch dazu *Mayer-Maly,* AfP 1976, 3 ff.), ebensowenig der Vertrieb. Streitig ist die Subsumtion wissenschaftlicher oder belletristischer Buchverlage mit einem breit gestreuten, uneinheitlichen Programm unter die Vorschrift (vgl. *Mayer-Maly,* BB 1973, 764; *Birk,* JZ 1973, 755; offen gelassen in BAG BB 1976, 183), doch spielt die Frage keine praktische Rolle, da die Voraussetzungen der Nr. 1 erfüllt sind (s. Rdn. 36). Gleichfalls unter Nr. 1 fallen die Herstellung und der Verleih von Filmen. Uneingeschränkt den Schutz von Nr. 2 genießen dagegen **Presse- und Nachrichtenagenturen**. Funk und Fernsehen gehören schon deshalb nicht hierher, weil sie nicht in den Rechtsformen nach Abs. 1, sondern als öffentlich-rechtliche Anstalten betrieben werden. **37**

4. Der Tendenzschutz gem. Abs. 4 verlangt weiter, daß ein Unternehmen den im Gesetz genannten Zwecken **unmittelbar** und **überwiegend** dient. Beide Merkmale müssen kumulativ gegeben sein. **Unmittelbarkeit** liegt vor, wenn die geschützte Tendenz im – regelmäßig in der **38**

Satzung niedergelegten – Unternehmenszweck selbst enthalten ist und die im Unternehmen ablaufenden Arbeits- und Produktionszwecke darauf ausgerichtet sind. Dagegen genügt es nicht, wenn ein Unternehmen, das selbst wirtschaftlichen Gewinn erstrebt, diesen zu einem unter den Tendenzschutz fallenden Zweck verwendet (h.A. zu § 118 BetrVG, vgl. *Fitting-Auffarth-Kaiser,* § 118 BetrVG Rdn. 8; *Gem.-Komm. – Fabricius,* § 118 BetrVG Rdn. 107). Auch auf die persönliche Einstellung oder Motivation des Unternehmens kommt es nicht an (BAG BB 1976, 183). Ob der geistig-ideelle Zweck **überwiegend** verfolgt wird, ist nicht allein nach quantitativen Gesichtspunkten zu bestimmen (so aber *Fitting-Auffarth-Kaiser,* § 118 BetrVG Rdn. 8). Wenn auch Quantitätsmerkmale ein wichtiges Indiz bilden, muß es vielmehr entscheidend auf ein qualitativ wertendes Element ankommen, weil sonst mit Zufallsergebnissen zu rechnen wäre (*Dietz-Richardi,* § 118 BetrVG Rdn. 17). Mit dem BAG (BAGE 22, 372 = AP Nr. 13 zu § 81 BetrVG) ist deshalb zu fragen, ob der **geistig-ideelle Zweck dem Unternehmen das Gepräge gibt** (ebenso *Brecht,* § 118 BetrVG Anm. 2; *Birk,* JZ 1973, 756; *Mayer-Maly,* BB 1973, 763; *ders.,* AfP 1972, 196). Das ist auch dann möglich, wenn das Unternehmen, wie es bei Presseunternehmen und Verlagen häufig der Fall ist, **erwerbswirtschaftlich geführt** wird und **nach Gewinn strebt**, solange der Erwerbszweck nicht so stark in den Vordergrund tritt, daß die geistig-ideelle Komponente nicht mehr den Gesamtcharakter prägt (vgl. BAGE 22, 371 f. = AP Nr. 13 zu § 81 BetrVG; *Kunze,* Festschr. f. Ballerstedt, 94 ff.).

39 In **Mischunternehmen**, zu denen sowohl tendenzgeschützte wie tendenzfreie Betriebe gehören, ist gleichfalls danach zu entscheiden, welcher Teil überwiegt und dem Ganzen das Gepräge verleiht. Die zu § 118 BetrVG erörterte Frage, ob es tendenzfreie Betriebe in Tendenzunternehmen oder umgekehrt Tendenzbetriebe in tendenzfreien Unternehmen gibt oder nicht (vgl. *Kunze,* a.a.O., 99), spielt für das MitbestG keine Rolle, da die Tendenz eines Unternehmens nur einheitlich bestimmt werden kann. Betreibt ein Unternehmen zugleich einen Zeitungs- oder wissenschaftlichen **Verlag** und eine **Druckerei**, so entfällt die Mitbestimmung daher, sofern die Druckerei nicht in so großem Umfang Druckaufträge ausführt, die mit dem Verlag nichts zu tun haben, daß diese nicht tendenzbezogene Tätigkeit das Gesicht des ganzen Unternehmens prägt (vgl. *Hanau,* Pressefreiheit und paritätische Mitbestimmung, 100 ff.). Werden Verlag und Druckerei dagegen als selbständige Unternehmen betrieben, so genießt die Druckerei grundsätzlich keinen Tendenzschutz, und zwar auch dann nicht, wenn beide Unternehmen gesellschaftsrechtlich verflochten sind (vgl. aber BAGE 22, 360).

5. Nicht mitbestimmungspflichtig nach Abs. 4 sind schließlich die **Religionsgemeinschaften** und ihre **karitativen und erzieherischen Einrichtungen**. Zu denken ist in erster Linie an kirchliche Hilfswerke, Krankenhäuser, Schulen usw. Doch ist kaum denkbar, daß derartige Einrichtungen in der Rechtsform der AG oder GmbH geführt werden und mehr als 2000 Arbeitnehmer erreichen. 40

V. Recht auf Mitbestimmung

1. Nach dem Wortlaut des Abs. 1 haben die Arbeitnehmer in den unter das Gesetz fallenden Unternehmen ein Mitbestimmungs*recht*. Die Formulierung ist jedoch nicht so zu verstehen, daß das Gesetz jedem einzelnen Arbeitnehmer ein individuelles subjektives Recht auf Mitbestimmung gewähren würde. Vielmehr verwirklicht es die Mitbestimmung durch eine veränderte Besetzung des Aufsichtsrats und des Vertretungsorgans, die mit der Figur des subjektiven Rechts nicht zutreffend erfaßt wird. Die Ausdrucksweise des Gesetzes trägt daher politisch-deklaratorischen Charakter, führt dogmatisch aber in die Irre. In erster Linie **verändert** das Gesetz **kraft objektiven Rechts institutionell die Unternehmensverfassung.** 41

2. Die einzelnen subjektiven **Rechte und Pflichten**, welche die am Unternehmen beteiligten Anteilseigner und Arbeitnehmer sowie ihre Repräsentanten in den Unternehmensorganen treffen, sind, soweit sie die Gesetze nicht ausdrücklich nennen, **aus den normativen Strukturen der rechtlichen Institution Unternehmen abzuleiten.** Dabei ergibt sich ein außerordentlich differenziertes Bild. Schon auf der Seite der **Anteilseigener** sind wenigstens drei Gruppen zu unterscheiden. Zunächst gewähren die rechtsformspezifischen Vorschriften des Gesellschaftsrechts den einzelnen Anteilseignern mitgliedschaftliche **Individualrechte und -pflichten,** z. B. das Recht auf Teilnahme an der Anteilseignerversammlung und an den Abstimmungen dort oder die Pflicht, die übernommene Einlage zu leisten. Daneben stehen die gesellschaftsrechtlichen **Gruppen- und Minderheitsrechte**, z. B. das durch § 122 AktG begründete Recht einer Gruppe von Aktionären, deren Anteile zusammen den zwanzigsten Teil des Grundkapitals erreichen, die Einberufung einer Hauptversammlung zu verlangen. Weiter geht es um die teils im MitbestG, teils im Gesellschaftsrecht geregelten, **aus der Mitgliedschaft im Aufsichtsrat fließenden organschaftlichen Rechte und Pflichten** (vgl. §§ 25 ff.). 42

Noch stärker sind die den **Arbeitnehmern** in der durch das MitbestG geordneten Unternehmensverfassung gewährten Rechte und Pflichten abgestuft. Dem individuellen Arbeitnehmer gewährt das Gesetz, sofern er die Voraussetzungen der §§ 10 Abs. 3, 18 S. 1 erfüllt, das aktive 43 sowie nach Maßgabe der §§ 7 Abs. 3, 10 Abs. 4 sowie 100 AktG i.V.m. 6 Abs. 2 MitbestG das passive Wahlrecht für die Wahlen zum Aufsichtsrat bzw. zur Wahlmännerversammlung. Schon diese Rechte sind aber durch die Zugehörigkeit zu den Gruppen der Arbeitnehmer, Angestellten und leitenden Angestellten (vgl. §§ 10 Abs. 2, 15 Abs. 2 u. 3) sowie zu den einzelnen Betrieben des Unternehmens (vgl. § 10 Abs. 1) präzisiert und eingeschränkt. Noch stärker differenziert das Gesetz zwischen den Gruppen bei den Antragsrechten betreffend die Vorabstimmungen gem. §§ 9 Abs. 3, 10 Abs. 2, 15 Abs. 3, bei den Vorschlagsrechten für die Wahlmänner und die Aufsichtsratsmitglieder der Arbeitnehmer (§§ 12, 15 Abs. 4, 16), bei der Berechtigung zur Wahlanfechtung (§§ 21, 22) sowie zur Abberufung der Arbeitnehmervertreter im Aufsichtsrat (§ 23). Daneben stehen die Rechte und Pflichten der Wahlmänner, Wahlvorstände und Wahlhelfer. Nicht zuletzt realisiert sich die Mitbestimmung auch für die Arbeitnehmerseite maßgeblich in der organschaftlichen Stellung der gewählten Aufsichtsratsmitglieder der Arbeitnehmer und den daraus fließenden Rechten und Pflichten.

VI. Privatautonome Mitbestimmungsregelungen

44 1. § 1 enthält **zwingendes Recht**. Daraus folgt zunächst, daß die Mitbestimmung nach dem Gesetz nicht durch ein anderes Modell, z. B. nach dem MontanMitbestG, ersetzt werden kann, wenn die Voraussetzungen des Abs. 1 vorliegen. Weder die Satzung noch Vereinbarungen mit den Trägern der Mitbestimmung (mitbestimmungsrechtliche Unternehmensverträge) können Abweichungen davon vorsehen (ebenso *Fitting-Wlotzke-Wißmann,* § 1 Rdn. 3; zum Problem ferner *Beuthien,* JurA 1970, 130 ff.; *Hensche,* AuR 1971, 33 ff.; *Däubler,* Das Grundrecht auf Mitbestimmung, 1973, 325 ff.; *Simitis,* AuR 1975, 325 ff.). Auch die Arbeitnehmer können auf die Anwendung des Gesetzes nicht verzichten (*Fitting-Wlotzke-Wißmann,* a.a.O.). Ebensowenig sind Vereinbarungen über den Tendenzschutz zulässig (zu § 118 BetrVG ebenso *Rüthers,* Tarifmacht und Mitbestimmung 50 f.; *Mayer-Maly,* AfP 1977, 209 f). Grundsätzlich ausgeschlossen sind ferner vertragliche Abreden über einzelne für die Subsumtion unter Abs. 1 maßgebliche Punkte, z. B. über die Frage, ob bestimmte Arbeitnehmer, bei denen dies zweifelhaft sein kann, bei der Berechnung der Zahl von 2000 Arbeitnehmern berücksichtigt werden sollen. In Grenzfällen, z. B. bei auf beschränkte Zeit im Ausland beschäftigten Arbeitnehmern, wird man hier allerdings ohne gewisse, wenngleich nicht rechtsverbindliche Abreden zwischen den Beteiligten kaum auskommen.

2. Dagegen nimmt das Gesetz der Anteilseignerversammlung nicht **45**
das Recht, im Rahmen ihrer Satzungskompetenz **Rechtsform, Sitz und Größe des Unternehmens** zu **bestimmen** und gegebenenfalls zu verändern. Die Anteilseignerversammlung kann daher, ohne durch die Mitbestimmung daran gehindert zu werden, das Unternehmen in eine nicht mitbestimmungspflichtige Rechtsform umwandeln, ins Ausland verlegen oder die Arbeitnehmer auf weniger als 2000 vermindern, sofern sie sich nicht aus anderen Gründen daran gehindert sieht. Eine Grenze für derartige Beschlüsse ergibt sich erst unter dem Gesichtspunkt der Gesetzesumgehung, wenn die Voraussetzungen des § 826 BGB erfüllt sind oder wenn die Maßnahme keinen anderen Zweck verfolgt, als das MitbestG zu umgehen und sich insofern als ein Mißbrauch der an Anteilseignern vom Recht gewährten Gestaltungsfreiheit erweist (vgl. *Steindorff,* Festschr. f. Ballerstedt, 127 ff.; *Wiedemann,* ZGR 1977, 166; *Bayer,* ZGR 1977, 179; *Lutter,* ZGR 1977, 201). Der Fall kann z. B. vorliegen, wenn wider alle wirtschaftliche Vernunft die Zahl der Arbeitnehmer knapp unter 2000 gehalten wird, dürfte aber selten nachweisbar sein (vgl. *Spieker,* Quelle 1976, 416 f.).

3. Zweifelhaft ist die Zulässigkeit einer privatautonomen Erweiterung **46**
der Mitbestimmung über die vom Gesetz gezogene Grenze hinaus. Für den Anwendungsbereich der §§ 76, 77 BetrVG 1952 hat der BGH die Zuwahl von Repräsentanten der Arbeitnehmer von seiten der Anteilseignerversammlung mit dem Ziel, auf diese Weise die paritätische Besetzung des Aufsichtsrats herbeizuführen, für zulässig erklärt (BGH NJW 1975, 1657). Außer bei der AG können sich die Anteilseigner auch in der Satzung dazu verpflichten, eine bestimmte Zahl von Aufsichtsratsmitgliedern nach den Vorschlägen der Arbeitnehmer zu wählen (*Th. Raiser,* ZGR 1976, 107 f.). Für den Geltungsbereich des MitbestG wird sich die Frage in dieser Form allerdings nicht mehr stellen, da der Arbeitnehmerseite ohnehin die Hälfte der Aufsichtsratssitze zusteht. Es fragt sich aber, ob die Mitbestimmung in der Satzung oder durch Vertrag mit den Repräsentanten der Arbeitnehmer erweitert werden kann, indem der Arbeitnehmerseite das Recht gewährt wird, stets den Aufsichtsratsvorsitzenden zu stellen, der gem. §§ 29 Abs. 2, 31 Abs. 4 bei Stimmengleichheit im Aufsichtsrat den Ausschlag zu geben vermag. Die Entscheidung hängt vor allem von der noch nicht endgültig geklärten Frage ab, ob es aus verfassungsrechtlichen Gründen geboten ist, das Übergewicht der Anteilseigner im Unternehmen in dem Ausmaß abzusichern, welches das Gesetz vorsieht (vgl. dazu Einl. Rdn. 43 ff.; vgl. auch *Vollmer,* Die Entwicklung partnerschaftlicher Unternehmensverfassungen, 1976).

Problematisch ist weiter die Frage, ob durch die Satzung oder durch **47**
einen mitbestimmungsrechtlichen Unternehmensvertrag die **Anwend-**

barkeit des Gesetzes für Unternehmen bestimmt werden kann, **die nach § 1 unter ein anderes Mitbestimmungsmodell**, namentlich unter §§ 76, 77 BetrVG 1952, **fallen**. Der Fall könnte relevant werden, wenn ein Unternehmen aus dem Geltungsbereich des Gesetzes ausscheidet, weil es in eine andere Rechtsform umgewandelt wird oder weil die Zahl der in ihm beschäftigten Arbeitnehmer unter 2000 herabsinkt (vgl. die sog. Lüdenscheider Abkommen in der Montanindustrie). Es ist kein Grund ersichtlich, weshalb derartige Regelungen unzulässig sein sollten, sofern die gesellschaftsrechtlichen Voraussetzungen gewahrt sind. Denn weder verlangt die verfassungsrechtliche Eigentumsgarantie einen Schutz der Anteilseigner vor ihren eigenen Beschlüssen, noch ist es ein zwingender Rechtssatz der öffentlichen oder politischen Ordnung, daß in den kraft Gesetzes nur unter die Mitbestimmung nach §§ 76, 77 BetrVG 1952 fallenden Unternehmen nicht die erweiterte Mitbestimmung nach dem MitbestG eingerichtet werden könnte (a.A. *Lutter*, ZGR 1977, 196 ff.).

VII. Streitigkeiten

48 Zweifel oder Streitigkeiten, ob ein Unternehmen die Voraussetzungen des § 1 erfüllt, sind im Verfahren gem. §§ 97 f. AktG i.V.m. 6 Abs. 2 zu klären. Zuständig sind die ordentlichen Gerichte, nicht die Arbeitsgerichte (vgl. § 6 Rdn. 8 ff.).

§ 2
Anteilseigner

Anteilseigner im Sinne dieses Gesetzes sind je nach der Rechtsform der in § 1 Abs. 1 Nr. 1 bezeichneten Unternehmen Aktionäre, Gesellschafter, Gewerken oder Genossen.

1 1. Die Vorschrift erklärt den im Gesetz verwendeten **Begriff des Anteilseigners**. Es handelt sich um den Oberbegriff, der die im Gesellschaftsrecht verschieden bezeichneten Gesellschafter der in § 1 Abs. 1 Z. 1 genannten Unternehmensformen zusammenfaßt. Die Zweckmäßigkeit eines solchen Oberbegriffs folgt aus der Natur des Mitbestimmungsrechts, das einheitliche Regeln für alle betroffenen Unternehmen aufstellt. Der Begriff Anteilseigner ist nicht neu, sondern wird schon in §§ 4 f. MontanMitbestG und 5 f. MitbestEG verwendet. Er hat sich auch in der wissenschaftlichen und publizistischen Literatur zum Mitbestimmungsrecht eingebürgert.

2 2. Anteilseigner sind bei der AG die Aktionäre, bei der KGaA die Kommanditaktionäre, nicht jedoch die Komplementäre, da diese das gesetzliche Vertretungsorgan (§ 283 AktG) bilden, bei der GmbH die Gesellschafter, bei der bergrechtlichen Gewerkschaft die Gewerken

und bei der Genossenschaft die Genossen. Die Aufzählung ist abschließend, weil § 1 Abs. 1 Z. 1 die unter das Gesetz fallenden Unternehmensformen abschließend festlegt. Die Gesellschafter der KG kommen auch im Fall des § 4 nicht in Betracht, weil die Mitbestimmung nur im Komplementärunternehmen stattfindet. Zweifel an der Eigenschaft des Anteileigners können nur auftreten, sofern die gesellschaftsrechtliche Beteiligung unklar ist. Sie sind nach den Vorschriften des Gesellschaftsrechts zu klären.

3. Die gesellschaftsrechtlichen **Rechte und Pflichten der Anteilseigner** berührt das MitbestG grundsätzlich nicht, namentlich haben sie weiterhin die Aufsichtsratsmitglieder der Anteilseigner gemäß den Vorschriften des Gesellschaftsrechts zu bestellen (§ 8). Dabei treten allerdings bei der GmbH und der bergrechtlichen Gewerkschaft wegen der Verweisung in § 6 Abs. 2 die strengeren aktienrechtlichen an die Stelle der für diese Gesellschaftsformen geltenden Vorschriften (vgl. § 8 Rdn. 2). Infolge der veränderten Zusammensetzung des Aufsichtsrats, in dem die Aufsichtsratsmitglieder der Anteilseigner nur noch über die Hälfte der Mandate verfügen, vermindert sich aber deren Einfluß auf das Unternehmen, vor allem auf die Besetzung des gesetzlichen Vertretungsorgans. Im einzelnen ist hierzu auf die Erläuterungen zu §§ 25–32 zu verweisen. **3**

§ 3
Arbeitnehmer

(1) Arbeitnehmer im Sinne dieses Gesetzes sind Arbeiter und Angestellte. Die in § 5 Abs. 2 des Betriebsverfassungsgesetzes bezeichneten Personen sind keine Arbeitnehmer im Sinne dieses Gesetzes.

(2) Arbeiter im Sinne dieses Gesetzes sind die in § 6 Abs. 1 des Betriebsverfassungsgesetzes bezeichneten Arbeitnehmer,

(3) Angestellte im Sinne dieses Gesetzes sind

1. die in § 6 Abs. 2 des Betriebsverfassungsgesetzes bezeichneten Arbeitnehmer mit Ausnahme der in § 5 Abs. 3 des Betriebsverfassungsgesetzes bezeichneten leitenden Angestellten,

2. die in § 5 Abs. 3 des Betriebsverfassungsgesetzes bezeichneten leitenden Angestellten.

§§ 5 Abs. 2 und 3, 6 BetrVG lauten:

§ 5

(2) Als Arbeitnehmer im Sinne dieses Gesetzes gelten nicht

1. in Betrieben einer juristischen Person die Mitglieder des Organs, das zur gesetzlichen Vertretung der juristischen Personen berufen ist;

2. die Gesellschafter einer offenen Handelsgesellschaft oder die Mitglieder einer anderen Personengesamtheit, soweit sie durch Gesetz, Satzung oder

Gesellschaftsvertrag zur Vertretung oder Personengesamtheit oder zur Geschäftsführung berufen sind, in deren Betrieben;
3. Personen, deren Beschäftigung nicht in erster Linie ihrem Erwerb dient, sondern vorwiegend durch Beweggründe karitativer oder religiöser Art bestimmt ist;
4. Personen, deren Beschäftigung nicht in erster Linie ihrem Erwerb dient und die vorwiegend zu ihrer Heilung, Wiedereingewöhnung, sittlichen Besserung oder Erziehung beschäftigt werden;
5. der Ehegatte, Verwandte und Verschwägerte ersten Grades, die in häuslicher Gemeinschaft mit dem Arbeitgeber leben.

(3) Dieses Gesetz findet, soweit in ihm nicht ausdrücklich etwas anderes bestimmt ist, keine Anwendung auf leitende Angestellte, wenn sie nach Dienststellung und Dienstvertrag
1. zur selbständigen Einstellung und Entlassung von im Betrieb oder in der Betriebsabteilung beschäftigten Arbeitnehmern berechtigt sind oder
2. Generalvollmacht oder Prokura haben oder
3. im wesentlichen eigenverantwortlich Aufgaben wahrnehmen, die ihnen regelmäßig wegen deren Bedeutung für den Bestand und die Entwicklung des Betriebs im Hinblick auf besondere Erfahrungen und Kenntnisse übertragen werden.

§ 6

(1) Arbeiter im Sinne dieses Gesetzes sind Arbeitnehmer einschließlich der zu ihrer Berufsausbildung Beschäftigten, die eine arbeiterrentenversicherungspflichtige Beschäftigung ausüben, auch wenn sie nicht versicherungspflichtig sind. Als Arbeiter gelten auch die in Heimarbeit Beschäftigten, die in der Hauptsache für den Betrieb arbeiten.

(2) Angestellte im Sinne dieses Geseztes sind Arbeitnehmer, die eine durch § 3 Abs. 1 des Angestelltenversicherungsgesetzes und die hierzu erlassenen Vorschriften über die Versicherungspflicht der Angestellten als Angestelltentätigkeit bezeichnete Beschäftigung ausüben, auch wenn sie nicht versicherungspflichtig sind. Als Angestellte gelten auch Beschäftigte, die sich in Ausbildung zu einem Angestelltenberuf befinden, sowie die in Heimarbeit Beschäftigten, die in der Hauptsache für den Betrieb Angestelltentätigkeit verrichten.

Schrifttum zu Abs. 3 Nr. 2

Alewell-Hahn, Mitbestimmung leitender Angestellter, Zeitschrift für Betriebswirtschaft, 1972, 871 ff.; *Alewell,* Veränderungen im Prozeß der betrieblichen Willensbildung bei Mitbestimmung der leitenden Angestellten, Schriften des Vereins für Socialpolitik N. F., Bd. 88 (1976), 467; *Bausch,* Die Stellung der leitenden Angestellten in Betrieb und Unternehmen, 1974; *Becker-Schaffner,* Der Begriff des leitenden Angestellten nach dem Betriebsverfassungsgesetz, BlStSozArbR 1972, 257; *Beuthien,* Anmerkung zu BAG v. 5. 3. 74 – 1 ABR 19/73, SAE 1974, 173; *Boldt,* Zur Abrenzung der leitenden Angestellten, Rechtsgutachten 1972, (ULA-Schriftenreihe 1972); *ders.,* Die Rechtsstellung der leitenden Angestellten nach dem BetrVG 1972, DB 1972, Beilage Nr. 5; *Borgwardt,* Leitende Angestellte und Betriebsverfassung, BB 1971, 1106; *Deppe,* Leitende Angestellte, Mitbestimmung und Gewerkschaften, Marxistische Blätter, 11. Jg. (1973), H. 2, 46 ff.; *Ebert,* Zur Abgrenzung der leitenden Angestellten, BB 1975, 609; *Fischer,* Die Abgrenzung der leitenden Angestellten nach § 5 Abs. 3 BetrVG, DB 1972, 437 ff; *Föhr,* Die Abgrenzung der leitenden Angestellten nach dem Beschluß des Bundesarbeitsgerichts vom 5. 3. 1974, DB 1974, 1767; *ders.,* Mitbestimmung des Betriebsrats in sozialen Angelegenheiten unter besonderer Berücksichtigung der außertariflichen Angestellten, AuR 1975, 353 ff.; *Galperin,* Die Stellung der leitenden Angestellten in der Rechtsprechung. RdA 1977, 65 ff.; *Gaul,* Der leitende Angestellte im Betriebsverfassungsrecht (– mit dem Grenzacher Modell –), 1975; *Geitner,* Leitende Angestellte in privaten Unternehmen, 1974; *Grüll,* Die leitenden Angestellten im neuen Betriebsverfassungsrecht, RdA 1972, 171 ff.; *ders.,* Leitender Angestellter im Sinne des § 5 Abs. 3 Nr. 3 BetrVG. Eine Stellungnahme zum Beschluß des BAG vom 5. 3. 1974 – 1 ABR 19/73, BB 1974, 653; *Hartmann/Bock-Rosenthal/Helmer,* Leitende Angestellte: Selbstverständnis und kollektive Forderungen, 1973; *Herrmann,* Leitende Angestellte im Sinne einer neuen Verfassung des Unternehmens, BB 1974, 934; *Hoffknecht,* Die leitenden Angestellten im Koalitions- und Arbeitskampfrecht, 1975; *Hoffmann,* Der Beschluß des Bundesarbeitsgerichts zum Begriff des leitenden Angestellten, NJW 1974, 1161; *ders.,* Anmerkung zu BAG v. 19. 11. 74 – 1 ABR 20/73, NJW 1975, 1246; *Janert,* Dezimierung der leitenden Angestellten durch das BAG?, DB 1974, 1237; *Mayer-Maly,* Gedanken zur Entwicklung der Abgrenzung der leitenden Angestellten, BB 1974, 1124; *Müller, G.,* Der leitende Angestellte des § 5 III Nr. 3 BetrVerfG 1972 in der bisherigen Rechtsprechung des BAG, RdA 1975, 63; *ders,* Gedanken zum Entwurf des Mitbestimmungsgesetzes, DB 1975, 253; *Nozar,* Die Abgrenzung der leitenden Angestellten im Betriebsverfassungsgesetz und die Zulässigkeit von Sprecherausschüssen, 1974; *Ohlgardt,* Keine Berücksichtigung der leitenden Angestellten bei Bestimmung der Zahl der Betriebsratsmitglieder?, BB 1972, 1186; *Rose,* Zum Streit um die Begriffsbestimmung des „leitenden Angestellten" nach § 5 Abs. 3 BetrVG 1972, AuR 1973, 309; *Rüthers-Stindt,* Der Kreis der leitenden Angestellten in der neuen Betriebsverfassung, BB 1972, 973; *Rüthers,* Gesetzanwendung oder Rechtspolitik? Bemerkungen zum Beschluß des BAG vom 5. 3. 1974 über die Definition der „leitenden Angestellten" in der Betriebsverfassung, JZ 1974, 625; *Säcker,* Die Rechtsstellung der leitenden Angestellten im kollektiven Arbeitsrecht, BB 1972, 1197; *ders.,* Die Leitenden. Vertretung im Aufsichtsrat. „Mit der Verfassung unvereinbar", Manager-Magazin 1975 (Mai 5), 36; *Schoeneberg,* Der Begriff der leitenden Angestellten im Betriebsverfassungsgesetz 1972, 1974; *Steindorff,* Mitbestimmung durch leitende Angestellte?, AuR 1973, 97; *Wiedemann,* Die „arbeitgeberähnlichen" leitenden Angestellten im Betriebsverfassungsrecht, RdA 1972, 210; *Wiedemann-Wank,* Anmerkungen zu BAG AP Nr. 1–3 zu § 5 BetrVG 1972; *Wiegand,* Der leitende Angestellte als Arbeitnehmer, 1972; *Witte-Bronner,* Die Leitenden Angestellten. Eine empirische Untersuchung, 2 Bde, 1974, 1975; *Wlotzke,* Die Mitbestimmungskonzeption der Bundesregierung, AuR 1974, 225; *Wrabetz,* Neuere Entwicklungen in der höchstrichterlichen Rechtsprechung zum Begriff des leitenden Angestellten nach § 5 Abs. 3 BetrVG Zs. f. Versicherungswesen

1975, 696; *Zöllner*, Zur Abgrenzung der leitenden Angestellten im Sinne des Betriebsverfassungsrechts, dargelegt am Beispiel der angestellten Wirtschaftsprüfer, Gedächtnisschrift für Dietz, 1973, 377; *Zöllner*, Anmerkung zu BAG AP Nr. 5 zu § 5 BetrVG 1972.

Übersicht

I. Vorbemerkungen

1 1. § 3 erfüllt eine **doppelte Funktion**. Abs. 1 kennzeichnet den im MitbestG verwendeten Arbeitnehmerbegriff. Dessen Abgrenzung wirkt sich vor allem auf den Kreis der unter das Gesetz fallenden Unternehmen aus, da § 1 Abs. 1 Unternehmen verlangt, die in der Regel mehr als 2000 Arbeitnehmer beschäftigen. Daneben legt die Vorschrift fest, wer als Arbeitnehmer berechtigt ist, an den Wahlen der Arbeitnehmervertreter im Aufsichtsrat bzw. der Wahlmänner aktiv und passiv teilzunehmen (§§ 7 Abs. 2, 9 ff.). Abs. 2 u. 3 führen die **Untergliederung** der Arbeitnehmerschaft in die **drei Gruppen der Arbeiter, Angestellten und leitenden Angestellten** ein, die mit speziellen Gruppen- und Minderheitenrechten am Wahlverfahren teilnehmen und im Aufsichtsrat repräsentiert werden (vgl. §§ 10–13, 15, 17, 18, 22–24).

2. Inhaltlich definiert § 3 die in ihm genannten gesetzestechnischen Begriffe nicht selbst, enthält also keine eigene Regelungssubstanz, sondern verweist auf §§ 5 u. 6 BetrVG. Daraus folgt der unmißverständlich erklärte Wille des Gesetzgebers, daß die Begriffe für die **Betriebs- und Unternehmensverfassung übereinstimmend** ausgelegt werden. Im Gesetzgebungsverfahren war dies nur hinsichtlich des Begriffs der leitenden Angestellten problematisch. Angesichts der bei § 5 Abs. 3 BetrVG aufgetretenen Interpretationsprobleme hatten einige Kritiker angeregt, den Begriff für das Mitbestimmungsgesetz gesondert zu definieren (vgl. u. a. *Müller* u. *Auffarth* im Anhörungsverfahren vor dem BT-Aussch. für Arbeit u. Sozialordnung am 7. 11. 1974, Protokoll Nr. 55, 4 ff; *Herrmann*, BB 1974, 934). Damit verbanden sich, ausgelöst durch die kurz zuvor ergangene Leitentscheidung des BAG vom 5. 3. 1974 (AP Nr. 1 zu § 5 BetrVG 1972), aus der von mancher Seite eine restriktive Tendenz des Gerichts bei der Auslegung des Begriffs abgeleitet wurde, politisch motivierte Bestrebungen, die Gruppe der leitenden Angestellten weiter oder enger zu fassen (vgl. u. a. die Äußerungen von *Vetter, Muth, Hesse, Borgwardt, Erdmann, Schleyer* u. a. im Anhörungsverfahren am 7. 11. 1974, a.a.O., 7 ff.). Sie sind als Teil des großen politischen Tauziehens um die Beteiligung der leitenden Angestellten an der Mitbestimmung anzusehen. Der maßgebliche BT-Aussch. f. Arbeit u. Sozialordnung konnte sich nicht entschließen, eine eigene neue Definition des leitenden Angestellten in das Gesetz einzufügen, weil es nicht gelungen war, bessere und zweckmäßigere Abgrenzungskriterien als die in § 5 Abs. 3 BetrVG enthaltenen zu finden und weil er die eigengesetzliche Entwicklung des Arbeitslebens nicht behindern wollte (Aussch.ber. BT-Drucks. 7/4845, 5). Im Ergebnis ist es zu begrüßen, daß der Gesetzgeber die Begriffe des BetrVG unverändert übernommen hat, denn es vereinfacht und vereinheitlicht die Rechtsanwendung und trägt der sich in vielen Einzelheiten zeigenden Interdependenz von Betriebs- und Unternehmensverfassung Rechnung. Der Einwand, die Sonderstellung der leitenden Angestellten im BetrVG erkläre sich daraus, daß sie dort weitgehend Arbeitgeberfunktionen ausüben, während sie in der Unternehmensverfassung auf die Seite der Arbeitnehmer gehören, spricht nicht dagegen. Denn auch im MitbestG ist ihre, verglichen mit den übrigen Arbeitnehmern, anders geartete Position und Funktion der Grund dafür, daß ihnen gewisse Sonderrechte zugestanden werden. Allerdings übernimmt das MitbestG infolge der Verweisung auf das BetrVG die Auslegungsschwierigkeiten, welche dort bei der Definition und Abgrenzung der Begriffe aufgetreten sind. 2

Rechtstechnisch ist die Fassung des Gesetzes in Abs. 3 **verunglückt**, weil der Text, wörtlich verstanden, unter Z. 1 die leitenden Angestell- 3 ten von der Gruppe der Angestellten ausnimmt, während er sie in Z. 2 wieder einbezieht, also Widersprüchliches formuliert. Die unter dem Gesichtspunkt sauberer Gesetzestechnik kritikwürdige Formulierung (vgl. *Th. Raiser*, BB 1976, 146) erklärt sich aus dem Bestreben, die leitenden Angestellten zugleich als Teil der Gruppe der Angestellten und als eine gewisse Sonderrechte genießende Untergruppe darzustellen sowie aus den im Gesetzgebungsverfahren an dieser Stelle aufgetretenen politischen Räsonnements und Emotionen. Für die Anwendung des Gesetzes kann kein Zweifel herrschen, daß die leitenden Angestellten zu den Arbeitnehmern im Sinne des Abs. 1 und unter diesen zu den Angestellten gemäß Abs. 1 u. 3 gehören. Nur dort, wo sie im Gesetz gesondert genannt sind, besitzen sie eigene Rechte.

4 3. Die in § 3 gekennzeichneten Begriffe des Arbeitnehmers, Arbeiters, Angestellten und leitenden Angestellten sind **zwingenden Rechts** und können daher durch individuellen Arbeitsvertrag, Betriebsvereinbarung oder Tarifvertrag nicht geändert werden. Für das BetrVG ist dies ganz h. L. (vgl. *Gem.-Komm. – Kraft*, § 5 BetrVG Rdn. 4; *Fitting-Auffarth-Kaiser*, § 5 BetrVG Rdn. 28, j.m.w.N.) Es muß aber, selbst ohne Rücksicht auf die Verweisung auf das BetrVG, auch für das MitbestG gelten, da nach dessen Sinn und Zweck an dieser Stelle kein Raum für privatautonome Regelungen bleiben sollte. Dies gilt namentlich für den Begriff des leitenden Angestellten (vgl. Aussch.ber. BT-Drucks. 7/4845, 5; s. u. Rdn. 53).

II. Der Begriff des Arbeitnehmers

5 1. Bei der Bestimmung des für das BetrVG und daher auch für das MitbestG geltenden Arbeitnehmerbegriffs ist ungeachtet des in diesem Punkt nicht ganz klaren Wortlauts der §§ 5 u. 6 BetrVG nach h. L. vom **allgemeinen**, in Rechtsprechung und Wissenschaft herausgebildeten **Arbeitnehmerbegriff** auszugehen (vgl. *Dietz-Richardi*, § 5 BetrVG Rdn. 5, 63 ff.; *Fitting-Auffarth-Kaiser*, § 5 BetrVG Rdn. 3; *Gem.-Komm. – Kraft*, § 5 BetrVG Rdn. 9). Danach ist Arbeitnehmer, wer im Dienst eines anderen unselbständige und fremdbestimmte Arbeit leistet (vgl. statt aller *Hueck-Nipperdey*, Bd. 1, 34 ff.; *Staudinger – Nipperdey-Mohnen*, Anm. 15 vor § 611 BGB; BAG AP Nr. 1, 3 u. 6 zu § 611 BGB Abhängigkeit). Ausdrücklich schließt § 5 Abs. 1 BetrVG auch die zu ihrer **Berufsausbildung** Beschäftigten, d. h. Lehrlinge, Anlernlinge und unter bestimmten Voraussetzungen auch Praktikanten und Volontäre in den Arbeitnehmerbegriff ein (zur Abgrenzung vgl. *Dietz-Richardi*, § 5 BetrVG Rdn. 7 ff.). Als Arbeitnehmer gelten ferner gem. § 6 Abs. 1 u. 2 BetrVG auch die in **Heimarbeit** Beschäftigten, sofern sie in der Hauptsache für das Unternehmen arbeiten. Darunter fallen Heimarbeiter und Hausgewerbetreibende nach Maßgabe des § 2 Abs. 1 u. 2 HAG (vgl. *Dietz-Richardi,* § 5 BetrVG Rdn. 34, § 6 Rdn. 16 ff.; *Fitting-Auffarth-Kaiser,* § 6 BetrVG Rdn. 6 ff.).

2. Die Arbeitnehmereigenschaft setzt regelmäßig den Abschluß eines **Arbeitsvertrags** mit dem Unternehmen voraus. Zu den Einwänden gegen die Rechtsprechung des BAG (AP Nr. 1 zu § 6 BetrVG u. Nr. 3 zu § 4 BetrVG = BAGE 16, 4 ff.), wonach es lediglich darauf ankommen soll, ob der Betreffende im Betrieb tätig ist, vgl. *Dietz-Richardi,* § 5 BetrVG Rdn. 29. Dagegen ist die volle **Rechtswirksamkeit des Vertrags nicht erforderlich.** Auch wer geschäftsunfähig oder beschränkt geschäftsfähig ist, wird Arbeitnehmer, wenn er die vertragliche Tätigkeit erbringt. Gleiches gilt bei nichtigem oder anfechtbarem Arbeitsvertrag, weil beide Mängel nach heute h. L. nicht mit rückwirkender Kraft geltend gemacht werden können, wenn das Arbeitsverhältnis realisiert, d. h. Arbeit tatsächlich geleistet wurde (BAGE 5, 58 = AP Nr. 2 zu § 125 BGB, BAGE 5, 129 = AP Nr. 2 zu § 123 BGB). **6**

Nicht erforderlich ist dagegen, daß die Arbeit gegen **Lohn** geleistet wird, so daß auch Volontäre Arbeitnehmer sind, sofern sie sich zu Arbeitsleistungen verpflichtet haben (Näheres bei *Dietz-Richardi,* a.a.O., Rdn. 35 f.). Auch muß die Arbeit nicht **berufsmäßig** ausgeübt werden oder gar den Hauptberuf darstellen. Auch eine Nebenbeschäftigung kann ausreichen (vgl. BAGE 15, 247 = AP Nr. 4 zu § 611 BGB Fleischbeschauer-Dienstverhältnis; 18, 57 = AP Nr. 9 zu § 611 BGB Fleischbeschauer-Dienstverhältnis). Ebenso sind **Teilzeitbeschäftigte** Arbeitnehmer, sofern es sich nicht um ein freies Mitarbeiterverhältnis (s. Rdn. 8) oder um gelegentliche Aushilfsarbeiten handelt, denen keine Eingliederung in das Unternehmen entspricht (Einzelheiten bei *Dietz-Richardi,* § 5 BetrVG Rdn. 38; *Gem-Komm. – Kraft,* § 5 BetrVG Rdn. 16). Beim sog. **mittelbaren Arbeitsverhältnis** ist die Arbeitnehmereigenschaft gegeben, wenn die Weisungsgebundenheit nicht nur gegenüber der Zwischenperson besteht, sondern auch gegenüber der Unternehmensleitung. Liegen **zwei Arbeitsverhältnisse** vor, so ist der Betreffende, sofern die übrigen Voraussetzungen vorliegen, Arbeitnehmer in jedem der beiden Unternehmen. Allerdings kann ihm, wenn sich die Arbeitsverhältnisse auf zwei Unternehmen desselben Konzerns beziehen, in den Fällen des § 5 trotzdem kein doppeltes Wahlrecht gewährt werden, da andernfalls die Wahlgleichheit (vgl. § 10 Rdn. 13) verletzt wäre. Der Arbeitnehmer hat daher zu entscheiden, in welchem der beteiligten Unternehmen er wählen will. **7**

3. Gegenstand des die Arbeitnehmereigenschaft begründenden Vertrags ist die Leistung **unselbständiger, fremdbestimmter Arbeit.** Unter Arbeit ist jede wirtschaftlich für wertvoll erachtete körperliche oder **8**

geistige Tätigkeit bis hin zur vertraglich geschuldeten Arbeitsbereitschaft zu verstehen. Durch die Merkmale der Unselbständigkeit (Abhängigkeit) und Fremdbestimmtheit unterscheidet sich der Arbeitnehmer vom **freien Mitarbeiter** oder **Dienstverpflichteten** (BAGE 19, 324 = AP Nr. 6 zu § 611 BGB Abhängigkeit; AP Nr. 10 zu § 611 Abhängigkeit m. Anm. *G. Hueck; Hueck-Nipperdey,* Bd. 1, 41 ff.). Eine rein wirtschaftliche Abhängigkeit genügt nicht, vielmehr kommt es auf die **persönliche Abhängigkeit** an. Indizien dafür sind die Weisungsgebundenheit in bezug auf Art und Weise der Arbeit und die Eingliederung in den arbeitsteiligen und hierarchisch geordneten Arbeitsprozeß. Im einzelnen kann die Abgrenzung schwierig sein, zumal es sich um eine wertende Beurteilung des gesamten Erscheinungsbildes der Beziehung zwischen den Vertragspartnern handelt, die sich unter dem Einfluß neuer technischer oder sozialer Gegebenheiten auch ändern kann. Einen wichtigen Anhaltspunkt enthält § 84 Abs. 1 S. 2 HGB, wonach selbständig ist, wer im wesentlichen frei seine Tätigkeit gestalten und seine Arbeitszeit bestimmen kann (vgl. BAG AP Nr. 1 u. 2 zu § 92 HGB). Zu den Einzelheiten ist auf die Literatur zum Arbeitsrecht zu verweisen. Die sogenannten **arbeitnehmerähnlichen Personen**, die lediglich wirtschaftlich, nicht aber persönlich abhängig sind (vgl. § 5 Abs. 1 S. 2 ArbGG) gehören nicht zu den Arbeitnehmern im Sinne des MitbestG.

9 4. Die Arbeit muß **im Dienst des Unternehmens** erfolgen. Im Bereich des BetrVG wird die Dienstleistung auf den Betrieb bzw. Betriebsinhaber bezogen (vgl. *Dietz-Richardi,* § 5 BetrVG Rdn. 19 ff.; *Gem.-Komm. – Kraft,* § 5 BetrVG Rdn. 13 ff.). Das ist systematisch richtig, da das Betriebsverfassungsrecht die Vertretung der Arbeitnehmer in den Betrieben regelt, genügt aber für das MitbestG nicht. Schon nach dem Wortlaut des Gesetzes bezieht sich die Arbeitnehmereigenschaft hier vielmehr auf das Unternehmen. Aber auch inhaltlich ist das Unternehmen der einzige richtige Bezugspunkt, da das Gesetz gerade die Vertretung der Arbeitnehmer in den Unternehmensorganen im Gegensatz zu den Betrieben regelt. Daneben spielt allerdings auch die Zugehörigkeit zu den zu einem Unternehmen gehörenden Betrieben eine Rolle, weil sich das Recht, Wahlvorschläge für die Wahlmänner zu machen, und die Wahl der Wahlmänner danach richten (vgl. §§ 10 bis 12).

10 Da es sich bei den unter das Gesetz fallenden Unternehmen durchweg um juristische Personen handelt, kommt die Dienstleistung zugunsten eines individuellen Arbeitgebers oder Betriebsinhabers nicht in Betracht. Arbeitgeber ist stets die juristische Person. Die für das Arbeitsverhältnis charakteristischen Direktionsbefugnisse werden daher von den gesetzlichen Organen des Unternehmens und unter diesen von den im Rang dem betreffenden Arbeitnehmer übergeordneten Vorgesetzten ausgeübt. Nach diesen Kriterien ist die Zuordnung von **Personen** zu prüfen, die aufgrund spezieller Umstände **vorübergehend im Unternehmen tätig** sind. Die sog. **Unternehmerarbeiter** (Monteure, Reparateure, Bediener von Computern, Betriebsprüfer u. ä.), die ihre Aufgaben im Auftrag und unter der Leitung ihres Arbeitgebers in fremden Unternehmen erledigen, werden nicht zu Arbeitnehmern dieses Unternehmens (*Dietz-Richardi,* § 5 BetrVG Rdn. 27; *Fitting-Auffarth-Kaiser,* § 5 BetrVG Rdn. 7 b).

Beim sog. **echten Leiharbeitsverhältnis**, bei dem ein Unternehmer **11**
bei ihm beschäftigte Personen vorübergehend einem anderen Unternehmer zur Verfügung stellt, ist nach dem Erlaß des AÜG zweifelhaft geworden, ob der „Verliehene" Arbeitnehmer auch des entleihenden Unternehmens wird. Im Gegensatz zur früher überwiegend vertretenen Auffassung, welche dies bejahte, ist nunmehr die Meinung im Vordringen, daß ein Arbeitsverhältnis nur zum Verleiher bestehe (*Becker,* BlStSozArbR 1972, 134 ff.; *Mayer-Maly,* ZfA 1972, 31; *Dietz-Richardi,* § 5 BetrVG Rdn. 22 ff.; *Fitting-Auffarth-Kaiser,* § 5 BetrVG Rdn. 7 a; *Moritz,* BB 1972, 1569; a.A. BAGE 16, 1 = AP Nr. 3 zu § 4 BetrVG; *Gem.-Komm. – Kraft,* § 5 BetrVG Rdn. 14; *Galperin-Löwisch,* § 5 BetrVG Rdn. 2; *Ramm,* DB 1973, 1174; *Franßen-Haesen,* AÜG, Einl. Anm. 37; vgl. auch BAG BB 1974, 1071). Sofern der „Verleiher" den Arbeitnehmer dagegen nur an das Unternehmen vermittelt, ohne ihn in eine eigene Unternehmensorganisation aufzunehmen, handelt es sich regelmäßig um eine Arbeitsvermittlung (vgl. § 1 Abs. 2 AÜG), die zudem gem. § 3 Abs. 1 AFG unzulässig ist **(unechtes Leiharbeitsverhältnis)**. In diesem Fall kommt die Zugehörigkeit zur Arbeitnehmerschaft des entleihenden Unternehmens in Betracht, sofern die übrigen Voraussetzungen vorliegen.

5. Keine Arbeitnehmer sind Personen, deren Tätigkeit **nicht** auf **12**
einem **privatrechtlichen Arbeitsverhältnis** beruht, sondern auf einer anderen Rechtsgrundlage. Hierher gehören **Beamte**, und zwar regelmäßig auch dann, wenn sie in ein privates Unternehmen abgeordnet sind (*Dietz-Richardi,* § 5 BetrVG Rdn. 29, 52; vgl. auch BAGE 16, 1 = AP Nr. 3 zu § 4 BetrVG); ferner Strafgefangene, Fürsorgezöglinge und andere Personen, die zwangsweise beschäftigt werden (vgl. auch § 5 Abs. 2 Nr. 4 BetrVG und dazu unten Rdn. 18); Personen, die anstelle des Wehrdienstes zivilen Ersatzdienst leisten (§ 25 des Wehrpflichtgesetzes, §§ 1 ff. des Gesetzes über den zivilen Ersatzdienst); Entwicklungshelfer im Sinn des Entwicklungshelfergesetzes vom 18. 6. 1969 (BGBl. I, 549); endlich Personen, die im Rahmen des freiwilligen sozialen Jahres Dienste erbringen (Gesetz vom 17. 8. 1964, BGBl. I, 640).

III. Ausnahmen nach § 5 Abs. 2 BetrVG i. V. m. § 3 Abs. 1 MitbesG

13 1. § 5 Abs. 2 BetrVG enthält einen Katalog von Personen, die für das Betriebsverfassungsrecht und daher gemäß der Verweisung in § 3 Abs. 1 S. 2 auch für das MitbestG nicht als Arbeitnehmer gelten, selbst wenn sie die allgemeinen Merkmale erfüllen. Es handelt sich um Gruppen, deren Stellung im Unternehmen sich, aus im Einzelnen verschiedenen Gründen, soziologisch und rechtlich so sehr von der des typischen Arbeitnehmers unterscheidet, daß es unangemessen wäre, sie in die Arbeitnehmervertretung im Betrieb oder Unternehmen einzubeziehen. Gegen die unveränderte Übernahme des Katalogs in das MitbestG bestehen keine Bedenken. Im Konzern (§ 5 MitbestG) gelten die Ausnahmen gleichermaßen für herrschende und abhängige Unternehmen. Jedoch wird das Wahlrecht eines Arbeitnehmers (leitenden Angestellten) des herrschenden Unternehmens in diesem auch im Fall der Konzernmitbestimmung nicht dadurch ausgeschlossen, daß er im Zusammenhang mit seinen dienstlichen Aufgaben die Position eines gesetzlichen Vertreters eines abhängigen Unternehmens bekleidet (ebenso *Fitting-Wlotzke-Wißmann*, § 3 Rdn. 8).

14 2. Im einzelnen handelt es sich um folgende Fälle (vgl. zum Ganzen die Kommentare zu § 5 Abs. 2 BetrVG, z. B. *Fitting-Auffarth-Kaiser*, § 5 BetrVG Rdn. 12 ff.; *Dietz-Richardi*, § 5 BetrVG Rdn. 63 ff.; *Gem.-Komm. – Kraft*, § 5 BetrVG Rdn. 20 ff.; *Galperin-Löwisch*, § 5 BetrVG Rdn. 8 ff.):

15 a) **Die gesetzlichen Vertreter einer juristischen Person** (§ 5 Abs. 2 Z. 1 BetrVG). Bei Vereinen sind dies die Vorstandsmitglieder (§ 26 BGB) sowie Sondervertreter nach § 30 BGB; bei Stiftungen die nach dem Stiftungsgeschäft zur Vertretung berufenen Personen (§§ 85, 86 BGB); bei der AG die Vorstandmitglieder (§ 78 AktG), trotz § 112 AktG nicht jedoch die Mitglieder des Aufsichtsrats, auch nicht der Aufsichtsratsvorsitzende, vollends nicht die Aktionäre; bei der KGaA die Komplementäre, wenn sie nicht nach dem Gesellschaftsvertrag von der Vertretung ausgeschlossen sind (§ 278 Abs. 2 AktG i.V.m. §§ 161, 125, 127 HGB); bei der GmbH die Geschäftsführer (§ 35 Abs. 1 GmbHG); bei Genossenschaften die Vorstandsmitglieder (§ 24 GenG); bei bergrechtlichen Gewerkschaften der Repräsentant oder Grubenvorstand (§§ 117, 119 ABG); bei VVaG die Vorstandsmitglieder (§ 34 VAG i.V.m. § 78 AktG). Bei ausländischen juristischen Personen ist die Frage, wer gesetzlicher Vertreter ist, nach dem Recht des Staates zu beurteilen, in dem die juristische Person ihren Sitz hat. Befindet sich die juristische Person in Liquidation, sind die Liquidatoren gesetzliche Vertreter (vgl. § 48 BGB, § 269 AktG, § 66 GmbHG, § 83 GenG); im Konkurs der Konkursverwalter (§ 6 Abs. 2 KO).

b) Die **Mitglieder von Personengesamtheiten** ohne eigene Rechtspersönlichkeit, soweit sie durch Gesetz, Satzung oder Gesellschaftsvertrag zur Vertretung oder Geschäftsführung berufen sind (§ 5 Abs. 2 Z. 2 BetrVG). Bei der OHG sind dies alle Gesellschafter, denen nicht durch den Vertrag die Geschäftsführung und die Vertretung entzogen ist (§§ 114 ff., 125 ff. HGB); bei der Gesellschaft bürgerlichen Rechts die nach dem Gesellschaftsvertrag zur Geschäftsführung oder Vertretung berufenen Gesellschafter (§§ 709, 710, 714 BGB); bei der KG gelten für die Komplementäre dieselben Regeln wie für die OHG. Die Kommanditisten fallen grundsätzlich nicht unter die Ausnahme, können also Arbeitnehmer sein, sofern die übrigen Voraussetzungen vorliegen. **16**

c) Personen, deren Beschäftigung nicht in erster Linie ihrem Erwerb dient, sondern vorwiegend durch **Beweggründe karitativer oder religiöser Art** bestimmt ist (§ 5 Abs. 2 Z. 3 BetrVG). Darunter fallen vor allem Mönche, Ordensschwestern und Diakonissen, nicht jedoch alle anderen Schwestern (Einzelheiten str., vgl. *Fitting-Auffarth-Kaiser*, § 5 BetrVG Rdn. 15; *Dietz-Richardi*, § 5 BetrVG Rdn. 87 ff.). **17**

d) **Personen,** deren Beschäftigung nicht in erster Linie ihrem Erwerb dient und **die vorwiegend zu ihrer Heilung, Wiedereingewöhnung, sittlichen Besserung oder Erziehung beschäftigt** werden (§ 5 Abs. 2 Z. 4 BetrVG), d. h. Kranke, Körperbehinderte, Rauschgiftsüchtige, Alkoholiker, die in Anstalten und Heimen untergebracht sind; ferner Strafgefangene, Fürsorgezöglinge u. ä., soweit sie nicht im freien Arbeitsverhältnis beschäftigt werden. **18**

e) **Ehegatten** und **Verwandte** und **Verschwägerte ersten Grades,** die in häuslicher Gemeinschaft mit dem Arbeitgeber leben (§ 5 Abs. 2 Z. 5 BetrVG). Neben dem Ehegatten sind dies die Eltern und Kinder (nach § 1598 Abs. 2 n.F. BGB auch nichteheliche Kinder) des Arbeitgebers sowie deren Ehegatten. Ist der Arbeitgeber eine juristische Person oder eine Personengesamtheit, so kommt es auf die Beziehung zu den nach Abs. 2 Z. 1 u. 2 ausgeschlossenen organschaftlichen Vertretern an (bezüglich der juristischen Personen str., vgl. *Gem.-Komm. – Kraft*, § 5 BetrVG Rdn. 27). In häuslicher Gemeinschaft mit dem Arbeitgeber leben die genannten Personen, wenn sie dort ihren Lebensmittelpunkt haben. Der Begriff verweist auf § 1617 BGB. Entferntere Familienangehörige, namentlich Verwandte und Verschwägerte zweiten Grades (Enkel, Großeltern usw.) sind nach Z. 5 nicht ausgeschlossen, selbst wenn sie in häuslicher Gemeinschaft mit dem Arbeitgeber leben. Sie können daher uneingeschränkt Arbeitnehmer sein, sofern ein Arbeitsverhältnis zum Unternehmen vorliegt, das über die familienrechtlichen Beziehungen hinausgeht (zu dieser unter Umständen schwierigen Frage **19** vgl. *Dietz-Richardi,* § 5 BetrVG Rdn. 94; *Fitting-Auffarth-Kaiser,* § 5 BetrVG Rdn. 18 m.w.N.).

IV. Arbeiter und Angestellte

20 1. Neben der Definition des Arbeitnehmerbegriffs übernimmt § 3 auch die Unterteilung der Arbeitnehmerschaft in die Gruppen der Arbeiter, Angestellten und leitenden Angestellten aus dem Betriebsverfassungsrecht, ohne sie selbständig zu definieren. Für die Begriffe des Arbeiters und des Angestellten enthält auch der maßgebliche § 6 BetrVG seinerseits keine eigene begriffliche Abgrenzung zwischen den beiden Gruppen, sondern bezieht sich auf die Vorschriften der Sozialversicherung, indem er darauf abstellt, ob eine arbeiterrentenversicherungspflichtige oder eine angestelltenversicherungspflichtige Tätigkeit vorliegt. Auch die dafür maßgeblichen Gesetze lassen indessen manche Zweifelsfrage offen. Letzten Endes kommt es auf die **Verkehrsauffassung** an, wonach Arbeiter überwiegend Handarbeit, Angestellte überwiegend Kopfarbeit leisten. Wenn auch die Unschärfe und Relativität dieser schlagwortartigen Klassifikation längst erkannt ist, kann man auch heute noch nicht auf sie verzichten (vgl. *Dietz-Richardi,* § 6 BetrVG Rdn. 8 ff.; *Fitting-Auffarth-Kaiser,* § 6 BetrVG Rdn. 1, 12 ff.; *Hueck-Nipperdey,* Arbeitsrecht, Bd. 1, 72, j.m.w.N.). Nach dem Wortlaut des § 6 BetrVG ist nicht entscheidend, ob der betreffende Arbeitnehmer tatsächlich versichert oder versicherungspflichtig ist, sondern ob er eine versicherungspflichtige Tätigkeit ausübt. Danach ist namentlich bei Lehrlingen, Volontären und den in Heimarbeit Beschäftigten, die als Arbeitnehmer des Unternehmens gelten, zu entscheiden. Führt jemand teils Arbeiter-, teils Angestelltentätigkeiten aus, so ist darauf abzustellen, welche Beschäftigung überwiegt.

21 2. Zum Begriff des **Angestellten** verweist § 6 Abs. 2 BetrVG ausdrücklich auf § 3 Abs. 1 des Angestelltenversicherungsgesetzes sowie auf die hierzu erlassenen Vorschriften, namentlich die Berufsgruppenverzeichnisse des Reichsarbeitsministers vom 8. 3. 1924 (RGBl. I, 274), 4. 2. 1927 (RGBl. I, 58) und vom 15. 7. 1927 (RGBl. I, 222). Nach § 3 Abs. 1 AVG gehören zu den Angestellten insbesondere:

1. Angestellte in leitender Stellung;
2. technische Angestellte im Betrieb, Büro und Verwaltung, Werkmeister und andere Angestellte in einer ähnlich gehobenen oder höheren Stellung;
3. Büroangestellte, soweit sie nicht ausschließlich mit Botengängen, Reinigung, Aufräumung und ähnlichen Arbeiten beschäftigt werden, einschließlich Werkstattschreiber;

4. Handlungsgehilfen und andere Angestellte für kaufmännische Dienste, auch wenn der Gegenstand des Unternehmens kein Handelsgewerbe ist, Gehilfen und Praktikanten in Apotheken;
5. Bühnenmitglieder und Musiker ohne Rücksicht auf den künstlerischen Wert ihrer Leistungen;
6. Angestellte in Berufen der Erziehung, des Unterrichts, der Fürsorge, der Kranken- und Wohlfahrtspflege;
7. Schiffsführer, Offiziere des Decks- und Maschinendienstes, Schiffsärzte, Funkoffiziere, Zahlmeister, Verwalter und Verwaltungsassistenten sowie die in einer ähnlich gehobenen und höheren Stellung befindlichen Mitglieder der Schiffsbesatzung von Binnenschiffen oder deutschen Seefahrzeugen;
8. Bordpersonal der Zivilluftfahrt.

Die Aufzählung ist, wie schon aus dem Text hervorgeht, **nicht abschließend**, sondern wird durch die soeben genannten Berufsgruppenverzeichnisse sowie durch die Verkehrsauffassung ergänzt. Für die Einzelheiten ist auf das arbeitsrechtliche Schrifttum zu verweisen (vgl. *Hueck-Nipperdey,* Arbeitsrecht, Bd. 1, 72; *Nikisch,* Arbeitsrecht, Bd. 1, 127 ff.; *Dietz-Richardi,* § 6 BetrVG Rdn. 6 ff., 10; *Fitting-Auffarth-Kaiser,* § 6 BetrVG Rdn. 10 ff., 12; *Gem.-Komm. – Kraft,* § 6 BetrVG Rdn. 4 ff.). 22

3. Der Begriff des **Arbeiters** ist auch in den Vorschriften zur Arbeiterrentenversicherung, auf die § 6 Abs. 1 BetrVG verweist, nicht definiert, sondern nur negativ abgegrenzt. Danach ist jeder Arbeitnehmer arbeiterrentenversicherungspflichtig, der nicht unter die Angestelltenversicherungspflicht fällt (vgl. § 1227 RVO). Demgemäß sind auch für das MitbestG Arbeiter alle Arbeitnehmer, die nicht Angestellte sind bzw. nach § 6 Abs. 2 BetrVG als Angestellte gelten (Einzelheiten wiederum in den bei Rdn. 23 zitierten Lehrbüchern und Kommentaren). 23

V. Leitende Angestellte

1. Indem das MitbestG in § 3 Abs. 3 auch bezüglich des Begriffs der leitenden Angestellten auf das BetrVG verweist, übernimmt es zugleich die zahlreichen **Auslegungs-** und **Abgrenzungsprobleme**, welche der Begriff auch nach der Neufassung des § 5 Abs. 3 BetrVG aufgeworfen hat. Diese sind z. T. ein Ausfluß des in der sozialen Wirklichkeit außerordentlich vielgestaltigen und komplexen, begrifflich daher schwer definierbaren Sachverhalts. Zum anderen spiegeln sie die politischen Auseinandersetzungen wieder, die um die Abgrenzung der Gruppe und ihre Rechtsstellung zunächst im Rahmen der Betriebsverfassung, anschließend im Mitbestimmungsrecht geführt wurden (vgl. Rdn. 2). Die Interpretation des § 5 Abs. 3 BetrVG in Judikatur und 24

Schrifttum bewegt sich im wesentlichen auf zwei Ebenen: Im Zuge der Bemühungen, den Begriff des leitenden Angestellten angemessen zu erfassen, wird darüber gestritten, ob § 5 Abs. 3 BetrVG eine eigenständige und erschöpfende Definition des Begriffs enthält oder ob er einen allgemeinen, vorgegebenen Begriff voraussetzt und nur spezielle Merkmale für den Bereich des BetrVG aufstellt. Ungeachtet dieser methodischen Ausgangsfrage hat sich ferner die Auslegung der gesetzlichen Tatbestandsmerkmale, namentlich des § 5 Abs. 3 Z. 3 BetrVG und die Subsumtion einer großen Zahl von Fällen unter die dort genannten Merkmale wegen ihrer Unschärfe als schwierig erwiesen, was zu vielen Prozessen Anlaß gab.

25 2. Der Streit, ob § 5 Abs. 3 BetrVG einen **eigenen Begriff des leitenden Angestellten definiert oder einen vorgegebenen Begriff** übernimmt, hat seine Wurzel im Gesetz selbst. Der Wortlaut der Formulierung: „Das Gesetz findet keine Anwendung auf leitende Angestellte, wenn sie ..." spricht für die zweite Alternative, während die Entstehungsgeschichte der Vorschrift und systematische Überlegungen eher zugunsten der ersten ins Gewicht fallen. Den Verlauf der Diskussion im einzelnen nachzuzeichnen, ist an dieser Stelle nicht möglich, vielmehr muß auf die Spezialliteratur verwiesen werden (zugunsten einer selbständigen und abschließenden Definition vgl. u. a. *Dietz-Richardi,* § 5 BetrVG Rdn. 102; *Brecht,* § 5 BetrVG Rdn. 20; *Gem.-Komm. – Kraft,* § 5 BetrVG Rdn. 31; *Erdmann-Jürging-Kammann,* § 5 BetrVG Rdn. 10 j.m.w.N.; zugunsten eines vom Gesetz vorausgesetzten Oberbegriffs *Fitting-Auffarth-Kaiser,* § 5 BetrVG Rdn. 21; *Galperin-Löwisch,* § 5 BetrVG Rdn. 31; *Gnade-Kerhmann-Schneider,* § 5 BetrVG Rdn. 5, ebenfalls m. zahlr. w. N.).

26 Nachdem das **Bundesarbeitsgericht** in seiner Leitentscheidung vom 5. 3. 1974 1 ABR 19/73 (= AP Nr. 1 zu § 5 BetrVG 1972 m. Anm. *Wiedemann/Wank* = BB 1974, 553) sich die Ansicht zu eigen gemacht hat, das Gesetz verweise auf einen **vorgegebenen Begriff** des leitenden Angestellten, ist die Frage jedenfalls für die Praxis vorerst entschieden. Der Beschluß hat die Auslegung des § 5 Abs. 3 BetrVG auch im übrigen auf neue Grundlagen gestellt, an denen das Gericht seither festhält (vgl. Beschl. v. 19. 11. 1974 (1 ABR 20/73) = AP Nr. 2 zu § 5 BetrVG 1972 = BB 1975, 279; Beschl. v. 19. 11. 1974 (1 ABR 50/73) = AP Nr. 3 zu § 5 BetrVG 1972 m. Anm. *Wiedemann/Wank* = BB 1975, 326; Beschl. v. 4. 12. 1974 (1 ABR 48/73) = AP Nr. 4 zu § 5 BetrVG 1972 = BB 1975, 743; Beschl. v. 17. 12. 1974 (1 ABR 131/73) = AP Nr. 6 zu § 5 BetrVG 1972 = BB 1975, 604; Beschl. v. 17. 12. 1974 (1 ABR 105/73) = AP Nr. 7 zu § 5 BetrVG 1972 = BB 1975, 787; Beschl. v. 17. 12. 1974 (1 ABR 113/73) = AP Nr. 8 zu § 5 BetrVG 1972 = BB 1975, 606; Beschl. v. 28. 1. 1975 (1 ABR 52/73) = AP

Nr. 5 zu § 5 BetrVG 1972 m. Anm. *Zöllner* = BB 1975, 743; Urt. v. 19. 8. 1975 (1 AZR 613/74) = AP Nr. 2 zu § 105 BetrVG 1972 m. Anm. *Herschel* = BB 1975, 1483; Urt. v. 19. 8. 1975 (1 AZR 565/74) = BB 1975, 1483; Beschl. v. 9. 12. 1975 (I ABR 80/73) = AP Nr. 11 zu § 5 BetrVG 1972 = BB 1976, 414; Beschl. v. 10. 2. 1976 (1 ABR 61/74), BB 1976, 839; Beschl. v. 1. 6. 1976 (1 ABR 118/74), BB 1976, 1223). Im folgenden wird daher im wesentlichen auf diese Judikatur Bezug genommen.

3. Das BAG stützt seine im Grundsatzbeschluß vom 5. 3. 1974 entwickelte Ansicht, § 5 Abs. 3 BetrVG gehe von einem **vorgegebenen Begriff des leitenden Angestellten** aus, den es als bekannt voraussetzt, zum einen auf den Wortlaut der Vorschrift (s. Rdn. 25), vor allem aber auf die Ungenauigkeit der gesetzlichen Formulierungen. Es führt aus, die in § 5 Abs. 3 Z. 3 verwendeten Begriffe seien einzeln und insgesamt so unscharf, daß sie für sich allein nicht zu einer brauchbaren und justitiablen Abgrenzung des vom Gesetz gemeinten Personenkreises führten. Bei wörtlicher Auslegung der Bestimmung werde ein großer Teil aller Angestellten eines rationell geführten Unternehmens davon erfaßt, während der Gesetzgeber nach dem Sinnzusammenhang von engeren Voraussetzungen ausgehe. Die Vorschrift enthalte daher nur eine typologische Tätigkeitsbeschreibung der leitenden Angestellten, die ein bestimmtes Vorverständnis des Gesetzgebers voraussetze (Abschn. III 1 der Gründe). **27**

Im folgenden gerät das Gericht allerdings auch bei der Suche nach dem von ihm postulierten allgemeinen Begriff des leitenden Angestellten in Schwierigkeiten. Es findet weder einen Gesetzesbegriff, der Allgemeingültigkeit beanspruchen könnte, noch eine genügend eindeutige allgemeine Vorstellung oder Verkehrsanschauung, welche Tätigkeiten als leitend angesehen werden, noch einen hinreichend präzisen Sprachgebrauch (III 2). So meint es schließlich, in Wahrheit liege eine **„verdeckte Regelungslücke“** (seit dem Beschl. v. 19. 11. 1974: ein „sehr unbestimmter Rechtsbegriff“) vor, die das Gericht selbst unter Verwertung der in § 5 Abs. 3, namentlich auch Z. 1 u. 2 BetrVG erkennbaren Anhaltspunkte und im Einklang mit der Gesamtkonzeption des Gesetzes auszufüllen habe (III 3). Sinn und Zweck der Sonderstellung, die das BetrVG den leitenden Angestellten gewährt, sieht das Gericht in dem **Interessengegensatz** zwischen Unternehmer und Arbeitnehmerschaft, repräsentiert durch den Betriebsrat. Da die leitenden Angestellten unternehmerische (Teil-)Aufgaben wahrnehmen, verlange diese Interessenpolarität, sie betriebsverfassungsrechtlich auf die Seite des Unternehmers zu stellen. Der Grundgedanke des § 5 Abs. 3 BetrVG erfordere daher eine Wertung der Funktion eines Angestellten im Hinblick darauf, ob er unternehmerische Aufgaben **28** ausübe, die seiner Tätigkeit das Gepräge geben und ihn angesichts der Polarität der Interessen der Unternehmerseite zuordnen (III 3).

29 Aus diesem Ansatz entwickelt das Gericht die **einzelnen Merkmale**, mit deren Hilfe es die Abgrenzung im konkreten Fall vornehmen will:

30 a) In erster Linie kommt es darauf an, ob der Angestellte **unternehmerische (Teil-)Aufgaben** wahrnimmt, das heißt Aufgaben, die funktionsmäßig auf das Unternehmen bezogen, für dessen Bestand und Entwicklung bedeutsam sind und nicht nur die rein arbeitstechnische, vorprogrammierte Durchführung unternehmerischer Entscheidungen betreffen. Es muß sich um eine unternehmerische Tätigkeit an Stelle des Unternehmers handeln. Dies verlangt, daß der Angestellte kraft seiner leitenden Funktion maßgeblichen Einfluß auf die wirtschaftliche, technische, kaufmännische, organisatorische, personelle oder wissenschaftliche Führung des Unternehmens ausübt. Dagegen kommt es nicht darauf an, daß er selbst die maßgeblichen Entscheidungen trifft und durchsetzt oder daß er die Position eines unmittelbaren Vorgesetzten gegenüber anderen Arbeitnehmern bekleidet, also eine sogenannte **Linienfunktion** wahrnimmt. Auch Angestellte in **Stabsfunktionen**, die unternehmerische Entscheidungen vorbereiten und kraft ihres Sachverstands und ihrer Erfahrungen dafür Voraussetzungen schaffen, an denen die eigentliche Unternehmensleitung nicht vorbeigehen kann, können zu den leitenden Angestellten zählen. Die unternehmerischen Aufgaben müssen im Hinblick auf die Gesamtheit des Unternehmens erheblich sein, das heißt einen beachtlichen Teilbereich der unternehmerischen Aufgaben erfassen. Sie brauchen nicht die gesamte Tätigkeit des Angestellten auszufüllen, sofern sie ihr nur insgesamt **das Gepräge geben** (III 3, 4).

31 In den folgenden Entscheidungen **bestätigt und präzisiert** das Gericht diese Ausführungen. Nach den in den beiden Beschlüssen vom 19. 11. 1974 (III 2) verwendeten Formulierungen kann die Frage, ob ein Angestellter unternehmerische Funktionen wahrnimmt, u. a. anhand folgender **Abgrenzungsmerkmale** geprüft werden, die sich teilweise überschneiden und nicht insgesamt bei jedem leitenden Angestellten gegeben sein müssen: Entscheidungsfreiheit, Entscheidungsvorbereitung, Entscheidungsvorwegnahme, Entscheidungskontrolle, Eigenverantwortung, Unternehmerfunktion/Arbeitgeberfunktion im Hinblick auf einen Interessengegensatz des leitenden Angestellten zur Arbeitnehmerschaft und zum Betriebsrat im Rahmen einer Entscheidungsbefugnis über die Beteiligungsrechte des Betriebsrats. Aus der Sicht des Unternehmers (Arbeitgebers) muß es sich um den Kreis von Personen handeln, die ihm uneingeschränkt zur Verfügung stehen müssen, wenn er das Unternehmen (den Betrieb) nach innen (gegenüber der Arbeitnehmerschaft) und (oder) nach außen ohne Gegnerschaft im eigenen

Lager führen will (unter Verweisung auf *Höpp,* RdA 1960, 179 und *Zöllner,* Gedächtnisschrift Dietz, 393 f.). Hat ein Unternehmen mehrere Betriebe, so ist nach dem Beschl. vom 4. 12. 1974 auch zu prüfen, inwieweit unternehmerische Aufgaben von der Unternehmensleitung selbst wahrgenommen werden oder auf Angestellte des einzelnen Betriebs delegiert worden sind. Nach dem Beschl. vom 17. 12. 1974 (1 ABR 105/73) ist auch ein Angestellter regelmäßig leitender Angestellter, der zwar nicht selbst Unternehmerentscheidungen trifft, aber durch eine über die gesamte Breite des Unternehmensführungsbereichs wirkende Tätigkeit die Grundlagen für solche Entscheidungen eigenverantwortlich erarbeitet (Unternehmensplanung).

b) Zum vorgegebenen Bild des leitenden Angestellten gehört es nach **32** dem Grundsatzbeschluß des BAG vom 5. 3. 1974 (III 1) ferner, daß der Angestellte seine Tätigkeit im Sinne des § 5 Abs. 3 Nr. 3 BetrVG **„im wesentlichen eigenverantwortlich"** wahrnimmt. Dies setzt regelmäßig einen **erheblichen eigenen Entscheidungsspielraum** voraus, bedeutet aber nicht völlige Weisungsfreiheit. Auch wer an gewisse Richtlinien der Unternehmensleitung gebunden oder durch bestimmte Sachzwänge und Vorentscheidungen festgelegt ist, kann im wesentlichen eigenverantwortlich tätig sein. Unschädlich ist ferner auch die Zusammenarbeit in einem Stab gleichberechtigter Mitarbeiter. Nach dem Beschl. vom 17. 12. 1974 (1 ABR 105/73) ist es sogar unerheblich, daß der Angestellte die maßgeblichen Entscheidungen nicht selbst trifft, sofern er nur, z. B. als Leiter der Planungsabteilung eines Unternehmens, eine **Schlüsselposition** innehat, kraft deren er Voraussetzungen schafft, an denen die eigentliche Unternehmensführung nicht vorbeigehen kann. Dagegen reicht es nicht aus, wenn ein Angestellter im Rahmen des ihm zugewiesenen Aufgaben- und Funktionsbereichs die notwendigen Anordnungen trifft und den ihm unterstellten Arbeitnehmern hierzu Weisungen erteilt, deren ausschließlicher Zweck es ist, den arbeitstechnischen Ablauf der Produktion nach vorgegebenen Daten zu gewährleisten (Beschl. v. 17. 12. 1974, 1 ABR 131/73).

c) Als drittes wesentliches Merkmal für den allgemeinen Begriff des **33** leitenden Angestellten hebt das BAG das Merkmal des **Interessengegensatzes** und des **Gegnerbezugs** hervor. Nach dem Beschl. vom 5. 3. 1974 (III 4) muß die Tätigkeit des leitenden Angestellten ihn so in die Nähe des Unternehmers rücken, daß er bei der allgemeinen Interessenpolarität des Unternehmers gegenüber der Arbeitnehmerschaft kraft seiner Aufgaben auf der Seite des Unternehmers steht. Namentlich bei Angestellten in **Linienfunktionen** betont das Gericht diesen Gesichtspunkt. So heißt es im Beschl. vom 17. 12. 1974 (1 ABR 131/73), eine schlichte Vorgesetztenstellung reiche dazu nicht aus. Vielmehr komme es darauf an, daß der Umfang der dem Angestellten übertragenen Aufgaben und des ihm übertragenen Anordnungs- und Weisungsrechts zu einem direkten Gegnerbezug zur Arbeitnehmerschaft und zum Betriebsrat führen (ähnlich Beschl. v. 9. 12. 1975, 1 ABR 80/73).

34 In anderen Entscheidungen **relativiert** das Gericht aber das Erfordernis des Gegnerbezugs stark. Schon im Grundsatzbeschluß vom 5. 3. 1974 (III 3) meint es, der Interessengegensatz müsse nicht in jedem Fall besonders ausgeprägt sein, sondern könne, namentlich in den Fällen des § 5 Abs. 3 Nr. 3 BetrVG, mehr oder weniger zurücktreten. Es genüge, wenn die Gesamtbetrachtung der Funktionen des Angestellten diesen gleichwohl in die Nähe des Unternehmers weise, weil bei der Wertung der anderen maßgeblichen Gesichtspunkte die unternehmerischen Teilaufgaben der Tätigkeit das Gepräge geben. Schon allein die unternehmerische Tätigkeit führe zu einem gewissen Interessengegensatz. Nach den Beschlüssen vom 19. 11. 1974 (III 2) gilt dies namentlich bei Angestellten mit **Stabsfunktionen**, deren Tätigkeit einen maßgeblichen Einfluß auf die wirtschaftlichen Unternehmerentscheidungen ausübt, die Arbeitnehmerschaft aber nur noch mittelbar betrifft (ähnlich Beschl. v. 17. 12. 1974, 1 ABR 105/73). Im Beschluß vom 28. 1. 1975 (1 ABR 52/73) heißt es im Hinblick auf die angestellten Prüfungsleiter einer Wirtschaftsprüfungsgesellschaft, es sei unschädlich, daß die Interessenpolarität zur Arbeitnehmerschaft und zum Betriebsrat in Form eines unmittelbaren Gegnerbezugs fehle. Die Tätigkeit des genannten Personenkreises sei entscheidend für Bestand und Entwicklung der beteiligten Gesellschaft. Schon damit sei zumindest ein mittelbarer Gegnerbezug vorhanden (ähnl. Beschl. v. 9. 12. 1975, 1 ABR 80/73).

35 d) Auf eine Reihe weiterer im Schrifttum zur Abgrenzung des Kreises der leitenden Angestellten herangezogenen Merkmale kommt es dagegen nach der Judikatur des BAG **nicht** an. Als unerheblich bezeichnet das Gericht vor allem die Elemente der **persönlichen Rechtsstellung** eines Angestellten, insbesondere **die Höhe seiner Bezüge** oder die Tatsache, daß er nicht mehr angestelltenversicherungspflichtig ist (Beschl. v. 5. 3. 1974, III 2 d). Nicht maßgeblich ist ferner der **berufliche Werdegang**, etwa die Tatsache, daß der Angestellte ein Hochschulstudium absolviert hat. Auch das **Selbstverständnis der Gruppe** anerkennt das Gericht nicht als brauchbares Abgrenzungsmerkmal (III 2 b). Als bedeutungslos erscheint weiter die Zahl der Untergebenen. Schließlich hält das Gericht auch **Prozentzahlen** vom Anteil der **gesamten Angestelltenschaft** eines Unternehmens **nicht** für ein brauchbares Abgrenzungskriterium (Beschl. v. 19. 11. 1974, III 2 f).

36 e) Die unter a) bis c) angeführten Tatbestandsmerkmale können **nicht schematisch** angewandt werden, vielmehr verlangt das BAG eine

Gesamtwürdigung der Tätigkeit des Angestellten. Dabei kann, wie der Beschluß vom 5. 3. 1974 (III 3) ausführt, das Zurücktreten einzelner Abgrenzungsmerkmale dadurch ausgeglichen werden, daß andere in besonders starkem Maße vorhanden sind. Allerdings gilt auch dies nicht uneingeschränkt. Werden in einem Unternehmen die Leitungsfunktionen derart aufgeteilt, daß auf den einzelnen Angestellten nur noch ein so schmaler Bereich unternehmerischer Aufgaben entfällt, daß diese für den Bestand und die Entwicklung des Unternehmens nicht mehr von maßgeblicher Bedeutung sind, so kann leitender Angestellter nur sein, wem diese schmalen Teilbereiche organisatorisch in einer übergeordneten Einheit unterstellt sind (Beschl. v. 19. 11. 1974, III 2 e).

Die Gesamtwürdigung kann sich nur auf das **konkrete einzelne** 37 **Unternehmen** und seine individuelle Organisation und Führungsstruktur beziehen. Dagegen ist es angesichts der Vielgestaltigkeit der in der Wirtschaft gebrauchten Organisationsformen ausgeschlossen, den Begriff des leitenden Angestellten für das gesamte Wirtschaftsleben oder auch nur für Teilbereiche einheitlich abzugrenzen (Beschl. v. 5. 3. 1974, III 3; v. 19. 11. 1974, III 2 f). Je nach Wirtschaftszweig und Unternehmen kann die Anwendung der Abgrenzungsmerkmale daher zu unterschiedlichen Ergebnissen, namentlich auch zu einem verschieden hohen Prozentanteil leitender Angestellter, gemessen an der Gesamtzahl der Arbeitnehmer, führen. Schließlich räumt das BAG den Tatsachengerichten bei der Gesamtwertung einen gewissen **Beurteilungsspielraum** ein, innerhalb dessen das Rechtsbeschwerdegericht nur nachprüfen kann, ob die Bewertungsmaßstäbe richtig erkannt, eine vertretbare Gesamtwertung aller maßgeblichen Gesichtspunkte erfolgt und alles wesentliche Tatsachenmaterial ohne Verstoß gegen die Denkgesetze oder allgemeine Erfahrungssätze berücksichtigt worden sind (Beschl. v. 5. 3. 1974, IV 2; v. 19. 11. 1974, III 2 g).

4. Judikatur des BAG zum Begriff des leitenden Angestellten 38 hat im **Schrifttum** ein außerordentlich **lebhaftes Echo** gefunden, in dem die kritischen Töne überwiegen (vgl. das Schrifttumsverzeichnis). Soweit eingewandt wurde, das Gesetz enthalte nicht eine verdeckte Regelungslücke, sondern unbestimmte Rechtsbegriffe (*Hoffmann,* NJW 1974, 1161; *Grüll,* BB 1974, 653; *Rüthers,* JZ 1974, 625; *Kraft,* EzA, Nr. 7 zu § 5 BetrVG), handelt es sich um methodische Differenzen, welche an dieser Stelle auf sich beruhen können, zumal das Gericht die Kritik in seinen späteren Entscheidungen selbst akzeptiert hat (s. o. Rdn. 28). Der vielfach erhobene Vorwurf, das Gericht habe die Entstehungsgeschichte und die in § 5 Abs. 3 Nr. 3 BetrVG gewählten, sorgfältig ausgearbeiteten Formulierungen nicht ausgeschöpft, sondern sei zu früh in einen verschwommenen Allgemeinbegriff des leitenden An-

gestellten ausgewichen (*Beuthien,* SAE 1974, 173; *Kraft,* a.a.O.; *Hoffmann,* a.a.O.; *Grüll,* a.a.O.; *Wiedemann/Wank,* Anm. zu AP Nr. 1 zu § 5 BetrVG 1972) ist schwerlich von der Hand zu weisen. Aber es erscheint zweifelhaft, ob eine strengere Bindung an das Gesetz zu anderen Ergebnissen geführt hätte, d. h. ob das Gericht in der Lage gewesen wäre, präzisere Merkmale für die Abgrenzung der leitenden Angestellten festzustellen oder die von ihm gefundenen anders zu akzentuieren (vgl. *Wiedemann/Wank,* a.a.O.). Jedenfalls hat sich der Eindruck, das Gericht setze seine eigene Norm an die Stelle der gesetzlichen Regelung (*Rüthers,* a.a.O.) und begrenze den Kreis der leitenden Angestellten wesentlich enger als früher (*Wlotzke,* AuR 1975, 236), nicht bestätigt (*Hoffmann,* a.a.O.; *Janert,* BB 1974, 1237).

39 In der Sache wurde **weitgehend gebilligt**, daß das Gericht in erster Linie auf die **Wahrnehmung unternehmerischer (Teil-)Aufgaben** abgestellt (*Beuthien,* a.a.O.; *Grüll,* a.a.O.; *Wiedemann/Wank,* a.a.O.; kritisch *Mayer-Maly,* BB 1974, 1124). Soweit sich die Kritik hieran nicht auf einzelne Formulierungen beschränkt oder davor warnt, den Unterschied zwischen Unternehmen und Betrieb in diesem Zusammenhang überzubetonen (vgl. *Godig* bei *Gaul,* Der leitende Angestellte im Betriebsverfassungsrecht, 90 f.), läuft sie vor allem darauf hinaus, präzisere Merkmale für die Beurteilung des Unternehmensbezugs zu verlangen. Zu der vom BAG herausgestellten Ansicht, das Merkmal der **Eigenverantwortlichkeit** verlange einen erheblichen eigenen Entscheidungsspielraum, wird hervorgehoben, eine eigene Weisungsbefugnis gegenüber nachgeordneten Arbeitnehmern sei jedenfalls nicht erforderlich. *Wiedemann* und *Wank* (a.a.O.) empfehlen, statt auf ein unbestimmtes Merkmal der Entscheidungskompetenz abstrakt auf die Leitungsebene im Unternehmen abzustellen.

40 **Am wenigsten Zustimmung** fanden die Ausführungen des BAG zum **Interessengegensatz** und zum Gegnerbezug der leitenden Angestellten, wobei durchweg bemerkt wird, daß das Gericht selbst insoweit mit den Anforderungen variiert. Ein Teil der Autoren empfiehlt, das Merkmal ganz fallen zu lassen (vgl. *Hoffmann,* a.a.O.; *Janert,* a.a.O.; *Wiedemann/Wank,* a.a.O.), andere führen aus, es enthalte einen nützlichen Teilaspekt (*Beuthien,* a.a.O.) bzw. ein Hilfskriterium (*Rüthers,* a.a.O.), dürfe aber keinesfalls zum maßgeblichen Gesichtspunkt gemacht werden (vgl. auch *Mayer-Maly,* BB 1974, 1124 ff.; *Kraft,* a.a.O.).

41 Auf's Ganze gesehen ist die Kritik von dem Wunsch gekennzeichnet, die Unschärfe vieler Ausführungen des BAG durch präzisere und handlichere Gesichtspunkte zu ersetzen, wobei auch auf die Ergebnisse der rechtssoziologisch-empirischen Untersuchungen von *Witte* und *Bronner* (Die leitenden Angestellten, 2 Bde.) sowie von *Hartmann-Bock-Rosenthal-Helmer* (Leitende Angestellte: Selbstverständnis und kollektive Forderungen) verwiesen wird. Namentlich bei *Grüll* (BB 1974, 653), *Wiedemann/Wank* (a.a.O.), *Ebert* (BB 1975, 609) und *v. Bredow* (DB 1975, 614) finden sich ins Einzelne gehende Anregungen, welche Elemente dafür in Betracht kommen (vgl. auch *Engriser-Heinz* bei *Gaul,* Der leitende Angestellte im Betriebsverfassungsrecht, 98 ff.). In der Tat wäre es wünschenswert, daß die Judikatur zu derartigen, wenigstens als Indizien verwendbaren Merkmalen zurückkehren und sich mit den einzelnen dazu gemachten Vorschlägen bei gegebenem Anlaß sorgfältig auseinandersetzen würde.

5. Erfüllt ein Angestellter die Merkmale, welche den allgemeinen **42** Begriff des leitenden Angestellten formen, so sind für die Anwendung der Sondervorschriften des BetrVG und daher auch des MitbestG die **weiteren Tatbestandsmerkmale** des § 5 Abs. 3 BetrVG zu prüfen. Zunächst kommt es darauf an, ob der Angestellte seine Position nach **Dienststellung** und **Dienstvertrag** bekleidet. Der Wortlaut des Gesetzes ist mißverständlich, weil es sich regelmäßig nicht um ein Dienst-, sondern um ein Arbeitsverhältnis handelt (h. L., *Dietz-Richardi,* § 5 BetrVG Rdn. 108; *Fitting-Auffarth-Kaiser,* § 5 BetrVG Rdn. 23, j.m.w.N.). Die gewählte Formulierung soll sicherstellen, daß einem Angestellten die Eigenschaft des leitenden Angestellten nicht nur pro forma verliehen wird, um sein Prestige zu vermehren oder um den Wirkungskreis des Betriebsrats einzuengen (vgl. BAG, Beschl. v. 5. 3. 1974, III 2 d). Die tatsächliche Wahrnehmung der übertragenen Aufgaben und die rechtsverbindliche Übertragung im Arbeitsvertrag müssen sich decken (BAG, Beschl. v. 19. 11. 1974, III 2 d; vgl. auch statt aller *Galperin-Löwisch,* § 5 BetrVG Rdn. 37; *Dietz-Richardi,* § 5 BetrVG Rdn. 107). Daher sind angestellte Prüfungsleiter und Berichtskritiker von Wirtschaftsprüfungsgesellschaften, denen mit Rücksicht auf § 45 WPO die Prokura erteilt wurde, um ihre Eigenverantwortlichkeit als Wirtschaftsprüfer zu unterstreichen und das Ansehen des Berufsstandes zu wahren, die aber die für einen Prokuristen typischen Aufgaben im Unternehmen nicht wahrnehmen, nicht schon nach § 5 Abs. 3 Nr. 2 BetrVG leitende Angestellte (BAG, Beschl. v. 28. 1. 1975). Dagegen verlangt das Gesetz nicht, daß ein schriftlicher Vertrag vorliegt (BAG, Beschl. v. 5. 3. 1974, 2 d; h. L.).

6. Im Fall **Nr. 1** des § 5 Abs. 3 BetrVG kommt es weiter darauf an, **43** ob der Angestellte zur **selbständigen Einstellung und Entlassung** von im Betrieb oder in der Betriebsabteilung beschäftigten Arbeitnehmern berechtigt ist. Die Vorschrift betrifft den typischen Fall des Vorgesetzten, bei dessen Tätigkeit der Interessengegensatz zwischen Unternehmer/Arbeitgeber und Arbeitnehmer offenbar wird und der daher die Sonderstellung des leitenden Angestellten in erster Linie rechtfertigt. Die Zahl der Untergebenen ist grundsätzlich unerheblich, jedoch darf

sich die Vorgesetztenstellung nicht auf einen ganz geringen Personenkreis beschränken (BAG, Beschl. v. 5. 3. 1974, III 3 a; ebenso schon BAGE 11, 284). Entscheidend ist die Selbständigkeit, d. h. die Befugnis, im Einzelfall –wenngleich im Rahmen allgemeiner Richtlinien – eigene, weisungsunabhängige Entscheidungen zu fällen (*Gem.-Komm. – Kraft*, § 5 BetrVG Rdn. 34; *Dietz-Richardi*, § 5 BetrVG Rdn. 111, j.m.w.N.). In diesem Sinn selbständig ist der Angestellte nicht, wenn er nur kraft einer ihm erteilten Vertretungsmacht die Personalentscheidungen des Arbeitgebers im Außenverhältnis vollzieht (*Fitting-Auffarth-Kaiser*, § 5 BetrVG Rdn. 34; *Grüll*, RdA 1972, 173; *Boldt*, DB 1972, Beilage 5, 6).

44 7. Nach § 5 Abs. 3 **Nr. 2** sind weiter **Generalbevollmächtigte und Prokuristen** leitende Angestellte. Unter Prokura ist die durch § 49 HGB in ihrem Umfang gesetzlich fixierte handelsrechtliche Vollmacht zu verstehen. Als Generalvollmacht bezeichnet man im Wirtschaftsleben gewöhnlich eine umfassende, über die Prokura noch hinausgehende Vollmacht, deren Träger üblicherweise zwischen Vorstand und Prokuristen stehen (vgl. BAG, Beschl. v. 5. 3. 1974, III 3 a). Die früher streitige Frage, ob die Verleihung der Generalvollmacht oder Prokura für sich allein ausreicht, die Eigenschaft eines leitenden Angestellten zu begründen (sog. Titularprokuristen), wurde durch die Judikatur des BAG negativ entschieden (Beschl. v. 5. 3. 1974, III 3 a). Auch in den Fällen der Nr. 2 ist es daher erforderlich, daß zusätzlich die Merkmale des leitenden Angestellten im allgemeinen Sinn (Rdn. 30 ff.) vorliegen und daß die Tätigkeit des Generalbevollmächtigten oder Prokuristen auch tatsächlich ausgeübt wird (Rdn. 42). Dagegen ist eine Vorgesetztenstellung im Sinne der Nr. 1 nicht erforderlich (BAG, Beschl. v. 5. 3. 1974, III 3 a).

45 8. Gem. § 5 Abs. 3 **Nr. 3** kann schließlich leitender Angestellter sein, wer im wesentlichen **eigenverantwortliche Aufgaben** wahrnimmt, die ihm regelmäßig wegen deren Bedeutung für den Bestand und die Entwicklung des Betriebs im Hinblick auf besondere Erfahrungen und Kenntnisse übertragen wurden. Die Vorschrift, die das Ergebnis komplizierter Beratungen bei der Vorbereitung des BetrVG 1972 ist, hat wegen ihrer Unschärfe und Weite von vornherein Auslegungsschwierigkeiten bereitet. Sie war der Grund für den Entschluß des BAG in der Leitentscheidung vom 5. 3. 1974, sich vom gesetzlichen Wortlaut zu lösen und einen vorgegebenen Begriff des leitenden Angestellten zu postulieren. Durch diese Judikatur ist das frühere Schrifttum zu der Vorschrift z. T. gegenstandslos geworden und kann jedenfalls nicht mehr verwendet werden, ohne daß die inzwischen eingetretene Änderung der Lage berücksichtigt wird. Auf der anderen Seite überdecken oder überschneiden sich die gesetzlichen Tatbestandsmerkmale der

Nr. 3 und die vom BAG erarbeiteten Elemente des allgemeinen Begriffs des leitenden Angestellten so stark, daß Z. 3 kaum noch eigenständige, zum allgemeinen Begriff hinzukommende Gesichtspunkte erhält.

a) Das Gesagte gilt vor allem für die Formulierung **„im wesentlichen eigenverantwortlich Aufgaben wahrnehmen“.** Die Eigenverantwortlichkeit gehört nach der Judikatur des BAG zu den Merkmalen des vorgegebenen Begriffs des leitenden Angestellten. Den Ausführungen dazu (Rdn. 32) ist hier nichts mehr anzufügen. 46

b) Die Formulierung „Aufgaben, die den leitenden Angestellten wegen der **Bedeutung für den Bestand und die Entwicklung des Betriebs** übertragen werden“, soll zum Ausdruck bringen, daß es sich um wichtige, die Grundlage des Unternehmens berührende Aufgaben handeln muß. Das BAG versteht beide Begriffe als eine Einheit, da es keine Entwicklung des Betriebes oder Unternehmens ohne dessen Bestand und keinen Bestand gebe, der nicht weiterentwickelt werden müßte, wenn er sich auf Dauer behaupten soll (Beschl. v. 5. 3. 1974, III 1 b). Es führt aus, nach dem Sinnzusammenhang wollte der Gesetzgeber verlangen, daß die übertragenen Aufgaben von einer Bedeutung für das Geschick des Betriebes (Unternehmens) sind, die über dem liegen, was eine „normale“ Angestelltentätigkeit ausmacht. Indem das BAG auf diese Weise den Bezug zum Unternehmen herstellt, löst es den Inhalt der Formulierung auf in das Merkmal der Wahrnehmung unternehmerischer (Teil-)Aufgaben, mit dessen Hilfe es den allgemeinen Begriff des leitenden Angestellten kennzeichnet. Angesichts der Ausführungen dazu (Rdn. 30 f.) kommt deshalb auch diesem Tatbestandselement des § 5 Abs. 3 Nr. 3 BetrVG keine eigenständige Bedeutung mehr zu. 47

c) Die Aufgaben müssen dem Angestellten **regelmäßig**, das heißt üblicherweise und nicht nur gelegentlich oder ausnahmsweise übertragen sein. Erforderlich ist eine typische Fallgestaltung, welche die Tätigkeit des leitenden Angestellten prägt (BAG, Beschl. v. 5. 3. 1974, III 1 d). Schließlich müssen die Aufgaben dem leitenden Angestellten im Hinblick auf **besondere Erfahrungen und Kenntnisse** übertragen sein. Die Formulierung, die an die Stelle des in § 4 Abs. 2 c BetrVG 1952 enthaltenen Merkmals „besonderes persönliches Vertrauen des Arbeitgebers“ getreten ist, soll eine funktionsgebundene und daher objektive Abgrenzung ermöglichen, ohne den Personenkreis wesentlich zu verändern (so die Begr. RegE, BT-Drucks. VI/2729, 11). Das BAG versteht auch diese Merkmale als eine Einheit, verlangt also nicht, daß die Qualifikation kumulativ gegeben ist. Es führt aus, die Erfahrungen liegen mehr auf praktischem Gebiet, während die Kenntnisse sowohl durch praktische Erfahrungen wie auch durch eine ent- 48 sprechende berufliche Bildung erworben sein können. Das Wort „besondere“ weise darauf hin, daß es sich um Erfahrungen und Kenntnisse handeln müsse, die über den üblichen Rahmen dessen, was für die Ausführung einer „normalen“ Angestelltentätigkeit verlangt wird, hinausgehen (Beschl. v. 5. 3. 1974, III 1 c).

49 Auf welche Weise der leitende Angestellte die Qualifikation erworben hat, ist unbeachtlich. Insbesondere kommt eine besonders hochwertige, z. B. akademische Ausbildung nur als Indiz, nicht aber als zwingende Voraussetzung für den Erwerb von besonderen Kenntnissen im Sinne des Gesetzes in Betracht. Sie können auch durch den Besuch von Fortbildungskursen oder durch längere Berufserfahrung erworben werden (vgl. *Grüll,* RdA 1972, 174; *Boldt,* DB 1972, Beilage 5, 5; *Gem.-Komm. – Kraft,* § 5 BetrVG Rdn. 41).

50 9. **Einzelfälle.** In der neueren Judikatur des BAG seit dem Grundsatzbeschluß vom 5. 3. 1974 wurden als leitende Angestellte **anerkannt** (vgl. die Nachw. bei Rdn. 26) der Grubenfahrsteiger im Steinkohlenbergbau (Beschl. v. 19. 11. 1974, 1 ABR 50/73; ebenso schon BAGE 16, 8 = AP Nr. 4 zu § 4 BetrVG 1952); die angestellten Prüfungsleiter und Bereichskritiker einer Wirtschaftsprüfungsgesellschaft (Beschl. v. 28. 1. 1975, 1 ABR 52/73); der Leiter einer Abteilung Unternehmensplanung (Beschl. v. 17. 12. 1974, 1 ABR 105/73).

51 **Verneint** hat das BAG die Eigenschaft des leitenden Angestellten beim Leiter einer Verkaufsabteilung eines Großunternehmens (Beschl. v. 19. 11. 1974, 1 ABR 20/73 = AP Nr. 2 zu § 5 BetrVG 1972); beim Leiter einer Abteilung mechanische Fertigung mit ca. 100 Untergebenen (Beschl. v. 17. 12. 1974, 1 ABR 131/73); beim Leiter eines Verbrauchermarktes ohne nennenswerte eigene Entscheidungsbefugnis in personellen und kaufmännischen Angelegenheiten, und zwar, obgleich der Betrieb mit eigener Rechtspersönlichkeit ausgestattet war (Urt. v. 19. 8. 1975, 1 AZR 613/74); beim Leiter einer Büroabteilung „Ausgangsrechnungen, Lizenzen, Provisionen“ mit fünf Untergebenen (Beschl. v. 17. 12. 1974, 1 ABR 113/73). Die übrigen Entscheidungen hat das BAG nur aufgehoben und an die Vorinstanz zurückverwiesen.

52 Die ältere, in den Kommentaren zum BetrVG (vgl. *Dietz-Richardi,* § 5 BetrVG Rdn. 121; *Fitting-Auffarth-Kaiser,* § 5 BetrVG Rdn. 26) nachgewiesene Judikatur ist zwar nicht schlechthin überholt, da weder die Neufassung der Vorschrift im BetrVG 1972, noch der Beschluß des BAG vom 5. 3. 1974 eine grundsätzliche Änderung der Rechtslage bzw. Rechtsprechung beabsichtigten. Auf der anderen Seite kann sie aber auch nicht mehr als ohne weiteres gesichert gelten.

53 10. Die gesetzliche Definition des leitenden Angestellten ist **zwingenden Rechts** (BAG, Beschl. v. 5. 3. 1974, II 2; *Dietz-Richardi,* § 5 BetrVG Rdn. 123; *Fitting-Auffarth-Kaiser,* § 5 BetrVG Rdn. 28; h. L.).

Sie kann daher weder durch Tarifvertrag noch durch Betriebsvereinbarung noch durch den individuellen Arbeitsvertrag zwischen Unternehmer und Angestelltem modifiziert werden. Abreden zwischen den Beteiligten haben keine rechtliche, sondern nur eine faktische Wirkung, d. h. sie klären die Lage nur, solange keiner der Beteiligten widerspricht. Dasselbe gilt für die Eintragung in die Wählerliste, die gleichfalls nicht konstitutiv wirkt (BAG, a.a.O.).

VI. Streitigkeiten

Streitigkeiten, ob jemand Arbeitnehmer im Sinne der §§ 5 f. BetrVG **54**
und 3 MitbestG ist oder zu welcher Gruppe der Arbeitnehmer er gehört, können als Vorfrage in zahlreichen Prozessen auftauchen, für die je nach Gegenstand die ordentlichen oder die Arbeitsgerichte zuständig sind. Soweit die Frage im Zusammenhang mit der Wahl zum Aufsichtsrat nach dem MitbestG oder mit der Abberufung streitig wird, sind nach § 2 Abs. 1 Nr. 5 ArbGG n.F. (§ 35 Abs. 3 Nr. 1 MitbestG) die Arbeitsgerichte zuständig. Die Antragsberechtigung richtet sich nach den speziellen Vorschriften, auf welche die Klage gestützt wird (z. B. §§ 21 Abs. 2; 22 Abs. 2). Daneben ist auch eine allgemeine positive oder negative Feststellungsklage zulässig, für die das Rechtsschutzinteresse regelmäßig auch ohne Verbindung mit einer Betriebsrats- oder Aufsichtsratswahl gegeben ist, da aus der Frage auch sonst jederzeit ein konkreter Streitfall entstehen kann (BAG, Beschl. v. 5. 3. 1974, II 1; Beschl. v. 19. 11. 1974, II 1). In diesen Fällen kann auch eine im Unternehmen vertretene Gewerkschaft das zur Klage erforderliche Rechtsschutzinteresse haben (so die soeben genannten Entscheidungen des BAG; vgl. dazu *Kraft,* EzA Nr. 7 zu § 5 BetrVG 1972). Zuständig sind gleichfalls die Arbeitsgerichte (§ 2 Abs. 1 Nr. 4 ArbGG).

§ 4
Kommanditgesellschaft

(1) Ist ein in § 1 Abs. 1 Nr. 1 bezeichnetes Unternehmen persönlich haftender Gesellschafter einer Kommanditgesellschaft und hat die Mehrheit der Kommanditisten dieser Kommanditgesellschaft, berechnet nach der Mehrheit der Anteile oder der Stimmen, die Mehrheit der Anteile oder der Stimmen in dem Unternehmen des persönlich haftenden Gesellschafters inne, so gelten für die Anwendung dieses Gesetzes auf den persönlich haftenden Gesellschafter die Arbeitnehmer der Kommanditgesellschaft als Arbeitnehmer des persönlich haftenden Gesellschafters, sofern nicht der persönlich haftende Gesellschafter einen eigenen Geschäftsbetrieb mit in der Regel mehr als 500 Arbeitnehmern hat.

Ist die Kommanditgesellschaft persönlich haftender Gesellschafter einer anderen Kommanditgesellschaft, so gelten auch deren Arbeitnehmer als Arbeitnehmer des in § 1 Abs. 1 Nr. 1 bezeichneten Unternehmens. Dies gilt entsprechend, wenn sich die Verbindung von Kommanditgesellschaft in dieser Weise fortsetzt.

(2) Das Unternehmen kann von der Führung der Geschäfte der Kommanditgesellschaft nicht ausgeschlossen werden.

Schrifttum

Centrale für GmbH Dr. Otto Schmidt, Eingabe zur Mitbestimmung bei GmbH und GmbH & Co. nebst gutachterlicher Stellungnahme, GmbH-Rundschau 1974, S. 251 ff., 273 ff.; *Deutler,* Neue rechtspolitische Überlegungen zum Recht der GmbH und der GmbH & Co. KG, GmbH-Rundschau 1974, S. 145 ff.; *DGB,* Stellungnahme zum Referentenentwurf eines Gesetzes über Gesellschaften mit beschränkter Haftung, Düsseldorf 1970, S. 21 f.; *Duden,* Zur Methode der Entwicklung des Gesellschaftsrechts zum „Unternehmensrecht", in: Gesellschaftsrecht und Unternehmensrecht, Festschrift für W. Schilling, 1973, S. 315, 325 ff.; *Großmann,* Die GmbH & Co. KG im Spannungsfeld zwischen § 4 und § 5 Mitbestimmungsgesetz, BB 1976, S. 1391 ff.; *Hölters,* Satzungsgestaltung und Organisationsstruktur von Unternehmen bei Einführung der qualifizierten Mitbestimmung, BB 1975, S. 802 f.; *Hoffmann,* Probleme der GmbH und GmbH & Co. nach dem Regierungsentwurf eines Mitbestimmungsgesetzes, GmbH-Rundschau 1974, S. 73 ff.; *Loos,* Auswirkungen der Mitbestimmungsreform für die GmbH, DB 1974, S. 823 ff.; *Martens,* Mitbestimmung, Konzernbildung und Gesellschaftereinfluß, ZHR 138 (1974), S. 179 ff. (223 ff.); *Raisch,* Unternehmensrecht, Bd. 2, S. 141 f.; *Schilling,* Die GmbH & Co. KG als Einheitsgesellschaft, in: Wirtschaftsfragen der Gegenwart, Festschrift für Carl Hans Barz, 1974, S. 67 ff.; *Schneider,* GmbH und GmbH & Co. KG in der Mitbestimmung, ZGR 1977, S. 335 ff.; *Zöllner,* GmbH und GmbH & Co. KG in der Mitbestimmung, ZGR 1977, S. 319 ff.

Übersicht

I. Vorbemerkungen

1. § 4 erstreckt unter den im Gesetz genannten Voraussetzungen die Mitbestimmungspflicht mittelbar auch auf Kommanditgesellschaften, in denen ein nach § 1 Abs. 1 mitbestimmungspflichtiges Unternehmen, namentlich eine AG oder GmbH, persönlich haftender Gesellschafter ist. Er erreicht dies, indem er vorschreibt, daß die Arbeitnehmer der KG der Komplementärgesellschaft zuzurechnen sind und daß diese von der Geschäftsführung in der KG nicht ausgeschlossen werden kann. Die Regelung enthält eine **Ausnahme von der Grundentscheidung** des Gesetzgebers, **Personengesellschaften mitbestimmungsfrei zu lassen** (vgl. § 1 Rdn. 4). Auch die KG unterliegt regelmäßig nicht der Mitbestimmung, und zwar selbst dann nicht, wenn sie rein kapitalistisch organisiert ist. Bei der AG bzw. GmbH & Co. KG wäre formal betrachtet die AG oder GmbH mitbestimmungspflichtig, sofern sie selbst in der Regel mehr als 2000 Arbeitnehmer beschäftigt, nicht jedoch die KG. Eine solche Lösung würde wenig befriedigen, weil beide Gesellschaften wirtschaftlich und organisatorisch in den meisten Fällen ein einheitliches Unternehmen bilden, das überwiegend körperschaftliche Züge trägt. Mit dem Wegfall eines individuellen Komplementärs, der persönlich haftet, entfällt auch der Grund für die Ausnahme der Personengesellschaften. Nicht zuletzt wäre es ohne eine § 4 entsprechende Vorschrift häufig leicht, der Mitbestimmung auszuweichen, indem ein Unternehmen in eine AG oder GmbH § Co. KG umgewandelt und die Mehrzahl der Arbeitnehmer in die KG verlagert wird. 1

Aus diesen Gründen hatte sich schon die Mitbestimmungskommission dafür ausgesprochen, die AG bzw GmbH & Co. KG wie die Kapitalgesellschaften zu behandeln, und zwar ohne Einschränkung (BT-Drucks. VI/334, V, 1.5.3. u. 47). Das Gesetz geht nicht so weit, sondern differenziert, indem es den Kreis der in Betracht kommenden Unternehmen enger umschreibt, namentlich eine überwiegende Identität der Gesellschafter der Komplementärgesellschaft und der KG verlangt. Die Begr. z. RegE (BT-Drucks. 7/2172, 20) begnügt sich dazu mit der Erklärung, nur in diesem Fall erscheine die Einbeziehung der AG bzw. GmbH & Co. KG in die Mitbestimmung gerechtfertigt. Im Gesetzgebungsverfahren war die Vorschrift heftig umstritten. Während die Vertreter des DGB anläßlich der Anhörungen vor dem BT-Aussch. f. Arbeit u. Sozialordnung bemängelten, sie sei leicht zu umgehen, und daher eine allgemeinere Fassung wünschten, verlangten die Repräsentanten der Industrie, die AG bzw. GmbH & Co. KG als Personengesellschaft generell aus dem Gesetz herauszunehmen oder doch die unter das Gesetz fallenden Gestaltungsformen enger zu begrenzen (vgl. die Äußerungen von *Hensche, Thüsing* u. *Oetker* beim Hearing am 7.11.1974, Prot. d. 11. BT-Aussch. Nr. 55, 55, 58, 60). Die Fassung des Gesetzes entspricht § 4 RegE. 2

3 2. Selbst wenn man den vom Gesetz gewählten Ansatz für richtig hält, **kann die Vorschrift rechtstechnisch kaum befriedigen.** Die gewählten Abgrenzungskriterien eignen sich nur unzulänglich dazu, körperschaftlich strukturierte Unternehmen von solchen zu unterscheiden, bei denen der Charakter der Personengesellschaft überwiegt. Auch lassen sie sich leicht steuern. Der wichtige Fall der sog. Einheitsgesellschaft, bei welcher die Anteile am Komplementärunternehmen in den Händen der KG selbst liegen, ist vom Gesetzeswortlaut nicht erfaßt (s. u. Rdn. 11). Vor allem aber reicht die Vorschrift des Abs. 2 nicht aus, die Wirksamkeit der im Aufsichtsrat der Komplementärgesellschaft angesiedelten Mitbestimmung sicherzustellen, denn obgleich das Gesetz untersagt, der Komplementärgesellschaft die Geschäftsführung der KG zu entziehen, gibt es zahlreiche Möglichkeiten, die für das Gesamtunternehmen maßgeblichen Entscheidungen durch eine geeignete Fassung der Gesellschaftsverträge in die KG zu verlagern (s. u. Rdn. 18). In allen genannten Punkten verursacht die Vorschrift kaum befriedigend lösbare Auslegungsprobleme. Der Versuch des Gesetzgebers, durch einen Kompromiß zwischen dem Prinzip der Mitbestimmung und dem das Recht der Personengesellschaften beherrschenden Grundsatz der Privatautonomie eine rechtsformspezifische Lösung zu finden, kann daher nicht als geglückt bezeichnet werden. Wenn auch *Martens* (ZHR 138, 223) mit seiner Kritik zu weit geht, die Vorschrift enthalte einen „offensichtlich untauglichen Versuch" einer „rechtsformadäquaten Mitbestimmungslösung", gehört sie doch zu den problematischsten des ganzen Gesetzes, welche unverkennbar die Grenzen der gesamten Konzeption aufweist (vgl. auch *Hölters,* BB 1975, 802 ff.; *Zöllner,* ZGR 1977, 330 ff.).

II. Anwendungsbereich

4 1. § 4 Abs. 1 setzt zunächst voraus, daß die **Komplementärgesellschaft** in einer der in § 1 Abs. 1 genannten Rechtsformen betrieben wird. Hauptfall ist neben der seltenen AG und Co. KG die GmbH & Co. KG, während sich die anderen in § 1 genannten Gesellschaftsformen für die Kombination mit der KG nicht eignen. Andere Rechtsformen, z. B. die OHG oder die Stiftung erfüllen den Tatbestand nicht. Die Voraussetzungen sind auch nicht gegeben, wenn die **Hauptgesellschaft** eine andere Rechtsform hat, die GmbH also z. B. die Geschäfte einer OHG oder einer anderen GmbH führt, obwohl diese Fälle unter dem Gesichtspunkt der Mitbestimmung durchaus ähnlich liegen können. Gegebenenfalls sind die konzernrechtlichen Mitbestimmungsvorschriften des § 5 anzuwenden (vgl. § 5 Rdn. 8). Ob ein Unternehmen die Stellung des persönlich haftenden Gesellschafters einer KG hat, richtet sich nach dem Gesellschaftsvertrag und nach §§ 161 ff. HGB. Auf ausländische Kom-

plementärgesellschaften ist § 4 grundsätzlich nicht anzuwenden, da das Gesetz für ausländische Unternehmen generell nicht gilt (vgl. § 1 Rdn. 12). Doch kommt es nach den kollisionsrechtlichen Regeln nicht darauf an, wo die Gesellschaft formal ihren Sitz hat, sondern wo sie ihr tatsächliches Verwaltungszentrum führt (*Müffelmann*, BB 1977, 628; a.A. *Meilicke-Meilicke*, § 4 Rdn. 3).

Abs. 1 S. 2 u. 3 dehnen § 4 auf die **mehrstöckige AG bzw. GmbH & Co. KG** aus, d. h. auf Unternehmen, in denen die KG ihrerseits wieder persönlich haftende Gesellschafterin einer weiteren KG ist usw. Der Gesetzgeber verfolgte mit dieser Erweiterung die Absicht, Umgehungen abzublocken. Er bestätigt damit zugleich die im Schrifttum vorherrschende Meinung, daß eine Personengesellschaft ihrerseits Komplementärin einer anderen Personengesellschaft sein kann (vgl. statt aller *Großkomm. – Fischer*, § 105 HGB Anm. 27). Ist auf der anderen Seite eine AG oder GmbH persönlich haftende Gesellschafterin **mehrerer Kommanditgesellschaften** (sternförmige GmbH & Co. KG), so werden die Arbeitnehmer aller Kommanditgesellschaften dem Komplementärunternehmen zugerechnet (Begr. RegE, BT-Drucks. 7/2172, 19 f.). Daneben ist auf diesen Fall regelmäßig auch § 5 anzuwenden (vgl. § 5 Rdn. 8). **5**

Nach dem Wortlaut des Gesetzes ist unerheblich, ob die AG oder GmbH der einzige Komplementär ist oder ob daneben noch **weitere natürliche oder juristische Personen als persönlich haftende Gesellschafter** auftreten. Ist eine AG oder GmbH zweiter Komplementär, so sind die Arbeitnehmer der KG auch ihr zuzurechnen, so daß sie gleichfalls mitbestimmungspflichtig wird, sofern die übrigen Voraussetzungen des § 4 vorliegen. Problematisch ist der Fall, daß neben der Komplementärgesellschaft natürliche Personen als persönlich haftende Gesellschafter stehen. Der Gesetzgeber wollte ausdrücklich auch diesen Fall unter § 4 ziehen, weil er andernfalls eine Umgehung der Vorschrift befürchtete (vgl. Begr. z. RegE, BT-Drucks. 7/2172, 19). Auf der anderen Seite liegt hierin eine bemerkenswerte Inkonsequenz, denn die persönliche Haftung der Komplementäre bildet den Hauptgrund, Personengesellschaften generell von der Mitbestimmung freizustellen. Auch tragen gerade solche Unternehmen nach ihrem individuellen Zuschnitt oft durchaus das Gepräge einer Personengesellschaft, für welche die Gründe nicht oder nur eingeschränkt gelten, aus denen die AG und GmbH & Co. KG mitbestimmungspflichtig gemacht wurden (vgl. *Oetker* vor dem BT-Aussch. f. Arbeit u. Sozialordnung, Prot. Nr. 55, 60; *Hoffmann*, GmbH-Rdsch. 1974, 73 ff.). **6**

Auf der anderen Seite ist kein Gesellschafter mehr genötigt, die unbeschränkte persönliche Haftung beizubehalten, nachdem der Schritt in die AG oder GmbH & Co. KG einmal vollzogen ist, sondern kann ohne **7** wesentliche Veränderung seiner Position in die Rolle eines Kommanditisten oder Gesellschafters der GmbH überwechseln (vgl. *Duden*, Festschr. f. Schilling, 325; *Raisch*, Unternehmensrecht, Bd. 2, 142). Unter diesen Umständen tritt die Gefahr der Umgehung so stark in den Vordergrund, daß die vom Gesetzgeber für notwendig gehaltene Regelung gerechtfertigt erscheint (ebenso *Fitting-Wlotzke-Wißmann*, § 4 Rdn. 25).

8 Aus denselben Gründen **entfällt die Mitbestimmung** auch dann **nicht**, wenn aufgrund spezieller gesellschaftsrechtlicher Vorschriften die **persönliche Haftung** eines Beteiligten eintritt, z. B. weil ein Kommanditist seine Hafteinlage ganz oder teilweise zurückerhalten (§§ 172 ff. HGB) oder die persönliche Bürgschaft für Gesellschaftsschulden übernommen hat, oder weil die Gesellschafter der GmbH Nachschüsse schulden (§§ 26 ff. GmbHG) oder wegen des Empfangs verbotener Zahlungen aus dem Gesellschaftsvermögen persönlich haften (§ 31 GmbHG).

9 2. § 4 Abs. 1 setzt weiter voraus, daß **die Mehrheit der Kommanditisten** zugleich auch **die Mehrheit in der Komplementärgesellschaft bildet.** Wenngleich es zutrifft, daß nur in diesem Fall die Parallelität der Willensbildung in der KG und in der Komplementärgesellschaft sichergestellt und damit die Einheit des Unternehmens gewährleistet ist (vgl. *Großkomm. – Schilling*, § 161 HGB Anm. 21 f.), welche die Ausdehnung der Mitbestimmung auf die KG rechtfertigen, so befriedigt das Merkmal doch nicht, weil auch in anderen Fällen, namentlich bei einem geringeren Grad der Verflechtung, die Identität des Unternehmens vorliegen kann. Die Mehrheit ist in erster Linie nach der **Zahl der Anteile**, bei der KG nach der Höhe der Kapitalbeteiligung, zu berechnen (vgl. *Meilicke-Meilicke*, § 4 Rdn. 8 ff.). Gewährt ein Anteil mehrere Stimmen (vgl. § 47 Abs. 2 GmbHG, § 12 Abs. 2 AktG, § 5 EGAktG) oder sind umgekehrt stimmrechtslose Anteile vorhanden (vgl. § 12 Abs. 1 S. 2 AktG; BGHZ 14, 264 für die GmbH), kommt es daneben auf die **Mehrheit der Stimmen** an. Nicht erforderlich ist, daß die Gesellschafter in beiden Gesellschaften jeweils gleiche Anteile oder die gleiche Stimmenzahl besitzen, wenn nur die Summe übereinstimmt. Die nicht zur Mehrheit gehörenden Gesellschafter werden nicht berücksichtigt. Daher kann sich der Gesellschafterkreis in beiden Gesellschaften bis zur Grenze der Mehrheit aus verschiedenen Personen zusammensetzen. Anteile oder Stimmen, die ein von einem Gesellschafter abhängiges Unternehmen hält (vgl. § 16 Abs. 4 AktG), werden nicht mitgerechnet (ebenso *Meilicke-Meilicke*, § 4 Rdn. 12).

10 Die formalistische Fassung der Vorschrift bringt es mit sich, daß sie leicht zu vermeiden ist, namentlich dadurch, daß Gesellschaftsanteile an der KG oder an der Komplementärgesellschaft auf **Treuhänder** oder auf eine zu diesem Zweck gegründete **Trägergesellschaft** übertragen

werden. Sofern damit noch andere legitime wirtschaftliche Zwecke verfolgt werden, ist dagegen nichts einzuwenden. Es würde aber dem Zweck des Gesetzes widersprechen, Treuhandkonstruktionen und ähnliche Rechtsverhältnisse zu berücksichtigen, die nur dazu dienen, die Mitbestimmung zu unterlaufen (vgl. die ähnl. Rspr. zu § 47 GmbHG, zuletzt BGH BB 1976, 286 ff.). Dies wird namentlich in Fällen der fremdnützigen Treuhand der Fall sein, in denen der Treuhänder im Innenverhältnis weitgehend den Weisungen des Treugebers unterliegt. Die in anderen Einzelheiten des § 4 zum Ausdruck gelangenden Anstrengungen des Gesetzes, Umgehungsversuche abzuwehren, und die bei Wirtschaftsgesetzen erforderliche wirtschaftliche Betrachtungsweise führen deshalb dazu, in solchen Fällen die **auf den Treuhänder übertragenen Anteile dem Gesellschafter selbst zuzurechnen** (ebenso *Fitting-Wlotzke-Wißmann*, § 4 Rdn. 17; a.A. *Meilicke-Meilicke*, Rdn. 12).

Schwierigkeiten bereiten ferner die Fälle, in denen die Anteile an der **11** Komplementärgesellschaft ganz oder zum Teil in den Händen der KG selbst liegen. Haben die Gesellschafter sämtliche Anteile an der Komplementärgesellschaft auf die KG übertragen (Fall der sog. **Einheitsgesellschaft**), sind die Voraussetzungen des § 4 bei wörtlicher Auslegung wiederum nicht erfüllt (*Martens*, ZHR 138, 223 Fn. 102). Wirtschaftlich betrachtet sind die beiden Gesellschaften hingegen besonders eng verknüpft. Die Einheit des Unternehmens ist noch besser sichergestellt als in den vom Gesetz erfaßten Fällen (vgl. *Schilling*, Festschr. f. Barz, 1973, 67 ff.). Durchstößt man die formaljuristische Einkleidung und sieht auf die tatsächlichen Strukturen, ist auch die Identität der Gesellschafter gegeben (*Reich*, AuR 1976, 267). Aus diesen Gründen ist § 4 über den Wortlaut hinaus dahin auszulegen, daß auch die Einheitsgesellschaft der Mitbestimmung unterfällt, sofern die übrigen Voraussetzungen gegeben sind (ebenso *Fitting-Wlotzke-Wißmann*, § 4 Rdn. 17; *Meilicke-Meilicke*, § 4 Rdn. 12; *Reich*, a.a.O.; *Zöllner*, ZGR 1977, 332, a.A. *Naendrup*, BlStSozArbR 1976, 166).

Entsprechendes muß für die Fälle gelten, in denen die **KG nur einen** **12** **Teil der Anteile der Komplementärgesellschaft hält.** Auch diese Anteile sind demgemäß bei der Berechnung der erforderlichen Mehrheit mitzuzählen, und zwar sind sie sowohl auf seiten der KG wie auf seiten der Komplementärgesellschaft den Gesellschaftern zuzurechnen, die für die Feststellung der überwiegenden Gesellschafteridentität in Betracht kommen.

Bei **mehrstöckigen Kommanditgesellschaften** verlangt das Gesetz **13** nicht ausdrücklich, daß die Gesellschaftermehrheit bei allen beteiligten Gesellschaften identisch sei. Doch wird man bei einer sinngemäßen Auslegung des Gesetzes hiervon auszugehen haben, weil andernfalls die Einheit des Unternehmens nicht gegeben ist, welche nach den Voraussetzungen

zungen des § 4 die Addition der in allen Gesellschaften beschäftigten Arbeitnehmer und ihre Zurechnung zum Komplementärunternehmen rechtfertigt (ebenso *Hoffmann*, GmbH-Rdsch. 1974, 74; *Meilicke-Meilicke,* § 4 Rdn. 16; a.A. *Fitting-Wlotzke-Wißmann,* § 4 Rdn. 29). Beteiligt sich die aus der X-GmbH als persönlich haftender Gesellschafterin und den Kommanditisten A und B bestehende X-GmbH & Co. KG als einzige persönlich haftende Gesellschafterin an einer weiteren Y-KG mit den Kommanditisten C und D, so können deren Arbeitnehmer nicht der X-GmbH zugerechnet werden. Insoweit ist der Wortlaut des § 4 Abs. 1 S. 2 also zu weit gefaßt und muß mit Hilfe einer restriktiven Interpretation auf seine wahre Bedeutung zurückgeführt werden.

14 3. Trotz des Vorliegens der übrigen Voraussetzungen ist das Unternehmen nicht mitbestimmungspflichtig, wenn die Komplementärgesellschaft einen **eigenen Geschäftsbetrieb mit in der Regel mehr als 500 Arbeitnehmern** führt. Der Gesetzgeber geht davon aus, daß in diesem Fall kein einheitliches Unternehmen vorliegt, welches die Addition der Arbeitnehmer und ihre Zurechnung zur Komplementärgesellschaft rechtfertigt. Da es in der Regel möglich sein wird, die Arbeitnehmer zwischen Kommandit- und Komplementärgesellschaft anzusiedeln, kommt es maßgeblich darauf an, wann diese einen eigenen Geschäftsbetrieb hat. Das Gesetz kennzeichnet den Begriff nicht näher. Sinngemäß ist darauf abzustellen, ob trotz der Verflechtung der Gesellschaften und der überwiegenden Identität der Gesellschafter wirtschaftlich zwei verschiedene Unternehmen vorliegen oder nicht. Dies läßt sich **nicht nach starren Merkmalen schematisch entscheiden,** sondern erfordert eine umfassende Würdigung der gesamten Situation. Als **Indizien** kommen z. B. verschiedene Unternehmensziele, unterschiedliche, nicht aufeinander abgestimmte Produktionen, die organisatorische Trennung nicht nur auf unterer Ebene, sondern auch in der Unternehmensleitung, getrennte Buchführung, gesondertes Rechnungswesen, unabhängige Finanzierung oder ein zwischen ihnen bestehender Wettbewerb in Betracht. Dagegen genügt es nicht, wenn beide Gesellschaften verschiedene Betriebe i. S. des BetrVG führen, denn maßgeblich ist nicht die arbeitstechnische, sondern die wirtschaftlich-organisatorische Differenzierung. Aus demselben Grund können auch die mit der rechtlichen Selbständigkeit der beiden Gesellschaften zusammenhängenden Merkmale kein Argument zugunsten des eigenen Geschäftsbetriebs bilden. **Zweifels-** und **Übergangsfälle** wird man danach zu entscheiden haben, ob bei der Komplementärgesellschaft der eigene Geschäftsbetrieb oder die Leitung der KG überwiegt. Da es nach der Formulierung des Gesetzes **als die Ausnahme anzusehen** ist, daß die Komplementärgesellschaft einen eigenen Geschäftsbetrieb hat, sind an diesen Fall hohe Anforderungen zu stellen. Auch ergibt sich daraus eine **Beweislastumkehr** zu Lasten dessen, der die

Freistellung von der Mitbestimmung behauptet. Arbeitnehmer, die in einem von der Komplementärgesellschaft abhängigen Unternehmen beschäftigt sind, werden nicht berücksichtigt, da sie nicht zu dem eigenen Unternehmen der Gesellschaft gehören (*Fitting-Wlotzke-Wißmann*, § 4 Rdn. 18).

III. Rechtsfolgen

1. Sind die Voraussetzungen des Abs. 1 gegeben, so sind **die Arbeitnehmer der KG der Komplementärgesellschaft zuzurechnen.** Erreichen sie zusammen die Zahl von mehr als 2000 Arbeitnehmern, so fällt das Komplementärunternehmen unter das MitbestG. Auch in den Fällen der §§ 7 Abs. 1, 9 Abs. 1 u. 2 usw. kommt es auf die Gesamtzahl der Arbeitnehmer an. Die Arbeitnehmer der KG nehmen an den Wahlen zum Aufsichtsrat der Komplementärgesellschaft aktiv und passiv wie deren eigene Arbeitnehmer teil. Bei mehrstöckiger Verflechtung sind die Arbeitnehmer aller Gesellschaften zusammenzuzählen und der Komplementärgesellschaft zuzurechnen. Dasselbe gilt, wenn diese zugleich Komplementär bei mehreren Kommanditgesellschaften ist (vgl. Rdn. 5). Hat die KG mehrere Komplementärunternehmen, so ist zweifelhaft, ob auch die Arbeitnehmer der einen Komplementärgesellschaft den anderen zuzurechnen sind. Nach dem Wortlaut des Gesetzes ist dies nicht der Fall. Sofern bei wirtschaftlicher Betrachtung ein einheitliches Unternehmen vorliegt, liegt eine solche Interpretation jedoch in der Konsequenz des Gesetzes und ist daher geboten. Ist die Komplementärgesellschaft ihrerseits abhängiges Unternehmen eines Konzerns, so sind die Arbeitnehmer unter den Voraussetzungen des § 5 auch dem herrschenden Unternehmen zuzuzählen (vgl. § 5). 15

2. Die Regelung des § 4 führt zunächst dazu, daß **die in der Komplementärgesellschaft anfallenden Entscheidungsprozesse der Mitbestimmung nach Maßgabe des Gesetzes unterliegen.** Gem § 31 wählt der in ihr zu errichtende paritätisch besetzte Aufsichtsrat die Mitglieder des Vertretungsorgans. Nach § 33 ist ein Arbeitsdirektor zu berufen. An Sachentscheidungen wirkt der Aufsichtsrat nach Maßgabe des § 111 Abs. 4 AktG und der dabei zutage tretenden rechtsformspezifischen Unterschiede mit (vgl. § 25 Rdn. 54 ff.). 16

Auf die KG und damit auf das Gesamtunternehmen **wirken** sich diese Befugnisse und damit die **Mitbestimmung in dem Maße aus, als die Komplementärgesellschaft die Geschäfte der KG führt.** Nach dem Gesetz (§§ 164, 170 HGB) ist sie dazu grundsätzlich in vollem Umfang berufen. Die Kommanditisten sind von der Geschäftsführung ausgeschlossen und haben nur über Maßnahmen zu entscheiden, die über den gewöhnlichen Betrieb des Handelsgewerbes der Gesellschaft hin- 17 ausgehen. Zur Vertretung der Gesellschaft sind sie nicht berechtigt. Für das Verhältnis mehrerer zur Geschäftsführung und Vertretung berufener Komplementäre untereinander gelten die Vorschriften der §§ 114 ff., 125 ff. HGB. Zusammengenommen gewähren diese Vorschriften der mitbestimmten Komplementärgesellschaft ein beträchtliches Maß an Einfluß auch auf die KG.

18 Die gesetzliche Regelung kann jedoch aufgrund **vertraglicher Regelungen** im Gesellschaftsvertrag der KG und, wenn die Komplementärgesellschaft eine GmbH ist, der GmbH grundlegend verändert werden. Gem § 163 HGB ist es zulässig, im Innenverhältnis die Rechte des Komplementärs zugunsten der Kommanditisten weitgehend zu beschränken. Diese können sich selbst zu Geschäftsführern berufen oder es können alle für die Gesellschaft ausschlaggebenden Entscheidungen in ihre Hände gelegt werden (zu den Einzelheiten vgl. die Kommentare zum HGB, z. B. *Großkomm. – Schilling,* §§ 161 HGB Rdn. 31 ff. u. 164 HGB Rdn. 8, 11 ff.). Auch von der Vertretung der KG kann die Komplementärgesellschaft durch den Gesellschaftsvertrag (§ 125 Abs. 1 HGB) oder unter den Voraussetzungen des § 127 HGB ausgeschlossen werden, sofern noch ein anderer Komplementär vorhanden ist (BGHZ 51, 200), während den Kommanditisten wenigstens mit Hilfe der Prokura oder Handlungsvollmacht eine Vertretung der Gesellschaft ermöglicht werden kann (Einzelheiten in *Großkomm. – Fischer,* § 125 HGB, Rdn. 4, 15 f., 26; *Schilling,* a.a.O., § 170 HGB Rdn. 2 f, 8 f.). Ist die Komplementärgesellschaft eine GmbH, können die Gesellschafter darüber hinaus alle wesentlichen Geschäftsführungsmaßnahmen in dieser an sich ziehen und den Geschäftsführern Weisungen erteilen (vgl. § 25 Rdn. 67 f.). Werden alle diese Möglichkeiten ausgeschöpft, so ist es möglich, die durch § 4 bewirkte Mitbestimmung im Ergebnis weitgehend illusorisch zu machen.

19 3. Der Gesetzgeber hat die der Vorschrift anhaftende Schwäche erkannt und in **§ 4 Abs. 2** versucht, ihr entgegenzuwirken, indem er vorschrieb, daß die **Komplementärgesellschaft von der Führung der Geschäfte der KG nicht ausgeschlossen** werden kann. §§ 114 Abs. 2 u. 117 HGB sind demnach zu Lasten der Komplementärgesellschaft in den Fällen des § 4 nicht anwendbar. Auf diesem Wege gelingt es aber nur, einen kleinen Teil der Mittel zu beseitigen, mit deren Hilfe die Mitbestimmung in der AG bzw. GmbH & Co. KG ausgehöhlt werden kann. Alle anderen Beschränkungen der Geschäftsführungsbefugnis der Komplementärgesellschaft sind dagegen von dem Wortlaut des Gesetzes nicht betroffen.

20 Die Situation nötigt zu Überlegungen, **wie weit das Gesetz** auch an dieser Stelle unter den Gesichtspunkten der teleologischen Interpretation und der Verhütung von Umgehungen **extensiv ausgelegt werden**

muß (vgl. zum folgenden namentlich *Martens*, ZHR 138, 223 ff.; *Hölters*, BB 1975, 802 f.; *Schneider*, ZGR 1977, 349; *Fitting-Wlotzke-Wißmann*, § 4 Rdn. 35).

Dem sind **enge Grenzen** gezogen. Der Gesetzgeber hat sich im MitbestG grundsätzlich für **rechtsformspezifische Lösungen** entschieden und der das Recht der Personengesellschaften beherrschenden Vertragsfreiheit nur ausnahmsweise Grenzen gezogen (vgl. Begr. z. RegE, BT-Drucks. 7/2172, 16; Ber. des Aussch. f. Arbeit u. Sozialordnung, BT-Drucks. 7/4845, 2). Namentlich die Vorschrift des § 4 Abs. 2 erscheint unter diesem Aspekt als eine Ausnahmeregel, die einer extensiven Interpretation nicht zugänglich ist. Dies gilt umso mehr, als es sachlich und gesetzestechnisch einfach gewesen wäre, einer Verlagerung der Geschäftsführungsbefugnisse in die KG zu begegnen, indem § 164 HGB für die unter § 4 fallenden Unternehmen zum zwingenden Recht erklärt wird. Nicht zuletzt ist anerkannt, daß die Mitbestimmung in der GmbH das Recht der Gesellschafter nicht beseitigt, die Geschäftsführung in allen wesentlichen Punkten selbst in die Hand zu nehmen (§ 25 Rdn. 67). Für die KG kann dann aber nichts anderes gelten. Aus diesen Gründen ist § 4 Abs. 2 einer analogen Anwendung auf ähnliche Fälle nicht zugänglich. Unter dem Gesichtspunkt der **Gesetzesumgehung** sind zwar Vorschriften im Gesellschaftsvertrag als unzulässig anzusehen, welche, ohne daß der Komplementärgesellschaft die Geschäftsführung formell entzogen wird, diesem Ergebnis in der tatsächlichen Wirkung gleichkommen (z. B. die Komplementärgesellschaft erhält nur Gesamtgeschäftsführungsbefugnis zusammen mit einem zum Geschäftsführer bestellten Kommanditisten, während dieser einzeln zur Geschäftsführung berechtigt ist; *Fitting-Wlotzke-Wißmann*, § 4 Rdn. 35; a.A. *Hölters*, BB 1975, 802 f.). Dagegen schließt § 4 Abs. 2 nicht aus, Geschäftsführungsmaßnahmen in die Zuständigkeit der Kommanditistenversammlung zu legen und die Komplementärgesellschaft insoweit deren Weisungen zu unterwerfen. **21**

Vorschriften des Gesellschaftsvertrags, die Abs. 2 widersprechen, sind gem. § 134 BGB **nichtig**. Wächst eine AG bzw. GmbH & Co. KG in den Geltungsbereich des Gesetzes hinein, treten sie nach Ablauf der Übergangsfrist außer Kraft und können mit einfacher Mehrheit durch neue, dem Gesetz entsprechende ersetzt werden (§ 37 Abs. 1). An der Vertragsänderung ist auch die Komplementärgesellschaft beteiligt (vgl. *Schneider*, ZGR 1977, 350). **22**

IV. Streitigkeiten

Ist ungewiß oder streitig, ob eine AG bzw. GmbH & Co. KG unter § 4 fällt oder ob bei der Komplementärgesellschaft die weiteren Voraussetzungen des § 1 Abs. 1 vorliegen, so haben die ordentlichen Gerichte **23** im Verfahren gem. § 98 AktG i.V.m. § 6 Abs. 2 zu entscheiden (vgl. § 6 Rdn. 16). Streitigkeiten betr. die Wahlberechtigung der Arbeitnehmer der KG bei der Wahl zum Aufsichtsrat der Komplementärgesellschaft sind nach § 2 Abs. 1 Nr. 5 ArbGG vor den Arbeitsgerichten anhängig zu machen. Für Auseinandersetzungen im Zusammenhang mit der Sicherung der Geschäftsführungsbefugnis gem. Abs. 2 sind wiederum die ordentlichen Gerichte zuständig, und zwar beim Landgericht gem. § 95 GVG die Kammern für Handelssachen.

§ 5
Konzern

(1) Ist ein in § 1 Abs. 1 Nr. 1 bezeichnetes Unternehmen herrschendes Unternehmen eines Konzerns (§ 18 Abs. 1 des Aktiengesetzes), so gelten für die Anwendung dieses Gesetzes auf das herrschende Unternehmen die Arbeitnehmer der Konzernunternehmen als Arbeitnehmer des herrschenden Unternehmens. Dies gilt auch für die Arbeitnehmer eines in § 1 Abs. 1 Nr. 1 bezeichneten Unternehmens, das persönlich haftender Gesellschafter eines abhängigen Unternehmens (§ 18 Abs. 1 des Aktiengesetzes) in der Rechtsform einer Kommanditgesellschaft ist.

(2) Ist eine Kommanditgesellschaft, bei der für die Anwendung dieses Gesetzes auf den persönlich haftenden Gesellschafter die Arbeitnehmer der Kommanditgesellschaft nach § 4 Abs. 1 als Arbeitnehmer des persönlich haftenden Gesellschafters gelten, herrschendes Unternehmen eines Konzern (§ 18 Abs. 1 des Aktiengesetzes), so gelten für die Anwendung dieses Gesetzes auf den persönlich haftenden Gesellschafter der Kommanditgesellschaft die Arbeitnehmer der Konzernunternehmen als Arbeitnehmer des persönlich haftenden Gesellschafters. Absatz 1 Satz 2 sowie § 4 Abs. 2 sind entsprechend anzuwenden.

(3) Stehen in einem Konzern die Konzernunternehmen unter der einheitlichen Leitung eines anderen als eines in Absatz 1 oder 2 bezeichneten Unternehmens, beherrscht aber die Konzernleitung über ein in Absatz 1 oder 2 bezeichnetes Unternehmen oder über mehrere solche Unternehmen andere Konzernunternehmen, so gelten die in Absatz 1 oder 2 bezeichneten und der Konzernleitung am nächsten stehenden Unternehmen, über die die Konzernleitung andere Konzernunternehmen beherrscht, für die Anwendung dieses Gesetzes als herrschende Unternehmen.

§§ 17 und 18 AktG lauten:

§ 17

(1) Abhängige Unternehmen sind rechtlich selbständige Unternehmen, auf die ein anderes Unternehmen (herrschendes Unternehmen) unmittelbar oder mittelbar einen beherrschenden Einfluß ausüben kann.

(2) Von einem in Mehrheitsbesitz stehenden Unternehmen wird vermutet, daß es von dem an ihm mit Mehrheit beteiligten Unternehmen abhängig ist.

§ 18

(1) Sind ein herrschendes und ein oder mehrere abhängige Unternehmen unter der einheitlichen Leitung des herrschenden Unternehmens zusammengefaßt, so bilden sie einen Konzern; die einzelnen Unternehmen sind Konzernunternehmen. Unternehmen, zwischen denen ein Beherrschungsvertrag (§ 291) besteht oder von denen das eine in das andere eingegliedert ist (§ 319), sind als unter einheitlicher Leitung zusammengefaßt anzusehen. Von einem abhängigen Unternehmen wird vermutet, daß es mit dem herrschenden Unternehmen einen Konzern bildet.

(2) Sind rechtlich selbständige Unternehmen, ohne daß das eine Unternehmen von dem anderen abhängig ist, unter einheitlicher Leitung zusammengefaßt, so bilden sie auch einen Konzern; die einzelnen Unternehmen sind Konzernunternehmen.

Schrifttum

Ahrens, Die Problematik des Mehrmütterkonzerns in aktien- und mitbestimmungsrechtlicher Sicht, Die AG 1975, S. 151 ff.; *Barz*, Das 50 : 50 Gemeinschaftsunternehmen, in: Festschrift für Kaufmann, 1972, S. 59 (71); *Bayer*, Mitbestimmung und Konzern, DB 1975, S. 1167 ff.; *Bayer*, Der Anwendungsbereich des MitbestG, ZGR 1977, S. 173 ff.; *Biedenkopf*, Zur Diskussion über ein neues Unternehmensrecht, in: Festschrift für L. Raiser, 1974, S. 561 ff.; *Birk*, Auslandsbeziehungen und Betriebsverfassungsgesetz, in: Festschrift für Schnorr v. Carolsfeld, 1972, S. 61 ff.; *Boetius*, Konzernbildung durch Aktienpoolung?, DB 1970, S. 1964 ff.; *Buchner*, Gemeinschaftsunternehmen und Konzernbetriebsrat, RdA 1975, S. 9 ff.; *Buchner*, Paritätische Mitbestimmung, Weg zu neuer Unternehmens- und Arbeitsordnung, ZfA 1974, S. 147, 165; *Centrale für GmbH* Dr. Otto Schmidt, Eingabe zur Mitbestimmung bei GmbH und GmbH & Co. KG, GmbH-Rundschau 1974, S. 251 ff., 273 ff.; *Claussen*, Zum Sterben verurteilt? Die Mitbestimmungsdiskussion bringt Rechtsunsicherheit für die Aktiengesellschaften, Die Zeit 1974, S. 39; *Duden*, Mitbestimmung und Kapitalbeteiligung, in: Festschrift für Ballerstedt, 1975, S. 31 ff.; *ders.*, Mitbestimmung in Konzernverhältnissen nach dem Mitbestimmungsgesetz, ZHR 141 (1977) 145 ff.; *Emmerich-Gansweid*, Die Problematik der Gemeinschaftsunternehmen – BGHZ 62, 193, in: JuS 1975, S. 294 ff.; *Frisinger-Lehmann*, Konzern im Konzern: Wahl der Arbeitnehmervertreter für den Aufsichtsrat im Rahmen von § 76 Abs. 4 BetrVG 1952 und §§ 54 ff. BetrVG 1972 bei nach dem „Divisons-Prinzip" organisierten Konzernen, DB 1972, S. 2337; *Gansweid*, Gemeinsame Tochtergesellschaften im deutschen Konzern- und Wettbewerbsrecht, 1976; *Geßler*, Besprechung der Entscheidung BGHZ 62, 193, in: ZGR 1974, S. 476 ff.; *Großmann*, Die GmbH & Co. KG im Spannungsfeld zwischen § 4 und § 5 Mitbestimmungsgesetz, BB 1976, S. 1391 ff.; *Havermann*, Die verbundenen Unternehmen und ihre Pflichten nach dem Aktiengesetz 1965, WPG 1966, S. 30 ff., 60 ff., 90 ff.; *Hoffmann*, Probleme der GmbH und der GmbH & Co. KG nach dem Regierungsentwurf eines Mitbestimmungsgesetzes, GmbH-Rundschau 1974, S. 73 ff.; *Hoffmann,* Zu den konzernrechtlichen Bestimmungen des Regierungsentwurfes eines Gesetzes über die Mitbestimmung der Arbeitnehmer, BB 1974, S. 1276 ff.; *G. Hueck,* Zwei Probleme der Konzernmitbestimmung, in: Festschrift für H. Westermann, 1974, S. 241 ff. (249 ff.); *Kittner,* Grundprobleme der Arbeitnehmerbeteiligung in den Aufsichtsräten eines Konzerns, AuR 1976, S. 6 ff.; *Koppensteiner,* Unternehmergemeinschaften im Konzerngesellschaftsrecht, ZHR 131, S. 289 ff.; *Kronstein,* Die Anwendbarkeit der §§ 311 ff. AktG über die Verantwortlichkeit im „faktischen Konzern" bei mehrstufigen Unternehmensverbindungen, BB 1967, S. 637 ff.; *Kropff,* Das Konzernrecht des Aktiengesetzes 1965, BB 1965, S. 1281 ff.; *Leo,* Das neue Mitbestimmungsgesetz, Manager-Magazin 1976, H. 6, S. 77 ff., H. 7, S. 75 ff.; *Lutter,* Zur Herrschaft mehrerer Unternehmen über eine Aktiengesellschaft, NJW 1973, S. 113 ff.; *Lutter,* Mitbestimmung im Konzern, 1975; *Lutter,* Empfehlen sich für die Zusammenfassung europäischer Unternehmen neben oder statt der europäischen Handelsgesellschaft oder der internationalen Fusion weitere Möglichkeiten der Gestaltung auf dem Gebiet des Gesellschaftsrechts?, in: Verhandlungen des 48. Deutschen Juristentages, Band I, Teil H, 1970; *Lutter,* Der Anwendungsbereich des MitbestG. ZGR 1977, S. 195 ff.; *Lutter-Schneider,* Mitbestimmung im mehrstufigen Konzern, BB 1977, 553 ff.; *Martens,* Mitbestimmung, Konzernbildung und Gesellschaftereinfluß, ZHR 138, S. 179 ff.; *Martens,* Die Auswirkungen der erweiterten Mitbestimmung auf die Konzern-Praxis, in: Der GmbH-Konzern, 1976, S. 106; *Matthies,* Gemeinschaftsunternehmen in der Montanunion, in: Festschrift für Franz Böhm, 1965, S. 319 ff.; *Nordmeyer,* Möglichkeit mehrfacher Abhängigkeit bzw. Konzernzugehörigkeit im Sinne der §§ 17, 18 AktG, BB 1971, S. 70 ff.; *Peltzer,* Der Regierungsentwurf zum Mitbestimmungsgesetz und die Verfassung der deutschen Kapitalgesellschaft, BB 1974, S. 440 ff.; *Th. Raiser,* Der neue Koalitionskompromiß zur Mitbestimmung, BB 1976, S. 145 ff.; *Richardi,* Anmerkungen zum Beschluß des Bundesarbeitsgerichts vom 18. 6. 1970 = 1 ABR 3/70, SAE 1971, S. 141 ff.; *Schneider,* GmbH und GmbH & Co. KG in der Mitbestimmung, ZGR 1977, S. 335 ff.; *Schröder,* Die Rechtsprechung des Bundesarbeitsgerichts zur Beteiligung der Arbeitnehmer in den gesellschaftlichen Organen, in: Festschrift für E. Geßler, 1971, S. 171 ff.; *Semler,* „Konzern im Konzern", DB 1977, 805 ff.; *Strobel,* Organschaft und Mitbestimmung, BB 1974, S. 1 ff.; *Werner,* Konzernrechtliche Abhängigkeit und einheitliche Leitung in mitbestimmten Konzernen, ZGR 1976, S. 447 ff.; *Wessing-Hölters,* Gemeinschaftsunternehmen und paritätische Mitbestimmung, DB 1977, S. 864 ff.; *Wlotzke,* Die Mitbestimmungskonzeption der Bundesregierung, AuR 1974, S. 225 ff.; *Zöllner,* GmbH und GmbH & Co. KG in der Mitbestimmung, ZGR 1977, S. 319 ff.

Übersicht

I. Vorbemerkungen

1. Die Vorschrift regelt, zusammen mit § 32, die Mitbestimmung im Unterordnungskonzern. Sie basiert auf dem zutreffenden und in der Literatur auch durchgehend akzeptierten Gedanken, daß **angesichts der einheitlichen Leitung des Konzerns durch das herrschende Unternehmen auch die Mitbestimmung dort ausgeübt werden** muß, wenn sie wirksam sein soll, und daß es dafür nicht auf die Zahl der Arbeitnehmer des herrschenden Unternehmens ankommen kann, sondern des ganzen Konzerns. Der Lösungsansatz des Gesetzes ist der gleiche wie in § 4: Die Arbeitnehmer sämtlicher Konzernunternehmen werden dem herrschenden Unternehmen zugerechnet. Erreicht dieses erst dadurch die Zahl von 2000 Arbeitnehmern, fällt es nunmehr unter das Gesetz. Sämtliche im Konzern beschäftigte Arbeitnehmer sind aktiv und passiv wahlberechtigt zum Aufsichtsrat des herrschenden Unternehmens. Ob die Konzernunternehmen daneben selbst mitbestimmungspflichtig bleiben, sagt das Gesetz nicht. Aus seinem Schweigen ist jedoch zu folgern, daß es insofern bei den allgemeinen Regeln des MitbestG, BetrVG 1952 oder der Montanmitbestimmungsgesetze bleiben sollte. Dies bedeutet, daß **die Arbeitnehmer im Konzern auf zahlreichen Stufen** ein sich u. U. nach ganz verschiedenen Vorschriften richtendes **Mitbestimmungsrecht** haben. 1

2. Die Lösung war durch §§ 76 Abs. 4, 77 a BetrVG 1952, das MitbestEG und die Vorschriften über den Konzernbetriebsrat nach §§ 54 ff. BetrVG 1972 vorgezeichnet, die das Gesetz allerdings nur im Ansatz, nicht aber in den Einzelheiten übernommen hat. Auch die Mitbestimmungskommission hatte empfohlen, allen Arbeitnehmern eines Konzerns neben ihrer Vertretung im Aufsichtsrat des Unternehmens, dem sie unmittelbar angehören, auch ein Mitbestimmungsrecht im herrschenden Unternehmen zu gewähren (BT-Drucks. VI/334, V, 1.5.5. u. 2

29 ff.). Gleichwohl war die mehrfache Vertretung der Arbeitnehmer in der Diskussion um den RegE heftig umstritten. Die Sprecher der Gewerkschaften argumentieren, die Lösung entspreche der rechtlichen und tatsächlichen Situation im Konzern, da üblicherweise sowohl im herrschenden wie in den abhängigen Unternehmen wichtige, die Arbeitnehmer betreffende Entscheidungen gefällt würden (vgl. *Hensche* in der Anhörung vor dem BT-Aussch. f. Arbeit u. Sozialordnung am 7. 11. 1974, Prot. Nr. 55, 54; *Kittner*, AuR 1976, 6 ff.). Demgegenüber verlangten die Vertreter der Industrie die Beseitigung der Mitbestimmung in den Konzerntöchtern oder doch ihre Reduzierung auf die Drittelbeteiligung nach § 76 BetrVG 1952, da andernfalls mit widersprüchlichen Entscheidungen in den Aufsichtsräten des herrschenden und der Konzernunternehmen zu rechnen sei, die eine einheitliche Konzernführung erheblich erschweren oder sogar ausschließen (*Schaub* vor dem BT-Aussch. Prot. Nr. 55, 59; vgl. ferner *Martens*, ZHR 138, 182; *Hoffmann*, BB 1974, 1278 ff.; *Bayer*, DB 1975, 1170 ff.; *Lutter*, Mitbestimmung im Konzern, 25 ff., 44 ff.). Diese Kritik setzt voraus, daß sich bei einer paritätischen Besetzung der Aufsichtsräte die Anteilseigner nicht mehr durchsetzen können. Infolge der Rückkehr des Gesetzes zu einem Übergewicht der Anteilseignerseite (vgl. § 29 Rdn. 1) ist sie zwar nicht gegenstandslos geworden, hat aber doch ihre Spitze verloren (*Th. Raiser*, BB 1976, 151).

3 Die vom Gesetz intendierte Lösung stößt auf **Schwierigkeiten, wenn das herrschende Unternehmen nicht mitbestimmungspflichtig ist,** weil es die **Rechtsform einer Personengesellschaft** trägt oder seinen **Sitz im Ausland** hat. Für diesen Fall schreibt Abs. 3 eine Notlösung vor, wonach die Konzernmitbestimmung in dem Unternehmen vorzusehen ist, das die Voraussetzungen des Gesetzes erfüllt und der Konzernspitze am nächsten steht. Gegen diese Lösung wurde in der Kritik der Einwand erhoben, sie sei untauglich, weil sie Unternehmen treffe, die selbst unter der Leitung der Konzernspitze stehen und daher keine eigenständigen unternehmerischen Entscheidungen fällen (*Martens*, ZHR 138, 186 ff., 195 f.; *Lutter*, Mitbestimmung im Konzern, 63 ff.; stärker differenzierend *Bayer*, DB 1975, 1169).

II. Der Grundtatbestand (Abs. 1 u. 2)

4 1. Die Konzernmitbestimmung im **herrschenden Unternehmen** gem. § 5 Abs. 1 setzt zunächst voraus, daß dieses in **einer der in § 1 Abs. 1 Nr. 1 genannten Rechtsformen geführt** wird. Es kommen daher nur Aktiengesellschaften, Kommanditgesellschaften auf Aktien, Gesellschaften mbH, bergrechtliche Gewerkschaften mit eigener Rechtspersönlichkeit und Erwerbs- und Wirtschaftsgenossenschaften in Betracht.

In allen anderen Unternehmen, namentlich in Einzelunternehmen, offenen Handelsgesellschaften und Kommanditgesellschaften, gibt es daher **keine Konzernmitbestimmung.** Nur die AG bzw. GmbH & Co. KG wird nach Abs. 2 den Kapitalgesellschaften auch hier gleichgestellt, sofern die Voraussetzungen des § 4 Abs. 1 erfüllt sind. Gleichfalls von § 5 nicht erfaßt werden **ausländische Konzernmütter,** da für sie das deutsche Recht nicht gilt (§ 1 Rdn. 12). Unterliegt das herrschende Unternehmen dem **MontanMitbestG** oder dem **MitbestEG** oder ist es als **Tendenzunternehmen** mitbestimmungsfrei, so kommt eine Konzernmitbestimmung nach § 5 schon deshalb nicht in Frage, weil das Gesetz nach § 1 Abs. 2 u. 4 auf solche Unternehmen generell nicht anzuwenden ist.

Fraglich ist, ob man einen mitbestimmungsfreien **Tendenzkonzern** 5
anerkennen kann (*Mayer-Maly*, Festschr. f. Möhring, 251 ff.). Beschränkt sich das herrschende Unternehmen darauf, den Konzern zu führen, ohne selbst unmittelbar einem der nach § 1 Abs. 4 geschützten Zwecke zu dienen, so kann es selbst nur dann unter die Ausnahmevorschrift fallen, wenn ihm ein dem abhängigen Unternehmen zustehender Tendenzschutz zugerechnet werden kann. Die Rechtslage ist mit dem Fall vergleichbar, in dem ein Unternehmen mehrere Betriebe hat, von denen einige Tendenzschutz genießen, andere nicht (vgl. § 1 Rdn. 39), zumal der Konzern bei einer wirtschaftlichen Betrachtungsweise als einheitliches Unternehmen erscheint. Daher ist es gerechtfertigt, einen Tendenzcharakter des ganzen Konzerns, der zum Wegfall der Konzernmitbestimmung im herrschenden Unternehmen gem. § 1 Abs. 4 führt, auch dann anzunehmen, wenn die beherrschten Unternehmen überwiegend nach § 1 Abs. 4 geschützte Zwecke verfolgen, so daß die **Tendenz dem ganzen Konzern das Gepräge verleiht** (*Mayer-Maly*, a.a.O., 255; *Kunze*, Festschr. f. Ballerstedt, 91). Dies schließt nicht aus, daß selbst nicht unter den Tendenzschutz fallende Konzernunternehmen mitbestimmungspflichtig bleiben, nicht anders als tendenzfreie Betriebe eines Tendenzunternehmens (a.A. *Birk*, JZ 1973, 757 f.). Führt die Gesamtbetrachtung umgekehrt zu dem Ergebnis, daß die Tendenz im Konzern nicht überwiegt, bleibt die Konzernspitze mitbestimmungspflichtig, sofern sie nicht selbst unter § 1 Abs. 4 fällt. In diesem Fall ist anzunehmen, daß auch die Arbeitnehmer der unter den Tendenzschutz fallenden Konzernunternehmen an der Konzernmitbestimmung teilnehmen und daher auch dem herrschenden Unternehmen gem. Abs. 1 zuzurechnen sind. Denn der Wegfall der Mitbestimmung in dem Unternehmen, dem sie unmittelbar zugehören, rechtfertigt es nicht, ihnen die Mitbestimmung auch in dem herrschenden Unternehmen zu verweigern, das nicht unter Tendenzschutz steht. Auch insofern ist die Rechtslage analog zum Fall des Tendenzbetriebs im nicht tendenzgeschützten Unternehmen zu beurteilen (ebenso wohl *Kunze*, a.a.O.; anders *Mayer-Maly*,

a.a.O., 256, der dieses Ergebnis für wünschenswert hält, aber glaubt, es de lege lata nicht begründen zu können).

6 Aus der Verweisung des Abs. 1 auf § 18 Abs. 1 AktG ergibt sich, daß das MitbestG in § 5 den **Unternehmensbegriff** der §§ 15 ff. AktG übernimmt. Daraus folgt, daß nicht schon jede Holdinggesellschaft als Unternehmen anzusehen ist, die in einer der in § 1 Abs. 1 genannten Rechtsformen geführt wird, vielmehr weitere Merkmale hinzukommen müssen (zu dem überaus problematischen Unternehmensbegriff der §§ 15 ff. AktG vgl. statt aller *Geßler*, § 15 AktG Rdn. 6 ff.; *Köln.-Komm. – Biedenkopf-Koppensteiner*, § 15 AktG Rdn. 5 ff.; *Großkomm. – Würdinger*, Vorb. vor § 15 AktG Rdn. 3 ff.; *Zöllner*, ZGR 1976, 1 ff. j. m.w.N.). Der Tatbestand ist jedoch immer erfüllt, wenn die Obergesellschaft einen eigenen Geschäftsbetrieb hat oder wenn sie ohne eigenen Geschäftsbetrieb die unternehmerische Leitungsmacht über eine Mehrheit von Unternehmen ausübt (ebenso *Meilicke-Meilicke*, § 1 Rdn. 8; a.A. *Fitting-Wlotzke-Wißmann*, § 5 Rdn. 8). Beschränkt sie sich hingegen darauf, die Geschäfte eines einzigen Unternehmens zu führen, sind die Voraussetzungen nach h.A. nicht erfüllt (vgl. *Großmann*, BB 1976, 1392 ff.). Daher fällt der Normalfall der AG bzw. GmbH & Co. KG, wie er von § 4 erfaßt wird, nicht unter § 5 (*Großmann*, a.a.O., 1394; *Zöllner*, ZGR 1977, 332 ff.; *Schneider*, ZGR 1977, 345 f.; vgl. auch Rdn. 8).

7 Die **Zahl der Arbeitnehmer** im herrschenden Unternehmen ist **unerheblich**. Auch wenn es für sich allein in der Regel mehr als 2000 Arbeitnehmer hat, richtet sich die Mitbestimmung in ihm nach § 5, sofern die übrigen Voraussetzungen vorliegen (ebenso *Fitting-Wlotzke-Wißmann*, § 5 Rdn. 9). Auf der anderen Seite kommt die Konzernmitbestimmung infolge der Zurechnung der in den Konzernunternehmen beschäftigten Arbeitnehmer auch dann in Betracht, wenn es selbst keinen einzigen eigenen Arbeitnehmer hat.

8 2. Bei den **abhängigen Konzernunternehmen** kommen im Gegensatz zum herrschenden **alle Rechtsformen** des Privatrechts in Frage. Gehören zum Konzern Einzelunternehmen, Personengesellschaften, Unternehmensstiftungen usw., so werden daher auch deren Arbeitnehmer mitgezählt und nehmen an den Wahlen zum Aufsichtsrat des herrschenden Unternehmens teil. Dies folgt schon aus dem Wortlaut des § 5 Abs. 1, entspricht aber auch dem unzweifelhaften Sinn des Gesetzes, das die Legitimation der Konzernspitze durch alle im Konzern beschäftigten Arbeitnehmer anstrebt (ebenso *Fitting-Wlotzke-Wißmann*, § 5 Rdn. 10; für die Konzernmitbestimmung nach § 76 Abs. 4 BetrVG 1952 *Dietz-Richardi*, § 77 BetrVG 1952 Rdn. 16; *Fitting-Auffarth-Kaiser*, § 76 BetrVG 1952 Rdn. 81; *G. Hueck*, Festschr. f. Westermann, 249 ff.; für den Konzernbetriebsrat *Dietz-Richardi*, § 54 BetrVG Rdn. 4; *Fitting-*

Auffarth-Kaiser, § 54 BetrVG Rdn. 7). Auch im Aktienrecht ist anerkannt, daß abhängiges Unternehmen eines Konzerns jedes Unternehmen ohne Rücksicht auf die Rechtsform sein kann (vgl. *Geßler,* § 15 AktG Rdn. 59 m.w.N.). Daher kann auch die AG bzw. GmbH & Co. KG ein Konzern sein, der unter § 5 fällt, sofern die Komplementärgesellschaft Unternehmenscharakter trägt (vgl. Rdn. 6). § 4 ist in diesem Fall keine Spezialnorm, welche die Anwendung des § 5 ausschließt (*Großmann,* BB 1976, 1395 ff.; *Zöllner,* ZGR 1977, 332 ff.; *Schneider,* ZGR 1977, 345 f.).

Als abhängige Unternehmen kommen auch Unternehmen in **9** Betracht, die keinen eigenen Geschäftsbetrieb haben oder keinen Gewinn erstreben. Der Unternehmensbegriff ist insofern weit auszulegen (vgl. *Geßler,* § 15 AktG Rdn. 59). Auf die **Größe** und die **Zahl der Arbeitnehmer** kommt es nicht an. Daher sind auch abhängige Unternehmen, die selbst mehr als 2000 Arbeitnehmer beschäftigen und deshalb nach § 1 mitbestimmungspflichtig sind, in die Konzernmitbestimmung gem. § 5 einzubeziehen. Unerheblich ist ferner, ob das abhängige Unternehmen unter das **Montanmitbestimmungsrecht** fällt, es sei denn, die Voraussetzungen des § 3 MitbestEG sind erfüllt, so daß der ganze Konzern nach diesem Gesetz mitbestimmungspflichtig ist. Denn andernfalls würde die Mitbestimmung der Arbeitnehmer in einem zu einem Konzern gehörenden Montanunternehmen verkürzt, ohne daß im Gesetz dafür ein Anhaltspunkt zu finden wäre oder sich andere Gründe anführen ließen (ebenso *Hoffmann,* BB 1974, 1277; *Bayer,* DB 1975, 1167; zu § 76 BetrVG 1952 BAG AP Nr. 20 zu § 76 BetrVG; *Dietz-Richardi,* § 76 BetrVG 1952 Rdn. 187). Auch die Arbeitnehmer von Konzernunternehmen, die selbst nach §§ 1 Abs. 4 oder 81 BetrVG 1952 Tendenzschutz genießen, sind mitzuzählen (s. Rdn. 5).

Rechtliche Schwierigkeiten bereitet die Frage, wie die **Arbeitnehmer** **10** **von im Ausland belegenen Konzerntöchtern** zu behandeln sind. Wie schon im Hinblick auf ausländische Betriebe (vgl. § 1 Rdn. 16) vertritt eine Reihe von Autoren (vgl. *Birk,* AWD 1975, 597 f.; *Däubler,* RabelsZ 1975, 451 ff.; *Grasmann,* ZGR 1973, 329; *Reich,* AuR 1976, 264) die Ansicht, auch die Arbeitnehmer einer ausländischen Tochter seien in die Konzernmitbestimmung einzubeziehen, während der überwiegende Teil des Schrifttums die gegenteilige Position bezieht (vgl. *Wlotzke-Wißmann,* DB 1976, 962; *Meilicke-Meilicke,* § 5 Rdn. 15; *Haberland-Seiler,* § 1 Rdn. 6; *Fitting-Wlotzke-Wißmann,* § 5 Rdn. 10; *Bayer,* ZGR 1977, 177 ff.; *Lutter,* ZGR 1977, 205 f.; vgl. auch Ausschußber. BT-Drucks. 7/4845, 4; zu §§ 76 f. BetrVG 1952 *Fitting-Auffarth-Kaiser,* § 76 BetrVG 1952 Rdn. 78).

Formalrechtlich hängt die Entscheidung davon ab, ob man die Mit- **11** bestimmung im herrschenden Unternehmen als eine Frage der Unternehmensverfassung des dem ausländischen Recht unterstehenden abhängigen Unternehmens oder der rechtlichen Ordnung des herrschenden Unternehmens ansieht, für welches das deutsche Konzernrecht gilt. Würde die Konzernmitbestimmung nur Rechte der Arbeitnehmer begründen, die im Inland wahrgenommen werden können und sich hier auswirken, wäre es gerechtfertigt, allein deutsches Konzernrecht anzuwenden. Dies ist jedoch nicht der Fall. Denn würden die Arbeitnehmer einer im Ausland belegenen Tochter in die Konzernmitbestimmung einbezogen, so müßten die Wahlen und die damit zusammenhängenden organisatorischen und rechtlichen Maßnahmen im Ausland durchgeführt werden. Die Fragen, wer Arbeitnehmer des Unternehmens ist und zu welcher Gruppe ein Arbeitnehmer gehört, wären nach ausländischem Recht zu entscheiden, weil sie in seinem Arbeitsverhältnis zu dem ausländischen Unternehmen wurzeln. Daraus folgt, daß der Fragenkreis die Rechtsordnung des fremden Staates jedenfalls nicht unberührt läßt und daher nicht allein in die Souveränität des deutschen Gesetzgebers fallen kann. Eine **Rechtspflicht** des deutschen herrschenden Unternehmens, die **Arbeitnehmer einer ausländischen Tochter in die Konzernmitbestimmung einzubeziehen, ist daher nicht anzuerkennen** (mit anderer Begründung im Ergebnis ebenso *Duden*, ZHR 141, 184). Dagegen bestehen keine durchgreifenden Bedenken dagegen, daß die Konzernmutter die Arbeitnehmer einer ausländischen Tochtergesellschaft freiwillig aktiv und passiv an den Wahlen zu ihrem Aufsichtsrat teilnehmen läßt, es sei denn, die Rechtsvorschriften des Staates stehen entgegen, in dem die Tochtergesellschaft ihren Sitz hat (vgl. zum Ganzen auch die ähnliche Lösung, die der Gesetzgeber hinsichtlich der Einbeziehung ausländischer Konzerntöchter in die Konzernbilanz in § 329 AktG gewählt hat, und dazu die Literatur zu dieser Vorschrift, z. B. *Köln.-Komm. – Kronstein*, § 329 AktG Rdn. 35 ff.; *Großkomm. – Barz*, § 329 AktG Anm. 29).

12 Hat die ausländische Tochtergesellschaft ihrerseits wieder eine **im Inland belegene Tochter,** so ist diese gem. § 17 Abs. 1 AktG mittelbar auch von der Muttergesellschaft abhängig und gehört unter den Voraussetzungen des § 18 Abs. 1 AktG daher zu dem von ihr geführten Konzern. Ungeachtet der ausländischen Zwischenholding sind ihre Arbeitnehmer daher in die Konzernmitbestimmung nach § 5 Abs. 1 einzubeziehen (ebenso *Lutter,* ZGR 1977, 206; a.A. *Bayer,* ZGR 1977, 178; *Duden,* ZHR 141, 185). Folgerichtig wird man wegen der Parallelität der Interessenlage aus der Sicht der Belegschaft auch die in einem im Inland belegenen unselbständigen Betrieb einer ausländischen Tochtergesellschaft beschäftigten Arbeitnehmer zu berücksichtigen haben.

13 3. Die Anwendung des § 5 setzt ferner voraus, daß die beteiligten Unternehmen einen Konzern bilden, und zwar, wie aus dem Gebrauch der Begriffe „herrschendes" und „abhängiges Unternehmen" und aus der Verweisung auf § 18 Abs. 1 AktG folgt, einen **Unterordnungskonzern** (über die Mitbestimmung im Gleichordnungskonzern s.u. Rdn. 32). Die Verweisung auf § 18 Abs. 1 AktG besagt auch, daß der **Konzernbegriff** des MitbestG **sich mit dem des Aktienrechts deckt**, weshalb zu seiner Auslegung in erster Linie die Literatur hierzu heranzuziehen ist (vgl. statt aller *Köln.-Komm. – Biedenkopf-Koppensteiner*, §§ 17 AktG Rdn. 4 ff., 18 AktG Rdn. 4 ff.; *Großkomm. – Würdinger*, §§ 17 AktG Anm. 1 ff., 18 AktG Anm. 1 ff.; *Geßler*, § 18 AktG Rdn. 6 ff., j. m.w.N.). Der Unterordnungskonzern setzt zunächst voraus, daß das eine Unternehmen von dem anderen i.S. des § 17 Abs. 1 AktG **abhängig** ist. Nach der noch immer gebräuchlichen Formulierung des RG (RGZ 167, 40 (49)) liegt Abhängigkeit vor, „wenn das herrschende Unternehmen über Mittel verfügt, die es ihm ermöglichen, das andere Unternehmen seinem Willen zu unterwerfen und diesen bei ihm durchzusetzen". Erforderlich ist eine generelle, auf der Struktur der gegenseitigen Beziehungen beruhende Möglichkeit, den Entscheidungsprozeß des abhängigen Unternehmens im Ganzen, nicht nur in einzelnen Bereichen, zu beeinflussen. Die Abhängigkeit muß so weit gehen, daß sie eine einheitliche Leitung der beteiligten Unternehmen gestattet (vgl. statt aller *Köln.-Komm. – Biedenkopf-Koppensteiner*, § 17 AktG Rdn. 4). Regelmäßig basiert die Herrschaft auf einer maßgeblichen, allerdings nicht notwendig mehrheitlichen, Beteiligung des herrschenden am abhängigen Unternehmen (vgl. die gesetzliche Vermutung nach § 17 Abs. 2 AktG). Daneben begründen Beherrschungsverträge und die Eingliederung (§ 18 Abs. 1 S. 2 AktG), in den meisten Fällen auch Gewinnabführungsverträge, die Abhängigkeit, nicht jedoch ohne weiteres die anderen in § 292 AktG genannten Unternehmensverträge. Sie kann ferner, wie häufig bei GmbH-Konzernen, auf der Satzung des untergeordneten Unternehmens beruhen, wenn diese dem anderen Unternehmen weitgehende Rechte einräumt. Bei sonstigen rechtlichen und tatsächlichen Beziehungen, z. B. zu Banken, Lieferanten und Abnehmern, verdichtet sich deren Einfluß dagegen nur unter besonderen Umständen so stark, daß die Voraussetzungen des § 17 Abs. 1 AktG erfüllt sind. Die vielfach noch ungeklärten oder streitigen Einzelfragen können hier nicht ausgeführt werden (vgl. neben den oben zitierten Kommentaren *Rasch*, Konzernrecht, 53 f.; *Emmerich-Sonnenschein*, Konzernrecht, 30).

Die Verweisung des § 5 auf das AktG bezieht sich mittelbar auch auf **14**
§ 17 Abs. 2 AktG, so daß auch im Rahmen der Konzernmitbestimmung von einem in Mehrheitsbesitz stehenden Unternehmen **vermutet** wird, daß es von dem an ihm mit Mehrheit beteiligten Unternehmen abhängig ist. Die Vermutung ist widerleglich (h.M.). Im Zusammenhang mit der Montanmitbestimmung und folgerichtig auch in den Auseinandersetzun-

gen um den RegE wurde die Frage aufgeworfen, ob die paritätische Besetzung des Aufsichtsrats in einem in Mehrheitsbesitz stehenden Unternehmen nicht dazu nötige, die Vermutung generell als unzutreffend oder widerlegt anzusehen (zur Montanmitbestimmung ablehnend BAG AP Nr. 20 zu § 76 BetrVG 1952 mit zust. Anm. von *A. Hueck*; *Richardi*, SAE 1971, 138; *Geßler*, § 17 AktG Rdn. 51; a.A. *Köln.-Komm. – Biedenkopf-Koppensteiner*, § 17 AktG Rdn. 25; *Strobel*, BB 1974, 6, j. m.w.N. Zum RegE *Lutter*, Mitbestimmung im Konzern, 52; *Martens*, ZHR 138, 184 ff.; *Hoffmann*, BB 1974, 1279; *ders.*, GmbH-Rdsch. 1974, 76; *Biedenkopf*, Festschr. f. L. Raiser, 351). Nachdem das Gesetz in der endgültigen Fassung das Übergewicht der Anteilseignerseite im Aufsichtsrat wieder anerkannt hat (vgl. §§ 29 Abs. 2, 31 Abs. 4 und die Erläuterungen dazu), besteht kein Anlaß mehr, die Vermutung allein deshalb generell als widerlegt anzusehen (ebenso *Fitting-Wlotzke-Wißmann*, § 5 Rdn. 19; *Lutter*, ZGR 1977, 211; *Duden*, ZHR 141, 146; a.A. Werner, ZGR 1976, 465 f.).

15 Sind **mehrere Abhängigkeitsverhältnisse** dergestalt **hintereinandergeschaltet**, daß das herrschende Unternehmen nicht nur über das von ihm unmittelbar abhängige einen beherrschenden Einfluß ausüben kann, sondern mittelbar auch über das von diesem beherrschte dritte usw., so sind nach h. L. auch die Enkel- und Urenkelunternehmen von der Konzernmutter abhängig i.S. des § 17 AktG (**mittelbare Abhängigkeit**, vgl. statt aller *Geßler*, § 17 AktG Rdn. 65, 69; *Köln.-Komm. – Biedenkopf-Koppensteiner*, § 17 AktG Rdn. 18, m.w.N.). Daß dies auch für das MitbestG gilt, folgt aus § 5 Abs. 3, der expressis verbis davon spricht, daß die Konzernleitung ein Unternehmen über ein anderes beherrscht.

16 4. Ein herrschendes und ein oder mehrere abhängige Unternehmen bilden nach §§ 18 Abs. 1 AktG und 5 MitbestG einen **Konzern**, wenn sie unter **einheitlicher Leitung** zusammengefaßt sind. Auch der in seinen Konturen vielfach noch nicht voll geklärte aktienrechtliche Begriff der einheitlichen Leitung kann hier nicht in seinen Einzelheiten dargestellt werden (vgl. *Köln.-Komm. – Biedenkopf-Koppensteiner*, § 18 AktG, Rdn. 6 ff.; *Großkomm. – Würdinger*, § 18 AktG Anm. 4 ff.; *Geßler*, § 18 AktG Rdn. 25 ff.; *Emmerich-Sonnenschein*, Konzernrecht, 35 ff.; *Rasch*, Konzernrecht, 54 ff., j. m.w.N.). Letztlich kommt es darauf an, ob der Unternehmersverbund trotz der rechtlichen Selbständigkeit der abhängigen Unternehmen und einer gewissen damit verknüpften Dezentralisierung **wirtschaftlich als ein einheitliches Unternehmen** anzusehen ist, das von der Konzernmutter geführt wird. Dies setzt regelmäßig voraus, daß die Muttergesellschaft die Geschäftspolitik für alle beteiligten Unternehmen plant, den Aufbau und die Organisation des Konzerns regelt und die Tätigkeiten aufeinander abstimmt. Unternehmen, zwischen denen ein Beherrschungsvertrag im Sinne des § 291 AktG besteht oder deren eines in das andere gem. § 319 AktG eingegliedert ist, sind nach der **unwiderleglichen Vermutung des § 18 Abs. 1 S. 2 AktG als Konzern** anzusehen (**Vertragskonzern**). Angesichts der Rückkehr des MitbestG zum Übergewicht der Anteilseignerseite im Aufsichtsrat (§§ 29 Abs. 2, 31 Abs. 4) besteht kein Anlaß mehr, an der Berechtigung dieser Vermutung zu zweifeln (so zum RegE *Lutter*, Mitbestimmung im Konzern, 51 f. m.w.N.; zur Endfassung des Gesetzes *Th. Raiser*, BB 1976, 151). Im Gegensatz zur Konzernmitbestimmung nach § 76 Abs. 4 BetrVG 1952 gilt in den Fällen des § 5 auch § 18 Abs. 1 S. 3 AktG, wonach **von einem abhängigen Unternehmen – widerleglich – vermutet** wird, daß es mit **dem herrschenden einen Konzern bildet**. Denn § 5 Abs. 1 u. 2 verweisen auf den ganzen Abs. 1 des § 18 AktG. Auch die dagegen von *Lutter* (Mitbestimmung im Konzern, 54 ff; vgl. auch *ders.*, ZGR 1977, 211) erhobenen Einwände sind nach der Endfassung des Gesetzes nicht mehr aufrechtzuerhalten (ebenso *Duden,* ZHR 141, 146). Nur ausnahmsweise, z. B. wenn nach § 27 Abs. 1 ein Repräsentant der Arbeitnehmerseite zum Aufsichtsratsvorsitzenden gewählt wird, wird die Mitbestimmung im Aufsichtsrat eines abhängigen Unternehmens geeignet sein, die gesetzliche Konzernvermutung in Frage zu stellen. Auf der anderen Seite setzt § 5 keinen Vertragskonzern voraus, sondern gilt auch, wenn die einheitliche Leitung anders abgesichert ist, d. h. im **faktischen Konzern.**

5. In **mehrstufigen Konzernen** stellt sich die Frage, ob neben der Mit- 17
bestimmung der in einer Enkelgesellschaft beschäftigten Arbeitnehmer in ihrem eigenen Unternehmen und in der Konzernmutter auch noch ihre **Beteiligung in einer zwischen Mutter und Enkelin stehenden Tochter** in Betracht kommt. Die Antwort hängt davon ab, ob auch zwischen Tochter und Enkelin ein Konzern im Sinne des § 5 i.V.m. § 18 Abs. 1 AktG bestehen kann (Problem des **Konzerns im Konzern**). Die Frage wird im Aktienrecht heftig diskutiert und muß als letztlich noch ungeklärt gelten. Ein Teil der Autoren hält die Figur eines Konzerns im Konzern für „nicht denkbar" (*Köln.-Komm. – Biedenkopf-Koppensteiner*, § 18 Rdn. 19) oder doch für unpraktikabel (*Geßler,* § 18 AktG Rdn. 39 f.; *Frisinger-Lehmann,* DB 1972, 2338 ff. für Konzerne, die nach dem Divisionsprinzip organisiert sind; *Hoffmann,* BB 1974, 1277; *Lutter*, Mitbestimmung im Konzern, 11 f.). Andere sprechen sich dafür aus, ein Konzernverhältnis der Enkelin zur Tochter jedenfalls dann anzunehmen, wenn der Konzern stark dezentralisiert ist, so daß ungeachtet der Leitungsmacht der Muttergesellschaft auch die Tochter wesentliche selbständige Leitungsbefugnisse gegenüber der Enkelin besitzt und ausübt (*Kropff,* BB 1965, 1284; *Großkomm. – Würdinger,* § 18 AktG Anm. 8; *Emmerich-Sonnenschein,* Konzernrecht, 69; *Bayer,* DB 1975, 1168). Auch im Hinblick auf die Konzernmitbestimmung nach § 76

Abs. 4 BetrVG 1952 ist die Frage umstritten (bejahend *Fitting-Auffarth-Kaiser*, § 76 BetrVG 1952 Rdn. 81; unentschieden *Dietz-Richardi*, § 76 BetrVG 1952, Rdn. 186; vgl. auch *Galperin-Siebert*, § 76 BetrVG 1952 Rdn. 31 a; *Marienhagen*, BB 1973, 293 Fn. 33). Aus § 5 Abs. 3 läßt sich zur Lösung des Problems nichts entnehmen, da die Vorschrift lediglich den Fall betrifft, in dem die Konzernspitze nicht unter das Gesetz fällt (ebenso *Bayer*, DB 1975, 1169, gegen *Hoffmann*, BB 1974, 1277 und *Lutter*, Mitbestimmung im Konzern, 12). Im Ergebnis wird man Bayer (a.a.O.) zuzustimmen haben, wenn er ausführt, namentlich in dezentralisierten Mischkonzernen könne ein nicht abzuweisendes Bedürfnis dafür bestehen, daß die Arbeitnehmer auch an der Spitze des engeren Konzernbereichs vertreten sind, zu dem sie gehören, und nicht nur im herrschenden Unternehmen des Gesamtkonzerns. Daraus folgt, daß im Einzelfall zu prüfen ist, ob die Voraussetzungen der einheitlichen Leitung im Sinne des § 18 Abs. 1 AktG auch bei einem Teilbereich eines Konzerns vorliegen (ebenso *Fitting-Wlotzke-Wißmann*, § 5 Rdn. 22; *Duden*, ZHR 141, 158 ff.; *Bayer*, ZGR 1977, 182 ff.; a.A. *Lutter*, ZGR 1977, 212; *Lutter-Schneider*, BB 1977, 553; *Schilling*, ZHR 140, 53 ff.; *Semler*, DB 1977, 810 f.).

18 6. Nicht weniger problematisch ist die Konzernmitbestimmung, wenn zwei oder mehrere Obergesellschaften ein Unternehmen gemeinsam leiten, d. h. der Fall des **Mehrmütterkonzerns** bzw. des **Gemeinschaftsunternehmens**. Das BAG hat zu § 76 Abs. 4 BetrVG 1952 entschieden, daß das Gemeinschaftsunternehmen in einem solchen Fall mit jeder Obergesellschaft einen Konzern bilden könne, so daß seine Arbeitnehmer in allen ein Mitbestimmungsrecht haben (BAGE 22, 390 = AP Nr. 20 zu § 76 BetrVG mit zust. Anm. v. *A. Hueck*). Seine Begründung lautet im wesentlichen, nur so könne dem Zweck des Gesetzes Rechnung getragen werden, die Arbeitnehmer dort zu beteiligen, wo die sich auf sie auswirkenden Entscheidungen gefällt werden. Im Zusammenhang mit der Frage, ob ein Abhängigkeitsbericht nach § 312 AktG aufzustellen ist, hat auch das OLG Karlsruhe (DB 1972, 1572) und ihm folgend der BGH (BGHZ 62, 193 ff.) jedenfalls die Abhängigkeit (§ 17 AktG) von allen Müttern bejaht. Das Schrifttum ist dieser Judikatur nur zum Teil gefolgt (*Fitting-Auffarth-Kaiser*, § 1 BetrVG Rdn. 24; *Buchner*, RdA 1975, 12 f.; *Gansweid*, Gemeinsame Tochtergesellschaften im deutschen Konzern- und Wettbewerbsrecht, 199 f.). Andere Autoren lehnen sie ab (vgl. *Barz*, Festschr. f. Kaufmann, 59, 71; *Richardi*, SAE 1971, 138; *Ahrens*, AG 1975, 152 f.; ferner schon vor der Entscheidung des BAG *Koppensteiner*, ZHR 131, 326) oder halten doch Differenzierungen und Modifikationen für erforderlich (*Dietz-Richardi*, § 1 BetrVG Rdn. 93 ff.; *Lutter*, Mitbestimmung im Konzern, 11; *Bayer*, DB 1975, 1168; *Leo*, Manager-Magazin 1976,

H. 6, 79; *Meilicke-Meilicke,* § 5 Rdn. 16; vgl. zum ganzen Problemkreis auch *Boetius,* DB 1970, 1964 ff.; *Emmerich-Gansweid,* JuS 1975, 294 ff.; *Geßler,* ZGR 1974, 476 ff.; *Lutter,* NJW 1973, 113 ff.; *Matthies,* Festschr. f. F. Böhm, 1965, 319 ff.; *Nordmeyer,* BB 1971, 70 ff.; *Schlewing,* Das deutsch-ausländische paritätische Gemeinschaftsunternehmen im Konzern- und Kartellrecht; *Geßler,* § 18 AktG Rdn. 41; *Köln.-Komm. – Biedenkopf-Koppensteiner,* § 18 AktG Rdn. 10; *Großkomm. – Würdinger,* § 18 AktG Anm. 8).

In der Tat ist zu unterscheiden: Übt eine der Muttergesellschaften **19**
wegen ihres höheren Stimmenanteils an der gemeinsamen Tochter oder aus anderen Gründen die Leitung de facto allein aus, so ist sie allein als das herrschende Unternehmen anzusehen, so daß die Tochter nur mit ihr einen Konzern bildet (ebenso *Dietz-Richardi,* § 1 BetrVG Rdn. 95). Haben die Mütter nur ihre Beteiligungen an der gemeinsamen Tochter zusammengefaßt, ohne sich auf eine gemeinsame Leitung zu verständigen, und nimmt auch keine von ihnen eine eigene Leitungsmacht wahr, so besteht überhaupt kein Konzern. Anders liegt es, wenn die Muttergesellschaften mit Hilfe eines Stimmenpools oder anderer rechtlicher Mittel ihre Maßnahmen in bezug auf die Tochter koordinieren und sie auf dieser Basis gemeinsam leiten. Auch in diesem Fall kann nicht ohne weiteres davon gesprochen werden, daß eine organisatorische und wirtschaftliche Einheit zwischen der Tochter und jeder der beteiligten Mütter bestehe, welche eine Verdoppelung der Konzernmitbestimmung unter dem Gesichtspunkt der Unternehmenseinheit rechtfertigen würde (vgl. *Dietz-Richardi,* § 1 BetrVG Rdn. 100). Für die Arbeitnehmer der Tochtergesellschaft kommt es darauf aber nicht an. Aus ihrer Sicht muß die Konzernmitbestimmung vielmehr dort ansetzen, wo die für die Tochter maßgeblichen Entscheidungen fallen. Üben mehrere Konzernmütter die Leitungsmacht gemeinsam aus, so kann folgerichtig auch die Konzernmitbestimmung nur wirksam werden, wenn sie in allen stattfindet. Da das MitbestG dazu bestimmt ist, die Arbeitnehmer an den Unternehmensentscheidungen teilnehmen zu lassen, ist dieser Argumentation der Vorzug zu geben. Im Ergebnis sprechen daher die besseren Gründe dafür, die vom BAG gefundene Lösung auch für das MitbestG zu akzeptieren und die **Arbeitnehmer eines Gemeinschaftsunternehmens** jedenfalls dann **an der Wahl zu den Aufsichtsräten aller Muttergesellschaften zu beteiligen, wenn diese den Konzern gemeinsam leiten.** Daß sich die Repräsentanz der Arbeitnehmer in diesem Fall vervielfältigt, ist ein unbefriedigender, aber unvermeidlicher Nebeneffekt, der in Kauf genommen werden muß (ebenso *Fitting-Wlotzke-Wißmann,* § 5 Rdn. 25; *Reich,* AuR 1976, 266; a.A. *Meilicke-Meilicke,* § 5 Rdn. 16; *Leo,* Manager-Magazin 1976, H. 6, 79; *Duden* ZHR 141, 161 ff.; *Bayer,* ZGR 1977, 187; weiter differenzierend *Wessing-Hölters,* DB 1977, 864).

III. Die Rechtsfolgen

20 Die Mitbestimmung der Arbeitnehmer an der Konzernspitze wird nach § 5 Abs. 1 u. 2 dadurch erreicht, daß **die Arbeitnehmer sämtlicher zu berücksichtigender Konzernunternehmen** (s. o. Rdn. 6 ff.) **dem herrschenden Unternehmen zuzurechnen sind.** Im Gegensatz zu § 77 a BetrVG 1952 ist es dabei nicht erforderlich, daß ein Beherrschungsvertrag vorliegt oder das abhängige Unternehmen in das herrschende eingegliedert ist, vielmehr **unterscheidet das Gesetz nicht zwischen Vertrags- und faktischem Konzern.** War das herrschende Unternehmen nicht schon zuvor verpflichtet, einen Aufsichtsrat zu bilden, so wird es nunmehr aufsichtsratspflichtig, sofern im Konzern insgesamt in der Regel mehr als 2000 Arbeitnehmer beschäftigt sind (vgl. § 6 Abs. 1). Der Aufsichtsrat ist nach § 7 zusammenzusetzen. Ist das herrschende Unternehmen eine **AG oder GmbH & Co. KG**, so sind nach Abs. 2 unter den Voraussetzungen des § 4 Abs. 1 die Arbeitnehmer der Konzerntöchter ebenso wie die der KG der Komplementärgesellschaft zuzurechnen (vgl. *Lutter*, Mitbestimmung im Konzern, 60). Die Komplementärgesellschaft kann von der Führung der Geschäfte der KG und daher von der Leitung des Konzerns nicht ausgeschlossen werden (Abs. 2 S. 2 i.V.m. § 4 Abs. 2, vgl. § 4 Rdn. 19 ff.). Ist eine AG oder GmbH & Co. KG abhängiges Unternehmen, so sind gem. Abs. 1 S. 2 auch die Arbeitnehmer der AG bzw. GmbH hinzuzuzählen. Dabei kommt es nach dem Wortlaut des Gesetzes nicht darauf an, daß die KG und die Komplementärgesellschaft gem. § 4 miteinander verflochten sind (*Fitting-Wlotzke-Wißmann*, § 5 Rdn. 29). Im Fall des Abs. 2 sind diese Arbeitnehmer auch der Komplementärgesellschaft des herrschenden Unternehmens zuzurechnen (Abs. 2 S. 2). Steht dagegen umgekehrt die Komplementärgesellschaft im Konzernverbund, wird man die Arbeitnehmer der KG sinngemäß nur dann einbeziehen dürfen, wenn die zusätzlichen Voraussetzungen des § 4 Abs. 1 erfüllt sind oder wenn die Komplementärgesellschaft ihrerseits die KG im Sinne des § 17 AktG beherrscht (*Lutter*, Mitbestimmung im Konzern, 62). Im mehrstufigen Konzern sind die Arbeitnehmer auch der Enkel- und Urenkelunternehmen dem herrschenden Unternehmen zuzurechnen.

21 Infolge der Zurechnung **nehmen die Arbeitnehmer aller abhängigen Konzernunternehmen aktiv und passiv an den Wahlen** zum Aufsichtsrat des herrschenden Unternehmens **teil** und bilden das die gewählten Arbeitnehmervertreter legitimierende Wahlvolk. Über die durch die Konzernmitbestimmung bedingten Probleme des Wahlverfahrens vgl. die Erläuterungen zu §§ 10, 15, 18.

IV. Mitbestimmung im Teilkonzern (Abs. 3)

1. Der vom Gesetzgeber verwirklichte Grundgedanke, daß die Konzernmitbestimmung im herrschenden Unternehmen anzusetzen habe, läßt sich nicht durchführen, wenn die **Konzernspitze nicht mitbestimmungspflichtig** ist. Dies ist der Fall, wenn das **herrschende Unternehmen** in einer **nicht unter § 1 Abs. 1 Z. 1 fallenden Rechtsform** geführt wird, sondern z. B. als Personengesellschaft oder einzelkaufmännisches Unternehmen, ferner, wenn es seinen **Sitz im Ausland** hat und daher vom deutschen Recht nicht erreichbar ist (vgl. § 1 Rdn. 12). Nach den allgemeinen Regeln könnte in diesen Fällen die Mitbestimmung nur in den einzelnen Konzernunternehmen stattfinden, sofern diese die gesetzlichen Voraussetzungen erfüllen. Eine Konzernmitbestimmung wäre nur möglich, wenn eine zwischen der Konzernmutter und den Enkelunternehmen stehende Tochter eigene Leitungsbefugnisse im Sinne eines Konzerns im Konzern ausübt (s. Rdn. 17). Um diesem unbefriedigenden Ergebnis zu begegnen, hat der Gesetzgeber in § 5 Abs. 3 eine **Ersatzlösung** vorgesehen, wonach die Konzernmitbestimmung in dem der Muttergesellschaft am nächsten stehenden Unternehmen stattfindet, welches die gesetzlichen Voraussetzungen erfüllt, und zwar, ohne daß es darauf ankommt, ob dieses selbst eine Leitungsmacht besitzt und wahrnimmt. Ist dies nicht der Fall, fingiert die Vorschrift einen als selbständige Untereinheit faßbaren Teilkonzern (vgl. *Bayer*, DB 1975, 1169). 22

Die Vorschrift ist den §§ 330 AktG und 28 Abs. 2 EGAktG nachgebildet, die unter im wesentlichen gleichen Voraussetzungen anordnen, daß Teilkonzernabschlüsse und -geschäftsberichte aufzustellen sind. Den Ausfall der Mitbestimmung an der Konzernspitze kann sie nur unvollkommen ersetzen, da sie **in dem Maße ineffektiv** bleiben muß, **in dem die Muttergesellschaft den Konzern selbst führt.** Vielfach wird sie Mitbestimmungsorgane schaffen, welche der Konzernorganisation zuwiderlaufen und so „unabsehbare Kreuz- und Querberechtigungen zu Wahlen in mehr oder minder einflußlose Aufsichtsräte entstehen lassen, „ohne daß die Konzernleitung selbst erfaßt werden könnte" (*Lutter*, Mitbestimmung im Konzern, 13). Auf der anderen Seite geht es zu weit, zu behaupten, sie laufe generell leer (*Hoffmann*, DB 1975, 1277; vorsichtiger *Martens*, ZHR 138, 195 f.), denn in Mischkonzernen und in multinationalen Unternehmen ist es nicht ungewöhnlich, daß den Töchtern ein erhebliches Maß von Entscheidungsfreiheit eingeräumt wird (*Bayer*, DB 1975, 1169). Auch erweist sich die Vorschrift trotz ihrer Unvollkommenheit als eine wichtige und kaum vermeidliche Ergänzung der allgemeinen Konzernmitbestimmung nach Abs. 1 u. 2, weil es ohne sie allzu leicht wäre, diese zu umgehen, indem das herrschende Unternehmen in eine nicht mitbestimmungspflichtige Personengesellschaft umgewandelt oder ins Ausland verlegt wird. 23

24 2. Die **Mitbestimmung im Teilkonzern** nach Abs. 3 **setzt** zunächst **voraus**, daß der Gesamtkonzern von einem Unternehmen geleitet wird, das nicht der Konzernmitbestimmung unterliegt, weil es nicht in der Rechtsform der AG, KGaA, GmbH, bergrechtlichen Gewerkschaft mit eigener Rechtspersönlichkeit, Erwerbs- und Wirtschaftsgenossenschaft oder, unter den Voraussetzungen des § 4, AG bzw. GmbH & Co. KG geführt wird (§ 5 Abs. 3, 1 i.V.m. § 1 Abs. 1 Z. 1 und § 4). Es kommen alle anderen Rechtsformen in Betracht, d. h. neben den Personengesellschaften und dem einzelkaufmännischen Unternehmen z. B. auch Vereine, Stiftungen, Gesellschaften bürgerlichen Rechts oder öffentliche Unternehmen. Mangels näherer Abgrenzung bildet der Unternehmensbegriff selbst die einzige Schranke. Da das MitbestG den aktienrechtlichen Unternehmensbegriff übernimmt (vgl. Rdn. 6), werden daher an dieser Stelle auch die Unklarheiten und Kontroversen relevant, welche diesem Begriff anhaften. Sie können hier nicht erörtert werden (vgl. die Literatur zum AktG, z. B. *Geßler*, § 15 AktG Rdn. 6 ff.; *Köln.-Komm. – Biedenkopf-Koppensteiner*, § 15 AktG Rdn. 5 ff.; *Großkomm. – Würdinger*, Vorbem. vor § 15 AktG, Abschn. II, je m.w.N.).

25 Notwendig ist die Teilkonzernregelung ferner, wenn die **Konzernspitze** ihren **Sitz im Ausland** hat und daher nicht dem deutschen Mitbestimmungsrecht unterliegt. Dies ergibt sich zwar nicht zwingend aus dem Wortlaut des § 5, der nur von einem anderen als den im § 1 Abs. 1 und § 4 bezeichneten Unternehmen spricht, also nur auf die Rechtsform abstellt, entspricht aber dem Sinn des Gesetzes und der erklärten Absicht des Gesetzgebers (vgl. Begr. z. RegE, BT-Drucks. 7/2172, 20; Ausschußber., BT-Drucks. 7/4845, 4). Schließlich ist Abs. 3 auch auf die Fälle anzuwenden, in denen die **Konzernspitze dem MontanmitbestG** unterliegt oder als **Tendenzunternehmen** mitbestimmungsfrei bleibt. Formell ergreift die bei § 1 Abs. 1 endende Verweisungskette des § 5 Abs. 3 u. 1 zwar auch diese Fälle nicht. Da jedoch die Interessenlage dieselbe ist wie wenn das herrschende Unternehmen als Personengesellschaft geführt wird oder seinen Sitz im Ausland hat, läßt sich eine verschiedene Behandlung nicht rechtfertigen. Die Formulierung des Gesetzes ist daher insoweit als Redaktionsfehler zu würdigen (im Erg. ebenso *Fitting-Wlotzke-Wißmann*, § 5 Rdn. 37; *Naendrup*, BlStSozArbR 1976, 166; a.A. *Lutter*, Mitbestimmung im Konzern, 13 f.; *Meilicke-Meilicke*, § 5 Rdn. 11). Nur wenn bereits eine Konzernmitbestimmung nach dem **MitbestEG** einzurichten ist, bleibt für die Anwendung des § 5 Abs. 3 kein Raum mehr (*Fitting-Wlotzke-Wißmann*, § 5 Rdn. 38).

26 3. Abs. 3 verlangt weiter, daß die selbst nicht mitbestimmungspflichtige **Konzernmutter andere Unternehmen über** ein oder mehrere **mitbestimmungspflichtige Unternehmen beherrscht.** Die Formulierung entspricht den §§ 330 AktG und 28 Abs. 2 EGAktG. Sie setzt einen **drei-**

oder mehrstufigen Konzern voraus, in dem die einheitliche Leitung durch Unternehmen vermittelt wird, die zwischen der Konzernspitze und den übrigen Konzerngliedern stehen. Die Zwischengesellschaft braucht keinerlei eigene Leitungsmacht auszuüben, vielmehr genügt es, wenn die Direktiven der Konzernmutter über sie gehen. Auf welche Weise die Herrschaft vermittelt wird, namentlich ob es auf die **Kapitalverflechtung** oder auf die **Leistungsstruktur** ankommt, bleibt dagegen offen. Dies ist unproblematisch, sofern beides zusammenfällt, die Leitungswege also der Kapitalbeteiligung folgen. Ist z. B. das selbst nicht mitbestimmungspflichtige Unternehmen A mehrheitlich am Unternehmen B und dieses mehrheitlich am Unternehmen C beteiligt, und nimmt A die konzernleitenden Maßnahmen gegenüber B vor, während sie B an C weitergibt, so kann kein Zweifel auftauchen, daß die Mitbestimmung im Teilkonzern nach Abs. 3 im Unternehmen B einzurichten ist, sofern die übrigen Voraussetzungen vorliegen. Dagegen bereiten die Fälle Schwierigkeiten, in denen sich Leitungsstruktur und Kapitalverflechtung nicht decken, weil die Muttergesellschaft die Konzernleitung nicht über die Tochter ausübt, sondern entweder selbst unmittelbar gegenüber den Enkel- bzw. Urenkelunternehmen oder über eine andere von ihr abhängige Zwischengesellschaft, die an den Enkeln selbst aber nicht beteiligt ist (vgl. die Fälle bei *Lutter,* Mitbestimmung im Konzern, 12 f.).

Im Zusammenhang mit §§ 330 AktG und 28 Abs. 2 EGAktG hat sich die Mehrheit der Autoren auf den Standpunkt gestellt, in diesem Fall komme es auf die Kapitalverflechtung, nicht aber auf die Leitungsstruktur an (vgl. *Großkomm. – Barz,* § 330 AktG Anm. 8; *Köln.-Komm. – Kronstein,* § 330 AktG Rdn. 8 je m.w.N.). Die Lösung ist grundsätzlich auch hinsichtlich der Mitbestimmung im Teilkonzern sachgemäß. § 5 Abs. 3 beruht auf dem Gedanken, daß die Tochtergesellschaft Konzernherrschaft über die Enkelin ausüben könnte, sofern sie nicht selbst von der Mutter beherrscht wäre, und daher auch imstande ist, die konzernleitenden Dispositionen der Mutter an die Enkelin weiterzugeben; ferner daß die Leitungsmacht der Mutter auch gegenüber der Enkelin auf ihrer Herrschaft über die Tochter basiert. Rechtlich setzt diese Konstellation eine doppelte Abhängigkeit i.S. des § 17 Abs. 1 AktG der Enkelin von der Tochter und der Tochter von der Mutter voraus, die sich bei der Mutter zur einheitlichen Leitung verdichtet. Gem. § 17 Abs. 2 AktG ist die doppelte Abhängigkeit zu vermuten, sofern die Mutter mit Mehrheit an der Tochter und diese mehrheitlich an der Enkelin beteiligt ist. Daraus folgt, daß in diesem Fall auch eine von der Mutter gegenüber der Enkelin ausgeübte Konzernherrschaft i.S. des § 5 Abs. 3 durch die Tochter vermittelt wird, es sei denn, die Vermutung gem. § 17 Abs. 2 AktG wird in einem der beiden Abhängigkeitsverhältnisse widerlegt. Kann in **27** einem solchen Fall die Konzernmitbestimmung gem. Abs. 1 nicht stattfinden, weil die Mutter die Voraussetzungen des § 1 nicht erfüllt, so ist sie statt dessen gem. Abs. 3 in der Tochter einzurichten. Auf die Art und Weise, wie die Mutter die Leitungsmacht ausübt, namentlich, ob sie sich dazu der Tochter bedient oder nicht, kommt es nicht an (a.A. *Fitting-Wlotzke-Wißmann*, § 5 Rdn. 40). Auf der anderen Seite setzt die Vorschrift nicht notwendig eine auf Mehrheitsbeteiligung beruhende Abhängigkeit zwischen Mutter und Tochter sowie zwischen Tochter und Enkelin voraus. Basiert die Abhängigkeit auf anderen Umständen, so kommt es auch für die Anwendung des Abs. 3 nicht auf die Kapitalverflechtung, sondern auf die Führungsstruktur des Konzerns an. Dies gilt namentlich in dem von *Fitting-Wlotzke-Wißmann* (a.a.O.) angeführten Beispiel: Hält die Konzernmutter die Anteilsmehrheit an zwei Töchtern, T 1 und T 2, die untereinander nicht verflochten sind, und überläßt sie T 1 die Konzernherrschaft auch über T 2, so liegt ein mitbestimmungspflichtiger Teilkonzern gem. Abs. 3 nur vor, wenn der Tatbestand eine Abhängigkeit der T 2 von T 1 i.S. des § 17 Abs. 1 AktG begründet. Da die Vermutung des § 17 Abs. 2 AktG nicht anzuwenden ist, muß der Nachweis der Abhängigkeit aus den konkreten Umständen des Einzelfalls geführt werden (ähnlich *Duden*, ZHR 141, 157).

28 Sonderprobleme treten auf, wenn die Konzernherrschaft der Muttergesellschaft über **mehrere Zwischengesellschaften** vermittelt wird. Besitzt die Mutter eine Mehrheit sowohl am Unternehmen A wie am Unternehmen B und steht das Unternehmen C im gemeinschaftlichen Besitz von A und B, so fragt sich, ob die Mitbestimmung nach Abs. 3 in A, B oder in beiden Unternehmen einzurichten ist, wenn die Konzernspitze selbst mitbestimmungsfrei bleibt. Obwohl das Gesetz davon spricht, daß die Konzernherrschaft über mehrere Unternehmen vermittelt wird, löst es den Fall nicht. Die angemessene Lösung folgt aus den Regeln über die Mitbestimmung im Mehrmütterkonzern (s.o. Rdn. 18 f.), die hier entsprechend gelten. Sind A und B gleichmäßig an C beteiligt und erfüllen beide die Rechtsformvoraussetzungen des § 1, während die Konzernmutter mitbestimmungsfrei bleibt, so sind beide als herrschende Unternehmen eines Teilkonzerns nach Abs. 3 anzusehen, so daß die in C beschäftigten Arbeitnehmer sowohl in A wie in B ein Mitbestimmungsrecht haben. Wie die Konzernmutter die Leitungsmacht ausübt, spielt auch in diesem Fall keine Rolle. Teilen sich Mutter und Tochter die Anteile der Enkelin, so ist Abs. 3 auf die Tochter anzuwenden, wenn die Mutter mitbestimmungsfrei ist. Nach den gleichen Grundsätzen sind noch komplexere Unternehmensverbindungen zu würdigen.

29 4. Sind die Voraussetzungen des Abs. 3 erfüllt, so ist die Konzernmitbestimmung in dem **Unternehmen** einzurichten, das der **Konzernleitung am nächsten** steht. Mitbestimmungsberechtigt sind die **Arbeitnehmer** in

allen Unternehmen, die zu dem von der **Zwischengesellschaft geführten** wirklichen oder fiktiven **Teilkonzern** gehören, ohne Rücksicht auf ihre Rechtsform (s.o. Anm. 8 ff.). Erreicht die Zwischengesellschaft erst infolge der Zurechnung der in den unter ihr stehenden Unternehmen beschäftigten Arbeitnehmer die Zahl von 2000 Arbeitnehmern, wird sie verpflichtet, einen nach dem Gesetz zusammengesetzten Aufsichtsrat einzurichten. **Nicht einzubeziehen** sind dagegen die **Arbeitnehmer** des **herrschenden** und aller anderen, im Aufbau des Konzerns **über der mitbestimmungspflichtigen Zwischengesellschaft stehenden Unternehmen**. Auch die Arbeitnehmer anderer, zum Gesamtkonzern, nicht aber zum Teilkonzern gehörender Unternehmen können nicht berücksichtigt werden. Daraus folgt, daß § 5 Abs. 3 nicht die Mitbestimmung aller zu dem Konzern gehörenden Arbeitnehmer garantiert.

Innerhalb des Teilkonzerns findet die Konzernmitbestimmung, **30** ebenso wie im Normalfall des § 5 Abs. 1 u. 2 **nur einmal** statt, d. h. die Arbeitnehmer der weiter unten stehenden Unternehmen werden nur dem an der Spitze des Teilkonzerns stehenden Unternehmen zugerechnet, nicht aber solchen Unternehmen, die dazwischen stehen (s.o. Rdn. 17). Dagegen bleiben die Unternehmen nach den für sie selbst geltenden Vorschriften mitbestimmungspflichtig.

5. Die Regelung des Abs. 3 führt dazu, daß Konzerne, deren Spitze **31** nicht der Konzernmitbestimmung unterliegt, mitbestimmungsrechtlich u.U. in eine Mehrzahl von (u.U. fiktiven) Teilkonzernen aufgespalten werden, in denen verschiedene Mitbestimmungsformen gelten können. Es ist z. B. möglich, daß im Teilkonzern A die Konzernmitbestimmung in einem Unternehmen einzurichten ist, das unmittelbar unter der Konzernspitze steht, während im Teilkonzern B erst viel weiter unten und im Teilkonzern C gar kein konzernmitbestimmungspflichtiges Unternehmen mehr auftritt. Es kann kein Zweifel herrschen, daß diese **unübersichtliche Lösung wenig zweckmäßig** ist. Auch diskriminiert sie Arbeitnehmer, welche in Konzernunternehmen beschäftigt werden, die außerhalb der mitbestimmungsrechtlichen Hierarchie stehen. In manchen Fällen wird sich daher die Frage aufdrängen, ob die **gesetzliche Regelung** nicht **durch eine zweckmäßigere ersetzt** werden kann. Das Gesetz gibt darauf keine Antwort. Obwohl es grundsätzlich zwingendes Recht enthält, wird man eine solche Lösung doch für **zulässig** halten können, sofern sie die Mitbestimmungsrechte nicht verkürzt (vgl. § 1 Rdn. 46 f.). Zu ihren Gunsten spricht, daß sie die Mitbestimmungsrechte der Arbeitnehmer besser wahrt als die Notlösung des Abs. 3 und daher auch den Intentionen des Gesetzes besser gerecht wird. Auf der anderen Seite ist nicht zu verkennen, daß sie komplizierte Regelungen notwendig macht, deren Implikationen kaum zu übersehen sind. Soll die Mitbestimmung gem. Abs. 1 freiwillig an der Spitze des Konzerns eingerichtet werden,

bedarf es eines satzungsändernden Beschlusses der Anteilseigner, durch den ein paritätisch besetzter Aufsichtsrat gebildet wird. Die auf seiten der Arbeitnehmer notwendige Zustimmung wird man in einem Verfahren herbeiführen können, das nach Analogie des § 9 Abs. 3 ausgestaltet ist.

V. Andere Unternehmensverbindungen

32 1. Für **Unternehmensverbindungen** i.S. der §§ **15–19, 291, 292 AktG,** die nicht den Tatbestand des Unterordnungskonzerns erfüllen, enthält das Gesetz **keine Sondervorschriften.** Es bleibt daher bei den allgemeinen Regeln, wonach die Mitbestimmung nur in den einzelnen Unternehmen nach den für diese jeweils geltenden Vorschriften des MitbestG, der Montanmitbestimmungsgesetze oder des BetrVG 1952 stattfindet. Der Einfluß, den ein verbundenes Unternehmen auf das andere ausüben kann, wird mitbestimmungsrechtlich nicht relevant. Das gilt namentlich für den **Gleichordnungskonzern** (§ 18 Abs. 2 AktG). Werden zwei oder mehrere nicht von einander abhängige Unternehmen unter einheitlicher, von einem gemeinsamen Ausschuß oder einer zu diesem Zweck gegründeten Verwaltungsgesellschaft ausgeübter Leitung zusammengefaßt, so erreicht die Mitbestimmung die Konzernleitung nicht (vgl. *Wlotzke,* AuR 1974, 227; *Lutter,* Mitbestimmung im Konzern, 66; *Bayer,* DB 1975, 1169). Gleiches gilt beim Abschluß von **Unternehmenspacht- oder -überlassungsverträgen,** sofern sie nicht einen Unterordnungskonzern begründen (s.o. Rdn. 16).

33 2. Zweifelhaft ist die Behandlung der **Mischformen** zwischen **Gleich- und Unterordnungskonzern.** Faßt eines der zu einem Gleichordnungskonzern gehörenden Unternehmen seinerseits von ihm abhängige Unternehmen unter sich zusammen, so fragt sich, ob in diesem eine Konzernmitbestimmung stattzufinden hat. § 5 Abs. 1 u. 2 sind auf den Fall nicht anzuwenden, da das Unternehmen keine eigene Leitungsmacht ausübt, es sei denn, die besonderen Voraussetzungen des Konzerns im Konzern (s.o. Rdn. 17) sind erfüllt. Aber auch der den Fall sinngemäß am ehesten treffende Abs. 3 ist nicht erfüllt, weil er nach seinem Wortlaut einen Unterordnungskonzern voraussetzt. Im Zusammenhang mit einer Reihe von anderen Rechtsfragen, bei denen der kombinierte Konzern ähnliche Probleme aufwirft, wird im Schrifttum zum AktG eine analoge Anwendung gewisser konzernrechtlicher Vorschriften empfohlen, weil „eine andere Auslegung zu unvernünftigen Ergebnissen führen“ würde (so *Köln.-Komm. – Biedenkopf-Koppensteiner,* § 18 AktG Rdn. 10; vgl. auch *Kropff,* BB 1965, 1281 (1284); *Geßler,* § 18 AktG Rdn. 40, 79; *Adler-Düring-Schmaltz,* Rechnungslegung und Prüfung der Aktiengesellschaft, Bd. 3, § 329 Tz. 40; *Havermann,* WPg

1966, 67). Aus gleichartigen methodischen und sachlichen Erwägungen rechtfertigt sich ein solches Verfahren angesichts der gebotenen wirtschaftlichen Betrachtungsweise (§ 4 Rdn. 10 f.) auch in bezug auf die Konzernmitbestimmung. Demgemäß sollte die Notlösung des **Abs. 3 analog** auch auf die der Konzernleitung am nächsten stehenden mitbestimmungspflichtigen Unternehmen eines gemischten Gleich- und Unterordnungskonzerns angewandt werden. Nach den gleichen Grundsätzen sind die von *Lutter* (Gutachten zum 48. Dt. Juristentag, 149 ff., Mitbestimmung im Konzern, 66) dargestellten komplizierten Konzernstrukturen mitbestimmungsrechtlich zu erfassen.

VI. Streitigkeiten

Die Klärung der schwierigen, durch § 5 aufgeworfenen Fragen gehört **34**
im Regelfall zu den Feststellungen über die Zusammensetzung des Aufsichtsrats. Sie sind daher im Verfahren nach §§ 97 ff. AktG i.V.m. 3 Abs. 2 zu klären (vgl. § 6 Rdn. 8 ff.). Steht die Zusammensetzung des Aufsichtsrats im herrschenden Unternehmen dagegen fest und ist nur streitig, ob bestimmte Arbeitnehmer an der Wahl teilnehmen oder ob mittelbare oder unmittelbare Wahl stattzufinden hat (§ 9 Abs. 1 u. 2), so betrifft die Frage das Wahlrecht und ist daher gem. § 2 Abs. 1 Nr. 5 ArbGG vor die Arbeitsgerichte zu bringen (*Fitting-Wlotzke-Wißmann*, § 5 Rdn. 48).

ZWEITER TEIL
Aufsichtsrat

ERSTER ABSCHNITT
Bildung und Zusammensetzung

§ 6
Grundsatz

(1) Bei den in § 1 Abs. 1 bezeichneten Unternehmen ist ein Aufsichtsrat zu bilden, soweit sich dies nicht schon aus anderen gesetzlichen Vorschriften ergibt.

(2) Die Bildung und die Zusammensetzung des Aufsichtsrats sowie die Bestellung und die Abberufung seiner Mitglieder bestimmen sich nach den §§ 7 bis 24 dieses Gesetzes und, soweit sich dies nicht schon aus anderen gesetzlichen Vorschriften ergibt, nach § 96 Abs. 2, den §§ 97 bis 101 Abs. 1 und 3 und den §§ 102 bis 106 des Aktiengesetzes mit der Maßgabe, daß die Wählbarkeit eines Prokuristen als Aufsichtsratsmitglied der Arbeitnehmer nur ausgeschlossen ist, wenn dieser dem zur gesetzlichen Vertretung des Unternehmens befugten Organ unmittelbar unterstellt und zur Ausübung der Prokura für den gesamten Geschäftsbereich des Organs ermächtigt ist. Andere gesetzliche Vorschriften und Bestimmungen der Satzung (des Gesellschaftsvertrags, des Statuts) über die Zusammensetzung des Aufsichtsrats sowie über die Bestellung und die Abberufung seiner Mitglieder bleiben unberührt, soweit Vorschriften dieses Gesetzes dem nicht entgegenstehen.

(3) Auf Erwerbs- und Wirtschaftsgenossenschaften sind die §§ 100, 101 Abs. 1 und 3 und die §§ 103 und 106 des Aktiengesetzes nicht anzuwenden. Auf die Aufsichtsratsmitglieder der Arbeitnehmer ist § 9 Abs. 2 des Gesetzes betreffend die Erwerbs- und Wirtschaftsgenossenschaften nicht anzuwenden.

§§ 96 bis 106 AktG lauten:

§ 96
Zusammensetzung des Aufsichtsrats

(1) Der Aufsichtsrat setzt sich zusammen
bei Gesellschaften, für die das Mitbestimmungsgesetz gilt, aus Aufsichtsratsmitgliedern der Aktionäre und der Arbeitnehmer,

bei Gesellschaften, für die das Montan-Mitbestimmungsgesetz gilt, aus Aufsichtsratsmitgliedern der Aktionäre und der Arbeitnehmer und aus weiteren Mitgliedern,
bei Gesellschaften, für die die §§ 5 bis 13 des Mitbestimmungsergänzungsgesetzes gelten, aus Aufsichtsratsmitgliedern der Aktionäre und der Arbeitnehmer und aus einem weiteren Mitglied,
bei Gesellschaften, für die § 76 Abs. 1 des Betriebsverfassungsgesetzes 1952 gilt, aus Aufsichtsratsmitgliedern der Aktionäre und der Arbeitnehmer,
bei den übrigen Gesellschaften nur aus Aufsichtsratsmitgliedern der Aktionäre.

(2) Nach anderen als den zuletzt angewandten gesetzlichen Vorschriften kann der Aufsichtsrat nur zusammengesetzt werden, wenn nach § 97 oder nach § 98 die in der Bekanntmachung des Vorstands oder in der gerichtlichen Entscheidung angegebenen gesetzlichen Vorschriften anzuwenden sind.

§ 97
Bekanntmachung über die Zusammensetzung des Aufsichtsrats

(1) Ist der Vorstand der Ansicht, daß der Aufsichtsrat nicht nach den für ihn maßgebenden gesetzlichen Vorschriften zusammengesetzt ist, so hat er dies unverzüglich in den Gesellschaftsblättern und gleichzeitig durch Aushang in sämtlichen Betrieben der Gesellschaft und ihrer Konzernunternehmen bekanntzumachen. In der Bekanntmachung sind die nach Ansicht des Vorstands maßgebenden gesetzlichen Vorschriften anzugeben. Es ist darauf hinzuweisen, daß der Aufsichtsrat nach diesen Vorschriften zusammengesetzt wird, wenn nicht Antragsberechtigte nach § 98 Abs. 2 innerhalb eines Monats nach der Bekanntmachung im Bundesanzeiger das nach § 98 Abs. 1 zuständige Gericht anrufen.

(2) Wird das nach § 98 Abs. 1 zuständige Gericht nicht innerhalb eines Monats nach der Bekanntmachung im Bundesanzeiger angerufen, so ist der neue Aufsichtsrat nach den in der Bekanntmachung des Vorstands angegebenen gesetzlichen Vorschriften zusammenzusetzen. Die Bestimmungen der Satzung über die Zusammensetzung des Aufsichtsrats, über die Zahl der Aufsichtsratsmitglieder sowie über die Wahl, Abberufung und Entsendung von Aufsichtsratsmitgliedern treten mit der Beendigung der ersten Hauptversammlung, die nach Ablauf der Anrufungsfrist einberufen wird, spätestens sechs Monate nach Ablauf dieser Frist insoweit außer Kraft, als die den nunmehr anzuwendenden gesetzlichen Vorschriften widersprechen. Mit demselben Zeitpunkt erlischt das Amt der bisherigen Aufsichtsratsmitglieder. Eine Hauptversammlung, die innerhalb der Frist von sechs Monaten stattfindet, kann an Stelle der außer Kraft tretenden Satzungsbestimmungen mit einfacher Stimmenmehrheit neue Satzungsbestimmungen beschließen.

(3) Solange ein gerichtliches Verfahren nach §§ 98, 99 anhängig ist, kann eine Bekanntmachung über die Zusammensetzung des Aufsichtsrats nicht erfolgen.

§ 98
Gerichtliche Entscheidung über die Zusammensetzung des Aufsichtsrats

(1) Ist streitig oder ungewiß, nach welchen gesetzlichen Vorschriften der Aufsichtsrat zusammenzusetzen ist, so entscheidet darüber auf Antrag aus-

schließlich das Landgericht (Zivilkammer), in dessen Bezirk die Gesellschaft ihren Sitz hat. Die Landesregierung kann die Entscheidung durch Rechtsverordnung für die Bezirke mehrerer Landgerichte einem der Landgerichte übertragen, wenn dies der Sicherung einer einheitlichen Rechtsprechung dient. Die Landesregierung kann die Ermächtigung auf die Landesjustizverwaltung übertragen.

(2) Antragsberechtigt sind

1. der Vorstand,
2. jedes Aufsichtsratsmitglied,
3. jeder Aktionär,
4. der Gesamtbetriebsrat der Gesellschaft oder, wenn in der Gesellschaft nur ein Betriebsrat besteht, der Betriebsrat,
5. der Gesamtbetriebsrat eines anderen Unternehmens, dessen Arbeitnehmer nach den gesetzlichen Vorschriften, deren Anwendung streitig oder ungewiß ist, selbst oder durch Wahlmänner an der Wahl von Aufsichtsratsmitgliedern der Gesellschaft teilnehmen, oder, wenn in dem anderen Unternehmen nur ein Betriebsrat besteht, der Betriebsrat,
6. mindestens ein Zehntel oder einhundert der Arbeitnehmer, die nach den gesetzlichen Vorschriften, deren Anwendung streitig oder ungewiß ist, selbst oder durch Wahlmänner an der Wahl von Aufsichtsratsmitgliedern der Gesellschaft teilnehmen,
7. Spitzenorganisationen der Gewerkschaften, die nach den gesetzlichen Vorschriften, deren Anwendung streitig oder ungewiß ist, ein Vorschlags- oder Entsendungsrecht hätten,
8. Gewerkschaften, die nach den gesetzlichen Vorschriften, deren Anwendung streitig oder ungewiß ist, ein Vorschlagsrecht hätten.

Ist die Anwendung des Mitbestimmungsgesetzes oder die Anwendung von Vorschriften des Mitbestimmungsgesetzes streitig oder ungewiß, so sind außer den nach Satz 1 Antragsberechtigten auch je ein Zehntel der wahlberechtigten Arbeiter, der wahlberechtigten in § 3 Abs. 3 Nr. 1 des Mitbestimmungsgesetzes bezeichneten Angestellten oder der wahlberechtigten leitenden Angestellten im Sinne des Mitbestimmungsgesetzes antragsberechtigt.

(3) Die Absätze 1 und 2 gelten sinngemäß, wenn streitig ist, ob der Abschlußprüfer das nach § 3 des Mitbestimmungsergänzungsgesetzes maßgebliche Umsatzverhältnis richtig ermittelt hat.

(4) Entspricht die Zusammensetzung des Aufsichtsrats nicht der gerichtlichen Entscheidung, so ist der neue Aufsichtsrat nach den in der Entscheidung angegebenen gesetzlichen Vorschriften zusammenzusetzen. § 97 Abs. 2 gilt sinngemäß mit der Maßgabe, daß die Frist von sechs Monaten mit dem Eintritt der Rechtskraft beginnt.

§ 99
Verfahren

(1) Auf das Verfahren ist das Reichsgesetz über die Angelegenheiten der freiwilligen Gerichtsbarkeit anzuwenden, soweit in den Absätzen 2 bis 5 nichts anderes bestimmt ist.

(2) Das Landgericht hat den Antrag in den Gesellschaftsblättern bekanntzumachen. Der Vorstand und jedes Aufsichtsratsmitglied sowie die nach § 98 Abs. 2 antragsberechtigten Betriebsräte und Spitzenorganisationen sind zu hören.

(3) Das Landgericht entscheidet durch einen mit Gründen versehenen Beschluß. Gegen die Entscheidung findet die sofortige Beschwerde statt. Sie kann nur auf eine Verletzung des Gesetzes gestützt werden; die §§ 550, 551, 561, 563 der Zivilprozeßordnung gelten sinngemäß. Die Beschwerde kann nur durch Einreichung einer von einem Rechtsanwalt unterzeichneten Beschwerdeschrift eingelegt werden. Über sie entscheidet das Oberlandesgericht. § 28 Abs. 2 und 3 des Reichsgesetzes über die Angelegenheiten der freiwilligen Gerichtsbarkeit gilt entsprechend. Die weitere Beschwerde ist ausgeschlossen. Die Landesregierung kann durch Rechtsverordnung die Entscheidung über die Beschwerde für die Bezirke mehrerer Oberlandesgerichte einem der Oberlandesgerichte oder dem Obersten Landesgericht übertragen, wenn dies der Sicherung einer einheitlichen Rechtsprechung dient. Die Landesregierung kann die Ermächtigung auf die Landesjustizverwaltung übertragen.

(4) Das Gericht hat seine Entscheidung dem Antragsteller und der Gesellschaft zuzustellen. Es hat sie ferner ohne Gründe in den Gesellschaftsblättern bekanntzumachen. Die Beschwerde steht jedem nach § 98 Abs. 2 Antragsberechtigten zu. Die Beschwerdefrist beginnt mit der Bekanntmachung der Entscheidung im Bundesanzeiger, für den Antragsteller und die Gesellschaft jedoch nicht vor der Zustellung der Entscheidung.

(5) Die Entscheidung wird erst mit der Rechtskraft wirksam. Sie wirkt für und gegen alle. Der Vorstand hat die rechtskräftige Entscheidung unverzüglich zum Handelsregister einzureichen.

(6) Für die Kosten des Verfahrens gilt die Kostenordnung. Für das Verfahren des ersten Rechtszugs wird das Vierfache der vollen Gebühr erhoben. Für den zweiten Rechtszug wird die gleiche Gebühr erhoben; dies gilt auch dann, wenn die Beschwerde Erfolg hat. Wird der Antrag oder die Beschwerde zurückgenommen, bevor es zu einer Entscheidung kommt, so ermäßigt sich die Gebühr auf die Hälfte. Der Geschäftswert ist von Amts wegen festzusetzen. Er bestimmt sich nach § 30 Abs. 2 der Kostenordnung mit der Maßgabe, daß der Wert regelmäßig auf einhunderttausend Deutsche Mark anzunehmen ist. Kostenvorschüsse werden nicht erhoben. Schuldner der Kosten ist die Gesellschaft. Die Kosten können jedoch ganz oder zum Teil dem Antragsteller auferlegt werden, wenn dies der Billigkeit entspricht. Kosten der Beteiligten werden nicht erstattet.

§ 100
Persönliche Voraussetzungen für Aufsichtsratsmitglieder

(1) Mitglied des Aufsichtsrats kann nur eine natürliche, unbeschränkt geschäftsfähige Person sein.

(2) Mitglied des Aufsichtsrats kann nicht sein, wer

1. bereits in zehn Handelsgesellschaften oder bergrechtlichen Gewerkschaften, die gesetzlich einen Aufsichtsrat zu bilden haben, Aufsichtsratsmitglied ist,

2. gesetzlicher Vertreter eines von der Gesellschaft abhängigen Unternehmens ist, oder

3. gesetzlicher Vertreter einer anderen Kapitalgesellschaft oder bergrechtlichen Gewerkschaft ist, deren Aufsichtsrat ein Vorstandsmitglied der Gesellschaft angehört.

Auf die Höchstzahl nach Satz 1 Nr. 1 sind bis zu fünf Aufsichtsratssitze nicht anzurechnen, die ein gesetzlicher Vertreter (beim Einzelkaufmann der Inhaber) des herrschenden Unternehmens eines Konzerns in zum Konzern gehörenden Handelsgesellschaften und bergrechtlichen Gewerkschaften, die gesetzlich einen Aufsichtsrat zu bilden haben, innehat.

(3) Die anderen persönlichen Voraussetzungen der Aufsichtsratsmitglieder der Arbeitnehmer sowie der weiteren Mitglieder bestimmen sich nach dem Mitbestimmungsgesetz, dem Montan-Mitbestimmungsgesetz, dem Mitbestimmungsergänzungsgesetz und dem Betriebsverfassungsgesetz 1952.

(4) Die Satzung kann persönliche Voraussetzungen nur für Aufsichtsratsmitglieder fordern, die von der Hauptversammlung ohne Bindung an Wahlvorschläge gewählt oder auf Grund der Satzung in den Aufsichtsrat entsandt werden.

§ 101
Bestellung der Aufsichtsratsmitglieder

(1) Die Mitglieder des Aufsichtsrats werden von der Hauptversammlung gewählt, soweit sie nicht in den Aufsichtsrat zu entsenden oder als Aufsichtsratsmitglieder der Arbeitnehmer nach dem Mitbestimmungsgesetz, dem Mitbestimmungsergänzungsgesetz oder dem Betriebsverfassungsgesetz 1952 zu wählen sind. An Wahlvorschläge ist die Hauptversammlung nur gemäß §§ 6 und 8 des Montan-Mitbestimmungsgesetzes gebunden.

(2) Ein Recht, Mitglieder in den Aufsichtsrat zu entsenden, kann, soweit es nicht Spitzenorganisationen der Gewerkschaften nach dem Mitbestimmungsergänzungsgesetz zusteht, nur durch die Satzung und nur für bestimmte Aktionäre oder für die jeweiligen Inhaber bestimmter Aktien begründet werden. Inhabern bestimmter Aktien kann das Entsendungsrecht nur eingeräumt werden, wenn die Aktien auf Namen lauten und ihre Übertragung an die Zustimmung der Gesellschaft gebunden ist. Die Aktien der Entsendungsberechtigten gelten nicht als eine besondere Gattung. Die Entsendungsrechte können insgesamt höchstens für ein Drittel der sich aus dem Gesetz oder der Satzung ergebenden Zahl der Aufsichtsratsmitglieder der Aktionäre eingeräumt werden. § 4 Abs. 1 des Gesetzes über die Überführung der Anteilsrechte an der Volkswagenwerk Gesellschaft mit beschränkter Haftung in private Hand vom 21. Juli 1960 (Bundesgesetzbl. I S. 585), zuletzt geändert durch das Zweite Gesetz zur Änderung des Gesetzes über die Überführung der Anteilsrechte an der Volkswagenwerk Gesellschaft mit beschränkter Haftung in private Hand vom 31. Juli 1970 (Bundesgesetzbl. I S. 1149), bleibt unberührt.

(3) Stellvertreter von Aufsichtsratsmitgliedern können nicht bestellt werden. Jedoch kann für jedes Aufsichtsratsmitglied mit Ausnahme des weiteren Mitglieds, das nach dem Montan-Mitbestimmungsgesetz oder dem Mitbestimmungsergänzungsgesetz auf Vorschlag der übrigen Aufsichtsratsmitglieder gewählt wird, ein Ersatzmitglied bestellt werden, das Mitglied des Aufsichtsrats wird, wenn das Aufsichtsratsmitglied vor Ablauf seiner Amtszeit wegfällt. Das Ersatzmitglied kann nur gleichzeitig mit dem Aufsichtsratsmitglied bestellt

werden. Auf seine Bestellung sowie die Nichtigkeit und Anfechtung seiner Bestellung sind die für das Aufsichtsratsmitglied geltenden Vorschriften anzuwenden.

§ 102
Amtszeit der Aufsichtsratsmitglieder

(1) Aufsichtsratsmitglieder können nicht für längere Zeit als bis zur Beendigung der Hauptversammlung bestellt werden, die über die Entlastung für das vierte Geschäftsjahr nach dem Beginn der Amtszeit beschließt. Das Geschäftsjahr, in dem die Amtszeit beginnt, wird nicht mitgerechnet.

(2) Das Amt des Ersatzmitglieds erlischt spätestens mit Ablauf der Amtszeit des weggefallenen Aufsichtsratsmitglieds.

§ 103
Abberufung der Aufsichtsratsmitglieder

(1) Aufsichtsratsmitglieder, die von der Hauptversammlung ohne Bindung an einen Wahlvorschlag gewählt worden sind, können von ihr vor Ablauf der Amtszeit abberufen werden. Der Beschluß bedarf einer Mehrheit, die mindestens drei Viertel der abgegebenen Stimmen umfaßt. Die Satzung kann eine andere Mehrheit und weitere Erfordernisse bestimmen.

(2) Ein Aufsichtsratsmitglied, das auf Grund der Satzung in den Aufsichtsrat entsandt ist, kann von dem Entsendungsberechtigten jederzeit abberufen und durch ein anderes ersetzt werden. Sind die in der Satzung bestimmten Voraussetzungen des Entsendungsrechts weggefallen, so kann die Hauptversammlung das entsandte Mitglied mit einfacher Stimmenmehrheit abberufen.

(3) Das Gericht hat auf Antrag des Aufsichtsrats ein Aufsichtsratsmitglied abzuberufen, wenn in dessen Person ein wichtiger Grund vorliegt. Der Aufsichtsrat beschließt über die Antragstellung mit einfacher Mehrheit. Ist das Aufsichtsratsmitglied auf Grund der Satzung in den Aufsichtsrat entsandt worden, so können auch Aktionäre, deren Anteil zusammen den zehnten Teil des Grundkapitals oder den Nennbetrag von zwei Millionen Deutsche Mark erreichen, den Antrag stellen. Gegen die Entscheidung ist die sofortige Beschwerde zulässig.

(4) Für die Abberufung der Aufsichtsratsmitglieder, die weder von der Hauptversammlung ohne Bindung an einen Wahlvorschlag gewählt worden sind noch auf Grund der Satzung in den Aufsichtsrat entsandt sind, gelten außer Absatz 3 das Mitbestimmungsgesetz, das Montan-Mitbestimmungsgesetz, das Mitbestimmungsergänzungsgesetz und das Betriebsverfassungsgesetz 1952.

(5) Für die Abberufung eines Ersatzmitglieds gelten die Vorschriften über die Abberufung des Aufsichtsratsmitglieds, für das es bestellt ist.

§ 104
Bestellung durch das Gericht

(1) Gehört dem Aufsichtsrat die zur Beschlußfähigkeit nötige Zahl von Mitgliedern nicht an, so hat ihn das Gericht auf Antrag des Vorstands, eines Aufsichtsratsmitglieds oder eines Aktionärs auf diese Zahl zu ergänzen. Der Vor-

stand ist verpflichtet, den Antrag unverzüglich zu stellen, es sei denn, daß die rechtzeitige Ergänzung vor der nächsten Aufsichtsratssitzung zu erwarten ist. Hat der Aufsichtsrat auch aus Aufsichtsratsmitgliedern der Arbeitnehmer zu bestehen, so können auch den Antrag stellen

1. **der Gesamtbetriebsrat der Gesellschaft oder, wenn in der Gesellschaft nur ein Betriebsrat besteht, der Betriebsrat sowie, wenn die Gesellschaft herrschendes Unternehmen eines Konzern ist, der Konzernbetriebsrat,**
2. **der Gesamtbetriebsrat eines anderen Unternehmens, dessen Arbeitnehmer selbst oder durch Wahlmänner an der Wahl teilnehmen, oder, wenn in dem anderen Unternehmen nur ein Betriebsrat besteht, der Betriebsrat,**
3. **mindestens ein Zehntel oder einhundert der Arbeitnehmer, die selbst oder durch Wahlmänner an der Wahl teilnehmen,**
4. **Spitzenorganisationen der Gewerkschaften, die das Recht haben, Aufsichtsratsmitglieder der Arbeitnehmer vorzuschlagen oder zu entsenden,**
5. **Gewerkschaften, die das Recht haben, Aufsichtsratsmitglieder der Arbeitnehmer vorzuschlagen.**

Hat der Aufsichtsrat nach dem Mitbestimmungsgesetz auch aus Aufsichtsratsmitgliedern der Arbeitnehmer zu bestehen, so sind außer den nach Satz 3 Antragsberechtigten auch je ein Zehntel der wahlberechtigten Arbeiter, der wahlberechtigten in § 3 Abs. 3 Nr. 1 des Mitbestimmungsgesetzes bezeichneten Angestellten oder der wahlberechtigten leitenden Angestellten im Sinne des Mitbestimmungsgesetzes antragsberechtigt. Gegen die Entscheidung ist die sofortige Beschwerde zulässig.

(2) Gehören dem Aufsichtsrat länger als drei Monate weniger Mitglieder als die durch Gesetz oder Satzung festgesetzte Zahl an, so hat ihn das Gericht auf Antrag auf diese Zahl zu ergänzen. In dringenden Fällen hat das Gericht auf Antrag den Aufsichtsrat auch vor Ablauf der Frist zu ergänzen. Das Antragsrecht bestimmt sich nach Absatz 1. Gegen die Entscheidung ist die sofortige Beschwerde zulässig.

(3) Absatz 2 ist auf einen Aufsichtsrat, in dem die Arbeitnehmer ein Mitbestimmungsrecht nach dem Mitbestimmungsgesetz, dem Montan-Mitbestimmungsgesetz oder dem Mitbestimmungsergänzungsgesetz haben, mit der Maßgabe anzuwenden,

1. **daß das Gericht den Aufsichtsrat hinsichtlich des weiteren Mitglieds, das nach dem Montan-Mitbestimmungsgesetz oder dem Mitbestimmungsergänzungsgesetz auf Vorschlag der übrigen Aufsichtsratsmitglieder gewählt wird, nicht ergänzen kann,**
2. **daß es stets ein dringender Fall ist, wenn dem Aufsichtsrat, abgesehen von dem in Nummer 1 genannten weiteren Mitglied, nicht alle Mitglieder angehören, aus denen er nach Gesetz oder Satzung zu bestehen hat.**

(4) Hat der Aufsichtsrat auch aus Aufsichtsratsmitgliedern der Arbeitnehmer zu bestehen, so hat das Gericht ihn so zu ergänzen, daß das für seine Zusammensetzung maßgebende zahlenmäßige Verhältnis hergestellt wird. Wenn der Aufsichtsrat zur Herstellung seiner Beschlußfähigkeit ergänzt wird, gilt dies nur, soweit die zur Beschlußfähigkeit nötige Zahl der Aufsichtsratsmitglieder die Wahrung dieses Verhältnisses möglich macht. Ist ein Aufsichtsratsmitglied zu ersetzen, das nach Gesetz oder Satzung in persönlicher Hinsicht besonderen Voraussetzungen entsprechen muß, so muß auch das vom Gericht

bestellte Aufsichtsratsmitglied diesen Voraussetzungen entsprechen. Ist ein Aufsichtsratsmitglied zu ersetzen, bei dessen Wahl eine Spitzenorganisation der Gewerkschaften, eine Gewerkschaft oder die Betriebsräte ein Vorschlagsrecht hätten, so soll das Gericht Vorschläge dieser Stellen berücksichtigen, soweit nicht überwiegende Belange der Gesellschaft oder der Allgemeinheit der Bestellung des Vorgeschlagenen entgegenstehen; das gleiche gilt, wenn das Aufsichtsratsmitglied durch Wahlmänner zu wählen wäre, für gemeinsame Vorschläge der Betriebsräte der Unternehmen, in denen Wahlmänner zu wählen sind.

(5) Das Amt des gerichtlich bestellten Aufsichtsratsmitglieds erlischt in jedem Fall, sobald der Mangel behoben ist.

(6) Das gerichtlich bestellte Aufsichtsratsmitglied hat Anspruch auf Ersatz angemessener barer Auslagen und, wenn den Aufsichtsratsmitgliedern der Gesellschaft eine Vergütung gewährt wird, auf Vergütung für seine Tätigkeit. Auf Antrag des Aufsichtsratsmitglieds setzt das Gericht die Auslagen und die Vergütung fest. Gegen die Entscheidung ist die sofortige Beschwerde zulässig. Die weitere Beschwerde ist ausgeschlossen. Aus der rechtskräftigen Entscheidung findet die Zwangsvollstreckung nach der Zivilprozeßordnung statt.

§ 105
Unvereinbarkeit der Zugehörigkeit zum Vorstand und zum Aufsichtsrat

(1) Ein Aufsichtsratsmitglied kann nicht zugleich Vorstandsmitglied, dauernd Stellvertreter von Vorstandsmitgliedern, Prokurist oder zum gesamten Geschäftsbetrieb ermächtigter Handlungsbevollmächtigter der Gesellschaft sein.

(2) Nur für einen im voraus begrenzten Zeitraum, höchstens für ein Jahr, kann der Aufsichtsrat einzelne seiner Mitglieder zu Stellvertretern von fehlenden oder behinderten Vorstandsmitgliedern bestellen. Eine wiederholte Bestellung oder Verlängerung der Amtszeit ist zulässig, wenn dadurch die Amtszeit insgesamt ein Jahr nicht übersteigt. Während ihrer Amtszeit als Stellvertreter von Vorstandsmitgliedern können die Aufsichtsratsmitglieder keine Tätigkeit als Aufsichtsratsmitglied ausüben. Das Wettbewerbsverbot des § 88 gilt für sie nicht.

§ 106
Bekanntmachung der Änderungen im Aufsichtsrat

Der Vorstand hat jeden Wechsel der Aufsichtsratsmitglieder unverzüglich in den Gesellschaftsblättern bekanntzumachen und die Bekanntmachung zum Handelsregister einzureichen.

§ 9 GenG lautet:

§ 9
Organe der Genossenschaft

(1) Die Genossenschaft muß einen Vorstand und einen Aufsichtsrat haben.

(2) Die Mitglieder des Vorstandes und des Aufsichtsrats müssen Genossen sein. Gehören der Genossenschaft einzelne eingetragene Genossenschaften als

Mitglieder an, oder besteht die Genossenschaft ausschließlich aus solchen, so können Mitglieder der letzteren in den Vorstand und den Aufsichtsrat berufen werden.

Schrifttum

Blomeyer, Die Genossenschaft als mitbestimmtes Unternehmen – hat der Genossenschaftsgedanke noch eine Chance? –, ZfgG Bd. 26 (1976) S. 33.; *Brox*, Leitende Angestellte als Aufsichtsratsmitglieder des Unternehmens, in: Festschrift für Ficker, 1967, S. 95; *Brox*, Erteilung, Widerruf und Niederlegung von Prokura und Handlungsvollmacht im neuen Aktienrecht, NJW 1967, S. 801; v. *Caemmerer*, Aufsichtsrat und Auslandsverbindungen, in: Festschrift für Ernst Geßler, 1971, S. 81; *Däubler*, Fehlerhafte Gesellschafterbeschlüsse bei der GmbH im Lichte des neuen Aktienrechts, GmbH-Rdsch. 1968, S. 4; *Eckardt*, Abberufung von Aufsichtsratsmitgliedern durch das Gericht (§ 103 Abs. 3 AktG), NJW 1967, S. 1010; *v. Falkenhausen*, Das Verfahren der freiwilligen Gerichtsbarkeit im Aktienrecht, AG 1967, S. 309; *Grasmann*, System des internationalen Gesellschaftsrechts, 1969; *Hofmann*, Der wichtige Grund für die Abberufung von Aufsichtsratsmitgliedern, BB 1973, S. 1081; *Hofmann*, Zur Auflösung einer GmbH, GmbH-Rdsch. 1975, S. 217; *Immenga*, Die Problematik der Anfechtungsklage im GmbH-Recht, GmbH-Rdsch. 1973, S. 5; *Natzel*, Die Vergütung der Aufsichtsratsmitglieder, Teil I + II, DB 1965, S. 1388, 1429; *Peltzer*, Der Regierungsentwurf zum Mitbestimmungsgesetz und die Verfassung der deutschen Kapitalgesellschaft, BB 1974, S. 443; *Th. Raiser*, Besprechung der Entscheidung BGH NJW 1975, 1657, ZGR 1976, S. 105; *Rewolle*, Die Abberufung von Arbeitnehmeraufsichtsratsmitgliedern durch Gerichtsbeschluß, BUV 1971, S. 25; *Rittner*, §§ 96 bis 99 AktG 1965 und das Bundesverfassungsgericht, DB 1969, S. 2165; *Schütze*, Die Berücksichtigung ausländischer Aufsichtsratsmandate im Rahmen von § 100 Abs. 1 Nr. 1 Aktiengesetz, AG 1967, S. 342; *Seiffert*, Der Aufsichtsrat der Aktiengesellschaft nach dem Regierungsentwurf für ein Mitbestimmungsgesetz, AG 1974, S. 129; *Werner*, Der Aufsichtsrat im neuen Aktienrecht, Bank-Betrieb 1965, S. 278; *Wlotzke*, Die Mitbestimmungskonzeption der Bundesregierung, AuR 1974, S. 225.

Übersicht

I. Vorbemerkungen

Abs. 1 schreibt vor, in allen unter das Gesetz fallenden Unternehmen einen Aufsichtsrat zu bilden, und schließt damit die Lücke, die sonst bei der GmbH und der bergrechtlichen Gewerkschaft auftreten würde, die nicht schon nach dem GmbHG bzw. den BergG aufsichtsratspflichtig sind (vgl. Begr. RegE, BT-Drucks. 7/2172, 20). Abs. 2 statuiert zunächst den Vorrang der Regeln des MitbestG über die Bildung und Zusammensetzung des Aufsichtsrats sowie über die Bestellung und Abberufung seiner Mitglieder vor den Regeln des Gesellschaftsrechts. Sodann ordnet er die Anwendung der diesbezüglichen Vorschriften des AktG – mit Ausnahme des § 101 Abs. 2 AktG (vgl. § 8 Rdn. 5) – auf alle unter das Gesetz fallenden Unternehmen an und schafft auf diese Weise im Interesse der Einheitlichkeit der Mitbestimmung auch insoweit gleiches Recht. Weiter beschränkt die Vorschrift die nach § 105 Abs. 1 AktG für Prokuristen geltende Inkompatibilität zwischen Zuordnung zur Unternehmensleitung und Mitgliedschaft im Aufsichtsrat. Die Vorschrift erklärt sich aus der Befürchtung, daß andernfalls die Zahl der in den Aufsichtsrat wählbaren leitenden Angestellten zu klein werden könnte (vgl. Begr. RegE, a.a.O.). Schließlich sichert Abs. 2 S. 2 die subsidäre Fortgeltung anderer gesetzlicher Vorschriften sowie privatautonomer Regelungen in der Satzung und gewährleistet damit eine, wenn auch eng begrenzte, rechtsformspezifische Differenzierung. Abs. 3 bringt Ausnahmen für die Genossenschaften, die sich aus der Rechtsnatur dieser Unternehmensform erklären. 1

Sämtliche Vorschriften des § 6 waren kaum Gegenstand der politischen Auseinandersetzungen und wurden auch während der Ausschußberatungen nur noch unwesentlich verändert. 2

II. Obligatorische Bildung des Aufsichtsrats (Abs. 1)

3 Von den unter das Gesetz fallenden Unternehmensformen sind die AG (§§ 95 ff. AktG), die KGaA (§ 278 Abs. 3 AktG i.V.m. §§ 95 ff. AktG) und die Genossenschaft (§ 9 Abs. 1 GenG) schon nach den gesellschaftsrechtlichen Vorschriften **verpflichtet**, einen Aufsichtsrat zu bilden, während die GmbH und die bergrechtliche Gewerkschaft eine solche Pflicht bisher nur nach § 77 BetrVG 1952 bzw. nach den MontanmitbestGn traf. Nur für die unter das Gesetz fallenden Unternehmen in einer dieser beiden Rechtsformen wirkt Abs. 1 daher konstitutiv. Mehr besagt die Vorschrift nicht.

III. Änderung der Zusammensetzung des Aufsichtsrats (§§ 96 Abs. 2 bis 99 AktG)

4 1. Entspricht die Zusammensetzung des Aufsichtsrats nicht dem materiellen Recht, so wäre nach allgemeinen Vorschriften fraglich, ob er beschlußfähig ist bzw. ob seine Beschlüsse wirksam sind. Eine schwer erträgliche Unsicherheit darüber kann ferner auch entstehen, wenn seine richtige Zusammensetzung zweifelhaft oder streitig ist. Für diese Fälle ordnen §§ 97 ff. AktG i.V.m. § 6 Abs. 2 ein **förmliches Verfahren** zur Änderung oder Klarstellung seiner Zusammensetzung an. Nach § 96 Abs. 2 AktG i.V.m. § 6 Abs. 2 kann der Aufsichtsrat nach anderen als den zuletzt angewandten gesetzlichen Vorschriften nur zusammengesetzt werden, wenn dieses Verfahren durchgeführt wurde. Die Vorschriften dienen der Rechtssicherheit und der Arbeitsfähigkeit der Unternehmensorgane. Sie verbieten nicht nur die Anwendung eines anderen Verfahrens zur Änderung der Zusammensetzung, sondern besagen auch, daß die Beschlüsse des – wenn auch unrichtig besetzten – Aufsichtsrats uneingeschränkt wirksam sind, solange das Verfahren nicht durchgeführt wurde (**Kontinuitätsprinzip**, vgl. Begr. RegE des AktG 1965, *Kropff*, 126). Die Beschlüsse treten auch nicht mit der Konstituierung des neuen, gesetzmäßig zusammengesetzten Aufsichtsrats außer Kraft (h.A., vgl. *Geßler*, § 96 AktG Rdn. 51; *Großkomm.-Meyer-Landrut*, § 96 AktG Anm. 8; *Rittner*, DB 1969, 2167).

5 Unter § 96 Abs. 2 AktG fällt zunächst die **falsche Zusammensetzung** des Aufsichtsrats infolge von Rechtsunkenntnis oder bewußten Gesetzesverstoßes. Ferner ist die Vorschrift anzuwenden, wenn sich die für die Besetzung des Aufsichtsrats maßgeblichen Tatsachen geändert haben, z. B. die Zahl der in dem Unternehmen beschäftigten Arbeitnehmer auf in der Regel mehr als 2000 angestiegen oder umgekehrt unter diese Ziffer herabgesunken ist. Zweifelhaft ist seine Anwendbarkeit dagegen, wenn nicht der Wechsel zwischen den in § 96 Abs. 1 AktG genannten Aufsichtsratsmodellen in Frage steht, sondern eine **Ver-**

änderung der Zusammensetzung **innerhalb desselben Modells.** Für das MitbestG kommen hier namentlich die Veränderung der Größe des Aufsichtsrats gem. § 7 Abs. 1 und die Veränderung des Gruppenproporzes nach § 15 Abs. 2 in Betracht. Während der Wortlaut des § 96 Abs. 2 AktG auch diese Fälle deckt, sprechen seine Entstehungsgeschichte (vgl. Begr. RegE bei *Kropff*, S. 126) und seine Stellung im Gesetz eher dagegen. Entscheidend für seine Anwendung sind aber praktische Gesichtspunkte. Auch der Übergang zu einer anderen Zusammensetzung des Aufsichtsrats innerhalb desselben Modells hängt von Tatsachen, z. B. vom Wechsel der Arbeitnehmerzahl oder der Verschiebung des Anteils von Arbeitern und Angestellten an der gesamten Belegschaft ab, die schwierig festzustellen sind und über die leicht Streit entstehen kann. Die Rechtssicherheit und die Arbeitsfähigkeit der Unternehmensorgane fordern auch hier, in einem förmlichen Verfahren Klarheit zu schaffen, das allen Beteiligten Gelegenheit gibt, ihre Sicht der Rechtslage zur Geltung zu bringen. Da das Verfahren der §§ 97 ff. AktG gerade für diesen Zweck ausgebildet wurde, ist es geboten, es auch in den genannten Fällen anzuwenden (ebenso *Geßler*, § 96 AktG Rdn. 52; betr. den Wechsel der Größenklasse gem. § 7 Abs. 1 auch *Fitting-Wlotzke-Wißmann*, § 6 Rdn. 11). Für den Geltungsbereich des MitbestG ergibt sich seine Anwendbarkeit auch aus dem durch § 35 Abs. 1 Nr. 4 e neu eingefügten § 98 Abs. 2 S. 2 AktG, der Antragsrechte im gerichtlichen Klarstellungsverfahren nicht nur gewährt, wenn die Anwendung des MitbestG als solches, sondern auch dann, wenn die Anwendung einzelner seiner Vorschriften streitig ist.

Im **Aktienrecht** führt ein Verstoß gegen §§ 96 Abs. 2, 97 Abs. 2 S. 1 **6**
und 98 Abs. 4 AktG dazu, daß die **Wahl** der Aufsichtsratsmitglieder der Anteilseigner **nichtig** ist (§ 250 Abs. 1 Nr. 1 AktG). Da es sich hierbei um eine gesetzliche Ausprägung des allgemeinen Rechtsprinzip handelt, wonach Wahlen bei besonders krassen und offenkundigen Mängeln nicht nur anfechtbar, sondern nichtig sind, ist die Vorschrift auch auf die **anderen** unter das Gesetz fallenden **Unternehmensformen** entsprechend anzuwenden (vgl. zur GmbH *Baumbach-Hueck*, Anhang nach § 47 GmbHG Anm. 1, 2; *Däubler*, GmbH-Rdsch. 1968, 5; ebenso § 204 Nr. 1 RegE eines GmbHG; zur Genossenschaft *Lang-Weidmüller*, § 51 GenG Anm. 1). Aus denselben Gründen ist § 250 Abs. 1 Nr. 1 AktG auch auf die **Wahl der Arbeitnehmervertreter** im Aufsichtsrat entsprechend anzuwenden (*h. A.* zu § 76 BetrVG, vgl. *Großkomm. – Meyer-Landrut*, § 98 AktG Anm. 6; *Großkomm.-Schilling*, § 250 AktG Anm. 3; *Geßler*, § 96 AktG Rdn. 53; *Obermüller-Werner-Winden*, Hauptversammlung, 239; *a.A. Godin-Wilhelmi*, § 96 AktG Anm. 8; *Kölner Komm. – Zöllner*, § 250 AktG Rdn. 3). Die Notwendigkeit der Analogie folgt hier schon aus praktischen Erwägungen, weil es schwer

erträglich wäre, wenn wegen desselben Gesetzesverstoßes die Wahl der Aufsichtsratsmitglieder der Anteilseigner nichtig, die der Arbeitnehmervertreter im Aufsichtsrat aber nur anfechtbar wäre (vgl. § 22 Rdn. 7).

7 Für die **erstmalige Anwendung** des Gesetzes gilt § 96 Abs. 2 AktG mit den sich aus §§ 37, 38 ergebenden Modifikationen (vgl. § 37 Rdn. 3 § 38 Rdn. 2 ff.). Zur Zusammensetzung des Aufsichtsrats bei Gesellschaftsneugründungen s. § 1 Rdn. 17 f.

8 2. § 97 AktG regelt das **außergerichtliche Verfahren** zur Änderung der Zusammensetzung des Aufsichtsrats. Da für die Anwendung des MitbestG keine wesentlichen Besonderheiten auftreten, muß hier für die Einzelheiten auf die Literatur zum AktG verwiesen werden. Für die Anpassung der Unternehmen an das MitbestG enthalten §§ 37, 38 Übergangsregeln, welche § 97 AktG teilweise, namentlich hinsichtlich der Fristen, modifizieren (vgl. § 37 Rdn. 3, § 38 Rdn. 2 ff.). Hier ist nur auf folgendes hinzuweisen:

9 a) **Verantwortlich** für die Einleitung des Verfahrens sind bei der AG und Genossenschaft der **Vorstand**, bei der KGaA die Komplementäre (§ 278 Abs. 3 AktG), bei der GmbH und der bergrechtlichen Gewerkschaft das dem Vorstand entsprechende Organ, d. h. die Geschäftsführer bzw. der Grubenvorstand. Obwohl es sich um eine Maßnahme der Geschäftsführung handelt, kann die Gesellschafter- bzw. Gewerkenversammlung die Angelegenheit nicht an sich ziehen, da die ordnungsmäßige Zusammensetzung des Aufsichtsrats gemäß den zwingenden Vorschriften des Gesetzes eine dem Vertretungsorgan auch im öffentlichen Interesse und im Interesse der Arbeitnehmer übertragene Aufgabe darstellt (vgl. dazu *Hachenburg-Schilling*, § 35 GmbHG Anm. 34). Die Verlagerung der Zuständigkeit auf die Anteilseignerversammlung würde daher dem MitbestG widersprechen (§ 6 Abs. 2 a. E.). Aus denselben Gründen ist das Vertretungsorgan dabei auch an **Weisungen** des Aufsichtsrats oder der Anteilseignerversammlung **nicht** gebunden (*h. M.* zu § 97 AktG, vgl. *Kölner Komm. – Mertens*, § 97 AktG Rdn. 9; *Großkomm. – Meyer-Landrut*, § 97 AktG Anm. 1; *Geßler*, § 97 AktG Rdn. 13). Die Entscheidung ist nach den für Beschlüsse des Vertretungsorgans geltenden Regeln zu fällen.

10 Besteht Unklarheit über die Richtigkeit der Zusammensetzung des Aufsichtsrats oder sind Streitigkeiten zu erwarten, so kann das Vertretungsorgan anstatt nach § 97 AktG vorzugehen, sogleich das gerichtliche Verfahren gem. § 98 AktG einleiten (*h. M.*, vgl. Begr. RegE bei *Kropff*, 127; *v. Falkenhausen*, AG 1967, 312; *Kölner Komm. – Mertens*, § 97 AktG Rdn. 4).

11 b) Die Bekanntmachung ist **unverzüglich** vorzunehmen, d. h. ohne schuldhaftes Zögern. Bei unklarer Sach- und Rechtslage handelt das Vertretungsorgan aber nicht schuldhaft, wenn es die Situation vorher in

angemessenem Umfang prüft (vgl. § 38 Rdn. 4). Sie erfolgt durch Publikation in den **Gesellschaftsblättern**, d. h. bei der AG und KGaA im Bundesanzeiger sowie in den in der Satzung genannten Blättern (§ 25 AktG). Für die anderen unter das Gesetz fallenden Unternehmen sind bestimmte Publikationsorgane nicht vorgeschrieben. Sofern die Satzung nichts darüber sagt, kommt in analoger Anwendung der §§ 30 Abs. 2, 58 Nr. 1 GmbH, 156 GenG, 10 HGB gleichfalls der Bundesanzeiger infrage, zumal gem. § 19 die Mitglieder und Ersatzmitglieder des Aufsichtsrats ohnehin im Bundesanzeiger bekannt zu machen sind (vgl. *Meilicke-Meilicke,* §§ 37, 38 Rdn. 4; *Fitting-Wlotzke-Wißmann,* § 6 Rdn. 14).

Außerdem ist die Bekanntmachung nach dem Wortlaut des Gesetzes **12**
in sämtlichen Betrieben der Gesellschaft und ihrer Konzernunternehmen **auszuhängen**. Da auf diesem Weg die Belegschaften und die Betriebsräte unterrichtet werden sollen, sind Zweifel, wo der Aushang im einzelnen zu erfolgen hat, unter dem Gesichtspunkt zu entscheiden, daß er allen wahlberechtigten Arbeitnehmern zugänglich sein muß (Einzelheiten bei *Geßler,* § 97 AktG Rdn. 15; *Großkomm. – Meyer-Landrut,* § 97 AktG Anm. 2). Da nur die in abhängigen Unternehmen tätigen Arbeitnehmer von der Veränderung betroffen sind, ist die Bekanntmachung im herrschenden Unternehmen eines Unterordnungs- und im Parallelunternehmen eines Gleichordnungskonzerns nicht erforderlich (*Meyer-Landrut,* a.a.O.; *Godin-Wilhelmi,* § 97 AktG Anm. 2).

Die **Bekanntmachung** muß feststellen, daß der Vorstand die gegen- **13**
wärtige Zusammensetzung des Aufsichtsrats für gesetzwidrig hält. Sie muß ferner die nach Ansicht des Vorstands für die rechtmäßige Zusammensetzung maßgeblichen gesetzlichen Vorschriften nennen und darauf hinweisen, daß der Aufsichtsrat nach diesen Vorschriften gebildet wird, sofern nicht ein nach § 98 Abs. 2 AktG dazu Berechtigter innerhalb eines Monats nach der Bekanntmachung im Bundesanzeiger das nach § 98 Abs. 1 AktG zuständige, genau zu bezeichnende Gericht anruft. Erfüllt die Bekanntmachung diese Anforderungen nicht, ist sie unwirksam und muß daher wiederholt werden (*Kölner Komm. – Mertens,* § 97 AktG Rdn. 11; *Geßler,* a.a.O., Rdn. 20). Für den Beginn der Frist kommt es allein auf die Bekanntmachung im Bundesanzeiger bzw. in dem für die Publikationen des Unternehmens bestimmten Blatt an, nicht jedoch auf den Zeitpunkt des Aushangs (§ 97 Abs. 2 S. 1 AktG).

c) Ruft infolge der Bekanntmachung ein nach § 98 Abs. 2 AktG **14**
Antragsberechtigter das Gericht an, so bestimmt sich die Zusammensetzung des Aufsichtsrats nach dem Beschluß des Gerichts (§ 98 Abs. 4 S. 1 AktG). Gem. § 96 Abs. 2 AktG amtiert der alte Aufsichtsrat bis dahin weiter (vgl. Rdn. 4). Wird das Gericht dagegen nicht angerufen, muß das Unternehmen den **Aufsichtsrat** so **zusammensetzen**, wie es

bekannt gemacht hat, und zwar bis zum Schluß der ersten Anteilseignerversammlung, die nach dem Ablauf der Anrufungsfrist einberufen wird, längstens binnen einer **Frist von sechs Monaten** (§ 97 Abs. 2 S. 2 AktG). Das Amt der Aufsichtsratsmitglieder erlischt mit diesem Zeitpunkt. Zugleich treten die Bestimmungen der Satzung über die Zusammensetzung des Aufsichtsrats, über die Zahl der Aufsichtsratsmitglieder sowie über die Wahl, Abberufung und Entsendung von Aufsichtsratsmitgliedern außer Kraft. Es ist ein neuer Aufsichtsrat nach den nunmehr geltenden Vorschriften zu wählen. Zur Anpassung der Satzung kann die Anteilseignerversammlung innerhalb der Sechsmonatsfrist neue Satzungsbestimmungen mit einfacher Stimmen- (nicht Kapital-)Mehrheit beschließen (§ 97 Abs. 2 S. 4 AktG).

15 d) Ist bereits ein Verfahren nach §§ 98, 99 AktG anhängig, so muß der Vorrang der gerichtlichen Entscheidung sichergestellt werden. § 97 Abs. 3 AktG ordnet daher an, daß solange eine Bekanntmachung gem. § 97 Abs. 1 AktG nicht erfolgen kann. Sie wäre rechtlich wirkungslos.

16 3. a) Das **gerichtliche Verfahren** gem. §§ 98, 99 AktG setzt materiell Streit oder Ungewißheit darüber voraus, nach welchen gesetzlichen Vorschriften der Aufsichtsrat zu bilden ist (vgl. Rdn. 10). Zuständig ist das Landgericht, in dessen Bezirk das Unternehmen seinen Sitz hat, und zwar kraft ausdrücklicher Vorschrift (§ 98 Abs. 1 S. 1 AktG) die Zivilkammer, da Handelsrichter an der Entscheidung nicht mitwirken sollen (vgl. Anlage zur BT-Drucks. IV/2396, 130). Gem. der Ermächtigung in § 98 Abs. 1 S. 2 AktG hat Baden-Württemberg die Zuständigkeit auf die Landgerichte Stuttgart und Mannheim (VO v. 10. 10. 1967, GVBl. 218), Bayern auf die Landgerichte München I und Nürnberg (VO v. 9. 3. 1966, GVBl. 118), Niedersachsen auf das Landgericht Hannover (VO v. 29. 3. 1967, GVBl. 102) und Nordrhein-Westfalen auf die Landgerichte Dortmund, Düsseldorf und Köln (VO v. 15. 2. 1966, GVBl. 65) übertragen. Für die Feststellung der Nichtigkeit einer Aufsichtsratswahl wegen Verstoßes gegen §§ 96 Abs. 2, 97 Abs. 2 S. 1 oder 98 Abs. 4 AktG (vgl. Rdn. 6) kommt daneben auch die Zuständigkeit der Arbeitsgerichte in Betracht (§ 2 Nr. 5 n.F. ArbGG; zu § 76 BetrVG 1952 ebenso BAGE 19, 78 f. = AP Nr. 15 zu § 76 BetrVG 1952; BAGE 22, 390 = AP Nr. 20 zu § 76 BetrVG 1952; vgl. § 22 Rdn. 21). Taucht die Frage, ob der Aufsichtsrat ordnungsgemäß zusammengesetzt ist, in einem anderen Verfahren als Vorfrage auf, hat das Gericht dagegen nach § 96 Abs. 2 AktG von der bestehenden Lage auszugehen (vgl. *Geßler*, § 98 AktG Rdn. 12).

17 b) **Antragsberechtigt** sind nach dem durch § 35 Abs. 1 Z. 4 a, b und d neugefaßten Abs. 2

aa) das gesetzliche Vertretungsorgan. Da es sich um einen Geschäftsführungsakt handelt, sind die für Beschlüsse des Vertretungsorgans gelten-

den Vorschriften anzuwenden. Der Antrag an das Gericht ist von der zur Vertretung des Unternehmens befugten Zahl von Mitgliedern des Vertretungsorgans zu stellen;
bb) jedes Aufsichtsratsmitglied, denn durch eine veränderte Zusammensetzung des Aufsichtsrats werden deren Interessen in jedem Fall berührt;
cc) jeder einzelne Anteilseigner, d. h. Aktionär, Gesellschafter, Gewerke oder Genosse;
dd) der Gesamtbetriebsrat der Gesellschaft oder, wenn die Gesellschaft nur einen Betriebsrat hat, der Betriebsrat;
ee) in den Fällen der §§ 4 und 5 der Gesamtbetriebsrat oder der Betriebsrat der Unternehmen, deren Arbeitnehmer an der Wahl zum Aufsichtsrat der Gesellschaft teilnehmen (Nr. 5);
ff) mindestens ein Zehntel oder einhundert der Arbeitnehmer, die nach den gesetzlichen Vorschriften, deren Anwendung streitig oder ungewiß ist, selbst oder durch Wahlmänner an der Wahl teilnehmen (Nr. 6);
gg) Spitzenorganisationen der Gewerkschaften, die nach den gesetzlichen Vorschriften, deren Anwendung streitig oder ungewiß ist, ein Vorschlags- oder Entsendungsrecht hätten (Nr. 7). Die Vorschrift kommt für das MitbestG nicht in Betracht, da es Vorschlags- und Entsendungsrechte der Spitzenorganisationen der Gewerkschaften nicht kennt;
hh) Gewerkschaften, die nach den gesetzlichen Vorschriften, deren Anwendung streitig oder ungewiß ist, ein Vorschlagsrecht hätten (Nr. 8), d. h. die nach § 7 Abs. 4 in dem Unternehmen vertretenen Gewerkschaften (vgl. § 7 Rdn. 17).
ii) Ist die Anwendung des MitbestG oder die Anwendung von Vorschriften des MitbestG streitig oder ungewiß, so sind ferner auch je ein Zehntel der wahlberechtigten Arbeiter, Angestellten oder leitenden Angestellten antragsberechtigt (§ 98 Abs. 2 S. 2 AktG).

c) Für das **Verfahren** gilt gem. § 99 AktG das FGG mit den in der Vorschrift selbst aufgeführten Modifikationen. Da sich hierbei für den Geltungsbereich des MitbestG keine Besonderheiten ergeben, ist auf die Literatur zum AktG zu verweisen (vgl. neben den Kommentaren *v. Falkenhausen*, AG 1967, 309). Nach Rechtskraft der Entscheidung ist der neue Aufsichtsrat binnen der Sechsmonatsfrist gem. § 97 Abs. 2 AktG zu bilden (§ 98 Abs. 4 AktG). **18**

IV. Persönliche Voraussetzungen für Aufsichtsratsmitglieder (§ 100 AktG)

1. § 100 AktG, in den durch § 35 Abs. 1 Nr. 5 eine Verweisung auf das MitbestG eingefügt wurde, stellt persönliche Voraussetzungen für **19**

die Mitglieder des Aufsichtsrats auf. Die Vorschrift gilt für alle Aufsichtsratsmitglieder gleichermaßen. Bei den Arbeitnehmervertretern im Aufsichtsrat müssen darüber hinaus auch die Voraussetzungen des § 7 Abs. 3 und 4 erfüllt sein (§ 100 Abs. 3 AktG; s. § 7 Rdn. 8 ff.). Nach § 6 Abs. 3 S. 1 ist auf die unter das Gesetz fallenden Genossenschaften § 100 AktG nicht anzuwenden, vielmehr bleibt es bei §§ 36 ff. GenG (s. Rdn. 54). Im übrigen wirft die Vorschrift keine Spezialprobleme für den Anwendungsbereich des MitbestG auf, so daß weitgehend auf das Schrifttum zum AktG verwiesen werden kann.

20 2. Mitglied des Aufsichtsrats kann gem. § 100 Abs. 1 AktG nur eine **natürliche, unbeschränkt geschäftsfähige Person** sein. Die Volljährigkeit tritt seit der Änderung des § 2 BGB v. 31. 7. 1974 mit der Vollendung des 18. Lebensjahres ein. Bei den Aufsichtsratsmitgliedern der Arbeitnehmer kommt hinzu, daß sie entweder ein Jahr dem Unternehmen angehören und die weiteren Wählbarkeitsvoraussetzungen des § 8 BetrVG erfüllen oder von Gewerkschaften vorgeschlagen sein müssen, die in dem Unternehmen vertreten sind (§ 7 Abs. 3 und 4). Zu den besonderen Voraussetzungen bei Genossenschaften s. Rdn. 54 f.

21 Weiter kann nicht Aufsichtsratsmitglied werden, wer bereits **in zehn Handelsgesellschaften** oder bergrechtlichen Gewerkschaften, die kraft Gesetzes einen Aufsichtsrat zu bilden haben, **Aufsichtsratsmitglied** ist (§ 100 Abs. 2 Nr. 1 AktG). Aufsichtsratsmandate in Genossenschaften, Versicherungsvereinen auf Gegenseitigkeit, Stiftungen, Anstalten und Körperschaften des öffentlichen Rechts werden nicht mitgezählt, da diese Unternehmen keine Handelsgesellschaften sind. Nicht zu berücksichtigen ist ferner die Mitgliedschaft im Aufsichtsrat einer GmbH, die weniger als 500 Arbeitnehmer beschäftigt, weil sie gesetzlich nicht verpflichtet ist, einen Aufsichtsrat zu bilden (vgl. § 77 BetrVG 1952, § 52 GmbHG). Auch die Mitgliedschaft in Beiräten aller Art kommt nicht in Betracht. Nach *h. M.* sind schließlich Aufsichtsratsmandate in ausländischen Unternehmen nicht mitzuzählen (vgl. statt aller *Geßler*, § 100 AktG Rdn. 15; *v. Caemmerer*, Festschrift für Geßler, 81 ff.; *Grasmann*, System des internationalen Gesellschaftsrechts, Rdn. 1042; *a. M.* allein *Schütze*, AG 1967, 343). Gemäß § 100 Abs. 2 S. 2 AktG sind auf die Höchstzahl bis zu fünf Aufsichtsratssitze nicht anzurechnen, die ein gesetzlicher Vertreter, beim Einzelkaufmann der Inhaber des herrschenden Unternehmens eines Konzerns in zum Konzern gehörenden Handelsgesellschaften und bergrechtlichen Gewerkschaften innehat, die kraft Gesetzes einen Aufsichtsrat bilden müssen.

22 Nicht wählbar sind ferner die Mitglieder des **gesetzlichen Vertretungsorgans** – nicht aber des Aufsichtsrats – eines von der Gesellschaft **abhängigen Unternehmens** (§ 100 Abs. 2 Nr. 2 AktG). Eine solche Mitgliedschaft würde „dem natürlichen Organisationsgefälle im Konzern" wider-

sprechen (Ausschußbericht bei *Kropff*, 136). Da dieser Grund auch bei gesetzlichen Vertretern ausländischer abhängiger Unternehmen zutrifft, gilt die Vorschrift auch für diese (*h. L.*, vgl. statt aller *Geßler*, § 100 AktG Rdn. 21; *v. Caemmerer*, a.a.O., 87 ff.; *a.A. Großkomm. – Meyer-Landrut*, § 100 AktG Anm. 5; *Grasmann*, a.a.O., Rdn. 1039). Dagegen sind die leitenden Angestellten des abhängigen Unternehmens nicht ausgeschlossen, und zwar auch dann, wenn sie nach § 105 Abs. 1 AktG bzw. § 6 Abs. 2 2. Hbs. MitbestG in den Aufsichtsrat ihres eigenen Unternehmens nicht gewählt werden könnten. Denn obwohl die für den Ausschluß der Vorstandsmitglieder des abhängigen Unternehmens maßgebenden Gründe wenigstens für die in § 6 Abs. 2 genannten Prokuristen gleichfalls gelten, findet eine solche Inkompatibilität angesichts des Gesetzeswortlauts keine hinreiche Stütze. § 100 Abs. 2 Nr. 3 AktG verbietet ferner die sog. **Überkreuzverflechtung**, durch die verhindert werden soll, daß Vorstand und Aufsichtsrat sich gegenseitig überwachen. Die Vorschrift bezieht sich, enger als Nr. 1, nur auf Kapitalgesellschaften und bergrechtliche Gewerkschaften, erfaßt aber auch die Mitgliedschaft in einem freiwillig gebildeten Aufsichtsrat (streitig, wie hier *Kölner Komm. – Mertens*, § 100 AktG Rdn. 20; *Geßler*, § 100 AktG Rdn. 26; *a. A. Großkomm. – Meyer-Landrut*, § 100 AktG Anm. 6 m.w.N.). Nach h. L. erstreckt sie sich nicht auf gesetzliche Vertreter ausländischer Unternehmen (vgl. *v. Caemmerer*, a.a.O., 89 ff.; differenzierend *Mertens*, a.a.O., Rn. 21).

3. Für die Aufsichtsratsmitglieder der Anteilseigner kann die **Satzung** weitere persönliche Voraussetzungen aufstellen, sofern nicht ein Entsendungsrecht begründet ist (§ 100 Abs. 4 AktG). Da die Vorschrift die Mitbestimmungsrechte der Arbeitnehmer nicht berührt, steht ihr § 6 Abs. 2 S. 2 nicht entgegen. Der Satzungsautonomie nicht zugänglich sind dagegen die persönlichen Voraussetzungen der Arbeitnehmervertreter im Aufsichtsrat, die das Gesetz in § 7 abschließend regelt (vgl. zu § 77 BetrVG 1952 BGHZ 39, 122). **23**

4. Die Wahl einer Person in den Aufsichtsrat, welche die Voraussetzungen des § 100 Abs. 1 und 2 AktG nicht erfüllt, ist, sofern der Mangel beim Beginn der Amtszeit noch fortdauert, bei der AG und der KGaA gem. §§ 250 Abs. 1 Nr. 4, 278 Abs. 3 AktG **nichtig**, und zwar ohne Unterschied, ob es sich um ein Aufsichtsratsmitglied der Anteilseigner oder der Arbeitnehmer handelt (vgl. § 22 Rdn. 7). Wegen der Allgemeingültigkeit der Nichtigkeitsregeln, die im AktG nur eine besondere gesetzliche Ausprägung erfahren haben, tritt aber auch bei den anderen unter das Gesetz fallenden Gesellschaftsformen dieselbe Rechtsfolge ein (zur GmbH vgl. *Baumbach-Hueck*, Anhang zu § 47 GmbHG Anm. 1; *Däubler*, GmbH-Rdsch. 1968, 10; *Immenga*, GmbH-Rdsch. 1973, 5; *Hofmann*, GmbH-Rdsch. 1975, 217 f.; LG Frankfurt, **24**

GmbH-Rdsch. 1972, 199; zur Genossenschaft RGZ 170, 83; *Lang-Weidmüller*, § 51 GenG Anm. 1; *Paulick*, Das Recht der eingetragenen Genossenschaft, 260 ff.). Fallen die Voraussetzungen des § 100 Abs. 1 und 2 nachträglich weg, **erlischt** das Aufsichtsratsmandat (Einzelheiten bei *Geßler*, § 100 AktG Rdn. 49 ff.; *Kölner Komm. – Mertens*, § 100 AktG Rdn. 31; *Meilicke-Meilicke*, §§ 6, 7 Rdn. 26). Für die Aufsichtsratsmitglieder der Arbeitnehmer, die nach § 7 Abs. 2 Belegschaftsmitglied des Unternehmens sein müssen, ist dies in § 24 Abs. 1 ausdrücklich gesagt (s. § 24 Rdn. 1 ff.).

V. Bestellung und Abberufung der Aufsichtsratsmitglieder

25 1. Die **Wahl** der Aufsichtsratsmitglieder der Arbeitnehmer ist in §§ 9–18 abschließend geregelt. Vorschriften des Gesellschaftsrechts kommen daneben nicht in Betracht (vgl. § 101 Abs. 1 AktG). Dagegen verweist § 8 für die Wahl der Anteilseignervertreter im Aufsichtsrat auf die gesellschaftsrechtlichen Organisationsgesetze sowie auf die Satzungen. Außerdem gilt nach der Verweisung in § 6 Abs. 2 aber für alle unter das Gesetz fallenden Unternehmen auch § 101 Abs. 1 AktG. Das Zusammenwirken dieser Vorschrift mit den rechtsformspezifischen Regelungen ist bei § 8 Rdn. 1 ff. erörtert. Zum Entsendungsrecht nach § 101 Abs. 2 AktG vgl. § 8 Rdn. 5 ff.

26 2. Nach § 101 Abs. 3 S. 1 AktG können **Stellvertreter** von Aufsichtsratsmitgliedern nicht bestellt werden. Die Vorschrift gilt nach der Verweisung in § 6 Abs. 2 auch für die unter das Gesetz fallenden Gesellschaften mbH und bergrechtlichen Gewerkschaften, nicht jedoch für Genossenschaften (§ 6 Abs. 3), für die sich auch im GenG keine entsprechende Vorschrift findet (vgl. *Lang-Weidmüller*, § 36 GenG Anm. 3). Die Regelung ist zwingend. Sie gilt gleichermaßen für die Aufsichtsratsmitglieder der Anteilseigner und der Arbeitnehmer. Statt dessen kommen die sog. Stimmboten (§ 108 Abs. 3 AktG) in Betracht (vgl. § 25 Rdn. 16 ff.).

27 3. Dagegen kann gem. §§ 101 Abs. 3 S. 2 AktG i.V.m. 6 Abs. 2 für jedes Aufsichtsratsmitglied ein **Ersatzmitglied** bestellt werden (vgl. *Werner*, Bank-Betrieb, 1965, 287 f.; zur Zulässigkeit bei Genossenschaften, für die die Verweisung nicht gilt (§ 6 Abs. 3) *vgl. Müller*, § 36 GenG Rdn. 5 ff.). Nach h. L. ist es auch möglich, für mehrere Aufsichtsratsmitglieder einer Gruppe nur ein Ersatzmitglied zu bestimmen (vgl. statt aller *Geßler*, § 101 AktG Rdn. 114; *Dietz-Richardi*, § 76 BetrVG 1952 Rdn. 152; *Fitting-Auffarth-Kaiser*, § 76 BetrVG 1952 Rdn. 107), während es im Schrifttum für unzulässig gehalten wird, eine Liste von Ersatzmitgliedern aufzustellen, die nach einer bestimmten Reihenfolge nachrücken, wann immer ein Aufsichtsratsmitglied wegfällt (vgl. *Hueck-Nipperdey*, Arbeitsrecht, Bd. II/2, 1514). Die Wahl und die Abberufung von Ersatzmitgliedern auf der Arbeitnehmerseite sind in §§ 17, 22 Abs. 1 und 23 Abs. 4 besonders geregelt. Das Ersatzmitglied vertritt das Aufsichtsratsmitglied nicht, solange dieses sein Amt noch selbst versieht, sondern rückt nach, wenn es vorzeitig ausscheidet (vgl. § 17 Rdn. 5). Es wird gleichzeitig und in demselben Verfahren wie das Mitglied gewählt oder gem. § 101 Abs. 2 AktG entsandt (§§ 101 Abs. 3 S. 3 AktG, 17 Abs. 2 MitbestG; vgl. § 17 Rdn. 4).

4. Gem. § 102 AktG i.V.m. § 6 Abs. 2, 3 dauert die **Amtsperiode** der **28**
Aufsichtsratsmitglieder höchstens bis zum Ende der Anteilseignerversammlung, die über die Entlastung für das vierte Geschäftsjahr nach dem Beginn der Amtszeit beschließt, das Geschäftsjahr, in dem die Amtszeit begonnen hat, nicht mitgerechnet. Ob die Entlastung tatsächlich erfolgt, ist unerheblich, wenn nur ein Beschluß gefaßt wird (h. L., vgl. statt aller *Geßler*, § 102 AktG Rdn. 8). Spätestens zu demselben Zeitpunkt endet auch das Amt der Ersatzmitglieder (§ 102 Abs. 2 AktG). Die Vorschrift gilt gleichermaßen für die Aufsichtsratsmitglieder der Anteilseigner und der Arbeitnehmer (§ 15 Abs. 1). Bei der AG und der KGaA hat die Hauptversammlung gem. § 120 Abs. 1 AktG in den ersten acht Monaten des Geschäftsjahrs über die Entlastung zu beschließen. Daraus folgt, daß die Amtsperiode bei den in dieser Rechtsform geführten Unternehmen regelmäßig etwa fünf Jahre oder wenig länger dauert. Ungeklärt ist jedoch die Frage, ob bzw. wann das Amt endet, wenn innerhalb der achtmonatigen Frist überhaupt kein Beschluß über die Entlastung herbeigeführt wird, z. B. weil der Vorstand den Punkt unter Verstoß gegen § 120 AktG nicht auf die Tagesordnung gesetzt hat oder die Hauptversammlung die Entscheidung vertagt. Die Frage gewinnt bei den nach § 1 Abs. 1 mitbestimmungspflichtigen Gesellschaften mbH, bergrechtlichen Gewerkschaften und Genossenschaften besonders Gewicht, weil die für sie maßgebenden Gesetze keine Frist für den Entlastungsbeschluß vorsehen (vgl. zur GmbH *Baumbach-Hueck*, § 46 GmbHG Anm. 7 C; zur eG *Lang-Weidmüller*, § 48 GenG Anm. 4). Nach h. L. zu § 102 AktG dauert die Amtszeit in diesem Fall grundsätzlich fort, bis ein Beschluß über die Entlastung tatsächlich gefaßt wird (AG Essen MDR 1970, 336; *Geßler*, a.a.O., Rdn. 9). Das kann jedoch nicht ad infinitum gelten, da § 102 AktG das Amt des Aufsichtsrats offenkundig zeitlich begrenzen wollte. Es liegt eine Gesetzeslücke vor, die sich nur auf dem Wege richterlicher Rechtsfortbildung schließen läßt. Orientiert man sich dabei am Sinn des Gesetzes, so bietet sich an, als Endzeitpunkt in einem solchen Fall das Ende des fünften Geschäftsjahrs nach dem Beginn der Amtszeit anzusehen, das Geschäftsjahr, in dem die Amtszeit begann, selbst nicht mitgerechnet (*a. A. Fitting-Auf-*

farth-Kaiser, § 77 BetrVG 1952 Rdn. 8, die das Ende des vierten Geschäftsjahrs nach dem Beginn der Amtszeit für maßgeblich halten).

29 Die **Satzung** kann eine **kürzere Amtsdauer** festlegen, und zwar auch für die Aufsichtsratsmitglieder der Arbeitnehmer. Doch darf die für diese geltende Frist nicht anders lauten als für die Anteilseignervertreter (§ 15 Abs. 1; zum insoweit gleich lautenden § 76 Abs. 2 S. 1 BetrVG 1952 h. M.). Enthält die Satzung nichts, kann auch die Anteilseignerversammlung eine kürzere Amtsdauer festlegen oder die Frist nachträglich abkürzen, allerdings nur für die Aufsichtsratsmitglieder der Anteilseigner (*Kölner Komm. – Mertens*, § 102 AktG Rdn. 6 f.; *Godin-Wilhelmi*, § 102 AktG Anm. 2; *Meilicke-Meilicke*, §§ 25–29 Rdn. 18; *Fitting-Wlotzke-Wißmann* § 15 Rdn. 61). Zu § 76 BetrVG 1952 ist umstritten, ob die Satzung auch das **turnusmäßige Ausscheiden** vorsehen kann. Da die Amtszeiten einzelner Aufsichtsratsmitglieder voneinander unabhängig sind, bestehen dagegen keine gesellschaftsrechtlichen Bedenken. Auf seiten der Arbeitnehmervertreter wäre es aber nicht nur unzweckmäßig und kostspielig, Wahlen für einzelne Aufsichtsratsmandate in einem kürzeren als dem vom Gesetz vorgeschriebenen Abstand durchzuführen, sondern würde die Verteilung der einer Gruppe zukommenden Sitze auf die eingerichteten Wahlvorschläge nach dem Prinzip der Verhältniswahl (vgl. § 15 Abs. 1) unmöglich machen. Ein turnusmäßiger Wechsel ist daher hier nicht zuzulassen (ebenso *Fitting-Wlotzke-Wißmann*, § 15 Rdn. 58).

30 Die **Wiederwahl** zum Aufsichtsratsmitglied nach Ablauf der Amtszeit ist **uneingeschränkt möglich**. Bei den Aufsichtsratsmitgliedern der Anteilseigner ist streitig, ob sie schon vor der Anteilseignerversammlung erfolgen kann, in der die Amtszeit endet (vgl. *Großkomm. – Meyer-Landrut*, § 102 AktG Anm. 3 auf der einen und *Geßler*, § 102 AktG Rdn. 21 auf der anderen Seite). Die Wiederwahl von Arbeitnehmervertretern muß schon aus organisatorischen Gründen vor der Anteilseignerversammlung durchgeführt werden, mit der ihre Amtszeit abläuft.

31 5. Die Mitgliedschaft im Aufsichtsrat **endet vorzeitig**, wenn die **persönlichen Voraussetzungen** für die Übernahme des Amtes **wegfallen** (s. o. Rdn. 20 ff.), wenn ein Mitglied gem. § 103 AktG oder § 23 MitbestG **abberufen wird** (dazu sogleich unter 6.) sowie in den Fällen der **Verschmelzung, Umwandlung** u. ä. Darüber hinaus hat jedes Aufsichtsratsmitglied das Recht, sein Amt niederzulegen. Die Satzung kann darüber nähere Bestimmungen treffen, die **Amtsniederlegung** aber nicht völlig ausschließen (*Geßler*, § 102 AktG Rdn. 28). Sehr streitig ist, ob beim Fehlen einer Satzungsbestimmung das Amt jederzeit und ohne Begründung niedergelegt werden kann (so *Geßler*, a.a.O., Rdn. 30; *Großkomm. – Meyer-Landrut*, § 102 AktG Anm. 6 b; bezüglich der Arbeitnehmervertreter zu § 76 BetrVG 1952 *Fitting-Auffarth-Kaiser*,

§ 76 BetrVG 1952 Rdn. 96; *Dietz-Richardi,* § 76 BetrVG 1952 Rdn. 132) oder nur, wenn ein wichtiger Grund vorliegt *(Kölner Komm. – Mertens,* § 103 AktG Rdn. 54; *Baumbach-Hueck,* § 102 AktG Rdn. 4). Eine Differenzierung danach, ob das Amt entgeltlich oder unentgeltlich ausgeübt wird, wie sie die ältere Lehre vornahm, wird dem Charakter des Aufsichtsratsmandats nicht gerecht (jetzt wohl *h. L.*). Richtig dürfte sein, die Niederlegung des Amtes jederzeit, nur nicht zur Unzeit, zu gestatten, da niemand an der mit dem Amt verknüpften Verantwortung festgehalten werden kann, wenn er sie nicht mehr tragen will (so neben den bereits Genannten *Natzel,* DB 1965, 1430; *Brox,* NJW 1967, 803 f.).

6. Gem. § 103 Abs. 1, 2, 5 AktG, der nach den Verweisungen in § 6 Abs. 2 u. 3 auch auf die unter das Gesetz fallenden Gesellschaften mbH, bergrechtlichen Gewerkschaften, nicht jedoch auf die Genossenschaften anzuwenden ist, können die von der Anteilseignerversammlung gewählten oder aufgrund der Satzung in den Aufsichtsrat entsandten **Aufsichtsratsmitglieder** und Ersatzmitglieder der **Anteilseigner** unter den im Gesetz ausgeführten Voraussetzungen **vor Ablauf der Amtszeit abberufen** werden. Da das MitbestG diese Fälle nicht berührt, ist hierzu auf das aktienrechtliche Schrifttum zu verweisen (vgl. statt aller *Kölner Komm. – Mertens,* § 103 AktG Rdn. 7 ff., 19 ff.). Für die Aufsichtsratsmitglieder und Ersatzmitglieder der Arbeitnehmer gilt § 103 AktG nicht, sondern § 23 MitbestG (vgl. § 103 Abs. 4 AktG). **32**

Alle Aufsichtsratsmitglieder, auch die Arbeitnehmervertreter, sind dagegen dem **gerichtlichen Abberufungsverfahren** nach § 103 Abs. 3 AktG i.V. i.V.m. § 6 Abs. 2 ausgesetzt. Auf Genossenschaften ist die Vorschrift allerdings nicht anzuwenden (§ 6 Abs. 3). Die Einleitung des Abberufungsverfahrens setzt einen Beschluß des Aufsichtsrats voraus, der kraft zwingender gesetzlicher Vorschrift (Abs. 3 S. 2) mit einfacher Mehrheit gefaßt wird. Im Fall der Stimmengleichheit ist § 29 Abs. 2 anzuwenden (*Leo,* Manager-Magazin 1976, H. 6, 82; a.A. *Hoffmann-Neumann*, GmbH-Rdsch. 1976, 151). Das betroffene Mitglied ist gem. § 34 BGB selbst nicht stimmberechtigt. Für den Fall, daß mehrere Aufsichtsratsmitglieder aus dem gleichen Grund abberufen werden sollen, ist streitig, ob das Stimmverbot sich auf alle Betroffenen erstreckt (Nachweise bei *Kölner Komm. – Mertens,* § 103 AktG Rdn. 30). Da es auf eine individuelle Prüfung ankommt, ist hinsichtlich jedes Aufsichtsratsmitglieds ein gesonderter Beschluß nötig, an dem die anderen jeweils teilnehmen können (ebenso *Mertens,* a.a.O.). Obgleich § 103 Abs. 3 AktG in § 107 Abs. 3 S. 2 AktG nicht genannt ist, kann der Beschluß nach dem Sinn der Vorschrift nicht an einen Aufsichtsratsausschuß delegiert werden (*Mertens,* a.a.O., Rdn. 29). **33**

34 Materiell verlangt § 103 Abs. 3 AktG einen **wichtigen Grund** für die Abberufung. Damit macht sich das Gesetz die im Privatrecht allgemein geltende Regel zu eigen, wonach Dauerrechtsverhältnisse, speziell auch die Mitwirkung in Entscheidungsgremien von Unternehmen (vgl. §§ 117, 127 HGB, 84 Abs. 3 AktG, 38 Abs. 2 GmbHG) aus wichtigem Grund beendet werden können. Gleichwohl läßt sich die allgemeine Rechtsprechung zum Begriff des wichtigen Grundes auf den Fall nicht unbesehen übertragen, vielmehr ist speziell im Hinblick auf die Aufgaben des Aufsichtsrates als Unternehmensorgan und auf die Bedingungen seiner Arbeitsfähigkeit zu prüfen, ob ein Aufsichtsratsmitglied abberufen werden muß. Dabei fallen auch die vom Gesetz gewollte pluralistische Zusammensetzung des Aufsichtsrats, die darin institutionalisierten Interessengegensätze zwischen den Gruppen und die infolgedessen stets prekäre Aufgabe einer Integration zwischen ihnen ins Gewicht (zur Abwägung der Interessen vgl. *Eckardt*, NJW 1967, 1011; *Rewolle*, BUV 1971, 28; *Hofmann*, BB 1973, 1081). Da jede Gruppe das Recht besitzt, „ihre" Aufsichtsratsmitglieder unter den gesetzlichen Voraussetzungen selbst abzuberufen (s. Rdn. 32), kann eine Abweichung von der in der Gruppe mehrheitlich vertretenen Ansicht oder der Verlust des Wählervertrauens für sich allein keinen wichtigen Grund für die Abberufung durch das Gericht bilden. Aus dem gleichen Grund ist die laxe Wahrnehmung der Pflichten eines Aufsichtsratsmitglieds, namentlich das Fehlen in den Sitzungen, kein wichtiger Grund (ebenso *Kölner Komm. – Mertens*, § 103 AktG Rdn. 32).

35 Dagegen muß § 103 Abs. 3 AktG als Ventil für die Fälle gelten, in denen ein **Mitglied** einer **Gruppe** infolge seines Verhaltens gerade für die andere Gruppe **unzumutbar** geworden ist, denn für diesen Fall kennt das Gesetz keinen anderen Rechtsbehelf, die Funktionsfähigkeit des Aufsichtsrats zu sichern (zum Problem *Th. Raiser*, Grundgesetz und paritätische Mitbestimmung, 76). Auf der anderen Seite geht es aber auch nicht an, das Abberufungsverfahren zum Instrument der Auseinandersetzungen zwischen den Gruppen im Aufsichtsrat werden zu lassen. Denn das Gesetz verlangt, wie es bei pluralistisch zusammengesetzten Entscheidungsgremien auch sonst üblich ist, die Interessengegensätze im Aufsichtsrat selbst durch einen internen Ausgleich und ein wechselseitiges Entgegenkommen aufzulösen (*Mertens*, a.a.O.). Ein wichtiger Grund für die gerichtliche Abberufung liegt daher erst dann vor, wenn die **Kooperationsbasis** mit dem betreffenden Aufsichtsratsmitglied **so schwer** und nachhaltig **gestört ist**, daß eine sachliche **Zusammenarbeit** mit ihm **nicht** mehr **erwartet** werden kann und aus einer Fortdauer des bestehenden Zustands Schaden für das Unternehmen erwachsen würde. So verstanden trifft auch die von *Eckardt* (NJW 1967, 1010) im Anschluß an BGHZ 39, 123 empfohlene Formel das Richtige, wonach für eine gerichtliche Abberufung nur Sachverhalte ausreichen, „die in einem krassen und gesellschaftswidrigen Verhalten des Aufsichtsratsmitglieds bestehen oder dieses Mitglied für schlechthin untragbar erscheinen lassen“ (weniger streng dagegen *Godin-Wilhelmi*, § 103 AktG Anm. 8).

Die meisten **Fälle** werden, unter diesen Gesichtspunkten beurteilt, keine besonderen Schwierigkeiten aufwerfen. Grobe Pflichtverletzung und Unfähigkeit zur ordnungsgemäßen Wahrnehmung der Pflichten eines Aufsichtsratsmitglieds sind schon nach allgemeinen Regeln wichtige Gründe für die Abberufung (vgl. §§ 117, 127 HGB, 84 Abs. 3 AktG, 38 Abs. 2 GmbHG). Geschäftliche, verwandtschaftliche oder freundschaftliche Beziehungen zu außerhalb des Unternehmens stehenden Personen, namentlich Konkurrenzunternehmen, reichen für sich allein nicht aus, da das Gesetz das Fehlen solcher Beziehungen nicht zur persönlichen Voraussetzung für die Mitgliedschaft im Aufsichtsrat macht. Ebensowenig genügt die fristlose Entlassung eines im Unternehmen beschäftigten Arbeitnehmervertreters (BGHZ 39, 120; vgl. zu diesem Fall aber auch § 24 Abs. 1 und dort Rdn. 2). Kein wichtiger Grund ist ferner die volle Ausnutzung der den Aufsichtsratsmitgliedern gewährten Informations- und Kontrollrechte. In all diesen Fällen kann sich der Tatbestand aber zum wichtigen Grund zuspitzen, wenn die Grenzen des rechtlich Zulässigen überschritten oder die Rechte mißbräuchlich bzw. schikanös ausgeübt werden. Öffentliche Äußerungen oder die politische Einstellung kommen erst in Betracht, wenn daraus dem Unternehmen unmittelbar Schaden erwächst oder wenn die marktwirtschaftliche Ordnung als Voraussetzung für das Bestehen privater Großunternehmen als solche abgelehnt wird (*Eckardt*, NJW 1967, 1011). Problematisch sind die Fälle des unverträglichen oder kränkenden Verhaltens eines Aufsichtsratsmitglieds, denn bei ihnen ist die Grenze zu ziehen zwischen dem, was in einem pluralistisch zusammengesetzten und, so gesehen, politischen Gremium noch hingenommen und „verarbeitet“ werden muß, und dem, was die Voraussetzungen einer sachlichen Kooperation endgültig zerstört. **36**

Der wichtige Grund muß in der **Person** des betroffenen Aufsichtsratsmitglieds liegen. Dagegen kommt es für die Beurteilung auf die Bedeutung für das Unternehmen an, als dessen Organ der Aufsichtsrat fungiert. Verschulden ist nicht erforderlich, kann aber für die Beurteilung eine Rolle spielen (*Eckardt*, NJW 1967, 1011). **37**

Der **Antrag** ist an das für das Unternehmen zuständige (vgl. § 14 AktG) Amtsgericht zu stellen, das nach § 145 FGG im Verfahren der freiwilligen Gerichtsbarkeit entscheidet (Einzelheiten s. *Kölner Komm. – Mertens,* § 103 AktG Rdn. 35 ff.; *Geßler,* § 103 AktG Rdn. 44; *Rewolle,* BUV 1971, 28 f.). **38**

39 7. § 104 AktG i.V.m. § 6 Abs. 2, 3 MitbestG ermöglicht eine **Ergänzung** des Aufsichtsrats durch **Gerichtsbeschluß** in zwei Fällen, nämlich wenn die zur Beschlußfähigkeit notwendige Anzahl von Aufsichtsratsmitgliedern nicht mehr vorhanden ist (Abs. 1) oder wenn nicht alle Aufsichtsratssitze besetzt sind (Abs. 2 u. 3). Durch § 35 Abs. 1 Nr. 8 MitbestG wurde der Kreis der gemäß Abs. 1 S. 3 Antragsberechtigten erweitert. Die übrigen Änderungen passen die Vorschrift nur an das MitbestG an.

40 a) Im Fall des § 104 Abs. 1 AktG kann der Aufsichtsrat ergänzt werden, wenn er **nicht mehr** die zur **Beschlußfähigkeit** erforderliche, d. h. die Hälfte der gesetzlichen Mitgliederzahl (§ 28) hat. Je nach Größe des Aufsichtsrats ist der Fall gegeben, wenn nicht mehr als fünf, sieben oder neun Sitze besetzt sind (vgl. § 7 Abs. 1). Nach h. L. reicht es aus, wenn ein Mitglied für längere Zeit gehindert ist, sein Mandat wahrzunehmen oder seine Stimme gem. § 108 Abs. 3 AktG wenigstens schriftlich auszuüben (vgl. *Godin-Wilhelmi,* § 104 AktG Anm. 2; *Großkomm. – Meyer-Landrut,* § 104 AktG Anm. 1 a.E.). Liegen die gesetzlichen Voraussetzungen vor, ist das Vertretungsorgan verpflichtet, unverzüglich die Ergänzung des Aufssichtsrats zu beantragen, es sei denn, sie ist vor der nächsten Aufsichtsratssitzung zu erwarten. Außerdem sind bei Unternehmen, die unter das MitbestG fallen, berechtigt, aber nicht verpflichtet, den Antrag zu stellen (Abs. 1 S. 1 u. 3): 1. Jedes Aufsichtsratsmitglied; 2. jeder Anteilseigner; 3. der Gesamtbetriebsrat oder, wenn das Unternehmen nur einen Betriebsrat hat, dieser sowie im herrschenden Unternehmen eines Konzerns der Konzernbetriebsrat; 4. in den Fällen der §§ 4 und 5 der Gesamtbetriebsrat oder der Betriebsrat eines Unternehmens, dessen Arbeitnehmer an der Wahl zum Aufsichtsrat unmittelbar oder mittelbar teilnehmen; 5. mindestens ein Zehntel oder einhundert der Arbeitnehmer, die selbst oder durch Wahlmänner an der Wahl teilnehmen; 6. jede der in einem der beteiligten Unternehmen vertretene Gewerkschaft (Z. 5 i.V.m. § 7 Abs. 4); 7. je ein Zehntel der wahlberechtigten Arbeiter, Angestellten oder leitenden Angestellten.

41 b) Im zweiten Fall ist die gerichtliche Ergänzung des Aufsichtsrats nach § 104 Abs. 2 u. 3 AktG möglich, wenn er **nicht mehr** die durch **Gesetz** oder **Satzung** festgesetzte **Mitgliederzahl** hat. Der Antrag kann bei den unter das MitbestG fallenden Unternehmen sofort nach dem Ausscheiden eines Mitglieds gestellt werden, denn nach der Neufassung von Abs. 3 Nr. 2 liegt stets ein dringender Fall vor, für den die in Abs. 2 genannte Dreimonatsfrist nicht gilt. Antragsberechtigt sind dieselben Personen und Personengruppen wie nach Abs. 1, nur daß auch der Vorstand nicht verpflichtet ist, den Antrag zu stellen.

42 c) Das Gericht hat das fehlende Aufsichtsratsmitglied nach **pflichtgemäßem Ermessen** auszusuchen. Es ist dabei jedoch nicht völlig frei,

sondern hat Abs. 4 zu beachten, der darauf abzielt, den **Gruppenproporz** im Aufsichtsrat soweit wie möglich zu erhalten. Bei den unter das MitbestG fallenden Unternehmen hat es daher die paritätische Besetzung herbeizuführen. Fehlt ein Arbeitnehmervertreter, so ist ein solcher zu berufen und umgekehrt. Wird der Aufsichtsrat zur Herstellung seiner Beschlußfähigkeit ergänzt und ist die Zusammensetzung gem. dem vom Gesetz vorgeschriebenen Gruppenproporz nicht möglich, so hat das Gericht darauf zu achten, daß die Verteilung der Mandate durch die Ergänzung der vom Gesetz vorgeschriebenen Relation zwischen den Gruppen näherkommt (h. L. zu § 76 BetrVG 1952; vgl. *Baumbach-Hueck,* § 104 AktG Rdn. 13; *Großkomm. – Mayer-Landrut,* § 104 AktG Anm. 6; *Kölner Komm. – Mertens,* § 104 AktG Rdn. 15). Sind z. B. von insgesamt zwölf Mitgliedern des Aufsichtsrats nur noch fünf von den Anteilseignern gewählte übrig, so ist ein Vertreter der Arbeitnehmer zu bestellen. Auch innerhalb der Gruppen sollen die Proporz- und Minderheitsrechte gewahrt bleiben, weshalb sich das Gericht auch an die für den vakanten Sitz nach dem Gesetz oder der Satzung geltenden persönlichen Voraussetzungen halten muß. Ist daher ein Sitz frei, der gem. § 15 Abs. 2 einem Vertreter der in dem Unternehmen beschäftigten Arbeiter zusteht, so ist ein Arbeiter zu bestellen, desgleichen sind die Sitze der Angestellten mit einem Angestellten und die Sitze der leitenden Angestellten mit einem leitenden Angestellten zu besetzen. Bei einem Mandat, für das die in dem Unternehmen vertretenen Gewerkschaften ein Vorschlagsrecht haben, soll das Gericht Vorschläge der beteiligten Gewerkschaften berücksichtigen, allerdings nur, soweit nicht überwiegende Belange der Gesellschaft oder der Allgemeinheit der Berufung des Vorgeschlagenen entgegenstehen. Wird durch Wahlmänner gewählt, sollen unter den gleichen Voraussetzungen gemeinsame Vorschläge der Betriebsräte der Unternehmen berücksichtigt werden, in denen Wahlmänner zu bestellen sind. Dagegen fordert das Gesetz nicht, darüber hinaus auch noch Vorschläge der nach § 15 Abs. 4 vorschlagsberechtigten Gruppen von Arbeitern, Angestellten und leitenden Angestellten zu beachten, da das Verfahren andernfalls für die nur auf begrenzte Dauer erfolgende Notbestellung zu aufwendig würde.

d) **Zuständig** ist das für den Sitz des Unternehmens zuständige Amts- **43**
gericht, das im Verfahren der freiwilligen Gerichtsbarkeit nach § 145 Abs. 1 FGG entscheidet. Gegen dessen Entscheidung findet, wie das Gesetz in § 104 Abs. 1 S. 4 und Abs. 2 S. 4 AktG ausdrücklich hervorhebt, die sofortige Beschwerde statt.

e) Das **Amt** des nach § 104 AktG bestellten Aufsichtsratsmitglieds **44**
erlischt gem. Abs. 5, sobald der Mangel behoben ist, d. h. sobald das fehlende Mitglied gem. §§ 8 oder 9 ff. gewählt wurde und die Wahl angenommen hat. Wegen der Möglichkeit einer vorzeitigen Abberufung

durch das Gericht oder die Anteilseignerversammlung vgl. *Großkomm. – Meyer-Landrut,* § 104 AktG Anm. 11; *Geßler,* § 104 AktG Rdn. 50.

45 f) Das gerichtlich bestellte Aufsichtsratsmitglied hat **dieselben Rechte** und **Pflichten** wie alle anderen Aufsichtsratsmitglieder. Nach § 104 Abs. 6 AktG hat es Anspruch auf Ersatz angemessener barer Auslagen und – wenn den Aufsichtsratsmitgliedern des Unternehmens eine Vergütung gewährt wird – auf eine solche. Notfalls hat das Gericht auf Antrag des Betroffenen Auslagen und Vergütung festzusetzen. Gegen die Entscheidung findet die sofortige Beschwerde, nicht jedoch die weitere Beschwerde statt. Der rechtskräftige Beschluß ist Vollstrekkungstitel gegen die Gesellschaft (Abs. 6 S. 5).

46 8. Gem. § 106 AktG i.V.m. § 6 Abs. 2 hat das Vertretungsorgan jeden Wechsel der Aufsichtsratsmitglieder unverzüglich in den **Gesellschaftsblättern bekannt** zu machen und die Bekanntmachung zum **Handelsregister** einzureichen. Die Vorschrift wird von § 19 ergänzt und z. T. überlagert, weshalb auf die Erläuterungen hierzu verwiesen wird.

VI. Unvereinbarkeit der Zugehörigkeit zum Vertretungsorgan und zum Aufsichtsrat (§ 105 AktG)

47 1. §§ 105 AktG i.V.m. 6 Abs. 2 u. 3 MitbestG bestimmen die **Inkompatibilität** zwischen der Mitgliedschaft im Aufsichtsrat und der Zugehörigkeit bzw. Zuordnung zum Vertretungsorgan. Das MitbestG schränkt die Vorschrift hinsichtlich der Prokuristen wesentlich ein. Denn während nach § 105 Abs. 1 AktG Prokuristen generell nicht in den Aufsichtsrat gewählt werden können, ist die Wählbarkeit nach § 6 Abs. 2 S. 1 2. Hs. nur ausgeschlossen, wenn der Prokurist dem zur gesetzlichen Vertretung des Unternehmens befugten Organ unmittelbar unterstellt und zur Ausübung der Prokura für den gesamten Geschäftsbereich des Organs ermächtigt ist. Die Sonderregelung gilt ausdrücklich nur für die Aufsichtsratsmitglieder der Arbeitnehmer, weshalb es für die Anteilseignervertreter bei den weiteren Grenzen des § 105 Abs. 1 AktG verbleibt. Die Begr RegE rechtfertigt die Beschränkung mit dem Satz, auf diese Weise würden „gleichermaßen gesellschaftsrechtliche wie auch mitbestimmungsrechtliche Gesichtspunkte angemessen" berücksichtigt (*BT-Drucks.* 7/2172, 20). Die Gesetzesverfasser waren demnach bestrebt, den Kreis der für die Wahl in den Aufsichtsrat in Betracht kommenden leitenden Angestellten, zu denen die Prokuristen regelmäßig – wenn auch nicht immer – gehören, größer zu halten, als es nach § 105 Abs. 1 AktG der Fall gewesen wäre. Es sollte nur ein sehr kleiner Kreis von Personen ausgeschlossen sein, die dem Typ des Generalbevollmächtigten angenähert sind und deren Nähe zum Vertretungsorgan evident ist (vgl. *Wlotzke,* AuR 1974, 229; *Seiffert,* AG 1974, 130;

Peltzer, BB 1974, 443). In der Sache kann die Differenzierung schwerlich überzeugen, denn der Gedanke, daß Personen, die dem Vertretungsorgan zuzurechnen sind, nicht als Mitglieder des Aufsichtsrats ihre eigene Tätigkeit überwachen können, der dem § 105 AktG zugrunde liegt, erlaubt keinen Unterschied zwischen Aufsichtsratsmitgliedern der Anteilseigner und der Arbeitnehmer.

2. Unvereinbar sind gem. § 105 Abs. 1 AktG zunächst die Mitglied- **48**
schaft im Aufsichtsrat und im **Vertretungsorgan**, und zwar auch als stellvertretendes Mitglied oder als Abwickler (vgl. § 268 Abs. 2 AktG i.V.m. § 25 Abs. 1 Nr. 2). Ein Mitglied des Aufsichtsrats, das in das Vertretungsorgan gewählt wird, muß daher sein Mandat niederlegen, bevor es wirksam in das Vertretungsorgan berufen werden kann und umgekehrt (Einzelheiten bei *Kölner Komm. – Mertens*, § 105 AktG Rdn. 5 ff.; *Geßler*, § 105 AktG Rdn. 5 ff.).

3. Ausgeschlossen sind ferner **Prokuristen** und zum gesamten Ge- **49**
schäftsbetrieb ermächtigte **Handlungsbevollmächtigte**. Prokurist ist jeder, dem gemäß § 48 Abs. 1 HGB Prokura erteilt wurde, und zwar ohne Rücksicht darauf, ob es sich um Einzel- oder Gesamtprokura (§ 48 Abs. 2 HGB), um eine auf das ganze Unternehmen bezogene oder auf eine Niederlassung beschränkte Prokura (§ 50 Abs. 3 HGB) handelt oder ob im Innenverhältnis mit der Prokura gewisse Beschränkungen verknüpft sind (h. L.; vgl. statt aller *Brox*, Festschrift für Ficker, 108 ff.). Dagegen ist im aktienrechtlichen Schrifttum umstritten, ob als zum gesamten Geschäftsbetrieb ermächtigt jeder Handlungsbevollmächtigte zu verstehen ist, dessen Vollmacht sich im Sinn von § 54 Abs. 1 HGB auf den Betrieb eines Handelsgewerbes im Unterschied zur Art- oder Einzelhandlungsvollmacht bezieht (so *Brox*, a.a.O., 108 ff.; *Kölner Komm. – Mertens*, § 105 AktG Rdn. 10; *Geßler*, § 105 AktG Rdn. 14) oder ob das Gesetz einen engeren Begriff des Generalbevollmächtigten voraussetzt, der nur Personen umfaßt, die der Unternehmensleitung besonders nahestehen (so *Großkomm. – Meyer-Landrut*, § 105 AktG Anm. 3; *Godin-Wilhelmi*, § 105 AktG Anm. 3; *Obermüller-Werner-Winden*, AktG, 63 f.; *Werner*, Bank-Betrieb 1965, 285). Da die Inkompatibilität wegen der Unvereinbarkeit von Amtsführung und Kontrolle und wegen der Gefahr von Interessenkonflikten weit gezogen werden sollte, ist die erste Version vorzuziehen.

Für die **Aufsichtsratsmitglieder** der **Arbeitnehmer** gilt nach § 6 **50**
Abs. 2 ein engerer Begriff. Prokuristen sind in diesem Fall nur dann nicht wählbar, wenn sie zwei weitere, sich auf ihre Stellung im Unternehmen beziehende Voraussetzungen erfüllen. Zum einen müssen sie dem zur gesetzlichen Vertretung des Unternehmens befugten Organ unmittelbar unterstellt sein, d. h. in der vertikalen Gliederung des Unternehmens auf der zweitobersten Ebene stehen. Zum anderen kommt es

darauf an, ob sie im Innenverhältnis, nach ihrer Tätigkeitsbeschreibung ermächtigt sind, für den gesamten Geschäftsbereich des Vertretungsorgans, also für das gesamte Unternehmen zu handeln (vgl. *Fitting-Wlotzke-Wißmann,* § 6 Rdn. 34). Wählbar bleiben demnach Prokuristen, deren Zuständigkeit räumlich auf einzelne Niederlassungen, Betriebe, oder auch auf die nicht das ganze Unternehmen umfassende Hauptverwaltung beschränkt ist. Auch Prokuristen, die nur einem einzelnen Mitglied des Vertretungsorgans zugeordnet sind, sind nach dem Wortlaut des Gesetzes nicht ausgeschlossen. Bei divisionaler Gliederung des Unternehmens sind auch die auf einen Geschäftsbereich beschränkten Prokuristen wählbar. Gleiches gilt bei funktionaler Gliederung für Prokuristen, deren Tätigkeitsbereich sich auf eine Abteilung (z. B. Rechtsabteilung oder Forschungsabteilung) beschränkt.

51 Hinsichtlich der **Generalhandlungsbevollmächtigten** enthält das Gesetz keine entsprechende Einschränkung des § 105 AktG. Der Verzicht hierauf ist nur verständlich, wenn man voraussetzt, daß der Gesetzgeber von einem Begriff des Handlungsbevollmächtigten ausgeht, der nicht weiter ist, als der in § 6 Abs. 2 verwendete eines Prokuristen, welcher dem Vertretungsorgan unmittelbar unterstellt und zur Vertretung des gesamten Unternehmens ermächtigt ist. Denn anderenfalls wäre der Kreis der auf der Arbeitnehmerseite nicht in den Aufsichtsrat wählbaren Prokuristen zwar enger gezogen als nach § 105 AktG, der eher größere Kreis der Handlungsbevollmächtigten dagegen nicht. Im Sinn des § 6 Abs. 2 MitbestG sind daher als zum gesamten Geschäftsbetrieb ermächtigte Handlungsbevollmächtigte nur die im Sprachgebrauch des Wirtschaftslebens sog. Generalbevollmächtigten zu zählen, die nach ihrer Funktion im Unternehmen zur Unternehmensleitung im engeren Sinn zu zählen sind und die Voraussetzungen erfüllen, welche das Gesetz für die Nichtwählbarkeit bei den Prokuristen aufstellt (ebenso *Peltzer*, BB 1974, 443).

52 4. Eine **Ausnahme** von der Inkompatibilität der Ämter macht § 105 Abs. 2 AktG i.V.m. § 6 Abs. 2 u. 3 für den Fall, daß einzelne Aufsichtsratsmitglieder vorübergehend zu Stellvertretern von fehlenden oder behinderten Mitgliedern des Vertretungsorgans bestellt werden. Dabei darf es sich jedoch nur um Notmaßnahmen handeln, die insgesamt ein Jahr nicht übersteigen.

VII. Abweichende gesetzliche und statutarische Bestimmungen (Abs. 2 S. 2)

53 Die Zusammensetzung des Aufsichtsrats ist in § 7, die Wahl und Abberufung der Aufsichtsratsmitglieder der Arbeitnehmer in §§ 9 bis 18, 23 abschließend geregelt. Für die Verweisung des § 6 Abs. 2 S. 2 auf

andere **gesetzliche** Vorschriften bleiben daher nur die rechtsformspezifischen Regeln über die Wahl der Aufsichtsratsmitglieder der Anteilseigner, auf die auch § 8 Bezug nimmt. Die Vorschrift läßt daneben keine eigene Regelungssubstanz erkennen, sondern erweist sich als überflüssig. Nichts anderes ergibt sich auch für die Verweisung auf die **Satzungsautonomie**, die gleichfalls nur in den von § 8 erfaßten Fällen in Betracht kommt (vgl. die Erläuterungen zu § 8 Rdn. 1 ff.).

VIII. Sondervorschriften für die Genossenschaften (Abs. 3)

1. Nach § 6 Abs. 3 sind auf die Erwerbs- und Wirtschaftsgenossenschaften die §§ 100, 101 Abs. 1 u. 3, 103 und 106 AktG **nicht anzuwenden**. Der RegE begründete die Sonderregelung mit dem Satz, andernfalls würde das Wesen dieser Rechtsform verändert *(BT-Drucks.* 7/2172, 20). Statt dessen gelten die einschlägigen Vorschriften des GenG (vgl. *W. Blomeyer,* ZfgG 1976, 33). Tiefgreifende Abweichungen von den für die anderen Unternehmensformen geltenden Regeln folgen daraus allerdings nicht. Trotz der Nichtanwendbarkeit des § 100 AktG können auch in Genossenschaften nur natürliche, unbeschränkt geschäftsfähige Personen Mitglied des Aufsichtsrats sein (vgl. *Müller,* § 36 GenG Rdn. 22). Nicht gelten dagegen die aktienrechtlichen Verbote der Häufung von Aufsichtsratsmandaten und der Überkreuzverflechtung. Die Bestellung der Aufsichtsratsmitglieder der Anteilseigner erfolgt nach § 36 Abs. 1 GenG anstelle von § 101 Abs. 1 AktG. Da § 101 Abs. 3 AktG nicht anzuwenden ist, können auch stellvertretende Aufsichtsratsmitglieder bestellt werden (vgl. *Lang-Weidmüller,* § 36 GenG Anm. 3), und zwar folgerichtig auch auf der Arbeitnehmerseite. Die Regelung über die Ersatzmitgliedschaft erübrigt sich daher. Die Abberufung von Aufsichtsratsmitgliedern der Anteilseignerseite erfolgt nicht gem. § 103 AktG, sondern § 36 Abs. 3 GenG, bedarf jedoch gleichfalls einer Mehrheit von mindestens drei Vierteln der abgegebenen Stimmen. Da die Aufsichtsratsmitglieder generell nicht in das Genossenschaftsregister eingetragen werden, entfällt ferner die Eintragungs- und Publikationspflicht nach § 106 AktG. **54**

2. Gem. § 6 Abs. 3 S. 2 ist ferner auf die Aufsichtsratsmitglieder der Arbeitnehmer in den unter das Gesetz fallenden Genossenschaften § 9 Abs. 2 GenG **nicht** anzuwenden, wonach die **Mitglieder** des Aufsichtsrats **Genossen** sein müssen. Die Regelung ist eine notwendige Folge aus dem Grundgedanken der Mitbestimmung und galt daher auch schon für die Mitbestimmung nach § 77 Abs. 3 BetrVG 1952 (§ 85 Abs. 1 BetrVG 1952). **55**

§ 7
Zusammensetzung des Aufsichtsrats

(1) Der Aufsichtsrat eines Unternehmens

1. **mit in der Regel nicht mehr als 10 000 Arbeitnehmern setzt sich zusammen aus je sechs Aufsichtsratsmitgliedern der Anteilseigner und der Arbeitnehmer;**
2. **mit in der Regel mehr als 10 000, jedoch nicht mehr als 20 000 Arbeitnehmern setzt sich zusammen aus je acht Aufsichtsratsmitgliedern der Anteilseigner und der Arbeitnehmer;**
3. **mit in der Regel mehr als 20 000 Arbeitnehmern setzt sich zusammen aus je zehn Aufsichtsratsmitgliedern der Anteilseigner und der Arbeitnehmer.**

Bei den in Satz 1 Nr. 1 bezeichneten Unternehmen kann die Satzung (der Gesellschaftsvertrag, das Statut) bestimmen, daß Satz 1 Nr. 2 oder 3 anzuwenden ist. Bei den in Satz 1 Nr. 2 bezeichneten Unternehmen kann die Satzung (der Gesellschaftsvertrag, das Statut) bestimmen, daß Satz 1 Nr. 3 anzuwenden ist.

(2) Unter den Aufsichtsratsmitgliedern der Arbeitnehmer müssen sich befinden

1. **in einem Aufsichtsrat, dem sechs Aufsichtsratsmitglieder der Arbeitnehmer angehören, vier Arbeitnehmer des Unternehmens und zwei Vertreter von Gewerkschaften;**
2. **in einem Aufsichtsrat, dem acht Aufsichtsratsmitglieder der Arbeitnehmer angehören, sechs Arbeitnehmer des Unternehmens und zwei Vertreter von Gewerkschaften;**
3. **in einem Aufsichtsrat, dem zehn Aufsichtsratsmitglieder der Arbeitnehmer angehören, sieben Arbeitnehmer des Unternehmens und drei Vertreter von Gewerkschaften.**

(3) Die in Absatz 2 bezeichneten Arbeitnehmer des Unternehmens müssen das 18. Lebensjahr vollendet haben, ein Jahr dem Unternehmen angehören und die weiteren Wählbarkeitsvoraussetzungen des § 8 des Betriebsverfassungsgesetzes erfüllen.

(4) Die in Absatz 2 bezeichneten Gewerkschaften müssen in dem Unternehmen selbst oder in einem anderen Unternehmen vertreten sein, dessen Arbeitnehmer nach diesem Gesetz an der Wahl von Aufsichtsratsmitgliedern des Unternehmens teilnehmen.

§ 8 BetrVG lautet:

§ 8
Wählbarkeit

(1) Wählbar sind alle Wahlberechtigten, die sechs Monate dem Betrieb angehören oder als in Heimarbeit Beschäftigte in der Hauptsache für den Betrieb

gearbeitet haben. Auf diese sechsmonatige Betriebszugehörigkeit werden Zeiten angerechnet, in denen der Arbeitnehmer unmittelbar vorher einem anderen Betrieb desselben Unternehmens oder Konzerns (§ 18 Abs. 1 des Aktiengesetzes) angehört hat. Nicht wählbar ist, wer infolge strafgerichtlicher Verurteilung die Fähigkeit, Rechte aus öffentlichen Wahlen zu erlangen, nicht besitzt.

(2) Besteht der Betrieb weniger als sechs Monate, so sind abweichend von der Vorschrift in Absatz 1 über die sechsmonatige Betriebszugehörigkeit diejenigen Arbeitnehmer wählbar, die bei der Einleitung der Betriebsratswahlen im Betrieb beschäftigt sind und die übrigen Voraussetzungen für die Wählbarkeit erfüllen.

Übersicht

Rdn.

I. Vorbemerkungen

1. § 7 regelt die **Größe** und Zusammensetzung des Aufsichtsrats und 1
legt damit das **Paritätsprinzip** im Gesetz fest. Die Vorschrift tritt für die unter das Gesetz fallenden Unternehmen an die Stelle der §§ 95, 96 Abs. 1 AktG, die durch § 35 Abs. 1 Nr. 2 u. 3 der neuen Rechtslage angepaßt wurden. Gemäß Abs. 1 setzt sich der Aufsichtsrat, abgestuft nach der Größe des Unternehmens, aus 12, 16 oder 20 Mitgliedern zusammen, die je zur Hälfte von den Anteilseignern und den Arbeitnehmern gestellt werden. Die hohe Zahl der Mandate, die viele Unternehmen zu einer Vergrößerung des Aufsichtsrats zwingt, erklärt sich aus der Absicht des Gesetzgebers, die Gruppen der Arbeitnehmer in einem ausgewogenen Verhältnis zu beteiligen (vgl. Begr. RegE BT-Drucks. 7/2172, 21). Von den der Arbeitnehmerseite zustehenden Mandaten sind nach Abs. 2 und 4 bei 12 oder 16 Aufsichtsratsmitgliedern zwei, bei 20 Mitgliedern drei Sitze mit Gewerkschaftsvertretern zu besetzen, doch haben die Gewerkschaften, wie sich aus § 16 ergibt, kein Entsendungs-, sondern nur ein Vorschlagsrecht, während die Wahl auch in diesem Fall den Arbeitnehmern des Unternehmens selbst oder den Wahlmännern

zusteht. Schon die Mitbestimmungskommission hatte eine derartige Lösung empfohlen (BT-Drucks. VI/334, 112). Dagegen hatten während der Vorbereitung des Gesetzes namentlich die Gewerkschaften das Recht gefordert, diese Sitze selbst zu besetzen, während die Vertreter der Industrie und der leitenden Angestellten für eine noch stärkere Reduktion des Gewerkschaftseinflusses pädierten (vgl. die Äußerungen auf dem Hearing des BT-Ausschusses für Arbeit und Sozialordnung am 7. 11. 1974, Prot. Nr. 55, 31 ff.). Der noch im Bundestagsplenum gestellte Antrag der CDU/CSU-Fraktion, die Gewerkschaftsbeteiligung am Aufsichtsrat von einer Muß- in eine Kannvorschrift umzuwandeln (BT-Drucks. 7/4887, 1 f.), fand keine Mehrheit (Stenograf. Ber. des 7. Dt. Bt, 16018 ff.).

Abs. 3 stellt besondere Wählbarkeitsvoraussetzungen für die dem Unternehmen angehörenden Aufsichtsratsmitglieder der Arbeitnehmer auf, die neben § 100 AktG treten (s. § 6 Rdn. 19 ff.).

2 2. § 7 ist **zwingendes Recht,** soweit das Gesetz in Abs. 1 S. 2 u. 3 nicht selbst eine Vergrößerung des Aufsichtsrats kraft Satzung zuläßt. Namentlich gestatten Abs. 2–4, wie schon aus dem mehrfachen Gebrauch des Wortes „müssen" hervorgeht, keinerlei Abweichungen vom Gesetz.

II. Größe und Zusammensetzung des Aufsichtsrats (Abs. 1)

3 1. In Unternehmen mit in der Regel **nicht mehr als 10 000 Arbeitnehmern** setzt sich der Aufsichtsrat nach Abs. 1 Nr. 1 aus zwölf Mitgliedern, und zwar je sechs der Anteilseigner und der Arbeitnehmer, zusammen. Im Gegensatz zu § 95 AktG, aber im Einklang mit dem in § 1 Abs. 1 gewählten Merkmal der Größendifferenzierung, ist nicht die Höhe des Grundkapitals, sondern die Belegschaftszahl maßgeblich. In den Fällen der §§ 4 u. 5 sind die Arbeitnehmer der KG bzw. der Konzernunternehmen mitzuzählen. Abweichend vom Gesetz kann die Satzung eine Vergrößerung des Aufsichtsrats auf 16 oder 20 Mandate vorsehen. Ein gewöhnlicher Beschluß der Anteilseignerversammlung genügt dafür nach dem unmißverständlichen Wortlaut des Gesetzes nicht. Auch läßt die Vorschrift keinerlei andere Abweichungen von den festgelegten Zahlen zu.

4 In Unternehmen mit in der Regel **mehr als 10 000, jedoch nicht mehr als 20 000 Arbeitnehmern** setzt sich der Aufsichtsrat aus 16 Mitgliedern, je acht der Anteilseigner und der Arbeitnehmer, zusammen. Er kann durch die Satzung auf 20 Mitglieder erweitert werden. Andere Modifikationen sind auch hier nicht zulässig. Für Unternehmen mit in der Regel **mehr als 20 000 Arbeitnehmern** muß der Aufsichtsrat ohne Möglichkeit der Abweichung stets 20 Mitglieder, je 10 Anteilseigner- und Arbeitnehmervertreter haben.

2. Hat sich die für die Größe und Zusammensetzung des Aufsichtsrats maßgebliche **Zahl der Arbeitnehmer geändert,** ist das Verfahren nach §§ 97 ff. AktG durchzuführen (vgl. die Erläuterungen bei § 6 Rdn. 8 ff.). Der Aufsichtsrat bleibt gem. § 96 Abs. 2 AktG i.V.m. § 6 MitbestG im Amt, bis das Änderungsverfahren durchgeführt ist (vgl. § 6 Rdn. 4). Dagegen wird man bei einer auf **Satzungsänderung** beruhenden Vergrößerung oder Verkleinerung des Aufsichtsrats §§ 96 Abs. 2, 97 ff. AktG nicht ohne weiteres anwenden können (so aber *Geßler,* § 95 AktG Rdn. 31). Soll die Zahl der Aufsichtsratsmitglieder gem. § 7 Abs. 1 S. 2 um vier oder acht **erweitert** werden, so bietet sich an, die neu hinzugekommenen Mandate durch Nachwahl nach Maßgabe der für beide Seiten geltenden Wahlvorschriften zu besetzen. In der Regel dürften dabei auch unter dem Gesichtspunkt, daß der Gruppenproporz zu wahren ist (vgl. § 15 Abs. 2), keine unüberwindlichen Schwierigkeiten auftreten (h. L. zu §§ 95 AktG und 76 BetrVG 1952, vgl. *Kölner Komm. – Mertens,* § 95 AktG Rdn. 19; *Dietz-Richardi,* § 76 BetrVG 1952 Rdn. 126; *Fitting-Auffarth-Kaiser,* § 76 BetrVG 1952 Rdn. 113). Dagegen ist im gesellschafts- und arbeitsrechtlichen Schrifttum stark umstritten, wie ein satzungsändernder Beschluß der Anteilseignerversammlung durchzuführen ist, durch den die Sitze im Aufsichtsrat **vermindert**, d. h. im Rahmen des MitbestG auf die gesetzliche Anzahl zurückgeführt werden. Einzelne Mitglieder des Aufsichtsrats zum vorzeitigen Ausscheiden zu zwingen, wie *Dietz-Richardi* (a.a.O. Rdn. 125) und andere (z. B. *Nikisch,* Arbeitsrecht, Bd. 3, S. 612) vorschlagen, dürfte namentlich auf der Arbeitnehmerseite zu unlösbaren rechtlichen Problemen führen, zumal der Gruppenproporz und die Reihenfolge der Gewählten eingehalten werden müssen. Auf der anderen Seite erlaubt es das Gesetz nicht, anzunehmen, daß das Mandat der gewählten Aufsichtsratsmitglieder ungeachtet des die Zahl der Sitze vermindernden Beschlusses bis zum Ende der Amtsperiode erhalten bleibt (so aber *Fitting-Auffarth-Kaiser,* a.a.O., Rdn. 113; *Mertens,* a.a.O., Rdn. 25; *Hueck-Nipperdey-Säcker,* Arbeitsrecht, Bd. II/2, 1511, j.m.w.N.). Man wird daher in entsprechender Anwendung des § 97 Abs. 2 AktG davon ausgehen müssen, daß in diesem Fall das Amt sämtlicher Aufsichtsratsmitglieder mit der Beendigung der ersten Anteilseignerversammlung nach dem Beschluß, spätestens jedoch sechs Monate nach dem Beschluß erlischt und auf beiden Seiten vollständige Neuwahlen durchgeführt werden müssen (so im Ergebnis *Geßler,* § 95 AktG Rdn. 31; ähnlich *Godin-Wilhelmi,* § 95 AktG Anm. 4; *Großkomm. – Meyer-Landrut,* § 95 AktG Anm. 4). **5**

3. Wird durch die Wahl eines Aufsichtsratsmitglieds die sich aus § 7 Abs. 1 ergebende gesetzliche **Höchstzahl überschritten,** so ist die Wahl gem. § 250 Abs. 1 Ziff. 3 AktG insoweit **nichtig**. Die Vorschrift ist auch auf die anderen, unter das Gesetz fallenden Unternehmensformen und **6**

auf die überzähligen Aufsichtsratsmitglieder der Arbeitnehmer anzuwenden (vgl. § 22 Rdn. 19). Die Wahl muß aber auch dann nichtig sein, wenn nur die in der Satzung festgelegte Zahl der Aufsichtsratsmitglieder überschritten wird. Denn würde man in diesem Fall annehmen, daß die Wahl nur gem. §§ 243 Abs. 1 AktG, 22 MitbestG anfechtbar ist, würde es in der Hand der Beteiligten liegen, ob die Wahl angefochten wird, was die in § 7 vorgeschriebene paritätische Besetzung des Aufsichtsrats in Frage stellen müßte.

7 Dagegen bleibt die **Wahl einer geringeren Zahl** von Aufsichtsratsmitgliedern, als nach Gesetz oder Satzung vorgeschrieben, zunächst ohne Rechtsfolgen, es sei denn, es wird nicht einmal die zur Beschlußfähigkeit erforderliche Hälfte der gesetzlichen Mitgliederzahl erreicht (vgl. § 28). Folgt die Unterbesetzung aus einer Verletzung des Gesetzes oder der Satzung, so kann die Wahl gem. §§ 251 Abs. 1 AktG, 22 MitbestG anfechtbar sein. Unter den Voraussetzungen des § 104 AktG kommt auch die gerichtliche Bestellung des fehlenden Aufsichtsratsmitglieds in Betracht (vgl. dazu § 6 Rdn. 39 ff.).

III. Wählbarkeit der dem Unternehmen angehörenden Aufsichtsratsmitglieder der Arbeitnehmer (Abs. 2 u. 3)

8 1. Unter den Aufsichtsratsmitgliedern der Arbeitnehmer müssen sich gem. § 7 Abs. 2 je nach Größe des Aufsichtsrats vier, sechs oder sieben Arbeitnehmer des Unternehmens und zwei bzw. drei Vertreter von Gewerkschaften befinden. Dabei handelt es sich um **persönliche Wählbarkeitsvoraussetzungen,** die neben die Vorschriften des § 100 AktG i.V.m. § 6 Abs. 2 MitbestG treten (vgl. § 6 Rdn. 20). Wer Arbeitnehmer des Unternehmens ist, richtet sich nach § 3 i.V.m. §§ 5 u. 6 BetrVG. Demgemäß sind auch Teilzeitbeschäftigte, in Heimarbeit Beschäftigte sowie vorübergehend, etwa zur Ausbildung im Unternehmen Beschäftigte wählbar. Wer zwei Unternehmen angehört, kann grundsätzlich in beiden gewählt werden. In den Fällen der §§ 4 u. 5 genügt die Zugehörigkeit zur KG bzw. zu einem Konzernunternehmen, da deren Arbeitnehmer als Arbeitnehmer des Komplementärunternehmens bzw. des herrschenden Unternehmens gelten.

9 2. Der Arbeitnehmer muß gem. Abs. 3 **dem Unternehmen mindestens** ein Jahr **angehört** haben. Daraus folgt zunächst, daß er zur Zeit der Wahl dort beschäftigt sein muß. Maßgeblich ist die tatsächliche Zugehörigkeit zum Unternehmen, nicht der Abschluß des Arbeitsvertrags. Ist das **Arbeitsverhältnis gekündigt**, hat der Arbeitnehmer aber Kündigungsschutzklage gem. § 4 KSchG oder Feststellungsklage gem. § 13 Abs. 1 S. 2 KSchG erhoben, endet die Wählbarkeit nicht vor der rechtskräftigen Entscheidung des Gerichts (h. L. zu § 8 BetrVG; vgl. statt aller

Dietz-Richardi, § 8 BetrVG Rdn. 10). Gibt das Gericht der Klage statt, bleibt die in der Zwischenzeit erfolgte Wahl gültig. Dasselbe gilt, wenn das Arbeitsverhältnis nach §§ 9 oder 13 Abs. 1 S. 3 KSchG für die Zukunft aufgehoben wird, doch erlischt das Mandat in diesem Fall gem. § 24 Abs. 1 zu dem Zeitpunkt, zu dem das Arbeitsverhältnis endet. Weist das Gericht die Kündigungsschutzklage dagegen ab, so steht nachträglich fest, daß der Bewerber zur Zeit der Wahl dem Unternehmen nicht angehörte und daher die Wählbarkeitsvoraussetzungen nicht erfüllte. Die gleichwohl erfolgte Wahl ist unwirksam (h. L. zu § 8 BetrVG). Bis zur Klärung ist der Gewählte nach h. A. zu § 8 BetrVG an der Ausübung des Amtes gehindert.

Für die **Berechnung der Jahresfrist** kommt es, anders als nach § 8 **10**
BetrVG auf den Beginn der Amtszeit an (vgl. *Fitting-Wlotzke-Wißmann*, § 7 Rdn. 25). Nicht erforderlich ist eine ununterbrochene Tätigkeit. Kürzere Unterbrechungen infolge von Krankheit, Urlaub, Arbeitskampf usw. werden vielmehr nicht berücksichtigt, sofern das Arbeitsverhältnis fortdauert. Bei längeren Unterbrechungen nimmt man an, daß der Ablauf der Frist zwar gehemmt, nicht aber unterbrochen wird (vgl. statt aller *Dietz-Richardi*, a.a.O., Rdn. 17; enger wohl *Fitting-Wlotzke-Wißmann*, § 7 Rdn. 25). Dagegen beginnt die Frist von neuem zu laufen, wenn das Arbeitsverhältnis in der Zwischenzeit aufgelöst war. Obwohl das Gesetz dies nicht ausdrücklich sagt, wird man in entsprechender Anwendung des § 8 Abs. 1 S. 2 BetrVG auf die Jahresfrist auch Zeiten anrechnen müssen, in denen der Arbeitnehmer unmittelbar vorher einem anderen Unternehmen desselben Konzerns angehört hat (anders *Fitting-Wlotzke-Wißmann*, § 7 Rdn. 27: Anrechnung nur bei Tätigkeit in Unternehmen, deren Arbeitnehmer nach § 4 oder § 5 zuzurechnen sind). In den Fällen des § 4 ist sinngemäß anzunehmen, daß ein Wechsel der Tätigkeit zwischen KG und Komplementärunternehmen für die Berechnung der Frist unschädlich ist.

Wird ein nicht zu dem Unternehmen gehörender Arbeitnehmer ge- **11**
wählt, ist die Wahl **nichtig** (vgl. § 22 Rdn. 19). Nach allgemeinen Regeln entfällt die Nichtigkeit, wenn der Mangel rechtzeitig vor Einreichung der Klage geheilt wird, namentlich die Einjahresfrist abgelaufen ist (vgl. *Fitting-Wlotzke-Wißmann*, § 7 Rdn. 30). Scheidet ein in den Aufsichtsrat gewählter Arbeitnehmer nachträglich aus dem Unternehmen aus, so erlischt gem. § 24 Abs. 1 sein Amt.

3. Die Wählbarkeit eines dem Unternehmen angehörenden Arbeit- **12**
nehmers setzt nach Abs. 3 ferner voraus, daß er das **18. Lebensjahr vollendet** hat. Die Altersgrenze entspricht nunmehr dem allgemeinen Volljährigkeitsalter (§ 2 BGB) und weicht daher auch von der allgemeinen Vorschrift des § 100 Abs. 1 AktG inhaltlich nicht mehr ab (vgl. § 6 Rdn. 20). Maßgeblich ist, im Gegensatz zu § 8 BetrVG, der Beginn der

Amtszeit (*Fitting-Wlotzke-Wißmann,* § 7 Rdn. 21). Wird ein jüngerer Arbeitnehmer gewählt, ist die Wahl gem. § 22 anfechtbar, es sei denn, der Mangel entfällt, weil der Gewählte das 18. Lebensjahr vollendet hat, bevor die Anfechtung erfolgt ist (vgl. zum analogen Fall des § 24 BetrVG BAG AP Nr. 1 zu § 24 BetrVG).

13 Schließlich verweist § 7 Abs. 3 auf die **weiteren Wählbarkeitsvoraussetzungen nach § 8 BetrVG**. Gemeint ist der Fall, daß jemand infolge strafgerichtlicher Verurteilung die Fähigkeit nicht besitzt, Rechte aus öffentlichen Wahlen zu erlangen (§ 8 Abs. 1 S. 3 BetrVG). Gem. § 45 StGB ist dies stets der Fall bei Verurteilung wegen eines Verbrechens zu einer Mindeststrafe zu 1 Jahr, jedoch begrenzt auf eine Zeit von 5 Jahren nach der Rechtskraft des Urteils.

14 Zu den anderen, auch für die Arbeitnehmervertreter im Aufsichtsrat geltenden, **Wählbarkeitsvoraussetzungen gem. § 100 Abs. 1 u. 2 AktG** ist auf die Erläuterungen hierzu unter § 6 Rdn. 19 ff. zu verweisen. Zusätzlich verlangt § 15 Abs. 2 die **Zugehörigkeit der einzelnen Aufsichtsratsmitglieder zu den Gruppen** bzw. Untergruppen der Arbeiter, nicht leitenden und leitenden Angestellten nach dem dort geregelten Verteilungsschlüssel (s. § 15 Rdn. 9). Weitere materielle Wählbarkeitsvoraussetzungen kennt das Gesetz nicht, namentlich verlangt es keine bestimmte Verteilung der Aufsichtsratssitze im herrschenden Unternehmen eines Konzerns (vgl. § 15 Rdn. 10). Auch ein Arbeitnehmer kann in den Aufsichtsrat gewähl werden, der die **deutsche Staatsangehörigkeit** nicht besitzt. Formell setzt die Wählbarkeit die **Eintragung in die Wählerliste** sowie einen ordnungsgemäßen Wahlvorschlag (§ 15 Abs. 4) voraus. Im Zusammenhang mit den Wahlen zum Betriebsrat ist umstritten, ob eine Inkompatibilität zwischen der Kandidatur und der **Mitgliedschaft im Wahlvorstand** besteht (bejahend *Dietz-Richardi,* § 16 BetrVG Rdn. 32 f.; verneinend LAG Baden-Württemberg BB 1976, 1318; *Fitting-Auffarth-Kaiser,* § 16 BetrVG Rdn. 13, j.m.w.N.; für das Personalvertretungsgesetz BVerwGE 13, 296 = AP Nr. 10 zu § 10 PersVG). Da die Aufgaben des Wahlvorstands organisatorischer und verwaltender Natur sind und die Chance einer Manipulation der Wahl kaum besteht, gibt es, ungeachtet einer gewissen Stilwidrigkeit, für das MitbestG keinen Anlaß, eine formelle Inkompatibilität zu verlangen (für das BetrVG verneinend neuestens auch BAG BB 1977, 243).

IV. Gewerkschaftsvertreter im Aufsichtsrat (Abs. 2 u. 4)

15 1. Das Gesetz sieht ferner die Mitgliedschaft von zwei oder bei einem 20köpfigen Aufsichtsrat drei Vertretern von Gewerkschaften vor. Gem. § 16 ist die Vorschrift dahin zu verstehen, daß den im Unternehmen vertretenen Gewerkschaften **Vorschlagsrechte** zustehen, während die Wahl

selbst wie auch sonst von den Wahlmännern oder der Belegschaft unmittelbar vorgenommen wird. Das Gesetz verwendet den **Begriff der Gewerkschaft**, ohne ihn näher zu kennzeichnen, und verweist demnach auf den allgemeinen arbeitsrechtlichen Gewerkschaftsbegriff, wie er namentlich im Tarifvertrags- und Betriebsverfassungsrecht gilt (vgl. BAG AP Nr. 14 zu § 2 TVG und neuestens BB 1977, 593). Danach muß es sich um privatrechtliche Vereinigungen in der Form des rechtsfähigen oder nichtrechtsfähigen Vereins handeln, die auf der Basis des freiwilligen Zusammenschlusses von Arbeitnehmern organisiert sind. Auch Unterverbände können selbständige Gewerkschaften sein, wenn sie eine eigene korporative Verfassung und eigenes Vermögen haben sowie im Bereich des kollektiven Arbeitsrechts selbständig handeln. Der Begriff setzt weiter voraus, daß es sich um Verbände handelt, deren Aufgabe es ist, die arbeitsrechtlichen Beziehungen zwischen Arbeitnehmern und Arbeitgebern kollektiv zu gestalten und daß sie in der Lage sind, zu diesem Zweck auf die Gegenseite „einen fühlbaren Druck" auszuüben (BAG BB 1977, 593). Ferner müssen sie gegnerfrei sein, das heißt sie dürfen keine Mitglieder aufnehmen, die der Arbeitgeberseite zuzurechnen sind. Auch im übrigen gehört die Unabhängigkeit von der Gegenseite zum Gewerkschaftsbegriff. Diese Unabhängigkeit setzt regelmäßig voraus, daß sich ihre Tätigkeit und ihr Mitgliederkreis nicht nur auf ein Unternehmen beschränken, d. h. daß sie überbetrieblich organisiert sind. In der älteren Lehre wurde schließlich überwiegend auch die Bereitschaft zum Arbeitskampf als wesentliches Begriffsmerkmal angesehen, jedoch hat das BVerfG (BVerfGE 18, 30 ff.) auch einen Verband als tariffähige Koalition anerkannt, bei dem der Kampfwille fehlte. Dem stimmt das neuere Schrifttum mehr und mehr zu. Alle genannten begrifflichen Voraussetzungen werden durch das MitbestG nicht in Frage gestellt oder in ein neues Licht gerückt, so daß hier für die Einzelheiten auf die arbeitsrechtliche Literatur verwiesen werden kann (vgl. statt aller *Hueck-Nipperdey*, Arbeitsrecht, Bd. II/1, § 6; *Dietz-Richardi*, § 2 BetrVG Rdn. 29 j.m.w.N.). Das Gesetz bietet keine Handhabe, einen eigenen, nur für seinen Geltungsbereich maßgebenden Gewerkschaftsbegriff zu formulieren (ebenso *Hanau*, ZGR 1977, 414; a.A. *Meilicke-Meilicke*, § 7 Rdn. 13 ff.).

Nach dem Gesetz steht aus den genannten Gründen namentlich den **16**
Verbänden der leitenden Angestellten das Vorschlagsrecht gem §§ 7, 16 Abs. 2 nur zu, soweit sie als Gewerkschaften anzusehen sind (a. A. *Meilicke-Meilicke*, a.a.O., die einen eigenen Gewerkschaftsbegriff für das MitbestG postulieren, um sämtlichen Verbänden der leitenden Angestellten Antragsrechte zusprechen zu können; ähnlich, aber nur de lege ferenda, schon *G. Müller*, DB 1975, 258). Ob das der Fall ist, muß für jeden einzelnen Verband gesondert geprüft werden (vgl. *Säcker*, BB

1972, 1127 ff.; *Steindorff*, AuR 1973, 97 ff.; *Geitner*, DB 1973, 282 ff.; *Föhr*, BB 1975, 140 ff.; *Hoffknecht*, Die leitenden Angestellten im Koalitions- und Arbeitskampfrecht, 1975, 54 ff.; *Hueck-Nipperdey-Säcker*, Arbeitsrecht, Bd. II/2, 105). Gegenwärtig dürfte nur der Verband angestellter Akademiker und leitender Angestellter der Chemischen Industrie e.V. die Voraussetzungen des Gewerkschaftsbegriffs unzweifelhaft erfüllen, während die Frage hinsichtlich des Verbands Oberer Angestellter der Eisen- und Stahlindustrie e. V. in einem noch anhängigen Prozeß geklärt wird (vgl. BAG BB 1977, 593; *Hoffknecht*, a.a.O., 75 f.). Da nur ein Teil der ihr angehörenden Verbände Gewerkschaftseigenschaft trägt, kann auch die Union der leitenden Angestellten als Spitzenverband selbst vorerst nicht die Rechte einer Gewerkschaft für sich in Anspruch nehmen.

17 2. Weiter verlangt das Gesetz, daß die Gewerkschaft **in dem Unternehmen vertreten** ist. Die schon in § 6 Abs. 3 MontanmitbestG und § 2 Abs. 2 BetrVG gewählte Wendung ist nicht im technischen Sinn einer Stellvertretung gem. § 164 BGB zu verstehen. Vielmehr ist in dem Unternehmen vertreten jede Gewerkschaft, zu deren Mitgliedern wenigstens ein Arbeitnehmer des Unternehmens gehört (vgl. BAGE 10, 154 = AP Nr. 2 zu § 16 BetrVG 1952; *Kötter*, Montanmitbestimmungsgesetz, § 6 Anm. 7; *Dietz-Richardi*, § 2 BetrVG Rdn. 21; *Galperin-Löwisch*, § 2 BetrVG Rdn. 46; zu § 7 MitbestG *Fitting-Wlotzke-Wißmann*, § 7 Rdn. 37; *Leo*, Manager-Magazin, 1976, H. 6, 80). Auf die Wahlberechtigung des Arbeitnehmers kommt es nicht an (*Dietz-Richardi*, a.a.O.; a.A. *Meilicke-Meilicke*, §§ 6, 7 Rdn. 17; wie hier aber bei § 16 Rdn. 2). Umstritten ist in der Judikatur und im Schrifttum zu § 2 BetrVG, ob die Gewerkschaft darüber hinaus in der Lage sein muß, kraft ihrer Größe und Mitgliederzahl einen konkreten Einfluß im Unternehmen auszuüben (so BAG AP Nr. 2 zu § 97 ArbGG; *Fitting-Auffarth-Kaiser*, § 2 BetrVG Rdn. 8; a.A. *Dietz-Richardi*, § 2 BetrVG Rdn. 22, 45; Gem.-Komm. – *Kraft*, § 2 BetrVG Rdn. 20; *Löwisch*, SAE 1973, 229; *Reuß*, RdA 1972, 4). Jedenfalls für den Bereich des MitbestG besteht kein Anlaß, den Kreis der vorschlagsberechtigten Gewerkschaften durch ein solches, zudem nicht ohne eine gewisse Willkür zu handhabendes Merkmal einzuengen, da es darauf ankommen muß, allen im Unternehmen vertretenen Gewerkschaften eine Wahlchance zu gewähren. Der DGB ist als solcher in den Unternehmen nicht vertreten und daher nicht vorschlagsberechtigt (vgl. *Vetter*, AuR 1976, 259).

18 In den Fällen der §§ 4 u. 5 genügt es, daß die Gewerkschaft in der KG bzw. in einem der Konzernunternehmen vertreten ist (§§ 7 Abs. 4, 16 Abs. 2).

19 3. **Weitere Voraussetzungen** stellt das Gesetz für die Vertreter der Gewerkschaften im Aufsichtsrat **nicht** auf. Namentlich ist es nicht

erforderlich, daß der Bewerber Mitglied der Gewerkschaft oder deren Funktionär ist. Ebensowenig kann verlangt werden, daß er dem Unternehmen angehört oder umgekehrt nicht angehört. Auch § 7 Abs. 3 ist nicht anzuwenden. Dagegen gelten die allgemeinen Wählbarkeitsvoraussetzungen des § 100 Abs. 1 u. 2 AktG auch für die Gewerkschaftsvertreter im Aufsichtsrat (vgl. § 6 Rdn. 19 ff.). Daraus folgt, daß auch die Gewerkschaften nur physische, unbeschränkt geschäftsfähige Personen vorschlagen können, die nicht bereits in zehn anderen Unternehmen Aufsichtsratsmandate wahrnehmen und die nicht gesetzlicher Vertreter eines von der Gesellschaft abhängigen Unternehmens bzw. eines Unternehmens sind, dessen Aufsichtsrat ein Vorstandsmitglied der Gesellschaft angehört.

V. Streitigkeiten

Streitigkeiten über die Größe und Zusammensetzung des Aufsichts- **20**
rats sind im Verfahren nach § 98 f. AktG vor den ordentlichen Gerichten zu klären (vgl. § 6 Rdn. 16 ff.). Dagegen sind für Streitigkeiten über die Wählbarkeit der Arbeitnehmer und über die Frage, ob eine Gewerkschaft im Unternehmen vertreten ist, gem. § 2 Abs. 1 Nr. 5 ArbGG die Arbeitsgerichte zuständig.

ZWEITER ABSCHNITT

Aufsichtsrat: Bestellung der Aufsichtsratsmitglieder

ERSTER UNTERABSCHNITT

Aufsichtsratsmitglieder der Anteilseigner

§ 8

(1) Die Aufsichtsratsmitglieder der Anteilseigner werden durch das nach Gesetz, Satzung, Gesellschaftsvertrag oder Statut zur Wahl von Mitgliedern des Aufsichtsrats befugte Organ (Wahlorgan) und, soweit gesetzliche Vorschriften dem nicht entgegenstehen, nach Maßgabe der Satzung, des Gesellschaftsvertrages oder des Statuts bestellt.

(2) § 101 Abs. 2 des Aktiengesetzes bleibt unberührt.

Übersicht

I. Wahl der Aufsichtsratsmitglieder der Anteilseigner (Abs. 1)

1 1. § 8 Abs. 1 besagt zunächst, daß das MitbestG für die Wahl der Aufsichtsratsmitglieder der Anteilseigner das geltende Recht nicht ändert.

Die Vorschrift entspricht § 5 Abs. 1 S. 1 MontanMitbestG. **Wahlorgan** ist bei der AG und KGaA die Hauptversammlung (§§ 101 Abs. 1, 285 Abs. 1 AktG), bei der GmbH die Gesellschafterversammlung, bei der bergrechtlichen Gewerkschaft die Gewerkenversammlung (§ 6 Abs. 2 S. 1 i.V.m. § 101 Abs. 1 AktG), bei der Gen die Generalversammlung oder die Vertreterversammlung (§§ 36, 43a GenG; § 101 Abs. 1 AktG gilt nach § 6 Abs. 3 nicht). Da die gesellschaftsrechtlichen Vorschriften zwingendes Recht enthalten, kann die Satzung außer im Rahmen des § 43 a GenG kein anderes Wahlorgan bestimmen. Der Hinweis in § 8 Abs. 1 auf ein nach Satzung, Gesellschaftsvertrag oder Statut befugtes Wahlorgan läuft daher im wesentlichen leer.

2 2. Die Anteilseignerversammlung ist in der **Auswahl** der von ihr zu bestellenden Aufsichtsratsmitglieder **frei**. Sie kann auch Arbeitnehmer wählen und damit die Arbeitnehmerseite im Aufsichtsrat über die Parität hinaus verstärken, da es für die gesetzliche Einteilung nur auf das formale Merkmal ankommt, ob ein Aufsichtsratsmitglied von der Anteilseigner- oder von der Arbeitnehmerseite gewählt wurde (BGH NJW 1975, 1657 = AG 1975, 242 m. Anm. *Mertens; Th. Raiser*, ZGR 1976, 105). An Wahlvorschläge kann sie nicht gebunden werden (§ 101 Abs. 1 S. 2 AktG i.V.m. § 6 Abs. 2 S. 1; zur analogen Rechtslage bei der Gen vgl. *Müller*, § 36 GenG Rdn. 10). Daraus folgt auch die Unzulässigkeit von Satzungsbestimmungen, die vorschreiben, daß nur bestimmte Personen gewählt werden dürfen. Zulässig sind dagegen in den durch § 405 Abs. 3 Z. 6 u. 7 AktG gezogenen Grenzen Wahlabreden und Stimmbindungsverträge (zu den Einzelheiten vgl. *Kölner Komm. – Mertens*, § 101 AktG Rdn. 15 ff.; *Geßler*, § 101 AktG Rdn. 18 ff.; *Müller*, § 36 GenG Rdn. 11 ff.).

3 3. Das **Wahlverfahren** ist bei den einzelnen unter das Gesetz fallenden Unternehmensformen verschieden geregelt. Da § 6 Abs. 2 insoweit nicht auf die Vorschriften des AktG verweist, ist auch durch das MitbestG keine Vereinheitlichung eingetreten. Bei der **Aktiengesellschaft** gelten §§ 124, 127, 133–137 AktG. Danach hat der Aufsichtsrat Vorschläge für die Wahl neuer Aufsichtsratsmitglieder zu machen, die mit der Tagesordnung für die Hauptversammlung bekannt zu geben sind. Die Wahl erfolgt mit einfacher Stimmenmehrheit, wobei das Stimmrecht nach Aktiennennbeträgen ausgeübt wird. Die genannten Vorschriften nennen auch ausdrücklich und abschließend (§ 23 Abs. 5 AktG) die Fälle, in denen die Satzung von den gesetzlichen Regeln abweichen oder sie ergänzen kann (Einzelheiten in der Literatur zum AktG, vgl. *Kölner-*

Komm. – Zöllner, § 133 AktG Rdn. 91 ff., § 134 Rdn. 66 f.; *Großkomm. – Barz*, § 133 AktG Anm. 14 f., § 134 Anm. 35).

Bei der **GmbH** richtet sich das Wahlverfahren in erster Linie nach dem Gesellschaftsvertrag (§ 45 Abs. 2 GmbHG), dessen Anwendung auch § 8 MitbestG ausdrücklich gestattet. Hilfsweise sind §§ 47–51 GmbHG heranzuziehen. Entsprechendes gilt für die **bergrechtliche Gewerkschaft** (vgl. *Ebel-Weller*, § 117 ABG). Bei den **Genossenschaften** ist die Materie in §§ 36 Abs. 1, 43–47 GenG geregelt. Die Vorschriften bestimmen auch, wann das Statut vom Gesetz abweichen kann. Aus dem MitbestG ergeben sich keine Besonderheiten. **4**

II. Entsendungsrechte (Abs. 2)

1. Nach Abs. 2 bleibt § 101 Abs. 2 AktG, d. h. die **aktienrechtliche Spezialregelung** für Entsendungsrechte (abgedr. bei § 6) **unberührt**. Dagegen erstreckt die Vorschrift deren Geltungsbereich nach ihrem Wortlaut nicht auf die anderen unter das MitbestG fallenden Rechtsformen. Auch bei den Verweisungen auf das Aktienrecht in § 6 Abs. 2 S. 1 wurde § 101 Abs. 2 AktG ausgespart. Daraus folgt, daß das Gesetz die Rechtslage in diesem Punkt nicht vereinheitlicht, sondern es bei den rechtsformspezifischen Unterschieden beläßt. **5**

2. Bei der **AG** und **KGaA** ist § 101 Abs. 2 AktG anzuwenden. Die Satzung kann demnach einem bestimmten Aktionär oder dem Inhaber bestimmter Aktien, wenn sie auf den Namen lauten und vinkuliert sind, das Recht einräumen, eine oder mehrere Personen in den Aufsichtsrat zu entsenden. Dritten kann das Entsendungsrecht nicht gewährt werden. Auch genügt ein gewöhnlicher Beschluß der Hauptversammlung nicht. Alle Entsendungsrechte zusammen dürfen höchstens ein Drittel der den Aktionären zustehenden Aufsichtsratsmandate erreichen, d. h. bei einem 12- oder 16köpfigen Aufsichtsrat (vgl. § 7) können höchstens zwei Mitglieder entsandt werden, bei einem 20köpfigen Aufsichtsrat höchstens drei. Da das Gesetz die Rechtslage im übrigen nicht ändert, ist wegen der Einzelheiten auf die aktienrechtliche Literatur zu verweisen. **6**

3. Bei der **GmbH** ist die Rechtslage schwieriger. Ist die Gesellschaft nicht aufsichtsratspflichtig, herrscht in der Frage völlige Satzungsfreiheit. § 52 Abs. 1 GmbHG führt § 101 Abs. 2 AktG nicht einmal unter den aktienrechtlichen Vorschriften auf, die hilfsweise gelten, wenn der Gesellschaftsvertrag nichts anderes bestimmt. Nach der überwiegenden Ansicht im Schrifttum sind die aktienrechtlichen Schranken des Entsendungsrechts daher generell unanwendbar; jedem Gesellschafter oder Dritten kann ein Entsendungsrecht gewährt werden, die Zahl der Entsandten über das den Anteilseignern zustehende Drittel der Aufsichtsratsmandate hinausgehen (*Hachenburg-Schmidt*, § 52 GmbHG Anm. **7**

18, 27 f.; *Scholz,* § 52 GmbHG Anm. 12; *Dietz,* Festschr. für H. Lehmann, 1956, 701 ff.). Demgegenüber ist die Rechtslage nach den Montanmitbestimmungsgesetzen und nach § 77 BetrVG 1952 unübersichtlich. Gemäß §§ 5 MontanMitbestG und 5 MitbestEG darf die Zahl der entsandten Aufsichtsratsmitglieder in mitbestimmungspflichtigen Montanunternehmen ein Drittel der den Anteilseignern zustehenden Sitze nicht übersteigen. Überdies verlangt § 3 Abs. 2 MontanMitbestG, die aktienrechtlichen Vorschriften generell auch auf die unter das Gesetz fallenden GmbHs sinngemäß anzuwenden. § 77 BetrVG 1952 verweist erst seit der Neufassung durch § 40 EGAktG 1965 auf § 101 Abs. 2 AktG, während zuvor die Parallelvorschrift des § 88 AktG 1937 nicht anzuwenden war. Die in der Literatur aus diesem Befund gezogenen Schlüsse reichen von der mehr oder weniger uneingeschränkten Anwendung des § 101 Abs. 2 AktG bis zum nahezu völligen Ausschluß (vgl. *Kötter,* § 5 MontanMitbestG Anm. 4; *Boldt,* § 3 MontanMitbestG Anm. 3 b; *Hachenburg-Schmidt,* Anhang I nach § 52 GmbHG Anm. 24; *Baumbach-Haeck,* GmbHG, Schlußanhang, 474; *Dietz,* a.a.O., 705; *Dietz-Richardi,* § 77 BetrVG 1952 Rdn. 20; *Fitting-Auffarth-Kaiser,* § 77 BetrVG 1952 Rdn. 7).

8 Für das MitbestG sind diese Äußerungen nur insofern relevant, als sie Anlaß geben zu fragen, ob das Mitbestimmungsrecht auch ohne ausdrückliche Vorschrift die Anwendung des § 101 Abs. 2 AktG auf alle mitbestimmungspflichtigen Unternehmen fordert (vgl. § 6 Abs. 2 S. 3). Das ist jedoch nicht der Fall. Die aktienrechtlichen Schranken des Entsendungsrechts wurzeln im Schutzbedürfnis der Aktionäre, namentlich, soweit sie Aktien auf dem Kapitalmarkt erwerben und über die internen Verhältnisse der Gesellschaft wenig im Bild sind, nicht aber im Schutzbedürfnis der mitbestimmungsberechtigten Arbeitnehmer. Diese haben vielmehr auch im Rahmen des MitbestG kein legitimes Interesse daran, die Autonomie der Gesellschafter zu beschneiden, ihre Vertretung im Aufsichtsrat selbst zu regeln (so im Kern schon *Dietz,* a.a.O.).

Für die **bergrechtliche Gewerkschaft** gilt dasselbe. Nach den BergG
9 steht nichts im Wege, Entsendungsrechte beliebiger Art zu begründen (vgl. allgemein *Miesbach-Engelhardt,* Bergrecht, 321; *Ebel-Weller,* ABG, § 111 Anm. 1). § 101 Abs. 2 AktG paßt für sie aus den dargelegten Gründen nicht. Im Gegenteil dazu entnimmt die h. L. bei den **Genossenschaften** aus dem Wortlaut des § 36 Abs. 1 GenG ein generelles Verbot, im Statut Entsendungsrechte zu begründen (RGZ 152, 275; *Lang-Weidmüller,* § 36 GenG Anm. 3 a; *Meyer-Meulenbergh,* § 36 GenG Anm. 1). Eine Anwendung des § 101 Abs. 2 AktG kommt daher nicht mehr in Frage.

ZWEITER UNTERABSCHNITT

Aufsichtsratsmitglieder der Arbeitnehmer, Grundsatz

Vorbemerkungen vor § 9

Die Wahlordnungen und die Aufgaben der Wahlvorstände

Übersicht

I. Die Wahlordnungen

1. Das MitbestG regelt in §§ 9–18, 34 die Wahl und in § 23 die Abberufung der Aufsichtsratsmitglieder der Arbeitnehmer. Es enthält aber **nur die Grundzüge des Wahlverfahrens,** während es, wie schon die Montanmitbestimmungsgesetze und das BetrVG, die Bestimmungen über die technischen Durchführung der Wahlen Rechtsverordnungen **(Wahlordnungen)** überläßt, die von der Bundesregierung zu erlassen sind und für die § 39 eine gesetzliche Grundlage schafft. Bereits im April 1976 legte das federführende Bundesministerium für Arbeit und Sozialordnung die Entwürfe für **drei Wahlordnungen** vor, deren erster für Unternehmen mit nur einem Betrieb, zweiter für Unternehmen mit mehreren Betrieben und dritter für die Fälle der §§ 4 u. 5 bestimmt sind. Die Aufteilung soll der Schwierigkeit Rechnung tragen, daß das Wahlverfahren, ungeachtet der identischen Gesamtkonzeption, wegen der verschiedenen Struktur dieser Unternehmensgruppen bei zahlreichen Einzelheiten differenzieren muß, so daß die Vereinigung aller Vorschriften in einer Wahlordnung unübersichtlich geworden wäre (*Fitting-Wlotzke-Wißmann,* Vorbem. vor § 9 Rdn. 1 f.). Da es, vor allem wegen der Zuordnung der Angestellten zu den leitenden und den nicht leitenden Angestellten und wegen der Beteiligung der leitenden Angestellten an den Wahlvorständen erneut zu Differenzen zwischen den Koalitionsparteien kam, konnten die Wahlordnungen erst am 18. Mai 1977 verabschiedet und am 23. Juni 1977 (BGBl. I, 861) verkündet werden. Sie sind am 24. Juni 1977 in Kraft getreten (§§ 114 1. WO, 138 2. WO, 139 3. WO). **1**

Angesichts der langen Vorbereitungszeit und der Ungewißheit darüber, ob die Wahlordnungen überhaupt verabschiedet würden, hat eine **2**

Anzahl von Unternehmen die **Wahlen bereits vor dem Inkrafttreten der Wahlordnungen eingeleitet.** Rechtlich war dieses Vorgehen zulässig, denn nach h. A. (vgl. BAG AP Nr. 16 zu § 76 BetrVG 1952; *Dietz-Richardi,* § 76 BetrVG 1952 Rdn. 198 f.; *Fitting-Wlotzke-Wißmann,* Vorbem. vor § 9 Rdn. 6) hängen die Wirksamkeit und die Rechtmäßigkeit einer Wahl zum Aufsichtsrat nicht von der Existenz einer Wahlordnung ab, sofern die gesetzlichen Vorschriften und die rechtsstaatlichen Wahlprinzipien eingehalten werden. Auch zur Konzernmitbestimmung nach § 76 Abs. 4 BetrVG 1952 ist eine Wahlordnung nicht ergangen. Allerdings erhöht ein solches Verfahren das Fehler- und damit das Anfechtungsrisiko. Nach §§ 111 1. WO, 135 2. WO, 136 3. WO kann ein bereits begonnenes Verfahren nach der vom Wahlvorstand getroffenen Regelung weitergeführt werden, sofern es beim Inkrafttreten der Wahlordnungen über die einleitende Mitteilung des Unternehmens gem. §§ 2 1.–3. WO, daß Aufsichtsratsmitglieder der Arbeitnehmer zu wählen sind, hinausgelangt war und die vom Wahlvorstand getroffene Regelung nicht gegen das Gesetz oder Grundsätze eines rechtsstaatlichen Wahlrechts verstößt.

3 Die folgende **Darstellung des Wahlverfahrens bezweckt** in erster Linie, **den Wahlvorständen ein Hilfsmittel für die ihnen obliegende Leitung der Wahl an die Hand zu geben.** Sie betont daher deren Aufgaben, Rechte und Pflichten sowie die äußeren Abschnitte des Verfahrens. Die übrigen Vorschriften werden dagegen im Zusammenhang mit den Partien des Gesetzes dargestellt, auf welche sie sich beziehen. Da die Wahlordnungen in der Struktur, vielfach auch im Wortlaut übereinstimmen, erwies sich eine einheitliche Darstellung als möglich, die nur dort Unterschiede herausarbeitet, wo dies zum Verständnis erforderlich ist.

II. Die Aufgaben der Wahlvorstände

4 1. Das **Verfahren** zur Wahl der Aufsichtsratsmitglieder der Arbeitnehmer **beginnt mit der Bekanntmachung des Unternehmens,** d. h. seines Vertretungsorgans, **daß Aufsichtsratsmitglieder der Arbeitnehmer zu wählen** sind. Die Bekanntmachung ist an einer oder mehreren geeigneten, den Wahlberechtigten zugänglichen Stellen in den Betrieben auszuhängen, ferner den Betriebsräten sowie den in dem Unternehmen vertretenen Gewerkschaften zu übersenden (Einzelheiten in §§ 2 Abs. 2 1. u. 2. WO, 2 Abs. 3 3. WO). Die Wahlordnungen geben **Fristen** an, binnen deren die Bekanntmachung zu erfolgen hat, die sich nach der Dauer des Wahlverfahrens richten. Hat das Unternehmen nur einen Betrieb, so ist die Mitteilung spätestens **21 Wochen** vor dem voraussichtlichen Beginn der Amtszeit der zu wählenden Aufsichtsratsmitglieder zu machen (§ 2 Abs. 1 1. WO). In Unternehmen mit mehreren

Betrieben beträgt die Frist mindestens **27 Wochen** (§ 2 Abs. 1 2. WO), in den Fällen der §§ 4 u. 5 mindestens **31 Wochen** (§ 2 Abs. 1 3. WO). Die Fristen verlängern sich auf **50** bzw. **56 Wochen**, wenn zu dem Unternehmen bzw. zu dem Konzern ein Seebetrieb (§ 34 Abs. 1) gehört (§§ 117 Abs. 1 2. WO, 118 Abs. 1 3. WO). Bei der erstmaligen Anwendung des Gesetzes hat die Bekanntmachung abweichend von diesen Fristen unverzüglich nach der Bekanntmachung über die Zusammensetzung des Aufsichtsrats gem. § 97 AktG zu erfolgen (§§ 110 Abs. 1 1. WO, 134 Abs. 1 2. WO, 135 Abs. 1 3. WO). In den Schreiben ist u. a. die **Zahl der in dem Unternehmen** in der Regel **beschäftigten Arbeitnehmer anzugeben** (§ 2 Abs. 1 Nr. 3 1., 2. u. 3. WO). Damit erhält die Unternehmensleitung die Vorhand bei der Feststellung der für die Mitbestimmungspflicht (§ 1 Abs. 1), für die Größe des Aufsichtsrats (§ 7 Abs. 1) sowie für die Art der Wahl (§ 9) maßgeblichen Arbeitnehmerzahl.

2. Unverzüglich nach der Bekanntmachung sind die **Wahlvorstände** zu bilden, denen die rechtzeitige Einleitung der Wahl, ihre Durchführung sowie die Feststellung der Wahlergebnisse obliegt. In Unternehmen mit nur einem Betrieb ist nur ein **Betriebswahlvorstand** zu bestellen (§ 3 1. WO). Hat das Unternehmen mehrere Betriebe, so tritt neben die Betriebswahlvorstände ein **Unternehmenswahlvorstand** (§ 3 2. WO). In den Fällen der §§ 4 u. 5 sind für den Gesamtbereich ein **Hauptwahlvorstand**, für die einzelnen Unternehmen Unternehmenswahlvorstände und für die Betriebe Betriebswahlvorstände zu bilden (§ 3 3. WO). Die Rechte und Pflichten des Wahlvorstandes obliegen in erster Linie dem Unternehmens- bzw. dem Hauptwahlvorstand, d. h. dem jeweils obersten Wahlvorstand, während die nachgeordneten Betriebs- und Unternehmenswahlvorstände die Wahl in ihrem Zuständigkeitsbereich im Auftrag und nach den Richtlinien des obersten Wahlvorstandes durchführen (§§ 3 Abs. 1 u. 2 2. WO, 3 Abs. 1–3 3. WO). Sämtliche Wahlvorstände setzen sich **grundsätzlich** aus **drei wahlberechtigten Arbeitnehmern** zusammen, doch kann der zuständige Betriebsrat, Gesamtbetriebsrat oder Konzernbetriebsrat die Zahl der Mitglieder erhöhen, wenn dies zur ordnungsgemäßen Durchführung der Wahl erforderlich ist. Vorgeschrieben ist stets eine ungerade Mitgliederzahl (§§ 5 Abs. 1 1. WO, 4 Abs. 1, 5 Abs. 1 2. WO, 4–6, je Abs. 1 3. WO). Für jedes Mitglied kann ein Ersatzmitglied bestellt werden (§ 5 Abs. 3 1. WO usw.). **Arbeiter, nicht leitende und leitende Angestellte sollen angemessen vertreten sein.** Befinden sich im Kreis der an der Wahl teilnehmenden Arbeitnehmer mindestens fünf wahlberechtigte Arbeiter, nicht leitende oder leitende Angestellte, so muß dem Wahlvorstand mindestens ein Mitglied der betreffenden Gruppe angehören (§§ 5 Abs. 2 1. WO, 4 Abs. 2, 5 Abs. 2 2. WO, 4–6, je Abs. 2 3. WO). Die Vertre- 5

ter der Arbeiter und der nicht leitenden Angestellten bestellt der zuständige Betriebsrat, Gesamtbetriebsrat oder Konzernbetriebsrat. Die auf die leitenden Angestellten entfallenden Mitglieder werden in einer Versammlung der leitenden Angestellten gewählt (Einzelheiten in § 5 Abs. 4 u. 5 1. WO, 4 Abs. 4 u. 5, 5 Abs. 4 u. 5 2. WO, 4–6, je Abs. 4 u. 5 3. WO). **Sonderregeln** enthalten §§ 5 Abs. 6 2. WO u. 6 Abs. 6 u. 7 3. WO für den Fall, daß in **einem Betrieb oder Unternehmen mit nicht mehr als 20 wahlberechtigten Arbeitnehmern** kein Betriebs- bzw. Unternehmenswahlvorstand gebildet wurde. In diesen Fällen kann der Unternehmens- bzw. der Hauptwahlvorstand den Wahlvorstand eines anderen Betriebs bzw. Unternehmens mit der Wahrnehmung der Aufgaben des Betriebs- bzw. Unternehmenswahlvorstands beauftragen. Diese können für den betroffenen Betrieb bzw. für das Unternehmen schriftliche Abstimmung anordnen. Die praktisch wichtige Vorschrift erlaubt eine Vereinfachung des Wahlverfahrens durch „Einsparung" von Wahlvorständen in kleinen Betrieben bzw. Unternehmen. Die Wahlvorstände haben ihre Bestellung, die Namen ihrer Mitglieder sowie ihre Anschrift unverzüglich den beteiligten Unternehmen, den in ihnen vertretenen Gewerkschaften sowie den anderen beteiligten Wahlvorständen mitzuteilen (§§ 6 1. WO, 6 2. WO, 7 3. WO).

6 Die Wahlvorstände haben aus ihrer Mitte einen **Vorsitzenden** und mindestens einen Stellvertreter zu wählen (§§ 7 Abs. 1 1. u. 2. WO, 8 Abs. 1 3. WO). Sie können sich eine schriftliche **Geschäftsordnung** geben, sind dazu aber nicht verpflichtet. Zur Unterstützung können sie wahlberechtigte Arbeitnehmer als **Wahlhelfer** heranziehen (§§ 7 Abs. 2 1. u. 2. WO, 8 Abs. 2 3. WO). Ihre **Beschlüsse** bedürfen der **einfachen Mehrheit** der Mitglieder (§§ 7 Abs. 3 S. 1 1. u. 2. WO, 8 Abs. 3 S. 1 3. WO). Über die Sitzungen sind **Niederschriften** mit dem in §§ 7 Abs. 3 S. 2 ff. 1. u. 2. WO, 8 Abs. 3 S. 2 ff. 3. WO angegebenen Inhalt aufzunehmen. Bekanntmachungen, Ausschreiben und Niederschriften sind vom Vorsitzenden und einem weiteren Mitglied zu unterschreiben (§§ 7 Abs. 3 S. 4 1. u. 2. WO, 8 Abs. 3 S. 4 3. WO). Die Unternehmen haben die Wahlvorstände zu unterstützen, ihnen namentlich den erforderlichen **Geschäftsbedarf** zur Verfügung zu stellen (§§ 7 Abs. 4 1. u. 2. WO, 8 Abs. 4 3. WO).

7 3. Die erste Amtshandlung der Wahlvorstände besteht darin, die **Wählerlisten** aufzustellen, und zwar getrennt nach den Gruppen der Arbeiter und der Angestellten, letztere wieder unterteilt in die nicht leitenden und die leitenden Angestellten. Zuständig sind die Betriebswahlvorstände (§§ 8 Abs. 1 1. u. 2. WO, 9 Abs. 1 3. WO). Die Unternehmen haben die notwendigen Auskünfte zu erteilen, die erforderlichen Unterlagen zur Verfügung zu stellen und bei der **Einteilung der Arbeitnehmer** Hilfe zu leisten (§§ 8 Abs. 3 1. u. 2. WO, 9 Abs. 3

3. WO). Da die Eintragung in die Wählerliste festlegt, in welcher Gruppe bzw. Untergruppe ein Arbeitnehmer sein Wahlrecht ausübt und daher namentlich die oft zweifelhafte und umstrittene Zugehörigkeit zu den leitenden Angestellten präjudiziert, mußten die Wahlordnungen diese Frage besonders sorgfältig regeln. Die Bestimmungen der §§ 8–11 1. WO, 8–12 2. WO u. 9–13 3. WO hierzu sind das Ergebnis eines lange umkämpften politischen Kompromisses der Koalitionsparteien. Zunächst sollen die Mitglieder des Wahlvorstandes um eine **einstimmige Entscheidung** bemüht sein, welche die Einteilung „in zutreffender Weise", d. h. gemäß der bestehenden Rechtslage, insbesondere der Judikatur des BAG (vgl. § 3 Rdn. 20 ff.) vornimmt (§§ 8 Abs. 2 1. u. 2. WO, 9 Abs. 2 3. WO). Kommen nur einstimmige Beschlüsse zustande, so kann jeder Betroffene wie bei jeder anderen Entscheidung des Wahlvorstandes binnen zwei Wochen schriftlich **Einspruch gegen die Richtigkeit der Wählerliste** einlegen, über den unverzüglich zu entscheiden ist (§§ 11 i. V. m. 8 Abs. 2 S. 3 1. WO, 12 i. V. m. 8 Abs. 2 S. 3 2. WO, 13 i. V. m. 9 Abs. 2 S. 3 3. WO). Ist der Einspruch begründet, so wird die Wählerliste berichtigt. Weist der Wahlvorstand den Einspruch zurück, so kann der Betroffene dagegen das Arbeitsgericht anrufen (vgl. §§ 3 Rdn. 54, 22 Rdn. 22).

Eine andere Regelung sehen die Wahlordnungen vor, wenn der **8** Wahlvorstand nicht in allen Fällen einstimmig entschieden hat. In diesem Fall kann jeder Arbeitnehmer binnen zwei Wochen schriftlich **verlangen, daß seine Zuordnung zur Gruppe der Arbeiter, nicht leitenden Angestellten oder leitenden Angestellten geändert wird.** Verlangt ein Arbeitnehmer die Änderung, so ist er entsprechend seinem Verlangen einzutragen, sofern ein Mitglied des Wahlvorstands binnen 1 Woche schriftlich zustimmt. Ein formeller Einspruch gegen die Richtigkeit der Wählerliste oder eine Anrufung des Arbeitsgerichts ist nicht erforderlich. Jedes Mitglied des Wahlvorstands, das der Änderung nicht zugestimmt hat, kann nunmehr aber seinerseits dagegen das Arbeitsgericht anrufen (§§ 10 1. u. 2 WO, 11 3. WO). Die Fristen für den Einspruch gegen die Richtigkeit der Wählerliste wie für das Änderungsverlangen werden durch eine **Bekanntmachung des Wahlvorstands** mit dem in §§ 9 1. u. 2. WO, 10 3. WO angegebenen Inhalt in Gang gesetzt. **Ändern sich die Eintragungsvoraussetzungen nachträglich,** so hat der Wahlvorstand die Wählerliste auch ohne Antrag unverzüglich zu berichtigen oder zu ergänzen (§§ 8 Abs. 4 1. u. 2. WO, 9 Abs. 4 3. WO). Die aufgestellten Wählerlisten sind an den Unternehmenswahlvorstand und den Hauptwahlvorstand zu übersenden (§§ 11 2. WO, 12 3. WO).

4. Unverzüglich nach der Feststellung bzw. Übersendung der Wähler- **9** listen hat der jeweils oberste Wahlvorstand eine **Bekanntmachung über die Art der Wahl** mit dem in §§ 12 1. WO, 13 2. WO u. 14 3. WO vor-

geschriebenen Inhalt zu erlassen, welche die Wahlberechtigten über die Alternative unmittelbare oder mittelbare Wahl (§ 9) sowie über die Antrags- und Beschlußvoraussetzungen informiert. Geht ein gültiger Antrag auf Abstimmung ein, so hat ein **Abstimmungsausschreiben** zu erfolgen, dessen Inhalt die Wahlordnungen wiederum genau festlegen. Die Abstimmung soll binnen zwei Wochen seit dem Erlaß des Ausschreibens stattfinden (§§ 13 f. 1. WO, 14 f. 2. WO, 15 f. 3. WO). Weiter haben die Wahlvorstände für die **technische Durchführung der Abstimmung** zu sorgen. Die Wahlordnungen enthalten hierzu ins Einzelne gehende Vorschriften über die Ausgestaltung der Stimmzettel und Wahlumschläge, den Wahlraum, die Wahlurnen und den Wahlvorgang, welche die Klarheit der Entscheidung und vor allem das **Abstimmungsgeheimnis** sichern sollen (§§ 15 f. 1. WO, 16 f. 2. WO, 17 f. 3. WO). Ferner regeln sie die Voraussetzungen und das Verfahren der **schriftlichen Stimmabgabe** (§§ 17 f. 1. WO, 18 f. 2. WO, 19 f. 3. WO). Unverzüglich nach Abschluß des Abstimmungsvorgangs haben die Betriebswahlvorstände die **Stimmen öffentlich auszuzählen** und eine **Abstimmungsniederschrift** anzufertigen (§§ 19 f. 1. WO, 20 f. 2. WO, 21 f. 3. WO). Der jeweils oberste Wahlvorstand ermittelt anhand der Niederschriften das **Abstimmungsergebnis** und sorgt dafür, daß es in den Betrieben bekannt gemacht wird (§§ 22 f. 2. WO, 23 f. 3. WO; vgl. zum Ganzen auch § 9 Rdn. 7 f.).

10 5. Zu den weiteren Aufgaben des jeweils obersten Wahlvorstandes gehört es, die **Verteilung der Sitze** der dem Unternehmen angehörenden Aufsichtsratsmitglieder der Arbeitnehmer auf die Arbeiter, nicht leitenden und leitenden Angestellten gem. § 15 Abs. 2 festzustellen (§§ 22 1. WO, 24 2. WO, 25 3. WO; s. § 15 Rdn. 6 ff.). Gleichzeitig mit der Bekanntmachung über die Art der Wahl sind ferner zwei weitere **Bekanntmachungen** zu erlassen, und zwar **über die Einreichung von Wahlvorschlägen und über die Abstimmung für den Wahlvorschlag der leitenden Angestellten** gem. § 15 Abs. 4 Nr. 3 (§§ 23, 27 1. WO, 25, 29 2. WO, 26, 30 3. WO). Beide Bekanntmachungen dienen wiederum dem Zweck, die Wahlberechtigten vollständig über ihre Rechte und über das Verfahren aufzuklären und müssen daher den in den Wahlordnungen im Einzelnen aufgeführten Inhalt haben. Sie setzen die Fristen für die Einreichung der Wahl- bzw. Abstimmungsvorschläge in Gang (vgl. § 15 Rdn. 24). Die von den leitenden Angestellten für die Vorwahl eingereichten Abstimmungsvorschläge sind zu prüfen und die **Vorwahl**, ggfs. auch eine zweite Vorabstimmung durchzuführen (§§ 28 bis 31 1. WO, 30–33 2. WO, 31–34 3. WO; vgl. § 15 Rdn. 26 ff.). Die eingegangenen **Wahlvorschläge** sind zu **bezeichnen** und zu prüfen. Dem Vorschlagsvertreter ist der Zeitpunkt der Einreichung schriftlich zu bestätigen. Bei mehreren gültigen Wahlvorschlägen ist deren Reihenfolge durch das Los zu ermitteln. Schließlich sind die gültigen Wahlvorschläge, nach Wahlgängen, d. h. Gruppen, getrennt, bekanntzugeben (§§ 32, 35 1. WO, 34, 37 2. WO, 35, 38 3. WO). Ist ein **Wahlvorschlag ungültig oder fehlerhaft** (§§ 33 1. WO, 35 2. WO, 36 3. WO), so hat der zuständige Wahlvorstand den Vorschlagsvertreter unverzüglich schriftlich unter Angabe der Gründe zu unterrichten (§§ 32 Abs. 2 1. WO, 34 Abs. 2 2. WO, 35 Abs. 2 3. WO). Wurde für einen Wahlgang überhaupt kein gültiger Wahlvorschlag vorgelegt, so muß er das in §§ 34 1. WO, 36 2. WO, 37 3. WO geregelte **Nachverfahren** durchführen (vgl. § 15 Rdn. 25). Erbringt auch dieses keinen gültigen Wahlvorschlag, so ist bekanntzugeben, daß der Wahlgang nicht stattfindet (§§ 34 Abs. 2 1. WO, 36 Abs. 2 2. WO, 37 Abs. 2 3. WO).

6. Im folgenden trennen die Wahlordnungen zwischen unmittelbarer **11**
und mittelbarer Wahl. Steht fest, daß **Urwahl** stattfindet, hat der oberste Wahlvorstand das eigentliche **Wahlausschreiben** herauszugeben, in dem neben zahlreichen anderen Angaben auch auf die Voraussetzungen der **gemeinsamen Wahl** (§§ 18 i. V. m. 15 Abs. 3; s. § 15 Rdn. 13) hinzuweisen ist (§§ 37 1. WO, 39 2. WO, 40 3. WO). Werden gültige Anträge gestellt, ist das Abstimmungsverfahren betr. die gemeinsame Wahl einzuleiten und durchzuführen (§§ 38–43 1. WO, 40–46 2. WO, 41–47 3. WO). Die Einzelheiten dieses Verfahrens sind nach denselben Grundsätzen geordnet wie die übrigen Abstimmungen und Wahlen. Die **Wahlen** selbst finden **in den Betrieben** unter Leitung der Betriebswahlvorstände statt. Die Vertreter der Arbeiter, der nicht leitenden Angestellten, der leitenden Angestellten und der im Unternehmen vertretenen Gewerkschaften sind in **gesonderten Wahlgängen** zu wählen, für die nach der Farbe verschiedene Wahlzettel und Wahlumschläge zu verwenden sind. Die für denselben Wahlgang bestimmten Wahlzettel und Wahlumschläge müssen sämtlich die gleiche Größe, Farbe, Beschaffenheit und Beschriftung haben (§§ 44 Abs. 1 u. 2 i. V. m. 24 Abs. 5 1. WO, 47 Abs. 1 u. 2 i. V. m. 26 Abs. 5 2. WO, 48 Abs. 1 u. 2 i. V. m. 27 Abs. 5 3. WO). Wurde nicht gemeinsame Wahl beschlossen, so wählen die Arbeiter die auf ihre Gruppe entfallenden Aufsichtsratsmitglieder und die Angestellten einschl. der leitenden Angestellten je in gesonderten Wahlgängen die auf jede der beiden Untergruppen entfallenden Aufsichtsratsmitglieder (§§ 18 i. V. m. 15 Abs. 3). Die Vertreter der Gewerkschaften werden stets in gemeinsamer Wahl gewählt (§ 16 Abs. 1).

Die **Gestaltung der Wahlzettel** ist verschieden je nach dem, ob in **12**
einem Wahlgang mehrere Aufsichtsratsmitglieder aufgrund mehrerer Wahlvorschläge (§§ 44 Abs. 2 1. WO, 47 Abs. 2 2. WO, 48 Abs. 2 3. WO), mehrere Aufsichtsratsmitglieder aufgrund nur eines Wahlvorschlags (§§ 47 Abs. 2 1. WO, 51 Abs. 2 2. WO, 52 Abs. 2 3. WO) oder

nur ein Aufsichtsratsmitglied (§§ 50 Abs. 2 1. WO, 55 Abs. 2 2. WO, 56 Abs. 2 3. WO) zu wählen sind. Die Stimmabgabe ist in der Wählerliste für jeden Wahlgang gesondert zu vermerken. Für die Einrichtung des **Wahlraums** und der **Wahlurnen** sowie für den **Abstimmungsvorgang** sind die Vorschriften der §§ 16 1. WO, 17 2. WO u. 18 3. WO entsprechend anzuwenden (§§ 44 Abs. 3 usw. 1. WO, 47 Abs. 4 usw. 2. WO, 48 Abs. 4 usw. 3. WO; s. o. Rdn. 9). **Briefwahl** lassen die Wahlordnungen zu, wenn ein Arbeitnehmer wegen Abwesenheit vom Betrieb verhindert ist, seine Stimme persönlich abzugeben. Für Nebenbetriebe und Betriebsteile, die räumlich weit vom Hauptbetrieb entfernt liegen, kann der Betriebswahlvorstand generell die Briefwahl beschließen (§§ 51 1. WO, 56 2. WO, 57 3. WO). Die Arbeitnehmer von Seebetrieben stimmen immer in Briefwahl ab (§§ 123 Abs. 1 2. WO, 124 Abs. 1 3. WO). Das Verfahren der Briefwahl und die Aufgaben der Wahlvorstände im Zusammenhang damit sind in §§ 51 f. 1. WO, 56 f. 2. WO, 57 f. 3. WO eingehend geregelt.

13 Unverzüglich nach Abschluß der Stimmabgabe haben die Betriebswahlvorstände die Stimmen **öffentlich auszuzählen**, die Gültigkeit der Stimmzettel zu prüfen und eine Wahlniederschrift anzufertigen (§§ 45, 48, 50 Abs. 3 1. WO, 48 f., 52 f., 55 Abs. 3 2. WO, 49 f., 53 f., 56 Abs. 3 3. WO). **Ungültig** sind Stimmzettel, in denen mehr als ein Wahlvorschlag bzw. mehr Bewerber angekreuzt sind als gewählt werden müssen, aus denen sich der Wille des Wählers nicht eindeutig ergibt, die mit einem besonderen Merkmal versehen sind, die andere als die vorgeschriebenen Angaben, Zusätze oder Änderungen aufweisen oder die einem anderen, sich in demselben Wahlumschlag befindlichen Stimmzettel widersprechen (§§ 44 Abs. 4, 45 Abs. 3, 47 Abs. 4 usw. 1. WO, 47 Abs. 5, 48 Abs. 3, 51 Abs. 4 usw. 2. WO, 48 Abs. 5, 49 Abs. 3, 52 Abs. 4 usw. 3. WO). In Unternehmen mit nur einem Betrieb gehört auch die **Ermittlung der Gewählten**, die **Bekanntgabe des Wahlergebnisses** und die **Benachrichtigung** der Gewählten, des Unternehmens und der im Unternehmen vertretenen Gewerkschaften zu den Aufgaben des Betriebswahlvorstands (§§ 46, 49, 54 1. WO). In Unternehmen mit mehreren Betrieben ist dafür der Unternehmenswahlvorstand, in Konzernen der Hauptwahlvorstand zuständig (§§ 50, 54, 59 2. WO, 51, 55, 60 3. WO). Die **Wahlakten** sind dem Unternehmen zu übergeben, das sie für mindestens fünf Jahre aufzubewahren hat (§§ 50 1. WO, 60 2. WO, 61 3. WO).

14 7. Die **mittelbare Wahl läuft nach demselben Muster ab** wie die unmittelbare Wahl, nur sind zwei Abschnitte hintereinandergeschaltet, die Wahl der Wahlmänner durch die wahlberechtigten Arbeitnehmer und die Wahl der Aufsichtsratsmitglieder der Arbeitnehmer durch die Wahlmännerversammlung. In Konzernen können die Betriebs- bzw.

Unternehmenswahlvorstände der abhängigen Unternehmen unter den Voraussetzungen der §§ 57 1. WO, 62 2. WO, 63 3. WO beschließen, die **Wahlmänner mit Mehrfachmandat** auszustatten (vgl. § 10 Rdn. 14). Vor dem Erlaß der **Wahlausschreiben** (§§ 59 1. WO, 66 2. WO, 67 3. WO) ist die **Anzahl der auf jeden Betrieb entfallenden Wahlmänner** und ihre Verteilung auf die Gruppen zu errechnen (§§ 58 1. WO, 63–65 2. WO, 64–66 3. WO; vgl. § 11 Rdn. 4 ff.). Das **Zwischenverfahren** zur Entscheidung über die gemeinsame Wahl (§§ 61–65 1. WO, 67–72 2. WO, 68–73 3. WO; vgl. § 10 Rdn. 16 f.), die Vorschriften über die **Einreichung von Wahlvorschlägen** (§§ 66–70 1. WO, 73–77 2. WO, 74–78 3. WO; vgl. § 12 Rdn. 4) und über die **Durchführung der Wahl** (§§ 71–78 1. WO, 78–85 2. WO, 79–86 3. WO; vgl. § 10 Rdn. 25) stimmen, abgesehen von den notwendigen technischen Modifikationen, mit den für die unmittelbare Wahl geltenden Vorschriften überein (s. Rdn. 11 ff.).

Die Wahl der Aufsichtsratsmitglieder der Arbeitnehmer findet in **15** einer vom obersten Wahlvorstand zu leitenden **Wahlmännerversammlung** statt, die spätestens vier Wochen nach der Wahl der Wahlmänner bzw. der Mitteilung des Wahlergebnisses stattfinden soll (§§ 80 1. WO, 87 2. WO, 88 3. WO). Zur Vorbereitung ist eine **Wahlmännerliste**, getrennt nach Wahlmännern der Arbeiter und der Angestellten aufzustellen und auszulegen. Hinter dem Namen jedes Wahlmannes ist zu vermerken, wieviel Stimmen er hat (§§ 81 f. 1. WO, 88 f. 2. WO, 89 f. 3. WO). Die Wahlmänner sind durch eine Mitteilung mit vorgeschriebenem Inhalt schriftlich gegen Empfangsbekenntnis oder durch eingeschriebenen Brief zu laden (§§ 83 1. WO, 90 2. WO, 91 3. WO). Stellt der Wahlvorstand fest, daß die Amtszeit eines Wahlmannes vorzeitig beendet oder daß er verhindert ist (§ 14 Abs. 1 u. 2), so ist in gleicher Weise der **Ersatzmann** zu verständigen (§§ 83 Abs. 3 1. WO, 90 Abs. 3 2. WO, 91 Abs. 3 3. WO). Eine **Abstimmung über die gemeinsame Wahl** findet in der Wahlmännerversammlung selbst statt (§§ 84–89 1. WO, 91–96 2. WO, 92–97 3. WO). Die Regeln über die **Durchführung der Wahl** entsprechen wiederum den Bestimmungen über die unmittelbare Wahl, allerdings mit dem Unterschied, daß sie **Briefwahl** nicht gestatten (§§ 90–99 1. WO, 97–106 2. WO, 98–107 3. WO; vgl. § 15 Rdn. 29).

8. Das im zweiten Teil der Wahlordnungen (§§ 100–109 1. WO, **16** 107–116 2. WO, 108–117 3. WO) geregelte **Abberufungsverfahren** (vgl. § 23) **entspricht** in der Grundkonzeption wie in der Durchführung **spiegelbildlich den Wahlverfahren**. Die Entwürfe differenzieren im Anschluß an das Gesetz auch hier zwischen den Fällen, in denen die Abberufung von sämtlichen wahlberechtigten Arbeitern des Unternehmens oder von der Wahlmännerversammlung zu beschließen ist. Zu den Ein-

zelheiten des seltenen Verfahrens kann hier auf die Erläuterungen zu § 23 (s. § 23 Rdn. 4) verwiesen werden.

17 9. Die im dritten Teil der 2. und der 3. Wahlordnung enthaltenen **Sonvorschriften für Unternehmen mit Seebetrieben** enthalten zunächst eine Vielzahl von Abweichungen bei technischen Einzelheiten, die durch die Eigenart der Seebetriebe bedingt sind. Hervorzuheben sind **drei Hauptpunkte:** Zunächst wiederholen die Wahlordnungen die bereits im Gesetz (§ 34) enthaltenen Sonderregeln, wonach die **Seebetriebe an den Vorabstimmungen** gem. §§ 9 Abs. 3, 10 Abs. 2 u. 15 Abs. 3 regelmäßig **nicht teilnehmen** (s. § 34 Rdn. 6) und wonach sie **stets unmittelbar wählen**, auch wenn in dem Unternehmen im übrigen mittelbare Wahl stattfindet (§ 34 Abs. 5; s. § 34 Rdn. 7). Zum zweiten verlängern die Wahlordnungen wegen der Länge der Übermittlungswege die für den Ablauf der Wahl geltenden **Fristen**. Die gesamte Wahldauer wird in Unternehmen mit mehreren Betrieben auf **50 Wochen**, in Konzernen und in den Fällen des § 4 auf **56 Wochen** ausgedehnt (§§ 117 Abs. 1 2. WO, 118 Abs. 1 3. WO). Entsprechend strecken sich die übrigen Fristen. Drittens ist in Seebetrieben kein **Betriebswahlvorstand** zu bestellen, vielmehr nimmt der Unternehmenswahlvorstand die Aufgaben des Betriebswahlvorstands wahr (§§ 117 Abs. 3 2. WO, 118 Abs. 3 3. WO). Die Regelung erklärt sich aus der Erwägung, daß ein Betriebswahlvorstand an Land errichtet werden müßte, da sich ein Seebetrieb nach § 34 Abs. 1 aus der Gesamtheit der Seeschiffe eines Unternehmens zusammensetzt. Ein solcher Betriebswahlvorstand hätte aber keinen besseren Kontakt zu den sich auf den Schiffen befindlichen Wählern als der gleichfalls an Land gebildete Unternehmenswahlvorstand und wäre deshalb funktionslos (*Fitting-Wlotzke-Wißmann*), Vorbem. vor § 9 Rdn. 10).

§ 9

(1) Die Aufsichtsratsmitglieder der Arbeitnehmer (§ 7 Abs. 2) eines Unternehmens mit in der Regel mehr als 8000 Arbeitnehmern werden durch Wahlmänner gewählt, sofern nicht die wahlberechtigten Arbeitnehmer die unmittelbare Wahl beschließen.

(2) Die Aufsichtsratsmitglieder der Arbeitnehmer (§ 7 Abs. 2) eines Unternehmens mit in der Regel nicht mehr als 8000 Arbeitnehmern werden in unmittelbarer Wahl gewählt, sofern nicht die wahlberechtigten Arbeitnehmer die Wahl durch Wahlmänner beschließen.

(3) Zur Abstimmung darüber, ob die Wahl durch Wahlmänner oder unmittelbar erfolgen soll, bedarf es eines Antrages, der von einem Zwanzigstel der wahlberechtigten Arbeitnehmer des Unternehmens unterzeichnet sein muß. Die Abstimmung ist geheim. Ein Beschluß nach

Absatz 1 oder 2 kann nur unter Beteiligung von mindestens der Hälfte der wahlberechtigten Arbeitnehmer und nur mit der Mehrheit der abgegebenen Stimmen gefaßt werden.

Schrifttum

Philipp, Wahlmännerverfahren oder Urwahl, DB 1976, 2303. *Wlotzke,* Zusammensetzung und Wahl der Aufsichtsratsmitglieder der Arbeitnehmer, ZGR 1977, 355.

Übersicht

I. Vorbemerkungen

1. Die Grundsatzvorschrift des § 9 enthält zwei für den Charakter und die Tragweite der von dem Gesetz gewährten Mitbestimmung bedeutsame Entscheidungen. Zum einen besagt sie, daß **alle Aufsichtsratsmitglieder** der Arbeitnehmer, auch die Vertreter von Gewerkschaften (§ 7 Abs. 2), **von den Arbeitnehmern des Unternehmens gewählt** werden, den Gewerkschaften also, anders als nach § 7 MitbestEG, kein Entsendungs-, sondern nur ein unverbindliches Vorschlagsrecht (§ 16) zukommt. Zum anderen bietet sie **zwei Wahlverfahren** an, die unmittelbare (Ur-)Wahl und die mittelbare Wahl durch Wahlmänner. Urwahl ist vorgesehen bei Unternehmen mit in der Regel nicht mehr als 8000 Arbeitnehmern. Bei einer höheren Zahl ist grundsätzlich das Wahlmännerverfahren anzuwenden. Das Gesetz erlaubt aber davon abzuweichen, d. h. bei Unternehmen mit bis zu 8000 Arbeitnehmern das Wahlmännerverfahren oder bei Unternehmen mit mehr als 8000 Arbeitnehmern die Urwahl einzuführen, wenn die Arbeitnehmer des Unternehmens dies beschließen. Abs. 3 regelt die Grundzüge der dazu erforderlichen Vorentscheidung der Arbeitnehmer. **Die Verfahrensbestimmungen** dazu finden sich in §§ 12–21 1. WO, 13–23 2. WO u. 14–24 3. WO. **1**

2. Beide in der Vorschrift enthaltenen Regelungen beruhen auf der **politischen Entscheidung** zwischen kontroversen Ansprüchen der beteiligten Verbände. Die Gewerkschaften verlangten von Anfang an, die unternehmensexternen Aufsichtsratsmitglieder der Arbeitnehmer nicht nur vorschlagen, sondern entsenden zu können, und führten dafür die Erfahrungen mit § 7 MitbestEG, namentlich aber ihren rechtlichen Auftrag ins Treffen. Demgegenüber hatte aber schon die Mitbestimmungs- **2**

kommission empfohlen, ihnen nur ein Nominationsrecht zu gewähren, weil der Mitbestimmungsgedanke eine Legitimation aller Aufsichtsratsmitglieder der Arbeitnehmer von seiten der Belegschaft des Unternehmens selbst verlange (BT-Drucks. VI/334, V. 3. und V. 24). § 9 RegE schloß sich dem mit derselben Begründung an (BT-Drucks. 7/2172, 22), und auch während der Ausschußberatungen gelang es den Gewerkschaften nicht mehr, ihre Wünsche durchzusetzen (vgl. Ausschußber., BT-Drucks. 7/4845, 6).

3 Auch die im Gesetz vorgesehene **Alternative zwischen Urwahl und mittelbarer Wahl** geht auf die Empfehlungen der Mitbestimmungskommission zurück, welche die Wahl im letzteren Fall allerdings einer aus allen Betriebsratsmitgliedern des Unternehmens gebildeten Wahlversammlung und nicht eigens dafür gewählten Wahlmännern anvertrauen wollte (BT-Drucks. VI/334, a.a.O.). Im Gegensatz dazu sah § 9 RegE allein die mittelbare Wahl vor mit der Begründung, die Urwahlen nach dem BetrVG 1952 hätten gezeigt, daß in größeren Unternehmen die Willensbildung in der Belegschaft außerordentlich erschwert sei. Die Bewerber für ein Aufsichtsratsamt seien oft den meisten Arbeitnehmern unbekannt geblieben, weshalb auch die Wahlbeteiligung gering gewesen und es zu Zufallsergebnissen gekommen sei. Indessen geriet diese Lösung während der Ausschußberatungen unter heftigen Beschuß. Es wurde eingewandt, nur die Urwahl genüge den demokratischen Prinzipien der Mitbestimmung. Das im Entwurf vorgesehene Wahlmännerverfahren begünstige auf Kosten von Minderheiten einseitig die größten Arbeitnehmergruppen im Unternehmen, d. h. die im DGB zusammengefaßten Gewerkschaften (vgl. *Hesse, Kern, Schleyer, Rodenstock* auf dem Hearing des BT-Aussch. f. Arbeit u. Sozialordnung am 7. 11. 1974, Prot. Nr. 55, 33 ff; vgl. auch *Philipp,* DB 1976, 2304 f.). Aus diesen Gründen wurden auch verfassungsrechtliche Bedenken gegen den Entwurf erhoben (*Scholz,* Paritätische Mitbestimmung und Grundgesetz, 117; *ders.* auf der Sitzung des Aussch. f. Arbeit u. Sozialordnung am 19. 12. 1974, Prot. Nr. 62, 73). Ähnliche Einwände richteten sich auch gegen die vom DGB favorisierte Wahl in einer Versammlung sämtlicher Betriebsratsmitglieder (vgl. Prot. Nr. 55, 32).

4 Unter dem Eindruck dieser Kritik entschloß sich der BT-Ausschuß für Arbeit und Sozialordnung dann zu der in das Gesetz eingegangenen Lösung. Einen Antrag der CDU/CSU-Fraktion, in allen Unternehmen unabhängig von der Arbeitnehmerzahl die unmittelbare Wahl zur Regelwahl zu machen, lehnte die Ausschußmehrheit ab, weil in Großunternehmen die Wahl durch Wahlmänner transparenter sei und auch den in kleineren und mittleren Betrieben beschäftigten Arbeitnehmern einen wirksamen Einfluß gewähren (BT-Drucks. 7/4845, 6). Auch im Bundestagsplenum konnte die Fraktion der CDU/CSU mit ihrem erneut

gestellten Antrag (BT-Drucks. 7/4887, 2) nicht durchdringen (Stenograf. Ber. des 7. Dt. BT, 16021 ff.).

II. Gesetzliches Wahlverfahren (Abs. 1 u. 2)

Das **vom Gesetz vorgesehene Verfahren zur Wahl** der Arbeitnehmer- **5**
vertreter im Aufsichtsrat ist nach Abs. 1 u. 2 verschieden je nachdem, ob das Unternehmen in der Regel mehr als 8000 Arbeitnehmer beschäftigt oder nicht. Im ersten Fall findet die Wahl durch Wahlmänner nach §§ 10–17 statt, im zweiten Fall die unmittelbare Wahl nach § 18. Wer zu den Arbeitnehmern des Unternehmens gehört, bestimmt sich nach der Legaldefinition des § 3 (s. dort Rdn. 5 ff., ferner § 7 Rdn. 9 ff.). Ob die Zahl von mehr als 8000 Arbeitnehmern in der Regel erreicht wird, bestimmt sich nach den gleichen Grundsätzen wie bei § 1 (vgl. § 1 Rdn. 13 f.). Auf die Wahlberechtigung kommt es nicht an. In den Fällen der §§ 4 u. 5 sind auch die Arbeitnehmer der KG bzw. der abhängigen Unternehmen mitzuzählen. Als Stichtag ist in Anlehnung an § 9 BetrVG der Tag anzusehen, an dem der Wahlvorstand die Bekanntmachung über die Abstimmung gem. §§ 12 Abs. 1 u. 2 1. WO, 13 Abs. 1 u. 2 2. WO, 14 Abs. 1 u. 2 3. WO erläßt. Eine Vermehrung oder Verminderung der Arbeitnehmerzahl in der Zeit zwischen der Bekanntmachung und der Wahl selbst verändert daher das laufende Wahlverfahren nicht mehr, unbeschadet des Rechts der neu hinzugekommenen Arbeitnehmer, an der Wahl selbst teilzunehmen (ebenso *Fitting-Wlotzke-Wißmann*, § 9 Rdn. 7).

§ 9 enthält **zwingendes Recht**. Eine Abweichung von dem nach **6**
Abs. 1 oder 2 vorgeschriebenen Wahlverfahren ist daher nur zulässig, wenn die Arbeitnehmer des Unternehmens es im Verfahren nach Abs. 3 beschließen. Ein Beschluß des Aufsichtsrats, des Vertretungsorgans oder der Betriebsräte genügt nicht. Vollends kann die Art der Wahl nicht in der Satzung festgelegt werden.

III. Beschluß über die Art der Wahl (Abs. 3)

Abs. 3 regelt die Grundzüge des **Abstimmungsverfahrens** über die Art **7**
der Wahl. Eine Vorabstimmung ist nur dann einzuleiten, wenn ein **Antrag** gestellt wird, der von einem Zwanzigstel der wahlberechtigten Arbeitnehmer des Unternehmens unterzeichnet ist. Im Gegensatz zu Abs. 1 u. 2 kommt es hier auf die Wahlberechtigung an (vgl. § 10 Rdn. 18 f). In den Fällen der §§ 4 u. 5 sind auch die Arbeitnehmer der KG bzw. der abhängigen Unternehmen mitzuzählen. Dagegen bleiben die in Seebetrieben beschäftigten Arbeitnehmer außer Betracht, da sie auch an der Abstimmung selbst nicht teilnehmen (§ 34 Abs. 4). Der Antrag ist

binnen einer **Frist von zwei Wochen** seit der Bekanntmachung des Wahlvorstands gem. §§ 12 1. WO, 13 2. WO u. 14 3. WO **schriftlich** beim zuständigen Wahlvorstand einzureichen (§§ 13 Abs. 3 1. WO, 14 Abs. 3 2. WO, 15 Abs. 3 3. WO). Im Fall des Abs. 1 kann der Antrag auch während der Amtsperiode bereits gewählter Wahlmänner gestellt werden. Hat er in diesem Fall Erfolg, so endet deren Amt vorzeitig (§ 13 Abs. 2 Nr. 1 vgl. § 13 Rdn. 7).

8 Ist der Antrag gültig, so hat der Wahlvorstand nach näherer Maßgabe der §§ 14 1. WO, 15 2. WO, 16 3. WO ein **Abstimmungsausschreiben** zu erlassen und in den Betrieben des Unternehmens auszuhängen. Die **Abstimmung soll innerhalb von zwei Wochen** nach dem Erlaß des Ausschreibens stattfinden (§§ 14 Abs. 1 S.2 1. WO, 15 Abs. 1 S.2 2. WO, 16 Abs. 1 S.2 3. WO). Sie ist geheim (§ 9 Abs. 3 S.2, über die Erfordernisse der geheimen Wahl vgl. § 10 Rdn. 11). Ihre Durchführung ist in §§ 15 ff. 1. WO, 16 ff. 2. WO, 17 ff. 3. WO im Einzelnen geregelt. Ein Beschluß kann nur gefaßt werden, wenn sich **mindestens die Hälfte der wahlberechtigten Arbeitnehmer an der Abstimmung beteiligt** (§ 9 Abs. 3 S.3). Beteiligung bedeutet Abgabe eines Stimmzettels, so daß auch Stimmenthaltungen und ungültige Stimmen mitzählen *(Fitting-Wlotzke-Wißmann,* § 9 Rdn. 14). Unter den Voraussetzungen der §§ 17 1. WO, 18 2. WO u. 19 3. WO ist **schriftliche Stimmabgabe** zulässig. Die Arbeitnehmer eines Seebetriebs scheiden auch hier aus (§ 34 Abs. 4). Ein Beschluß bedarf nach Abs. 3 S. 3 der **einfachen Mehrheit** der abgegebenen Stimmen. Ungültige Stimmen (vgl. §§ 15 Abs. 2 1. WO, 16 Abs. 3 2. WO, 17 Abs. 3 3. WO) gelten als nicht abgegeben (vgl. §§ 20 1. WO, 21 f. 2. WO, 22 f. 3. WO; *Fitting-Wlotzke-Wißmann,* § 9 Rdn. 14).

9 Die **Entscheidung über die Art der Wahl** kann **nur einheitlich** getroffen werden, auch wenn an der Wahl die Arbeitnehmer mehrerer Betriebe eines Unternehmens oder in den Fällen der §§ 4 u. 5 mehrerer Unternehmen teilnehmen. Das Gesetz läßt nicht zu, daß die Arbeitnehmer eines Betriebes in unmittelbarer, die eines anderen Betriebes desselben Unternehmens in mittelbarer Wahl wählen (*Fitting-Wlotzke-Wißmann,* § 9 Rdn. 8). Eine Ausnahme machen lediglich die Seebetriebe, die immer unmittelbar wählen (§ 34 Abs. 5). Daher sind auch die Quoren nach Abs. 3 S. 3 auf sämtliche Arbeitnehmer eines Unternehmens, nicht nur eines Betriebes, in den Fällen der §§ 4 u. 5 auf die Arbeitnehmer sämtlicher beteiligten Unternehmen zu beziehen (§§ 22 2. WO, 23 3. WO). Dagegen ist es zulässig, daß die Arbeitnehmer eines Unternehmens, das gemäß § 5 an der Konzernmitbestimmung teilnimmt, den Aufsichtsrat der Konzernmutter in mittelbarer und den Aufsichtsrat ihres eigenen Unternehmens in unmittelbarer Wahl bestellen oder umgekehrt.

IV. Streitigkeiten

Streitigkeiten, die mit der Anwendung des § 9 zusammenhängen betreffen die Wahl von Vertretern der Arbeitnehmer im Aufsichtsrat und sind daher gemäß §§ 2 Abs. 1 Nr. 5 n. F., 80 Abs. 1 ArbGG vor den Arbeitsgerichten im Beschlußverfahren anhängig zu machen. Sie können auch unabhängig von einer Anfechtung der Wahl geltend gemacht werden (vgl. § 22 Rdn. 22). 10

DRITTER UNTERABSCHNITT

Wahl der Aufsichtsratsmitglieder der Arbeitnehmer durch Wahlmänner

§ 10
Wahl der Wahlmänner

(1) In jedem Betrieb des Unternehmens wählen die Arbeiter (§ 3 Abs. 2) und die Angestellten (§ 3 Abs. 3) in getrennter Wahl, geheim und nach den Grundsätzen der Verhältniswahl Wahlmänner. Auf Nebenbetriebe und Betriebsteile sind § 4 des Betriebsverfassungsgesetzes und nach § 3 Abs. 1 Nr. 3 des Betriebsverfassungsgesetzes in Tarifverträgen getroffene Regelungen über die Zuordnung von Betriebsteilen und Nebenbetrieben anzuwenden.

(2) Abweichend von Absatz 1 werden die Wahlmänner in gemeinsamer Wahl gewählt, wenn die wahlberechtigten Arbeiter und Angestellten des Betriebs dies in getrennten, geheimen Abstimmungen beschließen. Beschlüsse nach Satz 1 können jeweils nur auf Antrag eines Zwanzigstels und unter Beteiligung von mindestens der Hälfte der wahlberechtigten Gruppenangehörigen sowie nur mit der Mehrheit der abgegebenen Stimmen gefaßt werden.

(3) Wahlberechtigt für die Wahl von Wahlmännern sind die Arbeitnehmer des Unternehmens, die das 18. Lebensjahr vollendet haben.

(4) Zu Wahlmännern wählbar sind die in Absatz 3 bezeichneten Arbeitnehmer, die die weiteren Wählbarkeitsvoraussetzungen des § 8 des Betriebsverfassungsgesetzes erfüllen.

(5) Wird für einen Wahlgang nur ein Wahlvorschlag gemacht, so gelten die darin aufgeführten Arbeitnehmer in der angegebenen Reihenfolge als gewählt. § 11 Abs. 2 ist anzuwenden.

§ 3 Abs. 1 BetrVG lautet:

§ 3
Zustimmungsbedürftige Tarifverträge

(1) Durch Tarifvertrag können bestimmt werden:
1. zusätzliche betriebsverfassungsrechtliche Vertretungen der Arbeitnehmer

bestimmter Beschäftigungsarten oder Arbeitsbereiche (Arbeitsgruppen), wenn dies nach den Verhältnissen der vom Tarifvertrag erfaßten Betriebe der zweckmäßigeren Gestaltung der Zusammenarbeit des Betriebsrats mit den Arbeitnehmern dient;

2. die Errichtung einer anderen Vertretung der Arbeitnehmer für Betriebe, in denen wegen ihrer Eigenart der Errichtung von Betriebsräten besondere Schwierigkeiten entgegenstehen;

3. von § 4 abweichende Regelungen über die Zuordnung von Betriebsteilen und Nebenbetrieben, soweit dadurch die Bildung von Vertretungen der Arbeitnehmer erleichtert wird.

§ 4 BetrVG lautet:

§ 4
Nebenbetriebe und Betriebsteile

Betriebsteile gelten als selbständige Betriebe, wenn sie die Voraussetzungen des § 1 erfüllen und

1. räumlich weit vom Hauptbetrieb entfernt oder

2. durch Aufgabenbereich und Organisation eigenständig sind.

Soweit Nebenbetriebe die Voraussetzungen des § 1 nicht erfüllen, sind sie dem Hauptbetrieb zuzuordnen.

§ 8 BetrVG lautet:

§ 8
Wählbarkeit

(1) Wählbar sind alle Wahlberechtigten, die sechs Monate dem Betrieb angehören oder als in Heimarbeit Beschäftigte in der Hauptsache für den Betrieb gearbeitet haben. Auf diese sechsmonatige Betriebszugehörigkeit werden Zeiten angerechnet, in denen der Arbeitnehmer unmittelbar vorher einem anderen Betrieb desselben Unternehmens oder Konzerns (§ 18 Abs. 1 des Aktiengesetzes) angehört hat. Nicht wählbar ist, wer infolge strafgerichtlicher Verurteilung die Fähigkeit, Rechte aus öffentlichen Wahlen zu erlangen, nicht besitzt.

(2) Besteht ein Betrieb weniger als sechs Monate, so sind abweichend von der Vorschrift in Absatz 1 über die sechsmonatige Betriebszugehörigkeit diejenigen Arbeitnehmer wählbar, die bei der Einleitung der Betriebsratswahlen im Betrieb beschäftigt sind und die übrigen Voraussetzungen für die Wählbarkeit erfüllen.

Übersicht

I. Vorbemerkungen

1. § 10 regelt die **Grundsätze für die Wahl der Wahlmänner**. Gem. Abs. 1 ist **getrennt nach Betrieben** zu wählen, wobei das Gesetz für die Zuordnung von Nebenbetrieben und Betriebsteilen auf § 4 BetrVG und auf Tarifverträge verweist, die nach § 3 Abs. 1 Nr. 3 BetrVG zulässig sind. Ferner sieht Abs. 1 die **Gruppenwahl** vor, d. h. Arbeiter und Angestellte – einschließlich leitende Angestellte – wählen die auf sie entfallenden Wahlmänner je in getrennten Wahlgängen. Nach Abs. 2 ist statt dessen eine **gemeinsame Wahl** durchzuführen, wenn die beiden Gruppen dies in getrennten Abstimmungen übereinstimmend beschließen. Weiter besagt Abs. 1, daß die Wahl **geheim** und nach den Grundsätzen der **Verhältniswahl** erfolgt. Abs. 3 u. 4 regeln das aktive und passive Wahlrecht in Parallele zu §§ 7, 8 BetrVG. Abs. 5 enthält eine § 6 Abs. 2 S. 3 MitbestEG nachgebildete Sondervorschrift für den Fall, daß für einen Wahlgang nur ein Wahlvorschlag eingereicht wird. Da sich in diesem Fall eine Wahl erübrigt, gelten vorbehaltlich des § 11 Abs. 2 die in dem Wahlvorschlag aufgeführten Arbeitnehmer in der angegebenen Reihenfolge als gewählt. Einzelheiten über die Durchführung der Wahl sind §§ 56–79 1. WO, 61–86 2. WO, 62–87 3. WO zu entnehmen. 1

2. Die Vorschrift entspricht mit Ausnahme der Bestimmungen über die Gruppenwahl und redaktionellen Änderungen dem **Regierungsentwurf**. § 10 RegE hatte generell und zwingend die gemeinsame Wahl der Wahlmänner in den Betrieben vorgeschrieben. Während der Ausschußberatungen wurde dagegen eingewandt, die Regelung bevorzuge die jeweils stärkste Gruppe im Betrieb auf Kosten der Minderheiten und sei deshalb mit dem demokratischen Anspruch des MitbestG nicht vereinbar (vgl. die Äußerungen von *Hesse, Kern, Paulsen, Schleyer* und *Rodenstock* auf der Anhörung des Aussch. f. Arbeit und Sozialordnung am 7. 11. 1974, Prot. Nr. 55, 32 ff.). Unter dem Eindruck dieser Kritik beschloß der Ausschuß einstimmig, die Gruppenwahl als das vom Gesetz vorgesehene Regelverfahren einzuführen. 2

3 3. § 10 enthält **zwingendes Recht**. Das Wahlverfahren kann daher weder durch die Satzung des Unternehmens noch durch Tarifvertrag oder Betriebsvereinbarung abweichend vom Gesetz ausgestaltet werden. Namentlich kann die gemeinsame Wahl der Wahlmänner nur unter den Voraussetzungen und im Verfahren nach Abs. 2 beschlossen werden.

II. Wahlgrundsätze (Abs. 1)

4 1. Nach Abs. 1 sind in jedem **Betrieb** des Unternehmens, in dem mindestens 30 Arbeitnehmer beschäftigt sind (vgl. § 11 Rdn. 16), gesondert Wahlmänner zu bestellen. Daraus folgt auch, daß in jedem Betrieb eigene Kandidaten aufzustellen sind, deren Zahl sich nach § 11 Abs. 1 berechnet. Innerhalb der einzelnen Betriebe ist gem. § 11 Abs. 2–4 der Gruppenproporz zu beachten. Erreicht eine Gruppe nicht die nach § 11 Abs. 2 u. 3 erforderliche Stärke, so ist sie der Hauptniederlassung oder dem größten Betrieb des Unternehmens zuzurechnen (§ 11 Rdn. 15). Nur die Arbeitnehmer des Betriebs sind ferner berechtigt, Wahlvorschläge einzureichen (§ 12). Die Aufgliederung des Wahlkörpers nach den Betrieben gilt auch für die Fälle der §§ 4 u. 5, in denen die Wahlmänner daher ebenfalls getrennt nach Betrieben und nicht nach den beteiligten Unternehmen gewählt werden. Die Anknüpfung der Wahlmännerwahl an die Betriebe fällt auf, weil die Mitbestimmung im Aufsichtsrat das Unternehmen betrifft und das MitbestG sich daher regelmäßig auf dieses bezieht. Auch bei der unmittelbaren Wahl der Aufsichtsratsmitglieder der Arbeitnehmer gem. § 18 spielt die Aufgliederung des Unternehmens in Betriebe nur eine verfahrenstechnische Rolle. Demgegenüber verlangt aber gerade der Zweck der mittelbaren Wahl, den Arbeitnehmern in Großunternehmen Gelegenheit zu verschaffen, ihnen bekannte und in ihrem engeren Arbeitsbereich verwurzelte Personen zu Wahlmännern zu berufen, weshalb es sachgemäß war, dabei an die Betriebe anzuknüpfen.

5 Der **Begriff des Betriebs** ist im MitbestG nicht näher definiert, so wenig wie im BetrVG. Aus der Verweisung auf § 4 BetrVG ergibt sich jedoch, daß der Gesetzgeber den gleichen Begriff zugrunde gelegt hat wie dort. Es sind auch keine Gründe zu erkennen, die dazu veranlassen könnten, für das MitbestG einen anders gefaßten Begriff einzuführen. Im Anschluß an die Judikatur und das Schrifttum zu § 1 BetrVG (vgl. die Nachweise bei *Dietz-Richardi*, § 1 BetrVG Rdn. 45 ff.) kann der Betrieb als eine Summe von Mitarbeitern und Arbeitsmitteln bezeichnet werden, die zu einer einheitlichen, arbeitsteiligen Organisation im Dienst des Unternehmens zusammengefaßt sind. Bei kleineren, in sich nicht mehr untergliederten Unternehmen sind Betrieb und Unternehmen identisch, so daß eine begriffliche Unterscheidung nicht notwendig

wäre (vgl. *Dietz-Richardi,* a.a.O., Rdn. 59). Bei Großunternehmen findet sich dagegen regelmäßig eine mehr oder weniger weitgehende interne Dezentralisierung, die relativ selbständige Untereinheiten entstehen läßt, welche ein gewisses Eigenleben entfalten und als solche die Arbeitsbedingungen und den Horizont der einzelnen Arbeitnehmer prägen. In diesem Fall ist der Betrieb ein **relativ verselbständigter Teil des Unternehmens** (vgl. *Th. Raiser,* Das Unternehmen als Organisation, 128; *Dietz-Richardi,* a.a.O., Rdn. 50).

In der arbeitsrechtlichen Rechtsprechung und Literatur wird als das 6
einen Betrieb konstituierende Element regelmäßig die **Einheit des arbeitstechnischen Zwecks** im Gegensatz zum übergeordneten wirtschaftlichen Zweck des Unternehmens angesehen (*Dietz-Richardi,* a.a.O., Rdn. 51 m.w.N.). Dieses Kriterium genügt jedoch nicht, weil es Fälle gibt, in denen ein als organisatorische Einheit erscheinender Unternehmensteil mehrere arbeitstechnisch verschiedene Zwecke verfolgt, ohne daß man daraus die Konsequenz gezogen und mehrere Betriebe angenommen hätte (Nachweise bei *Dietz-Richardi,* a.a.O., Rdn. 53). Richtiger ist es daher, statt auf die arbeitstechnische Unterscheidbarkeit auf den **Organisationsplan** und auf die **tatsächliche Gliederung des Unternehmens** abzustellen, für welche jene zwar ein wichtiges, aber nicht das allein maßgebliche Kriterium darstellt, neben dem vielmehr auch die räumlichen Gegebenheiten oder andere organisatorische Gesichtspunkte ins Gewicht fallen. Letztlich sollten regelmäßig Erwägungen der Effizienz und Zweckmäßigkeit den Ausschlag geben. Es besteht kein Anlaß, bei der rechtlichen Einteilung von den diesbezüglichen im Unternehmen selbst getroffenen Entscheidungen abzuweichen.

In jedem Fall erfordert der Betrieb eine auf eine **gewisse Dauer** an- 7
gelegte Einrichtung, so daß nur vorübergehend zusammengestellte **Einsatz- und Montagegruppen** keinen Betrieb bilden (h.L., vgl. statt aller *Galperin-Löwisch,* § 1 BetrVG Rdn. 7). Dagegen werden **für längere Zeit bestehende Baustellen** (z. B. Tunnelbau), **Saisonbetriebe** und **Kampagnebetriebe** regelmäßig als Betriebe im Rechtssinn angesehen. Nach § 34 Abs. 1 gilt die Gesamtheit der Schiffe eines Unternehmens für die Anwendung des Gesetzes als ein Betrieb. Für weitere Einzelheiten ist auf die Kommentare zu § 1 BetrVG zu verweisen. Nicht endgültig geklärt ist die Frage, ob **mehrere selbständige Unternehmen** einen **einheitlichen Betrieb** bilden können (s. zuletzt *Löwisch,* RdA 1976, 35). Die Frage dürfte für die Bestellung der Wahlmänner nach dem MitbestG keine wesentliche Rolle spielen, da es für die Wahlberechtigung gem. Abs. 3 auf die Zugehörigkeit zu dem Unternehmen ankommt (s. Rdn. 20) und die Arbeitnehmer, die mehreren Unternehmen angehören, daher auch in allen wahlberechtigt sind.

8 2. Auf Nebenbetriebe und Betriebsteile sind nach Abs. 1 S. 2 §§ 4 u. 3 Abs. 1 Nr. 3 BetrVG anzuwenden. Als **Nebenbetriebe** bezeichnet die h. L. und Rspr. (vgl. *Dietz-Richardi,* § 4 BetrVG Rdn. 6) Betriebe, die alle Merkmale des Begriffs erfüllen, namentlich eine gegenüber dem Ganzen des Unternehmens relativ verselbständigte Organisation aufweisen, die aber im Rahmen des Unternehmenszwecks ausgesprochene Hilfsfunktionen für einen anderen Betrieb erfüllen. Sie sind im Fall der §§ 4 i.V.m. 1 BetrVG wie gewöhnliche Betriebe zu behandeln, es sei denn, sie erreichen nicht die Größe von mindestens fünf ständigen wahlberechtigten Arbeitnehmern, von denen drei wählbar sind. Liegt ein solcher Ausnahmefall vor, sind sie dem Hauptbetrieb zuzuordnen, d. h. die in ihm beschäftigten Arbeitnehmer nehmen an den im Hauptbetrieb durchzuführenden Wahlen der Wahlmänner teil. Für das MitbestG kann die Verweisung auf § 4 BetrVG in dieser Form nicht relevant werden, da gem. § 11 Abs. 1 u. 4 in einem Betrieb schon dann keine selbständige Wahl mehr stattfindet, wenn er weniger als 30 wahlberechtigte Arbeitnehmer besitzt (s. § 11 Rdn. 16). In diesem Fall würden gem. § 11 Abs. 3 die Arbeitnehmer im Betrieb der Hauptniederlassung mitwählen. Bei Nebenbetrieben empfiehlt sich statt dessen, die Verweisung des § 10 Abs. 1 S. 2 auf § 4 BetrVG dahin auszulegen, daß an die Stelle der Hauptniederlassung des Unternehmens der Hauptbetrieb tritt, dem der Nebenbetrieb zugeordnet ist.

9 **Betriebsteile** sind demgegenüber weitere Untergliederungen eines Betriebs, die zwar die rechtlichen Merkmale des Betriebs nicht voll erfüllen, aber doch als ein relativ verselbständigter Teil erscheinen (*Dietz-Richardi,* a.a.O., Rdn. 11). Auch hier wird man weniger auf einen unterschiedlichen arbeitstechnischen Zweck als auf die Ausdifferenzierung und Untergliederung der Organisation abzustellen haben. In Betriebsteilen finden regelmäßig schon aus begrifflichen Gründen keine gesonderten Wahlen statt. Nach § 4 Abs. 1 BetrVG i.V.m. § 10 Abs. 1 S. 2 MitbestG gelten sie jedoch ausnahmsweise als selbständige Betriebe, wenn sie betriebsratsfähig sind und entweder räumlich weit vom Hauptbetrieb entfernt liegen oder durch Aufgabenbereich und Organisation eigenständig sind (zur Auslegung dieser Begriffe vgl. die Kommentare zu § 4 BetrVG, z. B. *Dietz-Richardi,* a.a.O., Rdn. 14 ff.). Wegen § 11 Abs. 1 u. 4 kommt auch diese Vorschrift für die Bestellung der Wahlmänner nur in Betracht, wenn in dem Betriebsteil mindestens 30 wahlberechtigte Arbeitnehmer beschäftigt sind.

10 Da in Übergangsfällen die Abgrenzung zweifelhaft ist, gestattet § 3 Abs. 1 Nr. 3 BetrVG, die Zuordnung von Betriebsteilen und Nebenbetrieben durch **Tarifvertrag festzulegen**, soweit dadurch die Bildung von Vertretungen der Arbeitnehmer erleichtert wird. Sind derartige tarifvertragliche Regelungen getroffen, gelten sie auch für die der

Bestellung der Wahlmänner nach dem MitbestG zugrundezulegende Abgrenzung der Betriebe.

3. Das Gesetz verlangt ferner, daß die Wahl **geheim** ist. Ausgeschlossen sind daher die öffentliche Abstimmung durch Handaufheben oder Zuruf in einer Betriebsversammlung. Die Wahl muß schriftlich durch Abgabe von Stimmzetteln in dafür bestimmten Umschlägen durchgeführt werden. Diese dürfen nicht, etwa durch verschiedene Farben, äußerlich unterscheidbar sein. Auch ist dafür zu sorgen, daß für die Ankreuzung der Wahlzettel unbeobachtete Schreibgelegenheiten vorhanden sind. Mit dem Auszählen der Stimmen darf erst begonnen werden, wenn die Wahlzeit abgelaufen ist. Schließlich ist jeder nachträgliche Versuch, die Wahlentscheidung auszuforschen, unzulässig, und zwar auch im Zuge einer gerichtlichen Nachprüfung der Wahl (BAGE 3, 80 = AP Nr. 4 zu § 27 BetrVG 1952). Da die Rechtslage insoweit mit der für die Wahlen zum Betriebsrat geltenden übereinstimmt, kann für die weiteren Einzelheiten auf die Erläuterungen zu § 14 BetrVG verwiesen werden (vgl. statt aller *Fitting-Auffarth-Kaiser,* § 14 BetrVG Rdn. 8; *Dietz-Richardi,* § 14 BetrVG Rdn. 8; *Galperin-Löwisch,* § 14 BetrVG Rdn. 5 ff.; ferner *Fitting-Wlotzke-Wißmann,* § 9 Rdn. 11 ff.). Zahlreiche Vorschriften der Wahlordnungen dienen der Sicherung des Wahlgeheimnisses (z. B. §§ 16, 62 Abs. 1 S. 3–5, 71 Abs. 1 S. 2, Abs. 2 S. 3, 76 1. WO). **11**

4. Anzuwenden sind ferner die Grundsätze der **Verhältniswahl**, und zwar unabhängig davon, ob gemeinsam oder nach Gruppen getrennt gewählt wird. Im letzteren Fall ist die Verhältniswahl für jede Gruppe getrennt durchzuführen (Rdn. 15). Eine Mehrheitswahl sieht das Gesetz bei der Bestellung der Wahlmänner nicht vor. Wird nur ein Wahlvorschlag eingereicht, gilt vielmehr die Sonderregelung des Abs. 5 (s. Rdn. 24). Verhältniswahl bedeutet nach allgemeinen Grundsätzen, daß die Wahlvorschläge in Form von Vorschlagslisten eingereicht werden (**Listenwahl;** vgl. §§ 66 Abs. 2 1. WO, 73 Abs. 2 2. WO, 74 Abs. 2 3. WO). Nach § 12 Abs. 2 sollen diese mindestens **doppelt soviele Bewerber** enthalten, **wie in dem Wahlgang Wahlmänner zu wählen** sind. Die Wähler haben die Listen als solche zu wählen, sind also an die darin angegebenen Kandidaten und deren Reihenfolge gebunden, ohne die Liste zu ändern, z. B. einen Namen herausstreichen oder ergänzen oder ihre Stimmen kumulieren zu können (§§ 71 1. WO, 78 2. WO, 79 3. WO). Das Wahlergebnis wird nach dem **d'Hondt'schen Höchstzahlverfahren** ermittelt, welches bewirkt, daß sich die Gesamtzahl der zu vergebenden Sitze auf die mit Wahlvorschlägen hervorgetretenen Gruppen nach ihrem Anteil an der Gesamtheit der abgegebenen Stimmen berechnet. Die auf die einzelnen Vorschlagslisten entfallenen Stimmen werden der Reihe nach durch eins, zwei, **12**

drei, vier usw. geteilt. Unter den gefundenen Teilzahlen werden soviele Höchstzahlen ausgesondert und nach der Höhe geordnet, wie Wahlmänner zu bestellen sind. Jede Vorschlagsliste enthält so viele Wahlmänner, wie Höchstzahlen auf sie entfallen. Wird die niedrigste in Betracht kommende Höchstzahl von zwei Vorschlagslisten zugleich erreicht, so entscheidet das Los, auf welche Liste der Sitz entfällt. Enthält eine Vorschlagsliste weniger Bewerber als Höchstzahlen auf sie entfallen, so gehen die überzähligen Sitze auf die folgenden Höchstzahlen der anderen Wahllisten über (§§ 73 1. WO, 80 2. WO, 81 3. WO).

Beispiel: Zu einem Betrieb gehören 600 Arbeiter, die, sofern Gruppenwahl stattfindet, gem. § 11 Abs. 1 10 Wahlmänner zu stellen haben. Wenn 3 Listen an der Wahl teilgenommen haben, auf die 240, 200 und 160 Stimmen entfallen, so errechnet sich die Verteilung der Sitze wie folgt:

A	B	C
240 : 1 = **240**	200 : 1 = **200**	160 : 1 = **160**
240 : 2 = **120**	200 : 2 = **100**	160 : 2 = **80**
240 : 3 = **80**	200 : 3 = **66 2/3**	160 : 3 = **53 1/3**
240 : 4 = **60**	200 : 4 = 50	160 : 4 = 40
240 : 5 = 48		

Gewählt sind von Liste A die vier ersten und von Liste B und C jeweils die ersten drei Bewerber. Wären auf Liste A nur 3 Kandidaten genannt, fällt der dadurch freigewordene Sitz auf den 4. Bewerber der Liste B, der die nächste Höchstzahl hat.

13 5. Weitere Wahlgrundsätze nennt § 10, abgesehen von der unter III. zu erörternden Gruppenwahl, nicht. Doch ergibt sich die Garantie der **Wahlfreiheit** aus § 20 Abs. 1 u. 2 (s. dort Rdn. 2 ff.). Nach allgemeinen Wahlregeln gilt – ohne daß es in § 10 erwähnt wäre – ferner das Prinzip der **Wahlgleichheit**, welches verlangt, daß jedem Arbeitnehmer die gleiche Stimme zukommt (vgl. dazu *Dietz-Richardi,* § 14 BetrVG Rdn. 18).

14 6. Nicht das Gesetz, aber die Wahlordnungen (§§ 56 ff. 1. WO, 61 f. 2. WO, 62 f. 3. WO) bestimmen, daß dieselben Wahlmänner zugleich für die Aufsichtsratswahlen in mehreren Unternehmen bestellt werden können (**Wahlmänner mit Mehrfachmandat**). Das Bedürfnis hierzu tritt im Zusammenhang mit der Konzernmitbestimmung nach § 5 auf, wenn Aufsichtsratsmitglieder der Arbeitnehmer sowohl im herrschenden wie in einem abhängigen Unternehmen zu berufen sind und in beiden Unternehmen mittelbare Wahl stattfindet. Läßt man den Konzern im Konzern

(vgl. § 5 Rdn. 17) oder Mitbestimmung in mehreren Müttern (vgl. § 5 Rdn. 18 f.) zu, so kann unter denselben Voraussetzungen die Teilnahme der Wahlmänner an der Aufsichtsratswahl sogar in drei oder mehr Unternehmen in Betracht kommen (vgl. § 63 Abs. 2 3. WO). In solchen Fällen wäre es ein unrationeller und sachlich nicht gerechtfertigter Formalismus, für alle genannten Wahlen gesonderte Wahlmänner aufzustellen. Die Koppelung der Mandate ist allerdings nur zulässig, wenn die Amtszeit der zu wählenden Aufsichtsratsmitglieder in einem zeitlichen Abstand von höchstens sechs Monaten beginnt (§§ 57 S. 1 1. WO, 62 S. 1 2. WO, 63 Abs. 1 S. 1 3. WO). Denn bei längerer Distanz wäre es nicht mehr vertretbar, die in der Zwischenzeit eintretenden Veränderungen in der Belegschaft außer Acht zu lassen (vgl. *Fitting-Wlotzke-Wißmann*, § 13 Rdn. 12). Verfahrenstechnisch ist ein Beschluß des Betriebs- bzw. Unternehmenswahlvorstandes des abhängigen Unternehmens erforderlich, der nur vor Erlaß des Wahlausschreibens für die Wahl der Wahlmänner gefaßt werden kann (§§ 57 1. WO, 62 2. WO, 63 Abs. 1 3. WO). Er ist im Wahlausschreiben für die Wahl der Wahlmänner anzugeben (§§ 59 Abs. 1 Nr. 3 1. WO, 66 Abs. 1 Nr. 3 2. WO, 67 Abs. 1 Nr. 3 3. WO). Die der zeitlichen Reihenfolge nach zweite Wahl von Wahlmännern findet in einem solchen Fall nicht mehr statt (§§ 56 1. WO, 61 2. WO, 62 3. WO).

III. Gruppenwahl und gemeinsame Wahl (Abs. 1 u. 2)

1. Für den Normalfall schreibt § 10 Abs. 1 die **Gruppenwahl** vor, 15
d. h. die Trennung des Verfahrens zwischen den Gruppen der Arbeiter und Angestellten. Die Regelung ist Ausfluß des vom Gesetzgeber gewollten Minderheitenschutzes. Dagegen bilden die leitenden Angestellten hier keine gesonderte Gruppe, sondern wählen in der Gruppe der Angestellten mit. Das Gesetz gewährt ihnen aber insofern einen Sonderschutz, als sie bei der Errechnung der Zahl der Wahlmänner und der Aufstellung der Kandidaten nach §§ 11 Abs. 2, 12 Abs. 1 gemäß ihrem Anteil an der gesamten Angestelltenschaft des Betriebs zu berücksichtigen sind. Technisch ist die Wahl in getrennten Wahlgängen durchzuführen (§§ 59 Abs. 2 1. WO, 66 Abs. 2 2. WO, 67 Abs. 2 3. WO). Listenverbindungen über die Gruppengliederung hinweg sind unzulässig. Jeder Wahlberechtigte ist nur bei seiner Gruppe stimmberechtigt, und zwar auch, wenn er von einer anderen Gruppe als Bewerber aufgestellt wird (so zum BetrVG *Dietz-Richardi,* § 14 BetrVG Rdn. 23; *Galperin-Löwisch,* § 14 BetrVG Rdn. 15), was die Zuordnung jedes einzelnen Arbeitnehmers zur Gruppe der Arbeiter oder der Angestellten voraussetzt (vgl. §§ 8 Abs. 1 1. WO, 8 Abs. 1 2. WO, 9 Abs. 1 3. WO). Wird in einer Gruppe **nur ein Wahlvorschlag** gemacht, so ist Abs. 5 auf sie anzuwenden, ohne daß die andere davon

berührt würde. Wird überhaupt kein Wahlvorschlag eingereicht, bleibt die Gruppe von der Wahl ausgeschlossen und begibt sich daher des ihr gewährten Minderheitenschutzes (*Galperin-Löwisch*, a.a.O., Rdn. 16).

16 2. Anstelle der Gruppenwahl nach Abs. 2 findet eine **gemeinsame Wahl** statt, wenn die wahlberechtigten Arbeiter und Angestellten des Betriebs dies in **getrennten, geheimen Abstimmungen** beschließen. Eine Ausnahme bildet der Fall, daß nach § 11 Abs. 2 nur Wahlmänner einer Gruppe zu bestellen sind, denn in diesem Fall gelten die Arbeitnehmer der anderen Gruppe gem. § 11 Abs. 3 für die Wahl als Arbeitnehmer eines anderen Betriebes (ebenso *Fitting-Wlotzke-Wißmann*, § 11 Rdn. 15). Das Vorverfahren gleicht der Abstimmung über die Alternative Urwahl oder mittelbare Wahl nach § 9 Abs. 3 und ist auch nach denselben Regeln ausgestaltet (s. § 9 Rdn. 7 ff.). Es kommt nur in Gang, wenn **mindestens ein Zwanzigstel der zum Betrieb gehörenden wahlberechtigten Arbeiter und Angestellten es beantragen.** Ein nur in einer Gruppe gestellter Antrag reicht nicht aus (§§ 60 Abs. 4 1. WO, 67 Abs. 4 2. WO, 68 Abs. 4 3. WO). Andere Gremien oder Instanzen, z. B. der Betriebsrat, eine im Betrieb vertretene Gewerkschaft oder die Unternehmensorgane, sind nicht berechtigt, die gemeinsame Wahl zu beantragen, vollends kann sie nicht in der Satzung vorgeschrieben werden. Die Anträge sind innerhalb von zwei Wochen nach dem Erlaß des Wahlausschreibens schriftlich beim Betriebswahlvorstand einzureichen (§§ 60 Abs. 1 1. WO, 67 Abs. 1 2. WO, 68 Abs. 1 3. WO). Sind wirksame Anträge gestellt, muß die **Abstimmung in beiden Gruppen gesondert** durchgeführt werden. Nicht erforderlich ist, daß dies gleichzeitig geschieht. Daher empfiehlt es sich, zur Kostenersparnis zunächst einen Beschluß der kleineren Gruppe herbeizuführen, da wegen des mit der gemeinsamen Wahl verbundenen Verlustes des Minderheitenschutzes deren Zustimmung weniger wahrscheinlich ist. Hat sie die Zustimmung verweigert, erübrigt sich die Abstimmung in der anderen Gruppe. Da sie nicht mehr erforderlich ist, hat das Unternehmen auch die Kosten einer solchen Abstimmung nicht zu tragen (§ 20 Rdn. 13 und *Meilicke-Meilicke*, § 10 Rdn. 18). Die Abstimmung ist geheim. Jede Gruppe ist nur **beschlußfähig**, wenn mindestens die Hälfte der wahlberechtigten Gruppenangehörigen an der Abstimmung teilnimmt. Ein wirksamer Beschluß erfordert die **Mehrheit der abgegebenen Stimmen.** Mit den beiden zuletzt genannten Vorschriften hat der Gesetzgeber für den Geltungsbereich des MitbestG zwei Fragen eindeutig entschieden, die im Fall des §14 Abs. 2 BetrVG ungeregelt und daher streitig sind (vgl. die Nachweise bei *Galperin-Löwisch*, § 14 BetrVG Rdn. 24 f.; *Dietz-Richardi*, § 14 BetrVG Rdn. 28 ff.). Die **Einzelheiten** des Abstimmungsverfahrens sind in §§ 61–65 1. WO, 68–72 2. WO und 69–73 3. WO festgelegt.

3. Beschließen die Gruppen **gemeinsame Wahl**, so ist nunmehr die Wahl **im gesamten Betrieb einheitlich** durchzuführen. Für andere Betriebe wirkt der Beschluß nicht, d. h. dort bleibt es bei der getrennten Wahl, wenn nicht deren Arbeitnehmer gleichfalls die gemeinsame Wahl beschlossen haben. Die Berechnung der Wahlmänner und die Verteilung der Wahlmänner auf die Gruppen der Arbeiter, Angestellten und leitenden Angestellten nach § 11 Abs. 1 u. 2 wird davon jedoch nicht berührt. Listenverbindungen bleiben unzulässig. Die Zuteilung der Sitze erfolgt gleichfalls nach dem d'Hondt'schen Verfahren, jedoch kann eine Gruppe, auch wenn sie danach an der Reihe ist, nur noch berücksichtigt werden, wenn die ihr nach § 11 zustehenden Sitze nicht bereits erschöpft sind. Demgemäß bleibt es nach § 12 auch dabei, daß jede Gruppe für die auf sie entfallenden Sitze im Wahlmännerkollegium gesonderte Vorschlagslisten einzureichen hat. 17

IV. Aktives und passives Wahlrecht (Abs. 3 u. 4)

1. Nach Abs. 3 sind für die Wahl von Wahlmännern alle Arbeitnehmer des Unternehmens **wahlberechtigt**, welche das 18. Lebensjahr vollendet haben. Wer Arbeitnehmer ist, richtet sich nach § 3. Dem Unternehmen gehören alle Arbeitnehmer an, die in ihm zum Zeitpunkt der Wahl beschäftigt sind (Einzelheiten bei § 7 Rdn. 9 ff.). In den Fällen der §§ 4 u. 5 sind auch die in der KG bzw. in den Konzernunternehmen beschäftigten Arbeitnehmer wahlberechtigt. Weitere, im Gesetz nicht ausdrücklich genannte Voraussetzung ist die **Zugehörigkeit zu dem Betrieb**, in dem die Wahl stattfindet, denn ohne eine solche Zuordnung kann der Arbeitnehmer in dem Betrieb nicht wählen. Zu dem Betrieb gehören die Arbeitnehmer, die ihre Arbeit im Rahmen der betrieblichen Organisation leisten, und zwar auch, wenn sie wie Handelsreisende, im Außendienst tätige Monteure oder Kraftfahrer ihre Aufgabe in räumlicher Distanz erfüllen (Fälle der sog. **Betriebsausstrahlung;** Näheres bei *Dietz-Richardi,* § 5 BetrVG Rdn. 31 ff.). Wegen des Prinzips Wahlgleichheit (s. Rdn. 14) kommt ein mehrfaches Wahlrecht auch dann nicht in Frage, wenn ein Arbeitnehmer mehreren Betrieben zugehört. Daraus folgt, daß für die Durchführung der Wahl alle wahlberechtigten Arbeitnehmer des Unternehmens einem bestimmten Betrieb zuzuordnen sind, in dem sie ihr Wahlrecht ausüben können (ebenso *Fitting-Wlotzke-Wißmann,* § 10 Rdn. 15). 18

Das **Wahlalter** beginnt mit Vollendung des 18. Lebensjahres. Das entspricht § 7 BetrVG, stimmt aber nunmehr auch mit dem Eintritt der allgemeinen Volljährigkeit (§ 2 BGB) überein. Maßgeblich ist der Wahltag, bei mehreren Tagen der letzte Wahltag (h.L. zu § 7 BetrVG; ebenso *Fitting-Wlotzke-Wißmann,* § 10 Rdn. 17). Im Gesetz nicht 19 geregelt ist der Fall der **Entmündigung**. In Übereinstimmung mit der h. L. zu § 7 BetrVG (vgl. statt aller *Dietz-Richardi,* § 7 BetrVG Rdn. 23) wird man jedoch annehmen müssen, daß das Wahlrecht volle Geschäftsfähigkeit voraussetzt und daher infolge der Entmündigung wegfällt (einschränkend *Fitting-Wlotzke-Wißmann,* § 10 Rdn. 16: nur bei Entmündigung wegen geistiger Gebrechen). Weitere Voraussetzungen des Wahlrechts stellt das Gesetz nicht auf, weshalb es namentlich weder auf die Dauer der Zugehörigkeit zum Unternehmen oder zum Betrieb noch auf die deutsche Staatsangehörigkeit ankommt. Formell setzt das Wahlrecht die Eintragung in die Wählerliste voraus (§§ 8 Abs. 5 1. WO, 8 Abs. 5 2. WO, 9 Abs. 5 3. WO).

20 2. Die **Wählbarkeit** steht nach Abs. 4 allen wahlberechtigten Arbeitnehmern des Unternehmens zu, welche die weiteren Voraussetzungen des § 8 BetrVG erfüllen. Wer Arbeitnehmer ist, richtet sich nach § 3. Es kommt darauf an, daß ein Arbeitnehmer sechs Monate dem Betrieb angehört oder als in Heimarbeit Beschäftigter in der Hauptsache für den Betrieb gearbeitet hat. Auf die Frist werden Zeiten angerechnet, in denen er unmittelbar vorher einem anderen Betrieb desselben Unternehmens oder Konzerns angehört hat. Nicht wählbar ist, wer infolge Richterspruchs die Wählbarkeit oder die Fähigkeit, öffentliche Ämter zu bekleiden, nicht besitzt. Besteht ein Betrieb weniger als sechs Monate, so sind abweichend vom Gesagten die Arbeitnehmer wählbar, welche bei der Einleitung der Wahl im Betrieb beschäftigt sind (§ 8 Abs. 1 u. 2 BetrVG).

21 Nach den genannten Vorschriften ist es zunächst erforderlich, daß der Bewerber **zur Zeit der Wahl in dem Betrieb beschäftigt** ist, in dem er kandidiert. Die Richtigkeit dieser von der h. L. zu § 8 BetrVG vertretenen Auffassung ergibt sich für das MitbestG auch aus § 14 Abs. 1 Nr. 2, wonach die Amtszeit eines Wahlmanns vorzeitig erlischt, wenn seine Beschäftigung in dem Betrieb, dessen Wahlmann er ist, endet. Gehört er zwei oder mehreren Betrieben an, kann er anders als bei der Wahl zum Betriebsrat gem. § 8 BetrVG gleichwohl nur in einem Betrieb kandidieren, da bei der Wahl der Mitglieder des Aufsichtsrats jedem Wahlmann – außer im Fall des § 11 Abs. 1 S. 2 – nur eine Stimme zukommt, er daher auch nur einen Betrieb repräsentieren kann. Es kommt auf die **tatsächliche Zugehörigkeit zum Betrieb**, nicht auf den Abschluß des Arbeitsvertrages an. Ist das Arbeitsverhältnis gekündigt, hat der Arbeitnehmer aber **Kündigungsschutzklage** gem. § 4 KSchG oder Feststellungsklage nach § 13 Abs. 1 S. 2 KSchG erhoben, endet die Wählbarkeit nicht vor der rechtskräftigen Entscheidung des Gerichts (h.L. zu § 8 BetrVG; vgl. statt aller *Dietz-Richardi,* § 8 BetrVG Rdn. 10). Gibt das Gericht der Klage statt, bleibt die in der Zwischenzeit erfolgte Wahl zum Wahlmann gültig. Dies gilt auch, wenn

das Arbeitsverhältnis nach § 9 bzw. § 13 Abs. 1 S. 3 KSchG für die Zukunft aufgehoben wird. In diesem Fall endet das Amt gem. § 14 Abs. 2 Nr. 3 allerdings zu dem Zeitpunkt, zu dem das Arbeitsverhältnis erlischt. Weist das Gericht die Kündigungsschutzklage ab, steht nachträglich fest, daß der Bewerber zur Zeit der Wahl nicht dem Betrieb angehörte und daher die Wählbarkeitsvoraussetzungen nicht erfüllte. Die gleichwohl erfolgte Wahl ist unwirksam (h.L. zu § 8 BetrVG; für das MitbestG ebenso *Meilicke-Meilicke,* § 10 Rdn. 38). Während der **Schwebezeit** ist der Gewählte nach h. L. zu § 8 BetrVG (vgl. neuestens LAG Schleswig-Holstein, BB 1976, 1319) an der Ausübung seines Amtes vorübergehend gehindert, so daß gem. § 14 Abs. 2 ein Ersatzmann seine Rechte ausübt (s. § 14 Rdn. 6).

Die nach § 8 BetrVG maßgebliche **Frist von sechs Monaten** beginnt 22
mit der Aufnahme der Arbeit und der Zugehörigkeit zum Betrieb. **Nicht erforderlich** ist eine **ununterbrochene** Tätigkeit. Kürzere Unterbrechungen infolge von Krankheit, Urlaub, Arbeitskampf usw. werden vielmehr nicht berücksichtigt, sofern das Arbeitsverhältnis fortdauert. Bei längeren Unterbrechungen wird angenommen, daß der Ablauf der Frist zwar gehemmt, nicht aber unterbrochen ist (vgl. statt aller *Dietz-Richardi,* § 8 BetrVG Rdn. 17). Dagegen beginnt die Frist von neuem zu laufen, wenn auch das Arbeitsverhältnis in der Zwischenzeit aufgelöst war. Auf die Sechsmonatsfrist sind nach ausdrücklicher Anordnung des Gesetzes Zeiten anzurechnen, welche der Arbeitnehmer unmittelbar vor der Aufnahme in den Betrieb, in dem gewählt wird, in einem **anderen Betrieb desselben Unternehmens oder Konzerns** beschäftigt war. Da § 8 BetrVG hierbei nur auf § 18 Abs. 1, nicht jedoch Abs. 2 AktG verweist, kommt nur die Tätigkeit in einem anderen Unternehmen eines Unterordnungskonzerns in Betracht, nicht jedoch eines Gleichordnungskonzerns. Durch die Vorschrift ist ein Wechsel zwischen Unternehmen, deren Arbeitnehmer nach § 5 bei der Wahl zum Aufsichtsrat des herrschenden Unternehmens mitwirken, gedeckt. In den Fällen des § 4 ist sinngemäß anzunehmen, daß auch die Tätigkeit in der KG die für die Wählbarkeit in der Komplementärgesellschaft erforderliche Frist wahrt und umgekehrt (ebenso *Fitting-Wlotzke-Wißmann,* § 10 Rdn. 20). **Besteht der Betrieb weniger als sechs Monate,** so entfällt nach § 8 Abs. 2 BetrVG die Sechsmonatsfrist. Wählbar sind in diesem Falle alle Arbeitnehmer, die bei der Einleitung der Wahl im Betrieb beschäftigt sind und die übrigen Wählbarkeitsvoraussetzungen erfüllen.

Nicht wählbar ist ferner, wer infolge **strafgerichtlicher Verurteilung** 23
die Fähigkeit verloren hat, Rechte aus öffentlichen Wahlen zu erlangen (Abs. 4 i.V.m. § 8 Abs. 1 S. 3 BetrVG). Gem. § 45 Abs. 1 StGB ist dies stets der Fall bei Verurteilung wegen eines Verbrechens zu einer Min-

deststrafe von 1 Jahr, allerdings begrenzt auf eine Frist von 5 Jahren nach Rechtskraft des Urteils. Eine weitere Wählbarkeitsvoraussetzung folgt aus dem **gesetzlichen Minderheitenschutz**, denn zum Wahlmann der Arbeiter kann nach § 11 Abs. 2 nur ein Arbeiter, zum Wahlmann der nicht leitenden Angestellten nur ein nicht leitender Angestellter und zum Wahlmann der leitenden Angestellten nur ein leitender Angestellter berufen werden. **Andere Schranken bestehen nicht,** namentlich sind **auch ausländische Arbeitnehmer wählbar,** ebenso die **Mitglieder des Wahlvorstands** (*Fitting-Wlotzke-Wißmann,* § 10 Rdn. 23, zu § 8 BetrVG str., vgl. die Ausführungen bei § 7 Rdn. 14). Kein Hinderungsgrund ist es ferner, wenn eine Person in den Fällen des § 5 die Funktion des Wahlmanns sowohl im herrschenden wie im abhängigen Unternehmen wahrnimmt oder für beide Ämter kandidiert, vielmehr lassen die Wahlordnungen derartige **Mehrfachmandate** ausdrücklich zu (vgl. Rdn. 14). Formell setzt die Wählbarkeit die **Eintragung in die Wählerliste** voraus (§§ 8 Abs. 5 1. WO, 8 Abs. 5 2. WO, 9 Abs. 5 3. WO).

V. Wegfall der Wahl (Abs. 5)

24 Nach der Sondervorschrift des Abs. 5 wird eine Wahl nicht durchgeführt, wenn für einen Wahlgang **nur ein Wahlvorschlag** gemacht wurde. Statt dessen gelten die in dem Wahlgang aufgeführten Arbeitnehmer in der angegebenen Reihenfolge als gewählt. Die Vorschrift, die § 6 Abs. 2 S. 3 MitbestEG nachgebildet ist, will angesichts des Umstands, daß bei der Durchführung der Wahl regelmäßig kein anderes Ergebnis zu erwarten wäre, den damit verbundenen Aufwand vermeiden (grundsätzliche und verfassungsrechtliche Einwände dagegen bei *Philipp*, DB 1976, 2305 f. sowie BB 1977, 549 ff.). Sie gilt bei Gruppenwahl je getrennt für die Wahlgänge der Arbeiter und Angestellten. Bei gemeinsamer Wahl ist sie anzuwenden, wenn in keiner der Gruppen der Arbeiter, nicht leitenden Angestellten oder leitenden Angestellten mehr als ein Wahlvorschlag gemacht wird. Denn nur in diesem Fall entspricht das zu erwartende Wahlergebnis mangels Alternative den Wahlvorschlägen. In beiden Fällen darf der Verzicht auf die Wahl jedoch nicht dazu führen, daß der durch § 11 Abs. 2 sichergestellte Gruppenproporz verändert wird. Deshalb kann gem. Abs. 5 S. 2 die auf der Liste angegebene Reihenfolge nur so weit eingehalten werden, als sie § 11 Abs. 2 genügt. Bei gemeinsamer Wahl sind die Sitze nach dem Gruppenproporz auf die vorgelegten Wahllisten zu verteilen. Hat eine Gruppe keinen Wahlvorschlag eingereicht oder ist der eingereichte Vorschlag vorzeitig erschöpft, fallen auch durch die Fiktion des Abs. 5 die der Gruppe zustehenden Sitze nicht an eine andere Gruppe, sondern bleiben unbesetzt (vgl. Rdn. 15).

VI. Wahlvorgang

Der **technische Ablauf der Wahlmännerwahl** ist in §§ 56–79 1. WO, 61–86 2. WO, 62–87 3. WO im Einzelnen geregelt. Zunächst ist die **Zahl der Wahlmänner** für jeden Betrieb zu berechnen und das Ergebnis den Betriebswahlvorständen mitzuteilen (§§ 58 1. WO, 63–65 2. WO, 64–66 3. WO, s. § 11). Diese haben **Wahlausschreiben** mit dem in §§ 59 1. WO, 66 2. WO, 67 3. WO vorgeschriebenen Inhalt herauszugeben, sie in den Betrieben bis zum Abschluß der Wahl auszuhängen und sie dem Unternehmen sowie den im Unternehmen vertretenen Gewerkschaften zu übersenden (§ 59 Abs. 1 i.V.m. §§ 23 Abs. 2 u. 3 1. WO, 66 Abs. 1 i.V.m. §§ 25 Abs. 3 u. 4 2. WO, 67 Abs. 1 i.V.m. § 26 Abs. 3 u. 4 3. WO). Binnen zwei Wochen seit Erlaß des Wahlausschreibens können Anträge gestellt werden, **daß in gemeinsamer Wahl gewählt werden soll** (§§ 60 Abs. 1 1. WO, 67 Abs. 1 2. WO, 68 Abs. 1 3. WO). In derselben Frist sind die **Wahlvorschläge** einzureichen (§§ 66 Abs. 1 1. WO, 73 Abs. 1 2. WO, 74 Abs. 1 3. WO, s. § 12 Rdn. 4 ff.). Sind sowohl von der Gruppe der Arbeiter wie der Angestellten gültige Anträge eingereicht, ist nach Maßgabe der §§ 60–65 1. WO, 67–72 2. WO, 68–73 3. WO die Abstimmung über die gemeinsame Wahl durchzuführen. Die Wahl der Wahlmänner selbst erfolgt, sofern nicht gemeinsame Wahl beschlossen wurde, in **drei Wahlgängen** getrennt für die Wahlmänner der Arbeiter, der nicht leitenden Angestellten und der leitenden Angestellten (§§ 59 Abs. 2, 71 Abs. 1 1. WO, 66 Abs. 2, 78 Abs. 1 2. WO, 67 Abs. 2, 79 Abs. 1 3. WO). **Briefwahl** ist zulässig, sofern ein Arbeitnehmer im Zeitpunkt der Wahl wegen Abwesenheit vom Betrieb verhindert ist, seine Stimme persönlich abzugeben (§§ 75 1. WO, 82 2. WO, 83 3. WO). Für Betriebsteile und Nebenbetriebe, die räumlich weit vom Hauptbetrieb entfernt sind, kann der Betriebswahlvorstand die Briefwahl generell beschließen (§§ 75 Abs. 3 1. WO, 82 Abs. 3 2. WO, 83 Abs. 3 3. WO). Unverzüglich nach Abschluß der Stimmabgabe hat der Betriebswahlvorstand die Stimmen **öffentlich auszuzählen** und die Gewählten zu ermitteln (§§ 72 f. 1. WO, 79 f. 2. WO, 80 f. 3. WO). Ferner ist eine **Wahlniederschrift** mit dem in §§ 77 1. WO, 84 2. WO, 85 3. WO vorgeschriebenen Inhalt anzufertigen und dem Unternehmenswahlvorstand bzw. dem Hauptwahlvorstand zu übermitteln. Das **Wahlergebnis** und die Namen der Gewählten sind im Betrieb durch zweiwöchigen Aushang bekanntzugeben, die Gewählten schriftlich zu benachrichtigen (§§ 78 1. WO, 85 2. WO, 86 3. WO). 25

VII. Streitigkeiten

Streitigkeiten im Zusammenhang mit § 10 betreffen die Wahl der Arbeitnehmervertreter im Aufsichtsrat und sind daher gem. §§ 2 Abs. 1 26

Nr. 5, 80 Abs. 1 ArbGG im arbeitsgerichtlichen Beschlußverfahren anhängig zu machen. In dringenden Fällen kommt eine einstweilige Verfügung gem. § 85 Abs. 2 ArbGG in Betracht. Darüber hinaus können Verstöße gegen § 10 die Anfechtbarkeit der Wahl der Wahlmänner oder der Aufsichtsratsmitglieder der Arbeitnehmer begründen (vgl. die Erl. zu §§ 21 u. 22).

§ 11
Errechnung der Zahl der Wahlmänner

(1) In jedem Betrieb entfällt auf je 60 wahlberechtigte Arbeitnehmer ein Wahlmann. Ergibt die Errechnung nach Satz 1 in einem Betrieb für eine Gruppe mehr als

1. 30 Wahlmänner, so vermindert sich die Zahl der zu wählenden Wahlmänner auf die Hälfte; diese Wahlmänner erhalten je zwei Stimmen;

2. 90 Wahlmänner, so vermindert sich die Zahl der zu wählenden Wahlmänner auf ein Drittel; diese Wahlmänner erhalten je drei Stimmen;

3. 150 Wahlmänner, so vermindert sich die Zahl der zu wählenden Wahlmänner auf ein Viertel; diese Wahlmänner erhalten je vier Stimmen.

Bei der Errechnung der Zahl der Wahlmänner werden Teilzahlen voll gezählt, wenn sie mindestens die Hälfte der vollen Zahl betragen.

(2) Die Arbeiter und die Angestellten müssen unter den Wahlmännern in jedem Betrieb entsprechend ihrem zahlenmäßigen Verhältnis vertreten sein. Unter den Wahlmännern der Angestellten müssen die in § 3 Abs. 3 Nr. 1 bezeichneten Angestellten und die leitenden Angestellten entsprechend ihrem zahlenmäßigen Verhältnis vertreten sein. Sind in einem Betrieb mindestens neun Wahlmänner zu wählen, so entfällt auf die Arbeiter, die in § 3 Abs. 3 Nr. 1 bezeichneten Angestellten und die leitenden Angestellten mindestens je ein Wahlmann; dies gilt nicht, soweit in dem Betrieb nicht mehr als fünf Arbeiter, in § 3 Abs. 3 Nr. 1 bezeichnete Angestellte oder leitende Angestellte wahlberechtigt sind. Soweit auf die Arbeiter, die in § 3 Abs. 3 Nr. 1 bezeichneten Angestellten und die leitenden Angestellten lediglich nach Satz 3 Wahlmänner entfallen, vermehrt sich die nach Absatz 1 errechnete Zahl der Wahlmänner des Betriebs entsprechend.

(3) Soweit nach Absatz 2 auf die Arbeiter, die in § 3 Abs. 3 Nr. 1 bezeichneten Angestellten und die leitenden Angestellten eines Betriebs nicht mindestens je ein Wahlmann entfällt, gelten diese für die Wahl der Wahlmänner als Arbeitnehmer des Betriebs der Hauptniederlassung des Unternehmens. Soweit nach Absatz 2 und nach Satz 1 auf die Arbeiter, die in § 3 Abs. 3 Nr. 1 bezeichneten Angestellten und

die leitenden Angestellten des Betriebs der Hauptniederlassung nicht mindestens je ein Wahlmann entfällt, gelten diese für die Wahl der Wahlmänner als Arbeitnehmer des nach der Zahl der wahlberechtigten Arbeitnehmer größten Betrieb des Unternehmens.

(4) Entfällt auf einen Betrieb kein Wahlmann, so ist Absatz 3 entsprechend anzuwenden.

(5) Die Eigenschaft eines Wahlmannes als Wahlmann der Arbeiter oder der Angestellten bleibt bei einem Wechsel der Gruppenzugehörigkeit erhalten. Satz 1 ist entsprechend anzuwenden, wenn ein Wahlmann der Angestellten seine Eigenschaft als in § 3 Abs. 3 Nr. 1 bezeichneter Angestellter oder leitender Angestellter wechselt.

Übersicht

I. Vorbemerkungen

1. Die **Vorschrift behandelt vier sachlich verschiedene Punkte**, die im Zusammenhang mit der Wahl der Wahlmänner stehen. Abs. 1 gibt an, wie deren **Zahl** zu berechnen ist. Grundsätzlich entfällt auf je 60 wahlberechtigte Arbeitnehmer eines Betriebs ein Wahlmann. In großen Betrieben, in denen bei dieser Berechnungsweise entweder auf die Gruppe der Arbeiter oder der Angestellten mehr als 30 Wahlmänner entfallen würden, vermindert sich die Wahl stufenweise nach dem in Abs. 1 S. 2 geregelten **Reduktionsverfahren**. Das Gesetz will mit der Vorschrift verhindern, daß allzu große und aufwendige Wahlmännerversammlungen zu bilden sind. Ist ein Betrieb so klein, daß auf ihn überhaupt kein Wahlmann entfällt, sind seine Arbeitnehmer nach Abs. 4 i.V.m. Abs. 3 dem Betrieb der Hauptniederlassung, hilfsweise dem größten Betrieb des Unternehmens zuzurechnen. Abs. 2 regelt 1

sodann die **Verteilung der Wahlmänner zwischen den Gruppen** der Arbeiter, nicht leitenden Angestellten und leitenden Angestellten. Grundsätzlich hat jede Gruppe Anspruch auf eine ihrem Anteil an der Gesamtzahl der in dem Betrieb beschäftigten Arbeitnehmer entsprechenden Zahl von Sitzen. Würde eine Gruppe nach diesem Maßstab keinen Wahlmann zu stellen haben, gewährt das Gesetz ihr in Abs. 2 S. 3 u. 4 sowie Abs. 3 einen mehrschichtigen und im einzelnen kompliziert ausgestalteten **Minderheitenschutz**, der darauf hinausläuft, daß sie entweder einen zusätzlichen Sitz im Wahlmännergremium erhält oder ihr Stimmengewicht bei der Wahl der Wahlmänner im Betrieb der Hauptniederlassung, hilfsweise des größten Betriebs des Unternehmens zur Geltung bringen kann. Abs. 5 bestimmt schließlich, daß ein **Wechsel der Gruppenzugehörigkeit** das Amt des Wahlmannes nicht beendet. Die **Ausführungsvorschriften** zu § 11 finden sich in §§ 58 1. WO, 63–65 2. WO u. 64–66 3. WO.

2 2. § 11 entspricht im Ansatz § 6 Abs. 4 u. 5 MitbestEG, wurde gegenüber diesem Vorbild jedoch schon im RegE in wesentlichen Einzelheiten umgestaltet. Weitere Änderungen nahm der BT-Ausschuß f. Arbeit u. Sozialordnung vor, der die endgültige Fassung einstimmig verabschiedete (Ausschußber., BT-Drucks. 7/4845, 7, 12).

3 3. § 11 ist **zwingenden Rechts** und kann daher weder durch Tarifverträge oder Betriebsvereinbarungen noch durch Beschlüsse der Unternehmensorgane abbedungen oder geändert werden.

II. Zahl der Wahlmänner und Gruppenproporz (Abs. 1 u. 2)

4 1. Nach der **Grundregel** des Abs. 1 entfällt in jedem Betrieb auf je 60 wahlberechtigte (vgl. § 10 Rdn. 18) Arbeitnehmer ein Wahlmann. Es kommt auf die Zahl der in die Wählerliste eingetragenen tatsächlich Beschäftigten an, nicht auf die in der Regel in dem Betrieb Beschäftigten. Sind nach Abs. 3 oder 4 dem Betrieb für die Wahl auch Arbeitnehmer anderer Betriebe des Unternehmens zuzurechnen (s. Rdn. 15 f.), so zählen diese auch bei der Berechnung der Zahl der Wahlmänner mit. In diesem Fall muß eine bereits festgestellte Wahlmännerzahl u. U. nachträglich korrigiert werden (§§ 64 Abs. 2 S. 3 2. WO, 65 Abs. 2 S. 3 3. WO). **Teilzahlen** sind nach S. 3 zu berücksichtigen, wenn sie sich auf mindestens die Hälfte der vollen Zahl belaufen, d. h. ab 30 zusätzlichen Arbeitnehmern. Andernfalls fallen sie bei der Berechnung der Wahlmännerzahl unter den Tisch. Beträgt die Zahl der wahlberechtigten Arbeitnehmer eines Betriebes demnach zwischen 1500 und 1529, so sind 25 Wahlmänner zu berufen. Ab 1530 wahlberechtigten Arbeitnehmern beträgt die Zahl 26 Wahlmänner. Hat ein Betrieb weniger als 30 Arbeitnehmer, so stellt er keine eigenen Wahlmänner

auf, vielmehr werden seine Arbeitnehmer gem. Abs. 4 i.V.m. Abs. 3 (s. Rdn. 16) der Hauptniederlassung, hilfsweise dem größten Betrieb des Unternehmens zugeschlagen. Auf das Verhältnis von Arbeitern und Angestellten kommt es nicht an, jedoch kann sich die nach Abs. 1 berechnete Zahl der Wahlmänner infolge des Minderheitenschutzes nach Abs. 2 um einen oder zwei vermehren (s. Rdn. 11 ff.). Die Größe der Wahlmännerversammlung legt das Gesetz nicht fest, vielmehr umfaßt diese vorbehaltlich der Reduzierung nach Abs. 1 S. 2 so viele Personen, wie sich aus der Berechnung nach diesem Schlüssel ergeben.

2. Steht die Gesamtzahl der Wahlmänner eines Betriebes fest, so ist als nächstes die **Verteilung der Sitze zwischen den Gruppen der Arbeiter und der Angestellten** (incl. der leitenden Angestellten) zu errechnen. Nach Abs. 2 S. 1 müssen die beiden Gruppen gemäß ihrem Anteil an der Gesamtzahl der Arbeitnehmer berücksichtigt werden. Entsprechend Abs. 1 ist auch hier von der Gesamtzahl der in dem Betrieb tatsächlich beschäftigten wahlberechtigten Arbeitnehmer auszugehen. Der Gruppenproporz ist nach dem **d'Hondt'schen Höchstzahlverfahren** zu berechnen (vgl. §§ 58 Abs. 3 1. WO, 63 Abs. 3 2. WO, 64 Abs. 3 3. WO), das bei § 10 Rdn. 12 f. dargestellt ist. Würde nach der Berechnung auf eine Gruppe kein Wahlmann entfallen, kommt der Minderheitenschutz gem. Abs. 3 zum Zug (vgl. Rdn. 10 ff.). **5**

3. Um zu verhindern, daß die Zahl der Wahlmänner in Großunternehmen zu hoch wird, schreibt das Gesetz in Abs. 1 S. 2 für **große Betriebe** vor, die **Zahl der Wahlmänner zu reduzieren**. Die Reduktion wird nicht durch eine Erhöhung der Schlüsselzahl erreicht, sondern dadurch, daß die Zahl der nach dem gesetzlichen Schlüssel errechneten Wahlmänner sich je nach Größe halbiert, in drei oder in vier Teile teilt. Zum Ausgleich erhalten die restlichen Wahlmänner je zwei, drei oder vier Stimmen. Da das Gesetz die für das Reduktionsverfahren maßgebende Größe nicht auf die Gesamtzahl der in einem Betrieb beschäftigten wahlberechtigten Arbeitnehmer bezieht, sondern auf die Stärke der in ihm vertretenen Gruppen der Arbeiter und der Angestellten (incl. der leitenden Angestellten), ist das Reduktionsverfahren erst nach der Verteilung der Sitze auf die Gruppen gem. Abs. 2 S. 1 durchzuführen. Würden danach entweder auf die Arbeiter oder auf die Angestellten **mehr als 30 Wahlmänner** entfallen, so **vermindert sich deren Zahl auf die Hälfte**. Jeder der verbleibenden Wahlmänner hat **zwei Stimmen**. Bei der anderen Gruppe verbleibt es dagegen bei der nach Abs. 1 S. 2 und Abs. 2 errechneten Zahl, es sei denn, auch sie erreicht mehr als 30 Wahlmänner. Ergeben sich bei der Reduktion Teilzahlen, so ist auch in diesem Fall gem. Abs. 1 S. 3 auf- oder abzurunden (§§ 58 Abs. 4 S. 2 1. WO, 63 Abs. 4 S. 2 2. WO, 64 Abs. 4 S. 2 3. WO). Die dadurch mögliche geringfügige Verschiebung der Stimmen- **6**

gewichte hat der Gesetzgeber in Kauf genommen. Würden nach dem Berechnungsschlüssel gem. Abs. 1 S. 1 und Abs. 2 S. 1 auf eine Gruppe **mehr als 90 Wahlmänner** entfallen, **reduziert sich deren Zahl auf ein Drittel.** Die Gewählten haben je **drei Stimmen.** Bei **mehr als 150 Wahlmännern** in einer Gruppe werden nur **ein Viertel** berufen, von denen jeder **vier Stimmen** ausübt.

7 **Beispiele:** In einem Betrieb mit 4500 Arbeitern und 1500 Angestellten sind nach Abs. 1 S. 1 100 Wahlmänner zu berufen, von denen gem. Abs. 2 S. 1 75 auf die Arbeiter und 25 auf die Angestellten entfallen. Nach Abs. 1 S. 2 reduziert sich die Zahl der von den Arbeitern zu stellenden Wahlmänner auf die Hälfte, nach Abs. 1 S. 3 aufgerundet also auf 38, von denen jeder zwei Stimmen besitzt. Bei den Angestellten verbleibt es bei den 25 Wahlmännern mit je einer Stimme. Hat ein Betrieb 10 000 Arbeiter und 5000 Angestellte, so wären grundsätzlich 250 Wahlmänner zu berufen, nach dem d'Hondt'schen Höchstzahlverfahren 167 der Arbeiter und 83 der Angestellten. Die Zahl reduziert sich bei den Arbeitern auf ein Viertel, d. h. auf 42 mit je vier Stimmen, bei den Angestellten auf die Hälfte, d. h. gleichfalls 42 mit je zwei Stimmen.

8 4. Ist die Zahl der den Arbeitern und den Angestellten eines Betriebes zukommenden Wahlmänner errechnet, so sind weiter die **Wahlmänner der Angestellten zwischen den nicht leitenden und den leitenden Angestellten** nach ihrem Anteil an der Gesamtzahl der Angestellten **aufzuteilen** (Abs. 2 S. 2). Auch hier ist das d'Hondt'sche Höchstzahlverfahren anzuwenden. Hat zuvor eine Reduktion der Sitze gem. Abs. 1 S. 2 stattgefunden, so fragt sich, ob die danach auf die leitenden Angestellten entfallenden Wahlmänner die gleiche Zahl der Stimmen wie die Wahlmänner der nicht leitenden Angestellten besitzen (bejahend *Fitting-Wlotzke-Wißmann,* § 11 Rdn. 13). Die gerechteste Lösung geht dahin, die Zahl der Stimmen des zusätzlichen Wahlmanns von der Zahl der Sitze abhängig zu machen, die den leitenden Angestellten zufallen würden, wenn das Reduktionsverfahren nicht anzuwenden wäre (s. Rdn. 14).

9 5. Die Berechnung der Zahl der Wahlmänner und ihrer Verteilung zwischen den Gruppen ist in Unternehmen mit nur einem Betrieb Aufgabe des **Betriebswahlvorstands** (§ 58 1. WO), in Unternehmen mit mehreren Betrieben und in Konzernen des **Unternehmenswahlvorstandes** im Zusammenwirken mit den Betriebswahlvorständen (§§ 63 Abs. 1, 65 2. WO, 64 Abs. 2, 66 3. WO).

III. Minderheitenschutz (Abs. 2 S. 3 u. 4, Abs. 3, 4)

10 Die Zuteilung der Wahlmänner ausschließlich nach dem Gruppenproporz gem. Abs. 2 S. 1 u. 2 würde dazu führen, daß auf kleine Grup-

pen, besonders häufig auf die leitenden Angestellten, kein Wahlmann entfällt. Dieses Ergebnis sucht das Gesetz durch den **Minderheitenschutz** nach Abs. 2 S. 3 u. 4, Abs. 3 auszugleichen. Dabei sind **mehrere Fälle** zu unterscheiden:

1. In Betrieben, in denen insgesamt (nicht pro Gruppe) mindestens 11
9 Wahlmänner zu bestellen sind, d. h. ab 510 wahlberechtigten Arbeitnehmern, steht nach **Abs. 2 S. 3** ungeachtet der berechneten Verhältniszahl jeder Gruppe **mindestens ein Wahlmann** zu. Ergibt sich dieses Ergebnis aus der Verteilungsrechnung ohnehin, so ist keine Sondervorschrift nötig. Hat die Gruppe nach dem Gruppenproporz kein Anrecht auf einen Sitz, soll dieses Ergebnis erzielt werden, ohne daß sich die Zahl der den anderen Gruppen gemäß ihrem Anteil an der Gesamtzahl der Arbeitnehmer zukommenden Sitze vermindert. Daher bestimmt Abs. 2 S. 4, daß sich in diesem Fall die **Gesamtzahl** der von dem Betrieb zu bestellenden Wahlmänner über die nach Abs. 1 errechnete Summe hinaus **um die erforderlichen zusätzlichen Sitze** vermehrt. Die Regel gilt nicht, wenn die Minderheitsgruppe nicht mehr als fünf wahlberechtigte Mitglieder umfaßt (Abs. 2 S. 3).

Beispiel: Sind in einem Betrieb 1500 Arbeiter und 300 Angestellte, 12
darunter 30 leitende Angestellte, beschäftigt, so hat der Betrieb gem. Abs. 1 30 Wahlmänner aufzustellen. Nach dem Gruppenproporz (Abs. 2 S. 1) entfallen davon 25 auf die Arbeiter und 5 auf die Angestellten. Die leitenden Angestellten haben nach dem Verhältnis ihrer Zahl zur Gesamtzahl der Angestellten kein Anrecht auf einen von diesen fünf Sitzen. Gem. Abs. 2 S. 2 u. 3 ist ihnen ein zusätzlicher Sitz einzuräumen, wodurch sich die Gesamtzahl der von dem Betrieb aufzustellenden Wahlmänner auf 31 erhöht. Hatte der Betrieb weniger als 5 leitende Angestellte, so könnten sie den zusätzlichen Sitz nicht beanspruchen, sondern hätten gem. Abs. 3 in einem anderen Betrieb mitzuwählen.

Der Minderheitenschutz gem. Abs. 2 S. 3 knüpft an die **Untergrup-** 13
pen der nicht leitenden und der **leitenden Angestellten** an, weshalb die Mindestzahl von 5 Gruppenangehörigen nicht dadurch erreicht wird, daß beide Untergruppen zusammen mehr als 5 Arbeitnehmer aufweisen.

Beispiel: Umfaßt ein Betrieb 600 Arbeiter, 20 nicht leitende und 4 leitende Angestellte, so sind 10 Wahlmänner zu bestellen, die nach dem Gruppenproporz alle den Arbeitern zustehen. Die nicht leitenden Angestellten können aber nach Abs. 2 S. 3 u. 4 einen zusätzlichen 11. Wahlmann beanspruchen, während den leitenden Angestellten dieses Recht nicht zukommt, weil ihre Gruppe dafür zu klein ist. Hätte der Betrieb 6 oder mehr leitende Angestellte, so könnten sie gleichfalls einen zusätzlichen (12.) Wahlmann stellen.

14 Der Minderheitenschutz bleibt aufrecht erhalten, auch wenn sich infolge des **Reduktionsverfahrens** gem. Abs. 1 S. 2 die Zahl der Wahlmänner verringert. In diesem Fall ist fraglich, ob der zusätzliche Wahlmann gleichfalls die erhöhte Stimmenzahl besitzt (bejahend *Fitting-Wlotzke-Wißmann,* § 11 Rdn. 19; verneinend *Matthes,* BlStSozArbR 1976, 188).

Beispiel: In einem Betrieb mit 5000 Arbeitern und 10 000 Angestellten entfallen auf die Arbeiter 42 Wahlmänner mit je zwei Stimmen, auf die Angestellten 42 Wahlmänner mit je vier Stimmen (vgl. das Beispiel Rdn. 7). Befinden sich unter den 10 000 Angestellten 100 leitende Angestellte, so steht ihnen nach der d'Hondt'schen Höchstzahlenrechnung kein Sitz zu, doch haben sie Anspruch auf einen zusätzlichen Sitz gem. Abs. 2 S. 3. Soll der zusätzliche Wahlmann nunmehr auch vier Stimmen haben wie die Wahlmänner der nicht leitenden Angestellten? Die gerechteste Lösung geht dahin, die Stimmenzahl des zusätzlichen Wahlmanns von der Zahl der Sitze abhängig zu machen, welche die leitenden Angestellten beanspruchen könnten, wenn das Reduktionsverfahren nicht anzuwenden wäre. In diesem Fall könnten die Angestellten insgesamt 167 Wahlmänner stellen, von denen nach dem Gruppenproporz einer auf die leitenden Angestellten entfallen würde. Der zusätzliche Wahlmann besitzt daher eine Stimme. Wären in dem Betrieb statt 100 120 leitende Angestellte beschäftigt, so könnten sie von 167 Wahlmännern zwei stellen. Dem zusätzlichen Wahlmann wären dann zwei Stimmen zuzubilligen.

15 2. Entfällt auch nach der Regelung des Abs. 2 auf eine Gruppe kein Wahlmann, weil in dem **Betrieb weniger als neun Wahlmänner** zu bestellen sind oder weil **die Gruppe nicht mehr als 5 Arbeitnehmer umfaßt**, so bleibt ihre Stimme nach dem in Abs. 3 **auf die Spitze getriebenen Minderheitenschutz** gleichwohl nicht unbeachtet. Vielmehr sind die Mitglieder der Gruppe nunmehr für die Wahl der Wahlmänner dem Betrieb der Hauptniederlassung des Unternehmens zuzurechnen. Sie sind also bei der Bestimmung der Zahl der Wahlmänner und des Gruppenproporzes, bei der Ausübung von Vorschlagsrechten und des Wahlrechts selbst sowie bei allen übrigen im Zusammenhang mit der Wahl bestehenden Rechten und Befugnissen wie die Arbeitnehmer dieses Betriebes zu behandeln (Einzelheiten bei *Fitting-Wlotzke-Wißmann,* § 11 Rdn. 20 ff.). Würde trotz der Zurechnung dieser Arbeitnehmer zum Betrieb der Hauptniederlassung ihre Gruppe auch dort nicht mindestens einen Wahlmann zu stellen haben, tritt an die Stelle dieses Betriebs hilfsweise der größte Betrieb des Unternehmens (Abs. 3 S. 2). Die Zuordnung ist zwingend, d. h. die betroffenen Arbeitnehmer haben nicht die Freiheit, darauf zu verzichten oder den Betrieb zu wählen, dem sie zugeordnet werden wollen (*Fitting-Wlotzke-Wißmann,*

§ 11 Rdn. 22). Bei der Konzernmitbestimmung bei § 5 kommt in entsprechender Anwendung des Abs. 3 auch eine Zuordnung zum herrschenden Unternehmen des Konzerns in Betracht, wenn die Arbeitnehmer trotz der Zuordnungsregeln in dem Unternehmen, dem sie unmittelbar angehören, nicht zum Zuge kommen (*Fitting-Wlotzke-Wißmann,* Rdn. 27).

3. Der Minderheitenschutz des Abs. 3 gilt gem. Abs. 4 ferner für den wichtigeren Fall, daß **ein Betrieb insgesamt nicht die Größe erreicht, die erforderlich ist, wenigstens einen Wahlmann zu stellen.** Das Gesetz läßt offen, ob die dafür notwendige Mindestzahl gem. Abs. 1 S. 1 erst bei 60 oder nach Abs. 1 S. 3 schon ab 30 wahlberechtigten Arbeitnehmern erreicht ist. Die besseren Gründe sprechen für die kleinere Zahl, da sie auch sonst für die Zahl der Wahlmänner den Ausschlag gibt (ebenso *Fitting-Wlotzke-Wißmann,* § 11 Rdn. 20; a.A. *Meilicke-Meilicke,* § 11 Rdn. 17). Abs. 4 ist daher auf **Betriebe mit bis zu 29 Arbeitnehmern** anzuwenden. Hat im Fall des § 5 ein abhängiges Unternehmen nicht mehr als 29 Arbeitnehmer, so wählen diese in analoger Anwendung des Abs. 4 im Betrieb der Hauptniederlassung des herrschenden Unternehmens, hilfsweise im größten Betrieb des herrschenden Unternehmens mit (*Wlotzke* ZGR 1977, 378). Die Analogie ist gerechtfertigt, weil eine Gesetzeslücke vorliegt, die in offensichtlichem Einklang mit der Konzeption des Gesetzes auf diese Weise geschlossen werden kann. 16

4. Die Durchführung und Sicherung des Minderheitenschutzes gem. Abs. 2–4 obliegt in Unternehmen mit nur einem Betrieb dem **Betriebswahlvorstand** (§ 58 Abs. 1 1. WO), in Unternehmen mit mehreren Betrieben und in Konzernen dem **Unternehmenswahlvorstand** im Zusammenwirken mit den Betriebswahlvorständen der beteiligten Betriebe (§§ 63 Abs. 1 2. WO, 64 Abs. 1 3. WO). 17

IV. Wechsel der Gruppenzugehörigkeit

Nach Abs. 5 **verliert der einmal zum Wahlmann Gewählte nicht sein Amt, wenn er nachträglich die Gruppe wechselt,** also z. B. vom Arbeiter zum Angestellten wird oder vom Angestellten zum leitenden Angestellten befördert wird. Die Vorschrift, der § 24 Abs. 2 für die gewählten Aufsichtsratsmitglieder der Arbeitnehmer entspricht, beruht auf dem Gedanken, daß der von einer Gruppe Gewählte seine Legitimation als deren Wahlmann nicht dadurch verliert, daß er während seiner Amtszeit in eine andere Gruppe überwechselt (vgl. Begr. z. RegE, BT-Drucks. 7/2172, 23). Sie findet ihr Vorbild in § 24 Abs. 2 BetrVG. Entsprechend der h. L. hierzu (vgl. statt aller *Fitting-Auffarth-Kaiser,* § 24 BetrVG Rdn. 33) gilt sie sowohl bei Gruppenwahl 18 wie bei gemeinschaftlicher Wahl. Dagegen verliert ein Wahlmann, der aus dem Betrieb oder Unternehmen ausscheidet, sein Mandat (§ 14 Abs. 1 Nr. 2 u. 3).

V. Streitigkeiten

19 **Streitigkeiten** über die in § 11 geregelten Punkte betreffen die Wahl der Aufsichtsratsmitglieder der Arbeitnehmer und sind daher nach §§ 2 Abs. 1 Nr. 5 n.F., 80 Abs. 1 ArbGG im Beschlußverfahren vor den Arbeitsgerichten auszutragen. Beruht die Wahl von Wahlmännern oder von Aufsichtsratsmitgliedern der Arbeitnehmer auf einem Verstoß gegen § 11, so kommt daneben nach Maßgabe der §§ 21, 22 auch die Anfechtung der Wahl in Betracht.

§ 12
Wahlvorschläge für Wahlmänner

(1) Zur Wahl der Wahlmänner können die wahlberechtigten Arbeitnehmer des Betriebs Wahlvorschläge machen. Jeder Wahlvorschlag für Wahlmänner

1. der Arbeiter muß von einem Zehntel oder 100 der wahlberechtigten Arbeiter,

2. der Angestellten, die auf die in § 3 Abs. 3 Nr. 1 bezeichneten Angestellten entfallen, muß von einem Zehntel oder 100 der wahlberechtigten in § 3 Abs. 3 Nr. 1 bezeichneten Angestellten,

3. der Angestellten, die auf die leitenden Angestellten entfallen, muß von einem Zehntel oder 100 der wahlberechtigten leitenden Angestellten

des Betriebs unterzeichnet sein.

(2) Jeder Wahlvorschlag soll mindestens doppelt soviele Bewerber enthalten, wie in dem Wahlgang Wahlmänner zu wählen sind.

Übersicht

I. Vorbemerkungen

1 Die Vorschrift regelt das **Zustandekommen der Wahlvorschläge** für die Bestellung der Wahlmänner. Sie besagt in Abs. 1 zunächst, daß das Vorschlagsrecht nur den wahlberechtigten Arbeitnehmern des Betriebs

zusteht, schließt also namentlich Gewerkschaften aus. Weiter ergibt sich aus ihr, daß die Wahlvorschläge getrennt nach den Gruppen der Arbeiter, Angestellten und leitenden Angestellten aufzustellen sind, und zwar, ohne daß zwischen Gruppen- und Gemeinschaftswahl (§ 10 Abs. 2) differenziert würde. Schließlich legt sie das Quorum der vorschlagsberechtigten Mitglieder jeder Gruppe mit einem Zehntel der Gesamtzahl oder 100 Personen fest. Die Regelungen des Abs. 1 sind **zwingendes Recht**. Nach der Sollvorschrift des Abs. 2 soll jeder Wahlvorschlag doppelt soviele Namen enthalten, wie in dem Wahlgang Wahlmänner zu wählen sind. **Ausführungsregeln** finden sich in §§ 66–70 1. WO, 73–77 2. WO, 74–78 3. WO.

Die Regelung über die Wahlvorschläge findet ihr Vorbild in § 14 **2** Abs. 5 und 6 BetrVG, weicht davon aber insofern ab, als sie an den nach Gruppen getrennten Vorschlagslisten auch bei gemeinsamer Wahl festhält. Die Endfassung des Gesetzes stimmt, abgesehen von redaktionellen Änderungen, mit dem RegE überein. Ein von der Fraktion der CDU/CSU gestellter Antrag, das Quorum auf ein Zwanzigstel oder 50 der wahlberechtigten Arbeiter, nicht leitenden oder leitenden Angestellten herabzusetzen, fand zunächst im beratenden Ausschuß (Ausschußber., BT-Drucks. 7/4845, 7) und sodann auch im BT-Plenum keine Mehrheit (Prot. der 230. Sitzung vom 18. 3. 1976, 16024 ff.).

II. Wahlvorschläge

1. Die Wahlvorschläge können nach Abs. 1 nur von den **wahlberechtigten Arbeitnehmern des Betriebs** gemacht werden. **3** In den Zurechnungsfällen des § 11 Abs. 3 u. 4 sind auch die betreffenden Arbeitnehmer in dem Betrieb vorschlagsberechtigt, in dem sie wählen, nicht in dem, zu dem sie gehören. Im übrigen steht den Arbeitnehmern anderer Betriebe des Unternehmens kein Vorschlagsrecht zu, ebensowenig den Gewerkschaften, Betriebsräten und Unternehmensorganen. Nach BAG AP Nr. 11 zu § 18 BetrVG 1952 sind auch die Mitglieder des Wahlvorstands ausgeschlossen, weil sie über die Ordnungsmäßigkeit der Vorschläge zu entscheiden haben (str., ebenso *Dietz-Richardi,* § 14 BetrVG Rdn. 72; a.A. *Fitting-Auffarth-Kaiser,* § 16 BetrVG Rdn. 13; zum MitbestG *Fitting-Wlotzke-Wißmann,* § 12 Rdn. 7). Weiter sind die Wahlvorschläge **getrennt nach Arbeitern, nicht leitenden und leitenden Angestellten** einzureichen, und zwar können die Wahlvorschläge nur von Arbeitern, für nicht leitende Angestellte nur von nicht leitenden Angestellten und von leitenden Angestellten nur von leitenden Angestellten gemacht werden. Das **Quorum** beträgt, wie schon nach §§ 76 Abs. 3 S. 2 BetrVG 1952, 6 Abs. 2 S. 3 u. 4 MitbestEG sowie 14 Abs. 5 S. 2 u. 3 BetrVG, in allen Gruppen 10% oder 100 der wahlberechtigten (§ 10 Rdn. 18 f.) Arbeitnehmer einer Gruppe. Letztere

Zahl wird relevant, wenn die Gruppe mehr als 1000 Arbeitnehmer umfaßt. Eine Mindestzahl nennt das Gesetz im Gegensatz zu § 14 Abs. 5 BetrVG nicht. Gehören zu einem Betrieb nicht mehr als 10 leitende Angestellte, so genügt für einen gültigen Vorschlag ein Mitglied der Gruppe. Bei einer Wahl von zwischen 11 und 20 ist er von zwei wahlberechtigten Gruppenmitgliedern zu unterzeichnen usw. (a.A. *Fitting-Wlotzke-Wißmann,* § 12 Rdn. 6, die auch hier die Rundungsregel des § 11 Abs. 1 S. 3 anwenden wollen).

4 2. Die Vorschläge sind **schriftlich** und von der erforderlichen Mindestzahl von Antragsberechtigten **unterschrieben beim Betriebswahlvorstand** einzureichen. Die Antragsfrist beträgt **zwei Wochen** seit dem Erlaß des Wahlausschreibens (§§ 66 Abs. 1 1. WO, 73 Abs. 1 2. WO, 74 Abs. 1 3. WO). Ob bzw. unter welchen Voraussetzungen **Stellvertretung** zugelassen werden kann, ist zu § 14 BetrVG streitig (bejahend LAG Düsseldorf BB 1965, 1823; *Dietz-Richardi,* § 14 BetrVG Rdn. 78; verneinend BAG AP Nr. 11 zu § 18 BetrVG; zum MitbestG *Fitting-Wlotzke-Wißmann,* § 12 Rdn. 7). Die Bewerber sind in erkennbarer **Reihenfolge** unter fortlaufender Nummer und unter Angabe von Familienname, Vorname, Geburtsdatum und Art der Beschäftigung aufzuführen (§§ 66 Abs. 2 S. 1 1. WO, 73 Abs. 2 S. 1 2. WO, 74 Abs. 2 S. 1 3. WO). Außerdem ist die schriftliche **Zustimmung der Bewerber** zur Aufnahme in den Wahlvorschlag und ihre schriftliche Versicherung, daß sie im Fall ihrer Wahl die Wahl annehmen werden, einzuholen und beizufügen (§§ 66 Abs. 2 S. 2 1. WO, 73 Abs. 2 S. 2 2. WO, 74 Abs. 2 S. 2 3. WO).

5 Jeder **Wahlberechtigte** kann **nur einen Wahlvorschlag** wirksam unterzeichnen. Hat er mehrere Vorschlaglisten unterschrieben, so hat er sich auf Aufforderung des Wahlvorstands binnen längstens 3 Arbeitstagen zu erklären, welche Unterschrift gelten soll, widrigenfalls sein Name auf dem zuerst eingereichten Vorschlag gezählt wird (§§ 66 Abs. 4 1. WO, 73 Abs. 4 2. WO, 74 Abs. 4 3. WO). Wahlvorschläge, die den genannten Formalitäten nicht genügen, sind nach Maßgabe der §§ 68 1. WO, 75 2. WO, 76 3. WO **ungültig**. Wird kein gültiger Wahlvorschlag eingereicht, hat der Wahlvorstand dies wie das Wahlausschreiben bekannt zu machen und eine **Nachfrist** von einer Woche zu setzen. Wird auch dann noch kein gültiger Vorschlag eingereicht, findet der Wahlgang nicht statt (§§ 69 1. WO, 76 2. WO, 77 3. WO). Die betreffende Gruppe oder Untergruppe verliert die ihr zustehenden Sitze, ohne daß diese auf eine andere Gruppe oder Untergruppe übergehen (ebenso *Fitting-Wlotzke-Wißmann,* § 12 Rdn. 13). Die gültigen Wahlvorschläge sind in dem Betrieb in gleicher Weise wie das Wahlausschreiben **bekannt zu machen** (§§ 70 1. WO, 77 2. WO, 78 3. WO; zu weiteren Einzelheiten vgl. §§ 66–70 1. WO, 73–77 2. WO, 74–78 3. WO).

Vorgeschlagen werden können nur Bewerber, welche die **Wählbarkeitsvoraussetzungen** (vgl. § 10 Rdn. 20) in der betreffenden Gruppe oder Untergruppe erfüllen. Jeder Kandidat kann **nur auf einer Wahlliste** kandidieren. Findet sich sein Name mit seiner schriftlichen Zustimmung auf mehreren Wahlvorschlägen, so hat er sich binnen 3 Tagen gegenüber dem Wahlvorstand zu erklären, welche Kandidatur er wahrnehmen will. Versäumt er die Erklärungsfrist, ist sein Name von allen Wahlvorschlägen zu streichen (§§ 66 Abs. 5 1. WO, 73 Abs. 5 2. WO, 74 Abs. 5 3. WO). Gem. Abs 2 soll **jeder Wahlvorschlag mindestens doppelt soviele Bewerber enthalten** als Wahlmänner zu bestellen sind. Die Vorschrift soll bewirken, daß im Falle des Ausscheidens von Wahlmännern genügend Ersatzmänner vorhanden sind (vgl. § 14 Abs. 2). Es handelt sich aber um eine Soll-Vorschrift, deren Verletzung den Vorschlag nicht ungültig macht (ebenso *Fitting-Wlotzke-Wißmann,* § 12 Rdn. 11, anders im Parallelfall des § 6 Abs. 6 S. 2 MitbestEG). 6

III. Streitigkeiten

Streitigkeiten über die Zulässigkeit und Wirksamkeit von Wahlvorschlägen nach § 12 betreffen die Wahl der Arbeitnehmervertreter im Aufsichtsrat. Gem. § 2 Abs. 1 Nr. 5 n. F. ArbGG sind daher die Arbeitsgerichte zuständig, die nach § 80 Abs. 1 ArbGG im Beschlußverfahren entscheiden. Findet eine Wahl ohne gültigen Wahlvorschlag statt, ist sie nach h. L. nicht nur anfechtbar, sondern nichtig (s. § 21 Rdn. 11). Andere Verstöße gegen § 12 und die dazugehörenden Vorschriften der Wahlordnungen können, soweit nicht nur gegen die Sollvorschrift des Abs. 2 oder Ordnungsvorschriften verstoßen wurde, die Anfechtbarkeit der Wahl begründen (§ 21 Rdn. 3). 7

§ 13
Amtszeit der Wahlmänner

(1) Die Wahlmänner werden für eine Zeit gewählt, die der Amtszeit der von ihnen zu wählenden Aufsichtsratsmitglieder entspricht. Sie nehmen die ihnen nach den Vorschriften dieses Gesetzes zustehenden Aufgaben und Befugnisse bis zur Einleitung der Neuwahl der Aufsichtsratsmitglieder der Arbeitnehmer wahr.

(2) In den Fällen des § 9 Abs. 1 endet die Amtszeit der Wahlmänner, wenn

1. die wahlberechtigten Arbeitnehmer nach § 9 Abs. 1 die unmittelbare Wahl beschließen;

2. das Unternehmen nicht mehr die Voraussetzungen für die Anwendung des § 9 Abs. 1 erfüllt, es sei denn, die wahlberechtigten Arbeitnehmer beschließen, daß die Amtszeit bis zu dem in Absatz 1 genannten Zeitpunkt fortdauern soll; § 9 Abs. 3 ist entsprechend anzuwenden.

(3) In den Fällen des § 9 Abs. 2 endet die Amtszeit der Wahlmänner, wenn die wahlberechtigten Arbeitnehmer die unmittelbare Wahl beschließen; § 9 Abs. 3 ist anzuwenden.

(4) Abweichend von Absatz 1 endet die Amtszeit der Wahlmänner eines Betriebs, wenn nach Eintreten aller Ersatzmänner des Wahlvorschlags, dem die zu ersetzenden Wahlmänner angehören, die Gesamtzahl der Wahlmänner des Betriebs unter die im Zeitpunkt ihrer Wahl vorgeschriebene Zahl der auf den Betrieb entfallenden Wahlmänner gesunken ist.

Übersicht

I. Vorbemerkungen

1 § 13 betrifft die **Wahlperiode** der Wahlmänner und besagt zunächst, daß diese **für alle Wahlmänner** eines Unternehmens, in den Fällen des § 4 auch der KG, in den Fällen des § 5 sämtlicher an der Konzernmitbestimmung teilnehmenden Unternehmen grundsätzlich **gleich lang** ist. Sie orientiert sich an der Amtszeit der Aufsichtsratsmitglieder, deckt sich aber nicht mit ihr. Die Regelung hat den Sinn, daß die Wahlmänner auch nach der Bestellung des Aufsichtsrats für etwa erforderlich werdende Nachwahlen oder Abberufungen (§ 23) noch zur Verfügung stehen, zur turnusgemäßen Neuwahl der Aufsichtsratsmitglieder der Arbeitnehmer aber eine neue Wahlmännerversammlung zu wählen ist (*Fitting-Wlotzke-Wißmann,* § 13 Rdn. 1). Abs. 2–4 bringen die Gründe einer **vorzeitigen Beendigung der Wahlperiode,** und zwar Abs. 2 u. 3 der gesamten Wahlmännerversammlung, Abs. 4 der Wahlmänner eines Betriebes. Die Vorschriften werden ergänzt durch die in

§ 14 geregelten Gründe für die vorzeitige Beendigung des Amts eines einzelnen Wahlmanns.

Die Vorschrift geht auf den RegE zurück, der die Amtsperiode der Wahlmänner allerdings mit der der Amtsperiode des Betriebsrats koppeln wollte. Da sich dieser Gedanke nach der Einführung der unmittelbaren Wahl in den Fällen des § 9 Abs. 1 u. 2 nicht mehr durchführen ließ, ging der Koalitionskompromiß vom Dez. 1975 statt dessen zur Anlehnung an die Amtsperiode des Aufsichtsrats über (vgl. Ausschußber., BT-Drucks. 7/4845, 12 f.). Die Vorschrift enthält **zwingendes Recht**. **2**

II. Regelmäßige Amtszeit der Wahlmänner (Abs. 1)

1. Nach Abs. 1 S. 1 werden die Wahlmänner für eine Zeit gewählt, die der Amtszeit der von ihnen zu wählenden Aufsichtsratsmitglieder entspricht. Deren **Amtsperiode** beläuft sich gem. § 102 AktG i.V.m. § 6 Abs. 2 **regelmäßig auf fünf Jahre**, sofern die Satzung keine kürzere Frist festlegt (vgl. § 6 Rdn. 28 ff.). Da die Wahlmänner die Aufsichtsratsmitglieder der Arbeitnehmer wählen sollen, kann ihre Amtszeit sich nicht genau mit deren Amtsperiode decken. Sie braucht auch nicht genau gleich lang zu sein, weil die Fristen für die Neuwahl in beiden Fällen nicht starr sind, sondern je nach den Umständen schwanken (vgl. *Fitting-Wlotzke-Wißmann,* § 13 Rdn. 8). **3**

Die **Amtsperiode** der Wahlmänner **beginnt** nicht schon mit der Wahl, sondern mit der Einleitung der Aufsichtsratswahl, d. h. **mit der Einberufung der Wahlmännerversammlung**, in der die Aufsichtsratsmitglieder der Arbeitnehmer gewählt werden sollen (arg. aus Abs. 1 S. 2; ebenso *Fitting-Wlotzke-Wißmann,* § 13 Rdn. 4). Sie **endet** gem. Abs. 1 S. 2 dementsprechend **mit der Einleitung der Neuwahl der Aufsichtsratsmitglieder** der Arbeitnehmer, d. h. mit der Einberufung der für die Neuwahl ihrerseits neu gewählten Wahlmänner zur Wahlmännerversammlung oder, wenn nunmehr Urwahl stattzufinden hat, mit der Bekanntgabe des Wahlausschreibens. Unerheblich ist der Beginn der Neuwahl der Wahlmänner, denn die alte Wahlmännerversammlung muß auch noch zur Verfügung stehen, wenn während der längere Zeit dauernden Neuwahl die Nachwahl oder Abberufung eines Aufsichtsratsmitglieds der Arbeitnehmer erforderlich wird. **4**

Wurden die Aufsichtsratsmitglieder der Arbeitnehmer gem. § 9 Abs. 1 oder 2 zunächst in Urwahl gewählt, sind **während der Amtsperiode aber die Voraussetzungen für mittelbare Wahl eingetreten,** so sind, wenn nunmehr die Nachwahl oder die Abberufung eines Aufsichtsratsmitglieds der Arbeitnehmer erforderlich wird, zunächst die Wahlmänner neu zu wählen. Da die Nachwahl jedoch nur für den Rest **5** der Amtszeit des weggefallenen Aufsichtsratsmitglieds erfolgt, ist auch die Wahlperiode der dafür gewählten Wahlmänner entsprechend befristet (*Fitting-Wlotzke-Wißmann,* § 13 Rdn. 10).

6 Sind im Fall des § 5 **Wahlmänner mit Mehrfachmandat** bestellt worden, so verschmelzen beide Mandate trotz der Verbindung in einer Person nicht und können daher zu verschiedenen Zeiten enden, z. B. wenn die Amtsperiode der Aufsichtsratsräte verschieden lang ist oder wenn einer der Gründe für die vorzeitige Beendigung nach Abs. 2–4 oder § 14 nur hinsichtlich eines Mandats eintritt (Einzelheiten bei *Fitting-Wlotzke-Wißmann,* § 13 Rdn. 14 ff.).

III. Vorzeitige Beendigung der Amtszeit sämtlicher Wahlmänner (Abs. 2 u. 3)

Vor Ablauf der regulären Wahlperiode endet die Amtszeit des Wahlmännerkollegiums in drei Fällen:

7 1. In Unternehmen mit mehr als 8000 Arbeitnehmern, in denen zuvor gemäß der gesetzlichen Vorschrift mittelbare Wahl stattgefunden hatte, **wenn die wahlberechtigten Arbeitnehmer** während der Wahlperiode gem. § 9 Abs. 1 die **unmittelbare Wahl beschließen** (§ 13 Abs. 2 Nr. 1). Maßgeblicher Zeitpunkt ist die Bekanntgabe des Wahlergebnisses (*Meilicke-Meilicke,* § 13 Rdn. 4). Nach diesem Zeitpunkt besteht das Wahlmännerkollegium daher nicht mehr. Anfallende Nachwahlen zum Aufsichtsrat oder Entscheidungen über die Abberufung von Aufsichtsratsmitgliedern der Arbeitnehmer sind von sämtlichen wahlberechtigten Arbeitnehmern gem. §§ 18, 23 Abs. 3 vorzunehmen.

8 2. **Wenn die Belegschaft** nach der Wahl der Wahlmänner auf **in der Regel weniger als 8000 Arbeitnehmer herabsinkt** und das Unternehmen daher nunmehr zu den Unternehmen gehört, in denen kraft Gesetzes (§ 9 Abs. 1) die unmittelbare Wahl stattfindet. In diesen Fällen können die Arbeitnehmer allerdings beschließen, daß die Amtszeit der Wahlmänner bis zum Ende der regulären Wahlperiode gem. Abs. 1 fortdauern soll, d. h. keine vorgezogenen Neuwahlen stattfinden (§ 13 Abs. 2 Nr. 2). Der Beschluß ist im Verfahren nach § 9 Abs. 3 zu treffen. Er bedarf demnach eines von wenigstens einem Zwanzigstel der wahlberechtigten Arbeitnehmer des Unternehmens unterzeichneten Antrags. Die Abstimmung ist geheim. Die Beschlußfähigkeit setzt eine Beteiligung von wenigstens der Hälfte der wahlberechtigten Arbeitnehmer voraus. Erforderlich ist die Mehrheit der abgegebenen Stimmen (Einzelheiten bei § 9 Rdn. 7 ff.).

9 3. In Unternehmen mit weniger als 8000 Arbeitnehmern, wenn die Arbeitnehmer sich bisher für mittelbare Wahl entschieden hatten, nunmehr aber in einem entgegengesetzten Beschluß die **Rückkehr zur**

unmittelbaren Wahl beschließen. Auch dieser Beschluß ist im Verfahren nach § 9 Abs. 3 herbeizuführen (§ 13 Abs. 3).

4. Die Amtszeit der Wahlmänner endet ferner, ohne daß dies in § 13 erwähnt wäre, **wenn das Unternehmen den Anwendungsbereich des Gesetzes verläßt,** sein Aufsichtsrat also künftig nach anderen Vorschriften zusammenzusetzen und zu wählen ist. In diesen Fällen ist allerdings das Überleitungsverfahren gem. §§ 97 ff. AktG i.V.m. § 6 Abs. 2 durchzuführen (vgl. § 6 Rdn. 8 ff.; der neue Aufsichtsrat darf erst nach dem Ende dieses Verfahrens gebildet werden, § 96 Abs. 2 AktG i.V.m. § 6 Abs. 2). Folgerichtig kann auch die Amtszeit der Wahlmänner erst zu diesem Zeitpunkt enden. Weitere Fälle ergeben sich aus den **gesellschaftsrechtlichen Vorschriften**. In Betracht kommen die Auflösung des Unternehmens (vgl. §§ 262 ff. AktG), die Verschmelzung mit einem anderen Unternehmen durch Aufnahme oder Neubildung (§§ 339 ff. AktG) sowie die Umwandlung in eine nicht mitbestimmungspflichtige Rechtsform nach dem UmwG. Schließlich führt auch die erfolgreiche **Wahlanfechtung** dazu, daß die Wahlmänner ihr Amt nicht mehr ausüben können (s. § 21 Rdn. 9). 10

IV. Vorzeitige Beendigung der Amtszeit der Wahlmänner eines Betriebes (Abs. 4)

Im Sonderfall des Abs. 4 endet die Amtszeit der Wahlmänner eines Betriebs, wenn **ein aus dem Kollegium ausscheidender Wahlmann nicht mehr ersetzt werden kann,** weil nach dem Eintreten aller Ersatzwahlmänner die Liste erschöpft ist, zu der er gehörte, und die auf den Betrieb entfallenden Wahlmänner deshalb nicht mehr die nach § 11 vorgeschriebene Zahl erreichen. Im Gegensatz zu § 25 Abs. 2 S. 2 BetrVG können nach dem ausdrücklichen Wortlaut des Gesetzes Ersatzwahlmänner von anderen Listen nicht nachrücken. Maßgeblicher Zeitpunkt für die Sollstärke der Wahlmännerversammlung ist der Zeitpunkt der Wahl; eine inzwischen eingetretene Verkleinerung oder Vergrößerung des Betriebs wird nicht berücksichtigt (ebenso *Fitting-Wlotzke-Wißmann,* § 13 Rdn. 31). 11

§ 13 Abs. 4, der § 13 Abs. 2 Nr. 2 BetrVG nachgebildet ist, erklärt sich aus den vom Gesetzgeber bei der Zusammensetzung des Wahlmännerkollegiums besonders ernst genommenen Prinzipien der Verhältniswahl und des Minderheitenschutzes. Er führt aber zu der unbefriedigenden und wohl auch unbedachten Konsequenz, daß die Wahlmänner und Ersatzwahlmänner einer Liste, d. h. auch eine Minderheit der Wahlmänner eines Betriebs, durch gemeinsame Amtsniederlegung gem. § 14 Abs. 1 Nr. 1 die vorzeitige Beendigung der Tätigkeit sämtlicher Wahlmänner des Betriebs erzwingen können 12

(*Meilicke-Meilicke,* § 13 Rdn. 7). Eine Nachwahl sieht das Gesetz nicht vor, doch entspricht sie dem Willen des Gesetzgebers, wie sich aus der Fassung des § 13 Abs. 2 RegE (BT-Drucks. 7/2172, 6) ergibt (ebenso *Fitting-Wlotzke-Wißmann,* § 13 Rdn. 33; a.A. *Meilicke-Meilicke,* a.a.O.). Mit *Fitting-Wlotzke-Wißmann* (a.a.O.) wird man aber erwägen können, die Nachwahl erst durchzuführen, wenn die Nachwahl oder die Abberufung eines Aufsichtsratsmitglieds der Arbeitnehmer ansteht.

13 Das Amt der Wahlmänner eines Betriebs endet ferner, wenn der **Betrieb aufgelöst, stillgelegt** oder an ein Unternehmen **veräußert** wird, dessen Arbeitnehmer an der Wahl zum Aufsichtsrat nicht teilnehmen. Auch die **Wahlanfechtung** kann zur Beendigung der Amtszeit führen (§ 21 Rdn. 9).

V. Streitigkeiten

14 **Streitigkeiten** über die Amtszeit der Wahlmänner und über die in § 13 genannten Abstimmungen betreffen das Wahlverfahren und gehören daher nach § 2 Abs. 1 Nr. 5 ArbGG vor die Arbeitsgerichte, die gem. § 80 ArbGG im Beschlußverfahren entscheiden. In dringenden Fällen kommt auch eine einstweilige Verfügung in Betracht (§ 85 Abs. 2 ArbGG). Ferner können Verstöße gegen § 13, z. B. die Teilnahme von Wahlmännern, deren Amtszeit vorzeitig beendet wurde, an der Aufsichtsratswahl deren Nichtigkeit oder Anfechtbarkeit begründen (vgl. § 22 Rdn. 5 ff., 18).

§ 14
Vorzeitige Beendigung der Amtszeit oder Verhinderung von Wahlmännern

(1) Die Amtszeit eines Wahlmannes endet vor dem in § 13 bezeichneten Zeitpunkt

1. durch Niederlegung des Amtes,

2. durch Beendigung der Beschäftigung des Wahlmannes in dem Betrieb, dessen Wahlmann er ist,

3. durch Verlust der Wählbarkeit.

(2) Endet die Amtszeit eines Wahlmannes vorzeitig oder ist er verhindert, so tritt an seine Stelle ein Ersatzmann. Die Ersatzmänner werden der Reihe nach aus den nicht gewählten Arbeitnehmern derjenigen Wahlvorschläge entnommen, denen die zu ersetzenden Wahlmänner angehören.

Übersicht

I. Vorbemerkungen

§ 14 regelt im Gegensatz zu § 13, der die Amtszeit sämtlicher Wahl- **1**
männer betrifft, das vorzeitige Ausscheiden und die vorübergehende Verhinderung eines einzelnen Wahlmannes. Abs. 1 nennt drei Gründe für die Beendigung des Amtes. Abs. 2 regelt die Nachfolge und im Fall der Verhinderung die Vertretung durch den auf der Wahlliste, welcher der Ausscheidende oder der Verhinderte zugehörte, nächstfolgenden Ersatzmann. Die Vorschrift ist §§ 6 Abs. 3 S. 2 u. 3 MitbestEG und 24 Abs. 1, 25 BetrVG nachgeformt und entspricht bis auf redaktionelle Änderungen dem RegE. Sie enthält wie die Mehrzahl der das Wahlverfahren betreffenden Vorschriften zwingendes Recht.

II. Beendigung der Amtszeit (Abs. 1)

1. Die Amtszeit eines Wahlmannes endet nach Abs. 1 Nr. 1 zunächst **2**
durch **Amtsniederlegung** (vgl. dazu *Natzel,* RdA 1960, 256). Diese ist jederzeit möglich, da niemand gezwungen werden kann, ein Amt gegen seinen Willen weiterzuführen. Sie erfolgt durch formlose, aber eindeutige und unbedingte Erklärung gegenüber dem Wahlvorstand und wird mit ihrem Zugang wirksam, wenn sie nicht für einen späteren Zeitpunkt ausgesprochen wird. Die Erklärung gegenüber der Betriebs- oder Unternehmensleitung genügt nicht (*Meilicke-Meilicke,* § 14 Rdn. 2). Die Erklärung kann nicht zurückgenommen oder widerrufen werden (*Fitting-Wlotzke-Wißmann,* § 14 Rdn. 6).

2. Ferner endet das Amt gem. Abs. 1 Nr. 2 durch **Beendigung der** **3**
Beschäftigung des Wahlmanns **in dem Betrieb**, dessen Wahlmann er ist. In Betracht kommen zunächst die Fälle, in denen der Wahlmann durch Tod, Fristablauf, Kündigung, Versetzung in den Ruhestand u. ä. endgültig aus dem Arbeitsverhältnis zum Unternehmen ausscheidet. Hat er **Kündigungsschutzklage** erhoben und stellt das Gericht fest, daß die Kündigung unwirksam war, so ist die Beschäftigung in dem Betrieb nicht beendet, sondern allenfalls unterbrochen. Einen besonderen, über den allgemeinen Wahlschutz gem. § 20 Abs. 1 hinausgehenden Kündi-

gungsschutz genießen die Wahlmänner nicht (vgl. § 20 Rdn. 3 ff., ferner zur vergleichbaren Lage bei den Aufsichtsratsmitgliedern der Arbeitnehmer § 26 Rdn. 5 ff.). Da das Amt des Wahlmannes betriebsbezogen ist, fällt unter Nr. 2 weiter die **Auflösung** oder **Stillegung des Betriebs**, in dem er gewählt wurde, ebenso sein **Ausscheiden aus dem Betrieb**, z. B. durch Versetzung in einen anderen Betrieb des Unternehmens. U. U. kann die Versetzung jedoch gegen § 20 Abs. 1 verstoßen (*Fitting-Wlotzke-Wißmann,* § 14 Rdn. 8). Eine kurze Unterbrechung, z. B. durch Abordnung in einen anderen Betrieb, genügt dagegen nicht. Ebenso ist der **Wechsel der Gruppenzugehörigkeit** in demselben Betrieb **unschädlich** (§ 11 Abs. 5). Die Einziehung zum Wehrdienst oder zum zivilen Ersatzdienst führt zum Ruhen und nicht zur Beendigung des Arbeitsverhältnisses (§ 1 ArbplSchG, § 78 Abs. 1 Nr. 1 ErsDiG) und hat daher nicht das Ausscheiden des Betroffenen aus dem Amt, sondern seine vorübergehende Verhinderung (Abs. 2) zur Folge (ebenso *Fitting-Wlotzke-Wißmann,* § 14 Rdn. 9). Da beim Ausscheiden aus dem Betrieb auch die Wählbarkeit entfällt (vgl. § 10 Rdn. 21), überschneidet sich Nr. 2 insoweit mit Nr. 3.

4 Wurde ein Arbeitnehmer für die Wahl gem. § 11 Abs. 3 u. 4 **einem anderen Betrieb** des Unternehmens **zugeordnet** (vgl. § 11 Rdn. 15 ff.) und dort zum Wahlmann gewählt, so wäre es sinnwidrig, wenn sein Ausscheiden aus dem Betrieb, in dem er beschäftigt ist, auch zur Beendigung des Amtes führen würde. Denn die durch Abs. 1 Nr. 2 geschützte Beziehung zu dem Betrieb, den er als Wahlmann vertritt, besteht hier nicht. Daher dauert das Amt entgegen dem Wortlaut der Vorschrift in diesem Fall fort, solange der Wahlmann in dem Unternehmen beschäftigt bleibt, auch wenn er in einen anderen Betrieb versetzt wird (ebenso *Fitting-Wlotzke-Wißmann,* § 14 Rdn. 10).

5 3. Als dritten Beendigungsgrund nennt Abs. 1 Nr. 3 weiter den **Verlust der Wählbarkeit**. Neben den schon unter Nr. 2 genannten Fällen des Ausscheidens aus dem Unternehmen oder aus dem Betrieb gehören hierher die **Veräußerung des Betriebs** an ein anderes Unternehmen, im Fall des § 5 an ein außerhalb des Konzerns oder der Konzernmitbestimmung stehendes Unternehmen (vgl. § 613 a BGB; Einzelheiten bei *Fitting-Wlotzke-Wißmann,* § 14 Rdn. 14 ff.), die Beförderung zum **Mitglied** des **Vertretungsorgans** (§ 3 Abs. 1 S. 2 i.V.m. § 5 Abs. 2 BetrVG), der **Entmündigung** sowie des **richterlichen Entzugs der Fähigkeit, öffentliche Ämter zu bekleiden** (s. § 10 Rdn. 23).

III. Eintreten von Ersatzmännern (Abs. 2)

6 1. Endet die Amtszeit eines Wahlmanns gem. Abs. 1 vorzeitig oder ist er verhindert, so tritt nach Abs. 2 ein Ersatzmann an seine Stelle. Eine **Verhinderung** liegt vor, wenn der Wahlmann aus tatsächlichen oder rechtlichen Gründen vorübergehend nicht in der Lage ist, sein Amt auszuüben. Hauptfälle sind Erholungsurlaub, Krankheit, Geschäftsreise oder sonstige dienstliche Abwesenheit, Einberufung zum Wehrdienst oder zivilen Ersatzdienst (s. Rdn. 3) u. ä. Auch solange ein Kündigungsschutzprozeß zwischen dem Wahlmann und dem Unternehmen schwebt, ist er verhindert (s. § 10 Rdn. 21). Im Zusammenhang mit § 25 BetrVG ist heftig umstritten, ob eine zur Vertretung durch einen Ersatzmann berechtigende Verhinderung schon vorliegt, wenn der Wahlmann an einer einzelnen Sitzung nicht teilnehmen kann (vgl. statt aller einerseits *Fitting-Auffarth-Kaiser,* § 25 BetrVG Rdn. 12; andererseits *Dietz-Richardi,* § 25 BetrVG Rdn. 8). Für das MitbestG wird man die Frage bejahen müssen, denn die Aufgabe eines Wahlmanns beschränkt sich im Gegensatz zur Tätigkeit als Betriebsratsmitglied auf nur wenige, im Laufe seiner Amtszeit anfallende Akte, im wesentlichen auf die einmalige Wahl der Aufsichtsratsmitglieder der Arbeitnehmer. Gerade wenn diese Amtspflichten wahrzunehmen sind, kommt es aber wegen des Gruppenproporzes und Minderheitenschutzes nach § 11 entscheidend darauf an, daß jede Stimme im Wahlmännergremium ausgeübt wird. Im Sinne des MitbestG liegt eine Verhinderung deshalb auch dann vor, wenn ein Wahlmann nur im Einzelfall kurzfristig sein Amt nicht ausüben kann.

2. **Ersatzmann ist** nach S. 2, **wer auf der Wahlliste,** zu der der aus- **7**
geschiedene Wahlmann gehört, diesem **an nächster Stelle folgt** und bei der Auszählung nicht mehr berücksichtigt werden konnte. Ist dieser Ersatzmann selbst verhindert, kommt der danach Folgende in Betracht. Wenn die Liste erschöpft ist und daher aus ihr kein Ersatzmann mehr bestellt werden kann, ist es, anders als nach § 25 Abs. 2 BetrVG, gleichwohl nicht möglich, auf eine andere Liste überzugreifen. Vielmehr endet gem. § 13 Abs. 4 die Amtszeit des ganzen in dem Betrieb gewählten Wahlmännergremiums, und es ist eine vorzeitige Neuwahl durchzuführen (s. § 13 Rdn. 11).

Im Fall des Ausscheidens eines Wahlmanns **tritt der Ersatzmann** **8**
kraft Gesetzes ohne weiteres **an dessen Stelle**. Ist der Wahlmann verhindert, nimmt er dessen Amt solange wahr, als die Verhinderung dauert, tritt also solange in alle seine Funktionen ein. Der Wahlmann selbst ist nicht berechtigt, Teile seiner Befugnisse selbst auszuüben oder an den Sitzungen der Wahlmännerversammlung teilzunehmen. Der Ersatzmann ist nicht Stellvertreter i. S. des BGB und daher nicht den Weisungen des Wahlmannes unterworfen (zu § 25 BetrVG i. E. str.; vgl. *Fitting-Auffarth-Kaiser,* § 25 BetrVG Rdn. 31 f.; *Dietz-Richardi,* § 25 BetrVG Rdn. 29 ff.).

IV. Streitigkeiten

9 Zweifel darüber, ob ein Wahlmann ausgeschieden oder ein Ersatzmann nachgerückt ist, beziehen sich auf die Wahl der Arbeitnehmervertreter im Aufsichtsrat und sind daher gem. §§ 2 Abs. 1 Nr. 5, 80 Abs. 1 ArbGG im arbeitsgerichtlichen Beschlußverfahren zu klären. Gegebenenfalls kommt auch die Anfechtung der Aufsichtsratswahl gem. § 22 in Betracht.

§ 15
Wahl der unternehmensangehörigen Aufsichtsratsmitglieder der Arbeitnehmer

(1) Die Wahlmänner wählen die Aufsichtsratsmitglieder, die nach § 7 Abs. 2 Arbeitnehmer des Unternehmens sein müssen, geheim und nach den Grundsätzen der Verhältniswahl für die Zeit, die im Gesetz oder in der Satzung (im Gesellschaftsvertrag, im Statut) für die durch das Wahlorgan der Anteilseigner zu wählenden Mitglieder des Aufsichtsrats bestimmt ist.

(2) Unter den nach Absatz 1 zu wählenden Mitgliedern des Aufsichtsrats müssen sich Arbeiter und Angestellte entsprechend ihrem zahlenmäßigen Verhältnis im Unternehmen befinden. Unter den Aufsichtsratsmitgliedern der Angestellten müssen sich in § 3 Abs. 3 Nr. 1 bezeichnete Angestellte und leitende Angestellte entsprechend ihrem zahlenmäßigen Verhältnis befinden. Dem Aufsichtsrat müssen mindestens ein Arbeiter, ein in § 3 Abs. 3 Nr. 1 bezeichneter Angestellter und ein leitender Angestellter angehören.

(3) Die Aufsichtsratsmitglieder der Arbeiter werden von den Wahlmännern der Arbeiter, die Aufsichtsratsmitglieder der Angestellten von den Wahlmännern der Angestellten gewählt. Abweichend von Satz 1 werden die Mitglieder des Aufsichtsrats in gemeinsamer Wahl gewählt, wenn die Wahlmänner der Arbeiter und die Wahlmänner der Angestellten dies in getrennten, geheimen Abstimmungen beschließen; § 10 Abs. 2 Satz 2 ist entsprechend anzuwenden.

(4) Die Wahl erfolgt auf Grund von Wahlvorschlägen. Jeder Wahlvorschlag für

1. **Aufsichtsratsmitglieder der Arbeiter muß von einem Fünftel oder 100 der wahlberechtigten Arbeiter des Unternehmens unterzeichnet sein;**
2. **Aufsichtsratsmitglieder der Angestellten, die auf die in § 3 Abs. 3 Nr. 1 bezeichneten Angestellten entfallen, muß von einem Fünftel oder 100 der wahlberechtigten Angestellten des Unternehmens unterzeichnet sein;**

3. Aufsichtsratsmitglieder der Angestellten, die auf die leitenden Angestellten entfallen, wird auf Grund von Abstimmungsvorschlägen durch Beschluß der wahlberechtigten leitenden Angestellten aufgestellt. Jeder Abstimmungsvorschlag muß von einem Zwanzigstel oder 50 der wahlberechtigten leitenden Angestellten unterzeichnet sein. Der Beschluß wird in geheimer Abstimmung mit der Mehrheit der abgegebenen Stimmen gefaßt. Soweit diese Mehrheit nicht für die in Absatz 5 Satz 3 vorgeschriebene Anzahl von Bewerbern erreicht wird, findet eine zweite Abstimmung statt, für die neue Abstimmungsvorschläge gemacht werden können. Nach der zweiten Abstimmung sind so viele Bewerber, wie nach der ersten Abstimmung an der in Absatz 5 Satz 3 vorgeschriebenen Anzahl von Bewerbern fehlen, nach der Reihenfolge der auf sie entfallenden Stimmenzahlen in den Wahlvorschlag aufzunehmen. Bei den Abstimmungen hat jeder leitende Angestellte so viele Stimmen, wie durch sie für den Wahlvorschlag nach Absatz 5 Satz 3 Bewerber zu benennen sind.

(5) Abweichend von Absatz 1 findet Mehrheitswahl statt, soweit dem Aufsichtsrat nach Absatz 2 nur ein Arbeiter, ein in § 3 Abs. 3 Nr. 1 bezeichneter Angestellter oder ein leitender Angestellter angehören muß. Außerdem findet Mehrheitswahl statt, soweit für die

1. Aufsichtsratsmitglieder der Arbeiter,

2. Aufsichtsratsmitglieder der Angestellten, die auf die in § 3 Abs. 3 Nr. 1 bezeichneten Angestellten entfallen,

3. Aufsichtsratsmitglieder der Angestellten, die auf die leitenden Angestellten entfallen,

nur ein Wahlvorschlag gemacht wird. Soweit nach Satz 2 Mehrheitswahl stattfindet, muß der Wahlvorschlag doppelt soviele Bewerber enthalten, wie Aufsichtsratsmitglieder auf die Arbeiter, die in § 3 Abs. 3 Nr. 1 bezeichneten Angestellten oder die leitenden Angestellten entfallen.

Übersicht

I. Vorbemerkungen

1 1. § 15 regelt **die Wahl der unternehmensangehörigen Aufsichtsratsmitglieder der Arbeitnehmer** durch die Wahlmännerversammlung. Für die Wahl der Gewerkschaftsvertreter gilt § 16. Beide Vorschriften sind abgesehen vom anderen Wahlkörper aber auch auf die unmittelbare Wahl anzuwenden (§ 18). Abs. 1 bindet die **Amtsperiode** der Aufsichtsratsmitglieder der Arbeitnehmer an die Amtszeit der Aufsichtsratsmitglieder der Anteilseigner. Außerdem schreibt er **geheime Wahl** und für den Regelfall **Verhältniswahl** vor. Abweichend hiervon findet nach Abs. 5 **Mehrheitswahl** statt, wenn eine Gruppe bzw. Untergruppe nur ein Aufsichtsratsmitglied zu stellen hat oder wenn für eine Gruppe bzw. Untergruppe nur ein Wahlvorschlag gemacht wurde. Im letzteren Fall muß der Wahlvorschlag nach Abs. 5 S. 3 doppelt so viele Namen enthalten als Bewerber zu wählen sind. Abs. 2 sichert den **Gruppenproporz** und den **Minderheitenschutz**. Die Gruppe der Arbeiter und die Untergruppen der nicht leitenden und der leitenden Angestellten müssen unter den unternehmensangehörigen Aufsichtsratsmitgliedern der Arbeitnehmer gemäß ihrem Anteil an der Belegschaft vertreten sein, jedoch kann jede Gruppe bzw. Untergruppe wenigstens einen Sitz beanspruchen. Nach Abs. 3 wählen die Wahlmänner der Arbeiter und der Angestellten (einschl. der leitenden Angestellten) **in getrennten Wahlgängen**, es sei denn, sie beschließen vorher die gemeinsame Wahl. Abs. 4 regelt das Quorum für die **Wahlvorschläge** und ordnet unter Nr. 3 für die **Vorschläge der leitenden Angestellten ein besonderes Verfahren** (Vorwahl) an. Die **Wahlordnungen** enthalten Ausführungsvorschriften über die Verteilung der Sitze auf die Gruppen, die Wahlvorschläge und deren Prüfung, die Vorwahl der leitenden Angestellten, die Einberufung der Wahlmännerversammlung, die Vorabstimmung über gemeinsame Wahl sowie die Einzelheiten des Wahlvorgangs (§§ 22–36, 80–99 1. WO, 24–38, 87–106 2. WO, 25–39, 88–107 3. WO).

2 2. Die Konzeption des Wahlverfahrens geht auf den Bericht der Mitbestimmungskommission (BT-Drucks. VI/334, V, 97, 111 ff.) zurück, der bereits eine Gruppenrepräsentation, das Vorschlagsrecht einer Mindestzahl von Gruppenmitgliedern sowie die Alternative zwischen Verhältnis- und Mehrheitswahl erwogen hatte. Allerdings weichen die Einzelheiten sehr erheblich von den Empfehlungen der Kommission ab. § 15 RegE enthielt zwar bereits den Gruppenproporz und den Min-

derheitenschutz, sah im übrigen aber die gemeinsame Wahl nach dem Mehrheitsprinzip vor und kannte auch die Vorwahl der leitenden Angestellten noch nicht. Er begründete seine Lösung damit, daß alle Aufsichtsratsmitglieder der Arbeitnehmer vom Vertrauen der von der Wahlmännerversammlung repräsentierten Gesamtbelegschaft getragen sein sollten (BT-Drucks. 7/2172, 24).

Während der Ausschußberatungen wurde dagegen, wie schon gegen die Konzeption der Wahlmännerwahl (s. § 10 Rdn. 2), eingewandt, die Regelung bevorzuge die stärkste Gruppe im Unternehmen, namentlich die gewerkschaftlich organisierten Arbeitnehmer, und sei deshalb undemokratisch (vgl. *Hesse, Kern, Paulsen, Schleyer* und *Rodenstock* auf dem vom Aussch. f. Arbeit u. Sozialordnung veranstalteten Hearing am 7. 11. 1974, Prot. Nr. 55, 32 ff.). Beeindruckt von dieser auch in der Öffentlichkeit vorgetragenen Kritik ging der Ausschuß auf die Verhältniswahl und auf die Trennung zwischen den Gruppen der Arbeiter und Angestellten über. Eine wesentliche Rolle spielte dabei auch, daß auf Wunsch der FDP-Fraktion der Schutz der leitenden Angestellten verbessert werden sollte. Die gesetzliche Regelung, welche dieser Gruppe das Vorschlagsrecht gewährt und dafür sorgt, daß die Wahlvorschläge von der Mehrheit der leitenden Angestellten im Unternehmen getragen werden, die Wahl jedoch den Wahlmännern sämtlicher Angestellten überläßt, bewirkt eine doppelte Legitimation dieser Aufsichtsratsmitglieder sowohl von seiten aller Angestellten wie der Untergruppe der leitenden Angestellten (vgl. Ausschußber., BT-Drucks. 7/4845, 6). **3**

Sowohl während der Ausschußberatungen (vgl. Ausschußber. a.a.O., 7) wie im Bundestagsplenum (BT-Drucks. 7/4887, 2 f.) versuchte die Fraktion der CDU/CSU, den Minderheitenschutz weiter zu verstärken, indem sie verlangte, das Quorum für die Wahlvorschläge auf ein Zwanzigstel oder 50 der Gruppenmitglieder herabzusetzen. Sie konnte sich gegenüber dem Einwand der Regierungsfraktionen, dies führe zu einer unerwünschten Stimmenzersplitterung, aber nicht durchsetzen (Ausschußber., a.a.O.; BT-Prot. der 32. Sitzung v. 18. März 1976, 16026 ff.). Aus den gleichen Gründen wurden Anträge der CDU/CSU-Fraktion abgelehnt, die Absicherung der von den leitenden Angestellten vorgeschlagenen Kandidaten in ihrer Untergruppe dadurch weiter zu verstärken, daß der Wahlvorschlag auch bei der zweiten Abstimmung der absoluten Mehrheit bedarf. **4**

3. Die Vorschriften des § 15 sind **zwingenden Rechts** und können daher weder durch unternehmensinterne Regelungen noch durch Tarifverträge und Betriebsvereinbarungen modifiziert werden. **5**

II. Verteilung der Sitze im Aufsichtsrat (Abs. 2)

6 1. Gem. § 7 Abs. 2 entfallen auf die dem Unternehmen angehörenden Arbeitnehmervertreter je nach Größe des Aufsichtsrats vier, sechs oder sieben Sitze. § 15 Abs. 2 regelt die Verteilung dieser Sitze auf die Gruppen der Arbeiter und der Angestellten sowie die Untergruppen der nicht leitenden und der leitenden Angestellten, und zwar nach einem **doppelten Schlüssel**. Grundsätzlich gilt der **Gruppenproporz**, d. h. jede Gruppe bzw. Untergruppe hat Anrecht auf soviele Sitze, wie ihrem Anteil an der gesamten Belegschaft des Unternehmens entspricht. Es kommt auf den Anteil sämtlicher, nicht nur der wahlberechtigten Arbeitnehmer an. Maßgeblicher Zeitpunkt ist die Bekanntmachung über die Einreichung der Wahlvorschläge (*Fitting-Wlotzke-Wißmann*, § 15 Rdn. 5). In den Fällen der §§ 4 u. 5 sind die Arbeitnehmer der KG bzw. der Konzernunternehmen mitzurechnen. Der Anteil ist nach dem d'Hondt'schen Verfahren zu ermitteln (§§ 22 Abs. 2, 4 1. WO, 24 Abs. 2, 4 2. WO, 25 Abs. 2, 4 3. WO; Einzelheiten s. bei § 10 Rdn. 12 f.). Dabei **untergliedert** das Gesetz das Zuteilungsverfahren weiter in zwei Abschnitte. Zunächst ist die Verteilung der Sitze zwischen den Arbeitern und Angestellten zu ermitteln, sodann die Verteilung der den Angestellten zukommenden Sitze zwischen den nicht leitenden und den leitenden Angestellten.

7 2. Der Berechnungsmodus nach dem Gruppenproporz wird nun aber gem. Abs. 2 S. 3 durch einen besonderen **Minderheitenschutz** modifiziert, wonach jeder Gruppe bzw. Untergruppe mindestens ein Sitz zukommen muß. Die Vorschrift wirkt sich zugunsten der Gruppen aus, auf welche nach dem Anteil ihrer Mitglieder an der Gesamtbelegschaft kein Sitz entfallen würde, d. h. namentlich zugunsten der leitenden Angestellten. Da der Minderheitenschutz, anders als bei der Bestellung der Wahlmänner gem. § 11 Abs. 2 S. 4, **nicht zu einer Vermehrung der Aufsichtsratssitze insgesamt** führt, vermindern sich die auf die anderen Gruppen entfallenden Sitze um dieselbe Anzahl. Ein den leitenden Angestellten nach Abs. 2 S. 3 zufallender Sitz geht wegen der Untergliederung des Zuteilungsverfahrens zunächst auf Kosten der nicht leitenden Angestellten und umgekehrt. Nur wenn auch auf die nicht leitenden Angestellten nur ein Sitz entfällt, müssen die Arbeiter einen Sitz an die leitenden Angestellten abtreten. Entfallen nach dem Gruppenproporz alle Sitze auf eine Gruppe (z. B. die Arbeiter), so hat diese Gruppe an jede der beiden anderen Gruppen bzw. Untergruppen einen Sitz abzugeben.

8 **Beispiel:** In einem Unternehmen mit 10 000 Arbeitern und 5000 Angestellten sind nach § 7 Abs. 1 Nr. 2 u. Abs. 2 Nr. 2 sechs Arbeitnehmer des Unternehmens in den Aufsichtsrat zu wählen. Davon ent-

fallen gem § 15 Abs. 2 S. 1 vier auf die Arbeiter und zwei auf die Angestellten. Sind unter den 5000 Angestellten 200 leitende Angestellte, so können diese gem. Abs. 2 S. 2 im regulären Verteilungsverfahren keinen Sitz beanspruchen. Ein Sitz würde ihnen nach dieser Vorschrift erst zustehen, wenn sie die Hälfte der Angestellten, d. h. 2500, erreichen. Wegen des Minderheitenschutzes gem. S. 3 haben sie jedoch gleichwohl Anrecht auf einen Sitz, der auf Kosten der nicht leitenden Angestellten geht. Im Ergebnis haben also die Arbeiter vier, die nicht leitenden und die leitenden Angestellten je einen Sitz zu besetzen.

Die nach Abs. 2 den Gruppen zustehenden Aufsichtsratssitze können, wie sich aus dem Gesetzeswortlaut ergibt, nur mit Mitgliedern der betr. Gruppe besetzt werden. Dabei handelt es sich um eine **zusätzliche Voraussetzung der Wählbarkeit** (vgl. § 7 Rdn. 14), deren Einhaltung grundsätzlich durch die Beschränkung der Wahlvorschläge auf Gruppenmitglieder gesichert ist (Abs. 4; s. Rdn. 20). Maßgeblicher Zeitpunkt ist der Beginn der Amtszeit, doch wird der Wahlvorstand einen Bewerber kaum zur Wahl zulassen können, wenn nicht mit an Sicherheit grenzender Wahrscheinlichkeit, z. B. durch die feste Zusage einer Beförderung, feststeht, daß er beim Amtsantritt zu der Gruppe gehören wird, für die er kandidiert (*Fitting-Wlotzke-Wißmann,* § 15 Rdn. 9). Wird ein Aufsichtsratssitz mit einem Mitglied der falschen Gruppe besetzt, ist die Wahl anfechtbar (§ 22 Rdn. 7). Ein nachträglicher Wechsel der Gruppe berührt das Mandat dagegen nicht (§ 24 Abs. 2). **9**

3. Eine **weitere Aufteilung der Aufsichtsratssitze** der Arbeitnehmer **sieht das MitbestG nicht vor**. Namentlich kennt es keine § 76 Abs. 2 S. 4 BetrVG 1952 entsprechende Vorschrift, wonach mindestens ein Arbeitnehmervertreter eine Frau sein soll, wenn das Unternehmen mehr als zur Hälfte Frauen beschäftigt. Auch der von der Rechtsprechung (BAG AP Nr. 2, 3, 10, 13, 15, 22, 23 zu § 76 BetrVG 1952) entwickelte, im Schrifttum (vgl. statt aller *Fitting-Auffarth-Kaiser,* § 76 BetrVG 1952 Rdn. 84; *Dietz-Richardi,* § 76 BetrVG 1952 Rdn. 152 ff. m.w.N.) vielfach angegriffene Grundsatz, daß in **Konzernmüttern** der erste Sitz einem Arbeitnehmer des herrschenden, der zweite einem Arbeitnehmer eines abhängigen Unternehmens zusteht, gilt für das MitbestG nicht (ebenso *Fitting-Wlotzke-Wißmann,* § 7 Rdn. 31 ff.). Der Gesetzgeber hat ihn trotz Kenntnis der Rechtslage nicht in das Gesetz übernommen. Auch systematisch paßt er nicht in den Zusammenhang des Gesetzes, da nach § 5 die Arbeitnehmer der Konzernunternehmen nicht nur bei dem herrschenden Unternehmen mitwählen, sondern als dessen Arbeitnehmer gelten, das Gesetz den Konzern also insoweit als eine Einheit versteht. Nicht zuletzt erscheint eine gesetzliche Sicherung der Repräsentanz der abhängigen Unternehmen im Aufsichtsrat des herrschenden Unternehmens weniger dringlich als **10**

in den unter § 76 BetrVG 1952 fallenden Konzernen, weil die größere Zahl der Arbeitnehmervertreter im Aufsichtsrat und die Ausgestaltung des Wahlverfahrens wahrscheinlich machen, daß ohnehin auch Arbeitnehmer aus den abhängigen Unternehmen in den Aufsichtsrat gewählt werden (anders wohl *Wiedemann-Strohn* in der Anm. zu BAG AP Nr. 22 u. 23 zu § 76 BetrVG 1952). Aus denselben Gründen haben auch die Arbeitnehmer der KG in den Fällen des § 4 kein rechtlich gesichertes Anrecht, im Aufsichtsrat der Komplementärgesellschaft vertreten zu sein (zum Ganzen vgl. auch *Wlotzke*, ZGR 1977, 373 ff.; *Duden*, ZHR 141, 151 f.).

III. Verfahrensgrundsätze (Abs. 1, 3, 5)

11 1. Nach Abs. 1 wählt die Wahlmännerversammlung die Aufsichtsratsmitglieder der Arbeitnehmer in **geheimer Wahl**. Die dazu erforderlichen Vorkehrungen sind bei § 10 Rdn. 11 dargestellt. Sie sind z. T. durch die Vorschriften der Wahlordnungen gesichert (§§ 90 Abs. 3 i.V.m. 16 1. WO, 97 Abs. 3 i.V.m. 17 2. WO, 98 Abs. 3 i.V.m. 18 3. WO).

12 2. Weiter haben nach Abs. 3 S. 1 die Wahlmänner der Arbeiter und die Wahlmänner der Angestellten (unter Einschluß der leitenden Angestellten) nach Gruppen getrennt zu wählen **(Gruppenwahl)**. Die Wahl ist technisch wie zwei getrennte Wahlgänge durchzuführen. Listenverbindungen sind unzulässig. Jeder Wahlmann ist nur in seiner Gruppe stimmberechtigt. Wird in einer Gruppe nur ein Wahlvorschlag gemacht, findet gem. Abs. 5 S. 2 Mehrheitswahl statt. Die Gruppe der Angestellten wählt in zwei getrennten Wahlgängen sowohl die den nicht leitenden wie die den leitenden Angestellten zustehenden Aufsichtsratsmitglieder der Arbeitnehmer.

13 Statt der Gruppenwahl findet **gemeinsame Wahl** statt, wenn die Wahlmänner der Arbeiter und die Wahlmänner der Angestellten dies in getrennten und geheimen Abstimmungen vorher beschließen (Abs. 3 S. 2). Ein solcher Beschluß kann nur zustande kommen, wenn es von wenigstens einem Zwanzigstel der Wahlmänner jeder Gruppe beantragt wird, wobei im Hinblick auf § 11 Abs. 1 S. 2 nicht nach Köpfen, sondern nach Stimmen zu zählen ist (*Fitting-Wlotzke-Wißmann*, § 15 Rdn. 36). Die Beschlußfähigkeit setzt eine Beteiligung von mindestens der Hälfte der Wahlmänner jeder Gruppe voraus. Ist diese Wahlbeteiligung erreicht, kommt der Beschluß mit der Mehrheit der abgegebenen Stimmen in jeder Gruppe zustande (Abs. 3 S. 2 a.E. i.V.m. § 10 Abs. 2 S. 2; Näheres s. § 10 Rdn. 16). Die Einzelheiten der Vorabstimmung sind in §§ 84–89 1. WO, 91–96 2. WO, 92–97 3. WO geregelt.

Der Beschluß über die gemeinsame Wahl hat **keinen Einfluß auf die Verteilung der Sitze** im Aufsichtsrat und die Trennung der Vorschlagslisten nach den Gruppen bzw. Untergruppen gem. Abs. 4. Listenverbindungen bleiben unzulässig. Der einzige Unterschied zur Gruppenwahl liegt darin, daß alle unternehmensangehörigen Aufsichtsratsmitglieder der Arbeitnehmer von allen Wahlmännern, wenngleich in drei formell getrennten Wahlgängen zu wählen sind. Die Vertreter der Gewerkschaften im Aufsichtsrat werden nach § 16 Abs. 1 stets in gemeinsamer Wahl gewählt. **14**

3. Unabhängig davon, ob Gruppenwahl oder gemeinsame Wahl stattfindet, ist die Wahl gem. Abs. 1 als **Verhältniswahl** durchzuführen. Danach sind die für die Wahl vorgeschlagenen Bewerber in Listen zusammenzufassen (§§ 24 Abs. 6 1. WO, 26 Abs. 6 2. WO, 27 Abs. 6 3. WO). Die Wahlmänner sind an diese Liste gebunden und können weder die Reihenfolge ändern noch einzelne Namen hinzufügen oder herausstreichen (§§ 90 Abs. 2 u. 3 1. WO, 97 Abs. 2 u. 3 2. WO, 98 Abs. 2 u. 3 3. WO). Hat ein Wahlmann mehrere Stimmen (§ 11 Abs. 1 S. 2). so erhält er ebenso viele Stimmzettel und gibt die Stimmen getrennt ab (§§ 90 Abs. 1 S. 3 1. WO, 97 Abs. 1 S. 3 2. WO, 98 Abs. 1 S. 3 3. WO). Das Wahlergebnis wird nach dem d'Hondt'schen Höchstzahlverfahren ermittelt (§§ 92 1. WO, 99 2. WO, 100 3. WO; s. § 10 Rdn. 12 ff.). Entfällt die niedrigste in Betracht kommende Höchstzahl zugleich auf mehrere Vorschlagslisten, so entscheidet das Los. Enthält ein Wahlvorschlag weniger Bewerber als Höchstzahlen auf ihn entfallen, so gehen die überzähligen Sitze auf die folgenden Höchstzahlen der anderen Wahlvorschläge desselben Wahlgangs, d. h. derselben Gruppe über (§§ 92 Abs. 2 1. WO, 99 Abs. 2 2. WO, 100 Abs. 2 3. WO). **15**

Beispiel: In einem Unternehmen wurden in der Gruppe der Arbeiter 40 Wahlmänner mit 4 Stimmen, 20 Wahlmänner mit 2 Stimmen und 40 Wahlmänner mit 1 Stimme gewählt. Insgesamt haben die Wahlmänner 240 Stimmen. Auf die Arbeiter entfallen 4 Aufsichtsratssitze. Es wurden drei Vorschlagslisten A, B und C eingereicht. Bei der Auszählung entfallen auf Liste A 160 Stimmen, Liste B 60 Stimmen, Liste C 20 Stimmen. Die Berechnung sieht wie folgt aus: **16**

A	B	C
160 : 1 = **160**	60 : 1 = **60**	20 : 1 = 20
160 : 2 = **80**	60 : 2 = 30	
160 : 3 = **53 1/3**		
160 : 4 = 40		

Gewählt sind die drei ersten auf Liste A und der erste auf Liste B genannten Bewerber.

17 Anstelle der Verhältniswahl findet gem. Abs. 5 in zwei Fällen **Mehrheitswahl** (Personenwahl) statt, nämlich **wenn einer Gruppe nur ein Sitz im Aufsichtsrat zusteht** oder **wenn für eine Gruppe nur ein Wahlvorschlag eingereicht wurde.** Hierbei sind die nicht leitenden und die leitenden Angestellten als zwei verschiedene (Unter-)Gruppen zu berücksichtigen. Im ersten Fall wäre eine Verhältniswahl nicht mehr sinnvoll, weil eine Verteilung der Sitze zwischen mehreren Listen nicht in Betracht kommt, wenn nur ein Sitz zu besetzen ist und sich das Interesse daher mit Notwendigkeit auf die Person des zu Wählenden konzentriert. Im zweiten Fall ermöglicht nur der Übergang zum Mehrheitsprinzip überhaupt eine Wahl, da bei einem Festhalten an der Liste für die Wahlmänner keine Alternative mehr bestehen würde. Um sicherzustellen, daß die Auswahlmöglichkeit nicht durch die Gestaltung der Liste beseitigt werden kann, schreibt Abs. 5 S. 3 zwingend vor, daß die Liste in diesem Fall **doppelt soviele Namen aufweisen muß als Sitze einer Gruppe zu besetzen** sind. Ist der Vorschrift nicht genügt, hat der Wahlvorstand die Liste als ungültig zurückzuweisen (§§ 33 Abs. 1 Nr. 3 1. WO, 35 Abs. 1 Nr. 3 2. WO, 36 Abs. 1 Nr. 3 3. WO). Eine gleichwohl durchgeführte Wahl ist anfechtbar. Die Mehrheitswahl findet nur in der Gruppe bzw. Untergruppe statt, für die nur ein Wahlvorschlag gemacht wurde. Ist dies z. B. bei den leitenden Angestellten, nicht aber bei den nicht leitenden Angestellten der Fall, so haben die Wahlmänner der Angestellten die Vertreter der nicht leitenden Angestellten nach den Regeln der Verhältniswahl und den/die Vertreter der leitenden Angestellten im Verfahren der Mehrheitswahl zu bestellen. Genauso ist bei gemeinsamer Wahl zu differenzieren.

18 Bei der **Mehrheitswahl** haben die Wähler unter den vorgeschlagenen Bewerbern zu wählen, ohne an bestimmte Listen, die darin aufgeführten Personen oder deren Reihenfolge gebunden zu sein. Alle Kandidaten sind auf den Stimmzetteln aufzuführen, und zwar, wenn nur ein Sitz zu besetzen ist, aber mehrere Wahlvorschläge eingereicht wurden, in alphabetischer Reihenfolge, sonst in der Reihenfolge der Wahlvorschläge (§§ 93 Abs. 2, 96 Abs. 2 1. WO, 100 Abs. 2, 103 Abs. 2 2. WO, 101 Abs. 2, 104 Abs. 2 3. WO). Jedem Wahlmann stehen, vorbehaltlich des § 11 Abs. 1 S. 2, so viele Stimmen zu, wie Sitze zu vergeben sind, d. h. im Fall des S. 1 eine, im Fall des S. 2 ggfs. mehrere (§§ 93 Abs. 3, 96 Abs. 3 1. WO, 100 Abs. 3, 103 Abs. 3 2. WO, 101 Abs. 3, 104 Abs. 3 3. WO). Gewählt ist, wer die meisten Stimmen auf sich vereinigt. Bei mehreren Sitzen bestimmt sich die Reihenfolge nach der auf die Kandidaten entfallenden Zahl der Stimmen. Absolute Mehrheit ist nicht erforderlich. Bei Stimmengleichheit entscheidet das Los (§§ 95 1. WO, 102 2. WO, 103 3. WO).

4. Das Gesetz erwähnt die weiteren Grundsätze der Wahlfreiheit, der Allgemeinheit der Wahl und der Wahlgleichheit nicht. Doch ergibt sich die **Wahlfreiheit** aus § 20 Abs. 1 u. 2, wonach auch die Wahlmänner bei der Ausübung ihres Stimmrechts nicht behindert, beschränkt oder sonst beeinflußt werden dürfen (s. § 20 Rdn. 2). Die **Allgemeinheit der Wahl**, d. h. das unentziehbare Recht aller Wahlmänner, an der Wahl teilzunehmen, folgt aus dem Zusammenhang des Gesetzes. Dasselbe gilt für die **Wahlgleichheit**, die allerdings durch das Reduzierungsverfahren nach § 11 Abs. 1 S. 2 modifiziert ist, das einem Wahlmann bis zu vier Stimmen gewährt. Doch ist gerade auch diese Häufung der Stimmen Ausdruck des Gleichheitsprinzips, da die durch sie bevorzugten Wahlmänner eine entsprechend höhere Anzahl von Arbeitnehmern vertreten. **19**

VI. Wahlvorschläge (Abs. 4)

1. Die **Wahlvorschläge** für die unternehmensangehörigen Aufsichtsratsmitglieder der Arbeitnehmer sind nach Abs. 4 **an die Gruppen bzw. Untergruppen** der Arbeiter, nicht leitenden und leitenden Angestellten **gebunden**. Wahlvorschläge für die den Arbeitern zustehenden Aufsichtsratssitze können nur die wahlberechtigten (§ 10 Rdn. 18 f.) Arbeiter des Unternehmens und für die nicht leitenden Angestellten nur die wahlberechtigten nicht leitenden Angestellten machen, Abstimmungsvorschläge für die leitenden Angestellten nur die wahlberechtigten Mitglieder dieser Untergruppe. Andere Personen sind ausgeschlossen, desgleichen die Unternehmensorgane, Betriebsräte und Gewerkschaften. Auch dem Wahlvorstand und der Wahlmännerversammlung steht kein Vorschlagsrecht zu, doch können deren Mitglieder sich in ihrer Eigenschaft als Arbeitnehmer an Wahlvorschlägen beteiligen (ebenso *Fitting-Wlotzke-Wißmann*, § 15 Rdn. 11). Dagegen ist das Vorschlagsrecht hier im Gegensatz zu § 12 nicht an die Zugehörigkeit zu einem Betrieb gebunden, d. h. es können sich Arbeitnehmer einer Gruppe zusammentun, die verschiedenen Betrieben des Unternehmens angehören. Ein **wirksamer Wahlvorschlag setzt** bei den Arbeitern und den nicht leitenden Angestellten die **Unterschrift von einem Fünftel oder mindestens Hundert der wahlberechtigten Gruppenangehörigen voraus** (Abs. 4 Nr. 1 u. 2). Bei den leitenden Angestellten kommt er in der besonders geregelten Vorwahl nach Abs. 4 Nr. 3 zustande (s. u. Rdn. 26 ff.). **20**

Die **Zahl** der auf einem Wahlvorschlag aufzuführenden Bewerber ist grundsätzlich **weder nach unten noch nach oben begrenzt**. Enthält ein Vorschlag weniger Namen als Mandate auf die Liste entfallen, kann der Wahlerfolg nicht ausgeschöpft werden, das zusätzliche Mandat fällt der Liste mit der nächsten Höchstzahl zu (s. Rdn. 15). Nur in den beiden **21**

Fällen, in denen nach Abs. 5 Mehrheitswahl stattfindet, d. h. wenn eine Gruppe nur einen Sitz zu besetzen hat oder wenn nur ein Wahlvorschlag eingereicht wird, muß der Vorschlag **doppelt so viele Bewerber** aufführen als Mandate zu vergeben sind (s. Rdn. 17).

22 Vorgeschlagen werden kann **nur, wer wählbar ist** (§ 7 Abs. 3, s. §§ 7 Rdn. 8 ff., 15 Rdn. 9). Auch Wahlmänner können kandidieren (ebenso *Fitting-Wlotzke-Wißmann,* § 15 Rdn. 15). Dagegen brauchen die Vorgeschlagenen, im Gegensatz zur Wahl der Wahlmänner (§ 10 Abs. 4) nicht demselben Betrieb des Unternehmens angehören. Die Vorschläge sind nur gültig, wenn ihnen die **schriftliche Zustimmung der Bewerber** zur Aufnahme in den Wahlvorschlag und ihre schriftliche Versicherung beigefügt sind, daß sie im Fall ihrer Wahl die Wahl annehmen werden (§§ 24 Abs. 6, 33 Abs. 2 Nr. 2 1. WO, 26 Abs. 6, 35 Abs. 2 Nr. 2 2. WO, 27 Abs. 6, 36 Abs. 2 Nr. 2 3. WO). **Jeder Bewerber kann nur auf einer Liste vorgeschlagen werden.** Ist sein Name mit seiner Zustimmung auf mehreren Listen genannt, so hat er auf Aufforderung des Wahlvorstands vor Ablauf von drei Arbeitstagen zu erklären, welche Bewerbung er aufrechterhält. Andernfalls ist sein Name von sämtlichen Wahlvorschlägen zu streichen (§§ 24 Abs. 9 1. WO, 26 Abs. 9 2. WO, 27 Abs. 9 3. WO).

23 Die Wahlvorschläge sind **schriftlich**, d. h. mit der erforderlichen Anzahl von Unterschriften, beim Betriebswahlvorstand, in Unternehmen mit mehreren Betrieben beim Unternehmenswahlvorstand, in Konzernen beim Hauptwahlvorstand einzureichen (§§ 24 Abs. 3 1. WO, 26 Abs. 3 2. WO, 27 Abs. 3 3. WO). Die Bewerber sind in erkennbarer **Reihenfolge** unter fortlaufender Nummer und unter Angabe von Familienname, Vorname, Geburtsdatum und Art der Beschäftigung aufzuführen. Für jeden Vorschlag soll einer der Unterzeichneten als **Vorschlagsvertreter** bezeichnet werden, der berechtigt und verpflichtet ist, dem Wahlvorstand die zur Beseitigung von Beanstandungen erforderlichen Erklärungen abzugeben, sowie Erklärungen und Entscheidungen des Wahlvorstands entgegenzunehmen. Ist niemand als Vorschlagsvertreter benannt, so wird der an erster Stelle Unterzeichnete als solcher angesehen (§§ 24 Abs. 7 1. WO, 26 Abs. 7 2. WO, 27 Abs. 7 3. WO). **Jeder Wahlberechtigte darf nur einen Wahlvorschlag unterzeichnen.** Hat er mehrere Vorschläge unterschrieben, wird nach §§ 24 Abs. 8 1. WO, 26 Abs. 8 2. WO, 27 Abs. 8 3. WO ermittelt, welche Unterschrift gilt. In jedem Wahlvorschlag kann zusammen mit jedem Bewerber ein **Ersatzmitglied** vorgeschlagen werden (s. § 17 Rdn. 2 f.). Zur Frage der **Stellvertretung** vgl. § 12 Rdn. 4.

24 Die **Frist für die Einreichung der Wahlvorschläge** beträgt in Unternehmen mit nur einem Betrieb sechs, in Unternehmen mit mehreren Betrieben acht, in Konzernen zehn Wochen, berechnet von der

Bekanntmachung über die Einreichung von Wahlvorschlägen (§§ 24 Abs. 3 1. WO, 26 Abs. 3 2. WO, 27 Abs. 3 3. WO). Bei Unternehmen mit Seebetrieben verlängert sie sich gem. §§ 119 Abs. 2 2. WO, 120 Abs. 2 3. WO auf 15 bzw. 17 Wochen. Die eingegangenen Wahlvorschläge sind vom zuständigen **Wahlvorstand zu prüfen** (§§ 32 1. WO, 34 2. WO, 35 3. WO). Wahlvorschläge, die nicht fristgerecht eingereicht wurden, in denen die Bewerber nicht in erkennbarer Reihenfolge aufgeführt sind, die nicht die erforderliche Mindestzahl von Antragstellern und, in den Fällen der §§ 15 Abs. 5, 16 Abs. 2 S. 3, Bewerbern aufweisen, sind gem. §§ 33 Abs. 1 1. WO, 35 Abs. 1 2. WO, 36 Abs. 1 3. WO **ungültig.** Liegt einer der in §§ 33 Abs. 2 1. WO, 35 Abs. 2 2. WO, 36 Abs. 2 3. WO genannten Mängel vor, so ist der Wahlvorschlag ungültig, sofern der zuständige Wahlvorstand ihn beanstandet hat und der Mangel nicht innerhalb von drei Arbeitstagen seit der Beanstandung beseitigt wird. Die eingegangenen Wahlvorschläge sind vom Wahlvorstand nach Maßgabe der §§ 35 1. WO, 37 2. WO, 38 3. WO **bekanntzumachen.**

Ist nach Fristablauf kein gültiger Wahlvorschlag eingereicht, so hat der zuständige Wahlvorstand eine **Nachfrist** von einer Woche zu setzen. Wird auch dann kein Wahlvorschlag eingereicht, findet der Wahlgang nicht statt (§§ 34 1. WO, 36 2. WO, 37 3. WO). Statt dessen ist zu versuchen, den vakanten Aufsichtsratssitz durch **gerichtliche Ersatzbestellung** gem. §§ 104 AktG i.V.m. 6 Abs. 2 (vgl. § 6 Rdn. 39) mit einem Vertreter der betreffenden Gruppe zu besetzen (ebenso *Fitting-Wlotzke-Wißmann,* § 15 Rdn. 31). Nur wenn auch dies nicht gelingt, z. B. weil sich kein Mitglied der Gruppe bereitfindet, das Amt zu übernehmen, kann daran gedacht werden, **den vakanten Sitz nunmehr einer der anderen Gruppen zuzuweisen.** Die Zulässigkeit einer solchen Lösung kann allerdings zweifelhaft sein. Sie hängt davon ab, ob man in einem derartigen Fall der Zuweisung der Aufsichtsratssitze an die Gruppen oder dem Bedürfnis nach möglichst vollständiger Besetzung des Aufsichtsrats den Vorrang einräumt. Angesichts des Paritätsprinzips und des damit verbundenen Interesses der Arbeitnehmer, nicht durch den Boykott einer Gruppe daran gehindert zu werden, die Parität zu erreichen, wird man letzteres anzunehmen haben (so *Fitting-Wlotzke-Wißmann,* § 15 Rdn. 31). Danach fällt der vakante Sitz, wenn auch die gerichtliche Ersatzbestellung fehlschlägt, derjenigen der anderen Gruppen bzw. Untergruppen zu, die ihn besetzen könnte, wenn die Verteilung der Sitze nach Abs. 2 ohne die ausfallende Gruppe vorzunehmen wäre (*Wlotzke,* ZGR 1977, 378 ff.). **25**

2. Eine Sonderregelung gilt gem. Abs. 4 Nr. 3 für die **Wahlvorschläge der leitenden Angestellten.** Hier genügt es nicht, daß eine bestimmte Mindestanzahl einen Wahlvorschlag schriftlich einreicht, vielmehr muß in einer **Vorwahl** über jeden Vorschlag von der gesamten **26**

Untergruppe abgestimmt werden. Die Vorschrift, die erst im Zuge der Ausschußberatungen eingefügt wurde, verfolgt die Absicht, den Aufsichtsratsmitgliedern der leitenden Angestellten, die gem. Abs. 3 von sämtlichen Wahlmännern der Angestellten oder, bei gemeinsamer Wahl, von sämtlichen Wahlmännern gewählt werden, eine Legitimation auch von seiten der Mehrheit der leitenden Angestellten zu gewähren. In aller Regel wird die Vorwahl von selbst zu **nur einem Wahlvorschlag** führen, der nach Abs. 5 S. 3 zwei Namen enthalten muß. Darüber hinaus ist das Gesetz aber so zu verstehen, daß es nur einen Wahlvorschlag zuläßt, denn nach Abs. 4 Nr. 3 S. 5 hat jeder leitende Angestellte nur so viele Stimmen, als Bewerber zu benennen sind. Da die Wahl der Bewerber die absolute Mehrheit voraussetzt, ist es nicht möglich, mehrere Listen zu verabschieden (ebenso *Fitting-Wlotzke-Wißmann,* § 15 Rdn. 24; a.A. *Matthes,* BlStSozArbR 1976, 189).

27 Zunächst sind, wie bei den Arbeitern und den regulären Angestellten, **Vorschläge** einzureichen, die aber, anders als bei diesen Gruppen, nur von einem Zwanzigstel oder 50 der wahlberechtigten leitenden Angestellten unterzeichnet sein müssen (Abs. 4 Nr. 3 S. 2; Einzelheiten s. §§ 28 1. WO, 30 2. WO, 31 3. WO). Über die eingereichten Vorschläge findet sodann eine **Abstimmung** statt. Sie muß **geheim** sein (vgl. § 10 Rdn. 11). Es gilt das Mehrheitsprinzip, und zwar ist **absolute Mehrheit** erforderlich, d. h. als Kandidat der leitenden Angestellten kann nur präsentiert werden, wer die Mehrheit der abgegebenen Stimmen auf sich vereinigt. Jeder wahlberechtigte leitende Angestellte hat **so viele Stimmen, wie Bewerber zu benennen** sind (S. 6), d. h. im Regelfall zwei (Abs. 5 S. 3). Trotzdem berechnet sich die Stimmenmehrheit nach der Zahl der an der Abstimmung teilnehmenden Personen, nicht nach der Zahl der abgegebenen Stimmen (Berechnungsart in §§ 29 Abs. 6 S. 1 1. WO, 31 Abs. 7 S. 1 2. WO, 32 Abs. 7 S. 1 3. WO). Hat jeder Wähler zwei Stimmen, so kann diese Mehrheit rechnerisch von drei Bewerbern gleichzeitig erreicht werden. Nach den Wahlordnungen (§§ 29 Abs. 6 S. 2 1. WO, 31 Abs. 7 S. 2 2. WO, 32 Abs. 7 S. 2 3. WO) und *Fitting-Wlotzke-Wißmann* (§ 15 Rdn. 27) sind in diesem Fall die beiden Bewerber mit den meisten Stimmen gewählt. Der Absicht des Gesetzgebers, der Wahlmännerversammlung eine möglichst breite Auswahl von Kandidaten zu präsentieren, entspricht es jedoch besser, alle drei Bewerber in den Wahlvorschlag der leitenden Angestellten aufzunehmen. Erreicht umgekehrt nicht die erforderliche Zahl von Bewerbern die absolute Mehrheit, so ist nach S. 4 eine **zweite Vorwahl** durchzuführen, in der die noch fehlenden Kandidaten bestimmt werden. Hierfür können **neue Vorschläge** gemacht werden. In der zweiten Abstimmung gilt abweichend von der ersten die **relative Mehrheit**, d. h. gewählt sind nach der Reihenfolge der auf sie entfallenden Stimmen so

viele Bewerber, wie noch benötigt werden (S. 5). Weitere **Ausführungsvorschriften** für die Vorwahl finden sich in §§ 27–31 1. WO, 29–33 2. WO, 30–34 3. WO.

Beispiel: Sind 600 leitende Angestellte wahlberechtigt und ein Aufsichtsratssitz zu besetzen, so hat die Gruppe nach § 15 Abs. 5 S. 3 zwei Bewerber zu benennen. Jeder wahlberechtigte Angestellte hat zwei Stimmen, insgesamt sind 1200 Stimmen abzugeben. Entfallen auf die Bewerber A, B und C je 400 Stimmen, so sind sie nach der hier vertretenen Lösung alle drei in den Wahlvorschlag der leitenden Angestellten aufzunehmen. Entfallen auf A 600, auf B und C je 250 und auf einen weiteren Kandidaten D 100 Stimmen, so ist zwischen B und C nach S. 4 eine Stichwahl durchzuführen; zum zweiten Bewerber neben A ist zu benennen, wer in dieser Stichwahl die meisten Stimmen erhält. **28**

V. Wahlvorgang

In ihren einzelnen Schritten ist die Wahl der Aufsichtsratsmitglieder der Arbeitnehmer in den **Wahlordnungen** (s. Anhang) geregelt. Sie findet in einer **Wahlmännerversammlung** statt, die vom Betriebswahlvorstand, in Unternehmen mit mehreren Betrieben vom Unternehmenswahlvorstand und in Konzernen vom Hauptwahlvorstand geleitet wird (§§ 80 Abs. 1 1. WO, 87 Abs. 1 2. WO, 88 Abs. 1 3. WO). Sie soll spätestens vier Wochen nach der Wahl der Wahlmänner stattfinden (§ 80 Abs. 2 1. WO), in Unternehmen mit mehreren Betrieben und in Konzernen spätestens vier Wochen nach dem in §§ 87 Abs. 2 2. WO bzw. 88 Abs. 2 3. WO genannten Zeitpunkt. Der zuständige Wahlvorstand hat ferner eine nach Wahlmännern der Arbeiter und der Angestellten getrennte **Wahlmännerliste** aufzustellen, gegen deren Richtigkeit bis zum Beginn der Stimmabgabe Einspruch eingelegt werden kann (§§ 81 f. 1. WO, 88 f. 2. WO, 89 f. 3. WO). Die Wahl selbst wird durch eine **Mitteilung** des Wahlvorstands **an alle Wahlmänner** eingeleitet, die schriftlich gegen Empfangsbekenntnis oder durch eingeschriebenen Brief erfolgt. Sie muß spätestens drei Wochen vor dem Tag der Wahlmännerversammlung verschickt werden und den in §§ 83 Abs. 1 1. WO, 90 Abs. 1 2. WO, 91 Abs. 1 3. WO aufgeführten Inhalt haben. In der Wahlmännerversammlung ist, **falls dies beantragt** wurde, zunächst über die **gemeinsame Wahl** abzustimmen (§ 15 Abs. 3, Einzelheiten in §§ 84–89 1. WO, 91–96 2. WO, 92–97 3. WO). **29**

Der **Vorgang der Wahl** selbst richtet sich danach, ob Verhältniswahl stattfindet oder nicht (§§ 90, 93, 96 1. WO, 97, 100, 103 2. WO, 98–101, 104 3. WO, vgl. Rdn. 15, 18). **Briefwahl ist unzulässig.** Ist ein Wahlmann an der Teilnahme verhindert, so nimmt der **Ersatzmann** **30** statt seiner an der Abstimmung teil (§ 14 Abs. 2). Die Wahl ist **geheim**. Unverzüglich nach Abschluß der Stimmabgabe hat der Wahlvorstand die **Stimmen öffentlich auszuzählen,** die Gewählten zu ermitteln und das Wahlergebnis in der Wahlmännerversammlung bekanntzugeben, ferner für die Bekanntgabe in den Betrieben des Unternehmens zu sorgen (§§ 91 f., 94 f. 1. WO, 98 f., 101 f. 2. WO, 99 f., 102 f. 3. WO). Außerdem sind eine **Wahlniederschrift** mit dem in §§ 97 1. WO, 104 2. WO, 105 3. WO vorgeschriebenen Inhalt anzufertigen und die Gewählten, das Unternehmen und die Gewerkschaften, die gültige Wahlvorschläge eingereicht haben, zu unterrichten (§§ 98 1. WO, 105 2. WO, 106 3. WO). Die **Wahlakten** sind dem Unternehmen zu übergeben und von diesem mindestens fünf Jahre aufzubewahren (§§ 99 1. WO, 106 2. WO, 107 3. WO).

VI. Amtsdauer (Abs. 1)

31 Die Aufsichtsratsmitglieder der Arbeitnehmer werden nach Abs. 1 für die **gleiche Amtszeit** gewählt **wie die Aufsichtsratsmitglieder der Anteilseigner.** Die Amtsperiode endet daher gem. § 102 Abs. 1 AktG i.V.m. § 6 Abs. 2 spätestens mit Beendigung der Anteilseignerversammlung, die über die Entlastung für das vierte Geschäftsjahr nach dem Beginn der Amtszeit beschließt, das Geschäftsjahr, in dem die Amtszeit beginnt, nicht mitgerechnet. Sie dauert also im Regelfall **höchstens fünf Jahre**, kann aber durch die Satzung oder die Anteilseignerversammlung auf eine kürzere Frist reduziert werden (vgl. § 6 Rdn. 29). Die Satzung kann aber nicht für die Aufsichtsratsmitglieder der Arbeitnehmer eine andere Amtsperiode festlegen als für die Aufsichtsratsmitglieder der Anteilseigner. Die Koppelung der Amtsdauer an die gesellschaftsrechtlichen Vorschriften besagt nicht, daß die Arbeitnehmervertreter im Aufsichtsrat zu demselben Zeitpunkt oder in demselben Jahr bestellt werden müßten als die Aufsichtsratsmitglieder der Anteilseigner. Ist dies nicht der Fall, endet die Amtsperiode nach Ablauf der Fristen auch zu verschiedenen Zeiten (vgl. *Fitting-Wlotzke-Wißmann,* § 15 Rdn. 57). Das gilt namentlich dann, wenn die Amtszeit der Aufsichtsratsmitglieder der Anteilseigner verschieden lang ist oder im Turnus wechselt. Trotz der Bindung der Amtsdauer an die Satzung kann für die Aufsichtsratsmitglieder der Arbeitnehmer weder eine unterschiedliche Amtszeit noch das **turnusgemäße Ausscheiden** vorgeschrieben werden, da dies dem Wahlverfahren, namentlich dem Prinzip der Verhältniswahl widersprechen würde (vgl. § 6 Rdn. 29).

Für die **vorzeitige Beendigung** der Amtszeit gelten § 23 sowie die aktienrechtlichen Vorschriften (§ 102 f. AktG i.V.m. § 6 Abs. 2; vgl. § 6 Rdn. 31 ff.).

VII. Streitigkeiten

Streitigkeiten, die sich aus der Anwendung der das Wahlverfahren betreffenden Vorschriften des § 15 ergeben, fallen gem. § 2 Abs. 1 Nr. 5 ArbGG n.F. in die Zuständigkeit der Arbeitsgerichte, die im Beschlußverfahren gem. § 80 Abs. 1 ArbGG entscheiden. Dagegen unterliegen Streitigkeiten über die Amtszeit der Aufsichtsratsmitglieder der ordentlichen Gerichtsbarkeit (*Fitting-Wlotzke-Wißmann,* § 15 Rdn. 68; zu § 76 BetrVG 1952 BGH AP Nr. 12 zu § 76 BetrVG 1952). **32**

§ 16
Wahl der Vertreter der Gewerkschaften in den Aufsichtsrat

(1) Die Wahlmänner wählen die Aufsichtsratsmitglieder, die nach § 7 Abs. 2 Vertreter von Gewerkschaften sind, in gemeinsamer Wahl, geheim und nach den Grundsätzen der Verhältniswahl für die in § 15 Abs. 1 bestimmte Zeit.

(2) Die Wahl erfolgt auf Grund von Wahlvorschlägen der Gewerkschaften, die in dem Unternehmen selbst oder in einem anderen Unternehmen vertreten sind, dessen Arbeitnehmer nach diesem Gesetz an der Wahl von Aufsichtsratsmitgliedern des Unternehmens teilnehmen. Wird nur ein Wahlvorschlag gemacht, so findet abweichend von Satz 1 Mehrheitswahl statt. In diesem Falle muß der Wahlvorschlag mindestens doppelt so viele Bewerber enthalten, wie Vertreter von Gewerkschaften in den Aufsichtsrat zu wählen sind.

Übersicht

I. Vorbemerkungen

§ 16 regelt die **Wahl der Gewerkschaftsvertreter** im Aufsichtsrat in den Fällen, in denen das Wahlmännerverfahren stattfindet. Bei unmittelbarer Wahl gilt er nach der Verweisung des § 18 S. 2 entsprechend. Die Vorschrift weicht sachlich nur in zwei Punkten von § 15 ab: Abs. 1 bestimmt, daß die Gewerkschaftsvertreter stets in **gemeinsamer Wahl** von sämtlichen Wahlmännern, also nicht nach Gruppen getrennt, bestellt werden. Das entspricht der Sachlage, da sie nicht Repräsentanten einzelner Gruppen, sondern vom Vertrauen der ganzen Belegschaft getragen sein sollen. Abs. 2 gewährt den in dem Unternehmen, in den Fällen des §§ 4 u. 5 auch den in der KG bzw. in den Konzernunterneh- **1** men vertretenen **Gewerkschaften** das **Vorschlagsmonopol**. Die Vorschrift wiederholt inhaltlich zugleich die schon in § 9 zum Ausdruck gekommene Entscheidung des Gesetzgebers, den Gewerkschaften nur Vorschlags- und keine Entsendungsrechte zu gewähren (vgl. § 9 Rdn. 2). Sie stimmt, abgesehen vom Übergang zur Verhältniswahl, die infolge der Änderung des § 15 während der Ausschußberatungen erforderlich wurde (vgl. § 15 Rdn. 3), inhaltlich mit dem RegE überein. Die Versuche des DGB, das Entsendungsrecht der Gewerkschaften auch während der Ausschußberatungen noch zu retten (vgl. *Vitt* auf dem Anhörungsverfahren am 7. 11. 1974, Prot. Nr. 55, 31 f.), blieben ohne Erfolg. Auf der anderen Seite konnte auch der Antrag der CDU/CSU-Fraktion, neben den Gewerkschaften auch den Betriebsräten oder jeweils 50 Arbeitnehmern des Unternehmens Vorschlagsrechte für die unternehmensexternen Arbeitnehmervertreter im Aufsichtsrat einzuräumen und die Gewerkschaften auf diese Weise weiter zu schwächen (vgl. BT-Drucks. 7/4887, 3 f.), sich weder im Ausschuß (vgl. Ausschußber., BT-Drucks. 7/4845, 7) noch im Plenum (Prot. der 230. Sitzung vom 18. 3. 1976, 16030) durchzusetzen. **Ausführungsvorschriften** sind in §§ 25, 80 ff. 1. WO, 27, 87 ff. 2. WO, 28, 88 ff. 3. WO enthalten.

II. Wahlverfahren

2 1. Gem. Abs. 1 wählen die Wahlmänner die von den Gewerkschaften vorgeschlagenen Aufsichtsratsmitglieder der Arbeitnehmer grundsätzlich **nach denselben Prinzipien** wie die dem Unternehmen angehörenden Arbeitnehmervertreter. Zum Erfordernis der **geheimen Wahl** kann daher auf §§ 15 Rdn. 11 und 10 Rdn. 11 verwiesen werden. Da die Gewerkschaftsvertreter stets 2 oder 3 Sitze zu besetzen haben (§ 7 Abs. 2), findet **Mehrheitswahl** nur statt, wenn nur eine Vorschlagsliste eingereicht wurde (Abs. 2 S. 2). In diesem Fall muß der Wahlvorschlag wie bei § 15 Abs. 5 S. 3 mindestens doppelt soviele Bewerber benennen als Gewerkschaftsvertreter zu wählen sind, damit die Wahlmänner eine echte Auswahl haben (vgl. § 15 Rdn. 17). Es können auch mehr benannt werden. Eine Abweichung vom Verfahren nach § 15 besteht nur insofern, als die Gewerkschaftsvertreter stets in **gemeinsamer Wahl** gewählt werden, ohne daß dazu eine Vorabstimmung erforderlich wäre (vgl. § 15 Rdn. 13). Technisch wird die Wahl in einem **gesonderten Wahlgang** durchgeführt (§§ 90 Abs. 1 S. 4 i.V.m. 24 Abs. 5 1. WO, 97 Abs. 1 S. 4 i.V.m. 26 Abs. 5 2. WO, 98 Abs. 1 S. 4 i.V.m. 27 Abs. 5 3. WO).

3 2. **Vorschlagsberechtigt** sind nach Abs. 2 **die in dem Unternehmen**, in den Fällen der §§ 4 u. 5 auch die in der KG bzw. in einem abhängigen

Unternehmen **vertretenen Gewerkschaften**. Im Gegensatz zu §§ 6 Abs. 3 S. 2 MontanMitbestG, 7 S. 2 MitbestEG sind die Gewerkschaften nicht berechtigt, die Sitze nach dem Verhältnis ihrer Vertretung in dem Unternehmen unter sich zu verteilen. Ob eine Vereinigung von Arbeitnehmern als Gewerkschaft anzusehen ist, bestimmt sich nach den allgemeinen arbeitsrechtlichen Regeln (vgl. § 7 Rdn. 15 f.). In dem Unternehmen vertreten ist jede Gewerkschaft, zu deren Mitgliedern wenigstens ein Arbeitnehmer des Unternehmens gehört, ohne daß es darüber hinaus darauf ankäme, ob sie in der Lage ist, einen konkreten Einfluß im Unternehmen auszuüben. Die Spitzenorganisationen der Gewerkschaften, namentlich der DGB, sind als solche nicht vorschlagsberechtigt (Einzelheiten bei § 7 Rdn. 17 f.). Weitere Voraussetzungen stellt das Gesetz für die Gewerkschaftsvertreter im Aufsichtsrat nicht auf, namentlich verlangt es nicht, daß der Vorgeschlagene selbst Mitglied oder Funktionär der Gewerkschaft sei oder daß er dem Unternehmen angehört bzw. umgekehrt nicht angehört (§ 7 Rdn. 19).

Für die **Form der Wahlvorschläge**, die **Frist**, in der sie einzureichen 4
sind, und andere **Modalitäten** gelten die auch für die übrigen Vorschläge erlassenen Vorschriften der Wahlordnungen (§§ 25 Abs. 2 u. 3 i.V.m. 24 1. WO, 27 Abs. 2 u. 3 i.V.m. 26 2. WO, 28 Abs. 2 u. 3 i.V.m. 27 3. WO; vgl. § 15 Rdn. 20 ff.). Jeder Wahlvorschlag muß von einem hierzu **bevollmächtigten Beauftragten der Gewerkschaft** unterzeichnet sein, der als Vorschlagsvertreter gilt (§§ 25 Abs. 2, 3 1. WO, 27 Abs. 2, 3 2. WO, 28 Abs. 2, 3 3. WO). Wie der Vorschlag zustande kommt, richtet sich nach den internen Vorschriften der Gewerkschaft über ihre Willensbildung. Keine Gewerkschaft kann mehrere miteinander konkurrierende Vorschläge einreichen (*Fitting-Wlotzke-Wißmann*, § 16 Rdn. 4). Dagegen wird man es als zulässig ansehen können, daß mehrere Gewerkschaften mit einer gemeinsamen Liste auftreten (ebenso *Meilicke-Meilicke*, § 16 Rdn. 5).

III. Amtsdauer

Die **reguläre Amtszeit** der Gewerkschaftsvertreter im Aufsichtsrat 5
stimmt mit der Amtszeit der übrigen Aufsichtsratsmitglieder überein (§ 16 Abs. 1 i.V.m. § 15 Abs. 1; vgl. § 15 Rdn. 31 f., § 6 Rdn. 29 ff.). Auch die Gründe, die zum **vorzeitigen Ausscheiden** führen können, sind im wesentlichen dieselben (§§ 15 Rdn. 31; 6 Rdn. 31 ff.). Allerdings führt weder das Ausscheiden aus dem Unternehmen noch der Austritt aus der vorschlagenden Gewerkschaft kraft Gesetzes zum vorzeitigen Verlust des Amtes, da beides nicht Wählbarkeitsvoraussetzung ist (Rdn. 3).

IV. Streitigkeiten

6 **Streitigkeiten** im Rahmen des § 16, z. B. über die Frage, ob eine Vereinigung von Arbeitnehmern als Gewerkschaft anzusehen ist oder ob eine Gewerkschaft im Unternehmen vertreten ist, stehen im Zusammenhang mit der Wahl der Aufsichtsratsmitglieder der Arbeitnehmer und sind daher gem. §§ 2 Abs. 1 Nr. 5, 80 Abs. 1 ArbGG im arbeitsgerichtlichen Beschlußverfahren zu klären. Verstöße gegen die in der Vorschrift genannten Wahlgrundsätze können ferner die Anfechtung der Wahl gem. § 22 begründen (vgl. § 22 Rdn. 8).

§ 17
Ersatzmitglieder

(1) In jedem Wahlvorschlag kann zusammen mit jedem Bewerber für diesen ein Ersatzmitglied des Aufsichtsrats vorgeschlagen werden. Für einen Bewerber, der Arbeiter ist, kann nur ein Arbeiter, für einen in § 3 Abs. 3 Nr. 1 bezeichneten Angestellten nur ein in § 3 Abs. 3 Nr. 1 bezeichneter Angestellter und für einen leitenden Angestellten nur ein leitender Angestellter als Ersatzmitglied vorgeschlagen werden. Ein Bewerber kann nicht zugleich als Ersatzmitglied vorgeschlagen werden.

(2) Wird ein Bewerber als Aufsichtsratsmitglied gewählt, so ist auch das zusammen mit ihm vorgeschlagene Ersatzmitglied gewählt.

Schrifttum

Damm, Ersatzmitglieder für Arbeitnehmervertreter im Aufsichtsrat nach § 101 Abs. 3 AktG und § 17 MitbestG, AG 1977, 44. *Werner,* Rechte und Pflichten des mitbestimmten Aufsichtsrats und seiner Mitglieder, ZGR 1977, 219 (243 f.).

Übersicht

I. Vorbemerkungen

1 Die erst während der Ausschußberatungen eingefügte Vorschrift des § 17 regelt die schon nach § 101 Abs. 3 AktG i.V.m. § 6 Abs. 2 zulässige Bestellung von **Ersatzmitgliedern** für die Aufsichtsratsmitglieder der Arbeitnehmer und präzisiert die aktienrechtlichen Vorschriften. Sie soll verhindern, daß beim vorzeitigen Ausscheiden eines Aufsichtsratsmitglieds der Arbeitnehmer die aufwendige Nachwahl durchgeführt

oder ein Ersatzmann gem § 104 Abs. 2, 4 AktG i.V.m. § 6 Abs. 2 ohne direkte Legitimation von seiten der Arbeitnehmerschaft durch das Gericht bestellt werden muß (vgl. Ausschußber., BT-Drucks. 7/4845, 13). Nach Abs. 1 kann in jedem Wahlvorschlag für jeden Bewerber ein Ersatzmitglied des Aufsichtsrats benannt werden, das derselben Gruppe bzw. Untergruppe angehören muß. Im Gegensatz zum Fall des § 14 Abs. 2 gibt es daher kein Nachrücken der auf einer Wahlliste folgenden Bewerber, denn eine solche Lösung würde, vor allem bei Mehrheitswahl, oft den Wählerwillen verfälschen (*Fitting-Wlotzke-Wißmann,* § 17 Rdn. 1). Das Gesetz schreibt die Benennung nicht vor, sondern ermöglicht sie nur und überläßt die Entscheidung den vorschlagsberechtigten Arbeitnehmergruppen und Gewerkschaften. Eine gesonderte Wahl der Ersatzmitglieder findet nach Abs. 2 nicht statt, vielmehr erstreckt sich die Wahl des Hauptmitglieds kraft Gesetzes auch auf das Ersatzmitglied. § 17 enthält, wie alle das Wahlverfahren betreffenden Vorschriften des Gesetzes **zwingendes Recht**. Die Satzung kann daher die Bestellung von Ersatzmitgliedern weder zwingend vorschreiben noch zwingend ausschließen (so schon § 101 Abs. 3 AktG; vgl. *Köln.-Komm. – Mertens,* § 101 AktG Rdn. 66).

II. Bestellung von Ersatzmitgliedern (Abs. 1 u. 2)

1. Nach Abs. 1 S. 1 sind **Ersatzmitglieder in den Wahlvorschlägen zu benennen,** und zwar kann für jeden Bewerber ein Ersatzmitglied vorgeschlagen werden. Einen anderen Weg, Ersatzmitglieder zu bestellen, sieht das Gesetz nicht vor. Die Ersatzmitglieder müssen **derselben Gruppe bzw. Untergruppe angehören wie der Bewerber selbst** (Abs. 1 S. 2). Auch im übrigen gelten für sie **dieselben Wählbarkeitsvoraussetzungen** wie für die Hauptmitglieder (§ 101 Abs. 3 S. 4 AktG i.V.m. § 6 Abs. 2). Ein **Bewerber kann nicht zugleich als Ersatzmitglied** vorgeschlagen werden (Abs. 1 S. 3). Die Vorschrift soll verhindern, daß nicht gewählte Bewerber nachträglich in den Aufsichtsrat gelangen können und das Wahlergebnis dadurch verfälscht wird (*Fitting-Wlotzke-Wißmann,* § 17 Rdn. 5). 2

Das Gesetz schreibt die Wahl von Ersatzmitgliedern nicht zwingend vor, sondern **überläßt die Entscheidung den Vorschlagsberechtigten**, die die einzelnen Wahlvorschläge einreichen (*Damm,* AG 1977, 45). Es ist daher auch möglich, daß im gleichen Wahlgang eine Vorschlagsliste mit Ersatzmitgliedern versehen ist, eine andere nicht. Bei den leitenden Angestellten müssen Ersatzmitglieder bereits in die Vorschläge für die Vorwahl gem. § 15 Abs. 4 Nr. 3 aufgenommen und zusammen mit den Hauptbewerbern in der Vorwahl bestätigt werden (§§ 28 Abs. 2, 29 Abs. 2,7 1. WO, 30 Abs. 2, 31 Abs. 2,8 2. WO, 31 3

Abs. 2, 32 Abs. 2,8 3. WO). Aus der Fassung des Gesetzes ist zu folgern, daß **für jedes Aufsichtsratsmitglied nur ein Ersatzmitglied** bestellt werden kann (ebenso *Damm*, a.a.O., 47; *Fitting-Wlotzke-Wißmann*, § 17 Rdn. 4; vgl. auch §§ 26 Abs. 1 S. 3 1. WO, 28 Abs. 1 S. 3 2. WO, 29 Abs. 1 S. 3 3. WO; zu § 101 Abs. 3 AktG str.). Dagegen schließt § 17 nicht aus, **ein Ersatzmitglied für mehrere Bewerber zu benennen,** sofern die Zuordnung im übrigen eindeutig ist (ebenso *Hoffmann-Neumann*, GmbH-Rdsch. 1975, 151; *Damm*, a.a.O., 47; *Fitting-Wlotzke-Wißmann*, § 17 Rdn. 6; zu § 101 Abs. 3 AktG h.L., vgl. § 6 Rdn. 27).

4 2. Für die Wahl der Ersatzmitglieder findet **kein gesonderter Wahlakt** statt, vielmehr sind sie nach Abs. 2 kraft Gesetzes mit dem Bewerber gewählt, für den sie vorgeschlagen wurden (§§ 46 Abs. 4, 92 Abs. 4 1. WO, 50 Abs. 5, 99 Abs. 4 2. WO, 51 Abs. 5, 100 Abs. 4 3. WO). Mit der Entscheidung zugunsten eines einheitlichen Wahlverfahrens hat das Gesetz für die Wahl der Aufsichtsratsmitglieder der Arbeitnehmer nach dem MitbestG also die hierzu bei § 101 Abs. 3 S. 3 AktG bestehenden Auslegungsschwierigkeiten beseitigt. Daher ist es nicht zulässig, bei der Wahl zwischen Hauptmitglied und Ersatzmitglied zu differenzieren und letzteres etwa von der Liste zu streichen. Dagegen kann die Wahl gem. § 22 Abs. 1 **gesondert angefochten** werden. Auch die **gesonderte Abberufung** läßt das Gesetz in § 23 Abs. 4 ausdrücklich zu.

III. Rechtsstellung

5 Zur Rechtsstellung der Ersatzmitglieder besagt § 17 nichts, so daß auf § 101 Abs. 3 AktG i.V.m. § 6 Abs. 2 zurückzugreifen ist (vgl. § 6 Rdn. 27). Danach **vertritt das Ersatzmitglied das Hauptmitglied nicht, sondern tritt erst an dessen Stelle, wenn es vor Ablauf der Amtszeit endgültig ausscheidet.** Darin unterscheidet sich seine Position von der Rechtsstellung der für vorzeitig ausscheidende, aber auch für verhinderte Wahlmänner auftretenden Ersatzmänner gem § 14 Abs. 2 (vgl. § 14 Rdn. 8). Rückt es in den Aufsichtsrat ein, übernimmt es in vollem Umfang die Rechte und Pflichten der Aufsichtsratsmitglieder. Der Ausgeschiedene ist nicht mehr befugt, Einfluß auf seine Amtsführung zu nehmen oder ihm gar Weisungen zu erteilen. Vor dem Eintritt in den Aufsichtsrat erschöpft sich seine Position dagegen in einer Wartestellung ohne aktuelle Funktionen. Die **Amtszeit** des Ersatzmitglieds erlischt spätestens mit Ablauf der Amtsperiode, für die das weggefallene Aufsichtsratsmitglied bestellt war (§ 102 Abs. 2 AktG). Für die **vorzeitige Abberufung** gelten die allgemeinen Vorschriften (s. § 6 Rdn. 31 ff.).

IV. Streitigkeiten

Streitigkeiten über die Wahl von Ersatzmitgliedern der Arbeitnehmer sind gem. §§ 2 Abs. 1 Nr. 5, 80 Abs. 2 ArbGG von den Arbeitsgerichten zu entscheiden. Dagegen gehören Streitigkeiten über die Amtszeit und die Rechtsstellung der Ersatzmitglieder vor die ordentlichen Gerichte. 6

VIERTER UNTERABSCHNITT

Unmittelbare Wahl der Aufsichtsratsmitglieder der Arbeitnehmer

§ 18

Unmittelbare Wahl der Aufsichtsratsmitglieder der Arbeitnehmer

Sind nach § 9 die Aufsichtsratsmitglieder der Arbeitnehmer in unmittelbarer Wahl zu wählen, so sind die Arbeitnehmer des Unternehmens, die das 18. Lebensjahr vollendet haben, wahlberechtigt. Für die Wahl sind die §§ 15 bis 17 mit der Maßgabe anzuwenden, daß an die Stelle der
1. Wahlmänner der Arbeiter die wahlberechtigten Arbeiter,
2. Wahlmänner der Angestellten die wahlberechtigten Angestellten
des Unternehmens treten.

Übersicht

I. Vorbemerkungen

§ 18 regelt im Anschluß an § 9 die **unmittelbare Wahl** der Arbeitnehmervertreter im Aufsichtsrat durch die Belegschaft des Unternehmens. Inhaltlich beschränkt sich die Vorschrift darauf, die Wahlberechtigung festzulegen, verweist im übrigen aber auf §§ 15–17. Da der RegE die unmittelbare Wahl noch nicht vorsah (vgl. § 9 Rdn. 3), wurde sie erst während der Ausschußberatungen eingefügt. Die **Ausführungsbestimmungen** finden sich in §§ 37–55 1. WO, 39–60 2. WO, 40–61 3. WO, die das Wahlverfahren, im Gegensatz zum Gesetz, vollständig erfassen. 1

II. Urwahl

1. Die Verweisung auf §§ 15–17 besagt, daß **die Wahl nach denselben Grundsätzen und Regeln durchzuführen ist wie die Wahl durch Wahlmänner** mit dem einzigen Unterschied, daß **die wahlberechtigten Arbeit-** 2

nehmer des Unternehmens selbst die sie vertretenden Aufsichtsratsmitglieder wählen, ohne daß eine Wahlmännerversammlung dazwischengeschaltet würde. Die den Arbeitnehmern zustehenden Aufsichtsratsmandate sind gem. § 15 Abs. 2 unter die Arbeiter, Angestellten und leitenden Angestellten gemäß ihrem Anteil an der Gesamtzahl der Arbeitnehmer des Unternehmens zu verteilen, wobei der **Minderheitenschutz** gem. § 15 Abs. 3 zu berücksichtigen ist (s. § 15 Rdn. 6 ff.). Für die **Wahlvorschläge** gelten ohne jede Modifikation §§ 15 Abs. 4 und 16 Abs. 2 (s. §§ 15 Rdn. 20 ff., 16 Rdn. 3 f.). In jedem Wahlvorschlag kann gem. § 17 für jeden Bewerber auch ein Ersatzmitglied benannt werden, das zu derselben Gruppe gehören muß. Die Wahl wird grundsätzlich als **Verhältniswahl** durchgeführt (§§ 15 Abs. 1, 16 Abs. 1, s. § 15 Rdn. 15). Statt dessen findet gem. §§ 15 Abs. 5, 16 Abs. 2 **Mehrheitswahl** statt, wenn eine Gruppe nur ein Aufsichtsratsmandat zu besetzen hat oder wenn in einer Gruppe bzw. für die Wahl der Gewerkschaftsvertreter nur ein Wahlvorschlag eingereicht wurde (s. § 15 Rdn. 17 f.). Grundsätzlich wählen die Arbeitnehmer, wie § 18 wiederholt, **getrennt nach den Gruppen** der Arbeiter und der Angestellten. Statt dessen findet gem. § 15 Abs. 3 i.V.m. § 18 gemeinsame Wahl statt, wenn die Arbeiter und die Angestellten dies zuvor in getrennten Abstimmungen beschließen (§ 15 Rdn. 12 ff.).

3 2. **Wahlberechtigt** sind sämtliche Arbeitnehmer des Unternehmens, die das 18. Lebensjahr vollendet haben. Die Vorschrift entspricht der Wahlberechtigung bei der Bestellung der Wahlmänner gem. § 10 Abs. 3, so daß auf die Erläuterungen hierzu verwiesen werden kann (§ 10 Rdn. 18; ferner § 7 Rdn. 9 ff.). In den Fällen der §§ 4 u. 5 nehmen auch die Arbeitnehmer der KG bzw. der abhängigen Unternehmen an der Wahl teil. Formell setzt die Wahlberechtigung die Eintragung in die Wählerliste voraus (§§ 8 Abs. 5 1. u. 2. WO, 9 Abs. 5 3. WO).

4 3. Auch der in den Wahlordnungen geregelte **formelle Ablauf** der Wahl entspricht im Grundsatz wie in vielen Einzelheiten dem Vorgang der mittelbaren Wahl. Das Verfahren wird eingeleitet durch ein vom Wahlvorstand zu erlassendes **Wahlausschreiben**, das nach Maßgabe der §§ 37 1. WO, 39 2. WO und 40 3. WO die für die Wähler notwendigen Informationen enthalten muß. Das Wahlausschreiben ist bis zum Abschluß der Wahl in den Betrieben des Unternehmens an geeigneten, den Wahlberechtigten zugänglichen Stellen auszuhängen, ferner dem Unternehmen und den im Unternehmen vertretenen Gewerkschaften unverzüglich zu übersenden (§§ 37 Abs. 1 S. 2 i.V.m. 23 Abs. 2 u. 3 1. WO, 39 Abs. 2 S. 2 i.V.m. 25 Abs. 3 u. 4 2. WO, 40 Abs. 2 S. 2 i.V.m. 26 Abs. 3 u. 4 3. WO). Für die **Wahlvorschläge** gelten §§ 23 ff. 1. WO, 25 ff. 2. WO, 26 ff. 3. WO (s. § 15 Rdn. 20 ff.). Werden gültige Anträge gestellt, ist zunächst über die gemeinsame Wahl abzustimmen (§§ 38–43

1. WO, 40–46 2. WO, 41–47 3. WO). Die Wahl erfolgt mittels **Stimmzetteln,** auf denen die Wahlvorschläge aufzuführen sind (Einzelheiten in §§ 44, 47, 50 1. WO, 47, 51, 55 2. WO, 48, 52, 56 3. WO). Ist ein Arbeitnehmer wegen Abwesenheit vom Betrieb verhindert, seine Stimme persönlich abzugeben, kann er durch **Wahlbrief** abstimmen (§§ 51 f. 1. WO, 56 f. 2. WO, 57 f. 3. WO). Für Betriebsteile und Nebenbetriebe, die räumlich weit vom Hauptbetrieb entfernt sind, kann der Betriebswahlvorstand generell die Briefwahl anordnen (§§ 51 Abs. 3 1. WO, 56 Abs. 3 2. WO, 57 Abs. 3 3. WO).

Bei **Verhältniswahl** kann jeder Wähler seine **Stimme nur für eine Liste** 5
abgeben (§§ 44 Abs. 1 1. WO, 47 Abs. 1 2. WO, 48 Abs. 1 3. WO). Findet dagegen **Mehrheitswahl** statt, weil in einem Wahlgang nur ein Platz zu besetzen ist oder nur ein Wahlvorschlag eingereicht wurde, wird die **Stimme für einen bestimmten Kandidaten** abgegeben (§§ 47 Abs. 1, 50 Abs. 1 1. WO, 51 Abs. 1, 55 Abs. 1 2. WO, 52 Abs. 1, 56 Abs. 1 3. WO). Jeder Wähler darf **höchstens so viele Stimmen abgeben, als Aufsichtsratsmandate** in dem Wahlgang **zu vergeben sind** (§§ 47 Abs. 3, 50 Abs. 3 1. WO, 51 Abs. 3, 55 Abs. 3 2. WO, 52 Abs. 3, 56 Abs. 3 3. WO). Unverzüglich nach Abschluß der Stimmabgabe hat der Wahlvorstand die Stimmen öffentlich **auszuzählen** und die **Gewählten zu ermitteln** (§§ 45 f., 48 ff. 1. WO). In Unternehmen mit mehreren Betrieben und in Konzernen besorgen die Betriebswahlvorstände zwar das Auszählen der Stimmen, die Gewählten sind dagegen vom Unternehmens- bzw. vom Hauptwahlvorstand zu ermitteln (§§ 48 ff., 52 ff., 55 Abs. 3 2. WO, 49 ff., 53 ff., 56 Abs. 3 3. WO). Das Wahlergebnis und die Namen der Gewählten sind unverzüglich durch Aushang in den Betrieben der Unternehmen bekanntzugeben, deren Arbeitnehmer an der Wahl teilgenommen haben. Der Aushang ist auch den beteiligten Unternehmen und den in ihnen vertretenen Gewerkschaften zuzuschicken. Die Gewählten sind schriftlich zu benachrichtigen (§§ 54 1. WO, 59 2. WO, 60 3. WO). Ferner sind **Wahlniederschriften** anzufertigen (§§ 53 1. WO, 49, 53, 58 2. WO, 50, 54, 59 3. WO). Die **Wahlakten** hat das Unternehmen mindestens 5 Jahre aufzubewahren (§§ 55 1. WO, 60 2. WO, 61 3. WO).

FÜNFTER UNTERABSCHNITT

Weitere Vorschriften über das Wahlverfahren sowie über die Bestellung und Abberufung von Aufsichtsratsmitgliedern

§ 19

Bekanntmachung der Mitglieder des Aufsichtsrats

Das zur gesetzlichen Vertretung des Unternehmens befugte Organ hat die Namen der Mitglieder und der Ersatzmitglieder des Aufsichtsrats

unverzüglich nach ihrer Bestellung durch zweiwöchigen Aushang in den Betrieben des Unternehmens bekanntzumachen und im Bundesanzeiger zu veröffentlichen. Nehmen an der Wahl der Aufsichtsratsmitglieder des Unternehmens auch die Arbeitnehmer eines anderen Unternehmens teil, so ist daneben das zur gesetzlichen Vertretung des anderen Unternehmens befugte Organ zu dem Aushang in seinen Betrieben verpflichtet.

1 1. § 19 überlagert und ergänzt den gem. § 6 Abs. 2 u. 3 auf alle unter das Gesetz fallenden Unternehmen mit Ausnahme der Genossenschaften anzuwenden § 106 AktG, ohne ihn ganz zu ersetzen. Beide Vorschriften zusammengenommen verlangen, die Bestellung der Mitglieder und Ersatzmitglieder des Aufsichtsrats auf **dreifache Weise bekannt zu machen.** Zunächst ist die Veröffentlichung der Namen im **Bundesanzeiger** erforderlich (§ 19), daneben nach § 106 AktG auch in anderen, in der Satzung bestimmten Gesellschaftsblättern (zu diesem Begriff vgl. § 6 Rdn. 11). Zweitens ist die Bekanntmachung gem. § 106 AktG zum **Handelsregister** einzureichen. Dabei handelt es sich nicht um eine formelle Anmeldung, vielmehr genügt es, die in den Gesellschaftsblättern veröffentlichte Bekanntmachung formlos einzureichen (*Kölner Komm. – Mertens,* § 106 AktG Rdn. 10). Drittens verlangt § 19 den zweiwöchigen **Aushang** in allen Betrieben des Unternehmens sowie aller anderen Unternehmen, deren Arbeitnehmer gem. §§ 4 u. 5 an der Wahl teilgenommen haben. Bei Ersatzmitgliedern ist nicht nur die Wahl, sondern auch der Eintritt in den Aufsichtsrat anstelle des Hauptmitglieds bekannt zu machen, da auch darin ein Akt der Bestellung liegt und die Arbeitnehmer nach dem Sinn des § 19 wissen sollen, wer sie jeweils im Aufsichtsrat vertritt.

2 **Adressat** der gesetzlichen Vorschriften ist das **Vertretungsorgan**, im Fall der §§ 4.u. 5 auch das Vertretungsorgan der Unternehmen, deren Arbeitnehmer an der Wahl teilgenommen haben. Die Bekanntmachungen sind unverzüglich vorzunehmen. Sie haben keinen konstitutiven Charakter, so daß die Verletzung der Bekanntmachungspflicht die Wirksamkeit der Bestellung zum Aufsichtsratsmitglied nicht berührt (für die Einreichung zum Handelsregister ausdrücklich BGHZ 47, 348). Das Registergericht kann die Mitteilung und damit mittelbar auch die Bekanntmachung im Bundesanzeiger (vgl. *Godin-Wilhelmi,* § 106 AktG Anm. 6; *Mertens,* a.a.O., § 106 AktG Rdn. 15) nach § 14 HGB erzwingen. Im übrigen machen sich die Mitglieder des Vertretungsorgans nach den allgemeinen Vorschriften schadensersatzpflichtig, wenn sie ihre Pflichten versäumen.

3 2. Beim **Ausscheiden** eines Aufsichtsratsmitglieds ist nur § 106 AktG i.V.m. § 6 Abs. 2, nicht dagegen § 19 anzuwenden. Das Ausscheiden ist daher nur in den Gesellschaftsblättern bekannt zu machen und die

Bekanntmachung dem Handelsregister mitzuteilen. Der Aushang in den Betrieben des Unternehmens ist dagegen nicht erfoderlich. Bei Genossenschaften ist eine Bekanntmachung überhaupt nicht vorgeschrieben.

§ 20
Wahlschutz und Wahlkosten

(1) Niemand darf die Wahlen nach den §§ 10, 15, 16 und 18 behindern. Insbesondere darf niemand in der Ausübung des aktiven und passiven Wahlrechts beschränkt werden.

(2) Niemand darf die Wahlen durch Zufügung oder Androhung von Nachteilen oder durch Gewährung oder Versprechen von Vorteilen beeinflussen.

(3) Die Kosten der Wahlen trägt das Unternehmen. Versäumnis von Arbeitszeit, die zur Ausübung des Wahlrechts oder der Betätigung im Wahlvorstand erforderlich ist, berechtigt den Arbeitgeber nicht zur Minderung des Arbeitsentgelts.

Schrifttum

Buchner, Behinderung oder Beeinflussung der Betriebsratswahl durch Arbeitgeber?, DB 1972, 824; *Däubler*, Schulung und Fortbildung von Betriebsratsmitgliedern und Jugendvertretern nach § 37 Abs. 2 BetrVG, 1973; *Dütz-Säcker*, Zum Umfang der Kostenerstattungs- und Kostenvorschußpflicht des Arbeitgebers gemäß § 40 BetrVG, DB 1972, Beil. Nr. 17, 4: *Hanau*, Das Verhältnis des Mitbestimmungsgesetzes zum kollektiven Arbeitsrecht, ZGR 1977, 397; *Wiese*, Schulung der Mitglieder von Betriebsvertretungen, BlStSozArbR 1974, 353.

Übersicht

I. Vorbemerkungen

Die Vorschrift enthält zwei sachlich nicht unmittelbar zusammenhängende Regelungen, nämlich den Schutz der nach dem Gesetz notwendigen Wahlen vor Behinderung, Beschränkung des Wahlrechts und anderer unerwünschter Einflußnahme (Abs. 1 u. 2) und die Pflicht des Unternehmens, die Kosten der Wahlen zu tragen (Abs. 3). Sie stimmt mit dem RegE überein mit der einzigen Ausnahme, daß der BT-Aussch. für 1

Arbeit u. Sozialordnung ihren Geltungsbereich auch auf die von ihm eingeführte unmittelbare Wahl der Arbeitnehmervertreter im Aufsichtsrat (§ 18) erstreckte. Inhaltlich deckt sie sich mit § 20 BetrVG, so daß die Rechtsprechung und Literatur hierzu uneingeschränkt heranzuziehen sind.

II. Wahlschutz

2 1. Nach § 20 Abs. 1 u. 2 darf niemand die nach dem Gesetz durchzuführenden Wahlen behindern oder unerwünscht beeinflussen. Das gesetzliche Verbot richtet sich **gegen jedermann**, d. h. nicht nur gegen die Unternehmensorgane, sondern z. B. auch gegen einzelne Anteilseigner (Großaktionäre) auf der einen und Arbeitnehmer bzw. Gewerkschaften auf der anderen Seite (vgl. BAGE 10, 226 = AP NR. 2 zu § 19 BetrVG). Es erstreckt sich auf den **gesamten Vorgang der Wahl** einschließlich der **vorbereitetenden Akte** wie der Bestellung des Wahlvorstands, dessen Tätigkeit, der Aufstellung der Wahlvorschläge usw. (h. L. zu § 20 BetrVG, vgl. BAG, a.a.O.; *Galperin-Löwisch*, § 20 BetrVG Rdn. 2; *Dietz-Richardi*, § 20 BetrVG Rdn. 2; *Fitting-Auffarth-Kaiser*, § 20 BetrVG Rdn. 7). Daher sind auch die **Vorabstimmungen** gem. §§ 9 Abs. 3, 10 Abs. 2, 13 Abs. 2 Nr. 2, 15 Abs. 3 und Abs. 4 Nr. 3 in den Schutz einzubeziehen (ebenso *Fitting-Wlotzke-Wißmann*, § 20 Rdn. 4). Die dagegen von *Meilicke-Meilicke* (§ 20 Rdn. 2) vorgetragenen Einwände sind nicht stichhaltig. Zwar handelt es sich nicht um Wahlen im strengen Wortsinn, doch legen sie das Wahlverfahren im Einklang mit dem Gesetz fest und stehen daher mit den Wahlen selbst in einem unlöslichen Sachzusammenhang. Deshalb läßt sich auch aus der unvollständigen Verweisung in § 20 Abs. 1, in der §§ 9 Abs. 3 und 13 Abs. 2 Nr. 2 fehlen, kein Gegenschluß ziehen, zumal sich in den Gesetzesmaterialien keinerlei Anhaltspunkt dafür findet, daß die Gesetzesautoren damit eine Differenzierung zwischen mehreren in Betracht kommenden Vorabstimmungen bezweckten. Im Einklang mit der h. L. zum BetrVG umfaßt der Wahlschutz des § 20 ferner auch die **Anfechtung** der Wahlen nach §§ 21 u. 22. Sinngemäß wird man ihn auch auf das **Abberufungsverfahren** nach § 23 auszudehen haben (a. A. *Meilicke-Meilicke*, a.a.O.).

3 2. Nach § 20 Abs. 1 ist es zunächst verboten, die Wahlen zu **behindern**. Unter den Begriff fallen alle Maßnahmen, welche den ungestörten Ablauf der Wahlvorbereitungen und Wahlen beeinträchtigen würden. In Betracht kommt ein Verschleppen der Wahlvorbereitungen durch den Wahlvorstand, die Weigerung des Vertretungsorgans, die für die Wählerlisten erforderlichen Angaben zu machen oder die notwendigen Wahllokale, Urnen und Zettel bereitzustellen. Auch die Drohung mit

nachteiligen Folgen kann eine unzulässige Wahlbeeinträchtigung sein, wenn sie zu dem Zweck erfolgt, den Bedrohten zu einem bestimmten Verhalten zu veranlassen.

Hauptfall der Wahlbehinderung ist die in § 20 Abs. 1 S. 2 genannte **Beschränkung des Wahlrechts**. Es ist unzulässig, einen Arbeitnehmer durch einen gezielten Reiseauftrag oder eine Versetzung daran zu hindern, an der Wahl teilzunehmen, oder ihm zu diesem Zweck zu kündigen. Da die Vorschrift nach h. L. zu § 20 BetrVG ein gesetzliches Verbot enthält, sind derartige Maßnahmen gem. § 134 BGB nichtig. 4

Statthaft ist die **Werbung** für bestimmte Kandidaten, und zwar auch von seiten der Gewerkschaften oder der Verbände der leitenden Angestellten, sofern damit kein Druck oder Androhen von Nachteilen verknüpft ist. Auch die **wahrheitswidrige, diffamierende Propaganda** erfüllt nicht den Tatbestand der Wahlbehinderung, da unter den Begriff nur Einschränkungen der Handlungsfreiheit, nicht aber der Meinungsbildung fallen (str., ebenso *Fitting-Wlotzke-Wißmann*, § 20 Rdn. 7; *Galperin-Löwisch*, § 20 BetrVG, Rdn. 10; *Thiele* im *Gem.-Komm.*, § 20 BetrVG Rdn. 15; differenzierend: *Dietz-Richardi*, § 20 BetrVG Rdn. 7; a. A. *Erdmann-Jürging-Kammann*, § 20 BetrVG Anm. 4). Doch steht es dem Verletzten frei, die Unterlassungs- und Schadensersatzansprüche gem. §§ 823 ff., 1004 BGB geltend zu machen. 5

Hat der Wahlvorstand einen Arbeitnehmer bei der Aufstellung der Wahllisten einer bestimmten Gruppe zugerechnet, so liegt noch keine Wahlbehinderung vor, wenn das zuständige Unternehmensorgan seine davon abweichende Rechtsansicht kundgibt. Unzulässig ist dagegen eine Äußerung, die mit dem Anspruch auftritt, rechtsverbindlich zu sein (vgl. *Buchner*, DB 1972, 826; *Dietz-Richardi*, § 20 BetrVG Rdn. 9 mit Judikaturnachweisen). Die Unternehmensorgane dürfen auch nicht in Ausübung der Arbeitgeberbefugnisse **Weisungen oder Empfehlungen zur Wahl** erteilen. Sie haben sich vielmehr der Wahlpropaganda zugunsten bestimmter Kandidaten zu enthalten (h. L., vgl. *Dietz-Richardi*, § 20 BetrVG Rdn. 12; *Fitting-Auffarth-Kaiser*, § 20 BetrVG Rdn. 12). 6

Verboten ist schließlich nach Abs. 2 die **Beeinflussung der Wahl** durch Androhen oder Zufügen von Nachteilen oder durch Gewähren bzw. Versprechen von Vorteilen. Als Nachteil ist z. B. die Versetzung Umgruppierung, Nichtbeförderung oder der Entzug besonderer Zuwendungen anzusehen. Umgekehrt kommen als Vorteile Begünstigungen aller Art, z. B. die Beförderung, Lohn- oder Gehaltserhöhungen sowie sonstige Zuwendungen in Betracht. Nach BAGE 4, 63 (= AP Nr. 1 zu § 19 BetrVG) ist es auch unzulässig, daß eine Gruppe von Arbeitnehmern der anderen einen zusätzlichen Sitz verspricht für den Fall, daß sie einer Gemeinschaftswahl (vgl. § 10 Abs. 2) zustimmt (str., wie das BAG: *Dietz-Richardi*, § 20 Rdn. 17; *Erdmann-Jürging-Kammann*, 7

§ 20 Anm. 5; a.A. *Thiele* im *Gem.-Komm.*, § 20 Rdn. 37; *Fitting-Auffarth-Kaiser*, § 20 Rdn. 16).

8 Zweifelhaft ist, wo die Grenzen liegen, bis zu denen die **Gewerkschaften** auf die Wahl Einfluß nehmen dürfen. Nach allg.A. sind sie an der üblichen Wahlpropaganda zugunsten der von ihnen vorgeschlagenen oder ihnen nahestehenden Bewerber nicht gehindert. Da das Gesetz ihnen Vorschlagsrechte gewährt, gehört es zur ordnungsgemäßen, auch nach Art. 9 Abs. 3 GG geschützten Betätigung des Koalitionsrechts, für die von ihnen Vorgeschlagenen zu werben (vgl. BVerfG AP Nr. 7 zu Art. 9 GG). Das BAG (BAGE 10, 223 = AP Nr. 2 zu § 19 BetrVG mit zust. Anm. v. *Neumann-Duesberg*) gestattet es den Gewerkschaften im Rahmen der Betriebsratswahlen auch, von ihren Mitgliedern zu verlangen, daß sie nicht die Wahlvorschläge konkurrierender Gewerkschaften und anderer politischer Gruppen unterzeichnen oder auf deren Listen kandidieren, und läßt es zu, als Sanktion gegen einen Verstoß dagegen den Ausschluß anzudrohen. Die Entscheidung kann für das MitbestG in bezug auf die von den Gewerkschaften vorzuschlagenden Aufsichtsratsmitglieder der Arbeitnehmer akzeptiert werden, da eine gewisse Verbandsdisziplin notwendig ist, den Bestand der Gewerkschaft zu sichern (ebenso *Fitting-Wlotzke-Wißmann*, § 20 Rdn. 12; zum Meinungsstand für den Geltungsbereich des BetrVG vgl. statt aller *Thiele* im *Gem.-Komm.*, § 20 BetrVG Rdn. 20 f.; *Galperin-Löwisch*, § 20 BetrVG Rdn. 10, je m.w.N.). Mit dem BGH (BGHZ 45, 318 = AP Nr. 5 zu § 19 BetrVG) ist jedoch eine Grenze zu ziehen, wenn die Gewerkschaft ihren Mitgliedern die Möglichkeit vorenthalten hat, ihre Wahlinteressen auf der von der Gewerkschaft vorgelegten Liste angemessen zum Ausdruck zu bringen. Hinsichtlich der Wahlmänner und der von den Arbeitnehmern des Unternehmens selbst vorzuschlagenden Bewerber für den Aufsichtsrat kann den Gewerkschaften dagegen keine so weitgehende Ausnahme von dem Verbot des § 20 Abs. 2 zugestanden werden. Denn das Gesetz begrenzt den Einfluß der Gewerkschaften auf die Besetzung des Aufsichtsrats zugunsten einer selbständigen Willensbildung in der Belegschaft gerade dadurch, daß es ihnen Vorschlagsrechte nur für zwei bzw. drei Sitze einräumt (§ 7 Abs. 2). Ihr Interesse, die Verbandsdisziplin aufrecht zu erhalten, kann daher auch nicht als Rechtfertigung für den Versuch dienen, ihren Einfluß auf die Aufsichtsratswahl unter Verletzung des § 20 über das vom Gesetzgeber gewollte Maß hinaus abzusichern (ebenso *Philipp*, BB 1977, 550; a.A. *Fitting-Wlotzke-Wißmann*, § 20 Rdn. 12). Nach denselben Kriterien ist eine von einer Gewerkschaft ihren Mitgliedern unter Androhung des Ausschlusses erteilte Weisung zu beurteilen, für bestimmte Bewerber zu stimmen oder nicht zu stimmen. Die Maßnahme ist zulässig, sofern sie sich auf die von der Gewerkschaft

vorgeschlagenen Kandidaten bezieht, nicht jedoch hinsichtlich aller übrigen Bewerber (vgl. zum Ganzen auch *Hanau*, ZGR 1977, 417).

3. Die Verletzung der Schutzbestimmungen des § 20 bedeutet regelmäßig einen Verstoß gegen wesentliche Vorschriften über das Wahlrecht, der die **Anfechtung** der Wahl gem. §§ 21 f. rechtfertigt. In besonders schwerwiegenden Fällen kommt darüber hinaus die **Nichtigkeit** der Wahl in Betracht, wenn auch vom Anschein einer ordnungsmäßigen Wahl nicht mehr gesprochen werden kann (vgl. BAGE 4, 53 = AP Nr. 1 zu § 19 BetrVG; vgl. § 21 Rdn. 11 ff., § 22 Rdn. 18 ff.). Die Vorschriften des § 20 Abs. 1 u. 2 enthalten ferner ein **gesetzliches Verbot** im Sinne von § 134 BGB, so daß rechtsgeschäftliche Maßnahmen gegenüber den Arbeitnehmern, welche die Wahl behindern oder beeinflussen, nichtig sind (h. A. zu § 20 BetrVG). Sie sind ferner **Schutzgesetze**, die Schadensersatzansprüche nach § 823 Abs. 2 BGB begründen können. Dagegen gelten die Strafvorschriften des § 119 BetrVG für das MitbestG nicht. 9

III. Wahlkosten

1. Die **Kosten** der Wahl trägt nach Abs. 3 das Unternehmen. Dazu gehören auch die Kosten der Wahlvorbereitung, z. B. der Geschäftsführung des Wahlvorstands und der Beschaffung der notwendigen Stimmzettel, Wahlurnen und sonstigen Unterlagen. Muß der Wahlvorstand zur Vorbereitung der Wahl Reisen unternehmen, so sind die dafür notwendigen Aufwendungen zu ersetzen. In Judikatur und Schrifttum zu § 20 BetrVG noch nicht endgültig geklärt ist die Frage, wie weit die Mitglieder des Wahlvorstands beanspruchen können, auf Kosten des Unternehmens an **Schulungskursen** teilzunehmen, auf denen sie mit dem Wahlverfahren vertraut gemacht werden (vgl. BAG AP Nr. 1 zu § 20 BetrVG 1972 m. Anm. *Dietz* = BB 1973, 847; BAG AP Nr. 3 zu § 20 BetrVG 1972 m. Anm. *Richardi* = BB 1973, 1354; BAG AP Nr. 5 zu § 20 BetrVG 1972 = BB 1974, 1071; ferner *Dütz-Säcker*, DB 1972, Beil. Nr. 17, 4; *Däubler*, Schulung und Fortbildung von Betriebsratsmitgliedern und Jugendvertretern nach § 37 Abs. 2 BetrVG, 74; *Wiese*, BlStSozArbR 1974, 353; vgl. ferner die Schrifttumsnachweise bei *Galperin-Löwisch*, § 20 BetrVG Rdn. 18). Angesichts der Neuartigkeit und Kompliziertheit des Wahlverfahrens nach dem MitbestG wird man das Recht, derartige Schulungskurse auf Kosten des Unternehmens aufzusuchen, in angemessenem Umfang bejahen müssen (s. Rdn. 13). 10

Zu den Wahlkosten gehören auch die **Kosten der vorbereitenden Abstimmungen** darüber, ob mittelbare oder unmittelbare Wahl stattfindet (§ 9 Abs. 3), ob nach Gruppen getrennt oder gemeinsam gewählt wird (§§ 10 Abs. 2, 15 Abs. 3), ob in den Fällen des § 13 Abs. 2 Nr. 2 die Amtszeit der Wahlmänner fortdauern soll, sowie über die Wahlvor- 11 schläge der leitenden Angestellten gem. § 15 Abs. 4 Nr. 3. Obwohl es sich dabei begrifflich nicht um Wahlen handelt und § 20 Abs. 1 wenigstens §§ 9 Abs. 2 und 13 Abs. 2 Nr. 2 nicht erwähnt, regeln diese Abstimmungen doch das Wahlverfahren und sind deshalb nach dem Sinn der Vorschrift nicht davon zu trennen (a. A. *Meilicke-Meilicke*, § 20 Rdn. 8). Dagegen fallen die reinen Vorbereitungskosten z. B. für die Aufstellung der Vorschlagslisten oder für die Anträge gem. §§ 9 Abs. 3, 10 Abs. 2 usw. dem Unternehmen nicht zur Last. Auch die Aufwendungen für Wahlpropaganda einer Gruppe oder der Gewerkschaften sind nicht zu erstatten (vgl. *Galperin-Löwisch*, § 20 BetrVG Rdn. 17).

12 Im Einklang mit der h. L. zu § 20 BetrVG hat das Unternehmen auch die Kosten einer (nicht mutwilligen) **Wahlanfechtung** nach §§ 21 u. 22 zu tragen. Dagegen ist § 20 Abs. 3 auf das Verfahren zur **Abberufung** der Aufsichtsratsmitglieder der Arbeitnehmer nach § 23 allenfalls analog anwendbar, da dieses Verfahren mit den Wahlen nichts mehr zu tun hat (ebenso *Fitting-Wlotzke-Wißmann*, § 20 Rdn. 15). Die Analogie ist jedoch aus zwei Gründen gerechtfertigt: Zum einen handeln die Arbeitnehmer und ihre im Abberufungsverfahren antrags- und entscheidungsbefugten Gruppierungen wie auch bei der Wahl als Mitglieder oder Organe des Unternehmens. Zum andern hat das Unternehmen auch die Kosten einer Abberufung der Anteilseignervertreter im Aufsichtsrat gem. § 103 Abs. 1 AktG i.V.m. § 6 Abs. 2 MitbestG zu tragen. Wegen der Parallelität der Fälle ist es geboten, sie gleich zu behandeln.

13 In Übereinstimmung mit der h. L. zu § 20 BetrVG hat das Unternehmen nur die Kosten zu übernehmen, welche zur sachgemäßen Durchführung der Wahlen **erforderlich** sind (vgl. statt aller *Fitting-Auffarth-Kaiser*, § 20 BetrVG Rdn. 23 b). Es kommt darauf an, ob der Betreffende die Aufwendungen bei pflichtmäßiger Beurteilung der Sachlage für notwendig halten durfte (vgl. BAGE 19, 318 = AP Nr. 7 zu § 39 BetrVG; *Dietz-Richardi*, § 20 BetrVG Rdn. 23). Dabei ist ihm ein gewisser Beurteilungsspielraum einzuräumen (vgl. BAG AP Nr. 5 zu § 37 BetrVG 1972 m. Anm. *Kittner*). Werden in einem Betrieb Wahlmänner bestellt, obwohl bereits feststeht, daß die Aufsichtsratsmitglieder der Arbeitnehmer in Urwahl zu wählen sind, so braucht das Unternehmen die hierdurch entstehenden Kosten nicht zu tragen. Namentlich bei der Teilnahme an einer von der Gewerkschaft für Mitglieder des Wahlvorstands veranstalteten Schulung (vgl. Rdn. 10) ist zu prüfen, ob ein konkreter Anlaß dazu bestand (BAG AP Nr. 1 u. 3 zu § 20 BetrVG 1972).

14 Die Wahlkosten sind vom **Unternehmen** zu tragen. Im Fall des § 4 ist dies das Komplementärunternehmen, im Fall des § 5 das herrschende Unternehmen des Konzerns.

2. Nach Abs. 3 S. 2 berechtigt die **Versäumnis von Arbeitszeit,** die zur Ausübung des Wahlrechts oder zur Betätigung im Wahlvorstand erforderlich ist, den Arbeitgeber nicht zur Minderung des Arbeitsentgelts. Die genannten Aufgaben werden ehrenamtlich und unentgeltlich wahrgenommen (vgl. § 37 Abs. 1 BetrVG). Auf der anderen Seite soll nach dem Willen des Gesetzes den Beteiligten daraus kein materieller Nachteil erwachsen. Obwohl das Gesetz dies nicht ausdrücklich sagt, folgt aus der Vorschrift, daß die Wahlen und die Tätigkeit des Wahlvorstands **während der Arbeitszeit** stattfinden (h. L. zu § 20 BetrVG). Der Arbeitgeber hat seine Arbeitnehmer zu diesem Zweck von der Arbeit **freizustellen** (BAG AP Nr. 2, 4 u. 5 zu § 20 BetrVG 1972). Zu den Wahlen gehören sämtliche im Gesetz vorgesehene Vorbereitungsakte, namentlich die bei Rdn. 11 genannten Vorabstimmungen, die Tätigkeit der Wahlmänner wie die notwendigen Wahlversammlungen (vgl. § 17 BetrVG) und Werbemaßnahmen der Wahlbewerber. Neben den Mitgliedern des Wahlvorstandes sind sinngemäß auch sonstige Wahlhelfer freizustellen (*Galperin-Löwisch*, § 20 BetrVG Rdn. 21). Regelmäßig ist nur eine vorübergehende Arbeitsbefreiung erforderlich, doch kann im Einzelfall, z. B. bei den Mitgliedern des Wahlvorstands und den Wahlbewerbern, für begrenzte Zeit auch eine völlige Freistellung notwendig sein. Welcher Einsatz erforderlich ist, richtet sich nach der Aufgabe sowie nach Art und Größe des Betriebs, in dem sie zu erfüllen ist (vgl. § 37 Abs. 2 BetrVG und die Rspr. u. Lit. dazu, die entsprechend angewandt werden kann). **15**

Die im Zusammenhang mit der Wahl freigestellten Arbeitnehmer haben Anspruch auf **ungemindertes Arbeitsentgelt**. Es ist ihnen daher der volle Lohn einschließlich aller Zuschläge weiterzuzahlen. Ist eine notwendige Tätigkeit aus betriebsbedingten Gründen außerhalb der Arbeitszeit durchzuführen, kommt auch ein Anspruch auf Ausgleich durch nachträgliche Arbeitsbefreiung unter Fortzahlung des Arbeitsentgelts analog § 37 Abs. 3 BetrVG in Betracht (vgl. *Fitting-Auffarth-Kaiser*, § 20 BetrVG Rdn. 30). Anspruchsgegner und daher Kostenträger ist im Gegensatz zu Abs. 3 S. 1 der Arbeitgeber. In den Fällen des § 5 sind dies auch bei der Wahl zum Aufsichtsrat des herrschenden Unternehmens die einzelnen Konzernunternehmen, denen die Arbeitnehmer unmittelbar angehören, und nicht das herrschende Unternehmen selbst. **16**

3. Über **Streitigkeiten** im Zusammenhang mit Abs. 3, namentlich über die Erforderlichkeit von Wahlkosten und die Erstattungspflicht des Unternehmens entscheidet gem. §§ 2 Abs. 1 Nr. 5, 80 Abs. 1 ArbGG das Arbeitsgericht im Beschlußverfahren. Dagegen sind Lohnklagen wegen unberechtigter Minderung des Arbeitsentgelts gem. Abs. 3 S. 2 **17**

nach der Judikatur des BAG zu §§ 20 u. 37 BetrVG im Urteilsverfahren anhängig zu machen (BAG AP Nr. 2, 4 u. 5 zu § 20 BetrVG 1972).

§ 21
Anfechtung der Wahl von Wahlmännern

(1) Die Wahl der Wahlmänner eines Betriebs kann beim Arbeitsgericht angefochten werden, wenn gegen wesentliche Vorschriften über das Wahlrecht, die Wählbarkeit oder das Wahlverfahren verstoßen worden und eine Berichtigung nicht erfolgt ist, es sei denn, daß durch den Verstoß das Wahlergebnis nicht geändert oder beeinflußt werden konnte.

(2) Zur Anfechtung berechtigt sind
1. mindestens drei wahlberechtigte Arbeitnehmer des Betriebs,
2. der Betriebsrat,
3. das zur gesetzlichen Vertretung des Unternehmens befugte Organ.
Die Anfechtung ist nur binnen einer Frist von zwei Wochen, vom Tage der Bekanntgabe des Wahlergebnisses an gerechnet, zulässig.

Schrifttum siehe bei § 22

Übersicht

I. Vorbemerkungen

1 § 21 regelt die Anfechtung der Wahl von Wahlmännern. Die selbständige Anfechtbarkeit dieser Wahl soll nach der Begründung zum Regierungsentwurf (BT-Drucks. 7/2172, 25 f. zu § 19) verhindern, daß Fehler bei dieser Wahl die Anfechtbarkeit der Wahl der Aufsichtsratsmitglieder selbst nach sich ziehen und deren Wiederholung notwendig machen. Daraus ist zu folgern, daß jedenfalls die nach § 21 Anfechtungsberechtigten Anfechtungsgründe, die im Verfahren zur Wahl der Wahlmänner wurzeln, bei einer Anfechtung der Aufsichtsratswahl nicht mehr geltend machen können, wenn nicht zuvor die Wahl der Wahlmänner in der Frist des § 21 Abs. 2 angefochten wurde (vgl. § 22 Rdn. 3).

2 Die Vorschrift wurde unverändert aus dem RegE übernommen. Inhaltlich stimmt sie im wesentlichen mit § 22 überein, weicht aber inso-

weit davon ab, als sie nach ihrem Wortlaut nur die Wahl der Wahlmänner eines Betriebes, nicht aber einzelner Wahlmänner zuläßt (s. u. Rdn. 5 f.) und als sie den Kreis der Anfechtungsberechtigten anders bestimmt. Wie § 22 ist sie §§ 8 Abs. 2 MitbestEG und 19 BetrVG nachgebildet, weshalb auf die Judikatur und das Schrifttum hierzu zurückgegriffen werden kann. Die Vorschrift ist **zwingenden Rechts** und kann daher weder in der Satzung noch in das Wahlverfahren betreffenden Vereinbarungen modifiziert werden. In besonders schweren Fällen kommt statt der Anfechtung die **Nichtigkeit** der Wahl in Betracht. Zulässig ist ferner die **vorgezogene Kontrolle einzelner Entscheidungen des Wahlvorstandes** in einem besonderen Beschlußverfahren (vgl. § 22 Rdn. 22).

II. Anfechtung der Wahl

1. Die Anfechtung der Wahl von Wahlmännern ist unter den gleichen Voraussetzungen zulässig wie die Anfechtung der Wahl von Aufsichtsratsmitgliedern der Arbeitnehmer (vgl. § 22 Rdn. 5 ff.). Ein Verstoß gegen das **Wahlrecht** liegt vor, wenn die Voraussetzungen des § 10 Abs. 3 nicht erfüllt sind oder bei getrennter Wahl gem. § 10 Abs. 1 ein wahlberechtigter Arbeitnehmer nicht der richtigen Gruppe zugezählt wurde. Gegen die Vorschriften über die **Wählbarkeit** ist verstoßen, wenn ein Wahlmann die Voraussetzungen des § 10 Abs. 4 nicht erfüllt oder umgekehrt ein Bewerber, in dessen Person die Voraussetzungen vorliegen, nicht zugelassen wurde. Im ersten Fall ist allerdings in Analogie zu § 250 Abs. 1 S. 4 AktG Nichtigkeit der Wahl anzunehmen (vgl. § 22 Rdn. 7; *Fitting-Wlotzke-Wißmann,* § 21 Rdn. 3). Ferner liegt ein zur Anfechtung berechtigender Verstoß gegen die Wählbarkeitsvoraussetzungen vor, wenn bei der Bestellung der Wahlmänner die von § 11 Abs. 2 u. 3 vorgeschriebene Verteilung der Wahlmänner auf die Gruppen nicht eingehalten wurde. Als Verstöße gegen **wesentliche Vorschriften des Wahlverfahrens** kommen neben den bei § 22 Rdn. 8 genannten etwa Fehler bei der Berechnung der Zahl der Wahlmänner gem. § 11 Abs. 1, ferner Durchführung der Wahl nicht gesondert nach Betrieben, Verwendung eines falschen Betriebsbegriffs oder unrichtige Abgrenzung von Nebenbetrieben und Betriebsteilen (BAGE 14, 82 = AP Nr. 5 zu § 3 BetrVG; BAGE 15, 235 = AP Nr. 6 zu § 3 BetrVG) in Betracht. 3

Die Anfechtung ist nur zulässig, sofern nicht eine **Berichtigung** erfolgt oder noch möglich ist (vgl. § 22 Rdn. 10), ferner wenn der Fehler das Wahlergebnis geändert oder beeinflußt haben kann (vgl. § 22 Rdn. 11). 4

2. Nach dem Wortlaut des Gesetzes bezieht sich die Anfechtung, in auffallendem Gegensatz zur Formulierung des § 22, auf die **Wahl sämtlicher Wahlmänner eines Betriebes.** *Meilicke-Meilicke* (§§ 21, 22 5

Rdn. 2) ziehen daraus den Schluß, daß die Anfechtung tatsächlich nicht auf die Wahl eines Wahlmanns beschränkt werden kann, sondern stets sämtliche Wahlmänner eines Betriebs erfaßt. Aus den gleichen Gründen müßte dann auch die Beschränkung auf eine Gruppe von Wahlmännern innerhalb eines Betriebs oder aber die Ausdehnung auf sämtliche Wahlmänner des ganzen Unternehmens für unzulässig erklärt werden.

6 Eine solche Interpretation wäre höchst unzweckmäßig, weil sie in vielen Fällen dazu nötigen würde, größere Teile der Wahl zu wiederholen, als notwendig ist, die Auswirkungen des Gesetzesverstoßes zu beseitigen. Sie ist durch das Gesetz aber auch nicht geboten. Die Anfechtungsvorschriften der §§ 21 u. 22 haben bei der Vorbereitung des Gesetzes weniger im Schnittpunkt des öffentlichen und politischen Interesses gestanden als die anderen Regeln des Gesetzes. Sie wurden daher, wie sich auch aus den sehr knappen und formelhaften Ausführungen dazu in der Begründung zum Regierungsentwurf (BT-Drucks. 7/2172, 25 f.) ergibt, nicht so sorgfältig ausgearbeitet, daß aus der Divergenz des Wortlauts zwischen §§ 21 u. 22 endgültige Schlüsse gezogen werden müßten. In dieser Situation fällt die Rechtslage bei der Anfechtung von Betriebsratswahlen nach § 19 BetrVG entscheidend ins Gewicht. Obwohl sich § 19 BetrVG nach seinem Wortlaut nur auf die Wahl des Betriebsrats im Ganzen bezieht, ist in Judikatur und Schrifttum anerkannt, daß die Anfechtung auch auf die Wahl eines einzelnen Betriebsratsmitglieds oder einer Gruppe von Betriebsratsmitgliedern beschränkt werden kann (BAG AP Nr. 11 zu § 18 BetrVG; AP Nr. 1 zu § 5 BetrVG; h.A.). Es besteht kein Grund, diese der Natur der Sache entsprechende Interpretation nicht auch auf § 21 zu übertragen. **Anzufechten ist demnach je nach der Art des Verstoßes die Wahl eines einzelnen Wahlmanns,** einer **Gruppe von Wahlmännern** oder **sämtlicher Wahlmänner eines Betriebes.** Erfaßt der Gesetzesverstoß sämtliche Wahlen in allen Betrieben des Unternehmens, muß sich auch die Wahlanfechtung auf die gesamte **Wahlmännerversammlung des Unternehmens** erstrecken, denn es wäre wenig sinnvoll, in einem solchen Fall die Wahl in einem Betrieb für unwirksam zu erklären, im anderen aber nicht, nur weil sie nicht in allen Betrieben angefochten wurde. Es kommt auf den Einzelfall an. Die Anfechtung ist jeweils soweit auszudehnen, daß die tatsächlichen oder möglichen Folgen des Verstoßes vollständig beseitigt werden können (im Ergebnis ebenso *Fitting-Wlotzke-Wißmann*, § 21 Rdn. 7).

7 3. **Anfechtungsberechtigt** sind nach der abschließenden Aufzählung des Abs. 2 mindestens drei der nach § 10 Abs. 3 wahlberechtigten Arbeitnehmer des Betriebes, der Betriebsrat sowie das gesetzliche Vertretungsorgan des Unternehmens. Andere Personen oder Vereinigungen sind ausgeschlossen. Die nach § 22 Anfechtungsberechtigten können aber die Anfechtung der Aufsichtsratswahl auch auf Gründe stützen, die zur Anfechtung der Wahlmännerwahl berechtigen würden, sofern sie sich auch auf die Wahl der Aufsichtsratsmitglieder der Arbeitnehmer ausgewirkt haben können (vgl. § 22 Rdn. 3). Die **zweiwöchige Anfechtungsfrist** gem. Abs. 2 S. 2 läuft vom Tag der Bekanntgabe des Wahlergebnisses an. Für ihre Berechnung gelten die Ausführungen bei § 22 Rdn. 14. Es handelt sich um eine **Ausschlußfrist** mit **materiellrechtlicher Wirkung**, nach derem ungenutzten Ablauf die Wahlberechtigten die Gültigkeit der Wahl mit rechtlichen Mitteln nicht mehr anzweifeln können, selbst wenn sie mit Gesetzesverstößen behaftet ist.

4. Die Anfechtung wird durch Anrufung des **Arbeitsgerichts** im **Beschlußverfahren** gem. § 2 Abs. 1 Nr. 5, 80 ArbGG geltend gemacht. **8**
Wer Anfechtungsgegner ist, sagt das Gesetz nicht, doch ist in Analogie zu § 19 BetrVG anzunehmen, daß sie sich je nach Gegenstand gegen den einzelnen fehlerhaft bestellten Wahlmann, gegen die Wahlmänner eines Betriebs, eine Gruppe von Wahlmännern oder sämtliche Wahlmänner des Unternehmens richtet (vgl. zu § 19 BetrVG *Dietz-Richardi*, § 19 BetrVG Rdn. 30 m.w.N.). Am Verfahren **beteiligt** ist ferner das gesetzliche Vertretungsorgan des Unternehmens, gegebenenfalls auch der Aufsichtsrat, wenn er ein rechtliches Interesse hat (vgl. § 22 Rdn. 15). Der Antrag zielt darauf ab, die Unwirksamkeit der Wahl auszusprechen, wenn das Verfahren als solches angegriffen wird. Wird lediglich die Feststellung des Wahlergebnisses angezweifelt oder die Wahl einzelner Wahlmänner angefochten, kommt statt dessen auch die Korrektur des Wahlergebnisses in Betracht, die das Gericht dann in der Entscheidung vorzunehmen hat (vgl. BAGE 1, 166 = AP Nr. 2 zu § 76 BetrVG).

III. Wirkungen der Anfechtung

1. Die **Wirkungen** der erfolgreichen Anfechtung sind **verschieden** je **9**
nachdem, ob sich diese auf das Wahlmännerkollegium als Ganzes, eine Gruppe von Wahlmännern oder auf einen einzelnen Wahlmann bezieht. Greift die Anfechtung in einem Betrieb oder im ganzen Unternehmen durch, so steht mit der Rechtskraft der Entscheidung die **Ungültigkeit der Wahl endgültig und mit Wirkung für und gegen alle** Beteiligten fest. Die Wahl muß wiederholt werden. Vorentscheidungen gem. §§ 9 Abs. 3, 10 Abs. 3 werden von der Ungültigkeit allerdings nur betroffen, wenn sich der Fehler auch auf sie ausgewirkt haben kann (vgl. zu § 19 BetrVG *Dietz-Richardi*, § 19 BetrVG Rdn. 40; *Galperin-Löwisch*, § 19 BetrVG Rdn. 34). Wirken die fehlerhaft bestellten Wahlmänner nach Rechtskraft der Entscheidung an einer Wahl von Aufsichtsratsmitgliedern der Arbeitnehmer mit, so ist auch diese Wahl anfechtbar, sofern sich die Teilnahme auf das Wahlergebnis ausgewirkt haben kann. Ist die Wahl der Mehrheit der Wahlmänner erfolgreich angefochten, ist die unter

deren Beteiligung durchgeführte Wahl der Aufsichtsratsmitglieder der Arbeitnehmer nichtig (vgl. § 22 Rdn. 20).

10 2. Zweifelhaft ist die **Rechtslage während der Anhängigkeit des Verfahrens**. Die h.L. zu § 19 BetrVG, ebenso aber auch zu den entsprechenden Vorschriften des Gesellschaftsrechts (vgl. § 22 Rdn. 17) nimmt an, daß die Ungültigkeit der Wahl nicht mit rückwirkender Kraft, sondern nur für die Zukunft festgestellt wird. Danach könnten auch die Wahlmänner ungeachtet der Anfechtung ihr Amt bis zur Rechtskraft der Entscheidung ausüben, namentlich die Aufsichtsratsmitglieder der Arbeitnehmer rechtswirksam wählen (vgl. *Dietz-Richardi*, § 19 BetrVG Rdn. 37; *Galperin-Löwisch*, § 19 BetrVG Rdn. 31). Wenn *Meilicke-Meilicke* (§§ 21, 22 Rdn. 21) dagegen einwenden, die Regel passe nicht für die Bestellung der Wahlmänner, so ist zuzugeben, daß die die Anfechtung betreibenden Arbeitnehmer dadurch praktisch rechtlos gestellt werden, weil sich die Aufgabe der Wahlmänner darin erschöpft, die Aufsichtsratsmitglieder der Arbeitnehmer zu wählen. Ihr Vorschlag, in diesem Fall die Aufsichtsratswahl bis zum rechtskräftigen Abschluß des Anfechtungsverfahrens zurückzustellen, entspricht dieser Rechtslage am besten, dürfte jedoch angesichts der u.U. langen Dauer eines sich über mehrere Instanzen hinziehenden Anfechtungsprozesses regelmäßig nicht durchführbar sein. In besonders schweren Fällen ist statt dessen daran zu denken, die Wahl der Aufsichtsratsmitglieder der Arbeitnehmer mit Hilfe einer **einstweiligen Verfügung** gem. § 85 Abs. 2 ArbGG einstweilen zu hindern, wobei allerdings das Interesse der Arbeitnehmer, im Aufsichtsrat vertreten zu sein, gegen das Interesse der Anfechtungsberechtigten abzuwägen ist, daß nicht gesetzwidrig gewählte Vertreter der Arbeitnehmer in den Aufsichtsrat einrücken. Im übrigen ist nach der hier vertretenen Konzeption (vgl. § 22 Rdn. 3) davon auszugehen, daß während der Anhängigkeit des Verfahrens nach § 21 auch die Aufsichtsratswahl nach § 22 in der dort angegebenen Frist angefochten werden muß. Ist dies geschehen, kann auch die Wahl der Aufsichtsratsmitglieder für unwirksam erklärt werden, wenn die Unwirksamkeit der Wahl der Wahlmänner feststeht und auf die Aufsichtsratswahl Einfluß gehabt haben kann. Bis zur Klärung hat das Gericht das Verfahren auszusetzen. Sind beide Prozesse bei demselben Gericht anhängig, kann es sie auch verbinden. Bis zur Rechtskraft der die Aufsichtsratswahl betreffenden Entscheidung können die so gewählten Aufsichtsratsmitglieder ihr Amt rechtswirksam ausüben (vgl. § 25 Rdn. 30 f.). Verstreicht die Frist zur Anfechtung der Wahlmännerwahl dagegen ungenutzt, können die nach § 21 Anfechtungsberechtigten die Aufsichtsratswahl nicht mehr mit der Begründung anfechten, die Wahl der Wahlmänner sei anfechtbar gewesen.

IV. Nichtigkeit der Wahl

1. Neben der Anfechtung kommt nach allgemeinen gesellschafts- und arbeitsrechtlichen Vorschriften die **Nichtigkeit** der Wahl der Wahlmänner in Betracht, wenn so **grob und offensichtlich gegen grundlegende Wahlregeln verstoßen** wurde, daß auch der **Anschein einer Wahl nicht mehr vorliegt** (vgl. § 22 Rdn. 18). Im Fall des § 21 kommt neben den bei § 22 Rdn. 19 f. genannten Fällen auch die Abhaltung einer Wahlmännerwahl in Betracht, obwohl die Arbeitnehmervertreter im Aufsichtsrat gem. § 9 in unmittelbarer Wahl zu bestellen sind. Nichtigkeit der Wahl ist ferner anzunehmen, wenn ein Wahlmann die Wählbarkeitsvoraussetzungen des § 10 Abs. 4 nicht erfüllt, denn zum einen erfordert die Parallelität der Rechtslage mit der Wahl der Aufsichtsratsmitglieder (vgl. § 22 Rdn. 19), auch in diesem Fall die Nichtigkeit anzunehmen. Zum anderen ergibt sich aus § 14 Abs. 1 Nr. 3, wonach der Verlust der Wählbarkeit kraft Gesetzes dazu führt, daß die Amtszeit eines Wahlmanns endet, daß nach dem Willen des Gesetzes ein Wahlmann, der die Wählbarkeitsvoraussetzungen nicht erfüllt, sein Amt nicht, auch nicht vorübergehende Zeit ausüben kann (ebenso *Fitting-Wlotzke-Wißmann*, § 21 Rdn. 3). 11

2. Die Nichtigkeit der Wahl kann von **jedermann in jedem Verfahren ohne zeitliche Beschränkung geltend** gemacht werden. Sie wirkt **ex tunc**. Ein Feststellungsantrag ist gem. § 2 Abs. 5 Nr. 1 ArbGG an das Arbeitsgericht zu richten, das im Beschlußverfahren (§ 80 Abs. 1 ArbGG) entscheidet. Die Teilnahme von Wahlmännern, die in nichtiger Wahl bestellt wurden, an der Wahl der Aufsichtsratsmitglieder der Arbeitnehmer ist ohne weiteres ein Anfechtungsgrund gem. § 22, sofern sie sich auf das Wahlergebnis ausgewirkt haben kann. Ergreift die Nichtigkeit die Mehrheit der Wahlmänner, so ist auch die Aufsichtsratswahl nichtig. 12

§ 22
Anfechtung der Wahl von Aufsichtsratsmitgliedern der Arbeitnehmer

(1) Die Wahl eines Aufsichtsratsmitglieds oder eines Ersatzmitglieds der Arbeitnehmer kann beim Arbeitsgericht angefochten werden, wenn gegen wesentliche Vorschriften über das Wahlrecht, die Wählbarkeit oder das Wahlverfahren verstoßen worden und eine Berichtigung nicht erfolgt ist, es sei denn, daß durch den Verstoß das Wahlergebnis nicht geändert oder beeinflußt werden konnte.

(2) Zur Anfechtung berechtigt sind

1. **mindestens drei wahlberechtigte Arbeitnehmer des Unternehmens,**
2. **der Gesamtbetriebsrat des Unternehmens oder, wenn in dem Unternehmen nur ein Betriebsrat besteht, der Betriebsrat sowie, wenn das Unternehmen herrschendes Unternehmen eines Konzerns ist, der Konzernbetriebsrat, soweit ein solcher besteht,**

3. der Gesamtbetriebsrat eines anderen Unternehmens, dessen Arbeitnehmer nach diesem Gesetz an der Wahl der Aufsichtsratsmitglieder teilnehmen, oder, wenn in dem anderen Unternehmen nur ein Betriebsrat besteht, der Betriebsrat,

4. jede nach § 16 Abs. 2 vorschlagsberechtigte Gewerkschaft,

5. das zur gesetzlichen Vertretung des Unternehmens befugte Organ.

Die Anfechtung ist nur binnen einer Frist von zwei Wochen, vom Tage der Veröffentlichung im Bundesanzeiger an gerechnet, zulässig.

Schrifttum

Hess-Marienhagen, Betriebsratswahlen, 7. Aufl. 1972; *Müller, G.*, Die Rechtsprechung des Bundesarbeitsgerichts zur Anfechtung der Betriebsratswahl, in: Festgabe für Kunze, 1969, S. 243; *Müller, G.*, Zur Anfechtung der Betriebsratswahl, in: Festschrift für Schnorr von Carolsfeld, 1972, S. 367; *Wlotzke*, Zusammensetzung und Wahl der Aufsichtsratsmitglieder der Arbeitnehmer ZGR 1977, 356.

Übersicht

I. Vorbemerkungen

1 1. § 22 betrifft die Anfechtung der Wahl eines Aufsichtsratsmitglieds oder Ersatzmitglieds der Arbeitnehmer. Die Wahl der Aufsichtsratsmitglieder der Anteilseigner kann bei der AG und der KGaA gem. § 251 AktG und bei der Genossenschaft gem. § 51 GenG angefochten werden, bei den anderen unter das Gesetz fallenden Unternehmen nach den in Anlehnung hieran entwickelten allgemeinen gesellschaftsrechtlichen Anfechtungsregeln (vgl. *Baumbach-Hueck*, Anh. nach § 47 GmbHG). Materiell knüpft § 22 die Anfechtbarkeit an dieselben Voraussetzungen

wie § 21, bestimmt aber den Kreis der Anfechtungsberechtigten anders. Beide Vorschriften sind §§ 8 Abs. 2 MitbestEG und 19 BetrVG nachgebildet, so daß die Judikatur und das Schrifttum hierzu zur Auslegung herangezogen werden können. Vom Regierungsentwurf (§ 20) weicht § 22 nur insofern ab, als die Wahl der Ersatzmitglieder einbezogen und der Konzernbetriebsrat in den Kreis der Anfechtungsberechtigten aufgenommen wurde.

§ 22 läßt offen, ob die **Anfechtung** unter den im Gesetz genannten **2** Voraussetzungen als der einzige Rechtsbehelf gegen fehlerhafte Wahlen zur Verfügung steht oder nicht. Doch ist sowohl im Gesellschaftsrecht wie auch für die Wahlen zum Betriebsrat nach § 19 BetrVG und zum Aufsichtsrat nach §§ 76, 77 BetrVG 1952 anerkannt, daß besonders schwere Mängel auch ohne gesetzliche Grundlage ausnahmsweise nicht nur die Anfechtbarkeit, sondern die **Nichtigkeit** der Wahl nach sich ziehen. Es besteht kein Anlaß, diese Grundsätze nicht auch auf die Wahlen nach dem MitbestG zu übertragen, zumal anderenfalls für die Aufsichtsratsmitglieder der Anteilseigner und der Arbeitnehmer verschiedenes Recht gelten würde (vgl. § 250 AktG). Die Voraussetzungen der Nichtigkeit sind im einzelnen unten (Rdn. 18 ff.) erörtert. Daneben hat die Judikatur zu § 19 BetrVG auch die Möglichkeit eröffnet, **einzelne Maßnahmen des Wahlvorstands schon vor Abschluß des Wahlverfahrens gerichtlich anzugreifen,** um eine rechtzeitige Korrektur fehlerhafter Entscheidungen zu ermöglichen, die ein späteres Anfechtungsverfahren überflüssig macht. Auch dieses Verfahren, dessen Zweckmäßigkeit offenkundig ist, kann unbedenklich für den Geltungsbereich des MitbestG übernommen werden (unten Rdn. 22).

2. **Ungeklärt und problematisch** ist das **Verhältnis von §§ 21 u. 22,** **3** wenn ein Fehler bei der Wahl der Wahlmänner vorliegt, der sich auch auf die Wahl der Aufsichtsratsmitglieder der Arbeitnehmer auswirken kann. Im Ansatz bieten sich zwei Lösungen an. Entweder geht man davon aus, daß Fehler bei der Wahl der Wahlmänner, die zur Anfechtbarkeit führen, nur im Verfahren nach § 21 angefochten werden können und eine Anfechtung der Wahl der Aufsichtsratsmitglieder der Arbeitnehmer nach § 22 nur rechtfertigen, wenn die Anfechtung gem. § 21 erfolgreich durchgeführt wurde. Die Lösung würde dem Text des Gesetzes und der Untergliederung des Wahlverfahrens in zwei Stufen, die in der Trennung von §§ 21 u. 22 zum Ausdruck kommt, am besten entsprechen. Sie würde ferner die Frist des § 21 wahren, denn nach Ablauf der Frist wäre, sofern keine Anfechtung erfolgt ist, mit materiellrechtlicher Wirkung (s. Rdn. 14) klargestellt, daß die bei der Wahl der Wahlmänner vorgefallenen Fehler im Anfechtungsprozeß nach § 22 nicht mehr geltend gemacht werden können. Auf der anderen Seite würde sie zum Ausschluß von Anfechtungsgründen aus dem Anfechtungsprozeß nach

§ 22 führen, die bei unmittelbarer Wahl dort zu prüfen sind, ferner zwei hintereinander geschaltete Anfechtungsprozesse erforderlich machen, wenn die Wahl der Aufsichtsratsmitglieder der Arbeitnehmer aus Gründen angefochten werden soll, die schon im Verfahren zur Wahl der Wahlmänner liegen. Vor allem aber würde sie die nur im Verfahren nach § 22, nicht jedoch nach § 21 Anfechtungsberechtigten hindern, derartige Anfechtungsgründe geltend zu machen. Läßt man beim zweiten Lösungsansatz auf der anderen Seite zu, daß Anfechtungsgründe, die bereits durch die Anfechtung der Wahl der Wahlmänner geltend gemacht werden konnten, auch noch bei einer Anfechtung der Wahl der Arbeitnehmervertreter im Aufsichtsrat vorgebracht werden (so anscheinend *Fitting-Wlotzke-Wißmann*, § 21 Rdn. 17 ff.), so wird das gesonderte Verfahren nach § 21, vor allem die dort genannte Ausschlußfrist von zwei Wochen nach Bekanntgabe des Wahlergebnisses, praktisch gegenstandslos gemacht. Die Lösung ist daher abzulehnen. Allerdings bedarf auch die zuerst genannte Trennungstheorie einer Modifikation insofern, als nur die im Fall des § 21 Anfechtungsberechtigten bei der Anfechtung nach § 22 darauf verwiesen werden können, sie hätten die in der Wahl der Wahlmänner wurzelnden Anfechtungsgründe bereits im Verfahren nach § 21 vorbringen müssen. Den weiteren, nur nach § 22 Anfechtungsberechtigten kann dagegen nicht verwehrt werden, auch die Anfechtungsgründe, die nach § 21 wegen Ablaufs der Zweiwochenfrist bereits ausgeschlossen wären, noch bei der Anfechtung der Aufsichtsratswahl nach § 22 vorzubringen.

4 3. Die Vorschrift ist **zwingenden Rechts** und kann daher durch Vereinbarungen zwischen den Trägern der Mitbestimmung oder durch die Satzung des Unternehmens nicht geändert werden. Namentlich ist es ausgeschlossen, den Kreis der Antragsberechtigten zu verkleinern oder zu vergrößern.

II. Voraussetzungen der Anfechtung

5 1. Die Wahlanfechtung auf seiten der Aufsichtsratsmitglieder der Arbeitnehmer setzt nach Abs. 1 materiell voraus, daß gegen **wesentliche Vorschriften** über das **Wahlrecht**, die **Wählbarkeit** oder das **Wahlverfahren verstoßen** wurde. Zu den wesentlichen Vorschriften gehören die einschlägigen Paragraphen des Gesetzes (§§ 9–18), ferner auch der Wahlordnungen. Wesentlich sind nach h.L. zu § 19 BetrVG **alle zwingenden Vorschriften** (vgl. BAGE 12, 252 = AP Nr. 10 zu § 13 BetrVG). Dagegen rechtfertigt der Verstoß gegen reine Sollvorschriften (z. B. § 12 Abs. 2) oder gegen Ordnungsvorschriften (z. B. die Vorschrift in der Wahlordnung, in den Wählerlisten Vornamen und Geburtsdatum mit anzugeben) die Anfechtung regelmäßig nicht. Sie ist in derartigen Fällen

nur unter besonders erschwerenden Umständen begründet, z. B. wenn in demselben Verfahren gegen so zahlreiche Ordnungsvorschriften verstoßen wurde, daß die Wahl im Ganzen nicht mehr als ordnungsgemäß angesehen werden kann (vgl. BAGE 17, 223 = AP Nr. 11 zu § 13 BetrVG m. Anm. *Küchenhoff*). In der Judikatur ist eine Tendenz zu beobachten, den Begriff der wesentlichen Vorschriften weit auszulegen (vgl. die Kasuistik bei *Dietz-Richardi*, § 19 BetrVG Rdn. 11; ferner *Galperin-Löwisch*, § 19 BetrVG Rdn. 9 ff.).

2. Ein **Verstoß** gegen das **(aktive) Wahlrecht** liegt vor, wenn die Voraussetzungen der §§ 10 Abs. 3 oder 18 S. 1 nicht eingehalten sind, d. h. wenn wahlberechtigte Personen von der Wahl ausgeschlossen oder nicht wahlberechtigte (z. B. Jugendliche unter 18 Jahren oder nicht dem Unternehmen angehörende Arbeitnehmer) zu ihr zugelassen wurden (vgl. BAGE 16, 7 = AP Nr. 3 zu § 4 BetrVG). Der Tatbestand ist ferner erfüllt, wenn ein Arbeitnehmer der falschen Gruppe zugeordnet wurde (vgl. § 18 S. 2). Bei mittelbarer Wahl verstößt ferner auch die Teilnahme eines Wahlmanns gegen das Wahlrecht, dessen Wahl nichtig ist oder auf Anfechtung für nichtig erklärt wurde. Die in der Literatur zu § 19 BetrVG umstrittene Frage, ob die Wahlanfechtung in den dafür in Betracht kommenden Fällen einen Einspruch gegen die Wählerliste voraussetzt, dürfte durch die Entscheidung BAG AP Nr. 2 zu § 19 BetrVG 1972 negativ entschieden sein (a.A. *Fitting-Wlotzke-Wißmann*, § 22 Rdn. 26). **6**

3. Gegen die Vorschriften über die **Wählbarkeit** wird verstoßen, wenn eine Person als Bewerber zugelassen wurde, welche die **Voraussetzungen der §§ 100 AktG i.V.m. 6 Abs. 2 S. 1 und 7 Abs. 2 u. 3 nicht erfüllt** oder umgekehrt ein Kandidat, in dessen Person die Voraussetzungen vorliegen, unter Berufung auf diese Vorschriften ausgeschlossen wurde. Wegen der Parallele zu § 250 Abs. 1 Nr. 4 AktG ist im ersten Fall jedoch die Nichtigkeit der Wahl anzunehmen (vgl. Rdn. 19; ebenso *Fitting-Wlotzke-Wißmann*, § 22 Rdn. 8 f.). Ferner gehören hierher die Fälle, in denen der **nach § 15 Abs. 2 vorgeschriebene Proporz** zwischen den Gruppen **nicht eingehalten**, z. B. ein nicht leitender Angestellter zum Aufsichtsratsmitglied der leitenden Angestellten gewählt wurde (*Wlotzke*, ZGR 1977, 384). **7**

4. Den wichtigsten und häufigsten Fall bilden **Verstöße gegen wesentliche Vorschriften über das Wahlverfahren**. In Betracht kommen in erster Linie Verstöße gegen die Verfahrensvorschriften des Gesetzes selbst, z. B. Verletzung des Wahlgeheimnisses (§ 15 Abs. 1; vgl. RAG ARS 11, 254) oder der anderen allgemeinen Wahlgrundsätze (vgl. § 15 Rdn. 11 ff.); Mehrheitswahl anstelle Verhältniswahl (§ 15 Abs. 1) oder falsche Anwendung der Regeln über die Verhältniswahl; Fehler bei der Zulassung von Wahlvorschlägen gem. § 15 Abs. 4, z. B. Zulassung trotz **8**

Fehlens der erforderlichen Zahl von Unterschriften (vgl. BAGE 10, 148 = AP Nr. 3 zu § 13 BetrVG m. Anm. *Küchenhoff*); gemeinschaftliche Wahl, obwohl Gruppenwahl vorgeschrieben ist, oder Gruppenwahl, obwohl die Arbeitnehmer gem. § 15 Abs. 3 S. 2 gemeinsame Wahl beschlossen haben (BAGE 1, 317 = AP Nr. 1 zu § 18 BetrVG m. Anm. *Dietz*); Fehler bei den Abstimmungen nach §§ 9 Abs. 3, 10 Abs. 2, 13 Abs. 2 Nr. 2, 15 Abs. 3 u. Abs. 4 Nr. 3. Auch die nach § 20 unzulässige Behinderung oder Beeinflussung der Wahl kommt als Anfechtungsgrund in Betracht (BAGE 4, 63 = AP Nr. 1 zu § 19 BetrVG m. Anm. *Küchenhoff*). Rechtsverstöße bei der Wahl von Wahlmännern begründen die Anfechtung der Aufsichtsratswahl nach dem bei Rdn. 3 Gesagten nur, wenn die Anfechtung von Personen oder Gruppen beantragt wurde, die nicht schon nach § 21 antragsberechtigt waren, oder wenn die Wahl der Wahlmänner im Verfahren nach § 21 für ungültig erklärt wurde.

9 Zur Anfechtung berechtigen weiter **Verstöße gegen wesentliche Vorschriften der Wahlordnungen**, z. B. über die Bestellung und Zusammensetzung des Wahlvorstands, über Form, Inhalt und Bekanntmachung des Wahlausschreibens und der Wählerlisten, über die bei der Wahlvorbereitung einzuhaltenden Fristen, die Ausgestaltung der Stimmzettel, Feststellung des Wahlergebnisses usw. Zur Beurteilung der zahllosen in Betracht kommenden Einzelfälle ist die umfangreiche Judikatur zu § 19 BetrVG und zu den dazu ergangenen Wahlordnungen heranzuziehen (vgl. die Kasuistik bei *Galperin-Löwisch*, § 19 BetrVG Rdn. 12; *Gem.-Komm. – Thiele*, § 19 BetrVG Rdn. 34 ff.; *Dietz-Richardi*, § 19 BetrVG Rdn. 11; *Heß-Marienhagen*, Betriebsratswahlen, 31; zum MitbestG *Fitting-Wlotzke-Wißmann*, § 22 Rdn. 20).

10 5. Die Anfechtung gem. § 22 setzt weiter voraus, daß eine **Berichtigung des Verstoßes nicht erfolgt oder nicht möglich ist** (vgl. *Fitting-Wlotzke-Wißmann*, § 22 Rdn. 21). Eine Berichtigung kommt in Betracht bei Fehlern, die ohne weiteres behoben werden können, z. B. wenn sich bei der Ermittlung des Wahlergebnisses ein Rechenfehler eingeschlichen hat (vgl. statt aller *Dietz-Richardi*, § 19 BetrVG Rdn. 16). Läßt sich der Fehler nicht ohne Rückwirkung auf das Wahlergebnis beseitigen, ist die Berichtigung ausgeschlossen. Sind die Arbeiter, Angestellten und leitenden Angestellten unter den Aufsichtsratsmitgliedern der Arbeitnehmer nicht nach dem von § 15 Abs. 2 vorgeschriebenen Gruppenproporz vertreten, kann auf eine Wahlanfechtung die Wahl nur für ungültig erklärt werden. Eine Korrektur des Wahlergebnisses dahin, daß in der zu Unrecht berücksichtigten Gruppe der Bewerber mit der geringsten Stimmenzahl ausscheidet und in der zu berücksichtigenden Gruppe der Bewerber mit der nächsthöheren Stimmenzahl nachrückt, ist dagegen ausgeschlossen (vgl. LAG Hamm, DB 1976, 2020 f. zu § 10 Abs. 1 BetrVG; a.A. *Dietz-Richardi*, § 19 BetrVG Rdn. 42). Die Berichtigung obliegt zunächst dem Wahlvorstand. Stellt sich der Fehler erst im Anfechtungsprozeß heraus, kann auch das Gericht ihn selbst in seinem Beschluß berichtigen (vgl. BAG AP Nr. 2, 10 zu § 76 BetrVG; zum MitbestG *Fitting-Wlotzke-Wißmann*, § 22 Rdn. 21). Eine Anfechtung ist auch mit dem Ziel möglich, daß das Gericht lediglich das richtige Wahlergebnis feststellt (BAGE 21, 210 = AP Nr. 18 zu § 76 BetrVG 1952).

6. Trotz des Vorliegens der übrigen Voraussetzungen ist die Anfechtung **nur zulässig**, wenn durch den Verstoß das **Wahlergebnis beeinflußt werden konnte** (Abs. 1 a.E.). Nach der Formulierung des Gesetzes ist der Fall als Ausnahme anzusehen, der eines besonderen, vom Anfechtungsgegner zu führenden Nachweises bedarf (h.A., vgl. BAGE 1, 322 = AP Nr. 1 zu § 18 BetrVG m. Anm. *Dietz; Müller*, Festgabe f. Kunze, 259 ff.; *ders.*, Festschr. f. Schnorr v. Carolsfeld, 387 ff.). Es kommt nicht darauf an, ob das Wahlergebnis tatsächlich beeinflußt worden ist, vielmehr reicht die objektive Möglichkeit dazu aus (BAGE 1, 321 = AP Nr. 1 zu § 18 BetrVG; BAGE 4, 68 = AP Nr. 1 zu § 19 BetrVG; BAGE 12, 252 = AP Nr. 10 zu § 13 BetrVG m. Anm. *Neumann-Duesberg*; zum MitbestG *Fitting-Wlotzke-Wißmann*, § 22 Rdn. 22 ff.). Auch wenn das Gericht den Sachverhalt nicht zweifelsfrei aufklären kann, bleibt die Anfechtbarkeit gegeben (*Galperin-Löwisch*, § 19 BetrVG Rdn. 8). Bei der Verletzung der Vorschriften über die Wahlberechtigung kommt es darauf an, ob die Sitzverteilung sich ändern könnte, wenn die zu Unrecht Ausgeschlossenen mitgewählt oder die zu Unrecht zur Wahl Zugelassenen nicht mitgewählt hätten (BAGE 16, 16 f. = AP Nr. 4 zu § 4 BetrVG m. Anm. *A. Hueck*). Dasselbe gilt bei mittelbarer Wahl, wenn Wahlmänner an der Wahl teilgenommen haben, deren Wahl nichtig oder anfechtbar war, im letzteren Fall jedoch nur, wenn die Anfechtungsfrist nach § 21 noch nicht abgelaufen ist oder die Anfechtung der Aufsichtsratswahl von einem nur nach § 22 Anfechtungsberechtigten beantragt wurde (s. o. Rdn. 3). Nach den gleichen Kriterien ist die Anfechtung schließlich zu prüfen, wenn Arbeitnehmer in der falschen Gruppe, z. B. als leitende statt als reguläre Angestellte gewählt haben. Wurde dagegen ein Wahlbewerber zu Unrecht zurückgewiesen, so läßt sich nie ausschließen, daß die Wahl anders ausgefallen wäre, wenn er aufgestellt worden wäre, weshalb sie auf jeden Fall für ungültig zu erklären ist (BAGE 16, 21 = AP Nr. 4 zu § 4 BetrVG m. Anm. *A. Hueck*). Wegen des Wahlgeheimnisses ist es in allen Fällen unzulässig, Beweis darüber zu erheben, wie jemand abgestimmt hat oder abgestimmt hätte (BAGE 3, 80 = AP Nr. 4 zu § 27 BetrVG m. Anm. *Küchenhoff*; zu weiteren Einzelfällen vgl. die Nachw. bei *Dietz-Richardi*, § 19 BetrVG Rdn. 13). **11**

III. Anfechtungsverfahren

12 1. Obwohl § 22 Abs. 1 nur von der Anfechtung der Wahl einzelner Aufsichtsratsmitglieder oder Ersatzmitglieder der Arbeitnehmer spricht, ist anzunehmen, daß sie sich auch auf die **Wahl sämtlicher Arbeitnehmervertreter** im Aufsichtsrat oder **sämtlicher Vertreter einer Gruppe** beziehen kann, denn viele Anfechtungsgründe erfassen nach ihrer Natur oder nach den Umständen nicht nur die Wahl eines einzelnen Aufsichtsratsmitglieds, weshalb es nicht sachgemäß wäre, die Wahl darauf zu beschränken (ebenso *Fitting-Wlotzke-Wißmann,* § 22 Rdn. 15). Anzufechten ist demnach je nach der Art des Verstoßes die Wahl eines einzelnen Aufsichtsratsmitglieds oder Ersatzmannes der Arbeitnehmer, eines Mitglieds und des für ihn benannten Ersatzmannes, einer Gruppe von Aufsichtsratsmitgliedern mit oder ohne Ersatzmännern oder schließlich sämtlicher Aufsichtsratsmitglieder und Ersatzmitglieder der Arbeitnehmer. Es kommt auf den Einzelfall an. Die Anfechtung ist jeweils so weit auszudehnen, daß die tatsächlichen oder möglichen Folgen des Verstoßes vollständig beseitigt werden. Dagegen kann die Wahl der Aufsichtsratsmitglieder der Anteilseigner nicht nach § 22, sondern nur nach den gesellschaftsrechtlichen Vorschriften (vgl. § 251 AktG) angefochten werden.

13 2. **Anfechtungsberechtigt** sind nach der abschließenden Aufzählung des § 22 Abs. 2 zunächst wie bei § 21 mindestens drei wahlberechtigte Arbeitnehmer, der Betriebsrat sowie das gesetzliche Vertretungsorgan des Unternehmens (Abs. 2 Nr. 1, 2 u. 5). Da es sich anders als im Fall des § 21 nicht um einen betriebs-, sondern um einen unternehmensbezogenen Vorgang handelt, tritt, wenn das Unternehmen mehrere Betriebe hat, an die Stelle des Betriebsrats der Gesamtbetriebsrat, und wenn es herrschendes Unternehmen eines Konzerns ist, der Konzernbetriebsrat (Abs. 2 Nr. 2). In den Fällen der §§ 4 u. 5 kommen der in der KG bzw. in den Konzernunternehmen gebildete Betriebsrat oder Gesamtbetriebsrat hinzu (Abs. 2 Nr. 3). Schließlich erstreckt Abs. 2 Nr. 4 das Anfechtungsrecht auf die in dem Unternehmen vertretenen Gewerkschaften. In den Fällen der §§ 4 u. 5 gehören dazu auch die in der KG und in den Konzernunternehmen vertretenen Gewerkschaften (vgl. § 16 Rdn. 3). Obwohl der Sinn der Vorschrift es nahelegt, das Anfechtungsrecht der Gewerkschaften auf die von ihnen vorgeschlagenen Aufsichtsratsmitglieder und Ersatzmitglieder zu beschränken, dürfte dies nicht möglich sein, da der Wortlaut des Gesetzes eine derartige Einschränkung nicht zuläßt (a.A. *Meilicke-Meilicke,* §§ 21, 22 Rdn. 17).

14 3. Die Anfechtung kann gem. Abs. 2 S. 2 nur binnen einer **Frist von zwei Wochen** geltend gemacht werden. Der Antrag muß in dieser Frist beim Arbeitsgericht eingehen (BAG AP Nr. 10 zu § 76 BetrVG m.

Anm. *Küchenhoff*), bloße Aufgabe zur Post reicht nicht aus. Auch muß der Antrag insoweit begründet sein, als der Antragsteller innerhalb der Frist einen Tatbestand vorträgt, der möglicherweise die Anfechtung rechtfertigt (BAGE 17, 165 = AP Nr. 14 zu § 18 BetrVG m. Anm. *Neumann-Duesberg*; vgl. auch BAGE 22, 38 = AP Nr. 17 zu § 18 BetrVG m. Anm. *Galperin*). Die **Frist beginnt** an dem Tag, an dem das Wahlergebnis im Bundesanzeiger veröffentlicht wurde. Fällt der letzte Tag der Frist auf einen Samstag, Sonntag oder gesetzlichen Feiertag, so endet die Frist nach § 193 BGB erst am nächsten darauffolgenden Werktag. Es handelt sich um eine **Ausschlußfrist mit materiellrechtlichen Wirkungen**, deren ungenutzter Ablauf dazu führt, daß die Wahl außer im Fall der Nichtigkeit (vgl. Rdn. 18 ff.) gültig bleibt und mit rechtlichen Mitteln nicht mehr angezweifelt werden kann, auch wenn sie mit Gesetzesverstößen behaftet ist (h.A. zu § 19 BetrVG, vgl. statt aller BAGE 16, 8 = AP Nr. 3 zu § 4 BetrVG m. Anm. *Dietz; G. Müller*, Festschr. f. Schnorr v. Carolsfeld, 375).

4. Die Anfechtung wird durch Anrufung des **Arbeitsgerichts im Beschlußverfahren** gem. §§ 2 Abs. 1 Nr. 5 n.F., 80 Abs. 1 ArbGG geltend gemacht. Zuständig ist das Arbeitsgericht, in dessen Bezirk das Unternehmen, dessen Aufsichtsratswahl angefochten wird, seinen Sitz hat (§ 82 S. 2 ArbGG). Wer Anfechtungsgegner oder am Verfahren beteiligt (vgl. § 83 Abs. 1 S. 2 ArbGG) ist, sagt das Gesetz nicht. Doch wird man, wie im Fall des § 76 BetrVG 1952 anzunehmen haben, daß das Vertretungsorgan, der Aufsichtsrat und sämtliche Anfechtungsberechtigten beteiligt sind (vgl. BAGE 21, 216 = AP Nr. 18 zu § 76 BetrVG), ferner die einzelnen Aufsichtsratsmitglieder oder Ersatzmitglieder der Arbeitnehmer, gegen deren Wahl sich die Anfechtung richtet (*Fitting-Wlotzke-Wißmann*, § 22 Rdn. 30). **15**

IV. Wirkungen der Anfechtung

Bestätigt das Gericht die Anfechtung, so steht mit der Rechtskraft des Beschlusses die **Ungültigkeit der Wahl endgültig und mit Wirkung für und gegen alle** Beteiligten fest. Vorentscheidungen gem. §§ 9 Abs. 3, 15 Abs. 3 S. 2 werden von der Ungültigkeit allerdings nur betroffen, sofern sich der Fehler auch auf sie ausgewirkt haben kann (vgl. zu § 19 BetrVG *Dietz-Richardi*, § 19 BetrVG Rdn. 40; *Galperin-Löwisch*, § 19 BetrVG Rdn. 34). Ist für den Gewählten ein **Ersatzmitglied** gem. § 17 bestellt, so tritt dieses an seine Stelle, sofern sich die Anfechtung nicht auch auf seine Wahl erstreckt (vgl. § 17 Rdn. 4 f.). Ist kein Ersatzmitglied bestellt oder ist auch dessen Wahl ungültig, muß eine Nachwahl oder eine Notbestellung durch das Gericht gem. § 104 Abs. 2 AktG (s. § 6 Rdn. 41) stattfinden (a.A. *Meilicke-Meilicke*, §§ 21, 22 Rdn. 22). **16**

17 Nach h.L. hat die Nichtigerklärung des Gerichts aber **keine rückwirkende Kraft** (so zu § 76 BetrVG 1952 *Fitting-Auffarth-Kaiser*, § 76 BetrVG 1952 Rdn. 30; *Dietz-Richardi*, § 76 BetrVG 1952 Rdn. 37; zum MitbestG *Fitting-Wlotzke-Wißmann*, § 22 Rdn. 31; ebenso h.L. zu § 19 BetrVG und zu § 251 AktG, vgl. *Köln.-Komm. – Mertens*, § 101 AktG Rdn. 77; *Großkomm. – Schilling*, § 252 AktG Anm. 5). Trotz der gravierenden grundsätzlichen Bedenken gegen diese Lehre (vgl. *Köln.-Komm. – Zöllner*, § 252 AktG Rdn. 8) wird man aus praktischen Gründen an ihr festhalten müssen, weil die rückwirkende Beseitigung der Beschlüsse eines fehlerhaft besetzten Aufsichtsrats nicht ohne weiteres möglich ist oder doch dem Unternehmen Schaden zufügen würde. Dies gilt namentlich für die Wahl von Mitgliedern des Vertretungsorgans, die der Aufsichtsrat in der Zwischenzeit vorgenommen hat, und die ihrerseits Anspruch auf einen Vertrauensschutz hinsichtlich der Handlungen haben, die sie im Vertrauen auf die Rechtsgültigkeit der Wahl kraft ihres Amtes in der Zwischenzeit vorgenommen haben (vgl. § 25 Rdn. 30). Doch ist anzunehmen, daß ein Mitglied des Vertretungsorgans, das von einem Aufsichtsrat gewählt wurde, dessen Wahl erfolgreich angefochten wurde, gem. § 31 Abs. 5 vorzeitig abberufen werden kann.

V. Nichtigkeit der Wahl

18 1. Nach allgemeinen gesellschaftsrechtlichen und arbeitsrechtlichen Grundsätzen, die in § 250 AktG auch einen gesetzlichen Ausdruck gefunden haben, ist die Wahl der Aufsichtsratsmitglieder und Ersatzmitglieder der Arbeitnehmer über § 22 hinaus **bei besonders krassen und offensichtlichen Verstößen gegen die Wahlvoraussetzungen und das Wahlverfahren nichtig** (vgl. Rdn. 2). Nach der in der Judikatur des BAG zu § 19 BetrVG verwendeten Formel ist Nichtigkeit gegeben, wenn **so grob und offensichtlich gegen grundlegende Wahlregeln verstoßen wurde, daß auch der Anschein einer Wahl nicht mehr vorliegt** (vgl. BAGE 1, 317 = AP Nr. 1 zu § 18 BetrVG m. Anm. *Dietz*; BAGE 15, 235 = AP Nr. 6 zu § 3 BetrVG m. Anm. *Küchenhoff*; BAGE 16, 6 = AP Nr. 3 zu § 4 BetrVG m. Anm. *Dietz*; BAG RdA 1976, 338 = AP Nr. 4 zu § 19 BetrVG 1972; weitere Nachw. *Dietz-Richardi*, § 19 BetrVG Rdn. 51). Es besteht kein Anlaß, diese Grundsätze nicht auch auf die Wahlen nach dem MitbestG zu übertragen.

19 Die Wahl der Aufsichtsratsmitglieder der Arbeitnehmer ist namentlich in den Fällen als nichtig anzusehen, in denen nach **§ 250 Abs. 1 AktG** auch die Wahl der Anteilseignervertreter von seiten der Anteilseignerversammlung nichtig wäre. Die Übernahme der Nichtigkeitsgründe aus dem AktG in das MitbestG ergibt sich aus der Parallelität der rechtlichen Lage, die § 250 AktG als eine paradigmatische Konkretisie-

rung des allgemeinen Rechtsprinzips erscheinen läßt, wonach Wahlen bei besonders krassen und offenkundigen Mängeln nichtig sind. Sie ist aber auch aus praktischen Gründen geboten, weil es zu einer schwer erträglichen Diskrepanz führen würde, wenn wegen desselben Gesetzesverstoßes die Wahl der Aufsichtsratsmitglieder der Anteilseigner nichtig, die der Aufsichtsratsmitglieder der Arbeitnehmer aber nur anfechtbar wäre. Schließlich läßt § 250 AktG selbst den engen Zusammenhang zwischen den Fällen erkennen, wenn er in der Neufassung gem. § 35 Abs. 1 Nr. 11 den Organen der Arbeitnehmer die Klagebefugnis zur Feststellung gewährt, daß die Wahl eines Aufsichtsratsmitglieds der Anteilseigner nichtig ist (ebenso *Fitting-Wlotzke-Wißmann*, § 22 Rdn. 8 ff.). Die Wahl auch der Aufsichtsratsmitglieder der Arbeitnehmer ist demnach nichtig, wenn der **Aufsichtsrat nicht richtig zusammengesetz ist** (§ 250 Abs. 1 Nr. 1 i.V.m. §§ 96 Abs. 2, 97 f. AktG u. 6 Abs. 2 MitbestG; vgl. § 6 Rdn. 6, 24); wenn bei der Wahl die **gesetzliche Höchstzahl der Aufsichtsratsmitglieder überschritten** wurde (§ 50 Abs. 1 Nr. 3 AktG i.V.m. § 7, vgl. § 7 Rdn. 6); ferner wenn die gewählte Person die **Wählbarkeitsvoraussetzungen** nach § 100 Abs. 1 u. 2 AktG i.V.m. §§ 6 Abs. 2, 7 Abs. 2 u. 3 MitbestG **nicht erfüllt** (vgl. § 6 Rdn. 24, § 7 Rdn. 11; *Wlotzke*, ZGR 1977, 383).

Als **Nichtigkeitsgründe** kommen weiter in Betracht (vgl. *Fitting-Wlotzke-Wißmann*, § 22 Rdn. 6, ferner die Kasuistik in den Kommentaren zu § 19 BetrVG, z. B. *Dietz-Richardi*, § 19 BetrVG Rdn. 52): die Abhaltung von Wahlen nach §§ 9 ff., obwohl das Unternehmen nicht unter das MitbestG fällt; die Durchführung der Wahl ohne Wahlvorstand (a.A. *Gem.-Komm. – Thiele*, § 19 BetrVG Rdn. 73) oder durch formlose Akklamation (BAGE 11, 318 = AP Nr. 84 zu § 611 BGB Urlaubsrecht m. Anm. *Neumann-Duesberg*), ferner offenkundiger Terror gegen die Belegschaft während des Wahlvorgangs (BAGE 4, 63 = AP Nr. 1 zu § 19 BetrVG m. Anm. *Küchenhoff*) oder eine Häufung von für sich allein nur zur Anfechtung berechtigenden Verfahrensfehlern (BAG NJW 1976, 2229). Im Einklang mit *Fitting-Wlotzke-Wißmann* (§ 21 Rdn. 5) ist die Wahl auch dann als nichtig anzusehen, wenn die Wahl der Mehrheit der Wahlmänner nichtig war. **20**

2. Die **Nichtigkeit** der Wahl kann **von jedermann in jedem Verfahren geltend gemacht** werden, und zwar auch ohne zeitliche Beschränkung. Wird sie in einer gerichtlichen Entscheidung festgestellt, hat diese nur deklaratorische Bedeutung. Eine **auf Feststellung der Nichtigkeit gerichtete Klage** betrifft die Wahl von Aufsichtsratsmitgliedern der Arbeitnehmer i.S.d. § 2 Abs. 1 Nr. 5 n.F. ArbGG und ist daher vor dem **Arbeitsgericht** anhängig zu machen. Die Nichtigkeit **wirkt von Anfang an.** Die aufgrund einer nichtigen Wahl bestellten Aufsichtsratsmitglieder haben nicht die Rechtsstellung ordnungsgemäß gewählter Mit- **21**

glieder und sind daher rechtlich außerstande, wirksam an Beschlüssen des Aufsichtsrats teilzunehmen. Ein unter Mitwirkung eines in nichtiger Wahl bestellten Aufsichtsratsmitglieds gefaßter Aufsichtsratsbeschluß ist unwirksam, sofern dessen Stimme den Ausschlag gegeben haben kann (vgl. § 25 Rdn. 30). Ist ein Ersatzmitglied vorhanden, dessen Wahl von der Nichtigkeit nicht erfaßt wird, tritt dieses in den Aufsichtsrat ein. Notfalls ist eine Nachwahl oder eine gerichtliche Ersatzbestellung vorzunehmen.

VI. Anfechtung einzelner Maßnahmen während des Wahlverfahrens

22 Ungeachtet der gesetzlichen Anfechtungsvorschriften hat die Judikatur zum BetrVG ein besonderes Verfahren zugelassen, in dem **vor Abschluß der Wahl einzelne Entscheidungen und Maßnahmen des Wahlvorstands angefochten** werden können (BAGE 24, 480 = AP Nr. 1 zu § 14 BetrVG). Es besteht kein Anlaß, ein derartiges Kontrollverfahren, dessen Zweckmäßigkeit offenkundig ist, weil es spätere Anfechtungsprozesse verhüten kann, für den Geltungsbereich des MitbestG abzulehnen (ebenso *Fitting-Wlotzke-Wißmann,* § 22 Rdn. 32). In Betracht kommen sämtliche Entscheidungen des Wahlvorstands, z. B. über die Zulassung der Vorabstimmungen gem. §§ 9 Abs. 3, 10 Abs. 2 oder 15 Abs. 3, über die Zulassung von Wahlvorschlägen oder über die Einordnung der wahlberechtigten Arbeitnehmer unter die Gruppen der Arbeiter, Angestellten und leitenden Angestellten (vgl. hierzu aber das besondere Änderungsverfahren gem. §§ 10 1. u. 2. WO, 11 3. WO und die Ausführungen dazu Vorbem. vor § 9 Rdn. 7). Der Antrag ist an das Arbeitsgericht zu stellen, das im Beschlußverfahren entscheidet (§§ 2 Abs. 1 Nr. 5, 80 ArbGG). Antragsberechtigt ist jeder, der durch die Maßnahme des Wahlvorstandes in seinem aktiven oder passiven Wahlrecht betroffen wird (BAG, a.a.O.). Ferner wird man auch den nach § 22 Anfechtungsberechtigten das Antragsrecht zu gewähren haben (*Fitting-Wlotzke-Wißmann,* § 22 Rdn. 33). Wird die Wahl durchgeführt, muß der Antragsteller innerhalb der Anfechtungsfrist (s. o. Rdn. 14) auf einen Anfechtungsantrag übergehen (*Fitting-Wlotzke-Wißmann,* § 35 Rdn. 35). In dringenden Fällen kommt auch eine **einstweilige Verfügung** gem. § 85 Abs. 2 ArbGG in Betracht mit dem Ziel, Fehlentscheidungen des Wahlvorstandes zu verhindern, zu korrigieren oder, in besonders schweren Fällen, das Wahlverfahren zu unterbrechen.

§ 23
Abberufung von Aufsichtsratsmitgliedern der Arbeitnehmer

(1) Ein Aufsichtsratsmitglied der Arbeitnehmer kann vor Ablauf der Amtszeit auf Antrag abberufen werden. Antragsberechtigt sind für die Abberufung eines

1. Aufsichtsratsmitglieds der Arbeiter drei Viertel der wahlberechtigten Arbeiter,
2. Aufsichtsratsmitglieds der Angestellten, das auf die in § 3 Abs. 3 Nr. 1 bezeichneten Angestellten entfällt, drei Viertel der wahlberechtigten in § 3 Abs. 3 Nr. 1 bezeichneten Angestellten,
3. Aufsichtsratsmitglieds der Angestellten, das auf die leitenden Angestellten entfällt, drei Viertel der wahlberechtigten leitenden Angestellten,
4. Aufsichtsratsmitglieds, das nach § 7 Abs. 2 Vertreter einer Gewerkschaft ist, die Gewerkschaft, die das Mitglied vorgeschlagen hat.

(2) Ein durch Wahlmänner in getrennter Wahl (§ 15 Abs. 3 Satz 1) gewähltes Aufsichtsratsmitglied wird durch Beschluß der Wahlmänner seiner Gruppe abberufen. Ein durch Wahlmänner in gemeinsamer Wahl (§ 15 Abs. 3 Satz 2) gewähltes Aufsichtsratsmitglied wird durch Beschluß der Wahlmänner abberufen. Beschlüsse nach Satz 1 und 2 werden in geheimer Abstimmung gefaßt; sie bedürfen einer Mehrheit von drei Vierteln der abgegebenen Stimmen.

(3) Ein von den Arbeitnehmern einer Gruppe unmittelbar gewähltes Aufsichtsratsmitglied wird durch Beschluß der wahlberechtigten Arbeitnehmer dieser Gruppe abberufen. Ein von den Arbeitnehmern in gemeinsamer Wahl unmittelbar gewähltes Aufsichtsratsmitglied wird durch Beschluß der wahlberechtigten Arbeitnehmer abberufen. Beschlüsse nach Satz 1 und 2 werden in geheimer, unmittelbarer Abstimmung gefaßt; sie bedürfen einer Mehrheit von drei Vierteln der abgegebenen Stimmen.

(4) Die Absätze 1 bis 3 sind für die Abberufung von Ersatzmitgliedern entsprechend anzuwenden.

Übersicht

I. Allgemeines

1. § 23 regelt die **Abberufung der Aufsichtsratsmitglieder der Arbeitnehmer** und ergänzt damit § 103 Abs. 1 AktG i.V.m. § 6 Abs. 2 MitbestG und § 36 Abs. 3 GenG (vgl. § 6 Rdn. 32), welche die Abberufung der Anteilseignervertreter im Aufsichtsrat betreffen. Alle genannten Vorschriften stimmen darin überein, daß sie den Vertrauensschwund 1

von seiten der Wähler als Grund der Abberufung genügen lassen, eine darüber hinausgehende sachliche Begründung also nicht verlangen, dafür aber die hohe Mehrheit von drei Vierteln der abgegebenen Stimmen. Daneben kommt auch die Abberufung durch das Gericht auf Antrag des Aufsichtsrats selbst in Betracht, wenn ein wichtiger Grund vorliegt (§ 103 Abs. 3 AktG i.V.m. § 6 Abs. 2 MitbestG, der auch für die Aufsichtsratsmitglieder der Arbeitnehmer gilt – vgl. Begr.RegE, BT-Drucks. 7/2172, 26; s. oben § 6 Rdn. 33 ff.). Eine Möglichkeit der Arbeitnehmer, die Abberufung der Anteilseignervertreter im Aufsichtsrat zu verlangen oder umgekehrt, sieht das Gesetz nicht vor (vgl. dazu *Th. Raiser*, Grundgesetz und paritätische Mitbestimmung, 75).

2 Abs. 1 regelt die Antragsbefugnis für den Abberufungsantrag, Abs. 2 u. 3 die Zuständigkeit für den Beschluß sowie die Verfahrensgrundsätze. Zuständig, die Abberufung zu beschließen, ist jeweils das Gremium, welches das betreffende Aufsichtsratsmitglied bestellt hat. Abs. 4 erstreckt die Geltung der Vorschrift auf Ersatzmitglieder. Die gesetzliche Regelung geht auf § 21 RegE zurück, mußte jedoch während der Ausschußberatungen wegen der veränderten Konzeption des Wahlverfahrens wesentlich umgestaltet werden. Anträge der CDU/CSU-Fraktion, das Antragsrecht gem. Abs. 1 Nr. 4 betreffend die von den Gewerkschaften vorgeschlagenen Aufsichtsratsmitglieder auf den Betriebsrat zu erstrekken (vgl. BT-Drucks. 7/4887, 4), fanden weder im Ausschuß noch im Plenum eine Mehrheit (vgl. Ausschußbericht, BT-Drucks. 7/4845, 14; Stenograf. Ber. d. 230. Sitzung des BT v. 18. 3. 1976, 16031).

3 2. Die Vorschrift ist **zwingenden Rechts**. Namentlich können im Gegensatz zu § 103 AktG durch die Satzung keine andere Mehrheit oder zusätzliche Erfordernisse für die Abberufung bestimmt werden. Auch Modifikationen durch Tarifverträge und Betriebsvereinbarungen sind nicht zulässig. **Ausführungsbestimmungen** enthalten §§ 100–109 1. WO, 107–116, 128–133 2. WO, 108–117, 129–134 3. WO).

II. Einzelheiten

4 1. Die **Antragsrechte** im Abberufungsverfahren sind nach der Ausgestaltung des Abs. 1 streng gruppenbezogen, wobei auch hier die regulären und die leitenden Angestellten als zwei gesonderte Untergruppen auftreten. Die Regelung entspricht den Vorschlagsrechten für die Wahl gem. §§ 15 Abs. 4, 16 Abs. 2. Der Antrag zur Abberufung eines Aufsichtsratsmitglieds der Arbeiter kann nur von wahlberechtigten Arbeitern, zur Abberufung eines Angestellten nur von wahlberechtigten Mitgliedern dieser Gruppe, eines leitenden Angestellten nur von wahlberechtigten leitenden Angestellten und eines Gewerkschaftsvertreters nur von der Gewerkschaft gestellt werden, die das Mitglied vorgeschla-

gen hat. In den drei zuerst genannten Fällen ist jeweils eine Mehrheit von drei Vierteln aller – nicht nur der an der Abstimmung teilnehmenden – wahlberechtigten Mitgliedern der Gruppe nötig. Wie der Beschluß der Gewerkschaften zustande kommt, sagt das Gesetz nicht. Maßgeblich sind die gewerkschaftsinternen Vorschriften über die Willensbildung. Der Antrag ist beim Betriebsrat, in Unternehmen mit mehreren Betrieben beim Gesamtbetriebsrat, in Konzernen beim Konzernbetriebsrat zu stellen. Diese haben den Wahlvorstand einzuberufen, der das Verfahren leitet (§§ 100 1. WO, 107 2. WO, 108 3. WO).

2. Die Abberufungs**beschlüsse** werden – wiederum in exakter Spiegelung des Wahlverfahrens – von dem **Gremium** gefaßt, das **für die Wahl zuständig** war. Bei mittelbarer Wahl ist dies das Wahlmännerkollegium, und zwar bei Gruppenwahl die Wahlmänner einer Gruppe, bei gemeinsamer Wahl sämtliche Wahlmänner (Abs. 2 S. 1). Bei unmittelbarer Wahl ist der Beschluß im Fall der Gruppenwahl von sämtlichen wahlberechtigten Arbeitnehmern der Gruppe, bei gemeinsamer Wahl von sämtlichen wahlberechtigten Arbeitnehmern des Unternehmens zu fassen (Abs. 3 S. 1). Für beide Fälle schreibt das Gesetz ausdrücklich geheime Abstimmung vor (Abs. 2 S. 3 und Abs. 3 S. 3). Ein Quorum für die Beschlußfähigkeit ist nicht angegeben, so daß die Versammlung nach allgemeinen Regeln auch dann beschlußfähig ist, wenn weniger als die Hälfte der zu der Gruppe gehörenden wahlberechtigten Arbeitnehmer anwesend sind. Gem. Abs. 2 S. 3 a. E., Abs. 3 S. 3 a. E. bedürfen die Beschlüsse einer Mehrheit von drei Vierteln der abgegebenen Stimmen. Einzelheiten des Abstimmungsvorgangs sind in §§ 104 ff. 1. WO, 111 ff. 2. WO, 112 ff. 3. WO geregelt. **5**

3. Mit der Bekanntgabe der Beschlüsse nach Abs. 2 u. 3 **erlischt das Mandat** des betroffenen Aufsichtsratsmitglieds. Ist ein Ersatzmitglied bestellt, tritt dieses an seine Stelle. Andernfalls kommt eine Nachwahl oder eine Ersatzbestellung durch das Gericht gem. § 104 Abs. 2 AktG in Betracht (vgl. § 6 Rdn. 39 ff.). Das Ausscheiden ist gem. § 106 AktG i.V.m. § 6 Abs. 2 in den Gesellschaftsblättern und zum Handelsregister mitzuteilen, die Bestellung des Ersatzmitglieds oder die Neuwahl darüber hinaus gem. § 19 auch im Unternehmen bekannt zu machen (vgl. § 19 Rdn. 3). **6**

4. Gem. Abs. 4 können auch die **Ersatzmitglieder** der Arbeitnehmer nach § 23 abberufen werden. Eine Bekanntmachung gem. §§ 106 AktG i.V.m. 6 Abs. 2 ist nicht erforderlich, da das Ersatzmitglied nicht Aufsichtsratsmitglied ist, ein Wechsel daher nicht eintritt. **7**

5. **Streitigkeiten** im Zusammenhang mit der Abberufung eines Aufsichtsratsmitglieds der Arbeitnehmer gem. § 23 sind nach der ausdrücklichen Vorschrift des § 2 Abs. 1 Nr. 5 n.F. ArbGG im arbeitsgerichtlichen Beschlußverfahren auszutragen. **8**

§ 24
Verlust der Wählbarkeit und Wechsel der Gruppenzugehörigkeit unternehmensangehöriger Aufsichtsratsmitglieder

(1) Verliert ein Aufsichtsratsmitglied, das nach § 7 Abs. 2 Arbeitnehmer des Unternehmens sein muß, die Wählbarkeit, so erlischt sein Amt.

(2) Der Wechsel der Gruppenzugehörigkeit eines Aufsichtsratsmitglieds der Arbeiter oder der Angestellten führt nicht zum Erlöschen seines Amtes. Satz 1 ist entsprechend anzuwenden, wenn sich die Zuordnung eines Aufsichtsratsmitglieds der Angestellten zu den in § 3 Abs. 3 Nr. 1 bezeichneten Angestellten oder den leitenden Angestellten ändert.

1 1. § 24 wurde erst während der Ausschußberatungen in das Gesetz eingefügt, ohne daß die Materialien Auskunft über die dabei angestellten Erwägungen geben. Gem. Abs. 1 erlischt das Amt eines Aufsichtsratsmitglieds, das nach § 7 Abs. 2 Arbeitnehmer des Unternehmens sein muß, wenn es die Wählbarkeit verliert. Die Vorschrift bestätigt den allgemein anerkannten Grundsatz, daß ein Aufsichtsratsmandat erlischt, wenn die vom Gesetz aufgestellten persönlichen Voraussetzungen wegfallen (§ 6 Rdn. 24). Sie stimmt auch mit § 24 Abs. 1 Nr. 4 BetrVG überein. Nach Abs. 2 führt der Wechsel der Gruppenzugehörigkeit dagegen nicht zum Erlöschen des Amtes. Eine übereinstimmende Vorschrift enthält das Gesetz schon in § 11 Abs. 5 für die Wahlmänner. Nach der Begründung des Regierungsentwurfs hierzu (BT-Drucks. 7/2172, 23) liegt dieser Regelung die Erwägung zugrunde, daß der Gewählte nicht die ihm bei der Wahl von den Wählern der Gruppe, der er bisher angehörte, erteilte Legitimation verliert. Sie entspricht § 24 Abs. 2 BetrVG. Dagegen wurde zu § 76 BetrVG 1952 angenommen, daß auch der Wechsel der Gruppenzugehörigkeit zum Erlöschen des Aufsichtsratsamtes führt (*Dietz-Richardi*, § 76 BetrVG 1952 Rdn. 136f.; *Kölner Komm. – Mertens*, Anh. nach § 96 AktG Rdn. 63).

2 **Abs. 1** gilt nur für die Aufsichtsratsmitglieder der Arbeitnehmer, die gem. § 7 Abs. 2 u. 3 dem Unternehmen angehören müssen, nicht dagegen für die gem. § 7 Abs. 2 u. 4 von den Gewerkschaften vorgeschlagenen Mitglieder. Sofern die persönlichen Wählbarkeitsvoraussetzungen gem. § 100 Abs. 1 u. 2 AktG i.V.m. § 6 Abs. 2 wegfallen, erlischt das Amt schon nach den aktienrechtlichen Regeln (s. § 6 Rdn. 24), so daß insoweit keine Besonderheiten auftreten, namentlich die Rechtslage für die dem Unternehmen angehörenden Aufsichtsratsmitglieder der Arbeitnehmer und die Gewerkschaftsvertreter sich nicht unterscheidet. Dasselbe gilt, wenn das Aufsichtsratsmitglied gem. §§ 6 Abs. 2 i.V.m. 105 AktG zum Prokuristen für den gesamten Geschäftsbereich des Vertretungsorgans bestellt wird (vgl. § 6 Rdn. 50). Hauptfälle des § 24

Abs. 1 sind danach der Verlust der Arbeitnehmereigenschaft (§ 3 Abs. 1 i.V.m. § 5 Abs. 3 BetrVG, vgl. § 3 Rdn. 13 f.) und das **Ausscheiden des Aufsichtsratsmitglieds aus dem Unternehmen** infolge Kündigung oder Beendigung des Anstellungsverhältnisses (§ 7 Rdn. 9). Auch in den Ruhestand tretende Arbeitnehmer scheiden aus dem Unternehmen aus (*Hueck-Nipperdey*, Arbeitsrecht, Bd. 1, 488; *Meilicke-Meilicke*, §§ 6, 7 Rdn. 26). Dagegen beendet die Versetzung innerhalb des Unternehmens die Zugehörigkeit nicht. In den Fällen der §§ 4 u. 5 ist anzunehmen, daß die Zugehörigkeit zum Unternehmen auch dann erhalten bleibt, wenn das Aufsichtsratsmitglied in ein anderes Unternehmen überwechselt oder versetzt wird, dessen Arbeitnehmer an der Wahl zum Aufsichtsrat teilnehmen. Denn das Gesetz betrachtet, wie sich aus dem einheitlichen Wahlverfahren ergibt, die beteiligten Unternehmen als eine Einheit.

3. Der **Wechsel der Gruppenzugehörigkeit** berührt nach **Abs. 2** das Aufsichtsratsmandat nicht. Dies gilt nach dem Wortlaut des Gesetzes nicht nur, wenn ein Wechsel zwischen den Gruppen der Arbeiter und der Angestellten stattfindet, sondern auch zwischen Angestellten und leitenden Angestellten. **3**

4. **Streitigkeiten** über das vorzeitige Erlöschen des Aufsichtsratsmandats nach Abs. 1 betreffen nicht unmittelbar die Wahl von Aufsichtsratsmitgliedern der Arbeitnehmer und fallen daher nicht unter § 2 Abs. 1 Nr. 5 n. F. ArbGG. **4**

DRITTER ABSCHNITT

Innere Ordnung, Rechte und Pflichten des Aufsichtsrats

§ 25

Grundsatz

(1) Die innere Ordnung, die Beschlußfassung sowie die Rechte und Pflichten des Aufsichtsrats bestimmen sich nach den §§ 27 bis 29, den §§ 31 und 32 und, soweit diese Vorschriften dem nicht entgegenstehen,

1. für Aktiengesellschaften und Kommanditgesellschaften auf Aktien nach dem Aktiengesetz,
2. für Gesellschaften mit beschränkter Haftung und bergrechtliche Gewerkschaften mit eigener Rechtspersönlichkeit nach § 90 Abs. 3, 4 und 5 Satz 1 und 2, den §§ 107 bis 116, 118 Abs. 2, § 125 Abs. 3 und den §§ 171 und 268 Abs. 2 des Aktiengesetzes,
3. für Erwerbs- und Wirtschaftsgenossenschaften nach dem Gesetz betreffend die Erwerbs- und Wirtschaftsgenossenschaften.

§ 4 Abs. 2 des Gesetzes über die Überführung der Anteilsrechte an der Volkswagenwerk Gesellschaft mit beschränkter Haftung in private

Hand vom 21. Juli 1960 (Bundesgesetzbl. I S. 585), zuletzt geändert durch das Zweite Gesetz zur Änderung des Gesetzes über die Überführung der Anteilsrechte an der Volkswagenwerk Gesellschaft mit beschränkter Haftung in private Hand vom 31. Juli 1970 (Bundesgesetzbl. I S. 1149), bleibt unberührt.

(2) Andere gesetzliche Vorschriften und Bestimmungen der Satzung (des Gesellschaftsvertrags, des Statuts) oder der Geschäftsordnung des Aufsichtsrats über die innere Ordnung, die Beschlußfassung sowie die Rechte und Pflichten des Aufsichtsrats bleiben unberührt, soweit Absatz 1 dem nicht entgegensteht.

Die zitierten Paragraphen des Aktiengesetzes lauten:

§ 90
Berichte an den Aufsichtsrat

(3) Der Aufsichtsrat kann vom Vorstand jederzeit einen Bericht verlangen über Angelegenheiten der Gesellschaft, über ihre rechtlichen und geschäftlichen Beziehungen zu verbundenen Unternehmen sowie über geschäftliche Vorgänge bei diesen Unternehmen, die auf die Lage der Gesellschaft von erheblichem Einfluß sein können. Auch ein einzelnes Mitglied kann einen Bericht, jedoch nur an den Aufsichtsrat, verlangen; lehnt der Vorstand die Berichterstattung ab, so kann der Bericht nur verlangt werden, wenn ein anderes Aufsichtsratsmitglied das Verlangen unterstützt.

(4) Die Berichte haben den Grundsätzen einer gewissenhaften und getreuen Rechenschaft zu entsprechen.

(5) Jedes Aufsichtsratsmitglied hat das Recht, von den Berichten Kenntnis zu nehmen. Soweit die Berichte schriftlich erstattet worden sind, sind sie auch jedem Aufsichtsratsmitglied auf Verlangen auszuhändigen, soweit der Aufsichtsrat nichts anderes beschlossen hat. Der Vorsitzende des Aufsichtsrats hat die Aufsichtsratsmitglieder über die Berichte nach Absatz 1 Satz 2 spätestens in der nächsten Aufsichtsratssitzung zu unterrichten.

§ 107
Innere Ordnung des Aufsichtsrats

(1) Der Aufsichtsrat hat nach näherer Bestimmung der Satzung aus seiner Mitte einen Vorsitzenden und mindestens einen Stellvertreter zu wählen. Der Vorstand hat zum Handelsregister anzumelden, wer gewählt ist. Der Stellvertreter hat nur dann die Rechte und Pflichten des Vorsitzenden, wenn dieser behindert ist.

(2) Über die Sitzungen des Aufsichtsrats ist eine Niederschrift anzufertigen, die der Vorsitzende zu unterzeichnen hat. In der Niederschrift sind der Ort und der Tag der Sitzung, die Teilnehmer, die Gegenstände der Tagesordnung, der wesentliche Inhalt der Verhandlungen und die Beschlüsse des Aufsichtsrats anzugeben. Ein Verstoß gegen Satz 1 oder Satz 2 macht einen Beschluß nicht

unwirksam. Jedem Mitglied des Aufsichtsrats ist auf Verlangen eine Abschrift der Sitzungsniederschrift auszuhändigen.

(3) Der Aufsichtsrat kann aus seiner Mitte einen oder mehrere Ausschüsse bestellen, namentlich, um seine Verhandlungen und Beschlüsse vorzubereiten oder die Ausführung seiner Beschlüsse zu überwachen. Die Aufgaben nach Absatz 1 Satz 1, § 59 Abs. 3, § 77 Abs. 2 Satz 1, § 84 Abs. 1 Satz 1 und 3, Abs. 2 und Abs. 3 Satz 1, § 111 Abs. 3, §§ 171, 314 Abs. 2 und 3 und § 331 Abs. 3 Satz 3 sowie Beschlüsse, daß bestimmte Arten von Geschäften nur mit Zustimmung des Aufsichtsrats vorgenommen werden dürfen, können einem Ausschuß nicht an Stelle des Aufsichtsrats zur Beschlußfassung überwiesen werden.

§ 108
Beschlußfassung des Aufsichtsrats

(1) Der Aufsichtsrat entscheidet durch Beschluß.

(2) Die Beschlußfähigkeit des Aufsichtsrats kann, soweit sie nicht gesetzlich geregelt ist, durch die Satzung bestimmt werden. Ist sie weder gesetzlich noch durch die Satzung geregelt, so ist der Aufsichtsrat nur beschlußfähig, wenn mindestens die Hälfte der Mitglieder, aus denen er nach Gesetz oder Satzung insgesamt zu bestehen hat, an der Beschlußfassung teilnimmt. In jedem Fall müssen mindestens drei Mitglieder an der Beschlußfassung teilnehmen. Der Beschlußfähigkeit steht nicht entgegen, daß dem Aufsichtsrat weniger Mitglieder als die durch Gesetz oder Satzung festgesetzte Zahl angehören, auch wenn das für seine Zusammensetzung maßgebende zahlenmäßige Verhältnis nicht gewahrt ist.

(3) Abwesende Aufsichtsratsmitglieder können dadurch an der Beschlußfassung des Aufsichtsrats und seiner Ausschüsse teilnehmen, daß sie schriftliche Stimmabgaben überreichen lassen. Die schriftlichen Stimmabgaben können durch andere Aufsichtsratsmitglieder überreicht werden. Sie können auch durch Personen, die nicht dem Aufsichtsrat angehören, übergeben werden, wenn diese nach § 109 Abs. 3 zur Teilnahme an der Sitzung berechtigt sind.

(4) Schriftliche, telegrafische oder fernmündliche Beschlußfassungen des Aufsichtsrats oder eines Ausschusses sind nur zulässig, wenn kein Mitglied diesem Verfahren widerspricht.

§ 109
Teilnahme an Sitzungen des Aufsichtsrats und seiner Ausschüsse

(1) An den Sitzungen des Aufsichtsrats und seiner Ausschüsse sollen Personen, die weder dem Aufsichtsrat noch dem Vorstand angehören, nicht teilnehmen. Sachverständige und Auskunftspersonen können zur Beratung über einzelne Gegenstände zugezogen werden.

(2) Aufsichtsratsmitglieder, die dem Ausschuß nicht angehören, können an den Ausschußsitzungen teilnehmen, wenn der Vorsitzende des Aufsichtsrats nichts anderes bestimmt.

(3) Die Satzung kann zulassen, daß an den Sitzungen des Aufsichtsrats und seiner Ausschüsse Personen, die dem Aufsichtsrat nicht angehören, an Stelle

von verhinderten Aufsichtsratsmitgliedern teilnehmen können, wenn diese sie hierzu schriftlich ermächtigt haben.

(4) Abweichende gesetzliche Vorschriften bleiben unberührt.

§ 110
Einberufung des Aufsichtsrats

(1) Jedes Aufsichtsratsmitglied oder der Vorstand kann unter Angabe des Zwecks und der Gründe verlangen, daß der Vorsitzende des Aufsichtsrats unverzüglich den Aufsichtsrat einberuft. Die Sitzung muß binnen zwei Wochen nach der Einberufung stattfinden.

(2) Wird einem Verlangen, das von mindestens zwei Aufsichtsratsmitgliedern oder vom Vorstand geäußert ist, nicht entsprochen, so können die Antragsteller unter Mitteilung des Sachverhalts selbst den Aufsichtsrat einberufen.

(3) Der Aufsichtsrat soll in der Regel einmal im Kalendervierteljahr, er muß einmal im Kalenderhalbjahr einberufen werden.

§ 111
Aufgaben und Rechte des Aufsichtsrats

(1) Der Aufsichtsrat hat die Geschäftsführung zu überwachen.

(2) Der Aufsichtsrat kann die Bücher und Schriften der Gesellschaft sowie die Vermögensgegenstände, namentlich die Gesellschaftskasse und die Bestände an Wertpapieren und Waren, einsehen und prüfen. Er kann damit auch einzelne Mitglieder oder für bestimmte Aufgaben besondere Sachverständige

(3) Der Aufsichtsrat hat eine Hauptversammlung einzuberufen, wenn das Wohl der Gesellschaft es fordert. Für den Beschluß genügt die einfache Mehrheit.

(4) Maßnahmen der Geschäftsführung können dem Aufsichtsrat nicht übertragen werden. Die Satzung oder der Aufsichtsrat kann jedoch bestimmen, daß bestimmte Arten von Geschäften nur mit seiner Zustimmung vorgenommen werden dürfen. Verweigert der Aufsichtsrat seine Zustimmung, so kann der Vorstand verlangen, daß die Hauptversammlung über die Zustimmung beschließt. Der Beschluß, durch den die Hauptversammlung zustimmt, bedarf einer Mehrheit, die mindestens drei Viertel der abgegebenen Stimmen umfaßt. Die Satzung kann weder eine andere Mehrheit noch weitere Erfordernisse bestimmen.

(5) Die Aufsichtsratsmitglieder können ihre Aufgaben nicht durch andere wahrnehmen lassen.

§ 112
Vertretung der Gesellschaft gegenüber Vorstandsmitgliedern

Vorstandsmitgliedern gegenüber vertritt der Aufsichtsrat die Gesellschaft gerichtlich und außergerichtlich.

§ 113
Vergütung der Aufsichtsratsmitglieder

(1) Den Aufsichtsratsmitgliedern kann für ihre Tätigkeit eine Vergütung gewährt werden. Sie kann in der Satzung festgesetzt oder von der Hauptversammlung bewilligt werden. Sie soll in einem angemessenen Verhältnis zu den Aufgaben der Aufsichtsratsmitglieder und zur Lage der Gesellschaft stehen. Ist die Vergütung in der Satzung festgesetzt, so kann die Hauptversammlung eine Satzungsänderung, durch welche die Vergütung herabgesetzt wird, mit einfacher Stimmenmehrheit beschließen.

(2) Den Mitgliedern des ersten Aufsichtsrats kann nur die Hauptversammlung eine Vergütung für ihre Tätigkeit bewilligen. Der Beschluß kann erst in der Hauptversammlung gefaßt werden, die über die Entlastung der Mitglieder des ersten Aufsichtsrats beschließt.

(3) Wird den Aufsichtsratsmitgliedern ein Anteil am Jahresgewinn der Gesellschaft gewährt, so berechnet sich der Anteil nach dem Bilanzgewinn, vermindert um einen Betrag von mindestens vier vom Hundert der auf den Nennbetrag der Aktien geleisteten Einlagen. Entgegenstehende Festsetzungen sind nichtig.

§ 114
Verträge mit Aufsichtsratsmitgliedern

(1) Verpflichtet sich ein Aufsichtsratsmitglied außerhalb seiner Tätigkeit im Aufsichtsrat durch einen Dienstvertrag, durch den ein Arbeitsverhältnis nicht begründet wird, oder durch einen Werkvertrag gegenüber der Gesellschaft zu einer Tätigkeit höherer Art, so hängt die Wirksamkeit des Vertrags von der Zustimmung des Aufsichtsrats ab.

(2) Gewährt die Gesellschaft auf Grund eines solchen Vertrags dem Aufsichtsratsmitglied eine Vergütung, ohne daß der Aufsichtsrat dem Vertrag zugestimmt hat, so hat das Aufsichtsratsmitglied die Vergütung zurückzugewähren, es sei denn, daß der Aufsichtsrat den Vertrag genehmigt. Ein Anspruch des Aufsichtsratsmitglieds gegen die Gesellschaft auf Herausgabe der durch die geleistete Tätigkeit erlangten Bereicherung bleibt unberührt; der Anspruch kann jedoch nicht gegen den Rückgewähranspruch aufgerechnet werden.

§ 115
Kreditgewährung an Aufsichtsratsmitglieder

(1) Die Gesellschaft darf ihren Aufsichtsratsmitgliedern Kredit nur mit Einwilligung des Aufsichtsrats gewähren. Eine herrschende Gesellschaft darf Kredite an Aufsichtsratsmitglieder eines abhängigen Unternehmens nur mit Einwilligung ihres Aufsichtsrats, eine abhängige Gesellschaft darf Kredite an Aufsichtsratsmitglieder des herrschenden Unternehmens nur mit Einwilligung des Aufsichtsrats des herrschenden Unternehmens gewähren. Die Einwilligung kann nur für bestimmte Kreditgeschäfte oder Arten von Kreditgeschäften und nicht für länger als drei Monate im voraus erteilt werden. Der Beschluß über die Einwilligung hat die Verzinsung und Rückzahlung des Kredits zu regeln. Betreibt das Aufsichtsratsmitglied ein Handelsgewerbe als Einzelkaufmann, so ist die Einwilligung nicht erforderlich, wenn der Kredit für die Bezahlung

von Waren gewährt wird, welche die Gesellschaft seinem Handelsgeschäft liefert.

(2) Absatz 1 gilt auch für Kredite an den Ehegatten oder an ein minderjähriges Kind eines Aufsichtsratsmitglieds und für Kredite an einen Dritten, der für Rechnung dieser Personen oder für Rechnung eines Aufsichtsratsmitglieds handelt.

(3) Ist ein Aufsichtsratsmitglied zugleich gesetzlicher Vertreter einer anderen juristischen Person oder Gesellschafter einer Personenhandelsgesellschaft, so darf die Gesellschaft der juristischen Person oder der Personenhandelsgesellschaft Kredit nur mit Einwilligung des Aufsichtsrats gewähren; Absatz 1 Satz 3 und 4 gilt sinngemäß. Dies gilt nicht, wenn die juristische Person oder die Personenhandelsgesellschaft mit der Gesellschaft verbunden ist oder wenn der Kredit für die Bezahlung von Waren gewährt wird, welche die Gesellschaft der juristischen Person oder der Personenhandelsgesellschaft liefert.

(4) Wird entgegen den Absätzen 1 bis 3 Kredit gewährt, so ist der Kredit ohne Rücksicht auf entgegenstehende Vereinbarungen sofort zurückzugewähren, wenn nicht der Aufsichtsrat nachträglich zustimmt.

(5) Ist die Gesellschaft ein Kreditinstitut, so gelten an Stelle der Absätze 1 bis 4 die Vorschriften des Gesetzes über das Kreditwesen.

§ 116
Sorgfaltspflicht und Verantwortlichkeit der Aufsichtsratsmitglieder

Für die Sorgfaltspflicht und Verantwortlichkeit der Aufsichtsratsmitglieder gilt § 93 über die Sorgfaltspflicht und Verantwortlichkeit der Vorstandsmitglieder sinngemäß.

§ 118
Allgemeines

(2) Die Mitglieder des Vorstands und des Aufsichtsrats sollen an der Hauptversammlung teilnehmen.

§ 125
Mitteilungen für die Aktionäre und an Aufsichtsratsmitglieder

(3) Jedes Aufsichtsratsmitglied kann verlangen, daß ihm der Vorstand die gleichen Mitteilungen übersendet.

§ 171
Prüfung durch den Aufsichtsrat

(1) Der Aufsichtsrat hat den Jahresabschluß, den Geschäftsbericht und den Vorschlag für die Verwendung des Bilanzgewinns zu prüfen. Auf Verlangen des Aufsichtsrats haben die Abschlußprüfer an seinen Verhandlungen über diese Vorlagen teilzunehmen.

(2) Der Aufsichtsrat hat über das Ergebnis der Prüfung schriftlich an die Hauptversammlung zu berichten. In dem Bericht hat der Aufsichtsrat auch mitzuteilen, in welcher Art und in welchem Umfang er die Geschäftsführung der Gesellschaft während des Geschäftsjahrs geprüft hat. Er hat ferner zu dem

Ergebnis der Prüfung des Jahresabschlusses durch die Abschlußprüfer Stellung zu nehmen. Am Schluß des Berichts hat der Aufsichtsrat zu erklären, ob nach dem abschließenden Ergebnis seiner Prüfung Einwendungen zu erheben sind und ob er den vom Vorstand aufgestellten Jahresabschluß billigt.

(3) Der Aufsichtsrat hat seinen Bericht innerhalb eines Monats, nachdem ihm die Vorlagen zugegangen sind, dem Vorstand zuzuleiten. Wird der Bericht dem Vorstand nicht innerhalb der Frist zugeleitet, hat der Vorstand dem Aufsichtsrat unverzüglich eine weitere Frist von nicht mehr als einem Monat zu setzen. Wird der Bericht dem Vorstand nicht vor Ablauf der weiteren Frist zugeleitet, gilt der Jahresabschluß als vom Aufsichtsrat nicht gebilligt.

§ 268
Pflichten der Abwickler

(2) Im übrigen haben die Abwickler innerhalb ihres Geschäftskreises die Rechte und Pflichten des Vorstands. Sie unterliegen wie dieser der Überwachung durch den Aufsichtsrat.

Schrifttum

Baltzer, Der Beschluß als rechtstechnisches Mittel organschaftlicher Funktion im Privatrecht, 1965; *Ballerstedt*, GmbH-Reform, Mitbestimmung, Unternehmensrecht, ZHR 135 (1971), 479; *ders.*, Unternehmen und Wirtschaftsverfassung, JZ 1951, 486; *ders;* Das Mitbestimmungsgesetz zwischen Gesellschafts-, Arbeits- und Unternehmensrecht, ZGR 1977, 133 (151 ff); *Boesebeck*, Rechtsbehelfe der AG gegenüber untragbaren Arbeitnehmervertretern im Aufsichtsrat, AG 1961, 117; *Boettcher* u. a. (Sechserbericht), Unternehmensverfassung als gesellschaftspolitische Forderung, 1968; *Bötticher*, Die Zuständigkeit der Arbeitsgerichte für Arbeitnehmervertreter im Aufsichtsrat im Bereich betriebsverfassungsrechtlicher Schutzgesetze, RdA 1956, 361; *Brox-Rüthers*, Arbeitskampfrecht, 1965; *Buchner*, Paritätische Mitbestimmung: Der Weg zu einer neuen Unternehmens- und Arbeitsordnung, ZfA 1974, 147; *Däubler*, Arbeitnehmer und Arbeitnehmervertreter im Aufsichtsrat, BlStSozArbR 1976, 184; *Eutebach*, Die Verschwiegenheitspflicht der Aufsichtsratsmitglieder einer Aktiengesellschaft, Diss. Köln 1969; *Geitner*, Offene Fragen im Mitbestimmungsgesetz, AG 1976, 210; *Guizetti*, Zur Frage der Haftung eines Arbeitnehmervertreters im Aufsichtsrat bei Streikbeteiligung, AuR 1956, 132; *Hanau*, Das Verhältnis des Mitbestimmungsgesetzes zum kollektiven Arbeitsrecht, ZGR 1977, 397; *Hengeler*, Zum Beratungsgeheimnis im Aufsichtsrat einer Aktiengesellschaft, in: Festschr. f. Schilling, 1973, 175; *Hensche*, Rechte und Pflichten des Aufsichtsrats und seiner Mitglieder, Mitbestimmungsgespräch 1971, 116; *Hölters*, Satzungsgestaltung und Organisationsstruktur von Unternehmen bei Einführung der qualifizierten Mitbestimmung, BB 1975, 797; *Hoffmann*, Probleme der GmbH & Co. nach dem Regierungsentwurf eines Mitbestimmungsgesetzes, GmbH-Rdsch. 1974, 73; *Hoffmann-Neumann*, Die Mitbestimmung bei GmbH und GmbH & Co. KG nach dem Mitbestimmungsgesetz 1976, GmbH-Rdsch. 1976, 149, 183; *G. Hueck*, Zur Verschwiegenheitspflicht der Arbeitnehmervertreter im Aufsichtsrat, RdA 1975, 35; *Immenga*, Zuständigkeiten des mitbestimmten Aufsichtsrats, ZGR 1977, 249; *Isele*, Die Verschwiegenheitspflichten der Arbeitnehmervertreter in den Mitbestimmungsorganen der Unternehmungen, in: Festgabe f. Kronstein, 1967, 107; *Janberg*, Aufsichtsratsausschüsse nach altem und neuem Aktienrecht, AG 1966, 1; *Kirschner*, Die Arbeitnehmervertreter im Aufsichtsrat, DB 1971, 2063; *Kittner*, Unternehmensverfassung und Information – Die Schweigepflicht von Aufsichtsratsmitgliedern, ZHR 136 (1972), 208; *Köhler*, Rechtsform und Unternehmensverfassung, ZgStW 1959, 716; ders., Unternehmensverfassung und Aktienrechtsform, JZ 1956, 137; *Kühlewein*, Die Verantwortlichkeit der Arbeitnehmervertreter im Aufsichtsrat, NJW 1954, 621; *Lehmann*, Die Zusammensetzung von Aufsichtsratsausschüssen in Gesellschaften, für die das MitbestG gilt, AG 1977, 14; *Leo*, Das neue Mitbestimmungsgesetz, Manager-Magazin 1976, H. 6, 77, H. 7, 75; *Lutter*, Mitbestimmung im Konzern, 1975; *Martens*, Allgemeine Grundsätze zur Anwendbarkeit des Mitbestimmungsgesetzes, AG 1976, 113; *ders;* Mitbestimmung, Konzernbildung und Gesellschaftereinfluß, ZHR 138 (1974), 179; *ders;* Paritätische Mitbestimmung und Aufsichtsratssystem, BB 1973, 1118; *ders;* Das Verhältnis des Mitbestimmungsgesetzes zum kollektiven Arbeitsrecht, ZGR 1977, 249; *Mayer*, Mitbestimmungsgesetz und Betriebsverfassungsgesetz – einheitliche Mitbestimmung im Betrieb, BlStSozArbR 1976, 173; *Meilicke*, Fehlerhafte Aufsichtsratsbeschlüsse, in: Festschr. f. Walter Schmidt, 1959, 71; *Mertens*, Politisches Programm in die Satzung der Aktiengesellschaft? NJW 1970, 1718; *ders.*, Zur Verschwiegenheitspflicht der Aufsichtsratsmitglieder, AG 1975, 235; *ders.*, Zuständigkeiten des mitbestimmten Aufsichtsrats, ZGR 1977, 270; *Mestmäcker*, Verwaltung, Konzerngewalt und Rechte der Aktionäre, 1958; *Meyer-Landrut*, Die Verschwiegenheitspflicht amtierender und ausgeschiedener Vorstands- und Aufsichtsratsmitglieder der Aktiengesellschaft, AG 1964, 325; *ders.*, Verschwiegenheitspflicht der Aufsichtsratsmitglieder, ZGR 1976, 510; *G. Müller*, Gedanken zum Entwurf des Mitbestimmungsgesetzes (MitbestG), DB 1975, 205, 253; *Natzel*, Das Rechtsverhältnis zwischen Aufsichtsratsmitglied und Gesellschaft unter besonderer Berücksichtigung des Mitbestimmungsrechts, DB 1959, 171, 201; *von der Pahlen*, Die Rechtsstellung der Aufsichtsratsmitglieder der Arbeitnehmerseite im Arbeitskampf, Diss. Hamburg 1967; *Pfarr*, Die Verschwiegenheitspflicht der Aufsichtsratsmitglieder, Mitbestimmungsgespräch 1976, 51; *Philipp*, Patt-Auflösung im Aufsichtsrat durch die Zweitstimme des Vorsitzenden?, DB 1976, 195; *O. Radke*, Treuepflicht der Arbeitnehmervertreter im Aufsichtsrat bei Streik, NJW 1956, 1581; *G. Radtke*, Fehlerhafte Aufsichtsratsbeschlüsse, BB 1960, 1045; *Raisch*, Zum Begriff und zur Bedeutung des Unternehmensinteresses als Verhaltensmaxime von Vorstands- und Aufsichtsratsmitgliedern, in: Festschrift f. Hefermehl, 1976, 347; *Th. Raiser*, Das Unternehmen als Organisation, 1969; *ders.*, Das Unternehmensinteresse, in Festschr. f. Reimer Schmidt, 1976, 101; *ders.*, Der neue Koalitionskompromiß zur Mitbestimmung, BB 1976, 145; *ders.*, Grundgesetz und paritätische Mitbestimmung, 1975; *ders.*, Vorstand, Aufsichtsrat und Hauptversammlung in mitbestimmten Aktiengesellschaften, in: Festschr. f. Ludwig Raiser, 1974, 355; *Reich*, Die Stellung des Aufsichtsrates im mitbestimmten Unternehmen, BlStSozArbR 1976, 176; *Reich-Lewerenz*, Das neue Mitbestimmungsgesetz, AuR

1976, 261, 353; *Reuter-Körnig,* Mitbestimmung und gesellschaftsrechtliche Gestaltungsfreiheit, ZHR 140 (1976), 494; *Richardi,* Der Beschluß des Großen Senats des Bundesarbeitsgerichts vom 21. April 1971, RdA 1971, 334; *Rittner,* Die paritätische Mitbestimmung und das Gesellschaftsrecht, JZ 1975, 457; *ders.*, Die Verschwiegenheitspflicht der Aufsichtsratsmitglieder nach BGHZ 64, 325, in: Festschr. f. Hefermehl, 1976, 365; *Rumpff,* Zur Rechtsstellung der Arbeitnehmervertreter in Arbeitskämpfen, Mitbestimmungsgespräch 1969, 127; *Schaub,* Die innere Organisation des Aufsichtsrats, ZGR 1977, 293; *Schilling,* Macht und Verantwortung in der Aktiengesellschaft (oder das Prinzip der Interesseneinheit), in: Festschr. f. Geßler, 1971, 159; *Schneider*, GmbH und GmbH & Co. KG in der Mitbestimmung, ZGR 1977, 335; *Schwegler,* Das neue Mitbestimmungsgesetz aus gewerkschaftlicher Sicht, BlStSozArbR 1976, 168; *Simitis,* Von der institutionalisierten zur problembezogenen Mitbestimmung, AuR 1975, 321; *Spieker,* Der Aufsichtsrat der mitbestimmten Montan-GmbH, 1960; *ders.*, Die Verschwiegenheitspflicht der Aufsichtsratsmitglieder, NJW 1965, 1937; *v. Stebut,* Geheimnisschutz und Verschwiegenheitspflicht im Aktienrecht, 1972; *Steindorff,* Kommanditgesellschaft auf Aktien und Mitbestimmung, in: Festschr. f. Ballerstedt, 1975, 127; *Steinmann,* Das Großunternehmen im Interessenkonflikt, 1969; *Veith,* Zur Verschwiegenheitspflicht der Aufsichtsratsmitglieder, NJW 1966, 526; *H. Werner,* Konzernrechtliche Abhängigkeit und einheitliche Leitung in mitbestimmten Konzernen, ZGR 1976, 447; *W. Werner,* Rechte und Pflichten des mitbestimmten Aufsichtsrats und seiner Mitglieder, ZGR 1977, 236; *Wessing-Hölters,* Die Verschwiegenheitspflicht von Aufsichtsratsmitgliedern nach dem Inkrafttreten des Mitbestimmungsgesetzes, DB 1976, 1671; *Westerbarkey,* Die Rechtsstellung der Betriebsratsmitglieder und der Arbeitnehmervertreter im Aufsichtsrat während des Streiks und der Aussperrung, Diss. Münster 1968; *H. P. Westermann,* Rechte und Pflichten des mitbestimmten Aufsichtsrats und seiner Mitglieder, ZGR 1977, 219; *Wiedemann,* Grundfragen der Unternehmensverfassung, ZGR 1975, 385; *ders.*, Unternehmerische Verantwortlichkeit und formale Unternehmensziele in einer zukünftigen Unternehmensverfassung, in: Festschr. f. Barz, 1974, 561; *Wlotzke-Wißmann,* Das neue Mitbestimmungsgesetz, DB 1976, 959; *Zachert,* Die Arbeitnehmervertreter im Aufsichtsrat – Rechtliche, praktische und mitbestimmungspolitische Aspekte unter Einschluß des Mitbestimmungsgesetzes vom 1. Juli 1976, Mitbestimmungsgespräch 1976, 160, 178, 196, 225, 246; *Zöllner,* Die Schranken mitgliedschaftlicher Stimmrechtsmacht bei den privatrechtlichen Personenverbänden, 1963; *ders.*, Zur Problematik der Auswahl und Bestellung des Arbeitsdirektors nach dem Mitbestimmungsgesetz, DB 1976, 1766; *ders.*, GmbH und GmbH & Co. KG in der Mitbestimmung, ZGR 1977, 319.

Übersicht

I. Vorbemerkungen

1 1. § 25 enthält die **Grundsatznorm** für die Arbeitsweise des paritätisch besetzten Aufsichtsrats. Die Vorschrift ordnet das hierzu geltende Recht in drei sich überlagernde Schichten. In erster Linie gelten die zwingenden und, von geringen Ausnahmen (§ 31 Abs. 1) abgesehen, **einheitlichen Vorschriften des MitbestG**, die den Vorsitz im Aufsichtsrat (§ 27), dessen Beschlußfähigkeit (§ 28), die für das Zustandekommen eines Beschlusses erforderlichen Mehrheiten (§ 29), die Bestellung und Abberufung von Mitgliedern des Vertretungsorgans (§ 31) sowie die Ausübung von Beteiligungsrechten (§ 32) betreffen. Die Vorschriften enthalten das eigentliche Mitbestimmungsrecht, dem eine Differenzierung nach Rechtsformen grundsätzlich fremd ist. Sie regeln aber nur einige Ausschnitte aus der gesamten Materie. Wo sie nicht eingreifen,

ist nach der Verweisung des Abs. 1 auf die **rechtsformspezifischen Vorschriften des Gesellschaftsrechts** zurückzugreifen. Dabei entschied sich der Gesetzgeber für eine mittlere Linie, indem er, anders als in § 6 bei der Bildung und Zusammensetzung des Aufsichtsrats, zwar auf eine generelle Anwendung aktienrechtlicher Regeln und damit auf eine über das MitbestG hinausgehende Vereinheitlichung der Rechtsstrukturen aller mitbestimmungspflichtigen Unternehmen verzichtete, auf der anderen Seite aber doch die Vielfalt der gesellschaftsrechtlichen Gestaltungsmöglichkeiten auch nicht unverändert akzeptierte.

Auf die AG und die KGaA ist nach Abs. 1 Z. 1 das AktG anzuwen- **2**
den, d. h. es bleibt beim geltenden, für beide Gesellschaftsformen sehr verschiedenen Recht. Die GmbH und die bergrechtliche Gewerkschaft werden gem. Abs. 1 Z. 2 dem wichtigsten Teil der den Aufsichtsrat betreffenden aktienrechtlichen Vorschriften unterworfen, behalten im übrigen aber ihre rechtsformspezifischen Merkmale. Hier bewirkt das Gesetz eine über das Mitbestimmungsrecht im engeren Sinn hinausreichende, aber doch partiell bleibende Vereinheitlichung. Für die Genossenschaften schließlich gilt nach Abs. 1 Z. 3 nur das GenG. Obgleich nach dem äußerlichen Befund die Eigenart dieser Rechtsform durch den generellen Rückgriff auf das bisher geltende Recht stärker gewahrt bleibt als bei der GmbH und der bergrechtlichen Gewerkschaft, werden die Unterschiede abgemildert durch die in der Novelle zum GenG von 1973 vollzogene Annäherung an das Aktienrecht.

Für die **Volkswagenwerk AG** gilt grundsätzlich Aktienrecht. Das **3**
Gesetz hält jedoch die Sonderregelung des § 4 Abs. 2 des Volkswagengesetzes aufrecht, wonach die Errichtung und die Verlegung von Produktionsstätten der Zustimmung des Aufsichtsrats bedürfen und der Zustimmungsbeschluß eine Mehrheit von zwei Dritteln der Aufsichtsratsmitglieder voraussetzt.

Als dritte, der Rechtsgeltung nach schwächste Schicht verweist § 25 **4**
Abs. 2 auf andere gesetzliche Vorschriften sowie auf **privatautonome Regelungen** in der **Satzung** oder der **Geschäftsordnung des Aufsichtsrats**. Sie bleiben zulässig und gültig, soweit sie weder den Vorschriften des MitbestG noch den in Abs. 1 genannten gesellschaftsrechtlichen Vorschriften, noch anderem zwingendem Recht widersprechen. Zu den schon bisher herrschenden allgemein- und gesellschaftsrechtlichen Schranken der Organisationsfreiheit treten die mitbestimmungsrechtlichen hinzu. Die Anteilseigner können die innere Ordnung des Aufsichtsrats, namentlich seine Zuständigkeit in Personal- und Sachfragen, sein Verfahren und die Bildung von Aufsichtsratsausschüssen, auch soweit sie nach dem Gesellschaftsrecht darin frei sind, nur noch in den ihnen durch das MitbestG gezogenen Grenzen selbst regeln.

5 2. § 25 entspricht in der rechtlichen Wirkung im wesentlichen §§ **76, 77 BetrVG 1952**. In den Katalog der auf die GmbH und die bergrechtliche Gewerkschaft anzuwendenden aktienrechtlichen Vorschriften nach Abs. 1 Z. 2 wurde zusätzlich nur § 115 AktG aufgenommen. Im **Gesetzgebungsverfahren** hat § 25 wenig Aufmerksamkeit gefunden. Er entspricht wörtlich der Fassung des § 23 RegE.

6 3. Um so stärker hat sich die Wissenschaft schon während des Gesetzgebungsverfahrens veranlaßt gesehen, die Implikationen und Konsequenzen der Vorschrift auszuleuchten. Dabei wurde von vielen Seiten die **Unausgewogenheit der Konzeption** hervorgehoben, die dazu führt, daß der durch das Gesetz begründete Einfluß der Arbeitnehmer je nach der Rechtsform des Unternehmens verschieden weit reicht und die Mitbestimmungsidee, in der solche Differenzierungen nicht angelegt sind, insoweit verwässert wird (*Martens,* ZHR 138, 179 ff.; *ders.,* AG 1976, 115; *Th. Raiser,* Grundgesetz und paritätische Mitbestimmung, 38 ff.; *Simitis,* AuR 1975, 321 ff.; *Steindorff,* Festschrift für Ballerstedt, 131 f.; *Reich-Lewerenz,* AuR 1976, 264 f.). Auf der anderen Seite wurde nicht weniger bedauert, daß das Gesetz die Zahl der zwingenden Vorschriften vermehrt und auf diese Weise die **Privatautonomie im Gesellschaftsrecht**, nicht zuletzt bei der GmbH, **eingeschränkt** (vgl. *Rittner,* JZ 1975, 457 ff.). Aufs Ganze gesehen blieb das Urteil geteilt, ob der **Kompromiß** zwischen **allgemeiner Geltung** des **Mitbestimmungsrechts** und **rechtsformspezifischer Differenzierung** geglückt sei.

7 Neben die eher rechtspolitisch orientierte Kritik an dem vom Gesetzgeber gewollten Kompromiß zwischen den Gestaltungsprinzipien trat die Frage nach der **rechtstechnischen Qualität**. Dabei zeigte sich, daß sich das Gesetz in das geltende Gesellschaftsrecht nicht ohne weiteres einpaßt, sondern zu Reibungen und in einigen Fällen, namentlich bei der GmbH, zu **Widersprüchen** führt, die durch Auslegung nicht zu beseitigen, kaum zu glätten sind (vgl. schon *Ballerstedt,* ZHR 135, 479, 502 ff.; *Martens,* a.a.O., 217 ff.; *Hoffmann,* GmbH-Rdsch. 1974, 73 ff.; *Hoffmann-Neumann,* GmbH-Rdsch. 1976, 149 ff.; s. u. bei Rdn. 67 ff.). Ferner weist das Gesetz **Lücken** auf, die sich mit dem vorhandenen Material kaum befriedigend schließen lassen (vgl. *Martens,* AG 1976, 115; *Wlotzke-Wißmann,* DB 1976, 960).

8 4. Der Befund nötigt zu **methodischen Überlegungen** darüber, nach welchen Gesichtspunkten die Widersprüche zu lösen, Lücken zu ergänzen und Auslegungsprobleme zu entscheiden sind. Nach *Martens* (AG 1976, 115 ff.) kommt für die Orientierung zunächst der **Grundsatz der Mitbestimmungstradition** in Betracht. Ganz offenkundig knüpft das Gesetz in der Gesamtkonzeption wie bei vielen Einzelheiten, auch wo es dies nicht ausspricht, an die Montanmitbestimmungsgesetze und an

§§ 76 ff. BetrVG 1952 an. Zum Teil übernimmt es deren Formulierungen wörtlich. Auch zahlreiche Vorschriften des BetrVG 1972 kehren im MitbestG teils wörtlich, teils der Sache nach wieder. Daher bestehen keine methodischen Bedenken, zu seiner Auslegung **Judikatur** und **Schrifttum** zu den **älteren Mitbestimmungsregelungen heranzuziehen**. Das Verfahren trägt nicht nur den Intentionen des Gesetzgebers Rechnung, sondern vereinfacht auch die Anwendung des Gesetzes und stärkt die Rechtssicherheit. Auf der anderen Seite ist dabei Vorsicht geboten, denn eine einheitliche und abgesicherte Mitbestimmungstradition gibt es nicht, und zwar schon deshalb nicht, weil die Montanmitbestimmungsgesetze und §§ 76 ff. BetrVG 1952 unter sich zu verschieden sind, als daß sich daraus ohne weiteres gemeinsame Lehren ableiten ließen, und weil das MitbestG wiederum von allen abweicht. Auch die Entstehungsgeschichte und die in ihr zum Tragen gekommenen politischen Umstände und Absichten unterscheiden sich bei allen vier Gesetzen. Das schließt es aus, die zum Montanmitbestimmungsrecht und zu §§ 76 ff. BetrVG 1952 ergangene Judikatur und Literatur unmittelbar und vorbehaltlos der Auslegung des MitbestG zugrunde zu legen. Wenn auch eine möglichst einheitliche Interpretation aller Mitbestimmungsvorschriften erwünscht sein muß, ist sie nirgends rechtlich vorgeschrieben. Das MitbestG ist vielmehr in erster Linie aus sich selbst heraus zu interpretieren, freilich im Lichte der Mitbestimmungstradition und des Materials, das sich in ihr angesammelt hat.

Sehr viel problematischer ist der von *Martens* (AG 1976, 119 ff.) **9** weiter herausgestellte Grundsatz der Prävalenz des Gesellschaftsrechts. Die in § 25 Abs. 1 angezogenen gesellschaftsrechtlichen Vorschriften gelten für die unter das MitbestG fallenden Unternehmen nach dem klaren Wortlaut des Gesetzes nur, soweit §§ 27–29, 31, 32 dem nicht entgegenstehen. Abs. 2 wiederholt dieselbe Formulierung in bezug auf andere gesetzliche Vorschriften, Satzungsbestimmungen und Geschäftsordnungsregeln. Insofern ist also von einem **Vorrang des MitbestG vor dem Gesellschaftsrecht** auszugehen. Dagegen läßt sich auch nicht die Begründung zum RegE anführen, denn dort heißt es nur, das Gesetz solle „eine gleichberechtigte und gleichgewichtige Teilnahme von Anteilseignern und Arbeitnehmern an den Entscheidungsprozessen im Unternehmen *auf der Grundlage* des geltenden Gesellschaftsrechts" bzw. die Mitbestimmung der Arbeitnehmer *„unter weitgehender Beibehaltung* des geltenden Gesellschaftsrechts" verwirklichen (BT-Drucks. 7/2172, 17). Aus der Rechtslage folgt, daß auch bei der Auslegung und Anwendung des Gesetzes stets in erster Linie sein eigener Inhalt sowie der Sinn und die Tragweite der in ihm enthaltenen Vorschriften zu ermitteln sind, bevor die Harmonisierung mit dem Gesellschaftsrecht ins Auge gefaßt wird. Soweit Widersprüche und

Reibungen mit gesellschaftsrechtlichen Regeln und Prinzipien auftreten, setzt sich das MitbestG durch. Auf keinen Fall geht es an, unter Berufung auf das Gesellschaftsrecht bei der Auslegung des Gesetzes eine restriktive Tendenz zu entfalten (vgl. zum Ganzen auch *Steindorff*, Festschrift für Ballerstedt, 140 ff.; *Simitis*, AuR 1975, 325 f.; *Reich-Lewerenz*, AuR 1976, 262 ff.; *Reuter-Körnig*, ZHR 140, 494 ff.).

10 Auf der anderen Seite erweisen sich die wenigen Vorschriften des **MitbestG** als zu **lückenhaft** und **substanzschwach**, als daß mit ihrer Hilfe alle Auslegungs- und Rechtsanwendungsprobleme zu lösen wären. Schon der Zahl nach überwiegen die kraft der Verweisungen in §§ 6, 25, 30 und 31 weitergeltenden Normen des Gesellschaftsrechts. Inhaltlich beziehen sich diese Vorschriften vielfach auf Fragen, deren Lösung mitbestimmungsrechtlich neutral ist und die daher mangels näherer Anhaltspunkte im MitbestG ausschließlich nach **gesellschaftsrechtlichen Kriterien** zu beurteilen sind. Allerdings darf dabei die Veränderung der Auslegungsgesichtspunkte nicht unbeachtet bleiben, die aus der **Übertragung** zahlreicher **aktienrechtlicher Vorschriften** auf die anderen unter das MitbestG fallenden Unternehmensformen resultiert. Doch auch die Bewältigung der dadurch erzeugten Spannungen zwischen gesetzesstrengem Aktienrecht und mehr oder weniger flexiblem sonstigem Gesellschaftsrecht bewegt sich außerhalb der spezifisch mitbestimmungsrechtlichen Interpretationsprobleme.

11 Problematisch wird das Verhältnis gesellschaftsrechtlicher und mitbestimmungsrechtlicher Auslegungsgesichtspunkte demgegenüber bei Fragen, die zwar mitbestimmungsrelevant sind, für deren Lösung sich im MitbestG aber infolge seiner Unvollständigkeit keine klaren Anhaltspunkte finden. Hier können sich bei der Interpretation des Gesetzes wieder die verschiedenen politischen Standpunkte bemerkbar machen, welche seine Vorgeschichte prägten und zwischen denen der Gesetzestext so mühsam vermittelt. Eine methodisch überzeugende, an der „Politik des Gesetzes" (vgl. zu diesem Begriff *Steindorff*, Festschr. f. Larenz, 217 ff.) ausgerichtete Interpretation muß sich hier vor allem auf den gefundenen und im **Gesetz niedergelegten Kompromiß** stützen, dessen Konturen sorgfältig nachzeichnen und Implikationen ausdeuten, um eine zuverlässige Basis zu finden. Sie wird eine **mittlere Linie** anstreben, welche die Interessen der Anteilseigner und der Arbeitnehmer gleichermaßen berücksichtigt und der komplizierten Dialektik Rechnung trägt, in der das Gesetz einerseits den Arbeitnehmern eine durch die paritätische Besetzung des Aufsichtsrats manifestierte gleichberechtigte Mitbestimmung gewährt und andererseits die gegenseitige Blokkade der Gruppen im Aufsichtsrat mit Hilfe der zweiten Stimme des Aufsichtsratsvorsitzenden, d. h. zugunsten der Anteilseigner auflöst. Namentlich wird sie jenseits der speziellen Gruppeninteressen nach der

für das Unternehmen und für die **Funktionsfähigkeit des Unternehmensorgans Aufsichtsrat** günstigsten Lösung suchen, um derentwillen der Gesetzgeber das Pattauflösungsverfahren eingeführt hat. Ihr Ziel muß eine in diesem Sinn verstandene **unternehmensrechtliche Auslegung** sein. Sofern die Formel von der Prävalenz des Gesellschaftsrechts eine Interpretationstendenz bezeichnet, die im Zweifel die Interessen der Anteilseignerseite bevorzugt, ist sie dagegen mit dem Gesetz nicht vereinbar. Umgekehrt darf aber auch das Stichwort vom Vorrang des MitbestG nicht dazu verleiten, mit Hilfe der Auslegung eine vollständigere, dem Ideal einer gleichberechtigten und gleichgewichtigen Mitbestimmung näherkommende Lösung realisieren zu wollen als das Gesetz verwirklicht hat.

5. Nach den im Vorangehenden entwickelten Auslegungs- und Rechtsanwendungsprinzipien ist auch die Frage zu beurteilen, wieweit die Arbeitsweise des Aufsichtsrats in der **Satzung** oder einer **Geschäftsordnung** geregelt werden kann (vgl. § 25 Abs. 2). Aus allgemeinen körperschaftsrechtlichen Grundsätzen ergibt sich zunächst, daß die Anteilseignerversammlung dazu generell nur im Rahmen ihrer Satzungsgewalt berechtigt ist, da sie nicht durch Einzelbeschlüsse in die Zuständigkeit des Aufsichtsrats eingreifen kann (ebenso *Großkomm. – Meyer-Landrut,* § 107 AktG Einl. a.E.; *Köln.-Komm. – Mertens,* § 107 AktG Rdn. 132). Geschäftsordnungsvorschriften der Anteilseignerversammlung bedürfen daher der für Satzungsänderungen erforderlichen Mehrheit. **12**

Reichweite und Grenzen der den Unternehmensorganen vom MitbestG und von den gesellschaftsrechtlichen Vorschriften, namentlich §§ 107 ff. AktG, belassenen Organisationsautonomie zu bestimmen, wirft sehr **schwierige Interpretationsprobleme** auf, die auch im Aktienrecht noch wenig geklärt sind. Es sind mehrere Rechtsschichten zu unterscheiden. Zunächst muß geprüft werden, welche **Schranken das MitbestG** für unternehmensinterne Regelungen setzt. Das ist im Einzelnen weiter unten (z. B. Rdn. 32, 68 ff.) sowie im Zusammenhang mit den Erläuterungen zu §§ 27, 28 u. 29 auszuführen. Allgemein läßt sich sagen, daß nach dem MitbestG **alle Geschäftsordnungs- und Verfahrensregeln unzulässig sind, welche die vom Gesetzgeber gewollte Ausgestaltung des Paritätsprinzips und das im Gesetz minutiös geregelte Zusammenspiel der Gruppen im Aufsichtsrat verändern und welche die Funktionsfähigkeit des Aufsichtsrats als Unternehmensorgan vermindern würden** (*Wiedemann,* ZGR 1977, 167; *Immenga,* ZGR 1977, 268; vgl. auch *Mertens,* ZGR 1977, 283). **13**

Aus der unterschiedlichen Zusammensetzung der für die Satzung zuständigen Anteilseignerversammlung und des Aufsichtsrats ergeben sich dabei **verschiedene Grenzen** für **Satzungsbestimmungen** und für **14** vom Aufsichtsrat selbst beschlossene **Geschäftsordnungsregeln**. Da die Arbeitnehmer in der Anteilseignerversammlung nicht vertreten sind, stehen Satzungsvorschriften, welche die Zuständigkeit und die Arbeitsweise des paritätisch besetzten Aufsichtsrats regeln, von vorneherein unvermeidlich in dem Verdacht, die Beteiligung der Arbeitnehmervertreter an der Arbeit des Aufsichtsrats zurückdrängen zu wollen. Sie bedürfen daher unter diesem Gesichtspunkt einer besonderen Kontrolle. Geschäftsordnungsbeschlüsse des Aufsichtsrats selbst sind dagegen, namentlich wenn sie mit den Stimmen der Arbeitnehmervertreter verabschiedet wurden, ähnlichen Bedenken kaum ausgesetzt. Hier tritt bei der rechtlichen Beurteilung statt dessen der Gesichtspunkt in den Vordergrund, ob die Geschäftsordnung der Funktionsfähigkeit des Aufsichtsrats gerecht wird, der dem Aufsichtsrat einen breiteren Gestaltungsspielraum gewährt als er der Anteilseignerversammlung zugebilligt werden kann.

15 Ist die Vereinbarkeit einer Satzungsvorschrift oder Geschäftsordnungsregel mit dem MitbestG geklärt, bedarf es weiter der Prüfung, ob sie nach den **gesellschaftsrechtlichen Vorschriften**, namentlich §§ 107 ff. AktG, **zulässig** ist. Soweit die Gesetze nicht eindeutige und abschließende Anordnungen enthalten, hängt das Ergebnis nicht zuletzt davon ab, welche Stellung dem Aufsichtsrat im Unternehmen zugewiesen ist, d. h. ob er als Organ der Anteilseigner, als eine Art Ausschuß der Anteilseignerversammlung oder als unabhängiges und selbstverantwortliches Unternehmensorgan fungiert. Im Gesellschaftsrecht befindet sich die Entwicklung in diesem Punkt im Fluß, und es sind rechtsformspezifische Unterschiede festzustellen, die ausschließen, eine einheitliche und überzeugend begründete Auslegungsrichtlinie herauszuarbeiten. Doch läßt die Ansiedelung der Mitbestimmung im Aufsichtsrat bei allen unter das MitbestG fallenden Unternehmen indessen nur noch die zweite Deutung zu. Folgerichtig liegt bei ihnen auch die **Organisationsautonomie** prinzipiell in den Händen des **Aufsichtsrats** selbst. Die Anteilseignerversammlung ist bei ihnen nur noch insoweit für berechtigt zu halten, Geschäftsordnungsvorschriften für den Aufsichtsrat in die Satzung aufzunehmen, als ihr das Gesetz die Befugnis dazu einräumt. Auch gesetzliche Vorschriften, die ihr die Zuständigkeit dafür gewähren, mit der Organisationsautonomie des Aufsichtsrats aber nicht vereinbar sind, widersprechen dem MitbestG und sind daher nicht mehr anzuwenden (§ 25 Abs. 1 a.E.).

II. Verfahren des Aufsichtsrats

16 1. Zum Verfahren des Aufsichtsrats enthalten die §§ 107–110 AktG eine Anzahl von Einzelregeln, die aber die Materie nicht erschöpfen. Die Vorschriften gelten gem. § 25 Abs. 1 Z. 2 auch für die unter das

Gesetz fallenden Gesellschaften mbH und bergrechtlichen Gewerkschaften, nicht jedoch für die Genossenschaften, auf die ausschließlich das GenG anzuwenden ist (§ 25 Abs. 1 Z. 3, dazu unten Rdn. 34). Selbständig regelt das MitbestG nur die Wahl des Aufsichtsratsvorsitzenden und seines Stellvertreters (§ 27 Abs. 1 u. 2 anstelle von § 107 Abs. 1 S. 1 AktG), die Beschlußfähigkeit des Aufsichtsrats (§ 28 anstelle von § 108 Abs. 2 AktG) und die im AktG nicht näher geregelten Voraussetzungen für das Zustandekommen eines Aufsichtsratsbeschlusses (§ 29).

2. Gem. § 107 Abs. 2 S. 1 AktG ist über die Sitzungen des Aufsichts- 17
rats eine **Niederschrift** anzufertigen. In das Protokoll sind der Ort und der Tag der Sitzung aufzunehmen, ferner die Teilnehmer, die Gegenstände der Tagesordnung, der wesentliche Inhalt der Verhandlungen und die gefaßten Beschlüsse. Es hat keine konstitutive Wirkung, sondern dient lediglich dem Beweis, weshalb eine Verletzung der Vorschriften Beschlüsse des Aufsichtsrats nicht unwirksam macht. Doch verstößt der Aufsichtsratsvorsitzende gegen seine Amtspflichten, wenn er die ordnungsgemäße Niederschrift versäumt, und kann sich daher gem. § 116 AktG schadensersatzpflichtig machen. Er braucht das Protokoll nicht selbst zu führen, sondern kann ein anderes Aufsichtsratsmitglied und, wenn kein anwesendes Aufsichtsratsmitglied widerspricht, auch einen Dritten hinzuziehen (*Köln.-Komm. – Mertens,* § 107 AktG Rdn. 57; *Geßler,* § 107 AktG Rdn. 47). Auf Verlangen ist jedem Mitglied des Aufsichtsrats eine Abschrift der Sitzungsniederschrift zu erteilen (§ 107 Abs. 2 S. 4 AktG).

3. Nach § 108 Abs. 1 AktG entscheidet der Aufsichtsrat durch 18
Beschluß. Die Formulierung des Gesetzes besagt, daß jeder Entscheidung das förmliche Abstimmungsverfahren vorausgehen muß. Stillschweigende Entscheidungen durch konkludentes Verhalten sind ausgeschlossen (BGHZ 10, 194; 41, 286; 47, 343 ff.; WM 1970, 1394 f.). Das schließt aber nicht aus, die Tragweite eines Beschlusses im Hinblick auf einen nicht ausdrücklich erklärten Punkt durch Auslegung zu ermitteln (h.M., *Mertens,* a.a.O., § 108 AktG Rdn. 13; *Geßler,* § 108 AktG Rdn. 6).

Die Beschlüsse des Aufsichtsrats werden grundsätzlich in **Sitzungen,** 19
d. h. unter Anwesenden gefaßt. Eine nachträgliche Stimmabgabe abwesender Aufsichtsratsmitglieder kommt nach h. L. zum Aktienrecht nur ausnahmsweise in Betracht, wenn alle Anwesenden damit einverstanden sind (*Mertens,* a.a.O., § 108 AktG Rdn. 18 f.; *Geßler,* § 108 AktG Rdn. 66). **Schriftliche, telegrafische** oder **fernmündliche** Beschlüsse sind gem. § 108 Abs. 4 AktG nur zulässig, wenn kein Mitglied diesem Verfahren widerspricht (Einzelheiten dazu in den Kommentaren zum AktG, u. a. *Mertens,* a.a.O., § 108 AktG Rdn. 24–34;

Geßler, § 108 AktG Rdn. 56–65). Stellvertretung in der Wahrnehmung der Funktionen eines Aufsichtsratsmitglieds ist grundsätzlich ausgeschlossen (§§ 111 Abs. 5, 101 Abs. 3 AktG). Allerdings kann die Satzung zulassen, daß ein verhindertes Aufsichtsratsmitglied einen Dritten schriftlich ermächtigt, statt seiner an der Sitzung teilzunehmen (§ 109 Abs. 3 AktG, s. u. Rdn. 28).

4. Zum Ausgleich des gesetzlichen Verbots, sich bei der Ausübung
20 des Aufsichtsratsmandats vertreten zu lassen, ist es gem. § 108 Abs. 3 AktG möglich, eine **schriftliche Stimme** abgeben zu lassen (vgl. zum folgenden *Philipp,* DB 1976, 196 f.). Nach § 29 Abs. 2 S. 2 und § 31 Abs. 4 S. 4 kann der Aufsichtsratsvorsitzende von diesem Recht auch bei der Ausübung der zweiten ihm zustehenden Stimme Gebrauch machen. Die Stimme kann durch jedes andere Mitglied des Aufsichtsrats überreicht werden, durch Dritte nur, wenn sie gem. § 109 Abs. 3 AktG zur Teilnahme an der Sitzung berechtigt sind. Die Übersendung der Stimme an den Aufsichtsratsvorsitzenden genügt nicht, jedoch wird in der aktienrechtlichen Literatur angenommen, daß der Vorsitzende in einem solchen Fall unter gewöhnlichen Umständen verpflichtet ist, die Stimme in der Sitzung zu überreichen (vgl. *Godin-Wilhelmi,* § 108 AktG Anm. 8; *Mertens,* a.a.O., § 108 AktG Rdn. 23; a.A. *Möhring-Tank,* Handbuch der Aktiengesellschaft, Rdn. I 316).

21 Der vom Gesetz gebotenen **Schriftform** ist bei fernmündlicher Übermittlung nicht genügt (allg. A.). Auch telegrafische und fernschriftliche Übermittlung reicht nach § 126 BGB nicht aus, und zwar selbst dann nicht, wenn das abwesende Aufsichtsratsmitglied das Aufgabeformular eigenhändig unterzeichnet hat (BGHZ 24, 298; ebenso *Mertens,* a.a.O., Rdn. 23; *Großkomm. – Meyer-Landrut,* § 108 AktG Anm. 14; *Reich-Lewerenz,* AuR 1976, 270). Demgegenüber läßt ein Teil der aktienrechtlichen Literatur die telegrafische oder fernschriftliche Form zu (*Geßler,* § 108 AktG Rdn. 43; KG JW 1938, 1824). Das mag rechtspolitisch erwünscht sein, da § 108 Abs. 3 AktG einem verhinderten Aufsichtsratsmitglied die Teilnahme an den Abstimmungen ermöglichen will und bei der paritätischen Besetzung des Aufsichtsrats gute Gründe dafür sprechen, so zu verfahren. Angesichts des eindeutigen Wortlauts der §§ 108 Abs. 3 AktG und 126 BGB wird man de lege lata jedoch an der eigenhändigen Unterschrift des abwesenden Aufsichtsratsmitglieds festhalten müssen.

22 Der Beauftragte hat nicht die rechtliche Stellung eines Stellvertreters, sondern eines **Boten** (h.A.). Er kann daher in der Sitzung zwar das Wort ergreifen und die Meinung des Auftraggebers vortragen, auch einen von diesem formulierten Antrag stellen, aber nicht selbst entscheiden. Daher ist es unzulässig, ihm ein Blankett zu überlassen, das er selbst je nach dem Gang der Verhandlung auszufüllen hat (h.A.,

z. B. *Meyer-Landrut,* a.a.O., Anm. 15; *Geßler,* a.a.O., Rdn. 49; *Godin-Wilhelmi,* a.a.O., Anm. 8). Ebenso dürfen ihm nicht zwei entgegengesetzte schriftliche Stimmen ausgehändigt werden, zwischen denen er selbst entscheidet. Die Stimme muß sich auf einen bestimmten Antrag beziehen und klar zu erkennen geben, wie der Auftraggeber votiert. Das setzt voraus, daß die Gegenstände, über die der Aufsichtsrat beraten und abstimmen soll, allen Aufsichtsratsmitgliedern rechtzeitig vorher, regelmäßig in der Tagesordnung, mitgeteilt werden (vgl. *Philipp,* DB 1976, 197). Wird der Antrag im Lauf der Sitzung verändert, kann die Stimme nicht mehr abgegeben werden.

Eine Stimme, die den Formerfordernissen nicht genügt, ist **nichtig.** **23**
Doch hindert ihre Abgabe das Zustandekommen des Beschlusses nicht, sofern die gesetzliche Mehrheit auch ohne sie erreicht wird. In die Rechte und Pflichten des Aufsichtsratsmitglieds rückt der Stimmbote nicht ein. Jedoch hat das abwesende Aufsichtsratsmitglied sein Verschulden in entsprechender Anwendung des § 278 BGB zu vertreten (*Geßler,* a.a.O., Rdn. 51). Im Innenverhältnis hat er dafür zu sorgen, daß der Bote die Pflichten des Aufsichtsratsmitglieds, namentlich die Schweigepflicht, beachtet.

5. §§ 109 u. 110 AktG enthalten eine Reihe weiterer Einzelvorschrif- **24**
ten zum Verfahren des Aufsichtsrats.

a) Nach **§ 109 Abs. 1 AktG** sollen an den Sitzungen des Aufsichtsrats **Personen nicht teilnehmen**, die weder dem Aufsichtsrat noch dem Vertretungsorgan angehören. Die Vorschrift soll die Arbeitsfähigkeit des Aufsichtsrats und die Vertraulichkeit seiner Beratungen sicherstellen. Es handelt sich um eine Sollvorschrift, deren Verletzung die Beschlüsse des Aufsichtsrats nicht berührt (h.A., vgl. BGHZ 47, 346).

Die **Mitglieder des Aufsichtsrats** sind zur **Teilnahme** an den **Sitzun- 25**
gen kraft ihres Amtes berechtigt und verpflichtet. Das Recht kann ihnen nicht entzogen werden. Nur ausnahmsweise kommt ein Ausschluß durch Aufsichtsratsbeschluß in Betracht, wenn andernfalls wichtige Belange des Unternehmens gefährdet würden (*Baumbach-Hueck,* § 109 AktG Rdn. 4; *Köln.-Komm. – Mertens,* § 109 AktG Rdn. 8; a.A. *Geßler,* § 109 AktG Rdn. 9). Dagegen haben die **Mitglieder des Vertretungsorgans** kein gesetzliches Recht, an den Aufsichtsratssitzungen teilzunehmen. Jedoch ergibt sich aus § 109 Abs. 1 S. 1 AktG, daß sie dazu eingeladen werden können.

Weitere Personen können nur zu einzelnen Gegenständen, d. h. **26**
nicht regelmäßig, für eine ganze Sitzung oder zu allen Punkten der Tagesordnung, hinzugezogen werden, wenn sie als **Sachverständige** oder **Auskunftspersonen** gehört werden sollen. Über die Einladung entscheidet zunächst der Aufsichtsratsvorsitzende als Sitzungsleiter, jedoch weicht dessen Entscheidung einem Beschluß des Gesamtauf-

sichtsrats. Gem. § 171 Abs. 1 S. 2 AktG haben auf Verlangen des Aufsichtsrats die Abschlußprüfer an den Beratungen über den Jahresabschluß, Geschäftsbericht und die Verwendung des Bilanzgewinns teilzunehmen. Dagegen können andere Personen, z. B. Großaktionäre, Ehrenvorsitzende des Aufsichtsrats, frühere oder künftige Mitglieder, nicht an den Sitzungen teilnehmen, sofern sie nicht als Sachverständige oder Auskunftspersonen zu einzelnen Punkten gehört werden sollen.

27 § 109 Abs. 1 AktG ist **zwingendes Recht**. Die Satzung kann daher den Kreis der zugelassenen Personen nicht erweitern (h.A.). Sie kann jedoch ergänzende Regelungen, z. B. über die Teilnahme des Vorstands oder bestimmter Sachverständiger an den Sitzungen, treffen.

28 b) Nach § 109 Abs. 3 AktG kann die Satzung zulassen, daß an den Sitzungen des Aufsichtsrats **Personen, die dem Aufsichtsrat nicht angehören,** anstelle von verhinderten Aufsichtsratsmitgliedern teilnehmen können, wenn diese sie hierzu schriftlich ermächtigt haben. Die Zulassung setzt eine Satzungsvorschrift voraus, die auch die Voraussetzungen, namentlich die dafür in Betracht kommenden Verhinderungsfälle, eingrenzen, nicht aber eine generelle „Vertretung“ vorsehen kann. Ferner ist eine schriftliche Ermächtigung des verhinderten Aufsichtsratsmitglieds erforderlich. Diese muß sich auf eine bestimmte Sitzung beziehen und setzt einen konkreten Fall der Verhinderung voraus (h.A.). Der Beauftragte ist nicht Stellvertreter im Sinne des Bürgerlichen Rechts, sondern **Bote**, der den Willen des Auftraggebers zum Ausdruck zu bringen, nicht aber selbst Entscheidungen zu fällen hat (vgl. oben Rdn. 22).

29 c) Die **Einberufung des Aufsichtsrats** ist gem. **§ 110 Abs. 1 AktG** Sache des Aufsichtsratsvorsitzenden. Nach **§ 110 Abs. 3 AktG** muß der Aufsichtsrat einmal im Kalenderhalbjahr und soll zusätzlich einmal im Kalendervierteljahr einberufen werden. Die Satzung kann eine dichtere Sitzungsfolge anordnen, jedoch nicht von der Verpflichtung absehen, daß der Aufsichtsrat wenigstens einmal im Kalenderhalbjahr zusammentritt. Gem. § 108 Abs. 4 AktG ohne Sitzung gefaßte Beschlüsse genügen dem Erfordernis nicht. Im übrigen hat der Aufsichtsratsvorsitzende eine Sitzung anzuberaumen, wenn es die Aufgaben des Aufsichtsrats gebieten, was er nach pflichtgemäßem Ermessen zu beurteilen hat. Jedes Aufsichtsratsmitglied sowie das Vertretungsorgan können gem. § 110 Abs. 1 S. 1 AktG unter Angabe des Zwecks und der Gründe verlangen, daß der Vorsitzende den Aufsichtsrat einberuft. Nach h. A. hat der Vorsitzende dem Verlangen nachzukommen, wenn der Antrag formgerecht gestellt und nicht mißbräuchlich ist, und kann sich im Fall der Weigerung schadensersatzpflichtig machen (vgl. *Großkomm. – Meyer-Landrut,* § 110 AktG Anm. 6; *Godin-Wilhelmi,* § 110 AktG Anm. 5; *Geßler,* § 110 AktG Rdn. 20 ff.; *Köln.-Komm.* –

Mertens, § 110 AktG Rdn. 9 f.). Die Sitzung ist, wenn dies verlangt wird, unverzüglich einzuberufen und muß dann binnen zwei Wochen stattfinden. Wird der Antrag von mindestens zwei Mitgliedern des Aufsichtsrats oder vom Vorstand geäußert, können die Antragsteller unter Mitteilung des Sachverhalts den Aufsichtsrat selbst einberufen, wenn der Vorsitzende sich weigert (§ 110 Abs. 2 AktG).

6. Die **Rechtsfolgen fehlerhafter Aufsichtsratsbeschlüsse** sind im 30
AktG nicht geregelt und daher zweifelhaft und umstritten (zum folgenden neben den Kommentaren zum AktG *Baltzer,* Der Beschluß als rechtstechnisches Mittel organschaftlicher Funktion im Privatrecht, 178 ff.; *Meilicke,* Festschrift für W. Schmidt, 71; *Radtke,* BB 1960, 1045; *Zöllner,* Die Schranken mitgliedschaftlicher Stimmrechtsmacht bei den privatrechtlichen Personenverbänden, 373 ff., 381 ff.). Beschlüsse, deren Inhalt gegen das Gesetz (z. B. gegen das Diskriminierungsverbot des § 33, s. § 33 Rdn. 26) oder gegen die Satzung verstößt, sind nach h.M. **nichtig** (vgl. statt aller *Köln.-Komm. – Mertens,* § 108 AktG Rdn. 61 ff.). Gleichfalls nichtig sind Beschlüsse eines nicht beschlußfähigen (§ 28) oder unzuständigen (vgl. §§ 27 Abs. 2, 32) Aufsichtsrats. Nach der Judikatur und h.L. führen weiter auch schwere Verfahrensverstöße zur Nichtigkeit, namentlich das Fehlen einer ordnungsmäßigen Einladung zur Sitzung sowie die Nichtladung oder der Ausschluß eines Mitglieds von der Sitzung (Nachw. bei *Köln.-Komm. – Mertens,* § 108 AktG Rdn. 69). Nicht endgültig geklärt ist, ob die Wirksamkeit eines Beschlusses voraussetzt, daß der Gegenstand bereits mit der Einladung zur Sitzung angekündigt wurde, oder ob auch über Punkte abgestimmt werden kann, die erst während der Sitzung in die Tagesordnung aufgenommen wurden (vgl. *Großkomm. – Meyer-Landrut,* § 108 AktG Anm. 2 m.w.N.; *Hölters,* BB 1975, 802; *Reich-Lewerenz,* AuR 1976, 269). Bei anderen Verfahrensmängeln wird eine Nichtigkeit des Beschlusses nur angenommen, wenn die dadurch behinderten Aufsichtsratsmitglieder den Mangel in angemessener Frist rügen (*Mertens,* a.a.O., Rdn. 70 f.; *Geßler,* § 108 AktG Rdn. 71 ff.). In solchen Fällen tritt anstelle der Nichtigkeit die **Vernichtbarkeit**. Schließlich hat der Verstoß gegen reine Ordnungsvorschriften (vgl. § 107 Abs. 2 S. 3 AktG) keine Auswirkungen auf die Wirksamkeit des Beschlusses. Die **Ungültigkeit, Nichtigkeit** oder **Anfechtung einzelner Stimmen**, z. B. die Teilnahme einzelner nicht wirksam gewählter Aufsichtsratsmitglieder (vgl. § 22), macht den Beschluß nur unwirksam, wenn sie auf das Gesamtergebnis Einfluß gehabt haben können (BGHZ 47, 346; *Mertens,* a.a.O., Rdn. 66 f.; *Geßler,* a.a.O., Rdn. 74 ff.).

Die Nichtigkeit eines Aufsichtsratsbeschlusses **wirkt grundsätzlich** 31
von Anfang an. Doch kann es geboten sein, die **rückwirkende Geltung**

zu **beschränken**, wenn eine Rückabwicklung aufgrund der in der Zwischenzeit geschaffenen Lage unmöglich wäre oder zu unangemessenen Ergebnissen führen würde oder wenn durch den Beschluß Vertrauenspositionen geschaffen wurden, die nicht mehr ohne weiteres entzogen werden können (Lehre von der beschränkten Rückwirkung faktischer Dauerrechtsverhältnisse; Einzelheiten bei *Köln.-Komm. – Mertens* § 108 Rdn. 76 f.). Ähnlich ist zu differenzieren, wenn ein Beschluß auf Anfechtung hin für nichtig erklärt wurde. Danach kommt eine nur ex nunc, für die Zukunft wirkende Vernichtbarkeit eines fehlerhaften Aufsichtsratsbeschlusses namentlich bei den vom Aufsichtsrat durchzuführenden Wahlen des Aufsichtsratsvorsitzenden, seines Stellvertreters sowie der Mitglieder des Vertretungsorgans in Betracht (*Mertens*, a.a.O.,; ebenso *Fitting-Wlotzke-Wißmann*, § 25 Rdn. 24). Die **Nichtigkeit** kann nach h. L. von jedermann ohne Einschränkung **geltend gemacht** werden. Eine Feststellungsklage ist gegen das Unternehmen zu richten. Leichtere Verfahrensfehler muß der Betroffene dagegen rechtzeitig, notfalls durch Klage, geltend machen, wenn er daraus Folgerungen ableiten will. Die Einzelheiten sind streitig.

32 7. Innerhalb der vom MitbestG und vom AktG gezogenen Grenzen (vgl. Rdn. 13 ff.) kann das Verfahren des Aufsichtsrats in der **Satzung** oder in einer vom Aufsichtsrat selbst zu erlassenden **Geschäftsordnung** geregelt werden (vgl. § 25 Abs. 2). Nach allgemeinen körperschaftlichen Grundsätzen ist die Anteilseignerversammlung dazu nur im Rahmen ihrer Satzungsgewalt befugt, da sie nicht durch Einzelbeschlüsse in die Zuständigkeit des Aufsichtsrats eingreifen kann (vgl. Rdn. 12). Daher bedürfen Beschlüsse der Anteilseignerversammlung der für Satzungsänderungen erforderlichen Mehrheit. Eine vom Aufsichtsrat selbst zu beschließende Geschäftsordnung bedarf der einfachen Mehrheit gem. § 29 und kann bei Stimmengleichheit gem § 29 Abs. 2 auch mit der Zweitstimme des Aufsichtsratsvorsitzenden verabschiedet werden. Entgegen der Ansicht von *Reich-Lewerenz* (AuR 1976, 271) erlaubt das Gesetz nicht, § 29 Abs. 2 bei derartigen Verfahrensentscheidungen für unanwendbar zu erklären.

33 Die Schranken, welche das MitbestG unternehmensinternen Verfahrensvorschriften für den Aufsichtsrat inhaltlich setzt, sind im Zusammenhang mit den einzelnen in Betracht kommenden Gegenständen erörtert (vgl. § 27 Rdn. 23, 28; § 28 Rdn. 3; § 29 Rdn. 7, 14).

34 8. Die Vorschriften der §§ 107–110 AktG über das Verfahren des Aufsichtsrats sind gem. § 25 Abs. 1 Z. 3 **auf Genossenschaften nicht anzuwenden**. Da auch das GenG keine entsprechenden Regeln kennt, ist das Verfahren innerhalb der vom MitbestG gezogenen Grenzen (vgl. Rdn. 13 ff.) im Statut oder in einer vom Aufsichtsrat selbst erlassenen Geschäftsordnung zu regeln. Da eine Stimmbotenschaft nicht zulässig ist (*Müller,* § 36 GenG Rdn. 92), kann auch der Aufsichtsratsvorsitzende die ihm nach §§ 29 Abs. 2, 31 Abs. 4 zustehende zweite Stimme nicht schriftlich durch Stimmboten überreichen lassen. Statt dessen läßt es die h. L. im Gegensatz zum Aktienrecht aber zu, stellvertretende Aufsichtsratsmitglieder zu berufen (vgl. *Müller,* § 36 GenG Rdn. 4; *Lang-Weidmüller,* § 36 GenG Anm. 3).

III. Aufsichtsratsausschüsse

1. Gem. § 107 Abs. 3 S. 1 AktG kann der Aufsichtsrat aus seiner **35**
Mitte einen oder mehrere **Ausschüsse** bilden. Die Vorschrift gilt gem. § 25 Abs. 1 Nr. 2 auch für die unter das Gesetz fallenden Gesellschaften mbH und bergrechtlichen Gewerkschaften, nicht jedoch für Genossenschaften (vgl. Rdn. 46). Die Entscheidung, einen Ausschuß zu bilden, ist Teil der dem Aufsichtsrat vom Gesetz zuerkannten Organisationsautonomie, in welche die Anteilseignerversammlung nicht eingreifen kann, und steht daher **ausschließlich** dem **Aufsichtsrat** selbst zu (vgl. *Köln.-Komm. – Mertens,* § 107 AktG Rdn. 73; *Geßler,* § 107 AktG Rdn. 61). Der Beschluß erfordert gem. § 29 einfache Mehrheit. Die Satzung kann die Bestellung weder verbieten noch höhere Mehrheiten dafür verlangen (vgl. § 29 Rdn. 7). Auch die von einem Teil des aktienrechtlichen Schrifttums (vgl. *Mertens,* a.a.O., Rdn. 77 m.w.N.) vertretene Ansicht, die Satzung könne die Einsetzung bestimmter Aufsichtsratsausschüsse gebieten, hält näherer Prüfung nicht stand, denn auch ein derartiges Gebot würde die Freiheit des Aufsichtsrats einschränken, selbst zu entscheiden, wie er die ihm vom Gesetz übertragenen Aufgaben wahrnehmen will (so schon zum Aktiengesetz *Großkomm. – Meyer-Landrut,* § 107 AktG Anm. 14; *Geßler,* a.a.O., Rdn. 62; *Godin-Wilhelmi,* § 107 AktG Anm. 7, je m.w.N.; zum MitbestG *Zachert,* Mitbestimmungsgespräch 1976, 196; *Lehmann* AG 1977, 15). Zum Mitglied von Aufsichtsratsausschüssen können nach dem Wortlaut des Gesetzes **nur Aufsichtsratsmitglieder** berufen werden. Externe kann der Ausschuß gem. § 109 Abs. 1 AktG (s. Rdn. 26) nur als Sachverständige oder Auskunftspersonen zu einzelnen Punkten zuziehen.

Über die **Größe** der Aufsichtsratsausschüsse sagt das Gesetz nichts, **36**
sie steht daher im Belieben des Aufsichtsrats. Doch setzt ein Ausschuß begrifflich mindestens zwei Mitglieder voraus. **Beschließende Ausschüsse** müssen nach BGHZ 65, 190 (= AG 1976, 22 m. Anm. *Werner*) mit **mindestens drei Personen** besetzt sein. Auch über die **Besetzung** hat der Aufsichtsrat selbst zu beschließen. Die Satzung oder die Anteilseignerversammlung können weder die Größe festlegen noch vorschreiben, daß bestimmte Aufsichtsratsmitglieder, z. B. der Vorsitzende oder ein von einem Aktionär entsandtes Mitglied, bestimmten

Ausschüssen anzugehören haben (*Köln.-Komm. – Mertens,* § 107 AktG Rdn. 78 ff.; *Geßler,* § 107 AktG Rdn. 72; a.A. *Großkomm. – Meyer-Landrut,* § 107 AktG Anm. 13; *Janberg,* AG 1966, 2 f.).

37 2. Das Gesetz enthält keine Vorschriften über die **Verteilung der Sitze** in Aufsichtsratsausschüssen **zwischen den Aufsichtsratsmitgliedern der Anteilseigner und der Arbeitnehmer.** Auch die Entstehungsgeschichte ergibt dazu nichts, da die Frage nicht näher erörtert wurde. In den ersten Äußerungen zu dem Gesetz haben daher die der Arbeitnehmerseite nahestehenden Autoren durchweg den Standpunkt bezogen, das Gesetz mache eine paritätische Besetzung auch der Aufsichtsratsausschüsse erforderlich (vgl. *Schwegler,* BlStSozArbR 1976, 170; *Reich,* BlStSozArbR 1976, 180; *Reich-Lewerenz,* AuR 1976, 271; *Zachert,* Mitbestimmungsgespräch 1976, 197; ebenso *Geitner,* AG 1976, 211 ff.), während von den Interessen der Anteilseigner ausgehende Autoren den gegenteiligen Standpunkt vertreten (vgl. *Philipp,* DB 1976, 198; *Leo,* Manager-Magazin 1976, H. 6, 86; *Lehmann* AG 1977, 17). Der Streit fand besondere Aufmerksamkeit, weil sich dahinter die Vermutung verbarg, durch eine Verlagerung wichtiger Beschlüsse in nicht paritätisch besetzte Ausschüsse lasse sich die Wirkung des Gesetzes abschwächen oder unterlaufen.

38 Bei der Antwort auf die Frage ist zunächst zu beachten, daß dem Gesetzgeber das Problem nicht unbekannt war, da es schon zur Mitbestimmung nach §§ 76, 77 BetrVG 1952 erörtert wurde (zum Streitstand vgl. *Dietz-Richardi,* § 76 BetrVG 1952 Rdn. 159 ff.; *Köln.-Komm. – Mertens,* Anh. nach § 96 AktG Rdn. 73 ff., je m.w.N.). Bereits bei der Beratung des AktG 1965 hatten der Wirtschaftsausschuß und der Ausschuß f. Arbeit u. Sozialordnung des Bundestags vorgeschlagen, eine Bestimmung in das Gesetz aufzunehmen, wonach jedem Aufsichtsratsausschuß mindestens ein Arbeitnehmervertreter angehören mußte. Auf Vorschlag des Rechtsausschusses verzichtete der Bundestag dann aber auf eine derartige Vorschrift, weil man sie für zu schematisch hielt und auf der anderen Seite der Meinung war, eine willkürliche und einseitige Benachteiligung der Arbeitnehmervertreter sei auch ohne gesetzliche Vorschrift unzulässig (vgl. BT-Drucks. IV/3296, 52; Stenograf. Ber. des 4. Dt. BT, 9226, 9394; ferner Begr. RegE *Kropff,* 150 ff.). Statt dessen bestimmt § 107 Abs. 3 S. 2 AktG, daß gewisse wichtige Aufgaben des Aufsichtsrats nicht an einen Ausschuß zur Beschlußfassung überwiesen und damit dem Einfluß der Arbeitnehmervertreter entzogen werden können, sondern dem Gesamtaufsichtsrat vorbehalten bleiben. Aus dem Schweigen des MitbestG und seiner Materialien folgt, daß es dabei bleiben sollte.

39 Die nunmehr paritätische Besetzung des Aufsichtsrats läßt sich dagegen nicht ins Feld führen, denn sie verlangt nicht, dem Aufsichtsrat

zu verbieten, daß er seine Ausschüsse nach Zweckmäßigkeit verschieden zusammensetzt. Ebensowenig zwingt § 27 Abs. 3 zu einem solchen Schluß; die Sonderstellung des Vermittlungsausschusses legt vielmehr eher das argumentum e contrario nahe, für andere Ausschüsse schreibe das Gesetz die paritätische Besetzung gerade nicht vor. Gesetzeswortlaut, Entstehungsgeschichte und teleologische Interpretation führen demnach zu dem Ergebnis, daß die Aufsichtsratsausschüsse mit Ausnahme des Vermittlungsausschusses nicht **mit der gleichen Anzahl von Aufsichtsratsmitgliedern der Anteilseigener und der Arbeitnehmer besetzt** sein müssen (ebenso *Fitting-Wlotzke-Wißmann,* § 25 Rdn. 31). Die Gruppen im Aufsichtsrat haben keinen Anspruch auf eine bestimmte Größe und Besetzung der Ausschüsse (ebenso schon die Mehrheit der Autoren zu §§ 76, 77 BetrVG 1952; vgl. die Nachweise bei *Dietz-Richardi,* a.a.O.; *Mertens,* a.a.O.).

Das heißt allerdings nicht, daß es zulässig wäre, die Arbeitnehmer- **40**
vertreter gezielt von den Aufsichtsratsausschüssen auszuschließen oder ihnen generell eine Beteiligung vorzuenthalten, die ihrem Gewicht im Gesamtorgan entspricht. Da alle Aufsichtsratsmitglieder dieselben Rechte und Pflichten haben und in gleichem Maße für die sachgemäße Erledigung der dem Aufsichtsrat als Unternehmensorgan zugewiesenen Funktionen verantwortlich sind (s. Rdn. 89), so sind sie prinzipiell auch an der Arbeit der Aufsichtsratsausschüsse gleichberechtigt zu beteiligen. Bei der Besetzung Unterschiede zwischen den Gruppen zu machen, welche die Vertreter der Anteilseigner begünstigen, würde daher eine **Diskriminierung** der Arbeitnehmerseite bedeuten, die dem Sinn des Gesetzes und der Absicht des Gesetzgebers offenkundig zuwiderläuft und daher **nicht rechtmäßig** ist. Das Gesetz erlaubt vielmehr bei der Besetzung der Aufsichtsratsausschüsse nur eine flexible, von sachlichen Erwägungen getragene Handhabung des Paritätsprinzips, nicht jedoch den Versuch der Anteilseignerseite, sich dadurch ein Übergewicht zu verschaffen, das sie im Gesamtaufsichtsrat nicht besitzt (vgl. *Lehmann,* AG 1977, 18).

Verstößt ein Aufsichtsratsbeschluß, durch den ein Ausschuß eingesetzt wird, gegen das Diskriminierungsverbot, so ist er nichtig oder doch mindestens anfechtbar (vgl. Rdn. 30). Der Ausschuß ist nicht wirksam eingesetzt, seine Beschlüsse können das Gesamtorgan nicht binden. Dagegen geht es zu weit anzunehmen, daß die Anwendung des Pattauflösungsverfahrens gem. § 29 Abs. 2 bei der Besetzung von Aufsichtsratsausschüssen von vornherein mißbräuchlich und daher unzulässig wäre (so aber *Fitting-Wlotzke-Wißmann,* § 29 Rdn. 32).

3. Nach § 107 Abs. 3 AktG können Aufsichtsratsausschüsse vor **41**
allem zu dem **Zweck** eingesetzt werden, die **Verhandlungen und Beschlüsse** des Gesamtaufsichtsrats **vorzubereiten** und deren **Ausführung**

zu überwachen (bzw. sie selbst auszuführen; *Köln.-Komm. – Mertens,* § 107 AktG Rdn. 87). Grundsätzlich kann ihnen der Aufsichtsrat auch die Befugnis gewähren, **Beschlüsse** anstelle des Gesamtorgans zu fassen. Bei den wichtigsten Aufgaben des Aufsichtsrats verbietet das Gesetz jedoch die Delegierung. Es handelt sich um folgende Fälle (§ 107 Abs. 3 S. 2 AktG): die Wahl des Aufsichtsratsvorsitzenden und seiner Stellvertreter (§ 107 Abs. 1 S. 1 AktG); die Zustimmung zu dem Beschluß des Vorstands, einen Abschlag auf den voraussichtlichen Bilanzgewinn zu zahlen (§ 59 Abs. 3 AktG; eine entsprechende Vorschrift gibt es für die anderen unter das Gesetz fallenden Unternehmensformen nicht); den Erlaß einer Geschäftsordnung für den Vorstand (§ 77 Abs. 2 S. 1 AktG); die Bestellung von Mitgliedern des Vertretungsorgans, nicht jedoch den Abschluß eines Anstellungsvertrags (§ 84 Abs. 1 S. 1 u. 3 AktG i.V.m. § 31); die Ernennung zum Vorsitzenden des Vertretungsorgans (§ 84 Abs. 2 AktG i.V.m. § 31 Abs. 1); den Widerruf der Bestellung zum Mitglied und zum Vorsitzenden des Vertretungsorgans (§ 84 Abs. 3 S. 1 AktG i.V.m. § 31 Abs. 5); die Einberufung der Anteilseignerversammlung aus Gründen des Gesellschaftswohls (§ 111 Abs. 3 AktG i.V.m. § 25 Abs. 1 Nr. 1 u. 2); die Prüfung des vom Vorstand aufgestellten Jahresabschlusses, Geschäftsberichts und Vorschlags für die Verwendung des Bilanzgewinns (§ 171 AktG i.V.m. § 25 Abs. 1 Nr. 1 u. 2); bei der AG ferner die Prüfung des Abhängigkeitsberichts (§ 314 Abs. 2 u. 3 AktG) sowie die Billigung des Konzernabschlusses (§ 331 Abs. 3 S. 3 AktG).

42 Hinzu kommen Beschlüsse gem. § 111 Abs. 4 S. 2 AktG i.V.m. § 25 Abs. 1 Nr. 1 u. 2, in denen sich der Aufsichtsrat die Zustimmung zu bestimmten Arten von Geschäften des Vertretungsorgans vorbehält (vgl. Rdn. 55), nicht aber die Entscheidung über einzelne zustimmungsbedürftige Geschäfte (*Köln.-Komm. – Mertens,* § 107 AktG Rdn. 109). Die Aufzählung in § 107 Abs. 3 AktG ict nach h.A. nicht vollständig, sondern zu ergänzen um die Beschlüsse, in denen der Aufsichtsrat seine eigene Organisation und Arbeitsweise regelt, namentlich eine Geschäftsordnung erläßt oder Ausschüsse bildet bzw. aufhebt (§ 107 Abs. 3 S. 1 AktG). Im übrigen darf die Delegation einzelner Aufgaben nicht so weit gehen, daß das Gesamtorgan seine Aufgabe, die Geschäftsführung zu überwachen, nicht mehr hinlänglich wahrnehmen kann. Der dem Gesamtaufsichtsrat vorbehaltene Beschluß schließt auch in den genannten Fällen nicht aus, daß ihn ein Ausschuß vorbereitet oder ausführt.

43 In **keinem Fall** wird durch die Delegation an einen Ausschuß die Zuständigkeit des Gesamtorgans **endgültig beseitigt**, vielmehr kann dieses alle Angelegenheiten jederzeit wieder an sich ziehen. Auch braucht es eine Entscheidung des Ausschusses nicht abzuwarten und kann dort gefaßte Beschlüsse wieder aufheben oder ändern (*Mertens*, a.a.O., Rdn. 86 m.w.N.). Auch werden durch die Delegation die nicht dem Ausschuß angehörenden Aufsichtsratsmitglieder nicht davon befreit, sich im Rahmen ihrer allgemeinen Pflichten davon zu vergewissern, daß der Ausschuß die Angelegenheit ordnungsgemäß erledigt.

4. Zur **Arbeitsweise** der Aufsichtsratsausschüsse sagt das Gesetz nur, daß in ihnen, ebenso wie im Plenum, die Abgabe einer schriftlichen Stimme in Betracht kommt (§ 108 Abs. 3 AktG), daß sie schriftliche, telegrafische oder fernmündliche Beschlüsse unter den gleichen Voraussetzungen wie das Gesamtorgan fassen können (§ 108 Abs. 4 AktG) und daß für die Teilnahme an ihren Sitzungen dieselben Vorschriften gelten wie für das Gesamtorgan (§ 109 Abs. 1 u. 3 AktG). Aufsichtsratsmitglieder, die einem Ausschuß nicht angehören, können an dessen Sitzungen teilnehmen, wenn der Aufsichtsratsvorsitzende nichts anderes bestimmt (§ 109 Abs. 2 AktG). **44**

Im übrigen kann das Verfahren in den durch das MitbestG gezogenen Grenzen (vgl. Rdn. 12 ff.) in der **Geschäftsordnung** geregelt werden. Soweit spezielle Vorschriften fehlen, sind die für das Verfahren im Gesamtaufsichtsrat geltenden Regeln entsprechend anzuwenden. Entscheidende Ausschüsse sind nur **beschlußfähig**, wenn an der Abstimmung wenigstens drei Mitglieder teilnehmen, denn gem. BGHZ 65, 190 ist § 108 Abs. 2 S. 3 AktG entsprechend anzuwenden. Füı lediglich vorbereitende und ausführende Ausschüsse genügt die Anwesenheit von zwei Mitgliedern (Begr. RegE, *Kropff*, 150; *Geßler*, § 107 AktG Rdn. 82). Beschlüsse bedürfen nach den allgemeinen Regeln der **Mehrheit der abgegebenen Stimmen.** Bei Stimmengleichheit ist ein Antrag abgelehnt, denn § 29 Abs. 2 gilt nach seinem Wortlaut für Aufsichtsratsausschüsse nicht (ebenso *Leo*, Manager-Magazin 1976, H.6, 86; *Zachert*, Mitbestimmungsgespräch 1976, 189). Da der Gesamtaufsichtsrat jeden Gegenstand wieder an sich ziehen kann, besteht auch kein Anlaß, das durch § 29 Abs. 2 gesicherte Übergewicht der Anteilseignerseite auch in allen Ausschüssen institutionell vorzusehen. Doch ist es mit § 29 Abs. 2 vereinbar, wenn die Geschäftsordnung des Aufsichtsrats (vgl. Rdn. 14 f.) dem Ausschußvorsitzenden bei Stimmengleichheit im Ausschuß den Stichentscheid gewährt (vgl. *Leo*, a.a.O.; zum AktG *Köln.-Komm. – Mertens*, § 107 AktG Rdn. 84; *Schaub*, ZGR 1977, 302). Hierbei das doppelte Stimmrecht des Aufsichtsratsvorsitzenden von vornherein als mißbräuchlich auszuschließen, geht zu weit (so aber *Fitting-Wlotzke-Wißmann*, § 29 Rdn. 33). **45**

5. Die Vorschriften über die Aufsichtsratsausschüsse gelten wegen § 25 Abs. 1 Z. 3 für die unter das Gesetz fallenden **Genossenschaften** nicht. Kraft der ihm zustehenden Organisationsautonomie kann der Aufsichtsrat zur Erledigung der ihm zustehenden Aufgaben vorberei- **46**

tende Ausschüsse bilden. Entscheidende Ausschüsse hält das Schrifttum zum GenG für unzulässig (vgl. *Müller,* § 36 GenG Rdn. 108). Für die Beteiligung der Arbeitnehmervertreter gilt das oben (Rdn. 37 ff.) Gesagte.

47 **IV. Zuständigkeit des Aufsichtsrats**

1. § 31 legt die Zuständigkeit des Aufsichtsrats zur Wahl und Abberufung der Mitglieder des Vertretungsorgans fest. Im übrigen enthält das Gesetz, vom Sonderfall des § 32 abgesehen, keine eigenen Vorschriften über dessen Kompetenzen, sondern läßt es auch insoweit bei der Verweisung des § 25 auf die gesellschaftsrechtlichen Vorschriften bewenden. Daraus ergibt sich, daß es dem Aufsichtsrat bei allen unter das Gesetz fallenden Unternehmen – bei im Kern unwesentlichen Unterschieden – obliegt, die Geschäftsführung zu überwachen (s. Rdn. 48 ff.). Im übrigen treten aber rechtsformspezifische Differenzierungen ein, welche zugleich für die Konzeption des ganzen Gesetzes charakteristische Unterschiede in der Reichweite der Mitbestimmung bei den einzelnen Unternehmensformen markieren (unten Rdn. 54 ff.).

48 2. Die Pflicht des Aufsichtsrats gem. §§ 111 Abs. 1 AktG u. 38 Abs. 1 GenG, die Geschäftsführung zu **überwachen**, bezieht sich auf die Leitung des Unternehmens durch das Vertretungsorgan. Soweit wesentliche Entscheidungen nicht vom Vertretungsorgan selbst, sondern von nachgeordneten Personen oder Gremien gefällt werden, wie es namentlich in Großunternehmen und bei divisionaler Gliederung häufig der Fall ist, sind diese in die Kontrolle einzubeziehen (vgl. *Köln.-Komm. – Mertens,* § 111 AktG Rdn. 32; *Geßler,* § 111 AktG Rdn. 15). Dagegen kann sich die Aufsicht nicht auf alle Einzelheiten erstrecken, schon deshalb nicht, weil der Aufsichtsrat in Großunternehmen dazu gar nicht in der Lage wäre. Wie weit sie zu gehen hat, ist nach den Umständen zu beurteilen. Bei der AG umfaßt sie namentlich die Sorge dafür, daß der Vorstand die von ihm nach § 90 Abs. 1 u. 2 AktG zu erstattenden Berichte einwandfrei und vollständig abgibt, sowie die Prüfung dieser Berichte. Der Aufsichtsrat hat sich ein eigenes Bild von der vom Vorstand beabsichtigten Geschäftspolitik, von der Bedeutung der in Aussicht genommenen Maßnahmen für das Unternehmen und von ihrer Erfolgsaussicht zu machen, so daß er den Vorstand sachgemäß beraten und gegebenenfalls Einwände erheben kann. Daraus folgt, daß es sich dem Schwerpunkt nach um vorbeugende, nicht nachträgliche Kontrolle handelt. Gleiches gilt prinzipiell auch für die anderen unter das Gesetz fallenden Unternehmensformen, obgleich sich § 25 Abs. 1 i.V.m. § 90 Abs. 3 AktG und § 38 Abs. 1 GenG bei ihnen mit der Vorschrift begnügt, daß der Aufsichtsrat vom Vorstand

jederzeit einen Bericht über die Angelegenheiten des Unternehmens verlangen kann. Es spricht vieles dafür, daß der Verzicht auf die Übernahme des § 90 Abs. 1 u. 2 AktG nur auf einem Redaktionsversehen beruht, das sich aus der schematischen Rezeption des § 77 Abs. 1 S. 2 BetrVG 1952 erklärt (ebenso *Duden*, ZHR 141, 177). Bei diesen Unternehmen hat der Aufsichtsrat deshalb selbst dafür zu sorgen, daß ihm das Vertretungsorgan über die Leitung des Unternehmens in dem für eine wirksame Kontrolle ausreichenden Umfang berichtet.

Zur Ergänzung der Berichte kann der Aufsichtsrat die **Bücher und Schriften** der Gesellschaft sowie die Vermögensgegenstände, namentlich die **Gesellschaftskasse** und die **Bestände an Wertpapieren und Waren** einsehen und prüfen oder damit einzelne seiner Mitglieder bzw. besondere Sachverständige beauftragen (§ 111 Abs. 2 AktG, ähnlich § 38 Abs. 1 S. 2 GenG). Hält er es im Interesse des Unternehmens für erforderlich, hat er die **Anteilseignerversammlung einzuberufen** (§ 111 Abs. 3 AktG, § 38 Abs. 2 GenG). **49**

Alle genannten Überwachungspflichten hat der Aufsichtsrat als **Gesamtorgan** zu erfüllen. Auch einzelne seiner Mitglieder können Berichte des Vertretungsorgans verlangen, jedoch nur an den Gesamtaufsichtsrat. Lehnt das Vertretungsorgan einen Bericht ab, kann das Verlangen nur durchgesetzt werden, wenn es ein zweites Aufsichtsratsmitglied unterstützt (§ 90 Abs. 3 S. 1 AktG i.V.m. § 25 Abs. 1 Z. 1 u. 2; für Genossenschaften existiert keine entsprechende Regel). Gem. § 90 Abs. 5 AktG i.V.m. § 25 Abs. 1 Z. 1 u. 2 hat jedes Aufsichtsratsmitglied das Recht, von den Berichten Kenntnis zu nehmen. Wurden sie schriftlich erstattet, sind sie jedem Aufsichtsratsmitglied auf Verlangen auszuhändigen, sofern der Aufsichtsrat nichts anderes beschlossen hat. **50**

Kommt es im Zug der Kontrolle zu **Meinungsverschiedenheiten zwischen Aufsichtsrat und Vertretungsorgan,** so kann der Aufsichtsrat die Durchführung einer vom Vertretungsorgan für richtig gehaltenen Maßnahme grundsätzlich nicht verhindern oder umgekehrt dem Vorstand Weisungen erteilen, sie auszuführen. Denn der Aufsichtsrat ist nicht Vorgesetzter des Vertretungsorgans, vielmehr handelt dieses in eigener Verantwortung (§ 76 AktG, § 27 Abs. 1 GenG) bzw. nach Weisung der Anteilseignerversammlung (§ 37 Abs. 1 GmbHG, §§ 119 ff. PrABG). Nur wenn es sich um ein Geschäft handelt, für das gem. § 111 Abs. 4 S. 2 AktG (s. u. Rdn. 54 ff.) ein Zustimmungsvorbehalt des Aufsichtsrats besteht, hat die Maßnahme zu unterbleiben, wenn der Aufsichtsrat widerspricht. Das Vertretungsorgan kann die Angelegenheit in diesem Fall vor die Anteilseignerversammlung bringen, deren Beschluß, sofern er mit Dreiviertelmehrheit gefaßt wird, die Zustimmung des Aufsichtsrats ersetzt. In allen anderen Fällen kann der Aufsichtsrat die Maßnahme nur im Rechenschaftsbericht beanstanden **51**

(§ 171 Abs. 2 AktG i.V.m. § 25 Abs. 1 Z. 1 u. 2, § 33 Abs. 2 GenG) oder, als ultima ratio, den Vorstand gem. § 31 Abs. 5 abberufen, wenn ein wichtiger Grund vorliegt (Einzelheiten bei *Geßler,* § 111 AktG Rdn. 29 ff. m.w.N.).

52 Zur Aufgabe des Aufsichtsrats, die Geschäftsführung zu überwachen, gehört auch seine Pflicht gem. §§ 171 AktG, 33 Abs. 2 u. 3, 38 Abs. 1 S. 3 GenG, den vom Vorstand aufgestellten **Jahresabschluß** und **Geschäftsbericht** zu **prüfen**. Nach § 171 Abs. 2 AktG, der gem. § 25 Abs. 1 Z. 2 auch auf die unter das Gesetz fallenden Gesellschaften mbH und bergrechtlichen Gewerkschaften anzuwenden ist, hat der Aufsichtsrat über das Ergebnis der Prüfung schriftlich an die Anteilseignerversammlung zu berichten. In dem Bericht hat er auch mitzuteilen, in welcher Art und in welchem Umfang er die Geschäftsführung der Gesellschaft während des Geschäftsjahrs geprüft hat, ferner zu dem Ergebnis der Prüfung des Jahresabschlusses durch die Abschlußprüfer Stellung zu nehmen. Am Schluß des Berichts hat er zu erklären, ob nach dem abschließenden Ergebnis seiner Prüfung Einwendungen zu erheben sind oder ob er den vom Vorstand aufgestellten Jahresabschluß billigt (zu den Fristen nach § 171 Abs. 3 vgl. den Gesetzestext).

53 Nach §§ 268 Abs. 2 AktG i.V.m. 25 Abs. 1 Z. 1 u. 2 und 89 S. 1 GenG erstreckt sich die Überwachungspflicht des Aufsichtsrats im Fall der **Abwicklung des Unternehmens** auch auf die Tätigkeit der Liquidatoren.

54 3. Neben der allgemeinen Pflicht, die Geschäftsführung zu überwachen, können dem Aufsichtsrat bei der **Aktiengesellschaft Maßnahmen der Geschäftsführung** prinzipiell nicht übertragen werden (§ 111 Abs. 4 S. 1 AktG). Einzelne Geschäfte hat er nur in den **im AktG** speziell genannten Fällen wahrzunehmen. Nach § 33 Abs. 1 AktG ist er an der Gründungsprüfung beteiligt. Gem. § 59 Abs. 3 AktG bedarf die Zahlung eines Abschlags auf den voraussichtlichen Bilanzgewinn seiner Zustimmung. Nach § 77 Abs. 2 AktG kann er eine Geschäftsordnung für den Vorstand erlassen, gem. § 87 AktG die Gesamtbezüge des Vorstands festsetzen. Gem. § 88 AktG hat er Befreiung vom die Vorstandsmitglieder treffenden Wettbewerbsverbot zu erteilen, gem. § 89 AktG über Kredite an Vorstandsmitglieder zu beschließen, nach § 124 Abs. 3 AktG Vorschläge zu den der Hauptversammlung unterbreiteten Gegenständen zu machen (hierzu *Duden*, ZHR 141, 148; vgl. ferner §§ 188 Abs. 1, 204 Abs. 1, 223, 245 Nr. 5, 249 Abs. 1, 314 Abs. 2 u. 3, 331 Abs. 3 S. 3 AktG). Hinzu kommt die mitbestimmungsrechtliche Sondervorschrift des § 32 MitbestG.

55 Die für die **Tragweite der Mitbestimmung wichtigsten Zuständigkeiten** des Aufsichtsrats ergeben sich aus §§ 111 Abs. 4 S. 2 u. 3, 112 und 171–173 AktG.

a) Nach **§ 111 Abs. 4 S. 2** AktG können die Satzung oder der Aufsichtsrat bestimmen, daß bestimmte Arten von Geschäften nur mit der Zustimmung des Aufsichtsrats vorgenommen werden dürfen. Die Vorschrift, deren Zweck sich ursprünglich darin erschöpfte, die Kontrolle des Aufsichtsrats zu erleichtern, ermöglicht ihm in der Praxis, erheblichen Einfluß auf die Leitung des Unternehmens auszuüben. Der Begriff des Geschäfts beschränkt sich nicht auf bestimmte Rechtsgeschäfte, sondern umfaßt **alle unternehmerischen Maßnahmen.** Vielfach werden die für die langfristige Unternehmensplanung maßgebenden Investitions-, Organisations- und Finanzierungsentscheidungen von der Zustimmung des Aufsichtsrats abhängig gemacht. Doch hat der Gesetzgeber im Gegensatz zu Art. 12 des Entwurfs eines Statuts für die europäische Aktiengesellschaft (BT-Drucks. 7/363) und zu auch in der Bundesrepublik angestellten rechtspolitischen Überlegungen (*Martens*, BB 1973, 1123) den Katalog der zustimmungspflichtigen Maßnahmen nicht konkret festgelegt, sondern den Unternehmen überlassen. Allerdings darf der Zustimmungsvorbehalt nicht so weit gehen, daß die eigenverantwortliche Geschäftsführung des Vorstands dadurch beseitigt würde. Daher ist es unzulässig, Maßnahmen des laufenden Geschäftsbetriebs einzubeziehen oder in einer Generalklausel entsprechend § 116 HGB alle ungewöhnlichen Geschäfte zustimmungspflichtig zu machen (vgl. *Geßler,* § 111 AktG Rdn. 66 m.w.N.). Auch Pflichten, die dem Vertretungsorgan kraft Gesetzes auferlegt sind, die Anzeigepflichten nach §§ 97, 98 AktG, können nicht zustimmungspflichtig gemacht werden (*Köln.-Komm. – Mertens,* § 111 AktG Rdn. 62). Im übrigen bedeutet Zustimmung, daß die **Initiative** zu den Geschäften **beim Vorstand** verbleibt, der Aufsichtsrat diesen daher nicht anweisen kann, bestimmte Geschäfte durchzuführen, die er nicht selbst vornehmen will.

56 Der Katalog der zustimmungspflichtigen Geschäfte kann zunächst von den Anteilseignern in der **Satzung** festgelegt werden. Daneben gibt das Gesetz dem **Aufsichtsrat** selbst die Befugnis dazu, nicht aber einem Aufsichtsratsausschuß (§ 107 Abs. 3 S. 2 AktG). Doch kann der Aufsichtsrat die Zustimmungspflicht nicht ausschließen, wenn sie in der Satzung enthalten ist. In der aktienrechtlichen Literatur wird von einigen Autoren die Ansicht vertreten, die Satzung könne die zustimmungspflichtigen Geschäfte definitiv festlegen, dem Aufsichtsrat die Kompetenz dazu also nehmen (so *Baumbach-Hueck,* § 111 AktG Rdn. 10; *Wiedemann*, Festschr. f. Barz, 571; zum MitbestG ebenso *Hölters,* BB 1975, 798 f.; *Leo,* Manager-Magazin 1976, H. 7, 77). Die

Frage spielt für die Anwendung des MitbestG eine wichtige Rolle, weil sie den Spielraum des Aufsichtsrats betrifft, auch gegen den Willen der Anteilseignerversammlung auf die Unternehmensleitung Einfluß zu nehmen. Doch ist eine Kompetenzkompetenz der Anteilseignerversammlung weder mit dem Wortlaut des § 111 Abs. 4 S. 2 noch mit dem Grundschema der aktienrechtlichen Zuständigkeitsordnung vereinbar, weshalb die weit überwiegende Meinung im aktienrechtlichen Schrifttum eine derartige Satzungsbestimmung mit Recht nicht zuläßt (*Godin-Wilhelmi,* § 111 AktG Anm., 5; *Meyer-Landrut,* § 111 AktG Anm. 17; *Möhring-Tank,* Rdn. 324; *Geßler,* § 111 AktG Rdn. 63; *Mertens,* NJW 1970, 1720; *ders., Köln.-Komm.,* § 111 AktG Rdn. 60; *Hensche,* Mitbestimmungsgespräch 1971, 98; zum MitbestG ebenso *Fitting-Wlotzke-Wißmann,* § 25 Rdn. 33; *Immenga,* ZGR 1977, 264).

57 Für den Anwendungsbereich des MitbestG kann nichts anderes gelten, denn es widerspricht auch der Anlage dieses Gesetzes zuzulassen, daß die Anteilseignerversammlung die dem Aufsichtsrat kraft Gesetzes zustehenden Rechte verkürzt (ebenso *Reich-Lewerenz,* AuR 1976, 271; *Zachert,* Mitbestimmungsgespräch 1976, 186).

58 Die Zustimmung erteilt der Aufsichtsrat durch **Beschluß**. Außer in den Fällen des § 107 Abs. 3 S. 2 AktG kann sie auch einem Ausschuß überlassen werden. Grundsätzlich ist sie vom Vorstand vor der Ausführung des Geschäfts einzuholen; nur wenn beim Abwarten bis zur nächsten Aufsichtsratssitzung für das Unternehmen ein Schaden entstehen würde, kommt ausnahmsweise die nachträgliche Genehmigung in Betracht (überwiegende Ansicht, vgl. *Geßler,* § 111 AktG Rdn. 71; *Köln.-Komm. – Mertens,* § 111 AktG Rdn. 65; *Baumbach-Hueck,* § 111 AktG Rdn. 12; *Godin-Wilhelmi,* § 111 AktG Anm. 4; großzügiger *Meyer-Landrut,* § 111 AktG Anm. 16, und *Möhring-Tank,* Rdn. 324: Der Vorstand hat nach pflichtgemäßem Ermessen zu entscheiden, ob er die Zustimmung des Aufsichtsrats vorher einholen will). Nach außen bleibt der Mangel der Zustimmung ohne Wirkung (§ 82 Abs. 1 AktG).

59 Verweigert der Aufsichtsrat die Zustimmung, so kann der Vorstand die Angelegenheit der **Hauptversammlung vorlegen**, die dann darüber zu beschließen hat. Der Beschluß ersetzt die Zustimmung des Aufsichtsrats, wenn er mindestens drei Viertel der abgegebenen Stimmen umfaßt (§ 111 Abs. 4 S. 3 u. 4 AktG). Die Vorschrift gilt auch für die unter das MitbestG fallenden Unternehmen, da der Gesetzgeber den Letztentscheid der Anteilseignerversammlung in diesen Fällen nicht beseitigen wollte. Sie ermöglicht es dem Vorstand, sich gegenüber einem Aufsichtsrat durchzusetzen, der seine Politik blockieren will, sofern er die Anteilseigner hinter sich hat. Bei Publikumsgesellschaften ist die Vorschrift allerdings wenig praktikabel, weshalb sie in der Praxis auch nur eine geringe Bedeutung erlangt hat.

Auch wenn ein **Beherrschungsvertrag** vorliegt, setzt sich der Aufsichtsrat des abhängigen Unternehmens nicht durch, wenn er zu einem zustimmungspflichtigen Geschäft die Zustimmung verweigert, das der Vorstand auf Weisung des herrschenden Unternehmens durchführen will. Nach § 308 Abs. 3 AktG kann der Vorstand des herrschenden Unternehmens in diesem Fall vielmehr die Weisung wiederholen, womit das Zustimmungserfordernis entfällt. Hat das herrschende Unternehmen einen Aufsichtsrat, darf die Weisung allerdings nur mit dessen Zustimmung wiederholt werden (vgl. *Lutter,* Mitbestimmung im Konzern, 46 ff.; *Werner,* ZGR 1976, 447, 480 ff.). **60**

b) Gem. **§ 112 AktG** steht dem Aufsichtsrat abweichend von § 78 AktG die **Vertretung des Unternehmens** zu, wenn es sich um Geschäfte **mit** den **Vorstandsmitgliedern** handelt. Dazu gehört auch der Arbeitsdirektor. Die Vorschrift gilt auch für Vorverhandlungen mit einem Bewerber um einen Vorstandsposten (BGHZ 26, 238), ferner für den Abschluß oder die Kündigung des Anstellungsvertrags (dazu § 31 Rdn. 22, 38). Zuständig ist der Gesamtaufsichtsrat, der durch Beschluß gem. §§ 28, 29 entscheidet. Soweit § 107 Abs. 3 S. 2 AktG nicht entgegensteht, kann ein Aufsichtsratsausschuß, nicht jedoch der Aufsichtsratsvorsitzende oder ein anderes Mitglied beauftragt werden (BGHZ 41, 285). Doch kann der Aufsichtsratsvorsitzende oder ein anderes Mitglied als unselbständiger Bote des Aufsichtsrats fungieren, der dessen Erklärungen abgibt. Die Tätigkeit des Vermittlungsausschusses gem. §§ 27 Abs. 3, 31 Abs. 3 bezieht sich auf interne Vorgänge im Aufsichtsrat und berührt daher die Vertretung nach § 112 AktG nicht. **61**

c) Für die Wirkung der im Aufsichtsrat lokalisierten Mitbestimmung fällt bei der AG weiter die Beteiligung des Aufsichtsrats an der **Feststellung des Jahresabschlusses** gem. §§ 171–173 AktG besonders ins Gewicht. Nach § 172 AktG ist der Jahresabschluß festgestellt, wenn der Aufsichtsrat ihn billigt, ohne daß die Hauptversammlung in der Lage wäre, die Entscheidung zu korrigieren. Nur wenn der Aufsichtsrat den Jahresabschluß nicht billigt oder wenn Aufsichtsrat und Vorstand ihn der Hauptversammlung vorlegen, steht dieser der Feststellungsbeschluß zu (§ 173 Abs. 1 AktG). Die Regelung bewirkt, daß es sich für den Vorstand gewöhnlich empfiehlt, das Einverständnis des Aufsichtsrats zum Jahresabschluß zu suchen, was diesem einen erheblichen Einfluß auf das finanzielle Gebaren und damit auf die Geschäftspolitik des Unternehmens verschafft. **62**

d) Für das Zusammenspiel zwischen den Organen der AG und die Reichweite der im Aufsichtsrat institutionalisierten Mitbestimmung ist schließlich von ausschlaggebendem Gewicht, daß das MitbestG die **63** gesetzliche **Zuständigkeit der Hauptversammlung nicht angreift** (vgl. rechtspolitisch hierzu *Th. Raiser,* Festschr. f. L. Raiser, 366 ff.). Die Entscheidungen über die Grundlagen des Unternehmens, die nach dem AktG einen Beschluß der Hauptversammlung voraussetzen, verbleiben daher ungeachtet der Mitbestimmung in den Händen allein der Anteilseigner. Der Aufsichtsrat kann sich in diesen Fällen auch nicht einschalten, indem er unter Berufung auf § 111 Abs. 4 S. 2 AktG zusätzlich seine eigene Zustimmung vorschreibt. Denn nach der Terminologie des AktG handelt es sich dabei nicht um Maßnahmen der Geschäftsführung. In die Kompetenz der Hauptversammlung fallen neben der Bestellung der Aufsichtsratsmitglieder der Anteilseigner (§ 8 i.V.m. § 101 AktG) namentlich Satzungsänderungen, Maßnahmen der Kapitalbeschaffung und der Kapitalherabsetzung, Bestellung von Abschluß- und Sonderprüfern, ferner Beschlüsse über die Umwandlung, Verschmelzung, Eingliederung, den Abschluß von Unternehmensverträgen sowie über die Auflösung der Gesellschaft (vgl. §§ 119, Abs. 1, 293, 295, 319, 340, 353, 362, 369 AktG usw.). Hinzu kommen neben einer Anzahl weiterer Aufgaben (vgl. die Zusammenstellung von *Eckardt,* § 119 AktG Rdn. 8) die Beschlüsse über die Verwendung des Bilanzgewinns (§ 174 AktG) und über die Entlastung der Vorstands- und Aufsichtsratsmitglieder (§ 120 AktG). Über Fragen der Geschäftsführung kann die Hauptversammlung nach § 119 Abs. 2 AktG dagegen nur entscheiden, wenn der Vorstand es verlangt. Unterliegt das Geschäft der Zustimmung des Aufsichtsrats, kann die Hauptversammlung auch in diesem Fall die Zustimmung nur ersetzen, wenn die nach § 111 Abs. 4 S. 4 erforderliche Dreiviertelmehrheit erreicht ist (*Großkomm. – Barz,* § 119 AktG Anm. 9; *Martens,* ZHR 138, 210 Fn. 70; *Hölters,* BB 1975, 798 Fn. 17).

64 4. Bei der **Kommanditgesellschaft auf Aktien** steht dem Aufsichtsrat eine über die allgemeine Pflicht, die Geschäftsführung zu überwachen, hinausgehende Befugnis, nach § 111 Abs. 4 S. 2 AktG bestimmte Arten von Geschäften an seine Zustimmung zu binden, kraft Gesetzes nicht zu. Die Geschäftsführungsbefugnis richtet sich vielmehr gem. § 278 Abs. 2 AktG nach den Vorschriften des HGB über die KG und verteilt sich daher zwischen den persönlich haftenden Gesellschaftern und der Hauptversammlung der Kommanditaktionäre gem. §§ 116, 164 HGB derart, daß die Komplementäre die gewöhnlichen Geschäfte allein ausführen können, während zu den außergewöhnlichen Geschäften die Zustimmung der Hauptversammlung notwendig ist. Für eine gesetzliche Kompetenz des Aufsichtsrats, auf die Geschäftsführung Einfluß zu nehmen, ist in diesem System kein Platz (*Großkomm. – Barz,* § 278 AktG Anm. 21 f., § 287 AktG Anm. 4; *Köln.-Komm. – Mertens,* § 278 AktG Rdn. 64; § 287 AktG Rdn. 9; *Hölters,* BB 1975, 800;

Steindorff, Festschr. f. Ballerstedt, 130 ff., anders ohne nähere Begründung *Godin-Wilhelmi,* § 287 AktG Anm. 2). Verweigert die Hauptversammlung die Zustimmung zu einem außergewöhnlichen Geschäft, bringt der Aufsichtsrat gem. § 287 Abs. 1 AktG diesen Beschluß den Komplementären gegenüber zur Geltung. Da die innere Verteilung der Zuständigkeiten bei der KGaA dispositives Recht ist (§ 278 Abs. 2 AktG i.V.m. § 163 HGB), kann die Satzung dem Aufsichtsrat jedoch die Rechte nach § 111 Abs. 4 S. 2 AktG gewähren, ihm sogar noch viel weitergehende Geschäftsführungs- und Weisungsbefugnisse gegenüber den Komplementären einräumen (*Barz,* a.a.O., § 287 AktG Anm. 4). Bei den unter das MitbestG fallenden Unternehmen dürfte indessen kaum mit derartigen Satzungsvorschriften zu rechnen sein.

§ 112 AktG ist nach h. A. (*Barz,* a.a.O., § 287 AktG Anm. 6; *Mertens,* a.a.O., § 287 AktG Rdn. 11) auch auf die KGaA anzuwenden, allerdings mit der Maßgabe, daß auch eine Vertretungsmacht der Komplementäre selbst in Betracht kommt. Gem. § 287 Abs. 2 AktG vertritt der Aufsichtsrat darüber hinaus die Gesamtheit der Kommanditaktionäre gegen die persönlich haftenden Gesellschafter. An der Aufstellung des Jahresabschlusses ist der Aufsichtsrat der KGaA nur im Rahmen seiner allgemeinen Kontrollpflicht beteiligt. Festgestellt wird der Jahresabschluß dagegen gem. § 286 AktG durch die Hauptversammlung mit Zustimmung der persönlich haftenden Gesellschafter, ohne daß der Aufsichtsrat einzuschalten wäre. **65**

5. Auf die **Gesellschaft mit beschränkter Haftung** und die **bergrechtliche Gewerkschaft** sind, was die Teilnahme des Aufsichtsrats an Maßnahmen der Geschäftsführung jenseits der allgemeinen Pflicht zur Überwachung (Rdn. 48 ff.) angeht, nach den Verweisungen des § 25 Abs. 1 Z. 2 **nur ein Teil der aktienrechtlichen Vorschriften anzuwenden.** Ausgenommen sind u. a. die Rechte des Aufsichtsrats, eine Geschäftsordnung für das Vertretungsorgan aufzustellen (§ 77 AktG), Grundsätze für die Bezüge der Vorstandsmitglieder festzulegen (§ 87 AktG), Befreiung vom Wettbewerbsverbot zu erteilen (§ 88 AktG), über Kredite an Vorstandsmitglieder zu beschließen (§ 89 AktG) sowie Vorschläge zu den Gegenständen zu machen, über welche die Hauptversammlung zu beschließen hat (§ 124 Abs. 3 AktG). In allen diesen Fällen verbleibt es daher auch in den unter das MitbestG fallenden Unternehmen bei der Zuständigkeit der Anteilseignerversammlung. Bei der Aufstellung des **Jahresabschlusses** bleibt dem Aufsichtsrat zwar die Prüfungspflicht gem. § 171 AktG. Festgestellt wird der Jahresabschluß jedoch von der Gesellschafter- bzw. Gewerkenversammlung (§§ 46 Z. 1 GmbHG, 122 Abs. 2 PrABG); §§ 172, 173 AktG sind nicht anzuwenden, so daß der bei der AG bestehende Einfluß des Aufsichtsrats auf die Bilanzpolitik des **66**

Unternehmens entfällt. Auch für die GmbH und bergrechtliche Gewerkschaften gelten hingegen neben § 111 Abs. 4 AktG (dazu Rdn. 55) §§ 112 (vgl. Rdn. 61), **118 Abs. 2** und **125 Abs. 3 AktG.**

67 Soweit das Gesetz die Zuständigkeit des Aufsichtsrats nicht begründet, bleibt es nach § 25 Abs. 2 bei den **gesellschaftsrechtlichen Vorschriften**. Im Unterschied zur AG ist bei der GmbH und der bergrechtlichen Gewerkschaft grundsätzlich die **Anteilseignerversammlung** als **oberstes Organ** für alle das Unternehmen betreffenden Entscheidungen einschließlich der Geschäftsführungsmaßnahmen zuständig (§§ 45, 37 Abs. 1 GmbHG, 111 PrABG). Es steht den Anteilseignern frei, die interne Kompetenzverteilung zwischen ihnen und den Geschäftsführern bzw. dem Grubenvorstand in der Satzung oder durch Einzelbeschlüsse nach Belieben zu regeln, z. B. jede unternehmerische Initiative in der Hand zu behalten und die Geschäftsführer zum lediglich ausführenden Organ herabzustufen. Die **Geschäftsführer** sind verpflichtet, die Beschränkungen zu beachten, die ihnen der Gesellschaftsvertrag oder die Beschlüsse der Gesellschafter auferlegen (§ 37 Abs. 1 GmbHG, §§ 119–124 PrABG). Sie sind an die Weisungen der Gesellschafterversammlung gebunden. Auch wo der Gesellschaftsvertrag keine näheren Vorschriften enthält, ist die Anteilseignerversammlung befugt, jede Maßnahme der Geschäftsführung an sich zu ziehen und selbst zu entscheiden (vgl. § 46 Z. 6 GmbHG; Einzelheiten in den Kommentaren zum GmbH-Gesetz, z. B. *Baumbach-Hueck,* § 37 GmbHG Anm. 2, §§ 45 u. 46; *Hachenburg-Schilling,* § 37 GmbHG Anm. 1 ff.; *Hachenburg-Schmidt,* §§ 45 GmbHG Anm. 1–3, 46 Anm. 1 ff.; sowie in den Kommentaren zu den Berggesetzen, z. B. *Ebel-Weller,* Allgemeines Berggesetz, § 111, sowie §§ 119–124). Kraft der ihnen zustehenden Privatautonomie können die Anteilseigner in der Satzung oder durch Beschluß der Anteilseignerversammlung die ihnen zustehenden Befugnisse auch auf den **Aufsichtsrat** übertragen, z. B. eine dem § 111 Abs. 4 AktG entsprechende Kompetenzverteilung herbeiführen, sind dazu aber nicht verpflichtet.

68 Die von § 25 Abs. 1 Z. 2 MitbestG verlangte Anwendung des **§ 111 Abs. 4 AktG fügt sich** in diese gesellschaftsrechtliche Ordnung **nicht reibungslos ein**, weil das Recht des Aufsichtsrats, bestimmte Arten von Geschäften von seiner Zustimmung abhängig zu machen, in Widerspruch zu dem Weisungsrecht der Anteilseignerversammlung treten kann. Es fragt sich, welches Organ sich in einem solchen Konflikt durchsetzt. Das Gesetz löst das Problem nicht (vgl. *Th. Raiser,* BB 1976, 150). Daher ist auf die oben (Rdn. 9 f.) herausgearbeitete Auslegungsrichtlinie zurückzugreifen, wonach das MitbestG immer dann den Vorrang beansprucht, wenn es eine in sich klare und schlüssige Regelung aufweist. Dies ist hier der Fall. § 25 Abs. 1 Z. 2 verweist

unzweideutig auf § 111 Abs. 4 AktG, und zwar auch auf S. 3 u. 4, wonach die Anteilseignerversammlung eine vom Aufsichtsrat versagte Zustimmung ersetzen kann, wenn das Vertretungsorgan ihr die Angelegenheit vorlegt und sie mit einer Mehrheit von mindestens drei Vierteln der abgegebenen Stimmen darüber beschließt. Daraus folgt, daß die **Anteilseignerversammlung in allen Fällen, in denen** ein Zustimmungsvorbehalt zugunsten des Aufsichtsrats besteht und der **Aufsichtsrat die Zustimmung verweigert**, von ihr beschlossene **Geschäftsführungsmaßnahmen nur noch durchsetzen** und den Geschäftsführern dazu Weisungen erteilen kann, wenn der **Beschluß eine Dreiviertelmehrheit erzielt hat** (ebenso *Fitting-Wlotzke-Wißmann*, § 25 Rdn. 49; *Ballerstedt*, ZGR 1977, 153; *Mertens*, ZGR 1977, 288; *v. Mettenheim*, DB 1977, 450; a.A. *Zöllner*, ZGR 1977, 327 f.; differenzierend *Reuter-Körnig*, ZHR 140, 508 f.).

Immerhin besteht ein gewisser Unterschied zur AG insofern, als das **69**
Vertretungsorgan bei der GmbH und der bergrechtlichen Gewerkschaft nicht frei ist, sich mit dem negativen Bescheid des Aufsichtsrats zu begnügen, sondern die Angelegenheit **auf Verlangen der Anteilseignerversammlung vorlegen muß**. Denn es besteht kein Anlaß, in diesem Punkt, der die Rechtsstellung der Geschäftsführer bzw. des Grubenvorstandes, nicht jedoch des Aufsichtsrates betrifft, von der Prärogative der Anteilseignerversammlung abzusehen (im Ergebnis ebenso *Martens*, ZHR 138, 217). Dagegen kann die Anteilseignerversammlung den Aufsichtsrat nicht dadurch ausschalten, daß sie über die Angelegenheit von vornherein mit Dreiviertelmehrheit beschließt. Denn nach der durch das MitbestG begründeten Zuständigkeitsordnung ist es erforderlich, dem Aufsichtsrat Gelegenheit zu geben, sich mit den seiner Zustimmung unterliegenden Gegenständen wenigstens zu befassen, auch wenn feststeht, daß sein Votum letzten Endes keinen Bestand haben wird.

Die Anwendung des § 111 Abs. 4 S. 3 u. 4 AktG wäre unerheblich, **70**
wenn der Anteilseignerversammlung die **Kompetenzkompetenz** zustünde, definitiv darüber zu entscheiden, welche Geschäftsführungsmaßnahmen der Zustimmung des Aufsichtsrats bedürfen, denn dann könnte sie den Katalog klein halten oder ganz streichen und den Aufsichtsrat auf diesem Weg ausschalten. In der Tat vertritt ein Teil des Schrifttums die Ansicht, wenn schon nicht bei der AG (s. Rdn. 56), so sei doch bei der GmbH und der bergrechtlichen Gewerkschaft eine Auslegung des § 111 Abs. 4 S. 2 AktG geboten, wonach der Kreis der zustimmungspflichtigen Geschäfte in der Satzung abschließend festgesetzt werden kann, ohne daß der Aufsichtsrat selbst darüber hinausgehen könnte (*Hölters*, BB 1975, 798 ff.; *Hoffmann-Neumann*, GmbH-Rdsch. 1976, 152; differenzierend *Martens*, AG 1976, 121 f.;

anders *Spieker,* Der Aufsichtsrat der mitbestimmten Montan-GmbH, 92 ff.). Die Interpretation wird mit der vom Aktienrecht abweichenden Allzuständigkeit der Anteilseignerversammlung im Recht der GmbH und der bergrechtlichen Gewerkschaft begründet, ferner mit den praktischen Schwierigkeiten, die andernfalls entstünden.

71 Sie läßt sich jedoch nicht aufrechterhalten, denn das MitbestG schreibt in diesem Punkt die Anwendung der aktienrechtlichen Vorschriften unmißverständlich vor. Es bezweckt damit, dem paritätisch besetzten Aufsichtsrat auch bei der GmbH und der bergrechtlichen Gewerkschaft eine Mindestzuständigkeit in sachlichen Angelegenheiten des Unternehmens zu sichern, die eben darin besteht, daß er bestimmte Maßnahmen der Unternehmensleitung wenigstens vorläufig, unter dem Vorbehalt einer Korrektur von seiten der Anteilseignerversammlung nach § 111 Abs. 4 S. 4 AktG von seiner Zustimmung abhängig zu machen. Wie bei der AG ist es daher auch bei der GmbH und der bergrechtlichen Gewerkschaft **unzulässig**, diese wichtige, im Gesetz begründete **Mitbestimmungskompetenz des Aufsichtsrats durch die Satzung einzuschränken oder zu beseitigen**, vielmehr muß auch hier der Vorrang des MitbestG (Rdn. 9) gelten (ebenso *Zachert*, Mitbestimmungsgespräch 1976, 186; *Fitting-Wlotzke-Wißmann*, § 25 Rdn. 49; *Ballerstedt*, ZGR 1977, 152; *Duden*, ZHR 141, 178; *Overlack*, ZHR 141, 143).

72 Die Schwierigkeiten, die bei der Anwendung des Gesetzes infolge dessen zu befürchten sind, rechtfertigen keine andere Lösung, denn sie sind nicht wesentlich größer als im anderen Fall. Das Gesetz leidet unter dem **grundlegenden strukturellen Mangel**, bei der GmbH und der bergrechtlichen Gewerkschaft die Wahl und Abberufung der Mitglieder des Vertretungsorgans zwar dem Aufsichtsrat übertragen, die maßgeblichen Entscheidungen in Sachfragen jedoch bei der Anteilseignerversammlung belassen zu haben, die auch über die Entlastung der Mitglieder des Vertretungsorgans entscheidet (vgl. § 46 Z. 5 GmbHG). Es zwingt die Mitglieder des Vertretungsorgans auf diese Weise, Diener zweier Herren zu sein, stürzt sie in einen rechtlich unlösbaren Rollenkonflikt und lädt ihnen das Risiko auf, Opfer von Differenzen zwischen den beiden Organen zu werden (so schon *Martens,* ZHR 138, 220; *Th. Raiser,* BB 1976, 151).

73 **Der im Gesetz angelegte Bruch ist durch Auslegung nicht zu überbrücken.** Es bleibt nichts anderes übrig, als ihn in der Unternehmenspraxis aufzufangen, indem ein Höchstmaß an Übereinstimmung zwischen der von der Anteilseignerversammlung und vom Aufsichtsrat verfolgten Politik angestrebt wird. Das durch die Zweitstimme des Aufsichtsratsvorsitzenden begründete Übergewicht der Anteilseignervertreter im Aufsichtsrat birgt die Chance, daß solches gelingt. Die

Möglichkeit, dem Aufsichtsrat die ihm nach § 111 Abs. 4 AktG zustehenden Sachkompetenzen durch die Satzung vorzuenthalten, schmälert diese Chance nicht wesentlich. Denn zum einen gewährt ihm auch die Personalhoheit unvermeidlich Einfluß auf die sachlichen Inhalte der Unternehmenspolitik, ganz ohne daß es auf die formelle Kompetenz ankäme. Zum anderen wird auch die Homogenität und Integrationskraft zwischen den Organen, auf die es nach dem Gesagten ankommt, vom Umfang der Kompetenzen nach § 111 Abs. 4 AktG nicht nachhaltig beeinflußt.

6. Bei den **Genossenschaften** bestimmt sich die Kompetenz des Aufsichtsrats zur Teilnahme an Geschäftsführungsakten gem. § 25 Abs. 1 Z. 3 ausschließlich nach dem GenG. Die aktienrechtlichen Vorschriften, namentlich § 111 Abs. 4 AktG sind nicht, auch nicht analog, anzuwenden. Der Aufsichtsrat vertritt die Genossenschaft beim Abschluß von Verträgen mit dem Vorstand und in Prozessen gegen denselben (§ 39 Abs. 1 GenG). Kredite an ein Mitglied des Vorstands sowie Bürgschaftserklärungen des Vorstands für einen Kredit, den die Genossenschaft einem Dritten gewährt hat, bedürfen seiner Zustimmung (§ 39 Abs. 2 GenG). Ferner hat er im Prüfungsverfahren mitzuwirken, namentlich sich in der Generalversammlung über wesentliche Feststellungen oder Beanstandungen der Prüfung zu erklären (§ 59 Abs. 2 GenG, vgl. auch §§ 57 f. GenG). Bei der Aufstellung des Jahresabschlusses kommt ihm nur eine Prüfungs- und Berichtspflicht zu (§ 33 GenG, s. o. Rdn. 49), an der Feststellung selbst nimmt er nicht teil. Darüber hinaus nimmt er kraft Gesetzes keinerlei Geschäftsführungsbefugnisse wahr, doch kann das Statut seine Aufgaben abweichend vom Gesetz bestimmen, ihm namentlich auch weitgehende Zustimmungsrechte einräumen (vgl. *Müller*, § 38 GenG Rdn. 47 ff.), die dann der Mitbestimmung unterliegen. Ebenso ist es aber auch möglich, ihn von den sachlichen Entscheidungen zur Unternehmenspolitik ganz auszuschließen. **74**

V. Rechtsstellung der Aufsichtsratsmitglieder (§§ 113–115 AktG)

1. Durch die Wahl und deren Annahme wird der Gewählte Mitglied des Aufsichtsrats als Organ des Unternehmens und übernimmt die ihn als solches kraft Gesetzes oder Satzung treffenden Rechte und Pflichten. Daneben besteht, ohne daß nach neuerer Lehre der Abschluß eines gesonderten Anstellungsvertrags erforderlich ist (vgl. *Natzel*, DB 1959, 171 ff. u. 207; *Geßler*, § 101 AktG Rdn. 50 ff.; *Köln.-Komm. – Mertens*, § 101 AktG Rdn. 5 ff., je m.w.N.; Einzelheiten str.), ein **Anstellungsverhältnis** zum Unternehmen, das der entgeltlichen oder unentgeltlichen Geschäftsbesorgung (§§ 626 ff., 675 BGB) **75**

entspricht und dessen Inhalt im wesentlichen feststeht. Dies gilt gleichermaßen für die Aufsichtsratsmitglieder der Anteilseigner und der Arbeitnehmer (*Fitting-Auffarth-Kaiser,* § 76 BetrVG 1952 Rdn. 129 f.). Kraft des Anstellungsverhältnisses haben die Aufsichtsratsmitglieder Anspruch auf **Ersatz** der ihnen durch ihre Tätigkeit, namentlich durch ihre Teilnahme an den Sitzungen entstandenen **Auslagen**, soweit sie sie den Umständen nach für erforderlich halten durften (§ 670 BGB).

76 Daneben kann für die Tätigkeit als Aufsichtsratsmitglied eine **Vergütung** gewährt werden (§ 113 Abs. 1 S. 1 AktG, § 36 Abs. 2 GenG). Bei der AG, KGaA, GmbH und bergrechtlichen Gewerkschaft (§ 25 Abs. 1 i.V.m. § 113 Abs. 1 AktG) setzt dies aber voraus, daß die Vergütung in der Satzung festgesetzt oder von der Anteilseignerversammlung beschlossen wurde. Der Aufsichtsrat kann sich daher nicht selbst ein Entgelt bewilligen, ebenso wenig ist das Vertretungsorgan dazu befugt. Auch ein individuelles Aushandeln kommt nicht in Betracht (vgl. *Köln.-Komm. – Mertens,* § 113 AktG Rdn. 3). Dagegen ist im aktienrechtlichen Schrifttum umstritten, ob es genügt, wenn die Hauptversammlung eine Gesamtvergütung festsetzt, welche die Mitglieder des Aufsichtsrats nach billigem Ermessen unter sich zu verteilen haben (vgl. *Mertens,* a.a.O., Rdn. 25 ff.; *Geßler,* § 113 AktG Rdn. 32, je m.w.N.). Ist die Vergütung nicht in der Satzung festgelegt, kann die Anteilseignerversammlung einen Grundsatzbeschluß fassen, der bis zu einer Aufhebung oder Änderung generell gilt. Zur Herabsetzung einer in der Satzung festgelegten Vergütung ist sie gem. § 113 Abs. 1 S. 3 AktG mit einfacher Mehrheit berechtigt. Die Vergütung kann in festen Beträgen (auch Sitzungsgeldern, Provisionen, Versicherungs- oder Sachleistungen) oder in einem Anteil am Jahresgewinn bestehen. Für diesen Fall gibt § 113 Abs. 3 AktG verbindliche Berechnungsvorschriften. Ihre Höhe soll in einem angemessenen Verhältnis zu den Aufgaben der Aufsichtsratsmitglieder und zur Lage der Gesellschaft stehen (§ 113 Abs. 1 S. 2 AktG).

77 Grundsätzlich haben **alle Aufsichtsratsmitglieder** Anspruch auf die **gleiche Vergütung**, namentlich ist eine Differenzierung zwischen Anteilseigner- und Arbeitnehmervertretern unzulässig. Für die Montanindustrie ergab sich das schon aus §§ 4 Abs. 3 MontanMitbestG und 5 Abs. 4 MitbestEG. Ohne ausdrückliche gesetzliche Vorschrift muß es aber auch für das MitbestG gelten, da alle Aufsichtsratsmitglieder grundsätzlich die gleichen Rechte und Pflichten haben und das Gesetz eine Diskriminierung der Arbeitnehmervertreter ausschließt (ebenso *Wlotzke-Wißmann,* DB 1976, 965; ferner allgemein *Köln.-Komm. – Mertens,* § 113 AktG Rdn. 6; *Großkomm. – Meyer-Landrut,* § 101 AktG Anm. 17; *Geßler,* § 113 AktG Rdn. 57 ff.; *Fitting-Auffarth-*

Kaiser, § 76 BetrVG 1952 Rdn. 130; h.L.; a.A. mit unhaltbarer Begründung nur *Meilicke-Meilicke,* §§ 25–29 Rdn. 30). Dagegen gestattet das Gesetz, die Vergütungen verschieden festzusetzen, wenn die Leistung für das Unternehmen differiert. Daher ist gegen den Brauch, dem Aufsichtsratsvorsitzenden und gegebenenfalls seinem Stellvertreter eine höhere Vergütung zuzubilligen als den übrigen Aufsichtsratsmitgliedern, nichts einzuwenden. Auch eine weitere Differenzierung nach Dienstalter, Arbeitseinsatz und Qualifikation ist nicht ausgeschlossen (*Mertens,* a.a.O., Rdn. 9).

Nach § 36 Abs. 2 GenG dürfen an die Aufsichtsratsmitglieder einer **78** **Genossenschaft** keine nach dem Geschäftsergebnis bemessenen Vergütungen bezahlt werden. Eine § 113 AktG vergleichbare Vorschrift enthält das GenG hingegen nicht. Dagegen gilt auch für sie das Gleichbehandlungsgebot, das verbietet, die Arbeitnehmervertreter anders zu behandeln als die Aufsichtsratsmitglieder der Anteilseigner.

2. Gem. §§ **114** u. **115** AktG bedürfen Verträge, durch die sich ein **79** Aufsichtsratsmitglied außerhalb seiner Tätigkeit im Aufsichtsrat gegenüber der Gesellschaft zu einer Tätigkeit höherer Art verpflichtet und die Gewährung von Krediten an Aufsichtsratsmitglieder der Einwilligung des Aufsichtsrats. Die Vorschriften gelten gem. § 278 Abs. 3 AktG auch für die KGaA und gem. § 25 Abs. 1 Z. 2 für die unter das MitbestG fallenden Gesellschaften mbH und bergrechtlichen Gewerkschaften, nicht jedoch für Genossenschaften. Mitbestimmungsrechtliche Besonderheiten bestehen nicht. Zur Erläuterung ist daher auf die aktienrechtliche Literatur zu verweisen.

VI. Verantwortlichkeit und Haftung der Aufsichtsratsmitglieder (§ 116 AktG)

1. Zu den Rechtsfragen, bei denen das MitbestG auf eine eigene **80** Regelung verzichtet und sich mit der Verweisung auf gesellschaftsrechtliche Normen begnügt, gehört auch die **Verantwortlichkeit** und **Haftung** der Aufsichtsratsmitglieder (§ 25 Abs. 1 Z. 1 u. 2 i.V.m. §§ 116, 93 AktG, § 25 Abs. 1 Z. 3 i.V.m. §§ 41, 34 GenG). Auch das AktG und GenG regeln indessen nur Ausschnitte aus dem Fragenkreis, nämlich den Haftungsmaßstab und den aus der Verletzung der Pflichten entstehenden Schadensersatzanspruch, ferner den speziellen Fall der Verschwiegenheitspflicht, nennen jedoch keine generellen inhaltlichen Kriterien, an denen sich das Handeln der Beteiligten auszurichten hat. Nach §§ 116, 93 Abs. 1 S. 1 AktG, 41, 34 Abs. 1 S. 1 GenG haben die Mitglieder des Aufsichtsrats bei ihrer Tätigkeit die **Sorgfalt** eines „**ordentlichen** und **gewissenhaften Geschäftsleiters**" anzuwenden. §§ 4 Abs. 3 MontanMitbestG und 5 Abs. 4 MitbestEG fügen für die Mon-

tanunternehmen ergänzend hinzu, daß alle Mitglieder des Aufsichtsrats die gleichen Rechte und Pflichten haben und an Aufträge und Weisungen nicht gebunden sind.

81 Eine gleichlautende Vorschrift war in § 24 des vom Bundesminister f. Arbeit u. Sozialordnung vorgelegten Referentenentwurfs zum MitbestG enthalten, wurde jedoch schon im Regierungsentwurf fallengelassen und danach im Gesetzgebungsverfahren trotz der in der Wissenschaft geäußerten Wünsche nicht mehr aufgegriffen (vgl. *Müller,* DB 1975, 208 f., 253; *Mertens,* RdA 1975, 97; *Th. Raiser,* Grundgesetz und paritätische Mitbestimmung, 70 ff.; *ders.*, BB 1976, 149 f.; kritisch *Simitis,* AuR 1975, 324 ff.). Die Rechtsanwendung wird indessen nicht auskommen, ohne die Verhaltensanforderungen an die Mitglieder des Aufsichtsrats auch inhaltlich zu konkretisieren und präzisieren, denn deren Herkunft aus verschiedenen Gruppen mit divergierenden Interessen und Wertvorstellungen läßt erwarten, daß es darüber zum Streit kommt (vgl. schon zum bisherigen Recht die Kontroverse über die Verschwiegenheitspflicht der Aufsichtsratsmitglieder, unten Rdn. 93 ff.).

82 2. Eine angemessene Lösung des Problems kann nur gelingen, wenn man sich die Funktionen des paritätisch besetzten Aufsichtsrats als eines pluralistisch konzipierten Organs im Unternehmen vergegenwärtigt. Auf lange Sicht hängen Bestand und Erfolg des Unternehmens als einer wirtschaftliche Leistungen produzierenden sozialen Einheit davon ab, daß sich zwischen den in ihm wirkenden Menschen und sozialen Gruppierungen ein ausreichendes Maß an reibungsloser Kooperation und Integration vollzieht, die sie befähigt, die vorhandenen Kräfte auf das gemeinsame Ziel zu richten, anstatt sie in der gegenseitigen Konfrontation zu verbrauchen. Der hierzu notwendige Prozeß erfordert, auf einen möglichst hohen Grad von Homogenität der Interessen und Wertungen hinzuarbeiten und divergierende Interessen soweit zurückzustellen, daß die Kooperation nicht nachhaltig gestört wird. Es ist die Aufgabe des Rechts, den dynamischen, man kann sagen: politischen Integrationsprozeß im Unternehmen zu ermöglichen und zu unterstützen (vgl. *Boettcher* u. a. (Sechserbericht), Unternehmensverfassung als gesellschaftspolitische Forderung, 17 ff.; *Schilling,* Festschr. f. Geßler, 159ff., 165; *Wiedemann,* Festschr. f. Barz, 576 f.; *ders.,* ZGR 1975, 390 f.). Um sie erfüllen zu können, muß das Recht als Verhaltensrichtlinie und Bewertungsmaßstab für die Unternehmensverfassung das integrative Element betonen. In der Terminologie der neueren Gesetze, Judikatur und Wissenschaft muß es die Unternehmensorgane auf das **Wohl des Unternehmens** (vgl. §§ 70 AktG 1937, 308 AktG 1965) bzw. auf das **Unternehmensinteresse** verpflichten (vgl. BGHZ 62, 197, 199; 64, 329 ff.; BVerfGE 34, 112; *Th. Raiser*, Festschr. f.

R. Schmidt, 101 ff.; *Raisch*, Festschr. f. Hefermehl, 347; *Reich-Lewerenz*, AuR 1976, 356 f.; *Mertens*, ZGR 1977, 275 ff.; der hier und im folgenden entwickelte, in den oben genannten Entscheidungen auch von der Rechtsprechung verwendete Begriff des Unternehmensinteresses ist in der Wissenschaft allerdings noch nicht allgemein anerkannt; vgl. *Zöllner*, Die Schranken mitgliedschaftlicher Stimmrechtsmacht bei den privatrechtlichen Personenverbänden, 47 ff.; *Steinmann*, Das Großunternehmen im Interessenkonflikt, 1 ff.; *Westermann*, ZGR 1977, 222; *Wiedemann*, Festschr. f. Barz, 573 ff.; *ders.*, ZGR 1975, 413 ff.; *Rittner*, Festschr. f. Hefermehl, 368 f.). Im Konzern tritt nach Maßgabe der §§ 308, 311 AktG an die Stelle des Unternehmensinteresses das **Konzerninteresse** (vgl. *Geßler*, § 308 AktG Rdn. 50 ff., § 311 AktG Rdn. 29 ff.).

Der Begriff des Unternehmensinteresses gibt nun allerdings zwar die **83** Richtung an, in welche die Argumentation zu laufen hat, ist aber **für sich allein noch zu unscharf,** präzise Maßstäbe für die rechtliche Bewertung einzelner Handlungen aufzustellen. In einigen Punkten läßt er sich ohne Schwierigkeiten konkretisieren. Wenn das Unternehmensinteresse darauf gerichtet ist, die Selbsterhaltung und den Erfolg des Unternehmens zu sichern, so widersprechen ihm alle Akte, welche diese Ziele gefährden. Eine mangelhafte Kapitalausstattung des Unternehmens, überhöhte Ausschüttungen an Gesellschafter oder Arbeitnehmer, schlecht qualifiziertes Management, Spannungen zwischen den Organen, Arbeitskämpfe, schlechtes Betriebsklima, hoher Krankenstand usw. laufen dem Unternehmensinteresse zuwider. Im Kontext derartiger Feststellungen erweist sich das Unternehmensinteresse als eine **komplexe, multidimensionale und variable Größe,** deren zahllose Komponenten nicht ohne weiteres auf einen gemeinsamen Nenner zu bringen sind, sondern Raum für **alternative Entscheidungen** in der jeweils konkreten Situation lassen.

Es ist die **Aufgabe der Unternehmensorgane**, die anstehenden Fra- **84** gen im Rahmen der Gesetze und ihrer unternehmensinternen Zuständigkeit nach pflichtgemäßem Ermessen zu entscheiden. Indem sie dies tun, definieren oder präzisieren sie, welches Verhalten jeweils im Unternehmensinteresse liegt. Wegen der rechtlich fixierten „Gewaltenteilung" und des dadurch bedingten Wechselspiels wirken die Unternehmensorgane daran auf verschiedene, für ihre Stellung charakteristische Weise mit. Im vereinfachten Modell setzt die **Anteilseignerversammlung**, welche im Rahmen der Satzung den Gegenstand und das Formalziel des Unternehmens festlegt und die auch sonst die Strukturfragen zu entscheiden hat, die **allgemeinen, langfristigen** und nur unter erschwerten Bedingungen abänderbaren **Unternehmensinteressen** fest, während das **Vertretungsorgan** in dem Maße, in dem es für die Geschäftsführung bzw. die Leitung des Unternehmens verantwortlich ist, das Unternehmensinteresse **für den Einzelfall** ausformuliert. Der **Aufsichtsrat** nimmt an der Definition des Unternehmensinteresses teil, soweit er sich nicht auf die rückblickende Kontrolle beschränkt, sondern **Einfluß auf die Unternehmensplanung** nimmt. Jedes Organ ist rechtlich an die Entscheidungen über das Unternehmensinteresse gebunden, welche die anderen Organe in den Schranken ihrer Zuständigkeit gefällt haben, und kann das Unternehmensinteresse daher nicht souverän bestimmen. Es ist auch insofern beschränkt, als es außer bei der Gründung eines neuen Unternehmens niemals von vorne beginnt, sondern nur zwischen den Alternativen wählen kann, die sich bei Berücksichtigung aller früheren Konkretisierungen des Unternehmensinteresses für eine in Zukunft erfolgversprechende Unternehmenspolitik anbieten. Aus dieser Bindung an die Kompetenzen der anderen Organe und an die in der Vergangenheit beschrittenen Wege ergibt sich für jedes Organ und für seine einzelnen Mitglieder das notwendige Mindestmaß an Konkretheit des Unternehmensinteresses, das es ermöglicht, einzelne Entscheidungen danach auszurichten oder daran zu messen.

85 Ungeachtet der genannten Grenzen verbleibt den Mitgliedern des Aufsichtsrats allerdings ein breiter Handlungsspielraum, dessen Variabilität und Dynamik dadurch gekennzeichnet sind, daß das **Unternehmensinteresse nicht unabhängig von der Vielzahl der im Unternehmen zusammentreffenden Interessen** der Anteilseigner, Arbeitnehmer und ihrer Gruppierungen sowie der Öffentlichkeit und der politischen Instanzen definiert werden kann. Als interessenpluralistischer sozialer Verband (*Boettcher* u. a. (Sechserbericht), Unternehmensverfassung als gesellschaftspolitische Forderung, 18 f.), soziale Organisation (*Th. Raiser,* Das Unternehmen als Organisation, 93 ff.) und volkswirtschaftliche Leistungseinheit (vgl. *Ballerstedt,* JZ 1951, 487; *Köhler,* JZ 1956, 141, und ZgStW 1959, 721) ist das Unternehmen kein Wert für sich selbst, sondern erfüllt sich in der Befriedigung der an es herangetragenen Bedürfnisse. Es hat die Interessen der an ihm im weitesten Sinn Beteiligten aufzugreifen, gegeneinander auszubalancieren, zu verarbeiten und nach Maßgabe der vorhandenen Möglichkeiten zu befriedigen oder zurückzudrängen. So gesehen erscheint das Unternehmensinteresse als Resultante eines Kräftevielecks, in dem alle Kräfte zur Wirkung gelangen.

86 Rechtlich folgt aus dem Bild, daß die Verpflichtung der Organmitglieder auf das Unternehmensinteresse nicht den Ausschluß der Individual- und Gruppeninteressen fordert, sondern eine differenzierte Betrachtung, wie weit sich im Einzelfall Individual- oder Gruppeninteressen mit dem Unternehmensinteresse vereinbaren lassen. Gerade auch die Berücksichtigung spezieller Interessen entspricht dem Unternehmensinteresse, denn es kommt darauf an, die Bedingungen zu erhalten, unter denen die Personen und Gruppen, welche das spezielle Interesse verfolgen, auch in Zukunft bereit sind, dem Unternehmen kooperativ zu dienen (vgl. *Köln.-Komm. – Mertens,* Anh. nach § 96 Rdn. 98 m.w.N.). Für die Aufsichtsratsmitglieder ergibt sich daher regelmäßig nicht eine starre Alternative zwischen Unternehmensinteresse und Sonderinteressen, sondern ein sowohl als auch, ein Abwägen zwischen ihnen, das je nach Lage die Gruppen- oder Sonderinteressen stärker hervorzuheben oder zurückzustellen hat. Unvereinbar mit dem Unternehmensinteresse ist es, von vornherein ausschließlich und einseitig Partikularinteressen zu verfolgen. Auch koalitionspolitische oder allgemeinpolitische Interessen darf ein Aufsichtsratsmitglied nicht auf Kosten des Unternehmens verfolgen (vgl. *Zöllner,* DB 1976, 1767). In der Mehrzahl der Fälle wird sich aber im Entscheidungsprozeß im Unternehmen ein Weg finden, unter dem sich die Partikularinteressen mit dem Unternehmensinteresse abstimmen lassen, ohne daß es zum Konflikt kommt. Läßt sich ein **Widerspruch** zwischen Unternehmensinteresse und Sonderinteresse **nicht beseitigen**, haben die Aufsichtsratsmitglieder allerdings als Mitglieder eines Unternehmensorgans dem **Unternehmensinteresse** den **Vorrang** einzuräumen (h.A. zu § 76 BetrVG 1952; vgl. *Dietz-Richardi,* § 76 BetrVG 1952 Anm. 177; *Fitting-Auffarth-Kaiser,* § 76 BetrVG 1952 Anm. 125 f.; *Fitting-Wlotzke-Wißmann,* § 25 Rdn. 73; *Köln.-Komm. – Mertens,* Anh. nach § 96 AktG Rdn. 93; *Geßler,* § 96 AktG Rdn. 61 ff., je mit zahlreichen weiteren Nachweisen; a.A. *Mayer,* BlStSozArbR 1976, 176).

Das Konfliktpotential, das in dem Aufeinandertreffen von Unternehmensinteresse und Partikularinteressen im pluralistisch verfaßten Unternehmen angelegt ist, wird schließlich gemildert durch die **Teilung der Zuständigkeiten** zwischen den **Organen.** In der **Anteilseignerversammlung**, an der die Arbeitnehmerseite nicht beteiligt ist, kommt das Interesse der Anteilseigner naturgemäß weitgehend zum Durchbruch. Obwohl auch sie als Unternehmensorgan an das Unternehmensinteresse gebunden ist, solange sie nicht die Auflösung des Unternehmens beschließt (*Th. Raiser,* Festschr. f. R. Schmidt, 115), ist ein Beschluß nach § 243 Abs. 2 AktG erst dann rechtswidrig, wenn ein Aktionär für sich oder einen Dritten Sondervorteile zum Schaden der Gesellschaft oder der anderen Aktionäre zu erlangen suchte (vgl. auch § 117 AktG). Auf der anderen Seite tritt für die **Mitglieder des Vertretungsorgans** der Maßstab des Unternehmensinteresses in den Vordergrund, weil ihr Amt sie ausschließlich dazu verpflichtet, das Unternehmen in eigener Verantwortung zu leiten. Demgegenüber vereinigt das Amt des **Aufsichtsratsmitglieds** nach der Konzeption des MitbestG eine **Doppelrolle**. **87**

Denn zum einen ist der Aufsichtsrat Unternehmensorgan, zum anderen sollen seine Mitglieder, wie das Wahlverfahren beweist, gerade die Gruppeninteressen im Unternehmen zur Geltung bringen. Daraus folgt, daß die Grenze, bis zu der Sonderinteressen rechtmäßig wahrgenommen werden dürfen, für Mitglieder des Aufsichtsrats weiter zu ziehen ist als für Mitglieder des Vertretungsorgans (vgl. auch § 30 Rdn. 8 f.).

88 Für die **Haftung** der Aufsichtsratsmitglieder folgt aus dem Gesagten, daß ein Verstoß gegen die Sorgfalt eines ordentlichen und gewissenhaften Geschäftsleiters, wie ihn §§ 116, 93 Abs. 1 AktG, 41, 34 Abs. 1 GenG i.V.m. 25 Abs. 1 MitbestG verlangen, nur selten vorliegen wird. Die Voraussetzungen sind erfüllt, wenn ein Aufsichtsratsmitglied bei der Vorbereitung einer Entscheidung, der Aufklärung des Sachverhalts oder der Information über die relevanten Entscheidungsgesichtspunkte in einem mit seinem Amt nicht mehr zu vereinbarenden Ausmaß nachlässig war. Dabei richtet sich die Verantwortlichkeit auch nach dem Maß dessen, was von ihm nach seiner Herkunft und nach seinen persönlichen Fähigkeiten und Erfahrungen erwartet werden konnte (vgl. *Geßler,* § 116 AktG Rdn. 12). Ferner ist ein Schadensersatzanspruch auch dann gegeben, wenn sich ein Aufsichtsratsmitglied zum Schaden des Unternehmens von einseitigen Interessen leiten ließ, ohne das Ganze des Unternehmens und die Bedingungen im Auge zu behalten, unter denen es gedeihen und auf Dauer Erfolg haben kann. Im übrigen sind Handlungen der Organmitglieder, die in den Grenzen des mit dem Unternehmensinteresse Verträglichen variieren, vom Gesetz gedeckt und können daher keine Haftung auslösen, und zwar auch dann, wenn in ihnen Interessen der Gruppe wirksam werden, die das Mitglied gewählt hat (vgl. *Mestmäcker,* Verwaltung, Konzerngewalt und Rechte der Aktionäre, 130 f., 213 ff.; *Martens,* AG 1976, 118 f.). Zur **Kündigung** eines Aufsichtsratsmitglieds der Arbeitnehmer wegen Verletzung seiner Pflichten vergleiche § 26 Rdn. 5 ff.

89 3. Aus der übereinstimmenden Verpflichtung aller Aufsichtsratsmitglieder auf das Unternehmensinteresse ergibt sich, daß sie formal **dieselben Rechte und Pflichten** haben. Obwohl §§ 4 Abs. 3 MontanMitbestG und 5 Abs. 4 MitbestEG nicht übernommen wurden, gilt der Satz auch für das MitbestG (ebenso *Martens,* AG 1976, 117 f; *Fitting-Wlotzke-Wißmann,* § 25 Rdn. 56; zur Mitbestimmung nach §§ 76, 77 BetrVG 1952 ganz h. M., vgl. z. B. BAG AP Nr. 7 zu § 13 KSchG; *Fitting-Auffarth-Kaiser,* § 76 BetrVG 1952 Rdn. 124; *Dietz-Richardi,* § 76 BetrVG 1952 Rdn. 157; *Köln.-Komm. – Mertens,* Anh. nach § 96 AktG Rdn. 72; *Geßler,* § 96 AktG Rdn. 56 ff.; *Hensche,* Mitbestimmungsgespräch 1971, 67, 97, 111, je m.w.N.). Zur Begründung ist auf das Gesetz selbst zu verweisen, das bei der Regelung der inneren

Ordnung des Aufsichtsrats in §§ 25–29 keinerlei Differenzierung zwischen den Aufsichtsratsmitgliedern der Anteilseigner und der Arbeitnehmer erkennen läßt, ferner auf den Grundsatz der Mitbestimmungstradition (s. o. Rdn. 8 f.).

Im einzelnen folgt daraus, daß alle Aufsichtsratsmitglieder ein glei- **90**
ches Recht auf Information, auf Teilnahme an den Aufsichtsratssitzungen und auf Mitwirkung bei allen in die Zuständigkeit des Aufsichtsrats fallenden Beratungen und Entscheidungen sowie auf gleiche Vergütung für ihre Tätigkeit (s. Rdn. 77) haben. Umgekehrt trifft sie die gleiche Pflicht, an den Sitzungen teilzunehmen und sich von den Angelegenheiten des Unternehmens und den zur Entscheidung im Aufsichtsrat anstehenden Gegenständen ein Bild zu machen. Grundsätzlich steht allen Aufsichtsratsmitgliedern das gleiche Stimmrecht zu (Ausnahme §§ 29 Abs. 2, 31 Abs. 4). Auch bei der Besetzung der Aufsichtsratsausschüsse ist der Gleichheitsgrundsatz zu beachten (s. o. Rdn. 37 ff.). Schließlich trifft die Verantwortlichkeit und Haftung gem. §§ 116, 93 AktG, 41, 34 GenG alle Aufsichtsratsmitglieder gleichermaßen. Satzungsbestimmungen, welche die Gleichheit beeinträchtigen, namentlich die Rechtsstellung der Arbeitnehmervertreter einschränken oder aber umgekehrt ihre Pflichten erweitern, sind nichtig (vgl. schon RGZ 107, 221).

4. An **Aufträge** und **Weisungen** sind die Aufsichtsratsmitglieder **91**
nicht gebunden. Sie haben kein imperatives Mandat (ebenso *Fitting-Wlotzke-Wißmann,* § 25 Rdn. 57). Auch dieser in §§ 4 Abs. 3 Montan-MitbestG, 5 Abs. 4 MitbestEG bereits enthaltene, in das MitbestG aber nicht aufgenommene Rechtssatz gilt, soweit er nicht schon aus dem Gesellschaftsrecht folgt (vgl. *Köln.-Komm. – Mertens,* § 101 AktG Rdn. 51), kraft des Sinnzusammenhangs der §§ 25–31 und der Mitbestimmungstradition auch für dessen Geltungsbereich. Er ist auch aus verfassungsrechtlichen Gründen geboten (*Th. Raiser,* Grundgesetz und paritätische Mitbestimmung, 71 f.). Danach sind Weisungen nicht nur der Belegschaft oder der Gewerkschaften an die Aufsichtsratsmitglieder der Arbeitnehmer ausgeschlossen, sondern auch der Mitglieder des Vertretungsorgans (vgl. auch § 26). Auch soweit der Betriebsrat nach dem BetrVG in Unternehmensfragen mitbestimmt (vgl. z. B. §§ 111 f. BetrVG), sind seine Entscheidungen für die Arbeitnehmervertreter im Aufsichtsrat rechtlich nicht bindend. Auf der anderen Seite kann auch die Anteilseignerversammlung den Aufsichtsratsmitgliedern der Anteilseigner keinerlei rechtswirksame Weisungen erteilen (vgl. *Schneider,* ZGR 1977, 337 ff.). Wer seinen Einfluß auf die Gesellschaft vorsätzlich dazu benutzt, ein Mitglied des Vorstands oder des Aufsichtsrats zu einem für das Unternehmen schädlichen Verhalten zu bestimmen, kann sich gem. § 117 Abs. 1 AktG darüber hinaus scha-

densersatzpflichtig machen. Auch die Mitglieder des Aufsichtsrats haften gem. § 117 Abs. 2 AktG, wenn sie rechtswidrig und schuldhaft zum Schaden der Gesellschaft gehandelt haben (vgl. *Hanau,* RdA 1975, 26). Nicht ausgeschlossen sind dagegen **gewisse Richtlinien** oder **Empfehlungen**, welche die Aufsichtsratsmitglieder befolgen können, solange sie dabei mit den aus ihrem Amt folgenden Pflichten nicht kollidieren, das Unternehmensinteresse zu wahren (*Fitting-Wlotzke-Wißmann*, § 25 Rdn. 57; vgl. auch *H. P. Westermann*, ZGR 1977, 226).

92 Aus der Weisungsfreiheit der Aufsichtsratsmitglieder folgt, daß sie sich auch **vertraglich nicht wirksam verpflichten** können, ihr Mandat in bestimmter Weise auszuüben oder bei der Stimmabgabe fremden Weisungen zu unterwerfen (vgl. BGHZ 36, 306). Stimmbindungsverträge mit Aufsichtsratsmitgliedern sind unzulässig. Ebensowenig können die Aufsichtsratsmitglieder untereinander rechtswirksam vereinbaren, Fraktionen zu bilden, die übereinstimmend votieren (*Werner,* ZGR 1977, 240). Auch rein intern wirkende Sanktionen wie Vertragsstrafeversprechen u. ä. verstoßen gegen das Weisungsverbot und sind daher gem. § 134 BGB nichtig (a.A. *Schneider*, ZGR 1977, 339 ff.). Dagegen sind gesonderte Gruppenberatungen, die nicht zu verbindlichen Beschlüssen führen, rechtlich zulässig (*H. P. Westermann*, ZGR 1977, 230; *Werner*, a.a.O.).

93 5. Besonders geregelt ist die Pflicht der Aufsichtsratsmitglieder zur **Verschwiegenheit**. Nach §§ 116, 93 Abs. 1 S. 2 AktG und 41, 34 Abs. 1 S. 2 GenG haben sie ebenso wie die Mitglieder des Vertretungsorgans über vertrauliche Angaben und Geheimnisse der Gesellschaft, namentlich Betriebs- oder Geschäftsgeheimnisse, die ihnen durch ihre Tätigkeit im Aufsichtsrat bekannt geworden sind, Stillschweigen zu bewahren. Die Schweigepflicht ist eine gesetzliche Ausprägung der jedes Mitglied eines Unternehmensorgans kraft seines Amtes treffenden Loyalitäts- und Sorgfaltspflicht (h.A.). Daraus folgt, daß sie im Einzelfall auch über den gesetzlichen Rahmen hinausgehen kann (vgl. statt aller *Hefermehl,* § 93 AktG Rdn. 17). Auch dauert sie über das Ende der Amtszeit hinaus an (*Hefermehl,* a.a.O., Rdn. 20). Bei der AG, KGaA und Genossenschaft tritt neben das zivilrechtliche Verbot die Strafsanktion der §§ 404 AktG, 151 GenG, wonach Aufsichtsratsmitglieder mit Freiheitsstrafe bis zu einem Jahr oder mit Geldstrafe bestraft werden, wenn sie ein Geheimnis der Gesellschaft, das ihnen kraft ihres Amtes bekannt geworden ist, unbefugt offenbaren. Dagegen sind diese Vorschriften auf die unter das Gesetz fallenden Gesellschaften mbH und bergrechtlichen Gewerkschaften nicht anzuwenden, da in § 25 Abs. 1 Z. 2 eine entsprechende Verweisung fehlt.

94 a) Wie bei allen anderen Rechten und Pflichten der Aufsichtsratsmitglieder gilt auch für die Schweigepflicht der **Gleichheitsgrundsatz**

(s. o. Rdn. 89), d. h. das Gesetz gestattet keine Differenzierungen zwischen den Aufsichtsratsmitgliedern der Anteilseigner und der Arbeitnehmer (h.A., vgl. statt aller BGHZ 64, 330; *Hueck,* RdA 1975, 41). Diese Rechtslage ist hier schon deshalb eindeutig, weil §§ 93 Abs. 1, 404 AktG und 40 EGAktG anläßlich der Reform von 1965 mit dem erklärten Ziel neu gefaßt wurden, die Schweigepflicht einheitlich zu regeln (vgl. Begr. zu §§ 93 AktG u. 40 EGAktG bei *Kropff,* 122, 571). An ihr ist daher festzuhalten, obgleich *Kittner* (ZHR 136, 208 ff.) mit Recht herausgearbeitet hat, daß die Arbeitnehmervertreter wegen ihrer Tätigkeit im Aufsichtsrat regelmäßig unter stärkerem Legitimationsdruck von seiten ihrer Wähler stehen als die Anteilseignervertreter und daher infolge der Schweigepflicht leichter in Schwierigkeiten geraten können. Das Gesetz hat die daraus entstehenden Konflikte zum Schutz des Unternehmens in Kauf genommen (vgl. *Hueck,* RdA 1975, 41).

b) Die die gesetzliche Schweigepflicht konstituierenden Begriffe „vertrauliche Angaben“ und „Geheimnisse der Gesellschaft“ haben schon für den Geltungsbereich der §§ 76, 77 BetrVG 1952 **Interpretationsprobleme** aufgeworfen, die sich großenteils daraus erklären, daß die Schweigepflicht für die Aufsichtsratsmitglieder der Arbeitnehmer besonders leicht mit den Interessen der Belegschaft, der Betriebsräte oder der im Unternehmen vertretenen Gewerkschaften in Konflikt gerät, über die Vorgänge im Aufsichtsrat informiert zu werden (vgl. neben den Kommentaren zum AktG und zum BetrVG *Meyer-Landrut,* AG 1964, 325; *Spieker,* NJW 1965, 1937; *Veith,* NJW 1966, 526; *Isele,* Festgabe f. Heinrich Kronstein, 107; *Eutebach,* Die Verschwiegenheitspflicht der Aufsichtsratsmitglieder einer AG; Ber. d. Mitbestimmungskommission, BT-Drucks. VI/334, Teil IV Rz. 28 ff.; *Hensche,* Mitbestimmungsgespräch 1971, 112 ff.; *v. Stebut,* Geheimnisschutz und Verschwiegenheitspflicht im Aktienrecht; *Kittner,* ZHR 136, 208; *Hengeler,* Festschr. f. Schilling, 175; *Zachert,* Mitbestimmungsgespräch 1976, 225 ff.; *G. Hueck,* RdA 1975, 35). Sie sind durch das **Leiturteil des BGH** vom 5. 6. 1975 (BGHZ 64, 325 ff.), dem in allen wesentlichen Punkten gefolgt werden kann, grundsätzlich, wenngleich nicht in allen Einzelheiten geklärt. Doch führen, wie sich aus dem literarischen Echo auf die Entscheidung ergibt, die divergierenden Interessen der Sozialpartner noch immer zu gegenläufigen Interpretationstendenzen (vgl. auf der einen Seite *Mertens,* AG 1975, 235; *Wessing-Hölters,* DB 1976, 1671; *Meyer-Landrut,* ZGR 1976, 510; *Rittner,* Festschr. f. Hefermehl, 1976, 365; *Werner,* ZGR 1977, 237; *H. P. Westermann,* ZGR 1977, 227; auf der anderen Seite *Pfarr,* Mitbestimmungsgespräch 1976, 51; *Däubler,* BlStSozArbR 1976, 186; *Mayer,* BlStSozArbR 1976, 175 f.). 95

96 c) Der **Begriff des Geheimnisses**, als dessen Unterfall §§ 93 Abs. 1 AktG, 34 Abs. 1 GenG Betriebs- und Geschäftsgeheimnisse nennen, ist im Gesetz nicht näher definiert, weshalb die h.L. mit Recht den allgemeinen zivilrechtlichen, namentlich zu §§ 17 UWG und 79 BetrVG entwickelten Geheimnisbegriff heranzieht (vgl. *v. Stebut,* Geheimnisschutz und Verschwiegenheitspflicht im Aktienrecht, 3 ff.; *Hefermehl,* § 93 AktG Rdn. 16). Danach wird der Begriff durch **vier Merkmale** bestimmt. Zunächst muß es sich um Informationen handeln, die im Zusammenhang mit dem Aufbau oder der Betätigung des Unternehmens stehen, z. B. Produktionsvorhaben, Patente, Erfindungen, Fabrikationsverfahren, Kalkulationen, Absatz- oder Finanzpläne, aber auch unternehmensinterne Vorgänge, namentlich Äußerungen, Beratungs- und Abstimmungsergebnisse im Aufsichtsrat selbst. Als Geheimnis sind solche Informationen anzusehen, wenn sie nur einem eng begrenzten Kreis von Personen bekannt sind, nach dem erklärten oder mutmaßlichen Willen des Geheimnisträgers geheim bleiben sollen und an denen auch ein berechtigtes Geheimhaltungsinteresse besteht.

97 Im Verhältnis zwischen subjektiven und objektiven Kriterien hat nach BGHZ 64, 329, 331 grundsätzlich das **objektive Merkmal den Vorrang**, d. h. es kommt in erster Linie darauf an, ob die Information bei einer von Einzelpersonen losgelösten Betrachtungsweise **geheimhaltungsbedürftig** ist. Maßgeblich dafür ist ausschließlich das Interesse des Unternehmens, nicht dagegen die Privatinteressen der Organmitglieder oder die Sonderinteressen der im Unternehmen vertretenen Gruppen. Die Relativierung des Geheimnisbegriffs als Ergebnis einer Abwägung zwischen Unternehmensinteresse und den Gruppeninteressen (vgl. *Kittner,* ZHR 136, 232 f.) lehnt der BGH „angesichts der abschließenden gesetzlichen Regelung" ausdrücklich ab (a.a.O., 331). Im Gegensatz zum Fall des § 79 BetrVG kommt es nach dem Gesagten auch nicht darauf an, daß eine Information ausdrücklich als geheimhaltungsbedürftig bezeichnet wurde (h.A., vgl. statt aller *Hefermehl,* § 93 AktG Rdn. 16).

98 Das Unternehmensinteresse ist nach der gebräuchlichen Formel verletzt, wenn die **Weitergabe einer Information** dem Unternehmen einen **nicht ganz belanglosen materiellen oder immateriellen Schaden** zufügen würde. Welche Informationen darunterfallen, läßt sich nicht allgemein angeben, vielmehr ist stets die Prüfung im Einzelfall erforderlich (BGH, a.a.O., 331). Auch das Informationsbedürfnis der Belegschaft, das als selbständiges Beurteilungskriterium für die Geheimhaltungsbedürftigkeit ausscheidet, geht neben anderen Sonderinteressen in das Unternehmensinteresse ein und kann daher für die Beurteilung der Schweigepflicht relevant werden, wenn es im Einzelinteresse

andere Komponenten des Unternehmensinteresses überwiegt (vgl. Rdn. 85 f.).

Neben das objektive Kriterium der Geheimhaltungsbedürftigkeit tritt als **subjektives Element** des Geheimnisbegriffs der **Wille des Geheimnisträgers**, eine Information nicht zu offenbaren. Geheimnisträger ist das Unternehmen, repräsentiert durch seine Organe (vgl. *Hueck,* RdA 1975, 38). Haben die Organe übereinstimmend zu erkennen gegeben, eine Tatsache nicht mehr geheimhalten zu wollen, so liegt kein Geheimnis mehr vor, auch wenn die Geheimhaltungsbedürftigkeit objektiv noch gegeben wäre. Ist der Geheimhaltungswille ungeklärt oder geteilt, so hat nach der Entscheidung des BGH (a.a.O., 327 ff.) jedes Aufsichtsratsmitglied selbst zu entscheiden, ob es eine Information im Unternehmensinteresse für geheimhaltungsbedürftig hält oder nicht. Dabei steht ihm gegenüber den anderen Mitgliedern des Aufsichtsrats und des Vertretungsorgans ein gewisses, für sein Amt kennzeichnendes Maß an Entscheidungsfreiheit, ein „angemessener Raum für eigenverantwortliches Handeln" (BGH, a.a.O., 327) zu. Auf der anderen Seite überläßt der BGH dem Aufsichtsratsmitglied im Streitfall keinen der gerichtlichen Kontrolle entzogenen Beurteilungsspielraum, sondern nimmt für sich in Anspruch, die Voraussetzungen der Geheimhaltungsbedürftigkeit uneingeschränkt nachzuprüfen (ebenso *Wessing-Hölters,* DB 1976, 1671 f.; *Rittner,* Festschr. f. Hefermehl, 369 f.; anders *Mertens,* AG 1975, 235). Eine gesetzliche Vermutung, daß eine Information unter das Schweigegebot fällt, besteht nicht (BGH, a.a.O., 330). Auch ist das einzelne Organmitglied nicht an den Willen des Vertretungsorgans oder an einen Mehrheitsbeschluß des Aufsichtsrats gebunden, kann auch durch Satzung oder Geschäftsordnung nicht daran gebunden werden (BGH, a.a.O., 329). Vielmehr hat es die Frage mit der Sorgfalt eines ordentlichen und gewissenhaften Geschäftsleiters eigenverantwortlich zu prüfen und sich gegebenenfalls sachkundig beraten zu lassen. Doch steigern sich die Anforderungen an die Prüfungspflicht, wenn das Vertretungsorgan, andere Aufsichtsratsmitglieder oder die Mehrheit des Aufsichtsrats eine Information für geheimhaltungsbedürftig erklärt haben. **99**

d) Der Begriff der **vertraulichen Angabe** ist nach h. L. mit dem des Geheimnisses nicht völlig identisch, da er einen Bezug zu der Person dessen herstellt, der die Angaben gemacht hat (a.A. *Kittner,* ZHR 136, 324 f.). Nach verbreiteter Ansicht bezieht sich der Begriff auf Informationen, die zwar nicht notwendig unbekannt sind, deren Weitergabe jedoch dem Unternehmensinteresse gleichwohl widersprechen würde (*v. Stebut,* Geheimnisschutz und Verschwiegenheitspflicht im Aktienrecht, 57 ff.; *Hueck,* RdA 1975, 38; *Hensche,* Mitbestimmungsgespräch 1971, 115; *Hefermehl,* § 93 AktG Rdn. 16). Dagegen ist es zu **100** eng, alle Informationen als vertrauliche Angaben der Schweigepflicht zu unterwerfen, die in der ggfs. nur stillschweigenden Erwartung geäußert wurden, daß sie nicht anderen mitgeteilt oder sonstwie offengelegt würden (so aber *Hengeler,* Festschr. f. Schilling, 185; *Godin-Wilhelmi,* § 93 AktG Anm. 5; *Wessing-Hölters,* DB 1976, 1673). Denn nach dem Leiturteil des BGH (a.a.O., 331) fallen auch vertrauliche Angaben nur dann unter den Schutz der Verschwiegenheitspflicht, wenn sie objektiv geheimhaltungsbedürftig sind. Insoweit gilt das oben zum Begriff des Geheimnisses Ausgeführte. Der erklärte oder mutmaßliche Wunsch dessen, der die vertrauliche Angabe gemacht hat, reicht für sich allein zur Begründung der Schweigepflicht nicht aus, sondern begründet allenfalls eine verschärfte Pflicht, die Geheimhaltungsbedürftigkeit im Interesse des Unternehmens nachzuprüfen.

101 e) Die Schweigepflicht gilt gegenüber **Dritten**, zu denen aber auch die Anteilseigner, namentlich einzelne Großaktionäre, die Belegschaft und die einzelnen Arbeitnehmer des Unternehmens gehören. Deren Auskunftsinteressen sind anderweitig geregelt (vgl. §§ 131 f. AktG, 43 Abs. 2, 106 BetrVG). Nach richtiger Ansicht ist auch der **Betriebsrat** nicht ausgenommen, obwohl dessen Mitglieder gem. § 79 BetrVG selbst der Schweigepflicht unterliegen. Denn die aus den gesetzlichen Aufgaben des Betriebsrats abgeleiteten Informationsrechte umfassen nicht das ganze Spektrum der Gegenstände, die im Aufsichtsrat beraten werden, und darüber hinaus hat der Betriebsrat keinen Anspruch, über Vorgänge in der Unternehmensleitung unterrichtet zu werden (vgl. ausführlich *Hueck,* RdA 1975, 42; a.A. *Hensche,* Mitbestimmungsgespräch 1971, 115; *Spieker,* NJW 1965, 1941; *Zachert,* Mitbestimmungsgespräch 1976, 226; ferner *Fitting-Wlotzke-Wißmann,* § 25 Rdn. 81 f.). Doch ist eine Zumutbarkeitsgrenze anzuerkennen, wenn das Vertretungsorgan dem Betriebsrat Informationen vorenthält, die ihm zustehen, und dieser sich nunmehr an die Aufsichtsratsmitglieder der Arbeitnehmer wendet (h.A., vgl. *Geßler,* § 116 AktG Rdn. 32; *Dietz-Richardi,* § 76 BetrVG 1952, Rdn. 166, je m.w.N.; *Rittner,* Festschr. f. Hefermehl, 374).

102 **Keine Verschwiegenheitspflicht** besteht zwischen den **Mitgliedern des Aufsichtsrats** selbst, da eine sinnvolle Zusammenarbeit zwischen ihnen nur bei voller gegenseitiger Information möglich ist (*Köln.-Komm. – Mertens,* § 93 AktG Rdn. 38). Auch im Verhältnis von **Aufsichtsrat** und **Vertretungsorgan** kann es jedenfalls insoweit kein Verschwiegenheitsgebot geben, als die Wahrnehmung der gesetzlichen Organfunktionen und eine sachgemäße Kooperation eine uneingeschränkte gegenseitige Information verlangen.

Weiter schließt das Schweigegebot nicht aus, sich des **fachkundigen**
103 **Rates eines Dritten** zu bedienen. Nach dem BGH (a.a.O., 331 f.) ist in

diesem Fall schon bei der Auswahl des Beraters einer Weitergabe oder einem sonstigen Mißbrauch vertraulicher Mitteilungen vorzubeugen. Wenn der Berater nicht schon wegen seines Berufs gesetzlich zur Verschwiegenheit verpflichtet ist, ist er daher vertraglich daran zu binden (vgl. *Veith,* NJW 1966, 528; *Hefermehl,* § 93 AktG Rdn. 21; zu eng *Geßler,* § 116 AktG Rdn. 14; zu weit *Spieker,* NJW 1965, 1937). Die Schweigepflicht des Aufsichtsratsmitglieds tritt nur soweit zurück, als es die sachgemäße Beratung erfordert.

Schließlich kann eine Bindung an die Schweigepflicht unter dem **104**
Gesichtspunkt der **Unzumutbarkeit** ausnahmsweise entfallen, wenn sie mit den persönlichen Interessen des Aufsichtsratsmitglieds in Widerspruch gerät. Zu denken ist an Fälle, in denen der Betroffene eigene Ansprüche gegen das Unternehmen geltend macht oder sich gegen Vorwürfe nicht anders wehren kann, als daß er bestimmte, der Geheimhaltung unterliegende Tatsachen offenbart (Einzelheiten bei *Hefermehl,* § 93 AktG Rdn. 22; *Köln.-Komm. – Mertens,* § 93 AktG Rdn. 40).

f) Die Schweigepflicht der Aufsichtsratsmitglieder ist im Gesetz **105**
abschließend und **zwingend** geregelt und kann daher durch Satzung oder Geschäftsordnung weder gemildert noch verschärft werden (BGH, a.a.O., 326 f.). Namentlich ist es unzulässig, die Mitglieder des Aufsichtsrats einer grundsätzlichen Geheimhaltungspflicht zu unterwerfen, die sie im Einzelfall widerlegen müssen. Nach der Urteilsbegründung des BGH folgt dies nicht nur aus der für die AG geltenden Satzungsstrenge (vgl. § 23 Abs. 5 AktG), sondern aus der öffentlichen Bedeutung der Schweigepflicht, die als Ergebnis einer Abwägung zwischen dem Geheimhaltungsinteresse des Unternehmens und der zur verantwortlichen Amtsführung gewährten Bewegungsfreiheit der Organmitglieder eine über den Einzelfall hinausgehende allgemeinverbindliche Regelung verlangt. Nach dieser Begründung ist es auch bei einer unter das MitbestG fallenden, aber nicht der aktienrechtlichen Satzungsstrenge unterliegenden KGaA, GmbH, bergrechtlichen Gewerkschaft oder Genossenschaft ausgeschlossen, die Schweigepflicht durch Satzung oder Geschäftsordnung einzuschränken oder zu erweitern (a.A. *Wessing-Hölters,* DB 1976, 1673).

Zulässig sind nach den Ausführungen des BGH (a.a.O., 328) **106**
„erläuternde Hinweise" und **„Richtlinien"**, welche die sehr allgemeine Regelung des Gesetzes ausfüllen, um dem einzelnen Aufsichtsratsmitglied „besser, als das Gesetz es vermag, eine auf die Praxis bezogene Handhabe zu geben, wann es besonders auf die Gefahr einer Verletzung gesetzlich geschützter Geheimhaltungsinteressen achten muß". Derartige Richtlinien können die in Betracht kommenden Unternehmensinteressen inhaltlich für bestimmte Fälle konkretisieren oder typi-

sieren (*Mertens,* AG 1975, 236; *Wessing-Hölters,* a.a.O., 1673 f.; *Rittner,* Festschr. f. Hefermehl, 374 ff.) oder Verfahrensregeln aufstellen, nach denen sich ein Aufsichtsratsmitglied richten soll, wenn es die Geheimhaltungsbedürftigkeit einer Information prüft. Sie können aber den gesetzlichen Freiraum zur eigenverantwortlichen Entscheidung weder materiell noch formell einengen, namentlich weder direkt noch indirekt eine Bindung des Aufsichtsratsmitglieds an die Entscheidung des Vertretungsorgans oder des Gesamtaufsichtsrats binden (viel zu weit daher *Wessing-Hölters,* a.a.O.). Ist streitig, ob ein Aufsichtsratsmitglied die Schweigepflicht oder die bei der Prüfung erforderliche Sorgfalt verletzt hat, kommen sie regelmäßig nur als Indizien und allgemeine Wertungskriterien, nicht aber als verbindliche Normen in Betracht.

107 6. Sehr zweifelhaft ist, wie weit die **Teilnahme an Tarifverhandlungen** mit den Pflichten eines Aufsichtsratsmitglieds vereinbar ist. Im Schrifttum zur Mitbestimmung nach den Montanmitbestimmungsgesetzen und nach §§ 76 f. BetrVG 1952 wurde überwiegend angenommen, daß die Teilnahme an Tarifverhandlungen grundsätzlich zulässig sei, das betreffende Aufsichtsratsmitglied in Konfliktsfällen aber maßgeblich die Interessen des Unternehmens im Auge zu behalten habe. Formelle Stimmrechtsverbote bei Abstimmungen im Aufsichtsrat, die Bezug zu den Tarifverhandlungen haben, sind nach geltendem Recht nicht zu begründen (vgl. § 29 Rdn. 5; ferner *Fitting-Wlotzke-Wißmann,* Rdn. 84; *Reich-Lewerenz,* AuR 1976, 361 f.; *Martens,* ZGR 1977, 424; a.A. *Hanau* ZGR 1977, 402; *ders.*, RdA 1975, 25), doch verstößt ein Aufsichtsratsmitglied durch sein Verhalten u. U. gegen seine Amtspflichten gegenüber dem Unternehmen und macht sich deshalb schadensersatzpflichtig. Die Teilnahme an **rechtswidrigen Streiks** ist den Aufsichtsratsmitgliedern nach wohl allg. M. versagt (vgl. statt aller *Dietz-Richardi,* § 76 BetrVG 1952 Rdn. 178; *Köln.-Komm. – Mertens,* Anh. nach § 96 AktG Rdn. 99). Bei **rechtmäßigen Streiks** kann nach heute gefestigter Ansicht (vgl. nur *Fitting-Auffarth-Kaiser,* § 76 BetrVG 1952 Rdn. 137 m.w.N.) den Aufsichtsratsmitgliedern der Arbeitnehmer die mit der Belegschaft solidarische Niederlegung der Arbeit nicht verwehrt werden (anders noch *Galperin-Siebert,* § 76 BetrVG 1952 Anm. 5 b; ferner *Dietz* bis zur 4. Auflage § 76 BetrVG 1952 Rdn. 15 a).

108 Dagegen ist nicht endgültig geklärt, ob eine darüber hinausgehende aktive Beteiligung am Streik, z. B. **Postenstehen, Verteilen von Flugblättern** oder Teilnahme an der **Streikleitung**, mit den Pflichten des Aufsichtsratsmitglieds vereinbar sind. Während der größere Teil der Literatur über die Arbeitsniederlegung hinausgehende Aktivitäten für unzulässig hält (vgl. statt aller *Baumbach-Hueck,* Anh. nach § 96 AktG

Anm. 35; *Großkomm. – Meyer-Landrut,* § 96 AktG Anm. 1; *Hachenburg-Schmidt,* Anh. nach § 52 GmbHG Anm. 15; *Köln.-Komm. – Mertens,* Anh. nach § 96 AktG Rdn. 98; *Dietz-Richardi,* § 76 BetrVG 1952 Rdn. 179; *Hueck-Nipperdey,* Arbeitsrecht Bd. II/2, 1521 f.; je m. zahlr. w.N.), wollen andere Autoren die Streikbeteiligung ohne jede Beschränkung gestatten (*Radke,* NJW 1956, 1584; *Rumpff,* Mitbestimmungsgespräch 1969, 127; *Hensche,* Mitbestimmungsgespräch 1971, 116; *Guizetti,* AuR 1956, 137; *Reich-Lewerenz,* AuR 1976, 361; *Zachert,* Mitbestimmungsgespräch 1976, 252). *Fitting-Auffarth-Kaiser* (§ 76 BetrVG 1952 Rdn. 133 ff.; ebenso *Fitting-Wlotzke-Wißmann,* § 25 Rdn. 86) vertreten eine (allerdings nicht ganz klare) vermittelnde Lösung, wonach in Analogie zu § 74 Abs. 2 u. 3 BetrVG 1972 eine Differenzierung zwischen den Funktionen als Aufsichtsratsmitglied und als Gewerkschaftsfunktionär vorzunehmen ist (ähnlich *Bötticher,* RdA 1956, 362; vgl. auch *Hanau,* ZGR 1977, 405; *Martens,* ZGR 1977, 429). Diese letztere Lösung ist für den Geltungsbereich des MitbestG schon deshalb verfehlt, weil sich die Funktionen nicht trennen lassen, die Aufgaben der für das Unternehmen im Ganzen, nicht nur für die Belange der Belegschaft, verantwortlichen Aufsichtsratsmitglieder auch der Arbeitnehmer vielmehr durch Streiks unvermeidlich berührt werden (ebenso *Mertens,* a.a.O., Rdn. 97).

Das Problem ist **nach geltendem Recht nicht befriedigend lösbar,** **109** weil die Funktion und Zielrichtung von gegen mitbestimmte Unternehmen gerichteten Streiks nicht geklärt ist. Angesichts des Einflusses, den das MitbestG den Arbeitnehmern auf die Unternehmensleitung gewährt, ist die traditionelle Theorie fragwürdig geworden, daß sich Arbeitskämpfe gegen Unternehmen oder Unternehmensverbände richten, denn sie impliziert gedanklich den Kampf der Arbeitnehmer auch gegen sich selbst (vgl. *Buchner,* ZfA 1974, 182 ff.). Sinnvoll läßt sich das System des kollektiven Arbeitsrechts nur aufrecht erhalten, wenn es als Mechanismus zur Lösung der Interessengegensätze zwischen Anteilseignern und Arbeitnehmern bei der Verteilung der im Unternehmen erwirtschafteten Erträge interpretiert wird (vgl. *Th. Raiser,* Grundgesetz und paritätische Mitbestimmung, 79 ff.). Eine solche Theorie entspricht aber nicht dem geltenden Arbeitskampfrecht, weil hier den Arbeitnehmern nach wie vor Arbeitgeber, d. h. Repräsentanten der Unternehmen, nicht der Anteilseigner gegenüberstehen. Der Gesetzgeber ist insofern mit der Umformung des Unternehmensrechts auf halbem Weg stehen geblieben.

Aus der ungeklärten Diskrepanz zwischen Unternehmensverfas- **110** sungs- und kollektivem Arbeitsrecht folgt, daß die maßgebliche Teilnahme der Aufsichtsratsmitglieder der Arbeitnehmer, namentlich der Gewerkschaftsvertreter, an Arbeitskämpfen dem System des kollektiven Arbeitsrechts entspricht und so gesehen nicht rechtswidrig sein kann, sich auf der anderen Seite aber mit den Pflichten eines Aufsichtsratsmitglieds, in erster Linie das Unternehmensinteresse zu wahren, prinzipiell schwerlich in Einklang bringen läßt. Es bleibt nur die pragmatische Entscheidung von Einzelfällen, wobei abgewartet werden muß, ob und in welcher Form der Konflikt unter den veränderten Bedingungen des MitbestG in Zukunft auftreten wird. Doch kann der **Vorrang des Unternehmensinteresses** (vgl. Rdn. 82) als Leitmaxime grundsätzlich nicht aufgegeben werden, weil davon die Funktionsfähigkeit der Unternehmen und des Unternehmensorgans Aufsichtsrat abhängt. Immerhin kann es aber gerade im Arbeitskampf auch im Interesse des Unternehmens liegen, daß die Aufsichtsratsmitglieder der Arbeitnehmer sich mit ihren Wählern solidarisieren, um ihr Vertrauen nicht zu verlieren und nach Beendigung des Streiks in der Lage zu sein, den friedlichen Kooperationsprozeß im Unternehmen wieder aufzunehmen. In Grenzfällen wird man bei einem Aufsichtsratsmitglied, das die Alternativen erwogen und sich dann zugunsten seiner Funktion als Gewerkschaftsvertreter entschieden hat, den schuldhaften Verstoß gegen die Sorgfalt eines ordentlichen und gewissenhaften Geschäftsleiters (§§ 93 Abs. 1, 116 AktG) zu verneinen haben, selbst wenn sein Verhalten objektiv rechtswidrig war.

111 Die **Teilnahme am Arbeitskampf beendet** das Amt des Aufsichtsratsmitglieds **nicht**, und zwar selbst bei rechtswidrigem Streik (h.A.). Soweit sie zulässig ist, rechtfertigt sie auch nicht die gerichtliche Abberufung aus wichtigem Grund nach § 103 Abs. 3 AktG. Auch die – nach der Rechtspr. des BAG (AP Nr. 43 zu Art. 9 GG Arbeitskampf) kaum noch zulässige – lösende Aussperrung beendet das Amt nicht, da die Arbeitnehmer auch in diesem Fall einen Anspruch auf Wiedereinstellung nach billigem Ermessen haben, der sich als eine Fortentwicklung des bisherigen Arbeitsverhältnisses darstellt (ebenso *Köln.-Komm. – Mertens,* Anh. nach § 96 AktG, Rdn. 103; a.A. *Richardi,* RdA 1971, 344). Nur wenn das Arbeitsverhältnis zum Unternehmen infolge des Arbeitskampfs definitiv beendet wird, erlischt gem. §§ 24 Abs. 1, 7 Abs. 3 das Amt jedenfalls der Aufsichtsratsmitglieder der Arbeitnehmer, die dem Unternehmen angehören müssen.

112 Die **Mitgliedschaft** im Aufsichtsrat **ruht** auch **nicht** während der Teilnahme am Arbeitskampf (h.A., vgl. *Fitting-Wlotzke-Wißmann,* § 25 Rdn. 85; *Brox-Rüthers,* Arbeitskampfrecht, 113; *Hueck-Nipperdey-Säcker,* Arbeitsrecht Bd. II/2, 1521 f.; *Dietz-Richardi,* § 76 BetrVG 1952 Rdn. 182; *Fitting-Auffarth-Kaiser,* § 76 BetrVG 1952 Rdn. 136). Die Arbeitnehmervertreter haben vielmehr uneingeschränkt das Recht, auch während des Arbeitskampfs zu den Sitzungen des Aufsichtsrats hinzugezogen zu werden. Sie sind auch berechtigt,

an allen Abstimmungen teilzunehmen, sofern nicht aus zusätzlichen Gründen ein Stimmverbot im Einzelfall (vgl. § 29 Rdn. 5) vorliegt (h.A., vgl. die oben genannten Autoren, ferner *von der Pahlen,* Die Rechtsstellung der Aufsichtsratsmitglieder der Arbeitnehmerseite im Arbeitskampf, 28 ff.; ferner *Westerbarkey,* Die Rechtsstellung der Betriebsratsmitglieder und der Arbeitnehmervertreter im Aufsichtsrat während des Streiks und der Aussperrung, 95 ff.; *Kirschner,* DB 1971, 2066; *Rumpff,* Mitbestimmungsgespräch 1969, 127; anders noch *Neumann-Duesberg,* Betriebsverfassungsrecht, 149; einschränkend ferner *Hanau,* RdA 1975, 26). Allerdings kann es geboten sein, daß sich die Aufsichtsratsmitglieder der Arbeitnehmer in einem solchen Fall Zurückhaltung auferlegen.

7. Verletzen die Aufsichtsratsmitglieder ihre Pflichten, so sind sie **113** gem. §§ 25 i.V.m. 116, 93 AktG, 41, 34 GenG dem Unternehmen zum **Ersatz** des daraus entstehenden **Schadens** als Gesamtschuldner **verpflichtet**. Ist streitig, ob sie die Sorgfalt eines ordentlichen oder gewissenhaften Geschäftsleiters angewandt haben, so trifft sie die Beweislast. §§ 93 Abs. 3 AktG, 34 Abs. 3 GenG nennen eine Anzahl speziell definierter Fälle, in denen die Ersatzpflicht eintritt. Beruht die Handlung auf einem gesetzmäßigen Beschluß der Anteilseignerversammlung, tritt die Ersatzpflicht dem Unternehmen gegenüber nach §§ 93 Abs. 4 AktG, 34 Abs. 4 GenG nicht ein. Nach § 93 Abs. 5 AktG, 34 Abs. 5 GenG kann der Ersatzanspruch in bestimmten Fällen auch von den Gläubigern geltend gemacht werden. Wegen weiterer Einzelheiten und der Erläuterungen dazu ist auf die Kommentare zum AktG und zum GenG zu verweisen. Nach §§ 399, 400, 404 u. 405 AktG, 82 GmbHG, 147, 151 GenG sind bestimmte Pflichtverletzungen zusätzlich mit Strafsanktionen bedroht.

VII. Verwaltungsräte und Beiräte

Das MitbestG greift in das Recht der Anteilseigner, Verwaltungs- **114** räte, Beiräte, Gesellschafterausschüsse u. ä. zu bilden, nicht ein, so daß es insoweit bei den rechtsformspezifischen Regeln des Gesellschaftsrechts verbleibt. Doch können derartigen Beiräten keine Befugnisse übertragen werden, die nach dem MitbestG zwingend zur Zuständigkeit des Aufsichtsrats gehören. Namentlich ist es ausgeschlossen, ihnen die Wahl oder die Abberufung der Mitglieder des Vertretungsorgans zu überlassen oder hierzu Vorschlags- oder Zustimmungsrechte einzuräumen (§ 31 Rdn. 6). In sachlichen Angelegenheiten können sie nur tätig werden, soweit die Zuständigkeit der Anteilseignerversammlung reicht und nach den gesellschaftsrechtlichen Vorschriften eine Delegation an derartige Gremien in Betracht kommt (ebenso *Hoffmann-Neumann,* GmbH-Rdsch. 1976, 183; *Immenga,* ZGR 1977, 266 f.).

VIII. Gerichtliche Zuständigkeit

115 Über Streitigkeiten, welche die innere Ordnung und die Beschlußfassung des Aufsichtsrats sowie die Rechte und Pflichten der Aufsichtsratsmitglieder im Zusammenhang mit den nach § 25 anzuwendenden gesellschaftsrechtlichen Vorschriften betreffen, entscheiden die **ordentlichen Gerichte**. Eine Zuständigkeit der Arbeitsgerichte ist nicht gegeben, da diese gem. § 2 Abs. 1 Z. 5 ArbGG nur über die Wahl von Vertretern der Arbeitnehmer im Aufsichtsrat und über deren Abberufung entscheiden (ebenso *Fitting-Wlotzke-Wißmann,* § 25 Rdn. 91). Das gilt namentlich auch für Haftungsansprüche nach §§ 116, 93 AktG und 41, 34 GenG. Wenn *Bötticher* (RdA 1956, 361), *Galperin-Siebert* (§ 76 BetrVG 1952 Anm. 54 e ff.) und *Fitting-Auffarth-Kaiser* (§ 76 BetrVG 1952 Rdn. 140) demgegenüber die Zuständigkeit der Arbeitsgerichte behaupten, sofern es sich um Schadensersatzansprüche wegen der Beteiligung eines Aufsichtsratsmitglieds am Streik handelt, so kann dem nicht gefolgt werden. Es handelt sich weder um Streitigkeiten zwischen tariffähigen Parteien, die mit Arbeitskampfmaßnahmen in Zusammenhang stehen (§ 2 Abs. 1 Z. 1 ArbGG), noch zwischen Arbeitnehmern und Arbeitgebern aus unerlaubten Handlungen in Verbindung mit dem Arbeitsverhältnis (§ 2 Abs. 1 Z. 2 ArbGG). Eine analoge Anwendung der genannten Vorschriften kommt nicht in Betracht, weil die Zuständigkeit der ordentlichen Gerichte nach den allgemeinen Regeln eindeutig ist und es auch der Rechtsstellung der Aufsichtsratsmitglieder und dem Zweck des MitbestG entspricht, alle Haftungsansprüche gegen Aufsichtsratsmitglieder vor dieselben Gerichte zu bringen (h.A., OLG München AP Nr. 18 zu § 2 ArbGG = JZ 1956, 60 mit zust. Anm. *Hueck; Hueck-Nipperdey-Säcker,* Arbeitsrecht Bd. II/2, 1519 Fn. 56 a; *Kühlewein,* NJW 1954, 623; *Boesebeck,* AG 1961, 119; *Kirschner,* DB 1971, 2068; *Dietz-Richardi,* § 76 BetrVG 1952 Rdn. 170). Dagegen bleiben für die Ansprüche der Arbeitnehmervertreter im Aufsichtsrat gegen das Unternehmen aus dem Arbeitsverhältnis gem. § 2 Abs. 1 Z. 2 ArbGG die Arbeitsgerichte zuständig.

§ 26
Schutz von Aufsichtsratsmitgliedern vor Benachteiligung

Aufsichtsratsmitglieder der Arbeitnehmer dürfen in der Ausübung ihrer Tätigkeit nicht gestört oder behindert werden. Sie dürfen wegen ihrer Tätigkeit im Aufsichtsrat eines Unternehmens, dessen Arbeitnehmer sie sind oder als dessen Arbeitnehmer sie nach § 4 oder § 5 gelten, nicht benachteiligt werden. Dies gilt auch für ihre berufliche Entwicklung.

Übersicht

I. Vorbemerkungen

Die Vorschrift, die erst während der Ausschußberatungen auf Antrag der Koalitionsparteien eingefügt wurde (vgl. Aussch. Ber. BT-Drucks. 7/4845, 15), schützt die Aufsichtsratsmitglieder der Arbeitnehmer vor Behinderung bei ihrer Tätigkeit und vor Diskriminierung wegen ihres Mandats. Sie stimmt, abgesehen von den durch den anderen Zusammenhang bedingten Modifikationen des Wortlauts und von dem Wegfall des Begünstigungsverbots, mit §§ 78 BetrVG und 8 BPersVertrG überein, so daß die Judikatur und das Schrifttum zu diesen Vorschriften bei der Interpretation heranzuziehen sind (ebenso *Wlotzke-Wißmann,* DB 1976, 965). Für die Mitbestimmung nach §§ 76 ff. BetrVG 1952 gilt § 78 BetrVG unmittelbar (vgl. die Verweisung des § 76 Abs. 2 BetrVG 1952 auf § 53 BetrVG 1952, dem jetzt § 78 BetrVG 1972 entspricht), so daß auch insoweit die Rechtseinheit gewahrt ist. Aus der Perspektive des Gesellschafts- und Unternehmensrechts tritt § 26 S. 1 neben die Vorschriften, welche die Pflicht aller Aufsichtsratsmitglieder statuieren, als ordentliche und gewissenhafte Geschäftsleiter im Unternehmensinteresse zu handeln (vgl. § 25 Rdn. 80 ff.), neben die Regeln, welche die Unabhängigkeit der Aufsichtsratsmitglieder sichern (vgl. §§ 25 Rdn. 91 f., 31 Rdn. 8 ff.) sowie neben das aktienrechtliche Verbot, unter Benutzung des Einflusses auf die Gesellschaft ein Organmitglied dazu zu bestimmen, zum Schaden der Gesellschaft oder ihrer Aktionäre zu handeln (§ 117 AktG). **1**

II. Verbot der Störung und der Behinderung (S. 1)

1. Nach § 26 S. 1 dürfen Aufsichtsratsmitglieder der Arbeitnehmer in der Ausübung ihrer Tätigkeit nicht gestört oder behindert werden. Die Vorschrift nennt keinen Adressaten, richtet sich daher **gegen jedermann.** In Betracht kommen namentlich das Vertretungsorgan und seine Mitglieder, andere Mitglieder des Aufsichtsrats, einzelne Anteilseigner, aber auch andere, in dem Unternehmen beschäftigte Arbeitnehmer, die Betriebsräte und ihre Mitglieder sowie die im Unternehmen ver- **2**

tretenen Gewerkschaften und ihre Organe. Satzungsbestimmungen und Geschäftsordnungsvorschriften, welche die Tätigkeit der Arbeitnehmervertreter im Aufsichtsrat behindern, sind wegen Verstoß gegen § 26 nichtig (vgl. § 241 Abs. 1 Nr. 3 AktG und zu § 76 BetrVG 1952 *Großkomm. – Meyer-Landrut,* § 96 AktG Anm. 1). **Geschützt sind nur die Aufsichtsratsmitglieder der Arbeitnehmer,** nicht jedoch der Anteilseigner, für die es bei den gesellschaftsrechtlichen Vorschriften verbleibt. Die Differenzierung, für die wenigstens im Fall von S. 1 kein sachlicher Grund besteht, erklärt sich aus der arbeitsrechtlichen Herkunft der Vorschrift. Ersatzmitglieder sind geschützt, soweit schon vor ihrem Nachrücken in den Aufsichtsrat eine Störung oder Behinderung in Betracht kommt, die mit der Rolle des Ersatzmitglieds zusammenhängt.

3 2. Der Schutz des § 26 setzt voraus, daß das gestörte oder behinderte Aufsichtsratsmitglied seine **Tätigkeit selbst rechtmäßig** wahrnimmt (h.L. zu § 78 BetrVG, vgl. *Dietz-Richardi,* § 78 BetrVG Rdn. 7; *Fitting-Auffarth- Kaiser,* § 78 BetrVG Rdn. 3). Daher kann sich ein Aufsichtsratsmitglied nicht auf die Vorschrift berufen, wenn es die Kooperation im Aufsichtsrat oder dessen Sitzungen rechtswidrig stört oder gegen die Pflichten eines Aufsichtsratsmitglieds gem. §§ 116, 93 AktG u. ä. verstößt, z. B. das Schweigegebot bricht (vgl. § 25 Rdn. 93 ff.).

4 3. Die Störung oder Behinderung kann in einem **Tun** oder **Unterlassen** liegen. Der Tatbestand ist z. B. erfüllt, wenn die Unternehmensleitung einem Aufsichtsratsmitglied der Arbeitnehmer die für seine Tätigkeit erforderlichen Materialien und Räume vorenthält (vgl. § 40 BetrVG, der insoweit analog angewandt werden kann) oder wenn sie ihn nicht zur Wahrnehmung des Mandats von der Arbeit freistellt (s. § 37 Abs. 2 BetrVG, dessen entsprechende Anwendung gleichfalls angezeigt ist). Weiter liegt ein Verstoß gegen S. 1 vor, wenn die Aufsichtsratsmitglieder der Arbeitnehmer daran gehindert werden, an den Sitzungen des Aufsichtsrats und seiner Ausschüsse sowie an Fraktionssitzungen und Gesprächen zur Vorbereitung der Aufsichtsratssitzungen teilzunehmen, wenn sie im Widerspruch zu dem Diskriminierungsverbot von der Beteiligung an Ausschüssen des Aufsichtsrats ausgeschlossen werden (vgl. § 25 Rdn. 35 ff.) oder wenn das Vertretungsorgan sie nicht rechtzeitig und vollständig mit den für die Ausübung des Amts notwendigen Informationen versieht. Soweit daneben speziellere aktienrechtliche Vorschriften (vgl. §§ 90 Abs. 5, 107 Abs. 2 S. 4 AktG) verletzt sind, treten sie in Gesetzeskonkurrenz mit § 26 S. 1. Nicht zuletzt kommen auch Maßnahmen von Arbeitnehmerseite in Betracht, z. B. ein Drohen der Gewerkschaft, der das Aufsichtsratsmitglied angehört oder die es vorgeschlagen hat, mit verbandsrechtlichen Sanktionen. Auch ein allgemeiner Druck auf das Aufsichtsratsmitglied mit dem Ziel, seine Tätigkeit in bestimmte Richtung zu lenken oder es zu veranlassen, auf eine gewünschte Weise abzustimmen, kann eine unzulässige Behinderung sein.

Einen besonderen Kündigungsschutz genießen die Aufsichtsratsmitglieder der Arbeitnehmer im Gegensatz zu den Mitgliedern des Be- **5**
triebsrats (vgl. § 15 KSchG) nicht, so daß auch Kündigungen, die während ihrer Mitgliedschaft im Aufsichtsrat ausgesprochen werden, nach § 26 zu beurteilen sind (vgl. BAG AP Nr. 1 zu § 626 BGB, Arbeitnehmervertreter im Aufsichtsrat). Die **ordentliche Kündigung** fällt unter § 26 und ist daher sozial nicht gerechtfertigt, wenn mit ihr ausschließlich die Absicht verfolgt wird, einen Arbeitnehmervertreter aus dem Aufsichtsrat hinauszudrängen (h.A. zu §§ 76, 77 BetrVG 1952; vgl. *Dietz-Richardi*, § 76 BetrVG 1952 Rdn. 176; *Fitting-Auffarth-Kaiser*, § 76 BetrVG 1952 Rdn. 132; *Köln.-Komm. – Mertens*, Anh. nach § 96 AktG Rdn. 90). Bestehen daneben noch weitere Kündigungsgründe, so ist im Einzelfall abzuwägen, ob die Kündigung nicht gleichwohl wegen des Aufsichtsratsmandats gem. § 1 KSchG sozial ungerechtfertigt ist (vgl. BAG a.a.O.; *Großkomm. – Meyer-Landrut*, § 96 AktG Anm. 1).

Die **außerordentliche Kündigung** aus wichtigem Grund widerspricht **6**
§ 26 nicht, wenn die gesetzlichen Voraussetzungen dafür vorliegen. § 626 BGB fordert dafür Tatsachen, nach denen dem Kündigenden unter Berücksichtigung aller Umstände des Einzelfalls und unter Abwägung der Interessen beider Vertragsteile die Fortsetzung des Dienstverhältnisses bis zum Ablauf der Kündigungsfrist oder bis zur vereinbarten Beendigung des Dienstverhältnisses nicht mehr zugemutet werden kann. Die Verletzung der mit dem Aufsichtsratsmandat verknüpften Pflichten genügt diesen Anforderungen regelmäßig nicht, denn sie berühren nicht ohne weiteres das Arbeitsverhältnis und unterliegen den speziellen Sanktionen der §§ 23 oder 6 Abs. 2 i.V.m. 103 AktG (vgl. § 6 Rdn. 32; BAG a.a.O.; *Fitting-Wlotzke-Wißmann*, § 26 Rdn. 20; ferner zum Parallelfall der Abberufung von Mitgliedern des Vertretungsorgans aus wichtigem Grund § 31 Rdn. 35 ff.). Doch kann ein Verstoß gegen die Pflichten eines Aufsichtsratsmitglieds zugleich auch den Arbeitsvertrag verletzen, und jedenfalls ist in der Praxis oft schwer zu unterscheiden, ob eine grobe Pflichtwidrigkeit nur das Aufsichtsratsmandat oder auch das Arbeitsverhältnis selbst berührt (vgl. *Dietz-Richardi*, Anh. z. § 103 BetrVG Rdn. 9; *Gemeinsch.-Komm. – Thiele*, § 78 BetrVG Rdn. 36 ff.).

Die **Judikatur** zur außerordentlichen Kündigung von Betriebsrats- **7**
mitgliedern sucht dem Problem beizukommen, indem sie an die Voraussetzungen der fristlosen Entlassung besonders strenge Maßstäbe anlegt (BAGE 1, 189 = AP Nr. 2 zu § 13 KSchG; BAGE 2, 141 f. =

AP Nr. 3 zu § 13 KSchG; BAGE 2, 270 = AP Nr. 4 zu § 13 KSchG; BAGE 12, 142 = AP Nr. 16 zu § 13 KSchG; BAGE 12, 227 = AP Nr. 8 zu § 626 BGB Druckkündigung; BAG AP Nr. 19 zu § 13 KSchG). Diese Tendenz wird im **Schrifttum** überwiegend gebilligt (vgl. statt aller *Gem.Komm. – Thiele,* § 78 BetrVG Rdn. 37; *Fitting-Auffarth-Kaiser,* § 103 BetrVG Rdn. 9; *Hueck-Nipperdey-Säcker,* Arbeitsrecht Bd. II/2, 1169), z. T. werden die Grenzen noch enger gezogen (*Dietz-Richardi,* a.a.O., Rdn. 10; *Wiedemann,* Anm. zu AP Nr. 28 zu § 66 BetrVG; *Säcker,* DB 1967, 2072 f.). Jedenfalls weist die vom BAG verfolgte Linie auch bei Pflichtverletzungen von Aufsichtsratsmitgliedern der Arbeitnehmer im Rahmen des MitbestG in die richtige Richtung. Besondere Zurückhaltung ist geboten, wenn sich die Pflichtverletzung aus einer Lage erklärt, in die ein Arbeitnehmer nur infolge des Aufsichtsratsmandats geraten kann, denn die Übernahme einer solchen Aufgabe kann die Pflichten aus dem Arbeitsverhältnis selbst nicht erhöhen (*Dietz-Richardi,* Anh. nach § 103 BetrVG Rdn. 10).

III. Verbot der Benachteiligung (S. 2 u. 3)

8 1. Nach § 26 S. 2 u. 3 dürfen die Aufsichtsratsmitglieder der Arbeitnehmer ferner wegen ihrer Tätigkeit im Aufsichtsrat nicht benachteiligt werden, und zwar kraft ausdrücklicher Anordnung des Gesetzes auch nicht hinsichtlich ihrer beruflichen Entwicklung. Die Vorschrift ist als **Diskriminierungsverbot** zu verstehen. Von der Parallele des § 78 BetrVG unterscheidet sie sich dadurch, daß das Verbot der Begünstigung weggefallen ist. Doch wird man ein solches Verbot aus allgemeinen Regeln, vor allem aus dem arbeitsrechtlichen Gleichbehandlungsgrundsatz, ableiten können (*Wlotzke-Wißmann,* DB 1976, 965). Das Verbot gilt gegen jedermann (s. Rdn. 2). Sein Schutz erstreckt sich auch auf eine gewisse Zeit vor Beginn und nach Beendigung des Mandats, sofern eine zu dieser Zeit eintretende Diskriminierung mit der Tätigkeit im Aufsichtsrat ursächlich zusammenhängt (*Fitting-Auffarth-Kaiser,* § 78 BetrVG Rdn. 8). Unter der gleichen Voraussetzung können sich auch Ersatzmitglieder darauf berufen. Auch die Diskriminierung kann sowohl in einem Tun wie in einem Unterlassen liegen. Verschulden setzt das Gesetz nicht voraus, so daß es genügt, wenn der diskriminierende Erfolg objektiv eintritt (vgl. zu § 78 BetrVG *Gem.-Komm. – Thiele,* § 78 BetrVG Rdn. 23; LAG Düsseldorf/Köln, BB 1969, 1086).

9 2. Als **Beispiele** für diskriminierendes Verhalten sind zu nennen: Herabsetzung des Arbeitsentgelts (vgl. § 37 Abs. 4 BetrVG); Beschäftigung mit geringwertiger oder unangenehmerer Arbeit (vgl. § 37 Abs. 5 BetrVG); Ausschluß von Maßnahmen der beruflichen Weiterbildung, die anderen Arbeitnehmern zugänglich sind (vgl. den spezielleren Fall des § 38 Abs. 4 BetrVG); Ausschluß vom Bewährungsaufstieg (*Fitting-Auffarth-Kaiser,* § 78 BetrVG Rdn. 9). Die genannten Vorschriften des BetrVG können als Bestandteil eines allgemeinen Diskriminierungsverbots betrachtet werden, weshalb sie im Rahmen des § 26 MitbestG entsprechend anzuwenden sind (ebenso zu § 78 BetrVG *Dietz-Richardi,* § 78 BetrVG Rdn. 17 f.). Zur Beurteilung der ordentlichen und außerordentlichen Kündigung ist auf das in Rdn. 5 ff. Gesagte zu verweisen. Dagegen haben auch Aufsichtsratsmitglieder der Arbeitnehmer Schlechterstellungen in Kauf zu nehmen, die für alle Arbeitnehmer des Unternehmens, eines Betriebs oder einer Arbeitnehmergruppe, der sie angehören, gelten, denn in solchen Fällen besteht kein Ursachenzusammenhang zwischen der Maßnahme und ihrem Amt. Nicht unter das Diskriminierungsverbot fallen daher die generelle Herabsetzung außertariflicher Löhne, die Anordnung von Kurzarbeit, Pensionierung mit Ablauf des 65. Lebensjahrs u. ä. Da die Mitglieder des Aufsichtsrats keinen besonderen Kündigungsschutz genießen (Rdn. 5), bleiben sie auch von Massenkündigungen und Massenänderungskündigungen zur generellen Änderung der Arbeitsbedingungen nicht verschont, ohne daß es auf die Streitfrage ankäme, ob § 15 KSchG sich auf diese Fälle erstreckt (vgl. *Dietz-Richardi,* § 78 BetrVG Rdn. 21 m.w.N.).

Ein **Begünstigungsverbot** wie § 78 BetrVG findet sich in § 26 dagegen **10**
nicht. Daher ist es zulässig, die Aufsichtsratsmitglieder der Arbeitnehmer besser zu stellen als die übrigen Arbeitnehmer, namentlich ihnen die übliche Vergütung für ihre Tätigkeit im Aufsichtsrat zukommen zu lassen (vgl. § 25 Rdn. 76 f.). Ihre geringe Zahl und ihre herausgehobene Position und Verantwortung für das gesamte Unternehmen rechtfertigen eine solche Besserstellung (vgl. *Fitting-Wlotzke-Wißmann,* § 26 Rdn. 11).

IV. Rechtsfolgen

§ 26 sagt nichts über die Sanktionen, die ein Verstoß gegen das Be- **11**
hinderungs- und das Diskriminierungsverbot nach sich ziehen kann, weshalb die Frage nach allgemeinen Regeln zu beurteilen ist. Im Einklang mit der h. L. zu § 78 BetrVG (vgl. statt aller *Dietz-Richardi,* § 78 BetrVG Rdn. 11, 23) ist die Vorschrift als **gesetzliches Verbot** i.S.d. § 134 BGB anzusehen, weshalb rechtsgeschäftliche Maßnahmen, die ihr widersprechen, nichtig sind. Andere Maßnahmen sind für das Aufsichtsratsmitglied rechtlich unerheblich, so daß ihm aus ihrer Nichtbeachtung keine Nachteile erwachsen dürfen. Das Benachteiligungsverbot nach Satz 2 ist ein **Schutzgesetz** zugunsten des betroffenen

Aufsichtsratsmitglieds, das diesem auch Unterlassungs- und bei schuldhafter Verletzung Schadensersatzansprüche gem. § 823 Abs. 2 BGB gewährt (h.L. zu § 78 BetrVG; vgl. statt aller *Gem.-Komm. – Thiele,* § 78 BetrVG Rdn. 17 m.w.N.). Im Gegensatz zur h. L. zu § 78 BetrVG wird man aber auch das Verbot der Störung und Behinderung gem. S. 1 als Schutzgesetz zugunsten der einzelnen Aufsichtsratsmitglieder der Arbeitnehmer betrachten müssen, da es sicherstellen soll, daß diese ihre mit dem Amt verbundenen Aufgaben und Pflichten ordnungsgemäß erfüllen können. Daher sind auch insoweit **Abwehr- und Schadensersatzansprüche** nach § 823 Abs. 2 BGB zu gewähren. (a.A. *Fitting-Wlotzke-Wißmann,* § 26 Rdn. 11). Dagegen kommt eine Strafsanktion nicht in Betracht, da § 19 BetrVG nur für die Fälle des § 78 BetrVG gilt und das MitbestG keine Strafvorschrift enthält. Auch § 23 Abs. 3 BetrVG ist nicht anzuwenden.

§ 27
Vorsitz im Aufsichtsrat

(1) Der Aufsichtsrat wählt mit einer Mehrheit von zwei Dritteln der Mitglieder, aus denen er insgesamt zu bestehen hat, aus seiner Mitte einen Aufsichtsratsvorsitzenden und einen Stellvertreter.

(2) Wird bei der Wahl des Aufsichtsratsvorsitzenden oder seines Stellvertreters die nach Absatz 1 erforderliche Mehrheit nicht erreicht, so findet für die Wahl des Aufsichtsratsvorsitzenden und seines Stellvertreters ein zweiter Wahlgang statt. In diesem Wahlgang wählen die Aufsichtsratsmitglieder der Anteilseigner den Aufsichtsratsvorsitzenden und die Aufsichtsratsmitglieder der Arbeitnehmer den Stellvertreter jeweils mit der Mehrheit der abgegebenen Stimmen.

(3) Unmittelbar nach der Wahl des Aufsichtsratsvorsitzenden und seines Stellvertreters bildet der Aufsichtsrat zur Wahrnehmung der in § 31 Abs. 3 Satz 1 bezeichneten Aufgabe einen Ausschuß, dem der Aufsichtsratsvorsitzende, sein Stellvertreter sowie je ein von den Aufsichtsratsmitgliedern der Arbeitnehmer und von den Aufsichtsratsmitgliedern der Anteilseigner mit der Mehrheit der abgegebenen Stimmen gewähltes Mitglied angehören.

Schrifttum

Hoffmann-Neumann, Die Mitbestimmung bei GmbH und GmbH & Co. KG nach dem Mitbestimmungsgesetz 1976 (Teil I), GmbH-Rdsch. 1976, 149; *Leo,* Das neue Mitbestimmungsgesetz, Manager-Magazin 1976, Heft 6, 77; *Th. Raiser,* Das neue Mitbestimmungsgesetz, NJW 1976, 1337; *Schaub,* ZGR 1977, 293, *Thüsing,* Das Mitbestimmungsgesetz, Arbeitgeber 1976, 413; *Wlotzke,* Die Mitbestimmungskonzeption des Bundesregierung, AuR 1974, 225; *Wlotzke-Wißmann,* Das neue Mitbestimmungsgesetz, DB 1976, 959.

Übersicht

I. Vorbemerkungen

1. § 27 Abs. 1 u. 2 regeln die Wahl des Aufsichtsratsvorsitzenden und **1** seines Stellvertreters. Sie ergänzen und modifizieren § 107 Abs. 1 AktG, der gemäß § 25 Abs. 2 Nr. 2 auch auf die unter das Gesetz fallenden Gesellschaften mbH und bergrechtlichen Gewerkschaften anzuwenden ist. Für die Genossenschaften führt die Vorschrift zwingendes Gesetzesrecht neu ein, da das GenG in §§ 57 Abs. 2–4 und 58 Abs. 2 die Bestellung eines Aufsichtsratsvorsitzenden zwar voraussetzt, aber keine Vorschriften über das Wahlverfahren enthält, die Frage daher der Satzungsautonomie überläßt (differenzierend *Müller,* § 36 GenG Rdn. 122 f.).

Die Bedeutung der Vorschrift ist nur zu verstehen, wenn man die **2** herausgehobene Stellung berücksichtigt, welche der Aufsichtsratsvorsitzende in der Praxis regelmäßig einnimmt und die das Gesetz noch verstärkt hat, indem es ihm in den Fällen der §§ 29 Abs. 2 u. 31 Abs. 4 das doppelte Stimmrecht zuerkannte. Es gehörte zu den **Kernforderungen der paritätischen Mitbestimmung,** die Arbeitnehmerseite gleichberechtigt mit der Anteilseignerseite an dem mit dem Amt des Aufsichtsratsvorsitzenden verknüpften Einfluß teilnehmen zu lassen. Aus diesen Gründen war die Vorschrift besonders heftig umstritten. Die Mitbestimmungskommission hatte vorgeschlagen, durch Gesetz eine Vertretung der Arbeitnehmer im Aufsichtsratspräsidium sicherzustellen, ohne daß sie sich auf eine bestimmte Regelung festgelegt hätte (BT-Drucks. VI/334, Abschn. V 1. 4., 22). § **24 RegE** sah ein mehrstufiges Wahlverfahren vor, wonach im ersten Wahlgang, wie nach der endgültigen Gesetzesfassung, sowohl für die Wahl des Aufsichtsratsvorsitzenden wie seines Stellvertreters eine Mehrheit von zwei Dritteln der gesetzlichen Mitgliederzahl des Aufsichtsrats erforderlich war. Entweder der Aufsichtsratsvorsitzende oder sein Stellvertreter mußte ein Aufsichtsratsmitglied der Arbeitnehmer sein. Im zweiten Wahlgang sollte die Mehrheit der abgegebenen Stimmen genügen, jedoch sah der Entwurf einen Amtswechsel zwischen den beiden gewählten Vertretern der Anteilseigner und der Arbeitnehmer im Turnus von zwei Jahren vor. Sollte ein dritter Wahlgang notwendig werden, so war die getrennte Wahl je eines Aufsichtsratsmitglieds der Anteilseigner und der Arbeitnehmer vorgesehen, die gleichfalls nach zwei Jahren im Amt wechseln. Über die Reihenfolge des Wechsels sollte, sofern keine Mehrheitsentscheidung zustandekommt, das Los entscheiden. Die Regelung sollte nach der Begr. z. RegE (BT-Drucks. 7/2172, 26) den Arbeitnehmern die Chance verschaffen, den Aufsichtsratsvorsitzenden zu stellen und somit das volle Gleichgewicht zwischen den beiden Gruppen im Aufsichtsrat gewährleisten. Man erhoffte sich von ihr einen Zwang zur Zusammenarbeit zwischen den Gruppen (*Wlotzke*, AuR 1974, 232).

3 In den **Hearings** zum RegE wurde die beabsichtigte Regelung von seiten der Industrie mit großer Heftigkeit angegriffen, weil sie die beim Amt des Aufsichtsratsvorsitzenden für notwendig erachtete Kontinuität gefährde (vgl. die Äußerungen von *Schleyer, v. Oertzen* und *Sohl* in der Sitzung des Aussch. f. Arbeit u. Sozialordnung am 4. 11. 1974, Prot. Nr. 52, 56 ff.). Unter dem Eindruck dieser Kritik entschloß sich der Ausschuß, zur jetzigen Fassung überzugehen. Sie gewährt, sofern im ersten Wahlgang keine Zwei-Drittel-Mehrheit zustandekommt, den Aufsichtsratsmitgliedern der Anteilseigner das Recht, den Aufsichtsratsvorsitzenden allein zu stellen, während die Gruppe der Arbeitnehmer nur den stellvertretenden Vorsitzenden zu wählen hat. Die Vorschrift begründet zusammen mit § 29 Abs. 2 ein gewisses Übergewicht der Anteilseignerseite, das für das MitbestG charakteristisch ist (*Th. Raiser*, NJW 1976, 1337 ff.).

4 2. § 27 Abs. 3 schreibt die Einrichtung eines besonderen ständigen Aufsichtsratsausschusses (**„Vermittlungsausschuß“**) vor, der mit dem Aufsichtsratsvorsitzenden, seinem Stellvertreter und je einem weiteren Mitglied jeder Seite zu besetzen ist und der gem. § 31 Abs. 3 bei der Wahl von Mitgliedern des Vertretungsorgans vermitteln soll, wenn im ersten Wahlgang keine Zwei-Drittel-Mehrheit erreicht wird. Er ist als „Kooperationsgremium“ konzipiert (Ber. d. BT-Aussch. f. Arbeit u. Sozialordnung, BT-Drucks. 7/4845, 8). Schon § 28 Abs. 3 RegE sah einen gleichartigen Ausschuß vor, der allerdings ad hoc gebildet werden sollte, wenn die Wahl eines Mitglieds des Vertretungsorgans im ersten Wahlgang erfolglos geblieben war, weil die erforderliche Zwei-

Drittel-Mehrheit nicht erreicht wurde. Gegenüber dieser Konzeption verdient die dauerhafte Bestellung des Vermittlungsausschusses den Vorzug, denn sie löst das Vermittlungsverfahren aus der augenblicklichen Konfrontation zwischen den Gruppen und gestattet eine längerfristige Koordination. Auch ist zu erwarten, daß der ständige Ausschuß das Bestellungsverfahren rascher weiterführen kann als ein ad hoc gebildeter (vgl. Ber. d. BT-Aussch. f. Arbeit u. Sozialordnung, a.a.O., 9).

II. Wahl des Aufsichtsratsvorsitzenden und seines Stellvertreters (Abs. 1 u. 2)

1. § 27 Abs. 1 u. 2 schreiben zunächst vor, daß in den unter das Gesetz fallenden Unternehmen ein Aufsichtsratsvorsitzender und ein Stellvertreter zu wählen sind. Der Aufsichtsrat und seine Mitglieder sind dazu gesetzlich verpflichtet. Sie machen sich im Falle einer Weigerung einer Pflichtverletzung schuldig, die gem. §§ 116 i.V.m. 93 AktG u. 25 Abs. 2 MitbestG zu einem Schadensersatzanspruch führen kann (vgl. § 25 Rdn. 80, 113). Auch die Satzung kann die Bestellung nicht ausschließen oder vorschreiben, daß nur ein Vorsitzender, nicht aber ein Stellvertreter zu wählen sei. **5**

2. Ob das Gesetz die Wahl **mehrerer Stellvertreter** zuläßt, ist umstritten. Nach dem Wortlaut des § 27 allein läßt sich die Frage nicht entscheiden, denn er läßt offen, ob es sich bei der Foumulierung „wählt *einen* Aufsichtsratsvorsitzenden und *einen* Stellvertreter" um das Zahlwort eins oder um den unbestimmten Artikel handelt. In den Gesetzesberatungen wurde die Frage nicht erörtert. Gegen die Begrenzung auf einen Stellvertreter spricht, daß § 107 Abs. 1 AktG i.V.m. § 25 Abs. 1 Z. 1 u. 2 ausdrücklich gestattet, nach näherer Bestimmung der Satzung „mindestens" einen Stellvertreter zu wählen. Auch hat sich die Wahl mehrerer stellvertretender Aufsichtsratsvorsitzender in der Praxis durchaus bewährt und bei vielen Großunternehmen eingebürgert. Da das MitbestG diese Übung nicht expressiv verbis verbietet, sollte sie durch die Auslegung nicht ohne zwingenden Grund in Frage gestellt werden. **6**

Letztlich kommt es darauf an, ob die innere Ordnung des Aufsichtsrats, wie sie das MitbestG festgelegt hat, der Wahl mehrerer Stellvertreter des Aufsichtsratsvorsitzenden entgegensteht (vgl. § 25 Abs. 2). Das ist nicht der Fall. Die Koppelung der Wahl des Vorsitzenden mit der eines Stellvertreters in § 27 Abs. 1 u. 2 verfolgt die Absicht, die Arbeitnehmerseite gleichberechtigt am Einfluß und am Prestige des Aufsichtsratspräsidiums teilnehmen zu lassen. Die Wahl weiterer, hinter dem ersten Vertreter des Vorsitzenden rangierender Stellvertreter beeinträchtigt dieses Ziel nicht, sofern bei der Bestellung die Paritäts- **7** erfordernisse beachtet werden und die Rangfolge gewahrt bleibt. Daher bestehen keine prinzipiellen rechtlichen Bedenken dagegen (ebenso *Thüsing,* Arbeitgeber 1976, 413; *Hoffmann-Neumann,* GmbH-Rdsch. 1976, 152 f.; *Schaub,* ZGR 1977, 296; a.A. *Wlotzke-Wißmann,* DB 1976, 959; *Fitting-Wlotzke-Wißmann,* § 27 Rdn. 4). Allerdings verlangt § 27, die Aufsichtsratsmitglieder der Arbeitnehmer an der Wahl eines zweiten und dritten Stellvertreters in gleicher Weise zu beteiligen wie an der Bestellung des Vorsitzenden und des ersten Stellvertreters. Der erste Wahlgang setzt daher auch in diesem Fall eine Mehrheit von zwei Dritteln der gesetzlichen Mitgliederzahl des Aufsichtsrats voraus. Wird sie erreicht, genügt es, nur noch einen weiteren Stellvertreter zu berufen. Wird sie nicht erreicht, verlangt das in § 27 Abs. 2 niedergelegte Paritätsprinzip, in einem zweiten Wahlgang nunmehr zwei weitere stellvertretende Aufsichtsratsvorsitzende zu bestellen, und zwar einen zweiten, der von den Aufsichtsratsmitgliedern der Anteilseigner, und einen dritten, der von den Aufsichtsratsmitgliedern der Arbeitnehmer bestellt wird (a.A. *Thüsing,* a.a.O., der meint, der zweite und dritte Stellvertreter seien nicht in dem vom MitbestG vorgeschriebenen besonderen Wahlverfahren zu bestellen, sondern gem. § 29 Abs. 1 u. 2. Ähnlich auch *Hoffmann-Neumann,* a.a.O.). Ist die Bestellung zusätzlicher Stellvertreter unter den genannten Bedingungen zulässig, so steht auch nichts im Wege, sie in der Satzung vorzuschreiben. Auch kann das aus dem Aufsichtsratsvorsitzenden und drei Stellvertretern gebildete, paritätisch zusammengesetzte Aufsichtsratspräsidium zugleich die Funktionen des Vermittlungsausschusses nach Abs. 3 übernehmen.

8 Zur Leitung der Anteilseignerversammlung durch den Aufsichtsratsvorsitzenden s. unten Rdn. 23.

9 3. In der Literatur zum AktG ist weiter umstritten, ob in analoger Anwendung des § 104 AktG auch eine **Notbestellung** zum Aufsichtsratsvorsitzenden oder zum Stellvertreter zulässig ist, wenn eine Wahl nicht gelingt oder der Amtsträger vorzeitig wegfällt (dafür *Köln.-Komm. – Mertens,* § 107 AktG Rdn. 18; dagegen *Baumbach-Hueck,* § 107 AktG Rdn. 2; *Godin-Wilhelmi,* § 107 AktG Rdn. 2; *Großkomm. – Meyer-Landrut,* § 107 AktG Anm. 1). Wenigstens für den Geltungsbereich des MitbestG muß die Frage bejaht werden, denn der Pattauflösungsmechanismus mit Hilfe der zweiten Stimme des Aufsichtsratsvorsitzenden gem. §§ 29 Abs. 2, 31 Abs. 4 verlangt nach einer rechtlichen Möglichkeit, dieses Amt jederzeit auch kurzfristig wieder besetzen zu können (a.A. *Fitting-Wlotzke-Wißmann,* § 27 Rdn. 6).

10 4. **Wahlkörper** für die Bestellung des Aufsichtsratsvorsitzenden und seiner Stellvertreter ist der **Aufsichtsrat**. Die Wahl kann daher keinem anderen Organ überlassen werden, weder der Anteilseignerversammlung oder dem Vertretungsorgan noch der Betriebsversammlung oder dem Wahlmännergremium, und vollends nicht einem außenstehenden Dritten (h.M. zum AktG, a.A. nur *Baumbach-Hueck,* § 107 AktG Anm. 7). Auch Vorschlags- oder Zustimmungsrechte zugunsten bestimmter Personen oder Gruppen können nicht begründet werden. Unzulässig sind weiter Satzungsvorschriften, welche die Wahlfreiheit des Aufsichtsrats beschränken, indem sie die Qualifikationsmerkmale aufstellen, z. B. vorschreiben, daß der Aufsichtsratsvorsitzende einer bestimmten Familie oder Aktionärsgruppe zugehören müsse oder daß das älteste Aufsichtsratsmitglied zu bestellen sei (so schon zum Aktienrecht *Großkomm. – Meyer-Landrut,* § 107 AktG Anm. 1; *Geßler,* § 107 AktG Rdn. 11). Auch persönliche Voraussetzungen, die über die für alle Aufsichtsratsmitglieder in der Satzung geforderten Qualifikationsmerkmale hinausgehen, können nicht statuiert werden, da rechtlich alle Aufsichtsratsmitglieder als befähigt anzusehen sind, den Vorsitz im Aufsichtsrat zu führen (*Köln.-Komm. – Mertens,* § 107 AktG Rdn. 11). Vollends kann die Satzung nicht vorschreiben, daß der Aufsichtsratsvorsitzende oder sein Stellvertreter zu einer der Gruppen oder Untergruppen im Aufsichtsrat gehören, z. B. eines der von den leitenden Angestellten oder von den in dem Unternehmen vertretenen Gewerkschaften vorgeschlagenen Aufsichtsratsmitglieder sein müsse. Derartige, die Wahlfreiheit des Aufsichtsrats beschränkende Regelungen sind, selbst wenn sie gesellschaftsrechtlich zulässig wären, mit dem MitbestG nicht vereinbar, weil sie den durch das Wahlverfahren gem. § 27 angestrebten gruppendynamischen Prozeß im Aufsichtsrat in Frage stellen.

5. Der Aufsichtsratsvorsitzende und sein Stellvertreter sind aus der **11**
Mitte des Aufsichtsrats zu bestellen, d. h. es können nur Aufsichtsratsmitglieder gewählt werden. Das Amt endet daher auch, wenn die Mitgliedschaft im Aufsichtsrat erlischt. Ist in diesem Fall eine Nachwahl erforderlich, gilt das unten Rdn. 17 f. Gesagte.

6. Im **ersten Wahlgang** erfordert die Wahl des Aufsichtsratsvorsit- **12**
zenden und seines Stellvertreters gem. Abs. 1 eine Mehrheit von zwei Dritteln der gesetzlichen Mitgliederzahl des Aufsichtsrats. Bei zwölf Aufsichtsratsmitgliedern sind demnach mindestens acht, bei sechzehn mindestens elf, bei zwanzig mindestens vierzehn Stimmen erforderlich. Die Vorschrift soll eine möglichst weitgehende Einigung im Aufsichtsrat auf die Person der zu Wählenden nahelegen, die namentlich eine Konfrontation zwischen den Gruppen der Anteilseigner- und der Arbeitnehmervertreter vermeidet. Ferner soll sie eine hohe Legitimation der Gewählten bewirken, die ihnen bei der Ausübung ihres Amtes zugute kommt. Eine Verteilung der Ämter zwischen der Anteilseigner- und der Arbeitnehmerseite schreibt das Gesetz für den ersten Wahlgang nicht vor. Daher ist es auch möglich, daß ein Aufsichtsratsmitglied

der Arbeitnehmer zum Vorsitzenden und ein Mitglied der Anteilseigner zum Stellvertreter gewählt wird oder daß beide Ämter von Vertretern derselben Gruppe besetzt werden, sofern die Zwei-Drittel-Mehrheit erreicht wird. Verfassungsrechtliche Bedenken gegen eine derartige Wahl bestehen nicht (vgl. Allg. Einleitung Rdn. 46; a.A. *Leo,* Manager-Magazin 1976, H. 6, 84).

13 Wird im ersten Wahlgang die erforderliche Zwei-Drittel-Mehrheit nicht erreicht, so wählt in einem **zweiten Wahlgang** die Anteilseignerseite den Aufsichtratsvorsitzenden und die Arbeitnehmerseite den Stellvertreter. Der Fall ist schon dann gegeben, wenn nur der Vorsitzende *oder* der Stellvertreter die Zwei-Drittel-Mehrheit nicht erreicht, denn schon dann ist die vom Gesetz verlangte Parität in Frage gestellt. Insofern sind beide Wahlen kraft Gesetzes miteinander verkoppelt. Jede Wahl erfordert nunmehr nur noch die Mehrheit der in der zuständigen Gruppe abgegebenen Stimmen. Über die Beschlußfähigkeit der Gruppen sagt das Gesetz nichts, doch wird man in entsprechender Anwendung des § 28 annehmen müssen, daß jede Gruppe beschlußfähig ist, wenn mindestens die Hälfte ihrer gesetzlichen Mitglieder an der Abstimmung teilnimmt (ebenso *Fitting-Wlotzke-Wißmann,* § 27 Rdn. 1; zur gleichartigen Situation nach § 15 Abs. 1 MitbestEG *Kötter,* § 15 MitbestEG Anm. 9 a; *Köln.-Komm. – Mertens,* § 108 AktG Rdn. 60). Entgegen dem Wortlaut des Gesetzes handelt es sich um zwei verschiedene Wahlgänge. Sie können gleichzeitig oder unmittelbar hintereinander durchgeführt werden. Es steht aber auch nichts im Wege, sie in zwei durch eine gewisse zeitliche Distanz voneinander getrennten Sitzungen vorzunehmen. Im übrigen sind die Vorschriften über das Verfahren und die Beschlüsse des Aufsichtsrats anzuwenden (vgl. § 25 Rdn. 16 ff.).

14 Die Vorschriften über das Wahlverfahren in § 27 Abs. 1 u. 2 sind **zwingendes Recht**, denn sie gehören zum Kern der vom Gesetzgeber sorgfältig ausbalancierten und nicht zur Disposition der Beteiligten gestellten Mitbestimmungsregeln. Unzulässig sind daher namentlich alle Regelungen in der Satzung, der Geschäftsordnung des Aufsichtsrats oder auch in Vereinbarungen zwischen den Repräsentanten der Anteilseigner und der Arbeitnehmer, welche die Struktur des Verfahrens und die in ihm zugunsten der Gruppen angelegten Chancen verändern oder beschränken. Für den ersten Wahlgang kann weder eine höhere noch eine niedrigere als die vom Gesetz vorgeschriebene Mehrheit von zwei Dritteln der gesetzlichen Aufsichtsratsmitglieder bestimmt werden. Ebenso wenig kann im zweiten Wahlgang an die Stelle des Sonderbeschlusses jeder der beiden Gruppen im Aufsichtsrat wieder ein gemeinsamer Beschluß treten, der etwa, in Analogie zu § 31 Abs. 3, nur eine einfache Mehrheit erfordert. Unzulässig wäre ferner eine Satzungsvorschrift oder eine Vereinbarung, wonach der Aufsichtsratsvorsitzende abweichend vom Gesetz von der Arbeitnehmerseite und der Stellvertreter von der Anteilseignerseite zu wählen sind, oder wonach die Gewählten im Aufsichtsratsvorsitz turnusmäßig wechseln. Denn dadurch würde die Freiheit des Aufsichtsrats beschnitten, sich gem. Abs. 1 zum Zeitpunkt der Wahl ohne Bindung an die Gruppenzugehörigkeit mit Zwei-Drittel-Mehrheit zugunsten der für die Ämter jeweils am besten geeigneten Bewerber zu entscheiden. Dagegen bestehen keine Bedenken gegen Geschäftsordnungsbestimmungen, die nur technische Details regeln, ohne die Verteilung der Ämter zwischen den Gruppen und die Dynamik des gesetzlichen Wahlverfahrens zu berühren (vgl. § 25 Rdn. 12 ff.).

7. Die **Dauer** der Berufung zum Aufsichtsratsvorsitzenden oder zu seinem Stellvertreter ist weder im MitbestG noch in den gesellschaftsrechtlichen Organisationsgesetzen festgelegt, so daß insofern grundsätzlich Satzungsfreiheit herrscht (Einzelheiten in den Kommentaren zum AktG, z. B. bei *Geßler,* § 107 AktG Rdn. 13 ff.; *Großkomm. – Meyer-Landrut,* § 107 AktG Anm. 2; *Köln.-Komm. – Mertens,* § 107 AktG Rdn. 22 f.). Doch ist es wegen der Koppelung des Wahlverfahrens nötig, daß sich beide Amtsperioden decken. Schweigt die Satzung, erstrecken sie sich auf die ganze Amtsdauer als Aufsichtsratsmitglied. Nach einer Wiederwahl zum Aufsichtsratsmitglied nach Ablauf der Amtsperiode muß demnach auch die Wahl zum Vorsitzenden wiederholt werden. 15

Nach h.A. im aktienrechtlichen Schrifttum ist die Bestellung jederzeit **widerruflich** (vgl. statt aller *Köln.-Komm. – Mertens,* § 107 AktG Rdn. 24 ff.; *Großkomm. – Meyer-Landrut,* § 107 AktG Anm. 7). Es besteht kein Grund, für den Geltungsbereich des MitbestG davon abzugehen, da das Gesetz darüber nichts sagt. Zweifelhaft kann allerdings sein, welche Mehrheiten dafür erforderlich sind. Ist der Betroffene gem. Abs. 1 vom gesamten Aufsichtsrat mit Zwei-Drittel-Mehrheit gewählt, kann auch ein Widerruf nur mit der gleichen Mehrheit zulässig sein (vgl. *Leo,* Manager-Magazin 1976, H. 6, 82). Denn es würde dem Sinn des Gesetzes widersprechen, wenn z. B. ein mit Zwei-Drittel-Mehrheit gewählter Arbeitnehmervertreter mit der einfachen Stimmenmehrheit, über welche die Aufsichtsratsmitglieder der Anteilseigner allein verfügen, wieder abberufen werden könnte. Hat eine Gruppenwahl nach Abs. 2 stattgefunden, so bietet sich an, für den Widerruf unter Anlehnung an §§ 103 AktG und 23 MitbestG eine qualifizierte Mehrheit der Gruppenmitglieder zu verlangen (ebenso *Fitting-Wlotzke-Wißmann,* § 27 Rdn. 16). Daneben muß aber auch in diesem Fall ein Widerruf möglich sein, wenn sich zwei Drittel der Mitglieder des gesamten Aufsichtsrats dafür aussprechen (ähnlich *Mei-* 16 *licke-Meilicke,* §§ 25–29 Rdn. 7). Liegt ein wichtiger Grund vor, ist daneben an die gerichtliche Abberufung gem. § 103 AktG (vgl. § 6 Rdn. 33) zu denken, womit auch das Amt des Vorsitzenden oder stellvertretenden Vorsitzenden endet.

17 8. Schwierigkeiten bereitet weiter die Anwendung des § 27 Abs. 1 u. 2 auf die **Nachwahl**, wenn das Amt nur eines der Gewählten, d. h. entweder des Aufsichtsratsvorsitzenden oder seines Stellvertreters vorzeitig endet (vgl. *Meilicke-Meilicke,* §§ 25–29 Rdn. 6). Waren beide nach Abs. 1 mit Zwei-Drittel-Mehrheit gewählt worden, steht nichts im Wege, auch die Nachwahl zunächst auf das offene Amt zu beschränken und gem. Abs. 1 zu verfahren. Kommt die Zwei-Drittel-Mehrheit nicht zustande und wird deshalb die Gruppenwahl nach Abs. 2 notwendig, ist zu unterscheiden: Ist das Amt des Aufsichtsratsvorsitzenden vakant und ist der Stellvertreter ein Aufsichtsratsmitglied der Arbeitnehmer, so genügt es, wenn die Anteilseignervertreter den neuen Vorsitzenden wählen. Wollen die Aufsichtsratsmitglieder der Arbeitnehmer unter diesen Umständen auch einen neuen Vertreter bestellen, ist der früher Gewählte abzuberufen. Dasselbe gilt umgekehrt, wenn das Amt des Vertreters vakant geworden ist und der Vorsitzende von der Anteilseignerseite gestellt wird. In diesem Fall haben allein die Aufsichtsratsmitglieder der Arbeitnehmer neu zu wählen. Nur wenn bisher das Amt des Aufsichtsratsvorsitzenden von einem Vertreter der Arbeitnehmer und/oder das Amt des Stellvertreters von einem Aufsichtsratsmitglied der Anteilseigner besetzt war und das jeweils andere neu zu besetzen ist, läßt sich die von Abs. 2 vorgeschriebene Verteilung der Ämter auf die Gruppen nicht erreichen, wenn man die Nachwahl auf das Amt des Ausgefallenen beschränkt. In diesem Fall ist daher anzunehmen, daß auch das Amt des nicht Ausgefallenen kraft Gesetzes endet und die Gruppenwahl für beide Ämter erneut durchgeführt werden muß.

18 War schon bei der ursprünglichen Wahl der Aufsichtsratsvorsitzende nach Abs. 2 allein von den Anteilseignervertretern und der Stellvertreter von den Aufsichtsratsmitgliedern der Arbeitnehmer gewählt worden, so bietet sich an, die Nachwahl von vornherein gem. Abs. 2 in die Hand der Gruppe zu legen, die den Ausgefallenen gestellt hatte. Dem Sinn des Gesetzes entspricht es jedoch besser, auch hier zunächst die gemeinsame Wahl nach Abs. 1 zu versuchen, wobei es nicht notwendig ist, den noch Amtierenden mit einzubeziehen. Erst wenn bei der Nachwahl im ersten Wahlgang die Zwei-Drittel-Mehrheit nicht erreicht wird, geht daher das Wahlrecht in diesem Fall gem. Abs. 2 auf die Gruppe über, die den Weggefallenen bestellt hatte. Eine Koppelung der beiden Ämter derart, daß auch das noch besetzte kraft Gesetzes zur Disposition gestellt werden müßte, ist bei dieser Version also in

keinem Fall erforderlich (im wesentlichen ebenso *Meilicke-Meilicke,* a.a.O.).

9. Gem. § 107 Abs. 1 S. 2 AktG i.V.m. § 25 Abs. 1 Z. 1 u. 2 ist die **19**
Wahl bei der AG, KGaA, GmbH und bergrechtlichen Gewerkschaft vom Vertretungsorgan **zum Handelsregister anzumelden**. Für die Genossenschaften bestehen keine entsprechenden Vorschriften. Darüber hinaus ist der Vorsitzende des Aufsichtsrats gem. §§ 80 AktG, 35 a Abs. 1 GmbHG und 25 a Abs. 1 GenG auch auf den Geschäftsbriefen des Unternehmens anzugeben.

III. Rechtsstellung des Aufsichtsratsvorsitzenden

1. Zur **Rechtsstellung** des Aufsichtsratsvorsitzenden sagt das Mit- **20**
bestG nur, daß er **kraft Amtes Mitglied des Vermittlungsausschusses** ist (§ 27 Abs. 3) und daß er bei Stimmengleichheit im Aufsichtsrat eine **zweite Stimme** besitzt, welche den Ausschlag gibt (§§ 29 Abs. 2, 31 Abs. 4). Im übrigen gelten kraft der Verweisungen in § 25 Abs. 1 die Vorschriften des AktG und des GenG. Soweit diese es zulassen, kann die Stellung auch in der **Satzung** oder in der **Geschäftsordnung** des **Aufsichtsrats** geregelt werden (§ 25 Abs. 2).

Das **Aktiengesetz** enthält selbst ebenfalls nur eine unvollständige **21**
Anzahl von Einzelvorschriften über den Aufsichtsratsvorsitzenden. Nach § 90 Abs. 1 und 5 AktG ist er Adressat von besonderen Berichten des Vorstands aus wichtigem Grund und hat diese Informationen an die Aufsichtsratsmitglieder weiterzugeben. Gem. § 107 Abs. 2 S. 1 AktG obliegt es ihm, das Protokoll über die Aufsichtsratssitzungen zu unterzeichnen, gem. § 109 Abs. 2 AktG kann er die Teilnahme an den Sitzungen der Aufsichtsratsausschüsse regeln, nach § 110 Abs. 1 AktG hat er den Aufsichtsrat einzuberufen. Gem. § 25 Abs. 1 Z. 2 sind die genannten Vorschriften mit Ausnahme des § 90 Abs. 1, Abs. 5 S. 3 AktG auch auf die mitbestimmungspflichtigen Gesellschaften mbH und bergrechtlichen Gewerkschaften anzuwenden (vgl. § 25 Rdn. 16 ff.). In einer Anzahl weiterer, nur für die AG und die KGaA geltenden Paragraphen ist bestimmt, daß gewisse Anmeldungen zum Handelsregister vom Vorstand und Aufsichtsratsvorsitzenden gemeinsam vorzunehmen sind (§§ 184, 188, 195 Abs. 1, 223 AktG). Nach allgemeiner Meinung kommt in diesen Einzelvorschriften die im AktG nirgends niedergelegte allgemeine Regel zum Ausdruck, daß der Aufsichtsratsvorsitzende die **Sitzungen des Aufsichtsrats vorzubereiten, einzuberufen** und zu **leiten** sowie dessen Beschlüsse für die Bekanntgabe nach außen zu **unterschreiben** und den Adressaten **mitzuteilen** hat (vgl. statt aller *Geßler,* § 107 AktG Rdn. 28). Er hat die dafür erforderlichen verfahrensleitenden Verfügungen zu treffen. Ferner ist er Bindeglied zwischen Auf-

sichtsrat und Vorstand. Dagegen kommt ihm eine organschaftliche Vertretungsmacht nicht zu, weshalb er Funktionen, welche dem Aufsichtsrat als solchem übertragen sind, nur wahrnehmen und dessen Beschlüsse nur ausführen kann, wenn ihn der Aufsichtsrat durch Beschluß dazu gesondert ermächtigt (vgl. BGHZ 41, 285; *Köln.-Komm. – Mertens,* § 107 AktG Rdn. 35).

22 Das MitbestG läßt diese Regeln, welche sich gewohnheitsrechtlich ausgebildet haben (*Mertens,* a.a.O., Rdn. 32) und daher mangels abweichender Bestimmungen im Gesellschaftsvertrag auch für die GmbH und die bergrechtliche Gewerkschaft gelten, unberührt. Auch bei den Genossenschaften ist davon auszugehen, daß dem Aufsichtsratsvorsitzenden über die Einzelvorschriften der §§ 57 u. 58 GenG hinaus dieselben Funktionen zufallen (vgl. *Lang-Weidmüller,* § 36 GenG Anm. 1; *Meyer-Meulenbergh,* § 36 GenG Anm. 3; *Müller,* § 36 GenG Rdn. 127 f.).

23 Auch im Rahmen des MitbestG kann die Stellung des Aufsichtsratsvorsitzenden in der **Satzung** oder, soweit diese keine Bestimmungen enthält, in der **Geschäftsordnung des Aufsichtsrats** näher festgelegt werden, wenngleich in beschränkterem Umfang als nach den gesellschaftsrechtlichen Organisationsgesetzen. Zulässig ist es, ihm die **Leitung der Anteilseignerversammlung** zu überlassen. Da der Fall weder im AktG noch im MitbestG angesprochen ist, kann die Satzung auch bestimmen, daß die Leitung der Anteilseignerversammlung dem Aufsichtsratsvorsitzenden oder seinem Stellvertreter nur dann zusteht, wenn er ein Aufsichtsratsmitglied der Anteilseigner ist. Das MitbestG steht dem nicht entgegen, denn es gewährt den Repräsentanten der Arbeitnehmer kein Recht, in der Anteilseignerversammlung aufzutreten (*Schaub,* ZGR 1977, 296). Dagegen können ihm nicht Aufgaben übertragen werden, die kraft Gesetzes dem gesamten Aufsichtsrat zustehen (Einzelheiten bei *Köln.-Komm. – Mertens,* § 107 AktG Rdn. 42 ff.). Auch kann er nicht Weisungsbefugnisse gegenüber anderen Aufsichtsratsmitgliedern wahrnehmen. Unzulässig ist ferner eine Modifikation der Regeln über die Zweitstimme des Aufsichtsratsvorsitzenden gem. §§ 29 Abs. 2, 31 Abs. 4 (vgl. § 29 Rdn. 8 f., § 31 Rdn. 18).

24 Im aktienrechtlichen Schrifttum wird überwiegend die Meinung vertreten, die **Beschlußfähigkeit des Aufsichtsrats** könne in der Satzung davon abhängig gemacht werden, daß der Aufsichtsratsvorsitzende und/oder sein Stellvertreter an der Sitzung teilnehmen (OLG Stuttgart JR 1933 Nr. 1446 noch zum HGB; *Godin-Wilhelmi,* § 108 AktG Anm. 7; *Großkomm. – Meyer-Landrut,* § 108 AktG Anm. 10; *Möhring-Tank,* Rz. 320; *Rowedder* in *Möhring/Schwartz,* 147). Eine solche Regelung ist aber schon mit dem AktG schwerlich vereinbar, weil sie den Aufsichtsratsvorsitzenden und/oder seinen Stellvertreter aus dem

Kreis der übrigen Aufsichtsratsmitglieder in einer Weise hervorhebt und ihnen de facto ein Vetorecht einräumt, wie sie dem Aktienrecht fremd ist (ebenso *Köln.-Komm. – Mertens,* § 107 AktG Rdn. 48, § 108 AktG Rdn. 52; *Geßler,* § 108 AktG Rdn. 35). Für den Geltungsbereich des MitbestG ist sie auf jeden Fall unzulässig, denn das Gesetz hat die Beschlußfähigkeit des Aufsichtsrats in § 28 abschließend festgelegt (vgl. § 28 Rdn. 3). Auch die Kompetenz des Vorsitzenden, das **Verfahren des Aufsichtsrats** zu steuern, kann die Satzung oder die Geschäftsordnung nur in den Grenzen präzisieren oder fixieren, welche die vom MitbestG festgelegte Struktur des Verfahrens nicht verändern (vgl. §§ 25 Rdn. 12 ff., 29 Rdn. 7 ff.).

IV. Rechtsstellung des stellvertretenden Aufsichtsratsvorsitzenden

Über den stellvertretenden Aufsichtsratsvorsitzenden sagt das Gesetz nur, daß er dem **Vermittlungsausschuß** angehört (§ 27 Abs. 3), daß ihm aber die **zweite Stimme nicht zusteht** (§§ 29 Abs. 2 S. 3, 31 Abs. 4 S. 3). Im übrigen ist § 107 Abs. 1 S. 3 AktG anzuwenden, wonach der Stellvertreter nur dann die Rechte und Pflichten des Vorsitzenden hat, wenn dieser behindert ist. Die Vorschrift gilt wegen § 25 Abs. 1 Z. 2 unmittelbar auch für die unter das Gesetz fallenden Gesellschaften mbH und bergrechtlichen Gewerkschaften. Auf die Genossenschaften wird man sie mangels abweichender Vorschriften im GenG zur Wahrung der Rechtseinheit analog anzuwenden haben (ebenso *Fitting-Wlotzke-Wißmann,* § 27 Rdn. 22). **25**

Behindert ist der Aufsichtsratsvorsitzende, wenn er infolge Tod, Krankheit oder Abwesenheit aus anderen Gründen an der Sitzung nicht teilnimmt, ferner aber auch, wenn er seine Funktion im konkreten Fall, z. B. wegen einer Interessenkollision nicht wahrnehmen kann oder will (vgl. *Köln.-Komm. – Mertens,* § 107 AktG Rdn. 50; *Geßler,* § 107 AktG Rdn. 22). Gegen eine nicht abschließende, sondern beispielhafte Präzisierung des Begriffs und der mit ihm verknüpften Kompetenzen in der Satzung bestehen keine Bedenken. Ist der Aufsichtsratsvorsitzende behindert, so tritt der Stellvertreter voll in dessen Position ein, nur eben mit der Maßgabe, daß ihm das doppelte Stimmrecht nicht zusteht. Läßt man die Bestellung mehrerer Stellvertreter zu (vgl. oben Rdn. 6 f.), so richtet sich die Reihenfolge nach der sich aus der Wahl ergebenden Rangordnung. Auch dem zweiten oder dritten Stellvertreter kann die zweite Stimme in entsprechender Anwendung der §§ 29 Abs. 2 S. 3, 31 Abs. 4 S. 3 nicht zukommen. **26**

V. Der Vermittlungsausschuß (Abs. 3)

1. Unmittelbar nach der Wahl des Aufsichtsratsvorsitzenden und seines Stellvertreters hat der Aufsichtsrat den in §§ 27 Abs. 3, 31 Abs. 3 **27**

S. 1 bezeichneten **Vermittlungsausschuß** zu bilden. Dem Ausschuß gehören der Aufsichtsratsvorsitzende und sein (erster) Stellvertreter kraft Gesetzes an. Je ein weiteres Aufsichtsratsmitglied der Arbeitnehmer und der Anteilseigner sind von den beiden Gruppen im Aufsichtsrat getrennt mit der Mehrheit der in jeder Gruppe abgegebenen Stimmen zu wählen. Die Beschlußfähigkeit der Gruppen setzt die Teilnahme wenigstens der Hälfte der gesetzlichen Mitgliederzahl der Gruppe voraus (s. o. Rdn. 13). Der Aufsichtsrat hat den Ausschuß **unmittelbar** nach dem Aufsichtsratsvorsitzenden und seinem Stellvertreter zu wählen, d. h. in derselben Sitzung. Er ist hierzu gesetzlich verpflichtet, seine Mitglieder können sich im Fall des Verstoßes daher nach § 116 AktG i.V.m. § 25 haftbar machen. Da es sich um eine Ordnungsvorschrift handelt, hat eine verspätete Wahl jedoch keinen Einfluß auf die Tätigkeit des Ausschusses oder eines infolge seiner Vermittlung bestellten Mitglieds des Vertretungsorgans. Dies gilt auch, wenn der Ausschuß erst gebildet wurde, nachdem sich gezeigt hat, daß er benötigt wird, d. h. wenn die Wahl eines Mitglieds des Vertretungsorgans im ersten Wahlgang erfolglos blieb, weil die gem. § 31 Abs. 2 erforderliche Zwei-Drittel-Mehrheit nicht erreicht wurde.

28 2. Die Vorschriften über den Vermittlungsausschuß sind **zwingenden Rechts**. Dies ergibt sich aus seiner Zusammensetzung und seiner Aufgabe, im kritischen Fall der Wahl von Mitgliedern des Vertretungsorgans die Beteiligung der Arbeitnehmerseite zu sichern und die Bereitschaft zur Verständigung zwischen den Gruppen zu verstärken. Der Aufsichtsrat kann demnach nicht davon absehen, den Ausschuß zu bilden. Er kann auch keine vom Gesetz abweichende Zusammensetzung beschließen, ihn namentlich nicht mit mehr oder weniger als den im Gesetz genannten vier Personen besetzen. Fällt der Aufsichtsratsvorsitzende oder sein Stellvertreter aus, so ist für die Nachwahl nach den oben (Rdn. 17 ff.), angegebenen Regeln zu sorgen. Beim Ausfall eines der beiden anderen Mitglieder hat die Gruppe, die es gestellt hatte, den Nachfolger zu wählen. Im übrigen handelt es sich um einen regulären Aufsichtsratsausschuß, für den die bei § 25 Rdn. 44 f. dargestellten Verfahrensregeln gelten. Daher ist der Ausschuß beschlußfähig, wenn wenigstens drei Mitglieder an der Abstimmung teilnehmen (ebenso *Meilicke-Meilicke,* § 30, 31 Rdn. 3.2; a.A. *Fitting-Wlotzke-Wißmann,* § 27 Rdn. 25, die für die Beschlußfähigkeit die Teilnahme aller vier Ausschußmitglieder fordern).

29 3. Die **Aufgaben** und die **Tätigkeit** des Ausschusses sind bei § 31 Rdn. 14 f. erörtert. Die ihm durch Gesetz zugewiesene Vermittlungsaufgabe kann ihm nicht entzogen werden. Dagegen bestehen keine Bedenken, ihm weitere Aufgaben zu übertragen, bei denen sein Tätigwerden zweckmäßig erscheint, z. B. mit der Funktion eines Aufsichtsratspräsidiums zu betrauen.

§ 28
Beschlußfähigkeit

Der Aufsichtsrat ist nur beschlußfähig, wenn mindestens die Hälfte der Mitglieder, aus denen er insgesamt zu bestehen hat, an der Beschlußfassung teilnimmt. § 108 Abs. 2 Satz 4 des Aktiengesetzes ist anzuwenden.

§ 108 Abs. 2 Satz 4 AktG lautet:

Der Beschlußfähigkeit steht nicht entgegen, daß dem Aufsichtsrat weniger Mitglieder als die durch Gesetz oder Satzung festgesetzte Zahl angehören, auch wenn das für seine Zusammensetzung maßgebende zahlenmäßige Verhältnis nicht gewahrt ist.

1. § 28 entspricht § 108 Abs. 2 S. 2 AktG sowie §§ 10 MontanMitbestG und 11 MitbestEG. Danach setzt die **Beschlußfähigkeit** des Aufsichtsrats voraus, daß mindestens die Hälfte der Mitglieder, aus denen er nach § 7 Abs. 1 oder nach einer gemäß dieser Vorschrift zulässigen Satzungsbestimmung zu bestehen hat, an dem Beschluß teilnimmt. Ein niedrigeres Quorum hätte den Aufsichtsrat zu wenig vor Zufallsmehrheiten geschützt, ein höheres einer Gruppe erlaubt, seine Arbeit zu blockieren, indem sie geschlossen von seinen Sitzungen fernbleibt (vgl. *Wlotzke-Wißmann,* DB 1976, 968). Notwendig ist je nach Größe des Aufsichtsrats die Mitwirkung von mindestens sechs, acht oder zehn Mitgliedern. Die Teilnahme wird durch die Abgabe einer Stimme dokumentiert, auch wenn sie auf Stimmenthaltung lautet. Wer dagegen nur in der Sitzung anwesend ist, sich aber an der Abstimmung selbst nicht beteiligt, wird nicht mitgezählt (vgl. *Geßler,* § 108 AktG Rdn. 38). Dagegen genügt es, gem. § 108 Abs. 3 AktG eine schriftliche Stimme abgeben zu lassen (s. § 25 Rdn. 20 ff.). Bei schriftlicher, telegrafischer oder fernmündlicher Abstimmung (§ 108 Abs. 4 AktG) nimmt an dem Beschluß teil, wer sich durch Ja, Nein oder Stimmenthaltung zum Gegenstand der Abstimmung äußert (vgl. *Geßler,* a.a.O., Rdn. 61). 1

Weitere Voraussetzungen nennt das Gesetz **nicht**. Im Gegenteil stellt es durch die ausdrückliche Verweisung auf § 108 Abs. 2 S. 4 AktG klar, daß die Wirksamkeit eines Aufsichtsratsbeschlusses nicht davon abhängt, ob alle Aufsichtsratssitze besetzt sind oder ob das gesetzliche Zahlenverhältnis zwischen den Gruppen, also die Parität, oder innerhalb der Gruppe der Arbeitnehmervertreter (vgl. § 15 Abs. 2) gewahrt ist. Namentlich hindert die Abwesenheit einzelner Aufsichtsratsmitglieder bis zur Hälfte der gesetzlichen Mitgliederzahl die Wirksamkeit eines Beschlusses nicht, auch wenn infolge dessen eine Gruppe im konkreten Fall über die Stimmenmehrheit verfügt. Jede andere Regelung 2 würde die Funktionsfähigkeit des Aufsichtsrats gefährden. Unzulässig wird eine unter Nutzung des infolge der Abwesenheit einzelner Aufsichtsratsmitglieder entstandenen Stimmenvorteils durchgesetzte Abstimmung nach allgemeinen Regeln erst, wenn die Mehrheit die Gunst der Stunde in sittenwidriger Weise zum Nachteil der anderen Seite ausnützt (vgl. statt aller *Baumbach-Hueck,* § 108 AktG Anm. 11; *Köln.-Komm. – Mertens,* § 108 AktG Rdn. 57).

3 2. § 28 enthält **zwingendes Recht**. Abweichend von §§ 108 Abs. 2 S. 1 AktG, 36 Abs. 1 GenG kann daher in den unter das MitbestG fallenden Unternehmen weder die Satzung noch die Geschäftsordnung des Aufsichtsrats eine höhere oder niedrigere Mindestbeteiligung vorschreiben. Gleichfalls unzulässig ist es, die Beschlußfähigkeit von weiteren Voraussetzungen abhängig zu machen, z. B. zu verlangen, daß der Aufsichtsratsvorsitzende oder sämtliche Aufsichtsratsmitglieder der Anteilseigner oder der Arbeitnehmer an der Abstimmung teilnehmen (vgl. § 27 Rdn. 24). Auch eine Vorschrift, wonach der Aufsichtsrat wirksame Beschlüsse nur fassen kann, wenn die Zahl der anwesenden Aufsichtsratsmitglieder der Anteilseigner größer als die Zahl der anwesenden Aufsichtsratsmitglieder der Arbeitnehmer oder mindestens gleich groß ist, läßt sich mit § 28 nicht vereinbaren. Für die Montanmitbestimmungsgesetze entspricht dies gefestigter Auffassung (vgl. *Kötter,* § 10 MontanMitbestG Anm. 3; *Boldt,* § 10 MontanMitbestG Anm. 2; *ders.,* § 11 MitbestEG Anm. 2). Für das MitbestG kann nichts anderes gelten, denn jede Modifikation des § 28 würde die vom Gesetzgeber gewollte Ausgestaltung des Paritätsprinzips verändern und die Blokkade des Aufsichtsrats durch eine Gruppe oder Mitglieder einer Gruppe gestatten. Derartige Satzungs- oder Geschäftsordnungsvorschriften sind daher nichtig (ebenso *Wlotzke-Wißmann,* DB 1976, 964; *Hoffmann-Neumann,* GmbH-Rdsch. 1976, 152; *Fitting-Wlotzke-Wißmann,* § 28 Rdn. 6; a.A. *Meilicke-Meilicke,* §§ 25–29 Rdn. 13; wohl auch *Schaub*, ZGR 1977, 298). Beschlüsse des Aufsichtsrats, die gegen § 28 verstoßen, sind nichtig (vgl. § 25 Rdn. 30 f.).

§ 29
Abstimmungen

(1) Beschlüsse des Aufsichtsrats bedürfen der Mehrheit der abgegebenen Stimmen, soweit nicht in Absatz 2 und in den §§ 27, 31 und 32 etwas anderes bestimmt ist.

(2) Ergibt eine Abstimmung im Aufsichtsrat Stimmengleicheit, so hat bei einer erneuten Abstimmung über denselben Gegenstand, wenn auch sie Stimmengleichheit ergibt, der Aufsichtsratsvorsitzende zwei

Stimmen. § 108 Abs. 3 des Aktiengesetzes ist auch auf die Abgabe der zweiten Stimme anzuwenden. Dem Stellvertreter steht die zweite Stimme nicht zu.

Schrifttum

Hoffmann-Neumann, Die Mitbestimmung bei der GmbH und GmbH & Co. KG nach dem Mitbestimmungsgesetz 1976, GmbH-Rdsch. 1976, 149; *Leo*, Das neue Mitbestimmungsgesetz, Manager-Magazin 1976, Heft 6, 77; *Philipp*, Patt-Auflösung im Aufsichtsrat durch die Zweitstimme des Vorsitzenden? DB 1976, 195; *Th. Raiser*, Der neue Koalitionskompromiß zur Mitbestimmung, BB 1976, 145; *Reich-Lewerenz*, Das neue Mitbestimmungsgesetz, AuR 1976, 261; *Werner*, Rechte und Pflichten des mitbestimmten Aufsichtsrats und seiner Mitglieder, ZGR 1977, 236; *H. P. Westermann*, Rechte und Pflichten des mitbestimmten Aufsichtsrats und seiner Mitglieder, ZGR 1977, 219; *Wlotzke-Wißmann*, Das neue Mitbestimmungsgesetz, DB 1976, 959; *Zachert*, Die Arbeitnehmervertreter im Aufsichtsrat – Rechtliche, praktische und mitbestimmungspolitische Aspekte unter Einschluß des Mitbestimmungsgesetzes vom 1. Juli 1976 (Teil II), Mitbestimmungsgespräch 1976, 178.

Übersicht

I. Vorbemerkungen

1. § 29 regelt einen Ausschnitt aus den für den Aufsichtsrat gelten- 1
den Verfahrensvorschriften, die sich im übrigen aus §§ 107–110 AktG und 36 GenG i.V.m. § 25 Abs. 1 (vgl. § 25 Rdn. 16 ff.) sowie aus § 28 ergeben. Abs. 1 übernimmt die allgemeine gesellschafts- und körperschaftsrechtliche Regel, wonach Beschlüsse eines Kollegialorgans grundsätzlich die **Mehrheit der abgegebenen Stimmen** erfordern (vgl. § 32 Abs. 1 S. 3 BGB). Die Vorschrift stimmt daher insoweit auch mit den gesellschaftsrechtlichen Bestimmungen überein. Bei einem paritätisch besetzten Aufsichtsrat impliziert sie die Ablehnung eines Antrags, wenn alle Aufsichtsratsmitglieder an der Abstimmung teilnehmen und eine der beiden Gruppen geschlossen dagegen stimmt. Abs. 2, der in § 31 Abs. 4 wiederholt wird, **durchbricht diese allgemeine Regel**, indem sie dem Aufsichtsratsvorsitzenden für den Fall der Stimmengleichheit eine **zweite Stimme** zuerkennt. Die Vorschrift enthält die Auflösung

des Patt zwischen den Gruppen im Aufsichtsrat und gehört daher zu den wichtigsten und während des Gesetzgebungsverfahrens am heftigsten umstrittenen des ganzen Gesetzes. Sie führt dazu, daß sich die Anteilseignerseite im Aufsichtsrat, die nach § 27 Abs. 1 u. 2 in den meisten Fällen den Aufsichtsratsvorsitzenden stellt, in der Regel durchzusetzen vermag. Das Gesetz weicht damit von der strengen Parität zwischen den Gruppen im Aufsichtsrat ab und gewährt der **Anteilseignerseite ein gewisses Übergewicht.** Diese vom Gesetzgeber beabsichtigte Konsequenz wird durch die Detailvorschriften Abs. 2 S. 2 u. 3 noch unterstrichen.

2 2. Der **Regierungsentwurf** (§ 26 Abs. 2) hatte streng an der Parität festgehalten. Er enthielt selbst kein Pattauflösungsverfahren, sondern eröffnete dem Aufsichtsrat die Möglichkeit, bei Stimmengleichheit eine zweite Abstimmung zu beschließen, in der die Stimme des Vorsitzenden den Ausschlag geben sollte. Ein solcher Beschluß sollte aber nicht gegen die Stimmen der Mehrheit der Anteilseigner- oder der Arbeitnehmervertreter im Aufsichtsrat gefaßt werden können. In der Begründung hierzu (BT-Drucks. 7/2172, 28) bezeichnete die Bundesregierung die Gefahr einer gegenseitigen Blockade der Gruppen im Aufsichtsrat als nicht so ernst, daß der vom Erfordernis der Mehrheitsentscheidung ausgehende Einigungszwang durchlöchert werden müßte. Von Anfang an stieß der Entwurf in diesem Punkt aber auf **heftige Kritik**. Der **Bundesrat** führte aus, die Vorschrift sei „unbrauchbar und nicht praktikabel". Sie führe „zur Verzögerung oder Lähmung bei wichtigen Entscheidungen", gefährde „die Funktionsfähigkeit des Unternehmens, die Wettbewerbsfähigkeit und damit auch die Arbeitsplätze". Der verfassungsrechtliche Schutz der Tarifautonomie, der Berufsfreiheit und des Eigentums sowie die ordnungspolitischen Grundsätze der sozialen Marktwirtschaft erforderten „eine klare und praktikable Auflösung von Pattsituationen" (BR-Drucks. 200/74, Ziff. 5). Ähnliche Einwendungen brachte die Fraktion der CDU/CSU in der ersten Lesung des Gesetzes vor (vgl. Abg. *Franke* (Osnabrück), Sten. Ber. d. 7. BT, 7473).

3 Auch die **Sprecher der Arbeitgeberverbände und der Industrie** schlossen sich dieser Kritik an. Sie führten aus, die durch den Entwurf heraufbeschworene Gefahr einer gegenseitigen Blockade der Gruppen im Aufsichtsrat erschüttere die Funktionsfähigkeit der Unternehmen. Die im Entwurf offen gelassene Möglichkeit, die letzte Entscheidung der Anteilseignerversammlung herbeizuführen (§§ 28 Abs. 4 S. 2 RegE, 111 Abs. 4 S. 3 AktG), erklärten sie für unbrauchbar, da die Anteilseignerversammlung, jedenfalls in Publikumsgesellschaften, außerstande sei, häufig genug zusammenzutreten und sachkundige Entscheidungen zu fällen. Auch werde das Vertretungsorgan, gestützt nur auf die An-

teilseignerversammlung, nicht über längere Frist hinweg gegen die Arbeitnehmervertreter im Aufsichtsrat handeln können (vgl. die Ausführungen von *Schleyer* und *Sohl* im Hearing vor dem BT-Aussch. f. Arbeit u. Sozialordnung am 4. 11. 1974, Prot. Nr. 52, 2 ff.). Nicht zuletzt wurden gegen die vorgesehene Regelung **verfassungsrechtliche Bedenken** erhoben, die damit begründet wurden, der Eigentumsschutz nach Art. 14 GG verlange ein Übergewicht der Anteilseignerseite bei allen Entscheidungen im Unternehmen oder, nach Ansicht anderer Sachverständiger, doch wenigstens eine bessere Sicherung der Funktionsfähigkeit des Entscheidungsprozesses im Unternehmen (vgl. die Äußerungen der Sachverständigen im Hearing des BT-Aussch. f. Arbeit u. Sozialordnung am 19. 12. 1974, Prot. Nr. 62, 4, 7, 23).

Die sachlichen Angriffe gegen den RegE und die Unsicherheit seiner 4
verfassungsrechtlichen Beurteilung veranlaßten die Koalitionsparteien, nach einer neuen Lösung zu suchen. Im **Koalitionskompromiß** vom November 1975 einigten sie sich darauf, dem regelmäßig von seiten der Anteilseigner gestellten Aufsichtsratsvorsitzenden das doppelte Stimmrecht zu gewähren und den Entwurf auf diese Weise verfassungsrechtlich abzusichern. § 26 Abs. 2 RegE sollte danach lauten: „Ergibt eine Abstimmung im Aufsichtsrat Stimmengleichheit, so hat bei einer erneuten Abstimmung über denselben Gegenstand der Aufsichtsratsvorsitzende zwei Stimmen." Auch diese Formulierung geriet indessen erneut unter Beschuß. Wiederum wurde ihre Praktikabilität bezweifelt (*Philipp,* DB 1976, 195 ff.). Ferner wurde gerügt, sie lasse offen, ob dem Aufsichtsratsvorsitzenden die Zweitstimme auch bei schriftlicher Abstimmung gem. § 108 Abs. 3 AktG zustehe und ob sie der Stellvertreter ausüben könne, wenn der Vorsitzende behindert ist (vgl. *Th.Raiser,* BB 1976, 147). Weiterhin machte sich auch der Druck bemerkbar, mit Hilfe verfassungsrechtlicher Argumente das Übergewicht der Anteilseignerseite besser abzusichern. Aufgrund der Einwände formulierte der Ausschuß mit den Stimmen der SPD und der FDP dann die endgültige Fassung. Noch im BT-Plenum versuchte die Fraktion der CDU/CSU, die Vorschrift durch zwei Gegenanträge zu unterlaufen, welche die Stellvertretung bei der Stimmabgabe im Aufsichtsrat zulassen und die dem Aufsichtsratsvorsitzenden gewährte zweite Stimme bei dessen Verhinderung auf die Mehrheit der Anteilseignervertreter im Aufsichtsrat übergehen lassen wollten (vgl. BT-Drucks. 7/4887, Nr. 9 u. 10; Sten. Ber. d. 7. Dt. BT, 16031 ff.). Sie blieb damit jedoch ohne Erfolg.

II. Abstimmung im Aufsichtsrat (Abs. 1)

1. Nach § 29 Abs. 1 bedarf ein Aufsichtsratsbeschluß regelmäßig der 5
Mehrheit der abgegebenen Stimmen. In einigen wichtigen Fällen, näm-

lich bei der Wahl des Aufsichtsratsvorsitzenden und seines Stellvertreters sowie bei der Wahl und Abberufung von Mitgliedern des Vertretungsorgans, verlangt das Gesetz im ersten Wahlgang eine Zwei-Drittel-Mehrheit, die sich in den Fällen des § 27 Abs. 1 nach der Mehreit der gesetzlichen Mitgliederzahl, in den Fällen des § 31 Abs. 2 u. 5 nach der Mehrheit der vorhandenen Mitglieder des Aufsichtsrats berechnet. Die Wahl und die Abberufung von Mitgliedern des Vertretungsorgans erfodert auch im zweiten Wahlgang noch die Mehrheit der Mitglieder des Aufsichtsrats, nicht nur der abgegebenen Stimmen (§ 31 Abs. 3 u. 5). Von der Regel des § 29 Abs. 1 weicht das Gesetz ferner in den Fällen ab, in denen es getrennte Abstimmungen der Aufsichtsratsmitglieder der Anteilseigner und der Arbeitnehmer vorschreibt (§ 27 Abs. 2 u. 3) oder sich mit einem Sonderbeschluß der Anteilseignervertreter im Aufsichtsrat begnügt (§§ 32, 35 Abs. 1 Nr. 10 b i.V.m. 124 Abs. 3 AktG). Jedes Aufsichtsratsmitglied mit Ausnahme des Vorsitzenden unter den Voraussetzungen des Abs. 2, § 31 Abs. 4 hat **eine Stimme.** Mehrstimmrechte oder besondere Zustimmungs- und Vetorechte für bestimmte Aufsichtsratsmitglieder können auch durch die Satzung oder die Geschäftsordnung des Aufsichtsrats nicht begründet werden (*Geßler,* § 108 AktG Rdn. 19, 21; *Köln.-Komm. – Mertens,* § 108 AktG Rdn. 48; *Wlotzke-Wißmann,* DB 1976, 964, 966). Nach allgemeinen verbandsrechtlichen Grundsätzen (vgl. § 34 BGB) ist ein Aufsichtsratsmitglied aber **nicht stimmberechtigt,** wenn der Beschluß die Vornahme eines Rechtsgeschäfts mit ihm oder die Einleitung oder Erledigung eines Rechtsstreits zwischen ihm und dem Unternehmen betrifft. Ein allgemeines Stimmverbot bei Interessenkollision ist dagegen nicht anzuerkennen. Ein Aufsichtsratsmitglied, das für den Vorsitz im Aufsichtsrat oder die Mitgliedschaft im Vertretungsorgan kandidiert, ist daher nicht daran gehindert, bei der Wahl mitzustimmen. Wegen der Einzelheiten ist auf die aktienrechtliche Literatur zu verweisen (vgl. *Köln.-Komm. – Mertens,* § 108 AktG Rdn. 44 ff. m.w.N.; *Geßler,* § 108 AktG Rdn. 29).

6 Die Mehrheit berechnet sich nach den allgemeinen gesellschaftsrechtlichen Regeln. Die **Stimmenthaltung** wird nach h.L. nicht als Stimmabgabe gewertet (vgl. statt aller *Köln.-Komm. – Mertens,* § 108 AktG Rdn. 35; *Großkomm. – Meyer-Landrut,* § 108 AktG Anm. 3). Doch ist mit *Mertens* (a.a.O., Rdn. 36) anzunehmen, daß die Satzung oder die Geschäftsordnung vorschreiben kann, Stimmenthaltungen in die Berechnung einzubeziehen. Da eine solche Regelung nur der Klarstellung dient und die Gewichte im Aufsichtsrat nicht verändert, steht ihr auch das MitbestG nicht entgegen. Schriftliche, von einem Stimmboten überreichte Stimmen werden mitgerechnet, wenn die Voraussetzungen des § 108 Abs. 3 AktG erfüllt sind (vgl. § 25 Rdn.

20 ff.). Dagegen ist eine telefonische oder telegrafische Stimmabgabe nur zulässig, wenn gem. § 108 Abs. 4 AktG ohne Sitzung entschieden wird (§ 25 Rdn. 19). Auch die nachträgliche Stimmabgabe eines abwesenden Aufsichtsratsmitglieds ist unzulässig, es sei denn, alle anwesenden Aufsichtsratsmitglieder erklären sich damit einverstanden (vgl. *Großkomm. – Meyer-Landrut,* § 108 AktG Anm. 4; *Köln.-Komm. – Mertens,* § 108 AktG Rdn. 18; *Geßler,* § 108 AktG Rdn. 27). Die übrigen, das Verfahren des Aufsichtsrats regelnden Vorschriften sind bei § 25 Rdn. 16 ff. dargestellt.

2. Abs. 1 ist **zwingendes Recht**. Namentlich kann die Satzung oder 7
die Geschäftsordnung des Aufsichtsrats für andere als die im Gesetz genannten Beschlüsse **keine höhere Mehrheit** verlangen. Die zum Aktien- und Genossenschaftsrecht vertretene Ansicht, wonach eine höhere Mehreit wenigstens für die Beschlüsse gefordert werden kann, die nicht über dem Aufsichtsrat kraft Gesetzes zugewiesene Gegenstände entscheiden (vgl. die Nachweise bei *Mertens, Köln.-Komm.,* § 108 AktG Rdn. 40 ff.; ferner *Müller,* § 36 GenG Rdn. 99), wurde schon für das Montanmitbestimmungsrecht überwiegend abgelehnt (vgl. neben den Genannten *Geßler,* § 108 AktG Rdn. 22; *Godin-Wilhelmi,* § 108 AktG Anm. 4). Für den Geltungsbereich des MitbestG läßt sie sich gleichfalls nicht aufrecht erhalten. Denn auch eine derartige Satzungsbestimmung würde das vom Gesetz gewollte Zusammenspiel der Gruppen im Aufsichtsrat verändern und die Entscheidungsfähigkeit des Organs vermindern und ist daher mit dem Gesetz nicht vereinbar.

Ebensowenig können Satzung oder Geschäftsordnung vorschreiben, daß nur abgestimmt werden darf, wenn bestimmte weitere Voraussetzungen erfüllt sind, z. B. die Aufsichtsratsmitglieder der Anteilseigner vollzählig an der Abstimmung teilnehmen oder wenn der Aufsichtsratsvorsitzende anwesend ist (vgl. § 28 Rdn. 3). Denn auch derartige Vorschriften würden das vom Gesetz geordnete Zusammenspiel zwischen den Gruppen verändern und die Entscheidungsfähigkeit des Aufsichtsrats vermindern (vgl. *Philipp,* DB 1976, 197; ferner § 25 Rdn. 12 ff). Daher sind Satzungs- und Geschäftsordnungsregeln **unzulässig**, wonach in derartigen Fällen die **Sitzung** zu **unterbrechen** oder die Abstimmung zu **vertagen** ist oder wonach ein oder zwei Aufsichtsratsmitglieder verlangen können, die Sitzung in einem solchen Fall zu unterbrechen (a.A. *Hoffmann-Neumann,* GmbH-Rdsch. 1976, 152; *Werner,* ZGR 1977, 243).

III. Die Zweitstimme des Aufsichtsratsvorsitzenden (Abs. 2)

1. Ergibt eine Abstimmung im Aufsichtsrat Stimmengleicheit, so 8
wäre der Antrag nach der in Abs. 1 bestätigten allgemeinen Regel abge-

lehnt. Angesichts der paritätischen Besetzung des Aufsichtsrats mit Aufsichtsratsmitgliedern der Anteilseigner und der Arbeitnehmer birgt diese Regel die Gefahr einer gegenseitigen Blockade der Gruppen nicht nur bei einzelnen Beschlüssen, sondern über einen längeren Zeitraum hinweg, was die Funktionsfähigkeit des Organs als solchem beeinträchtigen würde. Um dieser Gefahr vorzubeugen, hat der Gesetzgeber das Pattauflösungsverfahren nach Abs. 2 eingeführt. Die Anwendung der Vorschrift setzt **Stimmengleicheit** bei einer Abstimmung im Aufsichtsrat voraus. Daher läßt es sich nicht anwenden, wenn infolge von Vakanzen, der Abwesenheit einzelner Aufsichtsratsmitglieder oder von Stimmenthaltungen eine ungerade Zahl von Stimmen abgegeben wurde (ebenso *Philipp,* DB 1976, 195 f.). Vollends kann es nicht dazu eingesetzt werden, die Stimmengleichheit und damit die Ablehnung eines Antrags herbeizuführen, wenn die Arbeitnehmerseite bei der ersten Abstimmung wegen des Fehlens eines Aufsichtsratsmitglieds der Anteilseigner die Stimmenmehrheit gewann.

9 **Weitere Voraussetzungen kennt die Vorschrift nicht.** Sie verlangt namentlich nicht die vollzählige Teilnahme aller Aufsichtsratsmitglieder an dem Beschluß, sondern gilt auch, wenn es infolge des Fehlens einer gleichen Zahl von Stimmen auf beiden Seiten zu Stimmengleichheit kam. Auch ist es unerheblich, ob die beiden Gruppen geschlossen gegeneinander gestimmt haben oder ob die Stimmengleichheit eine verschiedene Beurteilung des Beschlußgegenstandes quer durch die Gruppen ausdrückt. Schließlich differenziert Abs. 2 auch nicht zwischen Personal-, Sach- und Verfahrensentscheidungen des Aufsichtsrats oder zwischen Beschlüssen, die im Hinblick auf die Funktionsfähigkeit des Unternehmens mehr oder weniger empfindlich sind. Im Gegenteil findet sich in der Vorschrift keinerlei Anhaltspunkt, der es rechtfertigen würde, ihre Anwendbarkeit aufgrund einer restriktiven Interpretation auf den einen oder anderen dieser Fälle zu beschränken (ebenso *Werner,* ZGR 1977, 241; a.A. *Reich-Lewerenz,* AuR 1976, 269; *Zachert,* Mitbestimmungsgespräch 1976, 188).

10 2. Abs. 2 sagt **nicht**, daß bei Stimmengleichheit im Aufsichtsrat **in jedem Fall die zweite Abstimmung** über denselben Gegenstand stattfinden muß, in der der Aufsichtsratsvorsitzende die Zweitstimme hat. Daher kann es auch beim ersten, ablehnenden Beschluß bleiben, wenn sich alle Aufsichtsratsmitglieder damit abfinden. Es besteht kein Anlaß, die zweite Abstimmung in diesem Fall zu erzwingen. Die Entscheidung darüber, ob die zweite Abstimmung eingeleitet werden soll, gehört zunächst zu den Kompetenzen des Aufsichtsratsvorsitzenden, der das Verfahren festlegt. Er hat dabei nach pflichtgemäßem Ermessen vorzugehen. Sofern er es für geraten hält, kann er die Angelegenheit auch anders weiterführen, z. B. einen veränderten Antrag stellen

oder die Sache an einen Aufsichtsratsausschuß verweisen. Er kann ferner gem. § 111 Abs. 4 S. 3 oder § 119 Abs. 2 AktG die Anteilseignerversammlung zur Entscheidung anrufen (vgl. *Fitting-Wlotzke-Wißmann,* § 29 Rdn. 10). Doch läßt es das Gesetz nicht zu, dem gewöhnlich allein von den Aufsichtsratsmitgliedern der Anteilseigner gewählten Aufsichtsratsvorsitzenden die letzte Entscheidung darüber zu überlassen, ob das Pattauflösungsverfahren durchgeführt werden soll. Vielmehr verlangt der Sinn des § 29, **jedem einzelnen Aufsichtsratsmitglied das Recht** zu gewähren, die **zweite Abstimmung** zu verlangen. Denn der Gesetzgeber sieht das Pattauflösungsverfahren als den Regelfall an, mit dessen Hilfe die Stimmengleichheit im Aufsichtsrat im Interesse des Unternehmens und aller Beteiligten überwunden werden soll. Deshalb kann auf das Verfahren nur verzichtet werden, wenn alle Aufsichtsratsmitglieder dies nach pflichtgemäßem Ermessen für die bessere Lösung halten. Aus denselben Gründen wird man in Anlehnung an §§ 110 Abs. 1 AktG i.V.m. 25 Abs. 2 auch dem für die Leitung des Unternehmens in erster Linie verantwortlichen Vertretungsorgan das Recht einräumen müssen, die zweite Abstimmung zu verlangen.

3. Weiter sagt das Gesetz im Gegensatz zu § 31 Abs. 3 auch nichts **11**
darüber aus, **wann die zweite Abstimmung durchzuführen ist.** Es kann zweckmäßig sein, sie in der gleichen Sitzung unmittelbar an die erste anzuschließen, ebenso aber auch, zuvor eine angemessene Zeit für neue Beratungen verstreichen zu lassen. Hier ist eine gewisse Flexibilität nötig. Rechtlich ist die Frage unter den gleichen Gesichtspunkten zu würdigen, die für die Entscheidung maßgeblich sind, ob die zweite Abstimmung überhaupt durchgeführt wird. Zuständig ist zunächst der Aufsichtsratsvorsitzende kraft seiner Befugnis, die Sitzungen des Aufsichtsrats zu terminieren und die Tagesordnung zusammenzustellen. Doch muß jedem Aufsichtsratsmitglied und dem Vertretungsorgan das Recht zugebilligt werden, entgegen der Disposition des Vorsitzenden zu verlangen, daß die Abstimmung binnen angemessener Frist durchgeführt wird. Der Fall ist gem. § 110 Abs. 1 AktG i.V.m. § 25 Abs. 1 zu lösen. Jedes Aufsichtsratsmitglied und das Vertretungsorgan können daher verlangen, daß der Aufsichtsratsvorsitzende den Aufsichtsrat für die zweite Abstimmung unverzüglich einberuft. Die Sitzung muß in diesem Fall binnen zwei Wochen nach der Einberufung stattfinden (a.A. *Leo,* Manager-Magazin 1976, H. 6, 84).

4. Kommt es zu der **zweiten Abstimmung**, so ist **zunächst** wiederum **12**
nach Abs. 1 zu verfahren. Der Gegenstand des Beschlusses muß in derselben Form zur Abstimmung gestellt werden wie beim ersten Mal. Dagegen ist kein Aufsichtsratsmitglied an seine beim ersten Mal abgegebene Stimme gebunden, sondern kann sich nunmehr anders ent-

scheiden oder der Stimme enthalten. Nehmen Aufsichtsratsmitglieder an der Abstimmung teil, die beim erstenmal gefehlt haben, oder fehlen Mitglieder, die zuvor mitgestimmt haben, kann sich das Ergebnis auch aus diesem Grund ändern. Erzielt der Antrag eine Mehrheit, ist er nunmehr beschlossen, spricht sich die Mehrheit gegen ihn aus, ist er abgelehnt, ohne daß es der zweiten Stimme des Aufsichtsratsvorsitzenden bedürfte (Abs. 2 S. 1). Nur falls sich wiederum Stimmengleichheit ergibt, gewährt das Gesetz dem Aufsichtsratsvorsitzenden die **zweite Stimme**, die ihm nunmehr das Ergebnis in die Hand legt. Stimmt er zu, ist der Antrag angenommen, stimmt er dagegen, ist er abgelehnt. Er kann aber auch auf die Abgabe der zweiten Stimme verzichten oder sich der Stimme enthalten, wenn er sich nicht exponieren will, sondern vorzieht, es bei der Ablehnung des Antrags wegen Stimmengleichheit zu belassen. Eine Pflicht, die Stimme auszuüben, trifft ihn nicht, vielmehr hat er wie jedes andere Aufsichtsratsmitglied mit der Sorgfalt eines ordentlichen und gewissenhaften Geschäftsleiters nach pflichtgemäßem Ermessen zu entscheiden, welche Lösung dem Wohl des Unternehmens am besten dient. Verletzt er die Pflicht, macht er sich nach §§ 116, 93 AktG i.V.m. 25 Abs. 1 schadensersatzpflichtig (vgl. § 25 Rdn. 80 ff.). Namentlich können die Aufsichtsratsmitglieder der Anteilseigner daher nicht verlangen, daß er die zweite Stimme nach ihren Wünschen gebraucht. Die einseitige Orientierung des Vorsitzenden an den Interessen der Anteilseigner widerspricht schon deshalb dem Gesetz, weil es ihm die zweite Stimme um der Funktionsfähigkeit des Aufsichtsrats als Unternehmensorgan willen gewährt. Aus denselben Gründen ist der Vorsitzende auch nicht genötigt, mit beiden Stimmen einheitlich abzustimmen, vielmehr muß es ihm auch gestattet sein, durch die Abgabe von zwei verschiedenen Stimmen zu demonstrieren, daß er zwar für einen Antrag ist, es aber nicht auf sich nehmen will, ihn gegen den geschlossenen Widerstand der Hälfte des Aufsichtsrats durchzusetzen oder umgekehrt, daß er einen Antrag zwar nicht unterstützt, es unter den gegebenen Umständen aber für das kleinere Übel hält, ihn zu akzeptieren als ihn abzulehnen.

13 Nimmt der **Aufsichtsratsvorsitzende an der Sitzung nicht teil,** in der die zweite Abstimmung durchgeführt wird, kann er, wie das Gesetz in Abs. 2 S. 2 klarstellt, beide Stimmen schriftlich niederlegen und durch Stimmboten abgeben lassen (§ 108 Abs. 3 AktG; Einzelheiten bei § 25 Rdn. 16 ff.). Gem. Abs. 2 S. 3 steht dem **Stellvertreter** die zweite Stimme nicht zu. Nimmt der Vorsitzende an der zweiten Abstimmung nicht teil und läßt auch keine schriftliche Stimme überreichen, verbleibt es daher beim Mehrheitserfordernis des Abs. 1. Bei Stimmengleicheit ist der Antrag in diesem Fall endgültig abgelehnt.

5. Wie Abs. 1 enthält auch Abs. 2 **zwingendes Recht**, das durch Vorschriften der Satzung oder der Geschäftsordnung des Aufsichtsrats allenfalls ergänzt, nicht aber modifiziert werden kann. Unzulässig ist es namentlich, vorzuschreiben, daß die zweite Abstimmung nur durchgeführt werden kann, wenn eine bestimmte Mindestzahl von Aufsichtsratsmitgliedern es beantragt oder der Aufsichtsrat es mit Mehrheit beschließt (vgl. *Fitting-Wlotzke-Wißmann,* § 29 Rdn. 11). Ebensowenig kann die Satzung oder die Geschäftsordnung anordnen, daß bei Stimmengleichheit die Sitzung stets zu vertagen oder der Gegenstand an einen Aufsichtsratsausschuß zu verweisen ist, anstatt daß die zweite Abstimmung durchgeführt wird (a.A. *Reich-Lewerenz,* AuR 1976, 269). Gleichfalls mit Abs. 2 nicht vereinbar wäre eine Regel, wonach die zweite Abstimmung nur stattfinden darf, wenn die Aufsichtsratsmitglieder der Anteilseigner vollständig an ihr teilnehmen oder wenn der Aufsichtsratsvorsitzende anwesend ist (vgl. Rdn. 7). Schließlich kann die Satzung oder die Geschäftsordnung dem Aufsichtsratsvorsitzenden nicht vorschreiben, daß er stets von der zweiten Stimme Gebrauch zu machen hat oder umgekehrt sie nicht ausüben soll. Vollends kann die zweite Stimme nicht an die Wünsche oder Weisungen der Anteilseignervertreter im Aufsichtsrat gebunden werden. Satzungsvorschriften und Geschäftsordnungsbestimmungen, die dem widersprechen, sind nichtig. Ebenfalls nichtig sind Aufsichtsratsbeschlüsse, die Abs. 2 widersprechen, in denen z. B. der stellvertretende Aufsichtsratsvorsitzende die zweite Stimme ausgeübt hat (vgl. § 25 Rdn. 30 f.). **14**

DRITTER TEIL

Gesetzliches Vertretungsorgan

§ 30
Grundsatz

Die Zusammensetzung, die Rechte und Pflichten des zur gesetzlichen Vertretung des Unternehmens befugten Organs sowie die Bestellung seiner Mitglieder bestimmen sich nach den für die Rechtsform des Unternehmens geltenden Vorschriften, soweit sich aus den §§ 31 bis 33 nichts anderes ergibt.

Schrifttum

Blomeyer, Die Genossenschaft als mitbestimmtes Unternehmen – hat der Genossenschaftsgedanke noch eine Chance?, ZfgG Bd. 26 (1976), 33; *Geßler,* Zur künftigen Verfassung der Genossenschaft, in: Festschrift für Reinhardt, 1972, 237 ff.; *Golling,* Sorgfaltspflicht und Verantwortlichkeit der Vorstandsmitglieder für ihre Geschäftsführung innerhalb der nicht konzerngebundenen Aktiengesellschaft, 1969; *Rittner,* Zur Verantwortlichkeit des Vorstands nach § 76 Abs. 1 AktG, in: Festschrift für Geßler, 1971, 139 ff.; *Rumpff,* Zur Verantwortlichkeit des Vorstands bei Verletzung der am Unternehmensleben beteiligten Interessen, DB 1976, 1400; *Schilling,* Macht und Verantwortung in der AG, in: Festschrift für Geßler, 1971, 159 ff.; *Th. Raiser,* Das Unternehmensinteresse, in: Festschrift für Reimer Schmidt, 1976, 101 ff.; *H. Westermann,* Die unternehmerische Leitungsmacht des Vorstandes der Genossenschaft nach geltendem und zukünftigem Genossenschaftsrecht im Vergleich zur Leitungsmacht des Vorstandes der AG, in: Festschrift für Reinhardt, 1972, 359 ff.; *H. Westermann,* Die Verantwortung des Vorstandes der AG, in: Freundesgabe für Vits, 1963, 251 ff.

Übersicht

I. Vorbemerkungen

1 § 30 gehört zu den drei in der Überschrift als **„Grundsatz"** bezeichneten Vorschriften der §§ 6, 25, 30, welche das **MitbestG** mit dem

geltenden Gesellschafts- und Unternehmensrecht verbinden. Rechtstechnisch bedient er sich wie die beiden anderen genannten Paragraphen des Mittels der globalen Verweisung, bleibt aber sowohl hinsichtlich des Tatbestands wie der Rechtsfolge unscharf. Weder sagt er genau, auf welche Vorschriften des Gesellschaftsrechts er sich bezieht, noch gibt er präzise Auskunft, inwiefern diese angesichts der zwingenden Regeln des MitbestG modifiziert werden müssen. Die Begr. RegE (BT-Drucks. 7/2172, 28 zu § 27 RegE) hat daher kaum recht, wenn sie behauptet, die Vorschrift gewährleiste die reibungslose Anpassung des für den gleichgewichtig besetzten Aufsichtsrat bestellten Vertretungsorgans an das rechtliche Gefüge des Unternehmens. Eher läßt sich sagen, sie pfropfe das Mitbestimmungsrecht dem geltenden Gesellschaftsrecht durch eine formelhafte Wendung äußerlich auf (*Reich-Lewerenz,* AuR 1976, 262). Die innere, rechtstechnisch einwandfreie und den gesetzlichen Wertungen gemäße Verbindung zwischen Mitbestimmungs- und Gesellschaftsrecht herzustellen und das für mitbestimmungspflichtige Unternehmen geltende Recht auszuformulieren, überläßt sie dagegen der Wissenschaft und Judikatur. Immerhin statuiert sie den **Vorrang des MitbestG,** so weit dessen Vorschriften reichen, – nicht aber einer darüber hinausgehenden Mitbestimmungskonzeption – vor dem Gesellschaftsrecht, indem sie die Weitergeltung der gesellschaftsrechtlichen Vorschriften ausdrücklich nur zuläßt, soweit sich aus §§ 31 bis 33 nichts anderes ergibt. Dieses Rangverhältnis ist bei der Interpretation im Auge zu behalten (vgl. auch § 25 Rdn. 10).

Im Unterschied zu §§ 6 und 25 übernimmt § 30 die Vorschriften des **2**
AktG nicht für alle unter das Gesetz fallenden Unternehmen, sondern verzichtet auf eine Vereinheitlichung des die Unternehmensleitung betreffenden Organisationsrechts zugunsten der **rechtsformspezifischen Unterschiede**. Sichtbarer als andere Stellen des Gesetzes läßt die Vorschrift daher die Absicht des Gesetzgebers erkennen, die Vielfalt der Rechtsformen der Mitbestimmung nicht zu opfern. Im Ergebnis sind die Unterschiede allerdings gerade bei den das Vertretungsorgan betreffenden §§ 31 bis 33 gering, weil schon die gesellschaftsrechtlichen Regeln strukturell übereinstimmen und darüber hinaus § 31 den wichtigsten Punkt, die Bestellung und die Abberufung der Mitglieder des Vertretungsorgans nach mitbestimmungsrechtlichen Grundsätzen abschließend regelt.

Soweit das Gesetz auf die gesellschaftsrechtlichen Vorschriften zu- **3**
rückgreift, kommen neben den zwingenden Regeln auch die verschiedenen Grade von **Organisationsfreiheit** zum Zug, die das Gesellschaftsrecht den Anteilseignern im Bereich des Vertretungsorgans gewährt. Die Auslegung der §§ 30 bis 33 hat demgemäß drei Rechtsschichten zu harmonisieren, das zwingende Mitbestimmungsrecht, die zwingenden

oder dispositiven Normen des Gesellschaftsrechts und schließlich die privatautonomen Gestaltungsformen der Satzungen und anderen unternehmensinternen Ordnungen.

4 **II. Einzelne Unternehmensformen**

1. Die Regeln über den **Vorstand der Aktiengesellschaft** finden sich in §§ 76 bis 94 AktG, ferner verstreut über das ganze Aktiengesetz. Da die Verweisung des § 30 die Zusammensetzung des Vorstands, seine Rechte und Pflichten sowie die Bestellung seiner Mitglieder, d. h. sämtliche Seiten des für den Vorstand geltenden Rechts, erfaßt, sind die aktienrechtlichen Vorschriften generell weiter anzuwenden, soweit §§ 31 bis 33 nicht zu Einschränkungen oder Modifikationen nötigen. Dazu ist auf das aktienrechtliche Schrifttum zu verweisen. Mitbestimmungsrechtlich relevant sind folgende Punkte:

5 a) Nach § 76 Abs. 2 AktG kann der Vorstand aus einer oder mehreren Personen bestehen. Die **Anzahl der Vorstandsmitglieder** wird in der Satzung festgelegt. Die nach dem AktG insoweit herrschende Privatautonomie wird allerdings nach § 33 modifiziert, da die gesetzliche Pflicht, einen Arbeitsdirektor zu bestellen, einen mindestens zweigliedrigen Vorstand verlangt (s. § 33 Rdn. 5). Trotz des Diskriminierungsverbots nach § 33 bleibt es zulässig, ein Mitglied des Vorstands zum Vorsitzenden zu ernennen (vgl. § 33 Rdn. 21).

b) Nach § 77 AktG sind sämtliche Vorstandsmitglieder nur gemeinschaftlich zur **Geschäftsführung** befugt, wenn nicht die Satzung oder die Geschäftsordnung des Vorstands eine Verteilung der Geschäfte vornehmen. Zuständig zum Erlaß der **Geschäftsordnung** ist nach näherer Maßgabe des § 77 Abs. 2 AktG der Aufsichtsrat oder der Vorstand selbst. Inhaltlich besteht weitgehende Gestaltungsfreiheit, doch kann nicht bestimmt werden, daß ein oder mehrere Vorstandsmitglieder Meinungsverschiedenheiten im Vorstand gegen die Mehrheit seiner Mitglieder entscheiden (§ 77 Abs. 1 S. 2 AktG). Mitbestimmungsrechtlich wird diese Freiheit nur durch die gesetzliche Zuständigkeit des Arbeitsdirektors nach § 33 eingeschränkt (s. § 33 Rdn. 12 ff.).

6 Die **Vertretung** des Unternehmens kann im Rahmen des § 78 AktG durch die Satzung geregelt werden, die namentlich festlegen kann, ob gemeinsachftliche Vertretung sämtlicher Vorstandsmitglieder, Einzelvertretung oder (echte oder unechte) Gesamtvertretung gelten soll. Möglich sind nach Aktienrecht auch Differenzierungen z. B. derart, daß einzelnen Vorstandsmitgliedern Einzelvertretungsmacht eingeräumt wird, anderen dagegen nur Gesamtvertretung. Auch diese Regeln erfahren durch § 33 MitbestG insofern eine Modifikation, als der Arbeitsdirektor nicht schlechter gestellt werden darf als andere

Vorstandsmitglieder (vgl. § 33 Rdn. 23), bleiben im übrigen aber unangetastet. **Bestellung** und **Abberufung** der Vorstandsmitglieder sind in § 31 MitbestG abschließend geregelt, allerdings unter Übernahme der einschlägigen §§ 84, 85 AktG. Das veränderte Wahlverfahren bewirkt hier eine tiefgreifende Abweichung vom allgemeinen Aktienrecht. Für privatautonome Regelungen in der Satzung bleibt nur ein enger Rahmen (vgl. § 31 Rdn. 8 ff.).

Rechte und Pflichten der Vorstandsmitglieder ergeben sich zunächst **7**
aus der Grundvorschrift des § 76 Abs. 1 AktG, wonach der Vorstand die Gesellschaft unter eigener Verantwortung zu leiten hat, ferner aus einer Fülle von einzelnen, dem Vorstand vom Gesetz auferlegten Aufgaben, z. B. aus §§ 83, 90, 111 Abs. 4 S. 2, 119 Abs. 2, 131 ff., 148, 172, 174 AktG usw. Abweichungen für die unter das MitbestG fallenden Unternehmen folgen aus der Verlagerung gewisser Entscheidungen in den Aufsichtsrat in den Fällen des § 32 (vgl. § 32 Rdn. 9 ff.), aus der gesetzlichen Mindeskompetenz des Arbeitsdirektors (vgl. § 33 Rdn. 12 ff.) sowie aus der Verschiebung der Gewichte beim Zusammenspiel zwischen Vorstand und paritätisch besetztem Aufsichtsrat (vgl. § 25 Rdn. 54 ff.). Doch bewirken sie keine grundsätzliche Strukturveränderung der AG, denn der Gesetzgeber hat sich bei der Ausgestaltung des MitbestG im wesentlichen an dieser Rechtsform orientiert.

Gem. § 93 AktG haben die Vorstandsmitglieder bei ihrer Geschäfts- **8**
führung die **Sorgfalt eines ordentlichen und gewissenhaften geschäftsleiters** anzuwenden. Über vertrauliche Angaben und Geheimnisse der Gesellschaft, namentlich Betriebs- und Geschäftsgeheimnisse, die ihnen durch ihre Tätigkeit im Vorstand bekannt geworden sind, haben sie Stillschweigen zu bewahren. Die Verletzung dieser Pflichten verpflichtet sie nach Maßgabe des § 93 Abs. 2–6 AktG zum Schadensersatz. Die Vorschriften des MitbestG berühren diese Regeln formell nicht, namentlich trifft auch den Arbeitsdirektor dieselbe Sorgfaltspflicht und Verantwortlichkeit wie alle übrigen Vorstandsmitglieder (s. § 33 Rdn. 25).

Über die **Ziele** und **Wertmaßstäbe**, an denen sich die Vorstandsmit- **9**
glieder zu orientieren haben, sagt das AktG nichts aus, sondern überläßt es Praxis, Wissenschaft und Judikatur, die dafür maßgeblichen Richtlinien und Verhaltensmaximen auszuarbeiten. Schon bisher war in der aktienrechtlichen Literatur anerkannt, daß die Mitglieder des Vorstands nicht allein das Interesse der Aktionäre wahrzunehmen haben, sondern auch das der Arbeitnehmer, und daß sie angesichts der Bedeutung der Großunternehmen für Staat und Gesellschaft auch dem Allgemeininteresse und dem Gemeinwohl verpflichtet sind (vgl. *H. Westermann,* Freundesgabe für Vits, 251 ff.; *Rittner,* Festschrift für Geßler, 139 ff.; *Schilling,* Festschrift für Geßler, 159 ff.; *Rumpff,*

DB 1971, 1400; *Golling,* Sorgfaltspflicht und Verantwortlichkeit der Vorstandsmitglieder für ihre Geschäftsführung innerhalb der nicht konzerngebundenen Aktiengesellschaft; *Hefermehl,* § 76 AktG Rdn. 18 ff.; *Köln.-Komm. – Mertens,* § 76 AktG Rdn. 4 ff.). Alle Partikular und Gruppeninteressen gehen ein in das **Unternehmensinteresse,** das der Vorstand in erster Linie zu verfolgen hat, und werden durch dieses umgeformt (vgl. *Th. Raiser,* Festschr. für R. Schmidt, 101 ff.). Treten die Interessen bestimmter Personen oder Gruppen in Gegensatz zum Unternehmensinteresse, so hat der Vorstand diesem den Vorrang zu gewähren. Im Rahmen dieser Richtpunkte ist zu berücksichtigen, daß die verstärkte Beteiligung der Arbeitnehmer am Unternehmen im Rahmen des MitbestG auch inhaltlich eine Verschiebung der Ziele und Verhaltensmaßstäbe bewirken muß, an denen sich die Vorstandsmitglieder auszurichten haben (vgl. zum Ganzen § 25 Rdn. 82 ff.).

10 2. Bei der **Kommanditgesellschaft auf Aktien** treten an die Stelle des Vorstands die persönlich haftenden Gesellschafter. Deren Zahl und Bestellung ergibt sich aus der Satzung, die auch die Verteilung der Geschäfte zwischen ihnen und die Modalitäten der Geschäftsführungs- und Vertretungsbefugnis festlegt (§§ 278 Abs. 2 AktG. i.V.m. 161, 114 ff., 125 HGB). In die hiervon gekennzeichneten gesellschaftsrechtlichen Strukturen greift das MitbestG nicht ein, sondern verzichtet ausdrücklich auf die Anwendung der §§ 31 u. 33 (vgl. §§ 31 Abs. 1 S. 2, 33 Abs. 1 S. 2). § 32 ist zwar bei formaler Betrachtungsweise anzuwenden. Da die Komplementäre jedoch nicht vom paritätisch besetzten Aufsichtsrat gewählt werden und dessen Zuständigkeit zu Sachentscheidungen gleichfalls gering ist (vgl. § 25 Rdn. 64 f.). fällt bei der KGaA der legislatorische Grund weg, der zum Erlaß des § 32 geführt hat. Es fragt sich daher, ob eine teleologische Auslegung nicht dazu führen muß, auch § 32 für unanwendbar zu erklären (vgl. § 32 Rdn. 4). Im Ergebnis entfaltet das Gesetz bei der KGaA geringe Wirksamkeit; das überwiegend dispositive Gesellschaftsrecht setzt sich nahezu vollständig durch (vgl. §§ 31 Rdn. 39 ff.; 33 Rdn. 11).

11 3. Die Zahl der Organisation und Zuständigkeit des Vertretungsorgans in der **Gesellschaft mit beschränkter Haftung** regelnden Vorschriften im GmbHG bleibt hinter der des AktG wesentlich zurück. Nach § 6 GmbHG muß die Gesellschaft einen oder mehrere Geschäftsführer haben, deren Bestellung entweder im Gesellschaftsvertrag oder durch Beschluß der Gesellschafterversammlung erfolgt (§ 6 Abs. 2 S. 2, § 46 Z. 5 GmbHG). Die Gesellschafterversammlung ist auch befugt, die Geschäftsführer abzuberufen, und zwar jederzeit und ohne Grund, sofern die Zulässigkeit des Widerrufs im Gesellschaftsvertrag nicht auf einen wichtigen Grund beschränkt wurde (§§ 38, 46 Z. 5 GmbHG). Ebenso regelt der Gesellschaftsvertrag oder ein von der Gesellschafterversammlung gefaßter Beschluß die Geschäftsverteilung zwischen den Geschäftsführern sowie den Umfang ihrer Geschäfstführungs- und Vertretungsbefugnis (§§ 35 Abs. 2, 37 Abs. 1 GmbHG).

Dieses Bild einer im wesentlichen durch die **Autonomie der Gesellschafter** und die Vertragsfreiheit geprägten Führungsorganisation der GmbH erfährt bei den unter das MitbestG fallenden Unternehmen durch §§ 31 bis 33 **grundlegende Veränderungen**. Zunächst verlangt das Gesetz, wie bei der AG, daß mindestens zwei Geschäftsführer bestellt werden (§ 33 Rdn. 5). Diese können weder im Gesellschaftsvertrag noch durch Beschluß der Gesellschafterversammlung berufen werden, sondern nur vom Aufsichtsrat im Verfahren nach § 31 i.V. m. § 84 AktG. Der Gesellschaftsvertrag kann zwar gewisse Voraussetzungen für die Wählbarkeit aufstellen, darf dadurch aber nicht die Wahlfreiheit des Aufsichtsrats einschränken (vgl. § 31 Rdn. 8 ff.). § 38 GmbHG wird durch § 31 Abs. 5 i.V.m. § 84 Abs. 3 AktG verdrängt (§ 31 Rdn. 30). Grundsätzlich erhalten bleibt das Recht der Gesellschafter, den Umfang der Geschäftsführungs- und Vertretungsbefugnis im Gesellschaftsvertrag oder in einer Geschäftsordnung für die Geschäftsführer näher zu regeln (vgl. § 33 Rdn. 15), jedoch gelten auch hier die schon bei der AG erwähnten, durch die Institution des Arbeitsdirektors und seine gesetzliche Zuständigkeit bedingten Einschränkungen (s. o. Rdn. 6 f.). Insgesamt unterscheidet sich die mitbestimmungspflichtige GmbH, was die Wahl, die Zusammensetzung und die Arbeitsweise der Geschäftsführer angeht, nur noch unwesentlich von der AG, weicht aber grundsätzlich von der nicht bzw. nur nach § 77 BetrVG 1952 mitbestimmungspflichtigen GmbH ab. 12

Weniger tief greift das MitbestG in die gesellschaftsrechtliche **Zuständigkeitsverteilung** zwischen den Organen der GmbH ein, beläßt namentlich die oberste Kompetenz in allen Angelegenheiten auch der laufenden Geschäftsführung in der Hand der Gesellschafterversammlung (vgl. § 25 Rdn. 66 ff.). Die **Haftung** der Geschäftsführer nach § 43 GmbHG entspricht in der Substanz § 93 Abs. 1 AktG. Die Ausführungen hierzu (Rdn. 11 f.), namentlich zum Einfluß des MitbestG auf die Handlungsmaximen und Bewertungsmaßstäbe gelten daher auch für die GmbH. Zu den Einzelheiten ist auf das Schrifttum zum GmbHG zu verweisen (vgl. *Baumbach-Hueck*, § 43 GmbHG Anm. 2; *Hachenburg-Schilling*, § 43 GmbHG Anm. 1 ff.). 13

4. Bei den **bergrechtlichen Gewerkschaften** mit eigener Rechtspersönlichkeit schreiben die Berggesetze neben der Gewerkenversammlung die Bestellung eines Repräsentanten oder eines aus zwei oder mehreren Personen bestehenden Grubenvorstands als des zur gesetzlichen Vertretung der Gewerkschaft berufenen Organs vor (vgl. §§ 117, 119 ABG). Wegen § 33 kommt für die unter das MitbestG fallenden 14

Gewerkschaften nur noch die Bestellung eines mindestens zweiköpfigen Grubenvorstands in Betracht (s. § 33 Rdn. 5). An die Stelle der Wahl durch die Gewerkenversammlung (§ 118 ABG) tritt gem. § 31 die Wahl durch den paritätisch besetzten Aufsichtsrat. Hinsichtlich der Personalkompetenz bewirkt das MitbestG somit eine ähnlich tiefgreifende Veränderung der gesellschaftsrechtlichen Zuständigkeitsordnung wie bei der GmbH. Dagegen modifiziert das Gesetz die interne Kompetenzverteilung zwischen den Organen des Unternehmens durch die Verweisung auf § 111 Abs. 4 AktG wie bei der GmbH nur partiell (vgl. § 25 Rdn. 66 ff.). Zur Verantwortlichkeit des Grubenvorstands gilt dasselbe wie bei der AG (Rdn. 8 ff.).

15 5. Die den Vorstand der **Genossenschaften** betreffenden Vorschriften liegen, namentlich seit der Novellierung des GenG von 1973, näher beim Aktienrecht als die Parallelvorschriften des GmbHG und der Berggesetze. Schon § 24 Abs. 2 GenG verlangt, daß der Vorstand sich aus mindestens zwei Personen zusammensetzt, so daß § 33 MitbestG hier keine Änderung der Rechtslage bewirkt. Entgegen § 9 Abs. 2 GenG muß der Arbeitsdirektor aber kein Genosse sein (§ 33 Abs. 3, vgl. § 33 Rdn. 11). Dagegen verlagert § 31 die Personalkompetenz, die nach § 24 Abs. 2 GenG bei der Generalversammlung liegt, sofern nicht das Statut eine andere Zuständigkeit begründet, auch hier in den Aufsichtsrat und verschiebt auf diese Weise entscheidend die Gewichte zwischen den Organen. Hinsichtlich der Sachentscheidungen verbleibt es bei den Vorschriften des Genossenschaftsgesetzes, da § 111 Abs. 4 AktG gem. § 25 Abs. 1 Z. 3 nicht anzuwenden ist (vgl. § 25 Rdn. 74). Der Vorstand hat die Genossenschaft unter eigener Verantwortung zu leiten (§ 27 GenG), kann aber in seiner Bewegungsfreiheit eher begrenzt werden als der Vorstand der AG, weil auch die Generalversammlung berechtigt ist, im Rahmen der ihr durch das Statut zugewiesenen Kompetenzen über Maßnahmen der Geschäftsführung zu beschließen (vgl. § 43 Abs. 1 GenG; ferner *Müller,* § 27 GenG Rdn. 6 ff.; *Lang-Weidmüller,* § 27 GenG Anm. 2 f.; *Geßler,* Festschrift für *Reinhardt,* 237 ff.; *Westermann,* Festschrift für *Reinhardt,* 359 ff.; *Blomeyer,* ZfgG 1976, 39 ff.). Zur Verantwortlichkeit der Vorstandsmitglieder gem. § 34 GenG gilt das bei der AG Gesagte (Rdn. 8 ff.). Im Ergebnis konzentriert sich bei den Genossenschaften der durch das MitbestG institutionalisierte Einfluß der Arbeitnehmer daher auf die Wahl des Vorstands, während die Geschäftspolitik auch in Zukunft weitgehend von den Genossen bestimmt werden kann, wenn sie ihre Befugnisse nicht zugunsten des Vorstands oder des Aufsichtsrats selbst aus der Hand geben (kritisch *Blomeyer,* a.a.O.).

§ 31
Bestellung und Widerruf

(1) Die Bestellung der Mitglieder des zur gesetzlichen Vertretung des Unternehmens befugten Organs und der Widerruf der Bestellung bestimmen sich nach den §§ 84 und 85 des Aktiengesetzes, soweit sich nicht aus den Absätzen 2 bis 5 etwas anderes ergibt. Dies gilt nicht für Kommanditgesellschaften auf Aktien.

(2) Der Aufsichtsrat bestellt die Mitglieder des zur gesetzlichen Vertretung des Unternehmens befugten Organs mit einer Mehrheit, die mindestens zwei Drittel der Stimmen seiner Mitglieder umfaßt.

(3) Kommt eine Bestellung nach Absatz 2 nicht zustande, so hat der in § 27 Abs. 3 bezeichnete Ausschuß des Aufsichtsrats innerhalb eines Monats nach der Abstimmung, in der die in Absatz 2 vorgeschriebene Mehrheit nicht erreicht worden ist, dem Aufsichtsrat einen Vorschlag für die Bestellung zu machen; dieser Vorschlag schließt andere Vorschläge nicht aus. Der Aufsichtsrat bestellt die Mitglieder des zur gesetzlichen Vertretung des Unternehmens befugten Organs mit der Mehrheit der Stimmen seiner Mitglieder.

(4) Kommt eine Bestellung nach Absatz 3 nicht zustande, so hat bei einer erneuten Abstimmung der Aufsichtsratsvorsitzende zwei Stimmen; Absatz 3 Satz 2 ist anzuwenden. Auf die Abgabe der zweiten Stimme ist § 108 Abs. 3 des Aktiengesetzes anzuwenden. Dem Stellvertreter steht die zweite Stimme nicht zu.

(5) Die Absätze 2 bis 4 sind für den Widerruf der Bestellung eines Mitglieds des zur gesetzlichen Vertretung des Unternehmens befugten Organs entsprechend anzuwenden.

§§ 84, 85 AktG lauten:

§ 84
Bestellung und Abberufung des Vorstands

(1) Vorstandsmitglieder bestellt der Aufsichtsrat auf höchstens fünf Jahre. Eine wiederholte Bestellung oder Verlängerung der Amtszeit, jeweils für höchstens fünf Jahre, ist zulässig. Sie bedarf eines erneuten Aufsichtsratsbeschlusses, der frühestens ein Jahr vor Ablauf der bisherigen Amtszeit gefaßt werden kann. Nur bei einer Bestellung auf weniger als fünf Jahre kann eine Verlängerung der Amtszeit ohne neuen Aufsichtsratsbeschluß vorgesehen werden, sofern dadurch die gesamte Amtszeit nicht mehr als fünf Jahre beträgt. Dies gilt sinngemäß für den Anstellungsvertrag; er kann jedoch vorsehen, daß er für den Fall einer Verlängerung der Amtszeit bis zu deren Ablauf weitergilt.

(2) Werden mehrere Personen zu Vorstandsmitgliedern bestellt, so kann der Aufsichtsrat ein Mitglied zum Vorsitzenden des Vorstands ernennen.

(3) Der Aufsichtsrat kann die Bestellung zum Vorstandsmitglied und die Ernennung zum Vorsitzenden des Vorstands widerrufen, wenn ein wichtiger Grund vorliegt. Ein solcher Grund ist namentlich grobe Pflichtverletzung, Unfähigkeit zur ordnungsmäßigen Geschäftsführung oder Vertrauensentzug durch die Hauptversammlung, es sei denn, daß das Vertrauen aus offenbar unsachlichen Gründen entzogen worden ist. Dies gilt auch für den vom ersten Aufsichtsrat bestellten Vorstand. Der Widerruf ist wirksam, bis seine Unwirksamkeit rechtskräftig festgestellt ist. Für die Ansprüche aus dem Anstellungsvertrag gelten die allgemeinen Vorschriften.

(4) Die Vorschriften des Gesetzes über die Mitbestimmung der Arbeitnehmer in den Aufsichtsräten und Vorständen der Unternehmen des Bergbaus und der Eisen und Stahl erzeugenden Industrie vom 21. Mai 1951 (Bundesgesetzbl. I S. 347) – Montan-Mitbestimmungsgesetz – über die besonderen Mehrheitserfordernisse für einen Aufsichtsratsbeschluß über die Bestellung eines Arbeitsdirektors oder den Widerruf seiner Bestellung bleiben unberührt.

§ 85
Bestellung durch das Gericht

(1) Fehlt ein erforderliches Vorstandsmitglied, so hat in dringenden Fällen das Gericht auf Antrag eines Beteiligten das Mitglied zu bestellen. Gegen die Entscheidung ist die sofortige Beschwerde zulässig.

(2) Das Amt des gerichtlich bestellten Vorstandsmitglieds erlischt in jedem Fall, sobald der Mangel behoben ist.

(3) Das gerichtlich bestellte Vorstandsmitglied hat Anspruch auf Ersatz angemessener barer Auslagen und auf Vergütung für seine Tätigkeit. Einigen sich das gerichtlich bestellte Vorstandsmitglied und die Gesellschaft nicht, so setzt das Gericht die Auslagen und die Vergütung fest. Gegen die Entscheidung ist die sofortige Beschwerde zulässig. Die weitere Beschwerde ist ausgeschlossen. Aus der rechtskräftigen Entscheidung findet die Zwangsvollstreckung nach der Zivilprozeßordnung statt.

Schrifttum

Bayer, Der Anwendungsbereich des Mitbestimmungsgesetzes, ZGR 1977, 173; *Elschenbroich*, Die Kommanditgesellschaft auf Aktien, 1959; *Grobe*, Zum Rechtsverhältnis der persönlich haftenden Gesellschafter einer Kommanditgesellschaft auf Aktien, NJW 1968, 1709; *Hölters*, Satzungsgestaltung und Organisationsstruktur von Unternehmen bei Einführung der qualifizierten Mitbestimmung, BB 1975, 797; *Hoffmann-Neumann*, Die Mitbestimmung bei GmbH und GmbH & Co. KG nach dem Mitbestimmungsgesetz 1976, GmbH-Rdsch. 1976, 149, 183; *Immenga*, Zuständigkeiten des mitbestimmten Aufsichtsrats, ZGR 1977, 249; *Leo*, Das neue Mitbestimmungsgesetz, Manager- Magazin 1976, H. 6, 77, H. 7, 75; *Loos*, Auswirkungen der Mitbestimmungsreform für die GmbH, DB 1974, 823; *Martens*, Mitbestimmung, Konzernbildung und Gesellschaftereinfluß, ZHR 138 (1974), 179; *ders.*, Allgemeine Grundsätze zur Anwendbarkeit des Mitbestimmungsgesetzes, AG 1976, 113; *Niederlag*, Juristische Person als persönlich haftender Gesellschafter einer

Kommanditgesellschaft auf Aktien, Diss. Münster 1973; *Overlack*, Der Einfluß der Gesellschafter auf die Geschäftsführung in der mitbestimmten GmbH, ZHR 141 (1977), 125 ff.; *Petersen*, Ein Beitrag zum Recht der geschäftsführenden Organe von Handelsgesellschaften, Festschr. f. M. Luther, 1976, 127; *Pflug*, Der persönlich haftende Gesellschafter in der Kommanditgesellschaft auf Aktien, NJW 1971, 345; *Philipp*, Pattauflösung im Aufsichtsrat durch die Zweitstimme des Vorsitzenden?, DB 1976, 195; *Th. Raiser*, Der neue Koalitionskompromiß zur Mitbestimmung, BB 1976, 145; *ders.*, Grundgesetz und paritätische Mitbestimmung, 1975; *ders.*, Besprechung der Entscheidung BGH (NJW 1975, 1657), ZGR 1976, 105; *ders.*, Das neue Mitbestimmungsgesetz, NJW 1976, 1337; *Reich*, Die Stellung des Aufsichtsrats in mitbestimmten Unternehmen, BlStSozArbR 1976, 176; *Reich-Lewerenz*, Das neue Mitbestimmungsgesetz. Zugleich ein Beitrag zum Verhältnis von Gesellschaftsrecht und Unternehmensverfassung, AuR 1976, 261, 353; *Reuter-Körnig*, Mitbestimmung und gesellschaftsrechtliche Gestaltungsfreiheit, ZHR 140 (1976), 494; *Scholz*, Paritätische Mitbestimmung und Grundgesetz, 1974; *Steindorff*,, Kommanditgesellschaft auf Aktien und Mitbestimmung, in: Beiträge zum Zivil- und Wirtschaftsrecht, Festschr. f. K. Ballerstedt, 1975, 127; *Wlotzke-Wißmann*, Das neue Mitbestimmungsgesetz, DB 1976, 959; *Zöllner*, Zur Problematik der Bestellung und Auswahl des Arbeitsdirektors nach dem MitbestG, DB 1976, 1766; *ders.*, GmbH und GmbH & Co. KG in der Mitbestimmung, ZGR 1977, 319.

Übersicht

I. Vorbemerkungen

1. § 31 regelt die Bestellung und die Abberufung der Mitglieder des Vertretungsorgans, d. h. bei Aktiengesellschaften, bergrechtlichen Gewerkschaften und Genossenschaften der Vorstandsmitglieder, bei 1

Gesellschaften mbH der Geschäftsführer. Eine Ausnahme macht nach Abs. 1 S. 2 die KGaA, bei welcher die Komplementäre kraft Gesetzes die Stellung des Vorstandes einnehmen (§§ 283, 278 Abs. 2 AktG i.V.m. 164, 114, 125 HGB). Für alle anderen unter das Gesetz fallenden Unternehmen legt Abs. 2 zunächst die **Zuständigkeit des Aufsichtsrats** zur Wahl fest. Nach bisher geltendem Recht besaß er diese Kompetenz nur bei der AG (§ 84 Abs. 1 AktG) sowie bei den unter die Montanmitbestimmungsgesetze fallenden Unternehmen (§ 12 Montan-MitbestG, § 13 MitbestEG), während in allen anderen Gesellschaften, sofern die Frage nicht bereits im Gesellschaftsvertrag geregelt wurde (vgl. § 6 Abs. 2 S. 2 GmbHG), grundsätzlich die Anteilseignerversammlung zuständig blieb (§§ 46 Z. 5 GmbHG, 118 ABG, 24 Abs. 2 GenG), und zwar auch in Gesellschaften, die nach § 77 BetrVG 1952 mitbestimmungspflichtig waren. Für diese Gesellschaftsformen verschiebt das MitbestG die gesellschaftsrechtliche Zuständigkeitsverteilung sehr einschneidend zugunsten des Aufsichtsrats.

2 Weiter regelt § 31 das **Wahlverfahren** und die erforderlichen Mehrheiten. Die paritätische Besetzung des Aufsichtsrats und die damit verknüpfte Gefahr der gegenseitigen Blockade von Anteilseigner- und Arbeitnehmerseite und des Patts machte ein mehrstufiges Verfahren erforderlich, das sowohl den Interessen der Beteiligten an einem gleichmäßigen Einfluß auf das Wahlergebnis wie dem Interesse des Unternehmens an einer schnellen und sachgemäßen Entscheidung Rechnung trägt. Im ersten Wahlgang verlangt das Gesetz, wie bei der Wahl des Aufsichtsratsvorsitzenden und seines Stellvertreters (§ 27 Abs. 1), eine Mehrheit von zwei Dritteln der Aufsichtsratsmitglieder. Die Vorschrift soll die Gruppen veranlassen, sich nach Möglichkeit auf eine Person zu einigen und dem so Gewählten eine hohe Legitimation von beiden Seiten verschaffen (Begr. RegE, BT-Drucks. 7/2172 zu § 28; *Th. Raiser,* BB 1976, 147). Wird die Zwei-Drittel-Mehrheit nicht erreicht, so hat nach Abs. 3 der Vermittlungsausschuß nach § 27 Abs. 3 tätig zu werden, dessen Einschaltung gleichfalls darauf abzielt, eine Einigung zwischen den Gruppen herbeizuführen. Die Wahl erfordert in dem anschließenden zweiten Wahlgang nur noch die Mehrheit, allerdings abweichend von § 29 Abs. 1 nicht der abgegebenen Stimmen, sondern aller Mitglieder des Aufsichtsrats. Kommt auch hiernach noch keine Wahl zustande, schließt nach Abs. 4 ein dritter Wahlgang an, in dem der Aufsichtsratsvorsitzende, wie nach § 29 Abs. 2, zwei Stimmen besitzt, mit deren Hilfe er auf Kosten der Parität eine Entscheidung herbeiführen soll.

3 Für die **Abberufung** von Vorstandsmitgliedern gilt nach Abs. 5 dasselbe mehrstufige Verfahren, ohne daß der Gesetzgeber dies ausgearbeitet hätte. Schließlich ergänzt das Gesetz seine eigenen Regeln

durch die **Verweisung** auf die einschlägigen §§ **84 u. 85 AktG** und bewirkt auch dadurch eine Vereinheitlichung des Rechts der Vorstandsbestellung für alle unter das Gesetz fallenden Unternehmen, die über § 77 BetrVG 1952 hinausgeht. Im übrigen spiegelt das mehrstufige Wahlverfahren, das aus dem Verfassungsrecht (Art. 54 Abs. 6, 63 Abs. 2–4 GG) bekannt, im privaten Unternehmensrecht aber neu ist, den **politischen Charakter** wieder, den die Vorstandswahlen durch die paritätische Besetzung der Aufsichtsräte erlangt haben (*Th. Raiser,* BB 1976, 148; *ders.,* NJW 1976, 1339 f.).

2. Das vom Gesetz vorgeschriebene Wahlverfahren entspricht in der **4** Tendenz, nicht aber in der konkreten Ausgestaltung, den Vorschlägen der Mitbestimmungskommission, die bereits eine gegenüber den Sachentscheidungen des Aufsichtsrats verstärkte Beteiligung der Arbeitnehmerseite empfohlen und zu diesem Zweck angeregt hatte, die Wahlvorbereitungen einem paritätisch besetzten Aufsichtsratspräsidium zu übertragen (BT-Drucks. VI/334 Teil 5 Nr. 2). Der **Regierungsentwurf** (§ 28) unterschied sich von der Gesetz gewordenen Fassung in zwei wichtigen Punkten: Zum einen sollte der Vermittlungsausschuß nur ad hoc zusammentreten, wenn im ersten Wahlgang die Zwei-Drittel-Mehrheit nicht zustande gekommen war. Zum anderen sollte für einen erforderlich werdenden dritten Wahlgang der Vorstand selbst einen Vorschlag machen. Fand auch dieser keine Mehrheit, so sollte die Entscheidung nunmehr, nach Vorschlägen des Aufsichtsratsvorsitzenden und seines Stellvertreters, auf die Anteilseignerversammlung übergehen.

Wie das Pattlösungsverfahren nach § 29 Abs. 2 geriet auch diese **5** Konzeption alsbald in das Feuer heftiger **Kritik**. Man hielt sie für unpraktikabel und jedenfalls zu schwerfällig. Namentlich wurde aber die Ansicht vertreten, sie gewährleiste nicht hinreichend das aus verfassungsrechtlichen Gründen gebotene Übergewicht der Anteilseigner (Nachw. bei § 29 Rdn. 4). Von wissenschaftlicher Seite wurde vor allem auch das Widerrufsverfahren kritisiert, das mit drei oder vier Durchgängen unsachgemäß und unerträglich sei (*Th. Raiser,* Grundgesetz und paritätische Mitbestimmung, 73 ff.; *ders.,* BB 1976, 148; *Scholz,* Paritätische Mitbestimmung und Grundgesetz, 97 f.). Wie bei § 29 kam es unter dem Eindruck dieser Kritik während der **Ausschußberatungen** zu der **Neufassung**. Die weitergehenden Anträge der CDU/CSU (BT-Drucks. 7/4887 Nr. 11) wurden von den Koalitionsparteien abgelehnt (§ 29 Rdn. 4).

II. Zuständigkeit des Aufsichtsrats (Abs. 2)

1. Nach § 31 Abs. 2 bestellt der **Aufsichtsrat** die Mitglieder des zur **6** gesetzlichen Vertretung des Unternehmens befugten Organs, d. h. die

Vorstandsmitglieder bzw. Geschäftsführer. Der Aufsichtsrat ist dazu **allein zuständig**, kraft Gesetzes aber auch verpflichtet (vgl. *Köln.-Komm. – Mertens*, § 84 AktG Rdn. 5). Die Vorschrift ist **zwingenden Rechts**. Die Satzung oder auch ein Beschluß des Aufsichtsrats selbst können keine andere Zuständigkeit begründen. Unzulässig sind namentlich alle Regeln, welche die Wahl auf den Vorstand oder auf die Anteilseignerversammlung übertragen. Letztere kann auch nicht, wie nach dem RegE, hilfsweise, nach dem Scheitern mehrerer Wahlgänge im Aufsichtsrat, zur Pattauflösung eingesetzt werden. Ebenso ist es ausgeschlossen, die Wahl einem wie auch immer besetzten Aufsichtsratsausschuß zu überlassen (§ 107 Abs. 3 S. 2 AktG und dazu § 25 Rdn. 41, der hier ungeachtet des § 25 Abs. 1 Z. 3 sinngemäß auch für Genossenschaften gelten muß).

7 Abs. 2 **schließt** für die unter das Gesetz fallenden Unternehmen die namentlich im GmbH-Recht zulässige und häufige **Bestellung der Geschäftsführer bereits im Gesellschaftsvertrag aus.** Die Satzung kann auch nicht einem Gesellschafter oder einem Dritten das Recht einräumen, ein Vorstandsmitglied zu bestellen oder die Bestellung von seiner Zustimmung abhängig zu machen. Auch bindende Vorschlagsrechte können nicht begründet werden. Selbst unverbindliche, in der Satzung verankerte Vorschlagsrechte sind unzulässig, weil sie im Widerspruch zur Absicht des Gesetzes der Anteilseignerseite ein gewisses Druckmittel an die Hand geben, das den Arbeitnehmern nicht zur Verfügung steht (zur str. Rechtslage nach dem AktG vgl. auf der einen Seite *Köln.-Komm. – Mertens*, § 84 AktG Rdn. 6, auf der anderen Seite *Hefermehl*, § 84 AktG Rdn. 9; *Zöllner*, DB 1976, 1767). Schließlich kann für keinen Gesellschafter oder Dritten ein Sonderrecht oder Anrecht auf einen Vorstandsposten begründet werden.

8 2. Der **Wahlfreiheit** des Aufsichtsrats widerspricht ferner auch jede mittelbare Bindung einzelner seiner Mitglieder. Kein Aufsichtsratsmitglied kann sich gegenüber einer Person oder Gruppe (Großaktionär, Betriebsrat, Belegschaft, Gewerkschaft) wirksam verpflichten, eine bestimmte Person zu wählen oder sonst von seinem Wahlrecht auf bestimmte Weise Gebrauch zu machen. Stimmbindungsverträge solcher Art sind unzulässig. Auch die Entsendung eines Aufsichtsratsmitglieds gewährt nicht das Recht, ihm hinsichtlich der Wahl Weisungen zu erteilen (BGHZ 36, 306). Entsprechend kann eine Zusage auch nicht mit einem selbständigen Vertragsstrafeversprechen belegt werden (so schon zu § 84 AktG *Köln.-Komm. – Mertens*, Rdn. 8; *Hefermehl*, § 84 AktG Rdn. 10). Nur den rein tatsächlichen, rechtlich nicht abgesicherten Einfluß auf die Mitglieder des Aufsichtsrats schließt weder das AktG noch das MitbestG aus (z. T. a.A. *Schneider*, ZGR 1977, 339).

Nicht gegen die Wahlfreiheit des Aufsichtsrats verstoßen dagegen 9
Satzungsbestimmungen, welche die Wählbarkeit von Vorstandsmitgliedern von **persönlichen Eignungsvoraussetzungen** abhängig machen. So läßt das aktienrechtliche Schrifttum Regelungen zu, wonach nur Personen gewählt werden können, welche z. B. ein bestimmtes Mindestalter, die deutsche Staatsangehörigkeit, einen inländischen Wohnsitz, eine bestimmte Berufsvorbildung oder Auslandserfahrung besitzen (*Hefermehl,* § 84 AktG Rdn. 19; *Mertens,* a.a.O., § 76 AktG Rdn. 43 a.A. neuestens *Hommelhoff,* BB 1977, 322 ff.). Auch mitbestimmungsrechtlich sind derartige Vorschriften unbedenklich, solange sie sachbezogene, durch das Unternehmensinteresse begründete Kriterien aufstellen, welche die Mitbestimmungsrechte der Arbeitnehmer nicht schmälern. Unzulässig oder unwirksam werden derartige Qualifikationsmerkmale aber, wenn sie den Kreis der zum Vorstand wählbaren Personen in einer Weise einengen, die dem Aufsichtsrat praktisch keine freie Wahl mehr läßt (h. L. zum Aktienrecht, vgl. *Groß.-Komm. – Meyer-Landrut,* § 76 AktG Anm. 16; *Mertens,* a.a.O., Rdn. 44; *Hefermehl,* a.a.O., Rdn. 19; zum MitbestG *Wlotzke-Wißmann,* DB 1976, 968; *Immenga,* ZGR 1977, 255; *Duden,* ZHR 141, 175; *Overlack,* ZHR 141, 130 ff.).

Wann diese **Grenze** erreicht ist, wird im aktienrechtlichen Schrifttum 10
allerdings nicht gleichmäßig beurteilt. Für das MitbestG kommt hinzu, daß jede Abgrenzung des für die Wählbarkeit in Betracht kommenden Personenkreises durch die Satzung einen einseitigen Akt der Anteilseignerseite darstellt, welcher die Mitbestimmungsrechte der Arbeitnehmer schmälert. Wenngleich das Gesetz die Satzungsfreiheit der Anteilseigner grundsätzlich nicht beseitigt (vgl. § 30 Rdn. 3), gestattet es doch nicht, mit deren Hilfe Einflußbereiche festzuschreiben oder abzusichern, welche die Entscheidung des Gesetzgebers in Frage stellen würden, die Wahl und die Abberufung der Mitglieder des Vertretungsorgans ausschließlich in die Hand des paritätisch besetzten Aufsichtsrats zu legen (zum Grundsätzlichen vgl. § 25 Rdn. 8 ff.). Namentlich kann auf diese Weise ein Anrecht bestimmter Gesellschafter oder Unternehmerfamilien auf die Besetzung von Sitzen im Vertretungsorgan nicht mehr begründet werden.

Unzulässig ist daher eine Satzungsvorschrift, wonach das zu wäh- 11
lende Mitglied des Vertretungsorgans Gesellschafter oder Aktionär sein muß (es sei denn, jeder beliebige Bewerber kann durch den Kauf einer Aktie an der Börse Aktionär werden). Ebensowenig kann die Satzung bestimmen, daß nur ein Abkömmling oder Erbe des Unternehmensgründers oder ein Mitglied der Familie gewählt werden darf, welche die Anteile der Gesellschaft besitzen (für das Aktienrecht schon *Mertens,* a.a.O., Rdn. 44; ebenso *Martens,* AG 1976, 120). Auch eine

Regelung, in der die Zugehörigkeit des zu Wählenden zu einer bestimmten öffentlich-rechtlichen Körperschaft verlangt wird, ist bedenklich, sofern sich in ihr nicht ein unternehmensbezogenes Kriterium, sondern die Tatsache niederschlägt, daß die Körperschaft die Anteile an dem Unternehmen hält (vgl. *Mertens,* a.a.O.). Schließlich kann die Satzung konzernabhängiger Gesellschaften auch nicht rechtsverbindlich die Zugehörigkeit des zu Wählenden zur Konzernzentrale oder ähnliche Bedingungen vorschreiben (a.A. *Martens,* a.a.O.; *Fitting-Wlotzke-Wißmann,* § 30 Rdn. 9). Denn auch das Interesse des herrschenden Unternehmens an einer wirksamen Konzernleitung rechtfertigt es nicht, die gesetzlichen Mitbestimmungsrechte der Arbeitnehmer bei der Wahl des Vertretungsorgans formell einzuschränken. Will die Konzernleitung sich gegen das geschlossene Votum der Arbeitnehmervertreter im Aufsichtsrat durchsetzen, muß sie zu diesem Zweck daher die Zweitstimme des Aufsichtsratsvorsitzenden benützen.

12 3. Satzungsbestimmungen und Wahlakte des Aufsichtsrats, welche § 31 Abs. 2 widersprechen, sind **nichtig** (vgl. § 22 Rdn. 7; ferner zum AktG statt aller *Hefermehl,* § 84 AktG Rdn. 7).

III. Wahlverfahren (Abs. 2–4)

13 1. Das Wahlverfahren zur Bestellung der Vorstandsmitglieder gliedert sich nach Abs. 2–4 in **drei Wahlgänge**, wobei zwischen dem ersten und dem zweiten Wahlgang das Vermittlungsverfahren nach Abs. 3 durchzuführen ist. Sind mehrere Sitze zu besetzen, muß für jeden gesondert gewählt werden. Block- oder Listenwahl ist unzulässig (*Reich-Lewerenz,* AuR 1976, 270). Im **ersten Wahlgang** kommt die Wahl nur zustande, wenn eine Mehrheit von zwei Dritteln der Stimmen erreicht wird. Dabei bezieht das Gesetz die Mehrheit im Gegensatz zu §§ 27 Abs. 1 und 28 auf die Mehrheit der vorhandenen Mitglieder des Aufsichtsrats (Ist-Stand) und nicht auf die Zahl der Mitglieder, aus denen er insgesamt zu bestehen hat (Soll-Stand). Vakante Aufsichtsratssitze sind hier also nicht mitzuzählen, wohl aber abwesende Aufsichtsratsmitglieder (ebenso *Wlotzke-Wißmann,* DB 1976, 967; *Haberland-Seiler,* § 31 Anm. 2). Bei einem Aufsichtsrat mit 12 Mitgliedern sind also 8 Stimmen, bei 16 Mitgliedern 11 Stimmen und bei 20 Mitgliedern 14 Stimmen erforderlich. Nach den allgemeinen Regeln (vgl. § 29 Rdn. 6) können sich abwesende Aufsichtsratsmitglieder dadurch an der Abstimmung beteiligen, daß sie eine schriftliche Stimme abgeben lassen (§ 108 Abs. 3 AktG, vgl. dazu § 25 Rdn. 20). Telefonische und telegrafische Stimmabgabe ist dagegen nur unter den Voraussetzungen des § 108 Abs. 4 AktG zulässig. Stimmenthaltungen wirken sich negativ aus, weil sie bei der Berechnung der erforderlichen absoluten

Mehrheit ausfallen. Zu weiteren Einzelheiten vgl. § 25 Rdn. 16 ff. und § 29 Rdn. 7–11.

2. Kommt im ersten Wahlgang die Zwei-Drittel-Mehrheit nicht zustande, so hat nach Abs. 3 der ständige **Vermittlungsausschuß** innerhalb eines Monats einen Kandidaten vorzuschlagen. Für das Verfahren des Ausschusses gelten die allgemeinen Vorschriften über Aufsichtsratsausschüsse (vgl. § 25 Rdn. 44 ff.). Er ist daher nur beschlußfähig, wenn an einer Abstimmung wenigstens drei Mitglieder teilnehmen (ebenso *Meilicke-Meilicke,* §§ 30, 31 Rdn. 3.2). Da die zweite Stimme des Aufsichtsratsvorsitzenden nicht zum Zug kommt (*Wlotzke-Wißmann,* DB 1976, 965; *Haberland-Seiler,* § 31 Anm. 3; *Reich,* BlStSozArbR 1976, 179; *Reich-Lewerenz,* AuR 1976, 270), kommt ein Vorschlag des Ausschusses nur zustande, wenn ihm drei seiner vier Mitglieder zustimmen, d. h. wenn sich eine Uneinigkeit der Gruppen im Aufsichtsrat im Ausschuß überbrücken läßt. Der Vorschlag schließt weitere Vorschläge von anderer Seite, z. B. des Vorstands oder des unterlegenen Ausschußmitglieds nicht aus. Für die Berechnung der Monatsfrist gelten §§ 186 ff., namentlich 188 BGB. Macht der Ausschuß rechtzeitig einen Vorschlag, so hat der Aufsichtsrat erneut zu wählen. Das Gesetz setzt hierfür keine Frist, doch ist § 110 AktG anzuwenden, wonach jedes Aufsichtsratsmitglied oder der Vorstand verlangen kann, daß der Aufsichtsrat unverzüglich einberufen wird, in welchem Fall die Sitzung binnen zwei Wochen stattfinden muß (s. § 25 Rdn. 29). Für den **zweiten Wahlgang** setzt das Gesetz die Anforderungen herab: Es genügt die einfache Mehrheit sämtlicher Aufsichtsratsmitglieder, bezogen wiederum auf die Ist-Stärke, nicht auf die Soll-Stärke. Zufallsmehrheiten, die sich aus der Abwesenheit einzelner Aufsichtsratsmitglieder ergeben können, sollten auf diese Weise ausgeschlossen werden. **14**

Ein Verzicht auf das Vermittlungsverfahren durch Beschluß des Aufsichtsrats ist nach dem Wortlaut des Abs. 3 S. 1 ausgeschlossen (ebenso *Fitting-Wlotzke-Wißmann,* § 31 Rdn. 9; a.A. *Meilicke-Meilicke,* §§ 30, 31 Rdn. 5; *Leo,* Manager-Magazin, 1976, H. 7, 76). Dagegen sagt das Gesetz nicht, was zu geschehen hat, wenn ein **Vorschlag** des Vermittlungsausschusses **nicht** oder nicht rechtzeitig **zustande kommt**. Werden von einzelnen Ausschußmitgliedern oder von anderer Seite Wahlvorschläge gemacht, ist anzunehmen, daß der Aufsichtsrat nunmehr gleichwohl nach Abs. 3, d. h. mit der einfachen Mehrheit seiner Mitglieder, darüber zu beschließen hat. Denn das Gesetz läßt es ausdrücklich zu, im zweiten Wahlgang auch über neue, nicht vom Ausschuß vorgeschlagene Bewerber abzustimmen, und es ist kein Grund ersichtlich, warum dies nur möglich sein sollte, wenn ein wirksamer, aber dann vom Aufsichtsratsplenum nicht akzeptierter **15**

Vorschlag gemacht wurde. Die im ersten Wahlgang erforderliche hohe Mehrheit und das Vermittlungsverfahren bezwecken zwar eine Auflösung der Fronten zwischen Arbeitnehmer- und Anteilseignervertretern und daher eine Verbesserung der Erfolgschance, sind aber nicht derart wesentlich, daß sie bei jedem Bewerber unverzichtbar wären, sofern sich ein Erfolg auch so abzeichnet. Werden nach einem vergeblichen Vermittlungsversuch des Ausschusses hingegen keine Wahlvorschläge gemacht, über die der Aufsichtsrat abstimmen könnte, so bleibt nichts anderes übrig, als nach neuen geeigneten Personen zu suchen und das Verfahren zum gegebenen Zeitpunkt von vorn zu beginnen.

16 3. Bleibt auch die zweite Abstimmung erfolglos, kann sich nunmehr nach Abs. 4 ein dritter Wahlgang anschließen, in dem der Aufsichtsratsvorsitzende zwei Stimmen hat. Abweichend von § 29 setzt das Gesetz dafür nicht Stimmengleichheit bei der zweiten Abstimmung voraus, sondern verlangt nur, daß die Bestellung nach Abs. 3 nicht zustande kam. Deshalb ist die dritte Abstimmung auch dann möglich, wenn der Bewerber in der zweiten weniger als die Hälfte der Stimmen erhielt. Ein positives Ergebnis kann die zweite Stimme des Aufsichtsratsvorsitzenden in solchen Fällen allerdings nur herbeiführen, wenn nunmehr Aufsichtsratsmitglieder an dem Beschluß teilnehmen, die im zweiten Wahlgang nicht mitgestimmt haben, oder wenn die zur Stimmengleichheit fehlende Anzahl von negativen Voten nunmehr zugunsten des Vorgeschlagenen abgegeben wird. Beteiligen sich alle Aufsichtsratsmitglieder der Arbeitnehmer an der Wahl und stimmen sie einheitlich ab, so kann sich folglich das den Anteilseignervertretern vom Gesetz gewährte Übergewicht nur auswirken, wenn auch sie vollständig und geschlossen wählen (*Wlotzke-Wißmann,* DB 1976, 967; *Philipp,* DB 1976, 196).

17 Wie im Fall des § 29 Abs. 2 verlangt das Gesetz nicht, daß der dritte Wahlgang immer stattfinden muß, sofern sich alle Aufsichtsratsmitglieder mit dem negativen Ausgang des Verfahrens abfinden (vgl. *Fitting-Wlotzke-Wißmann,* § 31 Rdn. 10; s. auch § 29 Rdn. 10). Der Zeitpunkt der Abstimmung ist vom Aufsichtsratsvorsitzenden nach pflichtgemäßem Ermessen festzusetzen, jedoch kann jedes Aufsichtsratsmitglied und das Vertretungsorgan in entsprechender Anwendung des § 110 AktG verlangen, daß zu diesem Zweck unverzüglich eine Sitzung einberufen wird, die dann binnen zwei Wochen stattfinden muß (§ 29 Rdn. 11). Die zweite Stimme steht dem Aufsichtsratsvorsitzenden auch dann zu, wenn er von der Arbeitnehmerseite gestellt wird. Für einen wirksamen Beschluß ist wiederum die Mehrheit sämtlicher Aufsichtsratsmitglieder erforderlich, nicht nur derer, die an der Abstimmung teilgenommen haben (Abs. 4 i.V.m. Abs. 3 S. 2). Ist der Aufsichtsratsvorsitzende verhindert, kann er beide Stimmen schriftlich durch Boten abgeben lassen (Abs. 4 S. 2 i.V.m. § 108 Abs. 3 AktG; vgl. § 25 Rdn. 20 ff.). Dem Stellvertreter steht wie im Fall des § 29 Abs. 2 die zweite Stimme nicht zu (Abs. 4 S. 3).

4. Die Wahlvorschriften des § 31 Abs. 2–4 enthalten **zwingendes Recht**, können also durch die Satzung oder die Geschäftsordnung des Aufsichtsrats nicht modifiziert werden (vgl. 29 Rdn. 7). **18**

IV. Anwendung der §§ 84, 85 AktG (Abs. 1)

1. Nach § 31 Abs. 1 sind auf alle unter das Gesetz fallenden Unternehmen mit Ausnahme der KGaA §§ 84 u. 85 AktG, d. h. die aktienrechtlichen Vorschriften über die Amtsdauer eines Vorstandsmitglieds und die Wiederbestellung, über den Anstellungsvertrag, die Wahl zum Vorstandsvorsitzenden, den Widerruf der Bestellung (darüber unter V.) sowie über die gerichtliche Notbestellung anzuwenden. Die Vorschrift entspricht §§ 12 MontanMitbestG und 13 MitbestEG, während § 77 BetrVG 1952 keine gleichartige Verweisung auf das AktG kannte. Für die bisher unter dieses Gesetz fallenden Unternehmen bringt daher auch Abs. 1 eine erhebliche Änderung der Rechtslage (zum RegE vgl. *Loos,* DB 1974, 823 ff.). **19**

2. Gem. § 84 Abs. 1 S. 1 AktG können die Mitglieder des Vertreterorgans für **höchstens fünf Jahre** berufen werden. Die Vorschrift soll sicherstellen, daß das Unternehmen sich rechtzeitig wieder von ihnen trennen kann, wenn sie sich nicht bewährt haben. Sie ist daher zwingendes Recht. Eine für längere Frist ausgesprochene Bestellung wird nach Ablauf von fünf Jahren unwirksam (vgl. BGHZ 3, 90; 10, 195; WM 1957, 846 f.; WM 1962, 109). Für Geschäftsführer einer GmbH, die vor dem Inkrafttreten des MitbestG oder bevor das Unternehmen nach dem Gesetz mitbestimmungspflichtig wurde für längere Dauer oder auf Lebenszeit bestellt wurden, gilt die Übergangsvorschrift des § 37 Abs. 3 (vgl. § 37 Rdn. 8 ff.). Die Frist beginnt nicht mit der Wahl, sondern mit dem Anfang der Amtszeit. Sie kann vom Aufsichtsrat auch kürzer bemessen werden, sofern sie nicht so knapp festgesetzt wird, daß der Gewählte in eine vom Gesetz nicht gewollte Abhängigkeit vom Aufsichtsrat gerät (vgl. statt aller *Hefermehl,* § 84 AktG Rdn. 23). Dagegen kann die Satzung in die Materie nicht eingreifen, z. B. nicht eine bestimmte Amtsdauer oder eine kürzere Amtsdauer als nach dem Gesetz zulässig bindend vorschreiben (h.L., vgl. *Hefermehl,* a.a.O., Rdn. 24; *Köln.-Komm. – Mertens,* § 84 AktG Rdn. 16; *Godin-Wilhelmi,* § 84 AktG Rdn. 5). **20**

Zulässig ist die **Wiederbestellung**, jedoch gleichfalls für jeweils höchstens fünf Jahre. Sie erfolgt durch erneuten ausdrücklichen Beschluß des Aufsichtsrats, der frühestens ein Jahr vor Ablauf der Amtszeit **21** gefaßt werden kann (§ 84 Abs. 1 S. 2 u. 3 AktG). Eine automatische Verlängerung oder Erneuerung kommt nur in Betracht, wenn die Amtszeit ursprünglich auf weniger als fünf Jahre festgelegt war und die Fünf-Jahres-Frist nunmehr ausgeschöpft werden soll (§ 84 Abs. 1 S. 4 AktG). Unzulässig ist auch jede Beschränkung des Aufsichtsrats in der Freiheit, ein Mitglied des Vertretungsorgans nicht wieder zu bestellen, etwa durch darauf abzielende Klauseln im Anstellungsvertrag (BGHZ 3, 93; 10, 195; 41, 290). Die Übernahme einer Pflicht zur Wiederbestellung wäre gem. § 134 BGB nichtig. Der Aufsichtsrat darf einem Vorstandsmitglied für die Zeit nach Ablauf der Frist auch keine Leistungen zusagen, welche so hoch sind, daß dadurch für das Unternehmen eine Zwangslage entstehen könnte, den Betreffenden wieder zu bestellen (BGH WM 1957, 846 f.; WM 1968, 1041). Wegen der zahlreichen weiteren Einzelheiten ist auf die aktienrechtliche Literatur zu verweisen (vgl. statt aller *Hefermehl,* § 84 AktG Rdn. 21 ff.; *Mertens,* a.a.O., § 84 AktG Rdn. 3 ff.; *Großkomm. – Meyer-Landrut,* § 84 AktG Anm. 9 ff.).

22 3. Neben den korporationsrechtlichen Bestellungsakt tritt der **Anstellungsvertrag** (§ 84 Abs. 1 S. 5 AktG), in dem die schuldrechtlichen Beziehungen des Gewählten zum Unternehmen, namentlich seine Vergütung, geregelt werden. Das MitbestG berührt die zu Rechtsnatur und Inhalt der Anstellungsverträge auftauchenden Rechtsfragen grundsätzlich nicht, so daß hierzu auf die umfangreiche gesellschaftsrechtliche Literatur verwiesen werden kann (vgl. statt aller *Hefermehl,* § 84 AktG Rdn. 34 ff., 108 ff.; *Köln.-Komm. – Mertens,* § 84 AktG Rdn. 26 ff.; *Großkomm. – Meyer-Landrut,* § 84 AktG Anm. 6 ff., 52 ff.; *Hachenburg-Schilling,* § 35 GmbHG Anm. 40 ff., j.m.w.N.). Hier ist nur auf folgendes hinzuweisen:

23 a) Auch zum Abschluß des Anstellungsvertrags sowie zu seiner späteren Änderung und Ergänzung ist **ausschließlich der Aufsichtsrat zuständig**. Für die AG ergibt sich dies bereits aus § 84 Abs. 1 S. 5 AktG, ferner aus § 112 AktG (abgedr. bei § 25), wonach der Aufsichtsrat die Gesellschaft gegenüber den Vorstandsmitgliedern vertritt, für die Genossenschaft aus der Parallelvorschrift des § 39 Abs. 1 GenG (h.L., vgl. BGHZ 41, 285). Für die GmbH und bergrechtliche Gewerkschaft folgt es aus der Verweisung der §§ 25 Abs. 1 Nr. 2 u. 31 Abs. 1 auf die genannten aktienrechtlichen Vorschriften, ferner aus dem Gedanken, daß es wegen des sachlichen Zusammenhangs zwischen der Bestellung zum Mitglied des Vertretungsorgans und dem Abschluß des Anstellungsvertrags unsinnig wäre, die Zuständigkeit für beide Akte verschiedenen Organen zuzuweisen (ebenso *Loos,* DB 1974, 824; *Wlotzke-Wißmann,* DB 1976, 966; *Overlack,* ZHR 141, 133; a.A. *Hoffmann-Neumann,* GmbH-Rdsch. 1976, 185). Die zu § 77 BetrVG 1952 vertretene Ansicht (vgl. *Hachenburg-Schmidt*, Anh. I zu § 52 GmbHG Anm. 38 m.w.N.), bei der GmbH müsse kraft Sachzusammenhangs die Gesellschafterversammlung zuständig bleiben, weil sie auch zur Bestellung der Geschäftsführer befugt sei, ist für das MitbestG gegenstandslos, weil die Kompetenz zur Bestellung der Geschäftsführer gerade auf den Aufsichtsrat übergegangen ist (*Zöllner*, ZGR 1977, 322; a.A. *Meilicke-Meilicke*, §§ 30, 31 Rdn. 11). Die Wirksamkeit des Vertrags kann auch nicht von der Zustimmung der Anteilseignerversammlung abhängig gemacht werden. Doch kann die Satzung allgemeine Richtlinien für die Gestaltung des Dienstverhältnisses aufstellen (*Overlack*, ZHR 141, 134 f.).

Das qualifizierte Bestellungsverfahren gem. Abs. 2–4 ist auf den Abschluß des Anstellungsvertrags nicht anzuwenden, da das Gesetz terminologisch zwischen Bestellung und Anstellungsvertrag unterscheidet (a.A. *Leo,* Manager-Magazin 1976, H. 6, 76). Daher genügt schon bei der ersten Abstimmung die einfache Mehrheit gem. § 29 Abs. 1. Auch ist es zulässig, den Abschluß des Vertrags und seine Änderungen einem **Aufsichtsratsausschuß** zu überlassen (BGHZ 41, 285; 65, 193 = AG 1976, 43 m. Anm. *Werner*; h. L.). Denn § 107 Abs. 3 S. 2 AktG verweist nur auf § 84 Abs. 1 S. 1 u. 3 AktG, nicht jedoch S. 5 (vgl. § 25 Rdn. 41). Der Ausschuß muß, um beschlußfähig zu sein, mit mindestens drei Mitgliedern besetzt werden (BGHZ 65, 190). Die paritätische Besetzung ist nicht vorgeschrieben, so wenig wie bei anderen Aufsichtsratsausschüssen, doch wird der völlige Ausschluß von Aufsichtsratsmitgliedern der Arbeitnehmer regelmäßig gegen das Diskriminierungsverbot verstoßen (s. § 25 Rdn. 40). Einem einzelnen Aufsichtsratsmitglied, z. B. dem Vorsitzenden, kann der Abschluß des Vertrags nicht überlassen werden. Zulässig ist nur, ein Mitglied durch speziellen Beschluß zu ermächtigen, für den Aufsichtsrat zu handeln (BGHZ 41, 285). **24**

b) Für die **Dauer** des Anstellungsvertrags gelten gem. § 84 Abs. 1 S. 5 die Vorschriften über die Amtszeit entsprechend. Grundsätzlich kann daher auch der Vertrag nicht für längere Zeit als fünf Jahre abgeschlossen werden. Jedoch ist es möglich vorzusehen, daß der Vertrag für den Fall einer wiederholten Bestellung oder einer Verlängerung der Amtszeit bis zu deren Abschluß weitergelten soll (S. 5 2. Hbs.). In diesem Fall muß der Aufsichtsrat zwar über die Bestellung erneut förmlich beschließen, fällt die Entscheidung positiv aus, gilt der Anstellungs-Vertrag jedoch automatisch fort. **25**

4. Gem. § 84 Abs. 2 AktG kann der Aufsichtsrat ein Mitglied des Vertretungsorgans zum **Vorsitzenden** ernennen. Möglich ist auch die Ernennung eines stellvertretenden Vorsitzenden. Die Vorschrift begründet wiederum eine ausschließliche Zuständigkeit des Aufsichtsrats, **26**

die weder der Anteilseignerversammlung noch dem Vertretungsorgan selbst überlassen werden kann. Die Satzung kann auch nicht die Wahl eines Vorsitzenden vorschreiben oder umgekehrt verbieten (h.L., vgl. statt aller *Hefermehl,* § 84 AktG Rdn. 59). Unzulässig ist es ferner, die Ernennung einem Aufsichtsratsausschuß zu übertragen (§ 107 Abs. 3 S. 2 AktG). dagegen braucht das komplizierte Wahlverfahren des § 31 nicht beachtet zu werden, denn weder nötigt der Wortlaut des Gesetzes zu einer solchen Interpretation noch bedarf der Vorsitzende des Vertretungsorgans der besonderen Legitimationsbasis, welche durch die qualifizierten Mehrheitserfordernisse erzielt werden soll, nachdem er sie schon bei der Wahl zum Mitglied des Vertretungsorgans erlangt hat. Der Vorsitzende hat die Sitzungen des Vertretungsorgans vorzubereiten, zu leiten und dessen Beschlüsse auszuführen. Im übrigen kann seine Position im Rahmen des § 77 AktG in der Satzung oder in der Geschäftsordnung des Vertretungsorgans näher bestimmt werden.

27 Zu § 84 Abs. 3 AktG s. unten V.

28 5. § 84 Abs. 4 AktG, der in der Neufassung gem. § 35 Abs. 1 Z. 1 nur noch auf das MontanMitbestG verweist, ist für den Geltungsbereich des MitbestG gegenstandslos.

29 6. Fehlt ein erforderliches Mitglied des Vertretungsorgans, so hat nach § 85 AktG **in dringenden Fällen** das **Gericht** auf Antrag eines Beteiligten das Mitglied zu **bestellen**. Dessen Amt dauert nur, solange der Mangel nicht behoben ist. Der Fall kommt in Betracht, wenn ein Vorstandsmitglied infolge Tod, Widerruf seiner Bestellung, Amtsniederlegung oder langdauernder Krankheit ausfällt, nicht jedoch, wenn es nur vorübergehend behindert ist. Denkbar ist auch, daß infolge der Gegensätze zwischen den Gruppen im Aufsichtsrat eine Wahl nicht zustande kommt, ohne daß die Stimme des Aufsichtsratsvorsitzenden den Ausschlag geben könnte (vgl. Rdn. 16 f.). Erforderlich ist die gerichtliche Notbestellung, wenn das Unternehmen nicht mehr ordnungsgemäß vertreten wird (§§ 78 AktG, 35 GmbHG, 119 ABG, 24 GenG), ferner, wenn notwendige Geschäftsführungsmaßnahmen nicht mehr erledigt werden können, z. B. der Jahresabschluß nicht rechtzeitig aufgestellt werden kann. Auch das Fehlen eines Arbeitsdirektors genügt (Begr. RegE des AktG 1965, bei *Kropff,* 107; *Fitting-Wlotzke-Wißmann,* § 31 Rdn. 32). Die Dringlichkeit der Notbestellung ist Tatfrage, die allerdings nicht allein aus der Sicht des Unternehmens, sondern jedes Beteiligten beurteilt werden muß, der ein schutzwertes Interesse daran hat, daß die Funktionen des fehlenden Organmitglieds wahrgenommen werden. Besonderheiten für die unter das MitbestG fallenden Unternehmen bestehen nicht. Daher ist wegen der Einzelheiten und der im Gesetz enthaltenen Verfahrensvorschriften auf die aktienrechtliche Literatur zu § 85 AktG zu verweisen.

V. Abberufung der Mitglieder des Vertretungsorgans (Abs. 1 u. 5)

1. Gem. § 84 Abs. 3 AktG, der nach Abs. 1 auch für alle unter das MitbestG fallenden Unternehmen gilt und für Genossenschaften daher an die Stelle der §§ 24 Abs. 3 S. 2, 40 GenG, für Gesellschaften mbH an die Stelle des § 38 GmbHG tritt, kann der Aufsichtsrat die Bestellung zum Mitglied oder zum Vorsitzenden des Vertretungsorgans widerrufen, wenn ein **wichtiger Grund** vorliegt. Ein solcher Grund ist namentlich grobe Pflichtverletzung, Unfähigkeit zur ordnungsgemäßen Geschäftsführung oder Vertrauensentzug durch die Hauptversammlung, es sei denn, daß das Vertrauen aus offenbar unsachlichen Gründen entzogen würde. Das MitbestG modifiziert diese Regeln nur insofern, als es das auf die Bestellung der Vorstandsmitglieder anzuwendende mehrstufige Verfahren auch für die Abberufung vorschreibt, während nach Aktienrecht dafür ein gewöhnlicher Mehrheitsbeschluß des Aufsichtsrats ausreicht. Dagegen impliziert die Erschwerung des Widerrufsverfahren nicht den Verzicht auf das materiell-rechtliche Erfordernis des wichtigen Grundes. Im Gegensatz zur Abberufung von Mitgliedern des Aufsichtsrats (§ 23 MitbestG und § 103 AktG i.V.m. § 6 Abs. 2 MitbestG) genügt daher auch ein mit Zwei-Drittel-Mehrheit des Aufsichtsrats gefaßter Widerrufsbeschluß nicht, wenn ein wichtiger Grund nicht vorliegt (ebenso *Meilicke-Meilicke,* §§ 30, 31 Rdn. 7; *Wlotzke-Wißmann,* DB 1976, 966; *Immenga,* ZGR 1977, 257; *Zöllner,* ZGR 1977, 323; zweifelnd *Reich-Lewerenz,* AuR 1976, 270). Die Kumulation der Anforderungen ist kaum angemessen; namentlich wird die schematische Übernahme des Wahlverfahrens der Sachlage nicht gerecht. Denn beim Widerruf kommt es regelmäßig darauf an, die Entscheidung so schnell und schmerzlos wie möglich über die Bühne zu bringen, während das Interesse an einer breiten Legitimitätsbasis, welches das anspruchsvolle Verfahren bei der Wahl eines Vorstandsmitglieds rechtfertigt, keine Rolle spielt (*Th. Raiser,* BB 1976, 148). 30

2. Der Widerruf setzt wie die Wahl einen **förmlichen Beschluß des Aufsichtsrats** voraus (Einzelheiten bei *Hefermehl,* § 84 AktG Rdn. 61 ff.; *Köln.-Komm. – Mertens,* § 84 AktG Rdn. 66 ff.). Dieser ist ausschließlich zuständig, d. h. die Entscheidung kann nicht der Anteilseignerversammlung, einem einzelnen Gesellschafter, dem Vorstand selbst oder einem Dritten überlassen werden. Unzulässig ist auch, sie einem Aufsichtsratsausschuß zu übertragen (§ 107 Abs. 3 S. 2 AktG i.V.m. § 25 Abs. 1; für Genossenschaften vgl. *Müller,* § 36 GenG Rdn. 108). Die Entscheidungsfreiheit des Aufsichtsrats kann auch nicht durch Satzungsvorschriften modifiziert werden, welche bestimmte, über das Gesetz hinausgehende Voraussetzungen für den Widerruf aufstellen (s. u. Rdn. 35). 31

32 3. Die Abberufung ist im **Verfahren** gem. Abs. 2–4 durchzuführen. Bei der ersten Abstimmung ist eine Mehrheit von zwei Dritteln der Stimmen aller Aufsichtsratsmitglieder erforderlich. Kommt eine Zwei-Drittel-Mehrheit nicht zustande, so ist auch hier der Vermittlungsausschuß einzuschalten, der binnen eines Monats zu dem Fall Stellung zu nehmen hat. Schlägt der Ausschuß die Abberufung vor, so hat der Aufsichtsrat erneut darüber zu beschließen. Hält er sie für nicht gerechtfertigt, endet das Verfahren, es sei denn, von anderer Seite wird nunmehr der Antrag gestellt. Über den Antrag des Vermittlungsausschusses oder eines anderen Beteiligten entscheidet der Aufsichtsrat mit der einfachen Mehrheit seiner Mitglieder. Kommt ein Widerrufsbeschluß nicht zustande, so hat bei einer dritten Abstimmung der Aufsichtsratsvorsitzende zwei Stimmen, wodurch er den Ausschlag geben kann. Zu allen Einzelheiten ist auf die Erläuterungen bei Rdn. 13 ff. zu verweisen.

33 Auf den **Widerruf der Ernennung zum Vorsitzenden des Vertretungsorgans** sind nach der oben (Rdn. 26) vertretenen Ansicht Abs. 2–4 nicht anzuwenden, vielmehr bleibt es bei den gewöhnlichen Beschlußvoraussetzungen nach § 29 Abs. 1 u. 2.

34 Die Abberufung ist gem. §§ 81 AktG, 39 Abs. 1 GmbHG, 28 Abs. 1 GenG zum **Handels-** bzw. **Genossenschaftsregister** anzumelden. Gem. § 84 Abs. 3 S. 4 ist sie, auch wenn es zum Streit über ihre Berechtigung kommt, wirksam, bis ihre Unwirksamkeit rechtskräftig festgestellt ist (Näheres in den Kommentaren zum AktG, z. B. *Hefermehl,* § 84 AktG Rdn. 74 ff.; *Köln.-Komm. – Mertens,* § 84 AktG Rdn. 68 ff.).

35 4. Materiell setzt der Widerruf einen **wichtigen Grund** voraus. Das AktG verwendet mit diesem Begriff die bei allen Dauerschuldverhältnissen gebrauchte Generalklausel, um einer Würdigung aller Umstände des Einzelfalls Raum zu lassen. Nach der gebräuchlichen Formel liegt ein wichtiger Grund vor, wenn die Fortführung des Amtes bis zum Ende der Amtsperiode der Gesellschaft unter Würdigung aller Umstände nicht mehr zuzumuten ist. Es handelt sich um einen unbestimmten Rechtsbegriff, der von den Gerichten voll nachgeprüft wird. Weder die Entscheidung des Aufsichtsrats noch die Beurteilung des Gerichts kann durch Vereinbarungen zwischen den Beteiligten oder Vorschriften der Satzung wirksam präjudiziert oder eingeschränkt werden. Vielmehr kommen solche Bestimmungen allenfalls als Indiz dafür in Betracht, was als wichtiger Grund angesehen werden könnte (vgl. *Hefermehl,* § 84 AktG Rdn. 67 f.). Die Widerrufbarkeit kann daher nicht im voraus auf bestimmte wichtige Gründe eingegrenzt werden (BGHZ 8, 361; BGH WM 1955, 1222).

36 Das Gesetz nennt **beispielhaft** als wichtigen Grund zunächst grobe Pflichtverletzung und Unfähigkeit zur ordnungsmäßigen Geschäfts-

führung. Zu der hierzu in der Judikatur und im Schrifttum entwickelten Kasuistik ist auf die Kommentare zum AktG zu verweisen, da sich aus dem MitbestG hierzu keine neuen Gesichtspunkte ergeben (*Hefermehl,* § 84 AktG Rdn. 70 f.; *Köln.-Komm. – Mertens,* § 84 AktG Rdn. 63 f.; *Baumbach-Hueck,* § 84 AktG Rdn. 14). Wichtiger Grund ist ferner der **Vertrauensentzug** durch die Anteilseignerversammlung, wenn das Vertrauen nicht aus offenbar unsachlichen Gründen entzogen wurde. Zwar paßt die einseitige Bezugnahme auf das Vertrauen der Anteilseignerversammlung nicht gut in den Rahmen des MitbestG, doch hat der Gesetzgeber die Vorschrift für dessen Geltungsbereich nicht beseitigt, so daß sie anzuwenden ist (*Fitting-Wlotzke-Wißmann,* § 31 Rdn. 20; a.A. *Reich-Lewerenz,* AuR 1976, 271). Ein Vertrauensentzug durch die Anteilseignerversammlung zwingt nicht dazu, den Betroffenen abzuberufen, vielmehr hat der Aufsichtsrat die Entscheidung in eigener Verantwortung zu fällen. War er unsachlich, z. B. weil ein Mehrheitsgesellschafter damit Zwecke verfolgt, die dem Unternehmensinteresse zuwiderlaufen (vgl. BGHZ 13, 193), darf er den Widerruf nicht beschließen, weil kein wichtiger Grund vorliegt. Bei der Abstimmung kommt infolge der anzuwendenden Mehrheitsvorschriften auch die Sichtweise und das Interesse der Arbeitnehmervertreter im Aufsichtsrat zum Zug.

Für den Fall, daß ein Mitglied des Vertretungsorgans das **Vertrauen der Arbeitnehmer verliert,** besteht keine entsprechende gesetzliche Vorschrift. Eine direkte Parallele zum Vertrauensentzug von seiten der Anteilseignerversammlung läßt sich schon deshalb nicht ziehen, weil es kein Unternehmensorgan der Arbeitnehmer gibt, in dem über einen Mißtrauensantrag beschlossen werden könnte. Kommt es zu Spannungen zwischen einem Vorstandsmitglied und der Belegschaft, hat der Aufsichtsrat daher nach den allgemeinen Grundsätzen zu prüfen, ob ein wichtiger Grund zum Widerruf der Bestellung vorliegt. Dabei sind alle Umstände zu berücksichtigen, namentlich auch, ob sachliche, in der Person des Betroffenen wurzelnde Gründe vorliegen. Ein rechtswidriger Streik, mit dem die Entfernung eines Vorstandsmitglieds aus seinem Amt erzwungen werden soll, das sich sozialgerecht verhalten hat, reicht als wichtiger Grund nicht aus (BGH BB 1961, 498, 547). Dagegen kann es genügen, wenn infolge der Spannungen eine Situation entstanden ist, in der andere Mittel, den Frieden im Unternehmen wiederherzustellen, nicht mehr zur Verfügung stehen und eine Fortdauer des eingetretenen Zustandes das Unternehmen schwer schädigen würde (*Köln.-Komm. – Mertens,* § 84 AktG Rdn. 63; *Hefermehl,* § 84 AktG Rdn. 70). **37**

5. Die Abberufung beendigt nicht ohne weiteres auch das **Anstellungsverhältnis** (§ 84 Abs. 3 S. 5), vielmehr setzt dies eine besondere **38**

(ordentliche oder auch außerordentliche) Kündigung voraus. Zuständig ist hierfür gleichfalls der Aufsichtsrat (§ 112 AktG), doch kann die Entscheidung einem Aufsichtsratsausschuß übertragen werden (§ 107 Abs. 3 S. 2 AktG, der § 84 Abs. 3 S. 5 AktG nicht in Bezug nimmt, vgl. auch Rdn. 24). Die fristlose Kündigung richtet sich nach § 626 BGB, setzt also ebenfalls einen wichtigen Grund voraus. Ein solcher ist nach der Formulierung der Vorschrift gegeben, wenn Tatsachen vorliegen, aufgrund derer dem Kündigenden unter Berücksichtigung aller Umstände des Einzelfalls und unter Abwägung der Interessen beider Vertragsteile die Fortsetzung des Dienstverhältnisses bis zum Ablauf der Kündigungsfrist oder bis zu der vereinbarten Beendigung des Dienstverhältnisses nicht zugemutet werden kann. Die hierbei zu stellenden Anforderungen sind höher als beim Widerruf der Bestellung nach § 84 Abs. 3 S. 1 AktG (BGH AG 1975, 242 ff. m. Anm. *Mertens; Th. Raiser,* ZGR 1976, 105; h.L.). In der differenzierten Behandlung liegt eine sachgerechte Lösung des zwischen dem Unternehmen und dem betroffenen Mitglied des Vertretungsorgans auftretenden Interessenkonflikts, denn sie gestattet, dieses aus seinem Amt zu entfernen, ohne daß es zugleich seine Bezüge verliert. Namentlich auch, wenn die Abberufung auf Spannungen mit den Anteilseignern oder den Arbeitnehmern des Unternehmens zurückgeht, ohne daß das Mitglied des Vertretungsorgans sich sach- oder pflichtwidrig verhalten hätte, kommt eine derartige Lösung in Betracht. Im einzelnen ist zu den Voraussetzungen des wichtigen Grundes nach § 626 BGB auf die Literatur hierzu sowie auf die Kommentare zum AktG zu verweisen (*Hefermehl,* § 84 AktG Rdn. 84 ff.; *Köln.-Komm. – Mertens,* § 84 AktG Rdn. 63 f.).

VI. Kommanditgesellschaft auf Aktien (Abs. 1 S. 2)

39 1. Gem. § 31 Abs. 1 S. 2 sind die Vorschriften des MitbestG über die Bestellung und Abberufung der Mitglieder des Vertretungsorgans auf die KGaA **nicht anzuwenden**. Durch die Ausnahme trägt das Gesetz der Natur dieser Gesellschaftsform und namentlich der Rechtsstellung der persönlich haftenden Gesellschafter Rechnung, die als ihre gesetzlichen Vertreter fungieren (vgl. Begr. RegE, BT-Drucks. 7/2172 zu § 28). Es bleibt daher bei den gesellschaftsrechtlichen Vorschriften, wonach die Komplementäre in der Satzung bestellt werden (§§ 280 f. AktG) und nur unter den engen Voraussetzungen der §§ 161, 117, 127 HGB abberufbar sind (§ 278 Abs. 2 AktG). Der Verzicht auf die Anwendung des § 31 ist als Konsequenz des Gesetzgebers aus seiner grundsätzlichen Entscheidung zu verstehen, Personengesellschaften von der paritätischen Mitbestimmung auszunehmen (vgl. *Martens,* ZHR 138 (1974), 212 ff.; *Hölters,* BB 1975, 800).

2. Die Nähe der KGaA zu den Personengesellschaften drückt sich auch darin aus, daß die gesetzlichen Organisationsvorschriften, im Gegensatz zum Aktienrecht, weitgehend dispositives Recht enthalten, so daß die Unternehmensform starken vertraglichen Modifikationen unterliegt. Dies hat zur Frage geführt, ob die Ausnahme von § 31 auch für **atypische Erscheinungsformen** der KGaA gelten kann, die keinen personalistischen Zuschnitt mehr tragen (*Steindorff,* Festschrift für *Ballerstedt,* 127 ff.). Das Problem tritt vor allem auf, wenn man zuläßt, daß die Stelle des **Komplementärs** ähnlich wie bei der GmbH & Co KG von einer **juristischen Person** besetzt wird. In der gesellschaftsrechtlichen Literatur ist heftig umstritten, ob eine solche Gestaltungsform zulässig sei. Im Gegensatz zu dem bejahenden Urteil des OLG Hamburg (NJW 1969, 1030 = AG 1969, 259) vertritt die Mehrheit der Autoren die Ansicht, persönlich haftender Gesellschafter könne nur eine natürliche Person sein (*Baumbach-Hueck,* § 278 AktG Rdn. 2; *Großkomm. – Barz,* § 278 Anm. 9; *Elschenbroich,* Die Kommanditgesellschaft auf Aktien, 130; *Godin-Wilhelmi,* § 278 AktG Anm. 6; *Grobe,* NJW 1968, 1709; *Pflug,* NJW 1971, 345; *Reinhardt,* Gesellschaftsrecht, 241; *Würdinger,* Aktien- und Konzernrecht, 241; *Reuter-Körnig,* ZHR 140 (1976), 517; wie das OLG Hamburg dagegen *Hesselmann,* GmbH-Rdsch. 1969, 141; *Lehmann-Dietz,* Gesellschaftsrecht, 408; *Möhring-Tank,* Handbuch der Aktiengesellschaft, Rdn. 621, 625; *Helm,* Fälle und Lösungen nach höchstrichterlichen Entscheidungen, Handels- und Gesellschaftsrecht, 68 ff.; *Niederlag,* Juristische Person als persönlich haftender Gesellschafter einer Kommanditgesellschaft auch Aktien, 30 ff.; *Petersen,* Festschr. f. Luther, 134 ff.). Auch die von *Mertens* (*Köln.-Komm.,* § 278 AktG Rdn. 10 ff.) vertretene Ansicht, wonach eine juristische Person zwar Komplementär einer KGaA sein, jedoch nicht mit der Geschäftsführung und der Vertretung betraut werden könne, kommt im Ergebnis einer negativen Äußerung gleich, denn sie schließt die wichtigen Fälle aus. 40

In der Tat bestehen gegen die Zulässigkeit entscheidende grundsätzliche und praktische **Bedenken**. Der Gesetzgeber nimmt bei der KGaA im Vergleich zur AG eine verminderte Sicherung der Kommanditaktionäre in Kauf, die sich nur rechtfertigen läßt, wenn das Unternehmen von einer natürlichen Person geführt wird, die mit ihrem Namen und ihrem Privatvermögen dafür einsteht, mit den ihr anvertrauten Einlagen sorgsam zu wirtschaften. Mit Recht hat *Steindorff* (Festschrift für *Ballerstedt,* 137) auch auf die Gefahr einer sonst im Gesellschaftsrecht nicht akzeptierten Minderheitsherrschaft hingewiesen, die leicht etabliert werden kann, wenn in der KGaA Komplementärgesellschaften zugelassen werden. Selbst wenn man aber die gesellschaftsrechtlichen Bedenken überwindet, entfällt unter diesen Umständen der Zuschnitt 41 einer Personengesellschaft, der die Ausnahme von § 31 rechtfertigt. Der Gesetzgeber hat, indem er in § 4 die AG bzw. GmbH & Co. KG dem Gesetz unterwarf, seinen Willen zu erkennen gegeben, das den Personengesellschaften zuerkannte mitbestimmungsrechtliche Privileg nicht auf die Fälle zu erstrecken, in denen kraft privatautonomer Abwandlung die individuelle persönliche Haftung und damit der Charakter der Personengesellschaft aufgegeben wird. Es ist *Steindorff* daher zuzustimmen, wenn er ausführt, auf eine GmbH (AG) & Co. KGaA sei, wenn man sie überhaupt zuläßt, § 4 MitbestG entsprechend anzuwenden (zum Ganzen vgl. auch *Bayer*, ZGR 1977, 192).

42 Mitbestimmungsrechtlich problematisch sind ferner Fälle, in denen der Komplementär nach der Satzung oder nach einer internen Vereinbarung mit den Kommanditaktionären für begrenzte Zeit berufen und auch vorzeitig wieder abberufen werden kann und demgemäß von der persönlichen Haftung freigestellt wird (*Steindorff,* a.a.O., 136 ff.; *Reuter-Körnig*, ZHR 140 (1976), 514 ff.). Denn unter diesen Bedingungen entspricht seine Position der der Vorstandsmitglieder einer AG oder ist noch schwächer als diese. Die Gründe für die mitbestimmungsrechtliche Privilegierung des Unternehmer-Komplementärs fallen auch hier weg. Wird die Rechtsform der KGaA gewählt, um mit Hilfe derartiger Regelungen der Mitbestimmung auszuweichen, ist daher zu prüfen, ob eine unzulässige Umgehung des MitbestG vorliegt (*Steindorff,* a.a.O., 136 ff.).

§ 32
Ausübung von Beteiligungsrechten

(1) Die einem Unternehmen, in dem die Arbeitnehmer nach diesem Gesetz ein Mitbestimmungsrecht haben, auf Grund von Beteiligungen an einem anderen Unternehmen, in dem die Arbeitnehmer nach diesem Gesetz ein Mitbestimmungsrecht haben, zustehenden Rechte bei der Bestellung, dem Widerruf der Bestellung oder der Entlastung von Verwaltungsträgern sowie bei der Beschlußfassung über die Auflösung, Verschmelzung oder Umwandlung des anderen Unternehmens, den Abschluß von Unternehmensverträgen (§§ 291, 292 des Aktiengesetzes) mit dem anderen Unternehmen, über dessen Fortsetzung nach seiner Auflösung oder über die Übertragung seines Vermögens können durch das zur gesetzlichen Vertretung des Unternehmens befugte Organ nur auf Grund von Beschlüssen des Aufsichtsrats ausgeübt werden. Diese Beschlüsse bedürfen nur der Mehrheit der Stimmen der Aufsichtsratsmitglieder der Anteilseigner; sie sind für das zur gesetzlichen Vertretung des Unternehmens befugte Organ verbindlich.

(2) Absatz 1 ist nicht anzuwenden, wenn die Beteiligung des Unternehmens an dem anderen Unternehmen weniger als ein Viertel beträgt.

Schrifttum

Bayer, Mitbestimmung und Konzern, DB 1975, S. 1167 ff.; *Bender*, Das Mitbestimmungsrecht in der Stahlholding, NJW 1953, S. 1403; *Boldt*, Die Mitbestimmung der Arbeitnehmer in den Organen der Holding-Gesellschaften der Montanindustrie, BB 1953, S. 893; *Buchner*, Paritätische Mitbestimmung: Der Weg zu einer neuen Unternehmens- und Arbeitsordnung, ZfA 1974, S. 147; *Duden*, Mitbestimmung und Kapitalbeteiligung, in: Festschrift für Ballerstedt, 1975, S. 31 ff.; *ders.*, Mitbestimmung in Konzernverhältnissen nach dem Mitbestimmungsgesetz, ZHR 141 (1977), 145 ff.; *Fitting*, Das Mitbestimmungsgesetz für Obergesellschaften, BABl. 1956, S. 499; *Geßler*, Die Mitbestimmung in Holdinggesellschaften des Bergbaus und der Eisen und Stahl erzeugenden Industrie, BB 1956, S. 625; *Hessel*, Um die Mitbestimmung in den Montan-Holding-Gesellschaften, BB 1953, S. 895; *Hoffmann*, Zu den konzernrechtlichen Bestimmungen des Regierungsentwurfs eines Gesetzes über die Mitbestimmung der Arbeitnehmer, BB 1976, S. 1276 ff.; *Kunze*, Qualifizierte oder einfache Mitbestimmung in den Montan-Holding-Gesellschaften?, AuR 1954, S. 38; *Leo*, Das neue Mitbestimmungsgesetz, Manager-Magazin 1976, H. 6, S. 77 ff., H. 7, S. 75 ff.; *Lutter*, Mitbestimmung im Konzern, 1975, S. 67 ff.; *Philipp*, Die Ausübung von Beteiligungsrechten nach § 32 des Mitbestimmungsgesetzes, DB 1976, S. 1622 ff.; *Th. Raiser*, Der neue Koalitionskompromiß zur Mitbestimmung, BB 1976, S. 145 ff.; *Wlotzke-Wißmann*, Das neue Mitbestimmungsgesetz, DB 1976, S. 959 ff.

Übersicht

I. Vorbemerkungen

1. § 32 enthält eine **Spezialvorschrift** für den Fall, daß ein nach dem MitbestG mitbestimmungspflichtiges Unternehmen (Obergesellschaft) an einem anderen Unternehmen, das gleichfalls unter das Gesetz fällt (Untergesellschaft), mit mindestens 25% beteiligt ist. Die Mitbestimmung im Aufsichtsrat der Obergesellschaft kann in solchen Fällen deren Vertretungsorgan veranlassen, bei der Ausübung der der Obergesellschaft zustehenden Stimmrechte in der Anteilseignerversammlung der **1**

Untergesellschaft, namentlich bei der Wahl der Aufsichtsratsmitglieder der Anteilseigner, auch Arbeitnehmerinteressen zu berücksichtigen. In der Untergesellschaft würde der Einfluß der Arbeitnehmer dann nicht nur auf der Arbeitnehmerseite, sondern auch auf der Anteilseignerseite im Aufsichtsrat zum Zuge kommen können. Einer derartigen **Kumulation der Mitbestimmungsrechte soll § 32 entgegenwirken** (Begr.z.RegE, BT-Drucks. 7/2172, 28; Ber. des BT-Aussch. f. Arbeit u. Sozialordnung, BT-Drucks. 7/4845, 10). Die Vorschrift verwirklicht ihr Ziel durch eine **doppelte Modifikation der aktienrechtlichen Regeln** über den Vorstand und den Aufsichtsrat. Zunächst bestimmt sie, daß die aus der Beteiligung fließenden Rechte, soweit sie die im Gesetz genannten Gegenstände betreffen, nicht vom Vorstand der Obergesellschaft allein wahrgenommen werden können, sondern nur aufgrund eines Aufsichtsratsbeschlusses, welcher den Vorstand bindet. Sodann ersetzt sie den Beschluß des Gesamtaufsichtsrats durch einen Sonderbeschluß der Anteilseignervertreter. Sie verlagert auf diese Weise die Zuständigkeit zur Wahrnehmung der Beteiligungsrechte im Ergebnis also vom Vorstand auf die Anteilseignerseite im Aufsichtsrat.

2 Die Vorschrift ist § 15 MitbestEG nachgebildet, den der RegE (§ 29) wörtlich übernommen hatte. Während der Ausschußberatungen wurde dagegen eingewandt, das Verfahren sei zu schwerfällig und überfordere die Aufsichtsratsmitglieder der Anteilseigner in der Obergesellschaft (*Hoffmann*, BB 1974, 1281; *Bayer*, DB 1975, 1173). Auch greife sie zu weit, weil die Obergesellschaft nicht bei allen Beteiligungen über 25% einen unternehmerischen Einfluß auf die Untergesellschaft nehme, welcher die Gefahr eines Übergewichts der Arbeitnehmerseite begründe. Andererseits spare sie ohne inneren Grund wichtige Entscheidungen der Anteilseignerversammlung, namentlich Satzungenänderungen, Maßnahmen der Kapitalbeschaffung, die Verwendung des Jahresüberschusses und die Verfügung über die Beteiligung selbst aus (*Hoffmann*, a.a.O.; *Lutter*, Mitbestimmung im Konzern, 69 ff.; *Duden*, Festschr. f. *Ballerstedt*, 40; vgl. auch *Buchner*, ZfA 1974, 168). Weniger Interesse fand die Vorschrift dagegen in den politischen Auseinandersetzungen um das Gesetz, obgleich deutlich wurde, daß sie den Sprechern der Arbeitnehmer generell zu weit ging, während die Vertreter der Industrie sie ausdehnen wollten (vgl. die Äußerungen der Sachverständigen *Gierlich, Spieker* und *Schaub* vor dem BT-Aussch. f. Arbeit u. Sozialordnung, Prot. Nr. 52, 43 u. Nr. 55, 55 f., 60). Unter dem Eindruck der Kritik modifizierte der Ausschuß den Entwurf, abgesehen von redaktionellen Änderungen, in zwei wesentlichen Punkten: Zum einen schränkte er den Anwendungsbereich der Vorschrift ein, indem er ihn auf Untergesellschaften begrenzte, die selbst unter das MitbestG fallen, alle anderen Unternehmen dagegen ausschloß. Er glaubte, eine Kumulierung von

Mitbestimmungseinflüssen nicht befürchten zu müssen, wenn die Arbeitnehmer im Aufsichtsrat der Untergesellschaft nicht oder nur mit einem Drittel der Stimmen gem. §§ 76, 77 BetrVG 1952 vertreten sind (Ausschußber. BT-Drucks. 7/4845, 10). Zum anderen nahm er den Abschluß von Unternehmensverträgen, nicht jedoch andere Geschäfte, in den Katalog der Gegenstände auf, über die das Vertretungsorgan in der Anteilseignerversammlung der Untergesellschaft nur nach dem Beschluß der Anteilseignervertreter im Aufsichtsrat der Obergesellschaft abstimmen kann.

2. Unabhängig von den involvierten Interessen hat die Vorschrift **in der Wissenschaft heftige Kritik** erfahren, weil sie ohne hinreichenden 3
Grund das elemantare Prinzip des Gesellschafts- und Mitbestimmungsrechts durchbricht, wonach der Aufsichtsrat zur Geschäftsführung nicht berufen ist (*Bayer*, a.a.O., 1173; *Lutter*, a.a.O., 71 f.; *Duden*, a.a.O., 36 ff.; *Th. Raiser*, BB 1976, 152; *Philipp*, DB 1976, 1624). Auch die Vorstellung, die paritätische Besetzung des Aufsichtsrats der Obergesellschaft potenziere den Einfluß der Arbeitnehmerseite auf die Untergesellschaft und gewähre ihr ein Übergewicht über die Anteilseigner, bedarf der kritischen Relativierung, denn die Beteiligung steht der Obergesellschaft als solcher zu und die daraus fließenden Mitgliedschaftsrechte sind vom Vertretungsorgan primär im Unternehmensinteresse und nicht im Interesse der im Aufsichtsrat vertretenen Gruppen auszuüben. Das von der Obergesellschaft für die Beteiligung aufgewendete Kapital wurde in aller Regel nicht allein von den Anteilseignern zur Verfügung gestellt, sondern im Unternehmen unter Mitwirkung der Arbeitnehmer erwirtschaftet (*Duden*, a.a.O., 34; vgl. auch schon zum Montanmitbestimmungsrecht *Hessel*, BB 1953, 896; *Bender*, NJW 1953, 1494; *Kunze*, AuR 1954, 38; anders *Boldt*, BB 1953, 895). Auch mitbestimmungsrechtlich ist es systematisch richtiger, eine Potenzierung des Arbeitnehmereinflusses dadurch auszuschalten, daß die Mitbestimmung in der Untergesellschaft, namentlich im abhängigen Unternehmen eines Konzerns, und nicht in der Obergesellschaft reduziert wird (*Duden*, a.a.O., 45 ff.). Dagegen läuft die Spaltung des Aufsichtsrats der Obergesellschaft in zwei mit verschiedenen Befugnissen ausgestattete Bänke der im Unternehmensinteresse notwendigen Integration zwischen den Gruppen zuwider und widerspricht daher den Intentionen des MitbestG (*Lutter*, a.a.O.; *Th. Raiser*, a.a.O.; zum Ganzen abwägend auch *Wlotzke-Wißmann*, DB 1976, 867 f.; *Fitting-Wlotzke-Wißmann*, § 32 Rdn. 3, 4; ferner *Duden*, ZHR 141, 154 ff.).

II. Betroffene Unternehmen

4 1. Die Anwendung des § 32 setzt zunächst voraus, daß **sowohl die Obergesellschaft wie die Untergesellschaft unter das MitbestG fallen.** In Betracht kommen daher alle von § 1 erfaßten Unternehmen. Allerdings ist bei der KGaA eine Ausnahme zu erwägen, da bei dieser Gesellschaftsform der Einfluß des paritätisch besetzten Aufsichtsrats auf die Unternehmensleitung so gering ist, daß der legislatorische Grund wegfällt, der zum Erlaß der Vorschrift geführt hat. Im Unterordnungskonzern ist § 32 auch dann anzuwenden, wenn herrschende Unternehmen erst nach § 5 mitbestimmungspflichtig wurden. Mitbestimmung nach §§ 76, 77 BetrVG 1952 genügt weder bei der Ober- noch bei der Untergesellschaft. Unterliegt die Obergesellschaft den Montanmitbestimmungsgesetzen, so gilt § 15 MitbestEG. Weder diese Vorschrift noch § 32 ist dagegen erfüllt, wenn die Obergesellschaft dem MitbestG und die Untergesellschaft dem MontanMitbestG untersteht (*Bayer*, DB 1975, 1167; *Meilicke-Meilicke*, § 32 Rdn. 4). Unanwendbar ist § 32 ferner bei nur mittelbarer Beteiligung, wenn also die Obergesellschaft nur Anteile an einer nicht mitbestimmungspflichtigen Zwischengesellschaft hält, die ihrerseits mit mehr als 25% an der Untergesellschaft beteiligt ist (*Meilicke-Meilicke*, a.a.O., Rdn. 4).

5 Schwierigkeiten bereiten die **Fälle des § 4**. Ist die Obergesellschaft eine AG bzw. GmbH & Co. KG, so werden die der KG in der Anteilseignerversammlung der Untergesellschaft zustehenden Stimmrechte als Geschäftsführungsmaßnahme vom Komplementärunternehmen ausgeübt und unterliegen dort der Mitbestimmung des Aufsichtsrats. Die Gefahr einer Potenzierung des Arbeitnehmereinflusses besteht hier in gleicher Weise, wie wenn die Mitbestimmung statt im Komplementärunternehmen unmittelbar in der Obergesellschaft selbst angesiedelt wäre. Nach seinem Schutzgedanken ist § 32 daher hier entsprechend anzuwenden (zweifelnd *Meilicke-Meilicke*, § 32 Rdn. 9). Folgerichtig muß dasselbe gelten, wenn die KG und das Komplementärunternehmen zusammen mindestens 25% der Anteile an der Untergesellschaft halten. Fällt die Untergesellschaft dagegen unter § 4, so besteht zur Anwendung des § 32 kein Anlaß. Denn in der KG ist kein Aufsichtsrat zu bilden, der der Mitbestimmung unterliegen würde, so daß insoweit eine Potenzierung des Arbeitnehmereinflusses nicht in Betracht kommt. In der Anteilseignerversammlung des Komplementärunternehmens kann sich die Mitbestimmung in der Obergesellschaft aber nur auswirken, wenn diese wenigstens 25% der Anteile des Komplementärunternehmens selbst besitzt. Dann gilt § 32 unmittelbar. Hat die Obergesellschaft dagegen keine oder weniger als 25% der Anteile des Komplementärunternehmens, bleibt dessen Gesellschafterversammlung mitbestimmungsfrei. Der Tatbestand des § 32 ist nicht erfüllt.

2. Nach Abs. 2 muß die Obergesellschaft an der Untergesellschaft mit **mindestens einem Viertel beteiligt** sein. Wie die Beteiligung zu berechnen ist, sagt das Gesetz nicht. Jedoch ergibt die Parallele zu § 4, daß es entweder auf die Zahl der Anteile, gemessen nach dem Nennbetrag (vgl. § 16 Abs. 2 AktG), oder auf die Anzahl der Stimmen, jeweils im Verhältnis zur Gesamtzahl ankommt (*Meilicke-Meilicke*, § 32 Rdn.6; *Haberland-Seiler*, § 32 Anm. 6). Dagegen sind die weiteren Berechnungsvorschriften des § 16 Abs. 2 S. 2 u. 3 und Abs. 4 AktG nicht anzuwenden, da das Gesetz nicht auf sie verweist (a.A. *Meilicke-Meilicke*, a.a.O.; bzgl. § 16 Abs. 4 AktG auch *Fitting-Wlotzke-Wißmann*, § 32 Rdn. 5). Anteile eines von der Obergesellschaft abhängigen Unternehmens können schon deshalb nicht hinzugerechnet werden, weil sonst dessen Vertretungsorgan bei der Ausübung der Stimmrechte den Beschluß der Anteilseignerseite im Aufsichtsrat der Obergesellschaft einholen müßte, auch wenn zwischen beiden kein Konzernverhältnis besteht, aufgrund dessen sich der Arbeitnehmereinfluß in der Obergesellschaft auch auf das abhängige Unternehmen auswirken könnte. **6**

3. **Weitere Voraussetzungen nennt das Gesetz nicht,** namentlich verlangt es nicht die Abhängigkeit der Unter- von der Obergesellschaft (§ 17 AktG) oder die einheitliche Leitung (§ 18 AktG). Die Vorschrift ist daher auch auf schlichte Beteiligungen anzuwenden, wenngleich sie ihr größtes Gewicht im Konzernrecht, vor allem im faktischen Konzern, entfaltet. **7**

III. Die weisungsgebundenen Geschäfte

1. Die in § 32 genannten Rechte müssen der Obergesellschaft **aufgrund ihrer Beteiligung** an der Untergesellschaft zustehen. In Betracht kommen daher vor allem die **Stimmrechte** in der Anteilseignerversammlung der Untergesellschaft, ferner die Ausübung von in der Satzung verankerten **Entsendungs-** und anderen **Sonderrechten**. Nicht erfaßt ist die Ausübung der Weisungsrechte im Rahmen eines Beherrschungsvertrags nach § 308 AktG. Ebenso wenig gilt die Vorschrift für andere vertragliche Beziehungen zwischen den beiden Unternehmen. **8**

2. Im Einzelnen nennt § 32 folgende Geschäfte:

a) die **Bestellung** und **Abberufung von Verwaltungsträgern.** Gemeint sind die von der Anteilseignerversammlung zu wählenden oder aufgrund eines Entsendungsrechts zu bestellenden Aufsichtsratsmitglieder der Anteilseigner. Dagegen trifft der Fall die Wahl bzw. Abberufung von Mitgliedern des Vertretungsorgans nicht, da sie nicht von der Anteilseignerversammlung, sondern vom Aufsichtsrat bestellt werden. **9**

b) Die **Entlastung von Verwaltungsträgern.** Hier kommen nicht nur die Mitglieder des Aufsichtsrats einschließlich der Arbeitnehmervertre- **10** ter, sondern auch des Vertretungsorgans in Betracht, soweit die Anteilseignerversammlung kraft Gesetzes oder Satzung über deren Entlastung beschließt (vgl. §§ 119 Abs. 1 Z. 3, 120 AktG, 46 Z. 5 GmbHG, 48 Abs. 1 GenG; vgl. *Philipp*, DB 1976, 1623).

11 c) die **Auflösung** der Untergesellschaft (§§ 119 Abs. 1 Z. 8, 262 ff., 289 Abs. 4 AktG, 60 Abs. 1 Z. 2 GmbHG, 78, 121 GenG).

12 d) die **Verschmelzung** der Untergesellschaft mit einem anderen Unternehmen (§§ 339 ff. AktG, 93 a GenG).

13 e) die **Umwandlung** der Untergesellschaft, und zwar sowohl die übertragende wie die formwechselnde Umwandlung (§§ 262 ff. AktG, 57 ff. UmwG).

14 f) der **Abschluß von Unternehmensverträgen** zwischen Ober- und Untergesellschaft i.S. der §§ 291, 292 AktG, d. h. von Beherrschungs-, Gewinnabführungs-, Gewinngemeinschafts-, Teilgewinnabführungs-, Betriebspacht- und Betriebsüberlassungsverträgen, und zwar ohne Rücksicht darauf, auf welcher Seite des Vertrags Ober- und Untergesellschaft stehen. Obwohl die aktienrechtlichen Vorschriften formell nur dann gelten, wenn der durch den Vertrag belastete Teil die Rechtsform einer AG oder KGaA hat, wird man wegen der Identität der Interessenlage bei sämtlichen unter das Gesetz fallenden Unternehmen annehmen müssen, daß diese Einschränkung für § 32 nicht gilt (*Meilicke-Meilicke*, Rdn. 76; a.A. *Fitting-Wlotzke-Wißmann*, § 32 Rdn. 9).

15 g) die **Fortsetzung** nach der **Auflösung** des Unternehmens (vgl. § 274 AktG).

16 h) die **Übertragung des Vermögens** (§§ 359 ff. AktG, 1 ff. UmwG).

17 3. Der im Gesetz aufgezählte **Zustimmungskatalog ist abschließend.** Bei anderen, in die Kompetenz der Anteilseignerversammlung fallenden Beschlüssen, z. B. über Satzungsänderungen, Maßnahmen der Kapitalbeschaffung oder -herabsetzung, Verwendung des Jahresgewinns, Verfügung über die Beteiligung selbst sowie über Geschäftsführungsmaßnahmen (vgl. § 25 Rdn. 54 ff.) ist § 32 nicht anzuwenden (ebenso *Wlotzke-Wißmann*, DB 1976, 968; *Philipp*, DB 1976, 1623; *Fitting-Wlotzke-Wißmann*, § 32 Rdn. 7; zu § 15 MitbestEG ebenso schon *Boldt*, § 15 MitbestEG Rdn. 15). Für das MitbestG ergibt sich dies aus der kasuistischen Aufzählung der Gegenstände, ferner auch aus dem Umstand, daß der BT-Aussch. f. Arbeit u. Sozialordnung bei der Beratung des Gesetzes eine Einzelkorrektur vornahm, im übrigen aber bei der kasuistischen Aufzählung blieb.

Entgegen *Meilicke-Meilicke* (a.a.O., Rdn. 7.9) wird man daher auch die **Eingliederung** nicht in den Anwendungsbereich des § 32 einbeziehen können, zumal für ein Redaktionsversehen des Gesetzgebers kein Anhaltspunkt besteht. Obgleich dem Zustimmungskatalog keine überzeugende Differenzierung zwischen den in Betracht kommenden

Geschäften zugrunde liegt (vgl. neben den soeben Genannten auch *Bayer*, DB 1975, 1174; *Duden*, Festschr. f. *Ballerstedt*, 33 ff.; ferner zum MitbestEG *Fitting*, BABl. 1956, 510; *Geßler*, BB 1956, 631), ist die Vorschrift vielmehr der **extensiven Interpretation** oder **Analogie nicht zugänglich**, sondern muß starr angewandt werden.

IV. Verfahren

1. Die Wahrnehmung der aus Beteiligungen fließenden Rechte gehört **18** in der Obergesellschaft nach allgemeinem Recht zur Geschäftsführung und fällt deswegen grundsätzlich in die Zuständigkeit des Vertretungsorgans. In Einzelfällen kann sie gem. §§ 111 Abs. 4 S. 2 AktG i.V.m. 25 an die Zustimmung des Aufsichtsrats gebunden werden. Soweit die Anteilseignerversammlung befugt ist, über Geschäftsführungsfragen zu entscheiden, kommt auch deren Zuständigkeit in Betracht. **§ 32 durchbricht dieses gesellschaftsrechtliche Muster,** indem es die Entscheidung darüber generell dem Aufsichtsrat und dort speziell den Anteilseignervertretern überträgt. Im Gegensatz zu § 111 Abs. 4 AktG handelt es sich dabei nicht um die Zustimmung zu einer vom Vorstand beabsichtigten Maßnahme, sondern um eine **autonome Geschäftsführungsentscheidung des Aufsichtsrats,** die Weisungscharakter trägt und für das Vertretungsorgan verbindlich ist.

2. Nach der Fassung des Gesetzes entscheidet der Aufsichtsrat durch **19** **Beschluß**, doch ist diese Formulierung mißverständlich, da in Wirklichkeit gerade kein Beschluß des Gesamtorgans verlangt wird, sondern nur der Aufsichtsratsmitglieder der Anteilseigner (vgl. *Philipp*, DB 1976, 1627). Doch ist aus dem Wortlaut der Vorschrift zu entnehmen, daß auch die **Aufsichtsratsmitglieder der Arbeitnehmer** an der Sitzung teilnehmen können, Anspruch auf die gleiche Information haben wie die Vertreter der Anteilseigner sowie Anträge zur Geschäftsordnung und zur Sache stellen können (*Wlotzke-Wißmann*, DB 1976, 968; *Meilicke-Meilicke*, a.a.O., Rdn. 10; a.A. *Philipp*, a.a.O.; *Boldt*, § 15 MitbestEG Rdn. 8). Schriftliche, telegrafische oder fernmündliche Abstimmung ist wie bei allen Aufsichtsratsbeschlüssen nach § 108 Abs. 4 AktG i.V.m. § 25 nur zulässig, wenn kein Aufsichtsratsmitglied diesem Verfahren widerspricht (a.A. *Philipp*, a.a.O., der insoweit nur auf die Aufsichtsratsmtglieder der Anteilseigner abstellt). **Blankobeschlüsse,** die dem Vertretungsorgan die Ausübung der Beteiligungsrechte generell überlassen, erfüllen die Voraussetzungen des § 32 nicht, vielmehr muß der Aufsichtsrat über jeden unter die Vorschrift fallenden Tagesordnungspunkt der Anteilseignerversammlung jeder Untergesellschaft konkret abstimmen. Nur im Einzelfall kann ein solcher Beschluß das Vertretungsorgan ermächtigen, nach eigenem Ermessen zu stimmen (*Philipp*, a.a.O.,

1626; *Boldt*, § 15 MitbestEG Anm. 9). Der Teilaufsichtsrat ist auch gegenüber der Obergesellschaft verpflichtet, die erforderlichen Beschlüsse rechtzeitig vor der Anteilseignerversammlung der Untergesellschaft zu fassen, und haftet hierfür gem. §§ 116, 93 AktG i.V.m. 25 MitbestG (*Philipp*, a.a.O.). Die **Beschlußfähigkeit** setzt in analoger Anwendung des § 28 die Teilnahme mindestens der Hälfte aller Aufsichtsratsmitglieder der Anteilseigner voraus, bezogen auf die gesetzliche oder satzungsgemäße (§ 7 Abs. 1) Mitgliederzahl, nicht die Zahl der vorhandenen Mitglieder (*Meilicke-Meilicke*, a.a.O., Rdn. 12; *Philipp*, a.a.O., 1628). Ein wirksamer Beschluß bedarf nach dem Wortlaut des Gesetzes der **Stimmenmehrheit der Anteilseignervertreter** im Aufsichtsrat. Danach kommt es hier auf die Zahl der vorhandenen Mitglieder, nicht auf die gesetzliche Mitgliederzahl an, doch genügt die Mehrheit der abgegebenen Stimmen nicht.

20 Weil ein wirksamer Beschluß die Stimmenmehrheit sämtlicher Anteilseignervertreter im Aufsichtsrat voraussetzt, ist die **Delegation** der Beschlüsse nach § 32 **an einen Aufsichtsratsausschuß** nach der im Schrifttum überwiegend vertretenen Ansicht unzulässig (vgl. *Philipp*, a.a.O., 1628; *Lehmann-Heinsius*, Aktienrecht und Mitbestimmung, 36; *Fitting-Wlotzke-Wißmann*, § 32 Rdn. 10; zum MitbestEG ebenso *Köln.-Komm. – Mertens*, § 107 AktG Rdn. 116; a.A. *Schaub*, ZGR 1977, 303). Die konsequente Anwendung des Gesetzes verlangt indessen nur, daß dem Ausschuß die Mehrheit der Aufsichtsratsmitglieder der Anteilseigner angehört und daß auch bei jedem einzelnen Beschluß des Ausschusses diese Mehrheit erreicht wird. Das schließt zwar kleine, nur mit drei Aufsichtsratsmitgliedern besetzte Ausschüsse aus (a.A. *Leo*, Manager-Magazin 1976, Heft 7, 78), gestattet es aber, Beteiligungsausschüsse zu bilden, an denen je nach der Größe des Gesamtaufsichtsrats mindestens vier, fünf oder sechs Aufsichtsratsmitglieder der Anteilseigner teilnehmen. Andere Gründe stehen nicht im Wege, namentlich hindert § 107 Abs. 3 AktG nicht daran, einen solchen Ausschuß zu bilden. Die Aufsichtsratsmitglieder der Arbeitnehmer haben zwar keinen Anspruch darauf, in ihm paritätisch vertreten zu sein, dürfen jedoch auch nicht ohne weiteres völlig ausgeschlossen werden (§ 25 Rdn. 35 ff.). Da sie ohnehin nicht mit abstimmen, dürfte dem Diskriminierungsverbot Genüge getan sein, wenn ihnen auf Wunsch ein Sitz im Ausschuß eingeräumt wird.

21 3. Der Beschluß der Anteilseignervertreter im Aufsichtsrat ist nach Abs. 1 S. 2 a.E. für das Vertretungsorgan **verbindlich**. Befolgt dieses ihn nicht oder weicht es davon ab, verletzt es seine Pflichten gegenüber der Gesellschaft und macht sich daher nach §§ 93 AktG u.ä. schadensersatzpflichtig. Abweichend von den im Gesellschaftsrecht geltenden Regeln (vgl. §§ 82 Abs. 1 AktG, 37 Abs. 2 GmbHG, 119, 120 ABG, 27 Abs. 2

GenG) **beschränkt** § 32 darüber hinaus die **Vertretungsmacht** der Mitglieder des Vertretungsorgans, entfaltet also auch unmittelbare Außenwirkung (h.L.; vgl. *Wlotzke-Wißmann*, DB 1976, 968; *Meilicke-Meilicke*, § 32 Rdn. 16; *Haberland-Seiler*, § 32 Anm. 4; *Philipp*, DB 1976, 1624; zu § 15 MitbestEG ebenso schon *Boldt*, § 15 MitbestEG Rdn. 11; *Kötter*, § 15 MitbestEG Anm. 6; *Hueck-Nipperdey*, Arbeitsrecht Bd. II/2, 1546; a.A. *Hefermehl*, § 82 AktG Rdn. 30; *Meyer-Landrut*, § 82 AktG Anm. 14; *Kunze*, AuR 1956, 261). Wurde der Beschluß nicht vor der Anteilseignerversammlung der Untergesellschaft gefaßt, ist es daher gem. § 180 BGB grundsätzlich unzulässig, daß das Vertretungsorgan dort mit abstimmt (vgl. *Großkomm. Barz*, § 134 AktG Anm. 30; *Baumbach-Hueck*, § 134 AktG Rdn. 16). Die Untergesellschaft ist berechtigt und verpflichtet, die Stimme des nichtberechtigten Vertreters zurückzuweisen (Einzelheiten *Köln.-Komm. – Zöllner*, § 134 AktG Rdn. 90). Eine nachträgliche Genehmigung gem. § 177 BGB kommt nicht in Betracht (*Philipp*, a.a.O., 1626; *Fitting-Wlotzke-Wißmann*, § 32 Rdn. 21; zu § 15 MitbestEG schon *Kötter*, a.a.O., mit ausführl. Begr., unzutreffend insoweit *Leo*, Manager-Magazin 1976, H. 7, 77). Ein mit den Stimmen des Vertretungsorgans der Obergesellschaft gefaßter Beschluß der Anteilseignerversammlung ist nach den allgemeinen Regeln anfechtbar, sofern sich die Abgabe der nichtigen Stimmen auf das Ergebnis ausgewirkt haben kann (vgl. statt aller *Köln.-Komm. – Zöllner*, § 133 AktG Rdn. 26, § 342 AktG Rdn. 6, 129; *Großkomm. – Schilling*, § 243 AktG Anm. 4 ff., 10; *Baumbach-Hueck*, Anh. nach § 47 GmbHG Anm. 3).

Aus dem Gesagten ergibt sich die **Pflicht** des Leiters der Anteilseig- **22**
nerversammlung in der Untergesellschaft, die **Legitimation** der Vertreter der Obergesellschaft vor der Abstimmung zu **prüfen**. Bei der AG ist gem. § 134 Abs. 3 AktG eine schriftliche Vollmacht erforderlich, die der Gesellschaft vorzulegen ist und in ihrer Verwahrung bleibt. Auch bei den anderen unter das Gesetz fallenden Unternehmen empfiehlt sich die Schriftform, um Zweifel auszuschließen. Da die Erklärungen des Aufsichtsrats üblicherweise vom Aufsichtsratsvorsitzenden abgegeben werden (vgl. § 27 Rdn. 21), genügt es, wenn dieser die Erklärung unterzeichnet (*Philipp*, a.a.O., 1625). Liegt eine ausreichende Vollmacht vor, kann von den Organen der Untergesellschaft nicht verlangt werden, daß sie darüber hinaus den Inhalt der Weisungen nachprüfen, denn dabei handelt es sich um interne Vorgänge in der Obergesellschaft, die ihnen nicht ohne weiteres zugänglich sind (ebenso *Philipp*, a.a.O., *Kötter*, a.a.O.). Weicht das Vertretungsorgan der Obergesellschaft von den Weisungen des Aufsichtsrats ab, ohne daß dies bei der Abstimmung in der Anteilseignerversammlung der Untergesellschaft bemerkt wurde, ist eine Heilung des Mangels daher nur auf dem Weg über die Anfechtungsklage möglich.

4. Der Beschluß nach § 32 **ersetzt** eine kraft Satzung oder **Aufsichtsratsbeschluß dem § 111 Abs. 4 S. 2** AktG i.V.m. § 25 erforderliche Zustimmung des Gesamtaufsichtsrats, die dadurch gegenstandslos wird. Denn die in § 32 verkörperte Absicht des Gesetzgebers, die Kumulierung von Mitbestimmungsrechten zu verhindern, verbietet es, den Arbeitnehmern mit Hilfe des Zustimmungsvorbehalts wieder Einfluß auf die Entscheidung zu gewähren. Dagegen hindert § 32 die Anteilseignerversammlung nicht daran, die Entscheidung an sich zu ziehen und dem Vertretungsorgan Weisungen zu erteilen, soweit sie befugt ist, über Maßnahmen der Geschäftsführung zu beschließen (vgl. § 25 Rdn. 54 ff.). Denn es wäre ein übertriebener Formalismus, in solchen Fällen starr an der Vorschrift festzuhalten und neben dem Beschluß der Anteilseignerversammlung einen weiteren Mehrheitsbeschluß der Anteilseignervertreter im Aufsichtsrat zu verlangen.

V. Erstmalige Anwendung

24 § 32 ist erstmals anzuwenden, wenn der Aufsichtsrat der Obergesellschaft nach den Vorschriften des Gesetzes zusammengesetzt ist (§ 37 Abs. 2). Dagegen kann es nicht darauf ankommen, daß auch der Aufsichtsrat der Untergesellschaft sich bereits nach den Vorschriften des MitbestG zusammensetzt, da § 32 anderenfalls bei der Wahl der ersten Aufsichtsratsmitglieder der Anteilseigner zum neuen Aufsichtsrat der Untergesellschaft nicht zum Zuge käme, was den Intentionen des Gesetzes widerspricht. Solange allerdings nicht feststeht, ob die Untergesellschaft unter das Gesetz fällt, weil das Verfahren nach §§ 97 f. AktG oder 38 MitbestG noch nicht beendet ist, liegt der Tatbestand des § 32 nicht vor (ebenso *Meilicke-Meilicke*, § 32 Rdn. 5).

§ 33
Arbeitsdirektor

(1) Als gleichberechtigtes Mitglied des zur gesetzlichen Vertretung des Unternehmens befugten Organs wird ein Arbeitsdirektor bestellt. Dies gilt nicht für Kommanditgesellschaften auf Aktien.

(2) Der Arbeitsdirektor hat wie die übrigen Mitglieder des zur gesetzlichen Vertretung des Unternehmens befugten Organs seine Aufgaben im engsten Einvernehmen mit dem Gesamtorgan auszuüben. Das Nähere bestimmt die Geschäftsordnung.

(3) Bei Erwerbs- und Wirtschaftsgenossenschaften ist auf den Arbeitsdirektor § 9 Abs. 2 des Gesetzes betreffend die Erwerbs- und Wirtschaftsgenossenschaften nicht anzuwenden.

§ 9 Abs. 2 GenG lautet:

(2) Die Mitglieder des Vorstandes und des Aufsichtsrates müssen Genossen sein. Gehören der Genossenschaft einzelne eingetragene Genossenschaften als Mitglieder an oder besteht die Genossenschaft ausschließlich aus solchen, so können Mitglieder der letzteren in den Vorstand und den Aufsichtsrat berufen werden.

Schrifttum

Ballerstedt, Das Mitbestimmungsgesetz zwischen Gesellschafts-, Arbeits- und Unternehmensrecht, ZGR 1977, 133; *Duden,* Mitbestimmung in Konzernverhältnissen nach dem Mitbestimmungsgesetz, ZHR 141 (1977), 145 ff.; *Geitner,* Offene Fragen im Mitbestimmungsgesetz, AG 1976, 210 ff.; *Hoffmann,* Zum Rechtsbegriff Arbeitsdirektor gemäß § 33 MitbestG, BB 1976, 1233 ff.; *ders.,* Der Kernbereich des Arbeitsdirektors und andere praktische Fragen bei der Anwendung von § 33 MitbestG, BB 1977, 17 ff.; *Martens,* Allgemeine Grundsätze zur Anwendbarkeit des Mitbestimmungsgesetzes, AG 1976, 113 ff.; *Meyer-Landrut,* Der Arbeitsdirektor im Rahmen der paritätischen Mitbestimmung. DB 1976, 387 ff.; *Sieber,* Art. Arbeitsdirektor im Handwörterbuch des Personalwesens, 1975, 162 ff.; *Spieker,* Die Repräsentation der Aktiengesellschaft durch die Mitglieder ihres Vorstands, insbesondere durch den Arbeitsdirektor, BB 1968, 1089 ff.; *ders.,* Vorbereitende Hinweise zum Anwendungsbereich des Mitbestimmungsgesetzes, Mitbestimmungsgespräch 1976, 219 ff.; *Tegtmeier,* Wirkungen der Mitbestimmung der Arbeitnehmer, 1973, 101 ff.; *Thüsing,* Arbeitsdirektor, Neuer Art, Arbeitgeber 1976, 598 ff., 650 ff., 687 ff.; *Vetter,* Das neue Mitbestimmungsgesetz: Probleme und Aufgaben für die Gewerkschaften, AuR 1976, 257 ff.; *Viesel,* Der Arbeitsdirektor. Aufgaben und Pflichten, 1973; *Wlotzke-Wißmann,* Das neue Mitbestimmungsgesetz, DB 1976, 959 ff.; *Zöllner,* Zur Problematik der Auswahl und Bestellung des Arbeitsdirektors nach dem Mitbestimmungsgesetz, DB 1976, 1766 ff.

Übersicht

I. Vorbemerkungen

1 1. Die Figur des **Arbeitsdirektors** gehört zu den **politisch sensibelsten** und daher **umstrittensten Einrichtungen** des Mitbestimmungsrechts. Bei den Anhörungen der Mitbestimmungskommission hatte sich eine Überzeugung weiter Kreise der deutschen Wirtschaft herausgestellt, daß die selbständige Vertretung der Personal- und Sozialangelegenheiten im Vertretungsorgan durch ein eigens dafür bestelltes Mitglied wünschenswert sei. Die durch das Vetorecht der Arbeitnehmergruppe im Aufsichtsrat nach § 13 MontanMitbestG bewirkte Sonderstellung des Arbeitsdirektors wurde indessen verschieden beurteilt (BT-Drucks. VI/334, 50 f.). Unter dem Eindruck dieser Äußerungen empfahl die Kommission einen für Personal- und Sozialangelegenheiten zuständigen „Personalvorstand" gesetzlich vorzuschreiben, der aber, unter Verzicht auf das Vetorecht der Arbeitnehmervertreter im gleichen Verfahren wie alle anderen Mitglieder des Vertretungsorgans bestellt werden sollte (a.a.O., 96, 110). Die gleiche Konzeption findet sich auch in nahezu allen seit Ende der 60er Jahre veröffentlichten Mitbestimmungsmodellen der Parteien und Verbände mit Ausnahme des Gewerkschaftsvorschlags von 1968 (s. Mitbestimmung in Modellen, hrsg. v. Wirtschaftsrat der CDU e. V. 1973). Auch der RegE (§ 30) machte sie sich zu eigen, begnügte sich aber mit dem Satz: „Ein Mitglied des zur gesetzlichen Vertretung des Unternehmens befugten Organs muß vorwiegend für Personal- und Sozialangelegenheiten zuständig sein." Demgegenüber verlangten die Gewerkschaften auch während des Gesetzgebungsverfahrens noch, einen Arbeitsdirektor einzuführen, der vom besonderen Vertrauen der Arbeitnehmerseite im Aufsichtsrat abhängig ist (vgl. die Äußerungen von *Vetter, Mommsen* und *Judith* auf dem Hearing des BT-Aussch. f. Arbeit u. Sozialordnung am 16. 10. 1974, Prot. Nr. 51, 3, 17 f.).

2 Nach **mühsamen Verhandlungen** zwischen den Koalitionsparteien wurde dann, in Anlehnung an § 13 MitbestEG, die Formulierung gefunden, welche in das Gesetz einging. Sie führt den Begriff des Arbeitsdirektors ein, umschreibt seine Aufgaben aber nicht. Im Bericht des BT-Aussch. f. Arbeit u. Sozialordnung (BT-Drucks. 7/4845, 9 f.) heißt es dazu, die Mehrheit sei der Auffassung gewesen, daß mit einer Umschreibung des Aufgabenbereichs im Gesetz für die unternehmerische Praxis nichts Wesentliches gewonnen würde und daß insoweit ein gewisser Spielraum für die Entwicklung in den Unternehmen offen bleiben sollte. Vor allem verzichtet aber auch die Endfassung des Gesetzes darauf, den Aufsichtsratsmitgliedern der Arbeitnehmer wie nach § 13 MontanMitbestG ein Veto bei der Bestellung und Abberufung des Arbeitsdirektros einzuräumen, sondern beläßt es bei den für alle Mitglieder des Vertretungsorgans

geltenden Vorschriften des § 31. Der Antrag einiger CDU-Abgeordneter, das Bestellungsverfahren nach dem MontanMitbestG zu übernehmen, wurde im Ausschuß abgelehnt. Die Mehrheit war der Ansicht, das im Interesse des Unternehmens und des sozialen Friedens in den Betrieben erforderliche Vertrauensverhältnis zwischen dem Arbeitsdirektor und der Arbeitnehmerschaft könne nach den Erfahrungen mit dem MitbestEG auch ohne besonderes Bestellungsverfahren hergestellt werden (Ausschußber. a.a.O.). Ein weiterer Antrag der CDU, die Fassung des RegE wiederherzustellen (BT-Drucks. 7/4887 Ziff. 12), wurde dann im Bundestagsplenum abgelehnt (Stenograf. Ber. 230. Sitzung v. 18. März 1976, 16 075 B).

2. § 33 ist das Produkt eines **politischen Kompromisses**, der sich nicht 3
zuletzt dadurch auszeichnet, daß die **Regelungssubstanz** des Gesetzes **gering** ist (vgl. *Th. Raiser*, BB 1976, 148 f.). Neben den Ausnahmevorschriften zugunsten der KGaA in Abs. 1 S. 2 und für die Genossenschaft in Abs. 3 besagt das Gesetz lediglich, daß im Vertretungsorgan die Position eines Arbeitsdirektors eingerichtet werden muß, die mit einem gleichberechtigten und im gleichen Verfahren wie alle anderen gewählten Mitglieder zu besetzen ist. Abs. 2 hat angesichts der bereits nach dem Gesellschaftsrecht selbstverständlichen Pflicht jedes Vorstandsmitglieds zur Zusammenarbeit mit seinen Kollegen nur programmatischen Charakter (*Wlotzke-Wißmann*, DB 1976, 967). Alles übrige, namentlich der Inhalt der Begriffe „Arbeitsdirektor" und „gleichberechtigt", bleibt offen und muß aus der Mitbestimmungstradition (vgl. § 25 Rdn. 8) sowie aus dem systematischen Zusammenhang erschlossen werden. Angesichts dieses Sachverhalts sind schon in der Schlußdebatte des Bundestags Interpretationsdifferenzen aufgetreten (vgl. Stenograf. Ber., a.a.O., 16 066 ff. und die Darstellung von *Hoffmann*, BB 1976, 1233), die sich auch nach dem Inkrafttreten des Gesetzes in politischen Äußerungen und im Schrifttum fortgesetzt haben. In der Tat ist die Auslegung mit mancherlei Unsicherheiten behaftet.

II. Bestellung und Abberufung

1. § 33 Abs. 1 S. 1 verlangt zunächst, daß in den unter das Gesetz fal- 4
lenden Unternehmen ein Arbeitsdirektor als **Mitglied des Vertretungsorgans** bestellt wird, d. h. daß die Aufgaben des Arbeitsdirektors in der Unternehmensleitung selbst verankert und wahrgenommen werden. Wo dies bisher nicht der Fall war, verlangt die Vorschrift eine Änderung der Organisation oder der Zusammensetzung des Vertretungsorgans, welche dem Rechnung trägt (*Martens*, AG 1976, 117; *Thüsing*, Arbeitgeber 1976, 600).

Weiter macht das Gesetz ein **mindestens zweigliedriges Vertretungs-** 5
organ erforderlich. Schon die Parallelvorschrift des § 13 Montan-

MitbestG wurde im Schrifttum nahezu einhellig dahin verstanden, daß das Vertretungsorgan aus wenigstens zwei Mitgliedern bestehen müsse (*Boldt,* § 13 MontanMitbestG Anm. 2 a; *Müller-Lehmann,* § 13 MontanMitbestG Anm. 7; *Hefermehl,* § 76 AktG Rdn. 31; *Köln.-Komm. – Mertens,* § 76 AktG Rdn. 40; *Großkomm. – Meyer-Landrut,* § 76 AktG Rdn. 14; *Godin-Wilhelmi,* § 76 AktG Rdn. 11; die entgegengesetzte Ansicht von *Kötter,* § 13 MontanMitbestG Anm. 1, ist vereinzelt geblieben). Auch die Autoren des MitbestG setzten, wie sich aus den Formulierungen der Begründung zum RegE (BT-Drucks. 7/2172, 29) und des Ausschußber. (BT-Drucks. 7/4845, 9 f.) ergibt, ein wenigstens zweiköpfiges Vertretungsorgan voraus. Dem hat sich das Schrifttum angeschlossen (*Meilicke-Meilicke,* § 33 Rdn. 2; *Meyer-Landrut,* DB 1976, 387; *Thüsing,* Arbeitgeber 1976 600, *Hoffmann,* BB 1977, 21; a.A. aber mit beachtlichen Gründen *Overlack,* ZHR 141, 128 ff.). In der Tat erlaubt der Gesetzestext, der in Abs. 1 von einem (mit anderen Mitgliedern) gleichberechtigten Mitglied des Vertretungsorgans und in Abs. 2 vom engsten Einvernehmen des Arbeitsdirektors mit dem Gesamtorgan spricht, keine andere Interpretation. In Unternehmen, namentlich Gesellschaften mbH, die bisher nur von einer Person geleitet wurden, ist daher nach § 33 mindestens ein zweites Mitglied des Vertretungsorgans zu bestellen. Soll vermieden werden, daß das Vertretungsorgan wegen Meinungsverschiedenheiten zwischen dem Arbeitsdirektor und dem anderen Mitglied funktionsunfähig wird, empfiehlt es sich, wenigstens drei Mitglieder zu berufen (vgl. *Meyer-Landrut,* DB 1976, 388).

6 2. Der Arbeitsdirektor wird wie jedes andere Mitglied des Vertretungsorgans im **Verfahren nach § 31** i.V.m. § 84 AktG bestellt (vgl. § 31 Rdn. 13 ff.). § 13 Abs. 1 S. 2 MontanMitbestG, wonach der Arbeitsdirektor nicht gegen die Stimme der Mehrheit der Arbeitnehmervertreter im Aufsichtsrat berufen werden kann, findet im MitbestG keine Parallele. Belegschaft, Aufsichtsratsmitglieder der Arbeitnehmer oder Gewerkschaften haben auch kein Vorschlags- oder Zustimmungsrecht. Selbst unverbindliche, in der Satzung oder durch Vereinbarung begründete Vorschlags- und Zustimmungsrechte sind unwirksam, sofern sie geeignet sind, einen gewissen Druck auf den Aufsichtsrat auszuüben und somit seine Entscheidungsfreiheit zu beeinträchtigen (vgl. § 31 Rdn. 8). Dagegen entspricht es den Intentionen des Gesetzes, Wünsche der Belegschaft oder der Gewerkschaften zu berücksichtigen, sofern sie mit dem Unternehmensinteresse vereinbar sind, zumal eine wirksame Erfüllung der Funktionen des Arbeitsdirektors regelmäßig voraussetzt, daß er vom besonderen Vertrauen der Belegschaft getragen wird (vgl. *Geitner,* AG 1976, 213; *Zöllner,* DB 1976, 1767; weitergehend *Fitting-Wlotzke-Wißmann,* § 33 Rdn. 9 f.; *Reich-Lewerenz,* AuR 1976, 366). Mit dem

Gesetz unvereinbar wäre ferner eine Satzungsbestimmung, wonach der Arbeitsdirektor nicht Gewerkschaftsmitglied sein darf, denn auch dadurch würde die Wahlfreiheit des Aufsichtsrats unzulässig beschränkt. Auf der anderen Seite kann die Satzung auch nicht vorschreiben, daß nur gewählt werden kann, wer Anteile an der Gesellschaft besitzt, jedenfalls, wenn die Anteile nicht ohne weiteres erworben werden können (a.A. *Hoffmann*, BB 1977, 21, vgl. § 31 Rdn. 11). Da der Arbeitsdirektor als Mitglied des Vertretungsorgans nicht Arbeitnehmer ist (§ 5 Abs. 2 Nr. 1 BetrVG, vgl. § 3 Rdn. 15), kann er nicht zugleich Betriebsratsmitglied sein. Daß die **Stelle des Arbeitsdirektors** zu besetzen ist, muß **vor der Wahl festgelegt werden**, damit sich alle Beteiligten darauf einstellen können. Denn andernfalls würde der Arbeitsdirektor als kraft Gesetzes von den anderen Mitgliedern des Vertretungsorgans verschiedenes Mitglied nicht im Rechtssinn vom Aufsichtsrat bestellt. Daher kann die Entscheidung, wer von den gewählten Mitgliedern des Vertretungsorgans Arbeitsdirektor werden soll, nicht dem Vorstand oder, sofern sie Geschäftsführungsbefugnisse ausübt, der Anteilseignerversammlung überlassen werden (ebenso *Wlotzke-Wißmann*, DB 1976, 967; *Duden*, ZHR 141, 165; a.A. *Meilicke-Meilicke*, § 33 Rdn. 12 f.; *Thüsing*, Arbeitgeber 1976, 650). Eine Vorschrift in der Satzung oder in der Geschäftsordnung für das Vertretungsorgan, die solches bestimmt, wäre nichtig.

Fehlt der Arbeitsdirektor oder ein zweites Mitglied des Vertretungsorgans, kommt die **Notbestellung** durch das Gericht nach § 85 AktG i.V.m. § 31 Abs. 2 S. 2 in Betracht, da es sich um ein erforderliches Mitglied handelt (vgl. *Baumbach-Hueck*, § 85 AktG Rdn. 2; *Großkomm. – Meyer-Landrut*, § 85 AktG Anm. 1; *Hoffmann*, BB 1977, 20). **Amtsdauer**, Modalitäten des **Anstellungsvertrags** und Voraussetzungen der **vorzeitigen Abberufung** richten sich nach § 31 Abs. 1 u. 5 i.V.m. § 84 AktG. Insoweit genießt der Arbeitsdirektor keinerlei Sonderstellung gegenüber den anderen Mitgliedern des Vertretungsorgans (vgl. § 31 Rdn. 19 ff., 30 ff.). **7**

3. In der Literatur zum Montanmitbestimmungsrecht ist umstritten, ob der Arbeitsdirektor auch zum **stellvertretenden Vorstandsmitglied** berufen werden kann (bejahend *Boldt*, § 13 MontanMitbestG Anm. 4b; *Kötter*, § 13 MontanMitbestG, Anm. 1; verneinend *Köln.-Komm. – Mertens*, § 76 AktG Rdn. 40). Die Frage läßt sich nur zutreffend entscheiden, wenn man ihre Relevanz richtig einschätzt. Nach §§ 94 AktG, 44 GmbHG und 35 GenG gelten die Vorschriften für die Mitglieder des Vertretungsorgans auch für ihre Stellvertreter. Nach außen unterscheidet sich deren Rechtsstellung also nicht von der der ordentlichen Mitglieder. Auch intern können ihnen die allen Vorstandsmitgliedern kraft Gesetzes zustehenden Aufgaben nicht entzogen werden (vgl. statt aller **8**

Hefermehl, § 94 AktG Rdn. 4 ff.; *Baumbach-Hueck*, § 44 GmbHG). Nur soweit die Regelungsbefugnis der Geschäftsordnung reicht, kann ihre Kompetenz eingeschränkt, namentlich bestimmt werden, daß sie nur in Vertretung für ein verhindertes oder ausfallendes ordentliches Mitglied tätig werden dürfen. Im übrigen drückt die Bezeichnung stellvertretendes Vorstandsmitglied vor allem in Großunternehmen eine gewisse Rangordnung zwischen den Vorstandsmitgliedern aus, welche ihre Rechtsstellung als solche nicht berührt (vgl. *Hefermehl*, a.a.O., Rdn. 1; *Großkomm. – Meyer-Landrut*, § 94 AktG Anm. 1 f.).

9 Beim Arbeitsdirektor kommt wegen der in § 33 gesetzlich fixierten Zuständigkeit (s. Rdn. 12 ff.) eine Regelung nicht in Betracht, wonach er in Personal- und Sozialangelgenheiten nur als Vertreter ordentlicher Vorstandsmitglieder tätig werden darf. Das Problem spitzt sich daher auf die Frage zu, ob es mit § 33 vereinbar ist, durch seine Berufung zum stellvertretenden Mitglied des Vertretungsorgans zu dokumentieren, daß er in der dort geltenden Hierarchie am Ende rangiert. Sofern damit seine Position und Funktion als solche zurückgesetzt werden sollen, liegt eine nach Abs. 1 unzulässige Diskriminierung (s. Rdn. 16 ff.) vor. Dagegen erscheint es nicht von vornherein ausgeschlossen, den Arbeitsdirektor zum stellvertretenden Vorstandsmitglied zu bestellen, wenn dafür andere sachliche Gründe, z. B. sein Alter oder seine geringere Erfahrung in der Leitung eines Unternehmens, sprechen. Denn Rangordnung und Prestige im Vorstand sind jenseits der formellen gesetzlichen Grenzen nicht justitiabel (ähnlich *Meyer-Landrut*, DB 1976, 388; *Meilicke-Meilicke*, § 33 Rdn. 5; *Hoffmann*, BB 1977, 21 f.; a.A. *Fitting-Wlotzke-Wißmann*, § 33 Rdn. 20, die eine Berufung zum stellvertretenden Vorstandsmitglied generell ausschließen).

10 4. § 33 **tritt** gem. § 37 Abs. 2 **in Kraft**, wenn der Aufsichtsrat nach den Vorschriften des MitbestG zusammengesetzt ist (vgl. § 37 Rdn. 4). Doch wird man nicht verlangen können, daß der Arbeitsdirektor bereits in der konstituierenden Sitzung des neuen Aufsichtsrats gewählt wird (vgl. *Thüsing*, Arbeitgeber 1976, 650; a.A. *Spieker*, Mitbestimmungsgespräch 1976, 223). **Hatte ein Unternehmen zu diesem Zeitpunkt** bereits einen **Arbeitsdirektor** oder ein Mitglied des Vertretungsorgans, das, ohne den Titel zu führen, dessen Funktionen wahrnahm, so sind die Übergangsvorschriften des § 37 Abs. 2 u. 3 anzuwenden. Allerdings genügt es hierzu nicht, daß gewisse begrenzte Personalangelegenheiten schon bisher beim Vorstand ressortierten. Eine Neu- oder Wiederwahl findet in diesem Fall erst nach dem Ablauf der Amtsperiode oder der fünfjährigen Frist bzw. nach einem Widerruf gem. § 37 Abs. 3 statt, es sei denn, der Amtsinhaber wird vorher gem. §§ 31 Abs. 1 u. 5 i.V.m. 84 Abs. 3 AktG abberufen (vgl. § 31 Rdn. 30 ff.). Denn da § 33 den Arbeitsdirektor nicht als ein mit einer Sonderlegitimation von seiten der Arbeitnehmer ausgestattetes Amt einführt, besteht kein Anlaß, anders zu verfahren als bei den übrigen Mitgliedern des Vertretungsorgans und die Stelle vorzeitig neu zur Wahl zu stellen. Auch aus der Verwendung des Begriffs „bestellen“ in § 33 läßt sich kein anderer Schluß ziehen, denn der Begriff ist derselbe wie in § 31 und verlangt eine Neuwahl nur nach Maßgabe der Übergangsvorschriften (ebenso *Geitner*, AG 1976, 213; *Meilicke-Meilicke*, § 33 Rdn. 18; *Thüsing*, a.a.O., 650 ff., 687 f.; *Ballerstedt*, ZGR 1977, 147; *Immenga*, ZGR 1977, 258; *Hoffmann*, BB 1977, 23).

5. In **Kommanditgesellschaften auf Aktien** braucht nach Abs. 1 S. 2 **11** ein Arbeitsdirektor nicht bestellt zu werden. Die Ausnahme folgt mit notwendiger Konsequenz aus der Entscheidung des Gesetzgebers, die Rechtsnatur der KGaA zu erhalten und daher die Vorschriften des Gesetzes über die Wahl der Vorstandsmitglieder generell nicht auf sie zu erstrecken (vgl. § 31 Abs. 1 S. 2 und die Erläuterungen hierzu Rdn. 39). Für **Genossenschaften** schließt Abs. 3 die Anwendung des § 9 Abs. 2 GenG auf den Arbeitsdirektor aus. Im Gegensatz zu den anderen Vorstandsmitgliedern der Genossenschaft braucht der Arbeitsdirektor daher nicht Genosse zu sein. Die Vorschrift entspricht § 6 Abs. 3 S. 2 (s. § 6 Rdn. 54) und ist Ausdruck des Gedankens, daß neben den Aufsichtsratsmitgliedern der Arbeitnehmer auch der Arbeitsdirektor ein Mitbestimmungsorgan ist.

III. Aufgaben

1. Die dem Arbeitsdirektor obliegenden **Aufgaben nennt das Gesetz** **12** **nicht**, namentlich hat es die Formulierung des § 30 RegE nicht übernommen, wonach ein Mitglied des Vertretungsorgans „vorwiegend für Personal- und Sozialangelegenheiten zuständig“ sein muß. Doch ergibt sich aus seinem Amt und aus den vom Gesetzgeber damit befolgten Intentionen, daß er die **Belange der Arbeitnehmerschaft** besonders im Auge zu behalten und in die Planungen und Entscheidungen des Gesamtorgans einzubringen hat (vgl. *Vetter*, AuR 1976, 258). Im Rahmen der Aufgabenteilung zwischen den Mitgliedern des Vertretungsorgans ist der Begriff im übrigen nach einhelliger Ansicht im Schrifttum wie in der Unternehmenspraxis der Montanindustrie durch seine **Zuständigkeit für die personellen und sozialen Angelegenheiten** der Belegschaft oder, nach der Wendung von *Mertens (Köln.-Komm.*, § 77 AktG Rdn. 29), „für Belegschaftsfragen, für die soziale Betreuung der Arbeitnehmer und für betriebliche Wohlfahrtseinrichtungen“ definiert. Nach der häufigen, auch im Ausschußber. (BT-Drucks. 7/4845, 9) gebrauchten Formulierung steht ihm ein **Kernbereich der Personal- und Sozialfragen** des Unternehmens zu. Dabei handelt es sich um ein **gesetzliches Mindestressort** (*Spieker*, BB 1968, 1090; *Wlotzke-Wißmann*, DB 1976, 967; *Mar-*

tens, AG 1976, 116; *Reich-Lewerenz*, AuR 1976, 367), das ihm nicht entzogen werden darf. Welche Aufgaben und Funktionen im einzelnen dazu gehören, liegt nicht starr fest, sondern richtet sich auch nach der **Lage und den Bedürfnissen des Unternehmens,** dem insoweit ein gewisser Spielraum verbleibt (vgl. Ausschußber., a.a.O., 10). Doch werden sie in der Regel mindestens die Bereiche Soziales, Gesundheitsvorsorge, Arbeitsschutz, Unfallverhütung, Altersfürsorge und Pensionswesen sowie die berufliche Aus- und Weiterbildung umfassen (vgl. die Kataloge bei *Spieker*, a.a.O., und *Kötter*, § 13 MontanMitbestG Anm. 8; ferner ausführlich *Hoffmann*, BB 1977, 18 f.). Im herrschenden Unternehmen eines unter § 5 fallenden Konzerns umfaßt die Zuständigkeit des Arbeitsdirektors auch die Personal- und Sozialangelegenheiten der in den abhängigen Unternehmen beschäftigten Arbeitnehmer, soweit sie an der Konzernspitze wahrgenommen werden (**Konzernarbeitsdirektor**, Einzelheiten bei *Duden*, ZHR 141, 165 ff.).Gem. Abs. 2 kann die Geschäftsordnung des Vorstands die Zuständigkeit näher festlegen und abgrenzen (s. Rdn. 15).

13 Nicht zum gesetzlichen Mindestressort, das dem Arbeitsdirektor zugewiesen werden muß, gehören namentlich die **Personal- und Sozialangelegenheiten der leitenden und außertariflichen Angestellten.** Denn nach traditionellem, namentlich auch von den Gewerkschaften getragenem Verständnis bezieht sich der Begriff Arbeit hier auf die abhängige, weisungsgebundene Arbeit in dem engeren Sinn, in dem auch § 5 BetrVG 1972 die leitenden Angestellten nicht zu den Arbeitnehmern rechnet (*Hoffmann*, DB 1976, 1234). Auch wurden dem Arbeitsdirektor in der Montanindustrie, deren Verhältnisse dem Gesetzgeber insoweit zum Vorbild dienten, die Angelegenheiten der außertariflichen Angestellten nicht immer zugeordnet (*Spieker*, BB 1968, 1090), ohne daß sich eine Überzeugung herausgebildet hätte, die darin einen Verstoß gegen die Montanmitbestimmungsgesetze sah. Im Rahmen des § 33 sind die Unternehmen daher gleichfalls frei, die Zuständigkeit des Arbeitsdirektors in diesem Punkt nach ihren Bedürfnissen zu regeln (ebenso *Wlotzke-Wißmann*, DB 1976, 967; *Hoffmann*, a.a.O.; *Hoffmann-Neumann*, GmbH-Rdsch. 1976, 186; a.A. *Reich-Lewerenz*, AuR 1976, 367; differenzierend *Ballerstedt*, ZGR 1977, 149). Auch die **Rechte und Pflichten des Arbeitgebers nach dem BetrVG 1972** sind nicht schon aus begrifflichen Gründen oder kraft Gesetzes vom Arbeitsdirektor wahrzunehmen, sondern fallen in die Zuständigkeit des gesamten Vertretungsorgans oder des in der Geschäftsordnung damit beauftragten Mitglieds (vgl. *Zöllner*, DB 1976, 1768). Gleiches gilt für **Tarifangelegenheiten.** Die Vertretung des Unternehmens in **Arbeitgeberverbänden** und **Wirtschaftsvereinigungen** wird dem Arbeitsdirektor zwar nicht selten allein oder zusammen mit einem anderen Mit-

glied des Vertretungsorgans übertragen, doch gehört auch diese Funktion nicht zu seinen unentziehbaren Aufgaben (*Spieker*, a.a.O.; gravierende Einwände dagegen, dem Arbeitsdirektor die Vertretung des Unternehmens in Tarifangelegenheiten und in Arbeitgeberverbänden zu übertragen, erhebt *Zöllner*, DB 1976, 1767 ff.). Dagegen wird man mit *Spieker* (a.a.O., 1091 f.) annehmen müssen, daß die Repräsentation des Unternehmens in den **Sozialversicherungskörperschaften** zum Kernbereich der gesetzlichen Aufgaben des Arbeitsdirektors gehört.

Auf der anderen Seite verlangt das Gesetz **nicht**, daß der Arbeits- **14** direktor **ausschließlich** oder auch nur **vorwiegend** mit **Personal- und Sozialangelegenheiten befaßt wird.** Die darauf abzielende Formulierung des § 30 RegE ist nicht Gesetz geworden. Die für das Montanmitbestimmungsrecht vertretene Ansicht, außerhalb seines eigentlichen Aufgabenkreises dürfe der Arbeitsdirektor nicht oder allenfalls vorübergehend und vertretungsweise tätig werden (*Müller-Lehmann*, § 13 MontanMitbestG Anm. 7; *Nikisch*, Arbeitsrecht Bd. 3, 638; *Köln.-Komm. – Mertens*, § 77 AktG Rdn. 29), beruht auf der einseitigen Legitimation des Arbeitsdirektors, der gem. § 13 Abs. 1 S. 2 MontanMitbestG nicht gegen die Stimmen der Mehrheit der Arbeitnehmervertreter im Aufsichtsrat bestellt werden kann. Für das MitbestG, das diese Vorschrift nicht übernommen hat, entbehrt sie der rechtlichen Grundlage (*Martens*, AG 1976, 116 f.; a.A. *Reich-Lewerenz*, AuR 1976, 368). Es ist daher zulässig, den Arbeitsdirektor auch noch mit anderen Funktionen der Unternehmensführung, gleich welcher Art, zu betrauen oder umgekehrt einem bereits für andere Bereiche zuständigen Mitglied des Vertretungsorgans die Aufgaben des Arbeitsdirektors mit zu übertragen. Auch der Vorsitzende oder Sprecher des Vertretungsorgans kann zugleich die Position des Arbeitsdirektors bekleiden. Eine derartige Zusammenfassung der Ressorts kommt vor allem für Unternehmen in Betracht, die nur wenige Vorstandsmitglieder bzw. Geschäftsführer brauchen. Allerdings darf sie nicht soweit gehen, daß der Arbeitsdirektor gehindert oder eingeschränkt wird, seine Kernaufgaben vollständig und effektiv zu erledigen, sondern z. B. einen wesentlichen Teil an unter ihm stehende leitende Angestellte delegieren muß (ebenso *Wlotzke-Wißmann*, DB 1976, 967; *Hoffmann-Neumann*, GmbH-Rdsch. 1976, 186; *Geitner*, AG 1976, 213; *Thüsing*, Arbeitgeber 1976, 600). Mit § 33 unvereinbar ist bei divisionaler Gliederung des Unternehmens eine Regelung derart, daß jeweils das für einen Bereich verantwortliche Mitglied des Vertretungsorgans die Funktionen des Arbeitsdirektors, beschränkt auf seinen Bereich, übernimmt (a.A. wohl *Hoffmann*, BB 1977, 21).

2. Nach Abs. 2 S. 2 bestimmt das Nähere die **Geschäftsordnung** für **15** das Vertretungsorgan. Sie kann neben den Verfahrensregeln für die Zu-

sammenarbeit im Vertretungsorgan vor allem die Zuständigkeit des Arbeitsdirektors gegenüber den anderen Ressorts im Rahmen des Gesetzes näher festlegen und abgrenzen. Bei der AG wird die Geschäftsordnung nach Maßgabe des § 77 Abs. 2 AktG vom Aufsichtsrat oder vom Vorstand erlassen. Die Satzung kann nur Einzelfragen bindend regeln. Beschlüsse des Vorstands über die Geschäftsordnung müssen einstimmig gefaßt werden (Einzelheiten bei *Hefermehl*, § 77 AktG Rdn. 23 ff.; *Köln.-Komm. – Mertens*, § 77 AktG Rdn. 23 ff.). Für die anderen unter das Gesetz fallenden Unternehmensformen gilt § 77 AktG dagegen nicht, da das Gesetz nirgends auf die Vorschrift verweist. Gem. § 30 verbleibt es daher bei den rechtsformspezifischen Regeln. Bei der GmbH ist dafür in erster Linie die Gesellschafterversammlung zuständig, wenn nicht bereits die Satzung einschlägige Bestimmungen enthält (vgl. *Hachenburg-Schmidt*, § 35 GmbHG Anm. 34 b; *Meilicke-Meilicke*, § 33 Rdn. 13; *Meyer-Landrut*, DB 1976, 388; *Hoffmann-Neumann*, GmbH-Rdsch. 1976, 186 f.; *Thüsing*, Arbeitgeber 1976, 652). Der Aufsichtsrat ist kraft Gesetzes dazu nicht berufen, doch steht nichts im Wege, seine Zuständigkeit in der Satzung oder durch Beschluß der Anteilseignerversammlung zu begründen. Sofern kein anderes Organ eine Geschäftsordnung erläßt, kann sie auch von den Geschäftsführern selbst beschlossen werden. Bei der Genossenschaft ist die Generalversammlung dagegen außerhalb des Statuts nicht befugt, eine Geschäftsordnung für den Vorstand zu erlassen. Grundsätzlich liegt die Kompetenz dazu in den Händen des Vorstandes selbst, doch kann die Satzung den Aufsichtsrat dazu ermächtigen (vgl. *Lang-Weidmüller*, § 18 GenG Anm. 3; *Müller*, § 27 GenG Rdn. 8).

IV. Rechtsstellung

16 1. Die Rechtsstellung des Arbeitsdirektors ist dadurch gekennzeichnet, daß er als **gleichberechtigtes Mitglied des Vertretungsorgans** auftritt, dessen Position sich nur durch seine gesetzliche Zuständigkeit, nicht dagegen durch persönliche Voraussetzungen, einen besonderen Wahlmodus oder spezielle Rechte und Pflichten von der Stellung der übrigen Mitglieder unterscheidet. Seine Gleichberechtigung betont das Gesetz durch die Formulierung des § 33 Abs. 1 S. 1 indessen sehr stark. Sie verlangt nicht eine schematische Gleichbehandlung, die angesichts der vom Gesetz gewollten Aufgabenteilung in der Unternehmensleitung kaum denkbar wäre und jedenfalls die notwendige Flexibilität beseitigen würde. Daher sind **sachlich bedingte Differenzierungen nicht ausgeschlossen**. Wie andere Gleichberechtigungsvorschriften, namentlich Art. 3 GG, will § 33 nur die nicht durch sachliche Gründe gerechtfertigte, sondern willkürliche Differenzierung zum Nachteil des Arbeits-

direktors ausschließen. Die Vorschrift ist also im Sinn eines **Diskriminierungsverbots** zu verstehen. Welche Differenzierungen sachlich berechtigt sind, welche nicht, muß im konkreten Fall nach Maßgabe der Aufgaben und der Funktionsfähigkeit des Vertretungsorgans, aber auch der vom Gesetz gewollten Position des Arbeitsdirektors als eines voll integrierten Organmitglieds beurteilt werden (ebenso *Hoffmann*, BB 1977, 21 f.).

Das Diskriminierungsverbot wirkt sich auf **alle rechtlichen Bereiche** 17
aus, mit denen der Arbeitsdirektor in Ausübung seiner Tätigkeit in Berührung kommt, d. h. nicht nur auf den Umfang seiner Geschäftsführungs- und Vertretungsbefugnis, sondern z. B. auch auf die Anstellungsbedingungen oder den Rang, den er bei der Repräsentation des Unternehmens gegenüber der Öffentlichkeit oder den staatlichen Instanzen beanspruchen kann. Namentlich bestimmt es ferner die Grenzen, in denen die Satzung oder die Geschäftsordnung die Arbeitsweise und das Verfahren des Vertretungsorgans näher regeln kann. Dabei ist stets zu berücksichtigen, daß Geschäftsführung und Vertretung nach den Regeln des Gesellschaftsrechts grundsätzlich dem Gesamtorgan zustehen, dem dafür auch eine Gesamtverantwortung auferlegt ist (vgl. §§ 77 Abs. 1, 78 Abs. 2 S. 1 AktG). Die **Integration des Arbeitsdirektors in das Gesamtorgan** wird von § 33 Abs. 2 aufgegriffen und ausdrücklich bestätigt. Die Aufgabe der einschlägigen unternehmensinternen Regelungen, ein praktikables und mit dem geltenden Recht vereinbares Gleichgewicht zwischen der Gesamtverantwortung des Organs und der Ressortzuständigkeit seiner Mitglieder zu finden, wird durch das Gesetz nicht zurückgedrängt, sondern aktualisiert, Daher gilt es auch bei der Auslegung des § 33 im Auge zu behalten, daß das Diskriminierungsverbot die notwendige Flexibilität bei der Organisation der Unternehmensspitze nicht beseitigt.

2. Als Mitglied des Vertretungsorgans nimmt der Arbeitsdirektor zu- 18
nächst an der Erledigung **aller Aufgaben teil, die das Organ als solches treffen.** Für die Erfüllung von Rechtspflichten, die das Gesetz dem Vorstand bzw. den Geschäftsführern als solchen auferlegt (z. B. die Berichtspflicht nach §§ 90 AktG i.V.m. 25 Abs. 2 oder die Pflicht, die erforderlichen Handelsbücher zu führen, § 91 AktG) ist auch er verantwortlich. Über die Angelegenheiten des Unternehmens ist er in gleichem Umfang zu informieren wie alle anderen Mitglieder des Vertretungsorgans. Er nimmt an dessen Sitzungen teil und stimmt über alle dort behandelten Gegenstände mit ab. Besteht Gesamtgeschäftsführung (vgl. § 77 Abs. 1 S. 1 AktG), kann eine Maßnahme ohne seine Zustimmung nicht durchgeführt werden. Auch wo die Geschäfte verteilt sind, befreit ihn die Sonderzuständigkeit für Personal- und Sozialangelegenheiten nicht von der **Verantwortung für das Ganze** und von der daraus

fließenden Pflicht, die Vorgänge in anderen Ressorts zu beobachten und im Unternehmensinteresse mit zu prüfen. Auch er unterliegt der allgemeinen, alle Mitglieder des Vertretungsorgans treffenden Aufsichtspflicht (vgl. *Hefermehl*, § 77 AktG Rdn. 20 m.w.N.). Gegebenfalls ist er berechtigt und verpflichtet, Gegenstände, die nach der Geschäftsverteilung außerhalb seiner Zuständigkeit liegen, vor das Gesamtorgan zu bringen, sofern er dies für erforderlich hält.

19 Die gesetzliche Sonderzuständigkeit für Personal- und Sozialangelegenheiten entbindet den Arbeitsdirektor umgekehrt nicht, **seine Tätigkeit mit dem Gesamtorgan abzustimmen.** Er hat bei seiner Geschäftsführung die allgemeine Geschäftspolitik des Unternehmens und die dazu ergangenen Richtlinien und Vorstandsbeschlüsse zu beachten. Taucht in seinem Ressort eine Frage von grundsätzlicher Bedeutung für das Unternehmen auf, hat er sie nach Maßgabe der Geschäftsordnung dem Gesamtorgan zur Entscheidung vorzulegen. An dessen Beschlüsse ist er gebunden, und zwar auch dann, wenn sie nicht einstimmig und gegen sein Votum zustande gekommen sind. Ein Vetorecht gegen sie steht ihm von Gesetzes wegen nicht zu, auch nicht in Personal- und Sozialangelegenheiten. Doch kann ihm die Satzung oder die Geschäftsordnung ein Vetorecht gewähren (*Hefermehl*, § 77 AktG Rdn. 11 f.). Entsprechendes gilt, wenn eine Angelegenheit in die Kompetenz mehrerer Vorstandsmitglieder fällt. Der Arbeitsdirektor hat in diesem Fall die zuständigen Kollegen an der Entscheidung zu beteiligen und bei Meinungsverschiedenheiten einen Beschluß des Gesamtorgans einzuholen. Umgekehrt hat er Anspruch, beteiligt zu werden, sofern eine in einem anderen Ressort aufgetauchte Frage auch seinen Kompetenzbereich berührt.

20 3. Die Institution des Arbeitsdirektors setzt ferner auch die **Rang- und Zuständigkeitsordnung zwischen den Organen des Unternehmens nicht außer Kraft.** Bedarf eine Maßnahme gem. § 111 Abs. 4 AktG i.V.m. § 25 der **Zustimmung des Aufsichtsrats,** hat auch er – über das Gesamtorgan – dessen Zustimmung einzuholen. Desgleichen ist er den Beschlüssen und Direktiven der **Anteilseignerversammlung** unterworfen, namentlich auch dann, wenn dieser, wie bei allen unter das Gesetz fallenden Unternehmensformen mit Ausnahme der AG, das Recht zusteht, Geschäftsführungsmaßnahmen an sich zu ziehen und dem Vertretungsorgan dazu Weisungen zu erteilen (vgl. § 25 Rdn. 63 ff.). Auch in solchen Fällen besitzt er kein Vetorecht, denn § 33 gilt nur im Rahmen der dem Vertretungsorgan als solchem nach Gesellschafts- und Mitbestimmungsrecht zustehenden Kompetenzen (ebenso *Wlotzke-Wißmann*, DB 1976, 967; *Meyer-Landrut*, DB 1976, 388; *Hoffmann-Neumann*, GmbH-Rdsch. 1976, 186; *Overlack*, ZHR 141, 141; a.A. *Reich-Lewerenz*, AuR 1976, 369). Besteht ein **Beherrschungsvertrag,** ist der Arbeitsdirektor auch den Weisungen des herrschenden Unternehmens gem. §.308 AktG unterworfen (vgl. *Duden*, ZHR 141, 165 ff.).

4. Die Stellung des Arbeitsdirektors schließt es nicht aus, daß gem. **21**
§ 31 Abs. 1 i.V.m. § 84 Abs. 2 AktG ein Mitglied des Vertretungsorgans zum **Vorsitzenden** ernannt wird, denn dabei handelt es sich um eine vielfach übliche und bewährte Maßnahme, die keine Diskriminierung der übrigen Vorstandsmitglieder enthält (ebenso *Fitting-Wlotzke-Wißmann*, § 33 Rdn. 21, und zur Montanmitbestimmung schon *Köln.-Komm. – Mertens*, § 77 AktG Rdn. 29; anders *Boldt*, § 13 MontanMitbestG Anm. 4). Das Gleichberechtigungsgebot hindert auch nicht, in solchen Fällen dem Vorsitzenden den **Stichentscheid** einzuräumen, wenn eine Abstimmung Stimmengleichheit ergab (vgl. *Fitting-Wlotzke-Wißmann*, a.a.O., *Mertens*, a.a.O., § 77 AktG Rdn. 29; *Hoffmann*, BB 1977, 22). Nur bei einem zweigliedrigen Vertretungsorgan hält das aktienrechtliche Schrifttum den Stichentscheid des Vorsitzenden für unzulässig, weil er auf dessen Alleinentscheidungsrecht hinauslaufen würde, was mit § 77 Abs. 1 S. 2 AktG unvereinbar ist (*Hefermehl*, § 77 AktG Rdn. 8; ebenso *Hoffmann*, a.a.O.). Bei mitbestimmungspflichtigen Unternehmen wäre in diesem Fall auch die von § 33 verlangte Gleichberechtigung des Arbeitsdirektors mit dem (einzigen) anderen Mitglied des Vertretungsorgans nicht mehr gewahrt (ebenso schon *Boldt*, § 13 MontanMitbestG Anm. 4 b, der aber zu weit geht, wenn er die Bestellung eines Vorstandsvorsitzenden als mit dem Grundgedanken des Mitbestimmungsrechts generell unvereinbar bezeichnet; zu undifferenziert *Meilicke-Meilicke*, § 33 Rdn. 7).

Mit § 33 unvereinbar ist ferner eine Vorschrift, die einem Geschäfts- **22**
führer einer GmbH das Recht zuweist, bei Meinungsverschiedenheiten im Geschäftsführungskollegium auch gegen die Mehrheit der anderen Geschäftsführer bindend zu entscheiden. Bei der AG schließt schon § 77 Abs. 1 S. 2 AktG eine solche Regelung aus. Sie würde aber auch bei den anderen unter das MitbestG fallenden Unternehmen dem Begünstigten einen Vorrang vor dem Arbeitsdirektor einräumen, der mit § 33 nicht mehr in Einklang zu bringen ist (a.A. *Meilicke-Meilicke*, § 33 Rdn. 7). Auch sonst ist dem Arbeitsdirektor **dasselbe Maß von Selbständigkeit** zu gewähren, das die anderen Mitglieder des Vertretungsorgans genießen. Sind diese einzeln zur Geschäftsführung befugt, hat auch der Arbeitsdirektor Anspruch hierauf (*Köln.-Komm. – Mertens*, § 77 AktG Rdn. 29). Beschränkungen seiner Geschäftsführungsbefugnis, welche im Unternehmen nicht üblich sind und auch nicht den Bedürfnissen einer sachgerechten Unternehmensleitung entspringen, sondern diskriminierenden Charakter haben, sind unzulässig.

5. Hinsichtlich der **Vertretungsbefugnis** ist zu unterscheiden: Besteht **23**
gemeinschaftliche Vertretung aller Mitglieder des Vertretungsorgans

(vgl. §§ 78 Abs. 2 AktG, 35 Abs. 2 S. 2 GmbHG, 119 ABG, 25 Abs. 1 S. 2 GenG), so hängt die rechtswirksame Vertretung des Unternehmens auch von der Mitwirkung des Arbeitsdirektors ab. Sieht die Satzung bzw. die Geschäftsordnung Einzelvertretung oder (echte oder unechte) Gesamtvertretung vor, darf der Arbeitsdirektor nicht schlechter gestellt werden als die übrigen Organmitglieder (h.L.; vgl. statt aller *Meyer-Landrut*, DB 1976, 388). Schwierigkeiten bereiten nur die Fälle, in denen die Vertretungsbefugnis der übrigen Mitglieder des Vertretungsorgans verschieden geregelt ist. Hier wird man sich daran zu orientieren haben, welche Regelung in dem Unternehmen als der Normalfall angesehen wird, denn § 33 verlangt die reguläre, weder eine schlechtere, noch eine bessere Behandlung des Arbeitsdirektors. Bei einem mehrgliedrigen Vertretungsorgan kann es daher mit § 33 vereinbar sein, wenn dem Vorsitzenden Einzelvertretungsmacht gewährt wird, anderen Mitgliedern dagegen nicht (ebenso *Meyer-Landrut*, a.a.O.; *Hoffmann*, BB 1977, 21; zu § 13 MontanMitbestG *Köln.-Komm. – Mertens*, § 77 AktG Rdn. 29; *Kötter*, § 13 MontanMitbestG Anm. 8). Dagegen kann bei einem zweigliedrigen Vertretungsorgan nicht dem anderen Mitglied Einzelvertretungsbefugnis, dem Arbeitsdirektor dagegen nur Gesamtvertretungsmacht gewährt werden (*Meyer-Landrut*, a.a.O.; *Mertens*, a.a.O.; a.A. *Kötter*, a.a.O., Anm. 8; *Meilicke-Meilicke*, § 33 Rdn. 6).

24 6. Das Diskriminierungsverbot des § 33 gilt schließlich auch für den **Anstellungsvertrag**. Es verlangt, daß dem Arbeitsdirektor grundsätzlich die gleichen Bedingungen, namentlich gleiches Gehalt und gleiche sonstigen Leistungen gewährt werden, wie das Unternehmen den anderen Mitgliedern des Vertretungsorgans zukommen läßt. Dies schließt Unterschiede nicht aus, die auf sachlichen, nicht mit der Institution des Arbeitsdirektors als solcher verknüpften Gründen basieren und daher auch im Verhältnis zwischen anderen Vorstandsmitgliedern vorkommen könnten. Das Diskriminierungsverbot setzt einen Vergleich mit den unter gleichartigen Umständen gewährten Leistungen voraus, der schwierig ist, wenn die Anstellungsbedingungen individuell ausgehandelt werden. § 33 nötigt in solchen Fällen nicht dazu, die bisher geübte Praxis aufzugeben und einheitliche Verträge auszuarbeiten. Als Richtschnur kommen im Zweifel die Bezüge in Betracht, die durchschnittlich an die Mitglieder des Vertretungsorgans gezahlt werden (unscharf und in der Tendenz zu weit *Meilicke-Meilicke*, § 33 Rdn. 8).

25 7. Der von § 33 garantierten Gleichberechtigung des Arbeitsdirektors mit den anderen Mitgliedern des Vertretungsorgans entspricht, daß ihn auch **dieselben Pflichten** treffen. Er ist **kein Delegierter der Arbeitnehmerschaft** oder **Exponent der Gewerkschaften,** welcher deren Interessen zu vertreten hätte, sondern ein **unabhängiges Mitglied der Unternehmensleitung** (so schon *Boldt*, § 13 MontanMitbestG Anm. 4 a). Als sol-

ches hat er sein Amt in eigener Verantwortung zu führen und haftet gem. §§ 93 AktG, 43 GmbHG und 34 GenG für die Sorgfalt eines ordentlichen Geschäftsmannes bzw. Unternehmensleiters (vgl. § 30 Rdn. 8 f.). Im Rahmen der Sorge für das Unternehmen hat er auch wie jedes andere Vorstandsmitglied die Interessen der Arbeitnehmer und der Anteilseigner zu berücksichtigen, wobei ihm kraft seiner Aufgabe die Arbeitnehmerschaft besonders nahesteht (vgl. *Vetter*, AuR 1976, 258). Doch ist er **keinerlei Weisungen** von seiten der Belegschaft oder der Gewerkschaften unterworfen, sondern verhält sich pflichtwidrig und macht sich schadensersatzpflichtig, sofern er derartige Weisungen befolgt. Im Konflikt zwischen Gruppeninteresse und Unternehmensinteresse hat er, wie alle anderen Mitglieder des Vertretungsorgans, dem Unternehmensinteresse den Vorzug zu geben (vgl. § 30 Rdn. 9).

V. Streitigkeiten

Vorschriften der **Satzung** und **Geschäftsordnungsbeschlüsse der Anteilseignerversammlung**, die gegen § 33 verstoßen, namentlich den Zuständigkeitsbereich des Arbeitsdirektors zu eng begrenzen oder das Diskriminierungsverbot mißachten, treten gem. § 37 Abs. 1 zu dem dort genannten Zeitpunkt außer Kraft. Dagegen ist zweifelhaft, welche Rechtsfolge eintritt, wenn die Anteilseignerversammlung oder ein anderes Organ nachträglich Satzungs- oder Geschäftsordnungsvorschriften beschließt, die § 33 verletzen. Ist die Anteilseignerversammlung nach den gesellschaftsrechtlichen Vorschriften nicht zuständig, Geschäftsführungsregeln für das Vertretungsorgan zu erlassen (vgl. Rdn. 15), so kommt schon nach den allgemeinen Vorschriften Nichtigkeit des Beschlusses in Betracht (vgl. § 241 Abs. 1 Nr. 3 AktG und dazu *Köln.-Komm. – Zöllner*, § 241 AktG Rdn. 117). Nichtigkeit eines von der Anteilseignerversammlung im Rahmen ihrer gesetzlichen Zuständigkeit gefaßten Beschlusses liegt, jedenfalls nach Aktienrecht, nur dann vor, wenn man in dem Verstoß gegen § 33 die Verletzung einer Vorschrift sieht, die i. S. des § 241 Abs. 1 Nr. 3 AktG im öffentlichen Interesse gegeben ist, denn die anderen Nichtigkeitsvoraussetzungen sind nicht erfüllt. Angesichts der öffentlichen Bedeutung des MitbestG wird man dies zu bejahen haben. Wollte man nur die Anfechtbarkeit des Beschlusses wegen Gesetzesverletzung gem. § 243 Abs. 1 AktG annehmen, wäre der Rechtsschutz unzulänglich, zumal das Aktienrecht (§ 245 AktG) für diesen Fall keine Anfechtungsbefugnisse von Repräsentanten der Arbeitnehmerseite kennt. **Geschäftsordnungsbeschlüsse** des Aufsichtsrats und des Vertretungsorgans, die § 33 widersprechen, sind gleichfalls schon nach den allgemeinen Regeln nichtig (vgl. § 25 Rdn. 30; ferner *Meilicke-Meilicke*, § 33 Rdn. 9 f.). Auf die Nichtigkeit kann sich jeder- 26 mann, namentlich auch der Arbeitsdirektor selbst, berufen. Dasselbe gilt für alle **anderen Beschlüsse des Vertretungsorgans,** die § 33 verletzen. Beachtet der Arbeitsdirektor derartige Beschlüsse nicht, liegt keine Pflichtverletzung vor, die ihn gem. §§ 93 AktG, 43 GmbHG, 34 GenG schadensersatzpflichtig machen könnte.

27 Eine **Klage auf Feststellung der Nichtigkeit** ist, da das Gesetz eine Zuständigkeit der Arbeitsgerichte nicht begründet, vor den ordentlichen Gerichten zu erheben. Die Klagebefugnis setzt gem. § 256 ZPO ein rechtliches Interesse voraus. Ob ein solches vorliegt, hängt von den Umständen ab, doch wird es sowohl beim Arbeitsdirektor wie bei den übrigen Mitgliedern des Vertretungsorgans regelmäßig gegeben sein. Gegebenenfalls wird man auch das rechtliche Interesse des Aufsichtsrats, der in ihm vertretenen Gruppen, einzelner Aufsichtsratsmitglieder oder anderer am Unternehmen beteiligten Personen oder Gruppen bejahen müssen. Wird bei der Festsetzung der Anstellungsbedingungen des Arbeitsdirektors das Diskriminierungsverbot des § 33 nicht beachtet, muß ihm auch eine Klage auf Leistung nicht diskriminierender Bedingungen zugebilligt werden.

VIERTER TEIL

Seeschiffahrt

§ 34

(1) Die Gesamtheit der Schiffe eines Unternehmens gilt für die Anwendung dieses Gesetzes als ein Betrieb.

(2) Schiffe im Sinne dieses Gesetzes sind Kauffahrteischiffe, die nach dem Flaggenrechtsgesetz die Bundesflagge führen. Schiffe, die in der Regel binnen 48 Stunden nach dem Auslaufen an den Sitz eines Landbetriebs zurückkehren, gelten als Teil dieses Landbetriebs.

(3) Leitende Angestellte im Sinne des § 3 Abs. 3 Nr. 2 dieses Gesetzes sind in einem in Absatz 1 bezeichneten Betrieb nur die Kapitäne.

(4) Die Arbeitnehmer eines in Absatz 1 bezeichneten Betriebs nehmen an einer Abstimmung nach § 9 nicht teil und bleiben für die Errechnung der für die Antragstellung und für die Beschlußfassung erforderlichen Zahl von Arbeitnehmern außer Betracht.

(5) Werden die Aufsichtsratsmitglieder der Arbeitnehmer durch Wahlmänner gewählt, so werden abweichend von § 10 in einem in Absatz 1 bezeichneten Betrieb keine Wahlmänner gewählt. Abweichend von § 15 Abs. 1 nehmen die Arbeitnehmer dieses Betriebs unmittelbar an der Wahl der Aufsichtsratsmitglieder der Arbeitnehmer teil mit der Maßgabe,

1. daß die Stimme eines dieser Arbeitnehmer als ein Sechzigstel der Stimme eines Wahlmannes zu zählen ist; § 11 Abs. 1 Satz 3 ist entsprechend anzuwenden;
2. daß diese Arbeitnehmer an Abstimmungen über die gemeinsame Wahl der Aufsichtsratsmitglieder der Arbeitnehmer durch die Wahlmänner nicht teilnehmen und für die Errechnung der für die Antragstellung und für die Beschlußfassung erforderlichen Zahlen von Wahlmännern der Arbeiter und Wahlmännern der Angestellten außer Betracht bleiben.

(6) Werden die Aufsichtsratsmitglieder der Arbeitnehmer in unmittelbarer Wahl gewählt und gehören nicht mehr als ein Zehntel der Arbeitnehmer des Unternehmens zu einem in Absatz 1 bezeichneten Betrieb, so nehmen diese Arbeitnehmer an einer Abstimmung über die gemeinsame Wahl der Aufsichtsratsmitglieder der Arbeitnehmer nicht teil und bleiben für die Errechnung der für die Antragstellung und für die Beschlußfassung erforderlichen Zahlen von Arbeitern und Angestellten außer Betracht.

Übersicht

I. Vorbemerkungen

1 § 34 enthält eine Anzahl von Sondervorschriften, welche das Wahlverfahren für den besonders komplizierten Fall praktikabel machen sollen, daß an der Wahl Seeleute teilnehmen. Abs. 1–3 enthalten Klarstellungen und Definitionen, die im wesentlichen § 114 Abs. 3, 4 u. 6 S. 2 BetrVG entsprechen. Nach Abs. 4 nehmen Seeleute an der Abstimmung gem. § 9 darüber, ob mittelbare oder unmittelbare Wahl stattfinden soll, nicht teil. Das Gesetz will diese als nicht ganz so zentral erachtete Abstimmung von der langwierigen und aufwendigen Einbeziehung der Seeleute entlasten. Aus dem gleichen Grund wählen die Seeleute nach Abs. 5 auch im Fall mittelbarer Wahl keine Wahlmänner, sondern können mit entsprechend vermindertem Stimmengewicht an der Wahl der Arbeitnehmervertreter im Aufsichtsrat selbst partizipieren. An einer Vorabstimmung gem. § 15 Abs. 3, ob nach Gruppen getrennt oder gemeinsam gewählt wird, nehmen sie auch in diesem Fall nicht teil. Bei unmittelbarer Wahl werden sie nach Abs. 6 in die Vorabstimmung über Gruppen- oder gemeinsame Wahl nur einbezogen, wenn sie mehr als ein Zehntel aller Arbeitnehmer des Unternehmens ausmachen.

2 Die Vorschrift, die als Grundlage für besondere Wahlregeln im Bereich der Seeschiffahrt gedacht ist, wurde erst während der Ausschußberatungen eingeführt (vgl. Ausschußber., BT-Drucks. 7/4845, 15). Die **Ausführungsbestimmungen** finden sich in §§ 117–133 2. WO, 118–134 3. WO.

3 § 34 gilt, wie aus der Überschrift zum 4. Teil hervorgeht, **nur** für die **Seeschiffahrt**. Auf Binnenschiffahrtsunternehmen sind die Vorschriften des Gesetzes uneingeschränkt anzuwenden. Zur Binnenschiffahrt gehören alle Fahrzeuge, die nach ihrer Bestimmung auf Wasserstraßen verkehren, die nicht unter die Seewasserordnung fallen, einschließlich der Schiffe, die ausschließlich im Hafen verwendet werden (vgl. *Dietz-Richardi*, § 114 BetrVG Rdn. 8).

II. Sonderregeln für Seeleute (Abs. 1–6)

4 1. Die **Sonderregeln** des § 34 sind nach Abs. 1 u. 2 anzuwenden in Unternehmen, die **Kauffahrteischiffe**, d. h. dem wirtschaftlichen Erwerb

durch Seefahrt dienende Schiffe (§ 484 Abs. 1 HGB) **unter deutscher Flagge** (vgl. §§ 1 f., 11 Flaggenrechtsges. vom 8. 2. 1951) betreiben. Die Gesamtheit dieser Schiffe gilt nach Abs. 1 für die Anwendung des Gesetzes als ein Betrieb (**Seebetrieb**), und zwar unabhängig davon, ob ein Schiff nach den allgemeinen Regeln für sich allein einen Betrieb bildet. Auszunehmen sind nach Abs. 2 S. 2 allerdings die Schiffe, die in der Regel binnen 48 Stunden nach dem Auslaufen an den Sitz eines Landbetriebes, nicht notwendig des Landbetriebs, aus dem sie ausgelaufen sind, zurückkehren. Bei diesen Schiffen ist nach der Konzeption des Gesetzes die Verbundenheit mit dem Landbetrieb noch so groß, daß sie, ebenso wie die Schiffe der Binnenschiffahrt, als dessen Teil betrachtet werden können. Der Landbetrieb muß nicht der Heimathafen oder der Sitz des Unternehmens sein (Einzelheiten zum Ganzen bei *Fitting-Wlotzke-Wißmann*, § 34 Rdn. 8 ff.; *Dietz-Richardi*, § 114 BetrVG Rdn. 28 ff.).

2. Abs. 3 enthält eine präzisierende und definierende Sondervor- **5**
schrift zu § 3 Abs. 3 Nr. 2. Danach sind auf den unter Abs. 1 u. 2 fallenden Schiffen **nur die Kapitäne leitende Angestellte**. Kapitän ist der in der Regel vom Reeder, ausnahmsweise von einem verhinderten Kapitän bestellte Führer eines Schiffes (§§ 511, 516 Abs. 2 HGB, § 2 Abs. 1 SeemG). Die Vorschrift entspricht der Abgrenzung nach § 114 Abs. 6 S. 2 BetrVG. Schiffsoffiziere, aber auch ein nach § 2 Abs. 3 SeemG berufener Kapitänsvertreter kommen nie als leitende Angestellte in Betracht.

3. Die zu einem Betrieb i.S.d. Abs. 1 gehörenden, im Unternehmen **6**
beschäftigten Seeleute nehmen gem. Abs. 4 an der **Abstimmung** gem. § 9 über die Frage, ob **unmittelbare oder mittelbare** Wahl stattfinden soll, **nicht** teil. Sie haben auch kein Antragsrecht gem. § 9 Abs. 3. Folgerichtig können sie, wie das Gesetz ausdrücklich betont, auch bei der Berechnung der für einen Antrag oder für das Zustandekommen des Beschlusses erforderlichen Stimmenzahl nicht berücksichtigt werden. Bei der Ermittlung der für die Anwendung der §§ 1 Abs. 1, 9 Abs. 1 u. 2 maßgebenden Arbeitnehmerzahl sind sie dagegen ohne Einschränkung mitzuzählen (*Fitting-Wlotzke-Wißmann*, § 34 Rdn. 16).

4. Auch wenn in dem Unternehmen mittelbare Wahl stattfindet, neh- **7**
men die zu einem Betrieb nach Abs. 1 zusammengefaßten Seeleute des Unternehmens gem. Abs. 5 **stets in unmittelbarer Wahl** teil. Wahlmänner werden in Seebetrieben abweichend von § 10 Abs. 1 also nie bestellt. In Parallele zu § 11 Abs. 1 zählt die Stimme jedes wahlberechtigten Seemanns nur ein Sechzigstel der Stimme eines Wahlmanns. Teilzahlen werden als volle Stimme gerechnet, wenn sie mindestens die Hälfte der vollen Zahl betragen, d. h. wenn über die letzte durch 60 teilbare Zahl hinaus mehr als 30 Seeleute ihre Stimme abgeben (Abs. 5 Nr. 1 i.V.m. § 11 Abs. 1 S. 3). Die Sonderregelung bezieht sich nur auf

die Wahl der Aufsichtsratsmitglieder selbst. Wird gem. § 10 Abs. 2 zuvor eine Abstimmung erforderlich, ob Gruppenwahl oder gemeinsame Wahl stattfinden soll, so nehmen die unter § 34 fallenden Arbeitnehmer an dieser Abstimmung überhaupt nicht teil (Abs. 5 Nr. 2). Sie können auch hier bei der Berechnung der für einen Antrag und für einen wirksamen Beschluß erforderlichen Mindestzahl nicht berücksichtigt werden.

8 5. Findet nach §§ 9, 18 unmittelbare Wahl statt, so kann gleichfalls eine **Vorabstimmung gem. § 15 Abs. 3 i.V.m. § 18** darüber notwendig werden, ob Gruppenwahl oder gemeinsame Wahl stattfinden soll. Abs. 6 ordnet an, daß die unter § 34 fallenden Seeleute in diesem Fall nur mitzustimmen haben, wenn sie mehr als ein Zehntel der gesamten Arbeitnehmerschaft des Unternehmens (nicht der wahlberechtigten Arbeitnehmer) umfassen. Wiederum können sie folgerichtig nur in diesem Fall den Antrag stellen und bei der Berechnung der für einen Antrag oder für einen wirksamen Beschluß erforderlichen Mindestzahl von Stimmen berücksichtigt werden.

III. Ablauf der Wahl

9 Der Ablauf der Wahl, der durch die unter II. erläuterten Sonderregeln vereinfacht wird, ist in Unternehmen mit Seebetrieben vor allem wegen der Länge der Übermittlungswege erschwert. Die **Wahlordnungen** tragen diesen Schwierigkeiten Rechnung, indem sie das Wahlverfahren in Seebetrieben in einem gesonderten dritten Teil selbständig regeln (§§ 117–133 2. WO, 118–134 3. WO). Zunächst **verlängern sich die gesetzlichen Fristen.** Die Wahl ist bereits 50, in Konzernen 56 Wochen vor dem voraussichtlichen Beginn der Amtszeit der zu wählenden Aufsichtsratsmitglieder einzuleiten (§§ 117 Abs. 1 i.V.m. 2 Abs. 1 S. 1 2. WO, 118 Abs. 1 i.V.m. 2 Abs. 1 S. 1 3. WO). Entsprechend längere Fristen nennen die Verordnungen für die anderen Abschnitte des Wahlverfahrens. Da die Aufsichtsratsmitglieder der Arbeitnehmer nur einheitlich gewählt werden können, verlängert sich die Dauer der Wahl für das ganze Unternehmen bzw. für den ganzen Konzern auf diese Zeit. Ein **Betriebswahlvorstand** wird für den Seebetrieb **nicht bestellt**. Statt dessen nimmt der Unternehmenswahlvorstand alle dem Betriebswahlvorstand obliegenden Aufgaben wahr (§§ 117 Abs. 3 2. WO, 118 Abs. 3 3. WO). Die Teilnahme an der Abstimmung über gemeinsame Wahl gem. Abs. 6 und die Teilnahme an der Wahl selbst erfolgt durch **Briefwahl** (§§ 122 Abs. 2 Nr. 4, 123, 126 2. WO, 123 Abs. 2 Nr. 4, 124, 127 3. WO). Auch für das **Abberufungsverfahren** enthalten die Wahlordnungen entsprechende Sonderregeln (§§ 128–133 2. WO, 129–134 3. WO).

IV. Streitigkeiten

Streitigkeiten im Zusammenhang mit § 34 betreffen die Wahl der Aufsichtsratsmitglieder der Arbeitnehmer und sind daher gem. §§ 2 Abs. 1 Nr. 5 n.F., 80 ArbGG von den Arbeitsgerichten im Beschlußverfahren zu entscheiden. 10

FÜNFTER TEIL
Übergangs- und Schlußvorschriften

§ 35
Änderung von Gesetzen

(1) Das Aktiengesetz wird wie folgt geändert:

1. In § 84 Abs. 4 werden hinter den Worten „Die Vorschriften" die Worte „des Gesetzes über die Mitbestimmung der Arbeitnehmer in den Aufsichtsräten und Vorständen der Unternehmen des Bergbaus und der Eisen und Stahl erzeugenden Industrie vom 21. Mai 1951 (Bundesgesetzblatt I S. 347) – Montan-Mitbestimmungsgesetz" – eingefügt.
2. In § 95 erhält Satz 5 die Fassung:
   „Durch die vorstehenden Vorschriften werden hiervon abweichende Vorschriften des Gesetzes über die Mitbestimmung der Arbeitnehmer vom 4. Mai 1976 (Bundesgesetzbl. I S. 1153), des Montan-Mitbestimmungsgesetzes und des Gesetzes zur Ergänzung des Gesetzes über die Mitbestimmung der Arbeitnehmer in den Aufsichtsräten und Vorständen der Unternehmen des Bergbaus und der Eisen und Stahl erzeugenden Industrie vom 7. August 1956 (Bundesgesetzbl. I S. 707) – Mitbestimmungsergänzungsgesetz – nicht berührt."
3. § 96 Abs. 1 enthält folgende Fassung:
   „(1) Der Aufsichtsrat setzt sich zusammen
   bei Gesellschaften, für die das Mitbestimmungsgesetz gilt, aus Aufsichtsratsmitgliedern der Aktionäre und der Arbeitnehmer,
   bei Gesellschaften, für die das Montan-Mitbestimmungsgesetz gilt, aus Aufsichtsratsmitgliedern der Aktionäre und der Arbeitnehmer und aus weiteren Mitgliedern,
   bei Gesellschaften, für die §§ 5 bis 13 des Mitbestimmungsergänzungsgesetzes gelten, aus Aufsichtsratsmitgliedern der Aktionäre und der Arbeitnehmer und aus einem weiteren Mitglied,
   bei Gesellschaften, für die § 76 Abs. 1 des Betriebsverfassungsgesetzes 1952 gilt, aus Aufsichtsratsmitgliedern der Aktionäre und der Arbeitnehmer,
   bei den übrigen Gesellschaften nur aus Aufsichtsratsmitgliedern der Aktionäre."

4. § 98 Abs. 2 wird wie folgt geändert:

a) Nummer 4 erhält die Fassung:

„4. der Gesamtbetriebsrat der Gesellschaft oder, wenn in der Gesellschaft nur ein Betriebsrat besteht, der Betriebsrat,“.

b) Nummer 5 erhält die Fassung:

„5. der Gesamtbetriebsrat eines anderen Unternehmens, dessen Arbeitnehmer nach den gesetzlichen Vorschriften, deren Anwendung streitig oder ungewiß ist, selbst oder durch Wahlmänner an der Wahl von Aufsichtsratsmitgliedern der Gesellschaft teilnehmen, oder, wenn in dem anderen Unternehmen nur ein Betriebsrat besteht, der Betriebsrat,“.

c) In Nummer 7 wird der Punkt am Ende des Satzes durch ein Komma ersetzt.

d) Es wird folgende Nummer 8 angefügt:

„8. Gewerkschaften, die nach den gesetzlichen Vorschriften, deren Anwendung streitig oder ungewiß ist, ein Vorschlagsrecht hätten.“

e) An Absatz 2 wird folgender Satz 2 angefügt:

„Ist die Anwendung des Mitbestimmungsgesetzes oder die Anwendung von Vorschriften des Mitbestimmungsgesetzes streitig oder ungewiß, so sind außer den nach Satz 1 Antragsberechtigten auch je ein Zehntel der wahlberechtigten Arbeiter, der wahlberechtigten in § 3 Abs. 3 Nr. 1 des Mitbestimmungsgesetzes bezeichneten Angestellten oder der wahlberechtigten leitenden Angestellten im Sinne des Mitbestimmungsgesetzes antragsberechtigt.“

5. In § 100 Abs. 3 werden die Worte „Betriebsverfassungsgesetz, dem Mitbestimmungsgesetz und dem Mitbestimmungsergänzungsgesetz“ durch die Worte „Mitbestimmungsgesetz, dem Montan-Mitbestimmungsgesetz, dem Mitbestimmungsergänzungsgesetz und dem Betriebsverfassungsgesetz 1952“ ersetzt.

6. § 101 wird wie folgt geändert:

a) In Absatz 1 Satz 1 werden die Worte „Betriebsverfassungsgesetz oder dem Mitbestimmungsergänzungsgesetz“ durch die Worte „Mitbestimmungsgesetz, dem Mitbestimmungsergänzungsgesetz oder dem Betriebsverfassungsgesetz 1952“ ersetzt.

b) In Absatz 1 Satz 2 wird das Wort „Mitbestimmungsgesetzes“ durch das Wort „Montan-Mitbestimmungsgesetzes“ ersetzt.

c) An Absatz 2 wird folgender Satz 5 angefügt:

„§ 4 Abs. 1 des Gesetzes über die Überführung der Anteilsrechte an der Volkswagenwerk Gesellschaft mit beschränkter Haftung in private Hand vom 21. Juli 1960 (Bundesgesetzbl. I S. 585), zuletzt geändert durch das Zweite Gesetz zur Änderung

des Gesetzes über die Überführung der Anteilsrechte an der Volkswagenwerk Gesellschaft mit beschränkter Haftung in private Hand vom 31. Juli 1970 (Bundesgesetzbl. I S. 1149), bleibt unberührt."

d) In Absatz 3 Satz 2 wird das Wort „Mitbestimmungsgesetz" durch das Wort „Montan-Mitbestimmungsgesetz" ersetzt.

7. In § 103 Abs. 4 werden die Worte „Betriebsverfassungsgesetz, das Mitbestimmungsgesetz und das Mitbestimmungsergänzungsgesetz" durch die Worte „Mitbestimmungsgesetz, das Montan-Mitbestimmungsgesetz, das Mitbestimmungsergänzungsgesetz und das Betriebsverfassungsgesetz 1952" ersetzt.

8. § 104 wird wie folgt geändert:

a) In Absatz 1 Satz 3 erhält die Nummer 1 die Fassung:

„1. der Gesamtbetriebsrat der Gesellschaft oder, wenn in der Gesellschaft nur ein Betriebsrat besteht, der Betriebsrat, sowie, wenn die Gesellschaft herrschendes Unternehmen eines Konzerns ist, der Konzernbetriebsrat,".

b) In Absatz 1 Satz 3 erhält die Nummer 2 die Fassung:

„2. Der Gesamtbetriebsrat eines anderen Unternehmens, dessen Arbeitnehmer selbst oder durch Wahlmänner an der Wahl teilnehmen, oder, wenn in dem anderen Unternehmen nur ein Betriebsrat besteht, der Betriebsrat,".

c) In Absatz 1 Satz 3 Nr. 4 wird der Punkt am Ende des Satzes durch ein Komma ersetzt.

d) In Absatz 1 Satz 3 wird folgende Nummer 5 angefügt:

„5. Gewerkschaften, die das Recht haben, Aufsichtsratsmitglieder der Arbeitnehmer vorzuschlagen."

e) In Absatz 1 wird nach Satz 3 folgender Satz 4 eingefügt:

„Hat der Aufsichtsrat nach dem Mitbestimmungsgesetz auch aus Aufsichtsratsmitgliedern der Arbeitnehmer zu bestehen, so sind außer den nach Satz 3 Antragsberechtigten auch je ein Zehntel der wahlberechtigten Arbeiter, der wahlberechtigten in § 3 Abs. 3 Nr. 1 des Mitbestimmungsgesetzes bezeichneten Angestellten oder der wahlberechtigten leitenden Angestellten im Sinne des Mitbestimmungsgesetzes antragsberechtigt."

f) In Absatz 1 wird der bisherige Satz 4 Satz 5.

g) In Absatz 3 werden hinter dem Wort „Mitbestimmungsgesetz" ein Komma und danach die Worte „dem Montan-Mitbestimmungsgesetz" eingefügt.

h) In Absatz 3 Nr. 1 werden die Worte „diesen Gesetzen" durch die Worte „dem Montan-Mitbestimmungsgesetz oder dem Mitbestimmungsergänzungsgesetz" ersetzt.

i) In Absatz 4 Satz 4 erster Halbsatz werden hinter dem Wort

„Gewerkschaften" ein Komma und danach die Worte „eine Gewerkschaft" eingefügt; im zweiten Halbsatz wird das Wort „Konzernunternehmen" durch das Wort „Unternehmen" ersetzt.

9. In § 119 Abs. 1 Nr. 1 werden die Worte „Betriebsverfassungsgesetz oder dem Mitbestimmungsergänzungsgesetz" durch die Worte „Mitbestimmungsgesetz, dem Mitbestimmungsergänzungsgesetz oder dem Betriebsverfassungsgesetz 1952" ersetzt.

10. § 124 Abs. 3 wird wie folgt geändert:

a) In Satz 2 wird das Wort „Mitbestimmungsgesetzes" durch das Wort „Montan-Mitbestimmungsgesetzes" ersetzt.

b) Es wird folgender Satz 4 angefügt:

„Hat der Aufsichtsrat auch aus Aufsichtsratsmitgliedern der Arbeitnehmer zu bestehen, so bedürfen Beschlüsse des Aufsichtsrats über Vorschläge zur Wahl von Aufsichtsratsmitgliedern nur der Mehrheit der Stimmen der Aufsichtsratsmitglieder der Aktionäre; § 8 des Montan-Mitbestimmungsgesetzes bleibt unberührt."

11. § 250 wird wie folgt geändert:

a) In Absatz 1 Nr. 2 wird das Wort „Mitbestimmungsgesetzes" durch das Wort „Montan-Mitbestimmungsgesetzes" ersetzt.

b) Absatz 2 erhält die Fassung:

„(2) Für die Klage auf Feststellung, daß die Wahl eines Aufsichtsratsmitglieds nichtig ist, sind parteifähig

1. der Gesamtbetriebsrat der Gesellschaft oder, wenn in der Gesellschaft nur ein Betriebsrat besteht, der Betriebsrat, sowie, wenn die Gesellschaft herrschendes Unternehmen eines Konzerns ist, der Konzernbetriebsrat,

2. der Gesamtbetriebsrat eines anderen Unternehmens, dessen Arbeitnehmer selbst oder durch Wahlmänner an der Wahl von Aufsichtsratsmitgliedern der Gesellschaft teilnehmen, oder, wenn in dem anderen Unternehmen nur ein Betriebsrat besteht, der Betriebsrat,

3. jede in der Gesellschaft oder in einem Unternehmen, dessen Arbeitnehmer selbst oder durch Wahlmänner an der Wahl von Aufsichtsratsmitgliedern der Gesellschaft teilnehmen, vertretene Gewerkschaft sowie deren Spitzenorganisation."

c) In Absatz 3 Satz 1 werden die Worte „der Betriebsrat eines Betriebs der Gesellschaft, eine in den Betrieben der Gesellschaft vertretene Gewerkschaft oder deren Spitzenorganisation" durch die Worte „oder eine in Absatz 2 bezeichnete Organisation oder Vertretung der Arbeitnehmer" ersetzt.

12. § 251 wird wie folgt geändert:

a) In Absatz 2 Satz 2 wird das Wort „Mitbestimmungsgesetz" durch das Wort „Montan-Mitbestimmungsgesetz" ersetzt.

b) In Absatz 2 Satz 3 wird das Wort „Mitbestimmungsgesetz" durch das Wort „Montan-Mitbestimmungsgesetz" ersetzt.

13. § 252 Abs. 1 erhält die Fassung:

„(1) Erhebt ein Aktionär, der Vorstand, ein Mitglied des Vorstands oder des Aufsichtsrats oder eine in § 250 Abs. 2 bezeichnete Organisation oder Vertretung der Arbeitnehmer gegen die Gesellschaft Klage auf Feststellung, daß die Wahl eines Aufsichtsratsmitglieds durch die Hauptversammlung nichtig ist, so wirkt ein Urteil, das die Nichtigkeit der Wahl rechtskräftig feststellt, für und gegen alle Aktionäre und Arbeitnehmer der Gesellschaft, alle Arbeitnehmer von anderen Unternehmen, deren Arbeitnehmer selbst oder durch Wahlmänner an der Wahl von Aufsichtsratsmitgliedern der Gesellschaft teilnehmen, die Mitglieder des Vorstands und des Aufsichtsrats sowie die in § 250 Abs. 2 bezeichneten Organisationen und Vertretungen der Arbeitnehmer, auch wenn sie nicht Partei sind."

14. § 265 wird wie folgt geändert:

a) In Absatz 6 Satz 1 wird der Punkt durch ein Komma ersetzt, und es werden die Worte „soweit sich seine Bestellung und Abberufung nach den Vorschriften des Montan-Mitbestimmungsgesetzes bestimmen." angefügt.

b) In Absatz 6 wird Satz 2 gestrichen.

(2) § 85 Abs. 2 des Betriebsverfassungsgesetzes 1952 erhält die Fassung:

„(2) Die Vorschriften dieses Gesetzes über Vertreter der Arbeitnehmer im Aufsichtsrat finden keine Anwendung auf die in § 1 Abs. 1 des Mitbestimmungsgesetzes, die in § 1 des Montan-Mitbestimmungsgesetzes und die in den §§ 1 und 3 Abs. 1 des Mitbestimmungsergänzungsgesetzes bezeichneten Unternehmen."

(3) Das Arbeitsgerichtsgesetz wird wie folgt geändert:

1. In § 2 Abs. 1 erhält Nummer 5 die Fassung:

„5. für Angelegenheiten aus dem Mitbestimmungsgesetz und dem Betriebsverfassungsgesetz 1952, soweit über die Wahl von Vertretern der Arbeitnehmer im Aufsichtsrat und ihre Abberufung mit Ausnahme der Abberufung nach § 103 Abs. 3 des Aktiengesetzes zu entscheiden ist;".

2. In § 10 werden die Worte „Betriebsverfassungsgesetz und den dazu ergangenen Rechtsverordnungen" durch die Worte „Betriebsverfassungsgesetz, dem Mitbestimmungsgesetz, dem Betriebsverfassungsgesetz 1952 und den zu diesen Gesetzen ergangenen Rechtsverordnungen" ersetzt.

3. In § 83 Abs. 1 Satz 1 werden die Worte „Betriebsverfassungsgesetz und den dazu erlassenen Rechtsverordnungen" durch die Worte „Betriebsverfassungsgesetz, dem Mitbestimmungsgesetz, dem Betriebsverfassungsgesetz 1952 und den zu diesen Gesetzen ergangenen Rechtsverordnungen" ersetzt.

1. Die in **§ 35 Abs. 1 Nr. 1–14** aufgeführten **Änderungen des AktG** 1
passen überwiegend das Gesetz nur formell an das MitbestG an. Inhaltlich wurden §§ 98 Abs. 2, 104 Abs. 1 u. 4, 250 AktG (vgl. Nr. 4, 8, 11) geändert, die aktienrechtliche Antrags-, Vorschlags- und Klagebefugnisse für den Anwendungsbereich des MitbestG erweitern. Der neue § 101 Abs. 2 S. 5 AktG (Nr. 6 c) stellt klar, daß die für den Aufsichtsrat des Volkswagenwerks bestehenden Entsendungsrechte des Bundes und des Landes Niedersachsen unverändert bleiben. Infolge der Neufassung des § 124 Abs. 3 S. 4 AktG (Nr. 10) bedürfen Vorschläge des Aufsichtsrats an die Hauptversammlung zur Wahl von neuen Aufsichtsratsmitgliedern der Aktionäre in den unter das MitbestG fallenden Unternehmen nur noch der Mehrheit der Aktionärsvertreter im Aufsichtsrat. Sämtliche Änderungen wurden im Zusammenhang mit den einschlägigen Vorschriften des MitbestG berücksichtigt.

2. Die **Änderung** des **§ 85 Abs. 2 BetrVG 1952** (§ 35 Abs. 2) stellt 2
klar, daß auf die unter das MitbestG fallenden Unternehmen die Vorschriften der §§ 76 ff. BetrVG 1952 nicht mehr anzuwenden sind. Sie ergänzt § 1 Abs. 3.

3. Die **Änderung** des **§ 2 Abs. 1 Z. 5 ArbGG** (§ 35 Abs. 3 Z. 1) dehnt 3
die Zuständigkeit der Arbeitsgerichte auf Streitigkeiten aus dem MitbestG aus, soweit über die Wahl von Vertretern der Arbeitnehmer im Aufsichtsrat und ihre Abberufung mit Ausnahme der Abberufung nach § 103 Abs. 3 AktG zu entscheiden ist. Zugleich enthält die Änderung eine gewisse Vereinfachung der Zuständigkeitsabgrenzung zwischen ordentlichen Gerichten und Arbeitsgerichten, die auch auf die Mitbestimmung nach §§ 76 ff. BetrVG 1952 ausgedehnt wird. Abs. 3 Nr. 2 u. 3 passen §§ 10 u. 83 Abs. 1 S. 1 ArbGG formell an das MitbestG an.

§ 36
Verweisungen

(1) Soweit in anderen Vorschriften auf Vorschriften des Betriebsverfassungsgesetzes 1952 über die Vertretung der Arbeitnehmer in den Aufsichtsräten von Unternehmen verwiesen wird, gelten diese Verweisungen für die in § 1 Abs. 1 dieses Gesetzes bezeichneten Unternehmen als Verweisungen auf dieses Gesetz.

(2) Soweit in anderen Vorschriften für das Gesetz über die Mitbestimmung der Arbeitnehmer in den Aufsichtsräten und Vorständen der

Unternehmen des Bergbaus und der Eisen und Stahl erzeugenden Industrie vom 21. Mai 1951 (Bundesgesetzbl. I S. 347), zuletzt geändert durch das Einführungsgesetz zum Aktiengesetz vom 6. September 1965 (Bundesgesetzbl. I S. 1185), die Bezeichnung „Mitbestimmungsgesetz" verwendet wird, tritt an ihre Stelle die Bezeichnung „Montan-Mitbestimmungsgesetz".

1 1. Abs. 1 ist erforderlich, weil ein Teil der bisher nach §§ 76 ff. BetrVG 1952 mitbestimmungspflichtigen Unternehmen nunmehr unter das MitbestG fällt. Die Vorschrift bestimmt, daß Verweisungen auf §§ 76 ff. BetrVG 1952, z. B. in § 14 MitbestEG, für diese Unternehmen nunmehr als Verweisungen auf das MitbestG zu lesen sind.

2 2. Abs. 2 erstreckt die in §§ 1, 35 eingeführte terminologische Änderung auf andere Gesetze. Danach ist das Gesetz über die Mitbestimmung der Arbeitnehmer in den Aufsichtsräten und Vorständen der Unternehmen des Bergbaus und der Eisen und Stahl erzeugenden Industrie vom 21. Mai 1951 zur Unterscheidung vom MitbestG künftig generell als MontanMitbestG zu bezeichnen.

§ 37
Erstmalige Anwendung des Gesetzes auf ein Unternehmen

(1) Andere als die in § 97 Abs. 2 Satz 2 des Aktiengesetzes bezeichneten Bestimmungen der Satzung (des Gesellschaftsvertrags, des Statuts), die mit den Vorschriften dieses Gesetzes nicht vereinbar sind, treten mit dem in § 97 Abs. 2 Satz 2 des Aktiengesetzes bezeichneten Zeitpunkt oder, im Falle einer gerichtlichen Entscheidung, mit dem in § 98 Abs. 4 Satz 2 des Aktiengesetzes bezeichneten Zeitpunkt außer Kraft. Eine Hauptversammlung (Gesellschafterversammlung, Gewerkenversammlung, Generalversammlung), die bis zu diesem Zeitpunkt stattfindet, kann an Stelle der außer Kraft tretenden Satzungsbestimmungen mit einfacher Mehrheit neue Satzungsbestimmungen beschließen.

(2) Die §§ 25 bis 29, 31 bis 33 sind erstmalig anzuwenden, wenn der Aufsichtsrat nach den Vorschriften dieses Gesetzes zusammengesetzt ist.

(3) Die Bestellung eines vor dem Inkrafttreten dieses Gesetzes bestellten Mitglieds des zur gesetzlichen Vertretung befugten Organs eines Unternehmens, auf das dieses Gesetz bereits bei seinem Inkrafttreten anzuwenden ist, kann, sofern die Amtszeit dieses Mitglieds nicht aus anderen Gründen früher endet, nach Ablauf von fünf Jahren seit dem Inkrafttreten dieses Gesetzes von dem nach diesem Gesetz gebildeten Aufsichtsrat jederzeit widerrufen werden. Für den Widerruf bedarf es der Mehrheit der abgegebenen Stimmen der Aufsichtsratsmitglieder, aller Stimmen der Aufsichtsratsmitglieder der Anteilseigner oder aller

Stimmen der Aufsichtsratsmitglieder der Arbeitnehmer. Für die Ansprüche aus dem Anstellungsvertrag gelten die allgemeinen Vorschriften. Bis zum Widerruf bleiben für diese Mitglieder Satzungsbestimmungen über die Amtszeit abweichend von Absatz 1 Satz 1 in Kraft. Diese Vorschriften sind entsprechend anzuwenden, wenn dieses Gesetz auf ein Unternehmen erst nach dem Zeitpunkt des Inkrafttretens dieses Gesetzes erstmalig anzuwenden ist.

(4) Absatz 3 gilt nicht für persönlich haftende Gesellschafter einer Kommanditgesellschaft auf Aktien.

Schrifttum

Ballerstedt, Das Mitbestimmungsgesetz zwischen Gesellschafts-, Arbeits- und Unternehmensrecht, ZGR 1977, 133; *Geitner*, Offene Fragen im Mitbestimmungsgesetz, AG 1976, 210; *Hoffmann*, Dauer der Übergangszeit gem. § 38 Abs. 1 S. 1 MitbestG, DB 1976, 1108; *ders.*, Schriftlicher Gesellschafterbeschluß als Gesellschafterversammlung i.S. von § 38 Abs. 1 MitbestG, DB 1976, 2063; *Hoffmann-Neumann*, Die Mitbestimmung bei GmbH und GmbH & Co. KG nach dem Mitbestimmungsgesetz 1976 (Teil I + II), GmbH-Rdsch. 1976, 149, 183; *Lux*, Die erstmalige Anwendung des Mitbestimmungsgesetzes, BB 1976, 521; *Meilicke-Meilicke*, Umverteilung gesellschaftsrechtlicher Herrschaftsrechte, in: Festschrift für Martin Luther, 1976, 99; *Martens*, Die Auswirkungen der erweiterten Mitbestimmung auf die Konzern-Praxis, in: Der GmbH-Konzern, 1976, S. 106; *Mestmäcker*, Zur gesellschaftsrechtlich organisierten Berufsfreiheit, in: Festschrift für Harry Westermann, 1974, 411; *Müller*, Gedanken zum Entwurf des Mitbestimmungsgesetzes (MitbestG), Teil II, DB 1975, 253; *Wienke*, Mitbestimmungsgesetz, Wichtig: Übergangsregelungen, Der Arbeitgeber 1976, 380; *Wlotzke-Wißmann*, Das neue Mitbestimmungsgesetz, DB 1976, 959; *Zöllner*, GmbH & Co. KG in der Mitbestimmung, ZGR 1977, 319.

Übersicht

I. Vorbemerkungen

§ 37 bestimmt, wann die Vorschriften des Gesetzes auf ein Unterneh- 1
men, das in seinen Geltungsbereich hineinwächst, erstmals anzuwenden sind, und ergänzt damit die nach § 6 Abs. 2 auf alle unter das Gesetz fallenden Unternehmen anzuwenden §§ 97, 98 AktG. Für die Unterneh-

men, die bereits beim Inkrafttreten des Gesetzes unter § 1 fallen oder dessen Voraussetzungen innerhalb der ersten zwei Jahre nach seinem Inkrafttreten erfüllen, gelten zusätzlich die Übergangsvorschriften des § 38. Die wenig übersichtliche Regelung besagt im Kern folgendes: Hat das Unternehmen nach Ansicht des Vertretungsorgans seinen Aufsichtsrat gemäß den Vorschriften des MitbestG zusammenzusetzen, ist das Verfahren gem. §§ 97 oder 98 AktG durchzuführen. Nach dessen Beendigung ist der Aufsichtsrat binnen der in §§ 97 Abs. 2, 98 Abs. 4 S. 2 AktG genannten Fristen umzubilden. Mit dem Ablauf dieser Fristen erlischt kraft Gesetzes das Amt der Aufsichtsratsmitglieder. Satzungsvorschriften über die Zusammensetzung des Aufsichtsrats, die Zahl der Aufsichtsratsmitglieder und über die Wahl, Abberufung und Entsendung von Aufsichtsratsmitgliedern treten außer Kraft (§ 97 Abs. 2 S. 2 u. 3 AktG). § 37 Abs. 1 erstreckt diese Regel auch auf andere Satzungsbestimmungen, die mit dem MitbestG nicht vereinbar sind. In beiden Fällen kann die Anteilseignerversammlung neue Satzungsvorschriften mit einfacher Mehrheit, d. h. in einem erleichterten Verfahren, erlassen (§§ 97 Abs. 2 S. 4 AktG, 37 Abs. 1 S. 2 MitbestG). Nach Abs. 2 sind die Vorschriften des Gesetzes über die innere Ordnung des Aufsichtsrats und die Rechte und Pflichten der Aufsichtsratsmitglieder (§§ 25–29) sowie über das gesetzliche Vertretungsorgan (§§ 31–33) erstmals anzuwenden, wenn der Aufsichtsrat neu zusammengesetzt ist. Die Amtsdauer der bereits vorher bestellten Mitglieder des Vertretungsorgans ändert sich grundsätzlich nicht, jedoch kann der Aufsichtsrat die Bestellung gem. § 37 Abs. 3 nach Ablauf von fünf Jahren in einem vereinfachten Verfahren widerrufen, wenn sie für längere Frist oder auf Lebenszeit erfolgt ist.

2 Die Vorschrift entspricht unverändert § 33 RegE. Im Gesetzgebungsverfahren wurde lediglich die Frage aufgeworfen, ob die vorzeitige Abberufung eines für mehr als fünf Jahre bestellten Mitglieds des Vertretungsorgans nach Abs. 3 mit Art. 12 u. 14 GG vereinbar sei (*Centrale f. GmbH Dr. Otto Schmidt*, GmbH-Rdsch. 1974, 277 f.; *Th. Raiser*, BB 1976, 146; *Meilicke-Meilicke*, Festschr. f. M. Luther, 111; vgl. auch *Mestmäcker*, Festschr. f. H. Westermann, 411 ff.). Das kann namentlich bei Geschäftsführern einer GmbH, denen die Geschäftsführungsbefugnis als Sonderrecht im Gesellschaftsvertrag eingeräumt wurde, zweifelhaft sein (vgl. auch *Martens*, in: Der GmbH-Konzern, 129; *Zöllner*, ZGR 1977, 320 f.; *Ballerstedt*, ZGR 1977, 157.

II. Erstmalige Anwendung des Gesetzes (Abs. 1 u. 2)

3 1. Ist im Verfahren nach §§ 97 oder 98 AktG i.V.m. 6 Abs. 2 (vgl. § 6 Rdn. 4 ff.) festgestellt, daß der Aufsichtsrat nach den Vorschriften des MitbestG zusammenzusetzen ist, muß die Änderung binnen der in §§ 97 Abs. 2 S. 2 bzw. 98 Abs. 4 genannten Fristen durchgeführt werden. Nach Ablauf der Fristen treten die **Bestimmungen der Satzung** über die Zusammensetzung des Aufsichtsrats, über die Zahl der Aufsichtsratsmitglieder sowie über die Wahl, Abberufung und Entsendung von Aufsichtsratsmitgliendern außer Kraft (§ 97 Abs. 2 S. 2, vgl. § 6 Rdn. 14). **§ 37 Abs. 1** erstreckt diese Vorschrift auf andere Satzungsbestimmungen, z. B. über das Verfahren des Aufsichtsrats, die Bildung von Aufsichtsratsausschüssen oder die Willensbildung des Vertretungsorgans. Dasselbe muß für **Geschäftsordnungsregeln** der Anteilseignerversammlung, des Aufsichtsrats oder des Vertretungsorgans gelten, da diese keine Rechtsbeständigkeit beanspruchen können, die über die Geltung der Satzung hinausgeht. Welche Vorschriften dem MitbestG widersprechen, ist im Einzelfall zu prüfen und jeweils im Zusammenhang mit den einschlägigen Gesetzesvorschriften erörtert. Gem. § 97 Abs. 2 S. 4 i.V.m. § 6 Abs. 2 u. § 37 Abs. 1 S. 2 können alle außer Kraft tretenden Satzungsbestimmungen in einem vereinfachten Verfahren ersetzt werden. Sofern die Anteilseignerversammlung vor dem Ende der Frist zusammentritt, genügt es, abweichend vom Gesellschaftsrecht, wenn sie darüber mit einfacher Mehrheit beschließt.

2. Nach **Abs. 2** sind die Vorschriften des Gesetzes über die innere **4**
Ordnung des Aufsichtsrats, die Rechte und Pflichten der Aufsichtsratsmitglieder (§§ 25–29) sowie über das Vertretungsorgan (§§ 31–33) erstmals anzuwenden, wenn der Aufsichtsrat nach Ablauf der Umstellungsfrist gem. §§ 97 Abs. 2, 98 Abs. 4 AktG i.V.m. 6 Abs. 2 oder 38 Abs. 1 u. 2 nach den Vorschriften des Gesetzes zusammengesetzt ist. Erst zu diesem Zeitpunkt ist daher ein Aufsichtsratsvorsitzender und ein Stellvertreter im Verfahren nach § 27 Abs. 1 u. 2 zu wählen und der Vermittlungsausschuß gem. § 27 Abs. 3 zu bilden. Erst der neu gewählte Aufsichtsratsvorsitzende hat die zweite Stimme nach §§ 29 Abs. 2, 31 Abs. 3. Ebenso richtet sich die Wahl und die Abberufung der Mitglieder des Vertretungsorgans erst dann nach § 31. Hinsichtlich der Ausübung von Beteiligungsrechten gem. § 32 kommt es auf die Umbildung des Aufsichtsrats in der Obergesellschaft, nicht in der Untergesellschaft an (vgl. § 32 Rdn. 24). Für die Bestellung des Arbeitsdirektors ist zu unterscheiden: Hatte das Unternehmen bereits einen Arbeitsdirektor, so gilt Abs. 3, d. h. eine Neuwahl ist erst erforderlich, wenn dessen Amtszeit ausläuft (a.A. *Fitting-Wlotzke-Wißmann*, § 37 Rdn. 14). Nur wenn noch kein Arbeitsdirektor bestellt war, ist dieser alsbald nach der Neubildung des Aufsichtsrats zu wählen (vgl. § 33 Rdn. 10). Bis zur Neubildung des Aufsichtsrats sind die bisher geltenden Vorschriften des Gesellschaftsrechts und der §§ 76 ff. BetrVG 1952 anzuwenden.

Die vorgenannten Regeln werden durch die Übergangsvorschriften **5**
der **Wahlordnungen** ergänzt (§§ 110 1. WO, 134 2. WO, 135 3. WO).

Danach hat das Unternehmen bei der erstmaligen Anwendung des Gesetzes unverzüglich nach der Bekanntmachung gem. § 97 AktG die Wahlbekanntmachung (§§ 2 1. 2. u. 3. WO) herauszugeben und in den Betrieben des Unternehmens auszuhängen. Ferner sind die Wahlvorstände zu bilden und die Wählerlisten aufzustellen. §§ 110 Abs. 3 1. WO, 134 Abs. 3 2. WO u. 135 Abs. 3 3. WO ändern weiter die Fristen für die Bekanntmachung über die Art der Wahl und die Einreichung von Wahlvorschlägen.

III. Gesetzliches Vertretungsorgan (Abs. 3 u. 4)

6 1. Der vom Gesetz beabsichtigte Einfluß des paritätischen Aufsichtsrats auf die Besetzung des Vertretungsorgans kann sich erst durchsetzen, wenn die Mitglieder des Vertretungsorgans neu gewählt werden. Bei der AG ist dies spätestens nach fünf Jahren der Fall, weil gem. § 84 Abs. 1 AktG die Amtsperiode in keinem Fall länger dauert. Dagegen läßt es das Gesellschaftsrecht bei allen anderen Unternehmensformen zu, die Mitglieder des Vertretungsorgans für längere Frist oder auf Lebenszeit zu berufen, bei den Genossenschaften unter dem Vorbehalt des jederzeitigen Widerrufs (§ 24 Abs. 3 GenG). Für diese Fälle hatte der Gesetzgeber zu entscheiden, ob er die langfristige Bestellung auf Kosten der Mitbestimmung hinnehmen will oder nicht. Der in § 37 Abs. 3 dazu gefundene **Kompromiß** orientiert sich an der für die AG geltenden Frist. Für eine Dauer von fünf Jahren bleiben die Mitglieder des Vertretungsorgans im Amt, es sei denn, ihre Amtszeit endet aus anderen Gründen früher. Auch danach scheiden sie nicht ohne weiteres aus, doch läßt das Gesetz in § 37 Abs. 3 S. 1 ein vereinfachtes Widerrufsverfahren zu, das den Aufsichtsratsmitgliedern der Arbeitnehmer die Möglichkeit verschafft, ihren Einfluß nunmehr geltend zu machen. Die Lösung kann als ein im Grundsatz angemessener Ausgleich zwischen dem Ziel des Gesetzes, eine effektive Mitbestimmung einzuführen, und den Interessen der Unternehmen bezeichnet werden. Ob sie den grundgesetzlich garantierten Rechten der betroffenen Mitglieder des Vertretungsorgans in allen Fällen gerecht wird, ist zweifelhaft (s. Rdn. 2).

7 Die Vorschrift gilt für alle unter das Gesetz fallenden Unternehmen mit Ausnahme der **Kommanditgesellschaften aA**, deren Komplementäre nicht vom mitbestimmten Aufsichtsrat bestellt und abberufen werden (§§ 37 Abs. 4, 31 Abs. 1 S. 2; vgl. § 31 Rdn. 39 ff.).

8 2. Das Inkrafttreten des MitbestG und die Bestellung des neuen Aufsichtsrats **berühren die Rechtsstellung der Mitglieder des Vertretungsorgans zunächst nicht**. Ihr Amt läuft bis zum regulären Ende der Amtsperiode weiter. Bis zur Bildung des neuen Aufsichtsrats können sie nach den gesellschaftsrechtlichen Vorschriften, danach gem. §§ 31 Abs. 1 u. 5

i.V.m. 84 Abs. 3 AktG abberufen werden. Erst wenn die Amtszeit beendet oder ein Widerruf erfolgt ist, hat der neue Aufsichtsrat das künftige Mitglied des Vertretungsorgans nunmehr im Verfahren gem. § 31 zu bestellen. Die Sondervorschrift des Abs. 3 modifiziert diese Regel nur für den – namentlich bei der GmbH – häufigen Fall, daß das Amt nach den anzuwendenden gesellschaftsrechtlichen Vorschriften oder Satzungsbestimmungen über die Fünfjahresfrist hinaus dauert. Die Frist berechnet sich bei Unternehmen, die bereits beim Inkrafttreten des Gesetzes in dessen Anwendungsbereich fallen, von diesem Zeitpunkt an (Abs. 3 S. 1). Bei Unternehmen, die erst nachträglich in seinen Geltungsbereich hineinwachsen, ist sie von dem Zeitpunkt an zu bemessen, zu dem die gesetzlichen Voraussetzungen der §§ 1–5 eintreten (Abs. 3 S. 5; a.A. *Gem.-Komm. – Fabricius*, § 37 Rdn. 67 f., der wegen der Schwierigkeit, den Zeitpunkt festzustellen, auf das Außerkrafttreten der alten Satzungsbestimmungen abstellt). Unerheblich ist der Zeitpunkt, zu dem das Vertretungsorgan die Änderung der Rechtslage und die neue Zusammensetzung des Aufsichtsrats gem. § 97 AktG bekannt macht.

Nach seinem Wortlaut bezieht sich Abs. 3 nur auf die Mitglieder des Vertretungsorgans, die vor dem Inkrafttreten des Gesetzes, d. h. vor dem 1. 7. 1976, bestellt wurden. Über die **Zeit zwischen seinem Inkrafttreten und der Bildung des neuen Aufsichtsrats** sagt es dagegen nichts. In einem Teil der Literatur wurde aus dieser offenkundigen Lücke der Schluß gezogen, in der Zwischenzeit könnten die Mitglieder des Vertretungsorgans wie bisher für längere Dauer und gegebenenfalls sogar auf Lebenszeit berufen werden, ohne daß der außerordentliche Widerruf gem. Abs. 3 möglich wäre (vgl. *Meilicke-Meilicke*, §§ 37, 38 Rdn. 47). Eine solche Interpretation würde jedoch dem eindeutigen und unmißverständlichen Sinn des Abs. 3 und der darin zum Ausdruck gelangten Absicht des Gesetzgebers widersprechen, nach einer angemessenen Frist die Neuwahl des Vertretungsorgans durch den paritätisch besetzten Aufsichtsrat zu ermöglichen. Da in allen unter das Gesetz fallenden Unternehmen mit Ausnahme der AG die Mitglieder des Vertretungsorgans in der Zwischenzeit neu und auf beliebige Zeit bestellt werden könnten, würde sie die Erfüllung des Gesetzes weitgehend vereiteln. Eine derartige Inkonsequenz liegt außerhalb einer vernünftigen Interpretation. Vielmehr ist ein Redaktionsfehler anzunehmen, der durch eine extensive Auslegung des Abs. 3, welcher auch die Fälle der Bestellung zwischen dem Inkrafttreten des Gesetzes und der Neubildung des Aufsichtsrats einbezieht, korrigiert werden muß (ebenso *Wlotzke-Wißmann*, DB 1976, 969 Anm. 61; *Hoffmann-Neumann*, GmbH-Rdsch. 1976, 188; *Fitting-Wlotzke-Wißmann*, § 37 Rdn. 19). 9

Auch nach Ablauf der fünfjährigen Frist endet das Amt der Mitglieder des Vertretungsorgans nicht von selbst, sondern nur, wenn der Auf- 10 sichtsrat von seinem **Widerrufsrecht** Gebrauch macht. Bis dahin gelten nach Abs. 3 S. 4 auch Satzungsbestimmungen weiter, die ihre Amtszeit abweichend vom Gesetz, d. h. für eine längere als die höchstens fünfjährige Dauer gem. §§ 31 Abs. 1 i.V.m. 84 Abs. 1 AktG festlegen. Die Vorschrift ist die notwendige Folgerung aus der Konzeption des Abs. 3, denn solange die bisherigen Mitglieder des Vertretungsorgans amtieren, ohne daß das Gesetz seine Wirksamkeit entfaltet, können die für ihre Amtszeit maßgeblichen unternehmensinternen Vorschriften nicht außer Kraft gesetzt werden.

11 3. Nach dem Ablauf der Frist kann der Aufsichtsrat die Bestellung **jederzeit widerrufen**. Im Gegensatz zum Widerruf nach § 31 Abs. 5 i.V.m. § 84 Abs. 3 AktG verlangt das Gesetz **keinen wichtigen Grund** für die Abberufung, sondern sieht die Anpassung an die neue Rechtslage selbst zwingend als wichtigen Grund an (vgl. *G. Müller*, DB 1975, 255). Der Widerruf ist an keine Frist gebunden und braucht daher nicht sogleich erklärt zu werden, sondern ist auch noch nach längerer Zeit möglich.

12 Es fragt sich, wie der infolgedessen eintretende, für die Beteiligten wie für das Unternehmen unerfreuliche **Schwebezustand beendigt** werden kann. Ein einfacher Aufsichtsratsbeschluß, der das Mitglied des Vertretungsorgans in seinem Amt bestätigt, kann nicht genügen, denn er würde die in § 37 Abs. 3 den Gruppen im Aufsichtsrat gewährten Sonderrechte mißachten. Aus demselben Grund kommt eine Verwirkung des Widerrufsrechts durch Zeitablauf oder durch ein Verhalten des Aufsichtsrats nicht in Betracht, aus dem ein stillschweigendes Einverständnis mit der Fortführung des Amtes abgeleitet werden könnte. Dagegen steht nichts im Wege, das Mitglied des Vertretungsorgans durch einen Aufsichtsratsbeschluß, der dem Verfahren und den Mehrheitserfordernissen des § 31 genügt, in seinem Amt zu bestätigen, und zwar auch ohne daß die Bestellung zuvor gem. § 37 Abs. 3 förmlich widerrufen wurde (ebenso *Fitting-Wlotzke-Wißmann*, § 37 Rdn. 24). Denn auch im Fall des Widerrufs könnte es in diesem Verfahren rechtswirksam wiederbestellt werden. Es besteht kein Anlaß, den Widerruf – oder auch einen Rücktritt des Betroffenen – nur pro forma zu erzwingen, wenn in Wirklichkeit seine Bestätigung im Amt gewollt ist. Allerdings kann die Bestätigung gem. §§ 31 Abs. 1 i.V.m. 84 Abs. 1 AktG nunmehr jeweils nur für fünf Jahre erfolgen. Wegen der schweren Belastung, welche der Schwebezustand für das Unternehmen, namentlich aber für den Betroffenen, mit sich bringt, ist diesem ein Anspruch zu gewähren, das Widerrufs- oder Bestätigungsverfahren durchzuführen, wenn er es wünscht oder im Interesse des Unternehmens für notwendig hält.

13 Hat ein Widerrufsverfahren stattgefunden, ohne daß die erforderlichen Mehrheiten zustande gekommen wären, aber auch ohne daß das

Mitglied des Vertretungsorgans in seinem Amt bestätigt worden wäre, so kann der Widerruf nach dem Sinn des Gesetzes jederzeit erneut eingeleitet werden.

Zuständig für den Widerrufsbeschluß ist nach Abs. 3 S. 1 der **Aufsichtsrat**. Daraus folgt, daß die Angelegenheit im Gesamtorgan auf einer Sitzung zu beraten ist, zu der alle Aufsichtsratsmitglieder geladen werden (*Meilicke-Meilicke*, § 38 Rdn. 43). Das Gesetz ändert nur die Voraussetzungen für das Zustandekommen eines wirksamen Beschlusses. Abweichend von § 31 Abs. 5 erfordert der Beschluß die einfache Mehrheit der abgegebenen Stimmen. Bei Stimmengleichheit gibt die Stimme des Aufsichtsratsvorsitzenden den Ausschlag (§ 29 Abs. 2). Daneben genügt es aber auch, wenn sämtliche Aufsichtsratsmitglieder der Anteilseigner oder der Arbeitnehmer für den Widerruf stimmen. Dabei ist auf die Zahl sämtlicher vorhandenen Vertreter der Anteilseigner oder der Arbeitnehmer (Ist-Stärke), nicht auf die Anwesenden, aber auch nicht auf die gem. § 7 Abs. 2 erforderliche Zahl abzustellen. **14**

4. Der Widerruf beendet das Amt als Mitglied des Vertretungsorgans, **15** berührt nach ausdrücklicher Anordnung des Abs. 3 S. 3 die **Ansprüche** aus dem **Anstellungsvertrag** jedoch nicht unmittelbar. Die Vorschrift dient dem weiteren Schutz des Betroffenen. Ob eine Beendigung des Anstellungsvertrags, z. B. durch Kündigung, in Betracht kommt, ist deshalb nach den allgemeinen Vorschriften über das Anstellungsverhältnis und nach dem Anstellungsvertrag zu prüfen (vgl. § 31 Rdn. 38). Liegen die Voraussetzungen nicht vor, behält das ehemalige Mitglied des Vertretungsorgans alle vertraglichen Ansprüche bis zu dem Zeitpunkt, an dem der Vertrag auch ohne den Widerruf beendet worden wäre.

§ 38
Übergangsvorschrift

(1) In den ersten zwei Jahren nach Inkrafttreten dieses Gesetzes tritt bei dessen erstmaliger Anwendung auf ein Unternehmen an die Stelle des in § 97 Abs. 2 Satz 2 des Aktiengesetzes bezeichneten Zeitpunkts die Beendigung der zweiten Hauptversammlung (Gesellschafterversammlung, Gewerkenversammlung, Generalversammlung), die nach Inkrafttreten dieses Gesetzes einberufen wird, spätestens jedoch der Tag des Ablaufs von zwei Jahren nach Inkrafttreten dieses Gesetzes. Satz 1 ist nicht anzuwenden, wenn der in § 97 Abs. 2 Satz 2 des Aktiengesetzes bezeichnete Zeitpunkt später liegt als der in Satz 1 bezeichnete Zeitpunkt. Abweichend von Satz 1 kann die erste Hauptversammlung (Gesellschafterversammlung, Gewerkenversammlung, Generalversammlung), die nach Inkrafttreten dieses Gesetzes einberufen wird, einen früheren Zeitpunkt bestimmen.

(2) Wird in den ersten zwei Jahren nach Inkrafttreten dieses Gesetzes durch eine gerichtliche Entscheidung nach § 98 des Aktiengesetzes rechtskräftig festgestellt, daß der Aufsichtsrat nach den Vorschriften dieses Gesetzes zusammenzusetzen ist, so tritt an die Stelle des in § 98 Abs. 4 Satz 2, § 97 Abs. 2 Satz 2 des Aktiengesetzes bezeichneten Zeitpunkts die Beendigung der nächsten Hauptversammlung (Gesellschafterversammlung, Gewerkenversammlung, Generalversammlung), die nach Eintritt der Rechtskraft einberufen wird, wenn die Frist zwischen dem Eintritt der Rechtskraft und der Einberufung mindestens sechs Monate beträgt; beträgt diese Frist weniger als sechs Monate, so tritt an die Stelle des in § 98 Abs. 4 Satz 2, § 97 Abs. 2 Satz 2 des Aktiengesetzes bezeichneten Zeitpunkts die Beendigung der übernächsten Hauptversammlung (Gesellschafterversammlung, Gewerkenversammlung, Generalversammlung), die nach Eintritt der Rechtskraft einberufen wird, spätestens jedoch der Tag des Ablaufs von einem Jahr nach Eintritt der Rechtskraft.

(3) Wird in den ersten zwei Jahren nach Inkrafttreten dieses Gesetzes ein Verfahren nach § 97 oder § 98 des Aktiengesetzes eingeleitet, damit der Aufsichtsrat nach den Vorschriften dieses Gesetzes zusammengesetzt wird, so verlängert sich die Amtszeit von Aufsichtsratsmitgliedern der Arbeitnehmer, die nach § 76 des Betriebsverfassungsgesetzes 1952 gewählt worden sind, bis zum Beginn der Amtszeit der nach Abschluß des Verfahrens neu zu wählenden Aufsichtsratsmitglieder der Arbeitnehmer, längstens jedoch im Falle des § 97 des Aktiengesetzes bis zu dem in Absatz 1, im Falle des § 98 des Aktiengesetzes bis zu dem in Absatz 2 bezeichneten Zeitpunkt. Entscheidet das Gericht, daß der Aufsichtsrat nicht nach den Vorschriften dieses Gesetzes zusammenzusetzen ist, so erlischt das Amt spätestens mit dem in § 98 Abs. 4 Satz 2 des Aktiengesetzes bezeichneten Zeitpunkt.

Schrifttum siehe § 37

Übersicht

I. Vorbemerkungen

1 Der erst im Verlauf der Ausschußberatungen auf Antrag der Koalitionsfraktionen eingefügte § 38 enthält Übergangsregeln für Unternehmen, die bereits beim Inkrafttreten des Gesetzes die Voraussetzungen

der §§ 1 ff. erfüllen oder in den ersten zwei Jahren nach seinem Inkrafttreten, d. h. bis zum 30. 6. 1978, in seinen Geltungsbereich hineinwachsen. Die Vorschrift schließt sich eng an die gem. § 6 Abs. 2 auf alle unter das Gesetz fallenden Unternehmen anzuwendenden §§ 97, 98 AktG an (vgl. § 6 Rdn. 4 ff.) und verlängert in Abs. 1 u. 2 nur die dort bestimmten Fristen für die Bildung des neuen Aufsichtsrats. Nach dem Ausschußbericht (BT-Drucks. 7/4845, 10) soll die Verlängerung den betroffenen Unternehmen eine angemessene Vorbereitungszeit für die erforderlichen Umstellungen gewähren. Abs. 3 verlängert die Amtsperiode der amtierenden Aufsichtsratsmitglieder der Arbeitnehmer bis zum Ende der Übergangsfrist. Er will verhindern, daß das aufwendige Wahlverfahren in kurzer Zeit zweimal durchgeführt werden muß, zunächst noch einmal gemäß dem bisher geltenden Recht und nach Ablauf der Übergangsfrist erneut nach dem MitbestG. Weitere Vorschriften darüber, wann das Gesetz erstmals anzuwenden ist, finden sich in § 37, der für alle Fälle gilt, in denen sich ein Unternehmen an das MitbestG anpassen muß.

II. Neubildung des Aufsichtsrats

1. Das außergerichtliche und gerichtliche Verfahren zur Neubildung **2**
des Aufsichtsrats gem. §§ 96–99 AktG ist bei § 6 Rdn. 4 ff. dargestellt. Da diese Vorschriften grundsätzlich auch gelten, wenn der Aufsichtsrat nach dem MitbestG neu zusammengesetzt werden muß, kann hierauf verwiesen werden. Ergänzend ist auszuführen:

a) Nach dem Wortlaut der §§ 96 Abs. 2, 97 Abs. 1 AktG gilt das förm- **3**
liche Änderungsverfahren nur, wenn ein bereits bestehender Aufsichtsrat neu zusammengesetzt werden muß. Da § 6 Abs. 2 aber auch für die Bildung eines erst nach dem MitbestG neu zu errichtenden Aufsichtsrates auf die genannten Vorschriften verweist, sind sie auch anzuwenden, wenn ein **Unternehmen** durch das Gesetz **erstmals verpflichtet** wird, einen Aufsichtsrat zu errichten (ebenso *Lux*, BB 1976, 521).

b) Die Bekanntmachung gem. § 97 Abs. 1 AktG hat **unverzüglich** zu **4**
erfolgen. Die Vorschrift verpflichtet das Vertretungsorgan, unverzüglich nach dem Inkrafttreten des Gesetzes zu prüfen, ob das Unternehmen in seinen Geltungsbereich fällt (*Lux,* a.a.O.,; *Wlotzke-Wißmann,* DB 1976, 968). Unverzüglich heißt nach der Legaldefinition des § 121 BGB ohne schuldhaftes Zögern. Das schließt nicht aus, daß das Vertretungsorgan bei unklarer oder unübersichtlicher Situation, namentlich in den Fällen der §§ 4 u. 5, die Sach- und Rechtslage hinreichend prüft, bevor es die nach § 97 AktG erforderlichen Schritte einleitet (vgl. *Hoffmann,* DB 1976, 1108).

c) Der **Zeitpunkt**, bis zu dem der **neue Aufsichtsrat gebildet** werden soll, **5**
braucht in der Bekanntmachung gem. § 97 Abs. 1 AktG nicht angege-

ben zu werden, doch kann es zweckmäßig sein, dies zu tun (*Lux*, a.a.O.; a.A. *Meilicke-Meilicke*, § 38 Rdn. 6).

6 2. Hinsichtlich der **Fristen für die Bildung des neuen Aufsichtsrats** weicht § 38 Abs. 1 u. 2 von §§ 97, 98 AktG ab. Fällt das Unternehmen schon beim Inkrafttreten unter das MitbestG, erlischt das Mandat des alten Aufsichtsrats mit der Beendigung der zweiten Anteilseignerversammlung, die nach dem Inkrafttreten des Gesetzes, d. h. nach dem 1. 7. 1976 einberufen wird, spätestens jedoch nach Ablauf von zwei Jahren seit dem Inkrafttreten des Gesetzes, d. h. am 30. 6. 1978. Die erste, nach dem Inkrafttreten des Gesetzes einberufene Anteilseignerversammlung kann einen früheren Zeitpunkt bestimmen (§ 38 Abs. 1 S. 3). Hat ein gerichtliches Verfahren stattgefunden, so erlischt das Mandat des alten Aufsichtsrats gem. § 38 Abs. 2 mit der Beendigung der nächsten Anteilseignerversammlung, die nach dem Eintritt der Rechtskraft einberufen wird, sofern die Frist zwischen dem Eintritt der Rechtskraft und der Einberufung mindestens sechs Monate beträgt; andernfalls endet das Amt mit der Beendigung der übernächsten Anteilseignerversammlung, spätestens jedoch ein Jahr nach dem Eintritt der Rechtskraft.

7 Zu zählen sind nach dem eindeutigen Wortlaut des Gesetzes nicht nur ordentliche, sondern auch **außerordentliche Anteilseignerversammlungen** (ebenso *Lux*, BB 1976, 522; *Hoffmann-Neumann*, GmbH-Rdsch. 1976, 150; *Wienke*, Arbeitgeber 1976, 381). Dagegen brauchen Beschlüsse, die im Wege schriftlicher Abstimmung ohne Versammlung gem. §§ 48 Abs. 2 GmbHG u. ä. gefaßt werden, nicht berücksichtigt zu werden (vgl. *Meilicke-Meilicke*, § 38 Rdn. 24; *Hoffmann*, DB 1976, 2063 f.; *Geitner*, AG 1976, 211; a.A. *Fitting-Wlotzke-Wißmann*, § 38 Rdn. 1–3). Ebenso unzweifelhaft kommt es nach § 38 Abs. 1 u. 2 wie schon nach § 97 Abs. 2 AktG darauf an, ob die Anteilseignerversammlung nach dem Inkrafttreten des Gesetzes bzw. dem Eintritt der Rechtskraft der gerichtlichen Entscheidung **einberufen** wurde. Versammlungen, die zwar nach diesem Zeitpunkt stattgefunden haben, aber vorher einberufen wurden, rechnen daher nicht mit. Die von *Wlotzke-Wißmann* (DB 1976, 968; ebenso *Fitting-Wlotzke-Wißmann*, § 38 Rdn. 8 ff.) zugunsten einer Korrektur des Gesetzes in diesem Punkt angeführten Gründe reichen nicht aus, vom insoweit klaren Wortlaut abzuweichen, zumal praktische Erwägungen durchaus dafür sprechen können, dabei zu bleiben (so mit eingehender Begr. *Hoffmann*, DB 1976, 1108 ff.; ferner *Lux*, a.a.O.; *Meilicke-Meilicke*, § 38 Rdn. 24; *Hoffmann-Neumann*, a.a.O.; *Geitner*, a.a.O.; *Wienke*, a.a.O.).

8 § 38 Abs. 1 u. 2 sind weiter anzuwenden, wenn das Unternehmen zwar nicht schon beim Inkrafttreten unter das Gesetz fiel, die Voraussetzungen der §§ 1 ff. jedoch **binnen der ersten zwei Jahre nach seinem Inkrafttreten**, d. h. bis zum 30. Juni 1978 erfüllt sind. Auch in diesem

Fall ist der Aufsichtsrat grundsätzlich bis zu diesem Zeitpunkt neu zu bilden. Nur wenn sich bei unmittelbarer Anwendung des § 97 Abs. 1 S. 2 AktG ein späteres Datum ergeben würde, tritt ausnahmsweise eine Verlängerung ein (§ 38 Abs. 1 S. 2). Da § 97 Abs. 1 S. 3 AktG eine Frist für die Anrufung des Gerichts von einem Monat, und § 97 Abs. 2 S. 2 AktG einen Zeitraum von sechs Monaten nach Ablauf dieser Frist nennt, liegt der Fall nur vor, wenn die Bekanntmachung gem. § 97 Abs. 1 AktG weniger als sieben Monate vor dem Ablauf der Zweijahresfrist, d. h. später als am 1. Dezember 1977 erfolgt ist.

Nach Ablauf der Übergangszeit, d. h. vom 1. Juli 1978 an, gelten nur noch §§ 97, 98 AktG sowie § 37 MitbestG. Die Anpassungsfrist dauert daher nach diesem Datum nur noch längstens sechs Monate nach Ablauf der Frist zur Anrufung des Gerichts gem. § 97 Abs. 1 S. 3 AktG bzw. nach Rechtskraft der gerichtlichen Entscheidung. **9**

3. Mit dem Zeitpunkt, zu dem das Mandat der alten Aufsichtsratsmitglieder erlischt, **treten** gem. §§ 38 Abs. 1 u. 2, 97 Abs. 2 S. 2 AktG **Satzungsvorschriften außer Kraft**, welche die Zusammensetzung des Aufsichtsrats, die Zahl der Aufsichtsratsmitglieder sowie deren Wahl, Abberufung und Entsendung betreffen und die mit dem MitbestG nicht vereinbar sind. Das Außerkrafttreten aller anderen, dem Gesetz widersprechenden Satzungsvorschriften, z. B. über das Verfahren des Aufsichtsrats, die Bildung von Aufsichtsratsausschüssen oder die Willensbildung im Vertretungsorgan, bestimmt sich nach § 37 Abs. 1 (vgl. § 37 Rdn. 3). Danach müßten sie auch in den Fällen der §§ 38 Abs. 1 u. 2 früher, nämlich nach Ablauf der nicht verlängerten Übergangsfrist gem. § 97 Abs. 2 AktG außer Kraft treten. Eine derartige Diskrepanz sachlich zusammenhängender Vorschriften würde jedoch zu untragbaren Ergebnissen führen. Sie erklärt sich aus dem Umstand, daß § 38 erst nachträglich in den Gesetzesentwurf eingefügt wurde, ohne daß die Vorschriften noch aufeinander abgestimmt worden wären, und beruht somit auf einem offenkundigen Redaktionsversehen, das durch die Auslegung korrigiert werden muß. Daher ist in den Fällen des § 38 Abs. 1 u. 2 anzunehmen, daß auch die nur von § 37 Abs. 1 erfaßten Satzungsbestimmungen erst nach dem Ablauf der verlängerten Übergangsfrist außer Kraft treten. Dasselbe muß für Geschäftsordnungsregeln gelten, die mit dem MitbestG nicht vereinbar sind, da diese keine höhere Rechtsbeständigkeit als die Satzung beanspruchen können. Welche Vorschriften dem Gesetz widersprechen, ist im Einzelfall zu prüfen und wird jeweils im Zusammenhang mit den einschlägigen Gesetzesbestimmungen dargelegt. **10**

4. Nach Abs. 3 **verlängert** sich während der Übergangszeit ein nach §§ 76 ff. BetrVG 1952 begründetes **Aufsichtsratsmandat eines Arbeitnehmervertreters**, das andernfalls ablaufen würde, kraft Gesetzes bis **11**

zum Beginn der Amtszeit der neu zu wählenden Aufsichtsratsmitglieder der Arbeitnehmer, längstens jedoch bis zu dem Zeitpunkt, in dem es nach Abs. 1 oder 2 erlöschen würde. Der Gesetzgeber wollte mit der aus praktischen Erwägungen eingeführten, singulären Vorschrift vermeiden, daß die kostspielige Wahl der Arbeitnehmervertreter im Aufsichtsrat in kurzer Zeit zweimal durchgeführt werden muß. Sie ist daher analoger Anwendung nicht zugänglich und kann namentlich nicht auf die Aufsichtsratsmitglieder der Anteilseigner erstreckt werden (ebenso *Lux*, BB 1976, 523). Entscheidet das Gericht, daß der Aufsichtsrat nicht nach den Vorschriften des MitbestG zusammenzusetzen ist, so erlischt das Amt spätestens mit dem Eintritt der Rechtskraft, so daß die Neuwahl nunmehr gem. §§ 76 ff. BetrVG 1952 durchgeführt werden kann (§ 38 Abs. 3 S. 2 i.V.m. §§ 98 Abs. 4 S. 2, 97 Abs. 2 AktG).

§ 39
Ermächtigung zum Erlaß von Rechtsverordnungen

Die Bundesregierung wird ermächtigt, durch Rechtsverordnung Vorschriften über das Verfahren für die Wahl und die Abberufung von Aufsichtsratsmitgliedern der Arbeitnehmer zu erlassen, insbesondere über

1. **die Vorbereitung der Wahl oder Abstimmung, die Bestellung der Wahlvorstände und Abstimmungsvorstände sowie die Aufstellung der Wählerlisten,**
2. **die Abstimmungen darüber, ob die Wahl der Aufsichtsratsmitglieder in unmittelbarer Wahl oder durch Wahlmänner erfolgen soll, und darüber, ob gemeinsame Wahl stattfinden soll,**
3. **die Frist für die Einsichtnahme in die Wählerlisten und die Erhebung von Einsprüchen,**
4. **die Errechnung der Zahl der Aufsichtsratsmitglieder der Arbeitnehmer sowie ihre Verteilung auf die Arbeiter, die in § 3 Abs. 3 Nr. 1 bezeichneten Angestellten, die leitenden Angestellten und die Gewerkschaftsvertreter,**
5. **die Errechnung der Zahl der Wahlmänner sowie ihre Verteilung auf die Arbeiter, die in § 3 Abs. 3 Nr. 1 bezeichneten Angestellten und die leitenden Angestellten,**
6. **die Wahlvorschläge und die Frist für ihre Einreichung,**
7. **die Ausschreibung der Wahl oder der Abstimmung und die Fristen für die Bekanntmachung des Ausschreibens,**
8. **die Teilnahme von Arbeitnehmern eines in § 34 Abs. 1 bezeichneten Betriebs an Wahlen und Abstimmungen,**
9. **die Stimmabgabe,**

10. die Feststellung des Ergebnisses der Wahl oder der Abstimmung und die Fristen für seine Bekanntmachung,
11. die Aufbewahrung der Wahlakten und der Abstimmungsakten.

Die in § 39 vorgesehenen Rechtsverordnungen der Bundesregierung für die Wahl und für das Abberufungsverfahren wurden am 23. 6. 1977 (BGBl. I, 861 ff.) verkündet und sind am Tag danach in Kraft getreten (§§ 114 1. WO, 138 2. WO, 139 3. WO). Sie sind im Anhang abgedruckt und in die Erläuterungen zu §§ 9–18, 23 einbezogen (s. Vorbem. vor § 9).

§ 40
Berlin-Klausel

Dieses Gesetz gilt nach Maßgabe des § 13 Abs. 1 des Dritten Überleitungsgesetzes vom 4. Januar 1952 (Bundesgesetzbl. I S. 1) auch im Land Berlin.

Rechtsverordnungen, die auf Grund dieses Gesetzes erlassen werden, gelten im Land Berlin nach § 14 des Dritten Überleitungsgesetzes.

Die Vorschrift enthält die übliche Berlin-Klausel. Das Gesetz wurde durch Übernahmegesetz vom 17. 5. 1976 (GVBl. für Berlin 1976, 1060) zu dem in § 41 genannten Termin auch in Berlin in Kraft gesetzt.

§ 41
Inkrafttreten

Dieses Gesetz tritt am 1. Juli 1976 in Kraft.

Das Gesetz ist am 1. Juli 1976 in Kraft getreten. Die Übergangsvorschriften finden sich in §§ 6 Abs. 2, 37 u. 38 i.V.m. §§ 97 ff. AktG.

Anhang

Erste Wahlordnung zum Mitbestimmungsgesetz (1. WOMitbestG)

Vom 23. Juni 1977

(BGBl. I S. 861)

Inhaltsübersicht

Auf Grund des § 39 des Mitbestimmungsgesetzes vom 4. Mai 1976 (BGBl. I S. 1153) verordnet die Bundesregierung:

§ 1

Geltungsbereich

(1) Besteht ein Unternehmen, in dem die Arbeitnehmer nach § 1 Abs. 1 des Gesetzes ein Mitbestimmungsrecht haben, aus einem Betrieb, so bestimmen sich die Wahl und die Abberufung der Aufsichtsratsmitglieder der Arbeitnehmer dieses Unternehmens nach den Vorschriften dieser Verordnung. Nehmen an der Wahl oder an der Abberufung nach § 4 oder § 5 des Gesetzes auch die Arbeitnehmer anderer Unternehmen teil, so bestimmt sie sich nach den Vorschriften der Dritten Wahlordnung zum Mitbestimmungsgesetz.

(2) Die Wahl der Aufsichtsratsmitglieder der Arbeitnehmer bestimmt sich nach den Vorschriften des Ersten Teils.

(3) Die Abberufung von Aufsichtsratsmitgliedern der Arbeitnehmer bestimmt sich nach den Vorschriften des Zweiten Teils.

Erster Teil
Wahl der Aufsichtsratsmitglieder der Arbeitnehmer

Erster Abschnitt
Einleitung der Wahl, Abstimmung über die Art der Wahl, Wahlvorschläge

Erster Unterabschnitt
Einleitung der Wahl

§ 2

Bekanntmachung des Unternehmens

(1) Das Unternehmen macht spätestens 21 Wochen vor dem voraussichtlichen Beginn der Amtszeit der zu wählenden Aufsichtsratsmitglieder der Arbeitnehmer durch Aushang an einer oder mehreren geeigneten, den Wahlberechtigten zugänglichen Stellen im Betrieb bekannt, daß Aufsichtsratsmitglieder der Arbeitnehmer zu wählen sind. In der Bekanntmachung ist ferner anzugeben:

1. der voraussichtliche Beginn der Amtszeit der zu wählenden Aufsichtsratsmitglieder der Arbeitnehmer;
2. die Zahl der zu wählenden Aufsichtsratsmitglieder der Arbeitnehmer;
3. die Zahl der in dem Unternehmen in der Regel beschäftigten Arbeitnehmer.

Nehmen die Arbeitnehmer des Unternehmens auch an der Wahl von Aufsichtsratsmitgliedern anderer Unternehmen teil (§§ 56, 57) und beginnt die Amtszeit dieser Aufsichtsratsmitglieder nicht mehr als sechs Monate vor oder nach dem Beginn der Amtszeit der nach dieser Verordnung zu wählenden Aufsichtsratsmitglieder, so ist auch dies in der Bekanntmachung anzugeben.

(2) Gleichzeitig mit dem Aushang der Bekanntmachung übersendet das Unternehmen einen Abdruck der Bekanntmachung

1. dem Betriebsrat,
2. den in dem Unternehmen vertretenen Gewerkschaften,
3. den nach § 117 Abs. 2 Satz 1 des Betriebsverfassungsgesetzes durch Tarifvertrag errichteten Vertretungen für im Flugbetrieb beschäftigte Arbeitnehmer des Unternehmens.

§ 3

Betriebswahlvorstand

Die rechtzeitige Einleitung und die Durchführung der Wahl sowie die Feststellung des Wahlergebnisses obliegen dem Betriebswahlvorstand.

§ 4

Bildung des Betriebswahlvorstands

Der Betriebswahlvorstand wird unverzüglich nach der in § 2 bezeichneten Bekanntmachung gebildet.

§ 5

Zusammensetzung des Betriebswahlvorstands

(1) Der Betriebswahlvorstand besteht aus drei Mitgliedern. Der Betriebsrat kann die Zahl der Mitglieder erhöhen, wenn dies zur ordnungsgemäßen Durchführung der Wahl erforderlich ist. Der Betriebswahlvorstand muß aus einer ungeraden Zahl von Mitgliedern bestehen. Mitglieder des Betriebswahlvorstands können nur wahlberechtigte Arbeitnehmer des Betriebs sein.

(2) Im Betriebswahlvorstand sollen Arbeiter, in § 3 Abs. 3 Nr. 1 des Gesetzes bezeichnete Angestellte und leitende Angestellte angemessen vertreten sein. Dem Betriebswahlvorstand muß, wenn in dem Betrieb

1. mindestens fünf wahlberechtigte Arbeiter (§ 3 Abs. 2 des Gesetzes) beschäftigt sind, mindestens ein Arbeiter angehören,
2. mindestens fünf in § 3 Abs. 3 Nr. 1 des Gesetzes bezeichnete wahlberechtigte Angestellte beschäftigt sind, mindestens ein in § 3 Abs. 3 Nr. 1 des Gesetzes bezeichneter Angestellter angehören,
3. mindestens fünf wahlberechtigte leitende Angestellte (§ 3 Abs. 3 Nr. 2 des Gesetzes) beschäftigt sind, mindestens ein leitender Angestellter angehören.

(3) Für jedes Mitglied des Betriebswahlvorstands kann für den Fall seiner Verhinderung ein Ersatzmitglied bestellt werden.

(4) Der Betriebsrat bestellt die Mitglieder des Betriebswahlvorstands, die Arbeiter oder in § 3 Abs. 3 Nr. 1 des Gesetzes bezeichnete Angestellte sind.

(5) Die auf die leitenden Angestellten entfallenden Mitglieder werden in einer Versammlung leitender Angestellter des Betriebs mit der Mehrheit der abgegebenen Stimmen gewählt. Zur Teilnahme an der Versammlung sind die Angestellten berechtigt, die aus Anlaß der letzten Betriebsratswahl vom Wahlvorstand oder durch gerichtliche Entscheidung den leitenden Angestellten zugeordnet worden sind.

§ 6

Mitteilungspflicht

Der Betriebswahlvorstand teilt unverzüglich nach seiner Bildung dem Unternehmen und den im Unternehmen vertretenen Gewerkschaften schriftlich die Namen seiner Mitglieder und seine Anschrift mit.

§ 7

Geschäftsführung des Betriebswahlvorstands

(1) Der Betriebswahlvorstand wählt aus seiner Mitte den Vorsitzenden und mindestens einen Stellvertreter.

(2) Der Betriebswahlvorstand kann sich eine schriftliche Geschäftsordnung geben. Er kann wahlberechtigte Arbeitnehmer als Wahlhelfer zu seiner Unterstützung heranziehen.

(3) Der Betriebswahlvorstand faßt seine Beschlüsse mit einfacher Stimmenmehrheit seiner Mitglieder. Über jede Sitzung des Betriebswahlvorstands ist eine Niederschrift aufzunehmen, die mindestens den Wortlaut der Beschlüsse enthält; bei Beschlüssen über die Eintragung von Arbeitnehmern in die Wählerliste als Arbeiter, als in § 3 Abs. 3 Nr. 1 des Gesetzes bezeichnete Angestellte oder als leitende Angestellte ist in der Niederschrift auch zu vermerken, ob sie ohne Gegenstimme gefaßt worden sind. Mitglieder des Betriebswahlvorstands, gegen deren Stimmen ein Beschluß gefaßt worden ist, können verlangen, daß in der Niederschrift ihre abweichende Meinung vermerkt wird. Die Niederschrift ist vom Vorsitzenden und einem weiteren Mitglied des Betriebswahlvorstands zu unterzeichnen; dies gilt auch für Bekanntmachungen, Ausschreiben und weitere Niederschriften des Betriebswahlvorstands.

(4) Das Unternehmen hat den Betriebswahlvorstand bei der Erfüllung seiner Aufgaben zu unterstützen und ihm den erforderlichen Geschäftsbedarf zur Verfügung zu stellen.

(5) Der Betriebswahlvorstand soll dafür sorgen, daß ausländische Arbeitnehmer, die der deutschen Sprache nicht mächtig sind, rechtzeitig über den Anlaß der Wahl, das Wahlverfahren, die Abstimmungen, die Aufstellung der Wählerliste und der Wahlvorschläge, den Wahlvorgang und die Stimmabgabe in geeigneter Weise unterrichtet werden.

§ 8

Wählerliste

(1) Der Betriebswahlvorstand stellt unverzüglich nach seiner Bildung eine Liste der wahlberechtigten Arbeitnehmer des Betriebs (Wählerliste) auf, getrennt nach den Gruppen der Arbeiter (§ 3 Abs. 2 des Gesetzes) und der Angestellten (§ 3 Abs. 3 des Gesetzes), letztere unterteilt nach den in § 3 Abs. 3 Nr. 1 des Gesetzes bezeichneten Angestellten und den leitenden Angestellten. Die Wahlberechtigten sollen in alphabetischer Reihenfolge mit Familienname, Vorname und Geburtsdatum aufgeführt werden.

(2) Jedes Mitglied des Betriebswahlvorstands ist verpflichtet darauf hinzuwirken, daß die wahlberechtigten Arbeitnehmer in der Wählerliste in zutreffender Weise in Arbeiter, in § 3 Abs. 3 Nr. 1 des Gesetzes bezeichnete Angestellte und leitende Angestellte eingeteilt werden. Die Mitglieder des Betriebswahlvorstands sollen hierüber um eine Beschlußfassung ohne Gegenstimme bemüht sein. Hat der Betriebswahlvorstand hierüber ausschließlich Beschlüsse ohne Gegenstimme gefaßt, so ist § 10 nicht anzuwenden.

(3) Das Unternehmen hat dem Betriebswahlvorstand alle für die Anfertigung der Wählerliste erforderlichen Auskünfte zu erteilen und die erforderlichen Unterlagen zur Verfügung zu stellen. Es hat den Betriebswahlvorstand insbesondere bei der Einteilung der Arbeitnehmer in Arbeiter, in § 3 Abs. 3 Nr. 1 des Gesetzes bezeichnete Angestellte und leitende Angestellte zu unterstützen.

(4) Der Betriebswahlvorstand berichtigt oder ergänzt die Wählerliste unverzüglich, wenn ein Arbeitnehmer

1. in den Betrieb eintritt oder aus ihm ausscheidet,
2. das 18. Lebensjahr vollendet oder
3. seine Eigenschaft als Arbeiter, in § 3 Abs. 3 Nr. 1 des Gesetzes bezeichneter Angestellter oder leitender Angestellter wechselt,

oder wenn sich in sonstiger Weise die Voraussetzungen, auf denen eine Eintragung in der Wählerliste beruht, ändern.

(5) An Wahlen und Abstimmungen können nur Arbeitnehmer teilnehmen, die in der Wählerliste eingetragen sind.

§ 9

Bekanntmachung über die Bildung des Betriebswahlvorstands und die Wählerliste

(1) Die Wählerliste, das Gesetz und diese Verordnung sind unverzüglich bis zum Abschluß der Wahl der Aufsichtsratsmitglieder der Arbeitnehmer an geeigneter Stelle im Betrieb zur Einsichtnahme auszulegen.

(2) Der Betriebswahlvorstand macht gleichzeitig mit der Auslegung der Wählerliste die Namen seiner Mitglieder und seine Anschrift bekannt. In der Bekanntmachung ist ferner anzugeben:

1. das Datum ihres Erlasses;
2. der Ort, an dem die Wählerliste, das Gesetz und diese Verordnung ausliegen;
3. daß Einsprüche gegen die Richtigkeit der Wählerliste nur innerhalb von zwei Wochen seit Er-

laß der Bekanntmachung schriftlich beim Betriebswahlvorstand eingelegt werden können; der letzte Tag der Frist ist anzugeben;

4. daß Einsprüche gegen Berichtigungen und Ergänzungen der Wählerliste nur innerhalb von zwei Wochen seit der Berichtigung oder der Ergänzung eingelegt werden können;
5. daß an Wahlen und Abstimmungen nur Arbeitnehmer teilnehmen können, die in der Wählerliste eingetragen sind.

(3) Hat der Betriebswahlvorstand bei der Aufstellung der Wählerliste nach § 8 Abs. 1 über die Eintragung der wahlberechtigten Arbeitnehmer als Arbeiter, in § 3 Abs. 3 Nr. 1 des Gesetzes bezeichnete Angestellte oder leitende Angestellte nicht ausschließlich Beschlüsse ohne Gegenstimme gefaßt, so muß die Bekanntmachung nach Absatz 2 auch die folgenden Angaben enthalten:

1. daß jeder Arbeitnehmer innerhalb von zwei Wochen seit Erlaß der Bekanntmachung schriftlich vom Betriebswahlvorstand die Änderung seiner Eintragung als Arbeiter, in § 3 Abs. 3 Nr. 1 des Gesetzes bezeichneter Angestellter oder leitender Angestellter in der Wählerliste verlangen kann; der letzte Tag der Frist ist anzugeben;
2. daß ein Arbeitnehmer entsprechend seinem Verlangen als Arbeiter, in § 3 Abs. 3 Nr. 1 des Gesetzes bezeichneter Angestellter oder leitender Angestellter in die Wählerliste eingetragen wird, wenn ein Mitglied des Betriebswahlvorstands dem Verlangen zustimmt;
3. daß gegen die Richtigkeit der Wählerliste nur Einspruch eingelegt werden kann, soweit nicht nach Nummer 1 eine Änderung der Wählerliste verlangt werden kann.

(4) Der Betriebswahlvorstand hängt die Bekanntmachung am Tage ihres Erlasses an einer oder mehreren geeigneten, den Wahlberechtigten zugänglichen Stellen im Betrieb bis zum Abschluß der Wahl der Aufsichtsratsmitglieder der Arbeitnehmer aus. Die Bekanntmachung ist in gut lesbarem Zustand zu erhalten. Der Betriebswahlvorstand vermerkt auf der Bekanntmachung den ersten und den letzten Tag des Aushangs.

§ 10

Änderungsverlangen

(1) Jeder Arbeitnehmer kann innerhalb von zwei Wochen seit Erlaß der Bekanntmachung nach § 9 Abs. 2 und 3 schriftlich vom Betriebswahlvorstand verlangen, daß seine Eintragung in der Wählerliste als Arbeiter, in § 3 Abs. 3 Nr. 1 des Gesetzes bezeichneter Angestellter oder leitender Angestellter geändert wird.

(2) Verlangt ein Arbeitnehmer nach Absatz 1 die Änderung seiner Eintragung in der Wählerliste, so ist er entsprechend seinem Verlangen einzutragen, wenn ein Mitglied des Betriebswahlvorstands dem Verlangen zustimmt. Eine Zustimmung nach Satz 1 kann nur innerhalb einer Woche nach Ablauf der in Absatz 1 bestimmten Frist erteilt werden; sie ist schriftlich gegenüber dem Betriebswahlvorstand zu erklären.

(3) Gegen die Änderung der Eintragung eines Arbeitnehmers in der Wählerliste nach Absatz 2 als Arbeiter, in § 3 Abs. 3 Nr. 1 des Gesetzes bezeichneter Angestellter oder leitender Angestellter kann das Arbeitsgericht von einem Mitglied des Betriebswahlvorstands, das dem Änderungsverlangen nicht zugestimmt hat, angerufen werden.

§ 11

Einsprüche gegen die Richtigkeit der Wählerliste

(1) Gegen die Richtigkeit der Wählerliste kann Einspruch eingelegt werden, soweit nicht nach § 10 Abs. 1 eine Änderung der Eintragung als Arbeiter, in § 3 Abs. 3 Nr. 1 des Gesetzes bezeichneter Angestellter oder leitender Angestellter in der Wählerliste verlangt werden kann. Einsprüche gegen die Richtigkeit der Wählerliste können nur innerhalb von zwei Wochen seit Erlaß der Bekanntmachung nach § 9 Abs. 2 und 3 schriftlich beim Betriebswahlvorstand eingelegt werden. Einsprüche gegen Berichtigungen und Ergänzungen der Wählerliste können nur innerhalb von zwei Wochen seit der Berichtigung oder der Ergänzung eingelegt werden.

(2) Über Einsprüche nach Absatz 1 ist unverzüglich zu entscheiden. Ist ein Einspruch begründet, so wird die Wählerliste berichtigt. Der Betriebswahlvorstand teilt die Entscheidung demjenigen, der den Einspruch eingelegt hat, unverzüglich schriftlich mit.

Zweiter Unterabschnitt
Abstimmung über die Art der Wahl

§ 12

Bekanntmachung

(1) In einem Unternehmen mit in der Regel nicht mehr als 8 000 Arbeitnehmern erläßt der Betriebswahlvorstand unverzüglich nach Ablauf der in § 10 Abs. 1 bestimmten Frist eine Bekanntmachung. Ist nach § 10 Abs. 1 die Änderung der Wählerliste verlangt worden, so wird die Bekanntmachung unverzüglich nach Ablauf der in § 10 Abs. 2 Satz 2 bestimmten Frist erlassen. Die Bekanntmachung muß folgende Angaben enthalten:

1. das Datum ihres Erlasses;
2. daß die Aufsichtsratsmitglieder der Arbeitnehmer in unmittelbarer Wahl gewählt werden, wenn nicht die wahlberechtigten Arbeitnehmer die Wahl durch Wahlmänner beschließen;
3. die Mindestzahl der wahlberechtigten Arbeitnehmer, von denen ein Antrag auf Abstimmung darüber, daß die Wahl der Aufsichtsratsmitglieder der Arbeitnehmer durch Wahlmänner erfolgen soll, unterzeichnet sein muß;
4. daß ein Antrag nur innerhalb von zwei Wochen seit Erlaß der Bekanntmachung schriftlich beim Betriebswahlvorstand eingereicht werden kann; der letzte Tag der Frist ist anzugeben;

5. die Mindestzahl der wahlberechtigten Arbeitnehmer, deren Beteiligung an der Abstimmung erforderlich ist;
6. daß ein Beschluß über die Wahl der Aufsichtsratsmitglieder der Arbeitnehmer durch Wahlmänner nur mit der Mehrheit der abgegebenen Stimmen gefaßt werden kann;
7. die Anschrift des Betriebswahlvorstands.

Sind nach den Vorschriften dieser Verordnung Wahlmänner bereits gewählt, deren Amtszeit bei Beginn der Amtszeit der zu wählenden Aufsichtsratsmitglieder der Arbeitnehmer noch nicht beendet ist, so muß die Bekanntmachung die in Absatz 2 Satz 2 bezeichneten Angaben enthalten.

(2) In einem Unternehmen mit in der Regel mehr als 8 000 Arbeitnehmern erläßt der Betriebswahlvorstand zu dem in Absatz 1 Satz 1 und 2 bestimmten Zeitpunkt eine Bekanntmachung. Sie muß folgende Angaben enthalten:

1. das Datum ihres Erlasses;
2. daß die Aufsichtsratsmitglieder der Arbeitnehmer durch Wahlmänner gewählt werden, wenn nicht die wahlberechtigten Arbeitnehmer die unmittelbare Wahl beschließen;
3. die Mindestzahl der wahlberechtigten Arbeitnehmer, von denen ein Antrag auf Abstimmung darüber, daß die Aufsichtsratsmitglieder der Arbeitnehmer in unmittelbarer Wahl gewählt werden sollen, unterzeichnet sein muß;
4. daß ein Antrag nur innerhalb von zwei Wochen seit Erlaß der Bekanntmachung schriftlich beim Betriebswahlvorstand eingereicht werden kann; der letzte Tag der Frist ist anzugeben;
5. die Mindestzahl der wahlberechtigten Arbeitnehmer, deren Beteiligung an der Abstimmung erforderlich ist;
6. daß ein Beschluß über die unmittelbare Wahl der Aufsichtsratsmitglieder der Arbeitnehmer nur mit der Mehrheit der abgegebenen Stimmen gefaßt werden kann;
7. die Anschrift des Betriebswahlvorstands.

Die Sätze 1 und 2 sind auch anzuwenden, wenn nach den Vorschriften dieser Verordnung Wahlmänner bereits gewählt sind, deren Amtszeit bei Beginn der Amtszeit der zu wählenden Aufsichtsratsmitglieder der Arbeitnehmer noch nicht beendet ist.

(3) Der Betriebswahlvorstand hängt die Bekanntmachung am Tage ihres Erlasses an einer oder mehreren geeigneten, den Wahlberechtigten zugänglichen Stellen im Betrieb bis zum Erlaß des Wahlausschreibens nach § 37 oder § 59 aus. Die Bekanntmachung ist in gut lesbarem Zustand zu erhalten. Der Betriebswahlvorstand vermerkt auf der Bekanntmachung den ersten und den letzten Tag des Aushangs.

(4) Der Betriebswahlvorstand übersendet die Bekanntmachung unverzüglich nach ihrem Erlaß dem Unternehmen und den im Unternehmen vertretenen Gewerkschaften.

§ 13
Antrag auf Abstimmung

(1) In einem Unternehmen mit in der Regel nicht mehr als 8 000 Arbeitnehmern kann ein Antrag auf Abstimmung darüber, daß die Wahl der Aufsichtsratsmitglieder der Arbeitnehmer durch Wahlmänner erfolgen soll, gestellt werden. Wenn die in § 12 Abs. 1 Satz 4 bezeichneten Voraussetzungen vorliegen, ist Absatz 2 anzuwenden.

(2) In einem Unternehmen mit in der Regel mehr als 8 000 Arbeitnehmern kann ein Antrag auf Abstimmung darüber, daß die Aufsichtsratsmitglieder der Arbeitnehmer in unmittelbarer Wahl gewählt werden sollen, gestellt werden; dies gilt auch, wenn die in § 12 Abs. 2 Satz 3 bezeichneten Voraussetzungen vorliegen.

(3) Ein Antrag auf Abstimmung ist innerhalb von zwei Wochen seit Erlaß der Bekanntmachung nach § 12 schriftlich beim Betriebswahlvorstand einzureichen. Der Betriebswahlvorstand prüft unverzüglich nach Eingang eines Antrags dessen Gültigkeit.

(4) Ein Antrag auf Abstimmung ist gültig, wenn er von mindestens einem Zwanzigstel der wahlberechtigten Arbeitnehmer unterzeichnet und fristgerecht eingerecht worden ist.

(5) Ist ein Antrag ungültig, so teilt der Betriebswahlvorstand dies dem Antragsvertreter oder, wenn ein solcher nicht benannt ist, dem an erster Stelle des Antrags Unterzeichneten schriftlich mit.

§ 14
Abstimmungsausschreiben

(1) Liegt ein gültiger Antrag nach § 13 vor, so erläßt der Betriebswahlvorstand unverzüglich ein Abstimmungsausschreiben. Die Abstimmung soll innerhalb von zwei Wochen seit Erlaß des Abstimmungsausschreibens stattfinden.

(2) Das Abstimmungsausschreiben muß folgende Angaben enthalten:

1. das Datum seines Erlasses;
2. den Inhalt des Antrags;
3. daß an der Abstimmung nur Arbeitnehmer teilnehmen können, die in der Wählerliste eingetragen sind;
4. die Mindestzahl der wahlberechtigten Arbeitnehmer, deren Beteiligung an der Abstimmung erforderlich ist;
5. daß der Beschluß nur mit der Mehrheit der abgegebenen Stimmen gefaßt werden kann;
6. Ort, Tag und Zeit der Stimmabgabe;
7. den Hinweis auf die Möglichkeit der schriftlichen Stimmabgabe sowie die Betriebsteile und Nebenbetriebe, für die schriftliche Stimmabgabe beschlossen ist;
8. den Ort, an dem Einsprüche und sonstige Erklärungen gegenüber dem Betriebswahlvorstand abzugeben sind (Anschrift des Betriebswahlvorstands).

(3) Der Betriebswahlvorstand hängt das Abstimmungsausschreiben am Tage seines Erlasses an einer oder mehreren geeigneten, den Wahlberechtigten zugänglichen Stellen im Betrieb bis zum Abschluß der Stimmabgabe aus. Das Abstimmungsausschreiben ist in gut lesbarem Zustand zu erhalten. Der Betriebswahlvorstand vermerkt auf dem Abstimmungsausschreiben den ersten und den letzten Tag des Aushangs. § 12 Abs. 4 ist entsprechend anzuwenden.

§ 15

Stimmabgabe

(1) Die Stimmzettel für die Abstimmung dürfen nur den Antrag und die Frage an den Abstimmungsberechtigten enthalten, ob er für oder gegen den Antrag stimmt. Gibt der Abstimmende seine Stimme für den Antrag ab, so kreuzt er das vorgedruckte „Ja", andernfalls das vorgedruckte „Nein" an. Die Stimmzettel für die Abstimmung müssen sämtlich die gleiche Größe, Farbe, Beschaffenheit und Beschriftung haben; das gleiche gilt für die Wahlumschläge.

(2) Stimmzettel, die mit einem besonderen Merkmal versehen sind oder aus denen sich der Wille des Abstimmenden nicht eindeutig ergibt oder die andere als die in Absatz 1 bezeichneten Angaben, einen Zusatz oder sonstige Änderungen enthalten, sind ungültig.

§ 16

Abstimmungsvorgang

(1) Der Betriebswahlvorstand hat geeignete Vorkehrungen für die unbeobachtete Kennzeichnung der Stimmzettel im Wahlraum zu treffen und für die Bereitstellung einer Wahlurne oder mehrerer Wahlurnen zu sorgen. Die Wahlurne muß vom Betriebswahlvorstand verschlossen und so eingerichtet sein, daß die eingeworfenen Wahlumschläge nicht herausgenommen werden können, ohne daß die Urne geöffnet wird.

(2) Während der Abstimmung müssen mindestens zwei Mitglieder des Betriebswahlvorstands im Wahlraum anwesend sein; sind Wahlhelfer bestellt, so genügt die Anwesenheit eines Mitglieds des Betriebswahlvorstands und eines Wahlhelfers.

(3) Der Abstimmende händigt den Wahlumschlag, in den der Stimmzettel eingelegt ist, dem mit der Entgegennahme der Wahlumschläge betrauten Mitglied des Betriebswahlvorstands aus, wobei er seinen Namen angibt. Der Wahlumschlag ist in Gegenwart des Abstimmenden in die Wahlurne einzuwerfen, nachdem die Stimmabgabe in der Wählerliste vermerkt worden ist.

(4) Wird die Stimmabgabe unterbrochen oder wird das Abstimmungsergebnis nicht unmittelbar nach Abschluß der Stimmabgabe festgestellt, so hat der Betriebswahlvorstand für die Zwischenzeit die Wahlurne so zu verschließen und aufzubewahren, daß der Einwurf oder die Entnahme von Stimmzetteln ohne Beschädigung des Verschlusses unmöglich ist. Bei Wiedereröffnung der Abstimmung oder bei Entnahme der Stimmzettel zur Stimmauszählung hat sich der Betriebswahlvorstand davon zu überzeugen, daß der Verschluß unversehrt ist.

§ 17

Voraussetzungen der schriftlichen Stimmabgabe

(1) Einem Abstimmungsberechtigten, der im Zeitpunkt der Abstimmung wegen Abwesenheit vom Betrieb verhindert ist, seine Stimme persönlich abzugeben, hat der Betriebswahlvorstand auf sein Verlangen

1. das Abstimmungsausschreiben,
2. den Stimmzettel und den Wahlumschlag,
3. eine vorgedruckte, vom Abstimmenden abzugebende Erklärung, in der dieser gegenüber dem Betriebswahlvorstand versichert, daß er den Stimmzettel persönlich gekennzeichnet hat, sowie
4. einen größeren Freiumschlag, der die Anschrift des Betriebswahlvorstands und als Absender den Namen und die Anschrift des Abstimmungsberechtigten sowie den Vermerk „Schriftliche Stimmabgabe" trägt,

auszuhändigen oder zu übersenden. Der Betriebswahlvorstand soll dem Abstimmungsberechtigten ferner ein Merkblatt über die Art und Weise der schriftlichen Stimmabgabe (§ 18 Abs. 1) aushändigen oder übersenden. Der Betriebswahlvorstand vermerkt die Aushändigung oder die Übersendung der Unterlagen in der Wählerliste.

(2) Abstimmungsberechtigte, von denen dem Betriebswahlvorstand bekannt ist, daß sie im Zeitpunkt der Abstimmung nach der Eigenart ihres Beschäftigungsverhältnisses voraussichtlich nicht im Betrieb anwesend sein werden (insbesondere in Heimarbeit Beschäftigte und Außenarbeiter), erhalten die in Absatz 1 bezeichneten Unterlagen, ohne daß es eines Verlangens des Abstimmungsberechtigten bedarf.

(3) Für Betriebsteile und Nebenbetriebe, die räumlich weit vom Hauptbetrieb entfernt sind, kann der Betriebswahlvorstand die schriftliche Stimmabgabe beschließen. Absatz 2 ist entsprechend anzuwenden.

§ 18

Verfahren bei der schriftlichen Stimmabgabe

(1) Der Abstimmende gibt seine Stimme in der Weise ab, daß er

1. den Stimmzettel unbeobachtet persönlich kennzeichnet und in dem zugehörigen Wahlumschlag verschließt,
2. die vorgedruckte Erklärung unter Angabe des Orts und des Datums unterschreibt und
3. den Wahlumschlag und die unterschriebene vorgedruckte Erklärung in dem Freiumschlag verschließt und diesen Wahlbrief so rechtzeitig an den Betriebswahlvorstand absendet oder übergibt, daß er vor Abschluß der Stimmabgabe vorliegt.

(2) Unmittelbar vor Abschluß der Stimmabgabe öffnet der Betriebswahlvorstand in öffentlicher Sitzung die bis zu diesem Zeitpunkt eingegangenen Wahlbriefe und entnimmt ihnen die Wahlumschläge sowie die vorgedruckten Erklärungen. Ist die schriftliche Stimmabgabe ordnungsgemäß erfolgt, so vermerkt der Betriebswahlvorstand die Stimmabgabe in der Wählerliste und legt die Wahlumschläge ungeöffnet in die Wahlurne.

(3) Verspätet eingehende Wahlbriefe nimmt der Betriebswahlvorstand mit einem Vermerk über den Zeitpunkt des Eingangs ungeöffnet zu den Wahlunterlagen. Die Wahlbriefe sind einen Monat nach Bekanntgabe des Ergebnisses der Wahl der Aufsichtsratsmitglieder der Arbeitnehmer ungeöffnet zu vernichten, wenn die Wahl nicht angefochten worden ist.

§ 19

Öffentliche Stimmauszählung

(1) Unverzüglich nach Abschluß der Stimmabgabe zählt der Betriebswahlvorstand öffentlich die Stimmen aus.

(2) Nach Öffnung der Wahlurne entnimmt der Betriebswahlvorstand die Stimmzettel den Wahlumschlägen und stellt fest, wieviel Stimmen für und wieviel Stimmen gegen den Antrag abgegeben worden sind.

(3) Bei der Auszählung ist die Gültigkeit der Stimmzettel zu prüfen. Befinden sich in einem Wahlumschlag mehrere gekennzeichnete Stimmzettel, so werden sie, wenn sie vollständig übereinstimmen, nur einfach gezählt, andernfalls sind sie ungültig.

§ 20

Abstimmungsniederschrift

Nachdem das Abstimmungsergebnis ermittelt ist, stellt der Betriebswahlvorstand in einer Niederschrift fest:

1. die Zahl der abgegebenen Wahlumschläge;
2. die Zahl der gültigen Stimmen;
3. die Zahl der ungültigen Stimmen;
4. die Zahl der für den Antrag abgegebenen Stimmen;
5. die Zahl der gegen den Antrag abgegebenen Stimmen;
6. das Abstimmungsergebnis;
7. besondere während der Abstimmung eingetretene Zwischenfälle oder sonstige Ereignisse.

§ 21

Bekanntmachung des Abstimmungsergebnisses

Der Betriebswahlvorstand gibt das Abstimmungsergebnis durch zweiwöchigen Aushang in gleicher Weise wie das Abstimmungsausschreiben bekannt.

Dritter Unterabschnitt

Verteilung der Sitze, Wahlvorschläge

Erster Titel

§ 22

Verteilung der Sitze der unternehmensangehörigen Aufsichtsratsmitglieder der Arbeitnehmer

(1) Der Betriebswahlvorstand stellt die Verteilung der Sitze der unternehmensangehörigen Aufsichtsratsmitglieder der Arbeitnehmer auf die Arbeiter, die in § 3 Abs. 3 Nr. 1 des Gesetzes bezeichneten Angestellten und die leitenden Angestellten fest.

(2) Die Errechnung der auf die Arbeiter und die Angestellten entfallenden Aufsichtsratsmitglieder (§ 15 Abs. 2 Satz 1 des Gesetzes) erfolgt nach den Grundsätzen der Verhältniswahl. Hierzu werden die Zahlen der Arbeiter und der Angestellten des Unternehmens in einer Reihe nebeneinandergestellt und beide durch 1, 2, 3, 4 usw. geteilt. Die ermittelten Teilzahlen sind nacheinander reihenweise unter den Zahlen der ersten Reihe aufzuführen, bis höhere Teilzahlen, als aus früheren Reihen für die Zuweisung von Sitzen in Betracht kommen, nicht mehr entstehen. Unter den so gefundenen Teilzahlen werden so viele Höchstzahlen ausgesondert und der Größe nach geordnet, wie unternehmensangehörige Aufsichtsratsmitglieder der Arbeitnehmer zu wählen sind. Die Arbeiter und die Angestellten erhalten jeweils so viele Aufsichtsratssitze zugeteilt, wie Höchstzahlen auf sie entfallen. Wenn die niedrigste in Betracht kommende Höchstzahl auf beide Gruppen zugleich entfällt, entscheidet das Los darüber, welcher Gruppe der Sitz zufällt.

(3) Würde nach Absatz 2 auf die Arbeiter nicht mindestens ein Sitz entfallen, so erhalten sie einen Sitz; die Zahl der Sitze der Angestellten vermindert sich entsprechend. Würden nach Absatz 2 auf die Angestellten nicht mindestens zwei Sitze entfallen, so erhalten sie zwei Sitze; die Zahl der Sitze der Arbeiter vermindert sich entsprechend.

(4) Die Errechnung der auf die in § 3 Abs. 3 Nr. 1 des Gesetzes bezeichneten Angestellten und der auf die leitenden Angestellten entfallenden Aufsichtsratsmitglieder der Angestellten erfolgt nach den Grundsätzen der Verhältniswahl. Absatz 2 Satz 2 bis 6 ist sinngemäß anzuwenden. Würde nach den Sätzen 1 und 2 auf die in § 3 Abs. 3 Nr. 1 des Gesetzes bezeichneten Angestellten nicht mindestens ein Sitz entfallen, so erhalten sie einen Sitz; die Zahl der Sitze der leitenden Angestellten vermindert sich entsprechend. Würde nach den Sätzen 1 und 2 auf die leitenden Angestellten nicht mindestens ein Sitz entfallen, so erhalten sie einen Sitz; die Zahl der Sitze der in § 3 Abs. 3 Nr. 1 des Gesetzes bezeichneten Angestellten vermindert sich entsprechend.

Zweiter Titel
Wahlvorschläge

§ 23
Bekanntmachung über die Einreichung von Wahlvorschlägen

(1) Der Betriebswahlvorstand erläßt gleichzeitig mit der Bekanntmachung nach § 12 eine Bekanntmachung über die Einreichung von Wahlvorschlägen für die Wahl der Aufsichtsratsmitglieder der Arbeitnehmer. Die Bekanntmachung muß folgende Angaben enthalten:

1. das Datum ihres Erlasses;
2. den Ort, an dem die Wählerliste, das Gesetz und diese Verordnung ausliegen;
3. die Zahl der zu wählenden Aufsichtsratsmitglieder der Arbeitnehmer, getrennt nach Aufsichtsratsmitgliedern der Arbeiter, Aufsichtsratsmitgliedern der Angestellten, die auf die in § 3 Abs. 3 Nr. 1 des Gesetzes bezeichneten Angestellten entfallen, Aufsichtsratsmitgliedern der Angestellten, die auf die leitenden Angestellten entfallen, und Aufsichtsratsmitgliedern, die Vertreter von Gewerkschaften sind;
4. daß Wahlvorschläge für die Wahl der Aufsichtsratsmitglieder der Arbeitnehmer beim Betriebswahlvorstand innerhalb von sechs Wochen seit Erlaß dieser Bekanntmachung eingereicht werden können; der letzte Tag der Frist ist anzugeben;
5. die Mindestzahl der wahlberechtigten Arbeiter, von denen ein Wahlvorschlag für Aufsichtsratsmitglieder der Arbeiter unterzeichnet sein muß;
6. die Mindestzahl der wahlberechtigten in § 3 Abs. 3 Nr. 1 des Gesetzes bezeichneten Angestellten, von denen ein Wahlvorschlag für Aufsichtsratsmitglieder der Angestellten, die auf diese Angestellten entfallen, unterzeichnet sein muß;
7. daß der Wahlvorschlag der leitenden Angestellten auf Grund von Abstimmungsvorschlägen durch Beschluß der wahlberechtigten leitenden Angestellten in geheimer Abstimmung aufgestellt wird, und daß hierüber eine gesonderte Bekanntmachung erlassen wird;
8. daß ein Wahlvorschlag für Aufsichtsratsmitglieder, die Vertreter von Gewerkschaften sind, nur von einer im Unternehmen vertretenen Gewerkschaft eingereicht werden kann;
9. daß, soweit für die
   a) Aufsichtsratsmitglieder der Arbeiter,
   b) Aufsichtsratsmitglieder der Angestellten, die auf die in § 3 Abs. 3 Nr. 1 des Gesetzes bezeichneten Angestellten entfallen,
   c) Aufsichtsratsmitglieder der Angestellten, die auf die leitenden Angestellten entfallen,

   nur ein Wahlvorschlag gemacht wird, dieser doppelt so viele Bewerber enthalten muß, wie Aufsichtsratsmitglieder auf die Arbeiter, die in § 3 Abs. 3 Nr. 1 des Gesetzes bezeichneten Angestellten oder die leitenden Angestellten entfallen;
10. daß, soweit für die Aufsichtsratsmitglieder, die Vertreter von Gewerkschaften sind, nur ein Wahlvorschlag gemacht wird, dieser mindestens doppelt so viele Bewerber enthalten muß, wie Vertreter von Gewerkschaften zu wählen sind;
11. daß in jedem Wahlvorschlag zusammen mit jedem Bewerber für diesen ein Ersatzmitglied des Aufsichtsrats vorgeschlagen werden kann und daß für einen Bewerber, der Arbeiter ist, nur ein Arbeiter, für einen in § 3 Abs. 3 Nr. 1 des Gesetzes bezeichneten Angestellten nur ein in § 3 Abs. 3 Nr. 1 des Gesetzes bezeichneter Angestellter und für einen leitenden Angestellten nur ein leitender Angestellter als Ersatzmitglied vorgeschlagen werden kann;
12. daß bei Wahl eines Aufsichtsratsmitglieds auch das zusammen mit ihm vorgeschlagene Ersatzmitglied gewählt ist;
13. den Ort, an dem die Wahlvorschläge ausgehängt werden;
14. den Ort, an dem Wahlvorschläge, Einsprüche und sonstige Erklärungen abzugeben sind (Anschrift des Betriebswahlvorstands).

(2) Der Betriebswahlvorstand hängt die Bekanntmachung am Tage ihres Erlasses an einer oder mehreren geeigneten, den Wahlberechtigten zugänglichen Stellen im Betrieb bis zum Abschluß der Wahl der Aufsichtsratsmitglieder aus. Die Bekanntmachung ist in gut lesbarem Zustand zu erhalten. Der Betriebswahlvorstand vermerkt auf der Bekanntmachung den ersten und den letzten Tag des Aushangs.

(3) Der Betriebswahlvorstand übersendet die Bekanntmachung unverzüglich nach ihrem Erlaß dem Unternehmen und den im Unternehmen vertretenen Gewerkschaften.

§ 24
Wahlvorschläge der Arbeiter und der in § 3 Abs. 3 Nr. 1 des Gesetzes bezeichneten Angestellten

(1) Zur Wahl der Aufsichtsratsmitglieder der Arbeiter können die wahlberechtigten Arbeiter Wahlvorschläge machen. Jeder Wahlvorschlag muß von einem Fünftel oder 100 der wahlberechtigten Arbeiter unterzeichnet sein.

(2) Zur Wahl der Aufsichtsratsmitglieder der Angestellten, die auf die in § 3 Abs. 3 Nr. 1 des Gesetzes bezeichneten Angestellten entfallen, können die wahlberechtigten in § 3 Abs. 3 Nr. 1 des Gesetzes bezeichneten Angestellten Wahlvorschläge machen. Jeder Wahlvorschlag muß von einem Fünftel oder 100 der wahlberechtigten in § 3 Abs. 3 Nr. 1 des Gesetzes bezeichneten Angestellten unterzeichnet sein.

(3) Die Wahlvorschläge sind innerhalb von sechs Wochen seit Erlaß der Bekanntmachung über die Einreichung von Wahlvorschlägen beim Betriebswahlvorstand schriftlich einzureichen.

(4) Wird für einen Wahlgang nur ein Wahlvorschlag eingereicht, so muß der Wahlvorschlag doppelt so viele Bewerber enthalten, wie Aufsichtsratsmitglieder in dem Wahlgang zu wählen sind.

(5) Wahlgang im Sinne dieses Abschnitts ist

1. die Wahl der Aufsichtsratsmitglieder der Arbeiter,
2. die Wahl der Aufsichtsratsmitglieder der Angestellten, die auf die in § 3 Abs. 3 Nr. 1 des Gesetzes bezeichneten Angestellten entfallen;
3. die Wahl der Aufsichtsratsmitglieder der Angestellten, die auf die leitenden Angestellten entfallen,
4. die Wahl der Aufsichtsratsmitglieder, die Vertreter von Gewerkschaften sind.

(6) In jedem Wahlvorschlag sind die Bewerber in erkennbarer Reihenfolge unter fortlaufender Nummer und unter Angabe von Familienname, Vorname, Geburtsdatum und Art der Beschäftigung aufzuführen. Die schriftliche Zustimmung der Bewerber zur Aufnahme in den Wahlvorschlag und ihre schriftliche Versicherung, daß sie im Fall ihrer Wahl die Wahl annehmen werden, sind beizufügen.

(7) Für jeden Wahlvorschlag soll einer der Unterzeichner als Vorschlagsvertreter bezeichnet werden. Dieser ist berechtigt und verpflichtet, dem Betriebswahlvorstand die zur Beseitigung von Beanstandungen erforderlichen Erklärungen abzugeben sowie Erklärungen und Entscheidungen des Betriebswahlvorstands entgegenzunehmen. Ist kein Unterzeichner des Wahlvorschlags ausdrücklich als Vorschlagsvertreter bezeichnet, so wird der an erster Stelle Unterzeichnete als Vorschlagsvertreter angesehen.

(8) Die Unterschrift eines Wahlberechtigten zählt nur auf einem Wahlvorschlag. Hat ein Wahlberechtigter mehrere Wahlvorschläge unterzeichnet, so hat er auf Aufforderung des Betriebswahlvorstands innerhalb einer angemessenen Frist, spätestens jedoch innerhalb von drei Arbeitstagen, zu erklären, welche Unterschrift er aufrechterhält. Unterbleibt die fristgerechte Erklärung, so wird sein Name auf dem zuerst eingereichten Wahlvorschlag gezählt und auf den übrigen Wahlvorschlägen gestrichen; sind mehrere Wahlvorschläge, die von demselben Wahlberechtigten unterzeichnet sind, gleichzeitig eingereicht worden, so entscheidet das Los darüber, auf welchem Wahlvorschlag die Unterschrift gilt.

(9) Ein Bewerber kann nur auf einem Wahlvorschlag vorgeschlagen werden. Ist sein Name mit seiner schriftlichen Zustimmung (Absatz 6 Satz 2) auf mehreren Wahlvorschlägen aufgeführt, so hat er auf Aufforderung des Betriebswahlvorstands innerhalb von drei Arbeitstagen zu erklären, welche Bewerbung er aufrechterhält. Unterbleibt die fristgerechte Erklärung, so ist der Bewerber auf sämtlichen Wahlvorschlägen zu streichen.

§ 25

Wahlvorschläge der Gewerkschaften

(1) Zur Wahl von Aufsichtsratsmitgliedern, die Vertreter von Gewerkschaften sind, können die in dem Unternehmen vertretenen Gewerkschaften Wahlvorschläge machen.

(2) Jeder Wahlvorschlag einer Gewerkschaft muß von einem hierzu bevollmächtigten Beauftragten dieser Gewerkschaft unterzeichnet sein. § 24 Abs. 3, 5, 6 und 9 ist entsprechend anzuwenden. Wird nur ein Wahlvorschlag eingereicht, so muß dieser mindestens doppelt so viele Bewerber enthalten, wie Vertreter von Gewerkschaften zu wählen sind.

(3) § 24 Abs. 7 ist entsprechend anzuwenden. Der in Absatz 2 Satz 1 bezeichnete Beauftragte gilt als Vorschlagsvertreter. Die Gewerkschaft kann einen anderen als den in Absatz 2 Satz 1 bezeichneten Beauftragten als Vorschlagsvertreter benennen.

§ 26

Wahlvorschläge für Ersatzmitglieder

(1) In jedem Wahlvorschlag kann zusammen mit jedem Bewerber für diesen ein Ersatzmitglied des Aufsichtsrats vorgeschlagen werden. Für einen Bewerber, der Arbeiter ist, kann nur ein Arbeiter, für einen in § 3 Abs. 3 Nr. 1 des Gesetzes bezeichneten Angestellten nur ein in § 3 Abs. 3 Nr. 1 des Gesetzes bezeichneter Angestellter und für einen leitenden Angestellten nur ein leitender Angestellter als Ersatzmitglied vorgeschlagen werden. Für jeden Bewerber kann nur ein Ersatzmitglied vorgeschlagen werden. Ein Bewerber kann nicht sowohl als Mitglied als auch als Ersatzmitglied des Aufsichtsrats vorgeschlagen werden. § 24 Abs. 9 ist entsprechend anzuwenden.

(2) Jedes vorgeschlagene Ersatzmitglied ist in dem Wahlvorschlag unter Angabe von Familienname, Vorname, Geburtsdatum und Art der Beschäftigung neben dem Bewerber aufzuführen, für den es als Ersatzmitglied des Aufsichtsrats vorgeschlagen wird. In dem Wahlvorschlag ist kenntlich zu machen, wer als Mitglied und wer als Ersatzmitglied des Aufsichtsrats vorgeschlagen wird. § 24 Abs. 6 Satz 2 ist entsprechend anzuwenden.

Dritter Titel

Zusätzliche Vorschriften für den Wahlvorschlag der leitenden Angestellten

§ 27

Bekanntmachung über die Abstimmung für den Wahlvorschlag der leitenden Angestellten

(1) Der Betriebswahlvorstand erläßt gleichzeitig mit der Bekanntmachung nach § 12 eine Bekanntmachung über die Abstimmung für den Wahlvorschlag der leitenden Angestellten. Die Bekanntmachung muß folgende Angaben enthalten:

1. das Datum ihres Erlasses;
2. die Zahl der Bewerber, die der Wahlvorschlag der leitenden Angestellten enthalten muß;
3. daß der Wahlvorschlag der leitenden Angestellten auf Grund von Abstimmungsvorschlägen durch Beschluß der wahlberechtigten leitenden Angestellten in geheimer Abstimmung aufgestellt wird;
4. daß in jedem Abstimmungsvorschlag zusammen mit jedem Bewerber für diesen ein Ersatzmitglied des Aufsichtsrats vorgeschlagen werden kann;
5. die Mindestzahl der wahlberechtigten leitenden Angestellten, von denen ein Abstimmungsvorschlag für die Abstimmung der leitenden Angestellten unterzeichnet sein muß;
6. die Zahl der Bewerber, die jeder leitende Angestellte in der Abstimmung ankreuzen kann;
7. daß die leitenden Angestellten als Bewerber in den Wahlvorschlag der leitenden Angestellten aufgenommen werden, auf die mehr Stimmen entfallen, als der Hälfte der abgegebenen Stimmen, geteilt durch die Zahl der Bewerber, die der Wahlvorschlag enthalten muß, entspricht;
8. daß, wenn in der ersten Abstimmung nicht die erforderliche Anzahl von Bewerbern die in Nummer 7 bezeichnete Mehrheit erreicht, zur Wahl der noch fehlenden Bewerber eine zweite Abstimmung stattfindet und daß für die zweite Abstimmung eine gesonderte Bekanntmachung erfolgt;
9. daß die in den Abstimmungsvorschlägen zusammen mit den Gewählten aufgeführten Ersatzmitglieder in den Wahlvorschlag der leitenden Angestellten als Ersatzmitglieder des Aufsichtsrats aufgenommen werden;
10. den Zeitpunkt, bis zu dem Abstimmungsvorschläge für die Abstimmung der leitenden Angestellten beim Betriebswahlvorstand eingereicht werden können;
11. den Ort, an dem Abstimmungsvorschläge einzureichen sind (Anschrift des Betriebswahlvorstands);
12. den Ort, an dem die Abstimmungsvorschläge ausgehängt werden;
13. Ort, Tag und Zeit der Stimmabgabe;
14. den Hinweis auf die Möglichkeit der schriftlichen Stimmabgabe sowie die Betriebsteile und Nebenbetriebe, für die schriftliche Stimmabgabe beschlossen ist.

(2) § 23 Abs. 2 und 3 ist entsprechend anzuwenden.

§ 28

Abstimmungsvorschläge der leitenden Angestellten

(1) Für den Beschluß über den Wahlvorschlag der leitenden Angestellten können die wahlberechtigten leitenden Angestellten Abstimmungsvorschläge machen. Jeder Abstimmungsvorschlag muß von einem Zwanzigstel oder 50 der wahlberechtigten leitenden Angestellten unterzeichnet sein. Abstimmungsvorschläge sind innerhalb einer vom Betriebswahlvorstand zu bestimmenden Frist beim Betriebswahlvorstand schriftlich einzureichen. Die Frist soll zwei Wochen betragen; sie beginnt mit dem Erlaß der Bekanntmachung nach § 27.

(2) In jedem Abstimmungsvorschlag kann zusammen mit jedem Bewerber für diesen ein leitender Angestellter als Ersatzmitglied des Aufsichtsrats vorgeschlagen werden. § 26 Abs. 1 Satz 3 bis 5 ist entsprechend anzuwenden.

(3) In jedem Abstimmungsvorschlag sind die Bewerber in erkennbarer Reihenfolge unter fortlaufender Nummer und unter Angabe von Familienname, Vorname, Geburtsdatum und Art der Beschäftigung aufzuführen. Die schriftliche Zustimmung der Bewerber zur Aufnahme in den Abstimmungsvorschlag sowie die schriftliche Versicherung, daß sie im Fall ihrer Wahl die Wahl annehmen werden, sind beizufügen. Ein Ersatzmitglied ist in dem Abstimmungsvorschlag neben dem Bewerber aufzuführen, für den es als Ersatzmitglied vorgeschlagen wird. In dem Abstimmungsvorschlag ist kenntlich zu machen, wer als Bewerber und wer als Ersatzmitglied vorgeschlagen wird; auf Ersatzmitglieder sind die Sätze 1 und 2 entsprechend anzuwenden.

(4) Der Betriebswahlvorstand prüft die Abstimmungsvorschläge und macht die gültigen Abstimmungsvorschläge bis zu dem Tag bekannt, an dem der Wahlvorschlag der leitenden Angestellten vorliegt; § 23 Abs. 2 ist entsprechend anzuwenden.

(5) Ist nach Ablauf der nach Absatz 1 vom Betriebswahlvorstand bestimmten Frist kein gültiger Abstimmungsvorschlag eingereicht, so macht der Betriebswahlvorstand dies unverzüglich in gleicher Weise bekannt wie Abstimmungsvorschläge und fordert unter Hinweis auf den bevorstehenden Ablauf der zur Einreichung von Wahlvorschlägen bestimmten Frist erneut dazu auf, Abstimmungsvorschläge einzureichen.

§ 29

Abstimmung der leitenden Angestellten

(1) Der Betriebswahlvorstand setzt den Tag der Abstimmung der leitenden Angestellten so fest, daß der Wahlvorschlag der leitenden Angestellten auch dann, wenn eine zweite Abstimmung erforderlich wird, spätestens sieben Wochen seit Erlaß der Bekanntmachung nach § 23 vorliegt.

(2) Jeder Abstimmungsberechtigte kann so viele Bewerber ankreuzen, wie der Wahlvorschlag der leitenden Angestellten Bewerber enthalten muß. Eine gesonderte Stimmabgabe für ein Ersatzmitglied des Aufsichtsrats ist nicht zulässig. Die Stimmabgabe erfolgt durch Abgabe von Stimmzetteln in den hierfür bestimmten Umschlägen (Wahlumschlägen).

(3) Der Betriebswahlvorstand hat die Bewerber auf den Stimmzetteln unter Angabe von Familienname, Vorname und Art der Beschäftigung unter-

einander in alphabetischer Reihenfolge aufzuführen. Ist zusammen mit einem Bewerber für diesen ein Ersatzmitglied vorgeschlagen worden, so ist das Ersatzmitglied auf den Stimmzetteln neben dem Bewerber aufzuführen; Satz 1 ist entsprechend anzuwenden. Die Stimmzettel sollen die Angabe enthalten, wieviel Bewerber jeder Abstimmungsberechtigte ankreuzen kann. Die Stimmzettel müssen sämtlich die gleiche Größe, Farbe, Beschaffenheit und Beschriftung haben; das gleiche gilt für die Wahlumschläge.

(4) Der Abstimmende kennzeichnet die von ihm gewählten Bewerber durch Ankreuzen an den im Stimmzettel hierfür vorgesehenen Stellen. Ungültig sind Stimmzettel,

1. in denen mehr Bewerber angekreuzt sind, als der Abstimmende Stimmen hat,
2. aus denen sich der Wille des Abstimmenden nicht eindeutig ergibt,
3. die mit einem besonderen Merkmal versehen sind,
4. die andere als die in Absatz 3 bezeichneten Angaben, einen Zusatz oder sonstige Änderungen enthalten.

(5) Die Abstimmung der leitenden Angestellten wird vom Betriebswahlvorstand durchgeführt. Auf den Abstimmungsvorgang und die schriftliche Stimmabgabe sind die §§ 16 bis 18 anzuwenden. Unverzüglich nach Abschluß der Stimmabgabe zählt der Betriebswahlvorstand öffentlich die Stimmen aus. Nach Öffnung der Wahlurne entnimmt der Betriebswahlvorstand die Stimmzettel den Wahlumschlägen und zählt die auf jeden Bewerber entfallenden Stimmen zusammen. Dabei ist die Gültigkeit der Stimmzettel zu prüfen. Befinden sich in einem Wahlumschlag mehrere gekennzeichnete Stimmzettel, so werden sie, wenn sie vollständig übereinstimmen, nur einfach gezählt, andernfalls sind sie ungültig. Ist auf einem Stimmzettel ein Bewerber mehrfach angekreuzt, so zählt dies als eine Stimme.

(6) Als Bewerber sind die leitenden Angestellten in den Wahlvorschlag aufgenommen, auf die mehr Stimmen entfallen, als der Hälfte der abgegebenen Stimmen, geteilt durch die Zahl der Bewerber, die der Wahlvorschlag nach § 15 Abs. 5 Satz 3 des Gesetzes enthalten muß, entspricht. Wird diese Stimmenzahl von mehr leitenden Angestellten erreicht, als der Wahlvorschlag Bewerber enthalten muß, so sind nach der Reihenfolge der auf sie entfallenden Stimmenzahlen nur so viele leitende Angestellte in den Wahlvorschlag aufgenommen, wie dieser Bewerber enthalten muß. Wird die in Satz 1 bezeichnete Stimmenzahl von weniger leitenden Angestellten erreicht, als der Wahlvorschlag Bewerber enthalten muß, so werden die noch fehlenden Bewerber in einer zweiten Abstimmung ermittelt.

(7) Ist ein leitender Angestellter als Bewerber in den Wahlvorschlag der leitenden Angestellten aufgenommen, so ist das in dem Abstimmungsvorschlag neben diesem Bewerber aufgeführte Ersatzmitglied als dessen Ersatzmitglied in den Wahlvorschlag der leitenden Angestellten aufgenommen.

(8) Nach Abschluß der Stimmauszählung gibt der Betriebswahlvorstand das Abstimmungsergebnis und die Namen der in den Wahlvorschlag Aufgenommenen durch zweiwöchigen Aushang im Betrieb bekannt; § 23 Abs. 2 ist entsprechend anzuwenden.

§ 30

Abstimmungsniederschrift

Nach Abschluß der Abstimmung stellt der Betriebswahlvorstand in einer Niederschrift fest:

1. die Zahl der abgegebenen Wahlumschläge;
2. die Zahl der gültigen Stimmen;
3. die Zahl der ungültigen Stimmen;
4. die Zahlen der auf die einzelnen Bewerber entfallenden Stimmen;
5. die Namen der in den Wahlvorschlag aufgenommenen Bewerber und Ersatzmitglieder;
6. besondere während der Abstimmung eingetretene Zwischenfälle oder sonstige Ereignisse.

§ 31

Zweite Abstimmung der leitenden Angestellten

(1) Ist durch die Abstimmung der leitenden Angestellten nicht die erforderliche Zahl von Bewerbern in den Wahlvorschlag aufgenommen worden, so ist unverzüglich eine zweite Abstimmung einzuleiten.

(2) Der Betriebswahlvorstand erläßt für die zweite Abstimmung eine Bekanntmachung. Sie muß folgende Angaben enthalten:

1. das Datum ihres Erlasses;
2. die Zahl der für den Wahlvorschlag der leitenden Angestellten noch fehlenden Bewerber;
3. daß für die zweite Abstimmung neue Abstimmungsvorschläge beim Betriebswahlvorstand eingereicht werden können; der letzte Tag der Einreichungsfrist ist anzugeben;
4. die Zahl der Bewerber, die jeder leitende Angestellte in der zweiten Abstimmung ankreuzen kann;
5. daß nach der zweiten Abstimmung so viele Bewerber, wie nach der ersten Abstimmung an der erforderlichen Zahl von Bewerbern fehlen, nach der Reihenfolge der auf sie entfallenden Stimmenzahlen in den Wahlvorschlag aufgenommen werden;
6. den Ort, an dem die Abstimmungsvorschläge ausgehängt werden;
7. Ort, Tag und Zeit der Stimmabgabe;
8. den Hinweis auf die Möglichkeit der schriftlichen Stimmabgabe sowie die Betriebsteile und Nebenbetriebe, für die schriftliche Stimmabgabe beschlossen ist.

§ 23 Abs. 2 und 3 ist entsprechend anzuwenden.

(3) Für die zweite Abstimmung können innerhalb einer vom Betriebswahlvorstand zu bestimmenden Frist neue Abstimmungsvorschläge eingereicht wer-

den. Die Frist soll drei Arbeitstage betragen; sie beginnt mit dem Erlaß der Bekanntmachung.

(4) Jeder Abstimmungsberechtigte kann so viele Bewerber ankreuzen, wie in der zweiten Abstimmung noch in den Wahlvorschlag aufzunehmen sind. § 29 Abs. 2 Satz 2 und 3 und Abs. 3 bis 5 ist anzuwenden.

(5) Nach der zweiten Abstimmung werden so viele Bewerber in den Wahlvorschlag der leitenden Angestellten nach der Reihenfolge der auf sie entfallenden Stimmenzahlen aufgenommen, wie nach der ersten Abstimmung an der erforderlichen Zahl von Bewerbern noch fehlten; die in § 29 Abs. 6 Satz 1 bezeichnete Stimmenzahl ist nicht erforderlich. § 29 Abs. 7 und 8 ist anzuwenden.

(6) Für die Niederschrift über die zweite Abstimmung ist § 30 anzuwenden.

Vierter Titel
Prüfung und Bekanntmachung der Wahlvorschläge

§ 32
Prüfung der Wahlvorschläge

(1) Der Betriebswahlvorstand bestätigt dem Vorschlagsvertreter schriftlich den Zeitpunkt der Einreichung des Wahlvorschlags.

(2) Der Betriebswahlvorstand bezeichnet den Wahlvorschlag, wenn er nicht mit einem Kennwort versehen ist, mit Familienname und Vorname des an erster Stelle benannten Bewerbers. Er hat unverzüglich den Wahlvorschlag zu prüfen und bei Ungültigkeit oder Beanstandung den Vorschlagsvertreter schriftlich unter Angabe der Gründe zu unterrichten.

§ 33
Ungültige Wahlvorschläge

(1) Ungültig sind Wahlvorschläge,

1. die nicht fristgerecht eingereicht worden sind,
2. auf denen die Bewerber nicht in erkennbarer Reihenfolge aufgeführt sind,
3. die nicht die in § 23 Abs. 1 Satz 2 Nr. 9 und 10 bezeichnete Zahl von Bewerbern enthalten,
4. der Arbeiter und der in § 3 Abs. 3 Nr. 1 des Gesetzes bezeichneten Angestellten, wenn sie bei der Einreichung nicht die erforderliche Zahl von Unterschriften aufweisen,
5. der Gewerkschaften, wenn sie nicht von einem hierzu bevollmächtigten Beauftragten unterzeichnet sind.

(2) Wahlvorschläge,

1. in denen die Bewerber nicht in der in § 24 Abs. 6 Satz 1 bestimmten Weise bezeichnet sind,
2. denen die schriftliche Zustimmung und Versicherung der Bewerber nach § 24 Abs. 6 Satz 2 nicht beigefügt sind,
3. die infolge von Streichungen gemäß § 24 Abs. 8 nicht mehr die erforderliche Zahl von Unterschriften aufweisen,

sind ungültig, wenn der Betriebswahlvorstand sie beanstandet hat und die Mängel nicht innerhalb von drei Arbeitstagen seit der Beanstandung beseitigt worden sind.

§ 34
Nachfrist für Wahlvorschläge

(1) Ist nach Ablauf der für die Einreichung von Wahlvorschlägen bestimmten Frist für einen in § 24 Abs. 5 Nr. 1, 2 und 4 bezeichneten Wahlgang kein gültiger Wahlvorschlag eingereicht, so erläßt der Betriebswahlvorstand unverzüglich eine Bekanntmachung und setzt eine Nachfrist von einer Woche für die Einreichung von Wahlvorschlägen fest. Die Bekanntmachung muß folgende Angaben enthalten:

1. das Datum ihres Erlasses;
2. daß für den Wahlgang kein gültiger Wahlvorschlag eingereicht worden ist;
3. daß Wahlvorschläge innerhalb einer Nachfrist von einer Woche seit Erlaß der Bekanntmachung schriftlich eingereicht werden können; der letzte Tag der Frist ist anzugeben;
4. daß der Wahlgang nur stattfinden kann, wenn mindestens ein gültiger Wahlvorschlag eingereicht wird;
5. daß, soweit kein gültiger Wahlvorschlag eingereicht wird, die fehlenden Aufsichtsratsmitglieder durch das Gericht bestellt werden können.

(2) Wird bis zum Ablauf der Nachfrist für einen Wahlgang kein gültiger Wahlvorschlag eingereicht, so macht der Betriebswahlvorstand unverzüglich bekannt, daß der Wahlgang nicht stattfindet.

(3) Für Bekanntmachungen nach den Absätzen 1 und 2 ist § 23 Abs. 2 und 3 anzuwenden.

§ 35
Bekanntmachung der Wahlvorschläge

(1) Sind für einen Wahlgang, in dem mehrere Aufsichtsratsmitglieder der Arbeitnehmer zu wählen sind, mehrere Wahlvorschläge eingereicht, so ermittelt der Betriebswahlvorstand durch das Los nach Ablauf der in § 24 Abs. 3, § 33 Abs. 2 und § 34 Abs. 1 Satz 1 bezeichneten Fristen die Reihenfolge der Ordnungsnummern, die den eingereichten Wahlvorschlägen zugeteilt werden (Wahlvorschlag 1, 2 usw.).

(2) Spätestens zwei Wochen vor dem ersten Tag der Stimmabgabe macht der Betriebswahlvorstand die gültigen Wahlvorschläge, nach Wahlgängen getrennt, bekannt; § 23 Abs. 2 und 3 ist entsprechend anzuwenden.

Vierter Unterabschnitt

§ 36

Anzuwendende Vorschriften

(1) Sind die Aufsichtsratsmitglieder der Arbeitnehmer in unmittelbarer Wahl zu wählen, so richtet sich das weitere Wahlverfahren nach den Vorschriften des Zweiten Abschnitts.

(2) Sind die Aufsichtsratsmitglieder der Arbeitnehmer durch Wahlmänner zu wählen, so richtet sich das weitere Wahlverfahren nach den Vorschriften des Dritten Abschnitts.

Zweiter Abschnitt

Unmittelbare Wahl der Aufsichtsratsmitglieder der Arbeitnehmer

Erster Unterabschnitt

Wahlausschreiben, Abstimmungen über die gemeinsame Wahl

§ 37

Wahlausschreiben

Steht fest, daß die Aufsichtsratsmitglieder der Arbeitnehmer in unmittelbarer Wahl zu wählen sind, so erläßt der Betriebswahlvorstand ein Wahlausschreiben. Es muß folgende Angaben enthalten:

1. das Datum seines Erlasses;
2. daß die Aufsichtsratsmitglieder der Arbeitnehmer in unmittelbarer Wahl zu wählen sind;
3. daß an der Wahl und an Abstimmungen nur Arbeitnehmer teilnehmen können, die in der Wählerliste eingetragen sind;
4. daß die unternehmensangehörigen Aufsichtsratsmitglieder der Arbeitnehmer von den Arbeitern und den Angestellten in getrennter Wahl gewählt werden, wenn nicht die wahlberechtigten Arbeiter und Angestellten in getrennten, geheimen Abstimmungen die gemeinsame Wahl beschließen;
5. daß die Abstimmungen über die gemeinsame Wahl der unternehmensangehörigen Aufsichtsratsmitglieder der Arbeitnehmer nur durchgeführt werden, wenn von den Arbeitern und den Angestellten je ein Antrag eingereicht wird;
6. die Mindestzahl der wahlberechtigten Arbeiter, von denen ein Antrag auf Abstimmung der Arbeiter unterzeichnet sein muß;
7. die Mindestzahl der wahlberechtigten Angestellten, von denen ein Antrag auf Abstimmung der Angestellten unterzeichnet sein muß;
8. daß Anträge auf Abstimmungen über die gemeinsame Wahl innerhalb von zwei Wochen seit Erlaß des Wahlausschreibens schriftlich beim Betriebswahlvorstand eingereicht werden können; der letzte Tag der Frist ist anzugeben;
9. die Mindestzahl der wahlberechtigten Arbeiter, deren Beteiligung an der Abstimmung der Arbeiter erforderlich ist;
10. die Mindestzahl der wahlberechtigten Angestellten, deren Beteiligung an der Abstimmung der Angestellten erforderlich ist;
11. daß die Beschlüsse darüber, daß die unternehmensangehörigen Aufsichtsratsmitglieder der Arbeitnehmer in gemeinsamer Wahl gewählt werden sollen, jeweils nur mit der Mehrheit der abgegebenen Stimmen gefaßt werden können;
12. daß im Fall der getrennten Wahl die Aufsichtsratsmitglieder der Arbeiter von den wahlberechtigten Arbeitern und die Aufsichtsratsmitglieder der Angestellten von den wahlberechtigten Angestellten gewählt werden;
13. daß im Fall der gemeinsamen Wahl die unternehmensangehörigen Aufsichtsratsmitglieder der Arbeitnehmer von den wahlberechtigten Arbeitern und Angestellten gemeinsam gewählt werden;
14. daß die Aufsichtsratsmitglieder, die Vertreter von Gewerkschaften sind, in gemeinsamer Wahl gewählt werden;
15. den Zeitpunkt, bis zu dem Wahlvorschläge eingereicht werden können;
16. daß die Stimmabgabe an Wahlvorschläge gebunden ist und daß nur solche Wahlvorschläge berücksichtigt werden dürfen, die fristgerecht eingereicht sind;
17. den Ort, an dem die Wahlvorschläge ausgehängt werden;
18. Ort, Tag und Zeit der Stimmabgabe für die Wahl der Aufsichtsratsmitglieder der Arbeitnehmer;
19. den Hinweis auf die Möglichkeit der schriftlichen Stimmabgabe sowie die Betriebsteile und Nebenbetriebe, für die schriftliche Stimmabgabe beschlossen ist;
20. den Ort, an dem Einsprüche, Anträge, Wahlvorschläge und sonstige Erklärungen abzugeben sind (Anschrift des Betriebswahlvorstands).

Für die Bekanntmachung ist § 23 Abs. 2 und 3 entsprechend anzuwenden.

§ 38

Anträge auf Abstimmungen über die gemeinsame Wahl

(1) Anträge auf Abstimmungen darüber, daß die unternehmensangehörigen Aufsichtsratsmitglieder der Arbeitnehmer in gemeinsamer Wahl gewählt werden sollen, sind innerhalb von zwei Wochen seit Erlaß des Wahlausschreibens schriftlich beim Betriebswahlvorstand einzureichen. Der Betriebswahlvorstand prüft unverzüglich nach Eingang eines Antrags dessen Gültigkeit.

(2) Ein Antrag auf Abstimmung ist gültig, wenn er von mindestens einem Zwanzigstel der wahlberechtigten Arbeiter oder der wahlberechtigten Angestellten unterzeichnet und fristgerecht eingereicht worden ist.

(3) Ist ein Antrag ungültig, so teilt der Betriebswahlvorstand dies dem Antragsvertreter oder, wenn ein solcher nicht benannt ist, dem an erster Stelle des Antrags Unterzeichneten schriftlich mit.

(4) Abstimmungen werden nur durchgeführt, wenn sowohl von den wahlberechtigten Arbeitern als auch von den wahlberechtigten Angestellten ein gültiger Antrag eingereicht worden ist.

§ 39

Abstimmungsausschreiben

(1) Liegt für die Gruppe der Arbeiter und für die Gruppe der Angestellten je ein gültiger Antrag nach § 38 vor, so erläßt der Betriebswahlvorstand unverzüglich ein Abstimmungsausschreiben. Die Abstimmungen sollen innerhalb von zwei Wochen seit Erlaß des Abstimmungsausschreibens stattfinden.

(2) Das Abstimmungsausschreiben muß folgende Angaben enthalten:

1. das Datum seines Erlasses;
2. den Inhalt der Anträge;
3. daß an den Abstimmungen nur Arbeitnehmer teilnehmen können, die in der Wählerliste eingetragen sind;
4. daß die wahlberechtigten Arbeiter und Angestellten in getrennten, geheimen Abstimmungen über die gemeinsame Wahl beschließen;
5. die Mindestzahl der wahlberechtigten Arbeiter, deren Beteiligung an der Abstimmung der Arbeiter erforderlich ist;
6. die Mindestzahl der wahlberechtigten Angestellten, deren Beteiligung an der Abstimmung der Angestellten erforderlich ist;
7. daß die Beschlüsse darüber, daß die unternehmensangehörigen Aufsichtsratsmitglieder in gemeinsamer Wahl gewählt werden sollen, jeweils nur mit der Mehrheit der abgegebenen Stimmen gefaßt werden können;
8. Ort, Tag und Zeit der Stimmabgabe;
9. den Hinweis auf die Möglichkeit der schriftlichen Stimmabgabe sowie die Betriebsteile und Nebenbetriebe, für die schriftliche Stimmabgabe beschlossen ist;
10. den Ort, an dem Einsprüche und sonstige Erklärungen gegenüber dem Betriebswahlvorstand abzugeben sind (Anschrift des Betriebswahlvorstands).

(3) Für die Bekanntmachung des Abstimmungsausschreibens ist § 14 Abs. 3 anzuwenden.

§ 40

Stimmabgabe, Abstimmungsvorgang

(1) Die Stimmzettel für eine Abstimmung dürfen nur den Antrag und die Frage an den Abstimmungsberechtigten enthalten, ob er für oder gegen den Antrag stimmt. Gibt der Abstimmende seine Stimme für den Antrag ab, so kreuzt er das vorgedruckte „Ja", andernfalls das vorgedruckte „Nein" an. Die Stimmzettel für eine Abstimmung müssen sämtlich die gleiche Größe, Farbe, Beschaffenheit und Beschriftung haben; das gleiche gilt für die Wahlumschläge. Stimmzettel und Wahlumschläge, die für eine Abstimmung Verwendung finden, müssen sich von den für die andere Abstimmung vorgesehenen Stimmzetteln und Wahlumschlägen in der Farbe unterscheiden.

(2) Stimmzettel, die mit einem besonderen Merkmal versehen sind oder aus denen sich der Wille des Abstimmenden nicht eindeutig ergibt oder die andere als die in Absatz 1 bezeichneten Angaben, einen Zusatz oder sonstige Änderungen enthalten, sind ungültig.

(3) Für den Abstimmungsvorgang und die schriftliche Stimmabgabe sind die §§ 16 bis 18 anzuwenden.

§ 41

Öffentliche Stimmauszählung

(1) Unverzüglich nach Abschluß der Stimmabgabe zählt der Betriebswahlvorstand öffentlich die Stimmen aus.

(2) Nach Öffnung der Wahlurne entnimmt der Betriebswahlvorstand die Stimmzettel den Wahlumschlägen und stellt für jeden Antrag gesondert fest, wieviel Stimmen für und wieviel Stimmen gegen den Antrag abgegeben worden sind.

(3) Bei der Auszählung ist die Gültigkeit der Stimmzettel zu prüfen. Befinden sich in einem Wahlumschlag mehrere gekennzeichnete Stimmzettel, so werden sie, wenn sie vollständig übereinstimmen, nur einfach gezählt, andernfalls sind sie ungültig.

§ 42

Abstimmungsniederschrift

Nachdem das Abstimmungsergebnis ermittelt ist, stellt der Betriebswahlvorstand in einer Niederschrift getrennt nach Abstimmungen fest:

1. die Zahl der abgegebenen Wahlumschläge;
2. die Zahl der gültigen Stimmen;
3. die Zahl der ungültigen Stimmen;
4. die Zahl der für einen Antrag abgegebenen Stimmen;
5. die Zahl der gegen einen Antrag abgegebenen Stimmen;
6. das Abstimmungsergebnis;
7. besondere während der Abstimmung eingetretene Zwischenfälle oder sonstige Ereignisse.

§ 43

Bekanntmachung des Abstimmungsergebnisses

(1) Der Betriebswahlvorstand gibt das Abstimmungsergebnis durch zweiwöchigen Aushang in gleicher Weise wie das Abstimmungsausschreiben bekannt.

(2) Ergeben die Abstimmungen, daß die unternehmensangehörigen Aufsichtsratsmitglieder der Arbeitnehmer in gemeinsamer Wahl zu wählen sind, so ist dies durch eine Ergänzung des Wahlausschreibens bekanntzumachen.

Zweiter Unterabschnitt
Durchführung der Wahl

Erster Titel
Wahl mehrerer Aufsichtsratsmitglieder der Arbeitnehmer in einem Wahlgang auf Grund mehrerer Wahlvorschläge

§ 44
Stimmabgabe, Wahlvorgang

(1) Sind in einem Wahlgang mehrere Aufsichtsratsmitglieder der Arbeitnehmer zu wählen und liegen für diesen Wahlgang mehrere gültige Wahlvorschläge vor, so kann der Wähler seine Stimme nur für einen dieser Wahlvorschläge abgeben. Die Stimmabgabe erfolgt durch Abgabe von Stimmzetteln in den hierfür bestimmten Umschlägen (Wahlumschlägen). Der Begriff des Wahlgangs im Sinne dieses Abschnitts bestimmt sich nach § 24 Abs. 5.

(2) Der Betriebswahlvorstand hat die Wahlvorschläge auf den Stimmzetteln nach der Reihenfolge der Ordnungsnummern sowie unter Angabe der an erster und zweiter Stelle benannten Bewerber mit Familienname, Vorname und Art der Beschäftigung untereinander aufzuführen; bei Wahlvorschlägen, die mit einem Kennwort versehen sind, ist auch das Kennwort anzugeben. Die Stimmzettel sollen die Angabe enthalten, daß der Wähler nur einen Wahlvorschlag ankreuzen kann. Die Stimmzettel, die für denselben Wahlgang Verwendung finden, müssen sämtlich die gleiche Größe, Farbe, Beschaffenheit und Beschriftung haben; das gleiche gilt für die Wahlumschläge. Die Stimmzettel und Wahlumschläge, die für einen Wahlgang Verwendung finden, müssen sich von den für die anderen Wahlgänge vorgesehenen Stimmzetteln und Wahlumschlägen in der Farbe unterscheiden.

(3) Der Wähler kennzeichnet den von ihm gewählten Wahlvorschlag durch Ankreuzen an der im Stimmzettel hierfür vorgesehenen Stelle. Für den Wahlvorgang ist § 16 entsprechend anzuwenden; die Stimmabgabe ist in der Wählerliste für jeden Wahlgang gesondert zu vermerken.

(4) Ungültig sind Stimmzettel,

1. in denen mehr als ein Wahlvorschlag angekreuzt ist,
2. aus denen sich der Wille des Wählers nicht eindeutig ergibt,
3. die mit einem besonderen Merkmal versehen sind,
4. die andere als die in Absatz 2 bezeichneten Angaben, einen Zusatz oder sonstige Änderungen enthalten.

§ 45
Öffentliche Stimmauszählung

(1) Unverzüglich nach Abschluß der Stimmabgabe zählt der Betriebswahlvorstand öffentlich die Stimmen aus.

(2) Nach Öffnung der Wahlurne entnimmt der Betriebswahlvorstand die Stimmzettel den Wahlumschlägen und zählt für jeden Wahlgang gesondert die auf jeden Wahlvorschlag entfallenden Stimmen zusammen.

(3) Bei der Auszählung ist die Gültigkeit der Stimmzettel zu prüfen. Befinden sich in einem Wahlumschlag mehrere gekennzeichnete Stimmzettel, so werden sie, wenn sie vollständig übereinstimmen, nur einfach gezählt, andernfalls sind sie ungültig.

§ 46
Ermittlung der Gewählten

(1) Die in dem Wahlgang den einzelnen Wahlvorschlägen zugefallenen Stimmenzahlen werden in einer Reihe nebeneinandergestellt und sämtlich durch 1, 2, 3, 4 usw. geteilt. Die ermittelten Teilzahlen sind nacheinander reihenweise unter den Zahlen der ersten Reihe aufzuführen, bis höhere Teilzahlen, als aus früheren Reihen für die Zuweisung von Sitzen in Betracht kommen, nicht mehr entstehen. Unter den so gefundenen Teilzahlen werden so viele Höchstzahlen ausgesondert und der Größe nach geordnet, wie in dem Wahlgang Aufsichtsratsmitglieder zu wählen sind. Jeder Wahlvorschlag erhält so viele Sitze zugeteilt, wie Höchstzahlen auf ihn entfallen. Wenn die niedrigste in Betracht kommende Höchstzahl auf mehrere Wahlvorschläge zugleich entfällt, so entscheidet das Los darüber, welchem Wahlvorschlag dieser Sitz zufällt.

(2) Wenn ein Wahlvorschlag weniger Bewerber enthält, als Höchstzahlen auf ihn entfallen, so gehen die überschüssigen Sitze auf die folgenden Höchstzahlen der anderen Wahlvorschläge desselben Wahlgangs über.

(3) Die Reihenfolge der Bewerber innerhalb der einzelnen Wahlvorschläge bestimmt sich nach der Reihenfolge ihrer Benennung.

(4) Mit der Wahl eines Bewerbers ist das in dem Wahlvorschlag neben dem gewählten Bewerber aufgeführte Ersatzmitglied des Aufsichtsrats gewählt.

Zweiter Titel
Wahl mehrerer Aufsichtsratsmitglieder der Arbeitnehmer in einem Wahlgang auf Grund nur eines Wahlvorschlags

§ 47
Stimmabgabe, Wahlvorgang

(1) Sind in einem Wahlgang mehrere Aufsichtsratsmitglieder der Arbeitnehmer zu wählen und liegt für diesen Wahlgang nur ein gültiger Wahlvorschlag vor, so kann der Wähler seine Stimme nur für die in dem Wahlvorschlag aufgeführten Bewerber abgeben. Eine gesonderte Stimmabgabe für ein Ersatzmitglied des Aufsichtsrats ist nicht zulässig. Die Stimmabgabe erfolgt durch Abgabe von Stimmzetteln in den hierfür bestimmten Umschlägen (Wahlumschlägen).

(2) Der Betriebswahlvorstand hat die Bewerber auf den Stimmzetteln unter Angabe von Familienname, Vorname und Art der Beschäftigung untereinander in der Reihenfolge aufzuführen, in der sie in dem Wahlvorschlag benannt sind. Ist zusammen mit einem Bewerber für diesen ein Ersatzmitglied vorgeschlagen worden, so ist das Ersatzmitglied auf den Stimmzetteln neben dem Bewerber aufzuführen; Satz 1 ist entsprechend anzuwenden. Die Stimmzettel sollen die Angabe enthalten, wieviel Bewerber der Wähler ankreuzen kann. § 44 Abs. 2 Satz 3 und 4 ist anzuwenden.

(3) Der Wähler kennzeichnet die von ihm gewählten Bewerber durch Ankreuzen an den im Stimmzettel hierfür vorgesehenen Stellen. Er darf nicht mehr Bewerber ankreuzen, als in dem Wahlgang Aufsichtsratsmitglieder zu wählen sind. § 44 Abs. 3 Satz 2 ist entsprechend anzuwenden.

(4) Ungültig sind Stimmzettel,

1. in denen mehr Bewerber angekreuzt sind, als in dem Wahlgang Aufsichtsratsmitglieder zu wählen sind,
2. aus denen sich der Wille des Wählers nicht eindeutig ergibt,
3. die mit einem besonderen Merkmal versehen sind,
4. die andere als die in Absatz 2 bezeichneten Angaben, einen Zusatz oder sonstige Änderungen enthalten.

§ 48

Öffentliche Stimmauszählung

(1) Unverzüglich nach Abschluß der Stimmabgabe zählt der Betriebswahlvorstand öffentlich die Stimmen aus.

(2) Nach Öffnung der Wahlurne entnimmt der Betriebswahlvorstand die Stimmzettel den Wahlumschlägen und zählt für jeden Wahlgang gesondert die auf jeden Bewerber entfallenden Stimmen zusammen. § 45 Abs. 3 ist anzuwenden. Ist auf einem Stimmzettel ein Bewerber mehrfach angekreuzt, so zählt dies als eine Stimme.

§ 49

Ermittlung der Gewählten

Gewählt sind so viele Bewerber, wie in dem Wahlgang Aufsichtsratsmitglieder zu wählen sind, nach der Reihenfolge der auf sie entfallenden Stimmenzahlen. Bei Stimmengleichheit entscheidet das Los. § 46 Abs. 4 ist anzuwenden.

Dritter Titel

§ 50

Wahl nur eines Aufsichtsratsmitglieds der Arbeitnehmer in einem Wahlgang

(1) Ist in einem Wahlgang nur ein Aufsichtsratsmitglied der Arbeitnehmer zu wählen, so kann der Wähler seine Stimme nur für einen der vorgeschlagenen Bewerber abgeben. § 47 Abs. 1 Satz 2 und 3 ist anzuwenden.

(2) Liegt nur ein gültiger Wahlvorschlag vor, so hat der Betriebswahlvorstand die Bewerber auf den Stimmzetteln unter Angabe von Familienname, Vorname und Art der Beschäftigung untereinander in der Reihenfolge aufzuführen, in der sie in dem Wahlvorschlag benannt sind. Liegen mehrere gültige Wahlvorschläge vor, so hat der Betriebswahlvorstand die Bewerber auf den Stimmzetteln unter Angabe von Familienname, Vorname, Art der Beschäftigung und Kennwort des Wahlvorschlags untereinander in alphabetischer Reihenfolge aufzuführen. § 47 Abs. 2 Satz 2 bis 4 ist anzuwenden.

(3) Der Wähler kennzeichnet den von ihm gewählten Bewerber durch Ankreuzen an der im Stimmzettel hierfür vorgesehenen Stelle. Er darf nicht mehr als einen Bewerber ankreuzen. § 44 Abs. 3 Satz 2, § 47 Abs. 4 und die §§ 48 und 49 sind anzuwenden.

Vierter Titel

Schriftliche Stimmabgabe

§ 51

Voraussetzungen

(1) Einem wahlberechtigten Arbeitnehmer, der im Zeitpunkt der Wahl wegen Abwesenheit vom Betrieb verhindert ist, seine Stimme persönlich abzugeben, hat der Betriebswahlvorstand auf sein Verlangen

1. das Wahlausschreiben,
2. für jeden Wahlgang, an dem er teilzunehmen berechtigt ist, gesondert
   a) die Wahlvorschläge,
   b) den Stimmzettel und den Wahlumschlag,
3. eine vorgedruckte, vom Wähler abzugebende Erklärung, in der dieser gegenüber dem Betriebswahlvorstand versichert, daß er den Stimmzettel persönlich gekennzeichnet hat, sowie
4. einen größeren Freiumschlag, der die Anschrift des Betriebswahlvorstands und als Absender den Namen und die Anschrift des Wahlberechtigten sowie den Vermerk „Schriftliche Stimmabgabe" trägt,

auszuhändigen oder zu übersenden. Der Betriebswahlvorstand soll dem Wahlberechtigten ferner ein Merkblatt über die Art und Weise der schriftlichen Stimmabgabe (§ 52 Abs. 1) aushändigen oder übersenden. Der Betriebswahlvorstand vermerkt die Aushändigung oder die Übersendung der Unterlagen für jeden Wahlgang gesondert in der Wählerliste.

(2) Wahlberechtigte, von denen dem Betriebswahlvorstand bekannt ist, daß sie im Zeitpunkt der Wahl nach der Eigenart ihres Beschäftigungsverhältnisses voraussichtlich nicht im Betrieb anwesend sein werden (insbesondere in Heimarbeit Beschäftigte und Außenarbeiter), erhalten die in Absatz 1 bezeichneten Unterlagen, ohne daß es eines Verlangens des Wahlberechtigten bedarf.

(3) Für Betriebsteile und Nebenbetriebe, die räumlich weit vom Hauptbetrieb entfernt sind, kann der Betriebswahlvorstand die schriftliche Stimmabgabe beschließen. Absatz 2 ist entsprechend anzuwenden.

§ 52

Verfahren bei der Stimmabgabe

(1) Der Wähler gibt seine Stimmen in der Weise ab, daß er

1. die Stimmzettel unbeobachtet persönlich kennzeichnet und in den zugehörigen Wahlumschlägen verschließt,
2. die vorgedruckte Erklärung unter Angabe des Orts und des Datums unterschreibt und
3. die Wahlumschläge und die unterschriebene vorgedruckte Erklärung in dem Freiumschlag verschließt und diesen Wahlbrief so rechtzeitig an den Betriebswahlvorstand absendet oder übergibt, daß er vor Abschluß der Stimmabgabe vorliegt.

(2) Unmittelbar vor Abschluß der Stimmabgabe öffnet der Betriebswahlvorstand in öffentlicher Sitzung die bis zu diesem Zeitpunkt eingegangenen Wahlbriefe und entnimmt ihnen die Wahlumschläge sowie die vorgedruckten Erklärungen. Ist die schriftliche Stimmabgabe ordnungsgemäß erfolgt, so vermerkt der Betriebswahlvorstand die Stimmabgabe für jeden Wahlgang gesondert in der Wählerliste und legt die Wahlumschläge ungeöffnet in die Wahlurne.

(3) Verspätet eingehende Wahlbriefe nimmt der Betriebswahlvorstand mit einem Vermerk über den Zeitpunkt des Eingangs ungeöffnet zu den Wahlunterlagen. Die Wahlbriefe sind einen Monat nach Bekanntgabe des Ergebnisses der Wahl der Aufsichtsratsmitglieder der Arbeitnehmer ungeöffnet zu vernichten, wenn die Wahl nicht angefochten wird.

Fünfter Titel
Wahlniederschrift, Benachrichtigungen

§ 53

Wahlniederschrift

Nachdem ermittelt ist, wer gewählt ist, stellt der Betriebswahlvorstand in einer Niederschrift für jeden Wahlgang gesondert fest:

1. die Zahl der abgegebenen Wahlumschläge;
2. die Zahl der gültigen Stimmen;
3. die Zahl der ungültigen Stimmen;
4. bei Verhältniswahl die Zahlen der auf die einzelnen Wahlvorschläge entfallenden Stimmen, die berechneten Höchstzahlen und ihre Verteilung auf die Wahlvorschläge;
5. bei Mehrheitswahl die Zahlen der auf die einzelnen Bewerber entfallenden Stimmen;
6. die Namen der gewählten Aufsichtsratsmitglieder;
7. die Namen der für die einzelnen Aufsichtsratsmitglieder gewählten Ersatzmitglieder;
8. besondere während der Wahl eingetretene Zwischenfälle oder sonstige Ereignisse.

§ 54

Bekanntmachung des Wahlergebnisses, Benachrichtigung der Gewählten

(1) Der Betriebswahlvorstand gibt das Wahlergebnis und die Namen der Gewählten unverzüglich durch zweiwöchigen Aushang an einer oder mehreren geeigneten, den Wahlberechtigten zugänglichen Stellen im Betrieb bekannt.

(2) Gleichzeitig benachrichtigt der Betriebswahlvorstand die Gewählten schriftlich von ihrer Wahl und übersendet die Bekanntmachung nach Absatz 1 dem Unternehmen und den im Unternehmen vertretenen Gewerkschaften.

§ 55

Aufbewahrung der Wahlakten

Der Betriebswahlvorstand übergibt die Wahlakten dem Unternehmen. Das Unternehmen bewahrt die Wahlakten mindestens für die Dauer von fünf Jahren auf.

Dritter Abschnitt
Wahl der Aufsichtsratsmitglieder der Arbeitnehmer durch Wahlmänner

Erster Unterabschnitt
Wahl der Wahlmänner

Erster Titel
Wahlmänner mit Mehrfachmandat

§ 56

Keine Wahl von Wahlmännern nach diesem Unterabschnitt, wenn in dem Unternehmen für die Wahl von Aufsichtsratsmitgliedern anderer Unternehmen Wahlmänner mit Mehrfachmandat gewählt werden

(1) Sind die Aufsichtsratsmitglieder der Arbeitnehmer des Unternehmens durch Wahlmänner zu wählen und nehmen die Arbeitnehmer auch an der Wahl der Aufsichtsratsmitglieder der Arbeitnehmer anderer Unternehmen durch Wahlmänner teil und hat der Betriebswahlvorstand nach § 63 der Dritten Wahlordnung zum Mitbestimmungsgesetz beschlossen, daß die in dem Unternehmen für die Wahl der Aufsichtsratsmitglieder eines anderen Unternehmens zu wählenden Wahlmänner auch die nach den Vorschriften dieses Abschnitts zu wählenden Aufsichtsratsmitglieder der Arbeitnehmer wählen, so findet eine Wahl von Wahlmännern nach den Vorschriften dieses Unterabschnitts nicht statt.

(2) Der Betriebswahlvorstand erläßt hierüber eine Bekanntmachung. § 23 Abs. 2 und 3 ist anzuwenden.

§ 57

Wahlmänner, die zugleich für die Wahl von Aufsichtsratsmitgliedern anderer Unternehmen gewählt werden

Nehmen die Arbeitnehmer des Unternehmens auch an der Wahl der Aufsichtsratsmitglieder der

Arbeitnehmer anderer Unternehmen teil, und beginnt die Amtszeit der Aufsichtsratsmitglieder der anderen Unternehmen nicht später als sechs Monate nach dem Beginn der Amtszeit der nach den Vorschriften dieses Abschnitts zu wählenden Aufsichtsratsmitglieder, so kann der Betriebswahlvorstand beschließen, daß die zu wählenden Wahlmänner auch an der Wahl der Aufsichtsratsmitglieder der Arbeitnehmer der anderen Unternehmen teilnehmen, sofern auch diese durch Wahlmänner gewählt werden. Der Beschluß kann nur vor Erlaß des Wahlausschreibens für die Wahl der Wahlmänner gefaßt werden.

Zweiter Titel
Einleitung der Wahl

§ 58
Errechnung der Zahl der Wahlmänner

(1) Der Betriebswahlvorstand errechnet die Zahl der zu wählenden Wahlmänner sowie ihre Verteilung auf die Arbeiter, die in § 3 Abs. 3 Nr. 1 des Gesetzes bezeichneten Angestellten und die leitenden Angestellten.

(2) Zur Errechnung der Zahl der Wahlmänner wird die Zahl der wahlberechtigten Arbeitnehmer durch 60 geteilt. Teilzahlen werden voll gezählt, wenn sie mindestens die Hälfte der vollen Zahl betragen.

(3) Die Errechnung der auf die Arbeiter und die Angestellten entfallenden Wahlmänner erfolgt nach den Grundsätzen der Verhältniswahl. Hierzu werden die Zahlen der Arbeiter und der Angestellten des Unternehmens in einer Reihe nebeneinander gestellt und beide durch 1, 2, 3, 4 usw. geteilt. Die ermittelten Teilzahlen sind nacheinander reihenweise unter den Zahlen der ersten Reihe aufzuführen, bis höhere Teilzahlen, als aus früheren Reihen für die Zuweisung von Sitzen in Betracht kommen, nicht mehr entstehen. Unter den so gefundenen Teilzahlen werden so viele Höchstzahlen ausgesondert und der Größe nach geordnet, wie Wahlmänner zu wählen sind. Die Arbeiter und die Angestellten erhalten jeweils so viele Wahlmänner zugeteilt, wie Höchstzahlen auf sie entfallen. Wenn die niedrigste in Betracht kommende Höchstzahl auf beide Gruppen zugleich entfällt, entscheidet das Los darüber, welcher Gruppe der Wahlmann zufällt.

(4) Ergibt die Errechnung nach Absatz 3 für die Arbeiter oder die Angestellten mehr als

1. 30 Wahlmänner, so vermindert sich die Zahl der zu wählenden Wahlmänner der Arbeiter oder der Angestellten auf die Hälfte; diese Wahlmänner erhalten je zwei Stimmen;
2. 90 Wahlmänner, so vermindert sich die Zahl der zu wählenden Wahlmänner der Arbeiter oder der Angestellten auf ein Drittel; diese Wahlmänner erhalten je drei Stimmen;
3. 150 Wahlmänner, so vermindert sich die Zahl der zu wählenden Wahlmänner der Arbeiter oder der Angestellten auf ein Viertel; diese Wahlmänner erhalten je vier Stimmen.

Teilzahlen werden voll gezählt, wenn sie mindestens die Hälfte der vollen Zahl betragen.

(5) Die Errechnung der auf die in § 3 Abs. 3 Nr. 1 des Gesetzes bezeichneten Angestellten und der auf die leitenden Angestellten entfallenden Wahlmänner der Angestellten erfolgt nach den Grundsätzen der Verhältniswahl. Absatz 3 Satz 2 bis 6 ist entsprechend anzuwenden.

(6) Auf die Arbeiter, die in § 3 Abs. 3 Nr. 1 des Gesetzes bezeichneten Angestellten und die leitenden Angestellten entfällt mindestens je ein Wahlmann; dies gilt nicht, soweit nicht mehr als fünf Arbeiter, in § 3 Abs. 3 Nr. 1 des Gesetzes bezeichnete Angestellte oder leitende Angestellte wahlberechtigt sind. Soweit auf die Arbeiter, die in § 3 Abs. 3 Nr. 1 des Gesetzes bezeichneten Angestellten und die leitenden Angestellten lediglich nach Satz 1 Wahlmänner entfallen, vermehrt sich die Zahl der Wahlmänner entsprechend.

§ 59
Wahlausschreiben für die Wahl der Wahlmänner

(1) Steht fest, daß die Aufsichtsratsmitglieder der Arbeitnehmer durch Wahlmänner zu wählen sind, so erläßt der Betriebswahlvorstand ein Wahlausschreiben für die Wahl der Wahlmänner. Es muß folgende Angaben enthalten:

1. das Datum seines Erlasses;
2. daß die Aufsichtsratsmitglieder der Arbeitnehmer durch Wahlmänner zu wählen sind;
3. ob der Betriebswahlvorstand nach § 57 beschlossen hat, daß die zu wählenden Wahlmänner auch an der Wahl der Aufsichtsratsmitglieder der Arbeitnehmer anderer Unternehmen teilnehmen sollen; die anderen Unternehmen sind anzugeben;
4. daß an der Wahl und an Abstimmungen nur Arbeitnehmer teilnehmen können, die in der Wählerliste eingetragen sind;
5. daß die Wahlmänner von den Arbeitern und den Angestellten in getrennter Wahl gewählt werden, wenn nicht die wahlberechtigten Arbeiter und Angestellten in getrennten, geheimen Abstimmungen die gemeinsame Wahl beschließen;
6. daß die Abstimmungen über die gemeinsame Wahl der Wahlmänner nur durchgeführt werden, wenn von den Arbeitern und den Angestellten je ein Antrag eingereicht wird;
7. die Mindestzahl der wahlberechtigten Arbeiter, von denen ein Antrag auf Abstimmung der Arbeiter unterzeichnet sein muß;
8. die Mindestzahl der wahlberechtigten Angestellten, von denen ein Antrag auf Abstimmung der Angestellten unterzeichnet sein muß;
9. daß Anträge auf Abstimmungen über die gemeinsame Wahl innerhalb von zwei Wochen seit Erlaß des Wahlausschreibens schriftlich beim Betriebswahlvorstand eingereicht werden können; der letzte Tag der Frist ist anzugeben;

10. die Mindestzahl der wahlberechtigten Arbeiter, deren Beteiligung an der Abstimmung der Arbeiter erforderlich ist;
11. die Mindestzahl der wahlberechtigten Angestellten, deren Beteiligung an der Abstimmung der Angestellten erforderlich ist;
12. daß die Beschlüsse darüber, daß die Wahlmänner in gemeinsamer Wahl gewählt werden sollen, jeweils nur mit der Mehrheit der abgegebenen Stimmen gefaßt werden können;
13. daß im Fall der getrennten Wahl die Wahlmänner der Arbeiter von den wahlberechtigten Arbeitern und die Wahlmänner der Angestellten von den wahlberechtigten Angestellten gewählt werden;
14. daß im Fall der gemeinsamen Wahl die Wahlmänner von den wahlberechtigten Arbeitern und Angestellten gemeinsam gewählt werden;
15. die Zahl der zu wählenden Wahlmänner, getrennt nach Wahlmännern der Arbeiter, Wahlmännern der Angestellten, die auf die in § 3 Abs. 3 Nr. 1 des Gesetzes bezeichneten Angestellten entfallen, und Wahlmännern der Angestellten, die auf die leitenden Angestellten entfallen;
16. daß Wahlvorschläge für die Wahl der Wahlmänner innerhalb von zwei Wochen seit Erlaß des Wahlausschreibens schriftlich eingereicht werden können; der letzte Tag der Frist ist anzugeben;
17. die Mindestzahl der wahlberechtigten Arbeiter, von denen ein Wahlvorschlag für Wahlmänner der Arbeiter unterzeichnet sein muß;
18. die Mindestzahl der wahlberechtigten in § 3 Abs. 3 Nr. 1 des Gesetzes bezeichneten Angestellten, von denen ein Wahlvorschlag für Wahlmänner der Angestellten, die auf diese Angestellten entfallen, unterzeichnet sein muß;
19. die Mindestzahl der wahlberechtigten leitenden Angestellten, von denen ein Wahlvorschlag für Wahlmänner der Angestellten, die auf diese Angestellten entfallen, unterzeichnet sein muß;
20. daß jeder Wahlvorschlag mindestens doppelt so viele Bewerber enthalten soll, wie in dem Wahlgang Wahlmänner zu wählen sind;
21. daß die Stimmabgabe an Wahlvorschläge gebunden ist und daß nur solche Wahlvorschläge berücksichtigt werden dürfen, die fristgerecht beim Betriebswahlvorstand eingereicht sind;
22. daß, wenn für einen Wahlgang nur ein gültiger Wahlvorschlag eingereicht wird, so viele der darin aufgeführten Bewerber in der angegebenen Reihenfolge als gewählt gelten, wie in dem Wahlgang Wahlmänner zu wählen sind;
23. den Ort, an dem die Wahlvorschläge ausgehängt werden;
24. Ort, Tag und Zeit der Stimmabgabe für die Wahl der Wahlmänner;
25. den Hinweis auf die Möglichkeit der schriftlichen Stimmabgabe sowie die Betriebsteile und Nebenbetriebe, für die schriftliche Stimmabgabe beschlossen ist;
26. den Ort, an dem Einsprüche, Anträge, Wahlvorschläge für die Wahl der Wahlmänner und sonstige Erklärungen abzugeben sind (Anschrift des Betriebswahlvorstands).

Für die Bekanntmachung des Wahlausschreibens ist § 23 Abs. 2 und 3 entsprechend anzuwenden.

(2) Wahlgang im Sinne dieses Unterabschnitts ist

1. die Wahl der Wahlmänner der Arbeiter,
2. die Wahl der Wahlmänner der Angestellten, die auf die in § 3 Abs. 3 Nr. 1 des Gesetzes bezeichneten Angestellten entfallen,
3. die Wahl der Wahlmänner der Angestellten, die auf die leitenden Angestellten entfallen.

§ 60

Anträge auf Abstimmungen über die gemeinsame Wahl

(1) Anträge auf Abstimmungen darüber, daß die Wahlmänner in gemeinsamer Wahl gewählt werden sollen, sind innerhalb von zwei Wochen seit Erlaß des Wahlausschreibens schriftlich beim Betriebswahlvorstand einzureichen. Der Betriebswahlvorstand prüft unverzüglich nach Eingang eines Antrags dessen Gültigkeit.

(2) Ein Antrag auf Abstimmung ist gültig, wenn er von mindestens einem Zwanzigstel der wahlberechtigten Arbeiter oder der wahlberechtigten Angestellten unterzeichnet und fristgerecht eingereicht worden ist.

(3) Ist ein Antrag ungültig, so teilt der Betriebswahlvorstand dies dem Antragsvertreter oder, wenn ein solcher nicht benannt ist, dem an erster Stelle des Antrags Unterzeichneten schriftlich mit.

(4) Abstimmungen werden nur durchgeführt, wenn sowohl von den wahlberechtigten Arbeitern als auch von den wahlberechtigten Angestellten ein gültiger Antrag eingereicht worden ist.

§ 61

Abstimmungsausschreiben

(1) Liegt für die Gruppe der Arbeiter und für die Gruppe der Angestellten je ein gültiger Antrag nach § 60 vor, so erläßt der Betriebswahlvorstand unverzüglich ein Abstimmungsausschreiben. Die Abstimmungen sollen innerhalb von zwei Wochen seit Erlaß des Abstimmungsausschreibens stattfinden.

(2) Das Abstimmungsausschreiben muß folgende Angaben enthalten:

1. das Datum seines Erlasses;
2. den Inhalt der Anträge;
3. daß an den Abstimmungen nur Arbeitnehmer teilnehmen können, die in der Wählerliste eingetragen sind;
4. daß die wahlberechtigten Arbeiter und Angestellten in getrennten, geheimen Abstimmungen über die gemeinsame Wahl beschließen;

5. die Mindestzahl der wahlberechtigten Arbeiter, deren Beteiligung an der Abstimmung der Arbeiter erforderlich ist;
6. die Mindestzahl der wahlberechtigten Angestellten, deren Beteiligung an der Abstimmung der Angestellten erforderlich ist;
7. daß die Beschlüsse über die gemeinsame Wahl jeweils nur mit der Mehrheit der abgegebenen Stimmen gefaßt werden können;
8. Ort, Tag und Zeit der Stimmabgabe;
9. den Hinweis auf die Möglichkeit der schriftlichen Stimmabgabe sowie die Betriebsteile und Nebenbetriebe, für die schriftliche Stimmabgabe beschlossen ist.

(3) Für die Bekanntmachung des Abstimmungsausschreibens ist § 14 Abs. 3 anzuwenden.

§ 62

Stimmabgabe, Abstimmungsvorgang

(1) Die Stimmzettel für eine Abstimmung dürfen nur den Antrag und die Frage an den Abstimmungsberechtigten enthalten, ob er für oder gegen den Antrag stimmt. Gibt der Abstimmende seine Stimme für den Antrag ab, so kreuzt er das vorgedruckte „Ja", andernfalls das vorgedruckte „Nein" an. Die Stimmzettel für eine Abstimmung müssen sämtlich die gleiche Größe, Farbe, Beschaffenheit und Beschriftung haben; das gleiche gilt für die Wahlumschläge. Stimmzettel und Wahlumschläge, die für eine Abstimmung Verwendung finden, müssen sich von den für die andere Abstimmung vorgesehenen Stimmzetteln und Wahlumschlägen in der Farbe unterscheiden. Für den Abstimmungsvorgang und die schriftliche Stimmabgabe sind die §§ 16 bis 18 anzuwenden.

(2) Stimmzettel, die mit einem besonderen Merkmal versehen sind oder aus denen sich der Wille des Abstimmenden nicht eindeutig ergibt oder die andere als die in Absatz 1 bezeichneten Angaben, einen Zusatz oder sonstige Änderungen enthalten, sind ungültig.

§ 63

Öffentliche Stimmauszählung

(1) Unverzüglich nach Abschluß der Stimmabgabe zählt der Betriebswahlvorstand öffentlich die Stimmen aus.

(2) Nach Öffnung der Wahlurne entnimmt der Betriebswahlvorstand die Stimmzettel den Wahlumschlägen und stellt für jeden Antrag gesondert fest, wieviel Stimmen für und wieviel Stimmen gegen den Antrag abgegeben worden sind.

(3) Bei der Auszählung ist die Gültigkeit der Stimmzettel zu prüfen. Befinden sich in einem Wahlumschlag mehrere gekennzeichnete Stimmzettel, so werden sie, wenn sie vollständig übereinstimmen, nur einfach gezählt, andernfalls sind sie ungültig.

§ 64

Abstimmungsniederschrift

Nachdem das Abstimmungsergebnis ermittelt ist, stellt der Betriebswahlvorstand in einer Niederschrift getrennt nach Abstimmungen fest:

1. die Zahl der abgegebenen Wahlumschläge;
2. die Zahl der gültigen Stimmen;
3. die Zahl der ungültigen Stimmen;
4. die Zahl der für einen Antrag abgegebenen Stimmen;
5. die Zahl der gegen einen Antrag abgegebenen Stimmen;
6. das Abstimmungsergebnis;
7. besondere während der Abstimmung eingetretene Zwischenfälle oder sonstige Ereignisse.

§ 65

Bekanntmachung des Abstimmungsergebnisses

(1) Der Betriebswahlvorstand gibt das Abstimmungsergebnis durch zweiwöchigen Aushang in gleicher Weise wie das Abstimmungsausschreiben bekannt.

(2) Ergeben die Abstimmungen, daß die Wahlmänner in gemeinsamer Wahl zu wählen sind, so ist dies durch eine Ergänzung des Wahlausschreibens für die Wahl der Wahlmänner bekanntzumachen.

Dritter Titel

Wahlvorschläge für Wahlmänner

§ 66

Einreichung von Wahlvorschlägen

(1) Zur Wahl der Wahlmänner können die wahlberechtigten Arbeitnehmer Wahlvorschläge machen. Jeder Wahlvorschlag für Wahlmänner

1. der Arbeiter muß von einem Zehntel oder 100 der wahlberechtigten Arbeiter,
2. der Angestellten, die auf die in § 3 Abs. 3 Nr. 1 des Gesetzes bezeichneten Angestellten entfallen, muß von einem Zehntel oder 100 der wahlberechtigten in § 3 Abs. 3 Nr. 1 des Gesetzes bezeichneten Angestellten,
3. der Angestellten, die auf die leitenden Angestellten entfallen, muß von einem Zehntel oder 100 der wahlberechtigten leitenden Angestellten

unterzeichnet sein. Die Wahlvorschläge sind innerhalb von zwei Wochen seit Erlaß des Wahlausschreibens für die Wahl der Wahlmänner beim Betriebswahlvorstand schriftlich einzureichen. Jeder Wahlvorschlag soll mindestens doppelt so viele Bewerber enthalten, wie in dem Wahlgang Wahlmänner zu wählen sind.

(2) In jedem Wahlvorschlag sind die Bewerber in erkennbarer Reihenfolge unter fortlaufender Nummer und unter Angabe von Familienname, Vor-

name, Geburtsdatum und Art der Beschäftigung aufzuführen. Die schriftliche Zustimmung der Bewerber zur Aufnahme in den Wahlvorschlag und ihre schriftliche Versicherung, daß sie im Fall ihrer Wahl die Wahl annehmen werden, sind beizufügen.

(3) Für jeden Wahlvorschlag soll einer der Unterzeichner als Vorschlagsvertreter bezeichnet werden. Dieser ist berechtigt und verpflichtet, dem Betriebswahlvorstand die zur Beseitigung von Beanstandungen erforderlichen Erklärungen abzugeben sowie Erklärungen und Entscheidungen des Betriebswahlvorstands entgegenzunehmen. Ist kein Unterzeichner des Wahlvorschlags ausdrücklich als Vorschlagsvertreter bezeichnet, so wird der an erster Stelle Unterzeichnete als Vorschlagsvertreter angesehen.

(4) Die Unterschrift eines Wahlberechtigten zählt nur auf einem Wahlvorschlag. Hat ein Wahlberechtigter mehrere Wahlvorschläge unterzeichnet, so hat er auf Aufforderung des Betriebswahlvorstands innerhalb einer angemessenen Frist, spätestens jedoch innerhalb von drei Arbeitstagen, zu erklären, welche Unterschrift er aufrechterhält. Unterbleibt die fristgerechte Erklärung, so wird sein Name auf dem zuerst eingereichten Wahlvorschlag gezählt und auf den übrigen Wahlvorschlägen gestrichen; sind mehrere Wahlvorschläge, die von demselben Wahlberechtigten unterzeichnet sind, gleichzeitig eingereicht worden, so entscheidet das Los darüber, auf welchem Wahlvorschlag die Unterschrift gilt.

(5) Ein Bewerber kann nur auf einem Wahlvorschlag vorgeschlagen werden. Ist sein Name mit seiner schriftlichen Zustimmung (Absatz 2 Satz 2) auf mehreren Wahlvorschlägen aufgeführt, so hat er auf Aufforderung des Betriebswahlvorstands innerhalb von drei Arbeitstagen zu erklären, welche Bewerbung er aufrechterhält. Unterbleibt die fristgerechte Erklärung, so ist der Bewerber auf sämtlichen Wahlvorschlägen zu streichen.

§ 67

Prüfung der Wahlvorschläge

(1) Der Betriebswahlvorstand bestätigt dem Vorschlagsvertreter schriftlich den Zeitpunkt der Einreichung des Wahlvorschlags.

(2) Der Betriebswahlvorstand bezeichnet den Wahlvorschlag, wenn er nicht mit einem Kennwort versehen ist, mit Familienname und Vorname des an erster Stelle benannten Bewerbers. Er hat unverzüglich den Wahlvorschlag zu prüfen und bei Ungültigkeit oder Beanstandung den Vorschlagsvertreter schriftlich unter Angabe der Gründe zu unterrichten.

§ 68

Ungültige Wahlvorschläge

(1) Ungültig sind Wahlvorschläge,

1. die nicht fristgerecht eingereicht worden sind,
2. auf denen die Bewerber nicht in erkennbarer Reihenfolge aufgeführt sind,
3. die bei der Einreichung nicht die erforderliche Zahl von Unterschriften aufweisen.

(2) Wahlvorschläge,

1. in denen die Bewerber nicht in der in § 66 Abs. 2 Satz 1 bestimmten Weise bezeichnet sind,
2. denen die schriftliche Zustimmung und Versicherung der Bewerber nach § 66 Abs. 2 Satz 2 nicht beigefügt sind,
3. die infolge von Streichungen gemäß § 66 Abs. 4 nicht mehr die erforderliche Zahl von Unterschriften aufweisen,

sind ungültig, wenn der Betriebswahlvorstand sie beanstandet hat und die Mängel nicht innerhalb von drei Arbeitstagen seit der Beanstandung beseitigt worden sind.

§ 69

Nachfrist für Wahlvorschläge

(1) Ist nach Ablauf der für die Einreichung von Wahlvorschlägen bestimmten Frist für einen Wahlgang kein gültiger Wahlvorschlag eingereicht, so erläßt der Betriebswahlvorstand unverzüglich eine Bekanntmachung und setzt eine Nachfrist von einer Woche für die Einreichung von Wahlvorschlägen fest. Die Bekanntmachung muß folgende Angaben enthalten:

1. das Datum ihres Erlasses;
2. daß für den Wahlgang kein gültiger Wahlvorschlag eingereicht worden ist;
3. daß Wahlvorschläge innerhalb einer Nachfrist von einer Woche seit Erlaß der Bekanntmachung schriftlich beim Betriebswahlvorstand eingereicht werden können; der letzte Tag der Frist ist anzugeben.

(2) Wird bis zum Ablauf der Nachfrist für einen Wahlgang kein gültiger Wahlvorschlag eingereicht, so macht der Betriebswahlvorstand unverzüglich bekannt, daß der Wahlgang nicht stattfindet.

(3) Für Bekanntmachungen nach den Absätzen 1 und 2 ist § 23 Abs. 2 und 3 anzuwenden.

§ 70

Bekanntmachung der Wahlvorschläge

(1) Sind für einen Wahlgang mehrere Wahlvorschläge eingereicht, so ermittelt der Betriebswahlvorstand durch das Los nach Ablauf der in § 66 Abs. 1 Satz 3, § 68 Abs. 2 und § 69 Abs. 1 Satz 1 bezeichneten Fristen die Reihenfolge der Ordnungsnummern, die den eingereichten Wahlvorschlägen zugeteilt werden (Wahlvorschlag 1, 2 usw.). Die Vorschlagsvertreter sind zu der Losentscheidung rechtzeitig einzuladen.

(2) Spätestens zwei Wochen vor dem ersten Tag der Stimmabgabe macht der Betriebswahlvorstand die gültigen Wahlvorschläge, nach Wahlgängen getrennt, in gleicher Weise bekannt wie das Wahlausschreiben für die Wahl der Wahlmänner. Liegt für einen Wahlgang nur ein gültiger Wahlvorschlag vor, so weist der Betriebswahlvorstand in der Be-

kanntmachung darauf hin, daß so viele der darin aufgeführten Bewerber in der angegebenen Reihenfolge als gewählt gelten, wie in dem Wahlgang Wahlmänner zu wählen sind.

Vierter Titel
Wahl von Wahlmännern in einem Wahlgang auf Grund mehrerer Wahlvorschläge

§ 71
Stimmabgabe, Wahlvorgang

(1) Liegen für einen Wahlgang mehrere gültige Wahlvorschläge vor, so kann der Wähler seine Stimme nur für einen dieser Wahlvorschläge abgeben. Die Stimmabgabe erfolgt durch Abgabe von Stimmzetteln in den hierfür bestimmten Umschlägen (Wahlumschlägen).

(2) Der Betriebswahlvorstand hat die Wahlvorschläge auf den Stimmzetteln nach der Reihenfolge der Ordnungsnummern sowie unter Angabe der an erster und zweiter Stelle benannten Bewerber mit Familienname, Vorname und Art der Beschäftigung untereinander aufzuführen; bei Wahlvorschlägen, die mit einem Kennwort versehen sind, ist auch das Kennwort anzugeben. Die Stimmzettel sollen die Angabe enthalten, daß der Wähler nur einen Wahlvorschlag ankreuzen kann. Die Stimmzettel, die für denselben Wahlgang Verwendung finden, müssen sämtlich die gleiche Größe, Farbe, Beschaffenheit und Beschriftung haben; das gleiche gilt für die Wahlumschläge. Die Stimmzettel und Wahlumschläge, die für einen Wahlgang Verwendung finden, müssen sich von den für die anderen Wahlgänge vorgesehenen Stimmzetteln und Wahlumschlägen in der Farbe unterscheiden.

(3) Der Wähler kennzeichnet den von ihm gewählten Wahlvorschlag durch Ankreuzen an der im Stimmzettel hierfür vorgesehenen Stelle. Für den Wahlvorgang ist § 16 entsprechend anzuwenden; die Stimmabgabe ist in der Wählerliste für jeden Wahlgang gesondert zu vermerken.

(4) Ungültig sind Stimmzettel,

1. in denen mehr als ein Wahlvorschlag angekreuzt ist,
2. aus denen sich der Wille des Wählers nicht eindeutig ergibt,
3. die mit einem besonderen Merkmal versehen sind,
4. die andere als die in Absatz 2 bezeichneten Angaben, einen Zusatz oder sonstige Änderungen enthalten.

§ 72
Öffentliche Stimmauszählung

(1) Unverzüglich nach Abschluß der Stimmabgabe zählt der Betriebswahlvorstand öffentlich die Stimmen aus.

(2) Nach Öffnung der Wahlurne entnimmt der Betriebswahlvorstand die Stimmzettel den Wahlumschlägen und zählt für jeden Wahlgang gesondert die auf jeden Wahlvorschlag entfallenden Stimmen zusammen.

(3) Bei der Auszählung ist die Gültigkeit der Stimmzettel zu prüfen. Befinden sich in einem Wahlumschlag mehrere gekennzeichnete Stimmzettel, so werden sie, wenn sie vollständig übereinstimmen, nur einfach gezählt, andernfalls sind sie ungültig.

§ 73
Ermittlung der Gewählten

(1) Die in dem Wahlgang den einzelnen Wahlvorschlägen zugefallenen Stimmenzahlen werden in einer Reihe nebeneinandergestellt und sämtlich durch 1, 2, 3, 4 usw. geteilt. Die ermittelten Teilzahlen sind nacheinander reihenweise unter den Zahlen der ersten Reihe aufzuführen, bis höhere Teilzahlen, als aus früheren Reihen für die Zuweisung von Sitzen in Betracht kommen, nicht mehr entstehen. Unter den so gefundenen Teilzahlen werden so viele Höchstzahlen ausgesondert und der Größe nach geordnet, wie in dem Wahlgang Wahlmänner zu wählen sind. Jeder Wahlvorschlag erhält so viele Sitze zugeteilt, wie Höchstzahlen auf ihn entfallen. Wenn die niedrigste in Betracht kommende Höchstzahl auf mehrere Wahlvorschläge zugleich entfällt, so entscheidet das Los darüber, welchem Wahlvorschlag dieser Sitz zufällt.

(2) Wenn ein Wahlvorschlag weniger Bewerber enthält, als Höchstzahlen auf ihn entfallen, so gehen die überschüssigen Sitze auf die folgenden Höchstzahlen der anderen Wahlvorschläge desselben Wahlgangs über.

(3) Die Reihenfolge der Bewerber innerhalb der einzelnen Wahlvorschläge bestimmt sich nach der Reihenfolge ihrer Benennung.

Fünfter Titel

§ 74
Ermittlung von Wahlmännern bei Vorliegen nur eines Wahlvorschlags für einen Wahlgang

(1) Liegt für einen Wahlgang nur ein gültiger Wahlvorschlag vor, so gelten so viele der darin aufgeführten Bewerber in der im Wahlvorschlag angegebenen Reihenfolge als gewählt, wie Wahlmänner in dem Wahlgang zu wählen sind.

(2) Der Betriebswahlvorstand stellt unverzüglich nach Abschluß der Wahl der Wahlmänner fest, welche Wahlmänner nach Absatz 1 als gewählt gelten.

Sechster Titel
Schriftliche Stimmabgabe

§ 75
Voraussetzungen

(1) Einem wahlberechtigten Arbeitnehmer, der im Zeitpunkt der Wahl wegen Abwesenheit vom Be-

trieb verhindert ist, seine Stimme persönlich abzugeben, hat der Betriebswahlvorstand auf sein Verlangen

1. das Wahlausschreiben,
2. für jeden Wahlgang, an dem er teilzunehmen berechtigt ist, gesondert
   a) die Wahlvorschläge,
   b) den Stimmzettel und den Wahlumschlag,
3. eine vorgedruckte, vom Wähler abzugebende Erklärung, in der dieser gegenüber dem Betriebswahlvorstand versichert, daß er den Stimmzettel persönlich gekennzeichnet hat, sowie
4. einen größeren Freiumschlag, der die Anschrift des Betriebswahlvorstands und als Absender den Namen und die Anschrift des Wahlberechtigten sowie den Vermerk „Schriftliche Stimmabgabe" trägt,

auszuhändigen oder zu übersenden. Der Betriebswahlvorstand soll dem Wahlberechtigten ferner ein Merkblatt über die Art und Weise der schriftlichen Stimmabgabe (§ 76 Abs. 1) aushändigen oder übersenden. Der Betriebswahlvorstand vermerkt die Aushändigung oder die Übersendung der Unterlagen für jeden Wahlgang gesondert in der Wählerliste.

(2) Wahlberechtigte, von denen dem Betriebswahlvorstand bekannt ist, daß sie im Zeitpunkt der Wahl nach der Eigenart ihres Beschäftigungsverhältnisses voraussichtlich nicht im Betrieb anwesend sein werden (insbesondere in Heimarbeit Beschäftigte und Außenarbeiter), erhalten die in Absatz 1 bezeichneten Unterlagen, ohne daß es eines Verlangens des Wahlberechtigten bedarf.

(3) Für Betriebsteile und Nebenbetriebe, die räumlich weit vom Hauptbetrieb entfernt sind, kann der Betriebswahlvorstand die schriftliche Stimmabgabe beschließen. Absatz 2 ist entsprechend anzuwenden.

§ 76

Verfahren bei der Stimmabgabe

(1) Der Wähler gibt seine Stimmen in der Weise ab, daß er

1. die Stimmzettel unbeobachtet persönlich kennzeichnet und in den zugehörigen Wahlumschlägen verschließt,
2. die vorgedruckte Erklärung unter Angabe des Orts und des Datums unterschreibt und
3. die Wahlumschläge und die unterschriebene vorgedruckte Erklärung in dem Freiumschlag verschließt und diesen Wahlbrief so rechtzeitig an den Betriebswahlvorstand absendet oder übergibt, daß er vor Abschluß der Stimmabgabe vorliegt.

(2) Unmittelbar vor Abschluß der Stimmabgabe öffnet der Betriebswahlvorstand in öffentlicher Sitzung die bis zu diesem Zeitpunkt eingegangenen Wahlbriefe und entnimmt ihnen die Wahlumschläge sowie die vorgedruckten Erklärungen. Ist die schriftliche Stimmabgabe ordnungsgemäß erfolgt, so vermerkt der Betriebswahlvorstand die Stimmabgabe für jeden Wahlgang gesondert in der Wählerliste und legt die Wahlumschläge ungeöffnet in die Wahlurne.

(3) Verspätet eingehende Wahlbriefe nimmt der Betriebswahlvorstand mit einem Vermerk über den Zeitpunkt des Eingangs ungeöffnet zu den Wahlunterlagen. Die Wahlbriefe sind einen Monat nach Bekanntgabe des Ergebnisses der Wahl der Aufsichtsratsmitglieder der Arbeitnehmer ungeöffnet zu vernichten, wenn die Wahl nicht angefochten worden ist.

Siebenter Titel

Wahlniederschrift, Benachrichtigungen

§ 77

Wahlniederschrift

Nachdem ermittelt ist, wer als Wahlmann gewählt ist, stellt der Betriebswahlvorstand in einer Niederschrift für jeden Wahlgang gesondert fest:

1. die Zahl der abgegebenen Wahlumschläge;
2. die Zahl der gültigen Stimmen;
3. die Zahl der ungültigen Stimmen;
4. die Zahlen der auf die einzelnen Wahlvorschläge entfallenden Stimmen, die berechneten Höchstzahlen und ihre Verteilung auf die Wahlvorschläge;
5. den Wahlvorschlag, dessen Bewerber als gewählt gelten (§ 74);
6. für jeden Wahlvorschlag gesondert die Namen und Anschriften
   a) der gewählten Wahlmänner,
   b) der Ersatzmänner

   in der Reihenfolge ihrer Benennung;
7. besondere während der Wahl eingetretene Zwischenfälle oder sonstige Ereignisse.

§ 78

Bekanntmachung des Wahlergebnisses, Benachrichtigung der Gewählten

(1) Der Betriebswahlvorstand gibt das Wahlergebnis und die Namen der Gewählten unverzüglich durch zweiwöchigen Aushang an einer oder mehreren geeigneten, den Wahlberechtigten zugänglichen Stellen im Betrieb bekannt.

(2) Gleichzeitig benachrichtigt der Betriebswahlvorstand die Gewählten schriftlich von ihrer Wahl. Haben die Wahlmänner nach § 57 ein Mehrfachmandat, so ist dies in der Benachrichtigung anzugeben.

Achter Titel

§ 79

Ausnahme

Die Vorschriften des Ersten bis Siebenten Titels sind nicht anzuwenden, wenn nach den Vorschriften dieser Verordnung oder, unter den in § 56 Abs. 1 bezeichneten Voraussetzungen, nach den Vorschriften der Dritten Wahlordnung zum Mitbestimmungsgesetz Wahlmänner bereits gewählt sind, deren Amtszeit bei Beginn der Amtszeit der zu wählenden Aufsichtsratsmitglieder der Arbeitnehmer noch nicht beendet ist (§ 13 des Gesetzes).

Zweiter Unterabschnitt
Wahl der Aufsichtsratsmitglieder der Arbeitnehmer durch die Wahlmänner

Erster Titel
Wahlmännerversammlung, Wahlmännerliste

§ 80
Wahlmännerversammlung

(1) Die Wahlmänner wählen die Aufsichtsratsmitglieder der Arbeitnehmer in einer Versammlung (Wahlmännerversammlung). Sie wird vom Betriebswahlvorstand geleitet.

(2) Der Betriebswahlvorstand bestimmt den Tag der Wahlmännerversammlung. Sie soll spätestens vier Wochen nach der Wahl der Wahlmänner stattfinden. Sind in dem Unternehmen keine Wahlmänner zu wählen (§ 56), so soll die Wahlmännerversammlung spätestens vier Wochen vor dem Beginn der Amtszeit der zu wählenden Aufsichtsratsmitglieder der Arbeitnehmer stattfinden.

§ 81
Wahlmännerliste

(1) Der Betriebswahlvorstand stellt eine Liste der Wahlmänner (Wahlmännerliste), getrennt nach Wahlmännern der Arbeiter und der Angestellten, auf. § 8 Abs. 1 Satz 2 und Abs. 5 ist entsprechend anzuwenden.

(2) Hinter dem Namen jedes Wahlmannes ist zu vermerken, wieviel Stimmen er hat.

(3) Die Wahlmännerliste, das Gesetz und diese Verordnung sind in der Wahlmännerversammlung bis zum Abschluß der Stimmabgabe zur Einsichtnahme auszulegen.

§ 82
Einsprüche gegen die Richtigkeit der Wahlmännerliste

(1) Einsprüche gegen die Richtigkeit der Wahlmännerliste können vor Beginn der Stimmabgabe beim Betriebswahlvorstand eingelegt werden.

(2) Über Einsprüche nach Absatz 1 entscheidet der Betriebswahlvorstand unverzüglich. Ist ein Einspruch begründet, so berichtigt der Betriebswahlvorstand die Wahlmännerliste. Der Betriebswahlvorstand teilt seine Entscheidung demjenigen, der den Einspruch eingelegt hat, unverzüglich mit.

(3) Vor Beginn der Stimmabgabe soll der Betriebswahlvorstand die Wahlmännerliste auf ihre Richtigkeit hin überprüfen. Im übrigen kann die Wahlmännerliste nur bei Schreibfehlern, offenbaren Unrichtigkeiten oder in Erledigung rechtzeitig eingelegter Einsprüche bis vor Beginn der Stimmabgabe berichtigt oder ergänzt werden.

Zweiter Titel

§ 83
Mitteilung an die Wahlmänner

(1) Der Betriebswahlvorstand teilt jedem Wahlmann spätestens drei Wochen vor dem Tag der Wahlmännerversammlung mit:

1. daß an der Wahl und an Abstimmungen nur Wahlmänner teilnehmen können, die in der Wahlmännerliste eingetragen sind;
2. daß die Wahlmännerliste, das Gesetz und diese Verordnung in der Wahlmännerversammlung zur Einsichtnahme ausgelegt werden;
3. daß Einsprüche gegen die Richtigkeit der Wahlmännerliste vor Beginn der Stimmabgabe beim Betriebswahlvorstand eingelegt werden können;
4. daß die unternehmensangehörigen Aufsichtsratsmitglieder der Arbeitnehmer von den Wahlmännern der Arbeiter und den Wahlmännern der Angestellten in getrennter Wahl gewählt werden, wenn nicht die Wahlmänner der Arbeiter und die Wahlmänner der Angestellten in der Wahlmännerversammlung in getrennten, geheimen Abstimmungen die gemeinsame Wahl beschließen;
5. daß die Abstimmungen über die gemeinsame Wahl der unternehmensangehörigen Aufsichtsratsmitglieder der Arbeitnehmer nur durchgeführt werden, wenn von den Wahlmännern der Arbeiter und den Wahlmännern der Angestellten je ein Antrag eingereicht wird;
6. daß ein Antrag auf Abstimmung der Wahlmänner der Arbeiter über die gemeinsame Wahl von Wahlmännern der Arbeiter unterzeichnet sein muß, die mindestens ein Zwanzigstel der Stimmen der Wahlmänner der Arbeiter haben; die erforderliche Stimmenzahl ist anzugeben;
7. daß ein Antrag auf Abstimmung der Wahlmänner der Angestellten über die gemeinsame Wahl von Wahlmännern der Angestellten unterzeichnet sein muß, die mindestens ein Zwanzigstel der Stimmen der Wahlmänner der Angestellten haben; die erforderliche Stimmenzahl ist anzugeben;
8. daß Anträge auf Abstimmungen über die gemeinsame Wahl spätestens eine Woche vor dem Tag der Wahlmännerversammlung schriftlich beim Betriebswahlvorstand eingereicht werden können; der letzte Tag der Frist ist anzugeben;
9. daß der Beschluß der Wahlmänner der Arbeiter darüber, daß die unternehmensangehörigen Auf-

sichtsratsmitglieder der Arbeitnehmer in gemeinsamer Wahl gewählt werden sollen, nur gefaßt werden kann, wenn mindestens die Hälfte der Stimmen der Wahlmänner der Arbeiter abgegeben wird; die erforderliche Stimmenzahl ist anzugeben;

10. daß der Beschluß der Wahlmänner der Angestellten darüber, daß die unternehmensangehörigen Aufsichtsratsmitglieder der Arbeitnehmer in gemeinsamer Wahl gewählt werden sollen, nur gefaßt werden kann, wenn mindestens die Hälfte der Stimmen der Wahlmänner der Angestellten abgegeben wird; die erforderliche Stimmenzahl ist anzugeben;

11. daß die Beschlüsse darüber, daß die unternehmensangehörigen Aufsichtsratsmitglieder der Arbeitnehmer in gemeinsamer Wahl gewählt werden sollen, jeweils nur mit der Mehrheit der abgegebenen Stimmen gefaßt werden können;

12. daß im Fall der getrennten Wahl die Aufsichtsratsmitglieder der Arbeiter von den Wahlmännern der Arbeiter und die Aufsichtsratsmitglieder der Angestellten von den Wahlmännern der Angestellten gewählt werden;

13. daß im Fall der gemeinsamen Wahl die unternehmensangehörigen Aufsichtsratsmitglieder der Arbeitnehmer von den Wahlmännern der Arbeiter und den Wahlmännern der Angestellten gemeinsam gewählt werden;

14. daß die Aufsichtsratsmitglieder, die Vertreter von Gewerkschaften sind, in gemeinsamer Wahl gewählt werden;

15. wieviel Stimmen dem Wahlmann zustehen;

16. daß die Stimmabgabe an Wahlvorschläge gebunden ist;

17. Ort, Tag und Zeit der Wahlmännerversammlung;

18. die Anschrift des Betriebswahlvorstands.

Die Mitteilung erfolgt schriftlich gegen Empfangsbekenntnis oder durch eingeschriebenen Brief.

(2) Der Betriebswahlvorstand übersendet Abdrucke der Mitteilung nach Absatz 1 dem Unternehmen und den im Unternehmen vertretenen Gewerkschaften.

(3) Stellt der Betriebswahlvorstand fest, daß die Amtszeit eines Wahlmannes

1. durch Niederlegung des Amtes,
2. durch Beendigung der Beschäftigung des Wahlmannes in dem Betrieb,
3. durch Verlust der Wählbarkeit

vorzeitig beendet (§ 14 Abs. 1 des Gesetzes) oder daß er verhindert (§ 14 Abs. 2 Satz 1 des Gesetzes) ist, so verständigt er den Ersatzmann (§ 14 Abs. 2 Satz 2 des Gesetzes) in gleicher Weise wie die Wahlmänner.

(4) Stellt ein Wahlmann fest, daß er verhindert ist, so teilt er dies dem Betriebswahlvorstand mit.

Dritter Titel

Abstimmungen über die gemeinsame Wahl in der Wahlmännerversammlung

§ 84

Voraussetzungen

Abstimmungen darüber, daß die unternehmensangehörigen Aufsichtsratsmitglieder der Arbeitnehmer in gemeinsamer Wahl gewählt werden sollen, werden nur durchgeführt, wenn sowohl von den Wahlmännern der Arbeiter als auch von den Wahlmännern der Angestellten ein gültiger Antrag eingereicht worden ist. Die Abstimmungen finden in der Wahlmännerversammlung statt.

§ 85

Anträge auf Abstimmungen über die gemeinsame Wahl

(1) Anträge auf Abstimmungen über die gemeinsame Wahl sind spätestens eine Woche vor dem Tag der Wahlmännerversammlung schriftlich beim Betriebswahlvorstand einzureichen. Der Betriebswahlvorstand prüft unverzüglich nach Eingang eines Antrags dessen Gültigkeit.

(2) Ein Antrag auf Abstimmung ist gültig, wenn er von Wahlmännern der Arbeiter oder Wahlmännern der Angestellten unterzeichnet ist, die mindestens ein Zwanzigstel der Stimmen der Wahlmänner der Arbeiter oder der Wahlmänner der Angestellten haben, und fristgerecht eingereicht worden ist.

(3) Ist ein Antrag ungültig, so teilt der Betriebswahlvorstand dies dem Antragsvertreter oder, wenn ein solcher nicht benannt ist, dem an erster Stelle des Antrags Unterzeichneten schriftlich mit.

§ 86

Stimmabgabe, Abstimmungsvorgang

(1) Die Stimmzettel für eine Abstimmung dürfen nur den Antrag und die Frage an den Wahlmann enthalten, ob er für oder gegen den Antrag stimmt. Gibt der Wahlmann seine Stimme für den Antrag ab, so kreuzt er das vorgedruckte „Ja", andernfalls das vorgedruckte „Nein" an. Hat ein Wahlmann mehrere Stimmen, so gibt er für jede Stimme einen Stimmzettel in einem Wahlumschlag ab. Die Stimmzettel für eine Abstimmung müssen sämtlich die gleiche Größe, Farbe, Beschaffenheit und Beschriftung haben; das gleiche gilt für die Wahlumschläge. Stimmzettel und Wahlumschläge, die für eine Abstimmung Verwendung finden, müssen sich von den für die andere Abstimmung vorgesehenen Stimmzetteln und Wahlumschlägen in der Farbe unterscheiden.

(2) Stimmzettel, die mit einem besonderen Merkmal versehen sind oder aus denen sich der Wille des Wahlmannes nicht eindeutig ergibt oder die andere als die in Absatz 1 bezeichneten Angaben, einen Zusatz oder sonstige Änderungen enthalten, sind ungültig.

(3) Für den Abstimmungsvorgang ist § 16 anzuwenden.

§ 87

Öffentliche Stimmauszählung

(1) Unverzüglich nach Abschluß der Stimmabgabe zählt der Betriebswahlvorstand öffentlich die Stimmen aus.

(2) Nach Öffnung der Wahlurne entnimmt der Betriebswahlvorstand die Stimmzettel den Wahlumschlägen und stellt für jeden Antrag gesondert fest, wieviel Stimmen für und wieviel Stimmen gegen den Antrag abgegeben worden sind.

(3) Bei der Auszählung ist die Gültigkeit der Stimmzettel zu prüfen. Befinden sich in einem Wahlumschlag mehrere gekennzeichnete Stimmzettel, so werden sie, wenn sie vollständig übereinstimmen, nur einfach gezählt, andernfalls sind sie ungültig.

§ 88

Abstimmungsniederschrift

Nachdem das Abstimmungsergebnis ermittelt ist, stellt der Betriebswahlvorstand in einer Niederschrift getrennt nach Abstimmungen fest:

1. die Zahl der abgegebenen Wahlumschläge;
2. die Zahl der gültigen Stimmen;
3. die Zahl der ungültigen Stimmen;
4. die Zahl der für einen Antrag abgegebenen Stimmen;
5. die Zahl der gegen einen Antrag abgegebenen Stimmen;
6. das Abstimmungsergebnis;
7. besondere während der Abstimmung eingetretene Zwischenfälle oder sonstige Ereignisse.

§ 89

Bekanntmachung des Abstimmungsergebnisses

Der Betriebswahlvorstand gibt das Abstimmungsergebnis in der Wahlmännerversammlung bekannt.

Vierter Titel

Wahl mehrerer Aufsichtsratsmitglieder der Arbeitnehmer in einem Wahlgang auf Grund mehrerer Wahlvorschläge

§ 90

Stimmabgabe, Wahlvorgang

(1) Sind in einem Wahlgang mehrere Aufsichtsratsmitglieder der Arbeitnehmer zu wählen und liegen für diesen Wahlgang mehrere gültige Wahlvorschläge vor, so kann der Wahlmann seine Stimme nur für einen dieser Wahlvorschläge abgeben. Die Stimmabgabe erfolgt durch Abgabe von Stimmzetteln in den hierfür bestimmten Umschlägen (Wahlumschlägen). Hat ein Wahlmann mehrere Stimmen, so gibt er für jede Stimme einen Stimmzettel in einem Wahlumschlag ab. Der Begriff des Wahlgangs im Sinne dieses Unterabschnitts bestimmt sich nach § 24 Abs. 5.

(2) Der Betriebswahlvorstand hat die Wahlvorschläge auf den Stimmzetteln nach der Reihenfolge der Ordnungsnummern sowie unter Angabe der an erster und zweiter Stelle benannten Bewerber mit Familienname, Vorname und Art der Beschäftigung untereinander aufzuführen; bei Wahlvorschlägen, die mit einem Kennwort versehen sind, ist auch das Kennwort anzugeben. Die Stimmzettel sollen die Angabe enthalten, daß der Wahlmann nur einen Wahlvorschlag ankreuzen kann. Die Stimmzettel, die für denselben Wahlgang Verwendung finden, müssen sämtlich die gleiche Größe, Farbe, Beschaffenheit und Beschriftung haben; das gleiche gilt für die Wahlumschläge. Die Stimmzettel und Wahlumschläge, die für einen Wahlgang Verwendung finden, müssen sich von den für die anderen Wahlgänge vorgesehenen Stimmzetteln und Wahlumschlägen in der Farbe unterscheiden.

(3) Der Wahlmann kennzeichnet den von ihm gewählten Wahlvorschlag durch Ankreuzen an der im Stimmzettel hierfür vorgesehenen Stelle. Für den Wahlvorgang ist § 16 entsprechend anzuwenden; die Stimmabgabe ist in der Wahlmännerliste für jeden Wahlgang und für jede Stimme gesondert zu vermerken.

(4) Ungültig sind Stimmzettel,

1. in denen mehr als ein Wahlvorschlag angekreuzt ist,
2. aus denen sich der Wille des Wahlmannes nicht eindeutig ergibt,
3. die mit einem besonderen Merkmal versehen sind,
4. die andere als die in Absatz 2 bezeichneten Angaben, einen Zusatz oder sonstige Änderungen enthalten.

§ 91

Öffentliche Stimmauszählung

(1) Unverzüglich nach Abschluß der Stimmabgabe zählt der Betriebswahlvorstand öffentlich die Stimmen aus.

(2) Nach Öffnung der Wahlurne entnimmt der Betriebswahlvorstand die Stimmzettel den Wahlumschlägen und zählt für jeden Wahlgang gesondert die auf jeden Wahlvorschlag entfallenden Stimmen zusammen.

(3) Bei der Auszählung ist die Gültigkeit der Stimmzettel zu prüfen. Befinden sich in einem Wahlumschlag mehrere gekennzeichnete Stimmzettel, so werden sie, wenn sie vollständig übereinstimmen, nur einfach gezählt, andernfalls sind sie ungültig.

§ 92

Ermittlung der Gewählten

(1) Die in dem Wahlgang den einzelnen Wahlvorschlägen zugefallenen Stimmenzahlen werden in einer Reihe nebeneinandergestellt und sämtlich durch 1, 2, 3, 4 usw. geteilt. Die ermittelten Teilzahlen sind nacheinander reihenweise unter den Zahlen der ersten Reihe aufzuführen, bis höhere

Teilzahlen, als aus früheren Reihen für die Zuweisung von Sitzen in Betracht kommen, nicht mehr entstehen. Unter den so gefundenen Teilzahlen werden so viele Höchstzahlen ausgesondert und der Größe nach geordnet, wie in dem Wahlgang Aufsichtsratsmitglieder zu wählen sind. Jeder Wahlvorschlag erhält so viele Sitze zugeteilt, wie Höchstzahlen auf ihn entfallen. Wenn die niedrigste in Betracht kommende Höchstzahl auf mehrere Wahlvorschläge zugleich entfällt, so entscheidet das Los darüber, welchem Wahlvorschlag dieser Sitz zufällt.

(2) Wenn ein Wahlvorschlag weniger Bewerber enthält, als Höchstzahlen auf ihn entfallen, so gehen die überschüssigen Sitze auf die folgenden Höchstzahlen der anderen Wahlvorschläge desselben Wahlgangs über.

(3) Die Reihenfolge der Bewerber innerhalb der einzelnen Wahlvorschläge bestimmt sich nach der Reihenfolge ihrer Benennung.

(4) Mit der Wahl eines Bewerbers ist das in dem Wahlvorschlag neben dem gewählten Bewerber aufgeführte Ersatzmitglied des Aufsichtsrats gewählt.

Fünfter Titel

Wahl mehrerer Aufsichtsratsmitglieder der Arbeitnehmer in einem Wahlgang auf Grund nur eines Wahlvorschlags

§ 93

Stimmabgabe, Wahlvorgang

(1) Sind in einem Wahlgang mehrere Aufsichtsratsmitglieder der Arbeitnehmer zu wählen und liegt für diesen Wahlgang nur ein gültiger Wahlvorschlag vor, so kann der Wahlmann seine Stimme nur für die in dem Wahlvorschlag aufgeführten Bewerber abgeben. Eine gesonderte Stimmabgabe für ein Ersatzmitglied des Aufsichtsrats ist nicht zulässig. Die Stimmabgabe erfolgt durch Abgabe von Stimmzetteln in den hierfür bestimmten Umschlägen (Wahlumschlägen). Hat ein Wahlmann mehrere Stimmen, so gibt er für jede Stimme einen Stimmzettel in einem Wahlumschlag ab.

(2) Der Betriebswahlvorstand hat die Bewerber auf den Stimmzetteln unter Angabe von Familienname, Vorname und Art der Beschäftigung untereinander in der Reihenfolge aufzuführen, in der sie in dem Wahlvorschlag benannt sind. Ist zusammen mit einem Bewerber für diesen ein Ersatzmitglied vorgeschlagen worden, so ist das Ersatzmitglied auf den Stimmzetteln neben dem Bewerber aufzuführen; Satz 1 ist entsprechend anzuwenden. Die Stimmzettel sollen die Angabe enthalten, wieviel Bewerber der Wahlmann ankreuzen kann. § 90 Abs. 2 Satz 3 und 4 ist anzuwenden.

(3) Der Wahlmann kennzeichnet die von ihm gewählten Bewerber durch Ankreuzen an den im Stimmzettel hierfür vorgesehenen Stellen. Er darf nicht mehr Bewerber ankreuzen, als in dem Wahlgang Aufsichtsratsmitglieder zu wählen sind. § 90 Abs. 3 Satz 2 ist entsprechend anzuwenden.

(4) Ungültig sind Stimmzettel,

1. in denen mehr Bewerber angekreuzt sind, als in dem Wahlgang Aufsichtsratsmitglieder zu wählen sind,
2. aus denen sich der Wille des Wahlmannes nicht eindeutig ergibt,
3. die mit einem besonderen Merkmal versehen sind,
4. die andere als die in Absatz 2 bezeichneten Angaben, einen Zusatz oder sonstige Änderungen enthalten.

§ 94

Öffentliche Stimmauszählung

(1) Unverzüglich nach Abschluß der Stimmabgabe zählt der Betriebswahlvorstand öffentlich die Stimmen aus.

(2) Nach Öffnung der Wahlurne entnimmt der Betriebswahlvorstand die Stimmzettel den Wahlumschlägen und zählt für jeden Wahlgang gesondert die auf jeden Bewerber entfallenden Stimmen zusammen. § 91 Abs. 3 ist anzuwenden. Ist auf einem Stimmzettel ein Bewerber mehrfach angekreuzt, so zählt dies als eine Stimme.

§ 95

Ermittlung der Gewählten

Gewählt sind so viele Bewerber, wie in dem Wahlgang Aufsichtsratsmitglieder zu wählen sind, nach der Reihenfolge der auf sie entfallenden Stimmenzahlen. Bei Stimmengleichheit entscheidet das Los. § 92 Abs. 4 ist anzuwenden.

Sechster Titel

§ 96

Wahl nur eines Aufsichtsratsmitglieds der Arbeitnehmer in einem Wahlgang

(1) Ist in einem Wahlgang nur ein Aufsichtsratsmitglied der Arbeitnehmer zu wählen, so kann der Wahlmann seine Stimme nur für einen der vorgeschlagenen Bewerber abgeben. § 93 Abs. 1 Satz 2 bis 4 ist anzuwenden.

(2) Liegt nur ein gültiger Wahlvorschlag vor, so hat der Betriebswahlvorstand die Bewerber auf den Stimmzetteln unter Angabe von Familienname, Vorname und Art der Beschäftigung untereinander in der Reihenfolge aufzuführen, in der sie in dem Wahlvorschlag benannt sind. Liegen mehrere gültige Wahlvorschläge vor, so hat der Betriebswahlvorstand die Bewerber auf den Stimmzetteln unter Angabe von Familienname, Vorname, Art der Beschäftigung und Kennwort des Wahlvorschlags untereinander in alphabetischer Reihenfolge aufzuführen. § 93 Abs. 2 Satz 2 und 3 ist anzuwenden.

(3) Der Wahlmann kennzeichnet den von ihm gewählten Bewerber durch Ankreuzen an der im Stimmzettel hierfür vorgesehenen Stelle. Er darf nicht mehr als einen Bewerber ankreuzen. § 90 Abs. 3 Satz 2, § 93 Abs. 4 und die §§ 94 und 95 sind anzuwenden.

Siebenter Titel
Wahlniederschrift, Benachrichtigungen

§ 97
Wahlniederschrift

Nachdem ermittelt ist, wer gewählt ist, stellt der Betriebswahlvorstand in einer Niederschrift für jeden Wahlgang gesondert fest:

1. die Zahl der abgegebenen Wahlumschläge;
2. die Zahl der gültigen Stimmen;
3. die Zahl der ungültigen Stimmen;
4. bei Verhältniswahl die Zahlen der auf die einzelnen Wahlvorschläge entfallenden Stimmen, die berechneten Höchstzahlen und ihre Verteilung auf die Wahlvorschläge;
5. bei Mehrheitswahl die Zahlen der auf die einzelnen Bewerber entfallenden Stimmen;
6. die Namen der gewählten Aufsichtsratsmiglieder;
7. die Namen der für die einzelnen Aufsichtsratsmitglieder gewählten Ersatzmitglieder;
8. besondere während der Wahl eingetretene Zwischenfälle oder sonstige Ereignisse.

§ 98
Bekanntmachung des Wahlergebnisses, Benachrichtigung der Gewählten

(1) Der Betriebswahlvorstand gibt das Wahlergebnis und die Namen der Gewählten in der Wahlmännerversammlung und unverzüglich durch zweiwöchigen Aushang an einer oder mehreren geeigneten, den Wahlberechtigten zugänglichen Stellen im Betrieb bekannt.

(2) Gleichzeitig benachrichtigt der Betriebswahlvorstand die Gewählten schriftlich von ihrer Wahl und übersendet die Bekanntmachung nach Absatz 1 dem Unternehmen und den im Unternehmen vertretenen Gewerkschaften.

§ 99
Aufbewahrung der Wahlakten

Der Betriebswahlvorstand übergibt die Wahlakten dem Unternehmen. Das Unternehmen bewahrt die Wahlakten mindestens für die Dauer von fünf Jahren auf.

Zweiter Teil
Abberufung von Aufsichtsratsmitgliedern der Arbeitnehmer

Erster Abschnitt
Gemeinsame Vorschriften

§ 100
Einleitung des Abberufungsverfahrens

(1) Ein Antrag auf Abberufung eines Aufsichtsratsmitglieds der Arbeitnehmer nach § 23 Abs. 1 des Gesetzes ist schriftlich beim Betriebsrat einzureichen.

(2) Unverzüglich nach Eingang eines Antrags auf Abberufung wird der Betriebswahlvorstand gebildet, es sei denn, der Antrag entspricht offensichtlich nicht den in § 23 Abs. 1 Satz 2 des Gesetzes bezeichneten Erfordernissen.

(3) Für die Aufgaben, die Bildung, die Zusammensetzung und die Geschäftsführung des Betriebswahlvorstands sind die §§ 3 bis 7 entsprechend anzuwenden; die Mitteilung nach § 6 muß auch den Inhalt des Antrags auf Abberufung enthalten. Das Unternehmen hat dem Betriebswahlvorstand die bei der Wahl des Aufsichtsratsmitglieds, dessen Abberufung beantragt wird, entstandenen Wahlakten zu übergeben.

§ 101
Liste der antragsberechtigten Arbeitnehmer

Wird die Abberufung eines unternehmensangehörigen Aufsichtsratsmitglieds der Arbeitnehmer beantragt, so wird unverzüglich nach der Bildung des Betriebswahlvorstands eine Liste der wahlberechtigten Arbeitnehmer aufgestellt, die nach § 23 Abs. 1 Satz 2 des Gesetzes für die Abberufung dieses Aufsichtsratsmitglieds antragsberechtigt sind. Die §§ 8 bis 11 sind entsprechend anzuwenden; die Bekanntmachung nach § 9 Abs. 2 und 3 muß auch den Inhalt des Antrags auf Abberufung enthalten.

§ 102
Prüfung des Antrags auf Abberufung

(1) Der Betriebswahlvorstand prüft unverzüglich nach Ablauf der in § 101 Satz 2, § 10 Abs. 1 bestimmten Frist die Gültigkeit des Antrags auf Abberufung. Ist nach § 101 Satz 2, § 10 Abs. 1 die Änderung der Liste der antragsberechtigten Arbeitnehmer verlangt worden, so prüft der Betriebswahlvorstand die Gültigkeit des Antrags unverzüglich nach Ablauf der in § 101 Satz 2, § 10 Abs. 2 Satz 2 bestimmten Frist.

(2) Ist ein Antrag ungültig, so teilt der Betriebswahlvorstand dies dem Antragsvertreter oder, wenn ein solcher nicht benannt ist, dem an erster Stelle des Antrags Unterzeichneten schriftlich mit. Der Betriebswahlvorstand gibt die Mitteilung durch zweiwöchigen Aushang an einer oder mehreren geeigneten, den Wahlberechtigten zugänglichen Stellen im Betrieb bekannt.

§ 103
Anzuwendende Vorschriften

(1) Liegt ein gültiger Antrag vor, so stellt der Betriebswahlvorstand fest, ob das Aufsichtsratsmitglied, dessen Abberufung beantragt ist, in unmittelbarer Wahl oder durch Wahlmänner gewählt worden ist.

(2) Ist das Aufsichtsratsmitglied, dessen Abberufung beantragt ist, in unmittelbarer Wahl gewählt worden, so richtet sich das weitere Abberufungsverfahren nach den Vorschriften des Zweiten Abschnitts.

(3) Ist das Aufsichtsratsmitglied, dessen Abberufung beantragt ist, durch Wahlmänner gewählt worden, so richtet sich das weitere Abberufungsverfahren nach den Vorschriften des Dritten Abschnitts.

Zweiter Abschnitt
Abstimmung über die Abberufung eines in unmittelbarer Wahl gewählten Aufsichtsratsmitglieds der Arbeitnehmer

§ 104
Abberufungsausschreiben, Wählerliste

(1) Der Betriebswahlvorstand stellt fest, ob das Aufsichtsratsmitglied, dessen Abberufung beantragt ist, in getrennter oder in gemeinsamer Wahl gewählt worden ist und ob die Arbeiter, die Angestellten oder beide Gruppen nach § 23 Abs. 3 des Gesetzes abstimmungsberechtigt sind.

(2) Der Betriebswahlvorstand erläßt unverzüglich ein Abberufungsausschreiben. Die Abstimmung soll innerhalb von vier Wochen seit Erlaß des Abberufungsausschreibens stattfinden.

(3) Das Abberufungsausschreiben muß folgende Angaben enthalten:
1. das Datum seines Erlasses;
2. den Inhalt des Antrags;
3. die Bezeichnung des Antragstellers;
4. die Zahl der Arbeitnehmer, die den Antrag unterzeichnet haben;
5. ob an der Abstimmung über den Antrag die Arbeiter, die Angestellten oder beide Gruppen teilnehmen;
6. daß an der Abstimmung nur Arbeitnehmer teilnehmen können, die in der Wählerliste eingetragen sind;
7. daß der Beschluß über die Abberufung einer Mehrheit von drei Vierteln der abgegebenen Stimmen bedarf;
8. Ort, Tag und Zeit der Stimmabgabe;
9. den Hinweis auf die Möglichkeit der schriftlichen Stimmabgabe sowie die Betriebsteile und Nebenbetriebe, für die schriftliche Stimmabgabe beschlossen ist;
10. den Ort, an dem die Wählerliste, das Gesetz und diese Verordnung ausliegen;
11. den Ort, an dem Einsprüche und sonstige Erklärungen gegenüber dem Betriebswahlvorstand abzugeben sind (Anschrift des Betriebswahlvorstands).

Für die Bekanntmachung des Abberufungsausschreibens ist § 23 Abs. 2 und 3 entsprechend anzuwenden.

(4) Für die Abberufung wird unverzüglich eine Liste der nach § 23 Abs. 3 des Gesetzes abstimmungsberechtigten Arbeitnehmer des Betriebs (Wählerliste) aufgestellt. Die §§ 8, 9 und 11 sind entsprechend anzuwenden mit der Maßgabe, daß abweichend von § 8 Abs. 1 Satz 1 eine Trennung und Unterteilung der Wählerliste nicht erforderlich ist.

§ 105
Abstimmung, Abstimmungsergebnis, Akten

(1) Für die Abstimmung sind die §§ 15 bis 20 anzuwenden. In der Abstimmungsniederschrift ist auch festzustellen, ob an der Abstimmung die Arbeiter, die Angestellten oder beide Gruppen teilgenommen haben.

(2) Der Betriebswahlvorstand übermittelt das Abstimmungsergebnis schriftlich
1. dem Aufsichtsratsmitglied, über dessen Abberufung abgestimmt worden ist,
2. der Gewerkschaft, die einen Antrag auf Abberufung gestellt hat (§ 23 Abs. 1 Satz 2 Nr. 4 des Gesetzes),
3. dem Unternehmen

und macht es durch zweiwöchigen Aushang in gleicher Weise wie das Abberufungsausschreiben bekannt.

(3) Auf die im Zusammenhang mit einem Antrag auf Abberufung entstandenen Akten ist § 55 entsprechend anzuwenden.

Dritter Abschnitt
Abstimmung über die Abberufung eines durch Wahlmänner gewählten Aufsichtsratsmitglieds der Arbeitnehmer

§ 106
Wahlmännerliste

(1) Der Betriebswahlvorstand stellt fest, ob das Aufsichtsratsmiglied, dessen Abberufung beantragt ist, in getrennter oder in gemeinsamer Wahl gewählt worden ist und ob die Wahlmänner der Arbeiter, die Wahlmänner der Angestellten oder die Wahlmänner beider Gruppen nach § 23 Abs. 2 des Gesetzes abstimmungsberechtigt sind.

(2) Der Betriebswahlvorstand stellt für die Abberufung unverzüglich eine Liste der nach § 23 Abs. 2 des Gesetzes abstimmungsberechtigten Wahlmänner (Wahlmännerliste) auf. § 8 Abs. 1 Satz 2, Abs. 3 und 5, § 81 Abs. 2 und 3 und § 82 sind entsprechend anzuwenden.

§ 107
Wahlmännerversammlung, Mitteilung des Betriebswahlvorstands an die Wahlmänner

(1) Die abstimmungsberechtigten Wahlmänner stimmen über den Antrag auf Abberufung in einer Versammlung (Wahlmännerversammlung) ab. Die Wahlmännerversammlung soll innerhalb von sechs Wochen nach der Feststellung, daß ein gültiger Antrag auf Abberufung eines durch Wahlmänner gewählten Aufsichtsratsmitglieds der Arbeitnehmer vorliegt, stattfinden.

(2) Der Betriebswahlvorstand beruft die abstimmungsberechtigten Wahlmänner schriftlich gegen Empfangsbekenntnis oder durch eingeschriebenen Brief zur Wahlmännerversammlung ein; § 83 Abs. 2 bis 4 ist entsprechend anzuwenden. Die Mitteilung nach Satz 1 soll den Wahlmännern spätestens drei Wochen vor der Wahlmännerversammlung übersandt werden.

(3) Die Mitteilung muß folgende Angaben enthalten:
1. den Inhalt des Antrags;

2. die Bezeichnung des Antragstellers;
3. die Zahl der Arbeitnehmer, die den Antrag auf Abberufung unterzeichnet haben;
4. ob an der Abstimmung über den Antrag die Wahlmänner der Arbeiter, die Wahlmänner der Angestellten oder die Wahlmänner beider Gruppen teilnehmen;
5. daß an der Abstimmung nur Wahlmänner teilnehmen können, die in der Wahlmännerliste eingetragen sind;
6. daß die Wahlmännerliste, das Gesetz und diese Verordnung in der Wahlmännerversammlung zur Einsichtnahme ausgelegt werden;
7. daß Einsprüche gegen die Richtigkeit der Wahlmännerliste vor Beginn der Stimmabgabe beim Betriebswahlvorstand eingelegt werden können;
8. daß der Beschluß über die Abberufung einer Mehrheit von drei Vierteln der abgegebenen Stimmen bedarf;
9. wieviel Stimmen dem Wahlmann zustehen;
10. Ort, Tag und Zeit der Wahlmännerversammlung;
11. die Anschrift des Betriebswahlvorstands.

§ 108

Abstimmung, Abstimmungsergebnis, Akten

Für die Abstimmung, das Abstimmungsergebnis und die Aufbewahrung der Akten sind die §§ 86 bis 89 und 105 Abs. 1 Satz 2, Abs. 2 und 3 entsprechend anzuwenden.

Vierter Abschnitt

§ 109

Ersatzmitglieder

Für die Abberufung von Ersatzmitgliedern (§ 23 Abs. 4 des Gesetzes) sind die Vorschriften des Ersten bis Dritten Abschnitts entsprechend anzuwenden.

Dritter Teil
Übergangs- und Schlußvorschriften

§ 110

Erstmalige Anwendung des Gesetzes auf ein Unternehmen

(1) Bei der erstmaligen Anwendung des Gesetzes auf ein Unternehmen hat das Unternehmen die in § 2 bezeichnete Bekanntmachung unverzüglich nach der in § 97 Abs. 1 des Aktiengesetzes bezeichneten Bekanntmachung über die Zusammensetzung des Aufsichtsrats oder, wenn diese Bekanntmachung vor Inkrafttreten dieser Verordnung erfolgt ist, unverzüglich nach Inkrafttreten dieser Verordnung, zu erlassen.

(2) Der Betriebswahlvorstand wird unverzüglich nach der in § 2 bezeichneten Bekanntmachung gebildet. Unverzüglich nach der Bildung des Betriebswahlvorstands ist die Wählerliste aufzustellen; die §§ 8 bis 11 sind anzuwenden.

(3) Abweichend von § 12 Abs. 1 Satz 1 und 2 soll der Betriebswahlvorstand die in den §§ 12, 23 und 27 bezeichneten Bekanntmachungen 16 Wochen vor dem voraussichtlichen Beginn der Amtszeit der zu wählenden Aufsichtsratsmitglieder der Arbeitnehmer erlassen.

§ 111

Vor Inkrafttreten dieser Verordnung eingeleitete Wahlverfahren

Ist das Wahlverfahren vor Inkrafttreten dieser Verordnung eingeleitet und vom Wahlvorstand geregelt worden, so kann das Wahlverfahren, wenn diese Verordnung vor seinem Abschluß in Kraft tritt, nach der vom Wahlvorstand getroffenen Regelung weitergeführt werden, wenn

1. diese Verordnung zu einem späteren als dem in § 2 Abs. 1 Satz 1 für die Bekenntmachung des Unternehmens bestimmten spätesten Zeitpunkt in Kraft getreten ist und
2. die vom Wahlvorstand getroffene Regelung nicht gegen das Gesetz oder Grundsätze eines rechtsstaatlichen Wahlrechts verstößt.

§ 112

Berechnung von Fristen

Für die Berechnung der in dieser Verordnung bestimmten Fristen sind die §§ 186 bis 193 des Bürgerlichen Gesetzbuchs entsprechend anzuwenden. Arbeitstage im Sinne dieser Verordnung sind die Wochentage Montag bis Freitag mit Ausnahme der gesetzlichen Feiertage.

§ 113

Berlin-Klausel

Diese Verordnung gilt nach § 14 des Dritten Überleitungsgesetzes in Verbindung mit § 40 des Mitbestimmungsgesetzes auch im Land Berlin.

§ 114

Inkrafttreten

Diese Verordnung tritt am Tage nach der Verkündung in Kraft.

Zweite Wahlordnung zum Mitbestimmungsgesetz (2. WOMitbestG)

Vom 23. Juni 1977

(BGBl. I S. 893)

Inhaltsübersicht

Auf Grund des § 39 des Mitbestimmungsgesetzes vom 4. Mai 1976 (BGBl. I S. 1153) verordnet die Bundesregierung:

§ 1

Geltungsbereich

(1) Besteht ein Unternehmen, in dem die Arbeitnehmer nach § 1 Abs. 1 des Gesetzes ein Mitbestimmungsrecht haben, aus mehreren Betrieben, so bestimmen sich die Wahl und die Abberufung der Aufsichtsratsmitglieder der Arbeitnehmer dieses Unternehmens nach den Vorschriften dieser Verordnung. Nehmen an der Wahl oder an der Abberufung nach § 4 oder § 5 des Gesetzes auch die Arbeitnehmer anderer Unternehmen teil, so bestimmt sie sich nach den Vorschriften der Dritten Wahlordnung zum Mitbestimmungsgesetz.

(2) Die Wahl der Aufsichtsratsmitglieder der Arbeitnehmer bestimmt sich nach den Vorschriften des Ersten Teils.

(3) Die Abberufung von Aufsichtsratsmitgliedern der Arbeitnehmer bestimmt sich nach den Vorschriften des Zweiten Teils.

(4) Nehmen an der Wahl oder an der Abberufung auch Arbeitnehmer eines in § 34 Abs. 1 des Gesetzes bezeichneten Betriebs (Seebetrieb) teil, so sind außerdem die Vorschriften des Dritten Teils anzuwenden.

Erster Teil
Wahl der Aufsichtsratsmitglieder der Arbeitnehmer

Erster Abschnitt
Einleitung der Wahl, Abstimmung über die Art der Wahl, Wahlvorschläge

Erster Unterabschnitt
Einleitung der Wahl

§ 2

Bekanntmachung des Unternehmens

(1) Das Unternehmen macht spätestens 27 Wochen vor dem voraussichtlichen Beginn der Amtszeit der zu wählenden Aufsichtsratsmitglieder der Arbeitnehmer durch Aushang an einer oder mehreren geeigneten, den Wahlberechtigten zugänglichen Stellen in den Betrieben des Unternehmens bekannt, daß Aufsichtsratsmitglieder der Arbeitnehmer zu wählen sind. In der Bekanntmachung ist ferner anzugeben:

1. der voraussichtliche Beginn der Amtszeit der zu wählenden Aufsichtsratsmitglieder der Arbeitnehmer;

2. die Zahl der zu wählenden Aufsichtsratsmitglieder der Arbeitnehmer;
3. die Anschriften der Betriebe des Unternehmens;
4. die Zahl der in dem Unternehmen in der Regel beschäftigten Arbeitnehmer.

Nehmen die Arbeitnehmer des Unternehmens auch an der Wahl von Aufsichtsratsmitgliedern anderer Unternehmen teil (§§ 61, 62) und beginnt die Amtszeit dieser Aufsichtsratsmitglieder nicht mehr als sechs Monate vor oder nach dem Beginn der Amtszeit der nach dieser Verordnung zu wählenden Aufsichtsratsmitglieder, so ist auch dies in der Bekanntmachung anzugeben.

(2) Gleichzeitig mit dem Aushang der Bekanntmachung in den Betrieben übersendet das Unternehmen einen Abdruck der Bekanntmachung

1. dem Gesamtbetriebsrat,
2. den Betriebsräten,
3. den in dem Unternehmen vertretenen Gewerkschaften,
4. den nach § 117 Abs. 2 Satz 1 des Betriebsverfassungsgesetzes durch Tarifvertrag errichteten Vertretungen für im Flugbetrieb beschäftigte Arbeitnehmer des Unternehmens.

§ 3

Wahlvorstände

(1) Die rechtzeitige Einleitung und die Durchführung der Wahl sowie die Feststellung des Wahlergebnisses obliegen dem Unternehmenswahlvorstand.

(2) In den einzelnen Betrieben wird die Wahl im Auftrag und nach den Richtlinien des Unternehmenswahlvorstands durch Betriebswahlvorstände durchgeführt.

(3) Die Wahlvorstände werden unverzüglich nach der in § 2 bezeichneten Bekanntmachung gebildet.

§ 4

Zusammensetzung des Unternehmenswahlvorstands

(1) Der Unternehmenswahlvorstand besteht aus drei Mitgliedern. Der Gesamtbetriebsrat kann die Zahl der Mitglieder erhöhen, wenn dies zur ordnungsgemäßen Durchführung der Wahl erforderlich ist. Der Unternehmenswahlvorstand muß aus einer ungeraden Zahl von Mitgliedern bestehen. Mitglieder des Unternehmenswahlvorstands können nur wahlberechtigte Arbeitnehmer des Unternehmens sein.

(2) Im Unternehmenswahlvorstand sollen Arbeiter, in § 3 Abs. 3 Nr. 1 des Gesetzes bezeichnete Angestellte und leitende Angestellte angemessen vertreten sein. Dem Unternehmenswahlvorstand muß, wenn in dem Unternehmen

1. mindestens fünf wahlberechtigte Arbeiter (§ 3 Abs. 2 des Gesetzes) beschäftigt sind, mindestens ein Arbeiter angehören,
2. mindestens fünf in § 3 Abs. 3 Nr. 1 des Gesetzes bezeichnete wahlberechtigte Angestellte beschäftigt sind, mindestens ein in § 3 Abs. 3 Nr. 1 des Gesetzes bezeichneter Angestellter angehören,
3. mindestens fünf wahlberechtigte leitende Angestellte (§ 3 Abs. 3 Nr. 2 des Gesetzes) beschäftigt sind, mindestens ein leitender Angestellter angehören.

(3) Für jedes Mitglied des Unternehmenswahlvorstands kann für den Fall seiner Verhinderung ein Ersatzmitglied bestellt werden.

(4) Der Gesamtbetriebsrat bestellt die Mitglieder des Unternehmenswahlvorstands, die Arbeiter oder in § 3 Abs. 3 Nr. 1 des Gesetzes bezeichnete Angestellte sind. Besteht kein Gesamtbetriebsrat, so erfolgt die Bestellung durch den Betriebsrat des nach der Zahl der wahlberechtigten Arbeitnehmer größten Betriebs, in dem ein Betriebsrat besteht. Besteht auch eine nach § 117 Abs. 2 Satz 1 des Betriebsverfassungsgesetzes durch Tarifvertrag errichtete Vertretung für im Flugbetrieb beschäftigte Arbeitnehmer, so erfolgt die Bestellung gemeinsam mit dieser Vertretung.

(5) Die auf die leitenden Angestellten entfallenden Mitglieder werden in einer Versammlung leitender Angestellter des nach der Zahl der leitenden Angestellten größten Betriebs mit der Mehrheit der abgegebenen Stimmen gewählt. Zur Teilnahme an der Versammlung sind die Angestellten berechtigt, die aus Anlaß der letzten Betriebsratswahl vom Wahlvorstand oder durch gerichtliche Entscheidung den leitenden Angestellten zugeordnet worden sind.

§ 5

Zusammensetzung des Betriebswahlvorstands

(1) Der Betriebswahlvorstand besteht aus drei Mitgliedern. Der Betriebsrat kann die Zahl der Mitglieder erhöhen, wenn dies zur ordnungsgemäßen Durchführung der Wahl erforderlich ist. Der Betriebswahlvorstand muß aus einer ungeraden Zahl von Mitgliedern bestehen. Mitglieder des Betriebswahlvorstands können nur wahlberechtigte Arbeitnehmer des Betriebs sein.

(2) Im Betriebswahlvorstand sollen Arbeiter, in § 3 Abs. 3 Nr. 1 des Gesetzes bezeichnete Angestellte und leitende Angestellte angemessen vertreten sein. Dem Betriebswahlvorstand muß, wenn in dem Betrieb

1. mindestens fünf wahlberechtigte Arbeiter (§ 3 Abs. 2 des Gesetzes) beschäftigt sind, mindestens ein Arbeiter angehören,
2. mindestens fünf in § 3 Abs. 3 Nr. 1 des Gesetzes bezeichnete wahlberechtigte Angestellte beschäftigt sind, mindestens ein in § 3 Abs. 3 Nr. 1 des Gesetzes bezeichneter Angestellter angehören,
3. mindestens fünf wahlberechtigte leitende Angestellte (§ 3 Abs. 3 Nr. 2 des Gesetzes) beschäftigt sind, mindestens ein leitender Angestellter angehören.

(3) Für jedes Mitglied des Betriebswahlvorstands kann für den Fall seiner Verhinderung ein Ersatzmitglied bestellt werden.

(4) Der Betriebsrat bestellt die Mitglieder des Betriebswahlvorstands, die Arbeiter oder in § 3 Abs. 3 Nr. 1 des Gesetzes bezeichnete Angestellte sind. Besteht kein Betriebsrat, so werden die in Satz 1 bezeichneten Mitglieder des Betriebswahlvorstands in einer Betriebsversammlung mit der Mehrheit der abgegebenen Stimmen gewählt.

(5) Die auf die leitenden Angestellten entfallenden Mitglieder werden in einer Versammlung leitender Angestellter des Betriebs mit der Mehrheit der abgegebenen Stimmen gewählt. Zur Teilnahme an der Versammlung sind die Angestellten berechtigt, die aus Anlaß der letzten Betriebsratswahl vom Wahlvorstand oder durch gerichtliche Entscheidung den leitenden Angestellten zugeordnet worden sind.

(6) Ist für einen Betrieb mit nicht mehr als 20 wahlberechtigten Arbeitnehmern innerhalb von zwei Wochen nach der in § 2 bezeichneten Bekanntmachung kein Betriebswahlvorstand gebildet, so beauftragt der Unternehmenswahlvorstand für diesen Betrieb den Betriebswahlvorstand eines anderen Betriebs des Unternehmens mit der Wahrnehmung der Aufgaben des Betriebswahlvorstands. Der beauftragte Betriebswahlvorstand kann beschließen, daß in dem Betrieb, für den kein Betriebswahlvorstand gebildet worden ist, die Stimmabgabe bei den im Ersten und im Zweiten Abschnitt bezeichneten Abstimmungen und Wahlen schriftlich erfolgt. Im Fall des Satzes 2 erhalten die wahlberechtigten Arbeitnehmer dieses Betriebs die in § 18 Abs. 1 bezeichneten Unterlagen für die schriftliche Stimmabgabe, ohne daß es eines Verlangens bedarf; die in den §§ 15, 39 und 41 bezeichneten Ausschreiben sind um folgende Angaben zu ergänzen:

1. daß für den Betrieb die schriftliche Stimmabgabe beschlossen ist;
2. den Zeitpunkt, bis zu dem die Wahlbriefe beim Betriebswahlvorstand eingegangen sein müssen.

§ 6

Mitteilungspflicht

(1) Der Unternehmenswahlvorstand teilt unverzüglich nach seiner Bildung dem Unternehmen, den im Unternehmen vertretenen Gewerkschaften und den Betriebswahlvorständen schriftlich die Namen seiner Mitglieder und seine Anschrift mit.

(2) Jeder Betriebswahlvorstand teilt unverzüglich nach seiner Bildung dem Unternehmenswahlvorstand schriftlich die Namen seiner Mitglieder und seine Anschrift mit.

§ 7

Geschäftsführung der Wahlvorstände

(1) Jeder Wahlvorstand wählt aus seiner Mitte den Vorsitzenden und mindestens einen Stellvertreter.

(2) Der Wahlvorstand kann sich eine schriftliche Geschäftsordnung geben. Der Unternehmenswahlvorstand kann wahlberechtigte Arbeitnehmer des Unternehmens, der Betriebswahlvorstand kann wahlberechtigte Arbeitnehmer des Betriebs als Wahlhelfer zu seiner Unterstützung heranziehen.

(3) Der Wahlvorstand faßt seine Beschlüsse mit einfacher Stimmenmehrheit seiner Mitglieder. Über jede Sitzung des Wahlvorstands ist eine Niederschrift aufzunehmen, die mindestens den Wortlaut der Beschlüsse enthält; bei Beschlüssen des Betriebswahlvorstands über die Eintragung von Arbeitnehmern in die Wählerliste als Arbeiter, als in § 3 Abs. 3 Nr. 1 des Gesetzes bezeichnete Angestellte oder als leitende Angestellte ist in der Niederschrift auch zu vermerken, ob sie ohne Gegenstimme gefaßt worden sind. Mitglieder des Wahlvorstands, gegen deren Stimmen ein Beschluß gefaßt worden ist, können verlangen, daß in der Niederschrift ihre abweichende Meinung vermerkt wird. Die Niederschrift ist vom Vorsitzenden und einem weiteren Mitglied des Wahlvorstands zu unterzeichnen; dies gilt auch für Bekanntmachungen, Ausschreiben und weitere Niederschriften des Wahlvorstands.

(4) Das Unternehmen hat die Wahlvorstände bei der Erfüllung ihrer Aufgaben zu unterstützen und ihnen den erforderlichen Geschäftsbedarf zur Verfügung zu stellen.

(5) Die Wahlvorstände sollen dafür sorgen, daß ausländische Arbeitnehmer, die der deutschen Sprache nicht mächtig sind, rechtzeitig über den Anlaß der Wahl, das Wahlverfahren, die Abstimmungen, die Aufstellung der Wählerliste und der Wahlvorschläge, den Wahlvorgang und die Stimmabgabe in geeigneter Weise unterrichtet werden.

§ 8

Wählerliste

(1) Der Betriebswahlvorstand stellt unverzüglich nach seiner Bildung eine Liste der wahlberechtigten Arbeitnehmer des Betriebs (Wählerliste) auf, getrennt nach den Gruppen der Arbeiter (§ 3 Abs. 2 des Gesetzes) und der Angestellten (§ 3 Abs. 3 des Gesetzes), letztere unterteilt nach den in § 3 Abs. 3 Nr. 1 des Gesetzes bezeichneten Angestellten und den leitenden Angestellten. Die Wahlberechtigten sollen in alphabetischer Reihenfolge mit Familienname, Vorname und Geburtsdatum aufgeführt werden.

(2) Jedes Mitglied des Betriebswahlvorstands ist verpflichtet darauf hinzuwirken, daß die wahlberechtigten Arbeitnehmer in der Wählerliste in zutreffender Weise in Arbeiter, in § 3 Abs. 3 Nr. 1 des Gesetzes bezeichnete Angestellte und leitende Angestellte eingeteilt werden. Die Mitglieder des Betriebswahlvorstands sollen hierüber um eine Beschlußfassung ohne Gegenstimme bemüht sein. Hat der Betriebswahlvorstand hierüber ausschließlich Beschlüsse ohne Gegenstimme gefaßt, so ist § 10 nicht anzuwenden.

(3) Das Unternehmen hat den Betriebswahlvorständen alle für die Anfertigung der Wählerliste erforderlichen Auskünfte zu erteilen und die erforderlichen Unterlagen zur Verfügung zu stellen. Es hat die Betriebswahlvorstände insbesondere bei der Einteilung der Arbeitnehmer in Arbeiter, in § 3 Abs. 3 Nr. 1 des Gesetzes bezeichnete Angestellte und leitende Angestellte zu unterstützen.

(4) Der Betriebswahlvorstand berichtigt oder ergänzt die Wählerliste unverzüglich, wenn ein Arbeitnehmer

1. in den Betrieb eintritt oder aus ihm ausscheidet,
2. das 18. Lebensjahr vollendet oder
3. seine Eigenschaft als Arbeiter, in § 3 Abs. 3 Nr. 1 des Gesetzes bezeichneter Angestellter oder leitender Angestellter wechselt,

oder wenn sich in sonstiger Weise die Voraussetzungen, auf denen eine Eintragung in der Wählerliste beruht, ändern.

(5) An Wahlen und Abstimmungen können nur Arbeitnehmer teilnehmen, die in der Wählerliste eingetragen sind.

§ 9

Bekanntmachung über die Bildung der Wahlvorstände und die Wählerliste

(1) Die Wählerliste, das Gesetz und diese Verordnung sind unverzüglich bis zum Abschluß der Wahl der Aufsichtsratsmitglieder der Arbeitnehmer an geeigneter Stelle im Betrieb zur Einsichtnahme auszulegen.

(2) Der Betriebswahlvorstand macht gleichzeitig mit der Auslegung der Wählerliste die Namen seiner Mitglieder und seine Anschrift sowie die Anschrift des Unternehmenswahlvorstands bekannt. In der Bekanntmachung ist ferner anzugeben:

1. das Datum ihres Erlasses;
2. der Ort, an dem die Wählerliste, das Gesetz und diese Verordnung ausliegen;
3. daß Einsprüche gegen die Richtigkeit der Wählerliste nur innerhalb von zwei Wochen seit Erlaß der Bekanntmachung schriftlich beim Betriebswahlvorstand eingelegt werden können; der letzte Tag der Frist ist anzugeben;
4. daß Einsprüche gegen Berichtigungen und Ergänzungen der Wählerliste nur innerhalb von zwei Wochen seit der Berichtigung oder der Ergänzung eingelegt werden können;
5. daß an Wahlen und Abstimmungen nur Arbeitnehmer teilnehmen können, die in der Wählerliste eingetragen sind.

(3) Hat der Betriebswahlvorstand bei der Aufstellung der Wählerliste nach § 8 Abs. 1 über die Eintragung der wahlberechtigten Arbeitnehmer als Arbeiter, in § 3 Abs. 3 Nr. 1 des Gesetzes bezeichnete Angestellte oder leitende Angestellte nicht ausschließlich Beschlüsse ohne Gegenstimme gefaßt, so muß die Bekanntmachung nach Absatz 2 auch die folgenden Angaben enthalten:

1. daß jeder Arbeitnehmer innerhalb von zwei Wochen seit Erlaß der Bekanntmachung schriftlich vom Betriebswahlvorstand die Änderung seiner Eintragung als Arbeiter, in § 3 Abs. 3 Nr. 1 des Gesetzes bezeichneter Angestellter oder leitender Angestellter in der Wählerliste verlangen kann; der letzte Tag der Frist ist anzugeben;
2. daß ein Arbeitnehmer entsprechend seinem Verlangen als Arbeiter, in § 3 Abs. 3 Nr. 1 des Gesetzes bezeichneter Angestellter oder leitender Angestellter in die Wählerliste eingetragen wird, wenn ein Mitglied des Betriebswahlvorstands dem Verlangen zustimmt;
3. daß gegen die Richtigkeit der Wählerliste nur Einspruch eingelegt werden kann, soweit nicht nach Nummer 1 eine Änderung der Wählerliste verlangt werden kann.

(4) Der Betriebswahlvorstand hängt die Bekanntmachung am Tage ihres Erlasses an einer oder mehreren geeigneten, den Wahlberechtigten zugänglichen Stellen im Betrieb bis zum Abschluß der Wahl der Aufsichtsratsmitglieder der Arbeitnehmer aus. Die Bekanntmachung ist in gut lesbarem Zustand zu erhalten. Der Betriebswahlvorstand vermerkt auf der Bekanntmachung den ersten und den letzten Tag des Aushangs.

§ 10

Änderungsverlangen

(1) Jeder Arbeitnehmer kann innerhalb von zwei Wochen seit Erlaß der Bekanntmachung nach § 9 Abs. 2 und 3 schriftlich vom Betriebswahlvorstand verlangen, daß seine Eintragung in der Wählerliste als Arbeiter, in § 3 Abs. 3 Nr. 1 des Gesetzes bezeichneter Angestellter oder leitender Angestellter geändert wird.

(2) Verlangt ein Arbeitnehmer nach Absatz 1 die Änderung seiner Eintragung in der Wählerliste, so ist er entsprechend seinem Verlangen einzutragen, wenn ein Mitglied des Betriebswahlvorstands dem Verlangen zustimmt. Eine Zustimmung nach Satz 1 kann nur innerhalb einer Woche nach Ablauf der in Absatz 1 bestimmten Frist erteilt werden; sie ist schriftlich gegenüber dem Betriebswahlvorstand zu erklären.

(3) Gegen die Änderung der Eintragung eines Arbeitnehmers in der Wählerliste nach Absatz 2 als Arbeiter, in § 3 Abs. 3 Nr. 1 des Gesetzes bezeichneter Angestellter oder leitender Angestellter kann das Arbeitsgericht von einem Mitglied des Betriebswahlvorstands, das dem Änderungsverlangen nicht zugestimmt hat, angerufen werden.

§ 11

Übersendung der Wählerliste

(1) Der Betriebswahlvorstand übersendet dem Unternehmenswahlvorstand unverzüglich nach Ablauf der in § 10 Abs. 1 bestimmten Frist einen Abdruck der Wählerliste und teilt ihm die Zahlen der in der Regel im Betrieb beschäftigten Arbeiter, in § 3 Abs. 3 Nr. 1 des Gesetzes bezeichneten Angestellten und leitenden Angestellten mit. Ist nach § 10

Abs. 1 die Änderung der Wählerliste verlangt worden, so erfolgt die Übersendung unverzüglich nach Ablauf der in § 10 Abs. 2 Satz 2 bestimmten Frist.

(2) Der Betriebswahlvorstand teilt Berichtigungen und Ergänzungen der Wählerliste dem Unternehmenswahlvorstand unverzüglich mit.

§ 12

Einsprüche gegen die Richtigkeit der Wählerliste

(1) Gegen die Richtigkeit der Wählerliste kann Einspruch eingelegt werden, soweit nicht nach § 10 Abs. 1 eine Änderung der Eintragung als Arbeiter, in § 3 Abs. 3 Nr. 1 des Gesetzes bezeichneter Angestellter oder leitender Angestellter in der Wählerliste verlangt werden kann. Einsprüche gegen die Richtigkeit der Wählerliste können nur innerhalb von zwei Wochen seit Erlaß der Bekanntmachung nach § 9 Abs. 2 und 3 schriftlich beim Betriebswahlvorstand eingelegt werden. Einsprüche gegen Berichtigungen und Ergänzungen der Wählerliste können nur innerhalb von zwei Wochen seit der Berichtigung oder der Ergänzung eingelegt werden.

(2) Über Einsprüche nach Absatz 1 ist unverzüglich zu entscheiden. Ist ein Einspruch begründet, so wird die Wählerliste berichtigt. Der Betriebswahlvorstand teilt die Entscheidung demjenigen, der den Einspruch eingelegt hat, unverzüglich schriftlich mit.

Zweiter Unterabschnitt
Abstimmung über die Art der Wahl

§ 13

Bekanntmachung

(1) In einem Unternehmen mit in der Regel insgesamt nicht mehr als 8 000 Arbeitnehmern erläßt der Unternehmenswahlvorstand unverzüglich nach Übersendung der Wählerlisten eine Bekanntmachung. Die Bekanntmachung muß folgende Angaben enthalten:

1. den für den Aushang bestimmten Zeitpunkt;
2. daß die Aufsichtsratsmitglieder der Arbeitnehmer in unmittelbarer Wahl gewählt werden, wenn nicht die wahlberechtigten Arbeitnehmer die Wahl durch Wahlmänner beschließen;
3. die Mindestzahl der wahlberechtigten Arbeitnehmer, von denen ein Antrag auf Abstimmung darüber, daß die Wahl der Aufsichtsratsmitglieder der Arbeitnehmer durch Wahlmänner erfolgen soll, unterzeichnet sein muß;
4. daß ein Antrag nur innerhalb von zwei Wochen seit dem für den Aushang bestimmten Zeitpunkt schriftlich beim Unternehmenswahlvorstand eingereicht werden kann; der letzte Tag der Frist ist anzugeben;
5. die Mindestzahl der wahlberechtigten Arbeitnehmer, deren Beteiligung an der Abstimmung erforderlich ist;
6. daß ein Beschluß über die Wahl der Aufsichtsratsmitglieder der Arbeitnehmer durch Wahlmänner nur mit der Mehrheit der abgegebenen Stimmen gefaßt werden kann;
7. die Anschrift des Unternehmenswahlvorstands.

Sind nach den Vorschriften dieser Verordnung Wahlmänner bereits gewählt, deren Amtszeit bei Beginn der Amtszeit der zu wählenden Aufsichtsratsmitglieder der Arbeitnehmer noch nicht beendet ist, so muß die Bekanntmachung die in Absatz 2 Satz 2 bezeichneten Angaben enthalten.

(2) In einem Unternehmen mit in der Regel insgesamt mehr als 8 000 Arbeitnehmern erläßt der Unternehmenswahlvorstand zu dem in Absatz 1 Satz 1 bestimmten Zeitpunkt eine Bekanntmachung. Sie muß folgende Angaben enthalten:

1. den für den Aushang bestimmten Zeitpunkt;
2. daß die Aufsichtsratsmitglieder der Arbeitnehmer durch Wahlmänner gewählt werden, wenn nicht die wahlberechtigten Arbeitnehmer die unmittelbare Wahl beschließen;
3. die Mindestzahl der wahlberechtigten Arbeitnehmer, von denen ein Antrag auf Abstimmung darüber, daß die Aufsichtsratsmitglieder der Arbeitnehmer in unmittelbarer Wahl gewählt werden sollen, unterzeichnet sein muß;
4. daß ein Antrag nur innerhalb von zwei Wochen seit dem für den Aushang bestimmten Zeitpunkt schriftlich beim Unternehmenswahlvorstand eingereicht werden kann; der letzte Tag der Frist ist anzugeben;
5. die Mindestzahl der wahlberechtigten Arbeitnehmer, deren Beteiligung an der Abstimmung erforderlich ist;
6. daß ein Beschluß über die unmittelbare Wahl der Aufsichtsratsmitglieder der Arbeitnehmer nur mit der Mehrheit der abgegebenen Stimmen gefaßt werden kann;
7. die Anschrift des Unternehmenswahlvorstands.

Die Sätze 1 und 2 sind auch anzuwenden, wenn nach den Vorschriften dieser Verordnung Wahlmänner bereits gewählt sind, deren Amtszeit bei Beginn der Amtszeit der zu wählenden Aufsichtsratsmitglieder der Arbeitnehmer noch nicht beendet ist.

(3) Der Unternehmenswahlvorstand übersendet die Bekanntmachung den Betriebswahlvorständen und teilt ihnen schriftlich den Zeitpunkt mit, von dem ab die Bekanntmachung in den Betrieben des Unternehmens auszuhängen ist. Der Betriebswahlvorstand hängt die Bekanntmachung an einer oder mehreren geeigneten, den Wahlberechtigten zugänglichen Stellen im Betrieb bis zum Aushang des Wahlausschreibens nach § 39 oder § 66 aus. Die Bekanntmachung ist in gut lesbarem Zustand zu erhalten. Der Betriebswahlvorstand vermerkt auf der Bekanntmachung den ersten und den letzten Tag des Aushangs.

(4) Der Unternehmenswahlvorstand übersendet die Bekanntmachung unverzüglich nach ihrem Erlaß dem Unternehmen und den im Unternehmen vertretenen Gewerkschaften.

2. Wahlordnung

§ 14

Antrag auf Abstimmung

(1) In einem Unternehmen mit in der Regel insgesamt nicht mehr als 8 000 Arbeitnehmern kann ein Antrag auf Abstimmung darüber, daß die Wahl der Aufsichtsratsmitglieder der Arbeitnehmer durch Wahlmänner erfolgen soll, gestellt werden. Wenn die in § 13 Abs. 1 Satz 3 bezeichneten Voraussetzungen vorliegen, ist Absatz 2 anzuwenden.

(2) In einem Unternehmen mit in der Regel insgesamt mehr als 8 000 Arbeitnehmern kann ein Antrag auf Abstimmung darüber, daß die Aufsichtsratsmitglieder der Arbeitnehmer in unmittelbarer Wahl gewählt werden sollen, gestellt werden; dies gilt auch, wenn die in § 13 Abs. 2 Satz 3 bezeichneten Voraussetzungen vorliegen.

(3) Ein Antrag auf Abstimmung ist innerhalb von zwei Wochen seit dem für den Aushang der Bekanntmachung nach § 13 bestimmten Zeitpunkt schriftlich beim Unternehmenswahlvorstand einzureichen. Der Unternehmenswahlvorstand prüft unverzüglich nach Eingang eines Antrags dessen Gültigkeit.

(4) Ein Antrag auf Abstimmung ist gültig, wenn er von mindestens einem Zwanzigstel der wahlberechtigten Arbeitnehmer unterzeichnet und fristgerecht eingereicht worden ist.

(5) Ist ein Antrag ungültig, so teilt der Unternehmenswahlvorstand dies dem Antragsvertreter oder, wenn ein solcher nicht benannt ist, dem an erster Stelle des Antrags Unterzeichneten schriftlich mit.

§ 15

Abstimmungsausschreiben

(1) Liegt ein gültiger Antrag nach § 14 vor, so erläßt der Unternehmenswahlvorstand unverzüglich ein Abstimmungsausschreiben. Die Abstimmung soll innerhalb von zwei Wochen seit dem für den Aushang des Abstimmungsausschreibens bestimmten Zeitpunkt stattfinden.

(2) Das Abstimmungsausschreiben muß folgende Angaben enthalten:

1. den für den Aushang bestimmten Zeitpunkt;
2. den Inhalt des Antrags;
3. daß an der Abstimmung nur Arbeitnehmer teilnehmen können, die in der Wählerliste eingetragen sind;
4. die Mindestzahl der wahlberechtigten Arbeitnehmer, deren Beteiligung an der Abstimmung erforderlich ist;
5. daß der Beschluß nur mit der Mehrheit der abgegebenen Stimmen gefaßt werden kann;
6. den Tag oder die Tage der Stimmabgabe.

(3) Der Unternehmenswahlvorstand übersendet das Abstimmungsausschreiben den Betriebswahlvorständen und teilt ihnen schriftlich den Zeitpunkt mit, von dem ab das Abstimmungsausschreiben in den Betrieben des Unternehmens auszuhängen ist. Jeder Betriebswahlvorstand ergänzt das Abstimmungsausschreiben um die folgenden Angaben:

1. Ort und Zeit der Stimmabgabe;
2. den Hinweis auf die Möglichkeit der schriftlichen Stimmabgabe sowie die Betriebsteile und Nebenbetriebe, für die schriftliche Stimmabgabe beschlossen ist;
3. den Ort, an dem Einsprüche und sonstige Erklärungen gegenüber dem Betriebswahlvorstand abzugeben sind (Anschrift des Betriebswahlvorstands).

(4) Der Betriebswahlvorstand hängt das Abstimmungsausschreiben an einer oder mehreren geeigneten, den Wahlberechtigten zugänglichen Stellen im Betrieb bis zum Abschluß der Stimmabgabe aus. Das Abstimmungsausschreiben ist in gut lesbarem Zustand zu erhalten. Der Betriebswahlvorstand vermerkt auf dem Abstimmungsausschreiben den ersten und den letzten Tag des Aushangs. § 13 Abs. 4 ist entsprechend anzuwenden.

§ 16

Stimmabgabe

(1) Die Stimmzettel für die Abstimmung dürfen nur den Antrag und die Frage an den Abstimmungsberechtigten enthalten, ob er für oder gegen den Antrag stimmt. Gibt der Abstimmende seine Stimme für den Antrag ab, so kreuzt er das vorgedruckte „Ja", andernfalls das vorgedruckte „Nein" an. Die Stimmzettel für die Abstimmung müssen sämtlich die gleiche Größe, Farbe, Beschaffenheit und Beschriftung haben; das gleiche gilt für die Wahlumschläge.

(2) Der Unternehmenswahlvorstand übersendet die Stimmzettel und die Wahlumschläge rechtzeitig den Betriebswahlvorständen.

(3) Stimmzettel, die mit einem besonderen Merkmal versehen sind oder aus denen sich der Wille des Abstimmenden nicht eindeutig ergibt oder die andere als die in in Absatz 1 bezeichneten Angaben, einen Zusatz oder sonstige Änderungen enthalten, sind ungültig.

§ 17

Abstimmungsvorgang

(1) Der Betriebswahlvorstand hat geeignete Vorkehrungen für die unbeobachtete Kennzeichnung der Stimmzettel im Wahlraum zu treffen und für die Bereitstellung einer Wahlurne oder mehrerer Wahlurnen zu sorgen. Die Wahlurne muß vom Betriebswahlvorstand verschlossen und so eingerichtet sein, daß die eingeworfenen Wahlumschläge nicht herausgenommen werden können, ohne daß die Urne geöffnet wird.

(2) Während der Abstimmung müssen mindestens zwei Mitglieder des Betriebswahlvorstands im Wahlraum anwesend sein; sind Wahlhelfer bestellt, so genügt die Anwesenheit eines Mitglieds des Betriebswahlvorstands und eines Wahlhelfers.

(3) Der Abstimmende händigt den Wahlumschlag, in den der Stimmzettel eingelegt ist, dem mit der

Entgegennahme der Wahlumschläge betrauten Mitglied des Betriebswahlvorstands aus, wobei er seinen Namen angibt. Der Wahlumschlag ist in Gegenwart des Abstimmenden in die Wahlurne einzuwerfen, nachdem die Stimmabgabe in der Wählerliste vermerkt worden ist.

(4) Wird die Stimmabgabe unterbrochen oder erfolgt die Stimmauszählung nicht unmittelbar nach Abschluß der Stimmabgabe, so hat der Betriebswahlvorstand für die Zwischenzeit die Wahlurne so zu verschließen und aufzubewahren, daß der Einwurf oder die Entnahme von Stimmzetteln ohne Beschädigung des Verschlusses unmöglich ist. Bei Wiedereröffnung der Abstimmung oder bei Entnahme der Stimmzettel zur Stimmauszählung hat sich der Betriebswahlvorstand davon zu überzeugen, daß der Verschluß unversehrt ist.

§ 18

Voraussetzungen der schriftlichen Stimmabgabe

(1) Einem Abstimmungsberechtigten, der im Zeitpunkt der Abstimmung wegen Abwesenheit vom Betrieb verhindert ist, seine Stimme persönlich abzugeben, hat der Betriebswahlvorstand auf sein Verlangen

1. das Abstimmungsausschreiben,
2. den Stimmzettel und den Wahlumschlag,
3. eine vorgedruckte, vom Abstimmenden abzugebende Erklärung, in der dieser gegenüber dem Betriebswahlvorstand versichert, daß er den Stimmzettel persönlich gekennzeichnet hat, sowie
4. einen größeren Freiumschlag, der die Anschrift des Betriebswahlvorstands und als Absender den Namen und die Anschrift des Abstimmungsberechtigten sowie den Vermerk „Schriftliche Stimmabgabe" trägt,

auszuhändigen oder zu übersenden. Der Betriebswahlvorstand soll dem Abstimmungsberechtigten ferner ein Merkblatt über die Art und Weise der schriftlichen Stimmabgabe (§ 19 Abs. 1) aushändigen oder übersenden. Der Betriebswahlvorstand vermerkt die Aushändigung oder die Übersendung der Unterlagen in der Wählerliste.

(2) Abstimmungsberechtigte, von denen dem Betriebswahlvorstand bekannt ist, daß sie im Zeitpunkt der Abstimmung nach der Eigenart ihres Beschäftigungsverhältnisses voraussichtlich nicht im Betrieb anwesend sein werden (insbesondere in Heimarbeit Beschäftigte und Außenarbeiter), erhalten die in Absatz 1 bezeichneten Unterlagen, ohne daß es eines Verlangens des Abstimmungsberechtigten bedarf.

(3) Für Betriebsteile und Nebenbetriebe, die räumlich weit vom Hauptbetrieb entfernt sind, kann der Betriebswahlvorstand die schriftliche Stimmabgabe beschließen. Absatz 2 ist entsprechend anzuwenden.

(4) Der Unternehmenswahlvorstand übersendet den Betriebswahlvorständen auf Anforderung die in Absatz 1 bezeichneten Unterlagen für die schriftliche Stimmabgabe.

§ 19

Verfahren bei der schriftlichen Stimmabgabe

(1) Der Abstimmende gibt seine Stimme in der Weise ab, daß er

1. den Stimmzettel unbeobachtet persönlich kennzeichnet und in dem zugehörigen Wahlumschlag verschließt,
2. die vorgedruckte Erklärung unter Angabe des Orts und des Datums unterschreibt und
3. den Wahlumschlag und die unterschriebene vorgedruckte Erklärung in dem Freiumschlag verschließt und diesen Wahlbrief so rechtzeitig an den Betriebswahlvorstand absendet oder übergibt, daß er vor Abschluß der Stimmabgabe vorliegt.

(2) Unmittelbar vor Abschluß der Stimmabgabe öffnet der Betriebswahlvorstand in öffentlicher Sitzung die bis zu diesem Zeitpunkt eingegangenen Wahlbriefe und entnimmt ihnen die Wahlumschläge sowie die vorgedruckten Erklärungen. Ist die schriftliche Stimmabgabe ordnungsgemäß erfolgt, so vermerkt der Betriebswahlvorstand die Stimmabgabe in der Wählerliste und legt die Wahlumschläge ungeöffnet in die Wahlurne.

(3) Verspätet eingehende Wahlbriefe nimmt der Betriebswahlvorstand mit einem Vermerk über den Zeitpunkt des Eingangs ungeöffnet zu den Wahlunterlagen. Die Wahlbriefe sind einen Monat nach Bekanntgabe des Ergebnisses der Wahl der Aufsichtsratsmitglieder der Arbeitnehmer ungeöffnet zu vernichten, wenn die Wahl nicht angefochten worden ist.

§ 20

Öffentliche Stimmauszählung

(1) Unverzüglich nach Abschluß der Stimmabgabe zählt der Betriebswahlvorstand öffentlich die Stimmen aus.

(2) Nach Öffnung der Wahlurne entnimmt der Betriebswahlvorstand die Stimmzettel den Wahlumschlägen und stellt fest, wieviel Stimmen für und wieviel Stimmen gegen den Antrag abgegeben worden sind.

(3) Bei der Auszählung ist die Gültigkeit der Stimmzettel zu prüfen. Befinden sich in einem Wahlumschlag mehrere gekennzeichnete Stimmzettel, so werden sie, wenn sie vollständig übereinstimmen, nur einfach gezählt, andernfalls sind sie ungültig.

§ 21

Abstimmungsniederschrift des Betriebswahlvorstands

(1) Nach der Stimmauszählung stellt der Betriebswahlvorstand in einer Niederschrift fest:

1. die Zahl der abgegebenen Wahlumschläge;
2. die Zahl der gültigen Stimmen;
3. die Zahl der ungültigen Stimmen;
4. die Zahl der für den Antrag abgegebenen Stimmen;

5. die Zahl der gegen den Antrag abgegebenen Stimmen;
6. besondere während der Abstimmung eingetretene Zwischenfälle oder sonstige Ereignisse.

(2) Der Betriebswahlvorstand übermittelt unverzüglich dem Unternehmenswahlvorstand eingeschrieben, fernschriftlich oder durch Boten die Abstimmungsniederschrift.

§ 22

Feststellung des Abstimmungsergebnisses, Abstimmungsniederschrift des Unternehmenswahlvorstands

Der Unternehmenswahlvorstand ermittelt an Hand der Abstimmungsniederschriften der Betriebswahlvorstände das Abstimmungsergebnis und stellt in einer Niederschrift fest:

1. die Zahl der abgegebenen Wahlumschläge;
2. die Zahl der gültigen Stimmen;
3. die Zahl der ungültigen Stimmen;
4. die Zahl der für den Antrag abgegebenen Stimmen;
5. die Zahl der gegen den Antrag abgegebenen Stimmen;
6. das Abstimmungsergebnis;
7. besondere während der Abstimmung eingetretene Zwischenfälle oder sonstige Ereignisse.

§ 23

Bekanntmachung des Abstimmungsergebnisses

Der Unternehmenswahlvorstand übermittelt das Abstimmungsergebnis den Betriebswahlvorständen. Jeder Betriebswahlvorstand gibt das Abstimmungsergebnis durch zweiwöchigen Aushang in gleicher Weise wie das Abstimmungsausschreiben bekannt.

Dritter Unterabschnitt
Verteilung der Sitze, Wahlvorschläge

Erster Titel

§ 24

Verteilung der Sitze der unternehmensangehörigen Aufsichtsratsmitglieder der Arbeitnehmer

(1) Der Unternehmenswahlvorstand stellt die Verteilung der Sitze der unternehmensangehörigen Aufsichtsratsmitglieder der Arbeitnehmer auf die Arbeiter, die in § 3 Abs. 3 Nr. 1 des Gesetzes bezeichneten Angestellten und die leitenden Angestellten fest.

(2) Die Errechnung der auf die Arbeiter und die Angestellten entfallenden Aufsichtsratsmitglieder (§ 15 Abs. 2 Satz 1 des Gesetzes) erfolgt nach den Grundsätzen der Verhältniswahl. Hierzu werden die Zahlen der Arbeiter und der Angestellten des Unternehmens in einer Reihe nebeneinandergestellt und beide durch 1, 2, 3, 4 usw. geteilt. Die ermittelten Teilzahlen sind nacheinander reihenweise unter den Zahlen der ersten Reihe aufzuführen, bis höhere Teilzahlen, als aus früheren Reihen für die Zuweisung von Sitzen in Betracht kommen, nicht mehr entstehen. Unter den so gefundenen Teilzahlen werden so viele Höchstzahlen ausgesondert und der Größe nach geordnet, wie unternehmensangehörige Aufsichtsratsmitglieder der Arbeitnehmer zu wählen sind. Die Arbeiter und die Angestellten erhalten jeweils so viele Aufsichtsratssitze zugeteilt, wie Höchstzahlen auf sie entfallen. Wenn die niedrigste in Betracht kommende Höchstzahl auf beide Gruppen zugleich entfällt, entscheidet das Los darüber, welcher Gruppe der Sitz zufällt.

(3) Würde nach Absatz 2 auf die Arbeiter nicht mindestens ein Sitz entfallen, so erhalten sie einen Sitz; die Zahl der Sitze der Angestellten vermindert sich entsprechend. Würden nach Absatz 2 auf die Angestellten nicht mindestens zwei Sitze entfallen, so erhalten sie zwei Sitze; die Zahl der Sitze der Arbeiter vermindert sich entsprechend.

(4) Die Errechnung der auf die in § 3 Abs. 3 Nr. 1 des Gesetzes bezeichneten Angestellten und der auf die leitenden Angestellten entfallenden Aufsichtsratsmitglieder der Angestellten erfolgt nach den Grundsätzen der Verhältniswahl. Absatz 2 Satz 2 bis 6 ist sinngemäß anzuwenden. Würde nach den Sätzen 1 und 2 auf die in § 3 Abs. 3 Nr. 1 des Gesetzes bezeichneten Angestellten nicht mindestens ein Sitz entfallen, so erhalten sie einen Sitz; die Zahl der Sitze der leitenden Angestellten vermindert sich entsprechend. Würde nach den Sätzen 1 und 2 auf die leitenden Angestellten nicht mindestens ein Sitz entfallen, so erhalten sie einen Sitz; die Zahl der Sitze der in § 3 Abs. 3 Nr. 1 des Gesetzes bezeichneten Angestellten vermindert sich entsprechend.

Zweiter Titel
Wahlvorschläge

§ 25

Bekanntmachung über die Einreichung von Wahlvorschlägen

(1) Der Unternehmenswahlvorstand erläßt gleichzeitig mit der Bekanntmachung nach § 13 eine Bekanntmachung über die Einreichung von Wahlvorschlägen für die Wahl der Aufsichtsratsmitglieder der Arbeitnehmer. Die Bekanntmachung muß folgende Angaben enthalten:

1. den für den Aushang bestimmten Zeitpunkt;
2. die Zahl der zu wählenden Aufsichtsratsmitglieder der Arbeitnehmer, getrennt nach Aufsichtsratsmitgliedern der Arbeiter, Aufsichtsratsmitgliedern der Angestellten, die auf die in § 3 Abs. 3 Nr. 1 des Gesetzes bezeichneten Angestellten entfallen, Aufsichtsratsmitgliedern der Angestellten, die auf die leitenden Angestellten entfallen, und Aufsichtsratsmitgliedern, die Vertreter von Gewerkschaften sind;
3. daß Wahlvorschläge für die Wahl der Aufsichtsratsmitglieder der Arbeitnehmer beim Unterneh-

menswahlvorstand innerhalb von acht Wochen seit dem für den Aushang bestimmten Zeitpunkt schriftlich eingereicht werden können; der letzte Tag der Frist ist anzugeben;

4. die Mindestzahl der wahlberechtigten Arbeiter, von denen ein Wahlvorschlag für Aufsichtsratsmitglieder der Arbeiter unterzeichnet sein muß;

5. die Mindestzahl der wahlberechtigten in § 3 Abs. 3 Nr. 1 des Gesetzes bezeichneten Angestellten, von denen ein Wahlvorschlag für Aufsichtsratsmitglieder der Angestellten, die auf diese Angestellten entfallen, unterzeichnet sein muß;

6. daß der Wahlvorschlag der leitenden Angestellten auf Grund von Abstimmungsvorschlägen durch Beschluß der wahlberechtigten leitenden Angestellten in geheimer Abstimmung aufgestellt wird, und daß hierüber eine gesonderte Bekanntmachung erlassen wird;

7. daß ein Wahlvorschlag für Aufsichtsratsmitglieder, die Vertreter von Gewerkschaften sind, nur von einer im Unternehmen vertretenen Gewerkschaft eingereicht werden kann;

8. daß, soweit für die
   a) Aufsichtsratsmitglieder der Arbeiter,
   b) Aufsichtsratsmitglieder der Angestellten, die auf die in § 3 Abs. 3 Nr. 1 des Gesetzes bezeichneten Angestellten entfallen,
   c) Aufsichtsratsmitglieder der Angestellten, die auf die leitenden Angestellten entfallen,

   nur ein Wahlvorschlag gemacht wird, dieser doppelt so viele Bewerber enthalten muß, wie Aufsichtsratsmitglieder auf die Arbeiter, die in § 3 Abs. 3 Nr. 1 des Gesetzes bezeichneten Angestellten oder die leitenden Angestellten entfallen;

9. daß, soweit für die Aufsichtsratsmitglieder, die Vertreter von Gewerkschaften sind, nur ein Wahlvorschlag gemacht wird, dieser mindestens doppelt so viele Bewerber enthalten muß, wie Vertreter von Gewerkschaften zu wählen sind;

10. daß in jedem Wahlvorschlag zusammen mit jedem Bewerber für diesen ein Ersatzmitglied des Aufsichtsrats vorgeschlagen werden kann und daß für einen Bewerber, der Arbeiter ist, nur ein Arbeiter, für einen in § 3 Abs. 3 Nr. 1 des Gesetzes bezeichneten Angestellten nur ein in § 3 Abs. 3 Nr. 1 des Gesetzes bezeichneter Angestellter und für einen leitenden Angestellten nur ein leitender Angestellter als Ersatzmitglied vorgeschlagen werden kann;

11. daß bei Wahl eines Aufsichtsratsmitglieds auch das zusammen mit ihm vorgeschlagene Ersatzmitglied gewählt ist;

12. die Anschrift des Unternehmenswahlvorstands.

(2) Der Unternehmenswahlvorstand übersendet die Bekanntmachung den Betriebswahlvorständen und teilt ihnen schriftlich den Zeitpunkt mit, von dem ab die Bekanntmachung in den Betrieben des Unternehmens auszuhängen ist. Jeder Betriebswahlvorstand ergänzt die Bekanntmachung um die folgenden Angaben:

1. den Ort, an dem die Wählerliste, das Gesetz und diese Verordnung ausliegen;
2. den Ort, an dem die Wahlvorschläge ausgehängt werden;
3. den Ort, an dem Einsprüche und sonstige Erklärungen gegenüber dem Betriebswahlvorstand abzugeben sind (Anschrift des Betriebswahlvorstands).

(3) Der Betriebswahlvorstand hängt die Bekanntmachung an einer oder mehreren geeigneten, den Wahlberechtigten zugänglichen Stellen im Betrieb bis zum Abschluß der Wahl der Aufsichtsratsmitglieder aus. Die Bekanntmachung ist in gut lesbarem Zustand zu erhalten. Der Betriebswahlvorstand vermerkt auf der Bekanntmachung den ersten und den letzten Tag des Aushangs.

(4) Der Unternehmenswahlvorstand übersendet die Bekanntmachung unverzüglich nach ihrem Erlaß dem Unternehmen und den im Unternehmen vertretenen Gewerkschaften.

§ 26
Wahlvorschläge der Arbeiter und der in § 3 Abs. 3 Nr. 1 des Gesetzes bezeichneten Angestellten

(1) Zur Wahl der Aufsichtsratsmitglieder der Arbeiter können die wahlberechtigten Arbeiter Wahlvorschläge machen. Jeder Wahlvorschlag muß von einem Fünftel oder 100 der wahlberechtigten Arbeiter unterzeichnet sein.

(2) Zur Wahl der Aufsichtsratsmitglieder der Angestellten, die auf die in § 3 Abs. 3 Nr. 1 des Gesetzes bezeichneten Angestellten entfallen, können die wahlberechtigten in § 3 Abs. 3 Nr. 1 des Gesetzes bezeichneten Angestellten Wahlvorschläge machen. Jeder Wahlvorschlag muß von einem Fünftel oder 100 der wahlberechtigten in § 3 Abs. 3 Nr. 1 des Gesetzes bezeichneten Angestellten unterzeichnet sein.

(3) Die Wahlvorschläge sind innerhalb von acht Wochen seit dem für den Aushang der Bekanntmachung über die Einreichung von Wahlvorschlägen bestimmten Zeitpunkt beim Unternehmenswahlvorstand schriftlich einzureichen.

(4) Wird für einen Wahlgang nur ein Wahlvorschlag eingereicht, so muß der Wahlvorschlag doppelt so viele Bewerber enthalten, wie Aufsichtsratsmitglieder in dem Wahlgang zu wählen sind.

(5) Wahlgang im Sinne dieses Abschnitts ist

1. die Wahl der Aufsichtsratsmitglieder der Arbeiter,
2. die Wahl der Aufsichtsratsmitglieder der Angestellten, die auf die in § 3 Abs. 3 Nr. 1 des Gesetzes bezeichneten Angestellten entfallen,
3. die Wahl der Aufsichtsratsmitglieder der Angestellten, die auf die leitenden Angestellten entfallen,

4. die Wahl der Aufsichtsratsmitglieder, die Vertreter von Gewerkschaften sind.

(6) In jedem Wahlvorschlag sind die Bewerber in erkennbarer Reihenfolge unter fortlaufender Nummer und unter Angabe von Familienname, Vorname, Geburtsdatum, Art der Beschäftigung und Betrieb aufzuführen. Die schriftliche Zustimmung der Bewerber zur Aufnahme in den Wahlvorschlag und ihre schriftliche Versicherung, daß sie im Fall ihrer Wahl die Wahl annehmen werden, sind beizufügen.

(7) Für jeden Wahlvorschlag soll einer der Unterzeichner als Vorschlagsvertreter bezeichnet werden. Dieser ist berechtigt und verpflichtet, dem Unternehmenswahlvorstand die zur Beseitigung von Beanstandungen erforderlichen Erklärungen abzugeben sowie Erklärungen und Entscheidungen des Unternehmenswahlvorstands entgegenzunehmen. Ist kein Unterzeichner des Wahlvorschlags ausdrücklich als Vorschlagsvertreter bezeichnet, so wird der an erster Stelle Unterzeichnete als Vorschlagsvertreter angesehen.

(8) Die Unterschrift eines Wahlberechtigten zählt nur auf einem Wahlvorschlag. Hat ein Wahlberechtigter mehrere Wahlvorschläge unterzeichnet, so hat er auf Aufforderung des Unternehmenswahlvorstands innerhalb einer angemessenen Frist, spätestens jedoch innerhalb einer Woche zu erklären, welche Unterschrift er aufrechterhält. Unterbleibt die fristgerechte Erklärung, so wird sein Name auf dem zuerst eingereichten Wahlvorschlag gezählt und auf den übrigen Wahlvorschlägen gestrichen; sind mehrere Wahlvorschläge, die von demselben Wahlberechtigten unterzeichnet sind, gleichzeitig eingereicht worden, so entscheidet das Los darüber, auf welchem Wahlvorschlag die Unterschrift gilt.

(9) Ein Bewerber kann nur auf einem Wahlvorschlag vorgeschlagen werden. Ist sein Name mit seiner schriftlichen Zustimmung (Absatz 6 Satz 2) auf mehreren Wahlvorschlägen aufgeführt, so hat er auf Aufforderung des Unternehmenswahlvorstands innerhalb einer Woche zu erklären, welche Bewerbung er aufrechterhält. Unterbleibt die fristgerechte Erklärung, so ist der Bewerber auf sämtlichen Wahlvorschlägen zu streichen.

§ 27

Wahlvorschläge der Gewerkschaften

(1) Zur Wahl von Aufsichtsratsmitgliedern, die Vertreter von Gewerkschaften sind, können die in dem Unternehmen vertretenen Gewerkschaften Wahlvorschläge machen.

(2) Jeder Wahlvorschlag einer Gewerkschaft muß von einem hierzu bevollmächtigten Beauftragten dieser Gewerkschaft unterzeichnet sein. § 26 Abs. 3, 5, 6 und 9 ist entsprechend anzuwenden. Wird nur ein Wahlvorschlag eingereicht, so muß dieser mindestens doppelt so viele Bewerber enthalten, wie Vertreter von Gewerkschaften zu wählen sind.

(3) § 26 Abs. 7 ist entsprechend anzuwenden. Der in Absatz 2 Satz 1 bezeichnete Beauftragte gilt als Vorschlagsvertreter. Die Gewerkschaft kann einen anderen als den in Absatz 2 Satz 1 bezeichneten Beauftragten als Vorschlagsvertreter benennen.

§ 28

Wahlvorschläge für Ersatzmitglieder

(1) In jedem Wahlvorschlag kann zusammen mit jedem Bewerber für diesen ein Ersatzmitglied des Aufsichtsrats vorgeschlagen werden. Für einen Bewerber, der Arbeiter ist, kann nur ein Arbeiter, für einen in § 3 Abs. 3 Nr. 1 des Gesetzes bezeichneten Angestellten nur ein in § 3 Abs. 3 Nr. 1 des Gesetzes bezeichneter Angestellter und für einen leitenden Angestellten nur ein leitender Angestellter als Ersatzmitglied vorgeschlagen werden. Für jeden Bewerber kann nur ein Ersatzmitglied vorgeschlagen werden. Ein Bewerber kann nicht sowohl als Mitglied als auch als Ersatzmitglied des Aufsichtsrats vorgeschlagen werden. § 26 Abs. 9 ist entsprechend anzuwenden.

(2) Jedes vorgeschlagene Ersatzmitglied ist in dem Wahlvorschlag unter Angabe von Familienname, Vorname, Geburtsdatum, Art der Beschäftigung und Betrieb neben dem Bewerber aufzuführen, für den es als Ersatzmitglied des Aufsichtsrats vorgeschlagen wird. In dem Wahlvorschlag ist kenntlich zu machen, wer als Mitglied und wer als Ersatzmitglied des Aufsichtsrats vorgeschlagen wird. § 26 Abs. 6 Satz 2 ist entsprechend anzuwenden.

Dritter Titel

Zusätzliche Vorschriften für den Wahlvorschlag der leitenden Angestellten

§ 29

Bekanntmachung über die Abstimmung für den Wahlvorschlag der leitenden Angestellten

(1) Der Unternehmenswahlvorstand erläßt gleichzeitig mit der Bekanntmachung nach § 13 eine Bekanntmachung über die Abstimmung für den Wahlvorschlag der leitenden Angestellten. Die Bekanntmachung muß folgende Angaben enthalten:

1. den für den Aushang bestimmten Zeitpunkt;
2. die Zahl der Bewerber, die der Wahlvorschlag der leitenden Angestellten enthalten muß;
3. daß der Wahlvorschlag der leitenden Angestellten auf Grund von Abstimmungsvorschlägen durch Beschluß der wahlberechtigten leitenden Angestellten in geheimer Abstimmung aufgestellt wird;
4. daß in jedem Abstimmungsvorschlag zusammen mit jedem Bewerber für diesen ein Ersatzmitglied des Aufsichtsrats vorgeschlagen werden kann;
5. die Mindestzahl der wahlberechtigten leitenden Angestellten, von denen ein Abstimmungsvorschlag für die Abstimmung der leitenden Angestellten unterzeichnet sein muß;

6. die Zahl der Bewerber, die jeder leitende Angestellte in der Abstimmung ankreuzen kann;
7. daß die leitenden Angestellten als Bewerber in den Wahlvorschlag der leitenden Angestellten aufgenommen werden, auf die mehr Stimmen entfallen, als der Hälfte der abgegebenen Stimmen, geteilt durch die Zahl der Bewerber, die der Wahlvorschlag enthalten muß, entspricht;
8. daß, wenn in der ersten Abstimmung nicht die erforderliche Zahl von Bewerbern die in Nummer 7 bezeichnete Mehrheit erreicht, zur Wahl der noch fehlenden Bewerber eine zweite Abstimmung stattfindet, und daß für die zweite Abstimmung eine gesonderte Bekanntmachung erfolgt;
9. daß die in den Abstimmungsvorschlägen zusammen mit den Gewählten aufgeführten Ersatzmitglieder in den Wahlvorschlag der leitenden Angestellten als Ersatzmitglieder des Aufsichtsrats aufgenommen werden;
10. den Zeitpunkt, bis zu dem Abstimmungsvorschläge für die Abstimmung der leitenden Angestellten beim Unternehmenswahlvorstand eingereicht werden können;
11. den Ort, an dem Abstimmungsvorschläge einzureichen sind (Anschrift des Unternehmenswahlvorstands);
12. daß die leitenden Angestellten in Briefwahl abstimmen;
13. den Zeitpunkt, bis zu dem die Wahlbriefe beim Unternehmenswahlvorstand eingehen müssen.

(2) Der Unternehmenswahlvorstand übersendet die Bekanntmachung den Betriebswahlvorständen und teilt ihnen schriftlich den Zeitpunkt mit, von dem ab die Bekanntmachung in den Betrieben des Unternehmens auszuhängen ist. Jeder Betriebswahlvorstand ergänzt die Bekanntmachung um die Angabe des Orts, an dem die Abstimmungsvorschläge ausgehängt werden.

(3) § 25 Abs. 3 und 4 ist entsprechend anzuwenden.

§ 30

Abstimmungsvorschläge der leitenden Angestellten

(1) Für den Beschluß über den Wahlvorschlag der leitenden Angestellten können die wahlberechtigten leitenden Angestellten Abstimmungsvorschläge machen. Jeder Abstimmungsvorschlag muß von einem Zwanzigstel oder 50 der wahlberechtigten leitenden Angestellten unterzeichnet sein. Abstimmungsvorschläge sind innerhalb einer vom Unternehmenswahlvorstand zu bestimmenden Frist beim Unternehmenswahlvorstand schriftlich einzureichen. Die Frist soll zwei Wochen betragen; sie beginnt mit dem für den Aushang der Bekanntmachung nach § 29 bestimmten Zeitpunkt.

(2) In jedem Abstimmungsvorschlag kann zusammen mit jedem Bewerber für diesen ein leitender Angestellter als Ersatzmitglied des Aufsichtsrats vorgeschlagen werden. § 28 Abs. 1 Satz 3 bis 5 ist entsprechend anzuwenden.

(3) In jedem Abstimmungsvorschlag sind die Bewerber in erkennbarer Reihenfolge unter fortlaufender Nummer und unter Angabe von Familienname, Vorname, Geburtsdatum, Art der Beschäftigung und Betrieb aufzuführen. Die schriftliche Zustimmung der Bewerber zur Aufnahme in den Abstimmungsvorschlag sowie die schriftliche Versicherung, daß sie im Fall ihrer Wahl die Wahl annehmen werden, sind beizufügen. Ein Ersatzmitglied ist in dem Abstimmungsvorschlag neben dem Bewerber aufzuführen, für den es als Ersatzmitglied vorgeschlagen wird. In dem Abstimmungsvorschlag ist kenntlich zu machen, wer als Bewerber und wer als Ersatzmitglied vorgeschlagen wird; auf Ersatzmitglieder sind die Sätze 1 und 2 entsprechend anzuwenden.

(4) Der Unternehmenswahlvorstand prüft die Abstimmungsvorschläge. Er übersendet die gültigen Abstimmungsvorschläge unverzüglich den Betriebswahlvorständen. Jeder Betriebswahlvorstand macht sie bis zu dem Tag bekannt, von dem ab das Abstimmungsergebnis nach § 31 Abs. 9 Satz 2 in dem Betrieb bekanntgemacht wird; § 25 Abs. 3 ist entsprechend anzuwenden.

(5) Ist nach Ablauf der in Absatz 1 bezeichneten Frist kein gültiger Abstimmungsvorschlag eingereicht, so teilt dies der Unternehmenswahlvorstand unverzüglich den Betriebswahlvorständen mit. Jeder Betriebswahlvorstand macht diese Mitteilung in gleicher Weise bekannt wie Abstimmungsvorschläge und fordert unter Hinweis auf den bevorstehenden Ablauf der zur Einreichung von Wahlvorschlägen bestimmten Frist erneut dazu auf, Abstimmungsvorschläge einzureichen.

§ 31

Abstimmung der leitenden Angestellten

(1) Der Unternehmenswahlvorstand setzt den Tag der Abstimmung der leitenden Angestellten so fest, daß der Wahlvorschlag der leitenden Angestellten auch dann, wenn eine zweite Abstimmung erforderlich wird, spätestens zehn Wochen seit dem für den Aushang der Bekanntmachung nach § 25 bestimmten Zeitpunkt vorliegt.

(2) Jeder Abstimmungsberechtigte kann so viele Bewerber ankreuzen, wie der Wahlvorschlag der leitenden Angestellten Bewerber enthalten muß. Eine gesonderte Stimmabgabe für ein Ersatzmitglied des Aufsichtsrats ist nicht zulässig.

(3) Der Unternehmenswahlvorstand hat die Bewerber auf den Stimmzetteln unter Angabe von Familienname, Vorname, Art der Beschäftigung und Betrieb untereinander in alphabetischer Reihenfolge aufzuführen. Ist zusammen mit einem Bewerber für diesen ein Ersatzmitglied vorgeschlagen worden, so ist das Ersatzmitglied auf den Stimmzetteln neben dem Bewerber aufzuführen; Satz 1 ist entsprechend anzuwenden. Die Stimmzettel sollen die Angabe enthalten, wieviel Bewerber jeder Abstimmungsberechtigte ankreuzen kann. Die Stimmzettel müssen sämtlich die gleiche Größe, Farbe, Beschaffenheit und Beschriftung haben; das gleiche gilt für die Wahlumschläge.

(4) Der Abstimmende kennzeichnet die von ihm gewählten Bewerber durch Ankreuzen an den im Stimmzettel hierfür vorgesehenen Stellen. Ungültig sind Stimmzettel,

1. in denen mehr Bewerber angekreuzt sind, als der Abstimmende Stimmen hat,
2. aus denen sich der Wille des Abstimmenden nicht eindeutig ergibt,
3. die mit einem besonderen Merkmal versehen sind,
4. die andere als die in Absatz 3 bezeichneten Angaben, einen Zusatz oder sonstige Änderungen enthalten.

(5) Die Abstimmung der leitenden Angestellten wird vom Unternehmenswahlvorstand durchgeführt. Über die Abstimmungsvorschläge stimmen die leitenden Angestellten in Briefwahl ab. Auf die schriftliche Stimmabgabe sind die §§ 17 bis 19 entsprechend anzuwenden.

(6) Unmittelbar nach dem Zeitpunkt, bis zu dem die Wahlbriefe beim Unternehmenswahlvorstand eingehen müssen, zählt der Unternehmenswahlvorstand öffentlich die Stimmen aus. Nach Öffnung der Wahlurne entnimmt er die Stimmzettel den Wahlumschlägen und zählt die auf jeden Bewerber entfallenden Stimmen zusammen. Dabei ist die Gültigkeit der Stimmzettel zu prüfen. Befinden sich in einem Wahlumschlag mehrere gekennzeichnete Stimmzettel, so werden sie, wenn sie vollständig übereinstimmen, nur einfach gezählt, andernfalls sind sie ungültig. Ist auf einem Stimmzettel ein Bewerber mehrfach angekreuzt, so zählt dies als eine Stimme.

(7) Als Bewerber sind die leitenden Angestellten in den Wahlvorschlag aufgenommen, auf die mehr Stimmen entfallen, als der Hälfte der abgegebenen Stimmen, geteilt durch die Zahl der Bewerber, die der Wahlvorschlag nach § 15 Abs. 5 Satz 3 des Gesetzes enthalten muß, entspricht. Wird diese Stimmenzahl von mehr leitenden Angestellten erreicht, als der Wahlvorschlag Bewerber enthalten muß, so sind nach der Reihenfolge der auf sie entfallenden Stimmenzahlen nur so viele leitende Angestellte als Bewerber in den Wahlvorschlag aufgenommen, wie dieser Bewerber enthalten muß. Wird die in Satz 1 bezeichnete Stimmenzahl von weniger leitenden Angestellten erreicht, als der Wahlvorschlag Bewerber enthalten muß, so werden die noch fehlenden Bewerber in einer zweiten Abstimmung ermittelt.

(8) Ist ein leitender Angestellter als Bewerber in den Wahlvorschlag der leitenden Angestellten aufgenommen, so ist das in dem Abstimmungsvorschlag neben diesem Bewerber aufgeführte Ersatzmitglied als dessen Ersatzmitglied in den Wahlvorschlag der leitenden Angestellten aufgenommen.

(9) Der Unternehmenswahlvorstand übermittelt das Abstimmungsergebnis und die Namen der in den Wahlvorschlag Aufgenommenen den Betriebswahlvorständen. Jeder Betriebswahlvorstand gibt das Abstimmungsergebnis und die Namen der in den Wahlvorschlag Aufgenommenen durch zweiwöchigen Aushang im Betrieb bekannt; § 25 Abs. 3 ist entsprechend anzuwenden.

§ 32

Abstimmungsniederschrift

Nach Abschluß der Abstimmung stellt der Unternehmenswahlvorstand in einer Niederschrift fest:

1. die Zahl der abgegebenen Wahlumschläge;
2. die Zahl der gültigen Stimmen;
3. die Zahl der ungültigen Stimmen;
4. die Zahlen der auf die einzelnen Bewerber entfallenden Stimmen;
5. die Namen der in den Wahlvorschlag aufgenommenen Bewerber und Ersatzmitglieder;
6. besondere während der Abstimmung eingetretene Zwischenfälle oder sonstige Ereignisse.

§ 33

Zweite Abstimmung der leitenden Angestellten

(1) Ist durch die Abstimmung der leitenden Angestellten nicht die erforderliche Zahl von Bewerbern in den Wahlvorschlag aufgenommen worden, so ist unverzüglich eine zweite Abstimmung einzuleiten.

(2) Der Unternehmenswahlvorstand erläßt für die zweite Abstimmung eine Bekanntmachung. Sie muß folgende Angaben enthalten:

1. den für den Aushang bestimmten Zeitpunkt;
2. die Zahl der für den Wahlvorschlag der leitenden Angestellten noch fehlenden Bewerber;
3. daß für die zweite Abstimmung neue Abstimmungsvorschläge beim Unternehmenswahlvorstand eingereicht werden können; der letzte Tag der Einreichungsfrist ist anzugeben;
4. die Zahl der Bewerber, die jeder leitende Angestellte in der zweiten Abstimmung ankreuzen kann;
5. daß nach der zweiten Abstimmung so viele Bewerber, wie nach der ersten Abstimmung an der erforderlichen Zahl von Bewerbern fehlen, nach der Reihenfolge der auf sie entfallenden Stimmenzahlen in den Wahlvorschlag aufgenommen werden;
6. den Zeitpunkt, bis zu dem die Wahlbriefe beim Unternehmenswahlvorstand eingehen müssen.

§ 25 Abs. 3 und 4 und § 29 Abs. 2 sind entsprechend anzuwenden.

(3) Für die zweite Abstimmung können innerhalb einer vom Unternehmenswahlvorstand zu bestimmenden Frist neue Abstimmungsvorschläge eingereicht werden. Die Frist soll eine Woche betragen; sie beginnt mit dem für den Aushang der Bekanntmachung bestimmten Zeitpunkt.

(4) Jeder Abstimmungsberechtigte kann so viele Bewerber ankreuzen, wie in der zweiten Abstimmung noch in den Wahlvorschlag aufzunehmen sind. § 31 Abs. 2 Satz 2 und Abs. 3 bis 6 ist anzuwenden.

(5) Nach der zweiten Abstimmung werden so viele Bewerber in den Wahlvorschlag der leitenden Angestellten nach der Reihenfolge der auf sie entfallenden Stimmenzahlen aufgenommen, wie nach der ersten Abstimmung an der erforderlichen Zahl von Bewerbern noch fehlten; die in § 31 Abs. 7 Satz 1 bezeichnete Stimmenzahl ist nicht erforderlich. § 31 Abs. 8 und 9 ist anzuwenden.

(6) Für die Niederschrift über die zweite Abstimmung ist § 32 anzuwenden.

Vierter Titel
Prüfung und Bekanntmachung der Wahlvorschläge

§ 34
Prüfung der Wahlvorschläge

(1) Der Unternehmenswahlvorstand bestätigt dem Vorschlagsvertreter schriftlich den Zeitpunkt der Einreichung des Wahlvorschlags.

(2) Der Unternehmenswahlvorstand bezeichnet den Wahlvorschlag, wenn er nicht mit einem Kennwort versehen ist, mit Familienname und Vorname des an erster Stelle benannten Bewerbers. Er hat unverzüglich den Wahlvorschlag zu prüfen und bei Ungültigkeit oder Beanstandung den Vorschlagsvertreter schriftlich unter Angabe der Gründe zu unterrichten.

§ 35
Ungültige Wahlvorschläge

(1) Ungültig sind Wahlvorschläge,

1. die nicht fristgerecht eingereicht worden sind,
2. auf denen die Bewerber nicht in erkennbarer Reihenfolge aufgeführt sind,
3. die nicht die in § 25 Abs. 1 Satz 2 Nr. 8 und 9 bezeichnete Zahl von Bewerbern enthalten,
4. der Arbeiter und der in § 3 Abs. 3 Nr. 1 des Gesetzes bezeichneten Angestellten, wenn sie bei der Einreichung nicht die erforderliche Zahl von Unterschriften aufweisen,
5. der Gewerkschaften, wenn sie nicht von einem hierzu bevollmächtigten Beauftragten unterzeichnet sind.

(2) Wahlvorschläge,

1. in denen die Bewerber nicht in der in § 26 Abs. 6 Satz 1 bestimmten Weise bezeichnet sind,
2. denen die schriftliche Zustimmung und Versicherung der Bewerber nach § 26 Abs. 6 Satz 2 nicht beigefügt sind,
3. die infolge von Streichungen gemäß § 26 Abs. 8 nicht mehr die erforderliche Zahl von Unterschriften aufweisen,

sind ungültig, wenn der Unternehmenswahlvorstand sie beanstandet hat und die Mängel nicht innerhalb einer Woche seit der Beanstandung beseitigt worden sind.

§ 36
Nachfrist für Wahlvorschläge

(1) Ist nach Ablauf der für die Einreichung von Wahlvorschlägen bestimmten Frist für einen in § 26 Abs. 5 Nr. 1, 2 und 4 bezeichneten Wahlgang kein gültiger Wahlvorschlag eingereicht, so erläßt der Unternehmenswahlvorstand unverzüglich eine Bekanntmachung und setzt eine Nachfrist von einer Woche für die Einreichung von Wahlvorschlägen fest. Die Bekanntmachung muß folgende Angaben enthalten:

1. den für den Aushang bestimmten Zeitpunkt;
2. daß für den Wahlgang kein gültiger Wahlvorschlag eingereicht worden ist;
3. daß Wahlvorschläge innerhalb einer Nachfrist von einer Woche seit dem für den Aushang der Bekanntmachung bestimmten Zeitpunkt schriftlich beim Unternehmenswahlvorstand eingereicht werden können; der letzte Tag der Frist ist anzugeben;
4. daß der Wahlgang nur stattfinden kann, wenn mindestens ein gültiger Wahlvorschlag eingereicht wird;
5. daß, soweit kein gültiger Wahlvorschlag eingereicht wird, die fehlenden Aufsichtsratsmitglieder durch das Gericht bestellt werden können.

(2) Wird bis zum Ablauf der Nachfrist für einen Wahlgang kein gültiger Wahlvorschlag eingereicht, so macht der Unternehmenswahlvorstand unverzüglich bekannt, daß der Wahlgang nicht stattfindet.

(3) Für Bekanntmachungen nach den Absätzen 1 und 2 ist § 25 Abs. 2 bis 4 entsprechend anzuwenden.

§ 37
Bekanntmachung der Wahlvorschläge

(1) Sind für einen Wahlgang, in dem mehrere Aufsichtsratsmitglieder der Arbeitnehmer zu wählen sind, mehrere Wahlvorschläge eingereicht, so ermittelt der Unternehmenswahlvorstand durch das Los nach Ablauf der in § 26 Abs. 3, § 35 Abs. 2 und § 36 Abs. 1 Satz 1 bezeichneten Fristen die Reihenfolge der Ordnungsnummern, die den eingereichten Wahlvorschlägen zugeteilt werden (Wahlvorschlag 1, 2 usw.).

(2) Spätestens zwei Wochen vor dem ersten Tag der Stimmabgabe sind die gültigen Wahlvorschläge in den Betrieben bekanntzumachen. Der Unternehmenswahlvorstand übersendet die gültigen Wahlvorschläge den Betriebswahlvorständen und teilt ihnen schriftlich den Zeitpunkt mit, von dem ab die Wahlvorschläge in den Betrieben des Unternehmens auszuhängen sind. Jeder Betriebswahlvorstand macht die Wahlvorschläge, nach Wahlgängen getrennt, bekannt; § 25 Abs. 3 und 4 ist entsprechend anzuwenden.

Vierter Unterabschnitt

§ 38

Anzuwendende Vorschriften

(1) Sind die Aufsichtsratsmitglieder der Arbeitnehmer in unmittelbarer Wahl zu wählen, so richtet sich das weitere Wahlverfahren nach den Vorschriften des Zweiten Abschnitts.

(2) Sind die Aufsichtsratsmitglieder der Arbeitnehmer durch Wahlmänner zu wählen, so richtet sich das weitere Wahlverfahren nach den Vorschriften des Dritten Abschnitts.

Zweiter Abschnitt
Unmittelbare Wahl der Aufsichtsratsmitglieder der Arbeitnehmer

Erster Unterabschnitt
Wahlausschreiben, Abstimmungen über die gemeinsame Wahl

§ 39

Wahlausschreiben

(1) Steht fest, daß die Aufsichtsratsmitglieder der Arbeitnehmer in unmittelbarer Wahl zu wählen sind, so erläßt der Unternehmenswahlvorstand ein Wahlausschreiben. Es muß folgende Angaben enthalten:

1. den für den Aushang bestimmten Zeitpunkt;
2. daß die Aufsichtsratsmitglieder der Arbeitnehmer in unmittelbarer Wahl zu wählen sind;
3. daß an der Wahl und an Abstimmungen nur Arbeitnehmer teilnehmen können, die in der Wählerliste eingetragen sind;
4. daß die unternehmensangehörigen Aufsichtsratsmitglieder der Arbeitnehmer von den Arbeitern und den Angestellten in getrennter Wahl gewählt werden, wenn nicht die wahlberechtigten Arbeiter und Angestellten in getrennten, geheimen Abstimmungen die gemeinsame Wahl beschließen;
5. daß die Abstimmungen über die gemeinsame Wahl der unternehmensangehörigen Aufsichtsratsmitglieder der Arbeitnehmer nur durchgeführt werden, wenn von den Arbeitern und den Angestellten je ein Antrag eingereicht wird;
6. die Mindestzahl der wahlberechtigten Arbeiter, von denen ein Antrag auf Abstimmung der Arbeiter unterzeichnet sein muß;
7. die Mindestzahl der wahlberechtigten Angestellten, von denen ein Antrag auf Abstimmung der Angestellten unterzeichnet sein muß;
8. daß Anträge auf Abstimmungen über die gemeinsame Wahl innerhalb von zwei Wochen seit dem für den Aushang bestimmten Zeitpunkt schriftlich beim Unternehmenswahlvorstand eingereicht werden können; der letzte Tag der Frist ist anzugeben;
9. die Mindestzahl der wahlberechtigten Arbeiter, deren Beteiligung an der Abstimmung der Arbeiter erforderlich ist;
10. die Mindestzahl der wahlberechtigten Angestellten, deren Beteiligung an der Abstimmung der Angestellten erforderlich ist;
11. daß die Beschlüsse darüber, daß die unternehmensangehörigen Aufsichtsratsmitglieder der Arbeitnehmer in gemeinsamer Wahl gewählt werden sollen, jeweils nur mit der Mehrheit der abgegebenen Stimmen gefaßt werden können;
12. daß im Fall der getrennten Wahl die Aufsichtsratsmitglieder der Arbeiter von den wahlberechtigten Arbeitern und die Aufsichtsratsmitglieder der Angestellten von den wahlberechtigten Angestellten gewählt werden;
13. daß im Fall der gemeinsamen Wahl die unternehmensangehörigen Aufsichtsratsmitglieder der Arbeitnehmer von den wahlberechtigten Arbeitern und Angestellten gemeinsam gewählt werden;
14. daß die Aufsichtsratsmitglieder, die Vertreter von Gewerkschaften sind, in gemeinsamer Wahl gewählt werden;
15. den Zeitpunkt, bis zu dem Wahlvorschläge eingereicht werden können;
16. daß die Stimmabgabe an Wahlvorschläge gebunden ist und daß nur solche Wahlvorschläge berücksichtigt werden dürfen, die fristgerecht eingereicht sind;
17. den Tag oder die Tage der Stimmabgabe für die Wahl der Aufsichtsratsmitglieder der Arbeitnehmer;
18. die Anschrift des Unternehmenswahlvorstands.

(2) Der Unternehmenswahlvorstand übersendet das Wahlausschreiben den Betriebswahlvorständen und teilt ihnen schriftlich den Zeitpunkt mit, von dem ab es in den Betrieben des Unternehmens auszuhängen ist. Jeder Betriebswahlvorstand ergänzt das Wahlausschreiben um die folgenden Angaben:

1. den Ort, an dem die Wahlvorschläge ausgehängt werden;
2. Ort und Zeit der Stimmabgabe;
3. den Hinweis auf die Möglichkeit der schriftlichen Stimmabgabe sowie die Betriebsteile und Nebenbetriebe, für die schriftliche Stimmabgabe beschlossen ist;
4. den Ort, an dem Einsprüche und sonstige Erklärungen gegenüber dem Betriebswahlvorstand abzugeben sind (Anschrift des Betriebswahlvorstands).

Für die Bekanntmachung des Wahlausschreibens ist § 25 Abs. 3 und 4 entsprechend anzuwenden.

§ 40

Anträge auf Abstimmungen über die gemeinsame Wahl

(1) Anträge auf Abstimmungen darüber, daß die unternehmensangehörigen Aufsichtsratsmitglieder der Arbeitnehmer in gemeinsamer Wahl gewählt

werden sollen, sind innerhalb von zwei Wochen seit dem für den Aushang des Wahlausschreibens bestimmten Zeitpunkt schriftlich beim Unternehmenswahlvorstand einzureichen. Der Unternehmenswahlvorstand prüft unverzüglich nach Eingang eines Antrags dessen Gültigkeit.

(2) Ein Antrag auf Abstimmung ist gültig, wenn er von mindestens einem Zwanzigstel der wahlberechtigten Arbeiter oder der wahlberechtigten Angestellten unterzeichnet und fristgerecht eingereicht worden ist.

(3) Ist ein Antrag ungültig, so teilt der Unternehmenswahlvorstand dies dem Antragsvertreter oder, wenn ein solcher nicht benannt ist, dem an erster Stelle des Antrags Unterzeichneten schriftlich mit.

(4) Abstimmungen werden nur durchgeführt, wenn sowohl von den wahlberechtigten Arbeitern als auch von den wahlberechtigten Angestellten ein gültiger Antrag eingereicht worden ist.

§ 41

Abstimmungsausschreiben

(1) Liegt für die Gruppe der Arbeiter und für die Gruppe der Angestellten je ein gültiger Antrag nach § 40 vor, so erläßt der Unternehmenswahlvorstand unverzüglich ein Abstimmungsausschreiben. Die Abstimmungen sollen innerhalb von zwei Wochen seit dem für den Aushang des Abstimmungsausschreibens bestimmten Zeitpunkt stattfinden.

(2) Das Abstimmungsausschreiben muß folgende Angaben enthalten:

1. den für den Aushang bestimmten Zeitpunkt;
2. den Inhalt der Anträge;
3. daß an den Abstimmungen nur Arbeitnehmer teilnehmen können, die in der Wählerliste eingetragen sind;
4. daß die wahlberechtigten Arbeiter und Angestellten in getrennten, geheimen Abstimmungen über die gemeinsame Wahl beschließen;
5. die Mindestzahl der wahlberechtigten Arbeiter, deren Beteiligung an der Abstimmung der Arbeiter erforderlich ist;
6. die Mindestzahl der wahlberechtigten Angestellten, deren Beteiligung an der Abstimmung der Angestellten erforderlich ist;
7. daß die Beschlüsse darüber, daß die unternehmensangehörigen Aufsichtsratsmitglieder der Arbeitnehmer in gemeinsamer Wahl gewählt werden sollen, jeweils nur mit der Mehrheit der abgegebenen Stimmen gefaßt werden können;
8. den Tag oder die Tage der Stimmabgabe.

Für die Bekanntmachung des Abstimmungsausschreibens ist § 15 Abs. 3 und 4 anzuwenden.

§ 42

Stimmabgabe, Abstimmungsvorgang

(1) Die Stimmzettel für eine Abstimmung dürfen nur den Antrag und die Frage an den Abstimmungsberechtigten enthalten, ob er für oder gegen den Antrag stimmt. Gibt der Abstimmende seine Stimme für den Antrag ab, so kreuzt er das vorgedruckte „Ja", andernfalls das vorgedruckte „Nein" an. Die Stimmzettel für eine Abstimmung müssen sämtlich die gleiche Größe, Farbe, Beschaffenheit und Beschriftung haben; das gleiche gilt für die Wahlumschläge. Stimmzettel und Wahlumschläge, die für eine Abstimmung Verwendung finden, müssen sich von den für die andere Abstimmung vorgesehenen Stimmzetteln und Wahlumschlägen in der Farbe unterscheiden.

(2) Der Unternehmenswahlvorstand übersendet die Stimmzettel und die Wahlumschläge rechtzeitig den Betriebswahlvorständen.

(3) Stimmzettel, die mit einem besonderen Merkmal versehen sind oder aus denen sich der Wille des Abstimmenden nicht eindeutig ergibt oder die andere als die in Absatz 1 bezeichneten Angaben, einen Zusatz oder sonstige Änderungen enthalten, sind ungültig.

(4) Für den Abstimmungsvorgang und die schriftliche Stimmabgabe sind § 5 Abs. 6 Satz 3 und die §§ 17 bis 19 entsprechend anzuwenden.

§ 43

Öffentliche Stimmauszählung

(1) Unverzüglich nach Abschluß der Stimmabgabe zählt der Betriebswahlvorstand öffentlich die Stimmen aus.

(2) Nach Öffnung der Wahlurne entnimmt der Betriebswahlvorstand die Stimmzettel den Wahlumschlägen und stellt für jeden Antrag gesondert fest, wieviel Stimmen für und wieviel Stimmen gegen den Antrag abgegeben worden sind.

(3) Bei der Auszählung ist die Gültigkeit der Stimmzettel zu prüfen. Befinden sich in einem Wahlumschlag mehrere gekennzeichnete Stimmzettel, so werden sie, wenn sie vollständig übereinstimmen, nur einfach gezählt, andernfalls sind sie ungültig.

§ 44

Abstimmungsniederschrift des Betriebswahlvorstands

(1) Nach der Stimmauszählung stellt der Betriebswahlvorstand in einer Niederschrift getrennt nach Abstimmungen fest:

1. die Zahl der abgegebenen Wahlumschläge;
2. die Zahl der gültigen Stimmen;
3. die Zahl der ungültigen Stimmen;
4. die Zahl der für einen Antrag abgegebenen Stimmen;
5. die Zahl der gegen einen Antrag abgegebenen Stimmen;
6. besondere während der Abstimmung eingetretene Zwischenfälle oder sonstige Ereignisse.

(2) Der Betriebswahlvorstand übermittelt unverzüglich dem Unternehmenswahlvorstand eingeschrieben, fernschriftlich oder durch Boten die Abstimmungsniederschrift.

§ 45

Feststellung des Abstimmungsergebnisses, Abstimmungsniederschrift des Unternehmenswahlvorstands

Der Unternehmenswahlvorstand ermittelt an Hand der Abstimmungsniederschriften der Betriebswahlvorstände das Abstimmungsergebnis und stellt in einer Niederschrift getrennt nach Abstimmungen fest:

1. die Zahl der abgegebenen Wahlumschläge;
2. die Zahl der gültigen Stimmen;
3. die Zahl der ungültigen Stimmen;
4. die Zahl der für einen Antrag abgegebenen Stimmen;
5. die Zahl der gegen einen Antrag abgegebenen Stimmen;
6. das Abstimmungsergebnis;
7. besondere während der Abstimmung eingetretene Zwischenfälle oder sonstige Ereignisse.

§ 46

Bekanntmachung des Abstimmungsergebnisses

(1) Der Unternehmenswahlvorstand übermittelt das Abstimmungsergebnis den Betriebswahlvorständen. Jeder Betriebswahlvorstand gibt das Abstimmungsergebnis durch zweiwöchigen Aushang in gleicher Weise wie das Abstimmungsausschreiben bekannt.

(2) Ergeben die Abstimmungen, daß die unternehmensangehörigen Aufsichtsratsmitglieder der Arbeitnehmer in gemeinsamer Wahl zu wählen sind, so ist dies durch eine Ergänzung des Wahlausschreibens bekanntzumachen.

Zweiter Unterabschnitt
Durchführung der Wahl

Erster Titel

Wahl mehrerer Aufsichtsratsmitglieder der Arbeitnehmer in einem Wahlgang auf Grund mehrerer Wahlvorschläge

§ 47

Stimmabgabe, Wahlvorgang

(1) Sind in einem Wahlgang mehrere Aufsichtsratsmitglieder der Arbeitnehmer zu wählen und liegen für diesen Wahlgang mehrere gültige Wahlvorschläge vor, so kann der Wähler seine Stimme nur für einen dieser Wahlvorschläge abgeben. Die Stimmabgabe erfolgt durch Abgabe von Stimmzetteln in den hierfür bestimmten Umschlägen (Wahlumschlägen). Der Begriff des Wahlgangs im Sinne dieses Abschnitts bestimmt sich nach § 26 Abs. 5.

(2) Der Unternehmenswahlvorstand hat die Wahlvorschläge auf den Stimmzetteln nach der Reihenfolge der Ordnungsnummern sowie unter Angabe der an erster und zweiter Stelle benannten Bewerber mit Familienname, Vorname, Art der Beschäftigung und Betrieb untereinander aufzuführen; bei Wahlvorschlägen, die mit einem Kennwort versehen sind, ist auch das Kennwort anzugeben. Die Stimmzettel sollen die Angabe enthalten, daß der Wähler nur einen Wahlvorschlag ankreuzen kann. Die Stimmzettel, die für denselben Wahlgang Verwendung finden, müssen sämtlich die gleiche Größe, Farbe, Beschaffenheit und Beschriftung haben; das gleiche gilt für die Wahlumschläge. Die Stimmzettel und Wahlumschläge, die für einen Wahlgang Verwendung finden, müssen sich von den für die anderen Wahlgänge vorgesehenen Stimmzetteln und Wahlumschlägen in der Farbe unterscheiden.

(3) Der Unternehmenswahlvorstand übersendet die Stimmzettel und die Wahlumschläge rechtzeitig den Betriebswahlvorständen.

(4) Der Wähler kennzeichnet den von ihm gewählten Wahlvorschlag durch Ankreuzen an der im Stimmzettel hierfür vorgesehenen Stelle. Für den Wahlvorgang ist § 17 entsprechend anzuwenden; die Stimmabgabe ist in der Wählerliste für jeden Wahlgang gesondert zu vermerken.

(5) Ungültig sind Stimmzettel,

1. in denen mehr als ein Wahlvorschlag angekreuzt ist,
2. aus denen sich der Wille des Wählers nicht eindeutig ergibt,
3. die mit einem besonderen Merkmal versehen sind,
4. die andere als die in Absatz 2 bezeichneten Angaben, einen Zusatz oder sonstige Änderungen enthalten.

§ 48

Öffentliche Stimmauszählung

(1) Unverzüglich nach Abschluß der Stimmabgabe zählt der Betriebswahlvorstand öffentlich die Stimmen aus.

(2) Nach Öffnung der Wahlurne entnimmt der Betriebswahlvorstand die Stimmzettel den Wahlumschlägen und zählt für jeden Wahlgang gesondert die auf jeden Wahlvorschlag entfallenden Stimmen zusammen.

(3) Bei der Auszählung ist die Gültigkeit der Stimmzettel zu prüfen. Befinden sich in einem Wahlumschlag mehrere gekennzeichnete Stimmzettel, so werden sie, wenn sie vollständig übereinstimmen, nur einfach gezählt, andernfalls sind sie ungültig.

§ 49

Wahlniederschrift des Betriebswahlvorstands

(1) Nachdem die Stimmen ausgezählt sind, stellt der Betriebswahlvorstand in einer Niederschrift für jeden Wahlgang gesondert fest:

1. die Zahl der abgegebenen Wahlumschläge;
2. die Zahl der gültigen Stimmen;
3. die Zahl der ungültigen Stimmen;

4. die Zahlen der auf die einzelnen Wahlvorschläge entfallenden Stimmen;
5. besondere während der Wahl eingetretene Zwischenfälle oder sonstige Ereignisse.

(2) Der Betriebswahlvorstand übermittelt unverzüglich nach der Stimmauszählung dem Unternehmenswahlvorstand eingeschrieben, fernschriftlich oder durch Boten die Wahlniederschrift.

(3) Der Betriebswahlvorstand gibt das Ergebnis der Stimmauszählung durch Aushang an einer oder mehreren geeigneten, den Wahlberechtigten zugänglichen Stellen im Betrieb bekannt.

§ 50

Ermittlung der Gewählten

(1) Der Unternehmenswahlvorstand ermittelt an Hand der Wahlniederschriften der Betriebswahlvorstände das Wahlergebnis.

(2) Die in dem Wahlgang den einzelnen Wahlvorschlägen zugefallenen Stimmenzahlen werden in einer Reihe nebeneinandergestellt und sämtlich durch 1, 2, 3, 4 usw. geteilt. Die ermittelten Teilzahlen sind nacheinander reihenweise unter den Zahlen der ersten Reihe aufzuführen, bis höhere Teilzahlen, als aus früheren Reihen für die Zuweisung von Sitzen in Betracht kommen, nicht mehr entstehen. Unter den so gefundenen Teilzahlen werden so viele Höchstzahlen ausgesondert und der Größe nach geordnet, wie in dem Wahlgang Aufsichtsratsmitglieder zu wählen sind. Jeder Wahlvorschlag erhält so viele Sitze zugeteilt, wie Höchstzahlen auf ihn entfallen. Wenn die niedrigste in Betracht kommende Höchstzahl auf mehrere Wahlvorschläge zugleich entfällt, so entscheidet das Los darüber, welchem Wahlvorschlag dieser Sitz zufällt.

(3) Wenn ein Wahlvorschlag weniger Bewerber enthält, als Höchstzahlen auf ihn entfallen, so gehen die überschüssigen Sitze auf die folgenden Höchstzahlen der anderen Wahlvorschläge desselben Wahlgangs über.

(4) Die Reihenfolge der Bewerber innerhalb der einzelnen Wahlvorschläge bestimmt sich nach der Reihenfolge ihrer Benennung.

(5) Mit der Wahl eines Bewerbers ist das in dem Wahlvorschlag neben dem gewählten Bewerber aufgeführte Ersatzmitglied des Aufsichtsrats gewählt.

Zweiter Titel

Wahl mehrerer Aufsichtsratsmitglieder der Arbeitnehmer in einem Wahlgang auf Grund nur eines Wahlvorschlags

§ 51

Stimmabgabe, Wahlvorgang

(1) Sind in einem Wahlgang mehrere Aufsichtsratsmitglieder der Arbeitnehmer zu wählen und liegt für diesen Wahlgang nur ein gültiger Wahlvorschlag vor, so kann der Wähler seine Stimme nur für die in dem Wahlvorschlag aufgeführten Bewerber abgeben. Eine gesonderte Stimmabgabe für ein Ersatzmitglied des Aufsichtsrats ist nicht zulässig. Die Stimmabgabe erfolgt durch Abgabe von Stimmzetteln in den hierfür bestimmten Umschlägen (Wahlumschlägen).

(2) Der Unternehmenswahlvorstand hat die Bewerber auf den Stimmzetteln unter Angabe von Familienname, Vorname, Art der Beschäftigung und Betrieb untereinander in der Reihenfolge aufzuführen, in der sie in dem Wahlvorschlag benannt sind. Ist zusammen mit einem Bewerber für diesen ein Ersatzmitglied vorgeschlagen worden, so ist das Ersatzmitglied auf den Stimmzetteln neben dem Bewerber aufzuführen; Satz 1 ist entsprechend anzuwenden. Die Stimmzettel sollen die Angabe enthalten, wieviel Bewerber der Wähler ankreuzen kann. § 47 Abs. 2 Satz 3 und 4 und Abs. 3 ist anzuwenden.

(3) Der Wähler kennzeichnet die von ihm gewählten Bewerber durch Ankreuzen an den im Stimmzettel hierfür vorgesehenen Stellen. Er darf nicht mehr Bewerber ankreuzen, als in dem Wahlgang Aufsichtsratsmitglieder zu wählen sind. § 47 Abs. 4 Satz 2 ist entsprechend anzuwenden.

(4) Ungültig sind Stimmzettel,

1. in denen mehr Bewerber angekreuzt sind, als in dem Wahlgang Aufsichtsratsmitglieder zu wählen sind,
2. aus denen sich der Wille des Wählers nicht eindeutig ergibt,
3. die mit einem besonderen Merkmal versehen sind,
4. die andere als die in Absatz 2 bezeichneten Angaben, einen Zusatz oder sonstige Änderungen enthalten.

§ 52

Öffentliche Stimmauszählung

(1) Unverzüglich nach Abschluß der Stimmabgabe zählt der Betriebswahlvorstand öffentlich die Stimmen aus.

(2) Nach Öffnung der Wahlurne entnimmt der Betriebswahlvorstand die Stimmzettel den Wahlumschlägen und zählt für jeden Wahlgang gesondert die auf jeden Bewerber entfallenden Stimmen zusammen. § 48 Abs. 3 ist anzuwenden. Ist auf einem Stimmzettel ein Bewerber mehrfach angekreuzt, so zählt dies als eine Stimme.

§ 53

Wahlniederschrift des Betriebswahlvorstands

Nachdem die Stimmen ausgezählt sind, stellt der Betriebswahlvorstand in einer Niederschrift für jeden Wahlgang gesondert fest:

1. die Zahl der abgegebenen Wahlumschläge;
2. die Zahl der gültigen Stimmen;
3. die Zahl der ungültigen Simmen;
4. die Zahlen der auf die einzelnen Bewerber entfallenden Stimmen;
5. besondere während der Wahl eingetretene Zwischenfälle oder sonstige Ereignisse.

§ 49 Abs. 2 und 3 ist anzuwenden.

§ 54

Ermittlung der Gewählten

Der Unternehmenswahlvorstand ermittelt an Hand der Wahlniederschriften der Betriebswahlvorstände die Zahlen der auf die einzelnen Bewerber entfallenden Stimmen. Gewählt sind so viele Bewerber, wie in dem Wahlgang Aufsichtsratsmitglieder zu wählen sind, nach der Reihenfolge der auf sie entfallenden Stimmenzahlen. Bei Stimmengleichheit entscheidet das Los. § 50 Abs. 5 ist anzuwenden.

Dritter Titel

§ 55

Wahl nur eines Aufsichtsratsmitglieds der Arbeitnehmer in einem Wahlgang

(1) Ist in einem Wahlgang nur ein Aufsichtsratsmitglied der Arbeitnehmer zu wählen, so kann der Wähler seine Stimme nur für einen der vorgeschlagenen Bewerber abgeben. § 51 Abs. 1 Satz 2 und 3 ist anzuwenden.

(2) Liegt nur ein gültiger Wahlvorschlag vor, so hat der Unternehmenswahlvorstand die Bewerber auf den Stimmzetteln unter Angabe von Familienname, Vorname, Art der Beschäftigung und Betrieb untereinander in der Reihenfolge aufzuführen, in der sie in dem Wahlvorschlag benannt sind. Liegen mehrere gültige Wahlvorschläge vor, so hat der Unternehmenswahlvorstand die Bewerber auf den Stimmzetteln unter Angabe von Familienname, Vorname, Art der Beschäftigung, Betrieb und Kennwort des Wahlvorschlags untereinander in alphabetischer Reihenfolge aufzuführen. § 51 Abs. 2 Satz 2 bis 4 ist anzuwenden.

(3) Der Wähler kennzeichnet den von ihm gewählten Bewerber durch Ankreuzen an der im Stimmzettel hierfür vorgesehenen Stelle. Er darf nicht mehr als einen Bewerber ankreuzen. § 47 Abs. 4 Satz 2, § 51 Abs. 4 und die §§ 52 bis 54 sind anzuwenden.

Vierter Titel

Schriftliche Stimmabgabe

§ 56

Voraussetzungen

(1) Einem wahlberechtigten Arbeitnehmer, der im Zeitpunkt der Wahl wegen Abwesenheit vom Betrieb verhindert ist, seine Stimme persönlich abzugeben, hat der Betriebswahlvorstand auf sein Verlangen

1. das Wahlausschreiben,
2. für jeden Wahlgang, an dem er teilzunehmen berechtigt ist, gesondert
   a) die Wahlvorschläge,
   b) den Stimmzettel und den Wahlumschlag,
3. eine vorgedruckte, vom Wähler abzugebende Erklärung, in der dieser gegenüber dem Betriebswahlvorstand versichert, daß er den Stimmzettel persönlich gekennzeichnet hat, sowie
4. einen größeren Freiumschlag, der die Anschrift des Betriebswahlvorstands und als Absender den Namen und die Anschrift des Wahlberechtigten sowie den Vermerk „Schriftliche Stimmabgabe" trägt,

auszuhändigen oder zu übersenden. Der Betriebswahlvorstand soll dem Wahlberechtigten ferner ein Merkblatt über die Art und Weise der schriftlichen Stimmabgabe (§ 57 Abs. 1) aushändigen oder übersenden. Der Betriebswahlvorstand vermerkt die Aushändigung oder die Übersendung der Unterlagen für jeden Wahlgang gesondert in der Wählerliste.

(2) Wahlberechtigte, von denen dem Betriebswahlvorstand bekannt ist, daß sie im Zeitpunkt der Wahl nach der Eigenart ihres Beschäftigungsverhältnisses voraussichtlich nicht im Betrieb anwesend sein werden (insbesondere in Heimarbeit Beschäftigte und Außenarbeiter), erhalten die in Absatz 1 bezeichneten Unterlagen, ohne daß es eines Verlangens des Wahlberechtigten bedarf.

(3) Für Betriebsteile und Nebenbetriebe, die räumlich weit vom Hauptbetrieb entfernt sind, kann der Betriebswahlvorstand die schriftliche Stimmabgabe beschließen. Absatz 2 ist entsprechend anzuwenden.

(4) Der Unternehmenswahlvorstand übersendet den Betriebswahlvorständen auf Anforderung die in Absatz 1 bezeichneten Unterlagen für die schriftliche Stimmabgabe.

§ 57

Verfahren bei der Stimmabgabe

(1) Der Wähler gibt seine Stimmen in der Weise ab, daß er

1. die Stimmzettel unbeobachtet persönlich kennzeichnet und in den zugehörigen Wahlumschlägen verschließt,
2. die vorgedruckte Erklärung unter Angabe des Orts und des Datums unterschreibt und
3. die Wahlumschläge und die unterschriebene vorgedruckte Erklärung in dem Freiumschlag verschließt und diesen Wahlbrief so rechtzeitig an den Betriebswahlvorstand absendet oder übergibt, daß er vor Abschluß der Stimmabgabe vorliegt.

(2) Unmittelbar vor Abschluß der Stimmabgabe öffnet der Betriebswahlvorstand in öffentlicher Sitzung die bis zu diesem Zeitpunkt eingegangenen Wahlbriefe und entnimmt ihnen die Wahlumschläge sowie die vorgedruckten Erklärungen. Ist die schriftliche Stimmabgabe ordnungsgemäß erfolgt, so vermerkt der Betriebswahlvorstand die Stimmabgabe für jeden Wahlgang gesondert in der Wählerliste und legt die Wahlumschläge ungeöffnet in die Wahlurne.

(3) Verspätet eingehende Wahlbriefe nimmt der Betriebswahlvorstand mit einem Vermerk über den Zeitpunkt des Eingangs ungeöffnet zu den Wahlunterlagen. Die Wahlbriefe sind einen Monat nach Bekanntgabe des Ergebnisses der Wahl der Aufsichtsratsmitglieder der Arbeitnehmer ungeöffnet zu vernichten, wenn die Wahl nicht angefochten worden ist.

Fünfter Titel

Wahlniederschrift, Benachrichtigungen

§ 58

Wahlniederschrift

Nachdem ermittelt ist, wer gewählt ist, stellt der Unternehmenswahlvorstand in einer Niederschrift für jeden Wahlgang gesondert fest:

1. die Zahl der abgegebenen Wahlumschläge;
2. die Zahl der gültigen Stimmen;
3. die Zahl der ungültigen Stimmen;
4. bei Verhältniswahl die Zahlen der auf die einzelnen Wahlvorschläge entfallenden Stimmen, die berechneten Höchstzahlen und ihre Verteilung auf die Wahlvorschläge;
5. bei Mehrheitswahl die Zahlen der auf die einzelnen Bewerber entfallenden Stimmen;
6. die Namen der gewählten Aufsichtsratsmitglieder;
7. die Namen der für die einzelnen Aufsichtsratsmitglieder gewählten Ersatzmitglieder;
8. besondere während der Wahl eingetretene Zwischenfälle oder sonstige Ereignisse.

§ 59

Bekanntmachung des Wahlergebnisses, Benachrichtigung der Gewählten

(1) Der Unternehmenswahlvorstand übermittelt das Wahlergebnis und die Namen der Gewählten den Betriebswahlvorständen. Jeder Betriebswahlvorstand gibt das Wahlergebnis und die Namen der Gewählten unverzüglich durch zweiwöchigen Aushang an einer oder mehreren geeigneten, den Wahlberechtigten zugänglichen Stellen im Betrieb bekannt.

(2) Gleichzeitig benachrichtigt der Unternehmenswahlvorstand die Gewählten schriftlich von ihrer Wahl und übermittelt das Wahlergebnis und die Namen der Gewählten dem Unternehmen und den im Unternehmen vertretenen Gewerkschaften.

§ 60

Aufbewahrung der Wahlakten

Der Unternehmenswahlvorstand und jeder Betriebswahlvorstand übergibt die Wahlakten dem Unternehmen. Das Unternehmen bewahrt die Wahlakten mindestens für die Dauer von fünf Jahren auf.

Dritter Abschnitt

Wahl der Aufsichtsratsmitglieder der Arbeitnehmer durch Wahlmänner

Erster Unterabschnitt

Wahl der Wahlmänner

Erster Titel

Wahlmänner mit Mehrfachmandat

§ 61

Keine Wahl von Wahlmännern nach diesem Unterabschnitt, wenn in dem Unternehmen für die Wahl von Aufsichtsratsmitgliedern anderer Unternehmen Wahlmänner mit Mehrfachmandat gewählt werden

(1) Sind die Aufsichtsratsmitglieder der Arbeitnehmer des Unternehmens durch Wahlmänner zu wählen und nehmen die Arbeitnehmer auch an der Wahl der Aufsichtsratsmitglieder der Arbeitnehmer anderer Unternehmen durch Wahlmänner teil und hat der Unternehmenswahlvorstand nach § 63 der Dritten Wahlordnung zum Mitbestimmungsgesetz beschlossen, daß die in dem Unternehmen für die Wahl der Aufsichtsratsmitglieder eines anderen Unternehmens zu wählenden Wahlmänner auch die nach den Vorschriften dieses Abschnitts zu wählenden Aufsichtsratsmitglieder der Arbeitnehmer wählen, so findet eine Wahl von Wahlmännern nach den Vorschriften dieses Unterabschnitts nicht statt.

(2) Der Unternehmenswahlvorstand erläßt hierüber eine Bekanntmachung und übersendet sie den Betriebswahlvorständen. § 25 Abs. 3 und 4 ist anzuwenden.

§ 62

Wahlmänner, die zugleich für die Wahl von Aufsichtsratsmitgliedern anderer Unternehmen gewählt werden

Nehmen die Arbeitnehmer des Unternehmens auch an der Wahl der Aufsichtsratsmitglieder der Arbeitnehmer anderer Unternehmen teil, und beginnt die Amtszeit der Aufsichtsratsmitglieder der anderen Unternehmen nicht später als sechs Monate nach dem Beginn der Amtszeit der nach den Vorschriften dieses Abschnitts zu wählenden Aufsichtsratsmitglieder, so kann der Unternehmenswahlvorstand beschließen, daß die zu wählenden Wahlmänner auch an der Wahl der Aufsichtsratsmitglieder der Arbeitnehmer der anderen Unternehmen teilnehmen, sofern auch diese durch Wahlmänner gewählt werden. Der Beschluß kann nur vor Erlaß des Wahlausschreibens für die Wahl der Wahlmänner gefaßt werden.

Zweiter Titel

Einleitung der Wahl

§ 63

Errechnung der Zahl der Wahlmänner

(1) Steht fest, daß die Aufsichtsratsmitglieder der Arbeitnehmer durch Wahlmänner zu wählen sind,

so errechnet der Unternehmenswahlvorstand an Hand der ihm von den Betriebswahlvorständen zugesandten Wählerlisten für jeden Betrieb gesondert die Zahl der in dem Betrieb zu wählenden Wahlmänner sowie ihre Verteilung auf die Arbeiter, die in § 3 Abs. 3 Nr. 1 des Gesetzes bezeichneten Angestellten und die leitenden Angestellten.

(2) Zur Errechnung der Zahl der in einem Betrieb zu wählenden Wahlmänner wird die Zahl der wahlberechtigten Arbeitnehmer des Betriebs durch 60 geteilt. Teilzahlen werden voll gezählt, wenn sie mindestens die Hälfte der vollen Zahl betragen.

(3) Die Errechnung der auf die Arbeiter und die Angestellten entfallenden Wahlmänner erfolgt nach den Grundsätzen der Verhältniswahl. Hierzu werden die Zahlen der Arbeiter und der Angestellten des Betriebs in einer Reihe nebeneinander gestellt und beide durch 1, 2, 3, 4 usw. geteilt. Die ermittelten Teilzahlen sind nacheinander reihenweise unter den Zahlen der ersten Reihe aufzuführen, bis höhere Teilzahlen, als aus früheren Reihen für die Zuweisung von Sitzen in Betracht kommen, nicht mehr entstehen. Unter den so gefundenen Teilzahlen werden so viele Höchstzahlen ausgesondert und der Größe nach geordnet, wie Wahlmänner zu wählen sind. Die Arbeiter und die Angestellten erhalten jeweils so viele Wahlmänner zugeteilt, wie Höchstzahlen auf sie entfallen. Wenn die niedrigste in Betracht kommende Höchstzahl auf beide Gruppen zugleich entfällt, entscheidet das Los darüber, welcher Gruppe der Wahlmann zufällt.

(4) Ergibt die Errechnung nach Absatz 3 in einem Betrieb für die Arbeiter oder die Angestellten mehr als

1. 30 Wahlmänner, so vermindert sich die Zahl der zu wählenden Wahlmänner der Arbeiter oder der Angestellten auf die Hälfte; diese Wahlmänner erhalten je zwei Stimmen;
2. 90 Wahlmänner, so vermindert sich die Zahl der zu wählenden Wahlmänner der Arbeiter oder der Angestellten auf ein Drittel; diese Wahlmänner erhalten je drei Stimmen;
3. 150 Wahlmänner, so vermindert sich die Zahl der zu wählenden Wahlmänner der Arbeiter oder der Angestellten auf ein Viertel; diese Wahlmänner erhalten je vier Stimmen.

Teilzahlen werden voll gezählt, wenn sie mindestens die Hälfte der vollen Zahl betragen.

(5) Die Errechnung der auf die in § 3 Abs. 3 Nr. 1 des Gesetzes bezeichneten Angestellten und der auf die leitenden Angestellten entfallenden Wahlmänner der Angestellten erfolgt nach den Grundsätzen der Verhältniswahl. Absatz 3 Satz 2 bis 6 ist entsprechend anzuwenden.

(6) Sind in einem Betrieb mindestens neun Wahlmänner zu wählen, so entfällt auf die Arbeiter, die in § 3 Abs. 3 Nr. 1 des Gesetzes bezeichneten Angestellten und die leitenden Angestellten mindestens je ein Wahlmann; dies gilt nicht, soweit in dem Betrieb nicht mehr als fünf Arbeiter, in § 3 Abs. 3 Nr. 1 des Gesetzes bezeichnete Angestellte oder leitende Angestellte wahlberechtigt sind. Soweit auf die Arbeiter, die in § 3 Abs. 3 Nr. 1 des Gesetzes bezeichneten Angestellten und die leitenden Angestellten lediglich nach Satz 1 Wahlmänner entfallen, vermehrt sich die Zahl der Wahlmänner des Betriebs entsprechend.

§ 64

Zuordnung von Arbeitnehmern zu anderen Betrieben

(1) Entfällt nach § 63 auf die Arbeiter, die in § 3 Abs. 3 Nr. 1 des Gesetzes bezeichneten Angestellten oder die leitenden Angestellten eines Betriebs kein Wahlmann, so streicht der Unternehmenswahlvorstand diese Arbeitnehmer in dem ihm vorliegenden Abdruck der Wählerliste des Betriebs.

(2) Der Unternehmenswahlvorstand stellt fest, ob die nach Absatz 1 aus der Wählerliste eines Betriebs zu streichenden Arbeitnehmer für die Wahl der Wahlmänner nach § 11 Abs. 3 des Gesetzes als Arbeitnehmer des Betriebs der Hauptniederlassung des Unternehmens oder als Arbeitnehmer des nach der Zahl der wahlberechtigten Arbeitnehmer größten Betriebs des Unternehmens gelten. Der Unternehmenswahlvorstand nimmt diese Arbeitnehmer in den ihm vorliegenden Abdruck der Wählerliste des Betriebs auf, als dessen Arbeitnehmer sie für die Wahl der Wahlmänner gelten. Nach der Zuordnung ist die Zahl der Wahlmänner der betroffenen Betriebe und ihre Verteilung auf die Arbeiter, die in § 3 Abs. 3 Nr. 1 des Gesetzes bezeichneten Angestellten und die leitenden Angestellten neu zu errechnen (§ 63).

§ 65

Mitteilungen des Unternehmenswahlvorstands

(1) Der Unternehmenswahlvorstand teilt jedem Betriebswahlvorstand unverzüglich nach der Errechnung der Zahl der Wahlmänner (§ 63) oder, falls Arbeitnehmer einem anderen Betrieb zuzuordnen sind, unverzüglich nach der Feststellung über die Zuordnung (§ 64 Abs. 2) mit:

1. daß die Aufsichtsratsmitglieder der Arbeitnehmer durch Wahlmänner zu wählen sind;
2. einen Beschluß darüber, daß die zu wählenden Wahlmänner auch an der Wahl der Aufsichtsratsmitglieder der Arbeitnehmer anderer Unternehmen teilnehmen sollen; die anderen Unternehmen sind anzugeben;
3. die Zahl der zu wählenden Wahlmänner, getrennt nach Wahlmännern der Arbeiter, Wahlmännern der Angestellten, die auf die in § 3 Abs. 3 Nr. 1 des Gesetzes bezeichneten Angestellten entfallen, und Wahlmännern der Angestellten, die auf die leitenden Angestellten entfallen;
4. die Familiennamen und Vornamen der Arbeitnehmer, die nach § 64 Abs. 1 aus der Wählerliste des Betriebs zu streichen sind, sowie den Betrieb, dem sie zugeordnet sind;
5. die Familiennamen, Vornamen und Geburtsdaten der Arbeitnehmer, die nach § 64 Abs. 2 Satz 1 und

2 in die Wählerliste des Betriebs aufzunehmen sind, getrennt nach Arbeitern, in § 3 Abs. 3 Nr. 1 des Gesetzes bezeichneten Angestellten und leitenden Angestellten, sowie den Betrieb, aus dessen Wählerliste sie gestrichen worden sind;

6. den Zeitpunkt, bis zu dem jeder Betriebswahlvorstand dem Unternehmenswahlvorstand das Ergebnis der Wahl der Wahlmänner mitzuteilen hat.

(2) Der Unternehmenswahlvorstand übersendet dem Betriebswahlvorstand eines Betriebs, aus dessen Wählerliste Arbeitnehmer zu streichen sind, unverzüglich einen Abdruck seiner Mitteilung (Absatz 1 Nr. 5) an den Betriebswahlvorstand des Betriebs, dem diese Arbeitnehmer zugeordnet sind. Der Betriebswahlvorstand des Betriebs, aus dessen Wählerliste Arbeitnehmer zu streichen sind, und der Betriebswahlvorstand des Betriebs, dem diese Arbeitnehmer zugeordnet sind, machen die in Absatz 1 Nr. 5 bezeichnete Mitteilung in gleicher Weise bekannt wie das Wahlausschreiben für die Wahl der Wahlmänner (§ 66).

§ 66

Wahlausschreiben für die Wahl der Wahlmänner

(1) Unverzüglich nach Eingang der in § 65 bezeichneten Mitteilung erläßt der Betriebswahlvorstand ein Wahlausschreiben für die Wahl der Wahlmänner. Es muß folgende Angaben enthalten:

1. das Datum seines Erlasses;
2. daß die Aufsichtsratsmitglieder der Arbeitnehmer durch Wahlmänner zu wählen sind;
3. ob der Unternehmenswahlvorstand nach § 62 beschlossen hat, daß die zu wählenden Wahlmänner auch an der Wahl der Aufsichtsratsmitglieder der Arbeitnehmer anderer Unternehmen teilnehmen sollen; die anderen Unternehmen sind anzugeben;
4. daß an der Wahl und an Abstimmungen nur Arbeitnehmer teilnehmen können, die in der Wählerliste eingetragen sind;
5. daß die Wahlmänner von den Arbeitern und den Angestellten in getrennter Wahl gewählt werden, wenn nicht die wahlberechtigten Arbeiter und Angestellten in getrennten, geheimen Abstimmungen die gemeinsame Wahl beschließen;
6. daß die Abstimmungen über die gemeinsame Wahl der Wahlmänner nur durchgeführt werden, wenn von den Arbeitern und den Angestellten je ein Antrag eingereicht wird;
7. die Mindestzahl der wahlberechtigten Arbeiter, von denen ein Antrag auf Abstimmung der Arbeiter unterzeichnet sein muß;
8. die Mindestzahl der wahlberechtigten Angestellten, von denen ein Antrag auf Abstimmung der Angestellten unterzeichnet sein muß;
9. daß Anträge auf Abstimmungen über die gemeinsame Wahl innerhalb von zwei Wochen seit Erlaß des Wahlausschreibens schriftlich beim Betriebswahlvorstand eingereicht werden können; der letzte Tag der Frist ist anzugeben;
10. die Mindestzahl der wahlberechtigten Arbeiter, deren Beteiligung an der Abstimmung der Arbeiter erforderlich ist;
11. die Mindestzahl der wahlberechtigten Angestellten, deren Beteiligung an der Abstimmung der Angestellten erforderlich ist;
12. daß die Beschlüsse darüber, daß die Wahlmänner in gemeinsamer Wahl gewählt werden sollen, jeweils nur mit der Mehrheit der abgegebenen Stimmen gefaßt werden können;
13. daß im Fall der getrennten Wahl die Wahlmänner der Arbeiter von den wahlberechtigten Arbeitern und die Wahlmänner der Angestellten von den wahlberechtigten Angestellten gewählt werden;
14. daß im Fall der gemeinsamen Wahl die Wahlmänner von den wahlberechtigten Arbeitern und Angestellten gemeinsam gewählt werden;
15. die Zahl der zu wählenden Wahlmänner, getrennt nach Wahlmännern der Arbeiter, Wahlmännern der Angestellten, die auf die in § 3 Abs. 3 Nr. 1 des Gesetzes bezeichneten Angestellten entfallen, und Wahlmännern der Angestellten, die auf die leitenden Angestellten entfallen;
16. daß Wahlvorschläge für die Wahl der Wahlmänner innerhalb von zwei Wochen seit Erlaß des Wahlausschreibens schriftlich beim Betriebswahlvorstand eingereicht werden können; der letzte Tag der Frist ist anzugeben;
17. die Mindestzahl der wahlberechtigten Arbeiter, von denen ein Wahlvorschlag für Wahlmänner der Arbeiter unterzeichnet sein muß;
18. die Mindestzahl der wahlberechtigten in § 3 Abs. 3 Nr. 1 des Gesetzes bezeichneten Angestellten, von denen ein Wahlvorschlag für Wahlmänner der Angestellten, die auf diese Angestellten entfallen, unterzeichnet sein muß;
19. die Mindestzahl der wahlberechtigten leitenden Angestellten, von denen ein Wahlvorschlag für Wahlmänner der Angestellten, die auf diese Angestellten entfallen, unterzeichnet sein muß;
20. daß jeder Wahlvorschlag mindestens doppelt so viele Bewerber enthalten soll, wie in dem Wahlgang Wahlmänner zu wählen sind;
21. daß die Stimmabgabe an Wahlvorschläge gebunden ist und daß nur solche Wahlvorschläge berücksichtigt werden dürfen, die fristgerecht beim Betriebswahlvorstand eingereicht sind;
22. daß, wenn für einen Wahlgang nur ein gültiger Wahlvorschlag eingereicht wird, so viele der darin aufgeführten Bewerber in der angegebenen Reihenfolge als gewählt gelten, wie in dem Wahlgang Wahlmänner zu wählen sind;
23. den Ort, an dem die Wahlvorschläge ausgehängt werden;

24. Ort, Tag und Zeit der Stimmabgabe für die Wahl der Wahlmänner;
25. den Hinweis auf die Möglichkeit der schriftlichen Stimmabgabe sowie die Betriebsteile und Nebenbetriebe, für die schriftliche Stimmabgabe beschlossen ist;
26. den Ort, an dem Einsprüche, Anträge, Wahlvorschläge für die Wahl der Wahlmänner und sonstige Erklärungen abzugeben sind (Anschrift des Betriebswahlvorstands).

Für die Bekanntmachung des Wahlausschreibens ist § 25 Abs. 3 und 4 entsprechend anzuwenden.

(2) Wahlgang im Sinne dieses Unterabschnitts ist

1. die Wahl der Wahlmänner der Arbeiter,
2. die Wahl der Wahlmänner der Angestellten, die auf die in § 3 Abs. 3 Nr. 1 des Gesetzes bezeichneten Angestellten entfallen,
3. die Wahl der Wahlmänner der Angestellten, die auf die leitenden Angestellten entfallen.

§ 67

Anträge auf Abstimmungen über die gemeinsame Wahl

(1) Anträge auf Abstimmungen darüber, daß die Wahlmänner in gemeinsamer Wahl gewählt werden sollen, sind innerhalb von zwei Wochen seit Erlaß des Wahlausschreibens schriftlich beim Betriebswahlvorstand einzureichen. Der Betriebswahlvorstand prüft unverzüglich nach Eingang eines Antrags dessen Gültigkeit.

(2) Ein Antrag auf Abstimmung ist gültig, wenn er von mindestens einem Zwanzigstel der wahlberechtigten Arbeiter oder der wahlberechtigten Angestellten des Betriebs unterzeichnet und fristgerecht eingereicht worden ist.

(3) Ist ein Antrag ungültig, so teilt der Betriebswahlvorstand dies dem Antragsvertreter oder, wenn ein solcher nicht benannt ist, dem an erster Stelle des Antrags Unterzeichneten schriftlich mit.

(4) Abstimmungen werden nur durchgeführt, wenn sowohl von den wahlberechtigten Arbeitern als auch von den wahlberechtigten Angestellten ein gültiger Antrag eingereicht worden ist.

§ 68

Abstimmungsausschreiben

(1) Liegt für die Gruppe der Arbeiter und für die Gruppe der Angestellten je ein gültiger Antrag nach § 67 vor, so erläßt der Betriebswahlvorstand unverzüglich ein Abstimmungsausschreiben. Die Abstimmungen sollen innerhalb von zwei Wochen seit Erlaß des Abstimmungsausschreibens stattfinden.

(2) Das Abstimmungsausschreiben muß folgende Angaben enthalten:

1. das Datum seines Erlasses;
2. den Inhalt der Anträge;
3. daß an den Abstimmungen nur Arbeitnehmer teilnehmen können, die in der Wählerliste eingetragen sind;
4. daß die wahlberechtigten Arbeiter und Angestellten in getrennten, geheimen Abstimmungen über die gemeinsame Wahl beschließen;
5. die Mindestzahl der wahlberechtigten Arbeiter, deren Beteiligung an der Abstimmung der Arbeiter erforderlich ist;
6. die Mindestzahl der wahlberechtigten Angestellten, deren Beteiligung an der Abstimmung der Angestellten erforderlich ist;
7. daß die Beschlüsse über die gemeinsame Wahl jeweils nur mit der Mehrheit der abgegebenen Stimmen gefaßt werden können;
8. Ort, Tag und Zeit der Stimmabgabe;
9. den Hinweis auf die Möglichkeit der schriftlichen Stimmabgabe sowie die Betriebsteile und Nebenbetriebe, für die schriftliche Stimmabgabe beschlossen ist.

Für die Bekanntmachung des Abstimmungsausschreibens ist § 25 Abs. 3 und 4 entsprechend anzuwenden.

§ 69

Stimmabgabe, Abstimmungsvorgang

(1) Die Stimmzettel für eine Abstimmung dürfen nur den Antrag und die Frage an den Abstimmungsberechtigten enthalten, ob er für oder gegen den Antrag stimmt. Gibt der Abstimmende seine Stimme für den Antrag ab, so kreuzt er das vorgedruckte „Ja", andernfalls das vorgedruckte „Nein" an. Die Stimmzettel für eine Abstimmung müssen sämtlich die gleiche Größe, Farbe, Beschaffenheit und Beschriftung haben; das gleiche gilt für die Wahlumschläge. Stimmzettel und Wahlumschläge, die für eine Abstimmung Verwendung finden, müssen sich von den für die andere Abstimmung vorgesehenen Stimmzetteln und Wahlumschlägen in der Farbe unterscheiden.

(2) Stimmzettel, die mit einem besonderen Merkmal versehen sind oder aus denen sich der Wille des Abstimmenden nicht eindeutig ergibt oder die andere als die in Absatz 1 bezeichneten Angaben, einen Zusatz oder sonstige Änderungen enthalten, sind ungültig.

(3) Für den Abstimmungsvorgang und die schriftliche Stimmabgabe sind die §§ 17 bis 19 mit der Maßgabe anzuwenden, daß Arbeitnehmer, die dem Betrieb nach § 64 Abs. 2 zugeordnet sind, die in § 18 Abs. 1 bezeichneten Unterlagen erhalten, ohne daß es eines Verlangens des Abstimmungsberechtigten bedarf.

§ 70

Öffentliche Stimmauszählung

(1) Unverzüglich nach Abschluß der Stimmabgabe zählt der Betriebswahlvorstand öffentlich die Stimmen aus.

(2) Nach Öffnung der Wahlurne entnimmt der Betriebswahlvorstand die Stimmzettel den Wahl-

umschlägen und stellt für jeden Antrag gesondert fest, wieviel Stimmen für und wieviel Stimmen gegen den Antrag abgegeben worden sind.

(3) Bei der Auszählung ist die Gültigkeit der Stimmzettel zu prüfen. Befinden sich in einem Wahlumschlag mehrere gekennzeichnete Stimmzettel, so werden sie, wenn sie vollständig übereinstimmen, nur einfach gezählt, andernfalls sind sie ungültig.

§ 71

Abstimmungsniederschrift

Nachdem das Abstimmungsergebnis ermittelt ist, stellt der Betriebswahlvorstand in einer Niederschrift getrennt nach Abstimmungen fest:

1. die Zahl der abgegebenen Wahlumschläge;
2. die Zahl der gültigen Stimmen;
3. die Zahl der ungültigen Stimmen;
4. die Zahl der für einen Antrag abgegebenen Stimmen;
5. die Zahl der gegen einen Antrag abgegebenen Stimmen;
6. das Abstimmungsergebnis;
7. besondere während der Abstimmung eingetretene Zwischenfälle oder sonstige Ereignisse.

§ 72

Bekanntmachung des Abstimmungsergebnisses

(1) Der Betriebswahlvorstand gibt das Abstimmungsergebnis durch zweiwöchigen Aushang in gleicher Weise wie das Abstimmungsausschreiben bekannt.

(2) Ergeben die Abstimmungen, daß die Wahlmänner in gemeinsamer Wahl zu wählen sind, so ist dies durch eine Ergänzung des Wahlausschreibens für die Wahl der Wahlmänner bekanntzumachen.

Dritter Titel

Wahlvorschläge für Wahlmänner

§ 73

Einreichung von Wahlvorschlägen

(1) Zur Wahl der Wahlmänner können die wahlberechtigten Arbeitnehmer des Betriebs Wahlvorschläge machen. Jeder Wahlvorschlag für Wahlmänner

1. der Arbeiter muß von einem Zehntel oder 100 der wahlberechtigten Arbeiter,
2. der Angestellten, die auf die in § 3 Abs. 3 Nr. 1 des Gesetzes bezeichneten Angestellten entfallen, muß von einem Zehntel oder 100 der wahlberechtigten in § 3 Abs. 3 Nr. 1 des Gesetzes bezeichneten Angestellten,
3. der Angestellten, die auf die leitenden Angestellten entfallen, muß von einem Zehntel oder 100 der wahlberechtigten leitenden Angestellten

des Betriebs unterzeichnet sein. Die Wahlvorschläge sind innerhalb von zwei Wochen seit Erlaß des Wahlausschreibens für die Wahl der Wahlmänner beim Betriebswahlvorstand schriftlich einzureichen. Jeder Wahlvorschlag soll mindestens doppelt so viele Bewerber enthalten, wie in dem Wahlgang Wahlmänner zu wählen sind.

(2) In jedem Wahlvorschlag sind die Bewerber in erkennbarer Reihenfolge unter fortlaufender Nummer und unter Angabe von Familienname, Vorname, Geburtsdatum und Art der Beschäftigung aufzuführen. Die schriftliche Zustimmung der Bewerber zur Aufnahme in den Wahlvorschlag und ihre schriftliche Versicherung, daß sie im Fall ihrer Wahl die Wahl annehmen werden, sind beizufügen.

(3) Für jeden Wahlvorschlag soll einer der Unterzeichner als Vorschlagsvertreter bezeichnet werden. Dieser ist berechtigt und verpflichtet, dem Betriebswahlvorstand die zur Beseitigung von Beanstandungen erforderlichen Erklärungen abzugeben sowie Erklärungen und Entscheidungen des Betriebswahlvorstands entgegenzunehmen. Ist kein Unterzeichner des Wahlvorschlags ausdrücklich als Vorschlagsvertreter bezeichnet, so wird der an erster Stelle Unterzeichnete als Vorschlagsvertreter angesehen.

(4) Die Unterschrift eines Wahlberechtigten zählt nur auf einem Wahlvorschlag. Hat ein Wahlberechtigter mehrere Wahlvorschläge unterzeichnet, so hat er auf Aufforderung des Betriebswahlvorstands innerhalb einer angemessenen Frist, spätestens jedoch innerhalb von drei Arbeitstagen, zu erklären, welche Unterschrift er aufrechterhält. Unterbleibt die fristgerechte Erklärung, so wird sein Name auf dem zuerst eingereichten Wahlvorschlag gezählt und auf den übrigen Wahlvorschlägen gestrichen; sind mehrere Wahlvorschläge, die von demselben Wahlberechtigten unterzeichnet sind, gleichzeitig eingereicht worden, so entscheidet das Los darüber, auf welchem Wahlvorschlag die Unterschrift gilt.

(5) Ein Bewerber kann nur auf einem Wahlvorschlag vorgeschlagen werden. Ist sein Name mit seiner schriftlichen Zustimmung (Absatz 2 Satz 2) auf mehreren Wahlvorschlägen aufgeführt, so hat er auf Aufforderung des Betriebswahlvorstands innerhalb von drei Arbeitstagen zu erklären, welche Bewerbung er aufrechterhält. Unterbleibt die fristgerechte Erklärung, so ist der Bewerber auf sämtlichen Wahlvorschlägen zu streichen.

§ 74

Prüfung der Wahlvorschläge

(1) Der Betriebswahlvorstand bestätigt dem Vorschlagsvertreter schriftlich den Zeitpunkt der Einreichung des Wahlvorschlags.

(2) Der Betriebswahlvorstand bezeichnet den Wahlvorschlag, wenn er nicht mit einem Kennwort versehen ist, mit Familienname und Vorname des an erster Stelle benannten Bewerbers. Er hat unverzüglich den Wahlvorschlag zu prüfen und bei Ungültigkeit oder Beanstandung den Vorschlagsvertreter schriftlich unter Angabe der Gründe zu unterrichten.

§ 75

Ungültige Wahlvorschläge

(1) Ungültig sind Wahlvorschläge,

1. die nicht fristgerecht eingereicht worden sind,
2. auf denen die Bewerber nicht in erkennbarer Reihenfolge aufgeführt sind,
3. die bei der Einreichung nicht die erforderliche Zahl von Unterschriften aufweisen.

(2) Wahlvorschläge,

1. in denen die Bewerber nicht in der in § 73 Abs. 2 Satz 1 bestimmten Weise bezeichnet sind,
2. denen die schriftliche Zustimmung und Versicherung der Bewerber nach § 73 Abs. 2 Satz 2 nicht beigefügt sind,
3. die infolge von Streichungen gemäß § 73 Abs. 4 nicht mehr die erforderliche Zahl von Unterschriften aufweisen,

sind ungültig, wenn der Betriebswahlvorstand sie beanstandet hat und die Mängel nicht innerhalb von drei Arbeitstagen seit der Beanstandung beseitigt worden sind.

§ 76

Nachfrist für Wahlvorschläge

(1) Ist nach Ablauf der für die Einreichung von Wahlvorschlägen bestimmten Frist für einen Wahlgang kein gültiger Wahlvorschlag eingereicht, so erläßt der Betriebswahlvorstand unverzüglich eine Bekanntmachung und setzt eine Nachfrist von einer Woche für die Einreichung von Wahlvorschlägen fest. Die Bekanntmachung muß folgende Angaben enthalten:

1. das Datum ihres Erlasses;
2. daß für den Wahlgang kein gültiger Wahlvorschlag eingereicht worden ist;
3. daß Wahlvorschläge innerhalb einer Nachfrist von einer Woche seit Erlaß der Bekanntmachung schriftlich beim Betriebswahlvorstand eingereicht werden können; der letzte Tag der Frist ist anzugeben.

(2) Wird bis zum Ablauf der Nachfrist für einen Wahlgang kein gültiger Wahlvorschlag eingereicht, so macht der Betriebswahlvorstand unverzüglich bekannt, daß der Wahlgang nicht stattfindet.

(3) Für Bekanntmachungen nach den Absätzen 1 und 2 ist § 25 Abs. 3 und 4 entsprechend anzuwenden.

§ 77

Bekanntmachung der Wahlvorschläge

(1) Sind für einen Wahlgang mehrere Wahlvorschläge eingereicht, so ermittelt der Betriebswahlvorstand durch das Los nach Ablauf der in § 73 Abs. 1 Satz 3, § 75 Abs. 2 und § 76 Abs. 1 Satz 1 bezeichneten Fristen die Reihenfolge der Ordnungsnummern, die den eingereichten Wahlvorschlägen zugeteilt werden (Wahlvorschlag 1, 2 usw.). Die Vorschlagsvertreter sind zu der Losentscheidung rechtzeitig einzuladen.

(2) Spätestens zwei Wochen vor dem ersten Tag der Stimmabgabe macht der Betriebswahlvorstand die gültigen Wahlvorschläge, nach Wahlgängen getrennt, in gleicher Weise bekannt wie das Wahlausschreiben für die Wahl der Wahlmänner. Liegt für einen Wahlgang nur ein gültiger Wahlvorschlag vor, so weist der Betriebswahlvorstand in der Bekanntmachung darauf hin, daß so viele der darin aufgeführten Bewerber in der angegebenen Reihenfolge als gewählt gelten, wie in dem Wahlgang Wahlmänner zu wählen sind.

Vierter Titel

Wahl von Wahlmännern in einem Wahlgang auf Grund mehrerer Wahlvorschläge

§ 78

Stimmabgabe, Wahlvorgang

(1) Liegen für einen Wahlgang mehrere gültige Wahlvorschläge vor, so kann der Wähler seine Stimme nur für einen dieser Wahlvorschläge abgeben. Die Stimmabgabe erfolgt durch Abgabe von Stimmzetteln in den hierfür bestimmten Umschlägen (Wahlumschlägen).

(2) Der Betriebswahlvorstand hat die Wahlvorschläge auf den Stimmzetteln nach der Reihenfolge der Ordnungsnummern sowie unter Angabe der an erster und zweiter Stelle benannten Bewerber mit Familienname, Vorname und Art der Beschäftigung untereinander aufzuführen; bei Wahlvorschlägen, die mit einem Kennwort versehen sind, ist auch das Kennwort anzugeben. Die Stimmzettel sollen die Angabe enthalten, daß der Wähler nur einen Wahlvorschlag ankreuzen kann. Die Stimmzettel, die für denselben Wahlgang Verwendung finden, müssen sämtlich die gleiche Größe, Farbe, Beschaffenheit und Beschriftung haben; das gleiche gilt für die Wahlumschläge. Die Stimmzettel und Wahlumschläge, die für einen Wahlgang Verwendung finden, müssen sich von den für die anderen Wahlgänge vorgesehenen Stimmzetteln und Wahlumschlägen in der Farbe unterscheiden.

(3) Der Wähler kennzeichnet den von ihm gewählten Wahlvorschlag durch Ankreuzen an der im Stimmzettel hierfür vorgesehenen Stelle. Für den Wahlvorgang ist § 17 entsprechend anzuwenden; die Stimmabgabe ist in der Wählerliste für jeden Wahlgang gesondert zu vermerken.

(4) Ungültig sind Stimmzettel,

1. in denen mehr als ein Wahlvorschlag angekreuzt ist,
2. aus denen sich der Wille des Wählers nicht eindeutig ergibt,
3. die mit einem besonderen Merkmal versehen sind,
4. die andere als die in Absatz 2 bezeichneten Angaben, einen Zusatz oder sonstige Änderungen enthalten.

§ 79

Öffentliche Stimmauszählung

(1) Unverzüglich nach Abschluß der Stimmabgabe zählt der Betriebswahlvorstand öffentlich die Stimmen aus.

(2) Nach Öffnung der Wahlurne entnimmt der Betriebswahlvorstand die Stimmzettel den Wahlumschlägen und zählt für jeden Wahlgang gesondert die auf jeden Wahlvorschlag entfallenden Stimmen zusammen.

(3) Bei der Auszählung ist die Gültigkeit der Stimmzettel zu prüfen. Befinden sich in einem Wahlumschlag mehrere gekennzeichnete Stimmzettel, so werden sie, wenn sie vollständig übereinstimmen, nur einfach gezählt, andernfalls sind sie ungültig.

§ 80

Ermittlung der Gewählten

(1) Die in dem Wahlgang den einzelnen Wahlvorschlägen zugefallenen Stimmenzahlen werden in einer Reihe nebeneinandergestellt und sämtlich durch 1, 2, 3, 4 usw. geteilt. Die ermittelten Teilzahlen sind nacheinander reihenweise unter den Zahlen der ersten Reihe aufzuführen, bis höhere Teilzahlen, als aus früheren Reihen für die Zuweisung von Sitzen in Betracht kommen, nicht mehr entstehen. Unter den so gefundenen Teilzahlen werden so viele Höchstzahlen ausgesondert und der Größe nach geordnet, wie in dem Wahlgang Wahlmänner zu wählen sind. Jeder Wahlvorschlag erhält so viele Sitze zugeteilt, wie Höchstzahlen auf ihn entfallen. Wenn die niedrigste in Betracht kommende Höchstzahl auf mehrere Wahlvorschläge zugleich entfällt, so entscheidet das Los darüber, welchem Wahlvorschlag dieser Sitz zufällt.

(2) Wenn ein Wahlvorschlag weniger Bewerber enthält, als Höchstzahlen auf ihn entfallen, so gehen die überschüssigen Sitze auf die folgenden Höchstzahlen der anderen Wahlvorschläge desselben Wahlgangs über.

(3) Die Reihenfolge der Bewerber innerhalb der einzelnen Wahlvorschläge bestimmt sich nach der Reihenfolge ihrer Benennung.

Fünfter Titel

§ 81

Ermittlung von Wahlmännern bei Vorliegen nur eines Wahlvorschlags für einen Wahlgang

(1) Liegt für einen Wahlgang nur ein gültiger Wahlvorschlag vor, so gelten so viele der darin aufgeführten Bewerber in der im Wahlvorschlag angegebenen Reihenfolge als gewählt, wie Wahlmänner in dem Wahlgang zu wählen sind.

(2) Der Betriebswahlvorstand stellt unverzüglich nach Abschluß der Wahl der Wahlmänner fest, welche Wahlmänner nach Absatz 1 als gewählt gelten.

Sechster Titel
Schriftliche Stimmabgabe

§ 82

Voraussetzungen

(1) Einem wahlberechtigten Arbeitnehmer, der im Zeitpunkt der Wahl wegen Abwesenheit vom Betrieb verhindert ist, seine Stimme persönlich abzugeben, hat der Betriebswahlvorstand auf sein Verlangen

1. das Wahlausschreiben,
2. für jeden Wahlgang, an dem er teilzunehmen berechtigt ist, gesondert
   a) die Wahlvorschläge,
   b) den Stimmzettel und den Wahlumschlag,
3. eine vorgedruckte, vom Wähler abzugebende Erklärung, in der dieser gegenüber dem Betriebswahlvorstand versichert, daß er den Stimmzettel persönlich gekennzeichnet hat, sowie
4. einen größeren Freiumschlag, der die Anschrift des Betriebswahlvorstands und als Absender den Namen und die Anschrift des Wahlberechtigten sowie den Vermerk „Schriftliche Stimmabgabe" trägt,

auszuhändigen oder zu übersenden. Der Betriebswahlvorstand soll dem Wahlberechtigten ferner ein Merkblatt über die Art und Weise der schriftlichen Stimmabgabe (§ 83) aushändigen oder übersenden. Der Betriebswahlvorstand vermerkt die Aushändigung oder die Übersendung der Unterlagen für jeden Wahlgang gesondert in der Wählerliste.

(2) Wahlberechtigte, von denen dem Betriebswahlvorstand bekannt ist, daß sie im Zeitpunkt der Wahl nach der Eigenart ihres Beschäftigungsverhältnisses voraussichtlich nicht im Betrieb anwesend sein werden (insbesondere in Heimarbeit Beschäftigte und Außenarbeiter), sowie Arbeitnehmer, die dem Betrieb nach § 64 Abs. 2 zugeordnet sind, erhalten die in Absatz 1 bezeichneten Unterlagen, ohne daß es eines Verlangens des Wahlberechtigten bedarf.

(3) Für Betriebsteile und Nebenbetriebe, die räumlich weit vom Hauptbetrieb entfernt sind, kann der Betriebswahlvorstand die schriftliche Stimmabgabe beschließen. Absatz 2 ist entsprechend anzuwenden.

§ 83

Verfahren bei der Stimmabgabe

(1) Der Wähler gibt seine Stimmen in der Weise ab, daß er

1. die Stimmzettel unbeobachtet persönlich kennzeichnet und in den zugehörigen Wahlumschlägen verschließt,
2. die vorgedruckte Erklärung unter Angabe des Orts und des Datums unterschreibt und
3. die Wahlumschläge und die unterschriebene vorgedruckte Erklärung in dem Freiumschlag verschließt und diesen Wahlbrief so rechtzeitig an

den Betriebswahlvorstand absendet oder übergibt, daß er vor Abschluß der Stimmabgabe vorliegt.

(2) Unmittelbar vor Abschluß der Stimmabgabe öffnet der Betriebswahlvorstand in öffentlicher Sitzung die bis zu diesem Zeitpunkt eingegangenen Wahlbriefe und entnimmt ihnen die Wahlumschläge sowie die vorgedruckten Erklärungen. Ist die schriftliche Stimmabgabe ordnungsgemäß erfolgt, so vermerkt der Betriebswahlvorstand die Stimmabgabe für jeden Wahlgang gesondert in der Wählerliste und legt die Wahlumschläge ungeöffnet in die Wahlurne.

(3) Verspätet eingehende Wahlbriefe nimmt der Betriebswahlvorstand mit einem Vermerk über den Zeitpunkt des Eingangs ungeöffnet zu den Wahlunterlagen. Die Wahlbriefe sind einen Monat nach Bekanntgabe des Ergebnisses der Wahl der Aufsichtsratsmitglieder der Arbeitnehmer ungeöffnet zu vernichten, wenn die Wahl nicht angefochten worden ist.

Siebenter Titel

Wahlniederschrift, Benachrichtigungen

§ 84

Wahlniederschrift

(1) Nachdem ermittelt ist, wer als Wahlmann gewählt ist, stellt der Betriebswahlvorstand in einer Niederschrift für jeden Wahlgang gesondert fest:

1. die Zahl der abgegebenen Wahlumschläge;
2. die Zahl der gültigen Stimmen;
3. die Zahl der ungültigen Stimmen;
4. die Zahlen der auf die einzelnen Wahlvorschläge entfallenden Stimmen, die berechneten Höchstzahlen und ihre Verteilung auf die Wahlvorschläge;
5. den Wahlvorschlag, dessen Bewerber als gewählt gelten (§ 81);
6. für jeden Wahlvorschlag gesondert die Namen und Anschriften
   a) der gewählten Wahlmänner,
   b) der Ersatzmänner
   in der Reihenfolge ihrer Benennung;
7. besondere während der Wahl eingetretene Zwischenfälle oder sonstige Ereignisse.

(2) Der Betriebswahlvorstand übermittelt unverzüglich dem Unternehmenswahlvorstand eingeschrieben, fernschriftlich oder durch Boten die Wahlniederschrift.

§ 85

Bekanntmachung des Wahlergebnisses, Benachrichtigung der Gewählten

(1) Der Betriebswahlvorstand gibt das Wahlergebnis und die Namen der Gewählten unverzüglich durch zweiwöchigen Aushang an einer oder mehreren geeigneten, den Wahlberechtigten zugänglichen Stellen im Betrieb bekannt.

(2) Gleichzeitig benachrichtigt der Betriebswahlvorstand die Gewählten schriftlich von ihrer Wahl. Haben die Wahlmänner nach § 62 ein Mehrfachmandat, so ist dies in der Benachrichtigung anzugeben.

Achter Titel

§ 86

Ausnahme

Die Vorschriften des Ersten bis Siebenten Titels sind nicht anzuwenden auf Betriebe, in denen nach den Vorschriften dieser Verordnung oder, unter den in § 61 Abs. 1 bezeichneten Voraussetzungen, nach den Vorschriften der Dritten Wahlordnung zum Mitbestimmungsgesetz Wahlmänner bereits gewählt sind, deren Amtszeit bei Beginn der Amtszeit der zu wählenden Aufsichtsratsmitglieder der Arbeitnehmer noch nicht beendet ist (§ 13 des Gesetzes).

Zweiter Unterabschnitt

Wahl der Aufsichtsratsmitglieder der Arbeitnehmer durch die Wahlmänner

Erster Titel

Wahlmännerversammlung, Wahlmännerliste

§ 87

Wahlmännerversammlung

(1) Die Wahlmänner wählen die Aufsichtsratsmitglieder der Arbeitnehmer in einer Versammlung (Wahlmännerversammlung). Sie wird vom Unternehmenswahlvorstand geleitet.

(2) Der Unternehmenswahlvorstand bestimmt den Tag der Wahlmännerversammlung. Sie soll spätestens vier Wochen nach dem Zeitpunkt stattfinden, bis zu dem die Betriebswahlvorstände dem Unternehmenswahlvorstand nach § 65 Abs. 1 Nr. 6 die Ergebnisse der Wahl der Wahlmänner mitzuteilen hatten. Sind in dem Unternehmen keine Wahlmänner zu wählen (§ 61), so soll die Wahlmännerversammlung spätestens vier Wochen vor dem Beginn der Amtszeit der zu wählenden Aufsichtsratsmitglieder der Arbeitnehmer stattfinden.

§ 88

Wahlmännerliste

(1) Der Unternehmenswahlvorstand stellt eine Liste der Wahlmänner (Wahlmännerliste), getrennt nach Wahlmännern der Arbeiter und der Angestellten, auf. § 8 Abs. 1 Satz 2 und Abs. 5 ist entsprechend anzuwenden.

(2) Hinter dem Namen jedes Wahlmannes ist zu vermerken, wieviel Stimmen er hat.

(3) Die Wahlmännerliste, das Gesetz und diese Verordnung sind in der Wahlmännerversammlung bis zum Abschluß der Stimmabgabe zur Einsichtnahme auszulegen.

§ 89

Einsprüche gegen die Richtigkeit der Wahlmännerliste

(1) Einsprüche gegen die Richtigkeit der Wahlmännerliste können vor Beginn der Stimmabgabe beim Unternehmenswahlvorstand eingelegt werden.

(2) Über Einsprüche nach Absatz 1 entscheidet der Unternehmenswahlvorstand unverzüglich. Ist ein Einspruch begründet, so berichtigt der Unternehmenswahlvorstand die Wahlmännerliste. Der Unternehmenswahlvorstand teilt seine Entscheidung demjenigen, der den Einspruch eingelegt hat, unverzüglich mit.

(3) Vor Beginn der Stimmabgabe soll der Unternehmenswahlvorstand die Wahlmännerliste auf ihre Richtigkeit hin überprüfen. Im übrigen kann die Wahlmännerliste nur bei Schreibfehlern, offenbaren Unrichtigkeiten oder in Erledigung rechtzeitig eingelegter Einsprüche bis vor Beginn der Stimmabgabe berichtigt oder ergänzt werden.

Zweiter Titel

§ 90

Mitteilung an die Wahlmänner

(1) Der Unternehmenswahlvorstand teilt jedem Wahlmann spätestens drei Wochen vor dem Tag der Wahlmännerversammlung mit:

1. daß an der Wahl und an Abstimmungen nur Wahlmänner teilnehmen können, die in der Wahlmännerliste eingetragen sind;
2. daß die Wahlmännerliste, das Gesetz und diese Verordnung in der Wahlmännerversammlung zur Einsichtnahme ausgelegt werden;
3. daß Einsprüche gegen die Richtigkeit der Wahlmännerliste vor Beginn der Stimmabgabe beim Unternehmenswahlvorstand eingelegt werden können;
4. daß die unternehmensangehörigen Aufsichtsratsmitglieder der Arbeitnehmer von den Wahlmännern der Arbeiter und den Wahlmännern der Angestellten in getrennter Wahl gewählt werden, wenn nicht die Wahlmänner der Arbeiter und die Wahlmänner der Angestellten in der Wahlmännerversammlung in getrennten, geheimen Abstimmungen die gemeinsame Wahl beschließen;
5. daß die Abstimmungen über die gemeinsame Wahl der unternehmensangehörigen Aufsichtsratsmitglieder der Arbeitnehmer nur durchgeführt werden, wenn von den Wahlmännern der Arbeiter und den Wahlmännern der Angestellten je ein Antrag eingereicht wird;
6. daß ein Antrag auf Abstimmung der Wahlmänner der Arbeiter über die gemeinsame Wahl von Wahlmännern der Arbeiter unterzeichnet sein muß, die mindestens ein Zwanzigstel der Stimmen der Wahlmänner der Arbeiter haben; die erforderliche Stimmenzahl ist anzugeben;
7. daß ein Antrag auf Abstimmung der Wahlmänner der Angestellten über die gemeinsame Wahl von Wahlmännern der Angestellten unterzeichnet sein muß, die mindestens ein Zwanzigstel der Stimmen der Wahlmänner der Angestellten haben; die erforderliche Stimmenzahl ist anzugeben;
8. daß Anträge auf Abstimmungen über die gemeinsame Wahl spätestens eine Woche vor dem Tag der Wahlmännerversammlung schriftlich beim Unternehmenswahlvorstand eingereicht werden können; der letzte Tag der Frist ist anzugeben;
9. daß der Beschluß der Wahlmänner der Arbeiter darüber, daß die unternehmensangehörigen Aufsichtsratsmitglieder der Arbeitnehmer in gemeinsamer Wahl gewählt werden sollen, nur gefaßt werden kann, wenn mindestens die Hälfte der Stimmen der Wahlmänner der Arbeiter abgegeben wird; die erforderliche Stimmenzahl ist anzugeben;
10. daß der Beschluß der Wahlmänner der Angestellten darüber, daß die unternehmensangehörigen Aufsichtsratsmitglieder der Arbeitnehmer in gemeinsamer Wahl gewählt werden sollen, nur gefaßt werden kann, wenn mindestens die Hälfte der Stimmen der Wahlmänner der Angestellten abgegeben wird; die erforderliche Stimmenzahl ist anzugeben;
11. daß die Beschlüsse darüber, daß die unternehmensangehörigen Aufsichtsratsmitglieder der Arbeitnehmer in gemeinsamer Wahl gewählt werden sollen, jeweils nur mit der Mehrheit der abgegebenen Stimmen gefaßt werden können;
12. daß im Fall der getrennten Wahl die Aufsichtsratsmitglieder der Arbeiter von den Wahlmännern der Arbeiter und die Aufsichtsratsmitglieder der Angestellten von den Wahlmännern der Angestellten gewählt werden;
13. daß im Fall der gemeinsamen Wahl die unternehmensangehörigen Aufsichtsratsmitglieder der Arbeitnehmer von den Wahlmännern der Arbeiter und den Wahlmännern der Angestellten gemeinsam gewählt werden;
14. daß die Aufsichtsratsmitglieder, die Vertreter von Gewerkschaften sind, in gemeinsamer Wahl gewählt werden;
15. wieviel Stimmen dem Wahlmann zustehen;
16. daß die Stimmabgabe an Wahlvorschläge gebunden ist;
17. Ort, Tag und Zeit der Wahlmännerversammlung;
18. die Anschrift des Unternehmenswahlvorstands.

Die Mitteilung erfolgt schriftlich gegen Empfangsbekenntnis oder durch eingeschriebenen Brief.

(2) Der Unternehmenswahlvorstand übersendet Abdrucke der Mitteilung nach Absatz 1 den Betriebswahlvorständen, dem Unternehmen und den im Unternehmen vertretenen Gewerkschaften.

(3) Stellt der Unternehmenswahlvorstand fest, daß die Amtszeit eines Wahlmannes

1. durch Niederlegung des Amtes,
2. durch Beendigung der Beschäftigung des Wahlmannes in dem Betrieb, dessen Wahlmann er ist,
3. durch Verlust der Wählbarkeit

vorzeitig beendet (§ 14 Abs. 1 des Gesetzes) oder daß er verhindert (§ 14 Abs. 2 Satz 1 des Gesetzes) ist, so verständigt er den Ersatzmann (§ 14 Abs. 2 Satz 2 des Gesetzes) in gleicher Weise wie die Wahlmänner.

(4) Stellt ein Wahlmann fest, daß er verhindert ist, so teilt er dies dem Betriebswahlvorstand mit. Stellt ein Betriebswahlvorstand fest, daß die Amtszeit eines Wahlmannes vorzeitig beendet oder daß er verhindert ist, so teilt er dies dem Unternehmenswahlvorstand mit.

Dritter Titel
Abstimmungen über die gemeinsame Wahl in der Wahlmännerversammlung

§ 91
Voraussetzungen

Abstimmungen darüber, daß die unternehmensangehörigen Aufsichtsratsmitglieder der Arbeitnehmer in gemeinsamer Wahl gewählt werden sollen, werden nur durchgeführt, wenn sowohl von den Wahlmännern der Arbeiter als auch von den Wahlmännern der Angestellten ein gültiger Antrag eingereicht worden ist. Die Abstimmungen finden in der Wahlmännerversammlung statt.

§ 92
Anträge auf Abstimmungen über die gemeinsame Wahl

(1) Anträge auf Abstimmungen darüber, daß die unternehmensangehörigen Aufsichtsratsmitglieder der Arbeitnehmer in gemeinsamer Wahl gewählt werden sollen, sind spätestens eine Woche vor dem Tag der Wahlmännerversammlung schriftlich beim Unternehmenswahlvorstand einzureichen. Der Unternehmenswahlvorstand prüft unverzüglich nach Eingang eines Antrags dessen Gültigkeit.

(2) Ein Antrag auf Abstimmung ist gültig, wenn er von Wahlmännern der Arbeiter oder Wahlmännern der Angestellten unterzeichnet ist, die mindestens ein Zwanzigstel der Stimmen der Wahlmänner der Arbeiter oder der Wahlmänner der Angestellten haben, und fristgerecht eingereicht worden ist.

(3) Ist ein Antrag ungültig, so teilt der Betriebswahlvorstand dies dem Antragsvertreter oder, wenn ein solcher nicht benannt ist, dem an erster Stelle des Antrags Unterzeichneten schriftlich mit.

§ 93
Stimmabgabe, Abstimmungsvorgang

(1) Die Stimmzettel für eine Abstimmung dürfen nur den Antrag und die Frage an den Wahlmann enthalten, ob er für oder gegen den Antrag stimmt. Gibt der Wahlmann seine Stimme für den Antrag ab, so kreuzt er das vorgedruckte „Ja", andernfalls das vorgedruckte „Nein" an. Hat ein Wahlmann mehrere Stimmen, so gibt er für jede Stimme einen Stimmzettel in einem Wahlumschlag ab. Die Stimmzettel für eine Abstimmung müssen sämtlich die gleiche Größe, Farbe, Beschaffenheit und Beschriftung haben; das gleiche gilt für die Wahlumschläge. Stimmzettel und Wahlumschläge, die für eine Abstimmung Verwendung finden, müssen sich von den für die andere Abstimmung vorgesehenen Stimmzetteln und Wahlumschlägen in der Farbe unterscheiden.

(2) Stimmzettel, die mit einem besonderen Merkmal versehen sind oder aus denen sich der Wille des Wahlmannes nicht eindeutig ergibt oder die andere als die in Absatz 1 bezeichneten Angaben, einen Zusatz oder sonstige Änderungen enthalten, sind ungültig.

(3) Für den Abstimmungsvorgang ist § 17 entsprechend anzuwenden.

§ 94
Öffentliche Stimmauszählung

(1) Unverzüglich nach Abschluß der Stimmabgabe zählt der Unternehmenswahlvorstand öffentlich die Stimmen aus.

(2) Nach Öffnung der Wahlurne entnimmt der Unternehmenswahlvorstand die Stimmzettel den Wahlumschlägen und stellt für jeden Antrag gesondert fest, wieviel Stimmen für und wieviel Stimmen gegen den Antrag abgegeben worden sind.

(3) Bei der Auszählung ist die Gültigkeit der Stimmzettel zu prüfen. Befinden sich in einem Wahlumschlag mehrere gekennzeichnete Stimmzettel, so werden sie, wenn sie vollständig übereinstimmen, nur einfach gezählt, andernfalls sind sie ungültig.

§ 95
Abstimmungsniederschrift

Nachdem das Abstimmungsergebnis ermittelt ist, stellt der Unternehmenswahlvorstand in einer Niederschrift getrennt nach Abstimmungen fest:

1. die Zahl der abgegebenen Wahlumschläge;
2. die Zahl der gültigen Stimmen;
3. die Zahl der ungültigen Stimmen;
4. die Zahl der für einen Antrag abgegebenen Stimmen;
5. die Zahl der gegen einen Antrag abgegebenen Stimmen;
6. das Abstimmungsergebnis;
7. besondere während der Abstimmung eingetretene Zwischenfälle oder sonstige Ereignisse.

§ 96
Bekanntmachung des Abstimmungsergebnisses

Der Unternehmenswahlvorstand gibt das Abstimmungsergebnis in der Wahlmännerversammlung bekannt.

Vierter Titel
Wahl mehrerer Aufsichtsratsmitglieder der Arbeitnehmer in einem Wahlgang auf Grund mehrerer Wahlvorschläge

§ 97
Stimmabgabe, Wahlvorgang

(1) Sind in einem Wahlgang mehrere Aufsichtsratsmitglieder der Arbeitnehmer zu wählen und liegen für diesen Wahlgang mehrere gültige Wahlvorschläge vor, so kann der Wahlmann seine Stimme nur für einen dieser Wahlvorschläge abgeben. Die Stimmabgabe erfolgt durch Abgabe von Stimmzetteln in den hierfür bestimmten Umschlägen (Wahlumschlägen). Hat ein Wahlmann mehrere Stimmen, so gibt er für jede Stimme einen Stimmzettel in einem Wahlumschlag ab. Der Begriff des Wahlgangs im Sinne dieses Unterabschnitts bestimmt sich nach § 26 Abs. 5.

(2) Der Unternehmenswahlvorstand hat die Wahlvorschläge auf den Stimmzetteln nach der Reihenfolge der Ordnungsnummern sowie unter Angabe der an erster und zweiter Stelle benannten Bewerber mit Familienname, Vorname, Art der Beschäftigung und Betrieb untereinander aufzuführen; bei Wahlvorschlägen, die mit einem Kennwort versehen sind, ist auch das Kennwort anzugeben. Die Stimmzettel sollen die Angabe enthalten, daß der Wahlmann nur einen Wahlvorschlag ankreuzen kann. Die Stimmzettel, die für denselben Wahlgang Verwendung finden, müssen sämtlich die gleiche Größe, Farbe, Beschaffenheit und Beschriftung haben; das gleiche gilt für die Wahlumschläge. Die Stimmzettel und Wahlumschläge, die für einen Wahlgang Verwendung finden, müssen sich von den für die anderen Wahlgänge vorgesehenen Stimmzetteln und Wahlumschlägen in der Farbe unterscheiden.

(3) Der Wahlmann kennzeichnet den von ihm gewählten Wahlvorschlag durch Ankreuzen an der im Stimmzettel hierfür vorgesehenen Stelle. Für den Wahlvorgang ist § 17 entsprechend anzuwenden; die Stimmabgabe ist in der Wahlmännerliste für jeden Wahlgang und für jede Stimme gesondert zu vermerken.

(4) Ungültig sind Stimmzettel,

1. in denen mehr als ein Wahlvorschlag angekreuzt ist,
2. aus denen sich der Wille des Wahlmannes nicht eindeutig ergibt,
3. die mit einem besonderen Merkmal versehen sind,
4. die andere als die in Absatz 2 bezeichneten Angaben, einen Zusatz oder sonstige Änderungen enthalten.

§ 98
Öffentliche Stimmauszählung

(1) Unverzüglich nach Abschluß der Stimmabgabe zählt der Unternehmenswahlvorstand öffentlich die Stimmen aus.

(2) Nach Öffnung der Wahlurne entnimmt der Unternehmenswahlvorstand die Stimmzettel den Wahlumschlägen und zählt für jeden Wahlgang gesondert die auf jeden Wahlvorschlag entfallenden Stimmen zusammen.

(3) Bei der Auszählung ist die Gültigkeit der Stimmzettel zu prüfen. Befinden sich in einem Wahlumschlag mehrere gekennzeichnete Stimmzettel, so werden sie, wenn sie vollständig übereinstimmen, nur einfach gezählt, andernfalls sind sie ungültig.

§ 99
Ermittlung der Gewählten

(1) Die in dem Wahlgang den einzelnen Wahlvorschlägen zugefallenen Stimmenzahlen werden in einer Reihe nebeneinandergestellt und sämtlich durch 1, 2, 3, 4 usw. geteilt. Die ermittelten Teilzahlen sind nacheinander reihenweise unter den Zahlen der ersten Reihe aufzuführen, bis höhere Teilzahlen, als aus früheren Reihen für die Zuweisung von Sitzen in Betracht kommen, nicht mehr entstehen. Unter den so gefundenen Teilzahlen werden so viele Höchstzahlen ausgesondert und der Größe nach geordnet, wie in dem Wahlgang Aufsichtsratsmitglieder zu wählen sind. Jeder Wahlvorschlag erhält so viele Sitze zugeteilt, wie Höchstzahlen auf ihn entfallen. Wenn die niedrigste in Betracht kommende Höchstzahl auf mehrere Wahlvorschläge zugleich entfällt, so entscheidet das Los darüber, welchem Wahlvorschlag dieser Sitz zufällt.

(2) Wenn ein Wahlvorschlag weniger Bewerber enthält, als Höchstzahlen auf ihn entfallen, so gehen die überschüssigen Sitze auf die folgenden Höchstzahlen der anderen Wahlvorschläge desselben Wahlgangs über.

(3) Die Reihenfolge der Bewerber innerhalb der einzelnen Wahlvorschläge bestimmt sich nach der Reihenfolge ihrer Benennung.

(4) Mit der Wahl eines Bewerbers ist das in dem Wahlvorschlag neben dem gewählten Bewerber aufgeführte Ersatzmitglied des Aufsichtsrats gewählt.

Fünfter Titel
Wahl mehrerer Aufsichtsratsmitglieder der Arbeitnehmer in einem Wahlgang auf Grund nur eines Wahlvorschlags

§ 100
Stimmabgabe, Wahlvorgang

(1) Sind in einem Wahlgang mehrere Aufsichtsratsmitglieder der Arbeitnehmer zu wählen und liegt für diesen Wahlgang nur ein gültiger Wahlvorschlag vor, so kann der Wahlmann seine Stimme nur für die in dem Wahlvorschlag aufgeführten Bewerber abgeben. Eine gesonderte Stimmabgabe für ein Ersatzmitglied des Aufsichtsrats ist nicht zulässig. Die Stimmabgabe erfolgt durch Abgabe von Stimmzetteln in den hierfür bestimmten

Umschlägen (Wahlumschlägen). Hat ein Wahlmann mehrere Stimmen, so gibt er für jede Stimme einen Stimmzettel in einem Wahlumschlag ab.

(2) Der Unternehmenswahlvorstand hat die Bewerber auf den Stimmzetteln unter Angabe von Familienname, Vorname, Art der Beschäftigung und Betrieb untereinander in der Reihenfolge aufzuführen, in der sie in dem Wahlvorgang benannt sind. Ist zusammen mit einem Bewerber für diesen ein Ersatzmitglied vorgeschlagen worden, so ist das Ersatzmitglied auf dem Stimmzettel neben dem Bewerber aufzuführen; Satz 1 ist entsprechend anzuwenden. Die Stimmzettel sollen die Angabe enthalten, wieviel Bewerber der Wahlmann ankreuzen kann. § 97 Abs. 2 Satz 3 und 4 ist anzuwenden.

(3) Der Wahlmann kennzeichnet die von ihm gewählten Bewerber durch Ankreuzen an den im Stimmzettel hierfür vorgesehenen Stellen. Er darf nicht mehr Bewerber ankreuzen, als in dem Wahlgang Aufsichtsratsmitglieder zu wählen sind. § 97 Abs. 3 Satz 2 ist entsprechend anzuwenden.

(4) Ungültig sind Stimmzettel,

1. in denen mehr Bewerber angekreuzt sind, als in dem Wahlgang Aufsichtsratsmitglieder zu wählen sind,
2. aus denen sich der Wille des Wahlmannes nicht eindeutig ergibt,
3. die mit einem besonderen Merkmal versehen sind,
4. die andere als die in Absatz 2 bezeichneten Angaben, einen Zusatz oder sonstige Änderungen enthalten.

§ 101

Öffentliche Stimmauszählung

(1) Unverzüglich nach Abschluß der Stimmabgabe zählt der Unternehmenswahlvorstand öffentlich die Stimmen aus.

(2) Nach Öffnung der Wahlurne entnimmt der Unternehmenswahlvorstand die Stimmzettel den Wahlumschlägen und zählt für jeden Wahlgang gesondert die auf jeden Bewerber entfallenden Stimmen zusammen. § 98 Abs. 3 ist anzuwenden. Ist auf einem Stimmzettel ein Bewerber mehrfach angekreuzt, so zählt dies als eine Stimme.

§ 102

Ermittlung der Gewählten

Gewählt sind so viele Bewerber, wie in dem Wahlgang Aufsichtsratsmitglieder zu wählen sind, nach der Reihenfolge der auf sie entfallenden Stimmenzahlen. Bei Stimmengleichheit entscheidet das Los. § 99 Abs. 4 ist anzuwenden.

Sechster Titel

§ 103

Wahl nur eines Aufsichtsratsmitglieds der Arbeitnehmer in einem Wahlgang

(1) Ist in einem Wahlgang nur ein Aufsichtsratsmitglied der Arbeitnehmer zu wählen, so kann der Wahlmann seine Stimme nur für einen der vorgeschlagenen Bewerber abgeben. § 100 Abs. 1 Satz 2 bis 4 ist anzuwenden.

(2) Liegt nur ein gültiger Wahlvorschlag vor, so hat der Unternehmenswahlvorstand die Bewerber auf den Stimmzetteln unter Angabe von Familienname, Vorname, Art der Beschäftigung und Betrieb untereinander in der Reihenfolge aufzuführen, in der sie in dem Wahlvorschlag benannt sind. Liegen mehrere gültige Wahlvorschläge vor, so hat der Unternehmenswahlvorstand die Bewerber auf den Stimmzetteln unter Angabe von Familienname, Vorname, Art der Beschäftigung, Betrieb und Kennwort des Wahlvorschlags untereinander in alphabetischer Reihenfolge aufzuführen. § 100 Abs. 2 Satz 2 bis 4 ist anzuwenden.

(3) Der Wahlmann kennzeichnet den von ihm gewählten Bewerber durch Ankreuzen an der im Stimmzettel hierfür vorgesehenen Stelle. Er darf nicht mehr als einen Bewerber ankreuzen. § 97 Abs. 3 Satz 2, § 100 Abs. 4 und die §§ 101 und 102 sind anzuwenden.

Siebenter Titel

Wahlniederschrift, Benachrichtigungen

§ 104

Wahlniederschrift

Nachdem ermittelt ist, wer gewählt ist, stellt der Unternehmenswahlvorstand in einer Niederschrift für jeden Wahlgang gesondert fest:

1. die Zahl der abgegebenen Wahlumschläge;
2. die Zahl der gültigen Stimmen;
3. die Zahl der ungültigen Stimmen;
4. bei Verhältniswahl die Zahlen der auf die einzelnen Wahlvorschläge entfallenden Stimmen, die berechneten Höchstzahlen und ihre Verteilung auf die Wahlvorschläge;
5. bei Mehrheitswahl die Zahlen der auf die einzelnen Bewerber entfallenden Stimmen;
6. die Namen der gewählten Aufsichtsratsmitglieder;
7. die Namen der für die einzelnen Aufsichtsratsmitglieder gewählten Ersatzmitglieder;
8. besondere während der Wahl eingetretene Zwischenfälle oder sonstige Ereignisse.

§ 105

Bekanntmachung des Wahlergebnisses, Benachrichtigung der Gewählten

(1) Der Unternehmenswahlvorstand gibt das Wahlergebnis und die Namen der Gewählten in der Wahlmännerversammlung bekannt.

(2) Der Unternehmenswahlvorstand übermittelt das Wahlergebnis und die Namen der Gewählten den Betriebswahlvorständen. Jeder Betriebswahl-

vorstand gibt das Wahlergebnis und die Namen der Gewählten unverzüglich durch zweiwöchigen Aushang an einer oder mehreren geeigneten, den Wahlberechtigten zugänglichen Stellen im Betrieb bekannt.

(3) Gleichzeitig benachrichtigt der Unternehmenswahlvorstand die Gewählten schriftlich von ihrer Wahl und übermittelt das Wahlergebnis und die Namen der Gewählten dem Unternehmen und den im Unternehmen vertretenen Gewerkschaften.

§ 106

Aufbewahrung der Wahlakten

Der Unternehmenswahlvorstand und jeder Betriebswahlvorstand übergibt die Wahlakten dem Unternehmen. Das Unternehmen bewahrt die Wahlakten mindestens für die Dauer von fünf Jahren auf.

Zweiter Teil
Abberufung von Aufsichtsratsmitgliedern der Arbeitnehmer

Erster Abschnitt
Gemeinsame Vorschriften

§ 107

Einleitung des Abberufungsverfahrens

(1) Ein Antrag auf Abberufung eines Aufsichtsratsmitglieds der Arbeitnehmer nach § 23 Abs. 1 des Gesetzes ist schriftlich beim Gesamtbetriebsrat einzureichen.

(2) Unverzüglich nach Eingang eines Antrags auf Abberufung wird der Unternehmenswahlvorstand gebildet, es sei denn, der Antrag entspricht offensichtlich nicht den in § 23 Abs. 1 Satz 2 des Gesetzes bezeichneten Erfordernissen.

(3) Für die Aufgaben, die Bildung, die Zusammensetzung und die Geschäftsführung der Wahlvorstände sind die §§ 3 bis 7 entsprechend anzuwenden; die Mitteilung des Unternehmenswahlvorstands nach § 6 muß auch den Inhalt des Antrags auf Abberufung enthalten. Das Unternehmen hat dem Unternehmenswahlvorstand die bei der Wahl des Aufsichtsratsmitglieds, dessen Abberufung beantragt wird, entstandenen Wahlakten zu übergeben.

§ 108

Liste der antragsberechtigten Arbeitnehmer

Wird die Abberufung eines unternehmensangehörigen Aufsichtsratsmitglieds der Arbeitnehmer beantragt, es wird in jedem Betrieb unverzüglich nach der Bildung des Betriebswahlvorstands eine Liste der wahlberechtigten Arbeitnehmer aufgestellt, die nach § 23 Abs. 1 Satz 2 des Gesetzes für die Abberufung dieses Aufsichtsratsmitglieds antragsberechtigt sind. Die §§ 8 bis 12 sind entsprechend anzuwenden; die Bekanntmachung nach § 9 Abs. 2 und 3 muß auch den Inhalt des Antrags auf Abberufung enthalten.

§ 109

Prüfung des Antrags auf Abberufung

(1) Der Unternehmenswahlvorstand prüft unverzüglich nach Übersendung der Listen der antragsberechtigten Arbeitnehmer die Gültigkeit des Antrags auf Abberufung.

(2) Ist ein Antrag ungültig, so teilt der Unternehmenswahlvorstand dies dem Antragsvertreter oder, wenn ein solcher nicht benannt ist, dem an erster Stelle des Antrags Unterzeichneten und den Betriebswahlvorständen schriftlich mit. Jeder Betriebswahlvorstand gibt die Mitteilung durch zweiwöchigen Aushang an einer oder mehreren geeigneten, den Wahlberechtigten zugänglichen Stellen im Betrieb bekannt.

§ 110

Anzuwendende Vorschriften

(1) Liegt ein gültiger Antrag vor, so stellt der Unternehmenswahlvorstand fest, ob das Aufsichtsratsmitglied, dessen Abberufung beantragt ist, in unmittelbarer Wahl oder durch Wahlmänner gewählt worden ist.

(2) Ist das Aufsichtsratsmitglied, dessen Abberufung beantragt ist, in unmittelbarer Wahl gewählt worden, so richtet sich das weitere Abberufungsverfahren nach den Vorschriften des Zweiten Abschnitts.

(3) Ist das Aufsichtsratsmitglied, dessen Abberufung beantragt ist, durch Wahlmänner gewählt worden, so richtet sich das weitere Abberufungsverfahren nach den Vorschriften des Dritten Abschnitts.

Zweiter Abschnitt
Abstimmung über die Abberufung eines in unmittelbarer Wahl gewählten Aufsichtsratsmitglieds der Arbeitnehmer

§ 111

Abberufungsausschreiben, Wählerliste

(1) Der Unternehmenswahlvorstand stellt fest, ob das Aufsichtsratsmitglied, dessen Abberufung beantragt ist, in getrennter oder in gemeinsamer Wahl gewählt worden ist, und ob die Arbeiter, die Angestellten oder beide Gruppen nach § 23 Abs. 3 des Gesetzes abstimmungsberechtigt sind.

(2) Der Unternehmenswahlvorstand erläßt unverzüglich ein Abberufungsausschreiben. Die Abstimmung soll innerhalb von vier Wochen seit dem für den Aushang des Abberufungsausschreibens bestimmten Zeitpunkt stattfinden.

(3) Das Abberufungsausschreiben muß folgende Angaben enthalten:

1. den für den Aushang bestimmten Zeitpunkt;
2. den Inhalt des Antrags;
3. die Bezeichnung des Antragstellers;
4. die Zahl der Arbeitnehmer, die den Antrag unterzeichnet haben;

5. ob an der Abstimmung über den Antrag die Arbeiter, die Angestellten oder beide Gruppen teilnehmen;
6. daß an der Abstimmung nur Arbeitnehmer teilnehmen können, die in der Wählerliste eingetragen sind;
7. daß der Beschluß über die Abberufung einer Mehrheit von drei Vierteln der abgegebenen Stimmen bedarf;
8. den Tag oder die Tage der Stimmabgabe.

Für die Bekanntmachung des Abberufungsausschreibens ist § 25 Abs. 3 und 4 entsprechend anzuwenden.

(4) In jedem Betrieb wird für die Abberufung unverzüglich eine Liste der nach § 23 Abs. 3 des Gesetzes abstimmungsberechtigten Arbeitnehmer des Betriebs (Wählerliste) aufgestellt. Die §§ 8, 9, 11 und 12 sind entsprechend anzuwenden mit der Maßgabe, daß abweichend von § 8 Abs. 1 Satz 1 eine Trennung und Unterteilung der Wählerliste nicht erforderlich ist.

§ 112
Abstimmung, Abstimmungsergebnis, Akten

(1) Für die Abstimmung sind die §§ 16 bis 22 anzuwenden. In den Niederschriften ist auch festzustellen, ob an der Abstimmung die Arbeiter, die Angestellten oder beide Gruppen teilgenommen haben.

(2) Der Unternehmenswahlvorstand übermittelt das Abstimmungsergebnis schriftlich

1. den Betriebswahlvorständen,
2. dem Aufsichtsratsmitglied, über dessen Abberufung abgestimmt worden ist,
3. der Gewerkschaft, die einen Antrag auf Abberufung gestellt hat (§ 23 Abs. 1 Satz 2 Nr. 4 des Gesetzes),
4. dem Unternehmen.

§ 109 Abs. 2 Satz 2 ist anzuwenden.

(3) Auf die im Zusammenhang mit einem Antrag auf Abberufung entstandenen Akten ist § 60 entsprechend anzuwenden.

Dritter Abschnitt
Abstimmung über die Abberufung eines durch Wahlmänner gewählten Aufsichtsratsmitglieds der Arbeitnehmer

§ 113
Wahlmännerliste

(1) Der Unternehmenswahlvorstand stellt fest, ob das Aufsichtsratsmitglied, dessen Abberufung beantragt ist, in getrennter oder in gemeinsamer Wahl gewählt worden ist und ob die Wahlmänner der Arbeiter, die Wahlmänner der Angestellten oder die Wahlmänner beider Gruppen nach § 23 Abs. 2 des Gesetzes abstimmungsberechtigt sind.

(2) Der Unternehmenswahlvorstand stellt für die Abberufung unverzüglich eine Liste der nach § 23 Abs. 2 des Gesetzes abstimmungsberechtigten Wahlmänner (Wahlmännerliste) auf. § 8 Abs. 1 Satz 2, Abs. 3 und 5, § 88 Abs. 2 und 3 und § 89 sind entsprechend anzuwenden.

§ 114
Wahlmännerversammlung, Mitteilung des Unternehmenswahlvorstands an die Wahlmänner

(1) Die abstimmungsberechtigten Wahlmänner stimmen über den Antrag auf Abberufung in einer Versammlung (Wahlmännerversammlung) ab. Die Wahlmännerversammlung soll innerhalb von sechs Wochen nach der Feststellung, daß ein gültiger Antrag auf Abberufung eines durch Wahlmänner gewählten Aufsichtsratsmitglieds der Arbeitnehmer vorliegt, stattfinden.

(2) Der Unternehmenswahlvorstand beruft die abstimmungsberechtigten Wahlmänner schriftlich gegen Empfangsbekenntnis oder durch eingeschriebenen Brief zur Wahlmännerversammlung ein; § 90 Abs. 2 bis 4 ist entsprechend anzuwenden. Die Mitteilung nach Satz 1 soll den Wahlmännern spätestens drei Wochen vor der Wahlmännerversammlung übersandt werden.

(3) Die Mitteilung muß folgende Angaben enthalten:

1. den Inhalt des Antrags;
2. die Bezeichnung des Antragstellers;
3. die Zahl der Arbeitnehmer, die den Antrag unterzeichnet haben;
4. ob an der Abstimmung über den Antrag die Wahlmänner der Arbeiter, die Wahlmänner der Angestellten oder die Wahlmänner beider Gruppen teilnehmen;
5. daß an der Abstimmung nur Wahlmänner teilnehmen können, die in der Wahlmännerliste eingetragen sind;
6. daß die Wahlmännerliste, das Gesetz und diese Verordnung in der Wahlmännerversammlung zur Einsichtnahme ausgelegt werden;
7. daß Einsprüche gegen die Richtigkeit der Wahlmännerliste vor Beginn der Stimmabgabe beim Unternehmenswahlvorstand eingelegt werden können;
8. daß der Beschluß über die Abberufung einer Mehrheit von drei Vierteln der abgegebenen Stimmen bedarf;
9. wieviel Stimmen dem Wahlmann zustehen;
10. Ort, Tag und Zeit der Wahlmännerversammlung;
11. die Anschrift des Unternehmenswahlvorstands.

§ 115
Abstimmung, Abstimmungsergebnis, Akten

Für die Abstimmung, das Abstimmungsergebnis und die Aufbewahrung der Akten sind die §§ 93 bis 96 und 112 Abs. 1 Satz 2 und Abs. 2 und 3 entsprechend anzuwenden.

Vierter Abschnitt

§ 116

Ersatzmitglieder

Für die Abberufung von Ersatzmitgliedern (§ 23 Abs. 4 des Gesetzes) sind die Vorschriften des Ersten bis Dritten Abschnitts entsprechend anzuwenden.

Dritter Teil
Besondere Vorschriften für die Wahl und die Abberufung der Aufsichtsratsmitglieder der Arbeitnehmer bei Teilnahme von Arbeitnehmern eines Seebetriebs

Erster Abschnitt
Wahl der Aufsichtsratsmitglieder der Arbeitnehmer

Erster Unterabschnitt
Einleitung der Wahl, Abstimmung über die Art der Wahl, Wahlvorschläge

§ 117

Einleitung der Wahl

(1) Die in § 2 Abs. 1 Satz 1 bezeichnete Frist wird auf 50 Wochen verlängert.

(2) In der in § 2 bezeichneten Bekanntmachung ist gesondert die Zahl der Arbeitnehmer anzugeben, die im Seebetrieb (§ 34 Abs. 1 des Gesetzes) beschäftigt sind.

(3) Für den Seebetrieb wird ein Betriebswahlvorstand nicht gebildet. Der Unternehmenswahlvorstand nimmt im Seebetrieb die sich aus dieser Verordnung ergebenden Aufgaben des Betriebswahlvorstands wahr. Für die Anwendung von § 4 Abs. 5 bleibt der Seebetrieb außer Betracht.

(4) Mitteilungen, die im Seebetrieb bekanntzumachen sind, übersendet der Unternehmenswahlvorstand jedem zum Seebetrieb gehörigen Schiff und teilt dabei den Zeitpunkt mit, von dem ab sie auf dem Schiff auszuhängen sind. Mitteilungen sind von der Bordvertretung oder, wenn eine solche nicht besteht, vom Kapitän an einer oder mehreren geeigneten, den Wahlberechtigten zugänglichen Stellen an Bord auszuhängen und in gut lesbarem Zustand zu erhalten. Der erste und der letzte Tag des Aushangs sind auf der Mitteilung zu vermerken.

(5) Der Unternehmenswahlvorstand übersendet jedem zum Seebetrieb gehörigen Schiff einen Abdruck der Wählerliste des Seebetriebs, das Gesetz und diese Verordnung. Sie sind von der Bordvertretung oder, wenn eine solche nicht besteht, vom Kapitän an geeigneter, den Wahlberechtigten zugänglicher Stelle an Bord zur Einsichtnahme auszulegen. Außerdem übersendet der Unternehmenswahlvorstand die Wählerliste des Seebetriebs dem Betriebswahlvorstand des Landbetriebs, der für die Heuerverhältnisse der Arbeitnehmer des Seebetriebs zuständig ist. Dieser Betriebswahlvorstand legt die Wählerliste des Seebetriebs in gleicher Weise aus wie die in § 8 bezeichnete Wählerliste.

(6) Im Seebetrieb ist § 9 Abs. 2 und 3 nicht anzuwenden. Der Unternehmenswahlvorstand versendet im Seebetrieb gleichzeitig mit der Wählerliste eine Bekanntmachung. Sie muß folgende Angaben enthalten:

1. das Datum ihrer Versendung;
2. die Namen der Mitglieder des Unternehmenswahlvorstands und seine Anschrift;
3. daß die Wählerliste des Seebetriebs, das Gesetz und diese Verordnung an Bord zur Einsichtnahme ausgelegt werden;
4. daß die Wählerliste des Seebetriebs auch in dem Landbetrieb, der für die Heuerverhältnisse der Arbeitnehmer des Seebetriebs zuständig ist, ausgelegt wird;
5. daß Einsprüche gegen die Richtigkeit der Wählerliste nur innerhalb von acht Wochen seit ihrer Versendung schriftlich beim Unternehmenswahlvorstand eingelegt werden können; der letzte Tag der Frist ist anzugeben;
6. daß Einsprüche gegen Berichtigungen und Ergänzungen der Wählerliste nur innerhalb von acht Wochen seit der Berichtigung oder der Ergänzung eingelegt werden können;
7. daß an der Wahl und an Abstimmungen nur Arbeitnehmer teilnehmen können, die in der Wählerliste eingetragen sind.

(7) Im Seebetrieb ist § 10 nicht anzuwenden. Abweichend von § 12 Abs. 1 kann im Seebetrieb

1. ein Einspruch gegen die Richtigkeit der Wählerliste innerhalb von acht Wochen seit ihrer Versendung an die Schiffe eingelegt werden;
2. ein Einspruch gegen eine Berichtigung oder Ergänzung der Wählerliste innerhalb von acht Wochen seit der Berichtigung oder der Ergänzung eingelegt werden.

§ 118

Abstimmung über die Art der Wahl

Die Arbeitnehmer des Seebetriebs nehmen an einer Abstimmung darüber, ob die Wahl durch Wahlmänner oder unmittelbar erfolgen soll, nicht teil und bleiben für die Errechnung der für die Antragstellung und für die Beschlußfassung erforderlichen Zahlen von Arbeitnehmern außer Betracht (§ 34 Abs. 4 des Gesetzes); in der Bekanntmachung nach § 13 und in dem Abstimmungsausschreiben nach § 15 ist hierauf hinzuweisen. Die §§ 13 bis 23 sind auf den Seebetrieb nicht anzuwenden.

§ 119

Bekanntmachung über die Einreichung von Wahlvorschlägen

(1) Die Bekanntmachung nach § 25 Abs. 1 muß im Seebetrieb auch folgende Angaben enthalten:

1. daß die Wählerliste des Seebetriebs, das Gesetz und diese Verordnung auf jedem Schiff des Seebetriebs von der Bordvertretung oder, wenn eine solche nicht besteht, vom Kapitän zur Einsichtnahme ausgelegt werden;
2. daß die Wählerliste des Seebetriebs auch in dem Landbetrieb, der für die Heuerverhältnisse der Arbeitnehmer des Seebetriebs zuständig ist, ausgelegt wird.
3. daß die Wahlvorschläge auf jedem Schiff des Seebetriebs von der Bordvertretung oder, wenn eine solche nicht besteht, vom Kapitän ausgehängt werden.

(2) Die in § 25 Abs. 1 Satz 2 Nr. 3 und in § 26 Abs. 3 bezeichnete Frist für die Einreichung von Wahlvorschlägen wird auf 15 Wochen verlängert.

(3) § 25 Abs. 2 Satz 2 und Abs. 3 ist im Seebetrieb nicht anzuwenden; § 117 Abs. 4 ist anzuwenden.

(4) Die in § 37 Abs. 2 Satz 1 bezeichnete Mindestfrist für die Bekanntmachung der Wahlvorschläge wird auf drei Wochen verlängert. Ist zu besorgen, daß die in Satz 1 bezeichnete Mindestfrist zwischen dem für den Aushang der Wahlvorschläge an Bord bestimmten Zeitpunkt und dem Beginn der Stimmabgabe in den Landbetrieben für eine fristgerechte Stimmabgabe der Arbeitnehmer des Seebetriebs nicht ausreicht, so kann der Unternehmenswahlvorstand diese Mindestfrist auf höchstens fünf Wochen verlängern. Für die Bekanntmachung der Wahlvorschläge im Seebetrieb ist § 117 Abs. 4 anzuwenden.

§ 120

Zusätzliche Vorschriften für den Wahlvorschlag der leitenden Angestellten

(1) Die in § 30 Abs. 1 Satz 4 bezeichnete Frist für die Einreichung von Abstimmungsvorschlägen wird auf fünf Wochen verlängert. Der Unternehmenswahlvorstand übersendet jedem Kapitän des Seebetriebs einen Abdruck der Bekanntmachung. § 29 Abs. 2 und 3, § 30 Abs. 4 Satz 2 und 3 und Abs. 5 sind im Seebetrieb nicht anzuwenden; § 25 Abs. 4 ist anzuwenden.

(2) Abweichend von § 31 Abs. 1 setzt der Unternehmenswahlvorstand den Tag der Abstimmung der leitenden Angestellten so fest, daß der Wahlvorschlag der leitenden Angestellten auch dann, wenn eine zweite Abstimmung erforderlich wird, innerhalb von 28 Wochen seit dem für den Aushang der Bekanntmachung nach § 29 bestimmten Zeitpunkt aufgestellt sein kann.

(3) Für die in § 33 Abs. 2 bezeichnete Bekanntmachung ist Absatz 1 Satz 2 anzuwenden. § 33 Abs. 2 Satz 3 ist im Seebetrieb nicht anzuwenden; § 25 Abs. 4 ist anzuwenden.

Zweiter Unterabschnitt
Unmittelbare Wahl der Aufsichtsratsmitglieder der Arbeitnehmer

§ 121

Wahlausschreiben im Seebetrieb

(1) Das Wahlausschreiben nach § 39 Abs. 1 muß im Seebetrieb auch folgende Angaben enthalten:

1. daß die Arbeitnehmer des Seebetriebs in Briefwahl wählen;
2. den Zeitpunkt, bis zu dem die Wahlbriefe beim Unternehmenswahlvorstand eingehen müssen.

(2) Gehören nicht mehr als ein Zehntel der Arbeitnehmer des Unternehmens zum Seebetrieb, so muß das Wahlausschreiben den Hinweis enthalten, daß die Arbeitnehmer des Seebetriebs an Abstimmungen über die gemeinsame Wahl nicht teilnehmen und für die Errechnung der für die Antragstellung und für die Beschlußfassung erforderlichen Zahlen von Arbeitnehmern außer Betracht bleiben. Das Wahlausschreiben im Seebetrieb enthält die in § 39 Abs. 1 Satz 2 Nr. 5 bis 11 bezeichneten Angaben nicht.

(3) Für die Bekanntmachung des Wahlausschreibens im Seebetrieb ist § 39 Abs. 2 nicht anzuwenden; § 25 Abs. 4 und § 117 Abs. 4 sind anzuwenden.

§ 122

Abstimmungen über die gemeinsame Wahl

(1) Gehören nicht mehr als ein Zehntel der Arbeitnehmer des Unternehmens zum Seebetrieb, so nehmen die Arbeitnehmer des Seebetriebs an einer Abstimmung darüber, ob die Aufsichtsratsmitglieder der Arbeitnehmer in gemeinsamer Wahl gewählt werden sollen, nicht teil, und bleiben für die Errechnung der für die Antragstellung und für die Beschlußfassung erforderlichen Zahlen von Arbeitnehmern außer Betracht (§ 34 Abs. 6 des Gesetzes). Die §§ 40 bis 46 Abs. 1 sind auf den Seebetrieb nicht anzuwenden.

(2) Gehören mehr als ein Zehntel der Arbeitnehmer des Unternehmens zum Seebetrieb, so sind die §§ 39 bis 46 mit folgender Maßgabe anzuwenden:

1. Ist zu besorgen, daß die in § 39 Abs. 1 Satz 2 Nr. 8 und § 40 Abs. 1 Satz 1 bezeichnete Frist wegen der Teilnahme der Arbeitnehmer des Seebetriebs für eine ordnungsgemäße Einreichung von Anträgen auf Abstimmungen über die gemeinsame Wahl nicht ausreicht, so kann der Unternehmenswahlvorstand diese Frist auf höchstens fünf Wochen verlängern. Wird die Frist erst nach Erlaß des Wahlausschreibens verlängert, so ist sie unverzüglich in gleicher Weise bekanntzumachen wie das Wahlausschreiben.
2. Die in § 41 Abs. 1 Satz 2 bezeichnete Frist wird auf drei Wochen verlängert; Nummer 1 ist entsprechend anzuwenden.
3. Das Abstimmungsausschreiben nach § 41 muß im Seebetrieb auch folgende Angaben enthalten:
   a) daß die Arbeitnehmer des Seebetriebs in Briefwahl abstimmen;

b) den Zeitpunkt, bis zu dem die Wahlbriefe beim Unternehmenswahlvorstand eingehen müssen.

4. Über Anträge auf gemeinsame Wahl der unternehmensangehörigen Aufsichtsratsmitglieder der Arbeitnehmer stimmen die Arbeitnehmer des Seebetriebs in Briefwahl ab; die §§ 18 und 19 sind entsprechend anzuwenden.

5. Gleichzeitig mit dem Abstimmungsausschreiben übersendet der Unternehmenswahlvorstand
   a) jedem Schiff die zur Stimmabgabe erforderlichen Unterlagen in einer Anzahl, die die Zahl der Regelbesatzung des Schiffes um mindestens 10 vom Hundert übersteigt,
   b) allen Arbeitnehmern des Seebetriebs, von denen ihm bekannt ist, daß sie sich nicht an Bord eines Schiffes befinden, die zur Stimmabgabe erforderlichen Unterlagen sowie einen Abdruck des Abstimmungsausschreibens.

6. Die Bordvertretung oder, wenn eine solche nicht besteht, der Kapitän hat jedem Besatzungsmitglied die zur Stimmabgabe erforderlichen Unterlagen auszuhändigen. Die Wahlbriefe der Besatzungsmitglieder eines Schiffes sollen möglichst gleichzeitig an den Unternehmenswahlvorstand abgesandt werden.

§ 121 Abs. 1 und 3 bleibt unberührt.

§ 123

Stimmabgabe bei der Wahl der Aufsichtsratsmitglieder der Arbeitnehmer

(1) Die Arbeitnehmer des Seebetriebs stimmen bei der Wahl der Aufsichtsratsmitglieder der Arbeitnehmer in Briefwahl ab.

(2) Gleichzeitig mit der Versendung der Wahlvorschläge an die Betriebswahlvorstände (§ 37 Abs. 2 Satz 2) übersendet der Unternehmenswahlvorstand jedem Schiff die zur Stimmabgabe erforderlichen Unterlagen; § 122 Abs. 2 Satz 1 Nr. 5 und 6 ist entsprechend anzuwenden.

Dritter Unterabschnitt
Wahl der Aufsichtsratsmitglieder der Arbeitnehmer durch Wahlmänner

§ 124

Wahl der Wahlmänner

(1) Im Seebetrieb werden Wahlmänner nicht gewählt. Die §§ 61 bis 86 sind auf den Seebetrieb nicht anzuwenden.

(2) Die Arbeitnehmer des Seebetriebs nehmen an der Wahl der Aufsichtsratsmitglieder der Arbeitnehmer unmittelbar teil.

§ 125

Wahlausschreiben im Seebetrieb

(1) Steht fest, daß die Aufsichtsratsmitglieder der Arbeitnehmer durch Wahlmänner zu wählen sind, so erläßt der Unternehmenswahlvorstand ein Wahlausschreiben für den Seebetrieb. Es muß folgende Angaben enthalten:

1. daß die Aufsichtsratsmitglieder der Arbeitnehmer durch Wahlmänner gewählt werden;
2. daß im Seebetrieb keine Wahlmänner gewählt werden;
3. daß die Arbeitnehmer des Seebetriebs an der Wahl der Aufsichtsratsmitglieder der Arbeitnehmer unmittelbar teilnehmen;
4. daß an der Wahl nur Arbeitnehmer teilnehmen können, die in der Wählerliste des Seebetriebs eingetragen sind;
5. daß die unternehmensangehörigen Aufsichtsratsmitglieder der Arbeitnehmer von den Arbeitern und den Angestellten in getrennter Wahl gewählt werden, wenn nicht die Wahlmänner der Arbeiter und die Wahlmänner der Angestellten in der Wahlmännerversammlung die gemeinsame Wahl beschließen;
6. daß die Arbeitnehmer des Seebetriebs an Abstimmungen der Wahlmänner über die gemeinsame Wahl der Aufsichtsratsmitglieder der Arbeitnehmer nicht teilnehmen;
7. daß die Aufsichtsratsmitglieder, die Vertreter von Gewerkschaften sind, in gemeinsamer Wahl gewählt werden;
8. daß die Arbeitnehmer des Seebetriebs in Briefwahl wählen;
9. daß jeder wahlberechtigte Arbeitnehmer des Seebetriebs Wahlunterlagen für sämtliche Wahlgänge erhält, an denen er bei gemeinsamer Wahl der Aufsichtsratsmitglieder der Arbeitnehmer teilnehmen kann, und daß er seine Stimme für sämtliche Wahlgänge abgeben kann;
10. daß für den Fall, daß die unternehmensangehörigen Aufsichtsratsmitglieder der Arbeitnehmer in getrennter Wahl gewählt werden, die Stimmabgabe
    a) der Arbeiter des Seebetriebs nur für die Aufsichtsratsmitglieder der Arbeiter und die Aufsichtsratsmitglieder, die Vertreter von Gewerkschaften sind, berücksichtigt wird;
    b) der Angestellten des Seebetriebs nur für die Aufsichtsratsmitglieder der Angestellten und die Aufsichtsratsmitglieder, die Vertreter von Gewerkschaften sind, berücksichtigt wird;
11. daß die Stimmabgabe an Wahlvorschläge gebunden ist;
12. daß die Stimme eines Arbeitnehmers des Seebetriebs als ein Sechzigstel der Stimme eines Wahlmannes gezählt wird;
13. den Zeitpunkt, bis zu dem die Wahlbriefe beim Unternehmenswahlvorstand vorliegen müssen;
14. die Anschrift des Unternehmenswahlvorstands.

(2) § 25 Abs. 4 und § 117 Abs. 4 sind entsprechend anzuwenden.

§ 126

Stimmabgabe der Arbeitnehmer des Seebetriebs

(1) Die Arbeitnehmer des Seebetriebs stimmen bei der Wahl der Aufsichtsratsmitglieder der Arbeitnehmer in Briefwahl ab. Die §§ 56 und 57 sind entsprechend anzuwenden.

(2) Gleichzeitig mit der Versendung der Wahlvorschläge an die Betriebswahlvorstände (§ 37 Abs. 2 Satz 2) übersendet der Unternehmenswahlvorstand jedem Schiff die für eine gemeinsame Wahl der Aufsichtsratsmitglieder der Arbeitnehmer erforderlichen Unterlagen; § 122 Abs. 2 Nr. 5 und 6 ist entsprechend anzuwenden. Die Wahlbriefe müssen bis zum Ablauf des Tages vor der Wahlmännerversammlung dem Unternehmenswahlvorstand vorliegen.

(3) Abweichend von § 87 Abs. 2 Satz 2 soll die Wahlmännerversammlung sechs Wochen nach der Versendung der zur Stimmabgabe erforderlichen Unterlagen stattfinden. Ist zu besorgen, daß diese Zeit für eine ordnungsgemäße Stimmabgabe der Arbeitnehmer des Seebetriebs nicht ausreicht, so kann der Unternehmenswahlvorstand sie auf höchstens neun Wochen verlängern.

(4) Die Vorschriften über die Stimmabgabe und den Wahlvorgang (§§ 97, 100 und 103) sind auf die Arbeitnehmer des Seebetriebs mit folgender Maßgabe entsprechend anzuwenden:

1. An die Stelle der Wahlmänner treten die wahlberechtigten Arbeitnehmer des Seebetriebs.
2. Die Wahlumschläge der Wähler des Seebetriebs werden in eine gesonderte Wahlurne gelegt.
3. Für den Fall, daß die unternehmensangehörigen Aufsichtsratsmitglieder der Arbeitnehmer in getrennter Wahl gewählt werden, werden nur die Wahlumschläge für die Wahlgänge in die Wahlurne gelegt, an denen der Wähler des Seebetriebs jeweils teilnehmen kann. Die übrigen Wahlumschläge der Wähler des Seebetriebs nimmt der Unternehmenswahlvorstand ungeöffnet zu den Wahlunterlagen. Diese Wahlumschläge sind einen Monat nach Bekanntgabe des Wahlergebnisses ungeöffnet zu vernichten, wenn die Wahl nicht angefochten worden ist.

(5) Die Vorschriften über die Auszählung der Stimmen (§§ 98 und 101) sind auf die Arbeitnehmer des Seebetriebs mit folgender Maßgabe entsprechend anzuwenden:

1. Die Stimmen der Wähler des Seebetriebs werden gesondert ausgezählt.
2. Je 60 Stimmen dieser Wähler werden als eine Stimme eines Wahlmannes gezählt. Werden 60 Stimmen nicht erreicht, so werden mindestens 30 Stimmen als eine Stimme eines Wahlmannes gezählt. Bei mehr als 60 Stimmen wird ein Rest von mindestens 30 Stimmen als eine Stimme eines Wahlmannes gezählt. Die so errechneten Stimmenzahlen werden jeweils der Stimmenzahl der von den Wahlmännern in dem Wahlgang für den Wahlvorschlag abgegebenen Stimmen hinzugezählt.

§ 127

Wahlniederschrift

Für die Wahlniederschrift ist § 104 nicht anzuwerden. Nachdem ermittelt ist, wer gewählt ist, stellt der Unternehmenswahlvorstand in einer Niederschrift für jeden Wahlgang gesondert fest:

1. die Zahl der
   a) von den Wahlmännern abgegebenen Wahlumschläge,
   b) von den Arbeitnehmern des Seebetriebs abgegebenen Wahlumschläge;
2. die Zahl der
   a) von den Wahlmännern abgegebenen gültigen Stimmen,
   b) von den Arbeitnehmern des Seebetriebs abgegebenen gültigen Stimmen;
3. die Zahl der
   a) von den Wahlmännern abgegebenen ungüligen Stimmen,
   b) von den Arbeitnehmern des Seebetriebs abgegebenen ungültigen Stimmen;
4. bei Verhältniswahl
   a) die Zahlen der auf die einzelnen Wahlvorschläge entfallenden Stimmen der Wahlmänner,
   b) die Zahlen der auf die einzelnen Wahlvorschläge entfallenden Stimmen der Arbeitnehmer des Seebetriebs und die Umrechnung dieser Stimmen auf Stimmen von Wahlmännern nach § 126 Abs. 5 Nr. 2,
   c) die Summen der auf die einzelnen Wahlvorschläge entfallenden Stimmen der Wahlmänner und der umgerechneten Stimmen der Arbeitnehmer des Seebetriebs,
   d) die berechneten Höchstzahlen und ihre Verteilung auf die Wahlvorschläge;
5. bei Mehrheitswahl
   a) die Zahlen der auf die einzelnen Bewerber entfallenden Stimmen der Wahlmänner,
   b) die Zahlen der auf die einzelnen Bewerber entfallenden Stimmen der Arbeitnehmer des Seebetriebs und die Umrechnung dieser Stimmen auf Stimmen von Wahlmännern nach § 126 Abs. 5 Nr. 2,
   c) die Summen der auf die einzelnen Bewerber entfallenden Stimmen der Wahlmänner und der umgerechneten Stimmen der Arbeitnehmer des Seebetriebs;
6. die Namen der gewählten Aufsichtsratsmitglieder;
7. die Namen der für die einzelnen Aufsichtsratsmitglieder gewählten Ersatzmitglieder;
8. besondere während der Wahl eingetretene Zwischenfälle oder sonstige Ereignisse.

Zweiter Abschnitt
Abberufung der Aufsichtsratsmitglieder der Arbeitnehmer

Erster Unterabschnitt

§ 128
Gemeinsame Vorschrift

(1) Für den Seebetrieb wird ein Betriebswahlvorstand nicht gebildet. Der Unternehmenswahlvorstand nimmt im Seebetrieb die sich aus dieser Verordnung ergebenden Aufgaben des Betriebswahlvorstands wahr. Abweichend von § 107 Abs. 3 Satz 1 sind auf den Seebetrieb die §§ 5 und 6 Abs. 2 nicht anzuwenden; für die Anwendung von § 4 Abs. 5 bleibt der Seebetrieb außer Betracht. Im Seebetrieb ist § 117 Abs. 6 Satz 1 entsprechend anzuwenden.

(2) Für Mitteilungen, die im Seebetrieb bekanntzumachen sind, ist § 117 Abs. 4 anzuwenden.

Zweiter Unterabschnitt
Abstimmung über die Abberufung eines in unmittelbarer Wahl gewählten Aufsichtsratsmitglieds der Arbeitnehmer

§ 129
Abberufungsausschreiben für den Seebetrieb, Wählerliste

(1) Die in § 111 Abs. 2 Satz 2 bezeichnete Frist wird auf sechs Wochen verlängert.

(2) Das Abberufungsausschreiben nach § 111 muß im Seebetrieb auch die in § 121 Abs. 1 bezeichneten Angaben enthalten.

(3) § 117 Abs. 5 und 7 ist entsprechend anzuwenden.

§ 130
Stimmabgabe

Die Arbeitnehmer des Seebetriebs stimmen in Briefwahl ab. § 122 Abs. 2 Satz 1 Nr. 5 und 6 ist entsprechend anzuwenden.

Dritter Unterabschnitt
Abstimmung über die Abberufung eines durch Wahlmänner gewählten Aufsichtsratsmitglieds der Arbeitnehmer

§ 131
Unmittelbare Abstimmung, Wählerliste, Mitteilung an die Wahlmänner

(1) Die Arbeitnehmer des Seebetriebs nehmen an der Abstimmung über einen Antrag auf Abberufung unmittelbar teil.

(2) Gleichzeitig mit der in § 113 Abs. 2 bezeichneten Wahlmännerliste wird eine Liste der abstimmungsberechtigten Arbeitnehmer des Seebetriebs aufgestellt; § 111 Abs. 4 und § 117 Abs. 5 bis 7 sind entsprechend anzuwenden.

(3) Die in § 114 Abs. 1 Satz 2 bezeichnete Frist wird auf elf Wochen verlängert. § 126 Abs. 3 Satz 2 ist entsprechend anzuwenden mit der Maßgabe, daß der Unternehmenswahlvorstand die Frist auf höchstens vierzehn Wochen verlängern kann.

§ 132
Abberufungsausschreiben im Seebetrieb

Spätestens acht Wochen vor der Wahlmännerversammlung erläßt der Unternehmenswahlvorstand ein Abberufungsausschreiben für den Seebetrieb. § 111 Abs. 3 Satz 1, § 125 Abs. 1 Satz 2 Nr. 3, 8 und 12 bis 14 und Abs. 2 sind entsprechend anzuwenden.

§ 133
Abstimmung, Mitteilung des Abstimmungsergebnisses

Die Arbeitnehmer des Seebetriebs stimmen in Briefwahl ab. § 122 Abs. 2 Satz 1 Nr. 5 und 6 ist entsprechend anzuwenden. Die §§ 18, 19 und 115 sind auf die Arbeitnehmer des Seebetriebs mit folgender Maßgabe entsprechend anzuwenden:

1. An die Stelle der Wahlmänner treten die wahlberechtigten Arbeitnehmer des Seebetriebs.
2. Die Wahlumschläge dieser Abstimmenden werden in eine gesonderte Urne gelegt.
3. Die Stimmen dieser Abstimmenden werden gesondert ausgezählt.
4. Je 60 Stimmen dieser Abstimmenden werden als eine Stimme eines Wahlmannes gezählt. Werden 60 Stimmen nicht erreicht, so werden mindestens 30 Stimmen als eine Stimme eines Wahlmannes gezählt. Bei mehr als 60 Stimmen wird ein Rest von mindestens 30 Stimmen als eine Stimme eines Wahlmannes gezählt.
5. Für die Abstimmungsniederschrift ist § 127 Satz 2 Nr. 1 bis 3, 5, 6 und 8 entsprechend anzuwenden.

Vierter Teil
Übergangs- und Schlußvorschriften

§ 134
Erstmalige Anwendung des Gesetzes auf ein Unternehmen

(1) Bei der erstmaligen Anwendung des Gesetzes auf ein Unternehmen hat das Unternehmen die in § 2 bezeichnete Bekanntmachung unverzüglich nach der in § 97 Abs. 1 des Aktiengesetzes bezeichneten Bekanntmachung über die Zusammensetzung des Aufsichtsrats oder, wenn diese Bekanntmachung vor Inkrafttreten dieser Verordnung erfolgt ist, unverzüglich nach Inkrafttreten dieser Verordnung zu erlassen.

(2) Die Wahlvorstände werden unverzüglich nach der in § 2 bezeichneten Bekanntmachung gebildet. In jedem Betrieb wird unverzüglich nach der Bildung des Betriebswahlvorstands die Wählerliste aufgestellt; die §§ 8 bis 12 sind anzuwenden.

(3) Abweichend von § 13 Abs. 1 Satz 1 soll der Unternehmenswahlvorstand die in den §§ 13, 25 und 29 bezeichneten Bekanntmachungen 20 Wochen vor dem voraussichtlichen Beginn der Amtszeit der zu wählenden Aufsichtsratsmitglieder der Arbeitnehmer erlassen. Nehmen an der Wahl auch Arbeitnehmer eines in § 34 Abs. 1 des Gesetzes bezeichneten Betriebs (Seebetrieb) teil, so verlängert sich die in Satz 1 bezeichnete Frist auf 43 Wochen.

§ 135

Vor Inkrafttreten dieser Verordnung eingeleitete Wahlverfahren

Ist das Wahlverfahren vor Inkrafttreten dieser Verordnung eingeleitet und von dem die Wahl leitenden Wahlvorstand geregelt worden, so kann das Wahlverfahren, wenn diese Verordnung vor seinem Abschluß in Kraft tritt, nach der vom Wahlvorstand getroffenen Regelung weitergeführt werden, wenn

1. diese Verordnung zu einem späteren als dem in § 2 Abs. 1 Satz 1 für die Bekanntmachung des Unternehmens bestimmten spätesten Zeitpunkt in Kraft getreten ist und
2. die vom Wahlvorstand getroffene Regelung nicht gegen das Gesetz oder Grundsätze eines rechtsstaatlichen Wahlrechts verstößt.

Nehmen an der Wahl auch Arbeitnehmer eines in § 34 Abs. 1 des Gesetzes bezeichneten Betriebs (Seebetrieb) teil, so ist § 117 Abs. 1 entsprechend anzuwenden.

§ 136

Berechnung von Fristen

Für die Berechnung der in dieser Verordnung bestimmten Fristen sind die §§ 186 bis 193 des Bürgerlichen Gesetzbuchs entsprechend anzuwenden. Arbeitstage im Sinne dieser Verordnung sind die Wochentage Montag bis Freitag mit Ausnahme der gesetzlichen Feiertage.

§ 137

Berlin-Klausel

Diese Verordnung gilt nach § 14 des Dritten Überleitungsgesetzes in Verbindung mit § 40 des Mitbestimmungsgesetzes auch im Land Berlin.

§ 138

Inkrafttreten

Diese Verordnung tritt am Tage nach der Verkündung in Kraft.

Dritte Wahlordnung zum Mitbestimmungsgesetz (3. WOMitbestG)

Vom 23. Juni 1977

(BGBl. I S. 934)

Inhaltsübersicht

3. Wahlordnung

Auf Grund des § 39 des Mitbestimmungsgesetzes vom 4. Mai 1976 (BGBl. I S. 1153) verordnet die Bundesregierung:

§ 1

Geltungsbereich

(1) Die Wahl und die Abberufung der Aufsichtsratsmitglieder der Arbeitnehmer eines Unternehmens bestimmen sich nach den Vorschriften dieser Verordnung, wenn an der Wahl oder an der Abberufung nach § 4 oder § 5 des Gesetzes auch die Arbeitnehmer anderer Unternehmen teilnehmen, insbesondere weil

1. das Unternehmen persönlich haftender Gesellschafter einer in § 4 Abs. 1 Satz 1 des Gesetzes bezeichneten Kommanditgesellschaft ist,
2. das Unternehmen herrschendes Konzernunternehmen ist oder nach § 5 Abs. 3 des Gesetzes als herrschendes Konzernunternehmen gilt.

(2) Die Wahl der Aufsichtsratsmitglieder der Arbeitnehmer bestimmt sich nach den Vorschriften des Ersten Teils.

(3) Die Abberufung von Aufsichtsratsmitgliedern der Arbeitnehmer bestimmt sich nach den Vorschriften des Zweiten Teils.

(4) Nehmen an der Wahl oder an der Abberufung auch Arbeitnehmer eines in § 34 Abs. 1 des Gesetzes bezeichneten Betriebs (Seebetrieb) teil, so sind außerdem die Vorschriften des Dritten Teils anzuwenden.

Erster Teil

Wahl der Aufsichtsratsmitglieder der Arbeitnehmer

Erster Abschnitt

Einleitung der Wahl, Abstimmung über die Art der Wahl, Wahlvorschläge

Erster Unterabschnitt

Einleitung der Wahl

§ 2

Bekanntmachung der Unternehmen

(1) Das Unternehmen, in dessen Aufsichtsrat Mitglieder der Arbeitnehmer zu wählen sind, teilt spätestens 31 Wochen vor dem voraussichtlichen Beginn der Amtszeit der zu wählenden Aufsichtsratsmitglieder der Arbeitnehmer den anderen Unternehmen, deren Arbeitnehmer nach § 4 oder § 5 des Gesetzes an der Wahl teilnehmen, schriftlich mit, daß Aufsichtsratsmitglieder der Arbeitnehmer zu wählen sind. In der Mitteilung ist ferner anzugeben:

1. der voraussichtliche Beginn der Amtszeit der zu wählenden Aufsichtsratsmitglieder der Arbeitnehmer;
2. die Zahl der zu wählenden Aufsichtsratsmitglieder der Arbeitnehmer;

3. die Firmen und die Anschriften der Unternehmen, deren Arbeitnehmer an der Wahl teilnehmen, sowie die Zahlen der in diesen Unternehmen in der Regel beschäftigten Arbeitnehmer.

(2) Jedes Unternehmen macht die in Absatz 1 bezeichnete Mitteilung sowie die Anschriften der Betriebe des Unternehmens unverzüglich durch Aushang an einer oder mehreren geeigneten, den Wahlberechtigten zugänglichen Stellen in den Betrieben des Unternehmens bekannt.

(3) Gleichzeitig mit dem Aushang der Bekanntmachung nach Absatz 2 übersendet jedes Unternehmen einen Abdruck der Bekanntmachung

1. dem Konzernbetriebsrat,
2. dem Gesamtbetriebsrat,
3. den in dem Unternehmen bestehenden Betriebsräten,
4. den in dem Unternehmen vertretenen Gewerkschaften,
5. den nach § 117 Abs. 2 Satz 1 des Betriebsverfassungsgesetzes durch Tarifvertrag errichteten Vertretungen für im Flugbetrieb beschäftigte Arbeitnehmer.

Sind in einem Unternehmen, dessen Arbeitnehmer an der Wahl der Aufsichtsratsmitglieder nach dieser Verordnung teilnehmen, auch nach der Ersten oder Zweiten Wahlordnung zum Mitbestimmungsgesetz Aufsichtsratsmitglieder der Arbeitnehmer zu wählen, und beginnt die Amtszeit dieser Aufsichtsratsmitglieder nicht mehr als sechs Monate vor oder nach dem Beginn der Amtszeit der nach dieser Verordnung zu wählenden Aufsichtsratsmitglieder, so teilt das Unternehmen dies gleichzeitig den in Satz 1 Nr. 2, 3 und 5 bezeichneten Arbeitnehmervertretungen mit. Satz 2 ist entsprechend anzuwenden, wenn die Arbeitnehmer eines Unternehmens nach dieser Verordnung an der Wahl von Mitgliedern der Aufsichtsräte mehrerer Unternehmen teilnehmen.

§ 3

Wahlvorstände

(1) Die rechtzeitige Einleitung und die Durchführung der Wahl sowie die Feststellung des Wahlergebnisses obliegen dem Hauptwahlvorstand.

(2) In den einzelnen Unternehmen wird die Wahl im Auftrag und nach den Richtlinien des Hauptwahlvorstands durch Unternehmenswahlvorstände durchgeführt. Besteht ein Unternehmen aus einem Betrieb, so tritt an die Stelle des Unternehmenswahlvorstands der Betriebswahlvorstand; dieser nimmt die aus dieser Verordnung sich ergebenden Aufgaben des Unternehmenswahlvorstands wahr.

(3) In den einzelnen Betrieben jedes Unternehmens wird die Wahl im Auftrag und nach den Richtlinien des Hauptwahlvorstands und des Unternehmenswahlvorstands durch Betriebswahlvorstände durchgeführt.

(4) Die Wahlvorstände werden unverzüglich nach der in § 2 bezeichneten Bekanntmachung gebildet.

§ 4

Zusammensetzung des Hauptwahlvorstands

(1) Der Hauptwahlvorstand besteht aus drei Mitgliedern. Die Arbeitnehmervertretungen, die nach Absatz 4 Mitglieder des Hauptwahlvorstands bestellen, können die Zahl der Mitglieder erhöhen, wenn dies zur ordnungsgemäßen Durchführung der Wahl erforderlich ist. Der Hauptwahlvorstand muß aus einer ungeraden Zahl von Mitgliedern bestehen. Mitglieder des Hauptwahlvorstands können nur wahlberechtigte Arbeitnehmer von Unternehmen, deren Arbeitnehmer an der Wahl teilnehmen, sein.

(2) Im Hauptwahlvorstand sollen Arbeiter, in § 3 Abs. 3 Nr. 1 des Gesetzes bezeichnete Angestellte und leitende Angestellte angemessen vertreten sein. Dem Hauptwahlvorstand muß, wenn in den Unternehmen, deren Arbeitnehmer an der Wahl teilnehmen, insgesamt

1. mindestens fünf wahlberechtigte Arbeiter (§ 3 Abs. 2 des Gesetzes) beschäftigt sind, mindestens ein Arbeiter angehören,
2. mindestens fünf in § 3 Abs. 3 Nr. 1 des Gesetzes bezeichnete wahlberechtigte Angestellte beschäftigt sind, mindestens ein in § 3 Abs. 3 Nr. 1 des Gesetzes bezeichneter Angestellter angehören,
3. mindestens fünf wahlberechtigte leitende Angestellte (§ 3 Abs. 3 Nr. 2 des Gesetzes) beschäftigt sind, mindestens ein leitender Angestellter angehören.

(3) Für jedes Mitglied des Hauptwahlvorstands kann für den Fall seiner Verhinderung ein Ersatzmitglied bestellt werden.

(4) Der Konzernbetriebsrat bestellt die Mitglieder des Hauptwahlvorstands, die Arbeiter oder in § 3 Abs. 3 Nr. 1 des Gesetzes bezeichnete Angestellte sind. Besteht auch eine nach § 117 Abs. 2 Satz 1 des Betriebsverfassungsgesetzes durch Tarifvertrag errichtete Vertretung für im Flugbetrieb beschäftigte Arbeitnehmer, so erfolgt die Bestellung gemeinsam mit dieser Vertretung. Besteht kein Konzernbetriebsrat, so werden diese Mitglieder des Hauptwahlvorstands gemeinsam

1. vom Gesamtbetriebsrat des Unternehmens, in dessen Aufsichtsrat Mitglieder der Arbeitnehmer zu wählen sind, oder, wenn in dem Unternehmen nur ein Betriebsrat besteht, vom Betriebsrat, und
2. vom Gesamtbetriebsrat des nach der Zahl der wahlberechtigten Arbeitnehmer größten anderen Unternehmens, in dem ein Betriebsrat besteht und dessen Arbeitnehmer nach § 4 oder § 5 des Gesetzes an der Wahl teilnehmen, oder, wenn in dem anderen Unternehmen nur ein Betriebsrat besteht, vom Betriebsrat,

bestellt. Die Bestellung erfolgt nur durch die in Satz 3 Nr. 2 bezeichnete Arbeitnehmervertretung, wenn in dem Unternehmen, in dessen Aufsichtsrat Mitglieder der Arbeitnehmer zu wählen sind, kein Betriebsrat besteht. Besteht nur in diesem Unternehmen ein Betriebsrat, so erfolgt die Bestellung nur durch die in Satz 3 Nr. 1 bezeichnete Arbeitnehmervertretung. Soweit in den in Satz 3 bezeichneten Unternehmen nach § 117 Abs. 2 Satz 1 des Betriebsverfassungsgesetzes durch Tarifvertrag errichtete Vertretungen für im Flugbetrieb beschäftigte Arbeitnehmer bestehen, erfolgt die Bestellung gemeinsam mit diesen Vertretungen.

(5) Die auf die leitenden Angestellten entfallenden Mitglieder werden in einer Versammlung leitender Angestellter des nach der Zahl der leitenden Angestellten größten Betriebs der Unternehmen, deren Arbeitnehmer an der Wahl teilnehmen, mit der Mehrheit der abgegebenen Stimmen gewählt. Zur Teilnahme an der Versammlung sind die Angestellten berechtigt, die aus Anlaß der letzten Betriebsratswahl vom Wahlvorstand oder durch gerichtliche Entscheidung den leitenden Angestellten zugeordnet worden sind.

§ 5

Zusammensetzung des Unternehmenswahlvorstands

(1) Der Unternehmenswahlvorstand besteht aus drei Mitgliedern. Der Gesamtbetriebsrat kann die Zahl der Mitglieder erhöhen, wenn dies zur ordnungsgemäßen Durchführung der Wahl erforderlich ist. Der Unternehmenswahlvorstand muß aus einer ungeraden Zahl von Mitgliedern bestehen. Mitglieder des Unternehmenswahlvorstands können nur wahlberechtigte Arbeitnehmer des Unternehmens sein.

(2) Im Unternehmenswahlvorstand sollen Arbeiter, in § 3 Abs. 3 Nr. 1 des Gesetzes bezeichnete Angestellte und leitende Angestellte angemessen vertreten sein. Dem Unternehmenswahlvorstand muß, wenn in dem Unternehmen

1. mindestens fünf wahlberechtigte Arbeiter (§ 3 Abs. 2 des Gesetzes) beschäftigt sind, mindestens ein Arbeiter angehören,
2. mindestens fünf in § 3 Abs. 3 Nr. 1 des Gesetzes bezeichnete wahlberechtigte Angestellte beschäftigt sind, mindestens ein in § 3 Abs. 3 Nr. 1 des Gesetzes bezeichneter Angestellter angehören,
3. mindestens fünf wahlberechtigte leitende Angestellte (§ 3 Abs. 3 Nr. 2 des Gesetzes) beschäftigt sind, mindestens ein leitender Angestellter angehören.

(3) Für jedes Mitglied des Unternehmenswahlvorstands kann für den Fall seiner Verhinderung ein Ersatzmitglied bestellt werden.

(4) Der Gesamtbetriebsrat bestellt die Mitglieder des Unternehmenswahlvorstands, die Arbeiter oder in § 3 Abs. 3 Nr. 1 des Gesetzes bezeichnete Angestellte sind. Besteht kein Gesamtbetriebsrat, so erfolgt die Bestellung durch den Betriebsrat des nach der Zahl der wahlberechtigten Arbeitnehmer größten Betriebs, in dem ein Betriebsrat besteht. Sind auch Arbeitnehmer des Unternehmens im Flugbetrieb beschäftigt und besteht für diese Arbeitnehmer eine nach § 117 Abs. 2 Satz 1 des Betriebsverfassungsgesetzes durch Tarifvertrag errichtete Vertretung, so erfolgt die Bestellung gemeinsam mit dieser Vertretung. Besteht in dem Unternehmen kein Betriebsrat, so werden die in Satz 1 bezeichneten Mitglieder des Unternehmenswahlvorstands in einer Betriebsversammlung des nach der Zahl der wahlberechtigten Arbeitnehmer größten Betriebs mit der Mehrheit der abgegebenen Stimmen gewählt.

(5) Die auf die leitenden Angestellten entfallenden Mitglieder werden in einer Versammlung leitender Angestellter des nach der Zahl der leitenden Angestellten größten Betriebs mit der Mehrheit der abgegebenen Stimmen gewählt. Zur Teilnahme an der Versammlung sind die Angestellten berechtigt, die aus Anlaß der letzten Betriebsratswahl vom Wahlvorstand oder durch gerichtliche Entscheidung den leitenden Angestellten zugeordnet worden sind.

§ 6

Zusammensetzung des Betriebswahlvorstands

(1) Der Betriebswahlvorstand besteht aus drei Mitgliedern. Der Betriebsrat kann die Zahl der Mitglieder erhöhen, wenn dies zur ordnungsgemäßen Durchführung der Wahl erforderlich ist. Der Betriebswahlvorstand muß aus einer ungeraden Zahl von Mitgliedern bestehen. Mitglieder des Betriebswahlvorstands können nur wahlberechtigte Arbeitnehmer des Betriebs sein.

(2) Im Betriebswahlvorstand sollen Arbeiter, in § 3 Abs. 3 Nr. 1 des Gesetzes bezeichnete Angestellte und leitende Angestellte angemessen vertreten sein. Dem Betriebswahlvorstand muß, wenn in dem Betrieb

1. mindestens fünf wahlberechtigte Arbeiter (§ 3 Abs. 2 des Gesetzes) beschäftigt sind, mindestens ein Arbeiter angehören,
2. mindestens fünf in § 3 Abs. 3 Nr. 1 des Gesetzes bezeichnete wahlberechtigte Angestellte beschäftigt sind, mindestens ein in § 3 Abs. 3 Nr. 1 des Gesetzes bezeichneter Angestellter angehören,
3. mindestens fünf wahlberechtigte leitende Angestellte (§ 3 Abs. 3 Nr. 2 des Gesetzes) beschäftigt sind, mindestens ein leitender Angestellter angehören.

(3) Für jedes Mitglied des Betriebswahlvorstands kann für den Fall seiner Verhinderung ein Ersatzmitglied bestellt werden.

(4) Der Betriebsrat bestellt die Mitglieder des Betriebswahlvorstands, die Arbeiter oder in § 3 Abs. 3 Nr. 1 des Gesetzes bezeichnete Angestellte sind. Besteht kein Betriebsrat, so werden die in Satz 1 bezeichneten Mitglieder des Betriebswahlvorstands in einer Betriebsversammlung mit der Mehrheit der abgegebenen Stimmen gewählt.

(5) Die auf die leitenden Angestellten entfallenden Mitglieder werden in einer Versammlung leitender Angestellter des Betriebs mit der Mehrheit der abgegebenen Stimmen gewählt. Zur Teilnahme an der Versammlung sind die Angestellten berechtigt, die aus Anlaß der letzten Betriebsratswahl vom Wahlvorstand oder durch gerichtliche Entscheidung den leitenden Angestellten zugeordnet worden sind.

(6) Ist für einen Betrieb mit nicht mehr als 20 wahlberechtigten Arbeitnehmern innerhalb von zwei Wochen nach der in § 2 bezeichneten Bekanntmachung kein Betriebswahlvorstand gebildet, so

beauftragt der Unternehmenswahlvorstand für diesen Betrieb den Betriebswahlvorstand eines anderen Betriebs des Unternehmens mit der Wahrnehmung der Aufgaben des Betriebswahlvorstands. Der beauftragte Betriebswahlvorstand kann beschließen, daß in dem Betrieb, für den kein Betriebswahlvorstand gebildet worden ist, die Stimmabgabe bei den im Ersten und im Zweiten Abschnitt bezeichneten Abstimmungen und Wahlen schriftlich erfolgt. Im Fall des Satzes 2 erhalten die wahlberechtigten Arbeitnehmer dieses Betriebs die in § 19 Abs. 1 bezeichneten Unterlagen für die schriftliche Stimmabgabe, ohne daß es eines Verlangens bedarf; die in den §§ 16, 40 und 42 bezeichneten Ausschreiben sind um folgende Angaben zu ergänzen:

1. daß für den Betrieb die schriftliche Stimmabgabe beschlossen ist;
2. den Zeitpunkt, bis zu dem die Wahlbriefe beim Betriebswahlvorstand eingegangen sein müssen.

(7) Ist in einem Unternehmen mit nicht mehr als 20 wahlberechtigten Arbeitnehmern innerhalb von zwei Wochen nach der in § 2 bezeichneten Bekanntmachung weder ein Betriebswahlvorstand noch ein Unternehmenswahlvorstand gebildet, so ist Absatz 6 entsprechend anzuwenden mit der Maßgabe, daß an die Stelle des Unternehmenswahlvorstands der Hauptwahlvorstand tritt.

§ 7
Mitteilungspflicht

(1) Der Hauptwahlvorstand teilt unverzüglich nach seiner Bildung den Unternehmen, deren Arbeitnehmer an der Wahl teilnehmen, sowie den Unternehmenswahlvorständen schriftlich die Namen seiner Mitglieder und seine Anschrift mit. Jeder Unternehmenswahlvorstand übermittelt diese Mitteilung unverzüglich den im Unternehmen vertretenen Gewerkschaften und den Betriebswahlvorständen.

(2) Jeder Unternehmenswahlvorstand teilt unverzüglich nach seiner Bildung dem Hauptwahlvorstand und den Betriebswahlvorständen schriftlich die Namen seiner Mitglieder und seine Anschrift mit. Jeder Unternehmenswahlvorstand teilt gleichzeitig dem Hauptwahlvorstand mit, welche Gewerkschaften im Unternehmen vertreten sind.

(3) Jeder Betriebswahlvorstand teilt unverzüglich nach seiner Bildung dem Unternehmenswahlvorstand schriftlich die Namen seiner Mitglieder und seine Anschrift mit.

§ 8
Geschäftsführung der Wahlvorstände

(1) Jeder Wahlvorstand wählt aus seiner Mitte den Vorsitzenden und mindestens einen Stellvertreter.

(2) Der Wahlvorstand kann sich eine schriftliche Geschäftsordnung geben. Der Hauptwahlvorstand kann wahlberechtigte Arbeitnehmer von Unternehmen, deren Arbeitnehmer an der Wahl teilnehmen, der Unternehmenswahlvorstand kann wahlberechtigte Arbeitnehmer des Unternehmens und der Betriebswahlvorstand kann wahlberechtigte Arbeitnehmer des Betriebs als Wahlhelfer zu seiner Unterstützung heranziehen.

(3) Der Wahlvorstand faßt seine Beschlüsse mit einfacher Stimmenmehrheit seiner Mitglieder. Über jede Sitzung des Wahlvorstands ist eine Niederschrift aufzunehmen, die mindestens den Wortlaut der Beschlüsse enthält; bei Beschlüssen des Betriebswahlvorstands über die Eintragung von Arbeitnehmern in die Wählerliste als Arbeiter, als in § 3 Abs. 3 Nr. 1 des Gesetzes bezeichnete Angestellte oder als leitende Angestellte ist in der Niederschrift auch zu vermerken, ob sie ohne Gegenstimme gefaßt worden sind. Mitglieder des Wahlvorstands, gegen deren Stimmen ein Beschluß gefaßt worden ist, können verlangen, daß in der Niederschrift ihre abweichende Meinung vermerkt wird. Die Niederschrift ist vom Vorsitzenden und einem weiteren Mitglied des Wahlvorstands zu unterzeichnen; dies gilt auch für Bekanntmachungen, Ausschreiben und weitere Niederschriften des Wahlvorstands.

(4) Die Unternehmen, deren Arbeitnehmer an der Wahl teilnehmen, haben die Wahlvorstände bei der Erfüllung ihrer Aufgaben zu unterstützen und ihnen den erforderlichen Geschäftsbedarf zur Verfügung zu stellen.

(5) Die Wahlvorstände sollen dafür sorgen, daß ausländische Arbeitnehmer, die der deutschen Sprache nicht mächtig sind, rechtzeitig über den Anlaß der Wahl, das Wahlverfahren, die Abstimmungen, die Aufstellung der Wählerliste und der Wahlvorschläge, den Wahlvorgang und die Stimmabgabe in geeigneter Weise unterrichtet werden.

§ 9
Wählerliste

(1) Der Betriebswahlvorstand stellt unverzüglich nach seiner Bildung eine Liste der wahlberechtigten Arbeitnehmer des Betriebs (Wählerliste) auf, getrennt nach den Gruppen der Arbeiter (§ 3 Abs. 2 des Gesetzes) und der Angestellten (§ 3 Abs. 3 des Gesetzes), letztere unterteilt nach den in § 3 Abs. 3 Nr. 1 des Gesetzes bezeichneten Angestellten und den leitenden Angestellten. Die Wahlberechtigten sollen in alphabetischer Reihenfolge mit Familienname, Vorname und Geburtsdatum aufgeführt werden.

(2) Jedes Mitglied des Betriebswahlvorstands ist verpflichtet darauf hinzuwirken, daß die wahlberechtigten Arbeitnehmer in der Wählerliste in zutreffender Weise in Arbeiter, in § 3 Abs. 3 Nr. 1 des Gesetzes bezeichnete Angestellte und leitende Angestellte eingeteilt werden. Die Mitglieder des Betriebswahlvorstands sollen hierüber um eine Beschlußfassung ohne Gegenstimme bemüht sein. Hat der Betriebswahlvorstand hierüber ausschließlich Beschlüsse ohne Gegenstimme gefaßt, so ist § 11 nicht anzuwenden.

(3) Das Unternehmen hat den Betriebswahlvorständen alle für die Anfertigung der Wählerliste erforderlichen Auskünfte zu erteilen und die erfor-

derlichen Unterlagen zur Verfügung zu stellen. Es hat die Betriebswahlvorstände insbesondere bei der Einteilung der Arbeitnehmer in Arbeiter, in § 3 Abs. 3 Nr. 1 des Gesetzes bezeichnete Angestellte und leitende Angestellte zu unterstützen.

(4) Der Betriebswahlvorstand berichtigt oder ergänzt die Wählerliste unverzüglich, wenn ein Arbeitnehmer

1. in den Betrieb eintritt oder aus ihm ausscheidet,
2. das 18. Lebensjahr vollendet oder
3. seine Eigenschaft als Arbeiter, in § 3 Abs. 3 Nr. 1 des Gesetzes bezeichneter Angestellter oder leitender Angestellter wechselt,

oder wenn sich in sonstiger Weise die Voraussetzungen, auf denen eine Eintragung in der Wählerliste beruht, ändern.

(5) An Wahlen und Abstimmungen können nur Arbeitnehmer teilnehmen, die in der Wählerliste eingetragen sind.

§ 10

Bekanntmachung über die Bildung der Wahlvorstände und die Wählerliste

(1) Die Wählerliste, das Gesetz und diese Verordnung sind unverzüglich bis zum Abschluß der Wahl der Aufsichtsratsmitglieder der Arbeitnehmer an geeigneter Stelle im Betrieb zur Einsichtnahme auszulegen.

(2) Der Betriebswahlvorstand macht gleichzeitig mit der Auslegung der Wählerliste die Namen seiner Mitglieder und seine Anschrift sowie die Anschriften des Hauptwahlvorstands und des Unternehmenswahlvorstands bekannt. In der Bekanntmachung ist ferner anzugeben:

1. das Datum ihres Erlasses;
2. der Ort, an dem die Wählerliste, das Gesetz und diese Verordnung ausliegen;
3. daß Einsprüche gegen die Richtigkeit der Wählerliste nur innerhalb von zwei Wochen seit Erlaß der Bekanntmachung schriftlich beim Betriebswahlvorstand eingelegt werden können; der letzte Tag der Frist ist anzugeben;
4. daß Einsprüche gegen Berichtigungen und Ergänzungen der Wählerliste nur innerhalb von zwei Wochen seit der Berichtigung oder der Ergänzung eingelegt werden können;
5. daß an Wahlen und Abstimmungen nur Arbeitnehmer teilnehmen können, die in der Wählerliste eingetragen sind.

(3) Hat der Betriebswahlvorstand bei der Aufstellung der Wählerliste nach § 9 Abs. 1 über die Eintragung der wahlberechtigten Arbeitnehmer als Arbeiter, in § 3 Abs. 3 Nr. 1 des Gesetzes bezeichnete Angestellte oder leitende Angestellte nicht ausschließlich Beschlüsse ohne Gegenstimme gefaßt, so muß die Bekanntmachung nach Absatz 2 auch die folgenden Angaben enthalten:

1. daß jeder Arbeitnehmer innerhalb von zwei Wochen seit Erlaß der Bekanntmachung schriftlich vom Betriebswahlvorstand die Änderung seiner Eintragung als Arbeiter, in § 3 Abs. 3 Nr. 1 des Gesetzes bezeichneter Angestellter oder leitender Angestellter in der Wählerliste verlangen kann; der letzte Tag der Frist ist anzugeben;
2. daß ein Arbeitnehmer entsprechend seinem Verlangen als Arbeiter, in § 3 Abs. 3 Nr. 1 des Gesetzes bezeichneter Angestellter oder leitender Angestellter in die Wählerliste eingetragen wird, wenn ein Mitglied des Betriebswahlvorstands dem Verlangen zustimmt;
3. daß gegen die Richtigkeit der Wählerliste nur Einspruch eingelegt werden kann, soweit nicht nach Nummer 1 eine Änderung der Wählerliste verlangt werden kann.

(4) Der Betriebswahlvorstand hängt die Bekanntmachung am Tage ihres Erlasses an einer oder mehreren geeigneten, den Wahlberechtigten zugänglichen Stellen im Betrieb bis zum Abschluß der Wahl der Aufsichtsratsmitglieder der Arbeitnehmer aus. Die Bekanntmachung ist in gut lesbarem Zustand zu erhalten. Der Betriebswahlvorstand vermerkt auf der Bekanntmachung den ersten und den letzten Tag des Aushangs.

§ 11

Änderungsverlangen

(1) Jeder Arbeitnehmer kann innerhalb von zwei Wochen seit Erlaß der Bekanntmachung nach § 10 Abs. 2 und 3 schriftlich vom Betriebswahlvorstand verlangen, daß seine Eintragung in der Wählerliste als Arbeiter, in § 3 Abs. 3 Nr. 1 des Gesetzes bezeichneter Angestellter oder leitender Angestellter geändert wird.

(2) Verlangt ein Arbeitnehmer nach Absatz 1 die Änderung seiner Eintragung in der Wählerliste, so ist er entsprechend seinem Verlangen einzutragen, wenn ein Mitglied des Betriebswahlvorstands dem Verlangen zustimmt. Eine Zustimmung nach Satz 1 kann nur innerhalb einer Woche nach Ablauf der in Absatz 1 bestimmten Frist erteilt werden; sie ist schriftlich gegenüber dem Betriebswahlvorstand zu erklären.

(3) Gegen die Änderung der Eintragung eines Arbeitnehmers in der Wählerliste nach Absatz 2 als Arbeiter, in § 3 Abs. 3 Nr. 1 des Gesetzes bezeichneter Angestellter oder leitender Angestellter kann das Arbeitsgericht von einem Mitglied des Betriebswahlvorstands, das dem Änderungsverlangen nicht zugestimmt hat, angerufen werden.

§ 12

Übersendung der Wählerliste

(1) Der Betriebswahlvorstand übersendet dem Unternehmenswahlvorstand unverzüglich nach Ablauf der in § 11 Abs. 1 bestimmten Frist mindestens zwei Abdrucke der Wählerliste und teilt ihm die Zahlen der in der Regel im Betrieb beschäftigten Arbeiter, in § 3 Abs. 3 Nr. 1 des Gesetzes bezeichneten Angestellten und leitenden Angestellten mit. Ist nach § 11 Abs. 1 die Änderung der Wählerliste verlangt worden, so erfolgt die Übersendung unverzüglich nach Ablauf der in § 11 Abs. 2 Satz 2 bestimmten Frist. Der Unternehmenswahlvorstand übersendet dem Hauptwahlvorstand unverzüglich je einen Abdruck der Wählerlisten der Betriebe des

Unternehmens und teilt ihm die Zahlen der in der Regel im Unternehmen beschäftigten Arbeiter, in § 3 Abs. 3 Nr. 1 des Gesetzes bezeichneten Angestellten und leitenden Angestellten mit.

(2) Der Betriebswahlvorstand teilt Berichtigungen und Ergänzungen der Wählerliste dem Unternehmenswahlvorstand unverzüglich mit. Der Unternehmenswahlvorstand teilt diese Berichtigungen und Ergänzungen dem Hauptwahlvorstand unverzüglich mit.

§ 13

Einsprüche gegen die Richtigkeit der Wählerliste

(1) Gegen die Richtigkeit der Wählerliste kann Einspruch eingelegt werden, soweit nicht nach § 11 Abs. 1 eine Änderung der Eintragung als Arbeiter, in § 3 Abs. 3 Nr. 1 des Gesetzes bezeichneter Angestellter oder leitender Angestellter in der Wählerliste verlangt werden kann. Einsprüche gegen die Richtigkeit der Wählerliste können nur innerhalb von zwei Wochen seit Erlaß der Bekanntmachung nach § 10 Abs. 2 und 3 schriftlich beim Betriebswahlvorstand eingelegt werden. Einsprüche gegen Berichtigungen und Ergänzungen der Wählerliste können nur innerhalb von zwei Wochen seit der Berichtigung oder der Ergänzung eingelegt werden.

(2) Über Einsprüche nach Absatz 1 ist unverzüglich zu entscheiden. Ist ein Einspruch begründet, so wird die Wählerliste berichtigt. Der Betriebswahlvorstand teilt die Entscheidung demjenigen, der den Einspruch eingelegt hat, unverzüglich schriftlich mit.

Zweiter Unterabschnitt
Abstimmung über die Art der Wahl

§ 14

Bekanntmachung

(1) Sind in den Unternehmen, deren Arbeitnehmer an der Wahl teilnehmen, in der Regel insgesamt nicht mehr als 8 000 Arbeitnehmer beschäftigt, so erläßt der Hauptwahlvorstand unverzüglich nach Übersendung der Wählerlisten eine Bekanntmachung. Die Bekanntmachung muß folgende Angaben enthalten:

1. den für den Aushang bestimmten Zeitpunkt;
2. daß die Aufsichtsratsmitglieder der Arbeitnehmer in unmittelbarer Wahl gewählt werden, wenn nicht die wahlberechtigten Arbeitnehmer die Wahl durch Wahlmänner beschließen;
3. die Mindestzahl der wahlberechtigten Arbeitnehmer, von denen ein Antrag auf Abstimmung darüber, daß die Wahl der Aufsichtsratsmitglieder der Arbeitnehmer durch Wahlmänner erfolgen soll, unterzeichnet sein muß;
4. daß ein Antrag nur innerhalb von zwei Wochen seit dem für den Aushang bestimmten Zeitpunkt schriftlich beim Hauptwahlvorstand eingereicht werden kann; der letzte Tag der Frist ist anzugeben;
5. die Mindestzahl der wahlberechtigten Arbeitnehmer, deren Beteiligung an der Abstimmung erforderlich ist;
6. daß ein Beschluß über die Wahl der Aufsichtsratsmitglieder der Arbeitnehmer durch Wahlmänner nur mit der Mehrheit der abgegebenen Stimmen gefaßt werden kann;
7. die Anschrift des Hauptwahlvorstands.

Sind nach den Vorschriften dieser Verordnung Wahlmänner bereits gewählt, deren Amtszeit bei Beginn der Amtszeit der zu wählenden Aufsichtsratsmitglieder der Arbeitnehmer noch nicht beendet ist, so muß die Bekanntmachung die in Absatz 2 Satz 2 bezeichneten Angaben enthalten.

(2) Sind in den Unternehmen, deren Arbeitnehmer an der Wahl teilnehmen, in der Regel insgesamt mehr als 8 000 Arbeitnehmer beschäftigt, so erläßt der Hauptwahlvorstand zu dem in Absatz 1 Satz 1 bestimmten Zeitpunkt eine Bekanntmachung. Sie muß folgende Angaben enthalten:

1. den für den Aushang bestimmten Zeitpunkt;
2. daß die Aufsichtsratsmitglieder der Arbeitnehmer durch Wahlmänner gewählt werden, wenn nicht die wahlberechtigten Arbeitnehmer die unmittelbare Wahl beschließen;
3. die Mindestzahl der wahlberechtigten Arbeitnehmer, von denen ein Antrag auf Abstimmung darüber, daß die Aufsichtsratsmitglieder der Arbeitnehmer in unmittelbarer Wahl gewählt werden sollen, unterzeichnet sein muß;
4. daß ein Antrag nur innerhalb von zwei Wochen seit dem für den Aushang bestimmten Zeitpunkt schriftlich beim Hauptwahlvorstand eingereicht werden kann; der letzte Tag der Frist ist anzugeben;
5. die Mindestzahl der wahlberechtigten Arbeitnehmer, deren Beteiligung an der Abstimmung erforderlich ist;
6. daß ein Beschluß über die unmittelbare Wahl der Aufsichtsratsmitglieder der Arbeitnehmer nur mit der Mehrheit der abgegebenen Stimmen gefaßt werden kann;
7. die Anschrift des Hauptwahlvorstands.

Die Sätze 1 und 2 sind auch anzuwenden, wenn nach den Vorschriften dieser Verordnung Wahlmänner bereits gewählt sind, deren Amtszeit bei Beginn der Amtszeit der zu wählenden Aufsichtsratsmitglieder der Arbeitnehmer noch nicht beendet ist.

(3) Der Hauptwahlvorstand übersendet die Bekanntmachung den Unternehmenswahlvorständen und teilt ihnen schriftlich den Zeitpunkt mit, von dem ab die Bekanntmachung in den Betrieben der Unternehmen auszuhängen ist. Der Unternehmenswahlvorstand übersendet die Bekanntmachung und die Mitteilung des Hauptwahlvorstands den Betriebswahlvorständen. Der Betriebswahlvorstand hängt die Bekanntmachung an einer oder mehreren geeigneten, den Wahlberechtigten zugänglichen Stellen im Betrieb bis zum Aushang des Wahlausschreibens nach § 40 oder § 67 aus. Die Bekanntmachung ist in gut lesbarem Zustand zu erhalten. Der Betriebswahlvorstand vermerkt auf der Bekanntmachung den ersten und den letzten Tag des Aushangs.

(4) Der Hauptwahlvorstand übersendet die Bekanntmachung unverzüglich nach ihrem Erlaß den Unternehmen, deren Arbeitnehmer an der Wahl teilnehmen, und den in diesen Unternehmen vertretenen Gewerkschaften.

§ 15

Antrag auf Abstimmung

(1) Sind in den Unternehmen, deren Arbeitnehmer an der Wahl teilnehmen, in der Regel insgesamt nicht mehr als 8 000 Arbeitnehmer beschäftigt, so kann ein Antrag auf Abstimmung darüber, daß die Wahl der Aufsichtsratsmitglieder der Arbeitnehmer durch Wahlmänner erfolgen soll, gestellt werden. Wenn die in § 14 Abs. 1 Satz 3 bezeichneten Voraussetzungen vorliegen, ist Absatz 2 anzuwenden.

(2) Sind in den Unternehmen, deren Arbeitnehmer an der Wahl teilnehmen, in der Regel insgesamt mehr als 8 000 Arbeitnehmer beschäftigt, so kann ein Antrag auf Abstimmung darüber, daß die Aufsichtsratsmitglieder der Arbeitnehmer in unmittelbarer Wahl gewählt werden sollen, gestellt werden; dies gilt auch, wenn die in § 14 Abs. 2 Satz 3 bezeichneten Voraussetzungen vorliegen.

(3) Ein Antrag auf Abstimmung ist innerhalb von zwei Wochen seit dem für den Aushang der Bekanntmachung nach § 14 bestimmten Zeitpunkt schriftlich beim Hauptwahlvorstand einzureichen. Der Hauptwahlvorstand prüft unverzüglich nach Eingang eines Antrags dessen Gültigkeit.

(4) Ein Antrag auf Abstimmung ist gültig, wenn er von mindestens einem Zwanzigstel der wahlberechtigten Arbeitnehmer unterzeichnet und fristgerecht eingereicht worden ist.

(5) Ist ein Antrag ungültig, so teilt der Hauptwahlvorstand dies dem Antragsvertreter oder, wenn ein solcher nicht benannt ist, dem an erster Stelle des Antrags Unterzeichneten schriftlich mit.

§ 16

Abstimmungsausschreiben

(1) Liegt ein gültiger Antrag nach § 15 vor, so erläßt der Hauptwahlvorstand unverzüglich ein Abstimmungsausschreiben. Die Abstimmung soll innerhalb von zwei Wochen seit dem für den Aushang des Abstimmungsschreibens bestimmten Zeitpunkt stattfinden.

(2) Das Abstimmungsausschreiben muß folgende Angaben enthalten:

1. den für den Aushang bestimmten Zeitpunkt;
2. den Inhalt des Antrags;
3. daß an der Abstimmung nur Arbeitnehmer teilnehmen können, die in der Wählerliste eingetragen sind;
4. die Mindestzahl der wahlberechtigten Arbeitnehmer, deren Beteiligung an der Abstimmung erforderlich ist;
5. daß der Beschluß nur mit der Mehrheit der abgegebenen Stimmen gefaßt werden kann;
6. den Tag oder die Tage der Stimmabgabe.

(3) Der Hauptwahlvorstand übersendet das Abstimmungsausschreiben den Unternehmenswahlvorständen und teilt ihnen schriftlich den Zeitpunkt mit, von dem ab das Abstimmungsausschreiben in den Betrieben des Unternehmens auszuhängen ist. Jeder Unternehmenswahlvorstand übersendet das Abstimmungsausschreiben und die Mitteilung den Betriebswahlvorständen. Jeder Betriebswahlvorstand ergänzt das Abstimmungsausschreiben um die folgenden Angaben:

1. Ort und Zeit der Stimmabgabe;
2. den Hinweis auf die Möglichkeit der schriftlichen Stimmabgabe sowie die Betriebsteile und Nebenbetriebe, für die schriftliche Stimmabgabe beschlossen ist;
3. den Ort, an dem Einsprüche und sonstige Erklärungen gegenüber dem Betriebswahlvorstand abzugeben sind (Anschrift des Betriebswahlvorstands).

(4) Der Betriebswahlvorstand hängt das Abstimmungsausschreiben an einer oder mehreren geeigneten, den Wahlberechtigten zugänglichen Stellen im Betrieb bis zum Abschluß der Stimmabgabe aus. Das Abstimmungsausschreiben ist in gut lesbarem Zustand zu erhalten. Der Betriebswahlvorstand vermerkt auf dem Abstimmungsausschreiben den ersten und den letzten Tag des Aushangs. § 14 Abs. 4 ist entsprechend anzuwenden.

§ 17

Stimmabgabe

(1) Die Stimmzettel für die Abstimmung dürfen nur den Antrag und die Frage an den Abstimmungsberechtigten enthalten, ob er für oder gegen den Antrag stimmt. Gibt der Abstimmende seine Stimme für den Antrag ab, so kreuzt er das vorgedruckte „Ja", andernfalls das vorgedruckte „Nein" an. Die Stimmzettel für die Abstimmung müssen sämtlich die gleiche Größe, Farbe, Beschaffenheit und Beschriftung haben; das gleiche gilt für die Wahlumschläge.

(2) Der Hauptwahlvorstand übersendet die Stimmzettel und die Wahlumschläge rechtzeitig den Unternehmenswahlvorständen. Die Unternehmenswahlvorstände leiten die Stimmzettel und die Wahlumschläge rechtzeitig an die Betriebswahlvorstände weiter.

(3) Stimmzettel, die mit einem besonderen Merkmal versehen sind oder aus denen sich der Wille des Abstimmenden nicht eindeutig ergibt oder die andere als die in Absatz 1 bezeichneten Angaben, einen Zusatz oder sonstige Änderungen enthalten, sind ungültig.

§ 18

Abstimmungsvorgang

(1) Der Betriebswahlvorstand hat geeignete Vorkehrungen für die unbeobachtete Kennzeichnung der Stimmzettel im Wahlraum zu treffen und für die Bereitstellung einer Wahlurne oder mehrerer Wahlurnen zu sorgen. Die Wahlurne muß vom Betriebswahlvorstand verschlossen und so eingerichtet sein,

daß die eingeworfenen Wahlumschläge nicht herausgenommen werden können, ohne daß die Urne geöffnet wird.

(2) Während der Abstimmung müssen mindestens zwei Mitglieder des Betriebswahlvorstands im Wahlraum anwesend sein; sind Wahlhelfer bestellt, so genügt die Anwesenheit eines Mitglieds des Betriebswahlvorstands und eines Wahlhelfers.

(3) Der Abstimmende händigt den Wahlumschlag, in den der Stimmzettel eingelegt ist, dem mit der Entgegennahme der Wahlumschläge betrauten Mitglied des Betriebswahlvorstands aus, wobei er seinen Namen angibt. Der Wahlumschlag ist in Gegenwart des Abstimmenden in die Wahlurne einzuwerfen, nachdem die Stimmabgabe in der Wählerliste vermerkt worden ist.

(4) Wird die Stimmabgabe unterbrochen oder erfolgt die Stimmauszählung nicht unmittelbar nach Abschluß der Stimmabgabe, so hat der Betriebswahlvorstand für die Zwischenzeit die Wahlurne so zu verschließen und aufzubewahren, daß der Einwurf oder die Entnahme von Stimmzetteln ohne Beschädigung des Verschlusses unmöglich ist. Bei Wiedereröffnung der Abstimmung oder bei Entnahme der Stimmzettel zur Stimmauszählung hat sich der Betriebswahlvorstand davon zu überzeugen, daß der Verschluß unversehrt ist.

§ 19

Voraussetzungen der schriftlichen Stimmabgabe

(1) Einem Abstimmungsberechtigten, der im Zeitpunkt der Abstimmung wegen Abwesenheit vom Betrieb verhindert ist, seine Stimme persönlich abzugeben, hat der Betriebswahlvorstand auf sein Verlangen

1. das Abstimmungsausschreiben,
2. den Stimmzettel und den Wahlumschlag,
3. eine vorgedruckte, vom Abstimmenden abzugebende Erklärung, in der dieser gegenüber dem Betriebswahlvorstand versichert, daß er den Stimmzettel persönlich gekennzeichnet hat, sowie
4. einen größeren Freiumschlag, der die Anschrift des Betriebswahlvorstands und als Absender den Namen und die Anschrift des Abstimmungsberechtigten sowie den Vermerk „Schriftliche Stimmabgabe" trägt,

auszuhändigen oder zu übersenden. Der Betriebswahlvorstand soll dem Abstimmungsberechtigten ferner ein Merkblatt über die Art und Weise der schriftlichen Stimmabgabe (§ 20 Abs. 1) aushändigen oder übersenden. Der Betriebswahlvorstand vermerkt die Aushändigung oder die Übersendung der Unterlagen in der Wählerliste.

(2) Abstimmungsberechtigte, von denen dem Betriebswahlvorstand bekannt ist, daß sie im Zeitpunkt der Abstimmung nach der Eigenart ihres Beschäftigungsverhältnisses voraussichtlich nicht im Betrieb anwesend sein werden (insbesondere in Heimarbeit Beschäftigte und Außenarbeiter), erhalten die in Absatz 1 bezeichneten Unterlagen, ohne daß es eines Verlangens des Abstimmungsberechtigten bedarf.

(3) Für Betriebsteile und Nebenbetriebe, die räumlich weit vom Hauptbetrieb entfernt sind, kann der Betriebswahlvorstand die schriftliche Stimmabgabe beschließen. Absatz 2 ist entsprechend anzuwenden.

(4) Der Hauptwahlvorstand übersendet den Unternehmenswahlvorständen die in Absatz 1 bezeichneten Unterlagen für die schriftliche Stimmabgabe. Jeder Unternehmenswahlvorstand übersendet den Betriebswahlvorständen diese Unterlagen auf Anforderung.

§ 20

Verfahren bei der schriftlichen Stimmabgabe

(1) Der Abstimmende gibt seine Stimme in der Weise ab, daß er

1. den Stimmzettel unbeobachtet persönlich kennzeichnet und in dem zugehörigen Wahlumschlag verschließt,
2. die vorgedruckte Erklärung unter Angabe des Orts und des Datums unterschreibt und
3. den Wahlumschlag und die unterschriebene vorgedruckte Erklärung in dem Freiumschlag verschließt und diesen Wahlbrief so rechtzeitig an den Betriebswahlvorstand absendet oder übergibt, daß er vor Abschluß der Stimmabgabe vorliegt.

(2) Unmittelbar vor Abschluß der Stimmabgabe öffnet der Betriebswahlvorstand in öffentlicher Sitzung die bis zu diesem Zeitpunkt eingegangenen Wahlbriefe und entnimmt ihnen die Wahlumschläge sowie die vorgedruckten Erklärungen. Ist die schriftliche Stimmabgabe ordnungsgemäß erfolgt, so vermerkt der Betriebswahlvorstand die Stimmabgabe in der Wählerliste und legt die Wahlumschläge ungeöffnet in die Wahlurne.

(3) Verspätet eingehende Wahlbriefe nimmt der Betriebswahlvorstand mit einem Vermerk über den Zeitpunkt des Eingangs ungeöffnet zu den Wahlunterlagen. Die Wahlbriefe sind einen Monat nach Bekanntgabe des Ergebnisses der Wahl der Aufsichtsratsmitglieder der Arbeitnehmer ungeöffnet zu vernichten, wenn die Wahl nicht angefochten worden ist.

§ 21

Öffentliche Stimmauszählung

(1) Unverzüglich nach Abschluß der Stimmabgabe zählt der Betriebswahlvorstand öffentlich die Stimmen aus.

(2) Nach Öffnung der Wahlurne entnimmt der Betriebswahlvorstand die Stimmzettel den Wahlumschlägen und stellt fest, wieviel Stimmen für und wieviel Stimmen gegen den Antrag abgegeben worden sind.

(3) Bei der Auszählung ist die Gültigkeit der Stimmzettel zu prüfen. Befinden sich in einem Wahlumschlag mehrere gekennzeichnete Stimmzettel, so werden sie, wenn sie vollständig übereinstimmen, nur einfach gezählt, andernfalls sind sie ungültig.

§ 22

Abstimmungsniederschrift des Betriebswahlvorstands

(1) Nach der Stimmauszählung stellt der Betriebswahlvorstand in einer Niederschrift fest:

1. die Zahl der abgegebenen Wahlumschläge;
2. die Zahl der gültigen Stimmen;
3. die Zahl der ungültigen Stimmen;
4. die Zahl der für den Antrag abgegebenen Stimmen;
5. die Zahl der gegen den Antrag abgegebenen Stimmen;
6. besondere während der Abstimmung eingetretene Zwischenfälle oder sonstige Ereignisse.

(2) Der Betriebswahlvorstand übermittelt unverzüglich dem Unternehmenswahlvorstand eingeschrieben, fernschriftlich oder durch Boten die Abstimmungsniederschrift. Der Unternehmenswahlvorstand übermittelt unverzüglich dem Hauptwahlvorstand eingeschrieben, fernschriftlich oder durch Boten die Abstimmungsniederschriften der Betriebswahlvorstände.

§ 23

Feststellung des Abstimmungsergebnisses, Abstimmungsniederschrift des Hauptwahlvorstands

Der Hauptwahlvorstand ermittelt an Hand der Abstimmungsniederschriften der Betriebswahlvorstände das Abstimmungsergebnis und stellt in einer Niederschrift fest:

1. die Zahl der abgegebenen Wahlumschläge;
2. die Zahl der gültigen Stimmen;
3. die Zahl der ungültigen Stimmen;
4. die Zahl der für den Antrag abgegebenen Stimmen;
5. die Zahl der gegen den Antrag abgegebenen Stimmen;
6. das Abstimmungsergebnis;
7. besondere während der Abstimmung eingetretene Zwischenfälle oder sonstige Ereignisse.

§ 24

Bekanntmachung des Abstimmungsergebnisses

Der Hauptwahlvorstand übermittelt das Abstimmungsergebnis den Unternehmenswahlvorständen. Jeder Unternehmenswahlvorstand übermittelt das Abstimmungsergebnis den Betriebswahlvorständen. Jeder Betriebswahlvorstand gibt das Abstimmungsergebnis durch zweiwöchigen Aushang in gleicher Weise wie das Abstimmungsausschreiben bekannt.

Dritter Unterabschnitt
Verteilung der Sitze, Wahlvorschläge

Erster Titel

§ 25

Verteilung der Sitze der unternehmensangehörigen Aufsichtsratsmitglieder der Arbeitnehmer

(1) Der Hauptwahlvorstand stellt die Verteilung der Sitze der unternehmensangehörigen Aufsichtsratsmitglieder der Arbeitnehmer auf die Arbeiter, die in § 3 Abs. 3 Nr. 1 des Gesetzes bezeichneten Angestellten und die leitenden Angestellten fest.

(2) Die Errechnung der auf die Arbeiter und die Angestellten entfallenden Aufsichtsratsmitglieder (§ 15 Abs. 2 Satz 1 des Gesetzes) erfolgt nach den Grundsätzen der Verhältniswahl. Hierzu werden die Zahl der Arbeiter und die Zahl der Angestellten der Unternehmen, deren Arbeitnehmer an der Wahl teilnehmen, in einer Reihe nebeneinandergestellt und beide durch 1, 2, 3, 4 usw. geteilt. Die ermittelten Teilzahlen sind nacheinander reihenweise unter den Zahlen der ersten Reihe aufzuführen, bis höhere Teilzahlen, als aus früheren Reihen für die Zuweisung von Sitzen in Betracht kommen, nicht mehr entstehen. Unter den so gefundenen Teilzahlen werden so viele Höchstzahlen ausgesondert und der Größe nach geordnet, wie unternehmensangehörige Aufsichtsratsmitglieder der Arbeitnehmer zu wählen sind. Die Arbeiter und die Angestellten erhalten jeweils so viele Aufsichtsratsmitglieder zugeteilt, wie Höchstzahlen auf sie entfallen. Wenn die niedrigste in Betracht kommende Höchstzahl auf beide Gruppen zugleich entfällt, entscheidet das Los darüber, welcher Gruppe der Sitz zufällt.

(3) Würde nach Absatz 2 auf die Arbeiter nicht mindestens ein Sitz entfallen, so erhalten sie einen Sitz; die Zahl der Sitze der Angestellten vermindert sich entsprechend. Würden nach Absatz 2 auf die Angestellten nicht mindestens zwei Sitze entfallen, so erhalten sie zwei Sitze; die Zahl der Sitze der Arbeiter vermindert sich entsprechend.

(4) Die Errechnung der auf die in § 3 Abs. 3 Nr. 1 des Gesetzes bezeichneten Angestellten und der auf die leitenden Angestellten entfallenden Aufsichtsratsmitglieder der Angestellten erfolgt nach den Grundsätzen der Verhältniswahl. Absatz 2 Satz 2 bis 6 ist sinngemäß anzuwenden. Würde nach den Sätzen 1 und 2 auf die in § 3 Abs. 3 Nr. 1 des Gesetzes bezeichneten Angestellten nicht mindestens ein Sitz entfallen, so erhalten sie einen Sitz; die Zahl der Sitze der leitenden Angestellten vermindert sich entsprechend. Würde nach den Sätzen 1 und 2 auf die leitenden Angestellten nicht mindestens ein Sitz entfallen, so erhalten sie einen Sitz; die Zahl der Sitze der in § 3 Abs. 3 Nr. 1 des Gesetzes bezeichneten Angestellten vermindert sich entsprechend.

Zweiter Titel
Wahlvorschläge

§ 26

Bekanntmachung über die Einreichung von Wahlvorschlägen

(1) Der Hauptwahlvorstand erläßt gleichzeitig mit der Bekanntmachung nach § 14 eine Bekanntmachung über die Einreichung von Wahlvorschlägen für die Wahl der Aufsichtsratsmitglieder der Arbeitnehmer. Die Bekanntmachung muß folgende Angaben enthalten:

1. den für den Aushang bestimmten Zeitpunkt;

2. die Zahl der zu wählenden Aufsichtsratsmitglieder der Arbeitnehmer, getrennt nach Aufsichtsratsmitgliedern der Arbeiter, Aufsichtsratsmitgliedern der Angestellten, die auf die in § 3 Abs. 3 Nr. 1 des Gesetzes bezeichneten Angestellten entfallen, Aufsichtsratsmitgliedern der Angestellten, die auf die leitenden Angestellten entfallen, und Aufsichtsratsmitgliedern, die Vertreter von Gewerkschaften sind;
3. daß Wahlvorschläge für die Wahl der Aufsichtsratsmitglieder der Arbeitnehmer beim Hauptwahlvorstand innerhalb von zehn Wochen seit dem für den Aushang bestimmten Zeitpunkt schriftlich eingereicht werden können; der letzte Tag der Frist ist anzugeben;
4. die Mindestzahl der wahlberechtigten Arbeiter, von denen ein Wahlvorschlag für Aufsichtsratsmitglieder der Arbeiter unterzeichnet sein muß;
5. die Mindestzahl der wahlberechtigten in § 3 Abs. 3 Nr. 1 des Gesetzes bezeichneten Angestellten, von denen ein Wahlvorschlag für Aufsichtsratsmitglieder der Angestellten, die auf diese Angestellten entfallen, unterzeichnet sein muß;
6. daß der Wahlvorschlag der leitenden Angestellten auf Grund von Abstimmungsvorschlägen durch Beschluß der wahlberechtigten leitenden Angestellten in geheimer Abstimmung aufgestellt wird und daß hierüber eine gesonderte Bekanntmachung erlassen wird;
7. daß ein Wahlvorschlag für Aufsichtsratsmitglieder, die Vertreter von Gewerkschaften sind, nur von einer Gewerkschaft eingereicht werden kann, die in einem Unternehmen vertreten ist, dessen Arbeitnehmer an der Wahl teilnehmen;
8. daß, soweit für die
   a) Aufsichtsratsmitglieder der Arbeiter,
   b) Aufsichtsratsmitglieder der Angestellten, die auf die in § 3 Abs. 3 Nr. 1 des Gesetzes bezeichneten Angestellten entfallen,
   c) Aufsichtsratsmitglieder der Angestellten, die auf die leitenden Angestellten entfallen,

   nur ein Wahlvorschlag gemacht wird, dieser doppelt so viele Bewerber enthalten muß, wie Aufsichtsratsmitglieder auf die Arbeiter, die in § 3 Abs. 3 Nr. 1 des Gesetzes bezeichneten Angestellten oder die leitenden Angestellten entfallen;
9. daß, soweit für die Aufsichtsratsmitglieder, die Vertreter von Gewerkschaften sind, nur ein Wahlvorschlag gemacht wird, dieser mindestens doppelt so viele Bewerber enthalten muß, wie Vertreter von Gewerkschaften zu wählen sind;
10. daß in jedem Wahlvorschlag zusammen mit jedem Bewerber für diesen ein Ersatzmitglied des Aufsichtsrats vorgeschlagen werden kann und daß für einen Bewerber, der Arbeiter ist, nur ein Arbeiter, für einen in § 3 Abs. 3 Nr. 1 des Gesetzes bezeichneten Angestellten nur ein in § 3 Abs. 3 Nr. 1 des Gesetzes bezeichneter Angestellter und für einen leitenden Angestellten nur ein leitender Angestellter als Ersatzmitglied vorgeschlagen werden kann;
11. daß bei Wahl eines Aufsichtsratsmitglieds auch das zusammen mit ihm vorgeschlagene Ersatzmitglied gewählt ist;
12. die Anschrift des Hauptwahlvorstands.

(2) Der Hauptwahlvorstand übersendet die Bekanntmachung den Unternehmenswahlvorständen und teilt ihnen schriftlich den Zeitpunkt mit, von dem ab die Bekanntmachung in den Betrieben der Unternehmen auszuhängen ist. Jeder Unternehmenswahlvorstand übersendet die Bekanntmachung und die Mitteilung des Hauptwahlvorstands den Betriebswahlvorständen. Jeder Betriebswahlvorstand ergänzt die Bekanntmachung um die folgenden Angaben:

1. den Ort, an dem die Wählerliste, das Gesetz und diese Verordnung ausliegen;
2. den Ort, an dem die Wahlvorschläge ausgehängt werden;
3. den Ort, an dem Einsprüche und sonstige Erklärungen gegenüber dem Betriebswahlvorstand abzugeben sind (Anschrift des Betriebswahlvorstands).

(3) Der Betriebswahlvorstand hängt die Bekanntmachung an einer oder mehreren geeigneten, den Wahlberechtigten zugänglichen Stellen im Betrieb bis zum Abschluß der Wahl der Aufsichtsratsmitglieder aus. Die Bekanntmachung ist in gut lesbarem Zustand zu erhalten. Der Betriebswahlvorstand vermerkt auf der Bekanntmachung den ersten und den letzten Tag des Aushangs.

(4) Der Hauptwahlvorstand übersendet die Bekanntmachung unverzüglich nach ihrem Erlaß den Unternehmen, deren Arbeitnehmer an der Wahl teilnehmen, und den in diesen Unternehmen vertretenen Gewerkschaften.

§ 27
Wahlvorschläge der Arbeiter und der in § 3 Abs. 3 Nr. 1 des Gesetzes bezeichneten Angestellten

(1) Zur Wahl der Aufsichtsratsmitglieder der Arbeiter können die wahlberechtigten Arbeiter Wahlvorschläge machen. Jeder Wahlvorschlag muß von einem Fünftel oder 100 der wahlberechtigten Arbeiter unterzeichnet sein.

(2) Zur Wahl der Aufsichtsratsmitglieder der Angestellten, die auf die in § 3 Abs. 3 Nr. 1 des Gesetzes bezeichneten Angestellten entfallen, können die wahlberechtigten in § 3 Abs. 3 Nr. 1 des Gesetzes bezeichneten Angestellten Wahlvorschläge machen. Jeder Wahlvorschlag muß von einem Fünftel oder 100 der wahlberechtigten in § 3 Abs. 3 Nr. 1 des Gesetzes bezeichneten Angestellten unterzeichnet sein.

(3) Die Wahlvorschläge sind innerhalb von zehn Wochen seit dem für den Aushang der Bekanntmachung über die Einreichung von Wahlvorschlägen bestimmten Zeitpunkt beim Hauptwahlvorstand schriftlich einzureichen.

(4) Wird für einen Wahlgang nur ein Wahlvorschlag eingereicht, so muß der Wahlvorschlag doppelt so viele Bewerber enthalten, wie Aufsichtsratsmitglieder in dem Wahlgang zu wählen sind.

(5) Wahlgang im Sinne dieses Abschnitts ist

1. die Wahl der Aufsichtsratsmitglieder der Arbeiter,
2. die Wahl der Aufsichtsratsmitglieder der Angestellten, die auf die in § 3 Abs. 3 Nr. 1 des Gesetzes bezeichneten Angestellten entfallen,
3. die Wahl der Aufsichtsratsmitglieder der Angestellten, die auf die leitenden Angestellten entfallen,
4. die Wahl der Aufsichtsratsmitglieder, die Vertreter von Gewerkschaften sind.

(6) In jedem Wahlvorschlag sind die Bewerber in erkennbarer Reihenfolge unter fortlaufender Nummer und unter Angabe von Familienname, Vorname, Geburtsdatum, Art der Beschäftigung, Unternehmen und Betrieb aufzuführen. Die schriftliche Zustimmung der Bewerber zur Aufnahme in den Wahlvorschlag und ihre schriftliche Versicherung, daß sie im Fall ihrer Wahl die Wahl annehmen werden, sind beizufügen.

(7) Für jeden Wahlvorschlag soll einer der Unterzeichner als Vorschlagsvertreter bezeichnet werden. Dieser ist berechtigt und verpflichtet, dem Hauptwahlvorstand die zur Beseitigung von Beanstandungen erforderlichen Erklärungen abzugeben sowie Erklärungen und Entscheidungen des Hauptwahlvorstands entgegenzunehmen. Ist kein Unterzeichner des Wahlvorschlags ausdrücklich als Vorschlagsvertreter bezeichnet, so wird der an erster Stelle Unterzeichnete als Vorschlagsvertreter angesehen.

(8) Die Unterschrift eines Wahlberechtigten zählt nur auf einem Wahlvorschlag. Hat ein Wahlberechtigter mehrere Wahlvorschläge unterzeichnet, so hat er auf Aufforderung des Hauptwahlvorstands innerhalb einer angemessenen Frist, spätestens jedoch innerhalb einer Woche zu erklären, welche Unterschrift er aufrechterhält. Unterbleibt die fristgerechte Erklärung, so wird sein Name auf dem zuerst eingereichten Wahlvorschlag gezählt und auf den übrigen Wahlvorschlägen gestrichen; sind mehrere Wahlvorschläge, die von demselben Wahlberechtigten unterzeichnet sind, gleichzeitig eingereicht worden, so entscheidet das Los darüber, auf welchem Wahlvorschlag die Unterschrift gilt.

(9) Ein Bewerber kann nur auf einem Wahlvorschlag vorgeschlagen werden. Ist sein Name mit seiner schriftlichen Zustimmung (Absatz 6 Satz 2) auf mehreren Wahlvorschlägen aufgeführt, so hat er auf Aufforderung des Hauptwahlvorstands innerhalb einer Woche zu erklären, welche Bewerbung er aufrechterhält. Unterbleibt die fristgerechte Erklärung, so ist der Bewerber auf sämtlichen Wahlvorschlägen zu streichen.

§ 28

Wahlvorschläge der Gewerkschaften

(1) Zur Wahl von Aufsichtsratsmitgliedern, die Vertreter von Gewerkschaften sind, können die Gewerkschaften Wahlvorschläge machen, die in Unternehmen vertreten sind, deren Arbeitnehmer an der Wahl teilnehmen.

(2) Jeder Wahlvorschlag einer Gewerkschaft muß von einem hierzu bevollmächtigten Beauftragten dieser Gewerkschaft unterzeichnet sein. § 27 Abs. 3, 5, 6 und 9 ist entsprechend anzuwenden. Wird nur ein Wahlvorschlag eingereicht, so muß dieser mindestens doppelt so viele Bewerber enthalten, wie Vertreter von Gewerkschaften zu wählen sind.

(3) § 27 Abs. 7 ist entsprechend anzuwenden. Der in Absatz 2 Satz 1 bezeichnete Beauftragte gilt als Vorschlagsvertreter. Die Gewerkschaft kann einen anderen als den in Absatz 2 Satz 1 bezeichneten Beauftragten als Vorschlagsvertreter benennen.

§ 29

Wahlvorschläge für Ersatzmitglieder

(1) In jedem Wahlvorschlag kann zusammen mit jedem Bewerber für diesen ein Ersatzmitglied des Aufsichtsrats vorgeschlagen werden. Für einen Bewerber, der Arbeiter ist, kann nur ein Arbeiter, für einen in § 3 Abs. 3 Nr. 1 des Gesetzes bezeichneten Angestellten nur ein in § 3 Abs. 3 Nr. 1 des Gesetzes bezeichneter Angestellter und für einen leitenden Angestellten nur ein leitender Angestellter als Ersatzmitglied vorgeschlagen werden. Für jeden Bewerber kann nur ein Ersatzmitglied vorgeschlagen werden. Ein Bewerber kann nicht sowohl als Mitglied als auch als Ersatzmitglied des Aufsichtsrats vorgeschlagen werden. § 27 Abs. 9 ist entsprechend anzuwenden.

(2) Jedes vorgeschlagene Ersatzmitglied ist in dem Wahlvorschlag unter Angabe von Familienname, Vorname, Geburtsdatum, Art der Beschäftigung, Unternehmen und Betrieb neben dem Bewerber aufzuführen, für den es als Ersatzmitglied des Aufsichtsrats vorgeschlagen wird. In dem Wahlvorschlag ist kenntlich zu machen, wer als Mitglied und wer als Ersatzmitglied des Aufsichtsrats vorgeschlagen wird. § 27 Abs. 6 Satz 2 ist entsprechend anzuwenden.

Dritter Titel

Zusätzliche Vorschriften für den Wahlvorschlag der leitenden Angestellten

§ 30

Bekanntmachung über die Abstimmung für den Wahlvorschlag der leitenden Angestellten

(1) Der Hauptwahlvorstand erläßt gleichzeitig mit der Bekanntmachung nach § 14 eine Bekanntmachung über die Abstimmung für den Wahlvorschlag der leitenden Angestellten. Die Bekanntmachung muß folgende Angaben enthalten:

1. den für den Aushang bestimmten Zeitpunkt;
2. die Zahl der Bewerber, die der Wahlvorschlag der leitenden Angestellten enthalten muß;
3. daß der Wahlvorschlag der leitenden Angestellten auf Grund von Abstimmungsvorschlägen durch Beschluß der wahlberechtigten leitenden Angestellten in geheimer Abstimmung aufgestellt wird;

4. daß in jedem Abstimmungsvorschlag zusammen mit jedem Bewerber für diesen ein Ersatzmitglied des Aufsichtsrats vorgeschlagen werden kann;
5. die Mindestzahl der wahlberechtigten leitenden Angestellten, von denen ein Abstimmungsvorschlag für die Abstimmung der leitenden Angestellten unterzeichnet sein muß;
6. die Zahl der Bewerber, die jeder leitende Angestellte in der Abstimmung ankreuzen kann;
7. daß die leitenden Angestellten als Bewerber in den Wahlvorschlag der leitenden Angestellten aufgenommen werden, auf die mehr Stimmen entfallen, als der Hälfte der abgegebenen Stimmen, geteilt durch die Zahl der Bewerber, die der Wahlvorschlag enthalten muß, entspricht;
8. daß, wenn in der ersten Abstimmung nicht die erforderliche Zahl von Bewerbern die in Nummer 7 bezeichnete Mehrheit erreicht, zur Wahl der noch fehlenden Bewerber eine zweite Abstimmung stattfindet, und daß für die zweite Abstimmung eine gesonderte Bekanntmachung erfolgt;
9. daß die in den Abstimmungsvorschlägen zusammen mit den Gewählten aufgeführten Ersatzmitglieder in den Wahlvorschlag der leitenden Angestellten als Ersatzmitglieder des Aufsichtsrats aufgenommen werden;
10. den Zeitpunkt, bis zu dem Abstimmungsvorschläge für die Abstimmung der leitenden Angestellten beim Hauptwahlvorstand eingereicht werden können;
11. den Ort, an dem Abstimmungsvorschläge einzureichen sind (Anschrift des Hauptwahlvorstands);
12. daß die leitenden Angestellten in Briefwahl abstimmen;
13. den Zeitpunkt, bis zu dem die Wahlbriefe beim Hauptwahlvorstand eingehen müssen.

(2) Der Hauptwahlvorstand übersendet die Bekanntmachung den Unternehmenswahlvorständen und teilt ihnen schriftlich den Zeitpunkt mit, von dem ab die Bekanntmachung in den Betrieben der Unternehmen auszuhängen ist. Jeder Unternehmenswahlvorstand übersendet die Bekanntmachung und die Mitteilung des Hauptwahlvorstands den Betriebswahlvorständen. Jeder Betriebswahlvorstand ergänzt die Bekanntmachung um die Angabe des Orts, an dem die Abstimmungsvorschläge ausgehängt werden.

(3) § 26 Abs. 3 und 4 ist entsprechend anzuwenden.

§ 31

Abstimmungsvorschläge der leitenden Angestellten

(1) Für den Beschluß über den Wahlvorschlag der leitenden Angestellten können die wahlberechtigten leitenden Angestellten Abstimmungsvorschläge machen. Jeder Abstimmungsvorschlag muß von einem Zwanzigstel oder 50 der wahlberechtigten leitenden Angestellten unterzeichnet sein. Abstimmungsvorschläge sind innerhalb einer vom Hauptwahlvorstand zu bestimmenden Frist beim Hauptwahlvorstand schriftlich einzureichen. Die Frist soll zwei Wochen betragen. Sie beginnt mit dem für den Aushang der Bekanntmachung nach § 30 bestimmten Zeitpunkt.

(2) In jedem Abstimmungsvorschlag kann zusammen mit jedem Bewerber für diesen ein leitender Angestellter als Ersatzmitglied des Aufsichtsrats vorgeschlagen werden. § 29 Abs. 1 Satz 3 bis 5 ist entsprechend anzuwenden.

(3) In jedem Abstimmungsvorschlag sind die Bewerber in erkennbarer Reihenfolge unter fortlaufender Nummer und unter Angabe von Familienname, Vorname, Geburtsdatum, Art der Beschäftigung, Unternehmen und Betrieb aufzuführen. Die schriftliche Zustimmung der Bewerber zur Aufnahme in den Abstimmungsvorschlag sowie die schriftliche Versicherung, daß sie im Fall ihrer Wahl die Wahl annehmen werden, sind beizufügen. Ein Ersatzmitglied ist in dem Abstimmungsvorschlag neben dem Bewerber aufzuführen, für den es als Ersatzmitglied vorgeschlagen wird. In dem Abstimmungsvorschlag ist kenntlich zu machen, wer als Bewerber und wer als Ersatzmitglied vorgeschlagen wird. Auf Ersatzmitglieder sind die Sätze 1 und 2 entsprechend anzuwenden.

(4) Der Hauptwahlvorstand prüft die Abstimmungsvorschläge. Er übersendet die gültigen Abstimmungsvorschläge unverzüglich den Unternehmenswahlvorständen. Jeder Unternehmenswahlvorstand übersendet sie unverzüglich den Betriebswahlvorständen. Jeder Betriebswahlvorstand macht sie bis zu dem Tag bekannt, von dem ab das Abstimmungsergebnis nach § 32 Abs. 9 Satz 3 in dem Betrieb bekanntgemacht wird; § 26 Abs. 3 ist entsprechend anzuwenden.

(5) Ist nach Ablauf der in Absatz 1 bezeichneten Frist kein gültiger Abstimmungsvorschlag eingereicht, so teilt dies der Hauptwahlvorstand unverzüglich den Unternehmenswahlvorständen mit. Die Unternehmenswahlvorstände leiten diese Mitteilung unverzüglich an die Betriebswahlvorstände weiter. Jeder Betriebswahlvorstand macht die Mitteilung in gleicher Weise bekannt wie Abstimmungsvorschläge und fordert unter Hinweis auf den bevorstehenden Ablauf der zur Einreichung von Wahlvorschlägen bestimmten Frist erneut dazu auf, Abstimmungsvorschläge einzureichen.

§ 32

Abstimmung der leitenden Angestellten

(1) Der Hauptwahlvorstand setzt den Tag der Abstimmung der leitenden Angestellten so fest, daß der Wahlvorschlag der leitenden Angestellten auch dann, wenn eine zweite Abstimmung erforderlich wird, spätestens dreizehn Wochen seit dem für den Aushang der Bekanntmachung nach § 26 bestimmten Zeitpunkt vorliegt.

(2) Jeder Abstimmungsberechtigte kann so viele Bewerber ankreuzen, wie der Wahlvorschlag der leitenden Angestellten Bewerber enthalten muß. Eine gesonderte Stimmabgabe für ein Ersatzmitglied des Aufsichtsrats ist nicht zulässig.

(3) Der Hauptwahlvorstand hat die Bewerber auf den Stimmzetteln unter Angabe von Familienname, Vorname, Art der Beschäftigung, Unternehmen und Betrieb untereinander in alphabetischer Reihenfolge aufzuführen. Ist zusammen mit einem Bewerber für diesen ein Ersatzmitglied vorgeschlagen worden, so ist das Ersatzmitglied auf den Stimmzetteln neben dem Bewerber aufzuführen; Satz 1 ist entsprechend anzuwenden. Die Stimmzettel sollen die Angabe enthalten, wieviel Bewerber jeder Abstimmungsberechtigte ankreuzen kann. Die Stimmzettel müssen sämtlich die gleiche Größe, Farbe, Beschaffenheit und Beschriftung haben; das gleiche gilt für die Wahlumschläge.

(4) Der Abstimmende kennzeichnet die von ihm gewählten Bewerber durch Ankreuzen an den im Stimmzettel hierfür vorgesehenen Stellen. Ungültig sind Stimmzettel,

1. in denen mehr Bewerber angekreuzt sind, als der Abstimmende Stimmen hat,
2. aus denen sich der Wille des Abstimmenden nicht eindeutig ergibt,
3. die mit einem besonderen Merkmal versehen sind,
4. die andere als die in Absatz 3 bezeichneten Angaben, einen Zusatz oder sonstige Änderungen enthalten.

(5) Die Abstimmung der leitenden Angestellten wird vom Hauptwahlvorstand durchgeführt. Über die Abstimmungsvorschläge stimmen die leitenden Angestellten in Briefwahl ab. Auf die schriftliche Stimmabgabe sind die §§ 18 bis 20 entsprechend anzuwenden.

(6) Unmittelbar nach dem Zeitpunkt, bis zu dem die Wahlbriefe beim Hauptwahlvorstand eingehen müssen, zählt der Hauptwahlvorstand öffentlich die Stimmen aus. Nach Öffnung der Wahlurne entnimmt er die Stimmzettel den Wahlumschlägen und zählt die auf jeden Bewerber entfallenden Stimmen zusammen. Dabei ist die Gültigkeit der Stimmzettel zu prüfen. Befinden sich in einem Wahlumschlag mehrere gekennzeichnete Stimmzettel, so werden sie, wenn sie vollständig übereinstimmen, nur einfach gezählt, andernfalls sind sie ungültig. Ist auf einem Stimmzettel ein Bewerber mehrfach angekreuzt, so zählt dies als eine Stimme.

(7) Als Bewerber sind die leitenden Angestellten in den Wahlvorschlag aufgenommen, auf die mehr Stimmen entfallen, als der Hälfte der abgegebenen Stimmen, geteilt durch die Zahl der Bewerber, die der Wahlvorschlag nach § 15 Abs. 5 Satz 3 des Gesetzes enthalten muß, entspricht. Wird diese Stimmenzahl von mehr leitenden Angestellten erreicht, als der Wahlvorschlag Bewerber enthalten muß, so sind nach der Reihenfolge der auf sie entfallenden Stimmenzahlen nur so viele leitende Angestellte in den Wahlvorschlag aufgenommen, wie dieser Bewerber enthalten muß. Wird die in Satz 1 bezeichnete Stimmenzahl von weniger leitenden Angestellten erreicht, als der Wahlvorschlag Bewerber enthalten muß, so werden die noch fehlenden Bewerber in einer zweiten Abstimmung ermittelt.

(8) Ist ein leitender Angestellter als Bewerber in den Wahlvorschlag der leitenden Angestellten aufgenommen, so ist das in dem Abstimmungsvorschlag neben diesem Bewerber aufgeführte Ersatzmitglied als dessen Ersatzmitglied in den Wahlvorschlag der leitenden Angestellten aufgenommen.

(9) Der Hauptwahlvorstand übermittelt das Abstimmungsergebnis und die Namen der in den Wahlvorschlag Aufgenommenen den Unternehmenswahlvorständen. Jeder Unternehmenswahlvorstand übermittelt das Abstimmungsergebnis und die Namen der in den Wahlvorschlag Aufgenommenen dem Betriebswahlvorstand. Jeder Betriebswahlvorstand gibt das Abstimmungsergebnis und die Namen der in den Wahlvorschlag Aufgenommenen durch zweiwöchigen Aushang bekannt; § 26 Abs. 3 ist entsprechend anzuwenden.

§ 33

Abstimmungsniederschrift

Nach Abschluß der Abstimmung stellt der Hauptwahlvorstand in einer Niederschrift fest:

1. die Wahl der abgegebenen Wahlumschläge;
2. die Zahl der gültigen Stimmen;
3. die Zahl der ungültigen Stimmen;
4. die Zahlen der auf die einzelnen Bewerber entfallenden Stimmen;
5. die Namen der in den Wahlvorschlag aufgenommenen Bewerber und Ersatzmitglieder;
6. besondere während der Abstimmung eingetretene Zwischenfälle oder sonstige Ereignisse.

§ 34

Zweite Abstimmung der leitenden Angestellten

(1) Ist durch die Abstimmung der leitenden Angestellten nicht die erforderliche Zahl von Bewerbern in den Wahlvorschlag aufgenommen worden, so ist unverzüglich eine zweite Abstimmung einzuleiten.

(2) Der Hauptwahlvorstand erläßt für die zweite Abstimmung eine Bekanntmachung. Sie muß folgende Angaben enthalten:

1. den für den Aushang bestimmten Zeitpunkt;
2. die Zahl der für den Wahlvorschlag der leitenden Angestellten noch fehlenden Bewerber;
3. daß für die zweite Abstimmung neue Abstimmungsvorschläge beim Hauptwahlvorstand eingereicht werden können; der letzte Tag der Einreichungsfrist ist anzugeben;
4. die Zahl der Bewerber, die jeder leitende Angestellte in der zweiten Abstimmung ankreuzen kann;
5. daß nach der zweiten Abstimmung so viele Bewerber, wie nach der ersten Abstimmung an der erforderlichen Zahl von Bewerbern fehlen, nach der Reihenfolge der auf sie entfallenden Stimmenzahlen in den Wahlvorschlag aufgenommen werden;
6. den Zeitpunkt, bis zu dem die Wahlbriefe beim Hauptwahlvorstand eingehen müssen.

§ 26 Abs. 3 und 4 und § 30 Abs. 2 sind entsprechend anzuwenden.

(3) Für die zweite Abstimmung können innerhalb einer vom Hauptwahlvorstand zu bestimmenden Frist neue Abstimmungsvorschläge eingereicht werden. Die Frist soll eine Woche betragen; sie beginnt mit dem für den Aushang der Bekanntmachung bestimmten Zeitpunkt.

(4) Jeder Abstimmungsberechtigte kann so viele Bewerber ankreuzen, wie in der zweiten Abstimmung noch in den Wahlvorschlag aufzunehmen sind. § 32 Abs. 2 Satz 2 und Abs. 3 bis 6 ist anzuwenden.

(5) Nach der zweiten Abstimmung werden so viele Bewerber in den Wahlvorschlag der leitenden Angestellten nach der Reihenfolge der auf sie entfallenden Stimmenzahlen aufgenommen, wie nach der ersten Abstimmung an der erforderlichen Zahl von Bewerbern noch fehlten; die in § 32 Abs. 7 Satz 1 bezeichnete Stimmenzahl ist nicht erforderlich. § 32 Abs. 8 und 9 ist anzuwenden.

(6) Für die Niederschrift über die zweite Abstimmung ist § 33 anzuwenden.

Vierter Titel
Prüfung und Bekanntmachung der Wahlvorschläge

§ 35
Prüfung der Wahlvorschläge

(1) Der Hauptwahlvorstand bestätigt dem Vorschlagsvertreter schriftlich den Zeitpunkt der Einreichung des Wahlvorschlags.

(2) Der Hauptwahlvorstand bezeichnet den Wahlvorschlag, wenn er nicht mit einem Kennwort versehen ist, mit Familienname und Vorname des an erster Stelle benannten Bewerbers. Er hat unverzüglich den Wahlvorschlag zu prüfen und bei Ungültigkeit oder Beanstandung den Vorschlagsvertreter schriftlich unter Angabe der Gründe zu unterrichten.

§ 36
Ungültige Wahlvorschläge

(1) Ungültig sind Wahlvorschläge,

1. die nicht fristgerecht eingereicht worden sind,
2. auf denen die Bewerber nicht in erkennbarer Reihenfolge aufgeführt sind,
3. die nicht die in § 26 Abs. 1 Satz 2 Nr. 8 und 9 bezeichnete Zahl von Bewerbern enthalten,
4. der Arbeiter und der in § 3 Abs. 3 Nr. 1 des Gesetzes bezeichneten Angestellten, wenn sie bei der Einreichung nicht die erforderliche Zahl von Unterschriften aufweisen,
5. der Gewerkschaften, wenn sie nicht von einem hierzu bevollmächtigten Beauftragten unterzeichnet sind.

(2) Wahlvorschläge,

1. in denen die Bewerber nicht in der in § 27 Abs. 6 Satz 1 bestimmten Weise bezeichnet sind,
2. denen die schriftliche Zustimmung und Versicherung der Bewerber nach § 27 Abs. 6 Satz 2 nicht beigefügt sind,
3. die infolge von Streichungen gemäß § 27 Abs. 8 nicht mehr die erforderliche Zahl von Unterschriften aufweisen,

sind ungültig, wenn der Hauptwahlvorstand sie beanstandet hat und die Mängel nicht innerhalb einer Woche seit der Beanstandung beseitigt worden sind.

§ 37
Nachfrist für Wahlvorschläge

(1) Ist nach Ablauf der für die Einreichung von Wahlvorschlägen bestimmten Frist für einen in § 27 Abs. 5 Nr. 1, 2 und 4 bezeichneten Wahlgang kein gültiger Wahlvorschlag eingereicht, so erläßt der Hauptwahlvorstand unverzüglich eine Bekanntmachung und setzt eine Nachfrist von einer Woche für die Einreichung von Wahlvorschlägen fest. Die Bekanntmachung muß folgende Angaben enthalten:

1. den für den Aushang bestimmten Zeitpunkt;
2. daß für den Wahlgang kein gültiger Wahlvorschlag eingereicht worden ist;
3. daß Wahlvorschläge innerhalb einer Nachfrist von einer Woche seit dem für den Aushang der Bekanntmachung bestimmten Zeitpunkt schriftlich beim Hauptwahlvorstand eingereicht werden können; der letzte Tag der Frist ist anzugeben;
4. daß der Wahlgang nur stattfinden kann, wenn mindestens ein gültiger Wahlvorschlag eingereicht wird;
5. daß, soweit kein gültiger Wahlvorschlag eingereicht wird, die fehlenden Aufsichtsratsmitglieder durch das Gericht bestellt werden können.

(2) Wird bis zum Ablauf der Nachfrist für einen Wahlgang kein gültiger Wahlvorschlag eingereicht, so macht der Hauptwahlvorstand unverzüglich bekannt, daß der Wahlgang nicht stattfindet.

(3) Für Bekanntmachungen nach den Absätzen 1 und 2 ist § 26 Abs. 2 bis 4 entsprechend anzuwenden.

§ 38
Bekanntmachung der Wahlvorschläge

(1) Sind für einen Wahlgang, in dem mehrere Aufsichtsratsmitglieder der Arbeitnehmer zu wählen sind, mehrere Wahlvorschläge eingereicht, so ermittelt der Hauptwahlvorstand durch das Los nach Ablauf der in § 27 Abs. 3, § 36 Abs. 2 und § 37 Abs. 1 bezeichneten Fristen die Reihenfolge der Ordnungsnummern, die den eingereichten Wahlvorschlägen zugeteilt werden (Wahlvorschlag 1, 2 usw.).

(2) Spätestens zwei Wochen vor dem ersten Tag der Stimmabgabe sind die gültigen Wahlvorschläge in den Betrieben bekanntzumachen. Der Hauptwahlvorstand übersendet die gültigen Wahlvorschläge den Unternehmenswahlvorständen und teilt ihnen schriftlich den Zeitpunkt mit, von dem ab die Wahlvorschläge in den Betrieben der Unternehmen auszuhängen sind. Jeder Unternehmenswahlvorstand übersendet die Wahlvorschläge und die Mitteilung des Hauptwahlvorstands den Betriebswahlvorstän-

den. Jeder Betriebswahlvorstand macht die Wahlvorschläge, nach Wahlgängen getrennt, bekannt; § 26 Abs. 3 und 4 ist entsprechend anzuwenden.

Vierter Unterabschnitt

§ 39

Anzuwendende Vorschriften

(1) Sind die Aufsichtsratsmitglieder der Arbeitnehmer in unmittelbarer Wahl zu wählen, so richtet sich das weitere Wahlverfahren nach den Vorschriften des Zweiten Abschnitts.

(2) Sind die Aufsichtsratsmitglieder der Arbeitnehmer durch Wahlmänner zu wählen, so richtet sich das weitere Wahlverfahren nach den Vorschriften des Dritten Abschnitts.

Zweiter Abschnitt
Unmittelbare Wahl der Aufsichtsratsmitglieder der Arbeitnehmer

Erster Unterabschnitt
Wahlausschreiben, Abstimmungen über die gemeinsame Wahl

§ 40

Wahlausschreiben

(1) Steht fest, daß die Aufsichtsratsmitglieder der Arbeitnehmer in unmittelbarer Wahl zu wählen sind, so erläßt der Hauptwahlvorstand ein Wahlausschreiben. Es muß folgende Angaben enthalten:

1. den für den Aushang bestimmten Zeitpunkt;
2. daß die Aufsichtsratsmitglieder der Arbeitnehmer in unmittelbarer Wahl zu wählen sind;
3. daß an der Wahl und an Abstimmungen nur Arbeitnehmer teilnehmen können, die in der Wählerliste eingetragen sind;
4. daß die unternehmensangehörigen Aufsichtsratsmitglieder der Arbeitnehmer von den Arbeitern und den Angestellten in getrennter Wahl gewählt werden, wenn nicht die wahlberechtigten Arbeiter und Angestellten in getrennten, geheimen Abstimmungen die gemeinsame Wahl beschließen;
5. daß die Abstimmungen über die gemeinsame Wahl der unternehmensangehörigen Aufsichtsratsmitglieder der Arbeitnehmer nur durchgeführt werden, wenn von den Arbeitern und den Angestellten je ein Antrag eingereicht wird;
6. die Mindestzahl der wahlberechtigten Arbeiter, von denen ein Antrag auf Abstimmung der Arbeiter unterzeichnet sein muß;
7. die Mindestzahl der wahlberechtigten Angestellten, von denen ein Antrag auf Abstimmung der Angestellten unterzeichnet sein muß;
8. daß Anträge auf Abstimmungen über die gemeinsame Wahl innerhalb von zwei Wochen seit dem für den Aushang bestimmten Zeitpunkt schriftlich beim Hauptwahlvorstand eingereicht werden können; der letzte Tag der Frist ist anzugeben;
9. die Mindestzahl der wahlberechtigten Arbeiter, deren Beteiligung an der Abstimmung der Arbeiter erforderlich ist;
10. die Mindestzahl der wahlberechtigten Angestellten, deren Beteiligung an der Abstimmung der Angestellten erforderlich ist;
11. daß die Beschlüsse darüber, daß die unternehmensangehörigen Aufsichtsratsmitglieder der Arbeitnehmer in gemeinsamer Wahl gewählt werden sollen, jeweils nur mit der Mehrheit der abgegebenen Stimmen gefaßt werden können;
12. daß im Fall der getrennten Wahl die Aufsichtsratsmitglieder der Arbeiter von den wahlberechtigten Arbeitern und die Aufsichtsratsmitglieder der Angestellten von den wahlberechtigten Angestellten gewählt werden;
13. daß im Fall der gemeinsamen Wahl die unternehmensangehörigen Aufsichtsratsmitglieder der Arbeitnehmer von den wahlberechtigten Arbeitern und Angestellten gemeinsam gewählt werden;
14. daß die Aufsichtsratsmitglieder, die Vertreter von Gewerkschaften sind, in gemeinsamer Wahl gewählt werden;
15. den Zeitpunkt, bis zu dem Wahlvorschläge eingereicht werden können;
16. daß die Stimmabgabe an Wahlvorschläge gebunden ist und daß nur solche Wahlvorschläge berücksichtigt werden dürfen, die fristgerecht eingereicht sind;
17. den Tag oder die Tage der Stimmabgabe für die Wahl der Aufsichtsratsmitglieder der Arbeitnehmer;
18. die Anschrift des Hauptwahlvorstands.

(2) Der Hauptwahlvorstand übersendet das Wahlausschreiben den Unternehmenswahlvorständen und teilt ihnen schriftlich den Zeitpunkt mit, von dem ab es in den Betrieben der Unternehmen auszuhängen ist. Jeder Unternehmenswahlvorstand übersendet das Wahlausschreiben und die Mitteilung des Hauptwahlvorstands den Betriebswahlvorständen. Jeder Betriebswahlvorstand ergänzt das Wahlausschreiben um die folgenden Angaben:

1. den Ort, an dem die Wahlvorschläge ausgehängt werden;
2. Ort und Zeit der Stimmabgabe;
3. den Hinweis auf die Möglichkeit der schriftlichen Stimmabgabe sowie die Betriebsteile und Nebenbetriebe, für die schriftliche Stimmabgabe beschlossen ist;
4. den Ort, an dem Einsprüche und sonstige Erklärungen gegenüber dem Betriebswahlvorstand abzugeben sind (Anschrift des Betriebswahlvorstands).

Für die Bekanntmachung des Wahlausschreibens ist § 26 Abs. 3 und 4 entsprechend anzuwenden.

§ 41

Anträge auf Abstimmungen über die gemeinsame Wahl

(1) Anträge auf Abstimmungen darüber, daß die unternehmensangehörigen Aufsichtsratsmiglieder der Arbeitnehmer in gemeinsamer Wahl gewählt werden sollen, sind innerhalb von zwei Wochen seit dem für den Aushang des Wahlausschreibens bestimmten Zeitpunkt schriftlich beim Hauptwahlvorstand einzureichen. Der Hauptwahlvorstand prüft unverzüglich nach Eingang eines Antrags dessen Gültigkeit.

(2) Ein Antrag auf Abstimmung ist gültig, wenn er von mindestens einem Zwanzigstel der wahlberechtigten Arbeiter oder der wahlberechtigten Angestellten unterzeichnet und fristgerecht eingereicht worden ist.

(3) Ist ein Antrag ungültig, so teilt der Hauptwahlvorstand dies dem Antragsvertreter oder, wenn ein solcher nicht benannt ist, dem an erster Stelle des Antrags Unterzeichneten schriftlich mit.

(4) Abstimmungen werden nur durchgeführt, wenn sowohl von den wahlberechtigten Arbeitern als auch von den wahlberechtigten Angestellten ein gültiger Antrag eingereicht worden ist.

§ 42

Abstimmungsausschreiben

(1) Liegt für die Gruppe der Arbeiter und für die Gruppe der Angestellten je ein gültiger Antrag nach § 41 vor, so erläßt der Hauptwahlvorstand unverzüglich ein Abstimmungsausschreiben. Die Abstimmungen sollen innerhalb von zwei Wochen seit dem für den Aushang des Abstimmungsausschreibens bestimmten Zeitpunkt stattfinden.

(2) Das Abstimmungsausschreiben muß folgende Angaben enthalten:

1. den für den Aushang bestimmten Zeitpunkt;
2. den Inhalt der Anträge;
3. daß an den Abstimmungen nur Arbeitnehmer teilnehmen können, die in der Wählerliste eingetragen sind;
4. daß die wahlberechtigten Arbeiter und Angestellten in getrennten, geheimen Abstimmungen über die gemeinsame Wahl beschließen;
5. die Mindestzahl der wahlberechtigten Arbeiter, deren Beteiligung an der Abstimmung der Arbeiter erforderlich ist;
6. die Mindestzahl der wahlberechtigten Angestellten, deren Beteiligung an der Abstimmung der Angestellten erforderlich ist;
7. daß die Beschlüsse darüber, daß die unternehmensangehörigen Aufsichtsratsmitglieder der Arbeitnehmer in gemeinsamer Wahl gewählt werden sollen, jeweils nur mit der Mehrheit der abgegebenen Stimmen gefaßt werden können;
8. den Tag oder die Tage der Stimmabgabe.

Für die Bekanntmachung des Abstimmungsausschreibens ist § 16 Abs. 3 und 4 anzuwenden.

§ 43

Stimmabgabe, Abstimmungsvorgang

(1) Die Stimmzettel für eine Abstimmung dürfen nur den Antrag und die Frage an den Abstimmungsberechtigten enthalten, ob er für oder gegen den Antrag stimmt. Gibt der Abstimmende seine Stimme für den Antrag ab, so kreuzt er das vorgedruckte „Ja", andernfalls das vorgedruckte „Nein" an. Die Stimmzettel für eine Abstimmung müssen sämtlich die gleiche Größe, Farbe, Beschaffenheit und Beschriftung haben; das gleiche gilt für die Wahlumschläge. Stimmzettel und Wahlumschläge, die für eine Abstimmung Verwendung finden, müssen sich von den für die andere Abstimmung vorgesehenen Stimmzetteln und Wahlumschlägen in der Farbe unterscheiden.

(2) Der Hauptwahlvorstand übersendet die Stimmzettel und die Wahlumschläge rechtzeitig den Unternehmenswahlvorständen. Die Unternehmenswahlvorstände leiten die Stimmzettel und die Wahlumschläge rechtzeitig an die Betriebswahlvorstände weiter.

(3) Stimmzettel, die mit einem besonderen Merkmal versehen sind oder aus denen sich der Wille des Abstimmenden nicht eindeutig ergibt oder die andere als die in Absatz 1 bezeichneten Angaben, einen Zusatz oder sonstige Änderungen enthalten, sind ungültig.

(4) Für den Abstimmungsvorgang und die schriftliche Stimmabgabe sind § 6 Abs. 6 Satz 3 und die §§ 18 bis 20 entsprechend anzuwenden.

§ 44

Öffentliche Stimmauszählung

(1) Unverzüglich nach Abschluß der Stimmabgabe zählt der Betriebswahlvorstand öffentlich die Stimmen aus.

(2) Nach Öffnung der Wahlurne entnimmt der Betriebswahlvorstand die Stimmzettel den Wahlumschlägen und stellt für jeden Antrag gesondert fest, wieviel Stimmen für und wieviel Stimmen gegen den Antrag abgegeben worden sind.

(3) Bei der Auszählung ist die Gültigkeit der Stimmzettel zu prüfen. Befinden sich in einem Wahlumschlag mehrere gekennzeichnete Stimmzettel, so werden sie, wenn sie vollständig übereinstimmen, nur einfach gezählt, andernfalls sind sie ungültig.

§ 45

Abstimmungsniederschrift des Betriebswahlvorstands

(1) Nach der Stimmauszählung stellt der Betriebswahlvorstand in einer Niederschrift getrennt nach Abstimmungen fest:

1. die Zahl der abgegebenen Wahlumschläge;
2. die Zahl der gültigen Stimmen;
3. die Zahl der ungültigen Stimmen;
4. die Zahl der für einen Antrag abgegebenen Stimmen;

5. die Zahl der gegen einen Antrag abgegebenen Stimmen;
6. besondere während der Abstimmung eingetretene Zwischenfälle oder sonstige Ereignisse.

(2) Der Betriebswahlvorstand übermittelt unverzüglich dem Unternehmenswahlvorstand eingeschrieben, fernschriftlich oder durch Boten die Abstimmungsniederschrift. Der Unternehmenswahlvorstand übermittelt unverzüglich dem Hauptwahlvorstand eingeschrieben, fernschriftlich oder durch Boten die Abstimmungsniederschriften der Betriebswahlvorstände.

§ 46

Feststellung des Abstimmungsergebnisses, Abstimmungsniederschrift des Hauptwahlvorstands

Der Hauptwahlvorstand ermittelt anhand der Abstimmungsniederschriften der Betriebswahlvorstände das Abstimmungsergebnis und stellt in einer Niederschrift getrennt nach Abstimmungen fest:
1. die Zahl der abgegebenen Wahlumschläge;
2. die Zahl der gültigen Stimmen;
3. die Zahl der ungültigen Stimmen;
4. die Zahl der für einen Antrag abgegebenen Stimmen;
5. die Zahl der gegen einen Antrag abgegebenen Stimmen;
6. das Abstimmungsergebnis;
7. besondere während der Abstimmung eingetretene Zwischenfälle oder sonstige Ereignisse.

§ 47

Bekanntmachung des Abstimmungsergebnisses

(1) Der Hauptwahlvorstand übermittelt das Abstimmungsergebnis den Unternehmenswahlvorständen. Jeder Unternehmenswahlvorstand übermittelt das Abstimmungsergebnis den Betriebswahlvorständen. Jeder Betriebswahlvorstand gibt das Abstimmungsergebnis durch zweiwöchigen Aushang in gleicher Weise wie das Abstimmungsausschreiben bekannt.

(2) Ergeben die Abstimmungen, daß die unternehmensangehörigen Aufsichtsratsmitglieder der Arbeitnehmer in gemeinsamer Wahl zu wählen sind, so ist dies durch eine Ergänzung des Wahlausschreibens bekanntzumachen.

Zweiter Unterabschnitt
Durchführung der Wahl

Erster Titel

Wahl mehrerer Aufsichtsratsmitglieder der Arbeitnehmer in einem Wahlgang auf Grund mehrerer Wahlvorschläge

§ 48

Stimmabgabe, Wahlvorgang

(1) Sind in einem Wahlgang mehrere Aufsichtsratsmitglieder der Arbeitnehmer zu wählen und liegen für diesen Wahlgang mehrere gültige Wahlvorschläge vor, so kann der Wähler seine Stimme nur für einen dieser Wahlvorschläge abgeben. Die Stimmabgabe erfolgt durch Abgabe von Stimmzetteln in den hierfür bestimmten Umschlägen (Wahlumschlägen). Der Begriff des Wahlgangs im Sinne dieses Abschnitts bestimmt sich nach § 27 Abs. 5.

(2) Der Hauptwahlvorstand hat die Wahlvorschläge auf den Stimmzetteln nach der Reihenfolge der Ordnungsnummern sowie unter Angabe der an erster und zweiter Stelle benannten Bewerber mit Familienname, Vorname, Art der Beschäftigung, Unternehmen und Betrieb untereinander aufzuführen; bei Wahlvorschlägen, die mit einem Kennwort versehen sind, ist auch das Kennwort anzugeben. Die Stimmzettel sollen die Angabe enthalten, daß der Wähler nur einen Wahlvorschlag ankreuzen kann. Die Stimmzettel, die für denselben Wahlgang Verwendung finden, müssen sämtlich die gleiche Größe, Farbe, Beschaffenheit und Beschriftung haben; das gleiche gilt für die Wahlumschläge. Die Stimmzettel und Wahlumschläge, die für einen Wahlgang Verwendung finden, müssen sich von den für die anderen Wahlgänge vorgesehenen Stimmzetteln und Wahlumschlägen in der Farbe unterscheiden.

(3) Der Hauptwahlvorstand übersendet die Stimmzettel und die Wahlumschläge rechtzeitig den Unternehmenswahlvorständen. Die Unternehmenswahlvorstände leiten die Stimmzettel und die Wahlumschläge rechtzeitig an die Betriebswahlvorstände weiter.

(4) Der Wähler kennzeichnet den von ihm gewählten Wahlvorschlag durch Ankreuzen an der im Stimmzettel hierfür vorgesehenen Stelle. Für den Wahlvorgang ist § 18 entsprechend anzuwenden; die Stimmabgabe ist in der Wählerliste für jeden Wahlgang gesondert zu vermerken.

(5) Ungültig sind Stimmzettel,
1. in denen mehr als ein Wahlvorschlag angekreuzt ist,
2. aus denen sich der Wille des Wählers nicht eindeutig ergibt,
3. die mit einem besonderen Merkmal versehen sind,
4. die andere als die in Absatz 2 bezeichneten Angaben, einen Zusatz oder sonstige Änderungen enthalten.

§ 49

Öffentliche Stimmauszählung

(1) Unverzüglich nach Abschluß der Stimmabgabe zählt der Betriebswahlvorstand öffentlich die Stimmen aus.

(2) Nach Öffnung der Wahlurne entnimmt der Betriebswahlvorstand die Stimmzettel den Wahlumschlägen und zählt für jeden Wahlgang gesondert die auf jeden Wahlvorschlag entfallenden Stimmen zusammen.

(3) Bei der Auszählung ist die Gültigkeit der Stimmzettel zu prüfen. Befinden sich in einem Wahlumschlag mehrere gekennzeichnete Stimmzettel, so werden sie, wenn sie vollständig übereinstimmen, nur einfach gezählt, andernfalls sind sie ungültig.

§ 50

Wahlniederschrift des Betriebswahlvorstands

(1) Nachdem die Stimmen ausgezählt sind, stellt der Betriebswahlvorstand in einer Niederschrift für jeden Wahlgang gesondert fest:

1. die Zahl der abgegebenen Wahlumschläge;
2. die Zahl der gültigen Stimmen;
3. die Zahl der ungültigen Stimmen;
4. die Zahlen der auf die einzelnen Wahlvorschläge entfallenden Stimmen;
5. besondere während der Wahl eingetretene Zwischenfälle oder sonstige Ereignisse.

(2) Der Betriebswahlvorstand übermittelt unverzüglich nach der Stimmauszählung dem Unternehmenswahlvorstand eingeschrieben, fernschriftlich oder durch Boten die Wahlniederschrift. Unverzüglich nach Eingang aller Wahlniederschriften übermittelt sie der Unternehmenswahlvorstand eingeschrieben, fernschriftlich oder durch Boten dem Hauptwahlvorstand.

(3) Der Betriebswahlvorstand gibt das Ergebnis der Stimmauszählung durch Aushang an einer oder mehreren geeigneten, den Wahlberechtigten zugänglichen Stellen im Betrieb bekannt.

§ 51

Ermittlung der Gewählten

(1) Der Hauptwahlvorstand ermittelt anhand der Wahlniederschriften der Betriebswahlvorstände das Wahlergebnis.

(2) Die in dem Wahlgang den einzelnen Wahlvorschlägen zugefallenen Stimmenzahlen werden in einer Reihe nebeneinandergestellt und sämtlich durch 1, 2, 3, 4 usw. geteilt. Die ermittelten Teilzahlen sind nacheinander reihenweise unter den Zahlen der ersten Reihe aufzuführen, bis höhere Teilzahlen, als aus früheren Reihen für die Zuweisung von Sitzen in Betracht kommen, nicht mehr entstehen. Unter den so gefundenen Teilzahlen werden so viele Höchstzahlen ausgesondert und der Größe nach geordnet, wie in dem Wahlgang Aufsichtsratsmitglieder zu wählen sind. Jeder Wahlvorschlag erhält so viele Sitze zugeteilt, wie Höchstzahlen auf ihn entfallen. Wenn die niedrigste in Betracht kommende Höchstzahl auf mehrere Wahlvorschläge zugleich entfällt, so entscheidet das Los darüber, welchem Wahlvorschlag dieser Sitz zufällt.

(3) Wenn ein Wahlvorschlag weniger Bewerber enthält, als Höchstzahlen auf ihn entfallen, so gehen die überschüssigen Sitze auf die folgenden Höchstzahlen der anderen Wahlvorschläge desselben Wahlgangs über.

(4) Die Reihenfolge der Bewerber innerhalb der einzelnen Wahlvorschläge bestimmt sich nach der Reihenfolge ihrer Benennung.

(5) Mit der Wahl eines Bewerbers ist das in dem Wahlvorschlag neben dem gewählten Bewerber aufgeführte Ersatzmitglied des Aufsichtsrats gewählt.

Zweiter Titel

Wahl mehrerer Aufsichtsratsmitglieder der Arbeitnehmer in einem Wahlgang auf Grund nur eines Wahlvorschlags

§ 52

Stimmabgabe, Wahlvorgang

(1) Sind in einem Wahlgang mehrere Aufsichtsratsmitglieder der Arbeitnehmer zu wählen und liegt für diesen Wahlgang nur ein gültiger Wahlvorschlag vor, so kann der Wähler seine Stimme nur für die in dem Wahlvorschlag aufgeführten Bewerber abgeben. Eine gesonderte Stimmabgabe für ein Ersatzmitglied des Aufsichtsrats ist nicht zulässig. Die Stimmabgabe erfolgt durch Abgabe von Stimmzetteln in den hierfür bestimmten Umschlägen (Wahlumschlägen).

(2) Der Hauptwahlvorstand hat die Bewerber auf den Stimmzetteln unter Angabe von Familienname, Vorname, Art der Beschäftigung, Unternehmen und Betrieb untereinander in der Reihenfolge aufzuführen, in der sie in dem Wahlvorschlag benannt sind. Ist zusammen mit einem Bewerber für diesen ein Ersatzmitglied vorgeschlagen worden, so ist das Ersatzmitglied auf den Stimmzetteln neben dem Bewerber aufzuführen; Satz 1 ist entsprechend anzuwenden. Die Stimmzettel sollen die Angabe enthalten, wieviel Bewerber der Wähler ankreuzen kann. § 48 Abs. 2 Satz 3 und 4 und Abs. 3 ist anzuwenden.

(3) Der Wähler kennzeichnet die von ihm gewählten Bewerber durch Ankreuzen an den im Stimmzettel hierfür vorgesehenen Stellen. Er darf nicht mehr Bewerber ankreuzen, als in dem Wahlgang Aufsichtsratsmitglieder zu wählen sind. § 48 Abs. 4 Satz 2 ist entsprechend anzuwenden.

(4) Ungültig sind Stimmzettel,

1. in denen mehr Bewerber angekreuzt sind, als in dem Wahlgang Aufsichtsratsmitglieder zu wählen sind,
2. aus denen sich der Wille des Wählers nicht eindeutig ergibt,
3. die mit einem besonderen Merkmal versehen sind,
4. die andere als die in Absatz 2 bezeichneten Angaben, einen Zusatz oder sonstige Änderungen enthalten.

§ 53

Öffentliche Stimmauszählung

(1) Unverzüglich nach Abschluß der Stimmabgabe zählt der Betriebswahlvorstand öffentlich die Stimmen aus.

(2) Nach Öffnung der Wahlurne entnimmt der Betriebswahlvorstand die Stimmzettel den Wahlumschlägen und zählt für jeden Wahlgang gesondert die auf jeden Bewerber entfallenden Stimmen zusammen. § 49 Abs. 3 ist anzuwenden. Ist auf einem Stimmzettel ein Bewerber mehrfach angekreuzt, so zählt dies als eine Stimme.

§ 54

Wahlniederschrift des Betriebswahlvorstands

Nachdem die Stimmen ausgezählt sind, stellt der Betriebswahlvorstand in einer Niederschrift für jeden Wahlgang gesondert fest:

1. die Zahl der abgegebenen Wahlumschläge;
2. die Zahl der gültigen Stimmen;
3. die Zahl der ungültigen Stimmen;
4. die Zahlen der auf die einzelnen Bewerber entfallenden Stimmen;
5. besondere während der Wahl eingetretene Zwischenfälle oder sontige Ereignisse.

§ 50 Abs. 2 und 3 ist anzuwenden.

§ 55

Ermittlung der Gewählten

Der Hauptwahlvorstand ermittelt anhand der Wahlniederschriften der Betriebswahlvorstände die Zahlen der auf die einzelnen Bewerber entfallenden Stimmen. Gewählt sind so viele Bewerber, wie in dem Wahlgang Aufsichtsratsmitglieder zu wählen sind, nach der Reihenfolge der auf sie entfallenden Stimmenzahlen. Bei Stimmengleichheit entscheidet das Los. § 51 Abs. 5 ist anzuwenden.

Dritter Titel

§ 56

Wahl nur eines Aufsichtsratsmitglieds der Arbeitnehmer in einem Wahlgang

(1) Ist in einem Wahlgang nur ein Aufsichtsratsmitglied der Arbeitnehmer zu wählen, so kann der Wähler seine Stimme nur für einen der vorgeschlagenen Bewerber abgeben. § 52 Abs. 1 Satz 2 und 3 ist anzuwenden.

(2) Liegt nur ein gültiger Wahlvorschlag vor, so hat der Hauptwahlvorstand die Bewerber auf den Stimmzetteln unter Angabe von Familienname, Vorname, Art der Beschäftigung, Unternehmen und Betrieb untereinander in der Reihenfolge aufzuführen, in der sie in dem Wahlvorschlag benannt sind. Liegen mehrere gültige Wahlvorschläge vor, so hat der Hauptwahlvorstand die Bewerber auf den Stimmzetteln unter Angabe von Familienname, Vorname, Art der Beschäftigung, Unternehmen, Betrieb und Kennwort des Wahlvorschlags untereinander in alphabetischer Reihenfolge aufzuführen. § 52 Abs. 2 Satz 2 bis 4 ist anzuwenden.

(3) Der Wähler kennzeichnet den von ihm gewählten Bewerber durch Ankreuzen an der im Stimmzettel hierfür vorgesehenen Stelle. Er darf nicht mehr als einen Bewerber ankreuzen. § 48 Abs. 4 Satz 2, § 52 Abs. 4 und die §§ 53 bis 55 sind anzuwenden.

Vierter Titel

Schriftliche Stimmabgabe

§ 57

Voraussetzungen

(1) Einem wahlberechtigten Arbeitnehmer, der im Zeitpunkt der Wahl wegen Abwesenheit vom Betrieb verhindert ist, seine Stimme persönlich abzugeben, hat der Betriebswahlvorstand auf sein Verlangen

1. das Wahlausschreiben,
2. für jeden Wahlgang, an dem er teilzunehmen berechtigt ist, gesondert
   a) die Wahlvorschläge,
   b) den Stimmzettel und den Wahlumschlag,
3. eine vorgedruckte, vom Wähler abzugebende Erklärung, in der dieser gegenüber dem Betriebswahlvorstand versichert, daß er den Stimmzettel persönlich gekennzeichnet hat, sowie
4. einen größeren Freiumschlag, der die Anschrift des Betriebswahlvorstands und als Absender den Namen und die Anschrift des Wahlberechtigten sowie den Vermerk „Schriftliche Stimmabgabe" trägt,

auszuhändigen oder zu übersenden. Der Betriebswahlvorstand soll dem Wahlberechtigten ferner ein Merkblatt über die Art und Weise der schriftlichen Stimmabgabe (§ 58 Abs. 1) aushändigen oder übersenden. Der Betriebswahlvorstand vermerkt die Aus-Aushändigung oder die Übersendung der Unterlagen für jeden Wahlgang gesondert in der Wählerliste.

(2) Wahlberechtigte, von denen dem Betriebswahlvorstand bekannt ist, daß sie im Zeitpunkt der Wahl nach der Eigenart ihres Beschäftigungsverhältnisses voraussichtlich nicht im Betrieb anwesend sein werden (insbesondere in Heimarbeit Beschäftigte und Außenarbeiter), erhalten die in Absatz 1 bezeichneten Unterlagen, ohne daß es eines Verlangens des Wahlberechtigten bedarf.

(3) Für Betriebsteile und Nebenbetriebe, die räumlich weit vom Hauptbetrieb entfernt sind, kann der Betriebswahlvorstand die schriftliche Stimmabgabe beschließen. Absatz 2 ist entsprechend anzuwenden.

(4) Der Hauptwahlvorstand übersendet den Unternehmenswahlvorständen die in Absatz 1 bezeichneten Unterlagen für die schriftliche Stimmabgabe. Jeder Unternehmenswahlvorstand übersendet den Betriebswahlvorständen diese Unterlagen auf Anforderung.

§ 58

Verfahren bei der Stimmabgabe

(1) Der Wähler gibt seine Stimme in der Weise ab, daß er

1. die Stimmzettel unbeobachtet persönlich kennzeichnet und in den zugehörigen Wahlumschlägen verschließt,
2. die vorgedruckte Erklärung unter Angabe des Orts und des Datums unterschreibt und

3. die Wahlumschläge und die unterschriebene vorgedruckte Erklärung in dem Freiumschlag verschließt und diesen Wahlbrief so rechtzeitig an den Betriebswahlvorstand absendet oder übergibt, daß er vor Abschluß der Stimmabgabe vorliegt.

(2) Unmittelbar vor Abschluß der Stimmabgabe öffnet der Betriebswahlvorstand in öffentlicher Sitzung die bis zu diesem Zeitpunkt eingegangenen Wahlbriefe und entnimmt ihnen die Wahlumschläge sowie die vorgedruckten Erklärungen. Ist die schriftliche Stimmabgabe ordnungsgemäß erfolgt, so vermerkt der Betriebswahlvorstand die Stimmabgabe für jeden Wahlgang gesondert in der Wählerliste und legt die Wahlumschläge ungeöffnet in die Wahlurne.

(3) Verspätet eingehende Wahlbriefe nimmt der Betriebswahlvorstand mit einem Vermerk über den Zeitpunkt des Eingangs ungeöffnet zu den Wahlunterlagen. Die Wahlbriefe sind einen Monat nach Bekanntgabe des Ergebnisses der Wahl der Aufsichtsratsmitglieder der Arbeitnehmer ungeöffnet zu vernichten, wenn die Wahl nicht angefochten worden ist.

Fünfter Titel
Wahlniederschrift, Benachrichtigungen

§ 59
Wahlniederschrift

Nachdem ermittelt ist, wer gewählt ist, stellt der Hauptwahlvorstand in einer Niederschrift für jeden Wahlgang gesondert fest:

1. die Zahl der abgegebenen Wahlumschläge;
2. die Zahl der gültigen Stimmen;
3. die Zahl der ungültigen Stimmen;
4. bei Verhältniswahl die Zahlen der auf die einzelnen Wahlvorschläge entfallenden Stimmen, die berechneten Höchstzahlen und ihre Verteilung auf die Wahlvorschläge;
5. bei Mehrheitswahl die Zahlen der auf die einzelnen Bewerber entfallenden Stimmen;
6. die Namen der gewählten Aufsichtsratsmitglieder;
7. die Namen der für die einzelnen Aufsichtsratsmitglieder gewählten Ersatzmitglieder;
8. besondere während der Wahl eingetretene Zwischenfälle oder sonstige Ereignisse.

§ 60
Bekanntmachung des Wahlergebnisses, Benachrichtigung der Gewählten

(1) Der Hauptwahlvorstand übermittelt das Wahlergebnis und die Namen der Gewählten den Unternehmenswahlvorständen. Jeder Unternehmenswahlvorstand übermittelt das Wahlergebnis und die Namen der Gewählten den Betriebswahlvorständen. Jeder Betriebswahlvorstand gibt das Wahlergebnis und die Namen der Gewählten unverzüglich durch zweiwöchigen Aushang an einer oder mehreren geeigneten, den Wahlberechtigten zugänglichen Stellen im Betrieb bekannt.

(2) Gleichzeitig benachrichtigt der Hauptwahlvorstand die Gewählten schriftlich von ihrer Wahl und übermittelt das Wahlergebnis und die Namen der Gewählten den Unternehmen, deren Arbeitnehmer an der Wahl teilgenommen haben, und den in diesen Unternehmen vertretenen Gewerkschaften.

§ 61
Aufbewahrung der Wahlakten

Der Hauptwahlvorstand, jeder Unternehmenswahlvorstand und jeder Betriebswahlvorstand übergibt die Wahlakten dem Unternehmen, in dessen Aufsichtsrat die Aufsichtsratsmitglieder der Arbeitnehmer gewählt worden sind. Dieses Unternehmen bewahrt die Wahlakten mindestens für die Dauer von fünf Jahren auf.

Dritter Abschnitt
Wahl der Aufsichtsratsmitglieder der Arbeitnehmer durch Wahlmänner

Erster Unterabschnitt
Wahl der Wahlmänner

Erster Titel
Wahlmänner mit Mehrfachmandat

§ 62
Keine Wahl von Wahlmännern, soweit im Rahmen eines anderen Wahlverfahrens bereits Wahlmänner mit Mehrfachmandat gewählt werden

(1) Sind die Aufsichtsratsmitglieder der Arbeitnehmer durch Wahlmänner zu wählen, so findet eine Wahl von Wahlmännern nach den Vorschriften dieses Unterabschnitts nicht statt, soweit

1. in einem Unternehmen, dessen Arbeitnehmer an der Wahl von Aufsichtsratsmitgliedern nach dieser Verordnung teilnehmen, Aufsichtsratsmitglieder der Arbeitnehmer nach den Vorschriften der Ersten oder der Zweiten Wahlordnung zum Mitbestimmungsgesetz durch Wahlmänner gewählt werden und
2. der Betriebswahlvorstand (Unternehmenswahlvorstand) des in Nummer 1 bezeichneten Unternehmens nach § 57 der Ersten Wahlordnung zum Mitbestimmungsgesetz (§ 62 der Zweiten Wahlordnung zum Mitbestimmungsgesetz) beschlossen hat, daß die für die Wahl der Aufsichtsratsmitglieder dieses Unternehmens zu wählenden Wahlmänner auch an der Wahl der Aufsichtsratsmitglieder der Arbeitnehmer nach den Vorschriften dieses Abschnitts teilnehmen.

Satz 1 ist entsprechend anzuwenden, wenn die Arbeitnehmer eines Unternehmens nach dieser Verordnung durch Wahlmänner an der Wahl von Mitgliedern der Aufsichtsräte mehrerer Unternehmen teilnehmen.

(2) Der Betriebswahlvorstand des in Absatz 1 Satz 1 Nr. 1 bezeichneten Unternehmens erläßt hierüber eine Bekanntmachung, besteht das Unternehmen aus mehreren Betrieben, so erläßt der Unternehmenswahlvorstand die Bekanntmachung und teilt sie den Betriebswahlvorständen mit. § 26 Abs. 3 und 4 ist anzuwenden.

§ 63

Wahlmänner, die für die Wahl von Aufsichtsratsmitgliedern mehrerer Unternehmen gewählt werden

(1) Sind in einem Unternehmen, dessen Arbeitnehmer an der Wahl der Aufsichtsratsmitglieder nach dieser Verordnung teilnehmen, Aufsichtsratsmitglieder nach den Voschriften der Ersten oder der Zweiten Wahlordnung zu wählen, und beginnt die Amtszeit dieser Aufsichtsratsmitglieder nicht später als sechs Monate nach dem Beginn der Amtszeit der nach den Vorschriften dieses Abschnitts zu wählenden Aufsichtsratsmitglieder, so kann der Betriebswahlvorstand (Unternehmenswahlvorstand) dieses Unternehmens beschließen, daß die Aufsichtsratsmitglieder der Arbeitnehmer dieses Unternehmens, sofern ihre Wahl durch Wahlmänner erfolgt, von den nach den Vorschriften dieses Unterabschnitts zu wählenden Wahlmännern gewählt werden. Der Beschluß kann nur vor Erlaß des Wahlausschreibens für die Wahl der Wahlmänner gefaßt werden.

(2) Absatz 1 ist entsprechend anzuwenden, wenn die Arbeitnehmer eines Unternehmens nach dieser Verordnung durch Wahlmänner an der Wahl von Mitgliedern der Aufsichtsräte mehrerer Unternehmen teilnehmen.

Zweiter Titel
Einleitung der Wahl

§ 64

Errechnung der Zahl der Wahlmänner

(1) Steht fest, daß die Aufsichtsratsmitglieder der Arbeitnehmer durch Wahlmänner zu wählen sind, so teilt der Hauptwahlvorstand dies den Unternehmenswahlvorständen mit. In der Mitteilung bestimmt der Hauptwahlvorstand den Zeitpunkt, bis zu dem ihm jeder Unternehmenswahlvorstand das Ergebnis der Wahl der Wahlmänner mitzuteilen hat.

(2) Jeder Unternehmenswahlvorstand errechnet anhand der ihm von den Betriebswahlvorständen zugesandten Wählerlisten für jeden Betrieb gesondert die Zahl der in dem Betrieb zu wählenden Wahlmänner sowie ihre Verteilung auf die Arbeiter, die in § 3 Abs. 3 Nr. 1 des Gesetzes bezeichneten Angestellten und die leitenden Angestellten.

(3) Zur Errechnung der Zahl der in einem Betrieb zu wählenden Wahlmänner wird die Zahl der wahlberechtigten Arbeitnemer des Betriebs durch 60 geteilt. Teilzahlen werden voll gezählt, wenn sie mindestens die Hälfte der vollen Zahl betragen.

(4) Die Errechnung der auf die Arbeiter und Angestellten entfallenden Wahlmänner erfolgt nach den Grundsätzen der Verhältniswahl. Hierzu werden die Zahlen der Arbeiter und der Angestellten des Betriebs in einer Reihe nebeneinander gestellt und beide durch 1, 2, 3, 4 usw. geteilt. Die ermittelten Teilzahlen sind nacheinander reihenweise unter den Zahlen der ersten Reihe aufzuführen, bis höhere Teilzahlen, als aus früheren Reihen für die Zuweisung von Sitzen in Betracht kommen, nicht mehr entstehen. Unter den so gefundenen Teilzahlen werden so viele Höchstzahlen ausgesondert und der Größe nach geordnet, wie Wahlmänner zu wählen sind. Die Arbeiter und die Angestellten erhalten jeweils so viele Wahlmänner zugeteilt, wie Höchstzahlen auf sie entfallen. Wenn die niedrigste in Betracht kommende Höchstzahl auf beide Gruppen zugleich entfällt, entscheidet das Los darüber, welcher Gruppe der Wahlmann zufällt.

(5) Ergibt die Errechnung nach Absatz 4 in einem Betrieb für die Arbeiter oder die Angestellten mehr als

1. 30 Wahlmänner, so vermindert sich die Zahl der zu wählenden Wahlmänner der Arbeiter oder der Angestellten auf die Hälfte; diese Wahlmänner erhalten je zwei Stimmen;
2. 90 Wahlmänner, so vermindert sich die Zahl der zu wählenden Wahlmänner der Arbeiter oder der Angestellten auf ein Drittel; diese Wahlmänner erhalten je drei Stimmen;
3. 150 Wahlmänner, so vermindert sich die Zahl der zu wählenden Wahlmänner der Arbeiter oder der Angestellten auf ein Viertel; diese Wahlmänner erhalten je vier Stimmen.

Teilzahlen werden voll gezählt, wenn sie mindestens die Hälfte der vollen Zahl betragen.

(6) Die Errechnung der auf die in § 3 Abs. 3 Nr. 1 des Gesetzes bezeichneten Angestellten und der auf die leitenden Angestellten entfallenden Wahlmänner der Angestellten erfolgt nach den Grundsätzen der Verhältniswahl. Absatz 4 Satz 2 bis 6 ist entsprechend anzuwenden.

(7) Sind in einem Betrieb mindestens neun Wahlmänner zu wählen, so entfällt auf die Arbeiter, die in § 3 Abs. 3 Nr. 1 des Gesetzes bezeichneten Angestellten und die leitenden Angestellten mindestens je ein Wahlmann; dies gilt nicht, soweit in dem Betrieb nicht mehr als fünf Arbeiter, in § 3 Abs. 3 Nr. 1 des Gesetzes bezeichnete Angestellte oder leitende Angestellte wahlberechtigt sind. Soweit auf die Arbeiter, die in § 3 Abs. 3 Nr. 1 des Gesetzes bezeichneten Angestellten und die leitenden Angestellten lediglich nach Satz 1 Wahlmänner entfallen, vermehrt sich die Zahl der Wahlmänner des Betriebs entsprechend.

§ 65

Zuordnung von Arbeitnehmern zu anderen Betrieben

(1) Entfällt nach § 64 auf die Arbeiter, die in § 3 Abs. 3 Nr. 1 des Gesetzes bezeichneten Angestellten oder die leitenden Angestellten eines Betriebs kein Wahlmann, so streicht der Unternehmenswahlvorstand diese Arbeitnehmer in dem ihm vorliegenden Abdruck der Wählerliste des Betriebs.

(2) Der Unternehmenswahlvorstand stellt fest, ob die nach Absatz 1 aus der Wählerliste eines Betriebs zu streichenden Arbeitnehmer für die Wahl der Wahlmänner nach § 11 Abs. 3 des Gesetzes als Arbeitnehmer des Betriebs der Hauptniederlassung des Unternehmens oder als Arbeitnehmer des nach der Zahl der wahlberechtigten Arbeitnehmer größten Betriebs des Unternehmens gelten. Der Unternehmenswahlvorstand nimmt diese Arbeitnehmer in den ihm vorliegenden Abdruck der Wählerliste des Betriebs auf, als dessen Arbeitnehmer sie für die Wahl der Wahlmänner gelten. Nach der Zuordnung ist die Zahl der Wahlmänner der betroffenen Betriebe und ihre Verteilung auf die Arbeiter, die in § 3 Abs. 3 Nr. 1 des Gesetzes bezeichneten Angestellten und die leitenden Angestellten neu zu errechnen (§ 64).

§ 66

Mitteilungen des Unternehmenswahlvorstands

(1) Der Unternehmenswahlvorstand teilt jedem Betriebswahlvorstand unverzüglich nach der Errechnung der Zahl der Wahlmänner (§ 64) oder, falls Arbeitnehmer einem anderen Betrieb zuzuordnen sind, unverzüglich nach der Feststellung über die Zuordnung (§ 65 Abs. 2) mit:

1. daß die Aufsichtsratsmitglieder der Arbeitnehmer durch Wahlmänner zu wählen sind;
2. einen Beschluß darüber, daß die zu wählenden Wahlmänner auch an der Wahl der Aufsichtsratsmitglieder der Arbeitnehmer anderer Unternehmen teilnehmen sollen; die anderen Unternehmen sind anzugeben;
3. die Zahl der zu wählenden Wahlmänner, getrennt nach Wahlmännern der Arbeiter, Wahlmännern der Angestellten, die auf die in § 3 Abs. 3 Nr. 1 des Gesetzes bezeichneten Angestellten entfallen, und Wahlmännern der Angestellten, die auf die leitenden Angestellten entfallen;
4. die Familiennamen und Vornamen der Arbeitnehmer, die nach § 65 Abs. 1 aus der Wählerliste des Betriebs zu streichen sind, sowie den Betrieb, dem sie zugeordnet worden sind;
5. die Familiennamen, Vornamen und Geburtsdaten der Arbeitnehmer, die nach § 65 Abs. 2 Satz 1 und 2 in die Wählerliste des Betriebs aufzunehmen sind, getrennt nach Arbeitern, in § 3 Abs. 3 Nr. 1 des Gesetzes bezeichneten Angestellten und leitenden Angestellten, sowie den Betrieb, aus dessen Wählerliste sie gestrichen worden sind;
6. den Zeitpunkt, bis zu dem jeder Betriebswahlvorstand dem Unternehmenswahlvorstand das Ergebnis der Wahl der Wahlmänner mitzuteilen hat.

(2) Der Unternehmenswahlvorstand übersendet dem Betriebswahlvorstand eines Betriebs, aus dessen Wählerliste Arbeitnehmer zu streichen sind, unverzüglich einen Abdruck seiner Mitteilung (Absatz 1 Nr. 5) an den Betriebswahlvorstand des Betriebs, dem diese Arbeitnehmer zugeordnet sind. Der Betriebswahlvorstand des Betriebs, aus dessen Wählerliste Arbeitnehmer zu streichen sind, und der Betriebswahlvorstand des Betriebs, dem diese Arbeitnehmer zugeordnet sind, machen die in Absatz 1 Nr. 5 bezeichnete Mitteilung in gleicher Weise bekannt wie das Wahlausschreiben für die Wahl der Wahlmänner (§ 67).

§ 67

Wahlausschreiben für die Wahl der Wahlmänner

(1) Unverzüglich nach Eingang der in § 66 bezeichneten Mitteilung erläßt der Betriebswahlvorstand ein Wahlausschreiben für die Wahl der Wahlmänner. Es muß folgende Angaben enthalten:

1. das Datum seines Erlasses;
2. daß die Aufsichtsratsmitglieder der Arbeitnehmer durch Wahlmänner zu wählen sind;
3. ob der Unternehmenswahlvorstand nach § 63 beschlossen hat, daß die zu wählenden Wahlmänner auch an der Wahl der Aufsichtsratsmitglieder der Arbeitnehmer anderer Unternehmen teilnehmen sollen; die anderen Unternehmen sind anzugeben;
4. daß an der Wahl und an Abstimmungen nur Arbeitnehmer teilnehmen können, die in der Wählerliste eingetragen sind;
5. daß die Wahlmänner von den Arbeitern und den Angestellten in getrennter Wahl gewählt werden, wenn nicht die wahlberechtigten Arbeiter und Angestellten in getrennten, geheimen Abstimmungen die gemeinsame Wahl beschließen;
6. daß die Abstimmungen über die gemeinsame Wahl der Wahlmänner nur durchgeführt werden, wenn von den Arbeitern und den Angestellten je ein Antrag eingereicht wird;
7. die Mindestzahl der wahlberechtigten Arbeiter, von denen ein Antrag auf Abstimmung der Arbeiter unterzeichnet sein muß;
8. die Mindestzahl der wahlberechtigten Angestellten, von denen ein Antrag auf Abstimmung der Angestellten unterzeichnet sein muß;
9. daß Anträge auf Abstimmungen über die gemeinsame Wahl innerhalb von zwei Wochen seit Erlaß des Wahlausschreibens schriftlich beim Betriebswahlvorstand eingereicht werden können; der letzte Tag der Frist ist anzugeben;
10. die Mindestzahl der wahlberechtigten Arbeiter, deren Beteiligung an der Abstimmung der Arbeiter erforderlich ist;
11. die Mindestzahl der wahlberechtigten Angestellten, deren Beteiligung an der Abstimmung der Angestellten erforderlich ist;
12. daß die Beschlüsse darüber, daß die Wahlmänner in gemeinsamer Wahl gewählt werden sollen, jeweils nur mit der Mehrheit der abgegebenen Stimmen gefaßt werden können;
13. daß im Fall der getrennten Wahl die Wahlmänner der Arbeiter von den wahlberechtigten Arbeitern und die Wahlmänner der Angestellten von den wahlberechtigten Angestellten gewählt werden;

14. daß im Fall der gemeinsamen Wahl die Wahlmänner von den wahlberechtigten Arbeitern und Angestellten gemeinsam gewählt werden;
15. die Zahl der zu wählenden Wahlmänner, getrennt nach Wahlmännern der Arbeiter, Wahlmännern der Angestellten, die auf die in § 3 Abs. 3 Nr. 1 des Gesetzes bezeichneten Angestellten entfallen, und Wahlmännern der Angestellten, die auf die leitenden Angestellten entfallen;
16. daß Wahlvorschläge für die Wahl der Wahlmänner innerhalb von zwei Wochen seit Erlaß des Wahlausschreibens schriftlich beim Betriebswahlvorstand eingereicht werden können; der letzte Tag der Frist ist anzugeben;
17. die Mindestzahl der wahlberechtigten Arbeiter, von denen ein Wahlvorschlag für Wahlmänner der Arbeiter unterzeichnet sein muß;
18. die Mindestzahl der wahlberechtigten in § 3 Abs. 3 Nr. 1 des Gesetzes bezeichneten Angestellten, von denen ein Wahlvorschlag für Wahlmänner der Angestellten, die auf diese Angestellten entfallen, unterzeichnet sein muß;
19. die Mindestzahl der wahlberechtigten leitenden Angestellten, von denen ein Wahlvorschlag für Wahlmänner der Angestellten, die auf diese Angestellten entfallen, unterzeichnet sein muß;
20. daß jeder Wahlvorschlag mindestens doppelt so viele Bewerber enthalten soll, wie in dem Wahlgang Wahlmänner zu wählen sind;
21. daß die Stimmabgabe an Wahlvorschläge gebunden ist und daß nur solche Wahlvorschläge berücksichtigt werden dürfen, die fristgerecht beim Betriebswahlvorstand eingereicht sind;
22. daß, wenn für einen Wahlgang nur ein gültiger Wahlvorschlag eingereicht wird, so viele der darin aufgeführten Bewerber in der angegebenen Reihenfolge als gewählt gelten, wie Wahlmänner in dem Wahlgang zu wählen sind;
23. den Ort, an dem die Wahlvorschläge ausgehängt werden;
24. Ort, Tag und Zeit der Stimmabgabe für die Wahl der Wahlmänner;
25. den Hinweis auf die Möglichkeit der schriftlichen Stimmabgabe sowie die Betriebsteile und Nebenbetriebe, für die schriftliche Stimmabgabe beschlossen ist;
26. den Ort, an dem Einsprüche, Anträge, Wahlvorschläge für die Wahl der Wahlmänner und sonstige Erklärungen abzugeben sind (Anschrift des Betriebswahlvorstands).

Für die Bekanntmachung des Wahlausschreibens ist § 26 Abs. 3 und 4 entsprechend anzuwenden.

(2) Wahlgang im Sinne dieses Unterabschnitts ist

1. die Wahl der Wahlmänner der Arbeiter,
2. die Wahl der Wahlmänner der Angestellten, die auf die in § 3 Abs. 3 Nr. 1 des Gesetzes bezeichneten Angestellten entfallen;
3. die Wahl der Wahlmänner der Angestellten, die auf die leitenden Angestellten entfallen.

§ 68

Anträge auf Abstimmungen über die gemeinsame Wahl

(1) Anträge auf Abstimmungen darüber, daß die Wahlmänner in gemeinsamer Wahl gewählt werden sollen, sind innerhalb von zwei Wochen seit Erlaß des Wahlausschreibens schriftlich beim Betriebswahlvorstand einzureichen. Der Betriebswahlvorstand prüft unverzüglich nach Eingang eines Antrags dessen Gültigkeit.

(2) Ein Antrag auf Abstimmung ist gültig, wenn er von mindestens einem Zwanzigstel der wahlberechtigten Arbeiter oder der wahlberechtigten Angestellten des Betriebs unterzeichnet und fristgerecht eingereicht worden ist.

(3) Ist ein Antrag ungültig, so teilt der Betriebswahlvorstand dies dem Antragsvertreter oder, wenn ein solcher nicht benannt ist, dem an erster Stelle des Antrags Unterzeichneten schriftlich mit.

(4) Abstimmungen werden nur durchgeführt, wenn sowohl von den wahlberechtigten Arbeitern als auch von den wahlberechtigten Angestellten ein gültiger Antrag eingereicht worden ist.

§ 69

Abstimmungsausschreiben

(1) Liegt für die Gruppe der Arbeiter und für die Gruppe der Angestellten je ein gültiger Antrag nach § 68 vor, so erläßt der Betriebswahlvorstand unverzüglich ein Abstimmungsausschreiben. Die Abstimmungen sollen innerhalb von zwei Wochen seit Erlaß des Abstimmungsausschreibens stattfinden.

(2) Das Abstimmungsausschreiben muß folgende Angaben enthalten:

1. das Datum seines Erlasses;
2. den Inhalt der Anträge;
3. daß an den Abstimmungen nur Arbeitnehmer teilnehmen können, die in der Wählerliste eingetragen sind;
4. daß die wahlberechtigten Arbeiter und Angestellten in getrennten, geheimen Abstimmungen über die gemeinsame Wahl beschließen;
5. die Mindestzahl der wahlberechtigten Arbeiter, deren Beteiligung an der Abstimmung der Arbeiter erforderlich ist;
6. die Mindestzahl der wahlberechtigten Angestellten, deren Beteiligung an der Abstimmung der Angestellten erforderlich ist;
7. daß die Beschlüsse über die gemeinsame Wahl jeweils nur mit der Mehrheit der abgegebenen Stimmen gefaßt werden können;
8. Ort, Tag und Zeit der Stimmabgabe;
9. den Hinweis auf die Möglichkeit der schriftlichen Stimmabgabe sowie die Betriebsteile und Nebenbetriebe, für die schriftliche Stimmabgabe beschlossen ist.

Für die Bekanntmachung des Abstimmungsausschreibens ist § 26 Abs. 3 und 4 entsprechend anzuwenden.

§ 70

Stimmabgabe, Abstimmungsvorgang

(1) Die Stimmzettel für eine Abstimmung dürfen nur den Antrag und die Frage an den Abstimmungsberechtigten enthalten, ob er für oder gegen den Antrag stimmt. Gibt der Abstimmende seine Stimme für den Antrag ab, so kreuzt er das vorgedruckte „Ja", andernfalls das vorgedruckte „Nein" an. Die Stimmzettel für eine Abstimmung müssen sämtlich die gleiche Größe, Farbe, Beschaffenheit und Beschriftung haben; das gleiche gilt für die Wahlumschläge. Stimmzettel und Wahlumschläge, die für eine Abstimmung Verwendung finden, müssen sich von den für die andere Abstimmung vorgesehenen Stimmzetteln und Wahlumschlägen in der Farbe unterscheiden.

(2) Stimmzettel, die mit einem besonderen Merkmal versehen sind oder aus denen sich der Wille des Abstimmenden nicht eindeutig ergibt oder die andere als die in Absatz 1 bezeichneten Angaben, einen Zusatz oder sonstige Änderungen enthalten, sind ungültig.

(3) Für den Abstimmungsvorgang und die schriftliche Stimmabgabe sind die §§ 18 bis 20 mit der Maßgabe anzuwenden, daß Arbeitnehmer, die dem Betrieb nach § 65 Abs. 2 zugeordnet sind, die in § 19 Abs. 1 bezeichneten Unterlagen erhalten, ohne daß es eines Verlangens des Abstimmungsberechtigten bedarf.

§ 71

Öffentliche Stimmauszählung

(1) Unverzüglich nach Abschluß der Stimmabgabe zählt der Betriebswahlvorstand öffentlich die Stimmen aus.

(2) Nach Öffnung der Wahlurne entnimmt der Betriebswahlvorstand die Stimmzettel den Wahlumschlägen und stellt für jeden Antrag gesondert fest, wieviel Stimmen für und wieviel Stimmen gegen den Antrag abgegeben worden sind.

(3) Bei der Auszählung ist die Gültigkeit der Stimmzettel zu prüfen. Befinden sich in einem Wahlumschlag mehrere gekennzeichnete Stimmzettel, so werden sie, wenn sie vollständig übereinstimmen, nur einfach gezählt, andernfalls sind sie ungültig.

§ 72

Abstimmungsniederschrift

Nachdem das Abstimmungsergebnis ermittelt ist, stellt der Betriebswahlvorstand in einer Niederschrift getrennt nach Abstimmungen fest:

1. die Zahl der abgegebenen Wahlumschläge;
2. die Zahl der gültigen Stimmen;
3. die Zahl der ungültigen Stimmen;
4. die Zahl der für einen Antrag abgegebenen Stimmen;
5. die Zahl der gegen einen Antrag abgegebenen Stimmen;
6. das Abstimmungsergebnis;
7. besondere während der Abstimmung eingetretene Zwischenfälle oder sonstige Ereignisse.

§ 73

Bekanntmachung des Abstimmungsergebnisses

(1) Der Betriebswahlvorstand gibt das Abstimmungsergebnis durch zweiwöchigen Aushang in gleicher Weise wie das Abstimmungsausschreiben bekannt.

(2) Ergeben die Abstimmungen, daß die Wahlmänner in gemeinsamer Wahl zu wählen sind, so ist dies durch eine Ergänzung des Wahlausschreibens für die Wahl der Wahlmänner bekanntzumachen.

Dritter Titel

Wahlvorschläge für Wahlmänner

§ 74

Einreichung von Wahlvorschlägen

(1) Zur Wahl der Wahlmänner können die wahlberechtigten Arbeitnehmer des Betriebs Wahlvorschläge machen. Jeder Wahlvorschlag für Wahlmänner

1. der Arbeiter muß von einem Zehntel oder 100 der wahlberechtigten Arbeiter,
2. der Angestellten, die auf die in § 3 Abs. 3 Nr. 1 des Gesetzes bezeichneten Angestellten entfallen, muß von einem Zehntel oder 100 der wahlberechtigten in § 3 Abs. 3 Nr. 1 des Gesetzes bezeichneten Angestellten,
3. der Angestellten, die auf die leitenden Angestellten entfallen, muß von einem Zehntel oder 100 der wahlberechtigten leitenden Angestellten

des Betriebs unterzeichnet sein. Die Wahlvorschläge sind innerhalb von zwei Wochen seit Erlaß des Wahlausschreibens für die Wahl der Wahlmänner beim Betriebswahlvorstand schriftlich einzureichen. Jeder Wahlvorschlag soll mindestens doppelt so viele Bewerber enthalten, wie in dem Wahlgang Wahlmänner zu wählen sind.

(2) In jedem Wahlvorschlag sind die Bewerber in erkennbarer Reihenfolge unter fortlaufender Nummer und unter Angabe von Familienname, Vorname, Geburtsdatum und Art der Beschäftigung aufzuführen. Die schriftliche Zustimmung der Bewerber zur Aufnahme in den Wahlvorschlag und ihre schriftliche Versicherung, daß sie im Fall ihrer Wahl die Wahl annehmen werden, sind beizufügen.

(3) Für jeden Wahlvorschlag soll einer der Unterzeichner als Vorschlagsvertreter bezeichnet werden. Dieser ist berechtigt und verpflichtet, dem Betriebswahlvorstand die zur Beseitigung von Beanstandungen erforderlichen Erklärungen abzugeben sowie Erklärungen und Entscheidungen des Betriebswahlvorstands entgegenzunehmen. Ist kein Unterzeichner des Wahlvorschlags ausdrücklich als Vorschlagsvertreter bezeichnet, so wird der an erster Stelle Unterzeichnete als Vorschlagsvertreter angesehen.

(4) Die Unterschrift eines Wahlberechtigten zählt nur auf einem Wahlvorschlag. Hat ein Wahlberechtigter mehrere Wahlvorschläge unterzeichnet, so hat er auf Aufforderung des Betriebswahlvorstands

innerhalb einer angemessenen Frist, spätestens jedoch innerhalb von drei Arbeitstagen, zu erklären, welche Unterschrift er aufrechterhält. Unterbleibt die fristgerechte Erklärung, so wird sein Name auf dem zuerst eingereichten Wahlvorschlag gezählt und auf den übrigen Wahlvorschlägen gestrichen; sind mehrere Wahlvorschläge, die von demselben Wahlberechtigten unterzeichnet sind, gleichzeitig eingereicht worden, so entscheidet das Los darüber, auf welchem Wahlvorschlag die Unterschrift gilt.

(5) Ein Bewerber kann nur auf einem Wahlvorschlag vorgeschlagen werden. Ist sein Name mit seiner schriftlichen Zustimmung (Absatz 2 Satz 2) auf mehreren Wahlvorschlägen aufgeführt, so hat er auf Aufforderung des Betriebswahlvorstands innerhalb von drei Arbeitstagen zu erklären, welche Bewerbung er aufrechterhält. Unterbleibt die fristgerechte Erklärung, so ist der Bewerber auf sämtlichen Wahlvorschlägen zu streichen.

§ 75

Prüfung der Wahlvorschläge

(1) Der Betriebswahlvorstand bestätigt dem Vorschlagsvertreter schriftlich den Zeitpunkt der Einreichung des Wahlvorschlags.

(2) Der Betriebswahlvorstand bezeichnet den Wahlvorschlag, wenn er nicht mit einem Kennwort versehen ist, mit Familienname und Vorname des an erster Stelle benannten Bewerbers. Er hat unverzüglich den Wahlvorschlag zu prüfen und bei Ungültigkeit oder Beanstandung den Vorschlagsvertreter schriftlich unter Angabe der Gründe zu unterrichten.

§ 76

Ungültige Wahlvorschläge

(1) Ungültig sind Wahlvorschläge,

1. die nicht fristgerecht eingereicht worden sind,
2. auf denen die Bewerber nicht in erkennbarer Reihenfolge aufgeführt sind,
3. die bei der Einreichung nicht die erforderliche Zahl von Unterschriften aufweisen.

(2) Wahlvorschläge,

1. in denen die Bewerber nicht in der in § 74 Abs. 2 Satz 1 bestimmten Weise bezeichnet sind,
2. denen die schriftliche Zustimmung und Versicherung der Bewerber nach § 74 Abs. 2 Satz 2 nicht beigefügt sind,
3. die infolge von Streichungen gemäß § 74 Abs 4 nicht mehr die erforderliche Zahl von Unterschriften aufweisen,

sind ungültig, wenn der Betriebswahlvorstand sie beanstandet hat und die Mängel nicht innerhalb von drei Arbeitstagen seit der Beanstandung beseitigt worden sind.

§ 77

Nachfrist für Wahlvorschläge

(1) Ist nach Ablauf der für die Einreichung von Wahlvorschlägen bestimmten Frist für einen Wahlgang kein gültiger Wahlvorschlag eingereicht, so erläßt der Betriebswahlvorstand unverzüglich eine Bekanntmachung und setzt eine Nachfrist von einer Woche für die Einreichung von Wahlvorschlägen fest. Die Bekanntmachung muß folgende Angaben enthalten:

1. das Datum ihres Erlasses;
2. daß für den Wahlgang kein gültiger Wahlvorschlag eingereicht worden ist;
3. daß Wahlvorschläge innerhalb einer Nachfrist von einer Woche seit Erlaß der Bekanntmachung schriftlich beim Betriebswahlvorstand eingereicht werden können; der letzte Tag der Frist ist anzugeben.

(2) Wird bis zum Ablauf der Nachfrist für einen Wahlgang kein gültiger Wahlvorschlag eingereicht, so macht der Betriebswahlvorstand unverzüglich bekannt, daß der Wahlgang nicht stattfindet.

(3) Für Bekanntmachungen nach den Absätzen 1 und 2 ist § 26 Abs. 3 und 4 entsprechend anzuwenden.

§ 78

Bekanntmachung der Wahlvorschläge

(1) Sind für einen Wahlgang mehrere Wahlvorschläge eingereicht, so ermittelt der Betriebswahlvorstand durch das Los nach Ablauf der in § 74 Abs. 1 Satz 3, § 76 Abs. 2 und § 77 Abs. 1 Satz 1 bezeichneten Fristen die Reihenfolge der Ordnungsnummern, die den eingereichten Wahlvorschlägen zugeteilt werden (Wahlvorschlag 1, 2 usw.). Die Vorschlagsvertreter sind zu der Losentscheidung rechtzeitig einzuladen.

(2) Spätestens zwei Wochen vor dem ersten Tag der Stimmabgabe macht der Betriebswahlvorstand die gültigen Wahlvorschläge, nach Wahlgängen getrennt, in gleicher Weise bekannt wie das Wahlausschreiben für die Wahl der Wahlmänner. Liegt für einen Wahlgang nur ein gültiger Wahlvorschlag vor, so weist der Betriebswahlvorstand in der Bekanntmachung darauf hin, daß so viele der darin aufgeführten Bewerber in der angegebenen Reihenfolge als gewählt gelten, wie in dem Wahlgang Wahlmänner zu wählen sind.

Vierter Titel

Wahl von Wahlmännern in einem Wahlgang auf Grund mehrerer Wahlvorschläge

§ 79

Stimmabgabe, Wahlvorgang

(1) Liegen für einen Wahlgang mehrere gültige Wahlvorschläge vor, so kann der Wähler seine Stimme nur für einen dieser Wahlvorschläge abgeben. Die Stimmabgabe erfolgt durch Abgabe von Stimmzetteln in den hierfür bestimmten Umschlägen (Wahlumschlägen).

(2) Der Betriebswahlvorstand hat die Wahlvorschläge auf den Stimmzetteln nach der Reihenfolge der Ordnungsnummern sowie unter Angabe der an erster und zweiter Stelle benannten Bewerber mit Familienname, Vorname und Art der Beschäftigung

untereinander aufzuführen; bei Wahlvorschlägen, die mit einem Kennwort versehen sind, ist auch das Kennwort anzugeben. Die Stimmzettel sollen die Angabe enthalten, daß der Wähler nur einen Wahlvorschlag ankreuzen kann. Die Stimmzettel, die für denselben Wahlgang Verwendung finden, müssen sämtlich die gleiche Größe, Farbe, Beschaffenheit und Beschriftung haben; das gleiche gilt für die Wahlumschläge. Die Stimmzettel und Wahlumschläge, die für einen Wahlgang Verwendung finden, müssen sich von den für die anderen Wahlgänge vorgesehenen Stimmzetteln und Wahlumschlägen in der Farbe unterscheiden.

(3) Der Wähler kennzeichnet den von ihm gewählten Wahlvorschlag durch Ankreuzen an der im Stimmzettel hierfür vorgesehenen Stelle. Für den Wahlvorgang ist § 18 entsprechend anzuwenden; die Stimmabgabe ist in der Wählerliste für jeden Wahlgang gesondert zu vermerken.

(4) Ungültig sind Stimmzettel,

1. in denen mehr als ein Wahlvorschlag angekreuzt ist,
2. aus denen sich der Wille des Wählers nicht eindeutig ergibt,
3. die mit einem besonderen Merkmal versehen sind,
4. die andere als die in Absatz 2 bezeichneten Angaben, einen Zusatz oder sonstige Änderungen enthalten.

§ 80

Öffentliche Stimmauszählung

(1) Unverzüglich nach Abschluß der Stimmabgabe zählt der Betriebswahlvorstand öffentlich die Stimmen aus.

(2) Nach Öffnung der Wahlurne entnimmt der Betriebswahlvorstand die Stimmzettel den Wahlumschlägen und zählt für jeden Wahlgang gesondert die auf jeden Wahlvorschlag entfallenden Stimmen zusammen.

(3) Bei der Auszählung ist die Gültigkeit der Stimmzettel zu prüfen. Befinden sich in einem Wahlumschlag mehrere gekennzeichnete Stimmzettel, so werden sie, wenn sie vollständig übereinstimmen, nur einfach gezählt, andernfalls sind sie ungültig.

§ 81

Ermittlung der Gewählten

(1) Die in dem Wahlgang den einzelnen Wahlvorschlägen zugefallenen Stimmenzahlen werden in einer Reihe nebeneinandergestellt und sämtlich durch 1, 2, 3, 4 usw. geteilt. Die ermittelten Teilzahlen sind nacheinander reihenweise unter den Zahlen der ersten Reihe aufzuführen, bis höhere Teilzahlen, als aus früheren Reihen für die Zuweisung von Sitzen in Betracht kommen, nicht mehr entstehen. Unter den so gefundenen Teilzahlen werden so viele Höchstzahlen ausgesondert und der Größe nach geordnet, wie in dem Wahlgang Wahlmänner zu wählen sind. Jeder Wahlvorschlag erhält so viele Sitze zugeteilt, wie Höchstzahlen auf ihn entfallen. Wenn die niedrigste in Betracht kommende Höchstzahl auf mehrere Wahlvorschläge zugleich entfällt, so entscheidet das Los darüber, welchem Wahlvorschlag dieser Sitz zufällt.

(2) Wenn ein Wahlvorschlag weniger Bewerber enthält, als Höchstzahlen auf ihn entfallen, so gehen die überschüssigen Sitze auf die folgenden Höchstzahlen der anderen Wahlvorschläge desselben Wahlgangs über.

(3) Die Reihenfolge der Bewerber innerhalb der einzelnen Wahlvorschläge bestimmt sich nach der Reihenfolge ihrer Benennung.

Fünfter Titel

§ 82

Ermittlung von Wahlmännern bei Vorliegen nur eines Wahlvorschlags für einen Wahlgang

(1) Liegt für einen Wahlgang nur ein gültiger Wahlvorschlag vor, so gelten so viele der darin aufgeführten Bewerber in der im Wahlvorschlag angegebenen Reihenfolge als gewählt, wie Wahlmänner in dem Wahlgang zu wählen sind.

(2) Der Betriebswahlvorstand stellt unverzüglich nach Abschluß der Wahl der Wahlmänner fest, welche Wahlmänner nach Absatz 1 als gewählt gelten.

Sechster Titel

Schriftliche Stimmabgabe

§ 83

Voraussetzungen

(1) Einem wahlberechtigten Arbeitnehmer, der im Zeitpunkt der Wahl wegen Abwesenheit vom Betrieb verhindert ist, seine Stimme persönlich abzugeben, hat der Betriebswahlvorstand auf sein Verlangen

1. das Wahlausschreiben,
2. für jeden Wahlgang, an dem er teilzunehmen berechtigt ist, gesondert
   a) die Wahlvorschläge,
   b) den Stimmzettel und den Wahlumschlag,
3. eine vorgedruckte, vom Wähler abzugebende Erklärung, in der dieser gegenüber dem Betriebswahlvorstand versichert, daß er den Stimmzettel persönlich gekennzeichnet hat, sowie
4. einen größeren Freiumschlag, der die Anschrift des Betriebswahlvorstands und als Absender den Namen und die Anschrift des Wahlberechtigten sowie den Vermerk „Schriftliche Stimmabgabe" trägt,

auszuhändigen oder zu übersenden. Der Betriebswahlvorstand soll dem Wahlberechtigten ferner ein Merkblatt über die Art und Weise der schriftlichen Stimmabgabe (§ 84) aushändigen oder übersenden. Der Betriebswahlvorstand vermerkt die Aushändigung oder die Übersendung der Unterlagen für jeden Wahlgang gesondert in der Wählerliste.

(2) Wahlberechtigte, von denen dem Betriebswahlvorstand bekannt ist, daß sie im Zeitpunkt der Wahl nach der Eigenart ihres Beschäftigungsverhältnisses voraussichtlich nicht im Betrieb anwesend sein werden (insbesondere in Heimarbeit Beschäftigte und Außenarbeiter), sowie Arbeitnehmer, die dem Betrieb nach § 65 Abs. 2 zugeordnet sind, erhalten die in Absatz 1 bezeichneten Unterlagen, ohne daß es eines Verlangens des Wahlberechtigten bedarf.

(3) Für Betriebsteile und Nebenbetriebe, die räumlich weit vom Hauptbetrieb entfernt sind, kann der Betriebswahlvorstand die schriftliche Stimmabgabe beschließen. Absatz 2 ist entsprechend anzuwenden.

§ 84

Verfahren bei der Stimmabgabe

(1) Der Wähler gibt seine Stimmen in der Weise ab, daß er

1. die Stimmzettel unbeobachtet persönlich kennzeichnet und in den zugehörigen Wahlumschlägen verschließt,
2. die vorgedruckte Erklärung unter Angabe des Orts und des Datums unterschreibt und
3. die Wahlumschläge und die unterschriebene vorgedruckte Erklärung in dem Freiumschlag verschließt und diesen Wahlbrief so rechtzeitig an den Betriebswahlvorstand absendet oder übergibt, daß er vor Abschluß der Stimmabgabe vorliegt.

(2) Unmittelbar vor Abschluß der Stimmabgabe öffnet der Betriebswahlvorstand in öffentlicher Sitzung die bis zu diesem Zeitpunkt eingegangenen Wahlbriefe und entnimmt ihnen die Wahlumschläge sowie die vorgedruckten Erklärungen. Ist die schriftliche Stimmabgabe ordnungsgemäß erfolgt, so vermerkt der Betriebswahlvorstand die Stimmabgabe für jeden Wahlgang gesondert in der Wählerliste und legt die Wahlumschläge ungeöffnet in die Wahlurne.

(3) Verspätet eingehende Wahlbriefe nimmt der Betriebswahlvorstand mit einem Vermerk über den Zeitpunkt des Eingangs ungeöffnet zu den Wahlunterlagen. Die Wahlbriefe sind einen Monat nach Bekanntgabe des Ergebnisses der Wahl der Aufsichtsratsmitglieder der Arbeitnehmer ungeöffnet zu vernichten, wenn die Wahl nicht angefochten worden ist.

Siebenter Titel

Wahlniederschrift, Benachrichtigungen

§ 85

Wahlniederschrift

(1) Nachdem ermittelt ist, wer als Wahlmann gewählt ist, stellt der Betriebswahlvorstand in einer Niederschrift für jeden Wahlgang gesondert fest:

1. die Zahl der abgegebenen Wahlumschläge;
2. die Zahl der gültigen Stimmen;
3. die Zahl der ungültigen Stimmen;
4. die Zahlen der auf die einzelnen Wahlvorschläge entfallenden Stimmen, die berechneten Höchstzahlen und ihre Verteilung auf die Wahlvorschläge;
5. den Wahlvorschlag, dessen Bewerber als gewählt gelten (§ 82);
6. für jeden Wahlvorschlag gesondert die Namen und Anschriften
   a) der gewählten Wahlmänner,
   b) der Ersatzmänner
   in der Reihenfolge ihrer Benennung;
7. besondere während der Wahl eingetretene Zwischenfälle oder sonstige Ereignisse.

(2) Der Betriebswahlvorstand übermittelt unverzüglich dem Unternehmenswahlvorstand eingeschrieben, fernschriftlich oder durch Boten die Wahlniederschrift. Der Unternehmenswahlvorstand übermittelt die Wahlniederschriften unverzüglich eingeschrieben, fernschriftlich oder durch Boten dem Hauptwahlvorstand.

§ 86

Bekanntmachung des Wahlergebnisses, Benachrichtigung der Gewählten

(1) Der Betriebswahlvorstand gibt das Wahlergebnis und die Namen der Gewählten unverzüglich durch zweiwöchigen Aushang an einer oder mehreren geeigneten, den Wahlberechtigten zugänglichen Stellen im Betrieb bekannt.

(2) Gleichzeitig benachrichtigt der Betriebswahlvorstand die Gewählten schriftlich von ihrer Wahl. Haben die Wahlmänner nach § 63 ein Mehrfachmandat, so ist dies in der Benachrichtigung anzugeben.

Achter Titel

§ 87

Ausnahme

Die Vorschriften des Ersten bis Siebenten Titels sind nicht anzuwenden auf Betriebe, in denen nach den Vorschriften dieser Verordnung oder, unter den in § 62 Abs. 1 bezeichneten Voraussetzungen, nach den Vorschriften der Ersten oder der Zweiten Wahlordnung zum Mitbestimmungsgesetz Wahlmänner bereits gewählt sind, deren Amtszeit bei Beginn der Amtszeit der zu wählenden Aufsichtsratsmitglieder der Arbeitnehmer noch nicht beendet ist (§ 13 des Gesetzes).

Zweiter Unterabschnitt
Wahl der Aufsichtsratsmitglieder der Arbeitnehmer durch die Wahlmänner

Erster Titel

Wahlmännerversammlung, Wahlmännerliste

§ 88

Wahlmännerversammlung

(1) Die Wahlmänner wählen die Aufsichtsratsmitglieder der Arbeitnehmer in einer Versammlung (Wahlmännerversammlung). Sie wird vom Hauptwahlvorstand geleitet.

(2) Der Hauptwahlvorstand bestimmt den Tag der Wahlmännerversammlung. Sie soll spätestens vier Wochen nach dem Zeitpunkt stattfinden, bis zu dem die Unternehmenswahlvorstände dem Hauptwahlvorstand nach § 66 Abs. 1 Nr. 6 die Ergebnisse der Wahl der Wahlmänner mitzuteilen hatten. Sind in den Unternehmen, deren Arbeitnehmer an der Wahl teilnehmen, im Rahmen eines anderen Wahlverfahrens bereits Wahlmänner mit Mehrfachmandat gewählt worden (§ 62 Abs. 1), so soll die Wahlmännerversammlung spätestens vier Wochen vor dem Beginn der Amtszeit der zu wählenden Aufsichtsratsmitglieder der Arbeitnehmer stattfinden.

§ 89

Wahlmännerliste

(1) Der Hauptwahlvorstand stellt eine Liste der Wahlmänner (Wahlmännerliste), getrennt nach Wahlmännern der Arbeiter und der Angestellten, auf. § 9 Abs. 1 Satz 2 und Abs. 5 ist entsprechend anzuwenden.

(2) Hinter dem Namen jedes Wahlmannes ist zu vermerken, wieviel Stimmen er hat.

(3) Die Wahlmännerliste, das Gesetz und diese Verordnung sind in der Wahlmännerversammlung bis zum Abschluß der Stimmabgabe zur Einsichtnahme auszulegen.

§ 90

Einsprüche gegen die Richtigkeit der Wahlmännerliste

(1) Einsprüche gegen die Richtigkeit der Wahlmännerliste können vor Beginn der Stimmabgabe beim Hauptwahlvorstand eingelegt werden.

(2) Über Einsprüche nach Absatz 1 entscheidet der Hauptwahlvorstand unverzüglich. Ist ein Einspruch begründet, so berichtigt der Hauptwahlvorstand die Wahlmännerliste. Der Hauptwahlvorstand teilt seine Entscheidung demjenigen, der den Einspruch eingelegt hat, unverzüglich mit.

(3) Vor Beginn der Stimmabgabe soll der Hauptwahlvorstand die Wahlmännerliste auf ihre Richtigkeit hin überprüfen. Im übrigen kann die Wahlmännerliste nur bei Schreibfehlern, offenbaren Unrichtigkeiten oder in Erledigung rechtzeitig eingelegter Einsprüche bis vor Beginn der Stimmabgabe berichtigt oder ergänzt werden.

Zweiter Titel

§ 91

Mitteilung an die Wahlmänner

(1) Der Hauptwahlvorstand teilt jedem Wahlmann spätestens drei Wochen vor dem Tag der Wahlmännerversammlung mit:

1. daß an der Wahl und an Abstimmungen nur Wahlmänner teilnehmen können, die in der Wahlmännerliste eingetragen sind;
2. daß die Wahlmännerliste, das Gesetz und diese Verordnung in der Wahlmännerversammlung zur Einsichtnahme ausgelegt werden;
3. daß Einsprüche gegen die Richtigkeit der Wahlmännerliste vor Beginn der Stimmabgabe beim Hauptwahlvorstand eingelegt werden können;
4. daß die unternehmensangehörigen Aufsichtsratsmitglieder der Arbeitnehmer von den Wahlmännern der Arbeiter und den Wahlmännern der Angestellten in getrennter Wahl gewählt werden, wenn nicht die Wahlmänner der Arbeiter und die Wahlmänner der Angestellten in der Wahlmännerversammlung in getrennten, geheimen Abstimmungen die gemeinsame Wahl beschließen;
5. daß die Abstimmungen über die gemeinsame Wahl der unternehmensangehörigen Aufsichtsratsmitglieder der Arbeitnehmer nur durchgeführt werden, wenn von den Wahlmännern der Arbeiter und den Wahlmännern der Angestellten je ein Antrag eingereicht wird;
6. daß ein Antrag auf Abstimmung der Wahlmänner der Arbeiter über die gemeinsame Wahl von Wahlmännern der Arbeiter unterzeichnet sein muß, die mindestens ein Zwanzigstel der Stimmen der Wahlmänner der Arbeiter haben; die erforderliche Stimmenzahl ist anzugeben;
7. daß ein Antrag auf Abstimmung der Wahlmänner der Angestellten über die gemeinsame Wahl von Wahlmännern der Angestellten unterzeichnet sein muß, die mindestens ein Zwanzigstel der Stimmen der Wahlmänner der Angestellten haben; die erforderliche Stimmenzahl ist anzugeben;
8. daß Anträge auf Abstimmungen über die gemeinsame Wahl spätestens eine Woche vor dem Tag der Wahlmännerversammlung schriftlich beim Hauptwahlvorstand eingereicht werden können; der letzte Tag der Frist ist anzugeben;
9. daß der Beschluß der Wahlmänner der Arbeiter darüber, daß die unternehmensangehörigen Aufsichtsratsmitglieder der Arbeitnehmer in gemeinsamer Wahl gewählt werden sollen, nur gefaßt werden kann, wenn mindestens die Hälfte der Stimmen der Wahlmänner der Arbeiter abgegeben wird; die erforderliche Stimmenzahl ist anzugeben;
10. daß der Beschluß der Wahlmänner der Angestellten darüber, daß die unternehmensangehörigen Aufsichtsratsmitglieder der Arbeitnehmer in gemeinsamer Wahl gewählt werden sollen, nur gefaßt werden kann, wenn mindestens die Hälfte der Stimmen der Wahlmänner der Angestellten abgegeben wird; die erforderliche Stimmenzahl ist anzugeben;
11. daß die Beschlüsse darüber, daß die unternehmensangehörigen Aufsichtsratsmitglieder der Arbeitnehmer in gemeinsamer Wahl gewählt werden sollen, jeweils nur mit der Mehrheit der abgegebenen Stimmen gefaßt werden können;
12. daß im Fall der getrennten Wahl die Aufsichtsratsmitglieder der Arbeiter von den Wahlmännern der Arbeiter und die Aufsichtsratsmitglieder der Angestellten von den Wahlmännern der Angestellten gewählt werden;

13. daß im Fall der gemeinsamen Wahl die unternehmensangehörigen Aufsichtsratsmitglieder der Arbeitnehmer von den Wahlmännern der Arbeiter und den Wahlmännern der Angestellten gemeinsam gewählt werden;
14. daß die Aufsichtsratsmitglieder, die Vertreter von Gewerkschaften sind, in gemeinsamer Wahl gewählt werden;
15. wieviel Stimmen dem Wahlmann zustehen;
16. daß die Stimmabgabe an Wahlvorschläge gebunden ist;
17. Ort, Tag und Zeit der Wahlmännerversammlung;
18. die Anschrift des Hauptwahlvorstands.

Die Mitteilung erfolgt schriftlich gegen Empfangsbekenntnis oder durch eingeschriebenen Brief.

(2) Der Hauptwahlvorstand übersendet Abdrucke der Mitteilung nach Absatz 1 den Unternehmenswahlvorständen, den Unternehmen, deren Arbeitnehmer an der Wahl teilnehmen, und den in diesen Unternehmen vertretenen Gewerkschaften. Jeder Unternehmenswahlvorstand übersendet Abdrucke der Mitteilung nach Absatz 1 den Betriebswahlvorständen.

(3) Stellt der Hauptwahlvorstand fest, daß die Amtszeit eines Wahlmannes

1. durch Niederlegung des Amtes,
2. durch Beendigung der Beschäftigung des Wahlmannes in dem Betrieb, dessen Wahlmann er ist,
3. durch Verlust der Wählbarkeit

vorzeitig beendet (§ 14 Abs. 1 des Gesetzes) oder daß er verhindert (§ 14 Abs. 2 Satz 1 des Gesetzes) ist, so verständigt er den Ersatzmann (§ 14 Abs. 2 Satz 2 des Gesetzes) in gleicher Weise wie die Wahlmänner.

(4) Stellt ein Wahlmann fest, daß er verhindert ist, so teilt er dies dem Betriebswahlvorstand mit. Stellt ein Betriebswahlvorstand fest, daß die Amtszeit eines Wahlmannes vorzeitig beendet oder daß er verhindert ist, so teilt er dies dem Unternehmenswahlvorstand mit. Stellt ein Unternehmenswahlvorstand fest, daß die Amtszeit eines Wahlmannes vorzeitig beendet oder daß er verhindert ist, so teilt er dies dem Hauptwahlvorstand mit.

Dritter Titel

Abstimmungen über die gemeinsame Wahl in der Wahlmännerversammlung

§ 92

Voraussetzungen

Abstimmungen darüber, daß die unternehmensangehörigen Aufsichtsratsmitglieder der Arbeitnehmer in gemeinsamer Wahl gewählt werden sollen, werden nur durchgeführt, wenn sowohl von den Wahlmännern der Arbeiter als auch von den Wahlmännern der Angestellten ein gültiger Antrag eingereicht worden ist. Die Abstimmungen finden in der Wahlmännerversammlung statt.

§ 93

Anträge auf Abstimmungen über die gemeinsame Wahl

(1) Anträge auf Abstimmungen darüber, daß die unternehmensangehörigen Aufsichtsratsmitglieder der Arbeitnehmer in gemeinsamer Wahl gewählt werden sollen, sind spätestens eine Woche vor dem Tag der Wahlmännerversammlung schriftlich beim Hauptwahlvorstand einzureichen. Der Hauptwahlvorstand prüft unverzüglich nach Eingang eines Antrags dessen Gültigkeit.

(2) Ein Antrag auf Abstimmung ist gültig, wenn er von Wahlmännern der Arbeiter oder Wahlmännern der Angestellten unterzeichnet ist, die mindestens ein Zwanzigstel der Stimmen der Wahlmänner der Arbeiter oder der Wahlmänner der Angestellten haben, und fristgerecht eingereicht worden ist.

(3) Ist ein Antrag ungültig, so teilt der Hauptwahlvorstand dies dem Antragsvertreter oder, wenn ein solcher nicht benannt ist, dem an erster Stelle des Antrags Unterzeichneten schriftlich mit.

§ 94

Stimmabgabe, Abstimmungsvorgang

(1) Die Stimmzettel für eine Abstimmung dürfen nur den Antrag und die Frage an den Wahlmann enthalten, ob er für oder gegen den Antrag stimmt. Gibt der Wahlmann seine Stimme für den Antrag ab, so kreuzt er das vorgedruckte „Ja", andernfalls das vorgedruckte „Nein" an. Hat ein Wahlmann mehrere Stimmen, so gibt er für jede Stimme einen Stimmzettel in einem Wahlumschlag ab. Die Stimmzettel für eine Abstimmung müssen sämtlich die gleiche Größe, Farbe, Beschaffenheit und Beschriftung haben; das gleiche gilt für die Wahlumschläge. Stimmzettel und Wahlumschläge, die für eine Abstimmung Verwendung finden, müssen sich von den für die andere Abstimmung vorgesehenen Stimmzetteln und Wahlumschlägen in der Farbe unterscheiden.

(2) Stimmzettel, die mit einem besonderen Merkmal versehen sind oder aus denen sich der Wille des Wahlmannes nicht eindeutig ergibt oder die andere als die in Absatz 1 bezeichneten Angaben, einen Zusatz oder sonstige Änderungen enthalten, sind ungültig.

(3) Für den Abstimmungsvorgang ist § 18 entsprechend anzuwenden.

§ 95

Öffentliche Stimmauszählung

(1) Unverzüglich nach Abschluß der Stimmabgabe zählt der Hauptwahlvorstand öffentlich die Stimmen aus.

(2) Nach Öffnung der Wahlurne entnimmt der Hauptwahlvorstand die Stimmzettel den Wahlumschlägen und stellt für jeden Antrag gesondert fest, wieviel Stimmen für und wieviel Stimmen gegen den Antrag abgegeben worden sind.

(3) Bei der Auszählung ist die Gültigkeit der Stimmzettel zu prüfen. Befinden sich in einem Wahlumschlag mehrere gekennzeichnete Stimmzettel, so werden sie, wenn sie vollständig übereinstimmen, nur einfach gezählt, andernfalls sind sie ungültig.

§ 96

Abstimmungsniederschrift

Nachdem das Abstimmungsergebnis ermittelt ist, stellt der Hauptwahlvorstand in einer Niederschrift getrennt nach Abstimmungen fest:

1. die Zahl der abgegebenen Wahlumschläge;
2. die Zahl der gültigen Stimmen;
3. die Zahl der ungültigen Stimmen;
4. die Zahl der für einen Antrag abgegebenen Stimmen;
5. die Zahl der gegen einen Antrag abgegebenen Stimmen;
6. das Abstimmungsergebnis;
7. besondere während der Abstimmung eingetretene Zwischenfälle oder sonstige Ereignisse.

§ 97

Bekanntmachung des Abstimmungsergebnisses

Der Hauptwahlvorstand gibt das Abstimmungsergebnis in der Wahlmännerversammlung bekannt.

Vierter Titel

Wahl mehrerer Aufsichtsratsmitglieder der Arbeitnehmer in einem Wahlgang auf Grund mehrerer Wahlvorschläge

§ 98

Stimmabgabe, Wahlvorgang

(1) Sind in einem Wahlgang mehrere Aufsichtsratsmitglieder der Arbeitnehmer zu wählen und liegen für diesen Wahlgang mehrere gültige Wahlvorschläge vor, so kann der Wahlmann seine Stimme nur für einen dieser Wahlvorschläge abgeben. Die Stimmabgabe erfolgt durch Abgabe von Stimmzetteln in den hierfür bestimmten Umschlägen (Wahlumschlägen). Hat ein Wahlmann mehrere Stimmen, so gibt er für jede Stimme einen Stimmzettel in einem Wahlumschlag ab. Der Begriff des Wahlgangs im Sinne dieses Unterabschnitts bestimmt sich nach § 27 Abs. 5.

(2) Der Hauptwahlvorstand hat die Wahlvorschläge auf den Stimmzetteln nach der Reihenfolge der Ordnungsnummern sowie unter Angabe der an erster und zweiter Stelle benannten Bewerber mit Familienname, Vorname, Art der Beschäftigung, Unternehmen und Betrieb untereinander aufzuführen; bei Wahlvorschlägen, die mit einem Kennwort versehen sind, ist auch das Kennwort anzugeben. Die Stimmzettel sollen die Angabe enthalten, daß der Wahlmann nur einen Wahlvorschlag ankreuzen kann. Die Stimmzettel, die für denselben Wahlgang Verwendung finden, müssen sämtlich die gleiche Größe, Farbe, Beschaffenheit und Beschriftung haben; das gleiche gilt für die Wahlumschläge. Die Stimmzettel und Wahlumschläge, die für einen Wahlgang Verwendung finden, müssen sich von den für die anderen Wahlgänge vorgesehenen Stimmzetteln und Wahlumschlägen in der Farbe unterscheiden.

(3) Der Wahlmann kennzeichnet den von ihm gewählten Wahlvorschlag durch Ankreuzen an der im Stimmzettel hierfür vorgesehenen Stelle. Für den Wahlvorgang ist § 18 entsprechend anzuwenden; die Stimmabgabe ist in der Wahlmännerliste für jeden Wahlgang und für jede Stimme gesondert zu vermerken.

(4) Ungültig sind Stimmzettel,

1. in denen mehr als ein Wahlvorschlag angekreuzt ist,
2. aus denen sich der Wille des Wahlmannes nicht eindeutig ergibt,
3. die mit einem besonderen Merkmal versehen sind,
4. die andere als die in Absatz 2 bezeichneten Angaben, einen Zusatz oder sonstige Änderungen enthalten.

§ 99

Öffentliche Stimmauszählung

(1) Unverzüglich nach Abschluß der Stimmabgabe zählt der Hauptwahlvorstand öffentlich die Stimmen aus.

(2) Nach Öffnung der Wahlurne entnimmt der Hauptwahlvorstand die Stimmzettel den Wahlumschlägen und zählt für jeden Wahlgang gesondert die auf jeden Wahlvorschlag entfallenden Stimmen zusammen.

(3) Bei der Auszählung ist die Gültigkeit der Stimmzettel zu prüfen. Befinden sich in einem Wahlumschlag mehrere gekennzeichnete Stimmzettel, so werden sie, wenn sie vollständig übereinstimmen, nur einfach gezählt, andernfalls sind sie ungültig.

§ 100

Ermittlung der Gewählten

(1) Die in dem Wahlgang den einzelnen Wahlvorschlägen zugefallenen Stimmenzahlen werden in einer Reihe nebeneinandergestellt und sämtlich durch 1, 2, 3, 4 usw. geteilt. Die ermittelten Teilzahlen sind nacheinander reihenweise unter den Zahlen der ersten Reihe aufzuführen, bis höhere Teilzahlen, als aus früheren Reihen für die Zuweisung von Sitzen in Betracht kommen, nicht mehr entstehen. Unter den so gefundenen Teilzahlen werden so viele Höchstzahlen ausgesondert und der Größe nach geordnet, wie in dem Wahlgang Aufsichtsratsmitglieder zu wählen sind. Jeder Wahlvorschlag erhält so viele Sitze zugeteilt, wie Höchstzahlen auf ihn entfallen. Wenn die niedrigste in Betracht kommende Höchstzahl auf mehrere Wahlvorschläge zugleich entfällt, so entscheidet das Los darüber, welchem Wahlvorschlag dieser Sitz zufällt.

(2) Wenn ein Wahlvorschlag weniger Bewerber enthält, als Höchstzahlen auf ihn entfallen, so gehen die überschüssigen Sitze auf die folgenden Höchstzahlen der anderen Wahlvorschläge desselben Wahlgangs über.

(3) Die Reihenfolge der Bewerber innerhalb der einzelnen Wahlvorschläge bestimmt sich nach der Reihenfolge ihrer Benennung.

(4) Mit der Wahl eines Bewerbers ist das in dem Wahlvorschlag neben dem gewählten Bewerber aufgeführte Ersatzmitglied des Aufsichtsrats gewählt.

Fünfter Titel

Wahl mehrerer Aufsichtsratsmitglieder der Arbeitnehmer in einem Wahlgang auf Grund nur eines Wahlvorschlags

§ 101

Stimmabgabe, Wahlvorgang

(1) Sind in einem Wahlgang mehrere Aufsichtsratsmitglieder der Arbeitnehmer zu wählen und liegt für diesen Wahlgang nur ein gültiger Wahlvorschlag vor, so kann der Wahlmann seine Stimme nur für die in dem Wahlvorschlag aufgeführten Bewerber abgeben. Eine gesonderte Stimmabgabe für ein Ersatzmitglied des Aufsichtsrats ist nicht zulässig. Die Stimmabgabe erfolgt durch Abgabe von Stimmzetteln in den hierfür bestimmten Umschlägen (Wahlumschlägen). Hat ein Wahlmann mehrere Stimmen, so gibt er für jede Stimme einen Stimmzettel in einem Wahlumschlag ab.

(2) Der Hauptwahlvorstand hat die Bewerber auf den Stimmzetteln unter Angabe von Familienname, Vorname, Art der Beschäftigung, Unternehmen und Betrieb untereinander in der Reihenfolge aufzuführen, in der sie in dem Wahlvorschlag benannt sind. Ist zusammen mit einem Bewerber für diesen ein Ersatzmitglied vorgeschlagen worden, so ist das Ersatzmitglied auf dem Stimmzettel neben dem Bewerber aufzuführen; Satz 1 ist entsprechend anzuwenden. Die Stimmzettel sollen die Angabe enthalten, wieviel Bewerber der Wahlmann ankreuzen kann. § 98 Abs. 2 Satz 3 ist anzuwenden.

(3) Der Wahlmann kennzeichnet die von ihm gewählten Bewerber durch Ankreuzen an den im Stimmzettel hierfür vorgesehenen Stellen. Er darf nicht mehr Bewerber ankreuzen, als Aufsichtsratsmitglieder in dem Wahlgang zu wählen sind. § 98 Abs. 3 Satz 2 ist entsprechend anzuwenden.

(4) Ungültig sind Stimmzettel,

1. in denen mehr Bewerber angekreuzt sind, als in dem Wahlgang Aufsichtsratsmitglieder zu wählen sind,
2. aus denen sich der Wille des Wahlmannes nicht eindeutig ergibt,
3. die mit einem besonderen Merkmal versehen sind,
4. die andere als die in Absatz 2 bezeichneten Angaben, einen Zusatz oder sonstige Änderungen enthalten.

§ 102

Öffentliche Stimmauszählung

(1) Unverzüglich nach Abschluß der Stimmabgabe zählt der Hauptwahlvorstand öffentlich die Stimmen aus.

(2) Nach Öffnung der Wahlurne entnimmt der Hauptwahlvorstand die Stimmzettel den Wahlumschlägen und zählt für jeden Wahlgang gesondert die auf jeden Bewerber entfallenden Stimmen zusammen. § 99 Abs. 3 ist anzuwenden. Ist auf einem Stimmzettel ein Bewerber mehrfach angekreuzt, so zählt dies als eine Stimme.

§ 103

Ermittlung der Gewählten

Gewählt sind so viele Bewerber, wie in dem Wahlgang Aufsichtsratsmitglieder zu wählen sind, nach der Reihenfolge der auf sie entfallenden Stimmenzahlen. Bei Stimmengleichheit entscheidet das Los. § 100 Abs. 4 ist anzuwenden.

Sechster Titel

§ 104

Wahl nur eines Aufsichtsratsmitglieds der Arbeitnehmer in einem Wahlgang

(1) Ist in einem Wahlgang nur ein Aufsichtsratsmitglied der Arbeitnehmer zu wählen, so kann der Wahlmann seine Stimme nur für einen der vorgeschlagenen Bewerber abgeben. § 101 Abs. 1 Satz 2 bis 4 ist anzuwenden.

(2) Liegt nur ein gültiger Wahlvorschlag vor, so hat der Hauptwahlvorstand die Bewerber auf den Stimmzetteln unter Angabe von Familienname, Vorname, Art der Beschäftigung, Unternehmen und Betrieb untereinander in der Reihenfolge aufzuführen, in der sie in dem Wahlvorschlag benannt sind. Liegen mehrere gültige Wahlvorschläge vor, so hat der Hauptwahlvorstand die Bewerber auf den Stimmzetteln unter Angabe von Familienname, Vorname, Art der Beschäftigung, Unternehmen, Betrieb und Kennwort des Wahlvorschlags untereinander in alphabetischer Reihenfolge aufzuführen. § 101 Abs. 2 Satz 2 bis 4 ist anzuwenden.

(3) Der Wahlmann kennzeichnet den von ihm gewählten Bewerber durch Ankreuzen an der im Stimmzettel hierfür vorgesehenen Stelle. Er darf nicht mehr als einen Bewerber ankreuzen. § 98 Abs. 3 Satz 2, § 101 Abs. 4 und die §§ 102 und 103 sind anzuwenden.

Siebenter Titel

Wahlniederschrift, Benachrichtigungen

§ 105

Wahlniederschrift

Nachdem ermittelt ist, wer gewählt ist, stellt der Hauptwahlvorstand in einer Niederschrift für jeden Wahlgang gesondert fest:

1. die Zahl der abgegebenen Wahlumschläge;
2. die Zahl der gültigen Stimmen;

3. die Zahl der ungültigen Stimmen;
4. bei Verhältniswahl die Zahlen der auf die einzelnen Wahlvorschläge entfallenden Stimmen, die berechneten Höchstzahlen und ihre Verteilung auf die Wahlvorschläge;
5. bei Mehrheitswahl die Zahlen der auf die einzelnen Bewerber entfallenden Stimmen;
6. die Namen der gewählten Aufsichtsratsmitglieder;
7. die Namen der für die einzelnen Aufsichtsratsmitglieder gewählten Ersatzmitglieder;
8. besondere während der Wahl eingetretene Zwischenfälle oder sonstige Ereignisse.

§ 106

Bekanntmachung des Wahlergebnisses, Benachrichtigung der Gewählten

(1) Der Hauptwahlvorstand gibt das Wahlergebnis und die Namen der Gewählten in der Wahlmännerversammlung bekannt.

(2) Der Hauptwahlvorstand übermittelt das Wahlergebnis und die Namen der Gewählten den Unternehmenswahlvorständen. Jeder Unternehmenswahlvorstand übermittelt das Wahlergebnis und die Namen der Gewählten den Betriebswahlvorständen. Jeder Betriebswahlvorstand gibt das Wahlergebnis und die Namen der Gewählten unverzüglich durch zweiwöchigen Aushang an einer oder mehreren geeigneten, den Walberechtigten zugänglichen Stellen im Betrieb bekannt.

(3) Gleichzeitig benachrichtigt der Hauptwahlvorstand die Gewählten schriftlich von ihrer Wahl und übermittelt das Wahlergebnis und die Namen der Gewählten den Unternehmen, deren Arbeitnehmer an der Wahl teilgenommen haben, und den in diesen Unternehmen vertretenen Gewerkschaften.

§ 107

Aufbewahrung der Wahlakten

Der Hauptwahlvorstand, jeder Unternehmenswahlvorstand und jeder Betriebswahlvorstand übergibt die Wahlakten dem Unternehmen, in dessen Aufsichtsrat die Aufsichtsratsmitglieder der Arbeitnehmer gewählt worden sind. Dieses Unternehmen bewahrt die Wahlakten mindestens für die Dauer von fünf Jahren auf.

Zweiter Teil
Abberufung von Aufsichtsratsmitgliedern der Arbeitnehmer

Erster Abschnitt
Gemeinsame Vorschriften

§ 108

Einleitung des Abberufungsverfahrens

(1) Ein Antrag auf Abberufung eines Aufsichtsratsmitglieds der Arbeitnehmer nach § 23 Abs. 1 des Gesetzes ist schriftlich beim Konzernbetriebsrat einzureichen. Besteht kein Konzernbetriebsrat, so ist der Antrag beim Gesamtbetriebsrat oder, wenn ein solcher nicht besteht, beim Betriebsrat des Unternehmens einzureichen, dessen Aufsichtsrat das abzuberufende Mitglied angehört. Besteht in diesem Unternehmen kein Betriebsrat, so ist der Antrag beim Gesamtbetriebsrat des nach der Zahl der wahlberechtigten Arbeitnehmer größten anderen Unternehmens einzureichen, in dem ein Betriebsrat besteht und dessen Arbeitnehmer nach § 4 oder § 5 des Gesetzes an der Abberufung teilnehmen, oder, wenn in dem anderen Unternehmen nur ein Betriebsrat besteht, beim Betriebsrat.

(2) Unverzüglich nach Eingang eines Antrags auf Abberufung wird der Hauptwahlvorstand gebildet, es sei denn, der Antrag entspricht offensichtlich nicht den in § 23 Abs. 1 Satz 2 des Gesetzes bezeichneten Erfordernissen.

(3) Für die Aufgaben, die Bildung, die Zusammensetzung und die Geschäftsführung der Wahlvorstände sind die §§ 3 bis 8 entsprechend anzuwenden; die Mitteilung des Hauptwahlvorstands nach § 7 muß auch den Inhalt des Antrags auf Abberufung enthalten. Dem Hauptwahlvorstand sind die bei der Wahl des Aufsichtsratsmitglieds, dessen Abberufung beantragt wird, entstandenen Wahlakten zu übergeben.

§ 109

Liste der antragsberechtigten Arbeitnehmer

Wird die Abberufung eines unternehmensangehörigen Aufsichtsratsmitglieds der Arbeitnehmer beantragt, so wird in jedem Betrieb unverzüglich nach der Bildung des Betriebswahlvorstands eine Liste der wahlberechtigten Arbeitnehmer aufgestellt, die nach § 23 Abs. 1 Satz 2 des Gesetzes für die Abberufung dieses Aufsichtsratsmitglieds antragsberechtigt sind. Die §§ 9 bis 13 sind entsprechend anzuwenden; die Bekanntmachung nach § 10 Abs. 2 und 3 muß auch den Inhalt des Antrags auf Abberufung enthalten.

§ 110

Prüfung des Antrags auf Abberufung

(1) Der Hauptwahlvorstand prüft unverzüglich nach Übersendung der Listen der antragsberechtigten Arbeitnehmer die Gültigkeit des Antrags auf Abberufung.

(2) Ist ein Antrag ungültig, so teilt der Hauptwahlvorstand dies dem Antragsvertreter oder, wenn ein solcher nicht benannt ist, dem an erster Stelle des Antrags Unterzeichneten und den Unternehmenswahlvorständen schriftlich mit. Jeder Unternehmenswahlvorstand übersendet die Mitteilung den Betriebswahlvorständen. Jeder Betriebswahlvorstand gibt die Mitteilung durch zweiwöchigen Aushang an einer oder mehreren geeigneten, den Wahlberechtigten zugänglichen Stellen im Betrieb bekannt.

§ 111

Anzuwendende Vorschriften

(1) Liegt ein gültiger Antrag vor, so stellt der Hauptwahlvorstand fest, ob das Aufsichtsratsmitglied, dessen Abberufung beantragt ist, in unmittelbarer Wahl oder durch Wahlmänner gewählt worden ist.

(2) Ist das Aufsichtsratsmitglied, dessen Abberufung beantragt ist, in unmittelbarer Wahl gewählt worden, so richtet sich das weitere Abberufungsverfahren nach den Vorschriften des Zweiten Abschnitts.

(3) Ist das Aufsichtsratsmitglied, dessen Abberufung beantragt ist, durch Wahlmänner gewählt worden, so richtet sich das weitere Abberufungsverfahren nach den Vorschriften des Dritten Abschnitts.

Zweiter Abschnitt

Abstimmung über die Abberufung eines in unmittelbarer Wahl gewählten Aufsichtsratsmitglieds der Arbeitnehmer

§ 112

Abberufungsausschreiben, Wählerliste

(1) Der Hauptwahlvorstand stellt fest, ob das Aufsichtsratsmitglied, dessen Abberufung beantragt ist, in getrennter oder in gemeinsamer Wahl gewählt worden ist, und ob die Arbeiter, die Angestellten oder beide Gruppen nach § 23 Abs. 3 des Gesetzes abstimmungsberechtigt sind.

(2) Der Hauptwahlvorstand erläßt unverzüglich ein Abberufungsausschreiben. Die Abstimmung soll innerhalb von vier Wochen seit dem für den Aushang des Abberufungsausschreibens bestimmten Zeitpunkt stattfinden.

(3) Das Abberufungsausschreiben muß folgende Angaben enthalten:

1. den für den Aushang bestimmten Zeitpunkt;
2. den Inhalt des Antrags;
3. die Bezeichnung des Antragstellers;
4. die Zahl der Arbeitnehmer, die den Antrag unterzeichnet haben;
5. ob an der Abstimmung über den Antrag die Arbeiter, die Angestellten oder beide Gruppen teilnehmen;
6. daß an der Abstimmung nur Arbeitnehmer teilnehmen können, die in der Wählerliste eingetragen sind;
7. daß der Beschluß über die Abberufung einer Mehrheit von drei Vierteln der abgegebenen Stimmen bedarf;
8. den Tag oder die Tage der Stimmabgabe.

Für die Bekanntmachung des Abberufungsausschreibens ist § 26 Abs. 3 und 4 entsprechend anzuwenden.

(4) In jedem Betrieb wird für die Abberufung unverzüglich eine Liste der nach § 23 Abs. 3 des Gesetzes abstimmungsberechtigten Arbeitnehmer des Betriebs (Wählerliste) aufgestellt. Die §§ 9, 10, 12 und 13 sind entsprechend anzuwenden mit der Maßgabe, daß abweichend von § 9 Abs. 1 Satz 1 eine Trennung und Unterteilung der Wählerliste nicht erforderlich ist.

§ 113

Abstimmung, Abstimmungsergebnis, Akten

(1) Für die Abstimmung sind die §§ 17 bis 23 anzuwenden. In den Niederschriften ist auch festzustellen, ob an der Abstimmung die Arbeiter, die Angestellten oder beide Gruppen teilgenommen haben.

(2) Der Hauptwahlvorstand übermittelt das Abstimmungsergebnis schriftlich

1. den Unternehmenswahlvorständen,
2. dem Aufsichtsratsmitglied, über dessen Abberufung abgestimmt worden ist,
3. der Gewerkschaft, die einen Antrag auf Abberufung gestellt hat (§ 23 Abs. 1 Satz 2 Nr. 4 des Gesetzes),
4. dem Unternehmen.

§ 110 Abs. 2 Satz 2 und 3 ist anzuwenden.

(3) Auf die im Zusammenhang mit einem Antrag auf Abberufung entstandenen Akten ist § 61 entsprechend anzuwenden.

Dritter Abschnitt

Abstimmung über die Abberufung eines durch Wahlmänner gewählten Aufsichtsratsmitglieds der Arbeitnehmer

§ 114

Wahlmännerliste

(1) Der Hauptwahlvorstand stellt fest, ob das Aufsichtsratsmitglied, dessen Abberufung beantragt ist, in getrennter oder in gemeinsamer Wahl gewählt worden ist und ob die Wahlmänner der Arbeiter, die Wahlmänner der Angestellten oder die Wahlmänner beider Gruppen nach § 23 Abs. 2 des Gesetzes abstimmungsberechtigt sind.

(2) Der Hauptwahlvorstand stellt für die Abberufung unverzüglich eine Liste der nach § 23 Abs. 2 des Gesetzes abstimmungsberechtigten Wahlmänner (Wahlmännerliste) auf. § 9 Abs. 1 Satz 2, Abs. 3 und 5, § 89 Abs. 2 und 3 und § 90 sind entsprechend anzuwenden.

§ 115

Wahlmännerversammlung, Mitteilung des Hauptwahlvorstands an die Wahlmänner

(1) Die abstimmungsberechtigten Wahlmänner stimmen über den Antrag auf Abberufung in einer Versammlung (Wahlmännerversammlung) ab. Die

Wahlmännerversammlung soll innerhalb von sechs Wochen nach der Feststellung, daß ein gültiger Antrag auf Abberufung eines durch Wahlmänner gewählten Aufsichtsratsmitglieds der Arbeitnehmer vorliegt, stattfinden.

(2) Der Hauptwahlvorstand beruft die abstimmungsberechtigten Wahlmänner schriftlich gegen Empfangsbekenntnis oder durch eingeschriebenen Brief zur Wahlmännerversammlung ein; § 91 Abs. 2 bis 4 ist entsprechend anzuwenden. Die Mitteilung nach Satz 1 soll den Wahlmännern spätestens drei Wochen vor der Wahlmännerversammlung übersandt werden.

(3) Die Mitteilung muß folgende Angaben enthalten:

1. den Inhalt des Antrags;
2. die Bezeichnung des Antragstellers;
3. die Zahl der Arbeitnehmer, die den Antrag unterzeichnet haben;
4. ob an der Abstimmung über den Antrag die Wahlmänner der Arbeiter, die Wahlmänner der Angestellten oder die Wahlmänner beider Gruppen teilnehmen;
5. daß an der Abstimmung nur Wahlmänner teilnehmen können, die in der Wahlmännerliste eingetragen sind;
6. daß die Wahlmännerliste, das Gesetz und diese Verordnung in der Wahlmännerversammlung zur Einsichtnahme ausgelegt werden;
7. daß Einsprüche gegen die Richtigkeit der Wahlmännerliste vor Beginn der Stimmabgabe beim Hauptwahlvorstand eingelegt werden können;
8. daß der Beschluß über die Abberufung einer Mehrheit von drei Vierteln der abgegebenen Stimmen bedarf;
9. wieviel Stimmen dem Wahlmann zustehen;
10. Ort, Tag und Zeit der Wahlmännerversammlung;
11. die Anschrift des Hauptwahlvorstands.

§ 116

Abstimmung, Abstimmungsergebnis, Akten

Für die Abstimmung, das Abstimmungsergebnis und die Aufbewahrung der Akten sind die §§ 94 bis 97 und 113 Abs. 1 Satz 2, Abs. 2 und 3 entsprechend anzuwenden.

Vierter Abschnitt

§ 117

Ersatzmitglieder

Für die Abberufung von Ersatzmitgliedern (§ 23 Abs. 4 des Gesetzes) sind die Vorschriften des Ersten bis Dritten Abschnitts entsprechend anzuwenden.

Dritter Teil
Besondere Vorschriften für die Wahl und die Abberufung der Aufsichtsratsmitglieder der Arbeitnehmer bei Teilnahme von Arbeitnehmern von Seebetrieben

Erster Abschnitt
Wahl der Aufsichtsratsmitglieder der Arbeitnehmer

Erster Unterabschnitt
Einleitung der Wahl, Abstimmung über die Art der Wahl, Wahlvorschläge

§ 118

Einleitung der Wahl

(1) Die in § 2 Abs. 1 Satz 1 bezeichnete Frist wird auf 56 Wochen verlängert.

(2) In der in § 2 bezeichneten Bekanntmachung ist gesondert die Zahl der Arbeitnehmer anzugeben, die in Seebetrieben (§ 34 Abs. 1 des Gesetzes) beschäftigt sind.

(3) Für einen Seebetrieb wird ein Betriebswahlvorstand nicht bestellt. Der Unternehmenswahlvorstand nimmt im Seebetrieb die sich aus dieser Verordnung ergebenden Aufgaben des Betriebswahlvorstands wahr. Für die Anwendung von § 4 Abs. 5 und § 5 Abs. 4 Satz 4 und Abs. 5 bleiben Seebetriebe außer Betracht.

(4) Mitteilungen, die im Seebetrieb bekanntzumachen sind, übersendet der Unternehmenswahlvorstand jedem zum Seebetrieb gehörigen Schiff und teilt dabei den Zeitpunkt mit, von dem ab sie auf dem Schiff auszuhängen sind. Mitteilungen sind von der Bordvertretung oder, wenn eine solche nicht besteht, vom Kapitän an einer oder mehreren geeigneten, den Wahlberechtigten zugänglichen Stellen an Bord auszuhängen und in gut lesbarem Zustand zu erhalten. Der erste und der letzte Tag des Aushangs sind auf der Mitteilung zu vermerken.

(5) Der Unternehmenswahlvorstand übersendet jedem zum Seebetrieb gehörigen Schiff einen Abdruck der Wählerliste des Seebetriebs, das Gesetz und diese Verordnung. Sie sind von der Bordvertretung oder, wenn eine solche nicht besteht, vom Kapitän an geeigneter, den Wahlberechtigten zugänglicher Stelle an Bord zur Einsichtnahme auszulegen. Außerdem übersendet der Unternehmenswahlvorstand die Wählerliste des Seebetriebs dem Betriebswahlvorstand des Landbetriebs, der für die Heuerverhältnisse der Arbeitnehmer des Seebetriebs zuständig ist. Dieser Betriebswahlvorstand legt die Wählerliste des Seebetriebs in gleicher Weise aus wie die in § 9 bezeichnete Wählerliste.

(6) In Seebetrieben ist § 10 Abs. 2 und 3 nicht anzuwenden. Der Unternehmenswahlvorstand versendet im Seebetrieb gleichzeitig mit der Wählerliste eine Bekanntmachung. Sie muß folgende Angaben enthalten:

1. das Datum ihrer Versendung;
2. die Namen der Mitglieder des Unternehmenswahlvorstands und seine Anschrift;
3. die Anschrift des Hauptwahlvorstands;
4. daß die Wählerliste des Seebetriebs, das Gesetz und diese Verordnung an Bord zur Einsichtnahme ausgelegt werden;
5. daß die Wählerliste des Seebetriebs auch in dem Landbetrieb, der für die Heuerverhältnisse der Arbeitnehmer des Seebetriebs zuständig ist, ausgelegt wird;
6. daß Einsprüche gegen die Richtigkeit der Wählerliste nur innerhalb von acht Wochen seit ihrer Versendung schriftlich beim Unternehmenswahlvorstand eingelegt werden können; der letzte Tag der Frist ist anzugeben;
7. daß Einsprüche gegen Berichtigungen und Ergänzungen der Wählerliste nur innerhalb von acht Wochen seit der Berichtigung oder der Ergänzung eingelegt werden können;
8. daß an der Wahl und an Abstimmungen nur Arbeitnehmer teilnehmen können, die in der Wählerliste eingetragen sind.

(7) In Seebetrieben ist § 11 nicht anzuwenden. Abweichend von § 13 Abs. 1 kann im Seebetrieb

1. ein Einspruch gegen die Richtigkeit der Wählerliste innerhalb von acht Wochen seit ihrer Versendung an die Schiffe eingelegt werden;
2. ein Einspruch gegen eine Berichtigung oder Ergänzung der Wählerliste innerhalb von acht Wochen seit der Berichtigung oder der Ergänzung eingelegt werden.

§ 119

Abstimmung über die Art der Wahl

Die Arbeitnehmer der Seebetriebe nehmen an einer Abstimmung darüber, ob die Wahl durch Wahlmänner oder unmittelbar erfolgen soll, nicht teil und bleiben für die Errechnung der für die Antragstellung und für die Beschlußfassung erforderlichen Zahlen von Arbeitnehmern außer Betracht (§ 34 Abs. 4 des Gesetzes); in der Bekanntmachung nach § 14 und in dem Abstimmungsausschreiben nach § 16 ist hierauf hinzuweisen. Die §§ 14 bis 24 sind auf Seebetriebe nicht anzuwenden.

§ 120

Bekanntmachung über die Einreichung von Wahlvorschlägen

(1) Die Bekanntmachung nach § 26 Abs. 1 muß in Seebetrieben auch folgende Angaben enthalten:

1. daß die Wählerliste des Seebetriebs, das Gesetz und diese Verordnung auf jedem Schiff des Seebetriebs von der Bordvertretung oder, wenn eine solche nicht besteht, vom Kapitän zur Einsichtnahme ausgelegt werden;
2. daß die Wählerliste des Seebetriebs auch in dem Landbetrieb, der für die Heuerverhältnisse der Arbeitnehmer des Seebetriebs zuständig ist, ausgelegt wird;
3. daß die Wahlvorschläge auf jedem Schiff des Seebetriebs von der Bordvertretung oder, wenn eine solche nicht besteht, vom Kapitän ausgehängt werden.

(2) Die in § 26 Abs. 1 Satz 2 Nr. 3 und in § 27 Abs. 3 bezeichnete Frist für die Einreichung von Wahlvorschlägen wird auf 17 Wochen verlängert.

(3) § 26 Abs. 2 Satz 3 und Abs. 3 ist in Seebetrieben nicht anzuwenden; § 26 Abs. 2 Satz 1 und § 118 Abs. 4 sind anzuwenden.

(4) Die in § 38 Abs. 2 Satz 1 bezeichnete Mindestfrist für die Bekanntmachung der Wahlvorschläge wird auf drei Wochen verlängert. Ist zu besorgen, daß die in Satz 1 bezeichnete Mindestfrist zwischen dem für den Aushang der Wahlvorschläge an Bord bestimmten Zeitpunkt und dem Beginn der Stimmabgabe in den Landbetrieben für eine fristgerechte Stimmabgabe der Arbeitnehmer der Seebetriebe nicht ausreicht, so kann der Hauptwahlvorstand diese Mindestfrist auf höchstens fünf Wochen verlängern. Für die Bekanntmachung der Wahlvorschläge in Seebetrieben sind § 26 Abs. 2 Satz 1 und § 118 Abs. 4 anzuwenden.

§ 121

Zusätzliche Vorschriften für den Wahlvorschlag der leitenden Angestellten

(1) Die in § 31 Abs. 1 Satz 4 bezeichnete Frist für die Einreichung von Abstimmungsvorschlägen wird auf fünf Wochen verlängert. Der Unternehmenswahlvorstand übersendet jedem Kapitän des Seebetriebs einen Abdruck der Bekanntmachung. § 30 Abs. 2 Satz 2 und 3 und Abs. 3 und § 31 Abs. 4 Satz 3 und 4 und Abs. 5 Satz 2 und 3 sind in Seebetrieben nicht anzuwenden; § 26 Abs. 4 ist anzuwenden.

(2) Abweichend von § 32 Abs. 1 setzt der Hauptwahlvorstand den Tag der Abstimmung der leitenden Angestellten so fest, daß der Wahlvorschlag der leitenden Angestellten auch dann, wenn eine zweite Abstimmung erforderlich wird, innerhalb von 30 Wochen seit dem für den Aushang der Bekanntmachung nach § 30 bestimmten Zeitpunkt aufgestellt sein kann.

(3) Für die in § 34 Abs. 2 bezeichnete Bekanntmachung ist Absatz 1 Satz 2 anzuwenden. § 34 Abs. 2 Satz 3 ist in Seebetrieben nicht anzuwenden; § 26 Abs. 4 ist anzuwenden.

Zweiter Unterabschnitt
Unmittelbare Wahl der Aufsichtsratsmitglieder der Arbeitnehmer

§ 122

Wahlausschreiben im Seebetrieb

(1) Das Wahlausschreiben nach § 40 Abs. 1 muß in Seebetrieben auch folgende Angaben enthalten:

1. daß die Arbeitnehmer des Seebetriebs in Briefwahl wählen;

2. den Zeitpunkt, bis zu dem die Wahlbriefe beim Unternehmenswahlvorstand eingehen müssen.

(2) Gehören nicht mehr als ein Zehntel der Arbeitnehmer der Unternehmen, deren Arbeitnehmer an der Wahl teilnehmen, zu Seebetrieben, so muß das Wahlausschreiben den Hinweis enthalten, daß die Arbeitnehmer der Seebetriebe an Abstimmungen über die gemeinsame Wahl nicht teilnehmen und für die Errechnung der für die Antragstellung und für die Beschlußfassung erforderlichen Zahlen von Arbeitnehmern außer Betracht bleiben. Das Wahlausschreiben im Seebetrieb enthält die in § 40 Abs. 1 Satz 2 Nr. 5 bis 11 bezeichneten Angaben nicht.

(3) Für die Bekanntmachung des Wahlausschreibens in Seebetrieben ist § 40 Abs. 2 Satz 2 bis 4 nicht anzuwenden; § 26 Abs. 4 und § 118 Abs. 4 sind anzuwenden.

§ 123

Abstimmungen über die gemeinsame Wahl

(1) Gehören nicht mehr als ein Zehntel der Arbeitnehmer der Unternehmen, deren Arbeitnehmer an der Wahl teilnehmen, zu Seebetrieben, so nehmen die Arbeitnehmer der Seebetriebe an einer Abstimmung darüber, ob die Aufsichtsratsmitglieder der Arbeitnehmer in gemeinsamer Wahl gewählt werden sollen, nicht teil, und bleiben für die Errechnung der für die Antragstellung und für die Beschlußfassung erforderlichen Zahlen von Arbeitnehmern außer Betracht (§ 34 Abs. 6 des Gesetzes). Die §§ 41 bis 47 Abs. 1 sind auf Seebetriebe nicht anzuwenden.

(2) Gehören mehr als ein Zehntel der Arbeitnehmer der Unternehmen, deren Arbeitnehmer an der Wahl teilnehmen, zu Seebetrieben, so sind die §§ 40 bis 47 mit folgender Maßgabe anzuwenden:

1. Ist zu besorgen, daß die in § 40 Abs. 1 Satz 2 Nr. 8 und § 41 Abs. 1 Satz 1 bezeichnete Frist wegen der Teilnahme der Arbeitnehmer von Seebetrieben für eine ordnungsgemäße Einreichung von Anträgen auf Abstimmungen über die gemeinsame Wahl nicht ausreicht, so kann der Hauptwahlvorstand dieses Frist auf höchstens fünf Wochen verlängern. Wird die Frist erst nach Erlaß des Wahlausschreibens verlängert, so ist sie unverzüglich in gleicher Weise bekanntzumachen wie das Wahlausschreiben.
2. Die in § 42 Abs. 1 Satz 2 bezeichnete Frist wird auf drei Wochen verlängert; Nummer 1 ist entsprechend anzuwenden.
3. Das Abstimmungsausschreiben nach § 42 muß in Seebetrieben auch folgende Angaben enthalten:
   a) daß die Arbeitnehmer des Seebetriebs in Briefwahl abstimmen;
   b) den Zeitpunkt, bis zu dem die Wahlbriefe beim Unternehmenswahlvorstand eingehen müssen.
4. Über Anträge auf gemeinsame Wahl der unternehmensangehörigen Aufsichtsratsmitglieder der Arbeitnehmer stimmen die Arbeitnehmer von Seebetrieben in Briefwahl ab; die §§ 19 und 20 sind entsprechend anzuwenden.
5. Gleichzeitig mit dem Abstimmungsausschreiben übersendet der Unternehmenswahlvorstand
   a) jedem Schiff die zur Stimmabgabe erforderlichen Unterlagen in einer Anzahl, die die Zahl der Regelbesatzung des Schiffes um mindestens 10 vom Hundert übersteigt,
   b) allen Arbeitnehmern des Seebetriebs, von denen ihm bekannt ist, daß sie sich nicht an Bord eines Schiffes befinden, die zur Stimmabgabe erforderlichen Unterlagen sowie einen Abdruck des Abstimmungsausschreibens.
6. Die Bordvertretung oder, wenn eine solche nicht besteht, der Kapitän hat jedem Besatzungsmitglied die zur Stimmabgabe erforderlichen Unterlagen auszuhändigen. Die Wahlbriefe der Besatzungsmitglieder eines Schiffes sollen möglichst gleichzeitig an den Unternehmenswahlvorstand abgesandt werden.

§ 122 Abs. 1 und 3 bleibt unberührt.

§ 124

Stimmabgabe bei der Wahl der Aufsichtsratsmitglieder der Arbeitnehmer

(1) Die Arbeitnehmer von Seebetrieben stimmen bei der Wahl der Aufsichtsratsmitglieder der Arbeitnehmer in Briefwahl ab.

(2) Gleichzeitig mit der Versendung der Wahlvorschläge an die Betriebswahlvorstände (§ 38 Abs. 2 Satz 3) übersendet der Unternehmenswahlvorstand jedem Schiff die zur Stimmabgabe erforderlichen Unterlagen; § 123 Abs. 2 Satz 1 Nr. 5 und 6 ist entsprechend anzuwenden.

Dritter Unterabschnitt

Wahl der Aufsichtsratsmitglieder der Arbeitnehmer durch Wahlmänner

§ 125

Wahl der Wahlmänner

(1) In Seebetrieben werden Wahlmänner nicht gewählt. Die §§ 62 bis 87 sind auf Seebetriebe nicht anzuwenden.

(2) Die Arbeitnehmer von Seebetrieben nehmen an der Wahl der Aufsichtsratsmitglieder der Arbeitnehmer unmittelbar teil.

§ 126

Wahlausschreiben in Seebetrieben

(1) Steht fest, daß die Aufsichtsratsmitglieder der Arbeitnehmer durch Wahlmänner zu wählen sind, so erläßt der Hauptwahlvorstand ein Wahlausschreiben für Seebetriebe. Es muß folgende Angaben enthalten:

1. daß die Aufsichtsratsmitglieder der Arbeitnehmer durch Wahlmänner gewählt werden;
2. daß in Seebetrieben keine Wahlmänner gewählt werden;
3. daß die Arbeitnehmer der Seebetriebe an der Wahl der Aufsichtsratsmitglieder der Arbeitnehmer unmittelbar teilnehmen;

4. daß an der Wahl nur Arbeitnehmer teilnehmen können, die in der Wählerliste des Seebetriebs eingetragen sind;
5. daß die unternehmensangehörigen Aufsichtsratsmitglieder der Arbeitnehmer von den Arbeitern und den Angestellten in getrennter Wahl gewählt werden, wenn nicht die Wahlmänner der Arbeiter und die Wahlmänner der Angestellten in der Wahlmännerversammlung die gemeinsame Wahl beschließen;
6. daß die Arbeitnehmer der Seebetriebe an Abstimmungen der Wahlmänner über die gemeinsame Wahl der Aufsichtsratsmitglieder der Arbeitnehmer nicht teilnehmen;
7. daß die Aufsichtsratsmitglieder, die Vertreter von Gewerkschaften sind, in gemeinsamer Wahl gewählt werden;
8. daß die Arbeitnehmer der Seebetriebe in Briefwahl wählen;
9. daß jeder wahlberechtigte Arbeitnehmer eines Seebetriebs Wahlunterlagen für sämtliche Wahlgänge erhält, an denen er bei gemeinsamer Wahl der Aufsichtsratsmitglieder der Arbeitnehmer teilnehmen kann, und daß er seine Stimme für sämtliche Wahlgänge abgeben kann;
10. daß für den Fall, daß die unternehmensangehörigen Aufsichtsratsmitglieder der Arbeitnehmer in getrennter Wahl gewählt werden, die Stimmabgabe
    a) der Arbeiter der Seebetriebe nur für die Aufsichtsratsmitglieder der Arbeiter und die Aufsichtsratsmitglieder, die Vertreter von Gewerkschaften sind, berücksichtigt wird;
    b) der Angestellten der Seebetriebe nur für die Aufsichtsratsmitglieder der Angestellten und die Aufsichtsratsmitglieder, die Vertreter von Gewerkschaften sind, berücksichtigt wird;
11. daß die Stimmabgabe an Wahlvorschläge gebunden ist;
12. daß die Stimme eines Arbeitnehmers eines Seebetriebs als ein Sechzigstel der Stimme eines Wahlmannes gezählt wird;
13. den Zeitpunkt, bis zu dem die Wahlbriefe beim Hauptwahlvorstand vorliegen müssen;
14. die Anschrift des Hauptwahlvorstands.

(2) § 26 Abs. 4, § 40 Abs. 2 Satz 1 und § 118 Abs. 4 sind entsprechend anzuwenden.

§ 127

Stimmabgabe der Arbeitnehmer von Seebetrieben

(1) Die Arbeitnehmer von Seebetrieben stimmen bei der Wahl der Aufsichtsratsmitglieder der Arbeitnehmer in Briefwahl ab. Die §§ 57 und 58 sind entsprechend anzuwenden; abweichend von § 57 Abs. 1 Satz 1 Nr. 4 muß der Freiumschlag die Anschrift des Hauptwahlvorstands tragen.

(2) Gleichzeitig mit der Versendung der Wahlvorschläge an die Betriebswahlvorstände (§ 38 Abs. 2 Satz 3) übersendet der Unternehmenswahlvorstand jedem Schiff die für eine gemeinsame Wahl der Aufsichtsratsmitglieder der Arbeitnehmer erforderlichen Unterlagen; § 123 Abs. 2 Nr. 5 und 6 ist entsprechend anzuwenden. Die Wahlbriefe müssen bis zum Ablauf des Tages vor der Wahlmännerversammlung dem Hauptwahlvorstand vorliegen.

(3) Abweichend von § 88 Abs. 2 Satz 2 soll die Wahlmännerversammlung sechs Wochen nach der Versendung der zur Stimmabgabe erforderlichen Unterlagen stattfinden. Ist zu besorgen, daß diese Zeit für eine ordnungsgemäße Stimmabgabe der Arbeitnehmer der Seebetriebe nicht ausreicht, so kann der Hauptwahlvorstand sie auf höchstens zehn Wochen verlängern.

(4) Die Vorschriften über die Stimmabgabe und den Wahlvorgang (§§ 98, 101 und 104) sind auf die Arbeitnehmer von Seebetrieben mit folgender Maßgabe entsprechend anzuwenden:
1. An die Stelle der Wahlmänner treten die wahlberechtigten Arbeitnehmer des Seebetriebs.
2. Die Wahlumschläge der Wähler der Seebetriebe werden in eine gesonderte Wahlurne gelegt.
3. Für den Fall, daß die unternehmensangehörigen Aufsichtsratsmitglieder der Arbeitnehmer in getrennter Wahl gewählt werden, werden nur die Wahlumschläge für die Wahlgänge in die Wahlurne gelegt, an denen der Wähler des Seebetriebs jeweils teilnehmen kann. Die übrigen Wahlumschläge der Wähler der Seebetriebe nimmt der Hauptwahlvorstand ungeöffnet zu den Wahlunterlagen. Diese Wahlumschläge sind einen Monat nach Bekanntgabe des Wahlergebnisses ungeöffnet zu vernichten, wenn die Wahl nicht angefochten worden ist.

(5) Die Vorschriften über die Auszählung der Stimmen (§§ 99 und 102) sind auf die Arbeitnehmer der Seebetriebe mit folgender Maßgabe entsprechend anzuwenden:
1. Die Stimmen der Wähler der Seebetriebe werden gesondert ausgezählt.
2. Je 60 Stimmen dieser Wähler werden als eine Stimme eines Wahlmannes gezählt. Werden 60 Stimmen nicht erreicht, so werden mindestens 30 Stimmen als eine Stimme eines Wahlmannes gezählt. Bei mehr als 60 Stimmen wird ein Rest von mindestens 30 Stimmen als eine Stimme eines Wahlmannes gezählt. Die so errechneten Stimmenzahlen werden jeweils der Stimmenzahl der von den Wahlmännern in dem Wahlgang für den Wahlvorschlag abgegebenen Stimmen hinzugezählt.

§ 128

Wahlniederschrift

Für die Wahlniederschrift ist § 105 nicht anzuwenden. Nachdem ermittelt ist, wer gewählt ist, stellt der Hauptwahlvorstand in einer Niederschrift für jeden Wahlgang gesondert fest:
1. die Zahl der
    a) von den Wahlmännern abgegebenen Wahlumschläge,

b) von den Arbeitnehmern von Seebetrieben abgegebenen Wahlumschläge;

2. die Zahl der
   a) von den Wahlmännern abgegebenen gültigen Stimmen,
   b) von den Arbeitnehmern von Seebetrieben abgegebenen gültigen Stimmen;
3. die Zahl der
   a) von den Wahlmännern abgegebenen ungültigen Stimmen,
   b) von den Arbeitnehmern von Seebetrieben abgegebenen ungültigen Stimmen;
4. bei Verhältniswahl
   a) die Zahlen der auf die einzelnen Wahlvorschläge entfallenden Stimmen der Wahlmänner,
   b) die Zahlen der auf die einzelnen Wahlvorschläge entfallenden Stimmen der Arbeitnehmer von Seebetrieben und die Umrechnung dieser Stimmen auf Stimmen von Wahlmännern nach § 127 Abs. 5 Nr. 2,
   c) die Summen der auf die einzelnen Wahlvorschläge entfallenden Stimmen der Wahlmänner und der umgerechneten Stimmen der Arbeitnehmer von Seebetrieben,
   d) die berechneten Höchstzahlen und ihre Verteilung auf die Wahlvorschläge;
5. bei Mehrheitswahl
   a) die Zahlen der auf die einzelnen Bewerber entfallenden Stimmen der Wahlmänner,
   b) die Zahlen der auf die einzelnen Bewerber entfallenden Stimmen der Arbeitnehmer von Seebetrieben und die Umrechnung dieser Stimmen auf Stimmen von Wahlmännern nach § 127 Abs. 5 Nr. 2,
   c) die Summen der auf die einzelnen Bewerber entfallenden Stimmen der Wahlmänner und der umgerechneten Stimmen der Arbeitnehmer von Seebetrieben;
6. die Namen der gewählten Aufsichtsratsmitglieder;
7. die Namen der für die einzelnen Aufsichtsratsmitglieder gewählten Ersatzmitglieder;
8. besondere während der Wahl eingetretene Zwischenfälle oder sonstige Ereignisse.

Zweiter Abschnitt
Abberufung der Aufsichtsratsmitglieder der Arbeitnehmer

Erster Unterabschnitt

§ 129
Gemeinsame Vorschrift

(1) Für einen Seebetrieb wird ein Betriebswahlvorstand nicht gebildet. Der Unternehmenswahlvorstand nimmt im Seebetrieb die sich aus dieser Verordnung ergebenden Aufgaben des Betriebswahlvorstands wahr. Abweichend von § 108 Abs. 3 Satz 1 sind auf Seebetriebe die §§ 6 und 7 Abs. 3 nicht anzuwenden; für die Anwendung von § 4 Abs. 5 und § 5 Abs. 4 Satz 4 und Abs. 5 bleiben Seebetriebe außer Betracht. In einem Seebetrieb ist § 118 Abs. 6 Satz 1 entsprechend anzuwenden; § 11 ist nicht anzuwenden.

(2) Für Mitteilungen, die in den Seebetrieben bekanntzumachen sind, ist § 118 Abs. 4 anzuwenden.

Zweiter Unterabschnitt
Abstimmung über die Abberufung eines in unmittelbarer Wahl gewählten Aufsichtsratsmitglieds der Arbeitnehmer

§ 130
Abberufungsausschreiben für Seebetriebe, Wählerliste

(1) Die in § 112 Abs. 2 Satz 2 bezeichnete Frist wird auf sechs Wochen verlängert.

(2) Das Abberufungsausschreiben nach § 112 muß in Seebetrieben auch die in § 122 Abs. 1 bezeichneten Angaben enthalten.

(3) § 118 Abs. 5 und 7 ist entsprechend anzuwenden.

§ 131
Stimmabgabe

Die Arbeitnehmer von Seebetrieben stimmen in Briefwahl ab. § 123 Abs. 2 Satz 1 Nr. 5 und 6 ist entsprechend anzuwenden.

Dritter Unterabschnitt
Abstimmung über die Abberufung eines durch Wahlmänner gewählten Aufsichtsratsmitglieds der Arbeitnehmer

§ 132
Unmittelbare Abstimmung, Wählerliste, Mitteilung an die Wahlmänner

(1) Die Arbeitnehmer von Seebetrieben nehmen an der Abstimmung über einen Antrag auf Abberufung unmittelbar teil.

(2) Gleichzeitig mit der in § 114 Abs. 2 bezeichneten Wahlmännerliste wird eine Liste der abstimmungsberechtigten Arbeitnehmer der Seebetriebe aufgestellt; § 112 Abs. 4 und § 118 Abs. 5 bis 7 sind entsprechend anzuwenden.

(3) Die in § 115 Abs. 1 Satz 2 bezeichnete Frist wird auf elf Wochen verlängert. § 127 Abs. 3 Satz 2 ist entsprechend anzuwenden mit der Maßgabe, daß der Hauptwahlvorstand die Frist auf höchstens vierzehn Wochen verlängern kann.

§ 133
Abberufungsausschreiben in Seebetrieben

Spätestens zehn Wochen vor der Wahlmännerversammlung erläßt der Hauptwahlvorstand ein Abberufungsausschreiben für Seebetriebe. § 112 Abs. 3 Satz 1, § 126 Abs. 1 Satz 2 Nr. 3, 8 und 12 bis 14 und Abs. 2 sind entsprechend anzuwenden.

§ 134

Abstimmung, Mitteilung des Abstimmungsergebnisses

Die Arbeitnehmer von Seebetrieben stimmen in Briefwahl ab. § 123 Abs. 2 Satz 1 Nr. 5 und 6 ist entsprechend anzuwenden. § 17 Abs. 2 und die §§ 19, 20 und 116 sind auf die Arbeitnehmer von Seebetrieben mit folgender Maßgabe entsprechend anzuwenden:

1. An die Stelle der Wahlmänner treten die wahlberechtigten Arbeitnehmer des Seebetriebs.
2. Die Wahlumschläge dieser Abstimmenden werden in eine gesonderte Wahlurne gelegt.
3. Die Stimmen dieser Abstimmenden werden gesondert ausgezählt.
4. Je 60 Stimmen dieser Abstimmenden werden als eine Stimme eines Wahlmannes gezählt. Werden 60 Stimmen nicht erreicht, so werden mindestens 30 Stimmen als eine Stimme eines Wahlmannes gezählt. Bei mehr als 60 Stimmen wird ein Rest von mindestens 30 Stimmen als eine Stimme eines Wahlmannes gezählt.
5. Für die Abstimmungsniederschrift ist § 128 Satz 2 Nr. 1 bis 3, 5, 6 und 8 entsprechend anzuwenden.

Vierter Teil
Übergangs- und Schlußvorschriften

§ 135

Erstmalige Anwendung des Gesetzes auf ein Unternehmen

(1) Bei der erstmaligen Anwendung des Gesetzes auf ein Unternehmen hat das Unternehmen die in § 2 bezeichnete Bekanntmachung unverzüglich nach der in § 97 Abs. 1 des Aktiengesetzes bezeichneten Bekanntmachung über die Zusammensetzung des Aufsichtsrats oder, wenn diese Bekanntmachung vor Inkrafttreten dieser Verordnung erfolgt ist, unverzüglich nach Inkrafttreten dieser Verordnung zu erlassen.

(2) Die Wahlvorstände werden unverzüglich nach der in § 2 bezeichneten Bekanntmachung gebildet. In jedem Betrieb wird unverzüglich nach der Bildung des Betriebswahlvorstands die Wählerliste aufgestellt; die §§ 9 bis 13 sind anzuwenden.

(3) Abweichend von § 14 Abs. 1 Satz 1 soll der Hauptwahlvorstand die in den §§ 14, 26 und 30 bezeichneten Bekanntmachungen 23 Wochen vor dem voraussichtlichen Beginn der Amtszeit der zu wählenden Aufsichtsratsmitglieder der Arbeitnehmer erlassen. Nehmen an der Wahl auch Arbeitnehmer eines in § 34 Abs. 1 des Gesetzes bezeichneten Betriebs (Seebetrieb) teil, so verlängert sich die in Satz 1 bezeichnete Frist auf 47 Wochen.

§ 136

Vor Inkrafttreten dieser Verordnung eingeleitete Wahlverfahren

Ist das Wahlverfahren vor Inkrafttreten dieser Verordnung eingeleitet und von dem die Wahl leitenden Wahlvorstand geregelt worden, so kann das Wahlverfahren, wenn diese Verordnung vor seinem Abschluß in Kraft tritt, nach der vom Wahlvorstand getroffenen Regelung weitergeführt werden, wenn

1. diese Verordnung zu einem späteren Zeitpunkt als dem in § 2 Abs. 1 Satz 1 für die Mitteilung des Unternehmens bestimmten spätesten Zeitpunkt in Kraft getreten ist und
2. die vom Wahlvorstand getroffene Regelung nicht gegen das Gesetz oder Grundsätze eines rechtsstaatlichen Wahlrechts verstößt.

Nehmen an der Wahl auch Arbeitnehmer eines in § 34 Abs. 1 des Gesetzes bezeichneten Betriebs (Seebetrieb) teil, so ist § 118 Abs. 1 entsprechend anzuwenden.

§ 137

Berechnung von Fristen

Für die Berechnung der in dieser Verordnung bestimmten Fristen sind die §§ 186 bis 193 des Bürgerlichen Gesetzbuchs entsprechend anzuwenden. Arbeitstage im Sinne dieser Verordnung sind die Wochentage Montag bis Freitag mit Ausnahme der gesetzlichen Feiertage.

§ 138

Berlin-Klausel

Diese Verordnung gilt nach § 14 des Dritten Überleitungsgesetzes in Verbindung mit § 40 des Mitbestimmungsgesetzes auch im Land Berlin.

§ 139

Inkrafttreten

Diese Verordnung tritt am Tage nach der Verkündung in Kraft.

Sachverzeichnis

MIX
Papier | Fördert
gute Waldnutzung
FSC® C083411

Kolibri 360 GmbH
Ferdinand-Jühlke-Straße 7
99095 Erfurt, Deutschland
produktsicherheit@kolibri360.de